제14판

형법각론

이재상
장영민
강동범

刑法各論

박영사

제14판 머리말

본서의 새로운 판을 낼 때마다 저자들은 형법 및 주요 특별형법의 개정 내용과 판례를 적시에 반영하기 위해 노력하였다. 제14판도 제13판 이후 2년 간의 형사법령의 주된 개정과 중요 판례를 추가 보완하였는데, 핵심적인 내용은 다음과 같다.

첫째 저항 능력이 없거나 현저히 부족한 사회적 약자인 영아를 범죄로부터 두텁게 보호하기 위해 영아살해죄 및 영아유기죄를 폐지한 2023년 8월 8일의 형법 개정(법률 제19582호)을 반영하여, 해당 부분을 삭제하였다. 또한 금년 3월과 4월에 각각 신설된 공중협박죄와 공공장소 흉기소지죄를 추가하였다.

둘째 2023년 1월 이후 선고된 대법원 전원합의체 판결 등 중요 판례를 추가하였다. 강제추행죄의 '폭행 또는 협박'은 상대방의 신체에 대하여 불법한 유형력을 행사하거나 일반적으로 보아 상대방으로 하여금 공포심을 일으킬 수 있는 정도의 해악을 고지하는 것이라고 보아야 한다고 판시한 대법원 2023. 9. 21. 2018도13877 전원합의체판결, 성폭력처벌법에서 정한 특수강간의 실행에 착수하였으나 미수에 그친 경우라고 하더라도 이로 인해 피해자가 상해를 입었으면 특수강간치상죄의 기수범이 성립할 뿐 특수강간치상죄의 미수범이 성립하는 것은 아니라는 대법원 2025. 3. 20. 2023도10405 전원합의체판결, 공무집행방해죄에서 공무집행의 적법성에 대한 착오에 형법 제16조를 적용한 대법원 2024. 7. 25. 2023도16951 판결, 형면제를 규정한 친족상도례 규정에 대하여 헌법불합치결정을 한 헌법재판소 2024. 6. 27. 2020헌마468 결정 등이 그것이다. 본서는 2025년 6월까지 선고된 중요 판결을 수록하였다. 또한 낙태를 미국 연방 헌법상 권리라고 판시하였던 Roe 판결 등을 폐기하고, "연방헌법은 낙태권을 부여하지 않았다"고 선언한 Dobbs 판결(2022)을 소개하였다.

저자들은 본서가 학생들의 형법 학습에 길잡이가 되고, 실무가들에게 좋은 참고자료가 될 뿐만 아니라 우리 형법학 발전에 기여할 수 있는 책이 되도록 지속적으로 보완해 나갈 계획이다.

끝으로 어려운 사정에도 불구하고 형법각론의 초판부터 제14판까지 계속 출간해 주신 박영사 안종만 회장님께 깊이 감사드린다. 또한 본서의 제작을 책임지신 조성호 이사님과 편집을 담당하여 잘 마무리하신 김선민 이사님께도 감사의 말씀을 드린다.

2025년 7월
장 영 민, 강 동 범

머 리 말

본서는 형법총론과 형사소송법에 이어 저자의 교과서를 완결짓는 형법각론 교과서이다.

1984년「형법신강」〔총론 Ⅰ〕을 집필한 이래 형법총론과 형사소송법의 교과서는 이미 출간하였으나, 형법각론에 관하여 저자는「형법신강」〔각론 Ⅰ〕과 〔각론 Ⅱ〕가 교과서를 대신할 수 있을 것으로 생각하고 있었다. 형법각론에 관한 한「형법신강」도 그 형식이나 내용에 있어서 교과서의 기능을 다할 수 있도록 편집되어 있다고 생각되었기 때문이다. 그러나「형법신강」〔각론 Ⅱ〕가 완성된 이후에도 독자들로부터 한 권의 각론 교과서를 만들어 주는 것이 좋겠다는 바람이 그치지 않았다. 여기서 독자들의 요구에 따르는 것이 저자의 의무라고 생각될 뿐만 아니라, 단권의 교과서를 통하여 학생들이 각론 전체를 보다 쉽게 이해할 수 있을 것이라고 판단되어 저자는 형법각론 교과서를 펴내기로 결심하였다. 형법각론의 중요성을 고려할 때에는 각론 교과서를 출간하여 교과서를 마감짓는 것이 당연하다고도 할 수 있다. 저자는 지금까지 각론의 중요성은 아무리 강조해도 지나치지 않다고 생각하고 있었다. 형법총론은 각론에 근거하여 이를 체계화한 이론일 뿐만 아니라 형법을 적용함에 있어서는 각론이 보다 기본적인 문제가 되기 때문이다. 본서를 계기로 저자는 형법학계에서 각론에 대한 연구와 비판이 활발히 전개될 것을 다시 한번 기대하는 바이다.

본서의 내용은「형법신강」〔각론 Ⅰ〕과 〔각론 Ⅱ〕를 기초로 이를 교과서의 체계로 정리한 것이다. 다만 신강을 한 권으로 하는 경우에는 책이 너무나 두꺼워질 것을 고려하여 신강에서 인용한 판례의 원문은 신강에 맡기고 삭제하였으며, 각주에 인용된 외국의 자료도 일부 정리하였다. 판례의 정리가 학자들은 물론 실무가들에게 도움이 되어 왔다는 점을 생각할 때에는 비록 교과서의 체계와 일치하지 않는다고 할지라도 이를 삭제하는 데는 용단이 필요했다. 그러나 앞으로 「형법신강」도 그대로 두어 실무가들을 위한 이론서로 계속 발전시켜 나가기로 하고, 학생들을 위한 교과서인 본서에서는 판례는 원문이 기재된 「형법신강」의 면을 밝히고 판결일자와 판례번호만 표시하기로 했다. 「형법각론」과 「형법신강 각론」이 서로 보완될 수 있도록 앞으로도 그 내용을 보충하고 수정해 나갈 것을 약속드리는 바이다.

여기서 본서를 출간하는 데 저자를 도와 준 여러분에게 고마움의 뜻을 전하고자 한다. 먼저 본서의 교정과 색인작성은 경희대학교 대학원 박사과정에서 형법학을 전공하고 있는 박미숙 법학석사와 이화여자대학교 대학원에서 저자와 함께 형법학을 연구하고 있는 신정자, 탁희성 두 법학사가 맡아 주었다. 이들의 도움에 의하여 비로소 본서의 출간이 가능하였다고 할 수 있다. 앞으로 우리 형법학계에서 이들이 크게 기여할 날이 올 것을 기대한다. 또한 「형법총론」과 「형사소송법」 등 저자의 교과서뿐만 아니라 「형법신강」에 이어 계속하여 본서를 제작하여 주신 박영사의 안종만 사장님과 이명재 상무님께 다시 한번 감사드리며, 본서의 편집과 교정을 맡아 주신 편집부의 송일근 과장님께 깊은 사의를 표하는 바이다.

1989. 9월

저 자

차 례

서 론

제 1 편 개인적 법익에 대한 죄

제 1 장 생명과 신체에 대한 죄

제 2 절 상해와 폭행의 죄 §3

제 3 절 과실치사상의 죄 §4

제 4 절 낙태의 죄 §5

제 5 절 유기와 학대의 죄 §6

제 2 장 자유에 대한 죄

제 1 절 협박의 죄 §7

제 3 장 명예와 신용에 대한 죄

제 1 절 명예에 관한 죄 § 12

제 2 절 신용 · 업무와 경매에 관한 죄 § 13

제 4 장 사생활의 평온에 대한 죄

제 1 절 비밀침해의 죄 § 14

제 7 절 장물의 죄 § 22

제 8 절 손괴의 죄 § 23

제 2 절 폭발물에 관한 죄 § 26

제 3 절 방화와 실화의 죄 § 27

제 4 절 일수와 수리에 관한 죄 § 28

제 5 절 교통방해의 죄 § 29

제 2 장 공공의 신용에 대한 죄

제 1 절 통화에 관한 죄 § 30

제 3 장 공중의 건강에 대한 죄

제 1 절 먹는 물에 관한 죄 §34

제 2 절 아편에 관한 죄 §35

제 4 장 사회의 도덕에 대한 죄

제 1 절 성풍속에 관한 죄 §36

제 2 절 도박과 복표에 관한 죄 § 37

제 3 절 신앙에 관한 죄 § 38

제 3 편 국가적 법익에 대한 죄

제 1 장 국가의 존립과 권위에 대한 죄

제 1 절 내란의 죄 § 39

제 2 절 외환의 죄 § 40

제 3 절 국기에 관한 죄 § 41

제 4 절 국교에 관한 죄 §42

제 2 장 국가의 기능에 대한 죄

제 1 절 공무원의 직무에 관한 죄 §43

제 4 절 위증과 증거인멸의 죄 § 46

제 5 절 무고의 죄 § 47

주요 참고문헌

[국내문헌]

강구진,	형법강의 각론 Ⅰ,	박영사 1983	(강구진)
김성돈,	형법각론(제5판),	성균관대학교 출판부 2018	(김성돈)
김성천/김형준,	형법각론(제2판),	동현출판사 2006	(김성천/김형준)
김일수,	형법각론(제3판),	박영사 1999	(김일수)
김일수/서보학,	형법각론(제8판),	박영사 2015	(김일수/서보학)
김종원,	형법각론(상),	법문사 1971	(김종원)
남흥우,	형법강의(각론),	고대출판부 1965	(남흥우)
박상기,	형법각론(제7판),	박영사 2008	(박상기)
배종대,	형법각론(제10전정판),	홍문사 2018	(배종대)
백형구,	형법각론,	청림출판 1999	(백형구)
서일교,	형법각론,	박영사 1982	(서일교)
손동권/김재윤,	형법각론,	율곡출판사 2013	(손동권/김재윤)
신동운,	형법각론(제2판),	법문사 2018	(신동운)
오영근,	형법각론(제3판),	박영사 2014	(오영근)
유기천,	형법학(각론강의 상),	일조각 1982	(유기천, 상)
유기천,	형법학(각론강의 하),	일조각 1982	(유기천, 하)
이영란,	형법학(각론강의),	형설출판사 2014	(이영란)
이정원,	형법각론,	법지사 2000	(이정원)
이형국,	형법각론,	법문사 2007	(이형국)
임웅,	형법각론(제9정판),	법문사 2018	(임 웅)
정성근,	형법각론(전정판),	법지사 1996	(정성근)
정성근/박광민,	형법각론(전정3판),	성균관대학교 출판부 2019	(정성근/박광민)
정영일,	형법강의[각론](제3판),	학림 2017	(정영일)
조준현,	형법각론,	법원사 2002	(조준현)
진계호,	신고 형법각론,	대왕사 1985	(진계호)
김종원 외 6,	신고 형법각론,	사법행정 1986	(필자, 공저)

[독일문헌]

1. Lehrbuch

Arzt/Weber, *Strafrecht, Besonderer Teil*, LH 2 (1983) (Arzt/Weber 2)

LH 5 (1985) (Arzt/Weber 5)

Paul Bockelmann, *Strafrecht, Besonderer Teil* 1, 2.Aufl.(1982) (Bockelmann 1)

Strafrecht, Besonderer Teil 2, 1.Aufl.(1977) (Bockelmann 2)

Strafrecht, Besonderer Teil 3. (1980) (Bockelmann 3)

Fritjof Haft, *Strafecht, Besonderer Teil*, 5.Aufl.(1995) (Haft)

Hohmann/Sander, *Strafrecht, Besonderer Teil* 1, 2.Aufl.(2000) (Hohmann/Sander 1)

Hohmann/Sander, *Strafrecht, Besonderer Teil* 2.(2000) (Hohmann/Sander 2)

Volter Krey, *Strafrecht, Besonderer Teil*, Bd.1, 12.Aufl.(2002) (Krey)

Krey/Hellmann, *Strafrecht, Besonderer Teil*, Bd.2, 13.Aufl.(2002)(Krey/Hellmann)

Maurach-Schroeder-Maiwald, *Strafrecht, Besonderer Teil*, Bd.1, 9.Aufl.(2003) (Maurach-Schroeder-Maiwald, 1)

Maurach-Schroeder-Maiwald, *Strafrecht, Besonderer Teil*, Bd.1, 7.Aufl.(1991) (Maurach-Schroeder-Maiwald, 2)

Rudolf Rengier, *Strafrecht, Besonderer Teil* 1, 5.Aufl.(2002) (Rengier 1)

Rudolf Rengier, *Strafrecht, Besonderer Teil* 2, 4.Aufl.(2002) (Rengier 2)

Johannes Wessels/Michael Hettinger, *Strafrecht, Besonderer Teil* 1, 25.Aufl.(2001) (Wessels/Hettinger)

Johannes Wessels/Thomas Hillenkamp, *Strafrecht, Besonderer Teil* 2, 24.Aufl.(2001) (Wessels/Hillenkamp)

2. Kommentar

Heintschel-Heinegg/Hefendehl/Joecks/Miebach, *Münchener Kommentar zum Strafgesetzbuch* (2003) (Verfasser MK)

Jähnke/Laufhütte/Odersky, *StGB*, *Leipziger Kommentar*, 11.Aufl. (Verfasser LK)

Jescheck/Ruß/Willms, *StGB*, *Leipziger Kommentar*, 10.Aufl. (LK^{10})

Wolfgang Joecks, *Studienkommentar StGB*, 3.Aufl.(2001) (Joecks)

Kindhäuser/Neumann/Paeffgen, *Nomos Kommentar Strafgesetzbuch*, 2.Aufl.(2005) (Verfasser NK)

Karl Lackner/Kristian Kühl, *Strafgesetzbuch*, 27.Aufl.(2011) (Lackner/Kühl)

Rudolphi/Horn/Günther, *Systematischer Komentar zum Strafgesetzbuch*, 5.6, bzw.7.Aufl.(2003) (Verfasser SK)

Schönke/Schröder/Lenckner-Cramer-Eser-Stree, *StGB*, 28.Aufl.(2010) (Sch/Sch/Verfasser)

Tröndle/Fischer, *Strafgesetzbuch*, 53.Aufl.(2006) (Tröndle/Fischer)

Fischer, *Strafgesetzbuch*, 59.Aufl.(2012) (Fischer)

서 론

서 론 §1

Ⅰ. 형법각론의 본질

1 형법전은 총칙과 각칙의 두 개의 편으로 나뉘어져 있다. 총칙이 범죄와 형벌에 대한 일반원칙을 규정하고 있음에 반하여, 각칙에는 개별적인 범죄유형과 이에 대한 구체적인 형벌이 규정되어 있다. 형법총론이 총칙을 대상으로 하여 형법의 본질적 기초를 이루는 범죄와 형벌의 본질과 범죄의 구성요소와 발생형태를 밝히는 것이라면, 형법각론은 각칙을 연구의 대상으로 삼는 학문이다. 따라서 형법각론의 과제는 개별적인 특별구성요건과 이에 대한 형벌을 규명하여 형법에 의하여 금지되는 행위가 무엇이고 그것이 다른 범죄와 어떻게 구별되는가를 명백히 하는 데 있다.

개별적인 범죄와 형벌을 규정한 특별구성요건이 형법각칙에만 있는 것은 아니다. 형사특별법에 규정된 많은 형벌법규도 형벌에 의하여 처벌되는 행위를 정하고 있기 때문이다. 이러한 형벌법규도 물론 각론의 연구대상에 포함되어야 한다. 다만 특별구성요건을 포함하고 있는 형벌법규를 모두 본서에서 다루는 것은 불가능할 뿐만 아니라 형법각칙에 규정된 것이 가장 중요한 부분이라는 점을 고려하여 형법각칙을 중심으로 하면서 형사특별법은 이와 관련되어 필요하다고 인정되는 범위에 한하여 연구의 대상에 포함시키기로 한다.

2 법익보호(法益保護)는 형법의 가장 중요한 기능 중 하나이다. 즉 각론에 규정된 범죄는 형벌에 의하여 보호할 가치 있는 법익을 침해하거나 위태롭게 하는 행위를 의미한다. 따라서 형법에 의하여 보호되는 가치와 그 내용 및 법익의 서열과 상호관계를 밝히는 것은 각론의 출발점이 된다. 그러나 형법의 보충성으로 인하여 형법은 법익보호를 위한 최후의 수단이 되어야 하므로 형법에 의하여 보호되는 법익은 중요한 이익에 제한되어야 한다. 어떤 법익을 형법에 의하여 보호해야 할 것인가는 입법자에 의하여 결정되는 것이라고 할 수밖에 없다. 그러나 각칙의 구성요건이 전적으로 입법자의 자의에 의하여 결정되는 것은 아니다.

어떤 행위를 범죄로 할 것인가는 그 시대의 문화와 밀접히 관련된 것이기 때문이다. 이러한 의미에서 각칙에 규정된 범죄유형은 부정적 형태의 사회생활의 이면으로서 그 시대의 문화의 영상이고 그 암흑면에 불과하다고도 할 수 있다. 여기서 형법각칙의 특별구성요건은 역사적으로 형성된 우리의 생활질서 내지 우리 문화와의 연관을 떠나서는 검토할 수 없다는 것이 명백해진다.

Ⅱ. 형법각론의 체계

3 종래 실질적인 문화현상의 완전하고 모순 없는 체계는 있을 수 없으므로 문화의 영상에 불과한 범죄유형의 체계도 있을 수 없고, 따라서 각론은 필연적으로 단편적 성격(斷片的 性格, fragmentarischer Charakter)을 가지지 않을 수 없다고 이해되어 왔다.[1] 범죄와 형벌에 관한 기본이론을 규명하는 총론의 체계가 각론에 존재할 수 없음은 당연하다. 그러나 총론은 그 자체로 존재하는 것이 아니라 각론에 근거를 두고 각론에서 발전한 이론이므로 각론은 총론과의 연관관계를 떠나서 파악할 수 없을 뿐만 아니라, 개개의 형벌법규가 보호하는 법익이 무엇인가를 밝혀 법익을 기준으로 각론을 체계지울 수 있다는 의미에서 넓은 의미에서는 각론의 체계도 가능하다고 해야 한다.

4 총론과 각론은 수레의 두 바퀴와 같이 긴밀하게 연관되어 있다. 즉 총론의 일반원리는 각론의 개별적인 범죄를 토대로 추상화된 것이므로 총론이론은 각론을 전제로 할 때에만 의미를 가질 수 있다. 예컨대 미수범이나 과실범에 관한 총론이론은 이를 처벌하는 각칙규정을 일반화한 것이며, 간접정범이나 부작위범도 개별적인 범죄의 실행방법에 관한 이론에 불과하다. 공범 또한 개별적인 범죄의 발생형태에 대한 이론이고, 인과관계는 결과범에 있어서 결과귀속의 전제에 대한 이론이다. 이러한 의미에서 총론을 각론의 동생이라고 하거나,[2] 각론과 총론은 부자관계(父子關係)에 있다고[3] 할 수 있다.

한편 총론이 각론에서 추상화된 이론이라 하여 총론의 모든 이론이 각론에 그대로

1 Welzel S. 278.
2 Maurach/Schroeder/Maiwald 1/2
3 유기천 9면.

적용되는 것은 아니다. 각론에는 아직까지 총론으로 일반화되지 못하였거나 입법자가 총론이론의 적용을 배제하려는 의사를 명백히 한 규정도 있기 때문이다. 예컨대 내란죄나 소요죄와 같은 필요적 공범(必要的 共犯)이나 특수절도죄나 특수도주죄와 같은 합동범(合同犯)에 관하여는 총론의 공동정범에 관한 규정이 적용될 수 없고, 도주원조죄(제147조), 자살교사 · 방조죄(제252조 2항)나 피약취 · 유인자 수수 · 은닉죄(제292조)에 총론의 방조에 관한 규정이 적용될 여지가 없다. 이러한 의미에서 각론의 내용은 총론보다 더욱 풍부하다고 할 수 있다.

각론의 체계는 각칙규정의 보호법익을 규명하고 이에 따라 각칙을 체계짓 5
는 데 의미가 있다. 그러나 법익에 따라 각론을 분류하는 방법에는 법익을 공익과 사익으로 분류하여 범죄를 공공적 법익에 대한 죄와 개인적 법익에 대한 죄로 양분하는 **이분설**(二分說)과 공공적 법익에 대한 죄를 국가적 법익에 대한 죄와 사회적 법익에 대한 죄로 나누어 개인적 법익에 대한 죄와 대립시키는 **삼분설**(三分說)이 대립되고 있다. 형법의 해석에 있어서는 삼분설이 지배적 견해이다.[1] 국가적 법익에 대한 죄란 국가의 존립과 권위 또는 그 기능을 보호하기 위한 범죄를 말하고 각칙 제 1 장 내란의 죄에서 제11장 무고의 죄까지가 여기에 해당하며, 사회적 법익에 대한 죄는 인간의 공동생활의 기초가 되는 사회생활에서의 일반적 법익을 보호하기 위한 범죄를 말하고 제12장의 신앙에 관한 죄부터 제23장의 도박과 복표에 관한 죄가 여기에 속한다. 이에 반하여 개인적 법익에 대한 죄는 개인의 인격적 가치와 재산적 가치를 보호하기 위한 범죄로서 제24장 살인의 죄부터 제42장 손괴의 죄까지가 여기에 해당한다.

각칙을 법익에 따라 분류하는 경우에도 규정의 순서를 어떻게 할 것인가가 6
문제된다. 형법은 독일 형법의 예에 따라 범죄를 국가적 법익에 대한 죄, 사회적 법익에 대한 죄 및 개인적 법익에 대한 죄의 순서로 규정하고 있다. 구성요건의 배치에 대한 체계적 원칙이 있거나, 규정의 순서가 직접 법익의 서열을 정한 것이라고 단정할 수는 없다. 그러나 형법의 원형이 되고 있는 독일 형법의 태도가 자유주의(自由主義)에 기초를 두고 시민의 자유를 보장하기 위하여 마련된 것이 아니라 구체적인 헌법과 국왕의 인격을 보호하기 위한 것이었음을 부정할 수는 없다.[2] 인간의 존엄과 가치가 최고의 근본규범으로 타당하고 개인이 사회에 있어

1 강구진 8면; 김종원 51면; 유기천 12면; 정영석 14면; 황산덕 14면.

2 Maurach/Schroeder/Maiwald Rn. 14.

서의 모든 가치의 근원이 된다는 자유사회의 이념은 물론, 형법해석의 편의라는 실제적 이유에 비추어 볼 때에는 개인적 법익에 대한 죄를 사회적·국가적 법익에 대한 죄보다 먼저 규정하는 것이 타당하다고 생각된다. 국가적·사회적 법익에 대한 죄를 해석하기 위하여는 개인적 법익에 대한 죄에 규정되어 있는 살해·상해·폭행 또는 협박 등의 개념을 먼저 규명해야 하기 때문이다. 본서도 이러한 관점에서 개인적 법익에 대한 죄에서 시작하여 사회적 법익에 대한 죄를 거쳐 마지막으로 국가적 법익에 대한 죄를 다루기로 한다.

제 **1** 편

개인적 법익에 대한 죄

개인적 법익에 대한 죄

개인적 법익에 대한 죄란 개인의 생명·신체, 자유, 명예·신용, 사생활의 평온 또는 재산을 보호하기 위한 범죄를 말한다. 개인의 인격적 가치와 재산적 가치를 보호하기 위한 범죄라고도 한다. 인간의 존엄과 가치를 존중하는 자유사회에 있어서 개인을 떠난 사회와 국가는 생각할 수 없고, 국가와 사회도 개인을 보호하기 위하여 의미를 가진다고 할 수 있다. 이러한 의미에서 개인적 법익은 형법이 보호하는 가장 중요한 법익이 된다. 개인적 법익에 대한 죄에는 ① 생명과 신체에 대한 죄, ② 자유에 대한 죄, ③ 명예와 신용에 대한 죄, ④ 사생활의 평온에 대한 죄 및 ⑤ 재산에 대한 죄가 있다.

생명과 신체에 대한 죄는 사람의 생명이나 신체를 침해하거나 이를 위태롭게 하는 것을 내용으로 하는 범죄이다. 여기에는 살인의 죄(제24장), 상해와 폭행의 죄(제25장), 과실치사상의 죄(제26장), 낙태의 죄(제27장) 및 유기와 학대의 죄(제28장)가 포함된다. 자유에 대한 죄란 개인의 자유 그 자체를 보호하기 위한 범죄를 말한다. 형법이 규정하고 있는 자유에 대한 죄에는 협박의 죄(제30장)와 강요의 죄 (제324조 내지 제324조의6, 제326조), 체포와 감금의 죄(제29장), 약취·유인 및 인신매매의 죄(제31장) 그리고 강간과 추행의 죄(제32장)가 있다. 명예와 신용에 대한 죄란 사람의 사회적 평가를 보호하기 위한 범죄이며, 명예에 관한 죄(제33장)와 신용·업무와 경매에 관한 죄(제34장)가 여기에 해당한다. 사생활의 평온에 대한 죄에는 비밀침해의 죄(제35장)와 주거침입의 죄(제36장)가 있다.

재산에 대한 죄는 개인의 재산을 보호법익으로 하는 범죄이다. 재산죄라고도 한다. 형법이 규정하고 있는 절도와 강도의 죄(제38장), 사기와 공갈의 죄(제39장), 횡령과 배임의 죄(제40장), 장물에 관한 죄(제41장), 손괴의 죄(제42장) 및 권리행사를 방해하는 죄(제37장)가 여기에 해당한다.

제 1 장 생명과 신체에 대한 죄

사람의 생명과 신체는 개인적 법익 중에서도 인간의 존엄과 가치를 기초짓는 가장 중요한 법익이다. 생명과 신체에 대한 죄는 사람의 생명이나 신체를 침해하거나 위태롭게 하는 것을 내용으로 하는 범죄이다. 여기에는 살인의 죄(제24장), 상해와 폭행의 죄(제25장), 과실치사상의 죄(제26장), 낙태의 죄(제27장) 및 유기와 학대의 죄(제28장)가 포함된다. 살인의 죄는 사람의 생명을, 상해와 폭행의 죄는 사람의 신체를 보호하기 위한 범죄이다. 과실치사상의 죄도 사람의 생명과 신체를 보호법익으로 하는 죄라는 점에서 살인의 죄나 상해와 폭행의 죄와 같지만, 생명과 신체를 과실로 침해한다는 점에서 차이가 있다. 낙태의 죄도 생명을 보호하기 위한 범죄이다. 그러나 그것은 사람의 생명을 보호하는 것이 아니라 태어나지 아니한 태아의 생명을 보호하기 위한 범죄이다. 형법은 생명과 신체가 침해된 경우뿐만 아니라 그 위험으로부터 보호하기 위한 범죄도 마련하고 있다. 유기와 학대의 죄가 바로 생명 · 신체에 대한 위험범이다.

제 1 절 살인의 죄 §2

Ⅰ. 총 설

1. 살인죄의 의의

(1) **형법에 있어서의 생명보호** 살인죄(殺人罪, Tötungsdelikt, homicide) 1
란 사람을 살해함으로써 그 생명을 침해하는 것을 내용으로 하는 범죄를 말한다. 살인죄의 보호법익은 사람의 생명(生命, menschliches Leben)이다. 헌법은 인간의 존엄과 가치를 최고의 국가 근본규범으로 보장하고 있다(헌법 제10조). 여기서 인간의 존엄과 가치란 인간의 인격과 그 평가를 의미한다. 그런데 인간의 인격과 그 생존의 기초가 되는 것이 바로 사람의 생명이다. 이러한 의미에서 사람의 생명은 인간의 존엄과 가치를 인정하는 자유사회에서 가장 중요한 법익이 되며, 살인죄는 인간의 존엄과 가치의 기초를 침해하는 가장 전형적이고 기본적인 범죄라고 할 수 있다.

2 사람의 생명이 헌법의 가치체계에서 최고의 지위를 차지하는 법익이기 때문에 형법은 사람의 생명을 보호함에 있어서 절대적 생명보호의 원칙(der Grundsatz des absoluten Lebensschutzes)에서 출발하고 있다.[1] 즉 사람의 생명은 개인의 생존능력이나 생존이익 또는 생존감정, 법익주체의 연령이나 건강상태, 그의 사회적 기능이나 이에 대한 사회에서의 가치평가를 묻지 아니하고 절대적으로 보호받게 된다. 따라서 법적 판단에 있어서 살 가치 없는 생명이란 있을 수 없으며, 보호법익으로서의 생명은 그 주체라 할지라도 임의로 처분할 수 없다. 요컨대 사람의 생명은 어느 누구도 침해할 수 없고 또 누구도 포기할 수 없는 절대적 법익이다.

3 (2) **모살과 고살** 살인죄는 원래 모살(謀殺, 중살인죄)과 고살(故殺, 보통살인죄)이라는 두 가지 태양으로 분리되어 발전해 왔으며, 현재까지 대부분의 입법례는 모살(Mord, murder)과 고살(Totschlag, manslaughter)을 구별하고 있다. 다만 모살과 고살을 어떤 기준에 의하여 구별하느냐에 관하여 그 태도가 반드시 일치하는 것은 아니다. 모살과 고살을 구별하는 기준으로는 윤리적 요소와 심리적 요소를 들 수 있다.[2]

게르만법과 중세 독일법에서는 고살이 공개적이고 당당한 싸움에 의한 살인을 의미함에 반하여, 모살은 비밀로 행하는 살인을 뜻하였다. 모살은 이와 같이 처음에는 비밀성(Heimlichkeit)을 요소로 하였으나 차츰 이욕을 위한 살인, 방어능력이 없는 자나 신뢰관계를 침해한 살인 또는 흉기에 의하거나 예모에 의한 살인을 포함하게 되었다. 그러나 여기서 말하는 모살은 어디까지나 행위자의 비난받을 심정(心情), 즉 윤리적 요소를 전제로 한 살인이라 할 수 있다. 한편 로마법에서는 공화정 말기부터 모살을 예모 또는 숙려(Überlegung)에 의한 살인이라고 보아 심리적 요소에 의하여 모살과 고살을 구별하고 있었다. 이러한 로마법의 태도가 이탈리아 교회법을 통하여 독일법에 계수되자 14세기경부터 윤리적 요소와 심리적 요소를 결합하여 모살과 고살을 구별하게 되었으나, 그 후 차츰 심리적 요소가 강조되어 1794년의 프로이센 일

1 Maurach/Schroeder/Maiwald 1/5; Wessels/Hettinger Rn. 2.
2 Maurach/Schroeder/Maiwald 2/1 참조.

반란트법은 모살을 사전에 계획된 고의를 가진 살인이라고 규정하기에 이르렀으며(제826조), 1813년의 바이에른 형법과 1851년의 프로이센 형법을 거쳐 1871년의 형법에 이르기까지도 「고의에 의하여 계획적으로 실행된 살인」이라고 규정하고 있었다.[1] 그러나 예모라는 심리적 요소에 의하여 모살과 고살을 구별할 때에는 고통을 이기지 못하는 사람을 동정하여 계획적으로 살해하면 모살이 되고, 순간적인 격정에 의하여 잔학한 방법으로 살해한 경우는 고살에 지나지 않는다는 불합리한 결과가 초래된다. 여기서 독일 형법은 1941년의 개정을 통하여 다시 심리적 요소를 포기하고 윤리적 요소에 의하여 모살과 고살을 구별하는 태도를 취하게 되었다. 이에 의하여 모살이란 비난할 동기와 목적 또는 특히 위험한 행위수단으로 사람을 살해하여 특별한 비난가능성이 있는 경우를 말한다고 할 수 있다.[2]

형법은 이러한 입법례와는 달리 모살과 고살을 구별하지 않는다. 일본 형법의 영향이라고 볼 수 있다. 형법의 이러한 태도에 대하여 살인과 같은 중대한 범죄를 1개의 조문으로 규정하여 사형 · 무기 또는 5년 이상의 징역에 처하도록 함으로써 정상참작감경을 할 때에는 집행유예까지 가능하게 한 것은 법관에게 지나친 재량을 주어 죄형법정주의를 무시한 입법이므로 입법론상 의문이라는 견해[3]도 있다. 그러나 ① 범죄의 동기나 목적 또는 그 수단의 위험성은 양형의 조건으로 충분히 고려될 수 있으므로 모살과 고살을 구별하지 않는 것이 오히려 구체적으로 타당한 결과를 가능하게 할 뿐만 아니라, ② 죄형법정주의의 내용이 되는 형벌의 명확성의 원칙은 형벌의 종류와 범위를 정할 것을 요구하는 데 지나지 않으므로 이를 죄형법정주의에 반한다고는 할 수 없으며, ③ 형법도 중살인죄에 해당하는 강간살인죄(제301조의2), 인질살해죄(제324조의4), 강도살인죄(제338조)와 내란목적 살인죄(제88조)를 별도로 규정하고 있는 점에 비추어, 구태여 살인죄를 모살과 고살로 구별할 필요는 없다고 생각된다.[4]

1 영미법에서도 murder와 manslaughter를 예모한 살의(malice aforethought)의 유무에 의하여 구별하고 있다. 주에 따라 murder는 다시 유괴 · 강도 또는 강간 중에 범한 일급살인(first-degree murder)과 그 이외의 이급살인(second-degree murder)으로, manslaughter는 자발적 살인(voluntary manslaughter)과 비자발적 살인(involuntary manslaughter)으로 구분된다.
Cross and Jones *Introduction to Criminal law*(20th edition) p. 232.

2 독일 형법 제211조는 「① 모살자(Mörder)는 종신자유형에 처한다. ② 모살자란 살해욕, 성욕의 만족, 탐욕 기타 비열한 동기에 의하거나, 간악하거나 잔인하거나 공공에 위험한 수단으로 또는 다른 범죄를 실행하거나 은폐할 목적으로 사람을 살해한 자를 말한다」고 규정하고 있다.

3 서일교 21면; 유기천 24면; 임웅 12면.

4 강구진 25면; 김종원 28면; 박상기 17면; 배종대 9/28; 이영란 21면; 황산덕 157면.

2. 구성요건의 체계

4 형법 제24장 살인의 죄의 기본적 구성요건은 살인죄(제250조 1항)이다. 형법은 살인죄에 대한 가중적 구성요건으로 존속살해죄를 규정하고 있다(동조 2항). 존속살해죄는 살인죄에 대하여 책임이 가중되는 경우이다. 한편 감경적 구성요건으로는 촉탁·승낙에 의한 살인죄(제252조 1항)와 자살교사·방조죄(동조 2항)가 있는데, 이들 죄는 불법이 감경되는 경우라고 하겠다. 이들 죄에 대하여는 미수범을 처벌하고(제254조), 제250조와 제253조의 죄는 예비·음모를 벌하고 있다(제255조).

자기 또는 타인의 형사사건의 수사 또는 재판과 관련하여 고소·고발 등 수사단서의 제공, 진술, 증언 또는 자료제출에 대한 보복의 목적으로 형법 제250조 제1항의 죄를 범한 때에는 특정범죄 가중처벌 등에 관한 법률(이하 특가법)에 의하여 사형·무기 또는 10년 이상의 징역으로 가중처벌된다(제5조의 9 제1항).

Ⅱ. 살 인 죄

사람을 살해한 자는 사형·무기 또는 5년 이상의 징역에 처한다(제250조 1항).
미수범은 처벌한다(제254조).
유기징역에 처할 때에는 10년 이하의 자격정지를 병과할 수 있다(제256조).

1. 구성요건

(1) 객관적 구성요건 본죄는 사람을 살해함으로써 성립하는 범죄이다.

5 1) 행위의 객체 사람이다. 사람이란 살아 있는 사람을 말한다. 살아 있는 사람을 요하므로 자연인만 본죄의 객체가 될 수 있고, 법인은 포함되지 않는다. 살아 있는 사람인 이상 생존능력의 유무는 묻지 않는다. 따라서 빈사상태에 있는 환자, 기형아, 불구자, 낙태에 의하여 출생하여 살 능력은 없으나 아직 살아 있는 영아(嬰兒), 불치의 병에 걸려 있는 사람 또는 사형판결이 확정된 사람도 본죄의 객체가 된다. 본죄의 객체인 사람은 타인을 의미하므로 자기는 사람이라고 할 수 없다. 그러므로 자살은 본죄에 해당하지 않는다. 물론 자살을 결의하여 실행하고 있는 자를 타인이 살해한 때에는 여기의 사람에 해당하게 된다.[1]

---

1 대법원 1948. 5. 14. 4281형상38.

사람은 출생하면서부터 사망할 때까지 살아 있는 사람이라고 할 수 있다. 그러나 사람이 언제 출생하였으며 또 어느 때에 사망했다고 하느냐는 반드시 명백한 것이 아니다. 이것이 바로 사람의 시기와 종기에 관한 문제이다.

(개) **사람의 시기** 사람은 출생한 때부터 사람이 된다. 아직 출생하지 아니한 태아는 낙태죄의 객체가 될 수 있을 뿐이다. 사람의 시기(始期)는 태아가 사람으로 되는 시기를 말한다. 6

사람이 언제 출생하였다고 할 것인가에 대하여는 견해가 대립되고 있다. ① **진통설**(陣痛說)은 규칙적인 진통을 수반하면서 태아의 분만이 개시될 때, 즉 분만을 개시하는 진통이 있을 때를 사람의 시기라고 한다. 분만개시설[1]이라고도 한다. 통설[2]이 취하고 있는 태도이며, 대법원도 진통설을 따르고 있다.[3] ② **일부노출설**(一部露出說)은 태아의 신체의 일부가 모체에서 노출된 때를 사람의 시기라고 하고, 특히 태아의 두부(頭部)가 모체에서 노출된 때에 사람이 된다는 견해를 두부노출설이라고 한다. 일본의 통설과 판례의 태도이다.[4] ③ **전부노출설**(全部露出說)은 분만이 완성되어 태아가 모체로부터 완전히 분리된 때에 사람이 된다고 한다. 태아가 모체에서 전부 노출된 이상 독립하여 호흡할 것까지는 요하지 않는다. 영미에서는 전부노출설에 의하여 사람의 시기를 결정한다고 할 수 있다.[5] ④ **독립호흡설**(獨立呼吸說)은 태아가 모체에서 완전히 분리되어 태반에 의한 호흡을 그치고 독립하여 폐에 의한 호흡을 할 때에 사람이 된다고 한다. 이 견해는 태아가 살아서 태어났는가 또는 사산인가를 독립호흡의 유무에 의하여 용이하게 증 7

1 유기천 27면은 분만이 개시되지 않은 진통이나 진통의 중단도 있을 수 있으므로 진통설과 분만개시설을 구별해야 하고 분만개시설이 타당하다고 한다. 그러나 진통설도 위와 같은 진통으로 사람이 된다는 것이 아니라 분만을 개시하는 진통이 있을 때에 사람이 된다는 것이므로 양자를 구별할 필요는 없다.

2 강구진 20면; 김일수/서보학 14면; 박상기 23면; 배종대 9/10; 백형구 17면; 손동권/김재윤 8면; 신동운 535면; 오영근 15면; 유기천 27면; 이영란 23면; 이정원 34면; 임웅 15면; 정성근/박광민 44면; 정영석 216면; 진계호 34면; 황산덕 158면.

3 대법원 1982. 10. 12. 81도2621, 「사람의 생명과 신체의 안전을 보호법익으로 하고 있는 형법의 해석으로서는 사람의 시기는 규칙적인 진통을 동반하면서 태아가 태반으로부터 이탈하기 시작한 때, 다시 말하여 분만이 개시된 때(소위 진통설 또는 분만개시설)라고 봄이 타당하며 이는 형법 제251조에서 분만중의 태아도 살인죄의 객체가 된다고 규정하고 있는 점을 미루어 보아도 그 근거를 찾을 수 있는 바이니 조산원이 분만중인 태아를 질식사에 이르게 한 경우에는 업무상 과실치사죄가 성립한다.」

4 宮野 彬, 人の始期と終期, 刑法の爭點 182面.

5 Cross and Jones p. 233; Heaton and Than *Criminal Law*(2011) p. 154; Lafave *Modern Criminal Law*(2006) p. 255.

명할 수 있다는 점을 고려하여 주장된 이론이다.

8 사람의 시기는 형법에서 뿐만 아니라 민법상으로도 문제된다. 그러나 민법에 있어서 사람의 시기는 권리능력의 주체가 될 수 있는 시기를 결정하는 의미를 가지는 것이므로 전부노출설이 통설이다.[1] 그러나 형법의 해석에 있어서 사람의 시기의 문제는 낙태죄의 객체가 되는 태아가 분만과정의 어느 단계부터 살인죄, 상해죄 또는 과실치사상의 죄에 의하여 보호되어야 하는가라는 보호필요성을 기준으로 판단해야 한다. 그런데 ① 형법은 태아에게 상해를 가하거나 과실로 낙태한 경우를 처벌하지 않고 있다. 그러나 태아가 모체에서 노출되기 전이라 할지라도 분만 중에 영아의 생명이 침해될 위험성은 지극히 높으며, 이러한 분만 중의 영아의 생명을 보호함으로써 형법의 보호기능을 다하기 위해서는 분만 중의 영아도 사람이라고 해석하지 않으면 안 된다. ② 일본 형법과 달리 형법 제251조는 분만 중의 영아를 살해한 경우를 영아살해죄로 처벌하고 있다. 일부노출설이나 전부노출설 또는 독립호흡설에 의하여는 이를 도저히 설명할 수 없게 된다. 이러한 의미에서 **진통설**(분만개시설)이 타당하다고 하지 않을 수 없다.

9 진통설을 취하는 경우에도 소위 압박진통인 경우에 분만이 개시된 것으로 보아야 한다는 견해[2]가 있으나, 분만은 자궁구와 자궁경부의 개방진통, 즉 분만 제1기에 이미 개시한 것으로 보아야 할 것이다.[3] 그러나 진통을 수반하지 않은 단계에서 제왕절개 수술에 의하여 태아를 분만하는 경우에는 진통설의 이론이 그대로 적용될 수가 없다. 이 때에는 분만을 대신하는 의사의 수술, 정확히 말하면 자궁의 절개에 의하여 태아는 사람이 된다고 해야 한다.[4] 그러나 단순히 제왕절개 수술이 가능하고 필요하였던 것만으로는 사람이 되지 않는다.[5]

1 송덕수 민법총칙(제4판), 520면.

2 강구진 37면; 유기천 27면.

3 의학적 지식에 의하면 분만에 따르는 진통에는 가진통(假陣痛, Vorwehen)과 분만진통(分娩陣痛, Gewurtswehen)이 있다. 가진통은 임신 마지막 주 또는 분만 직전까지 계속될 수 있다. 이 단계에서는 분만이 개시되었다고 할 수 없다. 분만을 개시하는 진통에는 개방진통(Eröffnungswehen, 분만 1기)과 압박진통(Presswehen, 분만 2기)이 있다. 개방진통에 의하여 자궁구와 자궁경부가 열리고, 압박진통에 의하여 태아는 모체 밖으로 배출된다. 태아는 바로 이러한 분만진통의 단계에서 사람이 되는 것이다.

4 Lackner/Kühl Vor §211 Rn. 3; Sch/Sch/Eser Vor §211 Rn. 13; Wessels/Hettinger Rn. 11; Tröndle/Fischer Vor §211 Rn. 2.

5 대법원 2007. 6. 29. 2005도3832, 「(1) 형법의 해석으로는 규칙적인 진통을 동반하면서 분만이 개시된 때(소위 진통설 또는 분만개시설)가 사람의 시기(始期)라고 봄이 타당하다.

사람의 시기와 관련하여 본죄(상해죄와 과실치사상죄의 경우에도 같다)의 객체인 사람은 행위시에 사람의 성질을 가질 것을 요하는가가 문제된다. 분만 이전의 모체 안에 있는 태아를 살해하거나 상해한 때에는 낙태죄의 성립은 별 문제로 하고 살인죄나 상해죄가 성립할 여지는 없다. 문제는 이 경우에 태아가 출생한 후 그 영향으로 사망하였거나 불구가 되었을 때에 출생한 영아에 대한 살인죄나 상해죄의 성립을 인정할 수 있느냐에 있다. 임산부가 기형아를 출산케 한 약을 제조 · 판매한 제약회사의 형사책임을 둘러싸고 논의된 문제이다. 독일의 통설은 본죄의 객체인 사람임을 요하는 시기는 행위시나 결과발생시가 아니라 행위가 그 객체에 작용하는 시기를 기준으로 해야 한다고 해석하고 있다.[1] 이에 의하면 행위자의 행위가 객체에 작용하는 것이 사람이 된 후인 때에만 본죄가 성립하고, 태아를 살해하고자 하였으나 살아서 출생하여 더 이상 아무런 작용도 하지 않았음에도 불구하고 사망한 때에는 본죄는 성립하지 않는 것이 된다. 10

(나) **사람의 종기** 사람의 종기는 사망한 때이다. 11

사람은 사망하면 사체(死體)에 지나지 아니하며 사체는 본죄의 객체가 될 수 없다.

사람의 사망시기에 관하여는 종래 호흡종지설과 맥박종지설이 대립되어 있었으나 현재까지는 맥박종지설이 우리나라의 통설이다.[2] **호흡종지설**(呼吸終止說)은 호흡이 영구적으로 그쳤을 때에 사람이 사망하였다고 봄에 대하여, **맥박종지설**(脈搏終止說)은 심장의 고동이 영구적으로 정지한 때를 사람의 종기라고 파악하는 견해이다. 호흡종지설과 맥박종지설은 모두 사람의 사망시기를 생물학적 · 의학적 기준에 의하여 판단하려고 하는 점에 공통점을 갖는다. 그러나 1967년 12월 버나드 박사에 의하여 심장이식수술이 성공한 이래 죽어가는 사람의 심장이나 기타 장기를 이식하여 다른 환자를 구할 필요성을 고려하지 않을 수 없게 되었고, 한편 의학의 발달은 일단 정지된 심장도 마사지 · 전기쇼크 또는 인공호흡 12

(2) 제왕절개 수술의 경우 '의학적으로 제왕절개 수술이 가능하였고 규범적으로 수술이 필요하였던 시기'는 판단하는 사람 및 상황에 따라 다를 수 있어, 분만개시 시점 즉, 사람의 시기도 불명확하게 되므로 이 시점을 분만의 시기로 볼 수는 없다.」

다만 대법원이 이 경우에도 진통설을 적용하여 분만의 시기로 볼 수 없다고 판시한 것은 의문이다.

1 Horn SK §212 Rn. 4; Maurach/Schroeder/Maiwald 1/12; Schneider MK Vor §211 Rn. 13; Sch/Sch/Eser Vor §211 Rn. 15; Tröndle/Fischer Vor §211 Rn. 4; Wessels/Hettinger Rn. 15.

2 김일수/서보학 15면; 김종원 30면; 백형구 18면; 정영석 217면; 정영일 10면; 조준현 28면; 진계호 34면; 황산덕 159면.

장치 등으로 다시 움직이게 하고 심지어 인공심장까지 등장하게 되었을 뿐만 아니라, 사고 등으로 뇌의 활동이 정지된 사람에 대하여도 호흡과 맥박을 계속하게 하는 길이 열림에 따라 종래의 사망시기의 기준에 대하여 근본적인 회의가 일어나지 않을 수 없었다. 여기서 등장한 것이 바로 **뇌사설**(腦死說)이다. 뇌사설은 뇌기능의 종국적인 훼멸, 즉 뇌사(Hirntod)에 이른 때에 사람이 사망하였다고 한다.

13 뇌사설은 1968년 8월 9일 Sydney에서 개최된 제22차 세계의사학회에서 채택된 Sydney선언에서 사망의 시기 결정에 대한 가장 유효하고 유일한 기준으로 추천되어, 현재 독일에서는 통설[1]의 지위를 차지하고 있다. 미국에서도 사람의 사망시기를 법률로 규정하기 위한 노력이 전개되어 1970년 Kansas 주법은 사망의 정의를 법률에 의하여 「맥박과 호흡의 종지 또는 뇌사」(either the cessation of heartbeat and respiration or brain death)라고 규정하였으며, 사망에 대한 새로운 법적 기준으로서 뇌사를 채택해야 한다는 압력이 점증하고 있는 현실이다.[2] 우리나라에서도 1999년 2월 장기등 이식에 관한 법률이 제정되었으며, 동법은 뇌사자의 장기적출을 규정하고 있다. 그러나 장기등 이식에 관한 법률도 사람의 종기에 관하여 뇌사설을 취한 것은 아니다.[3]

14 생각건대 형법에서 사람의 종기를 판단함에 있어서는 전적으로 생물학적·의학적 기준에 따를 것이 아니고 형법이 사람의 생명을 보호하는 근본취지에 비추어 형법적 취지에서 판단하는 것이 타당하다. 그런데 ① 뇌의 기능이 완전히 죽은 때에는 사람의 생명을 보호하기 위한 전제가 소멸되었다고 하지 않을 수 없다. 형법이 사람의 생명을 보호하는 것은 그것이 인간의 인격의 기초이기 때문이며, 생명의 핵심은 호흡이나 심장의 고동이 아니라 뇌의 활동이라고 해야 한다. 따라서 뇌조직의 사망이야말로 사람의 생명의 핵심을 파괴하고 개인의 존재를 소멸시키는 것이 된다. ② 호흡이나 심장은 정지된 후에도 회복될 수 있고 인공장치에 의하여 유지될 수 있지만 뇌기능이 종지된 때에는 더 이상 치료가 불가능

1 Bockelmann S. 3; Gössel S. 27; Horn SK §212 Rn. 5; Jähnke LK Vor §211 Rn. 8; Lackner/Kühl Vor §211 Rn. 4; Maurach/Schroeder/Maiwald 1/12; Sch/Sch/Eser Vor §211 Rn. 18; Tröndle/Fischer Vor §211 Rn. 6; Welzel S. 280; Wessels/Hettinger Rn. 21.

2 Lafave p. 260.

3 장기등 이식에 관한 법률이 뇌사를 사실상 사망시점으로 인정하였다고 해석하는 견해도 있다(박상기 22면; 이정원 38면). 그러나 장기등 이식에 관한 법률은 살아있는 사람, 뇌사자 및 사망한 자를 구별하고 있으며(제4조 6호), 사람 중에서 뇌사자를 제외한 사람을 살아있는 사람이라고 말한다고 규정하고 있다(동조 5호). 이와 같이 뇌사자와 사망한 자를 구별하고 있다는 점에서 이에 의하여 뇌사설이 입법화되었다고 할 수는 없다.

하다. 따라서 사람의 인격적 생명은 뇌사에 의하여 끝났다고 보아야 한다. 이러한 의미에서 사람의 종기는 심장의 고동의 종지가 아니라 뇌사에 의하여 결정된다는 뇌사설이 타당하다고 생각한다.[1]

뇌사설에 대하여는 현재의 의학수단으로는 아직도 뇌사를 확정할 만한 믿을 수 있는 방법과 기준이 없기 때문에 받아들이기 어렵다는 비판이 있다.[2] 그러나 ① 맥박의 종지가 있으면 5~10분 후에 뇌기능은 마비되고 뇌사의 상태에 이르는 것이 일반적이다. 즉 맥박이 정지된 후 최대한 10분이 지나면 뇌사의 단계에 도달한다. ② 현재의 의학기술에 의하여 뇌전도 또는 뇌파계에 의하여 뇌의 활동을 측정할 수 있고, 뇌사에 의한 사망의 결정은 법률가가 하는 것이 아니라 의학적 지식에 위임해야 하는 것이며 이에 관한 의학적 판단을 신뢰하지 않을 수 없으므로, 이러한 비판도 옳다고 할 수 없다. 장기등 이식에 관한 법률은 명문으로 뇌사판정의 절차와 기준을 규정하고 있다.[3] 15

뇌사설의 구체적 내용에 대하여는 다시 견해가 일치하지 않는다. **뇌간사설**(腦幹死說)은 뇌간 전체의 기능이 불가역적으로 정지되었을 때를 뇌의 기능사로 이해한다. 뇌간이 생명현상의 중추라는 점을 이유로 한다. **대뇌사설**(大腦死說)은 대뇌기능인 정신기능의 불가역적 소실을 개체사로 본다. 인격을 특징짓는 정신작용이 소실되면 16

1 박상기 23면; 이정원 35면; 이형국 14면; 임웅 17면; 정성근/박광민 46면.

2 강구진 24면; 김종원 30면.

3 장기등 이식에 관한 법률은 뇌사판정업무를 하려는 의료기관은 전문의사 2명 이상과 의료인이 아닌 위원 1명 이상을 포함한 4명 이상 6명 이하의 위원으로 구성된 뇌사판정위원회를 설치하여야 하고(동법 제16조 2항 · 3항), 뇌사판정에 있어서는

(1) 그 **선행조건**으로 ① 원인질환이 확실할 것, ② 치료될 가능성이 없는 기질적인 뇌병변이 있을 것, ③ 깊은 혼수상태로서 자발호흡이 없고 인공호흡기로 호흡이 유지되고 있을 것, ④ 치료 가능한 약물중독(마취제, 수면제, 진정제, 근육이완제, 독극물 등으로 인한 중독)이나 대사성 장애의 가능성이 없을 것, ⑤ 치료 가능한 내분비성 장애(간성혼수, 요독성혼수, 저혈당성뇌증 등)의 가능성이 없을 것, ⑥ 저체온상태(직장온도가 섭씨 32° 이하)가 아닐 것, ⑦ 쇼크상태가 아닐 것을 요구하고, 이러한 선행조건이 충족된 후에

(2) **뇌사판정의 기준**으로 ① 외부자극에 전혀 반응이 없는 깊은 혼수상태일 것, ② 자발호흡이 되살아날 수 없는 상태로 소실되었을 것, ③ 두 눈의 동공이 확대 · 고정되어 있을 것, ④ 뇌간반사가 완전히 소실되어 있을 것, ⑤ 자발운동 · 제뇌경직, 제피질경직, 경련 등이 나타나지 않을 것, ⑥ 무호흡검사 결과 자발호흡이 유발되지 않아 자발호흡이 되살아날 수 없다고 판정될 것이어야 하고, 뇌사판정대상자가 ① 6세 이상인 경우에는 1차 판정부터 6시간이 지난 후, ② 1세 이상 6세 미만인 경우에는 1차 판정부터 24시간이 지난 후, ③ 생후 2개월 이상 1세 미만인 경우에는 1차 판정부터 48시간이 지난 후에 재확인하였을 때에도 그 결과가 같을 것을 요하며, 뇌사판정대상자가 ① 1세 이상인 경우에는 재확인 이후에, ② 생후 2개월 이상 1세 미만인 경우에는 재확인 이전과 이후에 각각 뇌파검사를 하였을 때에 평탄뇌파가 30분 이상 지속되어야 한다고 규정하고 있다(동법 제18조 2항 · 동시행령 제21조).

개인으로서의 인간은 죽었다고 해야 한다는 것이다. 이에 반하여 **전뇌사설**(全腦死說)은 뇌간을 포함한 전뇌의 기능이 소멸한 상태를 뇌사라고 한다. 생각건대 ① 대뇌사설에 의하면 식물인간이나 무뇌아를 뇌사라고 보아야 하는 불합리한 결과가 되며, ② 인격의 기초가 되는 대뇌기능이 살아 있는 경우를 뇌사라고 보는 것도 부당하다는 점에서 전뇌사설이 타당하다.[1]

17 **2) 행 위** 본죄의 행위는 사람을 살해하는 것이다.

살해란 고의로 사람의 생명을 자연적인 사기(死期)에 앞서서 단절시키는 것을 말한다.

18 **(가) 살해의 방법** 살해의 수단·방법에는 제한이 없다. 타살·독살·사살·교살과 같은 유형적 방법에 의하건, 정신적 고통이나 충격에 의하여 살해하는 무형적 방법에 의하건 묻지 않는다. 다만 저주·기도 등의 방법에 의하여 살해하는 미신범의 경우를 살해행위라고 할 수 있느냐가 문제된다. 미신범은 원래 불능범(不能犯)에 속하지만, 피해자의 미신적 성격을 이용하여 그를 살해하려고 저주하였더니 피해자가 그 사실을 알고 정신적 충격을 받아 사망한 때에는 살인죄의 성립을 인정해야 한다는 견해[2]도 있다. 그러나 미신적 방법에 의한 행위는 살인의 의사를 실현하기 위한 행위라고 평가할 수 없으므로 살해행위에 속하지 않는다고 생각된다.[3]

19 직접적인 방법에 의하건, 간접적인 방법에 의하건 불문한다. 따라서 본죄는 간접정범에 의하여도 행할 수 있다. 독약을 우송하여 사람을 살해하거나 정신병자를 이용한 경우가 여기에 해당한다. 간접정범에 의한 살인과 관련하여 문제되는 것이 피해자를 도구로 이용한 경우와 국가의 재판을 이용한 살인이 가능한가라는 점이다. ① 형법은 자살을 벌하지 않는다. 그러나 자살은 판단능력 있는 사람의 자유의사에 의하여 이루어진 자살의 결의를 전제로 한다. 행위자가 강제나 기망에 의하여 피해자의 자살을 야기한 때에는 이론상 본죄의 간접정범에 해당하는 것이지만, 형법은 이러한 경우에 별도로 위계·위력에 의한 살인죄(제253조)를

1 Horn SK §212 Rn. 5; Jähnke LK Vor §211 Rn. 8; Krey 1 Rn. 16; Lackner/Kühl Vor §211 Rn. 4; Schneider MK Rn. 16; Sch/Sch/Eser Vor §211 Rn. 18; Tröndle/Fischer Vor §211 Rn. 7; Wessels/Hettinger Rn. 21.

2 황산덕 159면.

3 강구진 28면; 김일수/서보학 16면; 배종대 10/5; 오영근 18면; 유기천 25면; 이형국 16면; 임웅 19면; 정영석 218면.

구성하는 것으로 하고 있다. ② 무고나 위증의 방법 또는 재판을 이용하여 사람을 살해하는 것이 가능하다는 견해[1]도 있다. 그러나 실체진실의 발견을 이념으로 하여 법원의 직권에 의한 실체진실발견의무를 인정하고 있는 현행 형사소송법 아래에서 고발인이나 증인이 재판을 지배하였다고는 할 수 없으므로 이러한 경우에는 본죄의 간접정범이 될 수 없다고 하겠다.

살해는 보통 작위에 의하여 행하여지지만 부작위에 의한 살인도 가능하다. 20
보증인지위에 있는 자가 보증인의무를 다하지 아니하여 사람을 사망케 한 때에는 부작위에 의한 살인죄가 성립한다.

예컨대 어머니가 유아에게 젖을 주지 아니하여 죽게 한 경우, 감금한 자가 탈진상태에 빠져 있는 피해자를 구조하지 아니하여 죽게 한 경우(대법원 1982. 11. 23. 82도2024) 및 어린 조카를 저수지로 데리고 가서 미끄러지기 쉬운 제방쪽으로 유인하여 함께 걷다가 물에 빠진 조카를 방치하여 익사하게 한 경우(대법원 1992. 2. 11. 91도2951)가 여기에 해당된다. 다만 판례는 보호자가 의학적 권고에도 불구하고 치료를 요하는 환자의 퇴원을 강청하여 담당 전문의와 주치의가 치료중단 및 퇴원을 허용하는 조치를 취함으로써 환자를 사망에 이르게 한 경우에 담당 전문의와 주치의에게 작위에 의한 살인방조죄의 성립을 인정하였다(대법원 2004. 6. 24. 2002도995).

(나) **기수시기** 본죄는 침해범이다. 따라서 살해행위에 의하여 사망이라 21
는 결과, 즉 뇌사의 상태에 이른 때에 본죄는 기수가 된다. 살해행위와 사망 사이에는 인과관계가 있어야 하며, 그 결과는 행위에 객관적으로 귀속될 수 있는 것이어야 한다. 인과관계가 없을 때에는 본죄의 미수에 그친다(제254조). 그러나 행위자의 행위가 피해자의 사망에 대한 유일한 원인이 되어야 인과관계가 인정되는 것은 아니다.[2]

따라서 피해자의 과실이 경합하여 사망의 결과가 발생한 경우는 물론(대법원 1994. 3. 22. 93도3612), 수술지연 등 의사의 과실이 경합하여 결과가 발생한 경우에도 인과관계가 인정된다(대법원 1984. 6. 26. 84도831).

실행의 수단 또는 대상의 착오로 인하여 결과의 발생이 불가능하여 사망의 결과가 발생하지 아니하였으나 위험성이 있는 때에는 본죄의 불능미수가 된다.

1 유기천 26면.
2 대법원 1982. 12. 28. 82도2525.

따라서 치사량에 현저히 미달하는 극약으로 사람을 살해하려고 했을 때에는 본죄의 불능미수가 되지만,[1] 그것이 피해자에 대하여는 치사량에 미달하였다 할지라도 일반적으로는 사람을 살해할 수 있는 정도인 때에는 본죄의 장애미수에 지나지 않는다.[2]

22 (2) **주관적 구성요건** 본죄가 성립하기 위하여는 주관적 구성요건으로 고의가 있어야 한다. 본죄의 고의는 객관적 구성요건요소인 사람을 살해한다는 인식과 의사를 의미한다. 살인의 고의 없이 사람을 사망에 이르게 한 때에는 과실치사죄(제267조)나 상해치사죄(제259조) 또는 폭행치사죄(제262조)는 성립할 수 있어도 본죄는 성립하지 않는다. 순간적 감정이나 우발적으로 사람을 살해할 것을 결의한 때에도 살인의 확정적 고의를 인정할 수 있다.[3] 그러나 본죄의 고의는 반드시 확정적 고의임을 요하지 않고 미필적 고의로도 족하다.[4]

따라서 ① 피해자가 맞아 죽어도 무방하다고 생각하고 총을 발사한 경우(대법원 1975. 3. 11. 75도217), ② 돌이나 각목으로 사람의 머리를 강타한 경우(대법원 1985. 5. 14. 85도256; 대법원 1998. 6. 9. 98도980), ③ 칼로 사람의 복부(대법원 1986. 5. 27. 86도367; 대법원 1987. 12. 8. 87도2195; 대법원 1989. 12. 26. 89도2087)나 목을 찌른 경우(대법원 1987. 7. 21. 87도1091) 또는 ④ 사람의 목을 조르거나(대법원 1985. 3. 12. 85도198; 대법원 1986. 7. 22. 86도1070; 대법원 1994. 12. 22. 94도2511), ⑤ 인체의 급소를 잘 알고 있는 무술교관 출신이 무술의 방법으로 성대를 가격하거나(대법원 2000. 8. 18. 2000도2231), ⑥ 시내버스를 운전하여 사람에게 돌진한 경우(대법원 1988. 6. 14. 88도692)에는 살인의 고의를 인정하지 않을 수 없다.

인과관계의 인식도 고의의 내용이 된다. 다만 인과관계의 착오는 그것이 본질적인 차이가 있는 경우가 아니면 고의에 영향을 미치지 않는다. 사실의 착오는 고의를 조각하지만 구체적 사실의 착오인 경우에 객체의 착오는 고의의 성립에 영향이 없다. 타격의 착오에 있어서도 통설과 판례의 입장인 법정적 부합설에 의하면 같은 결론이 된다.[5]

1 대법원 1984. 2. 14. 83도2967.

2 대법원 1984. 2. 28. 83도3331; 대법원 2007. 7. 26. 2007도3687.

3 대법원 1983. 9. 13. 83도1817; 대법원 1986. 12. 9. 86도2044.

4 대법원 1981. 2. 24. 81도73; 대법원 1998. 6. 9. 98도980; 대법원 2001. 9. 28. 2001도3997; 대법원 2004. 6. 24. 2002도995; 대법원 2008. 3. 27. 2008도507.

5 대법원 1975. 4. 22. 75도727; 대법원 1984. 1. 24. 83도2813.

2. 위 법 성

(1) **일반적 위법성조각사유** 살인죄의 구성요건에 해당하는 행위는 위 23
법성조각사유가 없는 한 위법하다고 할 수 있다. 그러나 형법이 사람의 생명을 보호함에 있어서 절대적 생명보호의 원칙에서 출발하고 있기 때문에 본죄의 위법성조각사유는 다른 범죄에 비하여 제한되지 않을 수 없다. 즉 피해자의 승낙은 본죄의 위법성조각사유가 될 수 없다. 사람의 생명은 처분할 수 있는 법익이 아니기 때문이다. 본죄는 또한 긴급피난(緊急避難)에 의하여 위법성이 조각되지 않는다. 생명은 다른 법익보다 우월한 법익이며 생명과 생명은 같은 가치를 가지는 이익이므로 우월적 이익의 원칙을 요구하는 긴급피난의 요건은 살인죄에 관하여 적용될 여지가 없기 때문이다. 같은 이유로 살 가치 없는 생명을 살해하는 것도 적법하다고 할 수 없다. 사회에서 무가치하고 일반인에게 부담만을 주는 생명도 역시 보호되어야 하기 때문이다.

본죄의 위법성조각사유로 가장 중요한 의의를 가지는 것이 정당방위(正當防 24
衛)이며, 살인죄도 정당방위에 의하여 위법성이 조각될 수 있다. 경찰관직무집행법 제10조의4는 일정한 요건 아래서 경찰관이 무기를 사용하거나 사람에게 위해를 줄 수 있는 것으로 규정하고 있다.[1] 그러나 이에 의한 경찰관의 무기사용은 어디까지나 범인의 체포·도주의 방지, 자신이나 다른 사람의 생명·신체의 방어 및 보호 또는 공무집행에 대한 항거의 제지를 위하여 허용되는 것이므로, 경찰관직무집행법 제10조의4에 의하여 살인행위의 위법성까지 조각된다고는 할 수 없다. 이 경우에도 본죄의 위법성은 정당방위의 요건을 충족한 때에 한하여 조각된다고 해야 한다.[2]

전시(戰時)에 전투행위로 적을 살해하는 것은 정당행위가 되어 본죄의 위법 25
성은 조각된다. 그러나 전쟁이라고 하여 사람을 살해하는 행위가 언제나 적법하게 되는 것은 아니다. 우리 헌법은 국제법존중주의를 채택하여 일반적으로 승인

---

1 경찰관직무집행법 제10조의4 제1항은 「경찰관은 범인의 체포·도주의 방지, 자신이나 다른 사람의 생명·신체의 방어 및 보호, 공무집행에 대한 항거의 제지를 위하여 필요하다고 인정되는 상당한 이유가 있을 때에는 그 사태를 합리적으로 판단하여 필요한 한도에서 무기를 사용할 수 있다. 다만, 다음 각 호의 어느 하나에 해당할 때를 제외하고는 사람에게 위해를 끼쳐서는 아니 된다」고 규정하고 있다.

2 Bockelmann S. 6; Maurach/Schroeder/Maiwald 2/10; Sch/Sch/Lenckner §32 Rn. 42 a.

된 국제법규, 즉 전쟁법의 일반원리에 대하여도 국내법과 동일한 효력을 인정하고 있기 때문이다(헌법 제6조 1항). 따라서 전투와 관계 없는 사람이나 포로를 살해하는 경우에는 위법성이 조각되지 않는다.

(2) **안락사와 존엄사** 본죄의 특수한 위법성조각사유로 될 수 있느냐가 문제되는 것이 바로 안락사와 존엄사의 문제이다.

26 1) **안 락 사** 안락사(安樂死, Euthanasie, Sterbehilfe)란 격렬한 고통에 허덕이는 불치 또는 빈사의 환자에게 그 고통을 제거 또는 감경하기 위하여 그를 살해하는 것을 말한다. 생명을 단축시키지 않는 안락사를 진정안락사(echte Euthanasie)라고 하는 견해도 있으나, 생명을 단축하지 않고 오로지 고통을 제거하거나 감경할 뿐인 경우에는 본죄의 구성요건해당성이 없다고 할 것이므로 여기서는 생명을 단축시키는 안락사가 허용될 수 있느냐만 문제된다. 종래의 통설은 ① 환자가 불치의 질병으로 사기(死期)에 임박하였고, ② 환자의 고통이 차마 볼 수 없을 정도로 극심하며, ③ 환자의 고통을 제거 또는 완화하기 위한 것이고, ④ 환자의 진지한 촉탁 또는 승낙이 있고, ⑤ 원칙적으로 의사에 의하여 시행되고 그 방법이 윤리적으로 정당하다고 인정되는 등의 조건이 충족되는 때에는 안락사가 사회상규에 반하지 아니하는 정당행위로서 위법성이 조각된다고 해석하였다.[1] 생각건대 고통제거의 부수적 결과로서 생명단축이 발생한 간접적 안락사는 허용되지만, 고통을 제거하기 위하여 직접 사람을 살해하는 직접적 안락사는 허용될 수 없다고 해야 한다.[2] 그것은 ① 이를 허용하는 때에는 남용의 위험이 있고, ② 절대적 생명보호의 원칙에 위배될 뿐만 아니라, ③ 고통은 대부분 진통제의 투여에 의하여 진정시킬 수 있기 때문이다.

27 2) **존 엄 사** 존엄사(尊嚴死, death with dignity)란 죽음에 직면한 환자가 품위 있는 죽음을 맞도록 하기 위하여 생명유지조치를 중지하는 것을 말한다. 다시 말하면 소생의 가망이 없는 불치의 환자가 자연적으로 죽을 수 있도록 생명유지장치를 제거하거나 치료를 중지하는 경우가 여기에 해당한다. 소극적 안락사라고도 한다. 생각건대 ① 사람의 생명에 대한 권리는 사람의 자연적인 죽음과 인간다운 죽음에 대한 권리를 포함한다고 해야 한다. 뿐만 아니라 ② 환자의 동

1 김종원 33면; 오영근 23면; 유기천 29면; 임웅 26면; 정영석 223면; 조준현 30면.
2 김일수/서보학 18면; 박상기 26면; 배종대 10/15; 신동운 544면; 이정원 45면; 이형국 20면.

의 또는 추정적 승낙이 없는 때에는 의사는 원칙적으로 치료행위를 할 수 없으며, 그의 의사에 반하여 생명과 고통의 연장을 강요할 수 없다. 또한 ③ 환자의 생명을 유지하여야 할 의사의 의무도 환자에게 소생이나 치료의 가능성이 소멸되고 사기가 임박하여 죽음을 피할 수 없게 된 때에는 인정할 수 없다고 해야 한다. 이러한 의미에서 사기에 임박한 환자에게 자연적인 사망을 맞이하도록 하는 존엄사도 위법성이 조각된다고 해야 한다.[1]

대법원도 의학적으로 환자가 의식의 회복가능성이 없고 생명과 관련된 중요한 생체기능의 상실을 회복할 수 없으며 환자의 신체상태에 비추어 짧은 시간 내에 사망에 이를 수 있음이 명백한 단계에 이른 후에 환자가 인간으로서의 존엄과 가치 및 행복추구권에 기초하여 자기결정권을 행사하는 것으로 인정되는 경우에는 특별한 사정이 없는 한 연명치료의 중단이 허용될 수 있다고 판시하였다(대법원 2016. 1. 28. 2015다9769).

3) 연명의료 중단 의사가 「호스피스 · 완화의료 및 임종과정에 있는 환자의 연명의료결정에 관한 법률」(제15조 이하)에 따라 임종과정에 있는 환자에 대한 연명의료를 시행하지 아니하거나 중단함으로써 죽음에 이르게 하는 것은 법령에 의한 행위로서 위법성이 조각된다. 27a

3. 죄 수

생명은 전속적 법익이므로 본죄의 죄수는 피해자의 수에 따라 결정되어야 한다. 따라서 1개의 행위(예컨대 폭탄을 폭발시키는 경우)로 인하여 수인을 살해한 때에는 수개의 살인죄가 성립하여 상상적 경합의 관계에 있게 된다. 또한 동일한 장소에서 동일한 방법에 의하여 시간적으로 접착되어 수인을 살해한 때에도 수개의 살인죄의 경합범이 된다.[2] 28

동일인에 대한 살인예비 · 살인미수 및 살인기수와 동일인에 대한 상해와 살인은 법조경합(보충관계)의 관계라 할 것이므로 하나의 살인(기수)죄만 성립하게 된다. 또한 살인행위에 따른 의복의 손괴는 불가벌적 수반행위로서 손괴죄는 살인죄에 흡수된다. 그러나 사람을 살해한 다음 그 범죄를 은폐하기 위하여 사체를

1 Bockelmann S. 5; Horn SK §212 Rn. 26c; Lackner/Kühl §212 Rn. 8; Sch/Sch/Eser Vor §211 Rn. 27ff; Wessels/Hettinger Rn. 35~37.

2 대법원 1969. 12. 30. 69도2062; 대법원 1991. 8. 27. 91도1637.

유기한 때에는 살인죄와 사체유기죄의 경합범이 성립한다.[1]

Ⅲ. 존속살해죄

> 자기 또는 배우자의 직계존속을 살해한 자는 사형, 무기 또는 7년 이상의 징역에 처한다(제250조 2항).
> 미수범은 처벌한다(제254조).
> 유기징역에 처할 때에는 10년 이하의 자격정지를 병과할 수 있다(제256조).

(1) 의의와 합헌성

29 **1) 의 의** 자기 또는 배우자의 직계존속을 살해함으로써 성립하는 범죄이다. 자기 또는 배우자의 직계존속을 살해한 때에는 책임이 무겁다는 이유로 형을 가중한 가중적 구성요건이다. 신분관계로 인하여 형이 가중되는 부진정 신분범이다.

30 **2) 합 헌 성** 본죄에 관하여는 존속살해죄의 형을 살인죄에 비하여 가중한 것이 직계비속이라는 신분을 이유로 차별대우한 것이기 때문에 평등의 원칙을 규정한 헌법 제11조 1항에 반하는 위헌의 규정이 아닌가라는 문제가 제기되고 있다. 이에 관하여는 본죄가 위헌이라는 견해[2]와 합헌이라는 견해[3]가 대립되고 있다.

31 **(가) 위 헌 설** 본죄를 위헌이라고 해석하는 견해는 ① 존속살해에 대하여 가중규정을 둔 것은 봉건적 가족제도의 유산으로서 근대의 자연법사상은 친자관계라 할지라도 개인 대 개인의 관계로 고찰할 것을 요구하며, ② 헌법 제11조의 사회적 신분에 의한 차별금지의 의미는 인간의 자기자신 지배의 정신에 맞추어 해석하여야 하는바, 인간은 출생케 할 자유는 가지지만 출생하는 자유는 없으므로 출생하게 하는 자, 즉 존속은 자유를 가지므로 이를 기초로 하여 형법상의 책임이 무거워지는 것에 타당한 근거가 있지만 출생된 자, 즉 비속은 그 출생

---

1 대법원 1984. 11. 27. 84도2263; 대법원 1997. 7. 25. 97도1142.

2 강구진 34면; 유기천 32면; 이정원 52면; 임웅 34면.

3 김일수/서보학 23면; 김종원 38면; 남흥우 23면; 박상기 27면; 손동권/김재윤 17면; 이형국 26면; 정성근/박광민 53면; 조준현 34면; 진계호 42면; 황산덕 161면.
다만 김종원, 김봉태, 서일교, 정성근 교수는 본죄가 위헌은 아니지만 입법론상으로는 부당하다는 비판을 가하고 있다.

의 자유를 가지지 못하므로 이를 기초로 하여 형법상의 책임을 무겁게 하는 것은 사회적 신분으로 인한 차별이라 하지 않을 수 없고,[1] ③ 친자관계를 지배하는 도덕은 인륜의 대본이며 보편적 도덕원리라 할지라도 법률과 도덕 사이에는 엄연한 한계가 있으며 효도라는 도덕적 가치는 형벌의 가중에 의하여 강제될 수 있는 가치가 아니므로 효도는 법 앞의 불평등을 기초지을 수 있는 합리적 근거가 될 수 없다는 점[2]을 그 논거로 들고 있다.

일본 최고재판소는 존속을 살해하는 것은 반윤리성을 특히 비난할 가치가 있다고 할지라도 본죄의 법정형이 지나치게 무거워 법률상 형의 집행을 유예할 수 없기 때문에 보편적 윤리의 유지 · 존중이라는 것만으로는 설명할 수 있는 합리적 차별이 아니라고 판시한 바 있으나(日最判 1973. 4. 4 [刑集 27-3, 265]),[3] 우리나라에서는 1995년의 형법개정에 의하여 존속살해죄의 법정형이 조정되었으므로 이러한 문제가 제기될 여지는 없다.

(나) **합 헌 설** 본죄를 합헌이라고 해석하는 견해는 ① 헌법상의 평등의 32
원칙은 어떤 경우에 있어서도 모든 사람을 항상 차별대우해서는 안 된다는 절대적 평등을 의미하는 것이 아니라 구체적인 인간의 차이로 인한 합리적인 근거 있는 차등까지 금지하는 것은 아니며, ② 형법이 존속에 대한 범죄를 무겁게 벌하는 것은 존속에 대한 도덕적 의무에 근거를 둔 것으로 이러한 친자관계를 지배하는 도덕은 고금동서를 불문하고 인정되어 있는 인륜의 대본이요 보편적 도덕원리이며, ③ 본죄는 비속의 배륜성을 특히 비난하는 데 그 본질이 있고 이로 인하여 존속이 강하게 보호받는 것은 그 반사적 이익에 불과하므로[4] 본죄를 위헌이라고는 할 수 없다고 한다.

(다) **비 판** 생각건대 ① 민주주의가 개인의 자유로운 인격의 발전을 33
보장한다고 하여 우리 사회의 고유한 순풍양속까지 무조건 말살할 것까지 요구한다고는 할 수 없고,[5] ② 헌법 제11조의 사회적 신분이란 선천적 신분에 한하지 아니하고 널리 「사람이 사회에서 일시적이 아니고 장기적으로 차지하고 있는 지

---

1 유기천 35면.

2 강구진 35면; 배종대 11/15.

3 일본 형법은 1995. 6. 1. 존속살해죄를 비롯한 존속에 대한 범죄의 형의 가중규정을 모두 폐지하였다.

4 김종원 38면.

5 황산덕 161면.

위」를 의미하므로[1] 출생의 자유가 없다는 이유로 사회적 신분에 의한 차별이 된다는 논리는 옳다고 할 수 없으며, 평등의 원칙은 상대적 평등을 의미하므로 비속이라는 신분이 사회적 신분이라 할지라도 합리적 근거에 의한 차별까지 금지하는 것은 아니므로[2] 문제는 존속살해에 대한 형의 가중에 합리적 근거가 있느냐에 귀착된다고 해야 한다. ③ 법과 도덕이 구별되고 법에 의하여 모든 도덕이 강제될 수는 없다고 할지라도 사회도덕의 유지를 위한 형법의 역할을 전적으로 부정할 수는 없을 뿐 아니라 존속살해에 대한 형의 가중은 도덕을 강제하는 것이 아니라 배륜으로 인한 책임의 가중을 근거로 형을 가중하는 데 지나지 않는다고 해야 한다. 법과 도덕이 구별된다고 하여 책임판단에 있어서 윤리적 요소를 완전하게 제거할 수는 없으므로 배륜성에 의한 책임가중은 형을 가중하는 합리적 근거가 된다. 이러한 의미에서 본죄를 위헌이라고 할 수는 없다고 생각된다.

헌법재판소는 존속상해치사죄의 합헌성에 관하여, 「비속의 직계존속에 대한 존경과 사랑은 봉건적 가족제도의 유산이라기보다는 우리 사회윤리의 본질적 구성부분을 이루고 있는 가치질서로서, 특히 유교적 사상을 기반으로 전통적 문화를 계승·발전시켜 온 우리나라의 경우에는 '비속'이라는 지위에 의한 가중처벌의 이유와 그 정도의 타당성 등에 비추어 그 차별적 취급에는 합리적 근거가 있으므로, 헌법 제11조 제1항의 평등원칙에 반한다고 할 수 없고, 또한 가중처벌에 의하여 가족 개개인의 존엄성 및 양성의 평등이 훼손되거나 인간다운 생활을 보장받지 못하게 되리라는 사정은 찾아볼 수 없으며, 오히려 패륜적·반도덕적 행위의 가중처벌을 통하여 친족 내지 가족에 있어서의 자연적·보편적 윤리를 형법상 보호함으로써 개인의 존엄과 가치를 더욱 보장하고 이를 통하여 올바른 사회질서가 형성될 수 있다고 보아야 할 것이므로, 이 사건 법률조항은 혼인제도와 가족제도에 관한 헌법 제36조 제1항에 위배되거나 인간으로서의 존엄과 가치 또는 행복추구권도 침해하지 아니한다」고 결정한 바 있다(헌법재판소 2002. 3. 28. 2000헌바53).

(2) 구성요건

34 **1) 자기 또는 배우자의 직계존속** 본죄의 객체는 자기 또는 배우자의 직계존속이다. 행위는 이를 살해하는 것이다. 살해의 의미는 살인죄의 그것과 같으

1 김철수 헌법학(상), 598면.

2 상대적 평등은 자의(恣意)의 금지(Willkürverbot)를 기준으로 하고, 그것은 「본질적으로 평등한 것을 자의적으로 불평등하게 취급하거나 본질적으로 불평등한 것을 자의적으로 평등하게 취급하는 것의 금지」를 의미하며, 합리적(reasonable) 차별까지 금지하는 것은 아니다. 김철수 앞의 책, 588면.

므로 여기서는 자기 또는 배우자의 직계존속이란 무엇을 뜻하느냐만 문제된다. 배우자나 직계존속의 개념은 모두 법률상의 개념으로 파악하여야 한다.

㈎ **직계존속** 직계존속이란 법률상의 개념이며 사실상의 존속을 의미 35
하는 것은 아니다. 따라서 사실상 부자관계일지라도 법적으로 인지절차를 완료하지 않은 한 직계존속이라 할 수 없고, 타인 사이라도 합법절차에 의하여 입양관계가 성립하면 직계존속이 된다. 여기서 법률상의 개념이란 민법에 의한 친자관계를 말하며 반드시 가족관계등록부의 기재가 그 기준이 되는 것은 아니다.[1]

따라서 ① 양자가 양친을 살해하거나, ② 혼인외 출생자가 그 생모를 살해한 때에는 본죄에 해당하지만(대법원 1980. 9. 9. 80도1731), ③ 혼인외 출생자가 그 생부를 살해하거나, ④ 버려진 아이를 친자로 입양하였다고 하여도 양친자관계를 창설하려는 명백한 의사가 없는 때에는 직계존속이라 할 수 없으므로 본죄는 성립하지 않는다(대법원 1981. 10. 13. 81도2466). 그러나 입양의 의사로 친생자 출생신고를 하고 자신을 계속 양육하여 온 사람을 살해한 경우, 위 출생신고는 입양신고의 효력이 있으므로 존속살해죄가 성립한다(대법원 2007. 11. 29. 2007도8333).

타인의 양자로 입양된 자가 실부모를 살해한 경우에 관하여는 살인죄에 불과하다는 견해[2]와 본죄가 성립한다는 견해[3]가 대립되고 있으나, 이 때에도 본죄가 성립한다고 해석함이 타당하다. 타가에 입양된 경우에도 실부모와의 친자관계는 그대로 존속한다고 보아야 하기 때문이다.[4] 친양자가 친생부모를 살해한 경우 자연혈족관계는 소멸하지 않으므로 존속살해죄가 성립한다는 견해가 있지만,[5] 직계존속은 법률상 개념이며 민법은 '친양자의 입양 전의 친족관계는 친양자 입양이 확정된 때에 종료한다'(제908조의3 제2항)고 규정하고 있으므로 보통살인죄가 된다고 해야 한다.

㈏ **배 우 자** 배우자도 법률상의 배우자를 의미하며 사실혼관계에 있는 36
자는 포함되지 않는다. 부부의 일방이 사망한 경우 인척관계는 생존 배우자가 재혼한 때 종료하므로(민법 제775조 2항), 생존 배우자가 재혼하기 전에 '사망한 배우자의 직

1 대법원 1983. 6. 28. 83도996.
2 정영석 220면; 황산덕 162면.
3 강구진 31면; 김일수/서보학 21면; 김종원 40면; 박상기 28면; 배종대 11/20; 신동운 552면; 이정원 53면; 임웅 35면; 정성근/박광민 54면.
4 대법원 1967. 1. 31. 66도1483.
5 김일수/서보학 21면.

계존속'을 살해한 때에도 본죄가 성립한다는 견해가 있을 수 있다. 그러나 배우자가 사망한 때에는 실질적인 혼인관계가 소멸된다고 볼 수 있고, 본죄의 객체는 배우자의 직계존속이지 배우자였던 자의 직계존속까지 포함하는 것은 아니므로 여기의 배우자는 살아 있는 배우자를 의미한다. 따라서 사망한 배우자의 직계존속을 살해한 때에는 본죄가 성립하지 않는다. 다만 배우자의 신분관계는 살해행위에 착수할 때 존재하면 족하므로 동일한 기회에 배우자를 먼저 살해하고 계속하여 그 직계존속을 살해한 때에는 본죄가 성립한다.[1]

37 2) 고 의 본죄가 성립하기 위하여는 자기 또는 배우자의 직계존속을 살해한다는 고의가 있어야 한다. 자기 또는 배우자의 직계존속임을 인식하지 못한 때에는 본죄는 성립하지 않는다.[2] 존속살해의 의사로 살인의 결과를 발생케 한 때에는 본죄의 미수와 살인죄의 기수의 상상적 경합이 된다는 견해[3]도 있으나 이러한 경우에도 살인죄가 성립할 뿐이라고 해석하는 것이 타당하다.[4]

38 (3) 공 범 본죄는 살인죄에 대하여 신분관계로 인하여 형을 가중하는 경우이므로 신분관계 없는 자에 대하여는 형법 제33조 단서가 적용된다. 따라서 타인을 교사하여 자기의 아버지를 살해하게 한 경우에 타인은 살인죄의 정범이 되지만 교사자는 존속살해죄의 교사범이 되고, 반대로 타인을 교사하여 그의 아버지를 살해하게 한 때에는 타인은 본죄의 정범이 됨에 반하여 교사자는 살인죄의 교사범으로 처벌받게 된다.

Ⅳ. 감경적 구성요건

1. 촉탁 · 승낙에 의한 살인죄

사람의 촉탁이나 승낙을 받아 그를 살해한 자는 1년 이상 10년 이하의 징역에 처한다(제252조 1항).
미수범은 처벌한다(제254조).
10년 이하의 자격정지를 병과할 수 있다(제256조).

1 강구진 31면; 김일수/서보학 22면; 김종원 41면; 박상기 29면; 배종대 11/21; 백형구 25면; 신동운 552면; 유기천 31면; 정성근/박광민 54면; 정영석 220면.

2 대법원 1977. 1. 11. 76도3871.

3 김일수/서보학 22면; 김종원 41면; 박상기 29면; 이정원 54면; 이형국 28면; 임웅 36면.

4 강구진 35면; 김성천/김형준 31면; 신동운 553면; 정성근/박광민 54면; 정영일 8면; 황산덕 163면.

(1) **의 의** 사람의 촉탁이나 승낙을 받아 그를 살해함으로써 성립하는 범죄이다. 동의살인죄라고도 한다.[1] 형법은 촉탁이나 승낙을 받아 사람을 살해한 때에는 살인죄에 비하여 그 형을 감경하고 있다. 44

프랑스 형법이나 영미에서는 촉탁이나 승낙에 의한 살인을 살인죄와 같이 취급하고 있고, 독일 형법(제216조), 스위스 형법(제114조), 오스트리아 형법(제77조) 및 그리스 형법(제300조)이 촉탁에 의한 살인(Tötung auf Verlangen)만을 감경적 구성요건으로 규정하고 있는 것과 구별된다. 일본 형법 제202조, 일본 형법가안 제338조와 같은 태도라고 할 수 있다.

살인죄에 대하여 본죄의 형을 감경하는 근거가 책임이 감경되기 때문이라고 하는 견해[2]도 있다. 절대적 생명보호의 원칙에 비추어 생명은 처분할 수 없는 법익이므로 촉탁 · 승낙이 있다고 하여 불법이 감경될 수는 없으며, 자살에 유사한 촉탁 · 승낙이 있을 때에는 책임을 감경하는 상황으로 볼 수밖에 없다는 것을 이유로 한다. 그러나 피해자의 진지한 촉탁 또는 승낙이 있는 때에는 동정이나 구조라는 동기 때문에 책임이 감경되는 데 그치는 것이 아니라, 형법이 벌하지 아니하는 자살에 유사한 성질을 갖는 것이므로 불법이 감경된다고 하지 않을 수 없다.[3] 형법이 촉탁과 승낙에 의한 살인을 처벌하는 것은 타인의 생명을 보호하는 것이 형법으로서는 결코 포기할 수 없는 기본원리임을 명백히 하는 것이라고도 할 수 있다.

다만 본인의 의사에 반하지 않는 생명의 침해라는 점에서 본죄는 자살교사 · 방조죄와 그 성질을 같이한다.

(2) **구성요건** 본죄가 성립하기 위하여는 먼저 살인죄의 구성요건을 충족하여야 하며, 그 이외에 본인의 촉탁이나 승낙이 있을 것을 요한다.

1) 촉탁과 승낙

(가) **촉탁 · 승낙의 의의** 촉탁(Verlangen)이란 이미 죽음을 결의한 피해자의 요구에 의하여 살해의 결의를 하는 것을 말한다. 따라서 행위자가 촉탁 이전에 이미 살해의 결의를 하고 있을 때에는 촉탁이라고 할 수 없다는 점에서 교사(敎唆)와 같은 의미라고 할 수 있다. 즉 촉탁은 행위자의 의사에 적극적으로 영향 45

1 김종원 45면; 정영석 222면.

2 Schmidhäuser 2/35; Wessels/Hettinger 21. Aufl. Rn. 144, 145.

3 Arzt/Weber 3/12; Jähnke LK §216 Rn. 2; Lackner/Kühl §216 Rn. 1; Neumann NK §216 Rn. 2; Schneider MK §216 Rn. 1; Sch/Sch/Eser §216 Rn. 1.

을 미칠 것을 요한다. 이에 반하여 승낙(Einwilligung)은 살해의 결의를 한 자가 피해자로부터 이에 대한 동의를 받는 것을 말한다. 승낙은 반드시 명시적으로 행하여질 것을 요하지 아니하나, 촉탁은 직접적 · 명시적으로 행하여져야 한다.[1] 다만 언어에 의한 촉탁에 제한되지 아니하고 거동에 의한 경우도 포함한다. 촉탁이나 승낙의 상대방은 특정될 것을 요하지 아니한다. 따라서 수인 또는 일반에 대한 촉탁 · 승낙도 가능하다. 그러나 촉탁이나 승낙의 상대방이 특정되어 있을 때에는 제3자에 대하여는 본죄가 성립되지 아니한다.[2] 촉탁과 승낙은 살해행위 이전에 있을 것을 요하며, 이는 언제나 취소할 수 있다.

46 (나) **촉탁 · 승낙의 요건** 촉탁과 승낙은 진지한 것이어야 한다. 진지한 촉탁 · 승낙이란 자유의사에 의한 하자 없는 촉탁 · 승낙을 말한다. 따라서

① 촉탁 · 승낙은 피해자의 진의에 의한 것이어야 한다. 그러므로 위계 또는 위력에 의하여 촉탁 또는 승낙이 있는 때에는 본죄가 성립하는 것이 아니라 위계에 의한 살인죄(제253조)에 해당한다. 일시적 기분에 의한 촉탁이나 승낙도 진의에 의한 것이라고 할 수 없다.

② 진지한 촉탁 · 승낙이라고 하기 위하여는 생명의 가치와 반가치를 판단할 수 있는 능력이 있을 것을 전제로 한다. 따라서 의사결정능력이나 판단능력이 없는 자의 촉탁 · 승낙은 여기에 해당하지 않는다. 그러나 이러한 능력은 반드시 책임능력에 이를 것을 요하는 것은 아니다. 그러므로 정신병자나 명정자뿐만 아니라 중독상태나 우울상태 또는 일시적 흥분상태에서의 촉탁 · 승낙도 본죄에 해당할 수 없다.

47 2) 고 의 본죄가 성립하기 위하여는 촉탁이나 승낙에 의하여 사람을 살해한다는 고의가 있어야 한다. 피해자의 진의에 의한 촉탁이나 승낙이 있음을 인식하는 것도 고의의 내용이 된다. 촉탁 · 승낙이 없음에도 불구하고 있다고 오인한 때에는 형법 제15조 1항에 의하여 본죄의 죄책을 지게 된다. 반대로 촉탁 또는 승낙이 있음에도 불구하고 없는 것으로 오인하고 사람을 살해한 경우에 관

1 강구진 40면; 김일수/서보학 27면; 김종원 46면; 박상기 34면; 배종대 12/13; 손동권/김재윤 24면; 정성근/박광민 58면. 다만 정영석 223면은 촉탁뿐만 아니라 승낙도 명시적일 것을 요한다고 한다.

2 Horn SK §216 Rn. 6; Jähnke LK §216 Rn. 5; Sch/Sch/Eser §216 Rn. 6.

하여는 본죄가 성립한다는 견해[1]와 살인죄가 성립한다는 견해[2] 및 본죄의 기수와 살인죄의 미수범(또는 불능미수)의 상상적 경합에 해당한다는 견해[3]가 대립되고 있다. 그러나 본죄는 촉탁이나 승낙이 있음을 인식한 때에만 성립하는 것이므로 이러한 경우에는 살인죄의 성립을 인정하는 것이 타당하다.[4]

본죄의 공동정범에 대하여는 그 고의의 내용에 따라 본죄나 살인죄의 성립을 인정해야 한다. 피해자가 특정한 사람에게 촉탁·승낙한 때에는 그 이외의 자에 대하여는 본죄가 성립하지 아니한다.

2. 자살교사·방조죄

사람을 교사하거나 방조하여 자살하게 한 자는 1년 이상 10년 이하의 징역에 처한다(제252조 2항).
미수범은 처벌한다(제254조).
10년 이하의 자격정지를 병과할 수 있다(제256조).

(1) **의 의** 사람을 교사하거나 방조하여 자살하게 함으로써 성립하 48
는 범죄이다. 자살관여죄라고도 한다.

형법은 자살을 벌하지 아니한다.[5] 형법이 자살을 벌하지 아니하는 이유에 대 49
하여는 ① 자살은 구성요건해당성이 없기 때문이라는 견해,[6] ② 구성요건에는 해당하지만 위법성이 없기 때문이라는 견해,[7] ③ 위법하지만 책임이 없다는 견해[8]

---

1 강구진 41면; 백형구 32면; 유기천 40면.

2 김성천/김형준 41면; 박상기 37면; 이영란 39면; 임웅 42면; 정성근/박광민 60면; 황산덕 167면.

3 김일수/서보학 28면; 이정원 65면; 이형국 41면. 오영근 38면은 보통살인죄의 불능미수를 인정한다.

4 Horn SK §216 Rn. 3; Jähnke LK Rn. 18; Maurach/Schroeder/Maiwald 2/62; Neumann NK § 216 Rn. 17; Schneider MK §216 Rn. 50; Sch/Sch/Eser §216 Rn. 14.

5 자살은 원래 살인죄로서가 아니라 사회에 대한 의무를 침해하는 범죄로 파악되던 것이었다. 그러므로 고대 로마법에서는 자살을 널리 인정하면서 병사와 노예의 자살만 처벌하였고, 게르만법에서도 재산몰수의 형벌을 모면하기 위한 미결수의 자살만을 처벌하였다. 그러나 중세에 이르러 기독교의 영향에 의하여 자살도 살인죄의 하나로 취급되기 시작했으며, 17세기와 18세기에 있어서는 자살의 기수는 명예롭지 못한 매장에 의하여, 그 미수는 재정형(Arbiträrstrafe)으로 처벌하였다. 자살을 형법에서 처벌하지 않기 시작한 것은 개인의 주체성과 신의 권위로부터 인간의 해방이 강조된 19세기 이후의 일이며, 현재 대부분의 국가에서는 이러한 영향으로 자살을 벌하지 않고 있다. 이에 관하여는 김종원 48면; Maurach/Schroeder/Maiwald 1/16 참조.
영국에서도 1961년의 Suicide Act에 의하여 자살은 처벌되지 않는다. Cross and Jones p. 314.

6 김일수/서보학 29면; 박상기 38면; 배종대 12/18; 백형구 33면; 신동운 558면; 유기천 42면; 이영란 40면; 이형국 45면; 정성근/박광민 60면.

7 정영석 158면.

8 정창운, 「자살의 죄책성」(법정 66. 9), 32~36면; Schmidhäuser S. 16.

등이 대립되고 있다. 그러나 살인죄나 상해죄에 있어서 사람이란 타인을 의미하므로 자살은 구성요건해당성이 없기 때문에 처벌할 수 없다고 해야 한다.[1]

자살에 대하여 살인죄의 구성요건해당성을 인정할 때에는 사람의 생명은 생존의사의 유무와 관계 없이 언제나 보호되어야 한다는 절대적 생명보호의 원칙에 비추어 법익가치를 인정해야 하기 때문에 위법성이 없다고 할 수 없으며, 자살이 언제나 책임무능력자에 의하여 책임을 조각하는 긴급상태에서 행하여지는 것은 아니므로 책임이 조각되는 것도 아니다. 물론 형법상 자살의 위법성을 부정하는 것이 타당하다. 그러나 그것은 형법상의 위법성이 구성요건에 해당하는 행위의 위법성만을 문제로 하는데 자살은 구성요건해당성이 없기 때문이지, 자살의 경우에 보호할 법익이 없거나 위법성조각사유에 의하여 위법성이 없어지기 때문은 아니다.

50 자살이 범죄를 구성하지 않는다고 하더라도 타인의 자살에 관여하는 행위까지 당연히 불가벌로 해야 하는 것은 아니다. 타인의 자살에 관여하는 행위는 타인의 생명을 침해하는 행위라고 볼 수 있으므로 자살과는 그 성질을 달리하며, 타인의 생명은 그 주체의 생존의사와 관계 없이 보호해야 하기 때문이다. 다만 자살은 구성요건해당성이 없으므로 공범종속성설의 입장에서는 자살에 대한 공범은 처벌할 수 없기 때문에, 자살에 관여하는 행위를 벌하기 위하여는 특별규정을 마련하지 않으면 안 된다. 형법은 스위스 형법 제115조, 오스트리아 형법 제78조 및 일본 형법 제202조와 같이 자살의 교사·방조를 처벌하면서, 본인의 의사에 의한 생명의 침해라는 공통점을 고려하여 촉탁·승낙에 의한 살인죄와 같은 형으로 벌하고 있는 것이다. 그러므로 본죄는 총론상의 공범에 관한 규정의 특칙으로서 본죄가 성립하는 때에는 형법 제31조와 제32조는 적용될 여지가 없다.

(2) **구성요건** 본죄는 사람을 교사하거나 방조하여 자살하게 함으로써 성립한다.

51 1) **주 체** 본죄의 주체에는 제한이 없다.

자연인이면 모두 본죄의 주체가 된다. 그러나 자살자 본인은 필요적 공범으로서 언제나 처벌되지 않는다.

---

1 Jähnke LK Vor §211 Rn. 21; Neumann NK Vor §211 Rn. 38; Schneider MK Vor §211 Rn. 32; Sch/Sch/Eser Vor §211 Rn. 33; Tröndle/Fischer Vor §211 Rn. 4; Wessels/Hettinger Rn. 43.

2) 객 체 본죄의 객체는 사람이다. 52

자기 또는 배우자의 직계존속도 본죄의 사람에 해당한다. 따라서 존속을 교사 또는 방조하여 자살하게 한 때에도 본죄가 성립할 뿐이다. 다만 자살이란 자유로운 의사결정에 의하여 생명을 단절하는 것을 의미하므로 이러한 의사결정능력이 없는 유아와 정신병자는 본죄의 객체가 될 수 없다.

3) 행 위 자살을 교사하거나 방조하는 것이다.

(가) **교사와 방조** 교사 또는 방조의 의미에 관하여는 이를 총론상의 교사 또는 방조를 의미하는 것이 아니라 널리 타인의 자살행위에 관여하는 일체의 행위를 포함한다는 견해[1]도 있다. 그러나 본죄에 관하여 총론상의 공범규정이 적용되지 않는다고 하여 교사 또는 방조의 의미까지 총론상의 그것과 구별해야 할 이유는 없다고 생각된다. 따라서 자살의 교사란 자살의사 없는 자에게 자살을 결의하게 하는 것을 말한다고 할 수 있다. 교사의 수단이나 방법에는 제한이 없다. 명시적이든 묵시적이든 묻지 않는다. 다만 위계 또는 위력에 의한 경우에는 제253조의 죄가 성립한다. 자살의 방조란 이미 자살을 결의하고 있는 자에게 도움을 주어 자살을 용이하게 하는 것을 말한다. 그 방법은 불문한다. 물질적 방조와 정신적 방조, 유형적 방조와 무형적 방조를 포함한다. 53

대법원은 자살하려는 정을 알고 그 유서를 대필해 주는 것도 적극적·정신적 방법으로 자살하려는 사람에게 유서내용에 의하여 자살의 동인과 명분을 주어 자살을 용이하게 실행하도록 한 것이며(대법원 1992. 7. 24. 92도1148), 피해자가 피고인과 말다툼을 하다가 '죽고 싶다' 또는 '같이 죽자'고 하며 피고인에게 기름을 사오라고 하자 피고인이 휘발유 1병을 사다주었는데 피해자가 몸에 휘발유를 뿌리고 불을 붙여 자살한 경우에도 자살방조죄에 해당하지만(대법원 2010. 4. 29. 2010도2328), 판매대금 편취의 목적으로 인터넷 자살사이트에 자살용 유독물 판매광고의 글을 게시한 것만으로는 본죄에 해당하지 않는다고 판시하였다(대법원 2005. 6. 10. 2005도1373).[2]

---

1 유기천 43면.
황산덕 168~69면은 본죄의 교사·방조와 총론상의 그것이 엄격히 동일하게 해석될 필요가 없다고 하면서, 대체로 공범의 그것에 준하여 해석할 수 있다고 한다.

2 대법원 2005. 6. 10. 2005도1373, 「피고인이 인터넷 사이트 내 자살관련 카페 게시판에 청산염 등 자살용 유독물의 판매광고를 한 행위가 단지 금원 편취 목적의 사기행각의 일환으로 이루어졌고, 변사자들이 다른 경로로 입수한 청산염을 이용하여 자살한 사정 등에 비추어 피고인의 행위는 자살방조에 해당하지 않는다.」

54 (나) **자 살** 본죄는 교사하거나 방조하여 피교사·방조자가 자살을 함으로써 기수가 된다. 교사 또는 방조와 자살 사이에는 인과관계가 있어야 한다. 자살은 본인의 자유로운 의사에 의한 것이어야 한다. 따라서 자살의 의미를 이해할 능력이 없는 자를 교사하거나 방조한 때에는 본죄가 성립하지 아니하고 살인죄의 간접정범이 될 뿐이다.

55 (다) **촉탁·승낙에 의한 살인과의 구별** 본죄와 촉탁·승낙에 의한 살인을 어떻게 구별할 것이냐가 문제된다.

행위수행(자살)의 지도적 역할을 누가 했느냐에 따라 피해자에게 자살의 의사는 있으나 그것을 실행할 의사가 없는 경우에 그 의도를 스스로 실현한 경우에는 촉탁에 의한 살인죄가 되고, 자살의 의사를 가지고 스스로 실행하는데 그 실행을 용이하게 한 때에는 본죄가 성립한다는 견해[1]와 자살이라는 요소에 중점을 두어 자살자의 자유롭고 책임 있는 의사결정이 기초가 된 때에는 본죄가 성립하지만 그렇지 않은 경우에는 촉탁에 의한 살인죄가 성립한다는 견해[2]가 있으나, 이는 결국 정범과 공범의 구별문제로 귀착된다고 하겠다. 즉 본죄는 어디까지나 타인의 자살에 공범의 형식으로 가담하는 경우임에 반하여, 촉탁·승낙에 의한 살인죄는 살인죄의 정범에 해당한다고 할 것이므로 정범과 공범의 판단기준인 행위지배의 유무에 의하여 그것이 없는 때에만 본죄가 성립한다고 함이 타당하다.[3] 따라서 타인을 교사하여 자살을 결의하게 하고 나아가 그 촉탁을 받아 살해한 때에는 촉탁살인죄(제252조 1항)만 성립한다고 해야 한다.[4]

56 4) **미 수 범** 본죄는 미수범을 처벌한다(제254조). 사람을 교사하거나 방조하여 그가 자살행위까지 하였으나 자살에 실패한 경우나 교사·방조와 자살 사이에 인과관계가 없을 때에는 본죄의 미수에 해당한다는 데 대하여 이론이 없다. 문제는 자살을 교사 또는 방조하였으나 피교사·방조자가 자살행위를 하지 않은 때에도 본죄의 미수가 될 수 있느냐에 있다.

1 강구진 49면; 김일수/서보학 30면; 정성근/박광민 62면; 정영일 12면; 황산덕 169면.
2 Horn SK §216 Rn. 10; Sch/Sch/Eser §216 Rn. 11; Wessels/Hettinger Rn. 161.
3 Bockelmann S. 18; Otto S. 40; Tröndle/Fischer Vor §211 Rn. 4; Welzel S. 286.
4 백형구 36면; 이영란 42면; 이형국 50면; 임웅 47면; 정성근/박광민 62면.
강구진 51면; 김일수/서보학 31면; 정영일 26면은 이 경우에 자살교사미수와 촉탁살인죄의 실체적 경합이 된다고 한다.

살인죄에 있어서 기도된 교사는 예비 또는 음모에 준하여 처벌하고(제31조 2항·3항) 기도된 방조는 죄가 되지 아니함에도 불구하고 원래 죄가 되지 아니하는 자살을 교사하거나 방조한 때에는 이보다 무겁게 벌하는 것은 균형이 맞지 아니한다는 이유로 본죄의 예비·음모를 벌하지 않는 이상 이러한 경우에는 처벌되지 않는다는 견해[1]도 있다.

그러나 여기의 교사·방조는 총론상의 그것이 아니라 본죄의 실행행위라고 보아야 하며, 본죄에는 총론의 공범규정이 적용되지 아니하므로 이러한 경우에도 본죄의 미수에 해당한다는 통설이 타당하다고 생각된다.[2] 즉 본죄는 교사 또는 방조행위를 하였을 때에 실행의 착수가 있고, 본인이 자살행위를 하였을 것을 요건으로 하는 것은 아니다.

(3) **합의동사** 합의에 의한 공동자살 내지 정사(情死, Doppelselbstmord, 57
suicide pact)를 기도한 자 가운데 한 사람이 살아났을 경우에 생존자를 본죄에 의하여 처벌할 수 있느냐가 문제된다. 합의동사(合意同死)는 자살의 공동정범에 불과하므로 자살이 처벌되지 않는 것처럼 합의동사도 처벌할 수 없다는 견해[3]가 있으나, 통설은 합의동사를 두 가지 경우로 나누어 일정한 경우에 본죄의 성립을 인정하고 있다.[4] 즉 ① 자기는 같이 죽을 의사 없이 동사한다고 상대방을 기망하여 자살하게 한 때에는 형법 제253조의 위계에 의한 살인죄에 해당한다. 이러한 경우를 강제정사라고 하는 학자도 있다.[5] 이에 반하여 ② 진정으로 같이 죽을 의사로 죽을 약속을 하고 정사를 기도하였으나 그 가운데 한 사람이 살아났을 때에는 타인의 자살을 방조한 사실이 인정되면 당연히 본죄가 성립한다. 경우에 따라서 단순히 두 사람이 같이 자살한 사실이 있을 뿐이고 타인의 자살을 방조한 사실도 전혀 없을 때에는 물론 범죄가 성립할 여지가 없다.

1 이정원 68면; 이형국 49면; 황산덕 170면.
2 강구진 51면; 김일수/서보학 30면; 김종원 50면; 박상기 40면; 유기천 43면; 이영란 42면; 정성근/박광민 62면; 정영일 13면.
3 정창운 30면.
4 강구진 50면; 김성천/김형준 55면; 김일수/서보학 30면; 김종원 49면; 박상기 41면; 배종대 12/24; 백형구 35면; 오영근 41면; 유기천 42면; 이영란 43면; 이형국 49면; 임웅 47면; 정성근/박광민 63면; 정영일 25면.
5 서일교 27면; 황산덕 171면.

Ⅴ. 위계 · 위력에 의한 살인죄

위계 또는 위력으로써 사람의 촉탁 또는 승낙을 받아 그를 살해하거나 자살을 결의하게 한 때에는 제250조의 예에 의한다(제253조).
미수범은 처벌한다(제254조).
유기징역에 처할 때에는 10년 이하의 자격정지를 병과할 수 있다(제256조).

58 (1) **의 의** 본죄는 위계 또는 위력으로써 사람의 촉탁 또는 승낙을 받아 그를 살해하거나, 자살을 결의하게 하여 자살케 함으로써 성립하는 범죄이다. 종래 구법에서는 본죄에 해당하는 규정이 없었으므로 위계나 위력에 의하여 촉탁 · 승낙에 의한 살인죄(제252조 1항)나 자살교사 · 방조죄(동조 2항)를 범한 경우에 살인죄를 구성한다는 견해와 의사의 자유를 구속할 정도의 협박을 가하여 자살하게 한 때에는 살인죄가 되지만 자살의 성질을 잃지 아니한 때에는 사기나 협박을 수단으로 한 때에도 자살관여죄를 구성한다는 견해가 대립되어 있었으나, 형법은 일본 형법가안의 영향을 받아 이러한 경우를 제250조의 예에 의한다고 규정하여 입법적으로 해결한 것이다.

59 (2) **구성요건** 위계 또는 위력으로써 사람의 촉탁이나 승낙을 받아 그를 살해하거나 자살케 함으로써 성립한다. 위계란 목적이나 수단을 상대방에게 알리지 아니하고 그의 부지나 착오를 이용하여 그 목적을 달성하는 것을 말하며, 기망뿐만 아니라 유혹도 포함한다. 예컨대 정사의 의사가 없음에도 불구하고 정사할 것처럼 가장하여 상대방을 자살케 한 경우가 여기에 속한다. 위력이란 사람의 의사를 제압할 수 있는 유형적 · 무형적인 힘을 말한다. 따라서 폭행 · 협박은 물론 사회적 · 경제적 지위를 이용하는 경우도 여기에 해당한다. 그러나 자살의 의미를 전혀 이해할 능력이 없는 7세 정도의 어린 자식을 함께 죽자고 권유 하여 물속에 따라 들어오게 하여 익사하게 한 때에는 살인죄가 성립할 뿐이다(대법원 1987. 1. 20. 86도2395).

60 (3) **처 벌** 본죄에 해당하는 때에는 제250조의 예에 의한다. 제250조의 예에 의한다는 것은 살인죄나 존속살해죄와 같이 취급한다는 뜻이다. 따라서 본죄의 객체가 사람인 때에는 살인죄, 자기 또는 배우자의 직계존속인 때에는 존속살해죄의 형으로 처벌받게 된다.

Ⅵ. 살인예비 · 음모죄

제250조(살인, 존속살해)와 제253조(위계 · 위력에 의한 살인)의 죄를 범할 목적으로 예비 또는 음모한 자는 10년 이하의 징역에 처한다(제255조).

본죄는 살인죄, 존속살해죄(제250조) 및 위계 · 위력에 의한 살인죄(제253조)를 범할 61
목적으로 예비 또는 음모함으로써 성립한다.

예비란 범죄실행을 위한 준비행위로서 실행에 착수하지 아니한 것을 말한다.

따라서 살해하려고 낫을 들고 피해자에게 다가서려고 하였으나 제3자가 제지하여 살인의 목적을 이루지 못한 때에는 살인의 실행행위에 착수하였으므로 이미 살인미수죄가 성립한다(대법원 1986. 2. 25. 85도2773).

단순히 범죄를 실현할 의사만으로는 부족하고 객관적으로 실행행위를 가능하게 하거나 용이하게 하는 준비행위가 있을 것을 요한다. 예컨대 권총 등을 교부하면서 사람을 살해하라고 하거나 행동자금을 교부하는 경우[1] 또는 살해목적으로 사람을 고용하여 대가지급을 약속한 경우[2]가 여기에 해당한다. 음모란 2인 이상의 자 사이에 성립하는 범죄실행의 합의를 말한다.

본죄가 성립하기 위하여는 주관적 구성요건으로 살인죄, 존속살해죄 및 위계 · 위력에 의한 살인죄를 범할 목적이 있어야 하며, 단순한 미필적 인식으로는 족하지 않다. 그러므로 적어도 살해할 대상자는 구체적으로 특정되어야 본죄가 성립할 수 있다.

예컨대 남파된 간첩이 간첩활동을 저지할 자를 살해할 의사로 무기를 소지하고 있는 것만으로는 본죄가 성립한다고 할 수 없다(대법원 1959. 9. 1. 4292형상387). 그러나 살해할 대상자가 특정된 이상 살해의사가 조건부인 경우에도 본죄의 성립에는 영향이 없다.

살인을 예비 · 음모한 자가 실행에 착수하기 이전에 이를 중지한 경우에 중지 62
미수의 규정을 준용할 것인가에 관하여는 형의 균형과 중지범의 입법취지에 비추어 볼 때 이를 긍정하는 것이 타당하다. 본죄에 대한 종범의 성립이 가능한가에 대하여 이를 긍정하는 견해도 있으나, 정범이 실행에 착수하지 아니한 때에는

1 대법원 1950. 4. 18. 4283형상10.
2 대법원 2009. 10. 29. 2009도7150.

구성요건적 불법이 실현되었다고 볼 수 없으므로 부정하는 판례의 태도[1]가 타당하다고 생각한다.

본죄와 살인미수 및 살인기수는 보충관계에 있으므로 예비·음모가 발전하여 미수 또는 기수의 단계에 이른 때에는 본죄는 이에 흡수되어 별도로 성립하지 아니한다.

§3 제2절 상해와 폭행의 죄

I. 총 설

1. 상해와 폭행의 죄의 의의

1 상해와 폭행의 죄는 사람의 신체에 대한 침해를 내용으로 하는 범죄이다. 신체의 완전성(Körperintegrität) 내지 신체의 불가침성(körperliche Unversehrtheit)을 보호법익으로 하는 범죄라고 할 수 있다. 사람의 신체에 대한 침해를 내용으로 한다는 점에서 생명의 침해를 내용으로 하는 살인의 죄와 구별된다. 사람의 신체 또는 그 완전성은 개인적 법익 가운데 생명 다음으로 중요한 법익일 뿐 아니라, 생명에 대한 기초로서의 의미를 가지고 있다.[2] 생명에 대한 침해는 신체에 대한 침해를 전제로 하므로 신체를 침해하지 않고는 생명을 침해할 수 없기 때문이다. 형법 제25장의 상해와 폭행의 죄는 상해죄와 폭행죄로 구성되어 있다. 양자를 합하여 넓은 의미에서의 상해죄(Körperverletzung)라고도 한다.

로마법에서는 상해죄에 대한 독립된 구성요건을 두지 않고, 신체상해를 명예훼손이나 모욕을 포함하여 타인의 인격을 해하는 죄를 총칭하는 injuria로 파악하고 있었다. 상해죄를 신체를 침해하는 독립된 범죄로 이해한 것은 19세기에 이르러 지배적 지위를 차지하고 있던 독일법학의 영향이라고 할 수 있으며, 상해죄는 1803년의 오스트리아 형법, 1810년의 프랑스 형법 및 1813년의 바이에른 형법에 의하여 비로소 신체의 불가침성을 보호하기 위한 범죄로 규정되었다.[3]

---

1 대법원 1976. 5. 25. 75도1549.

2 Schmidhäuser S. 2.
Schmidhäuser는 따라서 학문적·체계적으로 볼 때 각론은 상해죄부터 시작해야 한다고 주장한다.

3 Joecks MK Vor §223 Rn. 1; Maurach/Schroeder/Maiwald 8/2 참조.

대부분의 입법례에 있어서 상해죄는 상해와 폭행을 구별하지 않고 양자를 2
포함하여 같이 처벌하고 있으며, 현행 독일 형법 제223조도 신체학대(körperliche Mißhandlung)와 건강침해(Gesundheitsbeschädigung)를 상해죄로 처벌하면서 여기의 신체학대에 형법상의 폭행의 요소를 포함하고 있다. 형법이 상해와 폭행의 죄에 관하여 상해죄와 폭행죄를 분리하여 규정하고 있는 것은 일본 형법(제204조, 제208조)과 일본 형법가안(제247조) 및 스위스 형법의 영향을 받은 것으로 보인다.[1]

2. 상해죄와 폭행죄의 관계

구법 하에서는 상해죄를 폭행죄의 결과적 가중범으로 해석하고 있었음에 반하여, 형법은 폭행죄의 결과적 가중범으로 폭행치상죄(제262조)를 규정하는 한편 상해죄의 미수범을 처벌하여(제257조 3항) 상해죄와 폭행죄를 엄격히 구별하고 있다.

(1) **상해죄와 폭행죄의 관계** 상해죄와 폭행죄의 관계를 어떻게 이해할 3
것인가에 대하여는 ① 상해죄와 폭행죄는 모두 신체의 완전성을 보호법익으로 하는 범죄이지만 폭행죄가 형식적으로 사람에 대하여 유형력을 행사하는 행위 자체를 범죄로 본 것인 데 반하여, 상해죄는 그 내용의 침해를 말하는 것이며, 따라서 상해죄가 침해범이고 폭행죄는 형식범이라는 점에서 양 죄가 구별된다는 견해[2]와, ② 상해죄는 신체의 건강(Gesundheit)을 보호하려는 것임에 대하여 폭행죄는 신체의 건재(Wohlbefinden)를 보호법익으로 하므로 양 죄는 그 보호법익을 달리하며, 따라서 독일 형법상의 신체학대는 폭행에 해당하고 건강침해가 상해에 해당한다는 견해[3]가 대립되고 있다.

생각건대 상해죄의 미수와 폭행치상죄를 벌함으로써 상해죄와 폭행죄를 엄격히 구별하고 있는 형법의 해석에 있어서 양 죄가 보호법익을 같이하면서 신체의 완전성의 내용을 침해하는 것이 상해이고 그 행위 자체를 폭행이라고 구별하는 것은 옳다고 할 수 없다. 이러한 의미에서 상해죄는 건강을, 폭행죄는 신체의

1 상해죄와 폭행죄를 구별하고 있는 입법례로 스위스 형법을 들 수 있다. 스위스 형법은 상해죄를 신체 또는 건강에 대한 훼손(an Körper oder Gesundheit schädigt)이라고 규정하면서(제123조), 이러한 결과를 가져오지 않는 폭행 자체(Tätlichkeiten)를 별도로 벌하고 있다(제126조).

2 권문택(주석 상) 478면; 박상기 44면; 배종대 15/4; 유기천 47면.

3 강구진 74면; 김일수/서보학 45면; 김종원 54면; 손동권/김재윤 33면; 이형국 62면; 정성근/박광민 66면; 황산덕 172면.

건재를 침해하는 죄라고 해석하는 견해가 타당하다고 하겠다. 그러나 이 견해가 독일 형법의 건강침해만을 상해라고 하고 신체학대가 폭행에 해당한다고 해석하는 것은 부당하다.

독일 형법에서의 신체학대는 모발이나 수염의 절단과 같은 신체의 변형뿐만 아니라, 상해의 개념에 포함되어야 할 종양 또는 상처와 같은 신체손상·신체의 부분상실 및 신체의 기능장애를 포함하는 개념이기 때문이다.[1]

상해는 생리적 기능을 침해하는 행위를 말하고, 폭행은 유형력을 행사함에 의하여 신체의 완전성[2]을 침해하는 행위라고 이해함이 타당하다고 생각된다.

4 (2) **상해죄와 폭행죄의 연관** 상해죄와 폭행죄가 구별된다고 할지라도 상해가 대부분 폭행에 의하여 이루어진다는 것을 부정할 수는 없다. 그러나 상해는 반드시 폭행에 의하여 유형적 방법으로만 일어나는 것이 아니라 협박 기타 무형적 방법으로 생길 수도 있다. 또한 부작위에 의한 상해나 성병의 감염과 같이 폭행이나 협박에 의하지 아니한 상해도 가능하다. 이와 같이 상해가 반드시 폭행에 수반하는 것은 아니라는 점에서도 상해와 폭행은 구별될 뿐 아니라, 필연적으로 서로가 연관성을 가지는 것도 아님이 명백하게 된다.

3. 구성요건의 체계

5 상해와 폭행의 죄에 있어서 상해죄와 폭행죄는 서로 독립된 구성요건이다.

상해의 죄의 기본적 구성요건은 상해죄(제257조 1항)이다. 이에 대한 가중적 구성요건으로는 존속상해죄(동조 2항), 중상해죄·존속중상해죄(제258조), 특수상해죄(제258조의2), 상해치사죄(제259조) 및 상습상해죄(제264조)가 있다. 존속상해죄는 신분관계로 인하여 책임이 가중되는 가중적 구성요건이고, 상습상해죄도 상습성으로 인하여 책임이 가중되는 가중적 구성요건이다. 특수상해죄는 행위방법의 위험성 때문에 불법이 가중되는 경우이다. 중상해죄와 상해치사죄는 결과적 가중범에 관한 규정으로 결과로 인하여 불법이 가중되는 가중적 구성요건이며, 존속중상해죄는 신분관계

---

1 Horn SK §223 Rn. 6; Joecks MK §223 Rn. 5; Lilie LK §223 Rn. 7; Maurach/Schroeder/Maiwald 9/4; Paeffgen NK §223 Rn. 8; Sch/Sch/Eser §223 Rn. 3; Wessels/Hettinger Rn. 256. Bockelmann S. 53은 신체학대와 건강침해는 동의어에 지나지 않는다고 한다.

2 신체의 건재는 신체의 완전성과 같은 의미에 지나지 않는다. Horn SK Rn. 3.

로 중상해죄에 대하여 책임이 가중되는 경우이다.

폭행의 죄에 관한 기본적 구성요건은 폭행죄(제260조 1항)이다. 폭행죄에 대한 가중적 구성요건으로는 신분관계로 인하여 책임이 가중되는 존속폭행죄(동조 2항), 상습성으로 인하여 책임이 가중되는 상습폭행죄(제264조) 및 행위방법의 위험성으로 인하여 불법이 가중되는 특수폭행죄(제261조)와 결과적 가중범으로서 불법이 가중되는 폭행치사상죄(제262조)가 있다.

상해죄(제257조 1항)와 폭행죄(제260조 1항)가 보복범죄인 때에는 특가법에 의하여 1년 이상의 유기징역으로 처벌한다(제5조의9 제2항).

Ⅱ. 상해의 죄

1. 상 해 죄

① 사람의 신체를 상해한 자는 7년 이하의 징역, 10년 이하의 자격정지 또는 1천만원 이하의 벌금에 처한다.

③ 미수범은 처벌한다(제257조).

(1) 객관적 구성요건　본죄는 사람의 신체를 상해함으로써 성립한다.

1) **행위의 객체**　사람의 신체이다. 따라서 동물은 본죄의 객체가 될 수 없다. 동물을 상해한 때에는 그 효용을 해한 경우에 한하여 손괴죄가 성립할 수 있을 뿐이다. 본죄의 객체가 사람의 신체라는 것은 다음과 같은 두 가지 점에서 그 의미를 가진다. 6

(가) **태아의 상해**　사람이란 살아 있는 사람을 의미하므로 본죄의 객체는 출생한 사람에 제한된다. 따라서 태아(胎兒)는 본죄의 객체가 될 수 없다. 문제는 임신 중의 태아에게 약물 등으로 상해를 가하여 기형아를 출산케 한 경우에 출생한 사람에 대한 상해가 될 수 있느냐에 있다. 이 문제는 독일에서 Contergan 사건을 계기로 논의된 문제이다. 그러나 ① 본죄의 객체는 사람이어야 하는데 태아는 사람이 아니므로 본죄의 객체가 될 수 없고, ② 이 경우에 본죄의 성립을 인정한다면 태아를 살해한 때에는 낙태죄가 되고 과실로 살해한 때에는 처벌받지 아니함에 반하여 태아에게 상해를 가한 때에는 본죄에 의하여 살해한 경우보다 무 7

겁게 벌하고 과실로 상해한 때에도 처벌된다는 불합리한 결과를 초래하며, ③ 본죄는 사람의 신체의 완전성 내지 생리적 기능을 악화한 때에 성립하는데 태아가 출생한 후에 출생 전의 상태가 그대로 유지되고 새로운 작용이 없는 이상 상해라고 할 수 없다고 해야 한다. 그러므로 이러한 경우에는 본죄의 성립을 인정할 수 없다.[1]

8 (나) **자 상** 본죄의 객체인 사람도 타인을 의미한다. 따라서 자상은 본죄의 구성요건에 해당하지 않는다. 다만 그것이 특별법에 의하여 처벌되는 경우가 있다(병역법 제86조; 군형법 제41조 1항). 또한 본인을 강요하거나 기망하여 그 의사에 반하여 자상하게 한 때에는 본죄의 간접정범이 될 수 있다.[2]

2) **행 위** 본죄의 행위는 상해하는 것이다.

9 (가) **상해의 의의** 상해의 의의에 대하여는 견해가 대립되고 있다. 이를 생리적 기능의 훼손이라는 견해와 신체의 완전성을 침해하는 것이라는 견해 및 생리적 기능의 훼손과 신체외모에 대한 중대한 변화라고 하는 견해가 그것이다.

10 (a) **신체의 완전성설** 상해를 신체의 완전성에 대한 침해라고 해석하는 견해이다.[3] ① 폭행죄와 상해죄가 모두 신체의 완전성을 보호하기 위한 범죄이므로 폭행죄는 그 행위 자체를 범죄로 하는 것임에 반하여 상해죄는 이에 대한 내용의 침해를 의미하고, ② 피해자가 보아 생리적 기능의 훼손과 같이 평가해야 할 신체외관의 훼손이 상해에서 제외되어야 할 이유가 없기 때문에 상해란 사람의 신체에 손상을 주는 것, 즉 신체의 완전성을 해하는 것으로 보아야 한다는 것이다.

이에 의하면 생리적 기능이 훼손되는 경우뿐만 아니라 모발을 절단하거나 일시적으로 인사불성에 빠지게 하는 경우도 상해에 해당하게 된다.

그러나 ① 신체의 완전성을 상해죄와 폭행죄를 포함한 상해와 폭행의 죄에 대한 보호법익이라고는 할 수 있어도 상해죄의 보호법익이라고는 할 수 없고, ②

---

1 Horn SK §223 Rn. 2; Joecks MK Vor §223 Rn. 13; Lackner/Kühl §223 Rn. 2; Lilie LK Vor §223 Rn. 7; Paeffgen NK §223 Rn. 5; Sch/Sch/Eser §223 Rn. 1a; Wessels/Hettinger Rn. 246.

2 대법원 1970. 9. 22. 70도1638, 「피해자에 대한 협박의 정도가 그의 의사결정의 자유를 상실케 함에 족한 것인 이상 피해자 자신이 면도칼로 자기 콧등을 길이 2.5센티미터, 깊이 0.56센티미터 절단함으로써 안면부 불구가 된 경우 그 협박자에게 중상해죄를 인정해야 한다.」

3 유기천 47면.

이에 의하면 상해죄와 폭행죄의 구별이 불분명하게 될 뿐 아니라, ③ 나아가서 소량의 모발이나 손톱·발톱을 깎는 경우에도 상해죄에 해당하는 불합리한 결과가 된다.

(b) **절 충 설** 상해를 생리적 기능의 훼손과 신체외모에 대한 중대한 변 11
화라고 해석하는 견해이다.[1] 본죄의 보호법익을 신체의 완전성으로 보아 상해란 신체를 훼손하는 행위를 의미한다는 전제에서 생리적 기능을 훼손하는 행위뿐만 아니라 신체의 외모에 중대한 변화를 가하는 행위도 상해에 해당한다는 것이다. 그러나 ① 신체를 훼손하는 행위를 상해라고 하면서 생리적 기능을 훼손하는 때에는 중요성을 요구하지 않고 신체의 변형을 초래하는 경우에는 왜 중대한 변형의 경우만을 상해로 보아야 하는가가 명백하지 아니할 뿐만 아니라, ② 신체변형이 중대한가 아닌가는 폭행죄에 해당하느냐 않느냐에 대한 기준은 될 수 있지만 상해죄와 폭행죄를 구별하는 한계가 되는 것은 아니라고 해야 한다.[2]

(c) **생리적 기능훼손설** 독일 형법과 같이 상해죄와 폭행죄를 구별하지 12
아니하고 이를 포함하여 하나의 상해죄(Körperverletzung)로 처벌하고 있는 입법례에서는 상해를 신체의 완전성을 해하는 행위라고 할 수 있을지라도, 상해와 폭행을 엄격히 구별하고 있는 형법의 해석에 있어서는 상해는 생리적 기능을 훼손하는 행위를 의미한다고 해석하는 견해이다.[3] 형법의 해석에 있어서 이 견해가 타당하다고 생각된다.

여기서 생리적 기능의 훼손이란 일반적으로 건강침해, 즉 육체적·정신적인 13
병적 상태의 야기와 증가를 말한다. 그리고 병적 상태는 결국 병리학적 상태(pathologischer Zustand)를 의미한다. 따라서 생리적 기능의 훼손은 질병을 일으키는 경우에 한하지 아니하고, 신체에 상처(피하출혈·종양·찰과상)를 내거나 신체 일부를 박리하는 경우도 당연히 포함한다.

---

1 김종원 56면; 배종대 15/8; 이건호 436면; 황산덕 172면.

2 독일 형법의 해석에 있어서 통설은 모발이나 수염을 깎아 버리거나 뺨을 때리는 것은 중대한 신체침해에 해당한다고 한다. 그러나 이런 경우도 형법의 해석상으로는 폭행으로 보아야 할 것이다. 이에 반하여 이발소나 미장원에서 머리를 깎는 것은 중대한 변화가 아니기 때문에 상해가 아닌 폭행에 해당한다고 할 것이 아니라 폭행에도 해당하지 않는다고 해야 한다.

3 강구진 61면; 김일수/서보학 49면; 박상기 47면; 백형구 44면; 손동권/김재윤 37면; 신동운 569면; 이정원 77면; 이형국 71면; 정성근/박광민 70면; 정영석 227면. 다만 권문택(주석 상) 480면은 경미한 정도의 생리적 기능의 훼손도 상해가 될 수 없다고 한다.

그러므로 외상이 있는 경우에는 그 정도(대법원 1983. 7. 12. 83도1258)와 치료일수(대법원 1983. 11. 8. 83도1667)를 묻지 아니하고, 강간으로 인한 성병감염과 처녀막 파열(대법원 1995. 7. 25. 94도1351)[1]은 물론 외관상의 상처가 없다고 할지라도 실신하거나(대법원 1996. 12. 10. 96도2529)[2] 보행불능 · 수면장애 · 식욕감퇴 등 기능의 장애를 일으킨 때(대법원 1969. 3. 11. 69도161)에도 상해에 해당한다고 볼 수 있다. 이에 반하여 모발의 절단은 경우에 따라 폭행에 해당할 수는 있어도 상해라고는 할 수 없고, 부녀에 대한 임신도 그 생리적 기능을 훼손한 것은 아니므로 상해라고 할 수 없게 된다.[3] 태아를 사망에 이르게 한 행위도 임부에 대한 상해가 된다고 할 수 없다(대법원 2007. 6. 29. 2005도3832; 대법원 2009. 7. 9. 2009도1025).

14 (나) **상해의 방법** 상해의 수단 · 방법에는 아무 제한이 없다.

폭행에 의한 유형적 방법에 의하거나 무형적 방법에 의하거나 묻지 않는다. 따라서 사람을 공포 · 경악케 하여 정신장애를 일으키는 경우도 상해에 해당한다. 또 행위자 자신의 동작에 의하여 직접 행하건, 자연력 · 기계 · 동물 또는 타인을 도구로 이용하여 간접정범으로 행하건 불문한다. 반드시 작위에 한하지 아니하고 부작위에 의하여도 본죄를 범할 수 있다. 예컨대 보호의무자가 물에 빠진 아이를 방임하거나 영양을 공급하지 아니하여 상해를 입게 한 경우가 여기에 해당한다.

폭처법은 2명 이상이 공동하여[4] 본죄를 범한 때에는 본조에서 정한 형의 2분의 1까지 가중한다(제2조 2항 3호). 폭처법은 본죄에 대한 특별법이므로 이 경우에는 특별법인 동법이 적용됨은 당연하다.

15 (2) **주관적 구성요건** 본죄가 성립하기 위한 주관적 구성요건으로는 상해의 고의가 있어야 한다. 상해의 고의란 사람의 생리적 기능을 훼손한다는 인식과 의사를 말한다. 미필적 고의로 족하다.

상해의 고의 없이 폭행의 의사로 상해의 결과를 발생하게 한 때에는 폭행치

---

1 대법원 1995. 7. 25. 94도1351, 「처녀막은 부녀자의 신체에 있어서 생리조직의 일부를 구성하는 것으로서, 그것이 파열되면 정도의 차이는 있어도 생활기능에 장애가 오는 것이라고 보아야 하고, 처녀막 파열이 그와 같은 성질인 한 비록 피해자가 성경험을 가진 여자로서 특이체질로 인해 새로 형성된 처녀막이 파열되었다 하더라도 강간치상죄를 구성하는 상처에 해당한다.」

2 대법원 1996. 12. 10. 96도2529, 「오랜 시간 동안의 폭행과 협박을 이기지 못하고 실신하여 범인들이 불러온 구급차 안에서야 정신을 차리게 되었다면, 외부적으로 어떤 상처가 발생하지 않았다고 하더라도 생리적 기능에 훼손을 입어 신체에 대한 상해가 있었다고 보아야 한다.」

3 Horn SK §223 Rn. 21; Maurach/Schroeder/Maiwald 9/6.

4 여기서 2인 이상이 공동하여란 수인이 동일 장소에서 동일 기회에 서로 다른 자의 범행을 인식하고 이를 이용하여 범행한 경우를 의미한다. 대법원 1991. 1. 29. 90도2153; 대법원 2000. 2. 25. 99도4305; 대법원 2013. 11. 28. 2013도4430 판결 참조.

상죄(제262조)가 성립한다. 이에 반하여 상해의 고의가 있었으나 사람을 상해함에 이르지 못한 때에는 상해미수죄(제257조 3항)가 되며 폭행죄로 처벌받는 것은 아니다.

대법원판결 중 상해죄는 결과범이므로 폭행에 대한 인식이 있으면 충분하고 상해를 가할 의사의 존재까지는 필요하지 않다고 판시한 것도 있으나(대법원 1983. 3. 22. 83도231; 대법원 2000. 7. 4. 99도4341), 이는 일본 형법의 해석상으로는 가능할지라도 형법의 해석에 있어서는 있을 수 없다. 즉 일본 형법은 상해죄에 관하여 「사람의 신체를 상해한 자는」이라고 규정하고 있으나(제204조), 폭행죄를 「폭행을 가한 자가 사람을 상해함에 이르지 못한 때는」이라고 규정하고(제208조), 상해의 미수범처벌이나 폭행치상죄에 관한 규정을 두지 아니하였으므로 상해죄를 고의범으로 볼 경우에는 상해의 고의 없이 폭행을 가하여 상해의 결과를 발생케 한 때에는 과실상해죄가 되어 폭행죄보다 가볍게 처벌받게 되므로 통설과 판례는 상해죄를 결과적 가중범으로 해석하여 이러한 불합리한 결과를 피하려고 하였다.[1] 이에 대하여 상해죄를 결과적 가중범으로 해석하는 것은 결과책임의 잔재를 청산하지 못한 것이므로 책임주의의 입장에서 상해의 고의가 있는 때에만 상해죄가 성립한다고 해석해야 한다는 비판이 제기되고 있다. 형법은 일본 형법의 해석을 둘러싼 이론상의 논쟁을 입법적으로 해결하였으므로 본죄가 성립하기 위하여는 상해의 고의가 있어야 한다는 것은 당연하다.

(3) **위 법 성** 본죄의 위법성은 위법성조각사유의 존재에 의하여 조각 16
될 수 있다. 예컨대 정당방위의 요건이 충족된 때에는 상해행위는 위법하다고 할 수 없다. 다만 방어를 위한 행위가 아닌 상해는 정당방위가 될 수 없고,[2] 따라서 싸움에 의하여 서로 상대방에게 상해를 가한 때에도 위법성이 조각되지 않는다.[3] 본죄에 관한 위법성조각사유로 특히 문제되는 것이 피해자의 승낙과 의사의 치료행위 및 징계행위의 경우라고 할 수 있다.

1) **피해자의 승낙** 신체도 법익주체가 처분할 수 있는 법익이다. 따라 17
서 본죄도 피해자의 승낙이 있으면 위법성이 조각된다. 피해자의 승낙이 위법성을 조각하기 위하여는 물론 승낙의 의미를 이해할 능력이 있는 피해자의 자유로운 의사에 의한 승낙이 있을 것을 요한다. 그런데 독일 형법 제228조는 「피해자의 승낙에 의한 상해는 그것이 사회상규(die guten Sitten)에 반할 때에는 위법하

1 日最判 1950. 11. 9[刑集 4-11, 2239].
2 대법원 1984. 1. 24. 83도1873.
3 대법원 1984. 5. 22. 83도3020; 대법원 1984. 6. 26. 83도3090; 대법원 1986. 12. 23. 86도1491; 대법원 2000. 3. 28. 2000도228; 대법원 2004. 6. 25. 2003도4934.

다」고 규정하고 있으며, 여기서 사회상규는 선량한 사회인의 윤리감정을 의미한다고 해석되고 있다. 이러한 규정이 없는 형법의 해석에 있어서 피해자의 승낙이 있으면 언제나 위법성이 조각된다는 견해[1]도 있으나, 사람의 신체는 생명의 기초가 되는 중요한 법익임을 고려할 때 사회상규 또는 공서양속에 의한 사회윤리적 제한에 따라야 한다는 통설[2]이 타당하다. 여기서 사회상규에 반하는가의 기준은 승낙이 아니라 상해행위 그 자체이다.

따라서 격투에 의한 상해, 병역을 피하기 위한 상해, 베니스의 상인에서의 사이록의 행위 등은 피해자의 승낙이 있다 하여도 위법성이 조각되지 않는다.

18 피해자의 승낙이 위법성을 조각할 수 있는 경우로는 스포츠에 의한 상해, 자동차동승자의 사고에 의한 상해 및 의사의 치료행위를 들 수 있다. ① 복싱·레슬링·유도 등과 같이 신체의 상해를 예견할 수 있는 스포츠에 있어서 이에 수반된 상해는 피해자의 승낙에 의하여 위법성이 조각된다. 그러나 스포츠에 있어서도 피해자의 승낙이 경기규칙을 위배하여 고의 또는 과실로 가한 상해에 대하여까지 미친다고는 할 수 없다.[3] ② 자동차에 동승하였다는 사실만으로 그 자동차의 사고로 인한 상해를 승낙하였다고 볼 수는 없다. 그러나 운전에 대한 위험을 인식하고 동승한 경우에는 과실에 의한 상해에 대하여 피해자의 승낙으로 위법성이 조각될 수 있다.[4] 예컨대 운전자가 운전을 할 줄 모른다거나 음주한 사실을 알면서 동승한 경우가 여기에 해당한다.

2) 의사의 치료행위

19 ㈎ **치료행위** 치료행위(Heileingriff)란 치료의 목적으로 의술의 법칙에

---

1 강구진 62면.

2 김종원 58면; 박상기 49면; 배종대 **15**/13; 백형구 47면; 손동권/김재윤 40면; 유기천 48면; 이영란 52면; 이형국 74면; 임웅 62면; 정성근/박광민 71면; 정영석 232면; 황산덕 106면.

3 대법원 2008. 10. 23. 2008도6940, 「운동경기에 참가하는 자가 경기규칙을 준수하는 중에 또는 그 경기의 성격상 당연히 예상되는 정도의 경미한 규칙위반 속에 제3자에게 상해의 결과를 발생시킨 것으로서, 사회적 상당성의 범위를 벗어나지 아니하는 행위라면 과실치상죄가 성립하지 않는다. 그러나 골프경기를 하던 중 골프공을 쳐서 아무도 예상하지 못한 자신의 등 뒤편으로 보내어 등 뒤에 있던 경기보조원(캐디)에게 상해를 입힌 경우에는 주의의무를 현저히 위반하여 사회적 상당성의 범위를 벗어난 행위로서 과실치상죄가 성립한다.」

4 Lilie LK §223 Rn. 13; Maurach/Schroeder/Maiwald **8**/16; Sch/Sch/Stree §228 Rn. 21; Tröndle/Fischer §228 Rn. 6.

따라 행하여지는 신체침해행위를 말한다. 종래의 통설[1]과 판례[2]는 의사의 치료행위는 그 성공 여부를 묻지 아니하고 상해죄의 구성요건에 해당한다는 전제에서, 다만 정당행위로서 본인의 의사에 반하는 경우에도 위법성이 조각된다고 해석하고 있다.

> 따라서 기도원운영자가 정신분열증 환자의 치료 목적으로 안수기도를 하면서 통상의 일반적인 안수기도의 방식과 정도를 벗어나 환자의 신체에 비정상적이거나 과도한 유형력을 행사하여 상해를 한 때에는 '사회상규상 용인되는 정당행위'에 해당하지 않는다(대법원 2008. 8. 21. 2008도2695).

그러나 사람의 신체를 그 주체의 의사와 관계 없이 의사의 업무행위의 객체로 취급하는 것은 타당하다고 할 수 없다. 따라서 치료행위가 상해죄의 구성요건에 해당한다고 할 때에는 피해자의 승낙이 있을 때에만 위법성이 조각된다고 해야 한다.[3] 대법원도 근래 치료행위는 피해자의 승낙에 의하여만 위법성이 조각될 수 있다고 판시한 바 있다.[4] 생각건대 치료행위는 개별적으로 행위를 분리하여 검토할 것이 아니라 전체적 · 통일적으로 판단해야 한다. 그렇다면 성공한 치료행위는 건강을 침해한 것이 아니라 이를 회복 · 개선한 것이므로 본죄의 객관적 구성요건에 해당하지 아니하며, 실패한 치료행위라 할지라도 의술의 법칙에 따른 이상 상해의 고의를 인정할 수 없으므로 치료행위는 본죄의 구성요건에 해당하지 않는다고 해석하는 것이 타당하다.[5]

(나) **치료유사행위** 의사의 신체상해행위 가운데는 엄격한 의미에서 치료 20
의 목적을 위한 행위라고 볼 수 없는 경우가 있다. 예컨대 ① 의사의 질병 예방을 위한 조치나 진단을 위한 검사에 의하여 신체에 대한 상해가 일어날 수 있다. 성형수술 또한 건강의 개선이나 회복을 위한 행위라고 할 수 없다. ② 수혈이나 이

1 강구진 62면; 배종대 15/15; 정성근 85면; 황산덕 176면.
2 대법원 1976. 6. 8. 76도144; 대법원 1978. 11. 14. 78도2388.
3 김성천/김형준 84면; 박상기 50면; 신동운 572면; 오영근 49면; 이영란 51면; 이정원 80면; 이형국 75면; 임웅 65면; 정성근/박광민 71면; 정영일 17면.
4 대법원 1993. 7. 27. 92도2345, 「피고인이 진단상의 과오가 없었으면 당연히 설명받았을 자궁외 임신에 관한 내용을 설명받지 못한 피해자로부터 수술승낙을 받았다면 위 승낙은 부정확 또는 불충분한 설명을 근거로 이루어진 것으로서 수술의 위법성을 조각할 유효한 승낙이라고 볼 수 없다.」
동지 : 대법원 1998. 2. 13. 96다7854.
5 권문택(주석) 483면; 김일수/서보학 51면; 김종원 59면.

식수술의 경우에는 수혈을 받거나 장기 등을 이식받는 자에 대하여는 치료행위가 되지만 이를 제공하는 자에 대한 관계에서는 치료행위가 아니다. ③ 불임수술(Sterilisation)이나 거세수술(Kastration)도 같은 경우에 해당한다. 이러한 치료유사행위는 치료행위가 아니므로 상해죄의 구성요건해당성을 배제할 수 없고, 다만 피해자의 승낙에 의하여 위법성이 조각될 수 있다.[1] 피해자의 승낙이 위법성을 조각하기 위해서는 의사의 설명의무(Aufklärungspflicht)가 그 전제로서 요구된다.[2]

21 **3) 징계행위** 징계권자의 징계행위는 객관적으로 징계의 목적을 달성하는 데 불가피하고 주관적으로는 교육의 목적을 달성하기 위하여 행한 때에 위법성이 조각된다. 그러나 징계권행사의 범위는 교육목적을 달성하는 데 필요하고 적절한 정도에 그쳐야 하므로 징계권(Züchtigungsrecht)의 행사로 사람의 신체를 상해하는 것은 징계권의 범위를 넘었다고 보아야 하기 때문에 원칙적으로 본죄의 위법성을 조각한다고 할 수 없다.

판례는 교사가 초등학교 5학년 학생을 징계하기 위하여 양 손으로 교탁을 잡게 하고 나무 지휘봉으로 엉덩이와 허리 부분을 때려 전치 6주간의 치료를 요하는 상해를 입힌 경우(대법원 1990. 10. 30. 90도1456)와 학생주임인 교사가 몽둥이와 당구큐대로 학생의 둔부를 때려 3주간의 치료를 요하는 상처를 입힌 경우(대법원 1991. 5. 14. 91도513)에는 징계의 범위를 넘어 정당행위에 해당하지 않는다고 판시하였다.

2. 존속상해죄

② 자기 또는 배우자의 직계존속에 대하여 제1항의 죄(상해죄)를 범한 때에는 10년 이하의 징역 또는 1,500만원 이하의 벌금에 처한다.

③ 미수범은 처벌한다(제257조).

10년 이하의 자격정지를 병과할 수 있다(제265조).

22 본죄는 자기 또는 배우자의 직계존속의 신체를 상해함으로써 성립하는 범죄이다. 상해죄에 대하여 신분관계로 인하여 책임이 가중되는 가중적 구성요건이

1 불임과 단종수술을 정당행위로서 위법성이 조각된다고 해석하는 견해도 있다(서일교 31면; 황산덕 176면). 그러나 본인의 의사에 반한 수술이 정당행위라는 이유로 위법성이 조각된다고 할 수는 없다.

2 의사의 설명의무의 범위는 ① 치료를 행한다는 사실, ② 조치의 수단과 방법, ③ 그 결과 및 ④ 진단에 대한 설명에 미친다고 하겠다. 다만 진단에 대한 설명에 있어서는 그것이 환자에게 정신적 쇼크를 주어 환자의 위험성을 증가시키게 된다고 인정될 때에는 보호원리(Fürsorgeprinzip)에 의하여 설명의무가 면제된다. Sch/Sch/Eser §223 Rn. 40ff.; Tröndle/Fischer §223 Rn. 10ff.

다. 자기 또는 배우자의 직계존속의 의미는 존속살해죄에서, 신체를 상해한다는 뜻은 상해죄에서 검토한 바와 같다. 본죄도 존속을 상해한 때에는 그 배륜성으로 인하여 책임이 무겁기 때문에 형을 가중한 것이므로 이를 평등의 원칙에 반한다고 할 수는 없다. 프랑스 형법(제222-10조)도 존속상해죄를 상해죄에 대하여 가중처벌하고 있다.

2명 이상이 공동하여 본죄를 범한 때에는 형의 2분의 1까지 가중한다(폭처법 제2조 2항 3호).

3. 중상해죄 · 존속중상해죄

① 사람의 신체를 상해하여 생명에 대한 위험을 발생하게 한 자는 1년 이상 10년 이하의 징역에 처한다.
② 신체의 상해로 인하여 불구 또는 불치나 난치의 질병에 이르게 한 자도 전항의 형과 같다.
③ 자기 또는 배우자의 직계존속에 대하여 전2항의 죄를 범한 때에는 2년 이상 15년 이하의 징역에 처한다(제258조).
10년 이하의 자격정지를 병과할 수 있다(제265조).

(1) 의의와 성질

1) 의 의 중상해죄(Schwere Körperverletzung)는 사람의 신체를 상해 23
하여 ① 생명에 대한 위험을 발생하게 하거나, ② 불구에 이르게 하거나, ③ 불치나 난치의 질병에 이르게 함으로써 성립하는 범죄를 말하며, 존속중상해죄는 자기 또는 배우자의 직계존속에 대하여 위의 죄를 범함으로써 신분관계로 인하여 책임이 가중되는 가중적 구성요건이다. 중상해죄를 가중처벌하는 이유는 피해자가 상해로 인하여 계속적으로 현저히 피해를 받게 되는 중대한 결과가 발생하였다는 점에 있다.[1]

2) 법적 성격 본죄의 법적 성격에 관하여는 결과로 인하여 형이 가중되 24
는 경우이지만 여기의 중한 결과도 역시 상해의 개념에 들어가므로 결과적 가중범이 아니라고 해석하는 견해[2]도 있다. 그러나 ① 형법은 본죄의 미수범을 처벌하지 않을 뿐만 아니라, ② 본죄가 단순히 상해의 고의만 있으면 성립한다고 해석하는 것은 결과책임을 인정하는 것이 되므로, 본죄는 결과적 가중범을 규정한 것이지만 중한 결과를 과실로 발생케 한 경우뿐만 아니라 중한 결과에 대하여 고

1 Hirsch LK §224 Rn. 1; Lilie LK §226 Rn. 1; Paeffgen NK §226 Rn. 4; Sch/Sch/Stree §226 Rn. 1.
2 백형구 49면; 황산덕 171면.

의가 있는 경우에도 성립하는 부진정결과적 가중범이라고 해석하는 통설[1]이 타당하다고 생각된다. 따라서 본죄가 성립하기 위하여는 기본행위인 상해에 대한 고의가 있고 중한 결과에 대하여 고의가 있거나, 중한 결과에 대하여 과실이 있는 때에는 상해와 중한 결과 사이에 인과관계가 있고 제15조 2항의 원리에 의하여 중한 결과는 예견가능할 것을 요한다.

(2) **중한 결과** 본죄가 성립하기 위하여는 ① 생명에 대한 위험, ② 불구, ③ 불치 또는 난치의 질병이라는 중한 결과를 발생하게 하여야 한다.

25 (가) **생명에 대한 위험** 생명에 대한 위험을 발생하게 한다는 것은 생명에 대한 구체적 위험을 의미하며, 보통 치명상을 가한 경우를 말한다. 그러나 이로 인하여 피해자가 사망한 때에는 여기에 해당하지 않고 상해치사죄가 될 뿐이다.

26 (나) **불 구** 불구란 신체의 전체 조직에 있어서 고유한 기능을 가지고 있는 중요부분의 상실을 말한다. 신체 내부의 장기(臟器)의 상실도 포함된다는 견해[2]가 있으나, 외형적 부분에 한한다고 해석해야 한다.[3] 신체의 어느 부분이 중요한 부분인가를 판단할 때에는 피해자의 개인적 사정을 고려할 것이 아니라 신체조직에 있어서의 기능을 객관적으로 판단해야 한다.[4] 따라서 피해자가 피아니스트라고 하여 새끼손가락이 절단된 것을 불구라고 할 수는 없다. 신체의 중요부분이 상실된 경우만을 불구라고 할 것이므로 예컨대 치아가 빠진 것만으로는 불구에 해당하지 않는다.[5] 그러나 신체의 중요부분의 상실은 반드시 그것이 절단된 경우뿐만 아니라 신체기능이 상실된 경우도 포함한다.[6]

> 따라서 눈을 때려서 실명케 한 경우(대법원 1960. 4. 6. 4292형상395)나, 혀를 깨물어서 발음을 곤란케 한 경우(부산지판 1965. 1. 12. 64고6813) 또는 청력을 상실케 한 경우뿐만 아니라, 성기를 절단하여 성교능력을 상실케 한 경우에도 불구에 해당한다. 이에 반하여 1~2개월 입원할 정도로

---

1 강구진 66면; 권문택(주석) 484면; 김일수/서보학 53면; 김종원 61면; 박상기 53면; 배종대 **15**/28; 오영근 53면; 유기천 51면; 이영란 56면; 이형국 85면; 임웅 67면; 정성근/박광민 73면; 정영일 18면.

2 Bockelmann S. 62; Joecks §226 Rn. 10; Tröndle/Fischer §226 Rn. 4.

3 Gössel S. 183; Hirsch LK §226 Rn. 14; Horn SK §226 Rn. 8; Lackner Rn. 3; Schmidhäuser S. 7; Sch/Sch/Stree §226 Rn. 2; Wessels/Hettinger Rn. 288.

4 Hohmann/Sander **8**/13; Horn SK §226 Rn. 9; Joecks §226 Rn. 14; Tröndle/Fischer §226 Rn. 7; Welzel S. 294.

5 대법원 1960. 2. 29. 4292형상413.

6 Horn SK §226 Rn. 8; Maurach/Schroeder/Maiwald **9**/21; Sch/Sch/Stree §226 Rn. 2; Tröndle/Fischer §226 Rn. 8.

다리가 부러진 상해 또는 3주간 치료를 요하는 우측흉부자상(대법원 2005. 12. 9. 2005도7527)은 중상해에 해당하지 않는다.

(다) **불치 또는 난치의 질병** 불치 또는 난치의 질병이란 치료의 가능성 27
이 없거나 희박한 질병을 말한다. 치료의 가능성은 의학적 표준에서 판단되어야 한다. 정신병이나 마비와 같은 경우가 여기에 해당한다고 할 수 있다. 불구의 경우와 달리 인공적인 장치에 의하여 대체될 수 있는 때에는 불치라고 할 수 없다. 불치 또는 난치의 질병에 제한되므로 상처의 흔적이 없어지지 않는 것만으로는 여기에 해당하지 않는다.

(3) **적용범위** 본죄가 성립하기 위하여 상해의 고의가 있어야 함은 앞 28
에서 본 바와 같다. 문제는 폭행의 의사로 본죄의 결과를 낸 경우에도 본죄가 성립할 것인가에 있다. 이에 대하여는 ① 제262조가 명문으로 제258조도 포함시킨 이상 본죄는 상해의 의사를 가지고 무거운 결과를 낸 경우뿐만 아니라 폭행의 의사를 가지고 상해하여 그로 인하여 위의 세 가지 무거운 결과를 낸 경우에도 동일한 원리가 적용된다는 견해[1]와, ② 본죄의 성립에는 상해의 고의를 요하며 폭행의 고의를 가지고 중상해의 결과를 발생시킨 경우에는 폭행치상죄가 문제될 따름이라는 견해[2]가 대립되고 있다. 본죄의 성질과 제262조의 규정의 내용에 비추어 보면 폭행의 고의로 중상해죄의 결과를 발생케 한 때에는 폭행치상죄가 성립하고, 다만 본죄의 예에 의하여(본죄의 형으로) 처벌된다고 해석해야 할 것이다.

4. 특수상해죄 · 특수중상해죄

① 단체 또는 다중의 위력을 보이거나 위험한 물건을 휴대하여 제257조 제1항 또는 제2항의 죄를 범한 때에는 1년 이상 10년 이하의 징역에 처한다.
② 단체 또는 다중의 위력을 보이거나 위험한 물건을 휴대하여 제258조의 죄를 범한 때에는 2년 이상 20년 이하의 징역에 처한다.
③ 제1항의 미수범은 처벌한다(제258조의2).
10년 이하의 자격정지를 병과할 수 있다(제265조).

단체 또는 다중의 위력을 보이거나 위험한 물건을 휴대하여 상해 · 존속상 28a

1 유기천 52면.
2 김종원 62면.

해 · 중상해 · 존속중상해의 죄를 범함으로써 성립하는 범죄이다. 본죄는 행위방법의 위험성 때문에 가중된 구성요건으로, 폭처법의 관련 규정이 삭제되고 형법에 신설되어 2016. 1. 6. 공포 · 시행되었다. 단체 또는 다중의 위력을 보이는 것과 위험한 물건의 휴대의 의미는 특수폭행죄, 상해 등은 상해죄의 경우와 같다.

5. 상해치사죄 · 존속상해치사죄

① 사람의 신체를 상해하여 사망에 이르게 한 자는 3년 이상의 유기징역에 처한다.
② 자기 또는 배우자의 직계존속에 대하여 전항의 죄를 범한 때에는 무기 또는 5년 이상의 징역에 처한다(제259조).

29 (1) **구성요건** 본죄는 사람의 신체를 상해하여 사망에 이르게 함으로써 성립하는 범죄이다. 상해에 대하여는 고의가 있었으나 사망의 결과가 고의 없이 발생한 경우로서 상해죄에 대한 결과적 가중범이다. 사망의 결과에 대하여 고의가 있는 때에는 본죄가 성립하지 않고 살인죄가 성립할 뿐이다. 본죄가 성립하기 위하여는 결과적 가중범의 일반원리에 따라 상해와 사망의 결과 사이에 인과관계가 있어야 하며, 사망의 결과에 대한 예견가능성 즉 과실이 있을 것을 요한다.

30 (가) **인과관계와 객관적 귀속** 상해와 사망의 결과 사이의 인과관계는 합법칙적 조건설에 따라 그 행위와 합법칙적으로 연관되어 결과가 실현된 경우에 인정된다.[1] 행위가 사망의 결과에 대한 유일한 원인이 될 것은 요하지 않으므로, 사망의 결과가 피해자의 지병 때문이거나,[2] 피해자가 충분한 치료를 하지 아니한 결과인 경우[3] 또는 병원에서 입원치료를 받다가 합병증으로 사망에 이르렀다 할지라도[4] 결과는 행위에 귀속된다.

판례는 피해자가 상해행위를 피하려고 도로를 건너 도주하다가 차량에 치어 사망한 때에도 상해행위와 피해자의 사망 사이에 인과관계가 있다고 한다(대법원 1996. 5. 10. 96도529).

다만 사망의 결과는 상해로 인하여 직접 실현될 것임을 요하므로 사망의 결과가 제3자의 행위에 의하여 실현되었거나 피해자가 스스로 야기한 때에는 행위

1 대법원 1972. 3. 28. 72도296.
2 대법원 1970. 9. 22. 70도1387; 대법원 1979. 10. 10. 79도2040; 대법원 1983. 1. 18. 82도697.
3 대법원 1961. 9. 21. 4294형상447.
4 대법원 2012. 3. 15. 2011도17648.

자에게 귀속할 수 없게 된다. 그러나 사망의 결과에 대한 위험을 징표하는 행위와 결과 사이의 직접적 연관은 반드시 상해의 결과와 사망 사이에 있을 것을 요하지 않고, 상해행위와 사망 사이에 존재하면 족하다.[1] 상해죄에 내재하는 구성요건적 특수위험은 상해의 결과뿐만 아니라 구체적인 실행방법에 의하여도 나타날 수 있기 때문이다.

(나) **예견가능성** 행위자는 사망의 결과를 예견할 수 있어야 한다. 통설은 결과에 대한 예견가능성을 과실과 같은 의미로 해석하고 있다.[2] 이에 대하여 결과적 가중범에 있어서 상해죄를 범한 것에서 의무위반, 즉 과실은 자동적으로 인정된다는 이유로 결과의 예견가능성에 대하여 특별한 의의를 부여하는 견해[3]도 있다. 그러나 상해죄의 구성요건은 사람의 신체를 상해하는 것을 금지할 뿐이며 그 결과로 발생한 사망과는 아무런 관계가 없다 할 것이므로, 상해죄의 구성요건을 실현하였다는 것만으로 사망의 결과에 대한 과실이 인정되는 것은 아니며 결과에 대한 예견가능성이 바로 과실을 판단하는 기준이 된다고 보아야 한다.[4] 31

대법원은 안면이나 흉부와 같이 인체의 중요한 부위를 강하게 타격하면 이로 인하여 정신의 흥분과 혈압의 항진을 초래하여 사망에 이를 수 있다는 것은 누구나 예견할 수 있다고 한다(대법원 1981. 3. 10. 80도3321; 대법원 1984. 12. 11. 84도2183). 상해를 가한 피해자가 사망한 것으로 오인하고 베란다에서 떨어뜨려 추락사하게 한 때에도 본죄가 성립한다(대법원 1994. 11. 4. 94도2361).[5]

(2) **공동정범** 결과적 가중범인 본죄의 공동정범이 가능한가에 대하여 대법원은 상해치사죄의 공동정범은 죽일 의사 없이 폭행 기타 신체침해행위를 공동으로 할 의사가 있으면 성립되고 결과를 공동으로 할 의사는 필요 없다는 이유로 공동정범의 성립을 인정하고 있다.[6] 그러나 본죄의 공동정범을 인정하기 위 32

---

1 Bockelmann S. 66; Gössel S. 187; Sch/Sch/Stree §227 Rn. 4; Tröndle/Fischer §227 Rn. 2; Wessels/Hettinger Rn. 299.

2 강구진 68면; 김종원 63면; 박상기 57면; 백형구 56면; 정영석 231면; 황산덕 177면.

3 Wessels/Hettinger Rn. 306.

4 Horn SK §227 Rn. 4; Sch/Sch/Stree §227 Rn. 7; Tröndle/Fischer §227 Rn. 3.

5 대법원 1994. 11. 4. 94도2361, 「피고인이 피해자에게 우측 흉골골절 및 늑골골절상과 이로 인한 우측 심장벽좌상과 심낭내출혈 등의 상해를 가함으로써, 피해자가 바닥에 쓰러진 채 정신을 잃고 빈사상태에 빠지자 피해자가 사망한 것으로 오인하고, 피고인의 행위를 은폐하고 피해자가 자살한 것처럼 가장하기 위하여 피해자를 베란다로 옮긴 후 베란다 밑 약 13미터 아래의 바닥으로 떨어뜨려 피해자로 하여금 현장에서 좌측 측두부 분쇄함몰골절에 의한 뇌손상 및 뇌출혈 등으로 사망에 이르게 하였다면 피고인의 행위는 포괄하여 단일의 상해치사죄에 해당한다.」

6 대법원 1978. 1. 17. 77도2193; 대법원 1991. 10. 11. 91도1755; 대법원 1997. 10. 10. 97도1720;

하여는 공동정범의 각자가 사망의 결과를 예견할 수 있었음을 요한다고 하겠다. 상해의 공동정범 가운데 1인이 살인의 고의로 사람을 살해한 때에는 나머지 자들은 상해치사죄의 죄책을 면할 수 없다고 하더라도 살인죄의 책임을 물을 수는 없다.[1] 교사자가 상해를 교사하였는데 피교사자가 이를 넘어 살인을 실행한 경우에도 같다.[2]

33 (3) **존속상해치사죄** 자기 또는 배우자의 직계존속의 신체를 상해하여 사망에 이르게 함으로써 성립한다. 상해치사죄에 대하여 신분관계로 책임이 가중되는 가중적 구성요건이다.

6. 동시범의 특례

독립행위가 경합하여 상해의 결과를 발생하게 한 경우에 있어서 원인된 행위가 판명되지 아니한 때에는 공동정범의 예에 의한다(제263조).

34 (1) **의 의** 2인 이상이 의사 연락 없이 개별적으로 동시에 죄를 범한 경우를 동시범(同時犯)이라고 한다. 공동정범의 경우에는 공동정범 가운데 누구의 행위에 의하여 상해의 결과가 발생하였는가를 불문하고 전원이 그 결과에 대하여 책임을 지게 된다. 그러나 동시범은 각자가 단독정범에 불과하므로 개인책임의 원리에 따라 각자는 자기의 행위에 의하여 발생한 결과에 대하여만 책임을 지게 된다. 형법 제19조가 독립행위의 경합이라고 하여, 「동시 또는 이시(異時)의 독립행위가 경합한 경우에 그 결과발생의 원인된 행위가 판명되지 아니한 때에는 각 행위를 미수범으로 처벌한다」고 규정하고 있음은 바로 이를 의미한다. 형법 제263조는 상해죄에 관하여 동시범의 특례를 인정하여 「독립행위가 경합하여 상해의 결과를 발생하게 한 경우에 있어서 원인된 행위가 판명되지 아니한 때에는 공동정범의 예에 의한다」고 규정하여 형법 제19조의 예외를 인정하고 있다. 2인 이상이 동일인에 대하여 폭행을 가하여 상해의 결과가 발생한 경우에 누구의 행위에 의하여 상해의 결과가 발생하였는가를 입증하는 것이 곤란하기 때문에 입증의 곤란을 구제하기 위한 정책적 예외규정을 인정한 것이라고 할 수 있다.

대법원 2000. 5. 12. 2000도745; 대법원 2013. 4. 26. 2013도1222.

1 대법원 1984. 10. 5. 84도1544; 대법원 1991. 5. 14. 91도580; 대법원 1993. 8. 24. 93도1674.

2 대법원 1993. 10. 8. 93도1873; 대법원 1997. 6. 24. 97도1075; 대법원 2002. 10. 25. 2002도4089.

동시범의 특례를 규정한 형법 제263조는 공동정범의 성립요건인 공동의 의사를 의제하기 때문에 책임원칙에 반하고 인과관계의 입증에 관하여 in dubio pro reo의 원칙을 폐기한 것이므로 헌법의 무죄추정의 원칙에 위배한 위헌의 규정일 뿐만 아니라, 상해죄의 동시범에 대하여만 검사의 입증책임을 완화하는 것도 균형에 맞지 않으므로 폐지해야 한다는 주장도 있다.[1] 그러나 특수한 범죄에 대한 법률의 규정에 의한 거증책임의 전환은 합리적인 이유가 인정되는 한 무죄추정의 원칙에 반한다고 할 수는 없다.

(2) **법적 성질** 상해죄에 대하여 동시범의 특례를 인정한 본조의 법적 35
성질에 대하여는 견해가 대립되고 있다. 즉 ① 피고인에게 자기의 행위로 상해의 결과가 발생하지 않았음을 증명할 거증책임을 지운 것이라는 **거증책임전환설**(擧證責任轉換說),[2] ② 입증의 곤란을 구제하기 위하여 공동정범에 관한 법률상 책임의 추정을 규정한 것이라는 **법률상추정설**(法律上推定說)[3] 및 ③ 소송법상으로는 거증책임의 전환으로서의 성질을 가지며 실체법상으로는 공동정범의 범위를 확장시키는 의제를 한 것이라는 **이원설**(二元說)[4]이 그것이다.

법률상추정설은 본조가 공동정범의 예에 의한다라고 규정하고 있으므로 이를 공동정범으로 본다는 의미로 해석해야 한다는 것을 이유로 들고 있다. 그러나 ① 추정은 증명절차를 거치지 않고 사실을 인정하는 것이라는 점에서 사실의 인정에 증명을 수반하는 거증책임의 전환과 구별되는 것이므로 본조가 법률상의 추정을 규정한 것이라고는 볼 수 없고, ② 법률상의 추정을 인정하는 것은 형사소송법의 기본원칙인 자유심증주의와 실체진실주의에 반하는 것이므로, 법률상추정설이나 이를 전제로 하는 이원설은 타당하다고 할 수 없다. 따라서 본조를 거증책임의 전환이라고 해석하는 다수설이 타당하다고 생각한다.

(3) **특례의 적용요건** 형법 제263조의 동시범의 특례가 적용되기 위하 36
여는 다음과 같은 요건이 충족되어야 한다.

1 배종대 15/51; 백형구 52면; 오영근 61면; 이정원 90면; 이형국 67면.

2 김성천/김형준 107면; 남흥우 38면; 박상기 59면; 유기천 61면; 임웅 75면; 정영일 23면; 황산덕 178면. 거증책임전환은 과실부분에 한하여 제한적으로 인정해야 한다는 제한적 거증책임전환설(김일수/서보학 58면)과 피고인의 증거제출책임을 규정한 것이라는 증거제출책임설(오영근 61면)도 있다.

3 강구진 70면; 이건호 273면.

4 권문택(주석) 492면; 김종원 64면; 이형국 66면; 정성근/박광민 83면; 정영석 232면.

(가) **독립행위의 경합** 독립행위가 경합하여야 한다. 독립행위가 경합한다는 것은 두 개 이상의 행위가 서로 의사의 연락 없이 같은 객체에 대하여 행하여지는 것을 말한다. 따라서 가해행위 내지 폭행을 한 것 자체가 분명하지 않은 경우에는 본조는 적용될 여지가 없다.[1] 독립행위가 반드시 같은 시간에 행하여질 것을 요하지는 않지만 적어도 동일 시간 내지 근접한 시간에 걸쳐서 행하여질 것을 요한다는 견해[2]도 있다. 그러나 형법 제19조는 이시의 독립행위가 경합한 때에도 동시범으로 규정하고 있고 본조의 입법취지에 비추어 이시의 독립행위인 경우를 제외해야 할 이유는 없다. 이시의 독립행위가 경합한 때에도 본조가 적용된다고 해석해야 한다.[3] 대법원도 같은 취지로 판시하고 있다.[4]

(나) **상해의 결과** 상해의 결과가 발생하여야 한다. 폭행에 그쳤을 뿐 상해에 이르지 않았을 때에는 본조가 적용될 여지가 없다. 그러나 상해의 결과가 발생하면 족하므로 상해의 결과는 상해행위에 의한 것이건 폭행행위에 의한 것이건(폭행치상) 묻지 않는다.

(다) **원인의 불판명** 원인된 행위가 판명되지 않아야 한다. 원인된 행위가 판명된 때에는 각자가 자기의 행위로부터 발생한 결과에 대하여 책임을 지게 될 뿐이다. 이 경우에 자기의 행위가 원인이 아니라는 거증책임은 피고인에게 있다.

(4) **특례의 적용범위** 형법 제263조가 상해죄와 폭행치상죄에 대하여 적용된다는 점에는 이론이 없다. 본조의 적용 여부가 문제되는 경우로는 다음의 두 가지 경우가 있다.

37 (가) **상해치사죄 · 폭행치사죄** 동시범의 특례가 상해치사죄에 대하여도 적용되느냐에 관하여는 ① 상해의 결과를 발생케 한 이상 상해의 범위를 넘어 상해치사에 이른 때에도 본조가 적용된다는 견해[5]와, ② 본조는 동시범에 대한 예외규정이고, 상해의 결과를 발생케 한 경우라고 규정하고 있음에도 불구하고 사망의 결과가 발생한 경우에도 적용하는 것은 유추해석금지의 원칙에 반하므

1 대법원 1984. 5. 15. 84도488.
2 강구진 232면; 김종원 63면; 박상기 60면; 정성근/박광민 84면; 정영석 232면.
3 김성천/김형준 108면; 김일수/서보학 58면; 배종대 15/52; 백형구 53면; 손동권/김재윤 51면; 오영근 61면; 이형국 66면; 정영일 24면; 조준현 57면.
4 대법원 1981. 3. 10. 80도3321; 대법원 2000. 7. 28. 2000도2466.
5 권문택(주석) 491면; 남흥우 38면; 황산덕 178면.

로 상해치사죄에는 적용될 수 없다는 견해[1]가 대립되고 있다. 대법원은 폭행치사[2] 또는 상해치사[3]의 경우는 물론 상해행위나 폭행행위가 경합하여 사망의 결과가 발생한 때[4]에도 본조가 적용된다고 판시하고 있다.

생각건대 상해의 결과가 발생한 경우에 동시범의 특례가 인정되어 공동정범의 예에 의하는 이상 상해치사죄의 공동정범이 될 수 있느냐는 결과적 가중범의 공동정범의 문제가 된다. 따라서 사망의 결과에 대하여 인과관계가 있고 제15조 2항에 의하여 예견가능성이 있는 때에만 상해치사죄의 공동정범이 된다고 하겠다. 이에 반하여 폭행치사죄의 경우에는 상해의 결과가 발생한 것이 아니므로 본조는 적용될 여지가 없다고 해야 한다.

(나) **강간치상죄 · 강도치상죄** 본조는 상해와 폭행의 죄에 관한 특례규정 38
이므로 상해 또는 폭행치상의 요소를 포함하더라도 그 보호법익을 달리하는 강간치상죄나 강도치상죄에는 적용되지 않는다고 해야 한다. 이러한 경우에도 본조가 적용된다고 해석한다면 명문의 규정을 떠난 유추해석을 인정하는 결과가 되기 때문이다.

대법원도 강간치상죄에는 동시범의 특례가 적용되지 않는다고 판시하고 있다(대법원 1984. 4. 24. 84도372).

Ⅲ. 폭행의 죄

1. 폭 행 죄

① 사람의 신체에 대하여 폭행을 가한 자는 2년 이하의 징역, 500만원 이하의 벌금, 구류 또는 과료에 처한다.

③ 제1항의 죄는 피해자의 명시한 의사에 반하여 공소를 제기할 수 없다(제260조).

---

1 강구진 71면; 김성천/김형준 110면; 김일수/서보학 60면; 김종원 64면; 박상기 61면; 배종대 15/55; 백형구 54면; 손동권/김재윤 54면; 오영근 62면; 이영란 62면; 임웅 77면; 정영석 232면.

2 대법원 1970. 6. 30. 70도991.

3 대법원 1981. 3. 10. 80도3321, 「형법 제19조와 제263조의 규정취지를 새겨 보면 본건의 경우와 같은 이시의 상해의 독립행위가 경합하여 사망의 결과가 일어난 경우에도 그 원인된 행위가 판명되지 아니한 때에는 공동정범의 예에 의하여야 한다고 해석하여야 할 것이다.」

동지 : 대법원 1985. 5. 14. 84도2118.

4 대법원 2000. 7. 28. 2000도2466.

(1) **객관적 구성요건** 폭행죄(暴行罪, Gewalt, assault)는 사람의 신체에 대하여 폭행을 가함으로써 성립한다.

39 1) **행위의 객체** 본죄의 객체는 사람의 신체이다. 여기서 사람이란 자연인인 타인을 의미한다. 이에 대하여는 상해죄의 객체에 관하여 설명한 바와 같다.

다만 외국의 원수에 대한 폭행의 경우에는 외국원수에 대한 폭행죄(제107조 1항), 외국사절에 대하여 폭행한 때에는 외국사절에 대한 폭행죄(제108조 1항)가 성립하고, 사용자의 근로자에 대한 폭행은 근로기준법 위반죄(동법 제8조, 제107조)에 해당한다.

40 2) **행 위** 폭행을 가하는 것이다.

폭행이란 일반적으로 사람의 신체에 대하여 유형력을 행사하는 것을 말한다.

41 (가) **형법상 폭행의 개념** 형법에는 본죄 이외에도 여러 구성요건 가운데 폭행이라는 개념이 사용되고 있다. 그러나 형법상의 폭행의 의미와 내용이 언제나 동일한 것이라고 할 수는 없다. 통설은 형법상의 폭행의 개념을 다음과 같은 4종으로 분류하고 있다.[1] ① **최광의의 폭행**은 대상이 무엇인가를 묻지 아니하고 유형력을 행사하는 모든 경우를 포함한다. 따라서 그것은 사람에 대한 유형력의 행사인가 물건에 대한 것인가를 불문한다. 소요죄(제115조) · 다중불해산죄(제116조)의 폭행이 여기에 해당한다. ② **광의의 폭행**은 사람에 대한 직접 · 간접의 유형력의 행사를 말한다. 그것은 사람에 대한 유형력의 행사를 의미하지만 반드시 사람의 신체에 대하여 유형력이 가하여질 것을 요하지 않고 물건에 대한 것이라 할지라도 간접적으로 사람에 대한 것이라고 볼 수 있으면 족하다. 공무집행방해죄(제136조) · 특수도주죄(제146조) 또는 강요죄(제324조)의 폭행이 여기에 해당한다. ③ **협의의 폭행**은 사람의 신체에 대한 유형력의 행사를 의미한다. 본죄와 특수공무원폭행죄(제125조)의 폭행이 여기에 속한다. ④ **최협의의 폭행**은 상대방의 반항을 불가능하게 하거나 현저히 곤란하게 할 정도의 가장 강력한 유형력의 행사를 말한다. 강간죄(제297조)와 강도죄(제333조)의 폭행이 여기에 해당한다. 다만 강도죄의 폭행은 상대방의 반항을 불가능하게 할 정도임을 요함에 대하여, 강간죄의 그것은 이를 현저히 곤

1 강구진 75면; 권문택(주석) 486면; 김일수/서보학 63면; 김종원 66면; 백형구 57면; 손동권/김재윤 57면; 신동운 587면; 이영란 67면; 이형국 80면; 임웅 71면; 정성근/박광민 87면; 정영석 233면; 황산덕 179면.

이에 반하여 유기천 54면은 형법상의 폭행을 ① 최광의, ② 최협의 및 ③ 보통의 폭행 3종으로 나누고 있다.

란하게 하는 경우를 포함한다.

(나) **폭행의 방법** 본죄의 폭행은 협의의 폭행을 의미하므로 사람의 신체 42
에 대하여 유형력을 행사하는 것이어야 한다. 본죄의 폭행은 사람의 신체에 대한 것임을 요하므로 단순히 물건에 대한 유형력의 행사는 폭행이라고 할 수 없다. 따라서 타인의 집 마당에 인분을 던지거나,[1] 방문을 발로 차는 것[2]만으로는 폭행이라고 할 수 없다. 그러나 사람의 신체에 대한 유형력의 행사가 생리적 기능을 훼손하거나 건강을 해할 정도에 이를 것을 요하지 아니하며, 그 경우에는 폭행의 범위를 떠나 상해에 해당하게 된다. 따라서 사람에게 돌을 던지거나 뺨을 때리거나 침을 뱉거나 손이나 옷을 잡아 당기거나 미는 경우는 물론, 안수기도를 하면서 가슴과 배를 누르거나[3] 모발이나 수염을 자르는 것도 본죄의 폭행에 해당한다. 유형력을 행사하는 방법에는 제한이 없다. 부작위에 의한 폭행도 가능하다. 다만 2명 이상이 공동하여 폭행을 한 때에는 폭처법 제2조 2항에 해당한다.

욕설이나 폭언을 하거나 소음을 내거나 전화를 거는 것이 폭행에 해당하는 43
가가 문제된다. 판례는 피해자의 신체에 공간적으로 근접하여 고성으로 폭언이나 욕설을 하거나 동시에 손발이나 물건을 휘두르거나 던지는 행위는 직접 피해자의 신체에 접촉하지 아니하였다 하더라도 피해자에 대한 불법한 유형력의 행사로서 폭행에 해당될 수 있지만, ① 단순히 욕설을 하는 것만으로는 유형력의 행사라고 할 수 없고,[4] ② 멀리 떨어져 있는 사람에게 전화기를 이용하여 전화하면서 고성을 내거나 그 전화 대화를 녹음 후 듣게 하는 경우에는 특수한 방법으로 수화자의 청각기관을 자극하여 수화자로 하여금 고통스럽게 느끼게 할 정도의 음향을 이용하였다는 등의 특별한 사정이 없는 한 신체에 대한 유형력의 행사를 한 것으로 보기 어렵다는 이유로 폭행이라고 할 수 없다고 해석하고 있다.[5]

폭행을 사람의 신체에 대한 「유형력의 행사」에 제한하는 것이 과연 타당한가는 다음

1 대법원 1977. 2. 8. 75도2673.
2 대법원 1984. 2. 14. 83도3186.
3 대법원 1994. 8. 23. 94도1484.
4 대법원 1991. 1. 29. 90도2153, 「형법 제260조에서 말하는 폭행이란 사람의 신체에 대하여 유형력을 행사하는 것을 의미하는 것으로서 피고인이 피해자에게 욕설을 한 것만을 가지고 당연히 폭행을 한 것이라고 할 수는 없을 것이고, 피해자 집의 대문을 발로 찬 것이 막바로 또는 당연히 피해자의 신체에 대하여 유형력을 행사한 경우에 해당한다고 할 수도 없다.」
동지 : 대법원 1990. 2. 13. 89도1406.
5 대법원 2003. 1. 10. 2000도5716.

과 같은 몇 가지 점에서 의문이 제기되고 있다. ① 폭행이란 신체의 안전을 불법하게 침해하는 일체의 행위를 포함한다고 보아야 하므로 타인에게 혐오감이나 불쾌감을 주는 행위도 여기에 해당하게 된다. 그런데 그것은 반드시 엄격한 의미에서의 유형력의 행사에 의하여만 발생하는 것이 아니라, 폭언에 의해서도 가능하다고 해야 한다. ② 유형력의 행사는 사람의 신체에 대하여 가하여지면 족하며 반드시 신체에 대한 직접적인 접촉을 요건으로 하는 것이 아니다(대법원 1972. 11. 28. 72도2201). 그러므로 사람의 신체에 돌을 던졌으나 그 돌이 명중되지 아니한 때에도 역시 폭행에 해당한다. 뿐만 아니라 고함을 질러 사람을 놀라게 하거나, 야간에 계속 소음을 내거나, 계속 전화를 거는 경우 또는 거짓 소식을 전하여 사람을 경악케 한 때에도 폭행에 해당한다고 해야 한다.[1] 여기서 유형력의 행사뿐만 아니라 무형력을 행사한 경우에도 폭행의 개념에 해당한다고 보아야 하지 않느냐라는 문제가 제기된다. 그러나 폭행에 무형력을 포함하는 때에는 폭행과 협박의 구별이 불가능하게 되므로, 폭행을 유형력을 행사한 경우로 제한하면서 유형력의 범위를 넓게 해석하여 사람의 오관에 직접 · 간접적으로 작용하여 육체적 · 정신적으로 고통을 가하는 일체의 힘 또는 신체에 대한 일체의 역학적 · 화학적 또는 생리적 작용을 말한다고 해석하지 않을 수 없다.[2]

44 폭행(또는 상해)을 가하면서 가위로 찔러 죽인다고 협박한 때에는 협박죄는 불가벌적 수반행위로서 폭행죄에 흡수된다.[3] 경범죄 처벌법은 정당한 이유 없이 길을 막거나 시비를 걸거나 주위에 모여들거나 뒤따르거나 몹시 거칠게 겁을 주는 말이나 행동으로 다른 사람을 불안하게 하거나 귀찮고 불쾌하게 한 사람 등을 처벌하고 있으나(제3조 1항 19호), 이는 폭행에 해당하지 않는다.

45 (2) **주관적 구성요건** 본죄가 성립하기 위하여는 폭행의 고의가 있어야 한다. 구형법의 해석상으로는 폭행죄의 고의도 폭행의 의사인가 상해의 의사인가를 묻지 않았으므로 상해의 고의로 폭행하여 폭행의 정도에 그쳤을 때에도 본죄가 성립한다고 하였으나, 상해와 폭행을 구별하고 있는 형법의 해석에 있어서는 이러한 경우에는 상해미수죄가 성립하며 본죄가 되는 것은 아니다. 반대로 폭행의 의사로 상해의 결과가 발생한 때에는 폭행치상죄가 성립한다.

46 (3) **위 법 성** 본죄도 일반적 위법성조각사유에 의하여 그 위법성이 조각되는 것은 당연하다. 피해자의 승낙에 의한 폭행은 그것이 사회상규에 반하지

1 Paeffgen NK §223 Rn. 8; Sch/Sch/Eser §223 Rn. 4; Tröndle/Fischer §223 Rn. 6; Wessels/Hettinger Rn. 259.
2 강구진 77면; 손동권/김재윤 59면; 정성근/박광민 88면.
3 대법원 1976. 12. 14. 76도3375.

않는 때에는 위법성이 조각된다. 본죄의 위법성조각사유로 특히 문제되는 것은 정당행위라고 할 수 있다. 징계권자가 징계권의 행사로 한 폭행은 정당행위로서 위법성이 조각된다. 통설과 판례는 교사의 체벌도 징계권의 행사로서 위법성이 조각된다고 하고 있으나, 인간의 존엄과 가치를 존중하는 헌법정신과 교육의 목적에 비추어 볼 때 교사의 폭행은 징계권의 범위를 벗어나는 것이라고 생각된다. 한편 본죄는 일정한 범위에서 사회상규에 반하지 않는 행위로서 위법성이 조각되는 경우가 있다.

> 대법원은 상대방이 시비를 걸면서 멱살이나 팔을 잡는 등 부당한 공격을 하는 경우에 이를 벗어나기 위하여 소극적으로 저항하거나(대법원 1980. 9. 24. 80도1898; 대법원 1984. 4. 24. 84도242; 대법원 1986. 10. 14. 86도1796; 대법원 1990. 1. 23. 89도1328; 대법원 1996. 5. 28. 96도979), 강제로 연행하려고 하여 이를 뿌리치는 것(대법원 1982. 2. 23. 81도2958)은 사회상규에 반하지 않는다고 판시하였다.

(4) **반의사불벌죄** 본죄는 피해자의 명시한 의사에 반하여 공소를 제기 47
할 수 없다(제260조 3항). 즉 처벌을 희망하는 의사표시가 없어도 공소를 제기할 수 있으나, 처벌을 희망하지 아니하는 의사표시가 있거나 처벌을 희망하는 의사표시를 철회하였을 때에는 공소를 제기할 수 없고, 이미 공소를 제기한 때에는 공소기각의 판결을 선고하여야 한다(형소법 제327조 6호). 이러한 의미에서 반의사불벌죄를 해제조건부범죄라고도 한다. 구법에서 본죄를 친고죄로 규정하였던 것을 반의사불벌죄로 한 것은 피해자가 후환이 두려워 고소를 주저하는 사정을 고려한 것이다. 그러나 본죄의 행위가 폭처법에 해당할 때에는 반의사불벌죄가 되지 않는다(제2조 4항).

2. 존속폭행죄

> ② 자기 또는 배우자의 직계존속에 대하여 제1항의 죄를 범한 때에는 5년 이하의 징역 또는 700만원 이하의 벌금에 처한다.
> ③ 제2항의 죄는 피해자의 명시한 의사에 반하여 공소를 제기할 수 없다(제260조).
> 10년 이하의 자격정지를 병과할 수 있다(제265조).

본죄는 자기 또는 배우자의 직계존속의 신체에 대하여 폭행함으로써 성립한 48
다. 폭행죄에 대하여 신분관계로 인하여 책임이 가중되는 가중적 구성요건이다. 본죄도 반의사불벌죄이다.

2명 이상이 공동하여 본죄를 범한 때에는 형의 2분의 1까지 가중한다(폭처법 제2조 2항 2호).

3. 특수폭행죄

단체 또는 다중의 위력을 보이거나 위험한 물건을 휴대하여 제260조 제1항 또는 제2항의 죄를 범한 때에는 5년 이하의 징역 또는 1천만원 이하의 벌금에 처한다(제261조).
10년 이하의 자격정지를 병과할 수 있다(제265조).

49 (1) 의 의 단체 또는 다중의 위력을 보이거나 위험한 물건을 휴대하여 사람의 신체에 대하여 폭행을 가함으로써 성립하는 범죄이다. 본죄는 폭행죄에 대하여 행위방법의 위험성 때문에 불법이 가중되는 가중적 구성요건이다. 즉 가중의 근거는 결과 때문이 아니라 행위의 수단과 방법이 피해자에게 중대한 침해를 야기할 위험이 있고 피해자의 방어기회를 없게 한다는 점에 있다.[1]

(2) 객관적 구성요건 본죄는 단체 또는 다중의 위력을 보이거나 위험한 물건을 휴대하고 사람의 신체에 대하여 폭행함으로써 성립한다.

50 1) 단체 또는 다중의 위력 본죄의 첫번째 실행방법은 단체 또는 다중의 위력을 보이는 경우이다.

(가) 단 체 「단체」(團體)란 공동목적을 가진 다수인의 계속적·조직적인 결합체를 말한다. 공동목적은 반드시 불법할 것을 요하지 않는다. 따라서 범죄를 목적으로 하는 불법단체뿐만 아니라 법인·노동조합·정당 기타 사회단체도 여기에 포함된다. 단체의 구성원은 그 위력을 보일 정도로 다수이어야 한다. 단체의 구성원이 같은 곳에 집결되어 있을 필요는 없다. 소집 또는 연락에 의하여 집합할 가능성이 있으면 족하다. 일반적으로 시위를 할 목적으로 조직된 결합체도 단체에 해당한다는 견해[2]가 있으나, 단체는 어느 정도의 계속성을 가질 것을 요하므로 이러한 경우는 다중에 해당한다고 할 것이다.[3]

51 (나) 다 중 「다중」(多衆)이란 단체를 이루지 못한 다수인의 집합을 말한다. 집합자 사이에 공동목적이 있거나, 계속적인 조직체로 구성되어 있음을 요하지 않는다. 다만 일시적 결합체인 경우에는 다수인이 같은 곳에 집결되어 있을 것이 요구된다. 구성원의 수에는 제한이 없으며 소요죄에 있어서와 같이 일정한

1 Lilie LK §224 Rn. 1; Paeffgen NK §224 Rn. 2; Sch/Sch/Stree §224 Rn. 1; Tröndle/Fischer §224 Rn. 1.
2 유기천 59면.
3 강구진 80면; 김일수/서보학 67면; 김종원 69면; 백형구 62면; 임웅 87면; 정성근/박광민 75면.

지방의 평온을 해할 정도에 이를 필요도 없다. 집단적 위력을 보일 수 있는 정도면 족하다.[1]

52 (다) 위 력 「위력」(威力)이란 사람의 의사를 제압함에 족한 세력을 말한다. 무형력을 사용하여 상대방의 의사를 제압하는 경우에는 특수협박죄(제284조)에 해당한다는 이유로 여기의 위력은 유형력에 한한다는 견해[2]도 있다. 그러나 특수협박죄는 단체나 다중의 위력을 보여 사람을 협박하여야 성립하는 것이고, 본죄는 위력을 보이고 폭행할 때에 성립하는 것이므로 위력이란 유형력이든 무형력이든 묻지 않는다고 함이 타당하다.[3] 「위력을 보인다」는 것은 사람의 의사를 제압할 세력을 상대방에게 인식시키는 것을 말한다. 위력을 인식케 하는 방법에는 제한이 없다. 그러나 위력을 보일 것을 요하므로 위력을 인식케 하는 행위가 있어야 하며, 단순히 위력을 이용하거나 위력 하에 있는 것으로는 족하지 않다. 따라서 단체 또는 다중과 관계 없는 제3자가 단체 또는 다중의 위력에 제압되어 있는 사람에게 폭행한 때에는 본죄가 성립하지 않는다.

위력을 보이기 위하여 단체 또는 다중이 현장에 있을 것을 요한다는 견해[4]도 있다. 그러나 ① 본죄는 단체 또는 다중의 위력을 보이는 것이지 단체 또는 다중을 보일 것을 요하지 않고, ② 합동범은 2인 이상이 시간적·장소적 협동에 의하여 공동하는 경우임에 반하여 본죄는 단체 또는 다중이 합동하여 폭행함으로써 성립하는 범죄는 아니므로 양자는 구별해야 하고, ③ 단체는 그 구성원이 현장에 집결되어 있을 것을 요하지 아니하므로, 폭행의 현장에 단체 또는 다중이 현존할 것은 요하지 않는다고 하겠다.[5] 다만 단체 또는 다중은 실제로 존재하여야 하며 단순히 존재하지 않는 단체나 다중을 가장하는 것은 본죄에 해당하지 않는다.

2) 위험한 물건의 휴대 본죄는 위험한 물건을 휴대하여 사람의 신체에 대하여 폭행한 때에도 성립한다.

53 (가) 위험한 물건 위험한 물건(gefährliches Werkzeug)이란 물건의 객관적

1 대법원 1961. 1. 18. 4293형상896.
2 유기천 59면.
3 권문택(주석) 490면; 김일수/서보학 68면; 이영란 73면; 정성근/박광민 76면; 정영석 236면.
4 백형구 63면; 유기천 59면.
5 권문택(주석) 490면; 김일수/서보학 68면; 김종원 70면; 배종대 16/23; 오영근 68면; 이형국 86면; 임웅 87면; 정성근/박광민 76면; 황산덕 181면.

성질과 사용방법에 따라서는 사람을 살상할 수 있는 물건을 말한다. 그 물건이 사람을 살상하기 위하여 제조된 것임을 요하지 않는다. 따라서 위험한 물건에 해당하는지 여부는 물건의 객관적 성질만을 기준으로 할 것이 아니라, 물건의 성질과 그 사용방법을 종합하여 구체적인 경우에 사회통념에 따라 판단하여야 한다.[1] 그러므로 가위로 머리카락을 절단한 때에는 위험한 물건이라고 할 수 없으나, 담뱃불로 몸을 지지는 경우에 담뱃불은 위험한 물건이 될 수 있다. 위험한 물건은 반드시 기계적으로 작용하는 물건임을 요하지 않고 화학물질이나 동물도 이에 포함된다.[2] 그러나 본죄가 「위험한 물건을 휴대하여」라고 규정한 취지에 비추어 볼 때 여기의 물건은 동산에 한한다고 하겠다.[3] 따라서 사람의 머리를 벽이나 바위에 부딪히게 한 때에는 여기에 해당하지 않는다. 또한 위험한 물건은 물체임을 요하므로 사람의 신체의 일부, 예컨대 주먹이나 발은 위험한 물건이라고 할 수 없다.[4]

대법원은 위험한 물건이란 무기나 폭발물과 같이 강력한 파괴력을 지닌 물건만을 뜻하는 것이 아니라,[5] 면도칼(대법원 1978. 10. 10. 78도2027)·안전면도용 칼날(대법원 1971. 4. 30. 71도430)·파리약 유리병(대법원 1961. 1. 18. 4293형상896)·마요네즈병(대법원 1984. 6. 12. 84도647)·깨진 맥주병이나 항아리 조각(대법원 1990. 6. 12. 90도859)은 물론, 깨어지지 아니한 맥주병(대법원 1991. 12. 27. 91도2527)이나 빈 양주병(대법원 1997. 2. 25. 96도3411)·드라이버(대법원 1984. 2. 14. 83도3165)나 쪽가위(대법원 1984. 1. 17. 83도2900)·곡괭이 자루(대법원 1990. 1. 25. 89도2245)와 시멘트벽돌(대법원 1990. 1. 23. 89도2273)·의자와 당구큐대(대법원 1997. 2. 25. 96도3346; 대법원 2002. 9. 6. 2002도2812)·최루탄과 최루분말(대법원 2014. 6. 12. 2014도1894)도 위험한 물건에 해당한다고 판시한 바 있다.[6] 승용차가 위험한 물건에 해당하는가에 관하여 대법원은 견인료납부를 요구하는 교통관리직원을 승용차 앞범퍼 부분으로 들이받아 폭행한 경우(대법원 1997. 5. 30.

---

1 대법원 1981. 7. 28. 81도1046; 대법원 1998. 2. 27. 97도3421; 대법원 2003. 1. 24. 2002도5783; 대법원 2008. 1. 17. 2007도9624; 대법원 2010. 4. 29. 2010도930.

2 Bockelmann S. 61; Gössel S. 179; Lilie LK §224 Rn. 26, 28; Maurach/Schroeder/Maiwald 9/15; Sch/Sch/Stree §224 Rn. 6, 7; Tröndle/Fischer §224 Rn. 9; Wessels/Hettinger Rn. 276.

3 Bockelmann S. 61; Gössel S. 179; Joecks §224 Rn. 21; Tröndle/Fischer §224 Rn. 8; Wessels/Hettinger Rn. 275.

4 Hardtung MK §224 Rn. 14; Horn SK §224 Rn. 13; Joecks §224 Rn. 20; Lackner/Kühl §224 Rn. 3; Lilie LK §224 Rn. 25; Tröndle/Fischer §224 Rn. 2; Wessels/Hettinger Rn. 274.

5 대법원 1978. 10. 31. 78도2332.

6 당구큐대가 위험한 물건에 해당하는가에 관하여, 대법원 2004. 5. 14. 2004도176 판결은 방안에서 길이 50~60센치 정도의 당구큐대로 머리 부위를 3~4회 가볍게 톡톡 때리고 배 부위를 1회 밀어 폭행하였으나 피해자도 이에 별다른 저항을 하지 않은 경우에는 위험한 물건에 해당하지 않는다고 판시하였다.

(97도597)[1]와 자신의 차를 가로막는 피해자를 부딪칠 듯이 차를 조금씩 전진시키는 것을 반복한 경우(대법원 2016. 10. 27. 2016도9302)에는 위험한 물건에 해당한다고 하였으나, 자동차를 이용하여 다른 자동차를 충격한 사안에서는 위험한 물건에 해당하지 않는다는 판결(대법원 2009. 3. 26. 2007도3520)과 위험한 물건이라는 판결(대법원 2010. 11. 11. 2010도10256)이 대립되고 있다.

형법은 위험한 물건을 흉기(Waffe)와 구별하여 사용하고 있다(제331조, 제334조). 원래 위험한 물건은 흉기를 포함하는 상위개념이며, 흉기는 위험한 물건의 하나에 지나지 않는다.[2] 논리상 흉기란 사람의 살상이나 재물의 손괴를 목적으로 제작되고 또 그 목적을 달성하는 데 적합한 물건을 의미함에 대하여, 위험한 물건은 그 제조의 목적을 불문하는 것이기 때문이다. 그러나 특수절도죄나 특수강도죄에 있어서의 흉기도 반드시 엄격한 의미에 있어서의 무기에 제한되는 것이 아니라 널리 위험한 물건과 같은 뜻으로 해석된다. 따라서 형법의 해석에 있어서 위험한 물건과 흉기는 동의어에 불과하다고 하겠다.

(나) **휴 대** 「휴대한다」는 것은 소지, 즉 몸에 지니는 것을 의미한다. 54
반드시 범행 이전부터 몸에 지니고 있어야 할 것을 요하지 않고 범행현장에서 이를 소지하는 경우도 포함한다.[3] 따라서 집에 보관하고 있다는 것만으로는 휴대에 해당한다고 할 수 없지만,[4] 범행 현장에 있는 위험한 물건을 사실상 지배하면서 언제든지 그 물건을 곧바로 범행에 사용할 수 있는 상태에 두면 충분하다.[5] 위험한 물건의 휴대를 상대방에게 인식케 하거나 인식할 수 있는 상태에 있을 것을 요한다는 견해[6]도 있으나, 본죄는 휴대하고 폭행을 하면 족하므로 위험한 물건의 존재를 상대방에게 인식케 할 필요는 없다고 해야 한다.[7] 따라서 피고인이 범행

1 다만 승용차를 운전한 것이 휴대하였다고 볼 수는 없다. 이에 관하여는 강용현, 「자동차를 이용한 폭행과 위험한 물건의 휴대」(형사판례연구 7), 238면 이하 참조.

2 Hardtung MK §224 Rn. 18; Horn SK §224 Rn. 12; Joecks §224 Rn. 23; Lackner/Kühl §224 Rn. 2; Lilie LK Rn. 19; Maurach/Schroeder/Maiwald 9/15; Tröndle/Fischer §224 Rn. 9c; Wessels/Hettinger Rn. 273.

3 대법원 1982. 2. 23. 81도3074; 대법원 1984. 1. 31. 83도2959; 대법원 1985. 9. 24. 85도1591.

4 대법원 1990. 11. 13. 90도2170; 대법원 1991. 4. 9. 91도427; 대법원 1992. 5. 12. 92도381.

5 대법원 2024. 6. 13. 2023도18812.

6 권문택(주석) 490면; 이형국 92면; 정성근/박광민 78면.

7 대법원 2004. 6. 11. 2004도2018, 「범행 현장에서 범행에 사용하려는 의도 아래 흉기 등 위험한 물건을 소지하거나 몸에 지닌 이상 그 사실을 피해자가 인식하거나 실제로 범행에 사용하였을 것까지 요구되는 것은 아니다.」
동지: 대법원 2007. 3. 30. 2007도914.

현장에서 과도를 호주머니 속에 지니고 있었던 때에도 위험한 물건을 휴대한 경우에 해당한다.[1] 그러나 휴대는 위험한 물건을 범행현장에서 그 범행에 사용하려는 의도로 소지하거나 몸에 지니는 것을 말하므로 그 범행과는 전혀 무관하게 이를 소지하는 경우는 여기에 포함되지 않는다.[2]

55 3) 폭 행 본죄의 행위는 사람의 신체에 대하여 폭행하는 것이다. 문제는 본죄를 부진정부작위범에 의하여 범할 수 있는가에 있다. 그러나 보증인이 제3자가 단체 또는 다중의 위력을 보이거나 위험한 물건을 휴대하여 폭행하는 것을 방지하지 아니하였다고 하여 본죄의 불법이 실현되었다고 할 수 없다. 따라서 이 경우에는 행위정형의 동가성을 인정할 수 없으므로 본죄는 부작위에 의하여 실행될 수 없다고 해야 한다.[3]

56 (3) **주관적 구성요건** 단체 또는 다중의 위력을 보이거나 위험한 물건을 휴대한다는 것은 본죄의 구성요건요소이다. 따라서 행위자는 이러한 가중사유와 사람을 폭행한다는 고의를 가지지 않으면 안 된다. 미필적 고의로도 족하다. 행위자가 비록 위험한 물건을 휴대하였다 할지라도 그 사실을 인식하지 못할 때에는 본죄는 성립하지 않는다.

4. 폭행치사상죄

제260조(폭행, 존속폭행)와 제261조(특수폭행)의 죄를 지어 사람을 사망이나 상해에 이르게 한 경우에는 제257조부터 제259조까지의 예에 따른다(제262조).

57 폭행죄·존속폭행죄 또는 특수폭행죄를 지어 사람을 사망이나 상해에 이르게 함으로써 성립하는 결과적 가중범이다. 폭행·존속폭행 또는 특수폭행의 고의가 있을 때에 한하여 본죄가 성립하며 상해의 고의가 있을 때에는 본죄가 문제될 여지는 없다. 그 이외에 결과적 가중범의 일반원리에 의하여 폭행과 사상의 결과 사이에는 인과관계가 있어야 하고, 사상의 결과는 예견할 수 있는 것이어야 한다.

폭행과 사상의 결과 사이의 인과관계에 관하여는 그 결과가 폭행으로 인하여 발생한 것인 이상 지병이 사망의 결과에 영향을 주었거나,[4] 의사의 수술지연

1 대법원 1984. 4. 10. 84도353.
2 대법원 1990. 4. 24. 90도401; 대법원 2008. 7. 24. 2008도2794.
3 Horn SK §224 Rn. 21; Sch/Sch/Stree §224 Rn. 9a.
4 대법원 1983. 1. 18. 82도697; 대법원 1986. 9. 9. 85도2433; 대법원 1989. 10. 13. 89도556.

이 공동원인으로 개입되었다고 하여도[1] 인과관계가 부정되는 것은 아니다.

판례는 폭행을 당하고 숨어 있던 피해자가 피고인들로부터 다시 폭행을 당하지 않으려고 창밖으로 숨으려다가 실족사한 경우에도 폭행과 사망 사이에 인과관계를 인정하고 있다(대법원 1990. 10. 16. 90도1786).

사상의 결과 특히 사망의 결과에 대한 예견가능성에 관하여는 폭행의 의사만을 가진 때에는 사망의 결과를 예견한다는 것은 원칙적으로 생각할 수 없다는 견해[2]도 있으나, 구체적인 경우에 따라 결론을 달리한다고 보아야 한다.

피해자를 넘어뜨려 머리를 부딪히게 하거나 두부나 복부를 강타한 때에는 사망의 결과를 예견할 수 있다고 해야 함에 반하여(대법원 1970. 9. 22. 70도1387), 피해자의 뺨을 한 번 살짝 때리거나(대법원 1978. 11. 28. 78도1961) 어깨를 잡고 약 7미터 걸어가는 정도의 폭행을 하였는데 피해자가 특이체질 때문에 사망하였거나(대법원 1982. 1. 12. 81도1811), 피해자를 떠밀어 주저앉게 하였는데 심장마비를 일으켜 사망한 경우(대법원 1985. 4. 3. 85도303) 또는 피해자가 피고인의 삿대질을 피하려고 뒷걸음치다가 넘어져 두개골 골절로 사망한 때(대법원 1990. 9. 25. 90도1596)에는 예견가능성이 없다고 해야 할 것이다.

본죄에 해당하는 경우에는 제257조부터 제259조까지의 예에 따른다. 따라서 58
발생한 결과에 따라 상해죄 · 존속상해죄 · 중상해죄 · 존속중상해죄 및 상해치사죄에 정한 형으로 처벌된다. 이와 관련하여 특수상해죄가 신설(형법 제258조의2)됨에 따라 특수폭행치상의 경우 특수상해(제258조의2 제1항)와 단순상해(제257조 1항)의 어느 것에 의하여 처벌하여야 하는가가 문제된다. 판례는 특수폭행치상의 경우 형법 제258조의2의 신설에도 불구하고 종전과 같이 형법 제257조 1항의 예에 의하여 처벌하는 것으로 해석함이 타당하다고 한다.[3] 다만 본죄의 경우에 제257조 3항은 적용될 여지가 없다. 결과적 가중범의 미수범은 생각할 수 없기 때문이다.

1 대법원 1984. 6. 26. 84도831.
2 유기천 53면.
3 대법원 2018. 7. 24. 2018도3443.

Ⅳ. 상습상해(존속상해 · 중상해 · 존속중상해 · 특수상해) · 상습폭행(존속폭행 · 특수폭행)죄

상습으로 제257조, 제258조, 제258조의2, 제260조 또는 제261조의 죄를 범한 때에는 그 죄에 정한 형의 2분의 1까지 가중한다(제264조).
10년 이하의 자격정지를 병과할 수 있다(제265조).

59 본죄는 상습으로 상해죄 · 존속상해죄 · 중상해죄 · 존속중상해죄 · 특수상해죄 · 폭행죄 · 존속폭행죄 · 특수폭행죄를 범한 때에 성립한다.

상습이란 일정한 범죄행위를 반복하여 저지르는 행위자의 습벽을 말한다. 따라서 그것은 행위의 본질을 이루는 성질이 아니라 행위자의 특성을 이루는 성질이다.[1] 이러한 의미에서 상습범에 대한 형의 가중은 신분관계로 인하여 책임이 가중된다는 데 그 이유가 있다고 할 수 있다. 그러나 상습성을 이유로 책임을 가중하는 것은 책임과 운명을 혼동한 것으로서 책임주의와 일치할 수 없다. 상습범에 대한 형의 가중은 사람의 생활형성을 책임의 기초로 한 것일 뿐만 아니라 그에게 귀책시킬 수 없는 성격이상이나 정신병질이 원인이 된 것이 대부분이므로 오히려 책임이 감경된다고 보아야 하기 때문이다.

60 상습범은 집합범의 일종이므로 본죄에 해당하는 때에는 포괄일죄의 관계가 된다는 것이 통설[2]과 판례의 태도이다.

판례는 형법 제264조에서 말하는 '상습'이란 위 규정에 열거된 상해 내지 폭행행위의 습벽을 말하는 것이므로, 위 규정에 열거되지 아니한 다른 유형의 범죄까지 고려하여 상습성의 유무를 결정하여서는 아니 되고(대법원 2018. 4. 24. 2017도21663), 상습으로 단순폭행죄와 존속폭행죄를 범한 때에는 그중 법정형이 더 중한 상습존속폭행죄에 나머지 행위를 포괄하여 하나의 죄만이 성립한다(대법원 2018. 4. 24. 2017도10956)고 하였다.

그러나 상습성만을 이유로 수죄를 일죄로 할 수는 없고 상습범에게 이러한 특혜를 주어야 할 이유가 없다는 점에 비추어 볼 때에는 이를 경합범의 관계에 있다고 해석함이 타당하다고 생각된다.

---

1 대법원 1972. 6. 27. 72도594; 대법원 2006. 5. 11. 2004도6176; 대법원 2007. 8. 23. 2007도3820, 2007감도8.

2 강구진 73면; 김일수/서보학 72면; 김종원 65면; 손동권/김재윤 70면; 서일교 41면.

제 3 절 과실치사상의 죄 § 4

Ⅰ. 총 설

1. 과실치사상의 죄의 의의

과실치사상의 죄(fahrlässige Tötung und Körperverletzung, homicide and injury by negligence)는 과실로 인하여 사람을 사망에 이르게 하거나 사람의 신체를 상해에 이르게 하는 것을 내용으로 하는 범죄이다. 과실치사상죄도 사람의 생명 또는 신체를 보호법익으로 하는 점에서 살인의 죄나 상해의 죄와 같다. 형법은 원칙적으로 고의범만 벌하고 과실범은 예외적으로 처벌하고 있다. 그러나 사람의 생명과 신체는 특히 중요한 법익이므로 형법은 과실로 인하여 사람의 생명과 신체를 침해하는 경우를 과실치사상의 죄로 벌하고 있는 것이다. 현대사회에서 과실에 의한 생명과 신체의 침해는 수적으로 살인죄나 상해죄를 능가한다. 1

형법은 과실치사상의 죄로 과실치상죄(제266조)와 과실치사죄(제267조)를 규정하고, 이에 대한 가중적 구성요건으로 업무상 과실 · 중과실치사상죄(제268조)를 두고 있다. 독일 형법(제222조, 제229조), 스위스 형법(제117조, 제125조)과 프랑스 형법(제222-19조, 제222-20조) 등의 대부분의 입법례가 과실치사죄와 과실치상죄만을 규정하고 있는 것과 구별된다. 형법이 업무상 과실 · 중과실치사상죄를 가중하여 처벌하는 것은 일본 형법 제211조와 일본 형법가안 제354조의 영향이다. 2

2. 과실범의 구조

과실치사상죄는 사람의 생명과 신체를 보호법익으로 할 뿐만 아니라, 과실치상죄는 사람의 신체를 상해에 이르게 할 것을 요하고 과실치사죄도 사람을 사망에 이르게 할 때에 성립한다는 점에서 상해죄나 살인죄와 객관적 구성요건을 같이한다. 과실치사상의 죄가 살인죄나 상해죄와 구별되는 것은 주관적 구성요건으로 고의가 없고 과실로 인하여 사상의 결과가 발생하였다는 점에 있다. 3

과실(Fahrlässigkeit)이란 정상적으로 기울여야 할 주의를 게을리하여 죄의 성립요소인 사실을 인식하지 못한 것(제14조), 즉 주의의무에 위반하여 구성요건적 결과를 실현하는 것을 말하며, 여기서 주의의무위반은 과실범에 있어서 구성요건요소가 되는 동시에 책임요소가 되는 이중의 기능을 가지게 된다. 과실범의 구성요건요소가 되는 주의의무위반은 객관적으로 판단해야 하며,[1] 따라서 그것은 객관적 주의의무의 침해 내지 사회생활에서 요구되는 주의의무의 태만을 의미한다고 할 수 있다. 주의의무는 물론 예견가능성을 전제로 한다. 그러나 주의의무의 전제가 되는 예견가능성도 객관적 예견가능성을 의미한다.[2] 이에 반하여 결과에 대한 주관적 예견가능성은 과실범에 있어서 책임요소가 된다.

Ⅱ. 과실치상죄 · 과실치사죄

1. 과실치상죄

① 과실로 인하여 사람의 신체를 상해에 이르게 한 자는 500만원 이하의 벌금, 구류 또는 과료에 처한다.
② 제1항의 죄는 피해자의 명시한 의사에 반하여 공소를 제기할 수 없다(제266조).

4 (1) **의 의** 본죄는 과실로 인하여 사람의 신체를 상해에 이르게 함으로써 성립한다. 따라서 본죄가 성립하기 위하여는 사람의 신체를 상해한 결과가 발생하여야 하고, 나아가서 신체의 상해가 과실로 인한 것임을 요한다. 상해에 대한 고의가 있을 때에는 물론 폭행의 고의로 상해의 결과를 발생케 한 경우에도 본죄는 성립하지 않는다. 전자의 경우에는 상해죄, 후자의 경우에는 폭행치상죄가 성립하기 때문이다. 그러므로 본죄는 과실로 인하여 폭행하였거나, 폭행에 의하지 않고 과실로 상해의 결과를 발생케 한 때에만 성립한다.

본죄는 반의사불벌죄이다.

5 (2) **과실의 내용** 상해의 결과는 과실, 즉 주의의무위반으로 인한 것이어야 한다. 주의의무위반은 객관적으로 판단해야 한다. 따라서 임대한 방의 문틈으로 연탄가스가 스며들어 중독사고가 일어났다고 하여 임대인에게 반드시 과실

---

1 강구진 88면; 김일수/서보학 74면; 김종원 75면; 박상기 71면; 백형구 69면; 유기천 65면; 정성근/박광민 94면; 황산덕 184면.

2 따라서 과실범의 구성요건에 해당하기 위하여는 ① 주의의무위반, ② 결과발생, ③ 인과관계가 인정되어야 한다.

이 있다고는 할 수 없다.[1] 과실행위는 작위에 한하지 않고 부작위도 포함한다.

상해의 결과와 행위 사이에는 인과관계가 있어야 하고, 그 결과가 과실로 인한 것인 때에 객관적으로 귀속될 수 있다. 대법원은 과실이 결과발생의 직접원인이 된 때에만 인과관계를 인정하고 있다.

따라서 ① 차량운행 도중의 브레이크 고장시에 사이드브레이크를 조작하지 않거나(대법원 1977. 3. 8. 76도4174), 제한속도를 넘어서 운전하였다는 것이 사고의 직접원인이 되지 아니한 때에는 사고에 대한 책임을 지울 수 없고(대법원 1980. 2. 12. 79도3004), ② 운전자가 차주 또는 조수에게 운전케 하여 사고를 낸 때에도 무면허운전을 방치한 행위와 결과 사이에 인과관계가 없고(대법원 1971. 9. 28. 71도1082; 대법원 1974. 7. 23. 74도778), ③ 공장운영 전반에 대한 실무적인 감독자가 따로 있는 때에는 공장경영자 또는 공장 전체의 안전관리책임자라 하여 피해자인 공원에 대한 직접적인 감독책임이 있다고 할 수 없으며(대법원 1983. 10. 11. 83도2108; 대법원 1984. 11. 27. 84도2025), ④ 현장소장인 피고인이 작업반장에게 작업중단을 지시하였는데 그가 피고인의 지시를 무시하고 피해자에게 작업을 지시하다가 사고가 난 때에는 피고인의 과실로 인한 것이라고 할 수 없고(대법원 1984. 4. 10. 83도3365), ⑤ 피고인이 운전하던 차에 충격되어 쓰러진 사람이 다른 차에 역과되어 사망하거나(대법원 1990. 5. 22. 90도580), 반대차선을 운행하던 자동차에 역과되어 사망한 때에는 인과관계가 인정되지만(대법원 1988. 11. 8. 88도928), 선행 교통사고와 후행 교통사고 중 어느 쪽이 원인이 되어 피해자가 사망에 이르게 되었는지 밝혀지지 않은 경우에 후행 교통사고를 일으킨 사람의 과실과 피해자의 사망 사이에 인과관계가 인정되기 위해서는 후행 교통사고를 일으킨 사람이 주의의무를 게을리하지 않았다면 피해자가 사망에 이르지 않았을 것이라는 사실이 증명되어야 한다(대법원 2007. 10. 26. 2005도8822)고 하고 있다.

행위자의 행위가 결과에 대한 유일한 원인이 될 것은 요하지 않는다. 따라서 6
제3자의 행위가 개입된 경우뿐만 아니라 피해자에게 과실이 있는 때에도 본죄의 성립에는 영향이 없다. 즉 피해자의 기여과실(contributory negligence)은 본죄의 성립에 영향을 미치지 못하고 양형의 자료가 될 수 있을 뿐이다.

2. 과실치사죄

과실로 인하여 사람을 사망에 이르게 한 자는 2년 이하의 금고 또는 700만원 이하의 벌금에 처한다(제267조).

---

1 대법원 1984. 1. 24. 81도615; 대법원 1985. 3. 12. 84도2034; 대법원 1986. 7. 8. 86도383; 대법원 1989. 9. 26. 89도703; 대법원 1993. 9. 10. 93도196.

7 (1) **의 의** 과실로 인하여 사람을 사망에 이르게 함으로써 성립하는 범죄이다. 즉 사망의 결과에 대하여 고의가 없고 그것이 과실로 인한 것임을 요한다. 살해의 고의가 있을 때에는 살인죄(제250조), 상해의 고의가 있을 때에는 상해치사죄(제259조), 폭행의 고의가 있을 때에는 폭행치사죄(제262조)가 성립하므로 본죄는 살해의 고의는 물론 상해나 폭행의 고의도 없는 때에만 성립하는 것이다.

본죄의 객체는 사람이다. 사람의 시기는 살인죄의 경우보다 주로 본죄에서 문제된다. 과실에 의한 낙태는 처벌되지 않기 때문이다.

본죄가 성립하기 위하여도 사망의 결과가 발생하였을 뿐만 아니라 그것이 과실로 인하여 발생하였을 것을 요하므로, 결과에 대한 인과관계와 예견가능성이 필요함은 물론이다.

판례는 함께 술을 마신 후 만취된 피해자를 촛불이 켜져 있는 방안에 혼자 눕혀놓고 촛불을 끄지 않고 나오는 바람에 화재가 발생하여 피해자가 사망한 경우(대법원 1994. 8. 26. 94도1291) 및 파도가 치는 바닷가 바위 위에서 전역할 병사를 헹가래쳐서 바다에 빠뜨리다가 피해자가 미끄러져 익사한 경우(대법원 1990. 11. 13. 90도2106)에는 과실치사의 책임을 인정하였음에 반하여, 학생이 교실 유리창을 닦다가 추락사한 경우에 교실청소를 시킨 담임교사에게 과실책임을 인정할 수는 없다고 하였다(대법원 1989. 3. 28. 89도108).

8 (2) **과실범의 공범** 본죄와 관련하여 과실범, 즉 본죄의 공범이 가능한가라는 문제가 제기된다. 과실범에 대하여 교사범이나 종범이 성립할 수 없다는 데는 이론이 없다. 과실범의 공동정범이 가능한가에 대하여 다수설은 이를 부정하고 있다.[1] 그러나 공동정범에 있어서의 공동의 의사는 반드시 결과에 대한 실현의사를 의미하는 것은 아니므로 공동의 행위에 의하여 공동의 주의의무를 위반한 때에는 본죄의 공동정범이 성립할 수 있다고 해석하는 것이 타당하다.

대법원도 행위공동설의 입장에서 과실범의 공동정범을 인정하고 있다. 따라서 삼풍백화점과 성수대교 붕괴사고에 있어서는 건물이나 교량의 제작·시공자들과 그 유지·관리책임을 맡고 있던 공무원 사이에도 업무상 과실치사죄의 공동정범이 성립한다고 판시하였다(대법원 1996. 8. 23. 96도1231; 대법원 1997. 11. 28. 97도1740, 1741). 그러나 과실범의 공동정범이 되기 위하여는 공동의 행위에 의하여 공동의 주의의무를 위반하였다는 사실이 인정되어야 한다.

1 배종대 18/10; 서일교 42면; 손동권/김재윤 77면; 황산덕 185면.

(3) 죄 수 1개의 과실행위로 인하여 수인을 사망에 이르게 한 경 9
우에는 일죄를 구성할 뿐이라는 견해[1]도 있으나, 사람의 생명은 전속적 법익이고 같은 구성요건 사이라고 하여 상상적 경합을 부정해야 할 이유는 없으므로 수개의 죄의 상상적 경합이 된다고 해석해야 한다.[2]

Ⅲ. 업무상과실 · 중과실치사상죄

업무상과실 또는 중대한 과실로 사람을 사망이나 상해에 이르게 한 자는 5년 이하의 금고 또는 2천만원 이하의 벌금에 처한다(제268조).

1. 업무상과실치사상죄

(1) 의 의 업무상과실로 사람을 사망이나 상해에 이르게 함으로써 10
성립하는 범죄이다.

과실치사상죄에 대하여 업무자라는 신분관계로 인하여 형이 가중되는 가중적 구성요건이라는 점에 대하여는 이론이 없다. 그러나 본죄의 가중의 근거가 구체적으로 어디에 있느냐에 관하여는 견해가 일치하지 않는다. 이에 대하여는 ① 업무자에게는 특히 무거운 주의의무가 과하여지기 때문에 고도의 주의의무를 태만히 한 점에서 형이 가중된다는 견해,[3] ② 주의의무는 동일하지만 업무자에게는 고도의 주의능력이 있으므로 위법성이 크다는 점에 무겁게 벌하는 이유가 있다는 견해[4] 및 ③ 업무자의 주의의무는 일반인과 동일하지만 업무자에게는 일반적으로 결과에 대한 예견가능성이 크기 때문에 그 책임이 보통 사람의 중과실의 경우와 같다고 보는 견해[5]와 ④ 업무자라는 신분관계로 인하여 더 높은 주의의무가 요구될 뿐만 아니라 결과에 대한 예견가능성도 높아 불법과 책임이 가중된다는 견해[6]로 나누어지고 있다. 생각건대 주의의무위반은 과실범에 있어서 책임요소나 위법성의 요소에 그치는 것이 아니라 구성요건요소가 되므로 객관적 기준에

1 황산덕 185면.
2 Horn SK §222 Rn. 8; Sch/Sch/Eser §222 Rn. 6; Tröndle/Fischer §222 Rn. 34.
3 김일수/서보학 80면; 김종원 78면; 서일교 43면; 임웅 99면; 황산덕 186면.
4 강구진 92면; 배종대 19/1; 오영근 76면.
5 김성돈 116면; 유기천 68면; 이영란 84면; 이정원 105면; 정성근/박광민 97면; 정영석 239면.
6 박상기 76면; 이형국 103면; 정영일 31면.

의하여 판단해야 하는 것이며, 이러한 주의의무는 업무자와 보통인 사이에 차이가 있을 수 없고, 위법성은 순수한 관계개념이므로 위법성의 정도가 다를 수 없다는 점에 비추어 업무자에게는 일반적으로 결과에 대한 예견가능성이 크기 때문에 형을 가중한 것이라고 해석함이 타당하다.

(2) 업　무

11 (가) **업무의 개념** 　일반적으로 업무(業務)라 함은 「사람이 사회생활상의 지위에 기하여 계속하여 행하는 사무」를 말한다. 본죄의 업무에 관하여 대법원은 「업무상 과실치사상죄에 있어서의 업무란 사람의 사회생활면에 있어서의 하나의 지위로서 계속적으로 종사하는 사무를 말하고 반복·계속의 의사 또는 사실이 있는 한 그 사무에 대한 각별한 경험이나 법규상의 면허를 필요로 하지 아니한다」고 판시하고 있다.[1] 그러나 본죄는 생명이나 신체를 보호하기 위한 범죄이고 업무자에 대하여 법이 무겁게 벌하는 취지로 보아, 본죄의 업무가 생명·신체에 대한 침해를 초래할 수 있는 업무에 제한된다는 것은 당연하다.[2] 따라서 보통의 경우에는 법은 일정한 면허제도를 두어 업무자에 대하여 특별히 취급하게 되는 것이나, 이러한 면허가 없는 경우라 하여도 생명·신체에 위험을 초래하는 사무인 이상 본죄의 업무에 해당하지 않는다고 할 수 없다.

그러므로 예컨대 ① 점원이 자전거를 타고 배달하거나(대법원 1972. 5. 9. 72도701), ② 면허 없이 자동차를 운전한 자(대법원 1970. 8. 18. 70도820), ③ 법정자격을 갖추지 아니한 광산보안관리책임자(대법원 1970. 6. 30. 70도738), ④ 기술자면허 없이 자가발전기의 작동작업을 담당한 자(대법원 1979. 9. 11. 79도1250), ⑤ 하도급인으로부터 하도급 공사현장의 소장 및 현장대리인으로서 안전보건총괄책임자로 지정된 자(대법원 2010. 12. 23. 2010도1448)도 본죄의 업무자에 해당한다.

12 (나) **업무의 개념요소** 　업무의 개념은 다음과 같은 요소에 의하여 이루어진다.

(a) **사회생활상의 지위** 　업무는 「사회생활상의 지위에 기한」 사무여야 한다. 사회생활상의 지위에 기한 사무란 사람이 사회생활을 유지하면서 행하는 사무를 말한다. 따라서 누구에게나 공통되는 자연적인 생활현상(식사·수면·육아 또는 가사)은 사회생활상의 지위에 기한 것이 아니므로 업무라고 할 수 없다.

1 대법원 1961. 3. 22. 4294형상5.
2 대법원 2007. 5. 31. 2006도3493; 대법원 2009. 5. 28. 2009도1040.

(b) **계 속 성** 업무는 「객관적으로 상당한 횟수 반복하여 행하여지거나 반복·계속할 의사로」 행하여진 것이어야 한다. 따라서 호기심에 의하여 단 1회 운전한 것만으로는 업무라고 할 수 없다.[1] 그러나 장래 반복할 의사로 행한 때에는 단 1회의 행위라도 업무에 해당한다. 예컨대 의사가 개업 첫날 의료사고를 내었거나, 승용차를 구입한 다음날 사람을 사상에 이르게 한 경우가 그것이다.

(c) **사 무** 업무는 사회생활에서 계속성을 가지는 「사무」여야 한다. 수행하는 직무 자체가 위험성을 갖기 때문에 안전배려를 의무내용으로 하는 경우는 물론 사람의 생명·신체의 위험을 방지하는 것을 의무내용으로 하는 업무도 포함한다.[2] 그러나 그 사무가 본무이건 겸무이건 부수적 사무이건, 공무이든 사무이든, 영리를 위한 것이든 오락을 위한 것이든 묻지 않는다. 적법한 사무일 것도 요하지 않는다.

(다) **각칙상의 업무** 형법각칙에는 본죄 이외에도 여러 구성요건에서 업 13
무라는 용어가 사용되고 있다. 업무의 개념은 각 구성요건에서의 기능에 따라 차이가 있다.

(a) **과실범에 있어서의 업무** 과실범에 있어서 업무자에게는 예견가능성이 크기 때문에 그 책임을 가중하는 경우이다. 본죄의 업무 이외에 업무상실화죄(제171조), 업무상과실교통방해죄(제189조) 및 업무상과실장물취득죄(제364조)에 있어서의 업무도 여기에 해당한다.

(b) **진정신분범의 요소로서의 업무** 업무자의 행위만이 구성요건에 해당하는 경우로서 여기서 업무는 정범요소가 된다. 업무상비밀누설죄(제317조) 및 허위진단서작성죄(제233조)의 업무가 여기에 해당한다. 업무상 과실장물취득죄의 업무도 보통인의 과실장물죄는 처벌하지 않는다는 점에서 진정신분범의 요소가 된다고 할 수 있다. 이러한 의미에서의 업무는 죄형법정주의의 원칙에 비추어 엄격한 해석을 필요로 한다.

(c) **부진정신분범의 요소로서의 업무** 일반인의 행위도 처벌되지만 업무자

1 대법원 1966. 5. 31. 66도536.

2 대법원 2022. 12. 1. 2022도11950(골프 경기보조원에게 업무상과실을 인정). 대법원 2007. 5. 31. 2006도3493, 「행형법 및 교도관직무규칙의 규정과 구치소라는 수용시설의 특성에 비추어 보면, 공휴일 또는 야간에는 소장을 대리하는 당직간부에게는 구치소에 수용된 수용자들의 생명·신체에 대한 위험을 방지할 법령상 내지 조리상의 의무가 있다고 할 것이고, 이와 같은 의무를 직무로서 수행하는 교도관들의 업무는 업무상과실치사죄에서 말하는 업무에 해당한다.」

의 행위는 책임이 가중되기 때문에 무겁게 벌하는 경우이다. 업무상횡령죄와 업무상배임죄(제356조)의 업무가 여기에 해당한다. 본죄의 업무가 생명·신체에 위험을 초래할 수 있는 업무를 의미하고 그것이 적법한가 아닌가를 불문함에 대하여, 제356조의 업무는 재산상의 업무를 의미하며 업무의 범위에 다소 불법적 요소가 있는 경우도 포함되지만 업무 자체가 위법해서는 안 된다는 점에서 본죄의 업무와 차이가 있다. 그러나 과실범의 업무도 예견가능성 때문에 책임이 가중되는 것이라고 해석할 때에는 본죄와 업무상 실화죄, 업무상 과실교통방해죄의 업무도 부진정신분범의 요소가 된다.

(d) **보호법익으로서의 업무** 업무방해죄(제314조)에 있어서의 업무는 동죄의 보호법익이 된다. 동죄의 업무는 ① 생명·신체에 위해를 가할 위험있는 업무에 제한되지 아니하지만, ② 업무에 수반하거나 일시 오락을 위한 행위에 대하여까지 확대될 수는 없고, ③ 형법에 의하여 보호할 가치 있는 업무에 제한되고, ④ 공무를 제외하고 사무에 제한된다는 점에서 본죄의 업무와 구별된다.

(e) **행위의 방법으로서의 업무** 업무가 행위의 방법 내지 그 요소를 이루는 경우이며, 아동혹사죄(제274조)에 있어서의 업무가 여기에 해당한다. 즉 아동혹사죄는 16세 미만의 자를 생명 또는 신체에 위험한 업무에 사용할 영업자 등에 인도함으로써 성립하며, 여기서 업무는 인도행위의 요소를 이룬다. 동죄의 업무도 생명·신체에 위험한 업무임을 요한다.

(3) **업무상 과실의 내용** 업무상 요구되는 주의의무의 범위는 구체적 사정을 고려하여 업무의 종류와 성질에 따라 결정해야 한다. 본죄의 성립 여부가 문제되는 가장 대표적인 경우가 자동차운전과 의료사고의 경우이다.

(가) **자동차운전자의 주의의무**

14 (a) **사고방지의무** 자동차운전자에게는 자동차의 운전으로 인한 사고를 방지할 주의의무가 있다. 따라서 자동차운전자는 ① 운전 이전에 차체를 정비·점검하여 고장 여부를 조사·수리하여야 하고,[1] ② 통행중에는 교통신호와 제한속도·안전거리 및 앞지르기 방법 등 교통규칙을 준수해야 할 뿐만 아니라, 전방좌우를 주시하며 언제나 급제동할 준비를 취하고 전방에 사람이 있을 때에는 경적을 울리고 서행하거나 일단 정차하는 등 사고를 방지하기 위한 모든 조치를 취

1 대법원 1968. 2. 20. 68도16.

하여야 하며,[1] 교행하는 자동차의 뒤에서 불시에 횡단하는 사람이 있을 것까지 예견하여 사고발생을 방지할 주의의무가 있고,[2] 특히 진행전방로상에 어린아이가 걸어가는 경우에는 아이가 뛰어나오는 경우까지 예견해야 할 주의의무가 있다고 한다.[3]

또 자동차가 후진할 때에도 자동차운전자는 후사경으로 후방의 상태를 주시하면서 서서히 진행하여야 할 주의의무가 있고(대법원 1977. 9. 28. 77도1875), 운행을 종료한 때에도 차가 미끄러지거나 타인이 이를 운전하지 않도록 안전조치를 취해야 할 주의의무가 있다(대법원 1970. 10. 30. 70도1711).

(b) **신뢰의 원칙** 한편 현대사회에 있어서 교통기관의 사회적 의의를 고 15
려할 때 자동차운전자의 주의의무를 결정함에 있어서도 신뢰의 원칙이 적용되어야 함은 당연하다. 신뢰의 원칙(Vertrauensgrundsatz)이란 스스로 교통규칙을 준수한 운전자는 다른 교통관여자가 교통규칙을 준수할 것을 신뢰하면 족하고, 그가 교통규칙을 위반할 것까지 예견하여 이에 대한 방어조치를 취할 의무는 없다는 원칙을 말한다. 대법원은 현재 자동차와 자동차 또는 자동차와 자전거의 충돌사고에 대하여는 신뢰의 원칙을 엄격하게 적용하고 있다. 즉 자동차운전자는 다른 자동차와의 관계에서 ① 상대방이 차선을 침범하여 운행하는 것까지 예상하여 이에 대비할 주의의무가 없고,[4] ② 우선통행권을 가진 자동차의 운전자는 상대방 차가 대기할 것을 신뢰하면 족하고,[5] ③ 진행신호에 따라 진행하는 차는 신호를 무시하고 진행하는 차가 있음을 예상하여 사고의 발생을 방지할 주의의무가 없고,[6] ④ 무모하게 앞지르려는 차를 위하여 서행해야 할 주의의무가 없고,[7] ⑤ 안전지대 옆을 통과하는 차량의 운전자는 그 부근을 운행하는 다른 차량이 위 안전지대를 횡단하여 자기차량의 진로 앞에 달려드는 일은 없으리라고 신뢰하는 것이 당연하다고 하였으며,[8] 자전거에 대한 관계에서도 자동차운전자는 ① 자동차전용

1 대법원 1967. 9. 19. 67도1025; 대법원 1970. 2. 24. 70도62.
2 대법원 1960. 4. 27. 4292형상968.
3 대법원 1970. 8. 18. 70도1336.
4 대법원 1984. 2. 14. 83도3086; 대법원 1990. 4. 24. 89도2547; 대법원 1992. 7. 28. 92도1137.
5 대법원 1983. 8. 23. 83도1288; 대법원 1984. 4. 24. 84도185; 대법원 1992. 8. 18. 92도934.
6 대법원 1983. 2. 22. 82도3071; 대법원 1990. 2. 9. 89도1774; 대법원 1993. 1. 15. 92도2579; 대법원 1998. 9. 22. 98도1854.
7 대법원 1984. 5. 29. 84도483.
8 대법원 2025. 6. 12. 2025도1049.

도로에 자전거를 탄 사람이 차도에 나타날 것을 예견할 필요는 없고,[1] ② 야간에 무등화인 자전거를 타고 차도를 무단횡단하는 자가 있을 것을 예상할 주의의무는 없다고 판시하고 있다.[2] 이에 대하여 보행자에 대한 사고에 관하여는 대법원이 아직도 횡단보도가 아닌 곳에서 일어난 사고에 대하여도 운전자의 과실을 인정하고 있다는 점에서 신뢰의 원칙을 적용하고 있다고는 할 수 없다.[3]

따라서 대법원은 무단횡단하던 보행자가 중앙선 부근에 서 있다가 마주 오던 차에 충격당하여 자신이 운전하던 차 앞으로 쓰러지는 것을 피하지 못하고 충격한 경우에도 과실이 없다고 단정할 수는 없고(대법원 1995. 12. 26. 95도715), 선행차량에 의하여 역과된 피해자를 피고인 운전차량이 연속하여 역과하는 과정에서 피해자가 사망한 경우에도 피고인에게 안전거리를 유지하지 않았다는 이유로 과실을 인정하였다(대법원 2001. 12. 11. 2001도5005).

다만 대법원은 ① 고속도로를 횡단하는 보행자를 충격한 운전자에게는 과실을 부정하였다. 즉 고속도로를 운전하는 자동차 운전자는 상당한 거리에서 미리 보행자의 무단횡단을 예상할 수 있었던 특별한 사정이 인정되는 경우가 아닌 한 고속도로를 무단횡단하는 보행자가 있을 것을 예견하여 운전할 주의의무는 없다는 것이다.[4] 자동차 전용도로를 횡단하는 보행자를 충격한 운전자의 경우에도 같다.[5] 뿐만 아니라 대법원이 ② 육교 밑을 횡단하는 보행자를 충격한 경우나,[6] ③ 횡단보도의 신호가 적색인 상태에서 반대선상에 정지하고 있던 차량 뒤에서 보행자가 건너오는 것을 충격한 경우,[7] ④ 갑자기 차도에 뛰어드는 사람을 충격한

1 대법원 1980. 8. 12. 80도1446.

2 대법원 1984. 9. 25. 84도1695.

3 대법원 1980. 5. 27. 80도842.

4 대법원 2000. 9. 5. 2000도2671, 「고속도로를 운행하는 자동차의 운전자로서는 일반적인 경우에 고속도로를 횡단하는 보행자가 있을 것까지 예견하여 보행자와의 충돌사고를 예방하기 위하여 급정차 등의 조치를 취할 수 있도록 대비하면서 운전할 주의의무가 없고, 다만 고속도로를 무단횡단하는 보행자를 충격하여 사고를 발생시킨 경우라도 운전자가 상당한 거리에서 보행자의 무단횡단을 미리 예상할 수 있는 사정이 있었고, 그에 따라 즉시 감속하거나 급제동하는 등의 조치를 취하였다면 보행자와의 충돌을 피할 수 있었다는 등의 특별한 사정이 인정되는 경우에만 자동차 운전자의 과실이 인정될 수 있다.」

따라서 대법원은 야간에 선행사고로 인하여 전방에 정차해 있던 승용차와 그 옆에 서 있던 피해자를 충돌한 운전자에 대하여는 고속도로상의 제한최고속도 이하의 속도로 감속운전하지 않은 과실을 인정하였다(대법원 1999. 1. 15. 98도2605).

5 대법원 1985. 7. 9. 85도833; 대법원 1989. 2. 28. 88도1689; 대법원 1989. 3. 28. 88도1484; 대법원 1990. 1. 23. 89도1395.

6 대법원 1983. 5. 10. 83도606; 대법원 1985. 9. 10. 84도1572.

7 대법원 1993. 2. 23. 92도2077.

운전자의 과실을 부정하고,[1] ⑤ 정차시에 버스운전자가 버스 주변에 장애물이 있는가를 확인하고 출발할 의무는 있으나 차가 출발하는 순간에 피해자가 바퀴 밑으로 들어갔다면 피고인에게 과실이 있다고 할 수 없고,[2] ⑥ 덤프트럭의 운전자가 사람이 접근할 이유가 없는 쓰레기 하치장에서 차체와 적재함 사이에 사람이 있는가를 확인하지 않고 덤프기어를 내렸다고 하여 운전자에게 과실을 인정할 수 없다고 한 것은[3] 사람에 대한 관계에서도 신뢰의 원칙을 적용하고자 하는 타당한 경향이라고 할 수 있다.

대법원도 신뢰의 원칙은 특별한 사정이 있는 경우에만 그 적용이 배제되는 원칙임을 명백히 하고 있다.[4]

(나) **의사의 주의의무** 의사의 의술에는 중대한 결과가 뒤따를 수 있고 환 16
자로서는 치료의 당부를 판단할 수 없다는 점에 비추어 보면 의사에 대하여도 엄격한 주의의무가 주어진다. 의료사고에서 의사의 과실 유무를 판단할 때에는 같은 업무와 직종에 종사하는 일반적 보통인의 주의정도를 표준으로 하고, 사고 당시의 일반적인 의학수준과 의료환경 및 조건, 의료행위의 특수성 등을 고려하여야 한다.[5]

의사가 적절한 진단방법을 행하지 않거나 오진이 있는 때에는 원칙적으로 과실을 인정해야 한다.[6] 치료수단의 선택은 의학적으로 인정된 일반원칙에 따르지 않으면 안 된다. 따라서 ① 의사가 항생제를 주사할 때에는 그 시주시(施注時)마다 부작용이 있을 것을 예상하여 시주 전에 사전조치를 준비하여야 함은 물론 그 후에도 의학적으로 기대되는 적절한 사후치료조치를 다하여야 할 주의의무가 있고,[7] ② 마취담당의사가 할로타인을 사용한 전신마취에 의하여 난소종양절제수술을 함에 있어서는 혈청의 생화학반응에 의한 간기능검사로 환자의 간상태를 정확히 파악하여야 할 주의의무가 있고,[8] ③ 마취회복업무를 담당한 의사는 환자가 의식을 완전히 회복할 때까지 주위에서 관찰하거나 담당 간호사를 특정하여 환자

1 대법원 1983. 9. 13. 83도1537.
2 대법원 1984. 7. 10. 84도687.
3 대법원 1984. 10. 10. 84도1868.
4 대법원 1984. 4. 10. 84도79.
5 대법원 2014. 5. 29. 2013도14079; 대법원 2018. 5. 15. 2016도13089.
6 대법원 1971. 8. 31. 71도1254; 대법원 1993. 7. 27. 92도2345; 대법원 1996. 9. 24. 95도245.
7 대법원 1976. 12. 28. 74도816.
8 대법원 1990. 12. 11. 90도694.

의 상태를 주시하여 즉시 응급조치를 할 수 있도록 해야 할 주의의무가 있고,[1] ④ 정신병으로 입원한 환자에게 조증치료제인 클로르프로마진의 부작용으로 발생한 기립성저혈압을 치유하기 위하여 포도당액을 과다히 주사하여 환자가 전해질 이상 등으로 인한 쇼크로 사망한 때에는 본죄가 성립하고,[2] ⑤ 의사가 골절상을 치료·수술함에 있어서 적어도 70일이 지나지 않으면 접합판의 제거수술을 할 수 없음에도 불구하고 이를 조기 제거한 것은 과실이 있다고 하지 않을 수 없다.[3]

문제는 간호사의 수혈·주사 등의 진료보조행위에 의사가 입회하여 지도·감독할 주의의무가 있는가에 있다. 판례는 간호사가 '진료의 보조'를 함에 있어서는 모든 행위 하나하나마다 항상 의사가 현장에 입회하여 일일이 지도·감독하여야 한다고 할 수는 없고, 경우에 따라서는 의사가 진료의 보조행위 현장에 입회할 필요없이 일반적인 지도·감독을 하는 것으로 족한 경우도 있을 수 있고, 여기에 해당하는 보조행위인지 여부는 구체적인 경우에 있어서 그 행위의 객관적인 특성상 위험이 따르거나 부작용 혹은 후유증이 있을 수 있는지, 당시의 환자상태가 어떠한지, 간호사의 자질과 숙련도는 어느 정도인지 등의 여러 사정을 참작하여 개별적으로 결정하여야 한다고 한다.[4]

따라서 판례는 ㉠ 간호사에게 수혈을 맡겨 간호사가 다른 환자에게 수혈할 혈액을 수혈하여 환자가 사망한 경우(대법원 1998. 2. 27. 97도2812), ㉡ 간호조무사로 하여금 마취제를 직접주사의 방법으로 정맥주사하다가 환자에게 근육조직괴사의 부작용이 발생한 경우에는 의사의 과실을 인정하였음에 반하여(대법원 1990. 5. 22. 90도579), ㉢ 의사의 처방과 지시에 따라 뇌출혈 환자의 수술 직후부터 항생제·소염진통제 등의 주사액을 간호사 등이 피해자의 대퇴부 정맥에 연결된 튜브를 통하여 투여해 오던 중 간호실습생이 뇌실외배액관에 주사액을 투입하여 피해자가 사망한 경우에는 의사의 과실을 부정하였다(대법원 2003. 8. 19. 2001도3667).

그러나 의술의 일반원칙에 따라 의사로서 취할 수 있는 몇 가지 합리적인 조치 가운데 어느 방법을 선택할 것인가는 의사 자신의 전문지식과 경험에 따라 판단할 것이므로 다른 조치를 취하지 않았다고 하여 의사에게 과실이 있다고는 할

1 대법원 1994. 4. 26. 92도3283.
2 대법원 1994. 12. 9. 93도2524.
3 대법원 1969. 10. 14. 69도991.
4 대법원 2003. 8. 19. 2001도3667.

수 없다.[1] 또한 병원의 시설에 비추어 수술이 불가능한 환자에 대하여 수술시설이 갖추어진 종합병원에 갈 것을 강력히 지시한 이상 치료시행상 요구되는 주의의무를 해태하였다고는 할 수 없다.[2]

판례는 ㉠ 요추 척추후궁절제 수술 도중에 수술용 메스가 부러지자 담당의사가 부러진 메스조각을 찾아 제거하기 위한 최선의 노력을 다하였으나 찾지 못하고 무리하게 제거할 경우의 위험성을 고려하여 부러진 메스조각을 그대로 둔 채 수술부위를 봉합한 경우(대법원 1999. 12. 10. 99도3711), ㉡ 내과의사가 신경과 전문의에 대한 협의진료 결과와 환자에 대한 진료 경과 등을 신뢰하여 뇌혈관계통 질환의 가능성을 염두에 두지 않고 내과영역의 진료행위를 계속하다가 환자의 뇌지주막하출혈을 발견하지 못하여 식물인간 상태에 이르게 한 경우 의사의 업무상과실을 부정하였다(대법원 2003. 1. 10. 2001도3292).

⑷ **사상의 결과발생** 본죄가 성립하려면 업무상과실로 사람의 사망이 16a
나 상해가 발생하여야 한다. 즉 업무상과실 및 그것과 사상의 결과 사이에 인과관계가 있어야 한다. 따라서 의사에게 의료행위로 인한 업무상과실치사상죄를 인정하려면, 의료행위 과정에서 업무상과실의 존재는 물론 그러한 업무상과실로 인하여 환자에게 상해·사망 등 결과가 발생한 점이 증명되어야 하고, 의사의 업무상과실이 증명되었다고 하여 인과관계가 추정되거나 증명 정도가 경감되는 것은 아니다.[3] 그리고 업무상과실과 결과 발생 사이에 인과관계를 인정하기 위해서는, 주의의무 위반이 없었더라면 그러한 결과가 발생하지 않았을 것임이 증명되어야 한다.[4]

2. 중과실치사상죄

본죄는 중대한 과실로 사람을 사망이나 상해에 이르게 함으로써 성립한다. 17

중대한 과실이라 함은 주의의무위반의 정도가 현저한 경우, 즉 조금만 주의하였더라면 결과의 발생을 회피할 수 있었음에도 불구하고 이를 게을리한 경우를 말한다. 중대한 과실이 있느냐의 여부는 결국 구체적 상황에 따라 건전한 사회의식에 비추어 판단하여야 한다.

1 대법원 1984. 6. 12. 82도3199.
2 대법원 1983. 5. 24. 82도289.
3 대법원 2023. 8. 31. 2021도1833.
4 대법원 2023. 1. 12. 2022도11163.

판례는 성냥불이 꺼진 것을 확인하지 아니한 채 플라스틱 휴지통에 던진 경우나(대법원 1993. 7. 27. 93도135) 안수기도를 하면서 고령의 여자 노인이나 나이 어린 여자 아이의 배와 가슴부분을 세게 때려 죽음에 이르게 한 경우(대법원 1997. 4. 22. 97도538)에 중대한 과실을 인정하였다.

3. 차의 교통으로 인한 업무상과실치사상죄

18 (1) **교통사고처리 특례법** 차의 운전자가 교통사고로 인하여 업무상과실치사상죄를 범한 경우에는 교통사고처리 특례법에 해당한다. 교통사고처리 특례법은 「차의 교통으로 업무상과실치상죄 또는 중과실치상죄와 도로교통법 제151조(업무상과실·중과실재물손괴)의 죄를 범한 운전자에 대하여는 일정한 사유에 해당하는 경우를 제외하고, 피해자의 명시적인 의사에 반하여 공소를 제기할 수 없다」고 규정하고 있다(제3조 2항). 즉 차량 운전자의 업무상과실·중과실치상죄는 형법의 당해 범죄와 달리 반의사불벌죄이다. 다만, 교통사고를 일으킨 차가 보험 또는 공제에 가입된 경우에는 차의 운전자에 대하여 공소를 제기할 수 없다(제4조 1항). 그러나 피해자가 신체의 상해로 인하여 생명에 대한 위험이 발생하거나 불구가 되거나 불치 또는 난치의 질병이 생긴 경우에는 종합보험 또는 공제에 가입한 경우에도 공소를 제기할 수 있다(동조 1항 2호). 업무상과실 또는 중과실로 인한 교통사고로 중상해의 결과를 발생케 한 경우에는 피해자에게 사망의 결과가 발생한 경우에 못지 않는 피해를 야기한다는 점을 고려한 결과이다.

(2) **특정범죄 가중처벌 등에 관한 법률**

19 1) **도주차량죄** 특정범죄 가중처벌 등에 관한 법률(이하 특가법) 제5조의 3 제1항은 자동차·원동기장치자전거의 교통으로 업무상과실 또는 중과실치사상의 죄를 범한 운전자가 피해자를 구호(救護)하는 등 도로교통법 제54조 1항에 따른 조치를 하지 아니하고 도주한 경우 가중하여 처벌한다. 본죄는 업무상과실(중과실)치사상죄와 사고후 미조치죄가 결합된 범죄이며, 교통의 안전이라는 공공의 이익과 함께 교통사고로 사상을 당한 피해자의 생명과 신체의 안전이라는 개인적 법익을 보호하기 위한 범죄이다.[1]

도주차량죄가 성립하려면 피해자에게 사상의 결과가 발생하여야 하고, 생명·신체에 대한 단순한 위험에 그치거나 형법 제257조 1항에 규정된 상해로 평

1 대법원 2013. 12. 26. 2013도9124.

가될 수 없을 정도의 극히 하찮은 상처로서 굳이 치료할 필요가 없는 것이어서 그로 인하여 건강상태를 침해하였다고 보기 어려운 경우에는 본죄는 성립하지 않는다.[1] 도주란 사고운전자가 사고로 인하여 피해자가 사상을 당한 사실을 인식하였음에도 피해자를 구호하는 등 도로교통법 제54조 1항에 규정된 의무를 이행하기 전에 사고현장을 이탈하여 사고를 낸 자가 누구인지 확정될 수 없는 상태를 초래하는 경우를 말하고, 사고운전자가 취하여야 할 조치에는 피해자나 경찰관 등 교통사고와 관계있는 사람에게 사고운전자의 신원을 밝히는 것도 포함된다.[2] 그리고 사고운전자가 도주의 범의로써 사고현장을 이탈한 것인지 여부를 판정할 때에는 사고의 경위와 내용, 피해자의 상해 부위와 정도, 사고운전자의 과실 정도, 사고운전자와 피해자의 나이와 성별, 사고 후의 정황 등을 종합적으로 고려하여 합리적으로 판단하여야 한다.[3]

판례는 사고운전자가 ① 피해자를 병원에 후송하여 치료를 받게 하는 등의 구호조치는 취하였다고 하더라도 피해자 등이 사고운전자의 신원을 쉽게 확인할 수 없는 상태에서 피해자 등에게 자신의 신원을 밝히지 아니한 채 병원을 이탈한 경우(대법원 2006. 1. 26. 2005도8264), ② 피해자를 병원에 후송하기는 하였으나 조사경찰관에게 사고사실을 부인하고 자신을 목격자라고 하면서 참고인조사를 받고 귀가한 경우(대법원 2003. 3. 25. 2002도5748) 및 ③ 사고현장을 이탈하기 전에 피해자에게 자신의 신원을 확인할 수 있는 자료를 제공하였다고 하더라도 피해자를 구호하는 등 도로교통법 제54조 1항에 규정된 의무를 이행하기 이전에 사고현장을 이탈한 경우(대법원 2011. 3. 10. 2010도16027)에는 도주한 것이라고 하였다. 이에 반하여 ④ 비록 경찰관서에 자신이 사고운전자임을 신고하지 아니하고 동료 운전기사로 하여금 그가 사고운전자인 것으로 신고하게 하였다 하더라도, 사고운전자가 교통사고 후 피해자를 병원으로 후송하여 치료를 받게 하고 병원에서 피해자의 가족들에게 자신의 인적사항을 알려주었거나(대법원 2002. 2. 8. 2001도4771), ⑤ 피해자를 구호하여 병원에 후송한 후 피해자에게 직접 자신의 신원사항을 밝히지 않고 경찰관에게 주민등록번호 중 한 자리의 숫자를 사실과 달리 불러 주고 병원을 떠났으나, 그 후 스스로 병원에 연락하여 사고 택시의 자동차등록번호와 택시공제조합에서 치료비를 부담할 것임을 통지한 경우(대법원 2006. 1. 26. 2005도7325), ⑥ 교통사고 현장에서 동승자로 하여금

1 대법원 1997. 12. 12. 97도2396; 대법원 2007. 4. 13. 2007도1405; 대법원 2008. 10. 9. 2008도3078.

2 대법원 2008. 10. 9. 2008도3078; 대법원 2012. 7. 12. 2012도1474; 대법원 2013. 12. 26. 2013도9124.

3 대법원 2002. 6. 28. 2002도2001; 대법원 2012. 7. 12. 2012도1474; 대법원 2013. 12. 26. 2013도9124.

사고차량의 운전자라고 허위 신고하도록 하였더라도 사고 직후 사고 장소를 이탈하지 아니한 채 보험회사에 사고접수를 하고, 경찰관에게 가해차량임을 밝히며 경찰관의 요구에 따라 동승자와 함께 조사를 받고 이틀 후 자진하여 경찰에 출두하여 자수한 경우(대법원 2009. 6. 11. 2008도8627)나 ⑦ 사고현장이나 경찰 조사과정에서 목격자 행세를 하고 피해자의 발견 경위에 관하여 사실과 다르게 진술하였다고 하더라도 사고 직후 직접 119 신고를 하였을 뿐만 아니라, 119 구급차가 피해자를 후송한 후 출동한 경찰관들에게 현장 설명을 하고 인적사항과 연락처를 알려 준 다음 사고현장을 떠난 경우에는 도주에 해당하지 않는다고 하였다(대법원 2013. 12. 26. 2013도9124). 또한 ⑧ 사고의 경위와 내용, 피해자의 나이와 그 상해의 부위 및 정도, 사고 뒤의 정황 등을 종합적으로 고려하여 사고운전자가 실제로 피해자를 구호하는 등 도로교통법 제54조 1항의 규정에 따른 조치를 취할 필요가 있었다고 인정되지 아니하는 때에는 사고운전자가 피해자를 구호하는 등의 조치를 취하지 아니하고 사고 장소를 떠났다고 하더라도 도주운전죄가 되지 아니한다(대법원 2014. 2. 27. 2013도15885).

운전자가 아닌 동승자가 교통사고 후 운전자와 공모하여 운전자의 도주행위에 가담하였다 하더라도, 동승자에게 과실범의 공동정범의 책임을 물을 수 있는 특별한 경우가 아닌 한, 도주차량죄의 공동정범으로 처벌할 수는 없다.[1]

20 **2) 유기도주차량죄** 특가법 제5조의3 제2항은 사고운전자가 피해자를 사고 장소로부터 옮겨 유기하고 도주한 경우에는 단순 도주운전자에 비하여 가중하여 처벌한다. 본죄가 단순히 피해자를 구호조치하지 아니하고 방치한 채 도주한 경우에 비하여 그 법정형이 현저하게 가중되어 있는 점에 비추어 볼 때, 「피해자를 사고장소로부터 옮겨 유기하고 도주한 때」란 사고운전자가 범행을 은폐하거나 죄증을 인멸할 목적으로 사고장소로부터 피해자를 옮기는 행위를 감행하였고 그 결과 피해자를 단순히 방치하고 도주한 때에 비하여 피해자의 발견과 그 구호, 사고경위의 파악, 범인의 신원파악 등을 더 어렵게 만든 때를 말한다.[2]

판례는 2차선 도로상에서 피해자를 충격하여 땅에 넘어뜨려서 피해자로 하여금 외상성 뇌지주막하출혈상을 입히고도 구호조치를 취하지 아니하고 인적이 없는 틈을 이용하여 피해자를 그 곳에서 약 9.4미터 떨어진 옆 인도로 옮긴 행위가 자신의 범행을 은폐하거나 죄증을 인멸하기 위한 방법으로 그렇게 한 것으로 보이지도 아니하고 또한 단순히 방치한 경우보다 피해자의 발견이나 그 구호가 훨씬 더 어려운 상태에 놓

1 대법원 2007. 7. 26. 2007도2919.

2 대법원 1991. 9. 10. 91도1737.

이게 되었다고 볼 수도 없다는 이유로, 특가법 제5조의3 제2항에 해당한다고 할 수 없다고 하였다(대법원 1991. 9. 10. 91도1737).

⑶ 죄 수

1) 업무상과실치사상죄와 도로교통법 위반죄의 관계 운전면허 없이 운전을 하다가 두 사람을 한꺼번에 치어 사상케 한 경우 업무상과실치사상죄는 상상적 경합범에 해당하고 이와 도로교통법 위반(무면허운전)죄는 실체적 경합범이 된다.[1] 그리고 차의 운전자가 업무상과실 또는 중과실에 의하여 사람을 상해에 이르게 하거나 재물을 손괴하고 도로교통법 소정의 구호조치 등 필요한 조치를 취하지 아니한 경우에는 업무상과실·중과실치상죄 또는 업무상과실·중과실재물손괴죄 외에 사고후 미조치죄가 성립하고 이는 실체적 경합범이라고 보아야 한다.[2] 21

교통사고 발생시의 구호조치의무 및 신고의무(도로교통법 제54조 1항·2항)는 교통사고의 결과가 피해자의 구호 및 교통질서의 회복을 위한 조치가 필요한 상황인 이상 교통사고를 발생시킨 당해 차량의 운전자에게 그 사고발생에 있어서 고의·과실 혹은 유책·위법의 유무에 관계없이 부과된 의무라고 해석하는 것이 상당하므로, 당해 사고에 있어 귀책사유가 없는 경우에도 위 의무가 없다 할 수 없고, 또 위 의무는 신고의무에만 한정되는 것이 아니므로 타인에게 신고를 부탁하고 현장을 이탈하였다고 하여 위 의무를 다한 것이라고 말할 수는 없다.[3]

2) 도주차량죄와 도로교통법 위반죄의 관계 차의 운전자가 업무상 주의의무를 게을리하여 사람을 상해에 이르게 함과 아울러 물건을 손괴하고도 피해자를 구호하는 등 도로교통법에 의한 조치를 취하지 아니한 채 도주한 때에는, 도로교통법상의 안전의무위반죄와 사고후 미조치죄 및 특가법 위반(도주차량)죄가 모두 성립하고, 이 경우 도주차량죄와 물건손괴 후 필요한 조치를 취하지 아니함으로 인한 사고후 미조치죄는 상상적 경합범의 관계에 있고, 위의 2개의 죄와 안전의무위반죄는 주체나 행위 등 구성요건이 다른 별개의 범죄이므로 실체적 경합범이 된다는 것이 판례의 태도이다.[4] 그러나 도주차량죄의 구성요건은 사고후 미조치죄를 포함하므로 별도로 미조치죄는 성립하지 않는다고 보아야 한 22

1 대법원 1972. 10. 31. 72도2001.
2 대법원 1991. 6. 14. 91도253.
3 대법원 1990. 9. 25. 90도978; 대법원 2002. 5. 24. 2000도1731.
4 대법원 1993. 5. 11. 93도49.

다. 그리고 판례는 도주차량죄와 사고후 미신고죄는 모두 교통사고 이후의 작위의무위반에 대한 것으로서 행위의 태양, 시간적 · 장소적인 연관성 등을 종합하여 보면 양 죄는 실체적 경합관계에 있다고 한다.[1]

23 **3) 업무상과실치사상죄와 위험운전치사상죄의 관계** 음주로 인한 특가법 위반(위험운전치사상)죄는 형법 제268조 업무상과실치사상죄의 특례를 규정하여 가중처벌함으로써 피해자의 생명 · 신체의 안전이라는 개인적 법익을 보호하기 위한 것이므로 그 죄가 성립하는 때에는 차의 운전자가 형법 제268조의 죄를 범한 것을 내용으로 하는 교통사고처리 특례법 위반죄는 그 죄에 흡수되어 별죄를 구성하지 아니한다.[2] 그리고 음주 또는 약물의 영향으로 정상적인 운전이 곤란한 상태에서 자동차를 운전하여 사람을 상해에 이르게 함과 동시에 다른 사람의 재물을 손괴한 때에는 특가법 위반(위험운전치사상)죄 외에 업무상과실재물손괴로 인한 도로교통법 위반죄가 성립하고, 양 죄는 1개의 운전행위로 인한 것으로서 상상적 경합관계에 있다.[3] 또한 판례는 음주로 인한 특가법 위반(위험운전치사상)죄와 도로교통법 위반(음주운전)죄는 입법 취지와 보호법익 및 적용 영역을 달리하는 별개의 범죄로서 양 죄가 모두 성립하는 경우 두 죄는 실체적 경합관계에 있다고 한다.[4]

§5 제4절 낙태의 죄

Ⅰ. 총 설

1. 낙태죄의 의의

1 **(1) 의의와 연혁** 낙태의 죄(Schwangerschaftsabbruch, Abtreibung, abortion)란 태아를 자연분만기에 앞서서 인위적으로 모체 밖으로 배출하거나 태아를 모체 안에서 살해하는 것을 내용으로 하는 범죄라고 이해하는 것이 우리나

1 대법원 1992. 11. 13. 92도1749.
2 대법원 2008. 12. 11. 2008도9182.
3 대법원 2010. 1. 14. 2009도10845.
4 대법원 2008. 11. 13. 2008도7143.

라의 통설[1]과 판례[2]의 태도이다. 이에 의하면 낙태는 모자보건법이 규정하고 있는 인공임신중절[3]보다는 넓은 개념이 된다.[4] 그러나 태아를 인위적으로 모체 밖으로 배출하는 일체의 행위가 낙태죄에 해당한다고 할 때에는 태아의 생명에 위험을 주지 않고 모체의 건강을 위하여 조기출산케 하는 인공출산도 낙태죄의 구성요건에 해당하는 부당한 결과를 초래한다. 따라서 낙태죄는 임신중절에 의하여 태아를 살해하는 것을 내용으로 하는 범죄라고 해야 한다.[5]

낙태죄는 원래 고대 로마법에서 태아는 모체의 일부에 지나지 않는다고 보아 처벌되 2
지 않던 것이었다. 서기 200년경 Severus제에 이르러 비로소 낙태죄가 처벌되기 시작하였으나 그것은 남자의 자녀에 대한 기대를 파괴하는 것으로 파악되었다. 낙태죄가 태아의 생명을 살해하는 것을 내용으로 하는 범죄로 처벌된 것은 중세 교회법과 독일보통법에서 시작되었으며, 그 사상적 배경은 기독교사상 특히 수태된 후 10주 이내에 인간의 영혼이 태아 속에 들어가므로 그 이후부터 태아를 살해하는 것은 인간을 살해한 것과 같다고 한 영혼입주설(ensoulment theory)이었다. 따라서 1532년의 카롤리나 형법은 태아를 생명 있는 태아(belebte Frucht)와 생명 없는 태아(unbelebte Frucht)로 구별하여, 생명 있는 태아를 낙태한 때에는 이를 살인죄로 처벌하였다. 생명 있는 태아와 생명 없는 태아를 구별하지 않고 태아의 생명 자체를 보호법익으로 파악하여 낙태죄를 처벌한 것은 19세기 이후의 일이며, 그 효시를 이룬 것이 1813년의 바이에른 형법과 1851년의 프로이센 형법이다.[6] 그 후 각국의 입법은 거의 예외 없이 낙태죄를 처벌하기에 이르렀다.

(2) **보호법익** 낙태죄의 보호법익에 관하여는 이를 부녀의 신체라는 견 3
해와 태아의 생명이라는 견해 및 태아의 생명과 부녀의 생명·신체라는 견해가

1 강구진 97면; 김일수/서보학 37면; 김종원 79면; 박상기 81면; 배종대 22/1; 백형구 77면; 신동운 617면; 오영근 80면; 유기천 80면; 이영란 93면; 이정원 108면; 임웅 111면; 정성근/박광민 105면; 정영석 240면; 황산덕 189면.

2 대법원 2005. 4. 15. 2003도2780, 「낙태죄는 태아를 자연분만기에 앞서서 인위적으로 모체 밖으로 배출하거나 모체 안에서 살해함으로써 성립하고, 그 결과 태아가 사망하였는지 여부는 낙태죄의 성립에 영향이 없다.」

3 모자보건법 제2조 7호는 「인공임신중절수술이란 태아가 모체 밖에서는 생명을 유지할 수 없는 시기에 태아와 그 부속물을 인공적으로 모체 밖으로 배출시키는 수술을 말한다」라고 규정하고 있다.

4 강구진 104면; 정영석 242면.

5 Gössel S. 115; Joecks §218 Rn. 2; Kröger LK §218 Rn. 6; Lackner/Kühl §218 Rn. 4; Maurach/Schroeder/Maiwald 1 6/8; Rudolphi SK §218 Rn. 10; Sch/Sch/Eser §218 Rn. 19; Tröndle/Fischer §218 Rn. 5; Wessels/Hettinger Rn. 225.

6 Kröger LK Vor §218 Rn. 4; Maurach/Schroeder/Maiwald 5/10; Merkel NK Vor §218 Rn. 2; Welzel S. 299 참조.

대립되고 있다. 다만 낙태죄의 보호법익을 부녀의 신체라고 하는 견해는 태아는 주체성이 없으므로 보호의 객체가 될 수 없다는 것을 이유로 하고 있었으나, 주체성 없이 보호받는 것도 가능하다는 것이 밝혀지자 자취를 감춘 이론이다. 본죄의 보호법익을 태아의 생명에 제한하는 견해는 부녀의 신체의 보호는 반사적 이익에 지나지 않고 본죄의 독립된 보호법익이 될 수 없다고 한다.[1] 그러나 태아의 생명이 본죄의 보호법익으로 되는 것은 의문이 없으나, ① 형법은 임부의 동의 유무에 따라 형의 경중에 차이를 두고 있고, ② 낙태치사상죄를 무겁게 벌하고 있을 뿐 아니라, ③ 부녀의 신체도 독립된 보호법익이 된다고 해야 하므로, 본죄의 주된 보호법익은 태아의 생명이지만 임부의 신체도 부차적인 보호법익이 된다는 데 견해가 일치하고 있다.[2]

보호법익을 보호하는 정도에 관하여 통설과 판례는[3] 본죄를 위험범이라고 해석한다. 다만, 위험범설은 다시 태아를 모체 밖으로 배출하기만 하면 본죄가 성립한다는 **추상적 위험범설**[4]과 본죄의 성립을 위하여는 태아의 생명에 대한 구체적 위험이 발생해야 한다고 해석하는 **구체적 위험범설**[5]로 대립된다. 위험범설은 낙태죄가 태아의 생명을 보호법익으로 하고 낙태죄에 대하여는 미수를 처벌하지 않는다는 것을 이유로 한다. 그러나 ① 사람의 생명을 보호하는 살인죄를 침해범으로 규정하고 있으면서 태아의 생명에 대하여는 위험범으로 보호의 범위를 확대해야 할 이유가 없고, ② 낙태죄를 위험범으로 해석하는 것은 사람의 생명에 대한 위험범인 유기죄 앞에 낙태죄를 규정하는 형법의 태도와 일치하지 않으며, ③ 미수범을 처벌하지 않는다는 이유만으로 위험범이라고 해석하는 것도 타당하다고 할 수 없다.

2. 현행법상 낙태죄의 처벌

형법은 제27장 낙태의 죄에서 낙태를 예외 없이 처벌하는 태도를 취하고 있다. 다만 모자보건법은 의학적 · 우생학적 · 윤리적 적응에 의하여 낙태가 허용되는 경우를 규정하고 있다.

---

1 Kröger LK Vor §218 Rn. 27; Rudolphi Vor §218 Rn. 56; Wessels/Hettinger Rn. 224.

2 강구진 98면; 김일수/서보학 35면; 김종원 79면; 배종대 22/2; 백형구 78면; 신동운 615면; 오영근 80면; 유기천 78면; 이영란 94면; 임웅 112면; 정성근/박광민 105면; 정영일 35면; 황산덕 188면.

3 대법원 2005. 4. 15. 2003도2780.

4 김일수/서보학 36면; 김종원 83면; 박상기 84면; 백형구 78면; 유기천 73면; 이정원 111면; 이형국 121면; 임웅 113면; 정성근/박광민 105면; 정영일 35면.

5 강구진 93면; 배종대 22/1; 이영란 95면.

(1) **낙태죄의 구성요건체계** 낙태의 죄의 기본적 구성요건은 자기낙태 4
죄(Selbstabtreibung)이다(제269조 1항).[1] 이론상 타낙태죄(Fremdabtreibung) 또는 부동의 낙태죄(제270조 2항)가 기본적 구성요건이고 자기낙태죄를 감경적 구성요건이라 해야 한다는 견해[2]도 있으나, 독일 형법 제218조가 1항에서 자낙태와 타낙태를 함께 규정하면서 3항에서 자낙태의 경우에 그 형을 감경하는 것과 다른 태도를 취하고 있는 형법의 해석에 있어서는 받아들일 수 없다. 다만 형법은 타낙태 가운데 동의 낙태죄(제269조 2항)는 자기낙태죄와 같이 처벌하고 있는 점에 특색이 있다.[3]

업무상 낙태죄(제270조 1항)는 동의낙태죄에 대하여 신분관계로 인해 책임이 가중되는 가중적 구성요건이다. 부동의낙태죄(제270조 2항)는 자기낙태죄에 대하여 불법이 가중되는 가중적 구성요건이다. 낙태치사상죄(제269조 3항, 제270조 3항)는 위의 죄에 대한 결과적 가중범을 무겁게 벌하고 있다.

(2) **모자보건법** 모자보건법 제14조는 의학적 · 우생학적 · 윤리적 적응 5
이 있는 경우에 의사는 본인과 배우자의 동의를 얻어 인공임신중절수술을 할 수 있도록 규정하고 있다. 동조의 법적 성질은 적응방식(Indikationslösung)에 의하여 낙태죄의 특수한 위법성조각사유를 규정한 것이라고 할 수 있다.

1) **일반적 요건** 모자보건법에 의하여 적법한 낙태가 되기 위하여는 다 6
음 요건이 구비되어야 한다.

① 의사에 의하여 수술이 행하여져야 한다. 정확한 진단과 적절한 방법에 의하여 중절수술이 행하여지도록 함으로써 임부의 이익을 보장하기 위한 것이다. 의사 아닌 자가 시술한 때에는 동법에 의한 적법한 낙태가 될 수 없다. 그러나 의사인 이상 반드시 산부인과 전문의에 한하는 것은 아니다.

② 본인과 배우자(사실상의 혼인관계에 있는 사람을 포함한다)의 동의가 있어야 한다(동조 1항). 동의가 유효하기 위하여는 그것이 중절수술의 의미를 이해할 수 있는 판단능력 있는 자의 자유로운 의사에 의할 것을 요함은 물론이다. 인공임신중절수술에 배우자의 동의까지 요하는 점에 특색이 있다. 그러나 배우자가 사망 · 실종 · 행방불명, 그 밖에 부득

---

1 유기천 77면; 황산덕 189면.

2 강구진 114면; 김종원 80면.

3 유기천 77면은 형법에서는 다른 의미의 자낙태가 기본적 구성요건을 이루며, 따라서 자낙태는 일정한 조건을 가지고 낙태하는 경우임에 대하여 타낙태는 부녀의 승낙이 없는 경우라고 한다. 그러나 형법의 해석상 자낙태와 타낙태의 구별은 무의미하다고 해야 할 것이다.

이한 사유로 동의할 수 없는 때에는 본인의 동의로 족하다(동조 2항). 본인 또는 배우자가 심신장애로 의사표시를 할 수 없는 때에는 그 친권자 · 후견인의 동의로, 친권자나 후견인이 없을 때에는 부양의무자의 동의로 이에 갈음할 수 있다(동조 3항).

③ 인공임신중절수술은 임신한 날로부터 24주 이내에 하여야 한다(동법 시행령 제15조). 독일 형법이 적응요건에 따라 기간에 차이를 두고 있는 것(윤리적 적응은 12주, 상담을 거친 의학적 적응은 22주)과 다르다.

2) 개별적 적응요건 모자보건법에 의하여 적법한 중절수술이 되기 위 7
하여는 위의 일반적 요건 이외에 동조 제1항 1호 내지 5호의 하나에 해당하지 않으면 안 된다. 이것이 바로 낙태가 허용될 수 있는 의학적 · 우생학적 · 윤리적 적응을 규정한 것이다.

8 (가) 의학적 적응 임신의 지속이 보건의학적 이유로 모체의 건강을 심각하게 해치고 있거나 해칠 우려가 있는 경우(동항 5호)를 말한다. 태어나지 아니한 태아를 위하여 임부의 생명이나 건강을 희생하도록 요구할 수 없다는 것을 이유로 한다. 임신의 지속이 생명의 위험을 초래하는 경우는 당연히 여기에 해당한다. 모체의 건강을 심히 해친다는 것은 모체의 육체적 · 정신적 건강상태를 심히 침해하는 것을 말한다. 건강을 심히 해치고 있는 경우뿐만 아니라 해칠 우려가 있는 경우도 포함하고 있으므로 모체의 현재의 건강상태뿐만 아니라 미래의 건강상태도 판단의 대상이 된다. 이와 같이 의학적 적응은 모체의 정신건강에 확대되어 임부의 현재와 미래의 생활관계도 고려할 것을 요구하게 되었고, 이는 어느 정도의 사회적 적응도 포함하는 것이 되어 의학적 · 사회적 적응(medizinisch-soziale Indikation)을 의미하게 되었다.[1]

9 (나) 우생학적 적응 우생학적 적응은 태아가 출생한 후에 유전적 소질이나 임신중의 충격으로 그 건강이 심히 침해되었을 때에 임부에게 그 출생을 요구할 수 없다는 고려에 근거하고 있다. 따라서 출생할 아이에 대한 손상은 정신적인 것뿐만 아니라 육체적 손상(예컨대 불구 · 기형)을 포함하며, 그 원인은 유전적 소질 이외에 임신중에 있었던 약물복용 · X선촬영 · 질병 등에 의한 경우까지도 포함하는 것이 당연하다. 그러나 모자보건법은 ① 본인이나 배우자가 우생학적 또는 유전

1 Gropp MK §218a Rn. 41; Lackner/Kühl §218a Rn. 12; Rudolphi SK §218a Rn. 24; Sch/Sch/Eser §218a Rn. 26; Tröndle/Fischer §218a Rn. 25.

학적 정신장애나 신체질환이 있는 경우(동항 1호)와, ② 본인이나 배우자가 전염성질환이 있는 경우(동항 2호)에만 중절수술을 허용하고 있다. 임신중에 일어난 충격으로 인한 손상(pränatale Einwirkung)이 포함되지 않는 결과 그 범위는 제한되지 않을 수 없다.

독일 형법은 1995년 형법개정을 통하여 우생학적 적응을 폐지하였다. 우생학적 적응은 일반적으로 의학적 · 사회적 적응에 포함될 수 있을 뿐만 아니라, 장애아동의 생명권을 경시한다는 오해는 막아야 한다는 것을 이유로 한다. 즉 장애가 생명보호의 완화사유가 될 수는 없다는 것이다.[1] 그러나 우생학적 적응이 모두 의학적 · 사회적 적응에 해당할 수 있는가는 의문이다.

(다) **윤리적 적응** 부녀가 강간 등의 범죄행위로 인하여 임신이 강요된 경 10
우에 임신의 계속을 요구하는 것은 법질서에 반하는 것이므로 이 때에도 낙태를 허용할 필요가 있다. 모자보건법은 윤리적 적응의 예로서 ① 강간 또는 준강간에 의하여 임신된 경우(동항 3호), ② 법률상 혼인할 수 없는 혈족 또는 인척 간에 임신된 경우(동항 4호)만을 규정하고 있다. 따라서 미성년자간음죄, 업무상 위력 등에 의한 간음죄 등에 의하여 임신된 경우는 여기에 해당할 수 없게 된다. 모자보건법의 윤리적 적응도 또한 그 범위가 지나치게 엄격하다고 할 수 있다.

3) **모자보건법의 문제점** 모자보건법은 적응방식에 의하여 낙태의 허용 11
범위를 규정하고 있으나 그 우생학적 · 윤리적 적응은 지나치게 좁게 규정되어 있을 뿐만 아니라, 사회적 적응을 인정하지 않는 점에서 현실문제의 해결에 불충분하고 입법론상으로도 문제가 있다. 사회적 적응(soziale Indikation)이란 임신의 지속이 임부나 그 가족의 사회적 · 경제적 상태를 현저히 위태롭게 할 우려가 있는 때에는 낙태를 허용하는 것을 말한다. 양육의 기대가 절망적인 출생은 태아에 대하여는 물론 임부나 사회에 대하여도 불행의 씨앗이 될 뿐이기 때문이다. 한편 모자보건법에는 허용되는 낙태에 대한 적응요건의 판단기준과 절차에 관하여 아무런 규정이 없다. 적응방식을 취하는 경우에도 적응요건에 해당하는가를 판단하는 절차를 정하지 아니하여 의사의 독단적인 판단으로 낙태를 할 수 있게 하는 것은 실질적으로 낙태의 완전한 자유화를 초래한다.[2] 적응요건을 엄격히 규정하

1 Kröger LK §218a Rn. 48; Lackner/Kühl Vor §218 Rn. 22; Maurach/Schroeder/Maiwald 6/36; Rudolphi SK §218a Rn. 8; Wessels/Hettinger Rn. 234.

2 대법원도 모자보건법의 '임신의 지속이 보건의학적 이유로 모체의 건강을 심히 해하고 있거나

고 있음에도 불구하고 종래 낙태가 널리 행해진 이유도 모자보건법의 이러한 모순된 구조에 기인한 것이라고 할 수 있다.

3. 낙태의 자유화 문제

12 (1) **자유화의 경향** 1960년 이래 형법에서 낙태의 자유화가 논의된 것은 전세계에 걸친 현상이었다. 그것은 인구폭발이라는 사회문제와 함께 법규범과 현실 사이의 괴리에서 나타난 반성이라고 할 수 있다. 낙태죄를 엄격히 처벌하고 있던 독일에서는 매년 30만명 가량이 낙태를 하였지만 150명에서 300명 정도만이 유죄판결을 받아[1] 낙태죄는 운에 좌우되는 범죄라는 오명을 받게 되었고, 이로 인하여 임부가 스스로 낙태를 하거나 의사 아닌 자를 찾게 하여 오히려 부녀의 건강과 생명을 잃게 하는 결과가 초래되었다.[2] 그리하여 영국에서는 1967년의 Abortion Act에 의하여 낙태의 자유가 확대되었고,[3] 미국에서도 임부의 요구에 의하여 낙태할 수 있는 길이 널리 열리게 되었다. 유럽대륙에서도 오스트리아·구동독과 같이 일정한 기간 안에는 낙태의 자유를 절대적으로 보장하는 기한방식(Fristenlösung)에 의하거나, 스칸디나비아제국이나 구 독일 형법처럼 적응규정(Indikationenregelung)에 의하여 낙태의 자유를 확대하고 있다. 우리 모자보건법도 이러한 경향의 입법이라고 할 수 있다. 그러나 모자보건법이 시행되었다고 하여 상황이 조금이라도 호전되었다고 보기는 어렵다. 모자보건법이 그 적응요건을 엄격히 제한하고 있음에도 불구하고 미혼녀는 물론 기혼부인 상당수가 중절수술을 경험하고 있고, 병원에서 공공연히 낙태수술이 행하여지고 있지만 낙태죄로 입건되는 경우는 극소수에 지나지 않기 때문이다.

여기서 독일과 미국의 입법경향을 살펴본 후에 낙태죄의 존폐문제를 재검토할 필요가 있다.

(2) **낙태죄에 대한 외국의 동향**

13 (가) **독 일** 독일 형법은 1974년 6월 18일 제5차 형법개정법률에 의하여 기한방식(Fristenlösung)을 도입하여 낙태의 절대적 자유화를 채택하였다. 즉

해할 우려가 있는 경우'에 해당하는가의 판단은 치료행위를 하는 의사의 건전하고 신중한 판단에 위임되어 있다고 한다(대법원 1985. 6. 11. 84도1958).

1 Kröger LK Vor §218 Rn. 5; Sch/Sch/Eser Vor §218 Rn. 2; Rudolphi SK Vor §218 Rn. 2.

2 Rudolphi SK Vor §218 Rn. 2.

3 Cross and Jones p. 323.

동법 제218조의a는 낙태가 임신 12주 이내에 임부의 동의를 얻어 의사에 의하여 행하여질 때에는 처벌되지 않는 것으로 하였다. 그러나 이 규정은 1975년 2월 25일 연방헌법재판소에 의하여 위헌판결을 받게 되었다.[1] 이 판결에서 연방헌법재판소는「모체 안에서 자라고 있는 생명은 독립된 법익으로서 헌법의 보호를 받는다. 태아의 생명에 대한 국가의 보호의무는 국가에 의한 직접적인 침해를 금지할 뿐만 아니라 국가에게 그 생명을 보호할 것을 요구한다. 태아의 생명을 보호할 국가의 의무는 임부에 대하여도 존재한다. 태아의 생명보호는 원칙적으로 임신의 전기간에 걸쳐 임부의 자기결정권에 우선하며 그 기간에 따라 문제되는 것이 아니다」라고 판시하였다. 여기서 독일 형법 제218조의a는 1976년 5월 18일 제15차 형법개정법률에 의하여 적응규정에 의한 제한적 자유화의 길을 택할 수밖에 없었다.

1990년의 독일통일에 의하여 독일에서의 낙태법은 새로운 국면을 맞게 된 14
다. 종래 구동독에서는 1972년 이래 기한방식에 의하여 임신 3개월 이내의 낙태의 자유가 인정되어 왔기 때문이었다. 1992년 7월 27일 독일 연방의회는 오랫동안의 논의 끝에 임신초기에 상담의무(Beratungspflicht)와 결합하여 기한방식을 채택한 임부 및 가정 보호 법률(Schwangeren und Familienhilfegesetz)을 통과시켰다.[2] 그러나 연방헌법재판소는 1993년 5월 28일 이 법률에 대하여도 다시 위헌이라는 판결을 선고하였다.[3] 즉「인간의 가치는 태아에 대하여도 인정되므로 법질서는 태아의 생명권을 보장해 주어야 하고, 낙태의 원칙적인 금지와 아이의 원칙적 출산의무는 헌법이 요구하는 보호의 불가결한 요소가 된다」는 것이다. 다만 이 판결에서 헌법재판소는「입법자가 태아를 보호함에 있어서 임신초기에 갈등상태에 있는 임부와 상담하여 적응방식에 의한 낙태의 처벌을 포기하는 것을 금지하는 것은 아니며, 이 경우에도 상담은 태아를 보호하기 위한 적극적인 요건이어야 하고 국가는 상담절차를 행함에 있어서 전적인 책임을 져야 한다」고 판시함으로써 기한방식과 상담제도의 결합가능성을 인정하였다. 1995년 8월 21일 국회를 통과한 낙태에 관한 형법규정이 9월 1일부터 시행됨으로써 독일에서의 낙태죄에 대

1 BVerfGE 39, 1.
2 이에 의하면 임부가 사전에 상담을 한 때에는 임신초기 12주 이내의 낙태는 위법하지 않고, 12주를 초과한 후의 낙태에 관하여는 의학적·우생학적 적응방식이 적용되었다.
3 BVerfGE 88, 21. 판결의 내용에 관하여는 JZ Sonderausgabe 1993 참조.

한 논쟁은 일단락되었다. 이에 의하면 임신 12주 이내에 임부가 낙태를 요구하고, 적어도 낙태시술 3일 전에 상담을 한 후 상담증명서를 받고, 의사가 낙태시술을 한 때에는 낙태가 허용된다(제218조의a 1항). 또 임부의 현재와 장래의 생활관계를 고려할 때 임부의 생명의 위험 또는 육체적·정신적 건강상태의 중대한 위험을 제거하기 위하여 낙태 이외에 다른 방법이 없는 때에는 임부의 동의를 얻어 의사가 시술하는 낙태는 허용된다(동조 2항).

15 (나) **미 국** 미국의 연방대법원은 여자의 privacy에 대한 권리를 낙태의 가부를 결정할 수 있는 권리에까지 확대하여, 임신 3개월까지 임부가 의사와 상의하여 낙태를 결정하는 것은 주법이 금지할 수 없다고 함으로써 독일의 Bundesverfassungsgericht와 반대의 입장을 취하였다. 즉 1973년 1월 22일의 Roe v. Wade 사건[1]에서 연방대법원은 모체의 생명을 보호하기 위하여 필요한 경우 이외에 낙태를 금지하고 있던 Texas 주법을 위헌이라고 판시하였다. 이 판결에서 「여성의 privacy에 관한 권리는 낙태의 가부를 결정할 정도로 광범위하다. 임신초기 3개월까지의 낙태는 비교적 안전하다. 따라서 임신 3개월까지의 낙태는 위험한 낙태수술로부터 임부를 보호한다는 이유로 주법이 개입할 여지가 없다. 인간으로서의 태아란 출산이 약속되어 있는 경우뿐이다」라고 하였다. 그 후에도 연방대법원은 1976년 판결에서 임신 12주 이내의 낙태에 배우자의 동의를 요구하는 것은 위헌이라고 판시하였고,[2] 1979년에는 미성년자도 단독으로 낙태를 결정할 수 있는 헌법상의 권리를 가진다고 하여 낙태를 결정하는 것은 privacy권리라는 태도를 일관하였다.[3] 그러나 연방대법원은 2022년 Dobbs 판결에서 "연방헌법은 낙태권을 부여하지 않았다"고 선언하며 Roe 판결 등을 폐기하고, 낙태를 규제할 수 있는 권한을 다시 시민들과 그들이 선출한 대표자들에게 돌려준다고 판시하였다.[4] 이에 따라 각 주는 주 정부의 정당한 이익을 위한 합리적 근거에 기초하여 낙태를 규제할 수 있게 되었다.

16 (3) **입 법 론** 형법이 낙태죄를 벌하면서 모자보건법의 적응규정에 의

1 Roe v. Wade, 410 US. 113(1973).
2 Planned Parenthood of Central Missouri v. Danforth, 428 US. 52(1976).
3 Bellotti v. Baird, 443 US. 622(1979).
4 Dobbs v. Jackson Women's Health Organization, 597 U.S. 215(2022). 이 판결에 대해서는 장원경, 「미국 연방대법원의 2022년 낙태 판결에 대한 비판적 고찰」(생명윤리정책연구 제16권 제3호), 1-34면 참조.

하여 일정한 경우에 낙태를 허용하고 있지만 적응규정도 지나치게 엄격하고 낙태가 자유롭게 행하여지고 있는 현실과는 큰 거리가 있다. 여기서 입법론으로는 낙태죄를 폐지해야 하지 않는가라는 문제가 제기된다.

이에 대하여는 종래 ① 과학적 피임방법이 발달되어 있는 오늘날 엄연한 하나의 생명을 희생시키는 낙태는 허용될 수 없으므로 처벌되어야 마땅하다는 견해[1]와, ② 태아를 생명으로 보는 데는 과장이 있고 아이의 출생에 대한 임부의 자유가 보다 존중되어야 하므로 형법의 낙태죄는 폐지되어야 한다는 견해[2] 및 ③ 낙태죄의 본질이 태아의 생명을 보호함에 있고 그것이 인간의 생명과 직결되는 것이므로 낙태를 전면적으로 허용하는 것은 긍정할 수 없지만 임부의 자유와 책임이 조화되는 범위에서 그 허용사유를 넓혀야 한다는 견해[3]가 대립되고 있었다.

생각건대 낙태죄의 주된 보호법익은 태아의 생명이며, 태아의 생명도 형법이 보호해야 할 가치 있는 법익임을 부정할 수는 없다. 따라서 낙태죄를 전면적으로 삭제하자는 주장에는 찬성할 수 없다. 그러나 태아의 생명은 사람의 생명이 아니라 생성중인 생명에 지나지 않으므로 사람의 생명과 같이 절대적으로 보호해야 할 법익이라고는 할 수 없으며, 따라서 일정한 범위에서는 낙태의 자유도 허용되어야 할 것이다. 여기에는 부녀의 생명과 신체의 보호라는 낙태죄의 부차적 보호법익과 낙태죄의 현실적 실효성도 함께 고려되어야 한다. 그렇다면 임신 3개월까지 임부의 의사에 따라 의사가 행하는 낙태는 허용하고 그 이후의 낙태는 적응규정에 따라 일정한 경우에는 처벌하지 않지만(오스트리아 형법 제97조 참조), 적어도 임신 최후 10주 동안의 낙태는 금지하는 것이 타당하다고 생각한다. 이 경우에 낙태를 제한하기 위한 상담절차와 적응요건에 해당하는가에 대한 판단절차가 마련되어야 하는 것은 물론이다.

헌법재판소는, 「임신한 여성의 자기낙태를 처벌하는 형법 제269조 1항은 필요한 최소한의 정도를 넘어 임신한 여성의 자기결정권을 제한하고 있어 침해의 최소성을 갖추지 못하였고, 법익균형성의 원칙도 위반하였으므로, 과잉금지원칙을 위반하여 임신한 여성의 자기결정권을 침해한다. 임신한 여성의 촉탁 또는 승낙을 받아 낙태하게 한 의사를 처벌하는 형법 제270조 1항 중 '의사'에 관한 부분도 같은 이유에서 헌

1 정영석 241면; 황산덕 189면.
2 김기춘 474면; 서일교 47면.
3 유기천 75면.

법에 합치되지 아니한다. 위 조항들은 2020. 12. 31.을 시한으로 입법자가 개정할 때까지 계속 적용된다.」고 결정[헌법불합치결정]하였다(헌법재판소 2019. 4. 11. 2017헌바127). 그런데 입법부가 개정시한까지 이들 조항을 개정하지 않아 해당 조항은 2021. 1. 1.부터 효력을 상실하였다. 다만 향후의 입법에 대비하고, 이들 조항이 다른 구성요건의 해석과 관련되어 있으므로 그대로 두기로 한다.

Ⅱ. 자기낙태죄 · 동의낙태죄

1. 자기낙태죄

부녀가 약물 기타 방법으로 낙태한 때에는 1년 이하의 징역 또는 200만원 이하의 벌금에 처한다(제269조 1항).

(1) 객관적 구성요건 본죄는 부녀가 낙태함으로써 성립한다.

17 1) 주 체 본죄의 주체는 부녀이다. 부녀란 임신한 부녀, 즉 임부를 말한다. 이러한 의미에서 본죄는 신분범이라고 할 수 있다. 임부 아닌 자는 간접정범에 의하여도 본죄의 주체가 되지 못한다.

18 2) 객 체 살아 있는 태아(lebende Leibesfrucht)이다. 태아란 모체 안에서 수태되면서부터 사람이 되기까지의 생명체를 말한다.[1] 여기서 태아가 되는 시기는 수정된 때가 아니라 수정란이 자궁에 착상(Einnistung, Nidation)한 때로 보아야 한다.[2] 물론 수정에 의하여 장래 사람이 될 수 있는 생명체가 탄생되는 것은 부정할 수 없다. 그러나 ① 생명보호의 객체가 될 수 있는 개체화된 생명은 착상에 의하여 비로소 개시된다고 해야 하며, ② 수정란이 착상되는 것은 50%에 지나지 않고, ③ 착상 전에는 부녀가 이를 느낄 수도 없고 그것이 증명될 수도 없기 때문이다. 따라서 태아는 수정 후 2주, 최종월경일부터 4주가 지난 후에 비로소 태아가 되며,[3] 그 이전에 수정란이 착상하지 못하게 하는 것은 본죄가 성립하는 것이 아니라 수태조절에 지나지 않는다고 해야 한다. 착상한 태아인 이상 그 발

---

1 강구진 103면; 김일수/서보학 36면; 김종원 83면; 서일교 48면; 오영근 82면; 유기천 79면; 정영석 241면.

2 Kröger LK §218 Rn. 2; Lackner/Kühl §218 Rn. 8; Maurach/Schroeder/Maiwald **6**/20; Rudolphi SK §218 Rn. 4; Sch/Sch/Eser §218 Rn. 6; Tröndle/Fischer §218 Rn. 8; Wessels/Hettinger Rn. 219.

3 모체 내에서 수정된 난자는 배란관에서 모체의 분비물로 양육되다가 3 내지 7일 이내에 자궁에 들어오게 되며, 9 내지 13일 이내에 착상이 완성된다. 이때부터 태아가 된다고 하여야 한다.

육정도는 묻지 않는다. 그러나 본죄의 객체는 살아 있는 태아임을 요하므로 사태(死胎)는 이미 본죄의 객체가 될 수 없다.

3) 행 위 본죄의 행위는 낙태이다.

(가) 낙태의 의의 낙태란 자연분만기에 앞서 태아를 모체 밖으로 배출하 19
거나 모체 내에서 태아를 살해하는 것을 말하며, 자연분만기에 앞서 태아를 모체 밖으로 배출시키는 이상 그 결과 태아가 사망하건 않건 본죄의 성립에 영향이 없다고 하는 것이 통설이다. 그러나 본죄는 태아의 생명을 침해하는 데 본질이 있으므로 태아를 모체 밖으로 배출하는 것으로 족하지 않고 이로 인하여 태아를 살해할 것을 요한다고 해야 한다. 따라서 생존능력 있는 태아를 모체 밖으로 배출하는 것만으로는 본죄를 구성하지 않는다. 그러나 태아의 사망이 모체 밖에서 즉시 일어날 것을 요하지 않고 그것이 태아의 미성숙으로 인한 것이면 족하다.

(나) 낙태의 방법 낙태의 수단·방법에는 제한이 없다. 약물을 사용하건 20
수술을 하건 기구를 사용하건 묻지 않는다. 자기 스스로 하건 타인에 의뢰하여 하건 불문한다. 그러므로 부녀가 타인에게 의뢰하여 낙태한 경우에도 부녀는 제269조 2항이나 제270조 1항의 교사가 되는 것이 아니라 본죄(제269조 1항)에 의하여 처벌받는다. 부녀가 타인을 이용하여 간접정범으로 본죄를 범할 수도 있다. 본죄는 자수범이 아니기 때문이다.

부녀가 자살을 기도하여 태아를 낙태한 때에도 본죄가 성립한다.

(다) 기수시기 통설은 본죄를 위험범이라고 해석한다.[1] 따라서 태아를 모 21
체 밖으로 배출한 후에 살해한 때에는 낙태죄와 살인죄(또는 영아살해죄)의 경합범이 된다.[2] 그러나 본죄는 태아를 살해함으로써 성립하는 침해범이라고 해야 하므로 태아를 살해한 때에 기수가 된다고 하겠다. 따라서 모체 밖에 배출된 살아 있는 태아를 살해한 때에는 낙태미수와 살인죄의 상상적 경합이 되지만,[3] 본죄는 미수범을 처벌하지 아니하므로 살인죄에 의하여 처벌하면 족하다.

(2) 주관적 구성요건 본죄가 성립하기 위하여는 낙태의 고의가 있어야 22
한다. 과실로 인하여 낙태한 때에는 본죄가 성립하지 않는다. 미필적 고의로도

1 강구진 98면; 김일수/서보학 36면; 김종원 79면; 박상기 85면; 배종대 24/4; 유기천 78면; 이영란 95면; 이형국 123면; 정성근/박광민 108면; 정영일 35면; 황산덕 189면.

2 대법원 2005. 4. 15. 2003도2780.

3 Kröger LK §218 Rn. 13; Maurach/Schroeder/Maiwald 6/28; Rudolphi SK §218 Rn. 13; Sch/Sch/Eser §218 Rn. 24; Tröndle/Fischer §218 Rn. 26.

족하다. 낙태의 고의는 태아를 살해하는 것을 내용으로 한다. 태아가 아직 착상하지 않았다고 오인하는 것은 사실의 착오로서 고의를 조각한다. 상상임신은 본죄의 불능범에 지나지 않는다. 이에 반하여 낙태가 가족계획 · 국가정책에 순응하는 것이라고 믿었다고 하여도 이는 법률의 착오에 지나지 않는다.[1]

2. 동의낙태죄

부녀의 촉탁 또는 승낙을 받아 낙태하게 한 자는 1년 이하의 징역 또는 200만원 이하의 벌금에 처한다(제269조 2항).

본죄는 부녀의 촉탁 또는 승낙을 받아 낙태하게 함으로써 성립한다.

23 1) 주 체 본죄의 주체는 형법 제270조 1항에 규정된 자 이외의 자이다. 따라서 본죄는 가감적 신분에 있어서 그 신분이 없는 자가 주체로 된다.

24 2) 행 위 부녀의 촉탁 또는 승낙을 받아 낙태하게 하는 것이다. 부녀란 임부를 말하며, 촉탁과 승낙은 낙태의 의미를 이해할 수 있는 능력이 있는 자의 자유로운 의사에 의하여야 한다. 따라서 폭행 또는 협박에 의하여 강요된 촉탁이나 승낙은 여기의 촉탁 · 승낙에 해당하지 않는다.

낙태하게 하는 것은 스스로 낙태행위를 하는 것을 말한다. 따라서 임부에게 낙태를 교사하거나 이를 방조하는 것(예컨대 낙태약을 구하여 주거나 의사를 소개하는 것)은 제269조 1항의 공범에 지나지 아니한다. 임부의 촉탁 · 승낙을 받아 낙태를 하다가 임부의 생명에 위험을 초래하여 의사의 긴급피난을 이용하여 낙태하게 한 때에는 본죄의 간접정범이 된다. 부작위에 의한 낙태도 가능하다.

Ⅲ. 낙태죄의 가중적 구성요건

1. 업무상 낙태죄

① 의사 · 한의사 · 조산사 · 약제사 또는 약종상이 부녀의 촉탁 또는 승낙을 받아 낙태하게 한 때에는 2년 이하의 징역에 처한다.
④ 7년 이하의 자격정지를 병과한다(제270조).

---

1 대법원 1965. 11. 23. 65도876.

1) 주 체　　본죄의 주체는 의사 · 한의사 · 조산사 · 약제사 또는 약종상이다. 동의낙태죄에 대하여 이러한 업무에 종사하는 자의 책임을 가중시킨 것이다. 입법론으로는 부녀의 촉탁 또는 승낙에 의하여 낙태하는 경우에 의사를 무겁게 처벌하는 것은 타당하다고 할 수 없다.[1] 1992년의 형법개정법률안에서는 본죄를 폐지하고 영리낙태죄를 신설키로 한 바 있다. 본죄의 주체는 여기에 열거된 자에 한한다. 따라서 제약자나 안마사는 본죄의 주체가 되지 않는다. 의사는 반드시 산부인과 전문의에 한하지 않는다. 그러나 치과의사나 수의사는 여기에 포함되지 않는다.[2] 의사 · 한의사 · 조산사 · 약제사 또는 약종상은 모두 면허를 가진 자에 제한된다. 25

2) 행 위　　본죄의 행위는 부녀의 촉탁 또는 승낙을 받아 낙태하는 것이다. 촉탁 · 승낙의 의미는 동의낙태죄에 있어서와 같다. 26

3) 위 법 성　　모자보건법 제14조에 해당하는 때에는 본죄의 위법성이 조각된다. 태아의 생명은 독립된 법익이므로 임부의 승낙이 있다고 하여 위법성이 조각될 수 없다. 본죄의 경우에 정당방위에 의하여 위법성이 조각될 여지도 없다. 임신을 현재의 불법한 침해라고 할 수는 없기 때문이다. 그러나 임신으로 인하여 임부의 생명에 현저한 위험을 초래할 우려가 있는 때에는 긴급피난에 의하여 위법성이 조각될 수 있다고 해야 한다.[3] 27

2. 부동의낙태죄

② 부녀의 촉탁 또는 승낙 없이 낙태하게 한 자는 3년 이하의 징역에 처한다.
④ 7년 이하의 자격정지를 병과한다(제270조).

부녀의 촉탁 또는 승낙 없이 낙태하게 함으로써 성립한다.

1) 주 체　　본죄의 주체에는 제한이 없다. 의사도 또한 본죄의 주체가 될 수 있다. 28

2) 행 위　　부녀의 촉탁 또는 승낙 없이 낙태하게 하는 것이다. 촉탁 또는 승낙이 있다고 하더라도 그것이 하자 있는 경우에는 본죄에 해당한다. 부녀 29

1 김종원 86면; 서일교 50면; 유기천 73면; 이형국 160면.
2 Sch/Sch/Eser §218a Rn. 58.
3 대법원 1976. 7. 13. 75도1205.

의 촉탁 또는 승낙이 없으면 족하며, 반드시 본인의 의사에 반할 것을 요건으로 하지 않는다. 따라서 부녀가 모르게 낙태한 경우에도 본죄에 해당한다. 부녀의 촉탁 또는 승낙이 없음에도 불구하고 있다고 오신한 때에는 본죄의 고의가 조각되므로 제269조 2항 또는 제270조 1항의 죄가 성립한다. 여기서 낙태하게 하는 것도 스스로 낙태행위를 하는 것을 의미한다.

부녀를 살해하는 경우도 본죄에 해당하게 된다.

30 3) 죄 수 낙태와 필수적으로 결합된 임부의 신체상해(건강침해)는 낙태죄에 대한 불가벌적 수반행위가 된다. 그러나 그 범위를 넘는 상해에 대하여는 고의의 유무에 따라 본죄와 상해죄의 상상적 경합 또는 낙태치상죄가 성립한다. 낙태하기 위하여 임부를 살해한 때에는 본죄와 살인죄의 상상적 경합이 된다. 임부에게 낙태를 강요한 때에는 본죄와 강요죄의 상상적 경합이 된다.

3. 낙태치사상죄

제2항(제269조 2항)의 죄를 범하여 부녀를 상해에 이르게 한 때에는 3년 이하의 징역에 처한다. 사망에 이르게 한 때에는 7년 이하의 징역에 처한다(제269조 3항).

③ 제1항 또는 제2항(제270조 1항·2항)의 죄를 범하여 부녀를 상해에 이르게 한 때에는 5년 이하의 징역에 처한다. 사망에 이르게 한 때에는 10년 이하의 징역에 처한다.

④ 7년 이하의 자격정지를 병과한다(제270조).

31 본죄는 동의낙태죄(제269조 2항) 및 업무상 낙태죄(제270조 1항), 부동의낙태죄(제270조 2항)에 대한 결과적 가중범이다. 결과적 가중범에 대한 일반원리에 따라 결과에 대한 인과관계와 예견가능성(과실)이 있어야 함은 당연하다.

본죄가 성립하기 위하여는 낙태죄가 기수에 이를 것을 요하느냐가 문제된다. 예컨대 낙태수술을 하다가 신체에 상해를 가져왔으나 낙태가 성공하지 못한 경우에 본죄가 성립하느냐의 문제이다. 본죄는 부녀를 사상에 이르게 함으로써 완성되며 낙태의 기수·미수는 불문한다는 견해[1]도 있으나, 본죄는 낙태죄를 범하여 사람을 사상에 이르게 함으로써 성립하고 낙태죄는 미수범을 처벌하지 아니하므로 본죄는 낙태가 기수에 이른 때에만 성립한다고 해석하는 것이 타당하다.[2] 다만 부녀를 사망에 이르게 한 때에는 일반적으로 낙태도 기수에 이르는 것

1 김일수/서보학 43면; 배종대 24/10; 서일교 51면; 이형국 133면; 정영석 244면; 황산덕 192면.
2 김성천/김형준 96면; 김종원 84면; 박상기 87면; 오영근 84면; 유기천 81면; 이영란 105면; 이정

이므로 본죄가 성립한다고 할 수 있다.

제270조 3항은 폭행죄와 비교하여 형의 균형이 맞지 않으므로 입법론상 의문이다. 즉 부동의낙태죄(제270조 2항)의 형은 폭행죄보다 무거움에도 불구하고 그 결과적 가중범이 폭행치사상죄(제262조, 제257조, 제259조)에 비하여 가벼운 것은 입법의 과오라고 할 것이기 때문이다.[1]

제 5 절 유기와 학대의 죄 § 6

I. 총 설

1. 유기죄의 의의

(1) **의의와 연혁** 유기죄(遺棄罪, Aussetzung, abandon)란 나이가 많거나 1
어림, 질병 그 밖의 사정으로 도움이 필요한 사람을 보호할 의무 있는 자가 유기함으로써 성립하는 범죄이다. 유기죄도 새로운 구성요건의 하나이다.[2] 그것은 고대 로마법에서는 물론 게르만법에서도 범죄로 인정되지 아니한 것이었다.

유기죄가 독립된 범죄로 취급받기 시작한 것은 중세 교회법의 영향이라고 할 수 있 2
다. 즉 기독교 휴머니즘의 영향을 받아 중세 교회법에서는 어머니가 자식을 버렸을 경우에 그 아이가 사망하면 살인의 죄로 벌하였고 죽지 않은 때에도 처벌하는 제도가 있었으며, 그것이 16세기의 독일입법에 규정되기 시작하였다. 그러나 유기죄의 본질에 관하여는 그것이 생명에 대한 범죄인가 또는 어머니의 보호의무에 대한 범죄인가에 관하여 의견이 일치하지 않았다. 프로이센 일반란트법은 유기죄를 생명에 대한 범죄로 규정하면서 그 주체를 어머니에 제한함으로써 두 견해를 결합하는 태도를 취하였다(동법 제969조 내지 제971조). 그러나 유기죄는 1813년의 바이에른 형법에 이르러 획기적인 변화를 겪게 된다. 즉 여기서 유기죄는 누구나 그 주체가 될 수 있게 되었고 객체도 또한 모든 부조를 요하는 자로 확대되었다(동법 제174조). 독일 형법 제221조는 1851년의 프로이센 형법 제183조를 원형으로 하여 사람을 보호 없는 상태로 유기하거나, 보호의무자가 보호 없는 상태에 버려두어 이로 인하여 사망 또는 중대한 건강침해의 위험을 발생하게 한 자를 3월 이상 5년 이하의 자유형에 처하고, 영아 또는 교육과 양

원 122면; 임웅 123면; 정성근/박광민 112면; 정영일 39면; 조준현 84면.

1 서일교 52면; 유기천 83면.

2 Maurach/Schroeder/Maiwald 1 4/3.

육중인 자에 대하여 행하거나 피해자의 중대한 건강침해가 발생한 때에는 형을 가중하고 있다. 일본 형법도 보호의무 없는 자의 유기를 1년 이하의 징역으로 벌하면서(제217조), 보호책임자의 유기는 3월 이상 5년 이하의 징역으로 무겁게 벌하고 있다(제218조).

3 형법은 극단의 개인주의의 입장에서 유기죄를 규정하고 있는 점에 특색이 있다.[1] 즉 형법은 보호의무 없는 자가 유기하는 것은 벌하지 아니한 채 보호의무자의 유기만을 처벌하며, 따라서 생명에 대한 급박한 위험에 처하여 구조하지 않으면 사망할 것을 알고 쉽게 구조할 수 있었음에도 불구하고 방임한 자를 벌하는 규정[2]도 두지 않고 있다.

4 (2) **구성요건의 체계** 각칙 제28장의 유기의 죄에 있어서 기본적 구성요건은 단순유기죄(제271조 1항)이다. 이에 대하여 존속유기죄(동조 2항)는 신분관계로 인하여 책임이 가중된 가중적 구성요건이고, 중유기죄(제271조 3항·4항)와 유기치사상죄(제275조)는 결과적 가중범으로서 불법이 가중된 가중적 구성요건이다. 형법은 이 이외에도 학대죄와 그 신분적 가중유형인 존속학대죄(제273조) 및 아동혹사죄(제274조)를 규정하고 있다. 이는 아동의 복지권을 보호하기 위한 독립된 구성요건이다.

2. 보호법익

5 1) **생명 · 신체의 안전** 유기죄가 피유기자의 생명 · 신체의 안전을 보호법익으로 하는 위험범이라는 데 대하여는 이론이 없다.

독일 형법은 명문으로 생명뿐만 아니라 건강침해, 즉 신체의 위험도 본죄의 보호법익에 포함된다고 규정하고 있으나, 형법에는 이러한 규정이 없다. 그러나 형법은 유기의 죄를 생명과 신체에 대한 죄의 다음에 규정하고 있고, 신체에 대한 위험도 생명의 위험에 못하지 아니하므로, 생명의 위험뿐만 아니라 신체의 위험도 본죄의 보호법익이 된다는 데 의견이 일치하고 있다.

6 2) **보호의 정도** 문제는 본죄가 구체적 위험범인가 또는 추상적 위험범인가라는 점에 있다. 독일 형법의 유기죄가 구체적 위험범이라는 데 대하여는 이

1 독일 형법은 1998. 4. 1.의 개정에 의하여 유기죄를 구체적 위험범으로 규정하면서 가중된 경우의 법정형을 대폭 강화하였다.

2 독일 형법 제323조의c는 「재난, 공동의 위험 또는 곤궁시에 스스로 위험에 빠지거나 보다 중요한 의무를 침해하지 않고 구조할 수 있었음에도 필요한 구조를 하지 아니한 자는 1년 이하의 자유형 또는 벌금에 처한다」라고 규정하고 있다.

론이 없다. 형법의 해석에 있어서도 본죄를 구체적 위험범이라고 해석하는 견해[1]는, ① 행위자가 유기한 후에 그 옆에 숨어서 누가 구조해 가는 것까지 확인한 다음에 돌아오는 것은 본죄를 구성하지 않는다고 해석함이 타당하고, ② 구체적으로 위험을 가져오지 않는 행위는 대체로 벌할 근거가 없다는 것을 이유로 들고 있다. 그러나 ① 유기죄는 요부조자를 보호 없는 상태에 두어 생명·신체의 위험에 빠지게 하는 데 그 본질이 있고, ② 형법이 유기의 결과로 사람의 생명에 대한 구체적 위험을 발생케 한 경우에는 특히 그 형을 가중하고 있는 점에 비추어(제271조 3항·4항), 이를 추상적 위험범으로 해석하는 통설[2]이 타당하다고 생각된다. 따라서 경찰서나 고아원의 문 앞에 영아를 버리고 간 때에도 본죄가 성립한다.

유기죄는 피유기자의 생명·신체에 대한 안전을 보호하기 위한 위험범이라 7
는 데 그 본질이 있으나, 동시에 보호의무자의 보호의무위반죄로서의 성격을 가지고 있음을 부정할 수 없다.[3] 형법이 보호의무자에 대하여만 본죄의 성립을 인정하고 있기 때문이다.

Ⅱ. 유 기 죄

1. 단순유기죄

나이가 많거나 어림, 질병 그 밖의 사정으로 도움이 필요한 사람을 법률상 또는 계약상 보호할 의무가 있는 자가 유기한 경우에는 3년 이하의 징역 또는 500만원 이하의 벌금에 처한다(제271조 1항).

(1) 객관적 구성요건

1) 주 체 본죄의 주체는 도움이 필요한 사람을 법률상·계약상 보 8
호할 의무가 있는 자, 즉 보호의무자이다. 이러한 의미에서 본죄는 신분범이다.

(가) 보호의무의 내용 보호의무자는 도움이 필요한 사람을 법률상·계약 9
상 보호할 의무가 있어야 한다. 법률상의 보호의무는 그 의무의 근거가 법령

1 유기천 85면.
2 강구진 118면; 김성천/김형준 151면; 김일수/서보학 86면; 김종원 91면; 박상기 92면; 배종대 25/3; 백형구 95면; 신동운 632면; 오영근 88면; 이정원 123면; 이형국 138면; 임웅 131면; 정성근/박광민 114면; 정영일 40면; 황산덕 193면.
3 김종원 88면; 서일교 53면; 정성근/박광민 113면; 정영석 246면.

에 규정되어 있는 경우를 말한다. 여기의 법령은 공법이든 사법이든 묻지 않는다. 예컨대 경찰관직무집행법 제4조에 의한 경찰관의 보호조치의무, 도로교통법 제54조에 의한 사고운전자의 구호의무는 공법에 의한 보호의무이며, 부부간의 부양의무(민법 제826조)[1]와 친족관계에 의한 부양의무(민법 제974조)는 사법상의 보호의무이다.

보호의무는 부양의무와 반드시 일치하는 것이 아니다. 그것은 ① 민법상의 부양의무는 부양을 받을 자가 자기의 자력 또는 근로에 의하여 생활을 유지할 수 없는 경우에 이행할 책임이 있는 것으로(민법 제975조) 경제적 곤궁을 이유로 하는 것임에 반하여 형법상의 보호의무는 피부조자의 생명·신체에 대한 위험을 이유로 하는 것이고, ② 민법상의 부양의무이행의 순서가 바로 보호의무를 정하는 기준이 되는 것은 아니므로 부양의무자가 반드시 보호의무자로 될 수는 없기 때문이다. 즉 선순위부양의무자가 있는 경우에도 후순위부양의무자가 요부조자를 사실상 보호하고 있거나, 선순위부양의무자가 부양할 수 없는 때에는 후순위부양의무자가 보호의무자로 된다.

경범죄 처벌법 제3조 6호는 자기가 관리하고 있는 곳에 도움을 받아야 할 노인·어린이·장애인·다친 사람 등이 있음을 안 사람은 지체 없이 관계공무원에게 신고할 의무가 있는 것으로 규정하고 있으나, 이러한 신고의무만으로는 보호의무를 인정한 것이라 할 수 없다. 법률상의 보호의무에 관하여 부작위범에 관한 규정이 전면적으로 해당된다는 견해[2]도 있다. 그러나 법률상의 보호의무와 부작위범의 보증인의무의 발생근거가 반드시 일치한다고 보기는 어렵다.

10 계약상의 보호의무자는 그 계약이 유기자와 피유기자 사이에 체결된 것임을 요하지 않고, 유기자와 제3자 사이에 체결된 것이라도 좋다. 반드시 명시적 계약에 제한되지 아니하며 묵시적 계약도 포함한다. 따라서 간호사나 보모와 같이 사무의 성질상 당연히 보호의무를 포함하는 경우는 물론, 동거하는 피용자가 질병에 걸린 경우에도 사용자는 묵시적 계약에 의하여 보호의무를 부담하게 된다.[3]

---

1 대법원 2018. 5. 11. 2018도4018.

2 유기천 87면.

3 김종원 90면; 서일교 54면; 정영석 250면.

따라서 자신이 운영하는 주점에 손님으로 와서 수일간 계속 술을 마시고 만취한 피해자를 주점 내에 방치하여 저체온증으로 사망하게 한 경우에도 계약상의 보호의무가 인정된다(대법원 2011. 11. 24. 2011도12302).

(나) **보호의무의 근거** 형법은 보호의무를 법률상 또는 계약상의 의무에 제한하고 있다. 그러나 종래의 통설은 여기의 법률상 또는 계약상의 의무는 예시에 지나지 않는다고 하여 널리 사무관리 · 관습 또는 조리에 의하여도 보호의무가 발생한다고 해석하였다.[1] 이에 의하면 보호의무의 발생근거는 부진정부작위범의 보증인의무와 같게 된다. 그러나 ① 형법 제271조가 보호의무를 법률상 · 계약상의 의무에 제한하고 있음에도 불구하고 이를 사무관리 · 조리 또는 관습에까지 확대하는 것은 죄형법정주의의 원칙상 허용될 수 없다. 보호의무의 근거를 법률 · 계약뿐만 아니라 사무관리 · 관습 또는 조리에까지 확대하여 부작위범의 보증인 지위와 같이 해석하는 것은 보호의무의 근거를 제한하지 않고 단순히 보호할 의무 있는 자 또는 보호책임자라고만 규정하고 있는 독일 형법 제221조[2]나 일본 형법 제218조의 해석에 있어서는 가능한 이론이다. 결국 종래의 통설은 구법의 해석에 관한 이론을 무비판하게 형법의 해석에서도 유지한 것으로 형법 제271조의 규정과는 일치할 수 없다. ② 민법상의 사무관리는 법률상의 의무 없이 타인의 사무를 처리한 경우에 그들 사이의 재산상의 이해관계를 타당하게 규율하기 위한 제도이다. 재산관계를 규정하기 위한 민법규정이 생명 · 신체에 대한 위험범인 본죄에 있어서 보호의무의 근거가 된다고 하는 것은 형법해석의 사법이론에 대한 지나친 구속의 결과라고 하겠다. 뿐만 아니라 이 이론이 들고 있는 관습 또는 조리에 의한 보호의무도 묵시적 계약 또는 법률상의 보호의무에 속하는 것에 지 11

1 김종원 90면; 유기천 86면; 이정원 129면; 이형국 141면; 임웅 128면; 황산덕 194면.
통설은 ① 병자를 인수하여 동거한 자는 사무관리에 의한 보호의무가 있고, ② 법률상의 입양절차를 거치지 않고 유아를 양자로 받거나, 동거중인 피용자에게 질병이 발생한 때에는 관습에 의한 보호의무가 있고, ③ 통행인을 부상시킨 운전자는 부상자를 보호할 조리상의 보호의무가 있다고 한다. 그러나 단순히 동거하는 것만으로 보호의무가 있다고는 보기 어렵고, ②는 묵시적 계약에 의한 계약상의 보호의무를, ③은 도로교통법 제54조 1항에 의한 법률상의 보호의무를 인정한 경우이다.

2 독일 형법의 해석에 있어서는 본죄의 보호의무를 부진정부작위범의 보증인과 같은 의미로 해석하고 있다.
Hardtung MK §221 Rn. 15; Horn/Wolters SK §221 Rn. 6; Lackner/Kühl §221 Rn. 5; Maurach/Schroeder/Maiwald 4/11; Neumann NK §221 Rn. 26; Sch/Sch/Eser §221 Rn. 10; Tröndle/Fischer §221 Rn. 4; Wessels/Hettinger Rn. 202.

나지 않는다. 따라서 보호의무의 근거는 법률 또는 계약에 제한된다고 해석하는 다수설이 타당하다.[1] 대법원도 같은 태도를 취하고 있다.[2]

본죄는 생명 · 신체에 대한 위험범이다. 따라서 유기죄에 의하여 발생할 정도의 위험이 이미 다른 범죄에 의하여 발생한 때에는 그 범죄로 처벌될 뿐이고 이로 인하여 보호의무가 발생하는 것은 아니다.

대법원도 실신한 강간치상죄의 피해자를 현장에 방치한 것만으로는 본죄가 성립하지 않는다고 판시하였다(대법원 1980. 6. 24. 80도726).

12 **2) 행위의 객체** 본죄의 객체는 「나이가 많거나 어림, 질병 그 밖의 사정으로 도움이 필요한 사람」이다.

「도움이 필요한 사람」이란 다른 사람의 도움 없이 자기의 생명 · 신체에 대한 위험을 스스로 극복할 수 없는 사람을 말한다. 다른 사람의 도움 없이는 생계를 유지할 수 없는 극빈자, 즉 경제적 요도움자는 여기에 해당하지 않는다. 도움이 필요한 원인을 엄격하게 제한하는 입법례[3]도 있으나, 형법은 나이가 많거나 어림, 질병 이외에 그 밖의 사정이라는 일반조항을 두어 그 범위를 확대하고 있다.

나이의 많고 적음은 연령에 의하여 획일적으로 결정되는 것이 아니라 구체적 사정에 따라 정하지 않을 수 없다. 질병은 육체적 · 정신적 질환을 의미한다. 그 원인이나 치료기간의 장단은 불문한다. 따라서 병자뿐만 아니라 상해와 사고로 상처를 입은 부상자나 명정으로 인하여 의식을 잃은 자도 여기에 해당한다. 불구자나 최면술에 걸린 자도 질병에 해당한다는 견해[4]가 있으나, 이는 그 밖의 사정에 속한다고 하겠다. 그 밖의 사정으로 도움이 필요한 자로는 불구자 · 최면술에 걸린 자 이외에 분만중의 부녀를 들 수 있다. 그러나 단순히 임신중이라는

1 강구진 121면; 김성천/김형준 155면; 김일수/서보학 89면; 박상기 93면; 배종대 26/6; 백형구 96면; 신동운 635면; 오영근 91면; 이영란 109면; 정성근/박광민 116면; 정영일 41면.

2 대법원 1977. 1. 11. 76도3419, 「형법은 유기죄에 있어서 구법과는 달리 보호법익의 범위를 넓힌 반면에 보호책임 없는 자의 유기를 없애고 법률상 또는 계약상의 의무 있는 자만을 유기죄의 주체로 규정하고 있어 명문상 사회상규상의 보호책임을 관념할 수 없다고 하겠으니, 유기죄의 죄책을 인정하려면 보호책임이 있게 된 경위 · 사정 · 관계 등을 설시하여 구성요건이 요구하는 법률상 또는 계약상 보호의무를 밝혀야 하고, 설혹 동행자가 구조를 요하게 되었다 하여도 일정거리를 동행한 사실만으로서는 피고인에게 법률상 · 계약상의 보호의무가 있다고 할 수 없으니 유기죄의 주체가 될 수 없다.」

동지 : 대법원 2008. 2. 14. 2007도3952.

3 일본 형법(제217조~제218조)은 노년 · 유년, 신체장해 또는 질병에 제한하고 있다.

4 유기천 88면.

사실만으로는 도움이 필요한 자라고 할 수 없다. 도움이 필요한 원인이 계속적인가 일시적인가는 묻지 않는다. 요도움자가 이를 유책하게 야기하였느냐도 문제되지 않는다.

3) 행 위 본죄의 행위는 유기이다.

㈎ 유기의 의의 유기란 요도움자를 보호없는 상태에 둠으로써 그 생명·신체에 위험을 가져오는 행위를 말한다. 여기에는 요도움자를 보호받는 상태에서 적극적으로 보호없는 상태로 옮기는 협의의 유기(Aussetzen)와 요도움자를 종래의 상태에 두고 떠나거나 생존에 필요한 보호를 하지 않는[1] 광의의 유기(Verlassen)가 포함된다. 협의의 유기는 요도움자를 장소적으로 이전할 것을 요하지만, 광의의 유기는 이를 요건으로 하지 않는다. 협의의 유기인가 또는 광의의 유기인가를 불문하고 유기는 작위뿐만 아니라 부작위에 의하여도 할 수 있다. 광의의 유기는 장소적 격리를 요건으로 한다는 점에서 부작위에 의한 유기와 구별하는 견해[2]도 있다. 그러나 광의의 유기란 요도움자를 장소적으로 이전하지 않고 생명·신체에 위험을 초래하는 일체의 행위를 의미하며, 유기자와 요도움자 사이의 장소적 격리를 요건으로 하는 것은 아니다.[3] 보호의무자가 요도움자에게 돌아가지 않거나 그대로 있으면서 보호하지 않는 것도 또한 광의의 유기에 해당하기 때문이다. 즉 광의의 유기는 부작위에 의하여 범하여질 수 있으며 그것이 부작위에 의한 유기와 구별되는 것은 아니다. 13

한편 광의의 유기를 부작위에 의한 유기라고 해석하는 견해[4]도 있다. 그러나 광의의 유기가 작위뿐만 아니라 부작위에 의하여도 행하여진다고 하여 그것이 바로 부작위에 의한 유기라고 할 수는 없다.[5] 요도움자를 보호하고 있던 자가 그를 그대로 두고 그곳을 떠난 때에는 광의의 유기에 해당하지만 이는 어디까지나 작위에 의한 유기이기 때문이다.

본죄는 추상적 위험범이다. 따라서 본죄는 유기행위로 인하여 생명·신체에 14

1 대법원 1980. 9. 24. 79도1387, 「피고인이 믿는 종교인 여호와의 증인의 교리에 어긋난다는 이유로 최선의 치료방법인 수술을 거부함으로써 딸을 사망케 하였다면 유기치사죄를 구성한다.」

2 강구진 123면; 김종원 92면.

3 Horn/Wolters SK §221 Rn. 6; Maurach/Schroeder/Maiwald 4/9; Otto S. 52; Sch/Sch/Eser § 221 Rn. 6; Welzel S. 296; Wessels/Hettinger Rn. 202.

4 유기천 87면.

5 Bockelmann S. 72; Joecks §221 Rn. 8; Lackner/Kühl §221 Rn. 4; Sch/Sch/Eser §221 Rn. 6.

대한 추상적 위험만 발생하면 기수에 이르고, 구체적 위험이 발생할 것을 요하는 것은 아니다. 따라서 타인의 구조를 기대할 수 있거나, 타인의 구조가 없으면 스스로 구조할 의사로 근처에 머물고 있는 때에도 본죄는 성립한다.

15 (나) **유기의 방법** 유기의 방법은 묻지 않는다. 폭행 · 협박에 의하여 강제로 유기하거나 위계의 방법에 의한 경우도 포함되지만, 반드시 이러한 방법에 의할 것을 요하지 않는다. 단순히 요도움자가 위험에 빠지는 것을 버려두는 것으로도 족하다.

16 (2) **주관적 구성요건** 본죄가 성립하기 위한 주관적 구성요건으로 고의가 있어야 한다. 즉 자기가 보호의무자이며 요도움자를 유기한다는 인식과 의사가 있어야 한다.[1] 미필적 고의로도 족하다. 보호의무를 발생하게 하는 상황에 대한 인식은 고의의 내용이 된다. 그러나 보호의무의 내용과 범위에 대한 착오는 법률의 착오로서 형법 제16조에 의하여 해결하여야 한다. 행위자에게 살인의 고의(미필적 고의)가 있는 때에는 살인죄가 성립할 뿐이며, 본죄는 살인죄에 대하여 보충관계에 있다.

2. 존속유기죄

자기 또는 배우자의 직계존속에 대하여 제1항의 죄를 지은 경우에는 10년 이하의 징역 또는 1,500만원 이하의 벌금에 처한다(제271조 2항).

17 자기 또는 배우자의 직계존속을 유기함으로써 성립하는 범죄이다.

본죄의 주체는 보호의무 있는 직계비속이다. 유기죄에 대하여 신분으로 인하여 책임이 가중되는 가중적 구성요건이다. 배우자와 직계비속의 개념은 존속살해죄에 있어서와 같다.

3. 중유기죄 · 존속중유기죄

③ 제1항의 죄를 지어 사람의 생명에 위험을 발생하게 한 경우에는 7년 이하의 징역에 처한다.

④ 제2항의 죄를 지어 사람의 생명에 위험을 발생하게 한 경우에는 2년 이상의 유기징역에 처한다(제271조).

1 대법원 1972. 6. 27. 72도863; 대법원 1988. 8. 9. 86도225; 대법원 2008. 2. 14. 2007도3952.

본죄는 유기죄 또는 존속유기죄를 지어 사람의 생명에 위험을 발생하게 함으로써 성립하는 결과적 가중범이다. 여기서 사람의 생명에 발생한 위험이란 구체적 위험을 의미한다. 따라서 본죄는 구체적 위험범이다. 생명에 대한 구체적 위험을 과실로 발생하게 한 경우뿐만 아니라 이에 관하여 고의가 있는 때에도 본죄가 성립한다. 이러한 의미에서 본죄는 부진정결과적 가중범이라고 하겠다. 18

4. 유기치사상죄 · 존속유기치사상죄

① 제271조 또는 제273조의 죄를 범하여 사람을 상해에 이르게 한 때에는 7년 이하의 징역에 처한다. 사망에 이르게 한 때에는 3년 이상의 유기징역에 처한다.
② 자기 또는 배우자의 직계존속에 대하여 제271조 또는 제273조의 죄를 범하여 상해에 이르게 한 때에는 3년 이상의 유기징역에 처한다. 사망에 이르게 한 때에는 무기 또는 5년 이상의 징역에 처한다(제275조)

유기치사상죄는 유기죄 · 존속유기죄 · 학대죄 · 존속학대죄를 범하여 사람을 사상에 이르게 한 경우에 성립하는 결과적 가중범이다. 사상의 결과에 대하여 고의가 없지만 이를 예견할 수 있었을 것을 요한다. 결과에 대하여 고의가 있는 때에는 살인죄 또는 상해죄가 성립할 뿐이다. 20

존속유기치사상죄는 유기치사상죄에 대하여 신분관계로 책임이 가중되는 가중적 구성요건이다.

Ⅲ. 학대죄와 아동혹사죄

1. 학대죄 · 존속학대죄

① 자기의 보호 또는 감독을 받는 사람을 학대한 자는 2년 이하의 징역 또는 500만원 이하의 벌금에 처한다.
② 자기 또는 배우자의 직계존속에 대하여 전항의 죄를 범한 때에는 5년 이하의 징역 또는 700만원 이하의 벌금에 처한다(제273조).

(1) 의 의 본죄는 자기의 보호 또는 감독을 받는 자를 학대함으로써 성립하는 범죄이다. 사람의 생명 · 신체의 안전을 보호하는 범죄이며, 널리 인간의 인격권(人格權)을 보호법익으로 한다. 21

(2) 구성요건

22 1) 주 체 본죄의 주체는 타인을 보호 또는 감독하는 자이다. 보호 또는 감독의 근거에 대하여 제한이 없는 점에서 유기죄(제271조 1항)의 경우와 구별된다. 유기죄와의 균형상 법률 또는 계약에 의한 경우에 제한되어야 한다는 견해[1]도 있으나, 널리 사무관리 · 조리 또는 관습에 의한 경우도 포함한다고 해석하는 통설[2]이 타당하다.

23 2) 행위의 객체 행위의 객체는 보호 또는 감독을 받는 자이다. 다만 18세 미만의 아동에 대하여는 아동복지법의 적용이 있다.

24 3) 행 위 본죄의 행위는 학대하는 것이다. 학대의 개념에 대하여 통설은 육체적으로 고통을 가하는 행위뿐만 아니라 정신적으로 고통을 가하는 행위도 포함한다고 해석하고 있다.[3] 판례도 같은 태도이다.[4] 그러나 본죄의 보호법익이 인간의 인격권이라 할지라도 그것은 유기의 일종이라고 볼 수 있을 정도에 이르러야 한다. 따라서 여기의 학대는 생명 · 신체의 안전을 위태롭게 할 육체적 고통을 가하는 처우를 의미한다고 해야 한다.[5] 학대에 해당하는가는 보호 · 감독자와 보호 · 감독을 받는 자의 지위와 환경 등 구체적 사정을 검토하여 판단하여야 한다. 예컨대 일상생활에 필요한 음식 · 휴식 · 수면을 허용하지 않거나 폭행을 가하는 경우가 여기에 해당한다.[6]

25 (3) 존속학대죄 자기 또는 배우자의 직계존속을 학대한 때에는 그 형을 가중한다. 학대죄에 대하여 신분으로 인하여 책임이 가중되는 가중적 구성요건이다.

2. 아동혹사죄

자기의 보호 또는 감독을 받는 16세 미만의 자를 그 생명 또는 신체에 위험한 업무에 사용할 영업자 또는 그 종업자에게 인도한 자는 5년 이하의 징역에 처한다. 그 인도를 받은

1 강구진 126면.
2 김일수/서보학 92면; 김종원 94면; 박상기 98면; 배종대 29/1; 유기천 90면; 이영란 115면; 이형국 147면; 임웅 134면; 정성근/박광민 121면; 정영일 45면.
3 김일수/서보학 93면; 배종대 29/2; 유기천 90면; 이영란 116면; 임웅 135면; 정성근/박광민 122면; 정영석 250면; 정영일 45면; 황산덕 196면.
4 대법원 2000. 4. 25. 2000도223.
5 김종원 94면.
6 대법원 1969. 2. 4. 68도1793.

자도 같다(제274조).

본죄는 자기의 보호 또는 감독을 받는 16세 미만의 자를 그 생명 또는 신체 26
에 위험한 업무에 사용할 영업자 또는 종업자에게 인도하거나 인도받음으로써 성립한다. 아동의 복지권을 보호법익으로 하는 형식범이다.

본죄의 객체는 16세 미만의 자이다. 16세 미만의 자이면 누구나 여기에 해당하고 구체적인 발육상태는 묻지 않는다.

본죄의 행위는 생명 · 신체에 위험한 업무에 사용할 영업자 또는 그 종업자 27
에게 인도하거나 이를 인수하는 것이다. 단순히 인도계약을 체결한 것으로는 족하지 않고 현실적인 인도가 있을 것을 요한다. 그러나 인도 · 인수된 아동이 위험한 업무에 종사하였느냐는 본죄의 성립에 영향이 없다. 본죄에 있어서 위험한 업무의 범위에 대하여는 임산부와 18세 미만자를 도덕상 또는 보건상 유해 · 위험한 사업에 사용할 것을 금지한 근로기준법 제65조의 금지직종과의 관계에서 견해가 일치하지 않는다. 본죄의 객체는 16세 미만의 자이므로 근로기준법의 금지직종보다 그 범위가 확대되어야 한다는 견해[1]도 있지만, 본죄의 업무는 생명 · 신체에 위험한 업무여야 하고, 본죄의 형이 무거운 점에 비추어 근로기준법의 업무범위보다는 제한적으로 해석해야 한다고 생각된다.[2]

1 황산덕 196면.
2 강구진 127면; 서일교 58면.

제 2 장 자유에 대한 죄

자유는 헌법이 보장하는 기본적 인권의 하나이다. 따라서 형법은 자유에 대한 일정한 침해에 대하여 이를 보호하는 입장을 취하지 않을 수 없다. 자유에 대한 죄란 개인의 자유 그 자체를 보호하기 위한 범죄를 말한다. 물론 형법이 규정하고 있는 대부분의 범죄가 자유에 대한 죄로서의 성질을 가지고 있다고 할 수 있다. 그러나 자유에 대한 죄는 자유 자체를 보호하기 위한 범죄를 말하므로 강도죄(제333조)나 공갈죄(제350조)와 같이 다른 법익을 침해하기 위한 수단으로 자유를 침해하는 범죄는 여기에 포함되지 않는다. 형법이 규정하고 있는 자유에 대한 죄에는 협박의 죄(제30장)와 강요의 죄(제324조 내지 제324조의6, 제326조), 체포와 감금의 죄(제29장), 약취 · 유인 및 인신매매의 죄(제31장) 그리고 강간과 추행의 죄(제32장)가 있다. 협박과 강요의 죄는 일반적인 의사결정과 의사활동의 자유를 보호하기 위한 범죄이며, 체포와 감금의 죄와 약취 · 유인 및 인신매매의 죄는 사람의 장소선택의 자유를 보호하기 위한 범죄이고, 강간과 추행의 죄는 개인의 애정의 자유 내지 성적 자기결정의 자유를 보호하기 위한 범죄이다.

§7

제 1 절 협박의 죄

Ⅰ. 총 설

1. 의의와 본질

1 협박죄(脅迫罪, Bedrohung)는 사람을 협박함으로써 성립하는 범죄이다(제283조 1항). 개인의 자유로운 활동의 전제가 되는 정신적 의사의 자유, 즉 의사결정의 자유를 보호하는 범죄이다. 협박죄는 개인의 의사가 부당한 외부적 영향을 받아서는 안 된다는 상태를 보호하는 범죄로서 개인의 의사의 자유[1] 내지 의사결정

1 강구진 133면; 김종원 97면; 유기천 100면; 정영석 259면.

의 자유(Willensentschließungsfreiheit)를 보호법익으로 하는 범죄라는 점에서 의사결정의 자유뿐만 아니라 그 활동의 자유(Willensbetätigungsfreiheit)도 보호법익으로 하는 강요죄와 구별된다.

보호의 정도에 관하여 강요죄는 침해범이지만 협박죄는 위험범이라고 하는 2
견해[1]도 있다. 판례도 협박죄를 위험범이라고 해석하고 있다.[2] 독일의 통설이 협박죄를 추상적 위험범이라고 하는 것과 같은 태도이다.[3] 그러나 ① 독일 형법 제241조는 "중죄를 범할 것을 협박한 경우"에만 협박죄가 성립하도록 규정하고 있으므로, 그 보호법익은 개인의 법적 평온(individuelle Rechtsfrieden), 즉 법에 의하여 보장된 안전에 대한 개인의 신뢰라는 데 견해가 일치하고 있다. 개인의 법적 평온은 침해의 결과를 요구하기에 부적합한 법익이지만, 형법에서 협박죄의 보호법익인 개인의 의사의 자유는 침해의 결과를 요구할 수 있는 범죄이다. ② 미수범도 위험범에 해당한다. 따라서 미수범의 처벌규정을 두고 있는 범죄는 위험발생만으로 기수를 인정해야 할 경우를 제외하고는 원칙적으로 침해범이라고 해야 한다. 협박죄의 미수를 기수로 처벌해야 할 형사정책적 필요성이 인정되지도 않는다. 따라서 강요죄뿐만 아니라 협박죄도 의사의 자유가 침해되었음을 요하는 침해범이라고 해석하는 통설[4]이 타당하다.

2. 구성요건의 체계

협박의 죄는 협박죄(제283조 1항)를 기본적 구성요건으로 한다. 협박죄에 대한 가 3

1 정영석 260면.

2 대법원 2007. 9. 28. 2007도606 전원합의체판결, 「(1) 협박죄가 성립하려면 고지된 해악의 내용이 일반적으로 사람으로 하여금 공포심을 일으키게 하기에 충분한 것이어야 하지만, 상대방이 그에 의하여 현실적으로 공포심을 일으킬 것까지 요구하는 것은 아니며, 그와 같은 정도의 해악을 고지함으로써 상대방이 그 의미를 인식한 이상, 상대방이 현실적으로 공포심을 일으켰는지 여부와 관계없이 그로써 구성요건은 충족되어 협박죄의 기수에 이르는 것으로 해석하여야 한다.
(2) 결국, 협박죄는 사람의 의사결정의 자유를 보호법익으로 하는 위험범이라 봄이 상당하고, 협박죄의 미수범 처벌조항은 해악의 고지가 현실적으로 상대방에게 도달하지 아니한 경우나, 도달은 하였으나 상대방이 이를 지각하지 못하였거나 고지된 해악의 의미를 인식하지 못한 경우 등에 적용될 뿐이다.」

3 Gropp/Sinn MK §241 Rn. 2; Horn/Wolters SK §241 Rn. 2; Sch/Sch/Eser §241 Rn. 2; Toepel NK §241 Rn. 5; Träger/Schluckebier LK §241 Rn. 1; Tröndle/Fischer §241 Rn. 2.

4 강구진 134면; 김일수/서보학 96면; 김종원 100면; 박상기 103면; 서일교 67면; 손동권/김재윤 112면; 유기천 100면; 이영란 130면; 이정원 134면; 이형국 156면; 임웅 148면; 정성근/박광민 135면; 황산덕 203면.

중적 구성요건으로는 존속협박죄(동조 2항), 특수협박죄(제284조) 및 상습협박죄(제285조)가 있다. 존속협박죄는 신분관계로 인하여, 상습협박죄는 상습성 때문에 각 책임이 가중되는 가중적 구성요건이고, 특수협박죄는 행위실행의 방법 때문에 불법이 가중되는 경우이다. 협박죄의 미수범은 처벌한다(제286조).

외국원수에 대한 협박 또는 외국사절에 대한 협박은 각 형법 제107조와 제108조의 죄를 구성한다. 이는 협박의 죄와는 보호법익을 달리하는 독립된 구성요건이다.

Ⅱ. 협 박 죄

① 사람을 협박한 자는 3년 이하의 징역 또는 500만원 이하의 벌금, 구류 또는 과료에 처한다.
③ 제1항의 죄는 피해자의 명시한 의사에 반하여 공소를 제기할 수 없다(제283조).
미수범은 처벌한다(제286조).

(1) **객관적 구성요건** 본죄는 사람을 협박함으로써 성립한다.

4 1) **행위의 객체** 본죄의 객체는 사람이다. 사람이란 자연인인 타인을 의미하므로 법인은 본죄의 객체가 될 수 없다.

본죄는 침해범이므로 본죄의 객체인 사람은 해악의 고지에 의하여 공포심을 일으킬 만한 정신적 능력이 있음을 요한다.[1] 따라서 영아 · 명정자 · 정신병자 또는 수면자는 본죄의 객체가 되지 않는다.

2) **행 위** 본죄의 행위는 협박이다.

5 (가) **협박의 의의** 협박(Drohung)이란 해악을 고지하여 상대방에게 공포심을 일으키는 것을 말한다.

6 (a) **협박과 경고** 협박이라고 하기 위하여는 해악의 발생이 직접 · 간접적으로 행위자에 의하여 좌우될 수 있는 것이어야 한다. 이 점에서 협박은 경고와 구별된다. 단순히 자연발생적인 길흉화복이나 천재지변의 도래를 알리는 것은 경고(Warnung, warning)에 지나지 않으며, 협박이라고 할 수 없다. 그러나 해악이 현실적으로 발생할 가능성이 있거나, 행위자가 이를 실현할 의사가 있을 것은 요하지 않는다. 객관적으로 행위자가 해악을 실현할 의사가 있다는 인상을 주었고,

1 강구진 135면; 김일수/서보학 97면; 김종원 98면; 박상기 104면; 배종대 31/3; 손동권/김재윤 114면; 신동운 669면; 이영란 131면; 이형국 157면; 임웅 148면; 정성근/박광민 136면; 정영일 54면; 황산덕 202면.

상대방이 사실상 그러한 해악이 발생할 가능성이 있다고 인식하면 족하다.[1] 그러나 행위자에게 해악을 실현할 의사가 없음이 명백한 때에는 협박이라고 할 수 없다.[2] 해악은 행위자가 직접 가할 것을 요하지 않고 제3자에 의한 해악을 고지하는 것도 포함한다. 이 경우에 제3자는 허무인이라도 관계없다. 다만 행위자가 제3자에게 영향을 미칠 수 있음을 상대방에게 인식케 함을 요하며 또 그것으로 족하다. 행위자가 실제로 그러한 지위에 있었을 것을 요하지 않는다.

(b) **해악의 내용** 고지된 해악의 내용에는 제한이 없다. 반드시 생명·신 7
체·자유·명예·재산에 대한 해악에 제한되지 아니하고, 정조·업무·신용에 대한 일체의 해악을 포함한다. 상대방 본인에 대한 해악일 것을 요하지 않고 본인과 밀접한 관계에 있는 제3자에 대한 해악이라도 좋다.[3] 이때 제3자에는 자연인뿐만 아니라 법인도 포함된다.[4] 다만 본죄의 성질상 고지된 해악은 상대방에게 공포심을 줄 수 있는 정도의 해악, 즉 상당한 정도의 해악일 것을 요한다.[5] 따라서 협박죄가 성립하기 위하여는 적어도 발생가능한 것으로 생각될 수 있는 정도의 구체적인 해악의 고지가 있어야 한다.[6] 그러나 해악의 내용이 범죄가 되거나 불법할 것을 요하는 것은 아니다. 따라서 해고하거나 형사고소를 하거나 신문에 공개하는 것도 해악이 될 수 있다. 고지된 해악이 공포심을 일으킬 수 있는 정도의 것이냐는 상대방의 개인적 사정을 고려하여 중대한 가치의 침해 또는 상실이 있는가를 객관적으로 판단하여 결정해야 한다. 해악의 내용은 작위뿐만 아니라 부작위도 포함할 수 있다.

그러나 해악을 고지하여야 하므로 해악을 고지한 것이라고 볼 수 없는 단순한 욕설만으로는 협박에 해당하지 않는다.[7]

---

1 Gropp/Sinn MK §241 Rn. 4; Joecks §241 Rn. 8; Maurach/Schroeder/Maiwald 16/4; Sch/Sch/Eser §241 Rn. 4; Träger/Schluckebier LK §241 Rn. 6.

2 대법원 1972. 8. 29. 72도1565.

3 대법원 2012. 8. 17. 2011도10451.

4 대법원 2010. 7. 15. 2010도1017.

5 대법원 1991. 5. 10. 90도2102.

6 판례는 단순히 「앞으로 물건이 없어지면 네 책임이다」 또는 「피해자를 찾아서 해결하라」라고 한 것만으로는 구체적인 해악의 고지가 없기 때문에 협박에 해당하지 않는다고 한다(대법원 1995. 9. 29. 94도2187; 대법원 1998. 3. 10. 98도70).

7 대법원 1986. 7. 22. 86도1140은 피해자에게 「입을 찢어 버릴라」라고 한 것은 단순한 욕설에 지나지 않는다고 판시하였다.

8 (c) **해악고지의 방법** 해악을 고지하는 방법에는 제한이 없다. 언어에 의하든 문서에 의하든, 직접 고지하건 다른 사람을 내세워 간접적으로 고지하건, 명시적이건 묵시적이건 묻지 않는다. 거동이나 태도에 의한 해악의 고지도 가능하다.[1] 문서에 의하는 경우에는 허무인 명의로 하거나 익명이라도 관계 없다. 해악의 통고는 조건부로 하여도 좋다. 예컨대 어떤 직에 취임하면 살해하거나 재산상의 손해를 가하겠다고 통고하는 경우도 협박에 해당한다. 2인 이상이 공동하여 본죄를 범한 때에는 폭처법 제2조 2항, 성적 욕망 또는 수치심을 유발할 수 있는 촬영물·편집물·복제물을 이용하여 협박하면 성폭력처벌법 제14조의3 제1항이 적용된다.

9 (나) **형법상 협박의 개념** 형법상 협박의 개념도 폭행의 개념에 대응하여 다음과 같이 세 가지 의미로 나누는 것이 일반적인 견해[2]이다. ① **광의의 협박**은 사람에게 공포심을 일으킬 목적으로 상대방에게 해악을 고지하는 것을 말하며, 해악의 고지로 인하여 상대방에게 공포심이 일어났는가는 문제되지 않는다. 소요죄(제115조)·공무집행방해죄(제136조)·특수도주죄(제146조)의 협박이 여기에 해당한다. ② **최협의의 협박**은 상대방의 반항을 불가능하게 하거나, 현저히 곤란하게 할 정도의 해악을 고지하는 것이다. 강도죄(제333조)와 강간죄(제297조)의 협박이 여기에 해당한다. 다만 강도죄와 강간죄에서 요구하는 협박의 정도도 반드시 동일한 것은 아니다. 강도죄에 있어서는 상대방의 반항을 불가능하게 할 정도임을 요하지만, 강간죄에 있어서는 이를 곤란하게 할 정도면 족하기 때문이다. ③ **협의의 협박**은 상대방의 반항을 불가능하게 하거나 곤란하게 할 정도는 아니더라도 상대방이 현실로 공포감을 느낄 수 있을 정도의 해악의 고지가 있을 것을 요한다. 공갈죄(제350조)의 협박이 여기에 해당한다. 본죄의 협박도 이러한 의미에서의 협의의 협박이라고 할 수 있다.

10 (다) **기수시기** 본죄는 미수범을 처벌한다(제286조). 본죄를 위험범이라고 해석하는 견해는 상대방이 해악의 고지를 지각할 수 있는 상태에 이르면 본죄는 기수가 된다고 해석한다.[3] 그러나 본죄는 의사의 자유를 침해하여야 완성되는 침

1 대법원 1975. 10. 7. 74도2727.

2 강구진 134면; 권문택(공저) 149면; 김일수/서보학 97면; 김종원 98면; 박상기 102면; 배종대 31/4; 신동운 670면; 이영란 134면; 이형국 157면; 정성근/박광민 136면; 황산덕 203면.

3 정영석 261면.

해범이므로 해악의 고지로 상대방에게 공포심이 일어났을 때에 기수가 되며, 해악을 고지하였으나 전혀 공포심을 느끼지 아니한 때에는 본죄의 미수에 불과하다.[1] 해악을 통고하였으나 그것이 상대방에게 도달하지 아니한 때에도 본죄의 미수에 해당함은 물론이다.

(2) **주관적 구성요건** 본죄는 주관적 구성요건으로 고의를 필요로 한 11
다. 본죄의 고의는 상대방에게 해악을 고지하여 공포심을 일으킨다는 인식과 의사를 내용으로 한다. 고지된 해악이 상대방에게 도달하여 상대방이 그가 해악을 실현할 가능성이 있다고 믿는 것을 인식하는 것도 고의의 내용이 된다. 그러나 현실로 해악을 실현할 의사를 가질 것은 요하지 않는다.

(3) **위 법 성** 위법성조각사유가 있는 때에 본죄가 성립하지 않음은 당 12
연하다. 본죄에 관하여는 권리를 행사하기 위한 수단으로 협박을 한 경우에 본죄의 위법성이 조각될 수 있는가가 특히 문제된다. 목적과 수단의 관계(Zweck-Mittel-Relation)에 비추어 해악의 고지가 합법적인 권리의 행사로서 사회상규에 반하지 아니한 때에는 본죄가 성립하지 않지만,[2] 외견상 권리의 행사로 보이는 경우에도 그것이 실질적으로 권리의 남용이 되어 사회상규에 반하는 때에는 본죄가 성립한다고 해야 한다. 따라서 채무의 변제를 독촉하면서 사람의 생명 · 신체에 대한 위해를 고지한 때에는 본죄가 성립하게 되며, 친권자가 자에게 야구방망이로 때릴 듯한 태도를 취하면서 '죽여 버린다'고 말한 경우에도 협박죄가 성립한다.[3] 형사고소를 고지하여 협박을 하는 경우에 관하여도 종래의 통설은 고소의 의사가 있느냐를 기준으로 하여 고소할 의사가 없음에도 불구하고 상대방에게 공포심을 일으킬 목적으로 고소하겠다고 한 때에는 본죄가 성립한다고 해석하였다.[4] 그러나 고소권자인 이상 고소할 의사가 있느냐 없느냐는 본죄의 위법성

1 강구진 134면; 김일수/서보학 99면; 김종원 100면; 박상기 107면; 유기천 100면; 이영란 135면; 이형국 160면; 정성근/박광민 139면; 황산덕 204면.

2 피해자가 가해자에게 고소하여 구속시키겠다고 말한 경우가 대부분 여기에 해당한다. 대법원 1984. 6. 26. 84도648; 대법원 1998. 3. 10. 98도70.

3 대법원 2002. 2. 8. 2001도6468, 「친권자는 자를 보호하고 교양할 권리의무가 있고(민법 제913조), 그 자를 보호 또는 교양하기 위하여 필요한 징계를 할 수 있기는 하지만(민법 제915조) 인격의 건전한 육성을 위하여 필요한 범위 안에서 상당한 방법으로 행사되어야만 할 것인데, 스스로의 감정을 이기지 못하고 야구방망이로 때릴 듯이 피해자에게 "죽여 버린다"고 말하여 협박하는 것은 그 자체로 피해자의 인격 성장에 장해를 가져올 우려가 커서 이를 교양권의 행사라고 보기는 어렵다.」

4 강구진 137면; 권문택(공저) 151면; 김종원 101면; 유기천 101면; 정영석 263면.

판단의 기준이 되지 못하며, 고소권의 행사를 어떤 목적을 위하여 남용하였느냐에 따라서 판단하지 않으면 안 된다.[1] 즉 형사고소라는 수단과 협박에 의한 목적 사이에는 내적 연관이 있어야 하며, 이러한 연관이 단절된 때에는 본죄의 성립을 긍정해야 한다. 따라서 회사의 돈을 횡령한 여자경리사원에게 성교를 요구하면서 고소하겠다고 하는 경우에는 본죄가 성립하지만, 피해를 변상하지 않으면 고소하겠다고 협박한 때에는 본죄가 성립한다고 볼 수 없다.

노동쟁의에 의한 파업 · 태업 · 직장폐쇄 등은 노동자의 정당한 권리행사로서 비록 이로 인하여 상대방에게 공포심을 일으킨다 할지라도 위법성이 조각되어 본죄는 성립하지 않는다.

13 (4) **반의사불벌죄** 본죄는 피해자의 명시한 의사에 반하여 공소를 제기할 수 없는 반의사불벌죄이다(제283조 3항). 본죄는 타인의 의사의 자유를 보호법익으로 하는 범죄이므로 그 의사에 반해서까지 처벌해야 할 이유가 없다는 것을 근거로 한다. 구법에서는 본죄가 친고죄로 되어 있었으나 친고죄로 할 때에는 피해자가 후환이 두려워 고소하지 못하는 경우가 있다는 점을 고려하여 형법은 이를 반의사불벌죄로 규정하고 있는 것이다.

Ⅲ. 가중적 구성요건

1. 존속협박죄

② 자기 또는 배우자의 직계존속에 대하여 제1항의 죄를 범한 때에는 5년 이하의 징역 또는 700만원 이하의 벌금에 처한다.
③ 제2항의 죄는 피해자의 명시한 의사에 반하여 공소를 제기할 수 없다(제283조).
미수범은 처벌한다(제286조).

14 본죄는 자기 또는 배우자의 직계존속을 협박함으로써 성립한다. 협박죄에 대하여 신분관계로 인하여 책임이 가중되는 가중적 구성요건이다. 존속의 개념에 대하여는 존속살해죄, 협박에 대하여는 협박죄에 대한 이론이 그대로 적용된다. 본죄도 반의사불벌죄이다.

---

1 김일수/서보학 100면; 배종대 32/18; 이영란 136면; 정성근/박광민 140면; 황산덕 204면.

2. 특수협박죄

단체 또는 다중의 위력을 보이거나 위험한 물건을 휴대하여 제283조 제1항, 제2항의 죄를 범한 때에는 7년 이하의 징역 또는 1천만원 이하의 벌금에 처한다(제284조).
미수범은 처벌한다(제286조).

본죄는 단체 또는 다중의 위력을 보이거나 위험한 물건을 휴대하여 협박죄 또는 존속협박죄를 범함으로써 성립하는 범죄이다. 협박죄와 존속협박죄에 대하여 행위방법의 위험성 때문에 불법이 가중되는 가중적 구성요건이다. 단체 또는 다중의 위력을 보이거나 위험한 물건을 휴대한다는 의미는 특수폭행죄에 있어서와 같다. 15

3. 상습협박죄

상습으로 제283조 제1항, 제2항 또는 제284조의 죄를 범한 때에는 그 죄에 정한 형의 2분의 1까지 가중한다(제285조).
미수범은 처벌한다(제286조).

본죄는 상습으로 협박죄, 존속협박죄 또는 특수협박죄를 범함으로써 성립한다. 협박죄, 존속협박죄 또는 특수협박죄에 대하여 상습성 때문에 책임이 가중되는 가중적 구성요건이다. 16

제2절 체포와 감금의 죄 §8

Ⅰ. 총 설

1. 체포·감금죄의 의의

체포와 감금의 죄는 불법하게 사람을 체포 또는 감금하여 사람의 신체적 활동의 자유를 침해하는 것을 내용으로 하는 범죄이다. 즉 사람의 신체적 활동의 자유 특히 장소선택의 자유(Freiheit, ihren Aufenthaltsort zu bestimmen)를 보호법익으로 하는 범죄라고 할 수 있다. 여기서 장소선택의 자유란 거처변경에 대한 의 1

사활동의 자유를 말한다. 그러나 그것은 일정한 장소에 거주할 자유가 아니라 그곳에서 떠날 자유를 의미한다. 다시 말하면 일정한 장소에서 떠나지 못하게 할 때 본죄가 성립하며, 그곳에 들어오지 못하게 하는 것은 여기에 해당하지 않는다. 또한 이러한 자유는 현실적인 자유를 의미하는 것이 아니라 잠재적 자유를 뜻한다. 즉 피해자가 행위시에 현실로 이전하려고 했느냐가 문제되는 것이 아니라 이전하려고 했으면 할 수 있었는가가 기준이 된다. 이러한 의미에서 본죄의 보호법익은 사람의 잠재적 이전의 자유(potentielle persönliche Fortbewegungsfreiheit)라고 할 수 있다.[1] 이와 같이 체포와 감금의 죄는 사람의 이전의 자유, 즉 장소선택의 자유를 보호법익으로 한다는 점에서 의사결정의 자유와 일반적인 행동의 자유를 보호법익으로 하는 강요죄와 구별되며, 강요죄의 특수한 경우라고 하겠다.

2 체포와 감금의 죄가 자유에 대한 죄로서 형법상 독립하여 범죄로 처벌된 것은 오래된 일이 아니다. 로마법에서 신체의 자유에 대한 침해는 상해(injuria)가 되지 않는 한 처벌되지 않았고, 감금은 단순히 국가의 구금권에 대한 침해로서 처벌의 대상이 될 수 있을 뿐이었다. 18세기 말에 이르러 비로소 그것은 개인의 자유에 대한 죄로서 독립한 범죄로 취급받게 되었다. 즉 1787년의 조세핀 형법과 1794년의 프로이센 일반란트법에 의하여 형법은 개인의 신체적 자유를 보호하는 죄로서 체포와 감금의 죄라는 관념을 인정하게 되었다.

2. 구성요건의 체계

3 형법 제29장의 체포와 감금의 죄의 기본적 구성요건은 체포·감금죄(제276조 1항)이다. 체포·감금죄에 대한 가중적 구성요건으로는 존속체포·감금죄(동조 2항), 중체포·감금죄(제277조), 특수체포·감금죄(제278조), 상습체포·감금죄(제279조), 체포·감금치사상죄(제281조)가 있다.

존속체포·감금죄는 신분으로 인하여 책임이 가중되는 가중적 구성요건이고, 상습체포·감금죄는 상습성을 근거로 책임이 가중되는 구성요건이다. 이에 대하여 중체포·감금죄는 행위방법의 결합에 의하여, 특수체포·감금죄는 행위방법의 위험성 때문에, 체포·감금치사상죄는 결과적 가중범이기 때문에 각 불법

1 Hohmann/Sander 11/1; Horn/Wolters SK §239 Rn. 2a; Lackner/Kühl §239 Rn. 1; Maurach/Schroeder/Maiwald 14/2; Rengier II 22/1; Sch/Sch/Eser §239 Rn. 1; Träger/Schluckebier LK §239 Rn. 1; Tröndle/Fischer §239 Rn. 2; Wessels/Hettinger Rn. 370; Wieck-Noodt MK §239 Rn. 1.

이 가중되는 가중적 구성요건이다.

> 재판 · 검찰 · 경찰 기타 인신구속에 관한 직무를 행하는 자가 그 직권을 남용하여 체포 · 감금한 때에는 형법 제124조의 불법체포 · 감금죄에 해당한다.

Ⅱ. 체포 · 감금죄

> 사람을 체포 또는 감금한 자는 5년 이하의 징역 또는 700만원 이하의 벌금에 처한다(제276조 1항).
> 미수범은 처벌한다(제280조).
> 10년 이하의 자격정지를 병과할 수 있다(제282조).

(1) **의 의** 사람을 체포 또는 감금함으로써 성립하는 범죄이다. 제276조 1항은 체포와 감금의 죄의 기본적 구성요건이다. 2명 이상이 공동하여 본죄를 범한 때에는 폭처법 제2조 2항에 해당한다. 4

(2) **구성요건**

1) **행위의 객체** 본죄의 객체는 사람이다. 여기서 사람이 자연인인 타인을 의미한다는 데는 이론이 없다. 그러나 본죄의 객체가 되는 자연인이 행동의 자유를 가진 자에 한하는가에 대하여는 견해가 대립되고 있다. ① 본죄의 객체를 극단적으로 넓게 해석하는 견해는 모든 자연인이 본죄의 객체가 된다고 한다.[1] 이에 의하면 명정자 · 수면자 · 정신병자 및 불구자는 물론 생후 얼마 되지 아니한 유아도 본죄의 객체가 된다. 그러나 본죄의 보호법익이 이전의 자유인 이상 그러한 자유를 가질 수 없는 자도 본죄의 객체가 된다는 것은 타당하다고 할 수 없다. ② 한편 이를 가장 좁게 해석하는 견해는 현실적으로 행동의 의사가 없는 자는 모두 본죄의 객체가 아니라고 한다.[2] 이에 의하면 유아는 물론 정신병자 · 명정자 또는 수면자는 본죄의 객체에서 제외된다. 그러나 이 견해는 본죄의 보호법익이 현실적 이전의 자유가 아니라 잠재적 이전의 자유임을 경시한 것이라고 하겠다. ③ 따라서 자연적 · 잠재적 의미에서 행동의 의사를 가질 수 있는 자연인은 모두 본죄의 객체가 된다고 하는 통설[3]이 타당하다고 하지 않을 수 없다. 그러므로 정 5

1 Schäfer LK[10] §239 Rn. 13f; Schmidhäuser S. 41; Wieck-Noodt MK §239 Rn. 13.
2 Joecks §239 Rn. 10; Sch/Sch/Eser §239 Rn. 3; Tröndle/Fischer §239 Rn. 5.
3 강구진 147면; 김종원 108면; 박상기 125면; 배종대 **37**/4; 백형구 285면; 손동권/김재윤 121면;

신병자[1]·명정자·수면자·불구자는 본죄의 객체가 되지만 이전의 자유를 가지지 못하는 유아에 대하여는 본죄가 성립할 수 없다고 해야 한다.

2) 행 위 체포 또는 감금이다.

6 (가) 체 포 체포(Festnahme, arrest)란 사람의 신체에 대하여 직접적·현실적인 구속을 가하여 행동의 자유를 빼앗는 것을 말한다. 그 수단이나 방법은 묻지 아니한다. 손발을 묶거나 몸을 잡는 것과 같은 유형적 방법에 의하는 것이 보통이나, 경찰관을 사칭하거나 협박에 의하여 무형적 방법으로 행하는 것도 포함한다. 작위뿐만 아니라 부작위에 의하여도 가능하며, 스스로 체포할 것을 요하지 않고 간접정범에 의해서도 이를 행할 수 있다.[2] 여기서 자유를 빼앗는가의 여부는 전체적으로 판단하여야 하므로 부분적으로는 자유롭게 행동하여도 전체적으로 보아 자유가 없다고 인정되는 때에는 체포에 해당하게 된다. 예컨대 긴 밧줄로 사람을 묶어서 한쪽 끝을 잡고 있는 경우가 그것이다.[3] 그러나 체포라고 하기 위하여는 신체에 대하여 현실적인 구속이 있을 것을 요하므로, 예컨대 일정한 장소에 출석하지 아니하면 구속하겠다고 협박하여 출석하게 하는 것은 강요죄에 해당할 뿐이며 체포라고 할 수 없다.

7 (나) 감 금 감금(Einsperrung)이란 사람을 일정한 장소 밖으로 나가지 못하게 하여 신체적 활동의 자유를 장소적으로 제한하는 것을 말한다. 장소적 제한이 있는 점에서 체포와 구별된다. 감금의 수단 또는 방법을 묻지 않는다. 문을 잠그거나 감시인 또는 개로 하여금 지키게 하여 출입구를 봉쇄하는 것이 보통이나,[4] 여기에 제한되지 아니한다. 폭력을 사용하거나 묶거나 마취시키는 것과 같은 유형적 방법에 의하든, 협박 또는 기망과 같은 무형적 방법에 의하든 묻지 않는다.[5] 따라서 그 장소에 시정장치 등 출입에 물리적인 장애사유가 있어야 하는 것은 아니다.[6] 밖으로 나가지 못하게 한다는 것은 탈출이 절대적으로 불가능할 것을 요하지 아니하며, 그것이 곤란한 경우도 포함된다. 따라서 사실상 탈출할

유기천 94면; 이영란 122면; 이형국 178면; 임웅 141면; 정성근/박광민 126면; 정영석 264면; 황산덕 199면.

1 대법원 2002. 10. 11. 2002도4315.
2 朝高判 1915. 1. 28.
3 유기천 95면.
4 대법원 1983. 9. 13. 80도277.
5 대법원 1984. 5. 15. 84도655; 대법원 1985. 10. 8. 84도2424; 대법원 1991. 12. 30. 91모5.
6 대법원 1985. 6. 25. 84도2083.

수는 있었다고 할지라도 피해자가 출구를 모르거나 인식하기 어려운 상태에 있었다면 감금에 해당한다. 피해자가 출구를 알고 있었던 경우에도 예컨대 아파트의 창문을 통하여 뛰어내리거나 질주하는 차에서 내리는 것같이[1] 탈출하는 때에는 생명 또는 신체에 대한 위험이 뒤따르는 경우는 물론, 수치심 때문에 밖으로 나가지 못하게 한 때에도 감금이라고 하지 않을 수 없다. 예컨대 목욕하고 있는 부녀의 옷을 가져가서 나가지 못하게 하는 것이 그것이다.[2] 감금된 구역의 범위 안에서 일정한 생활의 자유가 허용되어 있었다 하더라도 감금죄의 성립에는 아무런 지장이 없다.[3]

감금은 작위에 한하지 아니한다. 피해자가 방안에 있는 줄 모르고 문을 잠근 8
후 그 사실을 알고도 문을 열어주지 아니하거나, 불법하게 구속되어 있는 자를 석방해야 할 사람이 그대로 있는 때에는 부작위에 의한 감금죄가 성립한다. 감금은 자수로 실행할 것을 요하지 않으며, 따라서 간접정범에 의한 감금도 가능하다. 수사기관에 허위의 사실을 신고하여 구속되게 하는 경우가 여기에 해당한다.[4]

다만 당사자의 주장이나 입증에 엄격히 구속되지 아니하는 형사소송에 있어서 실체진실의 발견의무를 지고 있는 법원은 자기책임에 의하여 진실인가를 심리해야 하므로 법치주의적 소송이 보장된 이상 법원이 고소인 또는 고발인의 도구가 될 수는 없다는 이유로 이러한 경우에 간접정범의 성립을 부정하는 견해[5]도 있다.

㈐ **기수시기** 본죄는 미수범을 처벌한다. 언제 체포·감금이 기수에 이 9
르는가에 대하여는 견해가 대립되고 있다. 체포·감금의 죄는 사람의 행동의 자유를 보호하기 위한 것이므로 행동의 자유가 침해된 때, 즉 피해자의 의식이 침해된

1 대법원 1983. 4. 26. 83도323, 「피고인이 피해자가 자동차에서 내릴 수 없는 상태에 있음을 이용하여 강간하려고 결의하고, 주행중인 자동차에서 탈출불가능하게 하여 외포케 하고 50킬로미터를 운행하여 여관 앞까지 강제연행한 후 강간하려다 미수에 그친 경우 위 협박은 감금죄의 실행의 착수임과 동시에 강간미수죄의 실행의 착수라고 할 것이다.」
동지: 대법원 1984. 8. 21. 84도1550.

2 Bockelmann S. 88; Horn/Wolters LK §239 Rn. 5; Schmidhäuser S. 41; Sch/Sch/Eser §239 Rn. 6.
Träger/Schluckebier LK §239 Rn. 16은 이 경우가 감금에 해당하는가는 구체적인 경우에 따라 판단해야 한다고 한다.

3 대법원 1994. 3. 16. 94모2; 대법원 1997. 6. 13. 97도877; 대법원 2000. 3. 24. 2000도102; 대법원 2011. 9. 29. 2010도5962.

4 BGHSt. 3, 4; BGHSt. 10, 307.

5 Otto S. 140.

때에 비로소 기수로 된다는 견해[1]도 있다. 이에 의하면 명정자 · 수면자는 본죄의 객체가 될 수는 있지만 그 의식이 회복되어 행동의 자유가 침해되지 아니하면 기수가 될 수 없다고 한다. 그러나 본죄의 보호법익인 이전의 자유는 현실적 자유가 아니라 잠재적 자유임에도 불구하고 피해자의 의식이 침해되어야 본죄가 완성된다고 하는 것은 타당하다고 할 수 없다. 본죄는 객관적으로 피해자의 잠재적인 행동의 자유를 침해한 사실이 있으면 기수가 되며, 피해자가 현실로 자유박탈에 대한 인식을 하였는가는 본죄의 성립에 영향이 없다고 해석하는 것이 타당하다.[2]

따라서 연구에 몰두하여 외출의사가 없는 학자의 연구실을 시정하였다가 그가 모르는 사이에 문을 열어준 때에도 본죄는 기수에 이르렀다고 해야 한다. 그러므로 본죄의 미수범은 체포 · 감금 자체가 완성되지 아니한 때를 의미한다.

10 체포와 감금은 그 성질상 어느 정도의 시간적 계속성을 요건으로 한다. 단순히 수초 동안 다른 사람을 잡고 있는 것만으로는 체포라고 할 수 없다. 그러나 이러한 범위를 넘는 이상 그것이 얼마 동안 계속되었느냐는 본죄의 성립에 영향이 없다.[3] 일시적인 자유박탈의 경우 본죄의 미수가 된다는 견해[4]와 폭행죄의 성립은 별론으로 하고 본죄가 성립할 여지는 없다는 견해[5]가 대립한다. 체포 · 감금의 의사로 폭행하였으나 신체활동의 자유를 구속하였다고 인정할 수 없을 정도로 일시적인 것에 그친 경우 본죄의 미수가 된다고 보아야 한다.[6]

11 (3) **위 법 성** 불법한 체포 · 감금이 본죄에 해당하는 것은 당연하다. 검사 또는 사법경찰관의 영장에 의한 구속, 현행범인의 체포, 친권자의 징계행위, 경찰관의 주취자보호조치 또는 치료를 위한 정신병자의 감금[7] 등은 모두 형법 제20조에 의하여 위법성이 조각되는 경우이다.

피해자의 승낙이 위법성을 조각한다는 견해[8]도 있다. 그러나 체포 · 감금은 피해자의

1 강구진 151면; 김일수/서보학 112면; 김종원 108면; 백형구 287면; 유기천 94면; 이정원 176면.
2 권문택(공저) 137면; 박상기 126면; 서일교 61면; 손동권/김재윤 123면; 이형국 182면; 정성근/박광민 127면; 정영일 51면; 황산덕 199면.
Lackner/Kühl §239 Rn. 2; Maurach/Schroeder/Maiwald 14/11; Sch/Sch/Eser §239 Rn. 11.
3 Bockelmann S. 87; Maurach/Schroeder/Maiwald 14/11; Sch/Sch/Eser §239 Rn. 11.
4 강구진 150면; 김종원 110면; 박상기 126면; 임웅 142면; 정성근/박광민 129면.
5 서일교 61면; 이건호 460면; 황산덕 200면.
6 대법원 2018. 2. 28. 2017도21249; 대법원 2020. 3. 27. 2016도18713.
7 대법원 1980. 2. 12. 79도1349.
8 강구진 151면; 김종원 110면; 백형구 288면; 유기천 94면.

동의가 없는 것을 그 요건으로 한다고 할 것이므로 이에 대한 피해자의 동의는 구성요건해당성을 조각하는 양해라고 해야 한다.[1]

(4) 죄 수 본죄는 계속범이다. 따라서 피해자를 체포·감금함으로 12
써 본죄는 기수에 이르지만 자유가 회복되어야 본죄는 종료한다. 사람을 체포한 자가 감금까지 한 때에는 포괄하여 하나의 감금죄가 성립될 뿐이다. 체포와 감금은 같은 성질의 범죄로서 그 방법만을 달리하는 것이기 때문이다. 체포·감금의 수단으로 폭행 또는 협박한 때에는 본죄만 성립하며 폭행죄 또는 협박죄를 별도로 구성하지 않는다.[2] 그러나 감금중에 행한 폭행·협박이 감금상태를 유지하기 위한 것이 아닌 때에는 본죄와 경합범의 관계에 있다고 해야 한다. 감금중에 범한 강간·강도·상해·살인의 죄도 같다. 판례는 감금이 동시에 강간의 수단이 된 때에는 양 죄가 상상적 경합이 된다고 한다.[3] 그러나 감금행위가 단순히 강도상해 범행의 수단이 되는 데 그치지 아니하고 강도상해의 범행이 끝난 뒤에도 계속된 경우에는 감금죄와 강도상해죄는 경합범 관계에 있게 된다.[4]

Ⅲ. 가중적 구성요건

1. 존속체포·감금죄

자기 또는 배우자의 직계존속에 대하여 제1항의 죄를 범한 때에는 10년 이하의 징역 또는 1,500만원 이하의 벌금에 처한다(제276조 2항).
미수범은 처벌한다(제280조).
10년 이하의 자격정지를 병과할 수 있다(제282조).

자기 또는 배우자의 직계존속을 체포·감금함으로써 성립하는 범죄이다. 체 13
포·감금죄에 대하여 신분관계로 인하여 책임이 가중되는 가중적 구성요건이다.

---

1 Hohmann/Sander 11/14; Horn/Wolters SK §239 Rn. 9; Lackner/Kühl §239 Rn. 5; Sch/Sch/Eser §239 Rn. 8; Tröndle/Fischer §239 Rn. 12; Wessels/Hettinger Rn. 374.

2 대법원 1982. 6. 22. 82도705.

3 대법원 1983. 4. 26. 83도323; 대법원 1984. 8. 21. 84도1550.

4 대법원 2003. 1. 10. 2002도4380.

2. 중체포 · 감금죄, 존속중체포 · 감금죄

① 사람을 체포 또는 감금하여 가혹한 행위를 가한 자는 7년 이하의 징역에 처한다.
② 자기 또는 배우자의 직계존속에 대하여 전항의 죄를 범한 때에는 2년 이상의 유기징역에 처한다(제277조).
미수범은 처벌한다(제280조).
10년 이하의 자격정지를 병과할 수 있다(제282조).

14 사람(또는 존속)을 체포 · 감금하여 가혹한 행위를 함으로써 성립하는 범죄이다. 가혹한 행위란 사람에게 육체적 · 정신적으로 고통을 주는 일체의 행위를 말한다.

예컨대 폭행 또는 협박을 가하거나, 일상생활에 필요한 의식주를 제공하지 아니하거나, 수면을 허용하지 않거나, 여자를 발가벗겨 수치심을 일으키게 하는 것 등이 여기에 해당한다. 그러나 감금의 수단이 된 폭행 또는 협박만으로는 가혹한 행위라고 할 수 없다.

본죄는 처음부터 체포 · 감금하여 가혹한 행위를 하려는 범의를 가진 때뿐만 아니라 체포 · 감금한 후에 가혹한 행위를 할 의사가 생긴 경우에도 성립한다.

15 본죄의 미수범은 처벌된다. 본죄의 미수는 ① 체포 · 감금하여 가혹한 행위를 하려고 하였으나 체포 · 감금하지 못한 경우, ② 체포 · 감금은 하였지만 가혹한 행위를 하지 못한 경우 또는 ③ 가혹한 행위가 미수에 그친 경우를 포함한다.

3. 특수체포 · 감금죄

단체 또는 다중의 위력을 보이거나 위험한 물건을 휴대하여 전2조의 죄(체포 · 감금죄, 존속체포 · 감금죄, 중체포 · 감금죄, 존속중체포 · 감금죄)를 범한 때에는 그 죄에 정한 형의 2분의 1까지 가중한다(제278조).
미수범은 처벌한다(제280조).
10년 이하의 자격정지를 병과할 수 있다(제282조).

16 본죄는 단체 또는 다중의 위력을 보이거나 위험한 물건을 휴대하여 체포 · 감금죄, 존속체포 · 감금죄, 중체포 · 감금죄, 존속중체포 · 감금죄를 범함으로써 성립한다. 체포 · 감금의 죄에 대한 행위방법을 이유로 한 가중적 구성요건이다.

단체 또는 다중의 위력과 위험한 물건을 휴대한다는 의미는 특수폭행죄에서 살펴본 바와 같다.

4. 상습체포 · 감금죄

상습으로 제276조(체포 · 감금죄, 존속체포 · 감금죄) 또는 제277조의 죄(중체포 · 감금죄, 존속중체포 · 감금죄)를 범한 때에는 전조의 예에 의한다(제279조).
미수범은 처벌한다(제280조).
10년 이하의 자격정지를 병과할 수 있다(제282조).

상습으로 체포 · 감금죄, 존속체포 · 감금죄, 중체포 · 감금죄, 존속중체포 · 감금죄를 범함으로써 성립하는 범죄이다. 17

5. 체포 · 감금치사상죄, 존속체포 · 감금치사상죄

① 제276조 내지 제280조의 죄를 범하여 사람을 상해에 이르게 한 때에는 1년 이상의 유기징역에 처한다. 사망에 이르게 한 때에는 3년 이상의 유기징역에 처한다.
② 자기 또는 배우자의 직계존속에 대하여 제276조 내지 제280조의 죄를 범하여 상해에 이르게 한 때에는 2년 이상의 유기징역에 처한다. 사망에 이르게 한 때에는 무기 또는 5년 이상의 징역에 처한다(제281조).
10년 이하의 자격정지를 병과할 수 있다(제282조).

체포와 감금의 죄(체포 · 감금죄, 존속체포 · 감금죄, 중체포 · 감금죄, 존속중체포 · 18
감금죄, 특수체포 · 감금죄, 상습체포 · 감금죄)를 범하여 사람을 사상에 이르게 함으로써 성립하는 결과적 가중범이다. 따라서 본죄는 결과적 가중범의 일반원리에 따라 해석하지 않으면 안 된다. 사상의 결과는 체포와 감금에 의하여 발생하여야 하며, 체포와 감금의 죄가 미수에 그친 경우에도 본죄가 성립한다는 데는 의문이 없다. 문제는 중체포 · 감금죄와 존속중체포 · 감금죄의 경우에 가혹한 행위에 의하여 사상의 결과가 발생한 때에도 본죄가 적용될 것이냐에 있다. 사상의 결과는 체포 · 감금의 결과여야 하므로 가혹한 행위로 사상의 결과가 발생하였을 경우에는 체포 · 감금죄와 상해치사죄의 경합범이 된다는 견해[1]도 있다. 그러나 본죄는 중체포 · 감금치사상도 포함하므로 이 때에도 본죄가 성립한다고 해석하는 것이 타당하다.[2] 즉 사상의 결과는 반드시 체포 · 감금의 직접적 결과일 것을 요하는

1 황산덕 201면.
2 강구진 154면; 김종원 114면.

것이 아니라 체포·감금시에 일어난 것이면 족하다.[1]

따라서 승용차에 피해자를 태우고 질주하던 중 피해자가 차량을 빠져나오다 떨어져 사망한 경우(대법원 2000. 2. 11. 99도5286)는 물론, 피해자의 손과 발을 묶어 좁은 차량 속에 움직이지 못하게 감금한 결과 묶인 부위의 혈액순환 장애로 인하여 형성된 혈전이 폐동맥을 막아 사망에 이르게 한 경우(대법원 2002. 10. 11. 2002도4315)에도 감금치사죄가 성립한다.

19 사상의 결과에 대하여 고의가 있는 때에는 본죄가 성립하지 아니한다. 체포·감금이 살인의 수단이 된 때에는 살인죄만 성립한다는 견해[2]도 있으나, 체포·감금죄와 살인죄의 경합범이 된다고 생각된다. 감금행위 도중에 살인의 고의가 생긴 경우에도 감금죄와 살인죄의 경합범이 된다. 이러한 경우에 중체포·감금죄와 살인죄의 상상적 경합이 된다는 견해[3]도 있으나, 살해나 상해는 가혹한 행위의 범위를 넘는다고 해야 한다.

20 존속체포·감금치사상죄는 신분관계로 인하여 책임이 가중되는 가중적 구성요건이다.

§9 제3절 약취·유인 및 인신매매의 죄

Ⅰ. 총 설

1. 약취·유인 및 인신매매의 죄의 의의

1 약취·유인 및 인신매매의 죄(Entführung, Menschenhandel)는 사람을 약취·유인 또는 매매하여 자기 또는 제3자의 실력적 지배하에 둠으로써 개인의 자유를 침해하는 것을 내용으로 하는 범죄이다. 약취·유인 및 인신매매의 죄는 사람의 자유 가운데 신체적 활동의 자유, 특히 장소선택의 자유를 보호하는 범죄라는 점에서 체포·감금죄와 그 성질을 같이한다. 다만 체포·감금죄에 있어서는 장소선택의 자유의 범위가 일정한 장소에 한정되어 있음에 반하여, 약취·유인 및 인

1 Bockelmann S. 90; Sch/Sch/Eser §239 Rn. 12; Tröndle/Fischer §239 Rn. 16; Wessels/Hettinger Rn. 377; Wieck-Noodt MK §239 Rn. 42.

2 황산덕 201면.

3 김종원 114면.

신매매의 죄는 이러한 장소적 제한을 필요로 하지 않는다는 점에 양 죄의 차이가 있다.

약취 · 유인 및 인신매매의 죄는 모두 개인의 자유를 보호하는 범죄라는 점에서 공통점을 가지고 있지만 엄격히 볼 때에는 그 죄질이 반드시 동일한 것은 아니다. 그것은 약취 · 유인 및 인신매매의 죄가 가지고 있는 복잡한 연혁에 기인한다. 2

로마법에서 약취 · 유인죄라고 볼 수 있는 지배권약탈(plagium)은 노예를 소유하는 주인이나 유아에 대한 부친의 지배권을 침해하는 것을 내용으로 하는 범죄였다. 1794년의 프로이센 일반란트법은 약취와 유인의 죄를 비로소 자유에 대한 죄로 규정하기 시작하였으며, 동법은 유아를 부모로부터 빼앗거나 사람을 약취 · 유인하는 경우뿐만 아니라 결혼이나 간음을 위하여 부녀를 유인하는 것도 별도로 처벌하였다(제1083조 내지 제1104조). 한편 근대에 이르러 인도주의의 영향으로 노예와 부녀의 인신매매를 금지해야 한다는 국제적인 노력의 결과로 여러 국제협정이 체결되자,[1] 노예매매(Menschenraub)와 부녀매매(Menschenhandel, Mädchenhandel)의 금지도 본죄에 포함되기에 이른 것이다. 약취 · 유인 및 인신매매의 죄 가운데 노예매매죄는 순수히 개인의 자유를 보호하기 위한 범죄라 하더라도 미성년자 약취 · 유인죄는 보호자의 감독권을 보호하기 위한 범죄, 부녀매매나 부녀유인죄는 부녀의 성적 자기결정의 자유를 보호하기 위한 범죄로 형성된 것이라 할 수 있다.

약취 · 유인 및 인신매매의 죄는 2013. 4. 5. 시행된 형법 일부개정법률에 의하여 대폭 개정되었다. 우리나라가 국제연합의 인신매매, 특히 부녀매매와 아동매매의 방지와 처벌을 위한 「인신매매방지 의정서」에 서명한 데 따라, 국제조직범죄에 대한 효율적인 투쟁과 처벌을 가능하게 하기 위한 이행입법이라고 할 수 있다.[2] 개정의 주된 내용은 종래의 약취와 유인의 죄에 인신매매죄를 신설하여 그 장명을 약취 · 유인 및 인신매매의 죄로 고치고, 약취 · 유인 및 인신매매의 목적으로 종래의 추행 · 간음 · 결혼 · 영리 및 국외이송 목적 이외에 노동력 착취 · 성매매와 성적 착취 · 장기적출의 목적을 추가하고, 결합범 및 결과적 가중범으로 약취 · 유인 · 매매 및 이송 등 상해 · 치상죄(제290조)와 동 살인 · 치사죄(제291조)를 신설 3

1 이러한 국제협정의 예로는 노예매매의 금지에 대한 1885년의 베를린국제회의의 결의, 1890년의 브뤼셀국제회의의 결의, 1910년의 파리의 소녀매매금지의 국제협정, 1921년의 부녀와 소녀매매금지에 관한 제네바국제협정, 1933년의 성년부녀매매금지를 위한 국제협약 및 1949년의 UN의 인신매매와 매춘으로부터의 착취금지에 대한 조약을 들 수 있다.

2 Sch/Sch/Eisele §232 Rn. 2.

하면서, 상습범 가중규정과 친고죄에 관한 규정을 삭제했다는 점에 있다.

약취·유인 및 인신매매의 죄에 대하여는 세계주의가 적용된다(제296조의2). 따라서 외국인이 외국에서 본장의 죄를 범한 경우에도 형법이 적용된다.

2. 보호법익

4 형법 제31장의 약취·유인 및 인신매매의 죄의 보호법익이 개인의 자유라는 점에는 의문이 없다. 그러나 이 가운데 특히 미성년자에 대한 약취·유인죄의 보호법익이 무엇인가에 대하여는 견해가 대립되고 있다. 미성년자에 대한 약취·유인죄에 있어서는 ① 피인취자 본인의 자유권만 그 보호법익이 된다는 견해,[1] ② 보호자의 감독권이 보호법익이라는 견해가 있으나, ③ 통설은 피인취자(미성년자)의 자유권이 주된 보호법익이지만 보호자의 감독권도 또한 부차적인 보호법익이 된다고 해석하고 있다.[2]

생각건대 ① 피인취자가 미성년자인 때에는 보호자의 감독권도 보호할 필요가 있고, ② 법정대리인이 아닌 보호자에게도 고소권을 인정할 필요가 있다는 점에서 피인취자 본인의 자유권만 보호법익이 된다는 견해는 타당하다고 할 수 없다. 한편 미성년자 약취·유인죄의 보호법익을 미성년자의 자유권이 아니라 보호자의 감독권 또는 교육권(Erziehungsrecht)이라고 하는 것은 종래 독일의 통설이 취하였던 견해이다.[3] 그러나 인적 보호관계를 구성요건으로 직접 규정하고 있는 독일 형법과 달리 형법은 단순히 미성년자를 약취·유인하면 동죄가 성립하는 것

1 정영석 264면.

2 강구진 156면; 김일수/서보학 117면; 김종원 114면; 박상기 131면; 배종대 41/2; 손동권/김재윤 133면; 오영근 114면; 유기천 109면; 이영란 148면; 이정원 185면; 이형국 191면; 임웅 167면; 정성근/박광민 152면; 정영일 64면; 황산덕 206면.

3 종래의 독일 형법 제235조는 「18세 미만의 사람을 위계·협박 또는 폭행으로 그의 부모·후견인 또는 보호자로부터 인취한 자는 5년 이하의 자유형 또는 벌금에 처한다」고 규정하고 있었다. 그러나 이 규정은 1998년의 개정을 통하여 「(1) 18세 미만의 사람을 폭행·협박 또는 위계에 의하여, 친권자가 아니면서 아동을 부모·친권자·후견인 또는 보호자로부터 데려간 자는 5년 이하의 자유형 또는 벌금에 처한다. (2) 아동을 국외에 이송할 목적으로 부모·친권자·후견인 또는 보호자로부터 데려간 자도 같다」로 개정되었다.

이에 의하여 독일 형법의 미성년자 약취·유인죄의 보호법익도 부모의 가족법상의 보호권(Sorgerecht)뿐만 아니라 미성년자 본인의 자유권 내지 그의 육체적·정신적 발전도 포함된다고 해석하게 되었다. Fischer §235 Rn. 2; Gribbohm LK §235 Rn. 1; Horn/Wolters SK §235 Rn. 2; Lackner/Kühl §235 Rn. 1; Sch/Sch/Eser/Eisele §235 Rn. 1; Sonnen NK §235 Rn. 5; Wessels/Hettinger Rn. 438; Wieck-Noodt MK §235 Rn. 8.

으로 규정하고 있기 때문에 미성년자에 대한 약취·유인죄의 주된 보호법익은 어디까지나 미성년자의 자유권이라고 해야 한다. 이러한 의미에서 본죄의 보호법익은 피인취자의 자유권이지만 피인취자가 미성년자인 때에는 보호자의 감독권도 포함된다는 통설이 타당하다. 따라서 미성년자가 유인에 의하여 스스로 가출한 경우에 미성년자의 동의가 있지만 그 동의가 하자 있는 의사에 의하여 이루어진 경우는 물론,[1] 진의에 의한 동의가 있더라도 보호자의 동의가 없는 경우에는 본죄의 성립에 영향이 없다.[2]

약취·유인 및 인신매매의 죄의 보호법익이 보호받는 정도는 침해범이다. 5
따라서 본죄는 피인취자를 자기 또는 제3자의 실력적 지배하에 둘 때에 기수가 된다.

3. 구성요건의 체계

약취·유인 및 인신매매의 죄에는 3개의 기본적 구성요건이 있다. 미성년자 6
약취·유인죄(제287조), 추행·간음·결혼·영리·노동력 착취·성매매와 성적 착취·장기적출 및 국외이송 목적 약취·유인죄(제288조)와 인신매매죄(제289조)가 그것이다. 미성년자 약취·유인죄가 기본적 구성요건에 해당한다는 점에는 의문이 없다. 추행·간음·결혼·영리·노동력 착취·성매매와 성적 착취·장기적출 및 국외이송 목적 약취·유인죄가 목적으로 인한 가중적 구성요건인가 또는 독립된 구성요건인가에 관하여는 의문이 있다. 그러나 동죄가 미성년자만을 대상으로 하지 않는 범죄라는 점에서 이를 미성년자 약취·유인죄에 대한 가중적 구성요건이라고 해석할 수는 없다.[3] 다만, 미성년자를 객체로 하는 경우에는 미성년자 약취·유인죄에 대한 가중적 구성요건이 된다고 할 수 있다. 인신매매죄도 약취·유인에 의하지 않고 사람을 매매한 경우에 성립하는 독립된 구성요건이 된다. 추행·간음·결혼·영리·노동력 착취·성매매와 성적 착취·장기적출 및 국외이송 목적 인신

1 대법원 1982. 4. 27. 82도186.

2 대법원 2003. 2. 11. 2002도7115, 「미성년자약취죄의 입법취지는 심신의 발육이 불충분하고 지려와 경험이 풍부하지 못한 미성년자를 특별히 보호하기 위하여 그를 약취하는 행위를 처벌하려는 데 그 입법의 취지가 있으며, 미성년자의 자유 외에 보호감독자의 감호권도 그 보호법익으로 하고 있다는 점을 고려하면, 피고인과 공범들이 미성년자를 보호·감독하고 있던 그 아버지의 감호권을 침해하여 그녀를 자신들의 사실상 지배하로 옮긴 이상 미성년자약취죄가 성립한다 할 것이고, 약취행위에 미성년자의 동의가 있었다 하더라도 본죄의 성립에는 변함이 없다.」

3 Fischer §232 Rn. 3; Lackner/Kühl §232 Rn. 2; Sch/Sch/Eisele §232 Rn. 8.

매매죄는 인신매매죄에 대하여 목적으로 인하여 형이 가중되는 가중적 구성요건이다. 피약취·유인·매매·이송자 수수·은닉죄(제292조 1항)는 원래 총칙상의 방조에 해당하는 행위를 특별히 규정한 구성요건이다.

형법은 약취·유인 및 인신매매의 죄와 약취·유인·매매·이송 등 상해죄 및 살인죄의 미수범을 처벌하며(제294조), 약취·유인 및 인신매매의 죄와 약취·유인·매매·이송 등 상해죄 및 살인죄 등에 관하여는 예비·음모를 벌하고 있다(제296조).

Ⅱ. 미성년자 약취·유인죄

미성년자를 약취 또는 유인한 사람은 10년 이하의 징역에 처한다(제287조).
미수범은 처벌한다(제294조).
본죄를 범한 사람이 약취·유인·매매 또는 이송된 사람을 안전한 장소로 풀어준 때에는 그 형을 감경할 수 있다(제295조 의2).

1. 객관적 구성요건

본죄는 미성년자를 약취 또는 유인함으로써 성립한다.

7 (1) **주 체** 본죄의 주체에는 제한이 없다. 자연인이면 족하며, 실부모라 할지라도 본죄의 주체가 될 수 있다. 미성년자 본인은 본죄의 정범은 물론 공범도 되지 못한다.[1] 본죄는 궁극적으로 미성년자의 자유를 보호하기 위한 범죄이기 때문이다.

8 (2) **행위의 객체** 미성년자이다. 여기서 미성년자란 민법상의 미성년자, 즉 19세 미만의 사람을 말한다. 미성년자인 이상 성별이나 의사능력의 유무는 문제되지 않는다.

미성년자가 혼인한 경우에 본죄의 객체가 될 수 있느냐가 문제된다. 민법은 미성년자가 혼인한 경우에는 성년자로 보고 있기 때문이다(민법 제826조의2). 민법의 성년의제제도는 부부의 혼인생활독립의 요청에서 오는 것이므로 민법 이외의 법률에서는 적용될 수 없다는 이유로 혼인한 미성년자도 본죄의 객체가 될 수 있다는

1 Fischer §235 Rn. 20; Gribbohm LK §235 Rn. 112; Lackner/Kühl §235 Rn. 1; Sch/Sch/Eser/Eisele §235 Rn. 11.

견해[1]도 있다. 그러나 형법에 고유한 미성년자 개념이 없는 이상 민법상의 성년자를 본죄의 성질과 관련하여 미성년자로 보는 것은 죄형법정주의에 반한다고 생각된다. 따라서 미성년자가 혼인한 때에는 본죄의 객체가 될 수 없다고 하겠다.

(3) 행 위

본죄의 행위는 약취 또는 유인하는 것이다.

1) 약취와 유인 약취와 유인이란 사람을 보호받는 상태 내지 자유로 9
운 생활관계로부터 자기 또는 제3자의 실력적 지배하에 옮기는 것을 말하며, 약취와 유인을 합하여 인취행위라고 한다. 약취가 폭행 또는 협박을 수단으로 하는데 대하여, 유인은 기망 또는 유혹을 수단으로 하는 점에 차이가 있을 뿐이다. 여기서 기망이란 허위의 사실로 상대방을 착오에 빠뜨리는 것을 말하며, 유혹이란 감언으로 상대방을 현혹시켜 판단을 그릇되게 하는 것이고 반드시 기망의 요소를 가질 것을 요하지 않는다.[2] 폭행 · 협박은 미성년자를 실력적 지배하에 둘 수 있는 정도의 것이면 족하고 상대방의 반항을 억압할 정도임을 요하지 않는다.[3]

따라서 수면제나 마취제로 상대방을 최면상태에 빠지게 하여 다른 곳으로 데려가는 경우는 물론, 이미 심신상실상태에 있는 사람을 데려가는 것도 폭행에 해당한다. 의사능력이 없는 미성년자, 특히 유아를 몰래 데려가는 것도 미성년자에 대한 폭행이라고 볼 수 있으므로 약취죄가 성립한다.[4] 그러나 미성년의 자녀를 부모가 함께 동거하면서 보호 · 양육하여 오던 중 부모의 일방이 상대방 부모나 그 자녀에게 어떠한 폭행, 협박이나 불법적인 사실상의 힘을 행사함이 없이 그 자녀를 데리고 종전의 거소를 벗어나 다른 곳으로 옮겨 자녀에 대한 보호 · 양육을 계속하였다면, 그 행위가 보호 · 양육권의 남용에 해당한다는 등 특별한 사정이 없는 한 설령 이에 관하여 법원의 결정이나 상대방 부모의 동의를 얻지 아니하였다고 하더라도 그러한 행위에 대하여 곧바로 형법상 미성년자에 대한 약취죄의 성립을 인정할 수는 없다.[5]

약취 또는 유인의 수단인 폭행 · 협박 · 기망 · 유혹은 반드시 피인취자 본인에게 행해질 것을 요하지 않으며 제3자(보호자)에 대하여 행하여져도 좋다.

---

1 강구진 157면; 김일수/서보학 119면; 박상기 133면; 배종대 41/2; 백형구 297면; 신동운 687면; 오영근 116면; 이영란 149면; 이정원 186면; 이형국 193면; 임웅 170면; 정성근/박광민 154면.

2 대법원 1976. 9. 14. 76도2072; 대법원 1996. 2. 27. 95도2980.

3 대법원 1990. 2. 13. 89도2558; 대법원 1991. 8. 13. 91도1184.

4 강구진 157면; 서일교 73면; 이형국 193면; 정성근/박광민 155면; 황산덕 207면.

5 대법원 2013. 6. 20. 2010도14328 전원합의체판결.

약취 · 유인은 부작위에 의해서도 가능하다. 예컨대 일정 기간 미성년자를 보호양육하기로 한 후 그 기간이 종료되었음에도 미성년자를 보호양육권자에게 인도하지 아니한 경우이다.[1]

10 **2) 사실적 지배** 약취와 유인이라고 하기 위하여는 단순히 폭행 · 협박 · 기망 또는 유혹을 한 것만으로 족하지 않고 피인취자를 자기 또는 제3자의 사실적 지배하에 두지 않으면 안 된다.[2] 따라서 미성년자를 사실적 지배하에 두지 못하고 단순히 달아나게 하는 것만으로는 본죄가 성립하지 않는다.

11 본죄가 성립하기 위하여 피인취자의 장소적 이전을 요하느냐에 대하여는 견해가 대립되고 있다. 피인취자의 장소적 이전에 의하여 피인취자의 귀환을 불가능하게 하거나 곤란하게 하고 보호자의 감독권의 행사를 방해하는 데에 본죄의 본질이 있으므로 본죄는 장소적 이전을 본질적 요소로 한다는 견해[3]도 있으나, 피인취자에 대한 장소적 이전 없이 보호자의 실력적 지배를 제거함으로써 자기 또는 제3자의 실력적 지배하에 둘 수도 있으므로 장소적 이전을 요건으로 하지 않는다고 해석하는 것이 타당하다.[4]

판례도 미성년자가 혼자 머무는 주거에 침입하여 그를 감금한 뒤 폭행 또는 협박에 의하여 부모의 출입을 봉쇄하거나, 미성년자와 부모가 거주하는 주거에 침입하여 부모만을 강제로 퇴거시키고 독자적인 생활관계를 형성하기에 이르렀다면 비록 장소적 이전이 없었다 할지라도 미성년자약취죄에 해당한다고 판시하였다(대법원 2008. 1. 17. 2007도8485).

피인취자와 보호자 사이의 장소적 격리도 요하지 않는다고 해야 한다. 본죄

1 대법원 2021. 9. 9. 2019도16421, 「이혼소송 중 비양육친인 피고인(남, 한국인)이 면접교섭권을 행사하기 위하여 프랑스에서 양육친(여, 프랑스인)과 함께 생활하던 피해아동(만 5세)을 대한민국으로 데려온 후 면접교섭 기간이 종료하였음에도 프랑스에 있는 양육친에게 데려다 주지 않고 양육친과 연락을 두절한 후 가정법원의 유아인도명령 등에도 불응한 피고인의 행위는 불법적인 사실상의 힘을 수단으로 피해아동을 그 의사와 복리에 반하여 자유로운 생활 및 보호관계로부터 이탈시켜 자기의 사실상 지배하에 옮긴 적극적 행위와 형법적으로 같은 정도의 행위로 평가할 수 있으므로, 형법 제287조 미성년자약취죄의 약취행위에 해당한다고 봄이 타당하다.」

2 대법원 2007. 5. 11. 2007도2318, 「피고인이 11세에 불과한 어린 나이의 피해자를 유혹하여 모텔 앞길에서부터 위 모텔 301호실까지 데리고 간 이상, 그로써 피고인은 피해자를 자유로운 생활관계로부터 이탈시켜 피고인의 사실적 지배 아래로 옮겼다고 할 것이고, 이로써 간음목적유인죄의 기수에 이르른 것으로 보아야 할 것이다.」

3 서일교 71면; 황산덕 207면.

4 강구진 159면; 김일수/서보학 121면; 김종원 116면; 박상기 133면; 백형구 298면; 손동권/김재윤 136면; 오영근 117면; 유기천 109면; 이영란 150면; 이형국 194면; 임웅 171면; 정성근/박광민 156면; 정영석 264면.

는 보호자의 감독권만을 보호법익으로 하는 죄는 아니기 때문이다. 그러므로 본죄는 이미 지배관계를 떠난 피인취자를 그대로 두는 부작위에 의하여도 성립할 수 있다.

3) 계 속 범 본죄가 완성되기 위하여는 미성년자를 사실적 지배하에 12
두었을 뿐만 아니라 그 사실적 지배가 어느 정도의 시간적 계속을 필요로 한다.[1] 필요한 시간적 계속의 정도는 피인취자의 상태와 보호의 필요성을 고려하여 구체적으로 결정하지 않으면 안 된다.

본죄의 성질에 대하여 본죄는 사람을 자기 또는 제3자의 사실적 지배하에 옮기면 기수가 되고 그 후에는 위법상태가 계속되는 데 불과한 상태범이라고 해석하는 견해[2]도 있다. 그러나 본죄의 완성에는 어느 정도의 시간적 계속을 필요로 할 뿐만 아니라 본죄가 기수가 된 이후에도 구성요건에 해당하는 행위에 의하여 그 상태가 유지된다는 점에서 본죄는 계속범이라고 해야 한다.[3]

본죄가 상태범인가 또는 계속범인가의 문제를 본죄의 보호법익과 관련하여 본죄의 보호법익을 보호자의 감독권으로 볼 때에는 상태범이지만 미성년자의 자유권으로 볼 때에는 계속범이 된다는 견해[4]도 있으나, 본죄의 보호법익을 무엇으로 보느냐에 관계 없이 본죄는 계속범이라고 해야 한다.

따라서 본죄는 피인취자의 자유가 회복되었을 때에 종료하며, 이 때에 공소 13
시효가 진행되고, 그때까지는 공범의 성립이 가능하다. 다만 13세 미만의 미성년자를 약취 · 유인한 사람이 계속하여 피인취자를 감금한 때에는 본죄 이외에 별도로 감금죄를 구성하게 되지만,[5] 이 경우에는 특가법(제5조의2 제2항 3호)이 적용된다.

---

1 대법원 2008. 1. 17. 2007도8485, 「미성년자 혼자 머무는 주거에 침입하여 강도 범행을 하는 과정에서 미성년자와 그 부모에게 폭행 · 협박을 가하여 일시적으로 부모와의 보호관계가 사실상 침해 · 배제되었더라도, 미성년자가 기존의 생활관계로부터 완전히 이탈되었다거나 새로운 생활관계가 형성되었다고 볼 수 없고 범인의 의도도 위와 같은 생활관계의 이탈이 아니라 단지 금품 강취를 위한 반항 억압에 있었으므로, 미성년자약취죄가 성립하지 않는다.」

2 김종원 116면.

3 강구진 159면; 김일수/서보학 121면; 박상기 132면; 배종대 41/6; 백형구 298면; 유기천 211면; 이영란 152면; 이형국 194면; 정성근/박광민 156면; 정영석 265면; 황산덕 206면.

4 서일교 72면; 황산덕 206면.

5 대법원 1998. 5. 26. 98도1036.

2. 주관적 구성요건

14 본죄도 주관적 구성요건으로 고의를 필요로 한다. 본죄의 고의는 피인취자가 미성년자라는 인식과 폭행·협박·기망 또는 유혹에 의하여 이를 약취·유인한다는 인식과 의사를 내용으로 한다. 미성년자를 약취·유인하게 된 동기나 목적은 묻지 않는다. 그러므로 미성년자를 보호·양육하기 위하여 약취·유인한 때에도 본죄가 성립한다. 다만 추행·간음·결혼·영리·노동력 착취·성매매와 성적 착취·장기적출 또는 국외이송을 목적으로 미성년자를 약취·유인한 때에는 본죄가 성립하지 아니하고, 제288조의 죄가 성립한다. 또한 특가법 제5조의2는 13세 미만의 미성년자를 일정한 목적으로 약취·유인한 경우 가중처벌하는 규정(제1항)을 두고 있다.

3. 위 법 성

15 본죄는 약취·유인이 위법할 때에만 성립한다. 본죄도 정당방위·긴급피난 또는 정당행위에 의하여 위법성이 조각될 수 있다.

문제는 피해자의 승낙이 본죄의 위법성을 조각하느냐에 있다. 본죄는 미성년자의 자유권뿐만 아니라 보호자의 감독권도 보호법익으로 하므로 피인취자 본인의 승낙은 본죄의 성립에 영향을 미치지 못한다. 본죄의 보호법익을 보호자의 감독권에 있다고 보는 입장에서는 보호자의 동의가 있으면 본죄의 구성요건해당성이 조각된다. 그러나 보호자의 감독권은 미성년자의 자유를 보호하는 데 그 본지가 있으므로 보호자의 동의가 권리의 남용으로 공서양속에 반한다고 인정될 때에는 본죄의 성립에 영향이 없다. 미성년자의 동의와 보호자의 동의가 있는 때에는 본죄의 위법성이 조각된다고 해석하는 견해[1]도 있으나, 이러한 경우에는 본죄의 구성요건해당성을 조각한다고 하겠다. 다만 피해자의 동의에 하자가 있어서는 안 되며, 따라서 기망에 의한 동의는 본죄의 성립에 영향을 미치지 않는다.

4. 형의 감경

16 본죄를 범한 사람이 약취·유인·매매 또는 이송된 사람을 안전한 장소로 풀

1 강구진 160면; 배종대 **41**/8; 임웅 173면.

어준 때에는 그 형을 감경할 수 있다(제295조의2). 이미 기수에 달하여 돌이킬 수 없는 상황에 있는 행위자에게도 중지의 유혹을 줌으로써 피인취자를 보호하고자 하는 형사정책적 목적을 가진 규정이며, 인질강요죄에 관한 형의 감경에 관한 규정을 본장의 죄에도 적용하도록 한 것이다. 피인취자를 안전한 장소로 풀어주면 족하며 자의성을 요하지 않고, 기수가 된 이후에 중지한 경우에도 적용되며, 임의적 감경을 내용으로 한다는 점에서 중지미수와 구별된다.

Ⅲ. 추행 · 간음 · 결혼 · 영리 · 국외이송 등 목적 약취 · 유인죄

1. 추행 · 간음 · 결혼 · 영리목적 약취 · 유인죄

추행 · 간음 · 결혼 또는 영리의 목적으로 사람을 약취 또는 유인한 사람은 1년 이상 10년 이하의 징역에 처한다(제288조 1항).
미수범은 처벌한다(제294조).
본죄와 그 미수범에 대하여는 5천만원 이하의 벌금을 병과할 수 있다(제295조).
본죄를 범한 사람이 약취 · 유인 · 매매 또는 이송된 사람을 안전한 장소로 풀어준 때에는 그 형을 감경할 수 있다(제295조의2).

본죄는 추행 · 간음 · 결혼 또는 영리의 목적으로 사람을 약취 또는 유인함으로써 성립한다.

1) **행위의 객체** 본죄의 객체는 사람이다. 따라서 성년자이든 미성년자 17
이든, 남자이건 여자이건 묻지 않는다. 그러므로 추행 · 간음 · 결혼 또는 영리의 목적으로 미성년자를 약취 또는 유인한 때에는 미성년자 약취 · 유인죄(제287조)가 성립하는 것이 아니라, 본죄에 해당한다.

2) **주관적 구성요건** 본죄는 추행 · 간음 · 결혼 또는 영리의 목적으로 사 18
람을 약취 · 유인함으로써 성립하는 목적범이다. 그러므로 본죄가 성립하기 위한 주관적 구성요건으로는 고의 이외에 이러한 목적이 있어야 한다. 여기서 **추행의 목적**이란 피인취자를 추행행위의 주체 또는 객체로 할 목적을 말한다. 추행이란 객관적으로 일반인에게 성적 수치심과 혐오의 감정을 일으키게 하는 일체의 행위를 의미한다. **간음의 목적**이란 결혼이 아닌 성교의 목적을 말한다. 반드시 약취 · 유인자 자신이 추행이나 간음의 당사자가 될 것을 요하는 것은 아니다. **결혼**

의 목적이란 강제결혼(Zwangsheirat)의 목적을 말한다. 여기서 결혼이란 사실혼뿐만 아니라 법률혼의 경우도 포함된다고 해석된다.[1] 그것은 ① 본죄의 간음의 목적은 결혼 아닌 성교의 목적을 말하고, ② 형법은 법률혼을 의미할 때에는 혼인이라는 용어를 사용하고 있으며, ③ 이를 법률혼으로 해석할 때에는 본죄는 무의미하게 된다는 점에 비추어 사실혼을 의미한다고 해석해야 하지만, 결혼이 목적의 내용에 지나지 않다는 점에서 법률혼을 제외해야 할 이유는 없기 때문이다.

형법은 종래 결혼목적 약취·유인죄를 가볍게 처벌하여 감경적 구성요건으로 규정하고 있었으나(구형법 제291조), 형법개정에 의하여 추행·간음 또는 영리목적 약취·유인죄와 같은 형으로 처벌하고 있다. 특히 강제결혼을 위하여 외국 여자들을 약취·유인하여 국내에 데려오는 행위는 국제조직범죄로서 무겁게 처벌할 필요가 있다는 고려에 근거한다.

영리의 목적이란 자기 또는 제3자로 하여금 재산상의 이익을 얻을 목적을 말한다. 반드시 계속적·반복적으로 이익을 얻을 것을 요하지 아니하며, 불법한 이익에 제한되지도 않는다. 따라서 피인취자를 일정한 업무에 종사케 하여 그 수입으로 채무를 변제하게 하는 경우도 여기에 해당된다. 재산상의 이익은 피인취자의 손해로 인한 것임을 요한다는 견해[2]도 있으나, 반드시 여기에 한하지 아니하고 인취행위에 대한 보수로서 제3자로부터 재산상의 이익을 얻는 경우도 포함된다.[3]

19 석방의 대상으로 재물을 취득할 목적으로 사람을 약취·유인한 때에도 영리의 목적에 해당하느냐에 대하여는 이를 긍정하는 견해[4]와 이러한 경우에는 인질강도죄에 해당할 뿐이라는 견해[5]가 대립하고 있다. 석방의 대상으로 재물을 취득할 목적으로 사람을 약취하는 것만으로 인질강도죄(제336조)의 착수가 있다고 보기 어려울 뿐만 아니라 피인취자가 13세 미만의 미성년자인 때에는 특가법 제5조의2에 해당하지만, 특가법은 13세 미만의 미성년자만을 객체로 하므로 그 밖의 사람인 경우에는 영리의 목적에 해당된다고 해석하는 것이 타당하다고 생각된다.

1 강구진 168면; 김일수/서보학 123면; 김종원 125면; 박상기 143면; 배종대 42/2; 손동권/김재윤 139면; 신동운 693면; 오영근 120면; 이영란 205면; 이형국 254면; 임웅 174면; 정성근/박광민 160면.

2 서일교 74면.

3 강구진 162면; 김일수/서보학 123면; 이형국 197면; 황산덕 209면.

4 김일수/서보학 123면; 박상기 137면; 배종대 42/2; 백형구 300면; 손동권/김재윤 140면; 유기천 114면; 이형국 198면.

5 강구진 162면; 김종원 118면; 임웅 175면.

3) 기수시기 본죄는 이러한 목적으로 사람을 약취 · 유인하면 기수에 이르며 그 목적을 달성하여야 기수가 되는 것은 아니다. 다만 약취 · 유인은 사실상의 지배관계가 어느 정도 시간적으로 계속될 것을 요하므로 간음하기 위하여 부녀를 숲으로 끌고 가는 것만으로는 본죄가 성립하지 않는다. 본죄의 주체는 이러한 목적을 가진 자에 제한된다. 따라서 미성년자를 약취 · 유인한 공범 가운데 이러한 목적을 가진 자와 목적 없는 자가 있을 때에는 목적을 가진 자는 본죄에 해당하지만, 목적 없는 자는 미성년자 약취 · 유인죄(제287조)에 의하여 처벌받는다. 20

2. 노동력 착취, 성매매와 성적 착취, 장기적출목적 약취 · 유인죄

노동력 착취, 성매매와 성적 착취, 장기적출을 목적으로 사람을 약취 또는 유인한 사람은 2년 이상 15년 이하의 징역에 처한다(제288조 2항).
미수범은 처벌한다(제294조).
본죄와 그 미수범에 대하여는 5천만원 이하의 벌금을 병과할 수 있다(제295조).
본죄를 범한 사람이 약취 · 유인 · 매매 또는 이송된 사람을 안전한 장소로 풀어준 때에는 그 형을 감경할 수 있다(제295조의2).

본죄는 노동력 착취, 성매매와 성적 착취, 장기적출을 목적으로 사람을 약취 또는 유인함으로써 성립하는 범죄이다. 본죄의 객체는 사람이며, 행위는 약취 또는 유인이다. 약취와 유인의 개념은 미성년자 약취 · 유인죄에 있어서와 같다. 21

본죄가 성립하기 위해서는 노동력 착취, 성매매와 성적 착취, 장기적출의 목적이 있어야 한다. 노동력 착취란 통상의 경우와 비교하여 현저히 균형에 맞지 않는 조건으로 노동을 하게 하여, 반도덕적이고 인권에 반하는 개인적 종속관계를 맺는 것을 말한다. 강제노동을 시키기 위하여 피인취자를 염전으로 끌고 가거나, 원양어선을 타게 하는 경우가 여기에 해당하지만, 노예 · 농노 또는 채무노예(Schuldknechtschaft)의 경우도 여기에 해당할 수 있다.[1] 성매매란 피인취자로 하여금 불특정 다수인을 상대로 금품이나 재산상의 이익을 수수하기로 약속하고 성교 또는 유사성교행위를 하는 것을 말하며, 성적 착취 또한 매춘을 의미한다. 성매매 또는 성적 착취의 상대방은 제3자의 경우뿐만 아니라, 행위자의 경우를 포

1 노예나 농노제도는 현재 우리나라에는 존재하지 않는다. 따라서 이들 제도는 세계주의에 의하여 내국인이 외국에서 이러한 행위에 가담하거나, 외국인의 국외범이 범해지는 경우에 의미를 가질 뿐이라고 해야 한다. Sch/Sch/Eisele §233 Rn. 4 참조.

함한다. 장기적출이란 다른 사람에게 장기를 이식하기 위하여 사람의 장기를 떼어내는 것을 말한다. 반드시 약취 또는 유인한 사람에게 장기를 이식할 것을 요하는 것은 아니다.

22 본죄도 목적범이므로, 목적범의 일반원리에 따라 그 목적을 달성하여야 기수가 되는 것은 아니다.

3. 국외이송목적 약취 · 유인죄

국외에 이송할 목적으로 사람을 약취 또는 유인하거나 약취 또는 유인된 사람을 국외에 이송한 사람도 제2항과 동일한 형으로 처벌한다(제288조 3항).
미수범은 처벌한다(제294조).
본죄와 그 미수범에 대하여는 5천만원 이하의 벌금을 병과할 수 있다(제295조).
본죄를 범한 사람이 약취 · 유인 · 매매 또는 이송된 사람을 안전한 장소로 풀어준 때에는 그 형을 감경할 수 있다(제295조의2).

국외에 이송할 목적으로 사람을 약취 또는 유인하거나 약취 또는 유인된 사람을 국외에 이송한 때에 성립하는 범죄이다. 따라서 본죄는 국외이송목적 약취 · 유인죄와 피약취 · 유인자 국외이송죄로 나눌 수 있다.

23 **(1) 국외이송목적 약취 · 유인죄** 본죄는 국외에 이송할 목적으로 사람을 약취 또는 유인함으로써 성립하는 범죄이다.

본죄의 객체는 사람이다. 따라서 기혼 · 미혼, 성년 · 미성년 및 남녀를 묻지 않는다.

본죄의 행위는 약취 또는 유인이다. 약취와 유인은 미성년자 약취 · 유인죄에 있어서와 같다.

24 본죄는 국외에 이송할 목적이 있어야 성립하는 목적범이다. 여기서 국외의 의미에 대하여는 이를 피해자의 거주국영역 외라고 해석하여 외국에서 대한민국으로 또는 외국에서 외국으로 이송할 목적인 때에도 본죄가 성립한다는 견해[1]가 있으나, 형법은 거주국 외라고 하지 않고 국외라고 규정하고 있으므로 이를 대한민국영역 외라고 해석하는 통설이 타당하다.[2] 따라서 외국에서 대한민국으로 또

---

1 김종원 121면.
2 김일수/서보학 124면; 박상기 141면; 배종대 42/5; 손동권/김재윤 141면; 신동운 693면; 유기천 116면; 이형국 201면; 임웅 178면; 정성근/박광민 163면; 정영일 69면; 황산덕 211면.

는 외국에서 외국으로 이송할 목적인 때에는 본죄에 해당하지 않는다. 국외에 이송할 목적이면 족하고 타국의 영역 안에 들어갈 목적까지 요하는 것은 아니다. 또한 국외에 이송하는 동기도 묻지 않는다. 영리를 위한 것이건 추업에 사용하기 위한 것이건 노동력을 착취하기 위한 것이건 관계 없다. 따라서 영리를 위하여 미성년자를 국외에 이송할 목적으로 약취 · 유인한 때에는 본죄만 성립한다.

본죄는 국외에 이송할 목적으로 사람을 약취 · 유인 또는 매매하면 기수에 이르며, 국외에 이송하였는가의 여부는 문제되지 않는다.

(2) 피약취 · 유인자 국외이송죄 본죄는 약취 또는 유인된 사람을 국외로 이송함으로써 성립하는 범죄이다.

1) 객 체 본죄의 객체는 약취 또는 유인된 사람이다. 반드시 국외 25
에 이송할 목적으로 약취 또는 유인된 사람에 한하지 아니하고 약취 또는 유인된 동기도 묻지 않는다. 본죄는 목적범이 아니기 때문이다. 약취 또는 유인된 사람인 이상 성년 · 미성년, 미혼 · 기혼, 남자 · 여자를 불문한다.

2) 행 위 본죄의 행위는 국외에 이송하는 것이다. 「국외에 이송한 26
다」라는 것은 대한민국의 영역 외에 보내는 것을 말한다. 따라서 피약취 · 유인자를 대한민국영역 외에 보내면 본죄는 기수에 이르며, 반드시 타국의 영역 안으로 들어가게 할 필요는 없다.

본죄는 약취 또는 유인에는 가담하지 아니한 자가 피인취자를 국외에 이송할 때 성립하는 범죄이다. 여기서 국외에 이송할 목적으로 약취 또는 유인한 사람이 그 피인취자를 국외에 이송한 경우에 어떤 범죄가 성립하느냐가 문제된다. 이러한 경우에는 ① 포괄하여 국외이송죄에만 해당하고 국외이송목적 약취 · 유인죄에는 문의할 필요가 없다는 견해,[1] ② 실체법상으로는 별죄를 구성하지만 처벌상 일죄로 취급해야 한다는 견해[2] 및 ③ 양 죄가 모두 성립한다는 견해[3]가 대립되어 있다. 생각건대 양 죄의 관계는 사문서위조죄와 동행사죄의 관계와 같다고 할 것이므로 양 죄의 상상적 경합을 인정하는 것이 타당하다.

---

1 강구진 116면; 유기천 117면.
2 배종대 42/6; 이영란 157면; 이형국 203면; 황산덕 212면.
3 김종원 123면; 박상기 142면; 백형구 306면; 임웅 178면; 정성근/박광민 163면; 정영석 269면.

Ⅳ. 인신매매죄

1. 단순 인신매매죄

사람을 매매한 사람은 7년 이하의 징역에 처한다(제289조 1항).
미수범은 처벌한다(제294조).
본죄와 그 미수범에 대하여는 5천만원 이하의 벌금을 병과할 수 있다(제295조).
본죄를 범한 사람이 약취 · 유인 · 매매 또는 이송된 사람을 안전한 장소로 풀어준 때에는 그 형을 감경할 수 있다(제295조의2).

27 본죄는 사람을 매매함으로써 성립하는 범죄이다. 국내에서뿐만 아니라 국외에서 범해지는 인신매매를 처벌하는 규정이다. 약취 또는 유인의 방법에 의하지 않고 피매매자의 자유를 침해하는 경우에 성립하는 범죄라는 점에서 약취 또는 유인죄에 대한 독립된 구성요건이며, 추행 · 간음 · 결혼 또는 영리목적 인신매매죄(제289조 2항)와 노동력 착취 · 성매매와 성적 착취 · 장기적출목적 인신매매죄(동조 3항) 및 국외이송목적 인신매매죄(동조 4항)에 대한 기본적 구성요건이다.

28 1) 주 체 본죄의 주체에는 제한이 없다. 따라서 보호자라 할지라도 본죄의 주체가 될 수 있다. 본죄는 필요적 공범에 해당하는 죄로서 매도인과 매수인이 모두 본죄에 의하여 처벌받는다.

29 2) 객 체 본죄의 객체는 사람이다. 여자뿐만 아니라 남자도 본죄의 객체가 될 수 있다. 성년 · 미성년, 기혼 · 미혼을 불문한다.

30 3) 행 위 본죄의 행위는 매매이다. 여기서 매매란 사람의 신체를 유상으로 물건과 같이 상대방에게 교부하고 상대방은 이에 대하여 사실상의 지배를 취득하는 것을 말한다. 따라서 인신매매가 되기 위해서는 피매매자가 강제상태 또는 도움 없는 상태에 빠져 결정의 자유가 약화되어 있는 것을 이용하였을 것을 요한다고 해석해야 한다. 강제상태는 반드시 경제적 곤궁상태일 것을 요하지 아니하며, 피매매자가 이에 대하여 귀책사유가 있는가는 문제되지 않는다. 그러한 강제상태가 객관적으로 존재해야 하는 것도 아니다.[1] 피매매자가 외국에 거주하는 경우가 도움 없는 상태의 대표적인 예에 해당한다. 대법원이 종래 부녀매매죄에 있어서 매매와 관련하여 전원합의체판결에서 「보통의 부녀자라면 법질

1 Fischer §232 Rn. 9; Lackner/Kühl §232 Rn. 5; Sch/Sch/Eisele §232 Rn. 10.

서에 보호를 호소하기를 단념할 정도의 상태에서 신체에 대한 인수·인계가 이루어졌다면 18세의 부녀에 대한 매매도 가능하다」고 판시한 것은 이러한 의미에서 이해할 수 있다.[1] 본죄의 매매는 반드시 민법상의 매매와 같은 의미를 가지는 것은 아니다. 따라서 본죄는 사람의 신체에 대한 사실상의 지배의 이전이 있어야 기수로 되며, 계약은 체결하였으나 인도하지 아니한 때에는 미수에 불과하다. 대금의 지급 여부는 본죄의 완성에 영향을 미치지 않는다. 반드시 민법상의 매매에 한하지 않고 교환도 포함한다고 해석된다.

2. 추행·간음·결혼 또는 영리목적 인신매매죄, 노동력 착취·성매매와 성적 착취·장기적출목적 인신매매죄, 국외이송목적 인신매매죄, 피인신매매자 국외이송죄

추행·간음·결혼 또는 영리의 목적으로 사람을 매매한 사람은 1년 이상 10년 이하의 징역에 처한다(제289조 2항).
노동력 착취·성매매와 성적 착취·장기적출을 목적으로 사람을 매매한 사람은 2년 이상 15년 이하의 징역에 처한다(동조 3항).
국외에 이송할 목적으로 사람을 매매하거나 매매된 사람을 국외로 이송한 사람은 제3항과 동일한 형으로 처벌한다(동조 4항).
본죄와 그 미수범에 대하여는 5천만원 이하의 벌금을 병과할 수 있다(제295조).
본죄를 범한 사람이 약취·유인·매매 또는 이송된 사람을 안전한 장소로 풀어준 때에는 그 형을 감경할 수 있다(제295조 의2).

인신매매죄에 대하여 목적으로 인하여 불법이 가중된 가중적 구성요건이다. 31
행위의 객체가 사람이며, 행위는 매매하는 것이라는 점은 인신매매죄의 경우와 같다. 추행·간음·결혼 또는 영리의 목적, 노동력 착취·성매매와 성적 착취·장기

1 대법원 1992. 1. 21. 91도1402 전원합의체판결에서 대법원은 18세의 봉제공장 공원인 피해자를 추업에 사용할 목적으로 매매한 경우에 본죄가 성립하지 않는다는 이유로 무죄를 선고한 원심판결을 파기하였다. 이 판결에서 대법원은 「부녀매매죄는 신체의 자유를 그 일차적인 보호법익으로 하는 죄로서 그 행위의 객체는 부녀이고, 여자인 이상 그 나이나 성년, 미성년, 기혼 여부 등을 불문한다고 보아야 하고, 행위의 주체에는 제한이 없는 것이니, 요컨대 본죄의 성립여부는 그 주체 및 객체에 중점을 두고 볼 것이 아니라 매매의 일방이 어떤 경로로 취득한 부녀자에 대한 실력적 지배를 대가를 받고 그 상대방에게 넘긴다고 하는 행위에 중점을 두고 판단하여야 하므로 매도인이 매매 당시 부녀자를 실력으로 지배하고 있었는가의 여부, 즉 계속된 협박이나 명시적 혹은 묵시적인 폭행의 위협 등의 험악한 분위기로 인하여 보통의 부녀자라면 법질서에 보호를 호소하기를 단념할 정도의 상태에서 그 신체에 대한 인수인계가 이루어졌는가의 여부에 달려 있다고 하여야 할 것이다」라고 판시하였다.

적출의 목적 및 국외에 이송할 목적은 추행 · 간음 · 결혼 · 영리, 노동력 착취 · 성매매와 성적 착취 · 장기적출 및 국외이송 목적 약취 · 유인죄(제288조)의 그것과 같다.

Ⅴ. 약취 · 유인 · 매매 · 이송 등 상해 · 치상죄, 동 살인 · 치사죄

① 제287조부터 제289조까지의 죄를 범하여 약취 · 유인 · 매매 또는 이송된 사람을 상해한 때에는 3년 이상 25년 이하의 징역에 처한다.
② 제287조부터 제289조까지의 죄를 범하여 약취 · 유인 · 매매 또는 이송된 사람을 상해에 이르게 한 때에는 2년 이상 20년 이하의 징역에 처한다(제290조).
① 제287조부터 제289조까지의 죄를 범하여 약취 · 유인 · 매매 또는 이송된 사람을 살해한 때에는 사형, 무기 또는 7년 이상의 징역에 처한다.
② 제287조부터 제289조까지의 죄를 범하여 약취 · 유인 · 매매 또는 이송된 사람을 사망에 이르게 한 때에는 무기 또는 5년 이상의 징역에 처한다(제291조).
제290조 제1항, 제291조 제1항의 미수범은 처벌한다(제294조).
본죄와 그 미수범에 대하여는 5천만원 이하의 벌금을 병과할 수 있다(제295조).
제290조의 죄(약취 · 유인 · 매매 · 이송 등 상해 · 치상죄)를 범한 사람이 약취 · 유인 · 매매 또는 이송된 사람을 안전한 장소로 풀어준 때에는 그 형을 감경할 수 있다(제295조의2).

32 본죄는 미성년자 약취 · 유인죄(제287조), 추행 · 간음 · 결혼 또는 영리목적 약취 · 유인죄(제288조 1항), 노동력 착취 · 성매매와 성적 착취 · 장기적출목적 약취 · 유인죄(동조 2항), 국외이송목적 약취 · 유인죄(동조 3항) 및 인신매매죄(제289조)를 범한 사람이 약취 · 유인 · 매매 또는 이송된 사람을 상해 또는 살해하거나, 상해 또는 사망에 이르게 한 때에 성립하는 범죄이다. 약취 · 유인 · 매매 · 이송 등 상해죄와 살인죄는 결합범의 형태에 의한 가중적 구성요건임에 반하여, 동 치상죄와 치사죄는 결과적 가중범에 관한 규정이다.[1]

Ⅵ. 약취 · 유인 · 매매 · 이송된 사람의 수수 · 은닉 등 죄

① 제287조부터 제289조까지의 죄로 약취 · 유인 · 매매 또는 이송된 사람을 수수(授受) 또는

1 기본범죄인 미성년자 약취 · 유인죄 및 단순 인신매매죄와 추행 · 간음 · 결혼 또는 영리목적 약취 · 유인죄 및 인신매매죄, 노동력 착취 · 성매매와 성적 착취 · 장기적출목적 또는 국외이송목적 약취 · 유인 및 인신매매죄의 불법에는 큰 차이가 있음에도 불구하고, 특히 결과적 가중범인 치상죄에 이르기까지 같은 형으로 처벌하는 것은 입법론상 의문이다.

은닉한 사람은 7년 이하의 징역에 처한다.
② 제287조부터 제289조까지의 죄를 범할 목적으로 사람을 모집 · 운송 · 전달한 사람도 제1항과 동일한 형으로 처벌한다(제292조).
제1항의 미수범은 처벌한다(제294조).
제292조 제1항의 죄와 그 미수범에 대하여는 5천만원 이하의 벌금을 병과할 수 있다(제295조).
본죄를 범한 사람이 약취 · 유인 · 매매 또는 이송된 사람을 안전한 장소로 풀어준 때에는 그 형을 감경할 수 있다(제295조의2).

33 본죄는 미성년자 약취 · 유인죄(제287조), 추행 · 간음 · 결혼 또는 영리목적 약취 · 유인죄(제288조 1항), 노동력 착취 · 성매매와 성적 착취 · 장기적출목적 약취 · 유인죄(동조 2항), 국외이송목적 약취 · 유인죄(동조 3항) 및 인신매매죄(제289조)의 죄로 약취 · 유인 · 매매 또는 이송된 사람을 수수(授受) 또는 은닉하거나, 위의 죄를 범할 목적으로 사람을 모집 · 운송 또는 전달함으로써 성립하는 범죄이다. 약취 · 유인 및 인신매매죄의 방조행위를 독립된 범죄로 처벌하는 규정이다.[1] 따라서 본죄에 해당하는 때에는 형법 제32조는 적용될 여지가 없다. 본죄의 행위 중 모집 · 운송 및 전달은 대부분 예비행위에 불과하다고 할 수 있다. 주된 범죄인 약취 · 유인 및 인신매매죄가 미수의 단계에도 이르지 못한 경우에 생길 수 있는 처벌의 결함을 보완하기 위한 것이다.[2]

34 본죄의 행위는 수수 · 은닉 또는 약취 · 유인 · 매매의 죄를 범할 목적으로 사람을 모집 · 운송 또는 전달하는 것이다. 여기서 수수란 피인취자를 자기의 실력적 지배하에 두는 것을 말하며, 유상 · 무상은 불문한다. 은닉이란 피인취자의 발견을 곤란하게 하는 일체의 행위를 의미한다. 모집이란 약취 · 유인 및 인신매매의 죄를 범할 목적으로 사람을 모으는 일체의 행위를 말한다. 모집된 사람들의 의견일치를 전제로 하며, 모집된 사람들이 모집자의 행위에 의하여 지시된 행위를 할 의무가 있다고 인식할 것을 요한다. 운송이란 약취 · 유인 · 매매 또는 이송된 사람을 장소적으로 이동하는 것을 말하고, 전달이란 그를 제3자에게 넘겨서 약취 · 유인 · 매매 또는 이송상태를 계속하게 하는 것을 말한다.

---

1 Fischer §233a Rn. 2; Lackner/Kühl §233a Rn. 1; Sch/Sch/Eisele §233a Rn. 2.
2 독일에서도 본죄를 독립된 예비죄라고 해석하는 견해가 있다. Vgl. Wolters SK §233a Rn. 5.

Ⅶ. 미성년자 약취·유인 등 예비·음모죄

제287조부터 제289조까지, 제290조 제1항, 제291조 제1항과 제292조 제1항의 죄를 범할 목적으로 예비 또는 음모한 사람은 3년 이하의 징역에 처한다(제296조).

35 본죄는 미성년자 약취·유인죄(제287조), 추행·간음·결혼 또는 영리목적 약취·유인죄(제288조 1항), 노동력 착취·성매매와 성적 착취·장기적출목적 약취·유인죄(동조 2항), 국외이송목적 약취·유인죄(동조 3항) 및 인신매매죄(제289조), 약취·유인·매매 또는 이송 등 상해·살인죄(제290조 1항, 제291조 1항) 및 약취·유인·매매 또는 이송된 사람의 수수·은닉 등 죄(제292조 1항)를 범할 목적으로 예비 또는 음모하였을 때에 성립한다.

§10

제 4 절 강요의 죄

Ⅰ. 총 설

1. 의의와 본질

(1) 강요죄의 의의

1 강요죄(强要罪, Nötigung)란 폭행 또는 협박으로 사람의 권리행사를 방해하거나 의무 없는 일을 하게 함으로써 성립하는 범죄이다(제324조). 개인의 자유로운 활동의 전제가 되는 일반적인 정신적 의사의 자유, 즉 의사결정과 의사활동의 자유를 보호하는 범죄라는 점에서 협박죄와 그 본질을 같이한다. 그러나 협박죄가 개인의 의사가 부당한 외부적 영향을 받아서는 안 된다는 상태를 보호하는 범죄로서 개인의 의사의 자유 내지 의사결정의 자유(Willensentschließungsfreiheit)를 보호법익으로 하는 죄임에 대하여, 강요죄는 의사결정의 자유뿐만 아니라 그 활동의 자유(Willensbetätigungsfreiheit)도 보호법익으로 하는 범죄라고 할 수 있다. 즉 사람은 무엇을 하고 무엇을 하지 않을 것인가(처분의 자유), 그리고 그의 행위를 어떻게 형성할 것인가(행동의 자유)를 자유롭게 판단할 수 있어야 하며, 이러한 자유의 행사가 방해된 때에 강요죄의 보호법익이 침해되었다고 할 수 있다.

강요죄의 보호법익이 보호받는 정도가 침해범이라는 점에는 견해가 일치하고 있다.

강요죄는 협박죄와 같이 계몽주의 시대의 독일 형법학의 산물이다.[1] 고대 로마법이나 2
게르만법에는 개인의 자유 그 자체를 보호하는 구성요건은 없었다. 강요죄는 1794년 의 프로이센 일반란트법에 의하여 체포·감금죄와 함께 처음으로 형법전에 규정된 것이다. 즉 동법 제1077조는 「사람을 폭력으로 체포·감금하거나, 의사에 반하여 무엇을 강요한 자」를 처벌하고 있었다. 강요죄에 대하여 독립된 구성요건을 마련한 것은 1851년의 프로이센 형법이 최초이며, 동법 제212조는 「타인에게 문서 또는 언어에 의하여 중죄 또는 경죄를 행할 것을 협박하여 작위 또는 부작위를 강요하거나 강요할 것을 기도한 자는 1년 이하의 징역에 처한다」고 규정하였다. 이에 따라 1871년의 독일 형법 제240조가 강요죄를 규정하였고, 1852년의 오스트리아 형법(제253조), 1889년의 이탈리아 형법(제154조) 및 1930년의 프랑스 형법(제610조)도 강요죄를 처벌하는 규정을 두게 되었다.

(2) **구성요건의 체계** 형법은 각칙 제30장에서 협박의 죄를 규정하면 3
서, 강요죄는 제37장에서 권리행사방해죄의 한 형태로 규정하고 있다.

강요의 죄의 기본적 구성요건은 강요죄(제324조 1항)이다. 가중적 구성요건에는 특수강요죄(동조 2항)와 중강요죄(제326조), 인질강요죄(제324조의2), 인질상해·치상죄(제324조의3), 인질살해·치사죄(제324조의4)가 있다. 특수강요죄는 행위방법의 위험성으로 인하여, 중강요죄는 강요죄에 대한 결과적 가중범으로 각각 불법이 가중되는 가중적 구성요건이다. 인질강요죄와 인질상해·치상죄 및 인질살해·치사죄는 1995년 형법개정에 의하여 인질범죄에 대한 대책으로 신설된 규정이다. 인질강요죄는 강요죄와 체포·감금죄 또는 약취·유인죄의 결합범이기 때문에 불법이 가중되는 가중적 구성요건이고, 인질상해·치상죄와 인질살해·치사죄는 인질강요죄와 상해죄 또는 살인죄의 결합범과 그 결과적 가중범이기 때문에 인질강요죄에 대하여 불법이 가중되는 구성요건이다.

공무원의 직권남용죄(제123조) 및 공무집행방해죄(제136조)는 공무원에 의한 또는 공무원에 대한 강요죄라고 볼 수 있으나, 강요죄와 그 보호법익을 달리하는 별개의 범죄이다.

---

1 Maurach/Schroeder/Maiwald **13**/1; Toepel NK §240 Rn. 2~8.

2. 입 법 론

4 형법이 강요죄를 제37장의 권리행사를 방해하는 죄의 장에서 규정한 것은 부당하다. 형법이 1995년의 개정을 통하여 종래 폭력에 의한 권리행사방해죄라는 죄명으로 규정되어 있던 본죄의 죄명을 강요죄로 고치고, 강요죄나 인질강요죄에 대하여 미수범 처벌규정을 둔 것은 물론 타당하다. 그러나 형법 제37장의 권리가 재산상의 권리를 의미함에도 불구하고 강요죄는 어디까지나 인격적 법익을 보호법익으로 하는 범죄이기 때문에[1] 강요죄는 제37장의 죄에 포함될 성질이 아니다. 강요죄는 협박죄와 같이 일반적인 의사의 자유를 보호법익으로 하는 범죄라는 점에서 협박죄와 같은 장에서 규정하는 것이 일반적이다.[2] 다만 형법은 강요죄의 가중적 구성요건으로 인질강요죄 등을 규정하고 있기 때문에 강요의 죄도 자유에 대한 죄의 하나로 별개의 장에서 규정하는 것이 타당하다.

Ⅱ. 강 요 죄

1. 단순강요죄

폭행 또는 협박으로 사람의 권리행사를 방해하거나 의무 없는 일을 하게 한 자는 5년 이하의 징역 또는 3천만원 이하의 벌금에 처한다(제324조 1항).
미수범은 처벌한다(제324조 의5).

5 (1) 의 의 폭행 또는 협박으로 사람의 권리행사를 방해함으로써 성립하는 범죄이다. 사람의 의사결정의 자유와 그 활동의 자유를 보호법익으로 하는 침해범이다.

2명 이상이 공동하여 본죄를 범한 때에는 폭처법 제2조 2항 2호, 성적 욕망 또는 수치심을 유발할 수 있는 촬영물·편집물·복제물을 이용하여 강요하면 성폭력처벌법 제14조의3 제2항에에 해당한다.

1 대법원 1974. 5. 14. 73도2578.
2 일본 형법은 각칙 제32장 협박의 죄의 장에서 협박죄(제222조)와 강요죄(제223조)를 규정하고 있고, 스위스 형법도 각칙 제4장 자유에 대한 죄(Verbrechen und Vergehen gegen die Freiheit)의 장에서 협박죄(제180조)와 강요죄(제181조)를 규정하고 있다. 독일 형법도 강요죄(제240조)와 협박죄(제241조)를 같은 장(제18장)에서 규정하고 있다.

(2) 객관적 구성요건

1) 행위의 객체 　본죄의 객체는 사람이다. 본죄의 객체인 사람도 자연 6
인인 타인을 의미하며, 의사의 자유를 가진 자에 제한된다고 하는 것은 협박죄의 경우와 같다.

2) 행 위 　폭행 또는 협박으로 사람의 권리행사를 방해하거나 의무 7
없는 일을 하게 하는 것이다.

(가) 강요의 수단 　강요의 수단은 폭행 또는 협박이다.

(a) 폭 행 　폭행(Gewalt)이란 타인의 의사나 행동에 대하여 현재의 해 8
악을 가하여 강제효과를 발생케 하는 유형력의 행사를 의미한다.[1] 고유한 의미에서의 폭행이란 사람에 대한 유형력의 행사를 말한다. 그러나 반드시 사람의 신체에 대한 것에 한정되지 않으며 물건에 대한 유형력의 행사[2]도 강제효과에 있어서는 사람에 대한 폭행과 같은 의미를 가질 수 있다.

예컨대 맹인이 끌고 가는 개를 붙잡거나, 불구자가 타고 가는 wheel chair를 손괴하거나, 임차인으로부터 집을 명도받기 위하여 수도 · 전기 또는 가스를 끊고 문을 폐쇄하거나, 사람이 타고 가는 차의 타이어에 총을 쏘아 flat tire를 만드는 것도 폭행이라고 하지 않을 수 없다.

폭행의 개념으로 신체에 대한 유형력의 행사를 요건으로 하는 것도 의사의 9
자유를 침해하는 수단을 적절히 파악하는 데 불충분하다고 해야 한다. 예컨대 공포탄을 쏘아 사람을 놀라게 하거나 마취제나 수면제를 몰래 뿌린 경우는 유형력을 행사한 것이 아니라 할지라도 의사의 자유를 침해한 점에서는 폭행과 같이 파악해야 한다. 여기서 본죄에 있어서의 폭행의 개념은 사람에 대한 유형력의 행사라는 요건에서 해방되어 현재의 해악으로 사람에게 육체적 또는 심리적 강제를 가하는 것을 의미한다는 견해[3]가 강력히 주장되고 있다. 그러나 폭행의 개념에서 유형력의 요소를 포기하는 것은 구성요건의 지나친 확대를 초래한다. 따라서 폭행의 개념은 유형력을 요건으로 한다고 하면서 그것은 사람에게 고통을 가하는 일체의 힘을 포함하는 넓은 의미로 이해해야 할 것이다. 본죄의 폭행은 그 형

1 Hohmann/Sander 12/3; Horn/Wolters SK §240 Rn.11; Maurach/Schroeder/Maiwald 13/18; Rengier 23/23; Träger/Altvater LK §240 Rn. 42; Wessels/Hettinger Rn. 283.

2 대법원 2021. 11. 25. 2018도1346.

3 Horn SK §240 Rn. 9; Sch/Sch/Eser Vor §234 Rn. 8; Tröndle/Fischer §240 Rn. 8.

태에 있어서 절대적 폭력(vis absoluta)과 강압적 폭력(vis compulsiva)을 포함한다. 전자는 폭력에 의하여 상대방의 의사형성을 불가능하게 하는 것이며, 후자는 상대방의 의사에 심리적 영향을 미치는 것을 말한다.

10 (b) **협 박** 협박이란 상대방에게 공포심을 일으킬 만한 해악을 고지하는 것을 말한다. 협박죄의 협박과 마찬가지로, 발생 가능한 것으로 생각할 수 있는 정도의 구체적인 해악의 고지가 있어야 한다.[1]

11 (c) **폭행 · 협박의 정도** 본죄에 있어서의 폭행과 협박은 반드시 상대방의 반항을 불가능하게 하거나 곤란하게 할 정도에 이를 것을 요하지 아니하지만, 적어도 상대방에게 공포심을 주어 그 의사결정과 활동에 영향을 미칠 정도에 이를 것을 요한다. 폭행 · 협박의 상대방이 반드시 피강요자와 일치할 것을 요하지 않는다. 다만 제3자에 대한 폭행 · 협박이 피강요자에게 고통을 주거나 그 의사결정에 영향을 미칠 것을 요한다고 하겠다.

(나) **강요의 내용** 본죄는 폭행 또는 협박으로 사람의 권리행사를 방해하거나 의무 없는 일을 하게 함으로써 성립한다.

12 (a) **권리행사방해와 의무 없는 일의 강요** 「권리행사를 방해한다」는 것은 행사할 수 있는 권리를 행사할 수 없게 하는 것을 말한다. 행사할 수 있는 권리란 그것을 행사하는가 아닌가가 그 권리자의 자유에 속하는 것을 말하며, 반드시 법령에 근거가 있을 것을 요하지 않는다. 의무 없는 일을 하게 한다는 것은 자기에게 아무런 권리도 없고, 따라서 상대방에게 의무가 없음에도 불구하고 일정한 작위 · 부작위 또는 인용을 강요하는 것을 말한다. 폭행 또는 협박으로 법률상 의무 있는 일을 하게 한 경우에는 폭행 또는 협박죄만 성립할 뿐 강요죄는 성립하지 아니한다.[2]

예컨대 폭행 또는 협박에 의하여 계약포기서와 소청취하서에 날인케 한 경우(대법원 1962. 1. 25. 4293형상233), 법률상 의무 없는 사죄장이나 진술서를 작성하도록 한 경우(대법원 1974. 5. 14. 73도2578), 여권을 교부하게 하여 이를 강제 회수한 경우(대법원 1993. 7. 27. 93도901) 또는 부하직원의 해고를 강요하거나 사장배척운동에 가담하겠다는 서약서를 쓰게 한 경우는 물론, 상

1 대법원 2019. 8. 29. 2018도13792 전원합의체판결; 대법원 2020. 2. 12. 2019도5186.

2 대법원 2008. 5. 15. 2008도1097, 「폭력조직 전력이 있는 피고인이 특정 연예인에게 팬미팅 공연을 하도록 강요하면서 만날 것을 요구하고, 팬미팅 공연이 이행되지 않으면 안 좋은 일을 당할 것이라고 협박한 경우라면, 위 연예인에게 공연을 할 의무가 없다는 점에 대한 강요의 고의가 피고인에게 있었다고 단정하기 어렵다.」

사 계급의 군인이 부대원에게 40 내지 50분간 머리박아(속칭 원산폭격)를 시키거나 약 2시간 동안 팔굽혀펴기를 하게 한 행위(대법원 2006. 4. 27. 2003도4151)도 강요죄에 해당한다. 그러나 상관이 직무수행을 태만히 하거나 지시사항을 불이행하고 허위보고 등을 한 부하에게 근무태도를 교정하고 직무수행을 감독하기 위하여 직무수행의 내역을 일지 형식으로 기재하여 보고하도록 명령하는 행위는 직무권한 범위 내에서 내린 정당한 명령이므로 부하는 명령을 실행할 법률상 의무가 있고, 명령을 실행하지 아니하는 경우 징계처분이 내려진다거나 그에 갈음하여 얼차려의 제재가 부과된다고 하여 그와 같은 명령이 강요죄를 구성한다고 볼 수 없다(대법원 2012. 11. 29. 2010도1233).

그것이 법률행위이건 사실행위이건 묻지 않는다. 그러나 권리를 행사한다고 볼 수 없는 자에 대한 폭행·협박은 본죄를 구성하지 않는다. 예컨대 타인이 조성한 묘판을 파헤치는 논의 점유자에게 폭행을 가하였다고 하여도 묘판을 파헤치는 행위를 권리행사라고 할 수 없으므로 본죄는 성립하지 않는다.[1]

(b) **미수범의 처벌** 본죄는 폭행 또는 협박에 의하여 권리행사를 방해하거나 의무 없는 일을 하게 한다는 결과가 발생하여야 기수가 된다. 13

본죄의 미수범은 처벌한다(제324조의5). 폭행·협박을 하였으나 권리행사를 방해하지 못하였거나, 그 사이에 인과관계가 없는 경우뿐만 아니라 강요를 위하여 폭행·협박에 착수하였으나 폭행·협박 그 자체가 미수에 그친 경우에도 본죄의 미수에 해당한다.

(3) **주관적 구성요건** 본죄는 주관적 구성요건으로 고의를 필요로 한다. 본죄의 고의는 폭행 또는 협박의 고의뿐만 아니라 강요, 즉 권리행사를 방해한다는 고의를 내용으로 한다. 미필적 고의로 족하다. 14

(4) **위 법 성** 개인의 의사와 그 행동의 자유를 침해하는 것을 내용으로 하는 강요행위의 위법성 판단에 있어서는 특히 행위자의 주관적 목표를 고려하지 않으면 안 된다.[2] 독일 형법 제240조 2항이 「목적을 달성하기 위한 폭행이나 협박의 사용이 비난받아야 할 때에는 위법하다」는 규정을 두고 있는 이유도 여기에 있다. 이러한 규정이 없는 형법의 해석에 있어서 본죄의 위법성 판단에 있어서는 **목적과 수단의 관계**를 고려하여 신중히 판단하지 않으면 안 된다. 수단이 15

1 대법원 1961. 11. 9. 4294형상357.

2 Horn/Wolters SK §240 Rn. 37; Sch/Sch/Eser §240 Rn. 15; Träger/Altvater LK §240 Rn. 78; Wessels/Hettinger Rn. 423.

목적을 정당화할 수 없는 것처럼 목적도 수단을 정당화할 수 없기 때문이다. 따라서 본죄의 위법성 판단에 있어서는 첫째, 목적의 비난가능성을 고려해야 한다. 즉 범죄를 강요하기 위한 폭행·협박은 위법하지만, 폭행에 의하여 범죄를 저지하는 것은 적법하다고 해야 한다. 그러므로 음주운전을 막기 위하여 폭행을 하거나 자살을 못하게 강요하는 것은 본죄를 구성한다고 할 수 없다. 둘째, 수단의 비난가능성도 고려해야 한다. 정당한 목적을 달성하기 위한 경우에도 수단 자체가 고도의 불법내용을 가진 때에는 위법하게 된다. 생명 또는 신체에 위험을 초래하는 정도의 폭행을 하거나 방화를 하는 것은 어떤 경우에도 허용된다고 할 수 없기 때문이다. 일반적으로 폭행을 하는 경우에는 그 자체가 위법한 수단이므로 본죄의 위법성을 징표한다고 할 수 있다. 셋째, 목적과 수단의 관계를 고려해야 한다. 즉 목적과 수단 사이에는 연관성(Konnexität)이 있어야 하며, 따라서 폭행이나 협박이 권리를 행사하는 외관을 보이는 경우라 할지라도 목적과 강제수단 사이에 내적 연관이 없을 때에는 위법하다고 하지 않을 수 없다. 이러한 내적 연관이 인정되는 경우에도 수단이 그 목적을 달성하기 위한 상당한 것이라고 볼 수 없을 때에는 역시 목적과 수단의 관계를 일탈하여 위법하게 된다.[1]

16 (5) 죄 수 본죄는 개인의 자유를 보호하는 범죄 가운데 일반적인 범죄라고 할 수 있다. 따라서 체포와 감금의 죄, 약취·유인 및 인신매매의 죄 또는 강간죄나 강제추행죄가 성립하는 때에는 법조경합의 관계에 의하여 본죄는 성립하지 않는다. 본죄와 협박죄는 보충관계에 있다. 따라서 본죄가 성립하는 때에는 별도로 협박죄는 성립할 여지가 없다. 타인에게 범죄를 강요한 때에는 그 범죄의 교사와 본죄의 상상적 경합이 될 수 있다. 폭력에 의한 권리행사방해를 하고 이를 근거로 계속 갈취행위를 한 때에는 포괄하여 공갈죄 일죄를 구성한다.[2]

2. 특수강요죄

단체 또는 다중의 위력을 보이거나 위험한 물건을 휴대하여 제1항의 죄를 범한 자는 10년 이하의 징역 또는 5천만원 이하의 벌금에 처한다(제324조 2항).

미수범은 처벌한다(제324조 의5).

1 Horn/Wolters SK §240 Rn. 49; Sch/Sch/Eser §240 Rn. 18; Tröndle/Fischer §240 Rn. 41; Wessels/Hettinger Rn. 426.

2 대법원 1985. 6. 25. 84도2083.

단체 또는 다중의 위력을 보이거나 위험한 물건을 휴대하여 강요죄를 범함 16a
으로써 성립하는 범죄이다. 본죄는 행위방법의 위험성 때문에 가중된 구성요건으로, 폭처법의 관련 규정이 삭제되고 형법에 신설되어 2016. 1. 6. 공포 · 시행되었다. 단체 또는 다중의 위력을 보이는 것과 위험한 물건의 휴대의 의미는 특수폭행죄, 강요는 강요죄의 경우와 같다.

3. 중강요죄

제324조의 죄(강요죄)를 범하여 사람의 생명에 대한 위험을 발생하게 한 자는 10년 이하의 징역에 처한다(제326조).

본죄는 강요죄를 범하여 사람의 생명에 대한 위험을 발생하게 한 경우에 성 17
립하는 결과적 가중범이다. 여기서 사람의 생명에 대한 위험이란 생명에 대한 구체적 위험을 의미한다. 강요죄가 폭행죄보다 무거운 범죄임에도 불구하고 폭행죄를 범하여 사람의 생명에 대한 위험을 발생케 한 경우에 비하여(제262조, 제258조) 본죄를 가볍게 벌하는 것은 입법론상 의문이다.[1]

Ⅲ. 인질범죄

인질죄, 즉 인질강요죄는 인질강도죄와 함께 민생치안과 직결되는 국제적인 18
테러활동의 증가와 관련된 위험한 중범죄에 대처하기 위한 규정이며, 특히 인질강요죄는 외국에서 외교관 또는 공무원을 인질로 삼아 헌법기관이나 관료들에게 특정한 정치적 요구를 관철하거나 범죄인의 석방을 요구하는 테러활동에 대처하기 위한 범죄이다. 인질강도죄와 인질강요죄는 전자가 체포 · 감금죄 또는 약취 · 유인죄와 공갈죄, 후자는 공갈죄 대신 강요죄가 결합된 범죄라는 점에서 차이가 있지만, 양자가 모두 인질의 자유와 제3자의 의사결정과 활동의 자유를 보호하기 위한 범죄라는 점에서 깊은 관련을 갖고 있다.[2] 개정형법은 인질강도죄가 재산죄의 성질을 가지고 있음을 고려하여 강도죄와 함께 규정되어 있던 약취강도죄의

1 서일교 126면; 이형국 170면.

2 독일 형법이 제239조의a에서 인질강도죄를, 같은 조의b에서 인질강요죄를 규정하고 있고, 오스트리아 형법이 제102조에서 인질강요죄에 관한 규정만을 두고 인질강도도 이에 의하여 해결하는 것은 이러한 의미에서 이해할 수 있다.

죄명을 인질강도죄로 고치고, 그 구성요건을 「사람을 체포 · 감금 · 약취 또는 유인하여 이를 인질로 삼아 재물 또는 재산상의 이익을 취득하거나 제3자로 하여금 이를 취득하게 한 자」로 하여 인질강요죄의 그것과 일치하게 하는 한편, 강요죄에 관한 형법 제324조의 다음에 같은 조의2 내지 6까지 인질강요죄, 인질상해 · 치상죄, 인질살해 · 치사죄 및 그 미수범 처벌규정을 신설하고, 해방감경규정을 두었다.

1. 인질강요죄

사람을 체포 · 감금 · 약취 또는 유인하여 이를 인질로 삼아 제3자에 대하여 권리행사를 방해하거나 의무 없는 일을 하게 한 자는 3년 이상의 유기징역에 처한다(제324조의2).
미수범은 처벌한다(제324조의5).
본죄를 범한 자 및 그 죄의 미수범이 인질을 안전한 장소에 풀어준 때에는 그 형을 감경할 수 있다(제324조의6).

19 (1) **의 의** 사람을 체포 · 감금 · 약취 또는 유인하여 이를 인질로 삼아 제3자에 대하여 권리행사를 방해하거나 의무 없는 일을 하게 함으로써 성립하는 범죄이다(제324조의2). 체포 · 감금죄 또는 약취 · 유인죄와 강요죄의 결합범이며, 인질의 자유, 특히 장소선택의 자유와 피강요자의 의사결정의 자유를 보호법익으로 한다.

20 (2) **구성요건** 본죄가 성립하기 위하여는 체포 · 감금 또는 약취 · 유인과 강요라는 두 개의 행위가 있어야 한다. 따라서 체포 · 감금 · 약취 또는 유인하지 않은 자가 강요한 때에는 강요죄가 성립할 뿐이며 본죄는 성립하지 않는다. 체포 · 감금 · 약취 또는 유인의 개념은 체포 · 감금죄와 약취 · 유인죄의 그것과 같다. 반드시 강요의 목적으로 체포 · 감금 · 약취 또는 유인하였을 것을 요하지 않는다. 강요란 피체포 · 감금 · 약취 · 유인자를 인질로 삼아 제3자에게 권리행사를 방해하거나 의무 없는 일을 하게 하는 것을 말한다. 강요의 상대방은 제3자이다. 독일 형법의 해석상으로는 인질에 대한 강요도 포함된다고 해석하는 것이 다수설이나,[1] 형법은 제3자임을 명문으로 요구하고 있다. 제3자는 자연인뿐만 아니라 법인, 법인격 없는 단체 또는 국가기관을 포함한다. 인질로 삼는다는 것은 체포 ·

1 Joecks §239b Rn. 10; Renzikowski MK §239b Rn. 20; Sch/Sch/Eser §239b Rn. 6; Träger/Schluckebier LK §239b Rn. 7.

감금·약취 또는 유인된 자의 생명·신체의 안전에 관한 제3자의 우려를 이용하여 석방이나 생명·신체에 대한 안전을 보장하는 대상으로 제3자를 강요하기 위하여 자유를 구속하는 것을 말한다.

본죄의 미수범은 처벌한다(제324조의5). 착수시기는 강요행위를 개시한 때이며, 21
이로 인하여 권리행사를 방해하였을 때에 기수가 된다.

(3) **형의 감경** 본죄를 범한 자 및 그 죄의 미수범이 인질을 안전한 장 22
소로 풀어준 때에는 그 형을 감경할 수 있다(제324조의6).[1] 이미 기수에 달하여 돌이킬 수 없는 상황에 있는 행위자에게도 중지의 유혹을 줌으로써 인질을 보호하고자 하는 형사정책적 목적을 가진 규정이다.[2] 인질을 안전한 장소로 풀어주면 족하며 자의성을 요하지 않고, 기수가 된 이후에 중지한 경우에도 적용되며, 임의적 감경을 내용으로 한다는 점에서 중지미수와 구별된다는 점은 약취·유인의 죄에서 본 바와 같다.

2. 인질상해·치상죄

제324조의2의 죄를 범한 자가 인질을 상해하거나 상해에 이르게 한 때에는 무기 또는 5년 이상의 징역에 처한다(제324조의3).
미수범은 처벌한다(제324조의5).
제324조의3의 죄를 범한 자 및 그 미수범이 인질을 안전한 장소로 풀어준 때에는 그 형을 감경할 수 있다(제324조의6).

인질강요죄를 범한 자가 인질을 상해하거나 상해에 이르게 함으로써 성립하 23
는 범죄이다. 인질상해죄는 인질강요죄와 상해죄의 결합범이며, 인질치상죄는 인질강요죄에 대한 결과적 가중범이다. 인질상해죄의 미수범은 처벌한다(제324조의5). 다만, 인질을 안전한 장소로 풀어준 때에는 형을 감경할 수 있다(제324조의6).

3. 인질살해·치사죄

제324조의2의 죄를 범한 자가 인질을 살해한 때에는 사형 또는 무기징역에 처한다. 사망에 이르게 한 때에는 무기 또는 10년 이상의 징역에 처한다(제324조의4).
미수범은 처벌한다(제324조의5).

---

1 독일 형법 제239조의a 제4항, 오스트리아 형법 제102조 4항 및 일본 개정형법초안 제307조 4항을 모범으로 한 규정이다.

2 Krey/Hellmann Rn. 328; Renzikowski MK §239a Rn. 97; Sch/Sch/Eser §239a Rn. 40.

24 인질강요죄를 범한 자가 인질을 살해하거나 사망에 이르게 한 때에 성립하는 범죄이다. 인질살해죄는 사형 또는 무기징역, 인질치사죄는 무기 또는 10년 이상의 징역으로 처벌한다. 강도살인죄 및 강도치사죄의 경우와 법정형이 동일하다.

§11 제5절 강간과 추행의 죄

Ⅰ. 총 설

1. 강간과 추행의 죄의 의의

1 강간과 추행의 죄란 개인의 성적 자유[1] 내지 애정의 자유[2]를 침해하는 것을 내용으로 하는 범죄를 말한다. 개인의 성적 자기결정의 자유(Freiheit der sexuellen Selbstbestimmung)를 침해하는 범죄라고도 할 수 있다. 성적 자기결정의 자유는 인간의 인격적 자유에 속하는 것이지만 엄격히 말하면 인격적 자유보다는 넓은 개념이다. 그것은 성생활의 여부를 스스로 결정할 자유뿐만 아니라, 인격적 성숙을 기초로 한 성생활의 가능성을 포함하는 개념이기 때문이다.[3] 그러나 강간과 추행의 죄가 성생활에 있어서의 자기결정을 포괄적으로 보호하는 구성요건은 아니다. 즉 그것은 성행위를 할 자유를 보호하는 것이 아니라 성행위로부터의 소극적 자유를 보장하는 데 지나지 않는다.

2 강간과 추행의 죄 특히 강간죄(Vergewaltigung, rape)는 고대부터 처벌되어 오던 범죄이다. 로마법에서는 강간죄(stuprum violentum)를 폭행죄(crimervis)의 일종으로 처벌하여 왔으며, 독일에서는 이를 성적 명예(Geschlechtsehre)에 대한 침해로 파악하여 독립된 범죄로 취급하고 있었다. 1794년의 프로이센 일반란트법은 부녀를 강간하거나 12세 미만의 소녀를 간음한 자를 처벌하는 규정을 두었고(제1048조 이하), 1813년의 바이에른 형법은 제186조 이하에서 현대적 형태의 강간죄를 규정하고 있었다. 그리고 1851년의 프로이센 형법은 프랑스 형법 제332조의 영향을 받아 강간죄와 준강간

1 김일수/서보학 128면; 김종원 127면; 박상기 146면; 배종대 43/1; 신동운 706면; 이형국 208면; 임웅 189면; 정성근/박광민 169면; 정영석 271면; 황산덕 213면.

2 유기천 121면.

3 Maurach/Schroeder/Maiwald 1 17/15.

죄에 추행을 포함시키면서(제144조) 감독자간음죄(제142조)를 별도로 규정하였으며, 1871년의 형법에 이르러 강간죄와 별도로 준강간죄가 규정되기에 이르렀다.[1]

일본 형법은 강간과 추행의 죄를 외설 · 간음 및 중혼의 죄의 장에서 사회적 3
법익에 대한 죄로 규정하고 있다(제176조 내지 제181조). 독일 형법에서도 강간과 추행의 죄가 종래 제13장의 풍속에 대한 범죄(Verbrechen und Vergehen wider Sittlichkeit)로 규정되어 있던 것을 1973년의 형법개정에 의하여 성적 자기결정에 대한 죄(Straftaten gegen die sexuelle Selbstbestimmung)로 고쳐서 개인적 법익에 대한 죄로서의 성격을 뚜렷이 하고 있음에도 불구하고, 규정의 체계와 내용에 비추어 아직도 개인적 법익의 보호뿐만 아니라 사회질서도 보호하는 범죄라고 이해할 수 있는 여지가 남아 있다.[2] 형법은 이러한 입법례와는 달리 본죄를 각칙 제22장의 성풍속을 해하는 죄와 구별하여 순수히 개인의 자유를 보호하는 범죄로 규정한 점에 특색이 있다. 형법의 이러한 태도는 타당하다.

2. 구성요건의 체계

강간과 추행의 죄의 기본적 구성요건은 강제추행죄(제298조)이다. 성적 자기결 4
정의 자유를 침해하는 고유한 형태의 범죄가 강제추행죄라고 할 수 있기 때문이다. 강간죄(제297조)는 사람을 간음함으로써 사람의 성적 자유를 현저히 침해하였기 때문에 그 불법이 가중되는 가중적 구성요건이다. 준강간(강제추행)죄(제299조)와 의제강간(강제추행)죄(제305조)는 강간이나 강제추행은 아니지만 형법이 이에 준하여 취급하는 구성요건이며, 강간죄와 강제추행죄에 대한 가중적 구성요건으로는 강간(강제추행)치사상죄(제301조, 제301조의2)가 있다. 결과적 가중범에 관한 규정으로서 불법이 가중되는 경우이다.

미성년자간음죄(제302조)와 업무상위력 등에 의한 간음죄(제303조)는 인간의 성적 자유를 보호한다는 점에서는 공통되지만 그 객체와 침해의 방법이 다르고 부수적으로 별도의 보호법익을 가지고 있는 독립된 구성요건이다. 형법은 강간죄 · 강제추행죄 및 준강간(강제추행)죄의 미수범을 처벌하고 있다(제300조). 혼인빙자간음

---

1 Maurach/Schroeder/Maiwald 17/1, 2 참조.

2 Otto S. 311.

죄(제304조)는 형법 일부개정법률에 의하여 삭제되었다.[1]

형법의 강간과 추행의 죄에 대한 특별법으로 성폭력범죄의 처벌 등에 관한 특례법(이하 성폭력처벌법)과 아동·청소년의 성보호에 관한 법률(이하 청소년성보호법)이 있다. 형법은 성적 자기결정의 자유를 가진 자에 대하여는 폭행·협박에 의하여 강간 또는 추행한 자를 처벌하면서, 이러한 자유를 갖지 못한 16세 미만의 미성년자나 심신상실자 등을 간음·추행한 자는 강간죄 또는 강제추행죄로 처벌하는 한편, 성적 자기결정의 자유가 제한된 미성년자나 심신미약자 등에 대하여는 위계·위력으로 간음 또는 추행한 경우를 처벌하는 태도를 취하고 있다. 그러나 성폭력처벌법은 특수강간 등 죄(동법 제4조), 친족 강간 등 죄(제5조),[2] 장애인 강간·강제추행 등 죄(제6조), 13세 미만자 강간·강제추행 등 죄(제7조), 강간 등 상해·치상죄(제8조), 강간 등 살인·치사죄(제9조)를 가중처벌하고, 업무상위력 추행죄(제10조), 공중밀집장소 추행죄(제11조), 성적 목적 다중이용장소 침입죄(제12조), 통신매체이용 음란행위죄(제13조), 카메라 등 이용 촬영(제14조 1항)·촬영물 등 반포 등(동조 2항)·촬영물 등 소지 등(동조 4항)의 죄, 허위영상물 등 반포 등 죄(제14조의2), 촬영물 등 이용 협박·강요죄(제14조의3), 미수범(제15조) 및 예비·음모죄(제15조의2)를 규정하고 있다. 청소년성보호법은 아동·청소년 강간·강제추행 등 죄(동법 제7조)를 가중처벌하고, 동죄의 예비·음모죄(제7조의2), 장애인 아동·청소년 간음 등 죄(제8조), 강간 등 상해·치상죄(제9조), 강간 등 살인·치사죄(제10조)와 아동·청소년에 대한 성착취목적 대화죄(제15조의2) 등을 규정하고 있다.[3]

5 2012. 12. 18. 형법 일부개정법률에 의하여 형법상의 성범죄와 성폭력처벌법은 중대한 개정을 겪게 되었다. 즉, ① 강간죄·강제추행죄, 준강간죄·준강제추행죄, 미성년자 의제강간죄 등 형법상의 모든 성범죄에 대한 친고죄 규정과 성폭력처벌법의 업무상위력 추행죄, 공중밀집장소 추행죄, 통신매체이용 음란행위죄 등의 성범죄에 대한 친고죄 규정 및 청소년성보호법상의 아동·청소년을 대상으로 한 업무상위력 추행죄, 공중밀집장소 추행죄와 통신매체이용 음란행위죄에 대한 반의사불벌죄의 규정은 모두 폐지되었다. ② 강간죄·업무상위력 간음죄·미성년자 의제강간죄 등의 객

1 헌법재판소는 종래의 혼인빙자간음죄(제304조)가 여성의 성적 자기결정의 자유를 무시했다는 이유로 위헌결정하였다.

헌재 2009. 11. 26. 2008헌바58, 2009헌바191(병합) 전원재판부, 「형법 제304조 중 '혼인을 빙자하여 음행의 상습 없는 부녀를 기망하여 간음한 자'의 부분은 남녀 평등의 사회를 지향하고 실현해야 할 국가의 헌법적 의무(헌법 제36조 제1항)에 반하는 것이자, 여성을 유아시(幼兒視)함으로써 여성을 보호한다는 미명 아래 사실상 국가 스스로가 여성의 성적 자기결정권을 부인하는 것이 되므로, 이 사건 법률조항이 보호하고자 하는 여성의 성적 자기결정권은 여성의 존엄과 가치에 역행하는 것이다.」

2 친족의 범위는 4촌 이내의 혈족·인척과 동거하는 친족으로 하며, 사실상의 관계에 의한 친족을 포함한다(성폭력처벌법 제5조 4항, 5항).

3 아동·청소년이란 19세 미만의 사람을 말한다(청소년성보호법 제2조 1호).

체는 「부녀」에서 「사람」으로 확대되었으며, ③ 폭행 또는 협박으로 사람에 대하여 구강 · 항문 등 신체의 내부에 성기를 넣는 행위 등을 처벌하는 유사강간죄의 규정(제297조의2)을 신설하고, 여성의 성적 주체성을 훼손하는 규정으로 이미 헌법재판소에서 위헌결정을 받은 혼인빙자간음죄를 폐지하였다. 사회가 다층화되고 복잡하게 발달함에 따라 성범죄 역시 다양한 양상을 띠고 변화하고 있으나 형법에서는 이러한 변화의 양상을 담아내지 못하여 다양화된 성범죄에 효과적으로 대처할 필요가 있고, 중대한 범죄인 성폭력범죄를 친고죄로 규정한 것은 형법체계와 일치하지 않는다는 점을 고려한 결과이다.

Ⅱ. 강간죄와 강제추행죄

1. 강 간 죄

폭행 또는 협박으로 사람을 강간한 자는 3년 이상의 유기징역에 처한다(제297조).

폭행 또는 협박으로 사람에 대하여 구강 · 항문 등 신체(성기는 제외한다)의 내부에 성기를 넣거나 성기 · 항문에 손가락 등 신체(성기는 제외한다)의 일부 또는 도구를 넣는 행위를 한 사람은 2년 이상의 유기징역에 처한다(제297조의2).

미수범은 처벌한다(제300조).

(1) 의 의 폭행 또는 협박으로 사람을 강간하거나, 사람에 대하여 6
구강 · 항문 등 신체(성기는 제외한다)의 내부에 성기를 넣거나 성기 · 항문에 손가락 등 신체(성기는 제외한다)의 일부 또는 도구를 넣는 행위를 함으로써 성립하는 범죄이다. 행위가 강간이기 때문에 강제추행죄에 대하여 불법이 가중되는 가중적 구성요건이다. 가중의 이유는 원하지 않는 임신의 위험 때문이 아니라, 강간으로 인하여 사람의 성적 자기결정의 자유가 현저히 침해되었다는 점에 있다.

(2) 객관적 구성요건

1) 주 체 본죄의 주체에는 제한이 없다. 따라서 남자뿐만 아니라 여 7
자도 본죄의 주체가 될 수 있다. 여자는 간접정범의 형태로 여자를 강간할 수 있다. 1인이 간음을 하고 다른 사람은 폭행 · 협박을 한 경우에 폭행 · 협박만 한 자도 본죄의 공동정범이 된다.[1] 여자가 단독으로 남자를 강간할 수 있는 것도 물론이다.

2) 객 체 본죄의 객체는 사람이다. 따라서 여자뿐만 아니라 남자도 8

1 대법원 1984. 6. 12. 84도780.

본죄의 객체가 될 수 있다. 아동·청소년을 강간하여 청소년성보호법에 해당하는 때에도 같다.

사람인 이상 기혼·미혼, 성년·미성년을 묻지 않는다. 13세 미만의 사람도 본죄의 객체가 될 수 있다. 다만 13세 미만의 사람에 대하여 본죄를 범한 때에는 성폭력처벌법에 의하여 무기 또는 10년 이상의 징역의 형으로 가중처벌된다(제7조 1항). 아동·청소년을 강간한 사람은 무기 또는 5년 이상의 징역에 처한다(청소년성보호법 제7조 1항). 사람이 음행의 상습이 있거나 매춘부이거나, 행위자와 성관계를 맺고 있던 자이거나 불문한다. 성교능력이 없는 소년·소녀나 늙은 사람 또한 본죄의 객체가 될 수 있다.

2012. 12. 18. 개정 전 형법은 본죄의 객체를 '부녀'로 한정하고 있었기 때문에 성전환수술에 의하여 여자로서의 체형을 가지고 여자로 생활해 온 자가 본죄의 객체가 될 수 있는가가 문제되었다.[1]

본죄의 객체는 사람이면 족하므로 성전환수술을 받은 사람도 당연히 본죄의 객체가 된다고 해야 한다.

9 법률상의 배우자가 본죄의 객체로 될 수 있느냐에 대하여는 견해가 대립한다. 독일 형법은 1998년의 형법개정법률에 의하여 제177조의「부녀에게 혼인 외의 성교를 강요한 자」라는 규정을「타인에게 폭행·협박 또는 피해자가 행위자의 영향에 보호 없이 맡겨진 상태를 이용하여 성교하거나 유사성교행위를 한 자」로 고쳐 법률상의 처는 물론 남자도 본죄의 객체에 포함되게 하였으나, 형법에는 이러한 규정이 없기 때문이다. 혼인계약의 내용에 강요된 동침까지 포함된다고 해석할 수는 없으므로 부부관계가 해소되어 가는 경우는 물론 그렇지 않은 때에도 배우자에 대한 강간죄의 성립을 인정해야 한다는 견해[2]도 있으나, 다수설은 부부

1 대법원 2009. 9. 10. 2009도3580,「강간죄의 객체는 부녀로서 여자를 가리키는 것이므로, 강간죄의 성립을 인정하기 위하여는 피해자를 법률상 여자로 인정할 수 있어야 한다. 종래에는 사람의 성을 성염색체와 이에 따른 생식기·성기 등 생물학적인 요소에 따라 결정하여 왔으나, 근래에 와서는 생물학적인 요소뿐 아니라 개인이 스스로 인식하는 남성 또는 여성으로의 귀속감 및 개인이 남성 또는 여성으로서 적합하다고 사회적으로 승인된 행동·태도·성격적 특징 등의 성역할을 수행하는 측면, 즉 정신적·사회적 요소들 역시 사람의 성을 결정하는 요소 중의 하나로 인정받게 되었으므로, 성의 결정에 있어 생물학적 요소와 정신적·사회적 요소를 종합적으로 고려하여야 한다.」

2 박상기 149면; 오영근 139면; 유기천 124면.

관계의 특수성과 본죄의 법정형을 고려할 때 배우자는 본죄의 객체가 될 수 없다고 한다.[1] 대법원은 종래 처에 대하여는 본죄의 성립을 부정하면서,[2] 다만 혼인관계가 파탄되어 실질적인 부부관계가 인정될 수 없는 상태에 이른 때에는 법률상의 배우자인 처도 본죄의 객체가 된다고 해석하였으나,[3] 2013년 전원합의체판결을 통하여 「실질적인 혼인관계가 유지되고 있다고 해도 폭행이나 협박으로 배우자를 간음한 경우에는 강간죄가 성립한다」고 판시하였다.[4]

3) 행 위 폭행 또는 협박에 의하여 사람을 강간하거나 사람에 대하여 구강·항문 등 신체(성기는 제외한다)의 내부에 성기를 넣거나 성기·항문에 손가락 등 신체(성기는 제외한다)의 일부 또는 도구를 넣는 행위를 하는 것이다.

(가) 폭행·협박 폭행이란 사람에 대한 유형력의 행사를 말한다. 폭행은 10
피해자 본인에 대한 유형력의 행사에 제한된다고 해야 한다.[5] 제3자에 대한 폭행은 협박이 되는 데 불과하기 때문이다. 협박이란 해악을 통고하는 것을 말한다. 반드시 본인에 대한 해악의 통고에 한하지 않고 제3자에 대한 해악(예컨대 자녀에 대한 해악)의 통고도 포함한다. 해악의 내용에는 제한이 없다.

폭행·협박의 정도에 관하여는 견해가 대립되고 있다. 본죄의 폭행·협박을 11
강도죄의 그것과 같이 해석하여 상대방의 의사를 억압할 정도에 이를 것을 요한다는 견해[6]도 있으나, 통설은 반드시 상대방의 반항을 불가능하게 하는 경우뿐만 아니라 그것을 현저하게 곤란하게 하는 것도 포함한다고 해석하고 있다.[7] 생각건

1 김일수/서보학 131면; 김종원 128면; 손동권/김재윤 151면; 신동운 709면; 이형국 213면; 임웅 199면; 정영석 272면; 황산덕 214면.

2 대법원 1970. 3. 10. 70도29.

3 대법원 2009. 2. 12. 2008도8601.

4 대법원 2013. 5. 16. 2012도14788 전원합의체판결, 「(1) 강간죄에서 부녀란 성년이든 미성년이든, 기혼이든 미혼이든 불문하고 곧 여자를 가리키는 것이기 때문에 법률상의 처도 강간죄의 객체에 포함된다고 보아야 한다. (2) 부부 사이에는 민법상의 동거의무가 인정되고 여기에는 배우자와 성생활을 함께 할 의무가 포함되지만, 거기에 폭행·협박에 의하여 강요된 성관계를 감내할 의무까지 내포되어 있다고는 할 수 없으므로 혼인관계가 파탄된 경우뿐만 아니라 혼인관계가 실질적으로 유지되고 있는 경우에도 남편이 반항을 불가능하게 하거나 현저히 곤란하게 할 정도의 폭행·협박을 가하여 아내를 간음한 경우에는 강간죄가 성립한다고 보아야 한다.」

그러나 이 판결에 대하여는 ① 남편에 의한 처의 성적 자기결정의 자유에 대한 침해가 3년 이상 30년 이하의 징역으로 처벌해야 할 불법이라고 할 수 있는가, ② 술에 취했거나, 잠자고 있는 처를 간음한 경우에도 준강간죄로 같은 형으로 처벌할 수 있는가, ③ 처에 대한 강제추행죄도 긍정해야 하는가라는 의문이 제기된다.

5 Horn/Wolters SK §177 Rn. 10; Tröndle/Fischer §177 Rn. 6, 7a.

6 유기천 122면.

7 강구진 176면; 김일수/서보학 132면; 김종원 128면; 배종대 44/5; 신동운 710면; 이정원 198면;

대 본죄는 개인의 성적 자유를 보호하기 위한 범죄로서, 재산권을 보호법익으로 하는 공갈죄와 엄격히 구별해야 하는 강도죄와 같은 정도의 폭행·협박을 요한다고 해야 할 이유는 없다. 그러므로 본죄의 폭행·협박은 상대방에게 심리적·육체적으로 영향을 미쳐 반항을 불가능하게 하거나 곤란하게 하는 정도면 족하다고 해석해야 한다. 대법원도 본죄의 폭행·협박은 상대방의 반항을 현저히 곤란하게 할 정도로 족하다고 판시하고 있다.[1] 따라서 본죄의 폭행에는 절대적 폭력에 의하여 상대방의 반항을 불가능하게 하는 경우뿐만 아니라 강압적 폭력에 의하여 그 반항을 포기하게 하는 경우도 포함된다.

마취제 또는 수면제 등의 약물을 사용하거나 최면술을 거는 것도 본죄의 폭행에 해당한다.[2] 그것은 절대적 폭력의 한 유형이라고 보아야 하기 때문이다.

12 (나) 강 간 강간이란 폭행·협박에 의하여 상대방의 반항을 곤란하게 하고 사람을 간음하는 것을 말하며, 여기서 간음이란 남자의 성기를 여자의 성기 속에 몰입케 하는 것을 뜻한다.

폭행·협박과 간음 사이에는 인과관계가 있어야 하지만, 폭행·협박이 반드시 간음행위보다 선행되어야 하는 것은 아니다.[3] 다만 폭행·협박은 간음의 종료 이전에 행하여져야 하며, 또 그것은 행위자에 의하여 행하여질 것을 요한다. 타인이 행한 폭행·협박을 이용하여 간음한 때에는 준강간죄는 성립할 수 있어도 본죄는 성립하지 않는다. 또한 피해자의 반항의사는 간음시에도 존재할 것을 요한다. 다만 피해자가 현실적으로 반항하였을 것까지 요하는 것은 아니다.

행위자가 본죄의 실행에 착수하기 전에 상대방이 이에 동의한 때에는 강간이라고 할 수 없다. 즉 피해자의 동의는 구성요건해당성을 조각하는 양해가 된다. 행위자가 실

이형국 214면; 임웅 200면; 정성근/박광민 173면.

1 대법원 2007. 1. 25. 2006도5979, 「강간죄가 성립하려면 가해자의 폭행·협박은 피해자의 항거를 불가능하게 하거나 현저히 곤란하게 할 정도의 것이어야 하고, 그 폭행·협박이 피해자의 항거를 불가능하게 하거나 현저히 곤란하게 할 정도의 것이었는지 여부는 그 폭행·협박의 내용과 정도는 물론, 유형력을 행사하게 된 경위, 피해자와의 관계, 성교 당시와 그 후의 정황 등 모든 사정을 종합하여 판단하여야 한다. 따라서 유부녀인 피해자에 대하여 혼인 외 성관계 사실을 폭로하겠다는 등의 내용으로 협박하여 피해자를 간음 또는 추행한 경우에는 위와 같은 협박이 피해자를 단순히 외포시킨 정도를 넘어 적어도 피해자의 항거를 현저히 곤란하게 할 정도의 것이었다고 보기에 충분하므로, 강간죄 및 강제추행죄가 성립한다.」

2 강구진 176면; 김일수/서보학 132면; 김종원 128면; 이형국 215면; 정성근/박광민 173면.

3 대법원 2017. 10. 12. 2016도16948.

행에 착수한 이후에 동의한 때에는 본죄의 미수가 된다. 그러나 본죄가 기수에 이른 이후에 성적 흥분으로 인하여 반항하지 않았다 할지라도 본죄의 성립에 영향이 없다.

(다) 유사강간 유사강간이란 폭행 · 협박으로 사람에 대하여 구강 · 항문 13
등 신체(성기는 제외한다)의 내부에 성기를 넣거나 성기 · 항문에 손가락 등 신체(성기는 제외한다)의 일부 또는 도구를 넣는 행위를 말한다. 통상 구강성교와 항문성교(Oral-Analverkehr)를 의미하나, 반드시 여기에 제한되는 것은 아니다. 유사강간이 되기 위해서는 첫째, 신체의 내부에 성기 · 신체 또는 도구를 넣는 행위여야 하고, 둘째 피해자에게 성적 수치심과 혐오의 감정을 일으키는 것이어야 한다.[1] 구강성교와 항문성교가 여기에 해당한다는 점에는 다툼이 없으나, 성기 또는 입에 손가락을 넣는 행위가 유사강간행위에 해당하는가에 관하여는 다툼의 여지가 있다. 성기 · 항문에 손가락 등 신체의 전부 또는 일부를 넣는 행위가 유사강간이 되는 것은 명백하다. 그러나 단순히 손가락이나 도구를 입에 넣는 행위만으로 유사강간행위가 된다고 단정할 수는 없다. 입은 성기라고 할 수 없고, 유사강간행위에 해당하는가의 여부는 피해자의 성적 수치심과 침해의 강도를 종합하여 구체적인 경우에 개별적으로 판단해야 하기 때문이다.[2]

(라) 착수시기와 기수시기 본죄의 미수범은 처벌한다(제300조). 여기서 본죄의 14
착수시기와 기수시기가 문제된다. 본죄는 사람을 간음하기 위하여 폭행 · 협박을 개시할 때에 실행의 착수가 있다.

따라서 강간할 목적으로 방에 침입하여 자고 있는 피해자의 엉덩이를 만지면서 간음을 기도하였다는 것만으로는 강간죄의 수단인 폭행 · 협박에 착수하였다고 할 수 없음에 반하여,[3] 여자 혼자 있는 방문을 두드리고 여자가 위험을 느끼고 가까이 오면 뛰어내리겠다고 하는데도 창문으로 침입하려 한 때에는 폭행에 착수하였다고 할 수 있으므로 강간죄의 착수가 있다고 해야 한다(대법원 1991. 4. 9. 91도288).

---

1 Fischer §177 Rn. 66, 67; Frommel NK §177 Rn. 64; Lackner §177 Rn. 11; Sch/Sch/Lenckner/Perron/Eisele §177 Rn. 20.

2 Fischer §177 Rn. 67b; Frommel NK §177 Rn. 64; Sch/Sch/Lenckner/Perron/Eisele §177 Rn. 20.

3 대법원 1990. 5. 25. 90도607, 「강간죄의 실행의 착수가 있었다고 하려면 강간의 수단으로서 폭행이나 협박을 한 사실이 있어야 할 터인데 피고인이 강간할 목적으로 피해자의 집에 침입하였다 하더라도 안방에 들어가 누워 자고 있는 피해자의 가슴과 엉덩이를 만지면서 간음을 기도하였다는 사실만으로는 강간의 수단으로 피해자에게 폭행이나 협박을 개시하였다고 하기는 어렵다.」

본죄의 기수시기에 대하여는 종래 삽입설과 만족설의 대립이 있었으나, 현재로는 남자의 성기가 여자의 성기 속에 들어가는 순간에 기수가 된다는 데 이론이 없다. 남자의 성기가 완전히 삽입되거나 그 이상 사정 또는 성욕의 만족이 있을 것을 요하지 않는다. 본죄가 성욕의 만족이나 임신의 위험을 금지하는 데 그 본질이 있는 것이 아니라, 사람의 성적 자유를 침해하는 것을 본질로 하는 죄이기 때문이다.

유사강간행위도 신체(성기는 제외한다)의 내부에 성기를 넣거나 성기·항문에 손가락 등 신체(성기는 제외한다)의 일부 또는 도구를 넣는 행위를 한 때에 기수가 된다.

15 (3) **주관적 구성요건** 본죄가 성립하기 위한 주관적 구성요건으로는 고의가 있어야 한다. 따라서 폭행·협박에 의하여 사람을 강간한다는 고의를 필요로 한다. 미필적 고의로 족하다. 간음이 피해자의 의사에 반한다는 인식도 고의의 내용이 된다. 그러므로 피해자의 동의가 있다고 오인한 때에는 고의를 조각한다.

16 (4) **죄 수** 동일한 폭행·협박을 이용하여 수회 간음한 때에는 단순일죄가 성립할 뿐이다.[1] 본죄와 폭행·협박죄는 법조경합의 관계에 있다. 따라서 본죄가 성립할 때에는 폭행죄나 협박죄가 별도로 성립할 여지는 없다. 그러나 강간을 위한 사람의 감금행위는 본죄에 포함되지 않고 별죄를 구성하게 된다.[2] 이 경우에는 본죄와 감금죄가 경합범이 된다.[3] 본죄가 성립한 때에는 강제추행죄는 본죄에 흡수된다. 사람의 주거에 침입하여 강간한 때에는 주거침입죄와 본죄의 경합범이 된다.[4]

17 (5) **특수강간죄** 성폭력처벌법은 강간죄에 대한 가중적 구성요건으로 특수강간죄를 규정하고 있다. 특수강간죄는 흉기나 그 밖의 위험한 물건을 지닌 채 또는 2명 이상이 합동하여 형법 제297조(강간)의 죄를 범했을 때에 성립한다. 행위방법의 위험성으로 인하여 불법이 가중된 경우이다. 흉기나 그 밖의 위험한 물건을 지닌다는 것은 특수폭행죄의 그것과 같다. 2명 이상이 합동하여란 합동범의 경우를 규정한 것이며, 시간적·장소적 협동을 의미한다.[5] 2명 이상이 간음을

---

1 대법원 1970. 9. 29. 70도1516.

2 대법원 1984. 8. 21. 84도1550; 대법원 1997. 1. 21. 96도2715.

3 대법원 1983. 4. 26. 83도323 판결은 양 죄의 상상적 경합을 인정하고 있다.

4 대법원 1988. 12. 13. 88도1807.

5 대법원 1998. 2. 27. 97도1757.

공동으로 할 것을 요하는 것은 아니다. 따라서 윤간의 경우뿐만 아니라 현장에서 2명 이상이 공동한 이상 1인이 간음한 경우에도 본죄가 성립한다.

특수강간죄는 무기징역 또는 7년 이상의 징역으로 처벌한다(제4조 1항).

2. 강제추행죄

폭행 또는 협박으로 사람에 대하여 추행한 자는 10년 이하의 징역 또는 1,500만원 이하의 벌금에 처한다(제298조).
미수범은 처벌한다(제300조).

18 (1) 의 의 강제추행죄(强制醜行罪, sexuelle Nötigung)는 폭행 또는 협박으로 사람에 대하여 추행을 함으로써 성립한다. 사람의 성적 자유 내지 성적 자기결정의 자유를 보호하기 위한 기본적 구성요건이다.

(2) 객관적 구성요건

19 1) 주체와 객체 본죄의 주체에는 아무런 제한이 없다. 남자뿐만 아니라 여자도 본죄의 주체가 된다. 본죄는 신분범도 자수범도 아니다. 따라서 여자도 본죄의 단독정범 또는 공동정범이 될 수 있다.

객체는 사람이다. 따라서 여자뿐만 아니라 남자도 포함하며, 기혼·미혼 또는 그 연령의 여하는 묻지 않는다.

2) 행 위 폭행 또는 협박으로 추행하는 것이다.

20 (가) 폭행 · 협박 폭행 또는 협박의 개념은 강간죄의 그것과 같다. 다만 본죄에 있어서는 폭행 또는 협박의 정도에 관하여 견해가 대립되고 있다. 본죄의 법정형으로 벌금형이 규정되어 있는 점에 비추어 강간죄의 폭행·협박과 폭행죄와 협박죄의 그것의 중간 정도, 즉 일반인으로 하여금 항거에 곤란을 느끼게 할 정도[1] 또는 상대방의 의사의 임의성을 잃게 할 정도에 이르면 족하다는 견해[2]가 유력하다. 대법원은 강제추행죄에 있어서 폭행 또는 협박이 항거를 곤란하게 할 정도일 것을 요한다고 판시하면서도,[3] 폭행행위 자체가 추행행위라고 인정되는 경우에는 「상대방의 의사에 반하는 유형력의 행사가 있는 이상 그 힘의 대소강약

1 김일수 145면; 박상기 161면; 서일교 82면; 손동권/김재윤 158면; 신동운 716면; 이건호 480면; 임웅 211면.
2 강구진 172면; 정영석 275면.
3 대법원 2007. 1. 25. 2006도5979; 대법원 2012. 7. 26. 2011도8805.

은 불문한다」고 하였으나,[1] 2023년 견해를 변경하여 강제추행죄의 '폭행 또는 협박'은 상대방의 항거를 곤란하게 할 정도로 강력할 것이 요구되지 아니하고, 상대방의 신체에 대하여 불법한 유형력을 행사(폭행)하거나 일반적으로 보아 상대방으로 하여금 공포심을 일으킬 수 있는 정도의 해악을 고지(협박)하는 것이라고 보아야 한다고 판시하였다.[2] 그러나 본죄의 법정형으로 벌금형이 규정되어 있는 것은 추행의 개념이 강간과는 달리 넓게 해석될 여지가 있기 때문이며 본죄의 폭행 · 협박의 정도가 강간죄의 그것보다 가벼운 정도이기 때문은 아니라 할 것이므로, 본죄의 폭행 · 협박은 강간죄에 있어서와 같이 상대방의 반항을 불가능하게 하거나 또는 현저하게 곤란하게 할 정도에 이를 것을 요한다고 해석하는 것이 타당하다고 생각된다.[3]

상대방의 반항을 곤란하게 할 정도의 폭행 · 협박을 요한다고 하여 폭행 · 협박이 반드시 추행 이전에 행하여질 것을 요하지 아니하며, 폭행 · 협박과 추행이 동시에 행하여지거나 폭행 자체가 추행행위에 해당하는 때에도 본죄가 성립한다.[4]

21 (나) **추 행** 추행이란 성욕의 흥분, 자극 또는 만족을 목적으로 하는 행위로서 건전한 상식 있는 일반인의 성적 수치 · 혐오의 감정을 느끼게 하는 일체의 행위를 의미한다고 정의되고 있다.[5] 이에 의하면 추행이라고 하기 위하여는 객관적으로 일반인의 성도덕감정을 침해한다는 요소와 함께 성욕을 자극 또는 만족할 목적이라는 주관적 요소가 존재할 것을 필요로 하게 된다. 그러나 ① 추행이 되기 위하여 성욕의 자극 또는 만족이라는 목적을 필요로 할 때에는 복수 · 혐오 또는 호기심과 같은 동기에서 행한 음란행위는 추행에 해당하지 않는다는 부당한 결과가 되고, ② 성적 자유의 보호가 행위자의 경향이나 목적에 의하여 좌우된다는 것은 합리적이라고 할 수 없을 뿐 아니라, 이를 추행의 요소로 요

1 대법원 2002. 4. 26. 2001도2417, 「강제추행죄에 있어서 폭행 또는 협박을 한다 함은 먼저 상대방에 대하여 폭행 또는 협박을 가하여 그 항거를 제압한 뒤에 추행행위를 하는 경우만을 말하는 것이 아니고 폭행행위 자체가 추행행위라고 인정되는 경우도 포함되는 것이라 할 것이고, 이 경우에 있어서의 폭행은 반드시 상대방의 의사를 억압할 정도의 것임을 요하지 않고 다만 상대방의 의사에 반하는 유형력의 행사가 있는 이상 그 힘의 대소강약을 불문한다.」
동지 : 대법원 2020. 7. 23. 2019도15421.

2 대법원 2023. 9. 21. 2018도13877 전원합의체판결.

3 김일수/서보학 138면; 김종원 133면; 오영근 146면; 이정원 205면; 정성근/박광민 179면; 황산덕 215면.

4 대법원 2015. 9. 10. 2015도6980; 대법원 2020. 7. 23. 2019도15421.

5 김일수/서보학 137면; 김종원 133면; 박상기 161면; 신동운 715면; 유기천 124면; 정영석 275면.

구할 때에는 구성요건의 명확성을 해하는 결과가 된다. 그러므로 추행이란 객관적으로 일반인에게 성적 수치와 혐오의 감정을 일으키게 하는 일체의 행위를 말하며, 주관적인 동기나 목적은 문제되지 않는다고 해석하는 것이 타당하다.[1] 따라서 상대방을 나체가 되게 하거나 여자의 음부를 손으로 만지는 행위는 여기의 추행에 해당하게 된다. 또한 겁을 먹은 피해자를 도구로 삼아 피해자의 신체를 이용하여 추행행위를 한 경우 강제추행죄의 간접정범에 해당할 수 있다.[2]

추행은 객관적으로 성적 감정을 침해하는 행위일 것을 요하므로 그것은 성 22
적 자유를 침해하는 중요한 행위에 제한되어야 한다.[3] 즉 그것은 성적 수치감 내지 성적 도덕감정을 현저히 침해하는 것이어야 한다.

그러므로 여자의 손이나 무릎을 만지는 경우는 물론, 옷을 입고 있는 여자의 옷 위로 가슴을 만지는 것만으로는 여기의 추행에 해당한다고 할 수 없다. 그러나 대법원은, 여성에 대한 추행에 있어 신체 부분에 따라 본질적인 차이가 있다고 볼 수는 없다고 하여(대법원 2020. 12. 10. 2019도12282), 피해자의 옷 위로 엉덩이나 가슴을 쓰다듬는 행위(대법원 2002. 8. 23. 2002도2860), 등 뒤에서 어깨를 주무르거나(대법원 2004. 4. 16. 2004도52), 허벅지를 쓰다듬은 행위(대법원 2020. 3. 26. 2019도15994)는 추행에 해당하며, 모텔에 가자고 하면서 강제로 피해자의 손목을 잡아끈 행위에는 이미 성적인 동기가 내포되어 있어 추행의 고의가 인정된다(대법원 2020. 7. 23. 2019도15421)고 하였다. 바지를 벗어 자신의 성기를 보여주는 것도 추행이 될 수 없다. 대법원은 이 경우에 폭행 · 협박에 의한 강제추행에 해당하지 않는다고 판시하였다.[4] 판례는 ① 피해자의 상의를 걷어올려 유방을 만지고 하의를 끌어내린 경우(대법원 1994. 8. 23. 94도630), ② 피해자를 팔로 힘껏 껴안고 두 차례 강제로 입을 맞춘 경우(대법원 1983. 6. 28. 83도399) 뿐만 아니라, ③ 노래를 부르는 피해자를 뒤에서 껴안고 춤을 추면서 유방을 만진 행위도 강제추행에 해당한다고 한다(대법원 2002. 4. 26. 2001도2417). 또한 ④ 엘리베이터 안에서 피해자를 칼로 위협하는 등의 방법으로 꼼짝하지 못하도록 하여 자신의 실력적인 지배하에 둔 다음 자위행위 모습을 보여 준 행위(대법원 2010. 2. 25. 2009도13716), ⑤ 공터에서 놀고 있는 만 7세와 만 8세인 여아들에게 다가가 이들을 끌어안고 손으로 이들의 음부 부위를 갑자기 1회 만지거나(대법원 2012. 6. 14. 2012도3893), ⑥ 알고 지내던 여성이 자신의 머리채를 잡아 폭행을 가하자 보복의 의미에서 그 여성의 입술, 귀, 유두, 가슴 등을 입으로 깨무는 등의

1 Bockelmann S. 129; Horn/Wolters SK §184f Rn. 2; Joecks §184f Rn. 2; Laufhütte LK §184f Rn. 7; Maurach/Schroeder/Maiwald **17**/31; Sch/Sch/Lenckner/Perron/Eisele, §184f Rn. 7; Tröndle/Fischer §184f Rn. 4.

2 대법원 2018. 2. 8. 2016도17733.

3 독일 형법 제184조의h는 「본법에서 성적 행위(sexuelle Handlungen)란 그 보호법익과의 관계에서 어느 정도 중요한 행위만을 의미한다」고 명문으로 규정하고 있다.

4 대법원 2012. 7. 26. 2011도8805.

행위(대법원 2013. 9. 26. 2013도5856)는 강제추행죄의 추행에 해당한다. 그리고 ⑦ 아파트 엘리베이터에 11세의 여아 甲과 단둘이 탄 다음 甲을 향하여 성기를 꺼내어 잡고 여러 방향으로 움직이다가 이를 보고 놀란 甲 쪽으로 가까이 다가간 행위는 위력에 의한 추행에 해당하며(대법원 2013. 1. 16. 2011도7164), ⑧ 밤에 술을 마시고 배회하던 중 버스에서 내려 혼자 걸어가는 甲을 발견하고 마스크를 착용한 채 뒤따라가다가 인적이 없고 외진 곳에서 가까이 접근하여 껴안으려 하였으나, 甲이 뒤돌아보면서 소리치자 그 상태로 몇 초 동안 쳐다보다가 다시 오던 길로 되돌아간 것은 아동·청소년에 대한 강제추행미수에 해당한다(대법원 2015. 9. 10. 2015도6980).

22a 추행 행위에 해당하기 위해서는 객관적으로 일반인에게 성적 수치심이나 혐오감을 일으키게 할 만한 행위로서 선량한 성적 도덕관념에 반하는 행위를 행위자가 대상자를 상대로 실행하는 것으로 충분하고, 그 행위로 말미암아 대상자가 성적 수치심이나 혐오감을 반드시 실제로 느껴야 하는 것은 아니다.[1]

23 ⑶ **주관적 구성요건** 본죄가 성립하기 위하여도 고의가 있어야 한다. 미필적 고의로 족하다. 본죄의 고의는 폭행 또는 협박에 의하여 사람을 추행한다는 인식을 내용으로 한다. 성욕을 자극 또는 만족한다는 경향이나 목적이 있을 것은 요하지 아니한다.[2]

24 ⑷ **특수강제추행죄** 흉기나 그 밖의 위험한 물건을 지닌 채 또는 2명 이상이 합동하여 형법 제298조(강제추행)의 죄를 범했을 때에 성립하는 범죄이다.

성폭력처벌법은 특수강제추행죄를 5년 이상의 유기징역으로 처벌한다(제4조 2항).

Ⅲ. 준강간죄와 준강제추행죄

1. 준강간죄·준강제추행죄

사람의 심신상실 또는 항거불능의 상태를 이용하여 간음 또는 추행을 한 자는 제297조,

1 대법원 2021. 10. 28. 2021도7538, 「피고인은 처음 보는 여성인 피해자의 뒤로 몰래 접근하여 성기를 드러내고 피해자를 향한 자세에서 피해자의 등 쪽에 소변을 보았는바, 그 행위를 평가하면 객관적으로 일반인에게 성적 수치심이나 혐오감을 일으키게 하고 선량한 성적 도덕관념에 반하는 행위로서 피해자의 성적 자기결정권을 침해하는 추행행위에 해당한다고 볼 여지가 있고, 피고인의 행위가 객관적으로 추행행위에 해당한다면 그로써 행위의 대상이 된 피해자의 성적 자기결정권은 침해되었다고 보아야 하며, 행위 당시에 피해자가 이를 인식하지 못하였다고 하여 추행에 해당하지 않는다고 볼 것은 아니다.」

2 대법원 2013. 9. 26. 2013도5856; 대법원 2020. 12. 24. 2020도7981.

제297조의2 및 제298조의 예에 의한다(제299조).
미수범은 처벌한다(제300조).

(1) **의의와 성질** 사람의 심신상실 또는 항거불능의 상태를 이용하여 간음 또는 추행함으로써 성립하는 범죄이다. 폭행 또는 협박의 방법으로 간음 또는 추행한 것은 아니지만 심신상실 또는 항거불능의 상태를 이용하여 같은 결과를 초래한 때에 이를 강간 또는 강제추행죄와 같이 처벌하는 것이다. 본죄의 보호법익도 성적 자유라고 이해되고 있다. 그러나 본죄의 객체는 대부분 성적 자유를 가지지 못한 사람이므로, 엄격히 말하면 본죄는 성적 자유를 가지지 못한 사람을 성욕의 객체나 도구가 되는 것으로부터 보호하는 데 그 취지가 있다고 할 수 있다.[1] 25

본죄는 간음 또는 추행이라는 하나의 행위로 이루어지는 범죄(ein einaktiges Delikt)이다. 그러므로 본죄의 불법은 간음 또는 추행을 스스로 실행하는 데 있다고 해야 한다. 즉 본죄는 준강간죄인가 준강제추행죄인가를 묻지 않고 모두 자수범(eigenhändiges Delikt)이라고 해석해야 한다.[2] 따라서 본죄는 스스로 간음 또는 추행을 행한 자만이 정범이 될 수 있으며, 간접정범에 의하여 본죄를 범할 수는 없게 된다. 26

(2) **구성요건**

1) **행위의 객체** 본죄의 객체는 심신상실 또는 항거불능의 상태에 있는 사람이다. 남녀를 묻지 아니한다. 27

여기서 심신상실이란 정신기능의 장애로 인하여 성적 행위에 대한 정상적인 판단능력이 없는 상태[3]를 말하며, 형법 제10조의 심신상실과 반드시 그 의미가 같은 것이 아니다. 즉 형법 제10조의 심신상실이란 심신장애라는 생물학적 기초에서 사물을 변별하거나 의사를 결정할 능력이 없는 것을 말하지만, 본죄의 심신상실은 심신장애라는 생물학적 기초에 제한되지 않는다. 따라서 수면중의 28

---

1 Frommel NK §179 Rn. 12; Horn/Wolters SK §179 Rn. 6a; Sch/Sch/Lenckner/Perron/Eisele § 179 Rn. 1; Tröndle/Fischer §179 Rn. 2.

2 Gössel S. 275; Joecks §179; Lackner/Kühl §179 Rn. 2; Sch/Sch/Lenckner/Perron/Eisele §179 Rn. 8; Tröndle/Fischer §179 Rn. 2.

3 대법원 2021. 2. 4. 2018도9781.

사람[1] 또는 술·약물 등에 의해 일시 의식을 잃고 있는 사람도 여기에 해당한다.[2] 또한 본죄의 심신상실은 사물을 변별하거나 의사를 결정할 능력이 없는 경우에 제한되지 않고, 간음 또는 추행을 당함에 있어서 그 뜻을 정확히 이해하지 못하고 동의하였는지 반항하였는지 명백히 알 수 없는 상태도 포함한다.[3] 따라서 본죄의 심신상실에는 형법 제10조의 심신미약도 포함된다.[4]

29 항거불능이란 심신상실 이외의 사유로 인하여 심리적 또는 육체적으로 반항이 불가능한 경우를 말한다. 심리적으로 항거가 불가능한 경우로는 의사가 자기를 신뢰한 환자를 치료하는 것처럼 하면서 간음한 경우를 들 수 있으며, 포박되어 있거나 수회의 강간으로 기진되어 있는 사람은 육체적으로 반항이 불가능한 경우에 해당한다. 심신상실 또는 항거불능의 상태에 이르게 된 원인은 묻지 않는다. 그러나 행위자가 간음 또는 추행을 행하기 위하여 이러한 상태를 야기한 때(예컨대 수면제나 마취제를 먹인 경우)에는 본죄가 성립하는 것이 아니라 강간죄 또는 강제추행죄를 구성하게 된다.

> 피고인이 피해자가 술에 만취한 나머지 심신상실 또는 항거불능의 상태에 있다고 인식하고 그러한 상태를 이용하여 간음할 의사로 간음하였으나 피해자가 실제로는 심신상실 또는 항거불능의 상태에 있지 않은 경우 실행의 수단 또는 대상의 착오로 준강간죄의 기수에 이를 가능성이 처음부터 없었으나 피고인이 행위 당시에 인식한 사정을 놓고 일반인이 객관적으로 판단하여 보았을 때 준강간의 결과가 발생할 위험성이 있었으므로 준강간죄의 불능미수가 성립한다(대법원 2019. 3. 28. 2018도16002 전원합의체판결).

30 **2) 행 위** 심신상실 또는 항거불능의 상태를 이용하여 간음 또는 추행하는 것이다. 간음 또는 추행의 의미는 강간죄와 강제추행죄에서 살펴본 바와

---

1 대법원 1976. 12. 14. 76도3673.

2 대법원 2021. 2. 4. 2018도9781은, 알코올의 영향으로 일정한 시점에 진행되었던 사실에 대한 기억을 상실하는 블랙아웃(black out)과 달리 피해자가 술에 취해 수면상태에 빠지는 등 의식을 상실한 패싱아웃(passing out) 상태였다면 심신상실을 인정할 수 있고, 피해자가 의식상실 상태에 빠져 있지는 않지만 알코올의 영향으로 의사를 형성할 능력이나 성적 자기결정권 침해행위에 맞서려는 저항력이 현저하게 저하된 상태였다면 항거불능에 해당한다고 하였다.

3 유기천 126면; 이형국 222면; 정영석 273면; 황산덕 216면.

4 형법 제302조가 심신미약자에 대한 간음을 별도로 규정하고 있다는 이유로 다수설은 본죄의 심신상실에는 심신미약을 포함하지 않는다고 해석한다(강구진 177면; 김일수/서보학 140면; 김종원 130면; 박상기 158면; 배종대 46/7; 백형구 318면; 오영근 148면; 이정원 210면; 이형국 222면; 임웅 216면; 정성근/박광민 181면). 그러나 본죄의 심신상실이나 제302조의 심신미약은 모두 형법 제10조의 그것과 같은 의미가 아니므로 심신상실에는 당연히 형법 제10조의 심신미약도 포함될 수 있다.

같다. 그런데 간음 또는 추행은 심신상실 또는 항거불능상태를 이용하여 행하였을 것을 요한다. 여기서 「심신상실 또는 항거불능의 상태를 이용한다」는 것은 행위자가 이러한 상태를 인식하였을 뿐만 아니라, 그 상태 때문에 간음 또는 추행이 가능하였거나 용이하게 되었음을 뜻한다.[1] 심신상실이나 항거불능의 상태를 인식하였다는 것만으로는 족하지 않지만 그것이 동기가 되었을 것까지 요하는 것은 아니다.

흉기나 그 밖의 위험한 물건을 지닌 채 또는 2명 이상이 합동하여 형법 제299조의 죄를 범한 사람은 특수강간죄 또는 특수강제추행죄의 예에 따라 처벌한다(성폭력처벌법 제4조 3항). 따라서 간음의 경우에는 무기징역 또는 7년 이상의 징역, 추행의 경우에는 5년 이상의 유기징역으로 처벌한다.

2. 미성년자 의제강간 · 유사강간 · 강제추행죄

① 13세 미만의 사람에 대하여 간음 또는 추행을 한 자는 제297조(강간), 제297조의2(유사강간), 제298조(강제추행), 제301조(강간 등 상해 · 치상) 또는 제301조의2(강간 등 살인 · 치사)의 예에 의한다.

② 13세 이상 16세 미만의 사람에 대하여 간음 또는 추행을 한 19세 이상의 자는 제297조(강간), 제297조의2(유사강간), 제298조(강제추행), 제301조(강간 등 상해 · 치상) 또는 제301조의2(강간 등 살인 · 치사)의 예에 의한다(제305조).

(1) 의 의 13세 미만의 사람에 대하여 간음 또는 추행하거나 19세 이상의 자가 13세 이상 16세 미만의 사람에 대하여 간음 또는 추행함으로써 성립하는 범죄이다.[2] 16세 미만인 자의 방해 없는 성적 발전을 보호법익으로 한다. 16세 미만인 사람에 대하여는 간음 또는 추행에 대한 동의능력을 인정하지 아니하여 그 동의가 있는 때에도 강간죄 또는 강제추행죄의 예에 의하여 처벌하는 것이다. 다만 13세 이상 16세 미만의 사람에 대하여는 19세 이상의 자, 즉 성년자만 범할 수 있으므로 신분범이다. 따라서 14세부터 18세의 자(미성년자)가 13세 이상 16세 미만의 자와 합의하여 간음 또는 추행 등을 하더라도 본죄로 처벌되지 아니한다. 형법은 방해 없는 성적 정체성 및 가치관의 형성을 위해 13세 미만자는 절대적으 31

1 Horn/Wolters SK §179 Rn. 9; Lackner/Kühl Rn. 7; Maurach/Schroeder/Maiwald **18**/32; Otto S. 315; Sch/Sch/Lenckner/Perron/Eisele Rn. 9; Tröndle/Fischer §179 Rn. 16.

2 학자에 따라서는 본죄를 준강간 · 강제추행죄에 포함시키거나(유기천 127면; 정영석 274면; 황산덕 216면), 이를 유년자간음죄 · 추행죄라고 하기도 한다(김종원 131, 134면). 본죄를 넓은 의미에서 준강간 · 강제추행죄에 해당한다고 보는 것은 타당하다고 하겠다.

로 보호하고, 13세 이상 16세 미만자는 상대적으로 보호한다고 할 수 있다.

32 (2) **구성요건** 본죄는 13세 미만의 사람(1항) 또는 19세 이상의 자가 13세 이상 16세 미만의 사람(2항)이라는 정을 알고 간음·추행하면 성립하며, 폭행·협박을 수단으로 할 것을 요하지 아니한다.[1] 16세 미만이라고 할지라도 폭행·협박에 의하여 간음 또는 추행한 때에는 강간죄나 강제추행죄가 성립하고, 13세 미만에 대해서는 성폭력처벌법 제7조에 의하여 가중처벌된다(1항 내지 3항). 피해자의 동의가 있는 때에도 본죄의 성립에는 영향이 없다.[2] 16세 미만인 사람인 이상 성경험의 유무는 문제되지 않는다.

본죄가 성립하기 위한 주관적 구성요건으로 고의가 있어야 함은 당연하다. 미필적 고의로도 족하다. 따라서 행위자는 피해자가 13세 미만(1항) 또는 13세 이상 16세 미만(2항)이라는 사실을 인식하여야 한다. 피해자가 13세 또는 16세 이상인 것으로 알았으나 사실은 13세 또는 16세 미만인 때에는 사실의 착오로서 고의를 조각한다. 이에 반하여 피해자가 13세 또는 16세 미만인 것으로 알았으나 13세 또는 16세 이상인 때에는 대상의 착오로 인하여 결과발생이 불가능한 경우이므로 위험성 유무에 따라 불능미수 또는 불능범이 된다.

33 (3) **미수범의 처벌** 형법은 본죄에 관하여 미수범 처벌규정(제300조)을 준용하지 않고 있다. 그러나 본죄의 미수범이 처벌된다는 데 대하여는 견해가 일치한다.[3] 형법 제305조는 제297조(강간), 제297조의2(유사강간), 제298조(강제추행)의 예에 의한다고 규정하고 있고 이들 죄의 미수범은 처벌되므로(제300조), 그 예에 의하여 본죄의 미수범도 처벌된다고 보아야 하기 때문이다.[4]

1 대법원 1975. 5. 13. 75도855; 대법원 1982. 10. 12. 82도2183.
2 대법원 1970. 3. 31. 70도291; 대법원 1982. 10. 12. 82도2183.
3 강구진 179면; 권문택(공저) 178면; 김일수/서보학 143면; 김종원 132면; 백형구 321면; 신동운 724면; 유기천 128면; 이정원 212면; 이형국 278면; 임웅 227면; 정성근/박광민 183면; 황산덕 217면.
4 대법원 2007. 3. 15. 2006도9453.

Ⅳ. 강간 등 상해 · 치상죄, 강간 등 살인 · 치사죄

1. 강간 등 상해 · 치상죄

제297조(강간), 제297조의2(유사강간), 제298조(강제추행)부터 제300조까지의 죄를 범한 자가 사람을 상해하거나 상해에 이르게 한 때에는 무기 또는 5년 이상의 징역에 처한다(제301조).

(1) 의 의 강간죄 · 유사강간죄 · 강제추행죄 · 준강간(강제추행)죄 및 미성년자 의제강간(유사강간 · 강제추행)죄를 범한 자가 사람을 상해하거나 상해에 이르게 함으로써 성립하는 범죄이다. 강간상해죄는 강간죄와 상해죄의 결합범이며, 강간치상죄는 강간죄에 대한 결과적 가중범이다. 1995년의 형법개정에 의하여 종래의 강간등 치사상죄를 치상죄와 치사죄로 구별하고 고의범에 관한 구성요건을 추가하였다. 상해와 사망의 결과는 결과불법에 있어서 큰 차이가 있다는 점을 고려한 결과이다. 34

특수강간죄와 특수강제추행죄 등의 죄를 범한 사람이 다른 사람을 상해하거나 상해에 이르게 한 때에는 성폭력처벌법에 의하여 가중처벌된다(제8조).

(2) 구성요건

1) 주 체 본죄의 주체는 강간죄 · 유사강간죄 · 강제추행죄 · 준강간죄 · 준강제추행죄 · 미성년자 의제강간(유사강간 · 강제추행)죄를 범한 자이다. 강간 등의 죄는 기수에 이를 것을 요하지 아니하며, 미수범(제300조)도 포함한다.[1] 35

2) 행 위 사람을 상해하거나 상해에 이르게 하는 것이다. 상해란 상해에 대하여 고의가 있는 경우이며, 상해에 이르게 하는 것은 고의 없이 과실로 상해의 결과를 발생케 한 경우를 말한다. 강간치상죄는 종래 부진정결과적 가중범으로서 상해의 결과에 대하여 고의 있는 경우에도 성립할 수 있다고 해석되었으나, 이 경우에는 강간상해죄가 성립함이 당연하다. 형법에는 강간 등 상해죄에 대한 미수범 처벌규정이 없다. 입법의 미비라고 생각된다. 다만, 특수강간 등 상해죄의 미수범은 성폭력처벌법에 의하여 처벌된다(제15조). 36

상해하거나 상해의 결과가 발생하였다고 하기 위하여는 반드시 외관상의 상 37

1 대법원 1984. 7. 24. 84도1209; 대법원 1986. 6. 10. 86도887; 대법원 1988. 8. 23. 88도1212.

처가 있어야 하는 것은 아니다.

따라서 강간으로 인하여 회음부찰과상을 입히거나(대법원 1983. 7. 12. 83도1258) 콧등을 붓게 한 경우(대법원 1991. 10. 12. 91도1831)는 물론, 성병의 감염, 처녀막의 파열(대법원 1995. 7. 25. 94도1351), 보행불능 · 수면장애 · 식욕감퇴 등 기능의 장애(대법원 1969. 3. 11. 69도161)나 히스테리증을 야기한 경우(대법원 1970. 2. 10. 69도2213)는 물론 약물을 투약하여 일시적으로 수면 또는 의식불명에 이르게 한 경우(대법원 2017. 6. 29. 2017도3196) 모두 상해에 해당한다.

그러나 음모를 잘라내는 것만으로는 상해의 결과가 발생하였다고 할 수 없다.[1] 본죄의 상해의 개념이 반드시 상해죄의 그것과 같다고는 할 수 없다. 본죄는 사람을 상해하거나 상해의 결과가 발생한 경우에 무기 또는 5년 이상의 징역이라는 무거운 처벌을 하는 점에 비추어 상해는 건강상태가 불량하게 변경되고 생활기능에 장애를 초래할 정도에 달할 것을 요한다고 해야 하기 때문이다.

판례가 일상생활에서 얼마든지 생길 수 있는 극히 경미한 상처로서 치료할 필요도 없고 그로 인하여 신체의 완전성이나 건강상태가 불량하게 변형되고 생활기능에 장애가 초래되었다고 볼 수 없는 때에는 본죄의 상해에 해당할 수 없다는 전제에서, ① 경부와 전흉부 피하출혈과 통증으로 약 7일간의 가료를 요하는 상처를 입힌 경우(대법원 1994. 11. 4. 94도1311),[2] ② 강간 도중에 피해자의 어깨와 목을 입으로 빨아서 생긴 반상출혈상(대법원 1986. 7. 8. 85도2042; 대법원 1991. 11. 8. 91도2188), ③ 강간하려다 미수에 그친 과정에서 피해자의 손바닥에 생긴 2센티미터 정도의 가볍게 긁힌 상처(대법원 1987. 10. 26. 87도1880), ④ 3, 4일간의 가료를 요하는 정도의 외음부충혈(대법원 1989. 1. 31. 88도831)은 여기의 상해에 해당하지 않는다고 판시하였음은 이러한 의미에서 이해할 수 있다. 다만 손으로 목을 눌러 피해자에게 경추부좌상 및 우측주관절부염좌상을 입힌 경우(대법원 1997. 9. 5. 97도1725)나 피해자가 왼쪽 젖가슴에 약 10일간의 치료를 요하는 좌상을 입고 병원에서 주사를 맞고 3일간 투약한 경우(대법원 2000. 2. 11. 99도4794)에는 이로 인하여 신체의 건강상태가 불량하게 변경되었다는 이유로 본죄의 성립을 인정하고 있다. 또한 대법원은 미성년자 의제강제추행치상죄의 경우에는 상해의 범위를 넓게 인정하고 있다. 따라서 피해자의 외음부에 약간의 발적과 경도의 염증이 수반된 정도의 외음부염증이 발생한 경우(대법원 1996. 11. 12. 96도1395), 질 내

1 대법원 2000. 3. 23. 99도3099.

2 대법원 1994. 11. 4. 94도1311, 「피해자를 강간하려다가 미수에 그치고 그 과정에서 피해자에게 경부 및 전흉부 피하출혈, 통증으로 약 7일간의 가료를 요하는 상처가 발생하였으나 그 상처가 굳이 치료를 받지 않더라도 일상생활을 하는 데 아무런 지장이 없고 시일이 경과함에 따라 자연적으로 치유될 수 있는 정도라면 그로 인하여 신체의 완전성이 손상되고 생활기능에 장애가 왔다거나 건강상태가 불량하게 변경되었다고는 보기 어려워 강간치상죄의 상해에 해당하지 않는다.」

에 손가락을 넣어 생긴 전치 2일의 피하일혈반만으로도 본죄의 상해의 개념에 해당한다고 판시하였다(대법원 1990. 4. 13. 90도154).

상해의 결과는 반드시 강간 등의 행위 자체에서 일어나거나 그 수단인 폭행에 의하여 발생한 것임을 요하는 것이 아니라 널리 강간의 기회에 이루어진 것이면 족하다. 따라서 피해자가 강간의 수단인 폭행을 피하려다가 상해의 결과가 발생한 때에도 본죄가 성립한다.[1] 마찬가지로 성폭력처벌법에서 정한 특수강간의 실행에 착수하였으나 미수에 그친 경우라고 하더라도, 이로 인하여 피해자가 상해를 입었으면 특수강간치상죄의 기수범이 성립할 뿐 특수강간치상죄의 미수범이 성립하는 것은 아니다.[2] 38

다만, 피해자가 급박한 위해상태에서 벗어나 있어 창문을 통하여 뛰어내릴 것을 예상할 수 없는 경우에는 본죄는 성립하지 않는다(대법원 1993. 4. 27. 92도3229). 대법원은 피해자가 손가락을 깨물며 반항하자 손가락을 잡아 뽑다가 피해자에게 치아결손의 상해를 입힌 경우에도 상해의 결과는 강간에 수반하는 행위에서 발생한 것이라고 판시하였다(대법원 1995. 1. 12. 94도2781).

강간행위가 종료된 이후에 새로운 고의가 생겨 사람을 상해한 때에는 본죄는 성립하지 않고 강간죄와 상해죄의 경합범이 된다.

(3) **공동정범** 강간죄의 공동정범 가운데 1인의 행위에 의하여 상해의 결과가 발생한 때에는 다른 공범자도 본죄의 공동정범이 될 수 있다.[3] 39

2. 강간 등 살인 · 치사죄

제297조(강간), 제297조의2(유사강간), 제298조(강제추행)부터 제300조까지의 죄를 범한 자가 사람을 살해한 때에는 사형 또는 무기징역에 처한다. 사망에 이르게 한 때에는 무기 또는 10년 이상의 징역에 처한다(제301조의2).

강간죄 · 유사강간죄 · 강제추행죄 · 준강간(강제추행)죄 및 미성년자 의제강간(유사강간 · 강제추행)죄를 범한 사람이 다른 사람을 살해하거나 사망에 이르게 함으로써 성립하는 범죄이다. 강간살해죄는 강간죄와 살인죄의 결합범이며, 강간치 40

1 대법원 1978. 7. 11. 78도1331; 대법원 1995. 5. 12. 95도425.
2 대법원 2025. 3. 20. 2023도10405 전원합의체판결.
3 대법원 1967. 7. 25. 67도827; 대법원 1984. 2. 14. 83도3120.

사죄는 강간죄에 대한 결과적 가중범이다.

판례는 종래 강간의 목적으로 폭행을 가할 때에 살해의 고의가 있었던 때에는 살인죄와 강간치사죄의 상상적 경합이 된다고 판시한 바 있다(대법원 1990. 5. 8. 90도670). 강간치사죄를 부진정결과적 가중범으로 이해한 결과였다. 그러나 형법이 강간등 살인죄를 신설함에 따라 이러한 경우에는 강간등 살인죄가 성립할 따름이다.

41 사망의 결과는 강간행위로 인한 것이어야 한다. 즉, 사망과 강간행위 사이에는 인과관계가 있어야 하고 그 결과를 행위자에게 귀속시킬 수 있어야 한다. 사망의 결과는 강간의 수단인 폭행·협박에 의하여 발생한 경우뿐만 아니라 강간행위에 수반되어 발생한 경우에도 인과관계가 인정되는 것은 강간치상죄의 경우와 같다. 따라서 피해자가 폭행·협박을 피하려다가 사망의 결과가 발생한 때에도 본죄가 성립한다.[1] 그러나 사망의 결과는 적어도 강간행위 등에 수반하여 일어났을 것을 요하므로 피해자가 강간을 당한 데 대한 수치심 때문에 자살하거나[2] 강간으로 인하여 임신이 되어 분만하다가 사망한 때에는 본죄의 성립을 인정할 수 없다.

강간 등 살인죄의 미수범은 성폭력처벌법 제15조에 의하여 처벌된다. 형법에는 미수범 처벌규정이 없기 때문이다.

V. 독립된 구성요건

1. 미성년자·심신미약자 간음·추행죄

미성년자 또는 심신미약자에 대하여 위계 또는 위력으로써 간음 또는 추행을 한 자는 5년 이하의 징역에 처한다(제302조).

---

1 대법원 1995. 5. 12. 95도425, 「폭행이나 협박을 가하여 간음하려는 행위와 이에 극도의 흥분을 느끼고 공포심에 사로잡혀 이를 피하려다가 사상에 이르게 된 사실과는 이른바 상당인과관계가 있어 강간치사상죄로 다스릴 수 있다. 피고인이 자신이 경영하는 속셈학원의 강사로 피해자를 고용하고 학습교재를 설명하겠다는 구실로 유인하여 호텔 객실에 감금한 후 강간하려 하자 피해자가 완강히 반항하던 중 피고인이 대실시간 연장을 위해 전화하는 사이에 객실 창문을 통해 탈출하려다가 지상에 추락하여 사망한 사안에서, 피고인의 강간미수행위와 피해자의 사망 사이에 상당인과관계가 있다고 보아 피고인을 강간치사죄로 처단한 것은 정당하다.」

동지 : 대법원 1968. 5. 21. 68도419; 대법원 1978. 7. 11. 78도1331.

2 대법원 1982. 11. 23. 82도1446.

미성년자 또는 심신미약자에 대하여 위계 또는 위력으로 간음 또는 추행함으로써 성립하는 범죄이다. 42

본죄의 객체는 미성년자 또는 심신미약자이다. 여기서 미성년자란 19세 미만의 자를 말한다. 다만 제305조와의 관계에서 13세 미만의 자는 제외된다. 혼인한 미성년자는 성년으로 보게 되므로 본죄의 객체가 될 수 없다. 심신미약자란 정신기능의 장애로 정상적인 판단능력이 부족한 자를 말하며, 그 연령은 묻지 않는다. 형법 제10조의 심신미약과 반드시 의미를 같이하는 것은 아니다.

본죄의 행위는 위계 또는 위력에 의하여 간음 또는 추행하는 것이다. 여기서 위계란 행위자가 간음의 목적으로 상대방에게 오인·착각·부지를 일으키는 것을 말하며, 기망뿐만 아니라 유혹도 포함한다. 이러한 오인·착각·부지는 간음행위 자체에 대한 것임을 요하지 않으며, 행위자가 간음의 목적으로 상대방에게 오인·착각·부지를 일으키고 상대방의 그러한 심적 상태를 이용하여 간음의 목적을 달성하였다면 위계와 간음행위 사이의 인과관계를 인정할 수 있고, 따라서 본죄가 성립한다.[1]

> 피고인이 자신을 고등학교 2학년으로 가장하여 14세의 피해자와 온라인으로 교제하던 중, 교제를 지속하고 스토킹하는 여자를 떼어내려면 자신의 선배와 성관계하여야 한다는 취지로 피해자에게 거짓말을 하고, 이에 응한 피해자를 그 선배로 가장하여 간음한 경우 본죄가 성립한다(대법원 2020. 8. 27. 2015도9436 전원합의체판결).

위력이란 사람의 의사를 제압할 수 있는 힘을 말한다. 폭행·협박은 물론 지위·권세를 이용하여 상대방의 의사를 제압하는 일체의 행위를 포함한다. 그러나 폭행·협박의 경우에는 그것이 강간죄 또는 강제추행죄의 폭행·협박에 이르지 않을 것을 요한다.[2] 피해자가 미성년자라 할지라도 강간죄에서 요구하는 정도의 폭행·협박으로 간음한 때에는 본죄가 아니라 강간죄가 성립한다.[3]

1 대법원 2020. 8. 27. 2015도9436 전원합의체판결, 「다만 행위자의 위계적 언동이 존재하였다는 사정만으로 위계에 의한 간음죄가 성립하는 것은 아니므로 위계적 언동의 내용 중에 피해자가 성행위를 결심하게 된 중요한 동기를 이룰 만한 사정이 포함되어 있어 피해자의 자발적인 성적 자기결정권의 행사가 없었다고 평가할 수 있어야 한다. 이와 같은 인과관계를 판단함에 있어서는 피해자의 연령 및 행위자와의 관계, 범행에 이르게 된 경위, 범행 당시와 전후의 상황 등 여러 사정을 종합적으로 고려하여야 한다.」

2 김일수/서보학 150면; 박상기 168면; 백형구 326면; 유기천 131면; 이형국 231면; 정성근/박광민 188면; 정영석 227면.

3 대법원 1969. 12. 23. 69도1973.

2. 업무상위력 등에 의한 간음죄

① 업무 · 고용 기타 관계로 인하여 자기의 보호 또는 감독을 받는 사람에 대하여 위계 또는 위력으로써 간음한 자는 7년 이하의 징역 또는 3,000만원 이하의 벌금에 처한다.
② 법률에 의하여 구금된 사람을 감호하는 자가 그 사람을 간음한 때에는 10년 이하의 징역에 처한다(제303조).

형법 제303조 1항은 피보호 · 감독자간음죄, 제2항은 피구금자간음죄를 규정하고 있다.

(1) 피보호 · 감독자간음죄

43 1) 의 의 본죄는 업무 · 고용 기타 관계로 인하여 자기의 보호 또는 감독을 받는 사람을 위계 또는 위력에 의하여 간음함으로써 성립한다(제303조 1항). 피보호 · 감독자의 성적 자유를 보호법익으로 하며, 보호 · 감독을 받는 지위로 인하여 사람의 성적 자유가 부당하게 침해되는 것을 보호하려는 데 본죄의 정신이 있다.

44 2) 객 체 업무 · 고용 기타 관계로 인하여 자기의 보호 · 감독을 받는 사람이다. 업무란 개인적 업무와 공적 업무를 포함하며, 고용이란 사용자와 피용자의 관계를 말한다. 기타 관계로 인하여 보호 · 감독을 받는 사람이란 고용은 되지 않았으나 사실상 보호 · 감독을 받는 관계를 말하며, 그 원인은 문제되지 않는다.

판례는 처가 경영하는 미장원에 고용된 부녀가 여기에 해당한다고 판시하였다(대법원 1976. 2. 10. 74도1519).

45 3) 행 위 위계 또는 위력으로써 간음하는 것이다. 13세 미만의 피보호 · 감독자를 위계 또는 위력에 의하여 간음한 때에는 성폭력처벌법 제7조 5항에 해당하고, 13세 이상의 미성년자인 때에는 청소년성보호법 제7조 5항에 해당한다.

위계 또는 위력으로 추행한 사람은 성폭력처벌법에 의하여 3년 이하의 징역 또는 1천500만원 이하의 벌금으로 처벌된다(제10조 1항).

(2) **피구금자간음죄**

1) 의 의 본죄는 법률에 의하여 구금된 사람을 감호하는 자가 그 46
사람을 간음함으로써 성립하는 범죄이다(제303조 2항). 본죄는 결정의 자유가 제한되어 있는 피구금자의 성적 자기결정의 자유를 보호법익으로 하지만, 피구금자에 대한 평등한 처우와 감호자의 청렴성에 대한 일반의 신뢰도 동시에 보호하는 것이라고 이해되고 있다.[1]

본죄는 피구금자를 감호하는 자가 스스로 간음함으로써 성립할 수 있는 자수범이다.[2] 그러므로 본죄는 간접정범에 의하여 범할 수는 없다.

2) 객 체 본죄의 객체는 법률에 의하여 구금된 사람이다. 법률에 47
의하여 구금된 사람이란 형사소송법에 의하여 구금된 사람을 말하며, 여기에는 확정판결에 의하여 형의 집행을 받고 있는 자, 노역장에 유치된 자, 구속된 피의자 및 피고인이 포함된다.

3) 주 체 주체는 이러한 사람을 감호하는 사람이다. 이러한 의미에 48
서 본죄는 신분범이라고 할 수 있다. 본죄는 감호자가 피구금자를 간음함으로써 성립하며 특별한 수단을 요건으로 하지 않는다. 피구금자는 공포 또는 심리적 열약감 때문에 폭행 · 협박 또는 위계나 위력의 수단에 의하지 않아도 성적자유가 침해될 수 있음을 고려하여 법률이 특별한 보호 · 감독관계를 규정한 것이라고 할 수 있다. 따라서 피해자의 승낙은 본죄의 성립에 영향을 미치지 아니한다.

> 법률에 따라 구금된 사람을 감호하는 사람이 그 사람을 추행한 때에는 성폭력처벌법에 의하여 5년 이하의 징역 또는 2천만원 이하의 벌금으로 처벌된다(제10조 2항).

Ⅵ. 상습강간 · 강제추행죄, 상습준강간 · 준강제추행등죄

> 상습으로 제297조, 제297조의2, 제298조부터 제300조까지, 제302조, 제303조 또는 제305조의 죄를 범한 자는 그 죄에 정한 형의 2분의 1까지 가중한다(제305조 의2).

1 Bockelmann S. 135; Frommel NK §174a Rn. 5; Horn/Wolters SK §174a Rn. 2; Joecks §174a; Lackner/Kühl §174a Rn. 1; Laufhütte LK §174a Rn. 1; Sch/Sch/Lenckner/Perron/Eisele §174a Rn. 1; Tröndle/Fischer §174a Rn. 2.

2 Gössel S. 294; Horn/Wolters SK §174a Rn.10; Sch/Sch/Lenckner/Perron/Eisele §174a Rn. 13.

49 상습으로 강간죄(제297조)·유사강간죄(제297조의2)·강제추행죄(제298조), 준강간·준강제추행죄(제299조) 및 그 미수범(제300조), 미성년자·심신미약자 간음·추행죄(제302조), 업무상위력 등에 의한 간음죄(제303조) 또는 미성년자 의제강간(유사강간·강제추행)죄(제305조)를 범한 경우에 성립하는 범죄이다.

Ⅶ. 강간 등 예비·음모죄

제297조, 제297조의2, 제299조(준강간죄에 한정한다), 제301조(강간 등 상해죄에 한정한다) 및 제305조의 죄를 범할 목적으로 예비 또는 음모한 사람은 3년 이하의 징역에 처한다(제305조의3).

50 본본죄는 2020. 5. 19. 형법개정으로 신설되었는데, 강간죄, 유사강간죄, 준강간죄, 강간 등 상해죄 및 미성년자 의제강간 등 죄를 범할 목적으로 예비 또는 음모함으로써 성립한다. 강제추행·준유사강간·준강제추행 및 강간 등 살인(제301조의2)의 예비·음모를 벌하지 않음은 명백하다. 따라서 강간살인을 예비·음모한 경우 강간예비·음모죄와 살인예비·음모죄의 상상적 경합이 된다고 본다. 다만 제305조는 강간 등 살인·치사(제301조의2)를 포함하므로 미성년자 의제강간살인의 예비·음모인 경우 본죄가 성립할 수 있으나 이 경우에도 본죄와 살인예비·음모죄의 상상적 경합을 인정하여야 할 것이다. 본죄만 성립한다고 하면 형이 더 중한 죄(미성년자 의제강간살인)의 예비·음모가 경한 죄(살인)의 예비·음모보다 가볍게 처벌받는 결과가 되기 때문이다.

성폭력처벌법은 특수강도강간 등의 예비·음모(제15조의2)를, 청소년성보호법은 아동·청소년에 대한 강간 등의 예비·음모를 각각 3년 이하의 징역으로 처벌한다(제7조의2).

제 3 장 명예와 신용에 대한 죄

명예와 신용에 대한 죄는 사람의 사회적 가치를 보호하기 위한 범죄이다. 여기에는 명예에 관한 죄(제33장)와 신용·업무와 경매에 관한 죄(제34장)가 있다. 명예에 관한 죄가 사람이 사회생활에서 가지는 가치라는 순수한 인격적 법익을 보호하는 범죄임에 반하여, 신용·업무와 경매에 관한 죄는 주로 경제생활에서의 가치를 보호하는 범죄이다. 경제적 가치도 넓은 의미에서의 사람의 사회적 가치에 속한다는 의미에서 형법은 이를 같은 장에서 규정하고 있는 것이다.

제 1 절 명예에 관한 죄 § 12

I. 총 설

1. 명예에 관한 죄의 의의

명예에 관한 죄는 공연히 사실을 적시하여 사람의 명예를 훼손하거나 사람 1
을 모욕하는 것을 내용으로 하는 범죄이다. 그것은 사람의 명예를 보호하기 위한 범죄이다. 여기서 명예란 사람이 사회생활에서 가지는 가치를 말한다. 사람은 사회적 존재이다. 따라서 사람은 사회의 다른 구성원으로부터 인격체로 인정받고 그 가치에 적합한 처우를 받을 때에 사회에서 적절한 생활을 영위하고 발전해 나갈 수 있다. 사람이 이 가치를 침해받을 때에는 사회의 구성원으로서 생활하고 발전해 나갈 가능성도 침해받게 된다. 형법각칙 제33장이 명예에 관한 죄를 규정하고 있는 이유도 여기에 있다.

명예에 관한 죄의 역사는 고대 로마법과 게르만법에서 연혁한다. 로마법의 injuria가 2
명예침해를 내용으로 하는 범죄임에는 의문이 없다. 다만 그것은 고유한 의미에서의 명예침해(infamatio) 이외에 상해·주거침입·비밀침해와 같은 객관화된 인격침해를 포함하는 종합개념으로 파악할 수 있다. 그러나 상해·주거침입·비밀침해가 독립된 범죄로서의 지위를 차지함에 따라 injuria는 명예침해죄로서의 의미를 갖게 되었다. 로마법의 injuria는 객관적 관점에서 법적·도덕적 생활에서의 인격침해를 중시한 것이었다. 이에 반하여 게르만법에 있어서 명예에 관한 죄는 명예감정을 침해함에 의하여 피해자를 모욕하는 것으로 이해되었다. 즉 여기서 명예란 순수한 인격적 명예감정을 의미하였다. 이와 같은 로마법의 객관적 관점과 게르만법의 주관적 관점은 18세기에 이르러 독일의 입법에 의하여 서로 접근하게 되었다. 즉 1794년의 프로이센 일반란트법은 명예에 관한 죄로서 명예훼손죄와 모욕죄에 대한 상세한 규정을 마련하였고(제538조 이하), 이러한 태도가 1851년의 프로이센 형법(제152조 이하), 1871년의 독일 제국형법(제185조 내지 제200조)을 거쳐 현행 독일 형법에 이르기까지 유지되고 있다.[1] 한편 일본 형법은 명예에 관한 죄로서 명예훼손죄(제230조)와 모욕죄(제231조)를 규정하면서도 그 구성요건으로 공연성을 요구하고 있는 데 특색이 있다. 형법의 명예에 관한 죄는 이러한 일본 형법의 규정에 기초한 것이라 할 수 있다.

3 형법의 명예에 관한 죄의 규정은 구법에 비하여 ① 형기를 인상하고, ② 명예훼손죄와 모욕죄 이외에 사자의 명예훼손죄(제308조)와 출판물 등에 의한 명예훼손죄(제309조)를 규정하고, ③ 제310조에서 특수한 위법성조각사유를 규정하고 있는 점에서 차이를 보이고 있다. 형법 이외에 특별법에도 명예훼손죄에 관한 규정이 있다. 즉, 정보통신망 이용촉진 및 정보보호 등에 관한 법률에는 사이버 명예훼손죄(제70조), 공직선거법에는 허위사실 공표죄(제250조)와 후보자 비방죄(제251조)에 관한 규정이 있다.

2. 보호법익

명예에 관한 죄의 보호법익이 「명예(名譽)」라고 하는 데는 의문이 없다. 문제는 명예의 내용을 어떻게 파악할 것인가에 있다.

(1) 명예의 의의

4 **1) 명예의 내용** 통설은 명예의 내용을 내적 명예와 외적 명예 및 명예감정의 세 가지로 나누어 검토하고 있다.[2]

---

1 Maurach/Schroeder/Maiwald **24**/4; Regge MK Vor §185 Rn. 2~6.
영미에서는 명예훼손을 민법상의 불법행위로만 취급하는 경향이 있다. 이 태도는 1952년의 영국 명예훼손법에 계수되었을 뿐만 아니라, 1967년의 뉴욕형법전과 Model Penal Code도 명예훼손죄를 인정하지 않는다.

2 김일수/서보학 153면; 김종원 152면; 명형식(공저) 187면; 박상기 177면; 배종대 **47**/2; 신동운

(a) **내적 명예** 내적 명예(innere Ehre)란 사람이 가지고 있는 인격의 내부적 가치 그 자체를 말한다. 그러나 이러한 가치는 순수한 가치세계의 가치이며, 사람이 출생에 의하여 가지게 되어 결코 상실할 수 없는 인격가치이다. 「적이 많으면 명예도 많다」(viel Feind, viel Ehre)는 격언은 바로 이를 의미한다. 이러한 의미에서의 내적 명예는 타인의 침해에 의하여 훼손될 성질이 아니므로, 형법은 이러한 가치를 보호할 필요도 없고 보호할 수도 없다.

(b) **외적 명예** 외적 명예(äußere Ehre)란 사람의 인격적 가치와 그의 도덕적 · 사회적 행위에 대한 사회적 평가를 말한다. 명예훼손죄(제307조 내지 제309조)의 보호법익이 이러한 의미에서의 외적 명예라고 하는 데는 이론이 없다.

대법원도 명예훼손죄의 보호법익은 외적 명예라고 판시하고 있다(대법원 1970. 5. 26. 70도704).

(c) **명예감정** 명예감정(Ehrgefühl)은 자기의 인격적 가치에 대한 자기 자신의 주관적인 평가 내지 감정을 의미한다. 명예감정은 명예훼손죄의 보호법익이 될 수는 없다. 그러나 그것이 모욕죄(제311조)의 보호법익이 되는가에 대하여는 견해가 대립되고 있다.

2) 명예에 관한 죄의 보호법익 통설은 명예훼손죄뿐만 아니라 모욕죄의 5
보호법익도 외적 명예라고 해석하고 있다.[1]

이에 대하여 명예훼손죄의 보호법익은 외적 명예이지만 모욕죄의 보호법익은 명예감정이라고 해석하는 견해[2]가 있다. 이 견해는 ① 명예훼손죄는 공연히 사실을 적시함으로써 객관적인 외적 명예를 침해할 가능성이 있기 때문에 벌하는 것이지만 모욕죄는 사실의 적시가 없고 사실의 적시가 없는 행위는 외적 가치에 대한 침해가 될 수 없으므로 모욕죄의 보호법익은 주관적 · 감정적 요소인 명예감정이라고 해야 하며, ② 형법이 모욕죄에 대하여 공연성을 요건으로 하는 것은 명예감정도 개인 대 개인으로 침해하는 것과 다중 앞에서 침해하는 것은 모욕의 결과가 다르기 때문이므로, 공연성을 요건으로 한다고 하여 모욕죄의 보호법익이 외적 명예라고 해야 할 이유가 되지 못하고, ③ 모욕죄의 보호법익이 명예

741면; 유기천 136면; 이영란 189면; 이정원 221면; 임웅 231면; 정성근/박광민 192면.

1 강구진 211면; 김종원 153면; 명형식(공저) 187면; 박상기 178면; 배종대 47/5; 백형구 344면; 이형국 246면; 임웅 233면; 정성근/박광민 193면; 정영일 97면; 진계호 188면; 황산덕 221면.

2 유기천 138면; 이영란 190면.

감정이라고 해석하면 정신병자나 유아 또는 법인은 동죄의 보호의 객체가 될 수 없다고 하지만, 모욕죄는 위험범이므로 이러한 자에 대한 모욕죄의 성립도 인정할 수 있다는 것을 근거로 들고 있다.

6 그러나 ① 형법이 모욕죄의 구성요건으로 공연성을 요구하고 있는 것은 그것으로 인하여 외적 명예, 즉 인격적 가치에 대한 사회적 평가가 침해되는 것을 방지하기 위한 것이라고 해석해야 하며, 모욕죄의 보호법익을 명예감정이라고 한다면 여기에 공연성을 요구할 이유가 없다. ② 모욕죄의 보호법익이 명예감정에 있다면 명예감정에 대한 침해의 정도가 공연히 하였느냐 아니냐에 따라 차이가 있다고 보기도 어려우므로 공연히 하지 아니한 모욕도 당연히 범죄로 규정해야 한다. ③ 모욕죄가 위험범이라 하여도 명예감정이 없는 사람에게 동죄가 성립한다고 할 수 없다. 그런데 형법은 명예감정이 없는 국가에 대한 모욕도 인정하고 있고(제105조, 제106조, 제109조), 정신병자나 유아 또는 법인에 대한 모욕죄의 성립도 인정해야 한다. 따라서 명예훼손죄뿐만 아니라 모욕죄의 보호법익은 외적 명예라고 이해하는 통설이 타당하며, 명예에 관한 죄의 보호법익은 내적 명예나 주관적인 명예감정이 아니라 윤리적·사회적·인격적 가치에 대한 사회적 평가라고 하지 않을 수 없다. 판례도 명예훼손죄뿐만 아니라 모욕죄의 보호법익도 외적 명예라고 보고 있다.[1]

7 명예에 관한 죄의 보호법익이 보호받는 정도는 위험범이다. 따라서 명예훼손죄나 모욕죄는 공연히 사실을 적시하거나 사람을 모욕하면 완성되며, 그것으로 인하여 피해자의 명예가 침해되어야 기수가 되는 것은 아니다.

(2) 명예의 주체

8 **1) 자 연 인** 명예의 주체는 사람이다. 따라서 모든 자연인은 명예의 주체가 될 수 있다. 자연인인 이상 유아와 정신병자도 명예의 주체가 된다. 즉 유아는 그의 현재의 성장상태에 대한 가치와 장래의 가치에 대하여 명예의 주체가 되며, 정신병자도 병과 관계 없이 남아 있는 사회적 가치와 과거에 얻은 가치에 대

1 대법원 1987. 5. 12. 87도739, 「명예훼손죄와 모욕죄의 보호법익은 다같이 사람의 가치에 대한 사회적 평가인 이른바 외부적 명예인 점에서는 차이가 없으나, 다만 명예훼손은 사람의 사회적 평가를 저하시킬 만한 구체적 사실의 적시를 하여 명예를 침해함을 요하는 것으로서 구체적 사실이 아닌 단순한 추상적 판단이나 경멸적 감정의 표현으로서 사회적 가치를 저하시키는 모욕죄와 다르다.」

하여 명예의 주체가 될 수 있다. 다만 유아에 대한 명예의 침해가 성인의 명예를 침해하는 때에는 유아의 명예는 문제되지 않는다.

문제는 사자(死者)도 명예의 주체가 될 수 있느냐에 있다. 이는 사자의 명예 9
훼손죄의 보호법익이 무엇인가와 관련되는 문제이다. 사자는 사람이 아니므로 명예의 주체가 될 수 없다거나 또는 사자에 대하여는 사회에서의 존재와 활동의 전제가 되는 가치를 보호할 필요가 없다는 이유에서,[1] 사자의 명예훼손죄의 보호법익은 유족의 명예 또는 유족이 사자에 대하여 가지는 존경의 감정이라고 해석하는 견해[2]도 있다. 그러나 ① 유족의 명예 또는 유족의 존경심을 보호법익으로 한다면 유족이 없는 경우에는 본죄가 성립하지 않게 되어 부당하고, ② 유족이 있는 경우에는 사자의 명예훼손죄를 별도로 규정할 필요가 없을 뿐 아니라, ③ 형법 제308조가 「사자의 명예를 훼손한 자」라고 규정한 것은 사자의 명예를 보호하는 것이지 유족의 감정을 보호법익으로 한다고 해석할 수는 없다. 이러한 의미에서 사자의 명예훼손죄는, 사람은 사망하였을지라도 그의 인격적 가치는 남는 것이기 때문에, 역사적 가치로서의 사자의 명예를 보호하는 것이라고 보는 통설[3]이 타당하다.

2) **법인 기타의 단체** 자연인뿐만 아니라 법인도 명예의 주체가 된다는 10
데는 이론이 없다. 판례는 법인에 한하여 명예의 주체가 된다는 취지로 판시하고 있다(대법원 1959. 12. 23. 4291형상539). 그러나 법인격 없는 단체라 할지라도 법에 의하여 인정된 사회적 기능을 담당하고 통일된 의사를 형성할 수 있는 이상 명예의 주체가 된다고 해야 한다. 다만 국가나 지방자치단체는 명예의 주체가 될 수 없다.[4] 단체는 공법상의 단체인가 또는 사법상의 단체인가는 묻지 않는다. 따라서 정당, 노동조합, 주식회사, 기타 상법상의 회사는 물론 적십자사, 병원, 종교단체도 명예의 주체가 된다. 그러나 개인적인 취미생활을 위하여 결합된 사교단체, 예컨대 골프·테니스·낚시 또는 등산클럽은 명예의 주체가 될 수 없다.

---

1 Lackner/Kühl §189 Rn. 2; Maurach/Schroeder/Maiwald **24**/13; Rudolphi SK Vor §185 Rn. 7; Sch/Sch/Lenckner Vor §185 Rn. 2 ; Zaczyk NK Vor §185 Rn. 8.

2 박상기 178면; 배종대 **47**/9; 이정원 225면.

3 강구진 223면; 김일수/서보학 166면; 김종원 161면; 명형식(공저) 189면; 백형구 345면; 손동권/김재윤 204면; 오영근 171면; 유기천 139면; 이영란 191면; 이형국 255면; 정성근/박광민 196면.

4 대법원 2016. 12. 27. 2014도15290.

가족은 명예의 주체가 될 수 없다.[1] 가족은 통일된 의사를 가진 주체로서 대외적으로 활동하는 단체라고 할 수는 없기 때문이다. 다만 가족의 모든 구성원의 명예가 집합명칭에 의하여 훼손될 수는 있다.

3) 집합명칭에 의한 명예훼손 독자적으로는 명예의 주체가 될 수 없는 집단의 구성원도 그 집단의 명칭에 의하여 명예가 훼손될 수 있다. 여기에는 두 가지 형태를 생각할 수 있다.

11 (a) 집합명칭에 의하여 집단의 모든 구성원의 명예가 훼손되는 경우이다. 예컨대 甲 법원의 판사, 乙 경찰서에 근무하는 경찰관, 또는 모든 국회의원이라는 명칭으로 명예를 훼손하는 경우가 여기에 해당한다. 이러한 명칭에 의하여 그 집단의 구성원은 모두 각자의 명예가 훼손되었다고 보아야 한다. 그러나 이러한 형태에 의한 명예훼손이 가능하기 위하여는, ① 집단의 구성원이 일반인과 명백히 구별될 수 있을 정도로 집합명칭이 특정되어야 한다. 단순히 학자 · 경찰관 · 여자 또는 상인이라는 명칭만으로는 그 집단이 특정되었다고 할 수 없다. ② 명예를 훼손하는 표현도 집단의 구성원을 모두 지적하는 내용이어야 하고, 예외를 인정하는 일반적인 평균판단으로는 족하지 아니하다.

따라서 학교 교사 66명 중 37명이 소속하고 있는 '3 · 19동지회 소속 교사들이 학생들을 선동하여 무단 하교하게 하였다'고 적시한 때에는 그 구성원에 대한 명예훼손이 될 수 있다(대법원 2000. 10. 10. 99도5407). 그러나 '모든 상인은 매국노다'라는 표현은 평균판단에 지나지 않는다. 대법원이 서울시민 · 경기도민이라는 막연한 표시만으로는 명예훼손죄가 성립하지 않는다고 판시한 것(대법원 1960. 11. 16. 4293형상244)은 이러한 의미에서 이해할 수 있다.

12 (b) 집단의 구성원의 1인 또는 수인을 지적하였지만 그것이 누구인가를 명백히 하지 아니하여 구성원 모두가 혐의를 받는 경우이다.

예컨대 "모당 소속 국회의원 2명이 간첩이다(BGHSt.14, 48)", "장관 가운데 1명이 콜걸의 고객이다(BGHSt.19, 235)"라고 말한 경우가 여기에 해당된다. 다만 이러한 경우에는 집단의 규모가 작고 그 구성원이 쉽게 특정될 수 있을 것을 요한다.

---

1 Joecks Vor §185 Rn. 18; Lackner/Kühl §185 Rn. 5; Rudolphi SK Vor §185 Rn. 10; Sch/Sch/Lenckner Vor §185 Rn. 4; Wessels/Hettinger Rn. 470; Zaczyk NK Vor §185 Rn. 13.

Ⅱ. 명예훼손의 죄

1. 명예훼손죄

① 공연히 사실을 적시하여 사람의 명예를 훼손한 자는 2년 이하의 징역이나 금고 또는 500만원 이하의 벌금에 처한다.
② 공연히 허위의 사실을 적시하여 사람의 명예를 훼손한 자는 5년 이하의 징역, 10년 이하의 자격정지 또는 1천만원 이하의 벌금에 처한다(제307조).
본죄는 피해자의 명시한 의사에 반하여 공소를 제기할 수 없다(제312조 2항).

(1) **객관적 구성요건** 본죄는 공연히 사실 또는 허위의 사실을 적시하여 사람의 명예를 훼손함으로써 성립한다.

1) **공 연 성** 명예훼손죄(名譽毁損罪)는 물론 모욕죄도 공연성을 요건으 13
로 한다. 즉 공연히 사실을 지적하거나 사람을 모욕할 때에만 처벌된다. 여기서 공연성의 의미에 관하여는 종래 이를 「불특정한 다수인이 인식할 수 있는 상태」 또는 「특정·불특정을 불문하고 다수인이 인식할 수 있는 상태」라고 해석하는 견해도 있었으나, 현재 「불특정 또는 다수인이 인식할 수 있는 상태」를 의미한다는 데 의견이 일치하고 있다.[1] 따라서 불특정인의 경우에는 수의 다소를 묻지 아니하고, 다수인인 경우에는 그 다수인이 특정되어 있다고 하더라도 관계 없게 된다.[2] 여기서 불특정이란 행위시에 상대방이 구체적으로 특정되어 있지 않다는 의미가 아니라 상대방이 특수한 관계로 한정된 범위에 속하는 사람이 아니라는 것을 의미하며, 다수도 단순히 복수라는 것만으로 족하지 않고 상당한 다수임을 요한다. 그러나 공연성은 불특정 또는 다수인이 구체적으로 인식할 것을 요하는 것이 아니라, 불특정 또는 다수인이 인식할 수 있는 상태에 도달하면 족하다고 해야 한다. 본죄는 추상적 위험범이기 때문이다. 여기서 「불특정 또는 다수인이 인식할 수 있는 상태」를 어떻게 이해할 것인가에 대하여 소위 전파성의 이론이 주장되고 있다.[3]

---

1 강구진 213면; 김일수/서보학 158면; 김종원 154면; 명형식(공저) 193면; 박상기 180면; 배종대 **48**/3; 백형구 346면; 손동권/김재윤 189면; 오영근 163면; 유기천 143면; 이영란 193면; 이정원 231면; 이형국 248면; 임웅 234면; 정성근/박광민 199면; 정영석 282면; 정영일 88면.

2 대법원 1981. 8. 25. 81도149; 대법원 1990. 12. 26. 90도2473; 대법원 1991. 6. 25. 91도347; 대법원 2000. 5. 16. 99도5622.

3 명형식(공저) 194면; 박상기 181면; 정영석 283면; 황산덕 224면.

14 「**전파성의 이론**」이란 사실을 적시한 상대방이 특정한 한 사람인 경우라 하더라도 그 말을 들은 사람이 불특정 또는 다수인에게 그 말을 전파할 가능성이 있는 때에는 공연성을 인정하는 것을 말한다. 대법원도 일관해서 이 이론을 채택하여 「개별적으로 한 사람에 대하여 사실을 유포하였다고 하여도 이로부터 불특정 또는 다수인에게 전파될 가능성이 있으면 공연성의 요건을 충족한다」고 판시하고,[1] 한 사람에게 편지를 발송한 경우에도 수신인이 그 내용을 타인에게 전파할 가능성이 있으면 공연성을 인정하고 있다.[2] 나아가서 개인 블로그의 비공개 대화방에서 상대방으로부터 비밀을 지키겠다는 말을 듣고 일대일로 대화한 경우에도, 대화 상대방이 대화내용을 불특정 또는 다수에게 전파할 가능성이 있으면 공연성을 인정할 여지가 있다고 하고 있다.[3]

따라서 특정한 한 사람에 대한 사실의 적시는 비밀이 보장되거나 전파될 가능성이 없는 특수한 경우에만 공연성이 부정되는 결과가 된다. 즉 ① 피해자와 그의 남편 앞에서 사실을 적시하였거나(대법원 1985. 11. 26. 85도2037; 대법원 1989. 7. 11. 89도886), 가족 앞에서 발설하였거나(대법원 1984. 4. 10. 83도49), 처의 추궁에 대하여 동침사실을 시인한 경우(대법원 1984. 3. 27. 84도86), ② 피해자의 친척 한 사람에게 피해자의 불륜관계를 이야기한 경우(대법원 1981. 10. 27. 81도1023), ③ 피고인이 다른 사람에게 알려지지 않도록 감추려고 하면서 집안관계인 사람들 앞에서 사실을 적시한 경우(대법원 1982. 4. 27. 82도371), ④ 피해자가 근무하는 학교의 학교법인 이사장 앞으로 진정서를 제출한 경우(대법원 1983. 10. 25. 83도2190), ⑤ 피고인이 피해자와 동업관계에 있고 친한 사이인 사람에게만 피해자의 험담을 한 때(대법원 1984. 2. 28. 83도891)는 물론, ⑥ 이혼소송 계속중인 처가 남편의 친구에게 서신을 보내면서 남편의 명예를 훼손하는 문구가 기재된 서신을 동봉한 경우(대법원 2000. 2. 11. 99도4579)에는 그것이 전파될 가능성이 없다는 이유로 공연성을 부정하고 있다. 대법원은 또한 기자를 통하여 사실을 적시하는 때에는 기사화되어 보도되어야 적시사실이 외부에 공표된다는 이유로 기사화하여 보

1 대법원 1968. 12. 24. 68도1569, 「형법 제307조에 "공연히"라 함은 불특정 또는 다수인이 인식할 수 있는 상태라고 풀이함이 상당하며 비밀이 잘 보장되어 외부에 전파될 염려가 없는 경우가 아니면 비록 개별적으로 한 사람에 대하여 사실을 유포하였더라도 연속하여 수인에게 사실을 유포하여 그 유포된 사실이 외부에 전파될 가능성이 있는 이상 공연성이 있다 할 것이다.」

동지: 대법원 1996. 7. 12. 96도1007; 대법원 2004. 4. 9. 2004도340; 대법원 2008. 2. 14. 2007도8155; 대법원 2020. 11. 19. 2020도5813 전원합의체판결.

2 대법원 1979. 8. 14. 79도1517, 「명예훼손죄에 있어서 편지의 수신인이 편지의 내용을 타인에게 유포할 가능성이 있으면 한 사람에 대한 편지의 발송에도 공연성이 인정된다.」

3 대법원 2008. 2. 14. 2007도8155. 이 판결에 대한 비판으로는 강동범, "비공개 대화방의 일대일 대화와 명예훼손죄의 공연성," 한국형사법학의 신전개(지송 이재상교수 정년기념논문집), 444면 이하.

도하지 않은 때에는 전파가능성이 없어 공연성이 없다고 판시하였다.[1]

15 그러나 전파성의 이론에 의하여 전파할 가능성만 있으면 불특정 또는 다수인이 인식할 수 있는 상태가 된다고 하여 공연성의 범위를 확대하는 것은 타당하다고 할 수 없다. 왜냐하면 ① 형법이 명예훼손죄에 관하여 공연성을 요건으로 하는 것은 불특정 또는 다수인 앞에서 사실을 적시하여 사람의 사회적 명예를 훼손하는 것만을 벌하고, 공연성이 없는 개인적인 정보전달은 전파가능성이 있을지라도 방임한다는 취지를 명백히 한 것이다. 그렇다면 전파성의 이론은 공연성의 의미를 무의미하게 하여 표현의 자유를 지나치게 제한하는 것이 된다. ② 전파성의 이론에 의하면 명예훼손죄의 성립 여부가 상대방의 전파의사에 따라 좌우되는 결과로 된다. 명백히 해야 할 범죄의 성립 여부가 상대방의 의사에 좌우된다는 것은 옳다고 할 수 없다. ③ 전파성의 이론은 명예훼손죄의 보호법익의 보호정도와 그 행위의 태양을 혼동한 결과이다. 명예훼손죄는 사람의 외적 명예가 현실로 침해될 것을 요하지 않고 그러한 위험만 있으면 성립하는 위험범이다. 그러나 공연성은 동죄의 행위의 태양이다. 본죄가 위험범이라고 하여 행위의 태양으로 요구되는 공연성을 전파가능성으로 대체할 수는 없다. 따라서 공연성은 불특정 또는 다수인이 현실로 인식할 것을 요하지 않지만 적어도 불특정 또는 다수인이 직접 인식할 수 있는 상태에 이르러야 인정된다고 하겠다. 이러한 의미에서 공연성이란 불특정 또는 다수인이 직접으로 인식할 수 있는 상태를 의미한다고 해석하는 것이 타당하다.[2]

2) 사실의 적시

16 ㈎ **사 실** 적시의 객체는 사실이다. 여기서 사실이란 현실적으로 발생하고 증명할 수 있는 과거와 현재의 상태를 말한다. 외적 사실인가 내적 사실인가는 묻지 아니한다. 그러나 장래의 사실의 적시는 의견진술은 될 수 있어도 사실은 되지 않는다. 다만 그것이 현재의 사실에 대한 주장을 포함할 때에는 사

1 대법원 2000. 5. 16. 99도5622. 그러나 기자에게 사실을 적시한 때에는 기사화에 의한 전파가능성뿐만 아니라 말에 의한 전파가능성도 문제된다고 해야 한다.

2 강구진 215면; 김일수/서보학 158면; 김종원 154면; 배종대 48/3; 백형구 347면; 오영근 163면; 이영란 196면; 이정원 233면; 이형국 249면; 임웅 234면; 정성근/박광민 199면; 정영일 89면; 조준현 151면; 진계호 192면도 같은 취지이다.

실에 해당할 수 있다.[1] 사실은 가치판단과 구별되어야 한다. 사실은 그것이 진실임을 증명할 수 있지만 가치판단은 그 정당성이 주관적 확신에 의하여 좌우된다는 점에 차이가 있다.[2] 그러나 양자의 한계가 언제나 명백한 것은 아니다. 이는 결국 구체적인 경우에 따라 판단해야 할 문제이다. 또한 가치판단에도 사실의 주장이 포함될 수 있다. 공지의 사실인가는 문제되지 않는다.

예컨대 타인에게 "도둑놈" 또는 "사기꾼"이라고 하는 것은 가치판단이지만 동시에 그것은 사실의 주장이 될 수도 있다.

17 (나) **사실의 적시** 사실의 적시란 사람의 사회적 가치 내지 평가를 저하시키는 데 충분한 사실을 지적하는 것을 말한다.

적시된 사실은 사람의 사회적 가치 내지 평가를 저하시키는 데 적합한 것이어야 한다. 반드시 악사(惡事)·추행을 지적할 것을 요하지 않고, 널리 사회적 가치를 해할 만한 사실이면 족하다. 여기의 사회적 가치에는 인격·기술·지능·학력·경력은 물론 건강·신분·가문 등 사회생활에서 존중되어야 할 모든 가치가 포함된다. 따라서 가치중립적인 표현을 사용하였다 하더라도 사회통념상 그로 인하여 특정인의 사회적 평가가 저하되었다고 판단되면 명예훼손죄가 성립할 수 있다.[3] 다만 경제적 가치를 저하시키는 것은 별도로 신용훼손죄를 구성하므로 여기의 가치에는 포함되지 않는다. 반드시 숨겨진 사실을 적발할 것을 요하지 않으며 이미 알려진 사실이거나 듣는 사람이 알고 있는 사실을 적시하는 경우도 포함

1 대법원 2003. 5. 13. 2002도7420, 「피고인이 경찰관을 상대로 진정한 사건이 혐의인정되지 않아 내사종결 처리되었음에도 불구하고 공연히 "사건을 조사한 경찰관이 내일부로 검찰청에서 구속영장이 떨어진다"고 말한 것은 현재의 사실을 기초로 하거나 이에 대한 주장을 포함하여 장래의 일을 적시한 것으로 볼 수 있어 명예훼손죄에 있어서의 사실의 적시에 해당한다.」

2 대법원 2021. 3. 25. 2016도14995, 「명예훼손죄에서 '사실의 적시'란 가치판단이나 평가를 내용으로 하는 '의견표현'에 대치되는 개념으로서 시간적으로나 공간적으로 구체적인 과거 또는 현재의 사실관계에 관한 보고나 진술을 뜻하고, 표현 내용을 증거로 증명할 수 있는 것을 말한다. 보고나 진술이 사실인지 의견인지를 구별할 때에는 언어의 통상적 의미와 용법, 증명가능성, 문제된 표현이 사용된 문맥, 표현이 이루어진 사회적 상황 등 전체적 정황을 고려하여 판단하여야 한다.」

동지 : 대법원 2008. 10. 9. 2007도1220; 대법원 2017. 5. 11. 2016도19255.

3 대법원 2007. 10. 25. 2007도5077, 「피해자가 동성애자라는 내용의 글을 인터넷사이트에 게시한 행위는 명예훼손에 해당한다.」 이에 반하여 「우리나라 유명 소주회사가 일본의 주류회사에 지분이 50% 넘어가 일본 기업이 되었다고 하는 사실적시는 가치중립적 표현으로서 명예훼손적 표현이 아니고」(대법원 2008. 11. 27. 2008도6728), 「피해자의 이혼 경위나 사유, 혼인관계 파탄의 책임 유무를 언급하지 않고 이혼 사실 자체만을 언급한 것은 피해자의 사회적 가치나 평가를 떨어뜨린다고 볼 수 없다.」(대법원 2021. 3. 25. 2016도14995).

한다.[1] 스스로 실험한 사실을 적시하건 타인으로부터 전문한 사실을 적시하건 묻지 않는다.[2]

사실의 적시는 특정인의 가치가 침해될 수 있을 정도로 구체적일 것을 요한 18
다.[3] 따라서 구체적인 사실을 적시하지 않고 단순히 모욕적인 추상적 판단을 표시한 것은 본죄를 구성하지 않는다.[4] 다만 사실이 그 시간 · 장소 · 수단까지 상세하게 특정될 것을 요하는 것은 아니다. 사실의 적시라고 하기 위하여는 피해자가 특정될 것을 요한다. 그러나 피해자의 특정을 위하여 반드시 그 사람의 성명을 명시할 것을 요하는 것은 아니다. 표현의 내용을 주위사정과 종합 판단하여 그것이 어느 특정인을 지목하는 것인가를 알 수 있는 경우에는 그 특정인에 대한 명예훼손죄가 성립한다.[5] 따라서 두문자나 이니셜만 사용한 경우라도 피해자가 특정되었다고 할 수 있다.[6] 또한 적시된 사실은 피해자에 대한 사항이어야 한다.

대법원은 ① '애꾸눈, 병신'이라고 욕설한 경우(대법원 1994. 10. 25. 94도1770), ② '개같은 잡년, 창녀같은 년'이라고 큰소리 친 경우(대법원 1985. 10. 22. 85도1629), ③ '아무 것도 아닌 똥꼬다리같은 놈이 잘 운영되어 가는 어촌계를 파괴하려 한다'고 말한 경우(대법원 1989. 3. 14. 88도1397), ④ '피해자가 피고인의 범죄를 고발하였다'고 말한 경우(대법원 1994. 6. 28. 93도696)에는 사회적 가치나 평가를 침해하기에 충분한 구체적인 사실이 적시되지 않았다고 판시하였다.

사실을 적시하는 방법에는 제한이 없다. 즉 언어에 의하건, 문서 · 도화에 의 19
하건, 신문 · 잡지 · 라디오 기타 출판물에 의하건 묻지 않는다. 직장의 전산망에 설치된 전자게시판에 타인의 명예를 훼손하는 글을 게시한 경우도 여기에 해당한다.[7] 다만 신문 · 잡지 · 라디오 기타 출판물에 의하는 경우에 비방의 목적이 있을 때에는 출판물 등에 의한 명예훼손죄가 성립한다. 만화 · 만문 · 연극에 의한 경우도 포함한다. 반드시 단정적으로 표현할 것을 요하지 않고 우회적 표현에 의하여 암시하거나,[8] 추측 · 의혹 또는 질문에 의하여도 관계 없다. 다만 질문에 대

1 대법원 1993. 3. 23. 92도455; 대법원 1994. 4. 12. 93도3535; 대법원 2008. 7. 10. 2008도2422.
2 대법원 1985. 4. 23. 85도431.
3 대법원 2011. 8. 18. 2011도6904.
4 대법원 1981. 11. 24. 81도2280; 대법원 1994. 10. 25. 94도1770.
5 대법원 1982. 11. 9. 82도1256; 대법원 1989. 11. 14. 89도1744; 대법원 2009. 10. 29. 2009다49766; 대법원 2014. 3. 27. 2011도11226.
6 대법원 2007. 6. 29. 2005다55510; 대법원 2009. 2. 26. 2008다27769.
7 대법원 2000. 5. 12. 99도5734.
8 대법원 1991. 5. 14. 91도420; 대법원 2003. 1. 24. 2000다37647.

한 단순한 확인대답만으로는 사실을 적시하였다고 할 수 없다.[1]

20 적시된 사실이 사실인가 또는 허위의 사실인가는 본죄의 성립에 영향이 없다. 다만 사실인 때에는 제307조 1항에 해당하고, 허위의 사실이면 동조 2항의 죄가 성립한다. 동조 2항의 범죄는 동조 1항에 대하여 불법이 가중된 경우이다. 이러한 의미에서 적시된 사실이 사실인가 허위의 사실인가는 구성요건요소가 된다. 적시된 사실이 진실임이 증명될 때를 처벌조각사유로 규정하고 있는 독일 형법 제186조(üble Nachrede)의 경우와 구별된다. 여기서 진실한 사실이란 그 내용 전체의 취지를 살펴볼 때 중요한 부분이 객관적 사실과 합치되는 사실이라는 의미로서 세부에 있어서 약간의 차이가 나거나 다소 과장된 표현이라도 무방하다.[2]

대법원은 비록 허위의 사실을 적시하였더라도 허위의 사실이 특정인의 사회적 가치 내지 평가를 침해할 수 있는 내용이 아니라면 형법 제307조의 명예훼손죄는 성립하지 않고, 사회 평균인의 입장에서 허위의 사실을 적시한 발언을 들었을 경우와 비교하여 오히려 진실한 사실을 듣는 경우에 피해자의 사회적 가치 내지 평가가 더 크게 침해될 것으로 예상되거나, 양자 사이에 별다른 차이가 없을 것이라고 보는 것이 합리적인 경우라면, 형법 제307조 2항의 허위사실적시에 의한 명예훼손죄로 처벌할 수는 없다(대법원 2014. 9. 4. 2012도13718)고 하였다.

21 3) **기수시기** 형법 제307조는 공연히 사실(또는 허위의 사실)을 적시하여 사람의 명예를 훼손하여야 본죄가 성립하는 것같이 규정하고 있다. 그러나 본죄는 추상적 위험범이다. 따라서 본죄는 명예, 즉 사람에 대한 사회적 평가가 현실적으로 침해되었을 것을 요하지 않고, 단순히 명예를 해할 우려 있는 행위가 있으면 기수에 이른다. 다시 말하면 공연히 사실을 적시하여 불특정 또는 다수인이 인식할 수 있는 상태에 이르면 범죄는 완성되며, 상대방이 이를 인지할 것을 요하는 것은 아니다.

22 (2) **주관적 구성요건** 본죄가 성립하기 위하여는 타인의 명예를 훼손하는 데 적합한 사실을 적시한다는 고의가 있어야 한다. 미필적 고의로 족하다. 명예훼손의 목적 내지 비방의 목적이 있어야 하는 것은 아니다.[3] 행위자가 다소 흥

1 대법원 2008. 10. 23. 2008도6515; 대법원 2022. 4. 14. 2021도17744.
2 대법원 1998. 10. 9. 97도158; 대법원 2006. 4. 14. 2004도207; 대법원 2007. 12. 14. 2006도2074.
3 대법원 1991. 3. 27. 91도156.

분하고 있었다고 하여 고의가 부정되는 것은 아니다.

> 그러나 피해자의 어머니에게 그의 과거로부터의 건강상태와 질병 여부를 확인하고자 질문하였거나(대법원 1977. 4. 26. 77도836), 불미스러운 소문의 진위를 확인하고자 질문을 하는 과정에서 발언을 한 경우(대법원 2018. 6. 15. 2018도4200) 또는 확인요구에 대한 대답과정에서 사실을 발설한 경우(대법원 1983. 8. 23. 83도1017; 대법원 2010. 10. 28. 2010도2877)에는 명예훼손의 고의를 인정할 수 없다.

적시한 사실이 진실한 사실인가 허위의 사실인가에 대한 인식도 고의의 내용이 된다. 따라서 이에 대한 착오는 착오론의 일반이론에 의하여 해결되어야 한다. 즉 ① 진실한 사실을 허위의 사실로 오인하고 적시한 때에는 고의는 동조 2항의 고의지만 결과는 제1항의 결과이며, 큰 고의는 작은 고의를 포함하므로 제1항의 죄책을 지게 되고, ② 허위의 사실을 진실한 사실로 오인하고 적시하여 명예를 훼손한 때에는 제2항의 결과가 발생하였지만 고의는 제1항의 고의였으므로 형법 제15조 1항이 적용되어 본조 1항의 죄책을 질 따름이다.[1] 23

(3) **위 법 성** 본죄가 성립하기 위하여는 구성요건에 해당하는 행위가 위법해야 한다. 일반적 위법성조각사유가 본죄에 적용됨은 물론이지만, 형법 제310조는 본죄의 특수한 위법성조각사유를 규정하고 있다.[2] 24

1) **일반적 위법성조각사유** 정당방위나 긴급피난에 의하여 본죄의 위법성이 조각될 수 있다. 그러나 본죄의 위법성조각사유로는 특히 피해자의 승낙과 정당행위를 검토할 필요가 있다.

(가) **피해자의 승낙** 명예는 그 법익주체가 처분할 수 있는 개인적 법익이다. 따라서 피해자의 승낙이 있는 때에는 위법성이 조각된다.[3] 명예는 인격권의 일종이므로 승낙이 있어도 본죄가 성립한다는 견해 또는 피해자의 동의가 있으면 구성요건해당성 자체가 조각된다는 견해[4]가 있다. 그러나 명예는 처분할 수 25

1 대법원 1994. 10. 28. 94도2186; 대법원 2017. 4. 26. 2016도18024.

2 형법 제310조의 위법성조각사유를 사실증명(Wahrheitsbeweis)이라고 하는 견해도 있다(명형식(공저) 197면; 유기천 140면; 정성근 216면; 진계호 195면; 황산덕 227면). 그러나 사실증명이란 독일 형법 제186조와 같이 사실이 증명되면 처벌하지 않는 경우를 말하며, 형법 제310조가 진실한 사실로서 오로지 공공의 이익을 위한 것일 때에 처벌하지 않는다고 규정한 것은 사실증명에 관한 규정은 아니라고 생각된다. 형법이 동조의 제목을 사실증명이라고 하지 아니하고 위법성조각이라고 한 것도 이러한 이유라고 할 수 있다. 따라서 이를 형법 제310조의 위법성조각사유라고 함이 타당하다고 생각된다.

3 강구진 218면; 김종원 160면; 배종대 48/22; 백형구 354면; 신동운 755면; 유기천 139면; 이정원 237면; 이형국 257면; 임웅 247면; 정성근/박광민 201면.

4 오영근 166면.

있는 법익이지만 주체의 의사에 반하는 것을 구성요건요소로 하는 것은 아니기 때문에 타당하지 않다.

26 (나) **정당행위** 형사재판에 있어서 검사의 기소요지의 진술, 증인의 증언 및 피고인과 변호인의 방어권의 행사는 법령에 의한 행위로서 위법성이 조각된다. 신문·라디오 등의 보도기관의 보도도 진지한 정보의 이익이 존재하고 국민의 알 권리를 충족시키는 범위에서 정당한 업무행위가 된다. 학술 또는 예술작품에 대한 공정한 논평도 정당행위로서 위법성이 조각될 수 있다. 그러나 정당행위라고 할지라도 권리의 남용으로 인정되는 때에는 위법성이 조각되지 않는다.

예컨대 형사재판에서의 변론이라도 허위의 사실을 적시한 때에는 권리의 남용으로서 위법성이 조각되지 않는다. 신문·잡지·라디오 등의 보도기관이라 하여 본죄에 관하여 특수한 지위가 인정되는 것은 아니다.[1] 국회의원이 국회에서 직무상 행한 발언은 국회 외에서 책임을 지지 아니한다(헌법 제45조).

2) 형법 제310조에 의한 위법성조각

27 (가) **의 의** 형법은 개인의 명예를 보호하기 위하여 적시한 사실이 진실인가 허위인가를 묻지 않고 명예훼손죄의 성립을 인정하고 있다. 그러나 진실한 사실을 적시한 경우에도 무조건 본죄에 의하여 처벌하는 것은 일체의 비판을 금지하는 결과가 된다. 헌법이 보장하고 있는 언론의 자유(헌법 제21조)는 자유민주주의의 기본적 요청으로, 비판의 자유를 그 핵심으로 한다. 개인에 대한 공정한 비판이 형법에 의하여 금지된다면 언론의 자유는 무의미하게 되고 민주주의의 발전을 저해하는 결과를 초래한다. 여기에 개인의 명예의 보호와 언론의 자유의 보장을 어떻게 조화할 것인가라는 문제가 일어난다. 명예훼손죄는 사람에 대한 사회적 평가를 그 진위에 관계 없이 보호하는 것이지만, 한편으로는 공공의 이익을 위하여 진실한 사실을 적시한 때에는 이를 벌하지 않도록 할 필요가 있다. 형법 제310조에서 「제307조 제1항의 행위가 진실한 사실로서 오로지 공공의 이익에 관한 때에는 처벌하지 아니한다」고 규정하여 본죄의 특수한 위법성조각사유를 마련하고 있는 이유는 여기에 있다. 형법 제310조는 군형법 제64조 제3항의 행위

1 Herdegen LK §193 Rn. 20; Rudolphi SK §193 Rn. 16; Sch/Sch/Lenckner §193 Rn. 18; Tröndle/Fischer §193 Rn. 33; Zaczyk NK §193 Rn. 44.

(사실적시 상 관명예훼손)에 유추적용된다.[1]

㈏ 요 건 형법 제310조가 적용되기 위하여는 두 가지 요건이 갖추어져야 한다.

① 적시된 사실이 진실한 사실이어야 한다. 28

진실한 사실이란 적시된 사실의 중요부분이 진실과 합치되는 사실을 말한다. 따라서 세부에 있어서는 약간의 차이가 있거나 다소 과장된 표현이 있어도 전체로 보아 진실과 합치되면 족하다.[2] 진실한 사실을 적시할 것을 요하므로 형법 제310조는 제307조 1항에 대하여만 적용되며, 허위의 사실을 적시하여야 성립하는 동조 2항의 경우[3]는 물론, 제308조의 사자의 명예훼손죄, 제309조 2항의 출판물 등에 의한 명예훼손죄에는 적용될 여지가 없다.

② 사실의 적시가 오로지 공공의 이익에 관한 것이어야 한다. 29

공공의 이익이란 국가·사회 기타 일반 다수인의 이익에 관한 것뿐만 아니라 특정한 사회집단이나 그 구성원 전체의 관심과 이익에 관한 것도 포함한다. 공공의 이익에 관한 것이라고 하기 위하여는 먼저 객관적으로는 적시된 사실이 공공의 이익에 관한 것임을 요한다. 반드시 공적 생활에 관한 사실에 한하지 아니하고 사적 행동에 관한 사실이라도 그것이 공공의 이익이 되는 경우를 포함한다. 개인의 사적 신상에 관한 사실도 그의 사회적 활동에 관한 비판 내지 평가의 자료가 될 수 있기 때문이다.[4] 주관적으로도 사실적시가 공공의 이익을 위한 것이어야 한다. 즉 공공의 이익을 위한다는 목적이 있어야 한다. 오로지 공공의 이익에 관한 것이어야 한다고 규정하고 있지만 반드시 이를 유일한 동기로 하는 경우에 제한해야 할 이유는 없다. 주로 그것이 동기가 된 경우면 족하다고 해야 한다.[5] 공공의 이익에 관한 것인지 여부는 적시된 사실의 구체적 내용과 성질 및 그

---

1 대법원 2024. 4. 16. 2023도13333.

2 대법원 2022. 2. 11. 2021도10827, 「종중 회장 선출을 위한 종친회에서 피해자의 종친회 회장 출마에 반대하면서 "○○○은 남의 재산을 탈취한 사기꾼이다. 사기꾼은 내려오라."로 말한 경우, 피해자에게 「특정경제범죄 가중처벌 등에 관한 법률」 위반(횡령)죄의 전과가 있는 이상 위 발언은 주요부분에 있어 객관적 사실에 합치되는 것으로 볼 수 있고, 피해자의 종친회 회장으로서의 적격 여부는 종친회 구성원들 전체의 관심과 이익에 관한 사항으로서 공익성이 인정된다.」
동지 : 대법원 2001. 10. 9. 2001도3594; 대법원 2007. 12. 14. 2006도2074.

3 대법원 1970. 7. 21. 70도1266; 대법원 1993. 4. 13. 92도234; 대법원 1998. 10. 9. 97도158; 대법원 2012. 5. 9. 2010도2690.

4 대법원 1996. 4. 12. 94도3309.

5 강구진 219면; 김종원 158면; 명형식(공저) 198면; 박상기 186면; 배종대 48/26; 백형구 351면;

표현의 방법 등을 고려하여 객관적으로 판단해야 한다.[1] 이와 같이 본조는 공공의 이익을 위한 때에만 적용되므로, 사람을 비방할 목적이 있어야 성립하는 제309조 1항의 경우에도 본조는 적용될 여지가 없다.[2]

다만, 출판물에 의한 경우에도 비방의 목적이 인정되지 아니하여 제309조 1항의 죄가 성립할 수 없을 때에는 제307조 1항의 명예훼손죄의 성립 여부가 문제되므로 본조가 적용될 수 있다.[3] 또한 비방의 목적은 공공의 이익과 상반되는 관계에 있으므로 적시된 사실이 공공의 이익에 관한 것인 때에는 특별한 사정이 없는 한 비방의 목적은 부정된다(대법원 2000. 2. 25. 98도2188; 대법원 2004. 5. 14. 2003도5370; 대법원 2008. 11. 13. 2006도7915). 따라서 국립대학교 교수가 자신의 연구실 내에서 제자인 여학생을 성추행하였다는 내용의 글을 지역 여성단체가 자신의 인터넷 홈페이지 또는 소식지에 게재한 행위는 학내 성폭력 사건의 철저한 진상조사와 처벌 그리고 학내 성폭력의 근절을 위한 대책마련을 촉구하기 위한 목적으로 공공의 이익을 위한 것으로서 비방의 목적은 인정되지 않는다(대법원 2005. 4. 29. 2003도2137).

(다) 효　　과

30 (a) 실체법적 효과　　위의 요건에 해당하는 행위는 처벌하지 아니한다. 여기서 「처벌하지 아니한다」의 의미에 관하여 독일이나 일본에서는 처벌조각사유설,[4] 구성요건해당성조각설 등이 주장되고 있으나, 형법의 해석에 있어서는 이를

유기천 140면; 이형국 252면; 임웅 243면; 정성근/박광민 202면; 진계호 196면.

1 대법원 1996. 10. 25. 95도1473; 대법원 2004. 5. 28. 2004도1497; 대법원 2008. 11. 13. 2008도6342.

2 대법원 1995. 6. 30. 95도1010, 「형법 제307조 제1항의 명예훼손행위가 진실한 사실로서 오로지 공공의 이익에 관한 때에는 위법성이 조각되나 형법 제309조 제1항의 출판물 등에 의한 명예훼손행위는 그것이 오로지 공공의 이익을 위한 행위였다고 하더라도 위법성이 조각되지 않음은 형법 제310조의 규정에 비추어 명백하다.」
　동지 : 대법원 1984. 9. 11. 84도1547; 대법원 1986. 10. 14. 86도1603; 대법원 2004. 5. 14. 2003도5370.

3 대법원 1998. 10. 9. 97도158, 「형법 제309조 제1항 소정의 '사람을 비방할 목적'이란 가해의 의사 내지 목적을 요하는 것으로서 공공의 이익을 위한 것과는 행위자의 주관적 의도의 방향에 있어서 서로 상반되는 관계에 있다고 할 것이므로, 형법 제310조의 공공의 이익에 관한 때에는 처벌하지 아니한다는 규정은 사람을 비방할 목적이 있어야 하는 형법 제309조 제1항 소정의 행위에 대하여는 적용되지 아니하고 그 목적을 필요로 하지 않는 형법 제307조 제1항의 행위에 한하여 적용되는 것이고, 반면에 적시한 사실이 공공의 이익에 관한 것인 경우에는 특별한 사정이 없는 한 비방 목적은 부인된다고 봄이 상당하므로 이와 같은 경우에는 형법 제307조 제1항 소정의 명예훼손죄의 성립 여부가 문제될 수 있고, 이에 대하여는 다시 형법 제310조에 의한 위법성 조각 여부가 문제로 될 수 있다.」

4 독일 형법의 해석에 있어서는 사실증명을 처벌조각사유로 보는 것이 통설이다. 그러나 이는 독일 형법 제186조가 「타인의 명예를 훼손하는 사실을 주장하거나 유포한 자는 그 사실이 진실임이 증명되지 아니하면 1년 이하의 자유형 또는 벌금에 처한다」고 규정하고 있어 사실증명은 처

위법성조각사유라고 이해하는 데 의견이 일치하고 있다. **처벌조각사유설**은 사실의 진실성과 적시의 공익성이 인정되는 경우에도 범죄의 성립을 긍정하여 개인의 명예의 보호에 치중한 나머지 언론의 자유에 대한 보장을 경시한 것으로 타당하다고 할 수 없고, **구성요건해당성조각설**은 명예의 보호보다는 언론의 자유보장에 편중한 것이라 하겠다. 생각건대 사실의 진실성 여부는 동조 1항에 해당하느냐 또는 제2항에 해당하느냐에 대한 기준에 불과하고 진실성이 가려진 다음에 적시의 공익성이 인정되면 이를 고려하여 위법성이 조각된다고 보아야 할 뿐만 아니라, 형법도 이를 위법성조각사유로 규정하고 있으므로 통설인 **위법성조각사유설**이 타당하다.

본조를 위법성조각사유로 해석할 때에는 사실의 진실성과 공익성을 인식하는 것은 주관적 정당화요소가 된다. 따라서 행위자가 허위라고 오신하고 진실한 사실을 적시한 때에는 본조에 해당할 여지가 없고 제307조 1항의 문제만 남게 된다. 문제는 허위인 사실을 진실이라고 오신하고 공익을 위하여 적시한 경우이다. 처벌조각사유설에 의하면 이러한 착오는 본죄의 성립에 영향을 미치지 않는다. 위법성조각사유설에 따르면서 이러한 착오를 법률의 착오로 이해하여 착오에 정당한 사유가 있거나 과실이 없는 경우에만 처벌되지 않는다는 견해(**엄격책임설**)도 있다.[1] 그러나 본조를 위법성조각사유로 이해할 때에는 진실성과 공익성은 위법성조각사유의 요건이므로 위법성조각사유의 전제사실에 대한 착오로서 사실의 착오는 아니지만 사실의 착오와 같이 취급해야 한다(**제한적 책임설**). 대법원은 「행위자가 비록 적시된 사실이 진실이라고 확신하였다 하여도 그것이 건전한 상식에 비추어 상당하다고 인정될 정도의 객관적 상황이 있다는 증거가 없는 이상 위법성이 조각된다고 볼 수 없고」,[2] 「진실한 사실이 아닌 경우에도 적어도 행위자가 그 사실을 진실한 것으로 믿었고 또 그렇게 믿을 만한 상당한 이유가 있는 때에는 위법성이 조각된다」고 판시하였다.[3] 31

벌조각사유로 해석하지 않을 수 없기 때문이다. 형법 제310조의 해석과는 그 성질을 달리한다.

1 서일교 107면; 유기천 145면; 진계호 198면; 황산덕 230면.

2 대법원 1994. 8. 26. 94도237, 「공연히 사실을 적시한 행위가 형법 제310조에 따라서 위법성이 조각되어 처벌되지 않기 위하여는 적시된 사실이 객관적으로 볼 때 공공의 이익에 관한 것으로서 행위자도 공공의 이익을 위하여 그 사실을 적시한 것이어야 할 뿐만 아니라, 그 적시된 사실이 진실한 것이거나 적어도 행위자가 그 사실을 진실한 것으로 믿었고 또 그렇게 믿을 만한 상당한 이유가 있어야 한다. 피고인들이 공인회계사에 의뢰하여 실시한 검사결과나 자체 감사결과에서 피해자의 비리가 밝혀지지 않았음에도 불구하고 여전히 피해자들에게 무슨 비리가 있는 것처럼 말하거나 유인물을 배포하였던 것을 알 수 있으므로, 피고인들이 적시한 사실이 진실이라고 할 수 없음은 물론 설사 피고인들이 피해자들의 비리가 있다고 믿었다 하더라도 그렇게 믿을 만한 상당한 이유가 있었다고 할 수 없으므로 위법성이 조각되지 아니한다.」

3 대법원 1997. 4. 11. 97도88; 대법원 2007. 12. 14. 2006도2074; 대법원 2020. 8. 13. 2019도13404.

32 (b) **소송법적 효과** 종래의 통설은 본조가 사실의 진실성에 대한 거증책임을 피고인에게 지운 거증책임의 전환에 관한 규정이라고 보았으며,[1] 판례도 같은 태도를 취하고 있다.[2] 형사소송법에는 in dubio pro reo의 법칙이 적용된다. 따라서 형벌권의 존부와 범위에 관한 사항의 거증책임은 모두 검사에게 있고, 이에 대한 예외를 인정하기 위하여는 명문의 규정이 있어야 한다. 그런데 일본 형법 제230조의2는 「전조 제1항의 행위가 공공의 이해에 관한 사실에 관계되고, 동시에 그 목적이 오로지 공익을 위하는 데 있다고 인정되는 때에는 사실의 진부를 판단하여 진실이라는 증명이 있으면 벌하지 아니한다」라고 규정하고 있고, 독일 형법 제186조도 「사실이 진실이라고 증명되지 아니하는 때에는(wenn nicht diese Tatsache erweislich wahr ist)…에 처한다」고 규정하고 있으므로 이를 거증책임의 전환에 관한 규정이라고 볼 수 있다.[3] 그러나 형법 제310조는 「진실한 사실로서 오로지 공공의 이익에 관한 때에는 벌하지 아니한다」고 하여, 위법성조각사유의 요건만을 정하고 있을 뿐이고 증명에 관하여는 아무런 규정도 두지 않고 있다. 따라서 본조를 거증책임의 전환에 관한 규정이라고 볼 수는 없다.[4] 즉 위법성조각사유의 부존재에 대한 거증책임은 검사에게 있고 이에 대한 예외규정이 없는 이상 사실의 진실성도 검사가 증명해야 한다.

33 (4) **반의사불벌죄** 본죄는 피해자의 명시한 의사에 반하여 공소를 제기할 수 없다(제312조 2항). 따라서 피해자의 처벌을 희망하는 의사표시가 없어도 소추할 수 있지만, 피해자가 처벌을 희망하지 않는 의사표시를 하거나 또는 처벌을 희망하는 의사표시를 철회한 때에는 공소기각의 판결을 선고하여야 한다(형사소송법 제327조 6호). 이러한 의미에서 본죄는 해제조건부 범죄라고도 한다. 다만 피해자의 처벌을 희망하는 의사표시의 철회는 제1심 판결선고 전에 하여야 한다(동법 제232조 3항).

---

1 서일교 106면; 신동운 758면; 유기천 140면; 정영석 289면; 진계호 197면; 황산덕 229면.

2 대법원 1996. 10. 25. 95도1473; 대법원 2004. 5. 28. 2004도1497.

3 Maurach/Schroeder/Maiwald **25**/20; Sch/Sch/Lenckner §186 Rn. 16; Tröndle/Fischer §186 Rn. 11.

4 김성천/김형준 326면; 김종원 160면; 박상기 187면; 배종대 **48**/29; 백형구 353면; 손동권/김재윤 202면; 오영근 168면; 이영란 202면; 이정원 243면; 이형국 254면; 임웅 244면; 정성근/박광민 205면.

2. 사자의 명예훼손죄

공연히 허위의 사실을 적시하여 사자의 명예를 훼손한 자는 2년 이하의 징역이나 금고 또는 500만원 이하의 벌금에 처한다(제308조).

본죄는 고소가 있어야 공소를 제기할 수 있다(제312조 1항).

공연히 허위의 사실을 적시하여 사자의 명예를 훼손함으로써 성립하는 범죄이다. 허위의 사실을 적시할 것을 요하므로 사실을 적시한 때에는 본죄가 성립하지 않는다. 사실을 적시한 때에도 본죄가 성립한다면 역사적 인물에 대한 공정한 평가도 처벌받게 되어 역사의 정확성과 진실이 은폐될 것이기 때문이다. 보호법익은 역사적 존재로서의 사자의 인격적 가치이다. 34

본죄가 성립하기 위하여는 사자의 명예를 훼손함에 적합한 허위의 사실을 적시한다는 고의가 있어야 한다. 적시한 사실이 허위라는 점에 대하여 확정적 고의를 요하고 단순한 미필적 고의로는 족하지 않다.[1] 여기서 사자인가에 대하여 착오가 있는 경우의 처리가 문제된다. ① 사자로 오인하고 허위의 사실을 적시하였지만 상대방이 생존하고 있는 때에는 제307조 2항에 해당하지만 제15조 1항에 의하여 본죄가 성립한다. ② 사자로 오인하고 사실을 적시하였거나, 사람으로 오인하고 사자에 대하여 사실을 적시한 때에는 본죄가 성립하지 않는다. 35

본죄는 친고죄이다(제312조 1항). 고소권자는 사자의 친족 또는 자손이다(형사소송법 제227조). 이러한 고소권자가 없는 때에는 이해관계인의 신청에 의하여 검사가 10일 이내에 고소권자를 지정해야 한다(동법 제228조). 36

3. 출판물 등에 의한 명예훼손죄

① 사람을 비방할 목적으로 신문 · 잡지 또는 라디오 기타 출판물에 의하여 제307조 제1항의 죄를 범한 자는 3년 이하의 징역이나 금고 또는 700만원 이하의 벌금에 처한다.

② 제1항의 방법으로 제307조 제2항의 죄를 범한 자는 7년 이하의 징역, 10년 이하의 자격정지 또는 1,500만원 이하의 벌금에 처한다(제309조).

본죄는 피해자의 명시한 의사에 반하여 공소를 제기할 수 없다(제312조 2항).

제307조의 명예훼손죄에 대하여 행위의 방법 때문에 형이 가중되는 가중적 구성요건이다. 형을 가중하는 이유는 ① 주관적 구성요건으로 단순한 미필적 고 37

---

1 판례는 미필적 고의에 의하여도 성립한다고 한다(대법원 2014. 3. 13. 2013도12430).

의로 족하지 않고 초과주관적 요소인 비방의 목적을 필요로 한다. 비방의 목적이란 가해의 의사 내지 목적을 요하며, 비방할 목적이 있는지의 여부는 당해 적시사실의 내용과 성질, 당해 사실의 공표가 이루어진 상대방의 범위, 그 표현의 방법 등 그 표현 자체에 관한 제반사정을 감안하고 그 표현에 의하여 훼손되거나 훼손될 수 있는 명예의 침해 정도 등을 비교·고려하여 결정하여야 한다.[1] 비방할 목적을 필요로 하므로 본죄에 해당하는 경우에는 형법 제310조가 적용될 여지가 없다. ② 명예를 훼손하는 방법이 신문·잡지·라디오 기타 출판물에 의하므로 그 위험성이 커진다는 점에 있다. 따라서 본죄가 성립하기 위해서는 위의 두 요건이 모두 구비되어야 하며, 하나라도 결한 경우, 예컨대 비방할 목적 없이 신문·잡지·라디오 기타 출판물에 의하여 명예를 훼손하거나, 비방할 목적은 있어도 출판물이라고 할 수 없는 방법에 의하여 명예를 훼손하는 때에는 본죄에 해당하지 않는다. 신문·잡지 또는 라디오의 개념에 대하여는 의문이 없다. 문제는 기타 출판물이 무엇을 의미하는가에 있으나, 적어도 인쇄한 물건의 정도에 이를 것을 요하고 단순히 프린트하거나 손으로 쓴 것은 여기에 해당하지 않는다.

대법원은 여기의 출판물은 등록·인쇄된 제본인쇄물이나 제작물과 같은 정도의 효용과 기능을 가진 인쇄물이어야 한다는 전제에서 모조지 위에 싸인펜으로 기재한 삽입광고문이나(대법원 1986. 3. 25. 85도1143), 장수가 2장에 불과하고 제본방법도 조잡한 최고서 사본(대법원 1997. 8. 26. 97도133)은 물론 제호의 기재가 없는 낱장의 종이에 자기 주장을 광고하는 문안이 인쇄되어 있는 인쇄물(대법원 1998. 10. 9. 97도158), 컴퓨터 워드프로세서로 작성되어 프린트된 A4 용지 7쪽 분량의 인쇄물(대법원 2000. 2. 11. 99도3048)도 출판물에 해당하지 않는다고 판시하였다.

38 본죄는 출판물에 의하여 사실을 적시함으로써 불특정 또는 다수인이 인식할 수 있는 상태에 이르면 성립하며, 반드시 불특정 또는 다수인에게 그것이 도달하였거나 그러한 사람이 이를 인식하였을 것은 요하지 않는다. 본죄는 간접정범에

1 대법원 2002. 8. 23. 2000도329.

이 판결에서 대법원은 감사원에 근무하는 감사주사가, 감사사항에 대한 감사가 종료된 후 감사반원들의 토론을 거쳐 감사지적사항으로 선정하지 않기로 하여 감사가 종결된 것임에도, 일일감사상황보고서의 일부를 변조하여 제시하면서 자신의 상사인 감사원 국장이 고위층의 압력을 받고 감사기간중 자신이 감사를 진행중인 사항에 대한 감사활동을 중단시켰다고 기자회견을 한 경우, 그 적시사실의 허위성에 대한 인식은 물론 상사에 대한 비방의 목적도 있었다고 보았다.

동지 : 대법원 2003. 12. 26. 2003도6036; 대법원 2007. 3. 15. 2007도210; 대법원 2014. 5. 29. 2013도3517.

의하여도 범하여질 수 있다. 따라서 정을 모르는 기자에게 허위의 기사를 제공하여 신문에 보도케 한 경우에도 본죄가 성립한다.[1]

그러나 제보자가 국회의원에게 허위의 사실을 알렸는데 국회의원의 발표로 그 사실이 일간신문에 게재된 때에는 제보자에게 출판물에 의한 명예훼손죄가 성립하지 않는다(대법원 2002. 6. 28. 2000도3045).

본죄는 반의사불벌죄이다. 따라서 피해자의 명시한 의사에 반하여 공소를 제기할 수는 없다(제312조 2항).

Ⅲ. 모 욕 죄

공연히 사람을 모욕한 자는 1년 이하의 징역이나 금고 또는 200만원 이하의 벌금에 처한다(제311조).
본죄는 고소가 있어야 공소를 제기할 수 있다(제312조 1항).

(1) **의 의** 공연히 사람을 모욕함으로써 성립하는 범죄이다. 본죄의 39
보호법익도 사람의 외적 명예이다. 명예감정이 보호법익으로 되는 것은 아니다. 따라서 본죄와 명예훼손죄는 사실의 적시 여부에 의하여 구별된다. 본죄는 친고죄이다.

(2) **객관적 구성요건** 공연히 사람을 모욕할 것을 요한다. 40

형법은 모욕죄에 대하여도 공연성을 요건으로 한다. 「공연히」란 불특정 또는 다수인이 인식할 수 있는 상태를 말한다. 본죄의 객체도 사람이다. 여기의 사람도 자연인은 물론 법인, 법인격 없는 단체를 모두 포함한다. 자연인인 이상 유아나 정신병자에 대하여도 본죄가 성립할 수 있다. 또한 집단표시에 의한 모욕도 가능하다.[2] 그러나 사자는 여기의 사람에 해당하지 않는다. 사자에 대하여 명예훼손죄가 성립하는 것과 구별된다.

모욕이란 사실을 적시하지 아니하고 사람에 대하여 경멸의 의사를 표시하는 41
것을 말한다. 추상적 관념을 사용하여 사람의 인격을 경멸하는 가치판단을 표시하는 경우가 여기에 해당한다.

1 대법원 1994. 4. 12. 93도3535; 대법원 2004. 5. 14. 2003도5370; 대법원 2009. 11. 12. 2009도8949.
2 대법원 2013. 1. 10. 2012도13189; 대법원 2014. 3. 27. 2011도15631.

예컨대 '나쁜 놈', '죽일 놈', '망할 년' 또는 '화냥년의 간나'라고 하거나(대법원 1987. 5. 12. 87도739; 대법원 1990. 9. 25. 90도873), '개같은 잡년, 창녀같은 년'(대법원 1985. 10. 22. 85도1629), '빨갱이 무당년, 첩년'(대법원 1981. 11. 24. 81도2280) '젊은 놈의 새끼야, 순경새끼, 개새끼야'(대법원 2016. 10. 13. 2016도9674), '뭐하는 거야, 새끼들아'·'씨팔놈들아, 개새끼야'(대법원 2017. 4. 13. 2016도15264), '약의축'(대법원 2022. 10. 27. 2019도14421), '국민호텔녀'(대법원 2022. 12. 15. 2017도19229)라고 한 경우이다. 이에 반하여 '피해자는 정말 야비한 사람인 것 같습니다'라는 표현은 피해자의 외부적 명예를 침해할 만한 표현이라고 단정하기 어렵다고 보았다(대법원 2022. 8. 31. 2019도7370).

사실을 적시한 경우에도 그것이 구체적 사실이 아닌 때에는 본죄에 해당한다.[1] 가치판단의 진부는 문제되지 않는다. 모욕의 수단·방법에는 제한이 없다. 구두·서면 등 언어에 의하든 사진·영상 등 시각적 수단에 의하든[2] 또는 거동에 의하든 묻지 아니한다. 다만 그것은 사람을 경멸하는 내용의 설명가치를 가져야 한다. 이러한 가치를 가졌느냐는 행위자 또는 피해자의 주관을 기준으로 판단할 것이 아니라 그 객관적 의미내용에 따라 해석해야 한다.[3] 따라서 단순한 농담·불친절 또는 무례만으로는 모욕이라고 할 수 없지만,[4] 침을 뱉거나, 뺨을 때리는 것은 거동에 의한 모욕이 될 수 있다.

타인에 대한 범죄행위, 예컨대 간음·추행 또는 주거침입이 모욕에 해당하느냐가 문제된다. 그러나 본죄의 성립에는 공연성을 요건으로 하므로 공연성이 인정되지 않는 한 본죄를 구성할 여지는 없다고 하겠다. 부작위에 의한 모욕도 가능하다.

42 (3) **주관적 구성요건** 본죄가 성립하기 위해서도 객관적 구성요건요소에 대한 고의가 있어야 한다. 즉 공연히 사람을 모욕한다는 인식이 있어야 한다. 단순한 고의로는 족하지 아니하고 가해의 의사 내지 목적을 필요로 한다는 견해[5]도 있다. 그러나 본죄의 성립에 가해의 의사 또는 모욕의 목적을 요한다고 해석

1 대법원 1989. 3. 14. 88도1397.

2 대법원 2023. 2. 2. 2022도4719.

3 Rudolphi SK §185 Rn. 7; Sch/Sch/Lenckner §185 Rn. 8.

4 대법원 2015. 9. 10. 2015도2229, 「아파트 입주자대표회의 감사인 피고인이 관리소장 甲과 언쟁을 하다가 "야, 이따위로 일할래", "나이 처먹은 게 무슨 자랑이냐"라고 말한 경우, 피고인과 甲의 관계, 피고인이 발언을 하게 된 경위와 발언의 횟수, 발언의 의미와 전체적인 맥락, 발언을 한 장소와 발언 전후의 정황 등에 비추어 볼 때, 피고인의 발언은 상대방을 불쾌하게 할 수 있는 무례하고 저속한 표현이기는 하지만 객관적으로 甲의 인격적 가치에 대한 사회적 평가를 저하시킬 만한 모욕적 언사에 해당하지 않는다.」
동지: 대법원 1966. 7. 26. 66도469; 대법원 2015. 12. 24. 2015도6622.

5 유기천 148면.

해야 할 이유는 없다. 미필적 고의로도 족하다.[1]

(4) **위 법 성** 본죄에 있어서도 일반적 위법성조각사유가 적용된다. 문제는 형법 제310조가 본죄에 적용될 것인가에 있다. 형법 제310조는 법문상으로는 본죄에 적용되지 않는다. 대법원도 제310조가 모욕죄에는 적용되지 않는다고 판시하고 있다.[2] 그러나 정치·학문 또는 예술 분야의 비판 내지 논평에 있어서 어느 정도의 경멸적 판단이 포함되는 것이 일반적이며, 그것이 공익성을 가질 때에는 위법성이 조각된다고 해석하는 것이 타당하다.[3] 43

판례는 이 경우에 사회상규에 반하지 않는 행위라는 이유로 정당행위에 의하여 위법성이 조각된다고 판시하고 있다.[4]

(5) **죄 수** 외국원수 또는 외국사절에 대한 모욕에 대하여는 형법 제107조 2항 또는 제108조 2항이 적용되며, 이 때에는 「공연성」을 요건으로 하지 않는다. 44

명예훼손죄와 모욕죄의 관계는 모욕죄의 보호법익을 무엇으로 이해하느냐에 따라 결론을 달리한다. 모욕죄의 보호법익을 명예감정으로 이해하는 견해에 의하면 하나의 행위에 의하여 사실을 적시하고 모욕한 때에도 양 죄의 상상적 경합이 가능하지만, 양 죄가 사실의 적시 여부에만 차이가 있다고 볼 때에는 양 죄는 법조경합의 관계로서 명예훼손죄만 성립한다는 결론이 된다.

1 Bockelmann S. 187; Lackner/Kühl §185 Rn. 10; Maurach/Schroeder/Maiwald 25/15; Regge MK §185 Rn. 29; Rudolphi SK §185 Rn. 20; Sch/Sch/Lenckner §185 Rn. 14.

2 대법원 1959. 12. 23. 4291형상539; 대법원 2004. 6. 25. 2003도4934.

3 서일교 110면; 이형국 321면; 황산덕 233면.

4 대법원 2008. 7. 10. 2008도1433, 「골프클럽 경기보조원들의 구직편의를 위해 제작된 인터넷 사이트 내 회원 게시판에 특정 골프클럽의 운영상 불합리성을 비난하는 글을 게시하면서 위 클럽 담당자에 대하여 한심하고 불쌍한 인간이라는 등 경멸적 표현을 한 경우에도 그 시대의 건전한 사회통념에 비추어 그 표현이 사회상규에 위배되지 않는 행위로 볼 수 있는 때에는 형법 제20조에 의하여 위법성이 조각된다.」

동지: 대법원 2003. 11. 28. 2003도3972; 대법원 2021. 3. 25. 2017도17643.

§ 13

제 2 절 신용 · 업무와 경매에 관한 죄

Ⅰ. 총 설

1. 신용 · 업무와 경매에 관한 죄의 의의

1 신용 · 업무와 경매에 관한 죄란 사람의 신용을 훼손하거나, 업무를 방해하거나, 경매 · 입찰의 공정성을 침해하는 것을 내용으로 하는 범죄를 말한다. 형법 제34장은 신용 · 업무와 경매에 관한 죄라고 하여, 신용훼손죄(제313조), 업무방해죄(제314조) 및 경매 · 입찰방해죄(제315조)를 규정하고 있다. 신용훼손죄와 업무방해죄 및 경매 · 입찰방해죄는 각 신용 · 업무 및 경매의 안전을 보호법익으로 하는 범죄이다.

2 형법이 이러한 범죄를 신용 · 업무와 경매에 관한 죄의 장에서 함께 규정하고 있는 것은 특색 있는 태도이다. 독일 형법은 신용훼손죄(Kreditgefährdung)를 명예에 관한 죄의 장에서 명예훼손죄와 같이 규정하면서(제187조) 업무방해죄(Betriebsgefährdung)는 부정경쟁방지법에서 규정하고 있고, 일본 형법은 신용과 업무에 관한 죄의 장에서 신용훼손죄와 업무방해죄를 규정하고(제233조, 제234조) 경매 · 입찰방해죄는 그 객체를 공적인 경매 · 입찰에 제한하여 공무집행을 방해하는 죄의 장에서 규정하고 있다(제96조의6). 형법의 규정은 일본 형법가안(제414조 내지 제416조)의 영향을 받은 것이라고 할 수 있다.

형법 제34장은 신용훼손죄와 업무방해죄 및 경매 · 입찰방해죄를 규정하고 있으나, 본장의 죄는 경제생활에 있어서의 자유를 보호하는 범죄라는 점에서 공통되지만 구체적으로는 그 보호법익을 달리하는 독립된 구성요건이다.

2. 신용 · 업무와 경매에 관한 죄의 본질

3 신용 · 업무와 경매에 관한 죄의 본질을 어떻게 이해할 것인가에 대하여는 견해가 대립되고 있다. 이를 재산죄라고 보는 견해와 인격적 법익, 즉 자유에 관한 죄라고 보는 견해 및 재산죄인 동시에 자유에 대한 죄의 성질을 가진 범죄라고 해석하는 견해[1]가 그것이다.

1 본죄가 자유에 관한 죄라고 하는 견해도 엄격히 보면 본죄를 경제적 활동의 자유에 관한 죄라고

본죄의 본질을 **재산죄라고 해석하는 견해**는 본죄가 재산 그 자체보다는 재산을 보호하기 위한 수단으로서 재산에 관련되는 법익을 보호하는 것이므로 광의의 재산죄라고 할 수 있으며, 따라서 본죄는 인격적 법익을 보호하기 위한 범죄가 아니라 재산적 법익의 보호를 궁극의 목적으로 하는 범죄라고 이해해야 한다는 것이다.[1] 즉 본죄는 재산을 보호하려는 수단으로서 경제생활에 필요한 기업가의 신용, 기업체의 활동인 업무 및 기업체가 행하는 경매 · 입찰의 공정을 보호하는 데 그 정신이 있으며, 이는 인격적 법익을 보호한다기보다는 재산적 법익에 관련되는 점이 많으므로 광의의 재산죄로 파악해야 하고, 따라서 형법 제34장이 이를 명예훼손죄와 관련시켜 인격적 법익에 관한 죄로 규정한 것은 입법론상 부당하다고 한다.[2]

그러나 ① 신용이 훼손되었다고 하여 당연히 재산권이 침해되는 것은 아니 4
므로 신용과 재산은 구별해야 할 뿐 아니라, 명예란 사람의 윤리적 가치에 제한되지 않고 사회생활에 있어서 존중되어야 할 모든 사회적 요소를 포함하는 것이므로 사람의 경제생활에서의 신용도 넓은 의미에서는 명예라고 해야 하며, ② 업무방해죄에 있어서의 업무도 반드시 경제적 업무에 제한되지 않고 사회적 활동으로서의 업무를 포함하며, ③ 경매 · 입찰방해죄가 재산죄로서의 성질을 가지는 것을 부정할 수는 없지만 동시에 경매와 입찰이 공정한 자유경쟁하에서 행하여지는 데 부당한 영향을 주는 것을 방지하는 데 본질이 있다는 점에서는 자유에 대한 죄로서의 성질도 가진다고 해야 하므로, 본죄를 재산죄로 파악하는 견해는 타당하다고 할 수 없다. 그러므로 본죄는 사람의 경제생활에 있어서의 자유라는 인격적 법익을 보호하기 위한 범죄이지만, 특히 업무방해죄와 경매 · 입찰방해죄에 있어서는 재산죄로서의 성격이 강조된다는 점에서 **자유에 대한 죄로서의 성격과 함께 재산죄로서의 성질도 지니는 범죄**라고 파악하지 않을 수 없다.[3] 한편

해석하는 것이므로 재산죄인 동시에 자유에 대한 죄의 성격을 가진 죄라고 하는 견해와 구별할 필요는 없다.

서일교 110면; 황산덕 233면 참조.

1 백형구 362면; 유기천 168면; 이영란 212면.

2 독일 형법 제187조가 명예훼손과 함께 신용훼손(Kreditgefährdung)을 규정하고 있음에도 불구하고 통설은 동죄의 보호법익을 명예가 아니라 재산이라고 해석하고 있다.

Herdegen LK §187 Rn. 3; Lackner/Kühl §187 Rn. 2; Rudolphi SK §187 Rn. 9; Sch/Sch/Lenckner §187 Rn. 1; Tröndle/Fischer §187 Rn. 2; Wessels/Hettinger Rn. 496; Zaczyk NK §187 Rn. 4.

3 강구진 226면; 김일수/서보학 173면; 김종원 164면; 명형식(공저) 218면; 박상기 201면; 배종대

신용훼손죄는 경제생활에 있어서의 사람의 사회적 가치를 보호하기 위한 범죄라는 점에서 명예훼손죄와 밀접한 관계를 가지며, 다만 그것이 경제적 가치를 대상으로 한다는 점에서 양자가 구별된다고 할 수 있다.

Ⅱ. 신용훼손죄

허위의 사실을 유포하거나 기타 위계로써 사람의 신용을 훼손한 자는 5년 이하의 징역 또는 1,500만원 이하의 벌금에 처한다(제313조).

5 (1) **신용훼손죄의 의의** 본죄는 허위의 사실을 유포하거나 기타 위계로써 사람의 신용을 훼손한 때에 성립하는 범죄이다. 명예에 관한 죄가 인격적 측면에서 사람의 사회적 평가를 침해하는 것을 내용으로 하는 범죄임에 대하여, 본죄는 경제적 측면에서 사람의 사회적 평가를 침해하는 것을 내용으로 하는 범죄인 점에서 양 죄는 공통점을 가진다. 다만 사람의 인격적 가치와 경제적 가치는 반드시 일치하는 것이 아니므로 형법이 이를 독립된 법익으로 보호하고 있는 것이다.

6 본죄의 보호법익은 사람의 신용(信用)이다. 신용이란 사람의 경제적 활동에 대한 사회적 평가, 즉 사람의 지불능력이나 지불의사에 대한 사회적 신뢰를 말한다. 그러므로 사람의 지불능력이나 지불의사에 대한 사회적 평가를 저하한다고 볼 수 없을 때에는 본죄는 성립하지 않는다.[1]

따라서 ① 건축공사의 시공사 대표이사가 비용을 줄이려는 시도에서 건축 설계자에게 제품변경을 요청하는 문서를 송부하였거나(대법원 2006. 5. 25. 2004도1313), ② 퀵서비스 운영자인 피고인이 배달업무를 하면서, 손님의 불만이 예상되는 경우에는 평소 경쟁관계에 있는 피해자 운영의 퀵서비스 명의로 된 영수증을 작성·교부함으로써 손님들로 하여금 불친절하고 배달을 지연시킨 사업체가 피해자 운영의 퀵서비스인 것처럼 인식하게 한 경우(대법원 2011. 5. 13. 2009도5549)에는 신용훼손죄에 해당하지 않는다.

신용의 주체는 자연인에 한하지 아니하고 법인도 포함한다. 법인격 없는 단

50/3; 신동운 778면; 오영근 178면; 이형국 264면; 임웅 258면; 정성근/박광민 213면; 정영석 291면; 진계호 205면; 황산덕 233면.

1 대법원 1969. 1. 21. 68도1660.

체도 경제적 단위로서 사회적으로 독립하여 활동하고 있는 이상 신용의 주체가 될 수 있다.

(2) **행 위** 허위의 사실을 유포하거나 기타 위계로써 신용을 훼손하는 것이다. 7

1) **신용훼손의 방법** 신용을 훼손하는 방법은 허위의 사실을 유포하거나 기타 위계에 의하는 것이다.

(가) **허위사실의 유포** 「허위의 사실을 유포한다」 함은 객관적 진실에 맞지 않는 사실을 불특정 또는 다수인에게 전파하는 것을 말한다. 전부허위이건 일부허위이건 불문한다. 허위의 사실을 스스로 날조한 것이든 타인으로부터 전문한 것이든 묻지 않는다. 그러나 허위의 사실을 유포할 것을 요하므로 유포한 사실이 허위가 아니거나 또는 단순히 의견이나 가치판단을 표시하는 것은 여기에 해당되지 않는다.[1] 유포의 방법도 묻지 않는다. 언어에 의하건 문서에 의하건 불문한다. 공연히 유포할 것을 요한다는 견해[2]도 있으나, 이를 공연히 유포한 경우에 제한해야 할 이유가 없다. 따라서 직접 불특정 또는 다수인에게 유포하는 경우뿐만 아니라 순차로 불특정다수인에게 전파될 것을 인식하면서 특정인에게 고지한 경우도 포함한다. 8

(나) **위 계** 위계란 상대방의 착오나 부지를 이용하는 일체의 행위를 말한다. 사람을 기망하는 경우뿐만 아니라 유혹하는 경우도 포함한다. 비밀로 행하든 공공연하게 행하든 묻지 않는다. 9

예컨대 허위의 계책을 사용하여 타인명의의 우편엽서에 신용을 훼손하는 사항을 기재하여 거래처에 송부한 경우는 위계에 의하여 신용을 훼손했다고 할 수 있다(朝高判 1917. 8. 20.).

2) **신용의 훼손** 「신용을 훼손한다」는 것은 사람의 지불능력 또는 지불의사에 대한 사회적 신뢰를 저하시킬 우려 있는 상태를 발생케 하는 것을 말한다. 그러나 본죄는 위험범이므로 신용을 훼손하는 결과가 현실적으로 발생하였을 것을 요하지는 않는다. 사람의 신용을 훼손할 만한 허위사실의 유포 또는 기타 위계의 행사가 있으면 본죄는 기수로 된다. 10

1 대법원 1983. 2. 8. 82도2486; 대법원 2006. 12. 7. 2006도3400.

2 황산덕 234면.

11 (3) 죄 수 공연히 허위의 사실을 적시하여 명예와 신용을 훼손한 때에 본죄와 명예훼손죄의 관계가 문제된다.

종래의 다수설은 양 죄의 상상적 경합이 된다고 한다.[1] 그러나 명예훼손죄와 본죄의 상상적 경합을 인정하는 것은 명예훼손죄가 인격적 법익에 관한 죄임에 대하여 본죄는 재산죄라고 해석할 때에만 가능한 결론이다. 본죄는 사람의 사회적 가치 가운데 경제적 가치만을 특별히 보호하는 인격적 법익에 관한 죄이므로 본죄가 성립할 때에는 명예훼손죄는 성립하지 않는다고 해야 한다(특별관계).[2] 다만 출판물 등에 의한 명예훼손죄(제309조 2항)는 그 죄의 특수한 불법내용으로 인하여 본죄와 상상적 경합이 될 수 있다. 반대로 사실을 적시하여 사람의 명예와 신용을 훼손한 때에는 당연히 명예훼손죄만 성립하게 된다.

Ⅲ. 업무방해죄

① 제313조의 방법 또는 위력으로써 사람의 업무를 방해한 자는 5년 이하의 징역 또는 1,500만원 이하의 벌금에 처한다.
② 컴퓨터등 정보처리장치 또는 전자기록등 특수매체기록을 손괴하거나 정보처리장치에 허위의 정보 또는 부정한 명령을 입력하거나 기타 방법으로 정보처리에 장애를 발생하게 하여 사람의 업무를 방해하게 한 자도 제1항의 형과 같다(제314조).

(1) 업무방해죄의 의의

12 1) 의 의 본죄는 허위의 사실을 유포하거나 위계 또는 위력으로써 사람의 업무를 방해하거나, 컴퓨터등 정보처리장치 또는 전자기록등 특수매체기록을 손괴하거나 허위의 정보 또는 부정한 명령을 입력하거나 기타 방법으로 정보처리에 장애를 발생하게 하여 사람의 업무를 방해한 때에 성립하는 범죄이다. 경제생활에 있어서의 업무만을 보호하기 위한 범죄가 아니라 사회적 활동으로서의 모든 업무를 보호하기 위한 범죄이다. 그러므로 본죄는 재산죄가 아니라 재산죄로서의 성격도 가지고 있는 인격적 활동의 자유를 보호하는 범죄, 다시 말하면

1 명형식(공저) 217면; 박상기 203면; 백형구 364면; 신동운 779면; 유기천 171면; 정성근/박광민 215면; 정영석 291면; 진계호 208면; 황산덕 234면.
2 강구진 229면; 김성천/김형준 345면; 김일수/서보학 175면; 배종대 52/5; 오영근 180면; 이정원 251면; 이형국 267면; 임웅 260면; 정영일 103면.

사람의 활동의 자유를 경제적 측면에서 보호하는 범죄라고 할 수 있다. 1995년 12월의 형법개정에 의하여 컴퓨터 등 정보처리장치에 대한 가해행위를 수단으로 한 업무방해행위가 업무방해죄의 새로운 유형으로 추가되었다(제314조 2항).

2) 보호법익 본죄의 보호법익은 사람의 업무이다. 13

(가) 업무의 의의 업무란 사람이 그 사회적 지위에 있어서 계속적으로 종사하는 사무 또는 사업을 말한다. 따라서 업무라고 하기 위하여는 사회적 지위와 계속성이라는 두 가지 요소를 갖추어야 한다. 사회적 지위로서 행하는 사무인 이상 반드시 경제적인 사무에 제한되지 않고, 정신적인 사무도 포함한다. 따라서 시험문제를 누설하여 출제관리업무를 방해하는 것도 본죄에 해당한다.[1] 보수의 유무나 영리의 목적의 유무를 불문하며, 주된 업무뿐만 아니라 부수적 업무도 포함한다.[2] 업무는 직업 기타 계속적으로 종사하는 사무일 것을 요한다.[3]

따라서 임대건물 앞에서의 1회적인 조경공사와 같은 1회적인 사무(대법원 1993. 2. 9. 92도2929)나 학생들이 학교에 등교하여 교실에서 수업을 듣는 것(대법원 2013. 6. 14. 2013도3829)은 본죄의 객체인 업무에 해당하지 않는다. 그러나 행위 자체는 1회성을 갖는다고 할지라도 공장 또는 사업장의 이전이나(대법원 2005. 4. 15. 2004도8701)[4] 종중 정기총회를 주재하는 종중회장의 의사진행과 같이(대법원 1995. 10. 12. 95도1589) 본래의 업무수행의 일환으로 행하여지는 것이거나, 상사의 명령에 의하여 그 직장의 업무를 수행하는 경우에는 설사 일시적인 것이라 할지라도 여기의 업무에 해당한다(대법원 1971. 5. 24. 71도399).

반드시 생명에 위험을 초래할 업무에 제한되지 않는다. 업무의 주체는 타인이다. 자연인에 한하지 아니하고 법인은 물론 법인격 없는 단체도 포함된다.[5]

---

1 대법원 1991. 11. 12. 91도2211.

2 대법원 1989. 9. 12. 88도1752; 대법원 2010. 4. 8. 2007도6754.

3 대법원 1977. 3. 22. 76도2918; 대법원 2004. 10. 28. 2004도1256; 대법원 2007. 6. 14. 2007도2178.

4 대법원 2005. 4. 15. 2004도8701, 「회사가 사업장의 이전을 계획하고 그 이전을 전후하여 사업을 중단 없이 영위할 목적으로 이전에 따른 사업의 지속적인 수행방안, 새 사업장의 신축 및 가동개시와 구 사업장의 폐쇄 및 가동중단 등에 관한 일련의 경영상 계획의 일환으로서 시간적 · 절차적으로 일정기간의 소요가 예상되는 사업장 이전을 추진, 실시하는 행위는 그 자체로서 일정기간 계속성을 지닌 업무의 성격을 지니고 있을 뿐만 아니라 회사의 본래 업무인 목적 사업의 경영과 밀접불가분의 관계에서 그에 수반하여 이루어지는 것으로 볼 수 있으므로 이 점에서도 업무방해죄에 의한 보호의 대상이 되는 업무에 해당한다.」

5 대법원 2007. 12. 27. 2005도6404, 「지방공사 사장이 신규직원 채용권한을 행사하는 것은 공사의 기관으로서 공사의 업무를 집행하는 것이므로, 위 권한의 귀속주체인 사장 본인에 대한 관계에서도 업무방해죄의 객체인 타인의 업무에 해당한다.」

14 (나) **보호법익으로서의 업무** 본죄의 업무는 보호법익으로서의 업무인 점에서 과실범에 있어서의 업무와는 구별하여야 한다. 본죄의 업무와 업무상 과실치사상죄(제268조)의 업무는 ① 업무상 과실치사상죄의 업무가 생명 · 신체에 대한 위험을 초래하는 업무를 의미함에 대하여 본죄의 업무에는 이러한 제한이 필요 없고, ② 전자의 업무는 업무 자체에 제한되지 않고 그 업무에 수반하는 일체의 행위를 포함하며 나아가서 오락을 위한 일시적인 자동차운전이나 수렵 등도 업무에 해당하지만 본죄의 업무의 개념은 그와 같이 확장될 수 없다는 점에서도 차이가 있다. ③ 그러나 본죄의 업무가 보호법익으로서의 업무이기 때문에 업무상 과실치사상죄에 있어서의 업무와 구별하지 않으면 안 되는 가장 중요한 점은 본죄의 업무는 형법상 보호할 가치 있는 업무에 제한된다는 점에 있다. 즉 정당한 업무수행이라고 할 수 없는 행위에 대하여는 본죄가 성립하지 않는다.[1] 따라서 타인이 점유 · 경작하는 토지의 소유자가 적법한 절차에 의하여 점유이전을 받지 못한 상황에서 그 토지를 임의로 경작하거나[2] 정당한 권한 없이 타인의 점포를 철거하는 것[3]은 정당한 업무수행이라고 할 수 없으므로 본죄의 업무에 해당하지 않는다. 여기서 형법상 보호할 가치 있는 업무인가의 여부는 그 사무가 사실상 평온하게 이루어지는 사회적 활동의 기반을 이루고 있느냐에 따라 결정되는 것이며, 반드시 그 업무가 적법하거나 유효할 것을 요하는 것은 아니다.[4]

따라서 업무의 양도 · 양수 여부를 둘러싸고 분쟁이 발생한 경우에 양수인의 업무에 대한 양도인의 업무방해죄가 인정되려면, 당해 업무에 관한 양도 · 양수합의의 존재가 인정되어야 함은 물론, 더 나아가 그 합의에 따라 당해 업무가 실제로 양수인에게 양도된 후 사실상 평온하게 이루어져 양수인의 사회적 활동의 기반이 됨으로써 타인에 의한 침해로부터 보호할 가치가 있는 업무라고 볼 수 있을 정도에 이르러야 하므로, 양수인이 비정상적으로 위 회사의 임원변경등기를 마친 것만으로는 회사 대표이사로서 정상적인 업무에 종사하기 시작하였다거나 그 업무가 양도인에 대한 관계에서 보호할 가치가 있는 정도에 이르렀다고 보기 어려워, 양도인에게 양수인의 '업무'에 대한 업무방해죄를 구성하는 것으로 볼 수 없지만(대법원 2007. 8. 23. 2006도3687), ① 행정청의

1 대법원 1983. 10. 11. 82도2584.

2 대법원 1975. 12. 23. 74도3255; 대법원 1977. 5. 24. 76도3460; 대법원 1977. 10. 11. 77도2502.

3 대법원 1967. 10. 31. 67도1086.

4 대법원 1991. 6. 28. 91도944; 대법원 2008. 3. 14. 2007도11181; 대법원 2010. 6. 10. 2010도935; 대법원 2013. 11. 28. 2013도4430.

허가 없이 영업을 하고 있는 경우와 같이 행정적 훈시규정에 위반한 경우, ② 무효인 계약을 기초로 토지를 경작하는 것(대법원 1980. 11. 25. 79도1956), ③ 대표선출에 관한 규정에 위배하여 개최된 유림회의(대법원 1991. 2. 12. 90도2501)도 본죄의 업무에 해당한다.

그러나 어떤 사무나 활동 자체가 위법의 정도가 중하여 사회생활상 도저히 용인될 수 없는 정도로 반사회성을 띠거나 법의 보호를 받을 가치를 상실한 경우에는 업무방해죄의 보호대상이 되는 업무에 해당한다고 볼 수 없다.

판례에 의하면 ① 의료인이나 의료법인이 아닌 자가 의료기관을 개설하여 운영하는 행위는 그 위법의 정도가 중하여 사회생활상 용인될 수 없는 정도로 반사회성을 띠고 있고(대법원 2001. 11. 30. 2001도2015), ② 법원의 직무집행정지 가처분결정에 의하여 그 직무집행이 정지된 자가 법원의 결정에 반하여 직무를 수행함으로써 업무를 계속 행하는 경우에 그 업무는 국법질서와 재판의 존엄성을 무시하는 것으로서 법의 보호를 받을 가치를 상실하였다고 하지 않을 수 없으며(대법원 2002. 8. 23. 2001도5592), ③ 성매매알선 등 행위는 법에 의하여 원천적으로 금지된 행위로서 형사처벌의 대상이 되는 중대한 범죄행위일 뿐 아니라 정의관념상 용인될 수 없는 정도로 반사회성을 띠는 경우에 해당하므로(대법원 2011. 10. 13. 2011도7081) 업무방해죄에서 말하는 업무에 해당하지 않는다.

(다) **공　　무**　　업무상 과실치사상죄에 있어서의 업무는 사적 업무이건 공무이건 묻지 아니함에 대하여, 본죄의 업무에 공무가 포함되는가에 대하여는 견해가 대립한다. ① 본죄의 업무에는 공무가 포함된다는 견해,[1] ② 공무는 포함되지 않는다는 견해[2] 및 ③ 비공무원에 의한 공무수행이나 비권력적 공무수행 또는 위력에 의한 공무집행방해의 경우에는 공무도 포함된다는 절충설[3]이 그것이다. **적극설**은 본죄의 업무에서 공무를 제외해야 할 이유가 없을 뿐 아니라, 공무가 포함되지 않는 때에는 허위사실의 유포에 의한 공무집행방해의 경우에는 어느 범죄도 성립하지 않는 부당한 결과를 초래하기 때문이라고 한다. 다만 이 견해도 공무집행방해죄가 성립하는 경우에는 본죄와 법조경합의 관계에 놓이게 되어 별도로 본죄는 성립하지 않는다고 한다. 그러나 ① 형법은 본죄 이외에 공무 15

1 김성천/김형준 298면; 김일수/서보학 177면; 서일교 112면; 이정원 256면; 이형국 270면; 임웅 220면; 정영일 107면.

2 김종원 168면; 박상기 207면; 배종대 52/11; 백형구 366면; 손동권/김재윤 220면; 오영근 183면; 유기천 176면.

3 명형식(공저) 221면; 정성근/박광민 220면; 진계호 211면; 황산덕 236면.

집행방해죄를 별도로 규정하고 있고(제136조, 제137조), ② 공무집행방해죄의 행위태양이 본죄에 비하여 제한된 것은 공무의 성질에 비추어 그 외의 행위는 처벌하지 않는다는 취지로 이해해야 할 뿐 아니라, ③ 본죄는 개인의 경제활동의 자유를 보호하기 위한 범죄이므로 공무는 본죄의 업무에서 제외된다고 해석하는 **소극설**이 타당하다고 생각된다. 대법원도 전원합의체판결을 통하여 「업무방해죄와 공무집행방해죄는 보호법익과 보호대상이 상이하고, 공무집행방해죄는 '폭행', '협박'에 이른 경우를 구성요건으로 삼고 있을 뿐 이에 이르지 아니하는 '위력' 등에 의한 경우는 그 구성요건의 대상으로 삼고 있지 않는다」는 이유로 공무원이 직무상 수행하는 직무를 방해하더라도 업무방해죄는 성립하지 않는다고 판시하였다.[1]

절충설이 비공무원이 수행하는 공무가 본죄의 업무에 포함된다고 하는 것은 관공서의 용인(傭人)이나 우편배달부는 공무원이 아니라는 전제에서 출발한 것이나, 이러한 사람도 공무집행방해죄에 있어서의 공무원이라고 해석해야 하고 비공무원이 공무를 집행할 수는 없으며, 공무인 이상 권력작용인가 아닌가는 동죄의 해석에 영향을 미친다고 할 수 없으므로 타당하다고 할 수 없다.

16 (2) **행　위**　허위의 사실을 유포하거나 위계 또는 위력으로써 업무를 방해하는 것이다.

1) **업무방해의 방법**　업무를 방해하는 방법은 허위의 사실을 유포하거나 위계 또는 위력이다.

17 (개) **허위사실의 유포와 위계**　허위사실의 유포와 위계의 의미는 신용훼손죄의 그것과 같다. 허위사실의 유포도 위계의 예시에 지나지 않는다.

위계에 의한 업무방해에 해당하는 예로는 ① 전용실시권 없는 의장권만을 경락받은 자가 자기에게만 실시권이 있다고 주장하면서 물품의 제조판매의 중지와 불응시 제재하겠다는 통고문을 발송한 경우(대법원 1977. 4. 26. 76도2446), ② 동종 또는 유사한 상호 또는 상표를 사용하여 고객을 빼앗거나, ③ 타인의 어장의 해저에 장애물을 침몰케 하여 어망이 찢어져 어업을 못하게 한 경우, ④ 종업원의 기술이 졸렬하니 해고하라는 편

1 대법원 2009. 11. 19. 2009도4166 전원합의체판결, 「형법이 업무방해죄와는 별도로 공무집행방해죄를 규정하고 있는 것은 사적 업무와 공무를 구별해 공무에 관해서는 공무원에 대한 폭행, 협박 또는 위계의 방법으로 그 집행을 방해하는 경우에 한하여 처벌하겠다는 취지라고 보아야 한다. 따라서 공무원이 직무상 수행하는 공무를 방해하는 행위에 대해서는 업무방해죄로 의율할 수는 없다.」
동지: 대법원 2010. 2. 25. 2008도9049; 대법원 2011. 7. 28. 2009도11104.

지를 주인에게 발송한 경우, ⑤ 종업원들을 유혹하여 달아나게 하여 술집의 영업을 못하게 한 경우, ⑥ 대학교수가 입학시험문제를 응시자에게 알려주거나(대법원 1991. 11. 12. 91도2211), 대학총장·교무처장 또는 채점위원이 입학시험성적을 고쳐 허위의 사정부를 작성하여 합격자를 결정한 경우(대법원 1993. 5. 11. 92도255; 대법원 1993. 12. 28. 93도2669; 대법원 1994. 3. 11. 93도2305), ⑦ 타인에 의하여 대작한 논문을 석사학위 논문으로 제출한 경우(대법원 1996. 7. 30. 94도2708), ⑧ 다른 사람 이름의 이력서와 생활기록부 등을 제출하여 회사공원으로 위장취업한 경우(대법원 1992. 6. 9. 91도2221),[1] ⑨ 노동조합 간부들이 일방적으로 휴무를 결정한 후 유인물을 배포하여 유급휴일로 오인한 근로자들이 출근하지 않게 한 경우(대법원 1992. 3. 31. 92도58) 및 ⑩ 가명으로 개설된 어음보관계좌를 실명계좌에 보관된 것으로 조작한 경우(대법원 1995. 11. 14. 95도1729),[2] ⑪ 한국자산관리공사가 공적자금을 회수하기 위하여 공적자금 투입업체의 출자전환주식을 매각하기로 하고 그 매각업무의 주간사를 선정하는 과정에서, 1차 선정위원회의 구성원들이 특정 업체에 유리하게 평가표의 평가항목별 배점을 수정하여 그 업체를 1순위로 선정한 다음, 이러한 사실을 고지하지 않은 채 2차 선정위원회에 심사결과와 수정된 평가표를 제출한 경우(대법원 2008. 1. 7. 2006도1721), ⑫ 정당의 국회의원 비례대표 후보자 추천을 위한 당내 경선과정에서 선거권자들로부터 인증번호만 전달받은 뒤 그들 명의로 특정후보자에게 전자투표를 한 경우(대법원 2013. 11. 28. 2013도5117)를 들 수 있다. 이에 반하여 인터넷 자유게시판 등에 실제의 객관적인 사실을 게시하는 행위는, 설령 그로 인하여 피해자의 업무가 방해된다고 하더라도, '위계'에 해당한다고 할 수 없다

1 대법원 1992. 6. 9. 91도2221, 「회사가 공원모집을 함에 있어 학력, 경력을 기재한 이력서와 주민등록등본, 생활기록부 및 각서 등 서류를 교부받고, 응모자를 상대로 문제를 출제하여 시험을 보게 한 것은 단순히 응모자의 노동력을 평가하기 위한 것만이 아니라 노사간의 신뢰 형성 및 기업질서 유지를 위한 응모자의 지능과 경험, 교육정도, 정직성 및 직장에 대한 적응도 등을 감안하여 위 회사의 근로자로서 고용할 만한 적격자인지 여부를 결정하기 위한 자료를 얻기 위함인 것으로 인정되는데 피고인이 노동운동을 하기 위하여 노동현장에 취업하고자 하나, 자신이 대학교에 입학한 학력과 국가보안법위반죄의 처벌전력 때문에 쉽사리 입사할 수 없음을 알고, 타인명의로 허위의 학력과 경력을 기재한 이력서를 작성하고, 동인의 고등학교 생활기록부 등 서류를 작성 제출하여 시험에 합격하였다면 피고인은 위계에 의하여 위 회사의 근로자로서의 적격자를 채용하는 업무를 방해한 것이 된다.」

이 판결에 대한 비판으로는 박상기, 「업무방해죄에 있어서의 업무의 의미」(형사판례연구 2), 211면 이하; 배종대 52/15 참조.

2 다만 대법원도 합의차명에 의한 실명전환행위는 금융기관의 실명전환에 관한 업무를 방해한 것이 되지 않는다고 판시하였다.

대법원 1997. 4. 17. 96도3377 전원합의체판결, 「실명전환사무를 처리하는 금융기관의 업무는 실명전환을 청구하는 자가 권리자의 외관을 가지고 있는지 여부를 확인하고 그의 명의가 위 긴급명령에 정하고 있는 주민등록표상의 명의 등 실명인지 여부를 확인하는 것일 뿐이지, 나아가 그가 과연 금융자산의 실질적인 권리자인지 여부를 조사·확인하는 것까지 그 업무라고는 할 수 없다. 따라서 기존의 비실명예금을 합의차명에 의하여 명의대여자의 실명으로 전환한 행위는 금융실명거래및비밀보장에관한긴급명령에 따른 금융기관의 실명전환에 관한 업무를 방해한 것이라고 할 수 없다.」

(대법원 2007. 6. 29. 2006도3839).

신청을 받아 자격요건을 심사하여 수용 여부를 결정하는 업무의 담당자에게 신청인이 허위의 주장을 하면서 허위의 자료를 제출한 것이 위계에 의한 업무방해죄를 구성하는가가 문제된다. 신청인이 업무담당자에게 허위의 주장을 하면서 이에 부합하는 허위의 소명자료를 첨부하여 제출한 경우 그 수리 여부를 결정하는 업무담당자가 그 요건의 존부에 관하여 충분히 심사를 하였음에도 신청사유 및 소명자료가 허위임을 발견하지 못하여 그 신청을 수리하게 될 정도에 이르렀다면, 신청인의 위계행위에 의하여 업무방해의 위험성이 발생한 것이어서 위계에 의한 업무방해죄가 성립한다고 해야 한다.[1]

따라서 대한주택공사가 시행하는 택지개발사업의 공동택지용지 수의공급업무와 관련하여 택지개발예정지구 지정공고일 이후에 대상토지를 매수하여 관련 규정상 신청자격이 없는 자가, 계약일자를 위 공고일 이전으로 허위기재한 매매계약서를 기초로 소유권이전등기를 마친 후 그 등기부등본과 계약일자를 허위로 기재한 소유토지조서를 첨부하여 수의공급신청을 한 경우에는 위계에 의한 업무방해죄를 구성하지만(대법원 2007. 12. 27. 2007도5030), 계좌개설 신청인이 접근매체를 양도할 의사로 금융기관에 계좌를 개설하면서 예금거래신청서 등에 금융거래의 목적이나 접근매체의 양도의사 유무 등에 관한 사실을 허위로 기재하였으나, 금융기관의 업무담당자가 단순히 예금거래신청서 등에 기재된 계좌개설 신청인의 허위 답변만을 그대로 믿고 그 내용의 진실 여부를 확인할 수 있는 증빙자료의 요구 등 추가적인 확인조치 없이 계좌를 개설해 준 경우 계좌개설 신청인의 위계가 업무방해의 위험성을 발생시켰다고 할 수 없어 위계에 의한 업무방해죄를 구성하지 않는다(대법원 2023. 8. 31. 2021도17151).

18 (나) 위 력 위력이란 사람의 의사의 자유를 제압·혼란케 할 만한 일체의 세력을 말하며,[2] 유형적이든 무형적이든 묻지 않는다. 따라서 폭행·협박뿐만 아니라 사회적·경제적·정치적인 지위나 권세를 이용하는 것도 여기에 포함된다.[3] 그러나 단순히 욕설을 하였다는 사실만으로는 위력을 행사한 것이라고 할

1 이와 달리, 업무담당자가 사실을 충분히 확인하지 않은 채 신청인이 제출한 허위의 신청사유나 허위의 소명자료를 가볍게 믿고 이를 수용하였다면 이는 업무담당자의 불충분한 심사에 기인한 것으로서 신청인의 위계가 업무방해의 위험성을 발생시켰다고 할 수 없어 위계에 의한 업무방해죄를 구성하지 않는다(대법원 2020. 9. 24. 2017도19283).

2 대법원 1987. 4. 28. 87도453; 대법원 1999. 5. 28. 99도495; 대법원 2017. 11. 9. 2017도12541.

3 대법원 2007. 6. 14. 2007도2178; 대법원 2010. 11. 25. 2010도9186.

수 없다.[1] 위력은 원칙적으로 피해자에게 행사되어야 한다. 다만, 제3자에 대한 위력의 행사로 피해자의 자유의사가 직접 제압될 가능성이 있는 때에는 여기에 포함될 수 있다.[2]

위력에 의하여 업무를 방해한 경우로는 ① 업무를 행하지 못하게 폭행 · 협박한 경우는 물론, ② 음식점이나 다방에서 고함을 지르고 난동을 부리거나(대법원 1961. 2. 24. 4293형상864), ③ 가옥을 명도받기 위하여 다방의 출입문을 폐쇄하거나(대법원 1962. 4. 12. 62도17),[3] ④ 점포에서 영업을 하지 못하도록 단전조치를 한 경우(대법원 1983. 11. 8. 83도1798), ⑤ 대부업체 직원이 대출금을 회수하기 위하여 채무자의 휴대전화로 수백회에 이르는 전화공세를 하거나(대법원 2005. 5. 27. 2004도8447), ⑥ 자신의 명의로 등록되어 있는 피해자 운영의 학원에 대하여 임의로 폐원신고를 한 경우(대법원 2005. 3. 25. 2003도5004), ⑦ 공장정문을 봉쇄하거나 출입문에 바리케이트를 치고 모든 출입자의 출입을 통제한 경우(대법원 1991. 6. 11. 91도753; 대법원 1992. 2. 11. 91도1834) 및 ⑧ 근로자에게 입갱하지 말 것을 선동하면서 탈의실을 점거 농성하여 광업소의 조업을 방해한 경우(대법원 1990. 7. 10. 90도755), ⑨ 피해자들이 경작 중이던 농작물을 트랙터를 이용하여 갈아엎은 다음 그곳에 이랑을 만들고 새로운 농작물을 심어 피해자의 자유로운 논밭 경작 행위를 불가능하게 하거나 현저히 곤란하게 한 경우(대법원 2009. 9. 10. 2009도5732), ⑩ 자신의 명의로 사업자등록이 되어 있고 자신이 상주하여 지게차 판매 등을 하고 있는 지위를 이용하여 피해자의 사업장 출입을 금지하기 위하여 출입문에 설치된 자물쇠의 비밀번호를 변경한 행위(대법원 2009. 4. 23. 2007도9924), ⑪ 甲 회사 임원이 대리점 사업자 乙이 일정액의 사용료를 지급하고 판매정보 교환 등에 이용해 오던 甲 회사의 내부전산망 전체 및 고객관리시스템 중 자유게시판에 대한 접속권한을 차단한 경우(대법원 2012. 5. 24. 2009도4141), ⑫ 정치적인 의사표현을 위한 집회나 행위가 전체 법질서상 용인될 수 없을 정도로 사회적 상당성을 갖추지 못한 때(대법원 2022. 6. 16. 2021도16591), ⑬ 시설물 관리를 위해 설치 · 운영되는 CCTV 카메라에 비닐봉지를 씌워 촬영하지 못하도록 한 행위(대법원 2023. 6. 29. 2018도1917)를 들 수 있다.

문제는 쟁의행위가 위력에 의한 업무방해죄에 해당하는가에 있다. 쟁의행위로서 파업도 단순히 근로계약에 따른 노무의 제공을 거부하는 부작위에 그치지 아니하고 이를 넘어서 사용자에게 압력을 가하여 근로자의 주장을 관철하고자 집단적으로 노무제공을 중단하는 실력행사이므로, 업무방해죄에서 말하는 위력에 해당하는 요소를 포함하고 있다. 판례는 종래 근로자들이 집단적으로 근로

1 대법원 1983. 10. 11. 82도2584; 대법원 2012. 5. 24. 2009도4141.
2 대법원 2013. 2. 28. 2011도16718; 대법원 2013. 3. 14. 2010도410.
3 대법원은 이를 위계에 해당한다고 판시하고 있으나 위력의 경우라고 해야 할 것이다.

의 제공을 거부하여 사용자의 정상적인 업무운영을 저해하고 손해를 발생하게 한 행위는 당연히 위력에 해당하는 것을 전제로 업무방해죄를 구성한다는 취지로 판시한 바 있다.[1] 그러나 그 후 전원합의체판결을 통하여 판례를 변경하고 「근로자는 원칙적으로 헌법상 보장된 기본권으로서 근로조건 향상을 위한 자주적인 단결권·단체교섭권 및 단체행동권을 가지므로, 쟁의행위로서 파업이 언제나 업무방해죄에 해당하는 것으로 볼 것은 아니고, 전후 사정과 경위 등에 비추어 사용자가 예측할 수 없는 시기에 전격적으로 이루어져 사용자의 사업운영에 심대한 혼란 내지 막대한 손해를 초래하는 등으로 사용자의 사업계속에 관한 자유의사가 제압·혼란될 수 있다고 평가할 수 있는 경우에 비로소 집단적 노무제공의 거부가 위력에 해당하여 업무방해죄가 성립한다」고 판시하였다.[2]

19 2) **업무의 방해** 업무를 방해한다 함은 업무의 집행 자체를 방해하는 경우뿐만 아니라, 업무의 경영을 저해하는 것도 포함한다. 본죄도 추상적 위험범이다. 따라서 업무를 방해할 우려 있는 상태가 발생하면 족하며, 방해의 결과가 현실적으로 발생하였을 것은 요하지 않는다.[3]

20 (3) **위 법 성** 피해자의 승낙은 본죄의 위법성을 조각한다.[4] 본죄의 법익은 처분할 수 있는 법익이기 때문이다. 자구행위 또는 정당행위의 요건을 충족하는 행위도 위법하다고 할 수 없다. 그러나 임차인이 임대차기간이 만료되었음에도 불구하고 명도하지 않기 때문에 위력을 행사하여 업무를 방해한 경우와 같이 권리의 행사라 할지라도 그것이 권리의 남용이 되는 때에는 위법성이 조각되지 않는다. 법에 의하여 허용된 쟁의행위도 위법성이 조각된다. 그러나 쟁의행위의 정당성을 인정하기 위하여는 ① 쟁의행위가 단체교섭과 관련하여 근로조건의 유지개선 등을 목적으로 하는 것이어서 그 목적이 정당하여야 하고, ② 쟁의행위의 시기와 절차가 법령의 규정에 따른 것으로서 정당하여야 하며, ③ 쟁의행위의 방법과 태양이 폭력 또는 파괴행위를 수반하거나 기타 고도의 반사회성을 띤 행

1 대법원 1991. 4. 23. 90도2771; 대법원 1991. 11. 8. 91도326; 대법원 2004. 5. 27, 2004도689; 대법원 2006. 5. 12. 2002도3450; 대법원 2006. 5. 25. 2002도5577.

2 대법원 2011. 3. 17. 2007도482 전원합의체판결; 대법원 2014. 11. 13. 2011도393.

3 대법원 1991. 6. 28. 91도944; 대법원 2005. 4. 15. 2002도3453; 대법원 2008. 1. 17. 2006도1721; 대법원 2010. 3. 25. 2009도8506.

4 대법원 1983. 2. 8. 82도2486.

위가 아닌 정당한 범위 내의 것이어야 한다.[1]

따라서 근무시간중에 노동조합 임시총회를 개최하고 약 3시간 동안 투표를 실시하였거나(대법원 1994. 2. 22. 93도613), 업무개시 전 또는 점심시간을 이용하여 현관로비에서 시위행위를 한 데 지나지 않는 경우(대법원 1992. 12. 8. 92도1645), 근로자들이 정당한 쟁의행위를 개시한 후 이와 밀접하게 관련된 새로운 쟁의사항이 부가되어, 별도의 조정절차나 찬반투표를 거치지 않은 채 파업에 돌입한 경우(대법원 2012. 1. 27. 2009도8917)에는 노동조합의 정당한 행위에 해당하므로 본죄가 성립할 여지가 없다. 이에 반하여 ① 쟁의행위의 목적이 아닌 다른 목적을 위하여 다수 근로자들이 집단적으로 일시에 조퇴하거나 결근하는 등 업무의 정상적인 운영을 저해한 경우(대법원 1991. 1. 23. 90도2852), ② 노동쟁의로 인한 쟁의행위가 적법한 절차를 거치지 않거나 방법이 위법한 때(대법원 1990. 7. 10. 90도755), ③ 근로자들이 작업시간에 집단적으로 작업을 거부하여 위력으로 업무의 정상적인 운영을 방해할 정도에 이른 경우(대법원 1991. 11. 8. 91도326)는 물론, ④ 직장이나 사업장 시설을 전면적 · 배타적으로 점거하여 사용자측의 관리 지배를 배제함으로써 업무의 중단 또는 혼란을 야기한 때(대법원 1991. 6. 11. 91도383; 대법원 2007. 12. 28. 2007도5204)에는 위력에 의한 업무방해죄에 해당한다.

(4) 컴퓨터 업무방해죄

1) 의 의 　컴퓨터등 정보처리장치 또는 전자기록등 특수매체기록을 손괴하거나 정보처리장치에 허위의 정보 또는 부정한 명령을 입력하거나 기타 방법으로 정보처리에 장애를 발생케 하여 사람의 업무를 방해함으로써 성립하는 범죄이다(제314조 2항). 컴퓨터의 보급에 따른 정보화사회의 출현으로 종래 사람에 의하여 수행되던 업무처리가 컴퓨터등 정보처리장치에 의하여 광범위하게 대체된 결과, 종래 업무를 수행하고 있는 사람에 대한 업무방해행위가 컴퓨터에 대한 가해에 의하여 행해질 가능성이 커지지 않을 수 없을 뿐만 아니라, 컴퓨터에 대한 가해행위를 수단으로 하는 업무방해는 그 대량성 · 신속성을 특질로 하여 중대하고 광범위한 피해가 발생할 우려가 있기 때문에 형법에 의한 보호가 절실히 필요하다는 고려에서 신설된 규정이다.[2] 본죄는 컴퓨터의 사용방해나 정보의 부정조작 21

1 대법원 1992. 9. 22. 92도1855; 대법원 1996. 1. 26. 95도1959; 대법원 2003. 11. 13. 2003도687; 대법원 2008. 1. 18. 2007도1557; 대법원 2014. 8. 20. 2011도468.

2 형법에 업무방해죄의 처벌규정이 없는 독일 형법의 컴퓨터 업무방해죄가 행위의 객체를 타인의 영업체, 기업 또는 관청에 중요한 의미를 가지는 정보처리에 제한하고 있음에 반하여(제303조의 b), 형법은 이러한 제한을 두지 않고 있다. 한편 일본 형법이 전자계산기손괴 등 업무방해죄를 업무방해죄에 대한 가중적 구성요건으로 규정으로 있음에 반하여(제234조의2) 형법은 이를 업무방해죄와 같은 형으로 처벌하고 있을 뿐이다. 컴퓨터에 의한 업무방해행위가 다른 방법에 의

이 업무방해죄를 구성하는가에 대한 해석상의 문제점을 입법에 의하여 해결함으로써 업무방해죄의 구성요건을 명확히 하였다는 점에서 의미를 가진다.

본죄의 보호법익이 업무인 점은 업무방해죄의 경우와 같다.

2) 구성요건

22 (가) 행위의 객체 컴퓨터등 정보처리장치와 전자기록등 특수매체기록이다. 정보처리장치란 컴퓨터시스템을 의미하며, 특수매체기록에는 전자기록 이외에 전기적 기록이나 광기술·생체기술을 이용한 기록을 포함한다. 사람의 업무에 사용되는 것이면 족하고 기업체나 관청의 업무에 사용되는 것임을 요하지 않는다. 정보처리장치와 특수매체기록의 소유권의 귀속은 불문한다. 따라서 그것이 행위자의 소유인 경우에도 본죄가 성립한다.[1] 다만 본죄의 객체인 컴퓨터는 자동적으로 정보처리를 행할 장치를 갖추고 어느 정도 독립성을 가지고 업무에 사용되고 있는 것, 즉 그 자체가 정보의 보존·검색 등 정보처리능력을 가진 것에 한정된다. 따라서 정보처리를 하지 않고 다른 기기인 자동판매기 또는 자동개찰기의 부품이 되어 있는 마이크로프로세서는 물론, 독립된 정보처리능력을 가지지 않은 전기타자기나 휴대용 계산기는 여기에 포함되지 않는다.[2]

23 (나) 행 위 본죄의 행위는 ① 컴퓨터등 정보처리장치나 전자기록등 특수매체기록을 손괴하거나, ② 정보처리장치에 허위의 정보 또는 부정한 명령을 입력하거나, ③ 기타의 방법으로 정보처리에 장애를 발생케 하는 것이다. 손괴는 정보처리장치나 특수매체기록에 대한 물리적인 파괴나 멸실뿐만 아니라 전자적 기록을 소거하는 것을 포함한다. 허위의 정보 또는 부정한 명령을 입력하는 것은 진실에 반하는 정보를 입력하거나 주어서는 안 되는 프로그램을 입력하는 것을 말한다. 권한 없는 자가 정보처리장치에 입력되어 있는 관리자의 아이디와 비밀번호를 무단으로 변경하거나,[3] 포털사이트 운영회사의 통계집계시스템 서버

한 업무방해에 비하여 반드시 중대한 결과를 초래하는 것은 아니고, 법익침해의 정도를 고려하지 않고 컴퓨터에 의한 방해라는 이유만으로 형을 가중하는 것은 합리적이라고 할 수 없다는 점을 이유로 한다. 법무부, 형법개정법률안 제안이유서, 171면.

1 Samson SK §303b Rn. 4; Sch/Sch/Stree §303b Rn. 14.

2 Lackner/Kühl §303b Rn. 2; Sch/Sch/Stree §303b Rn. 7; Tolksdorf LK §303b Rn. 7; Tröndle/Fischer §303b Rn. 10.

3 대법원 2006. 3. 10. 2005도382, 「대학의 컴퓨터 시스템 서버를 관리하던 피고인이 전보발령을 받아 더 이상 웹서버를 관리 운영할 권한이 없는 상태에서, 웹서버에 접속하여 홈페이지 관리자의 아이디와 비밀번호를 무단으로 변경한 행위는, 피고인이 웹서버를 관리 운영할 정당한 권한

에 허위의 클릭정보를 전송하여 그 정보가 검색순위 결정 과정에 반영된 경우,[1] 조합장이 자신에 대한 감사활동을 방해하기 위하여 조합사무실에 있던 컴퓨터에 비밀번호를 설정하고 하드디스크를 분리 · 보관한 경우가 여기에 해당한다.[2] 기타의 방법은 컴퓨터에 대한 가해수단으로 컴퓨터의 작동에 직접 영향을 미치는 일체의 행위를 말한다. 예컨대 전원이나 통신회선의 절단, 온도 · 습도 등 동작환경의 파괴, 입출력장치의 손괴, 처리불능의 대량정보의 입력 등이 여기에 해당한다.

가해행위의 결과 정보처리에 장애를 발생케 하여야 한다. 정보처리의 장애란 컴퓨터의 정상적인 기능을 저해하는 것을 말한다. 컴퓨터의 사용목적에 부합하는 동작을 하지 못하게 하는 경우뿐만 아니라 사용목적에 어긋나는 동작을 하게 하는 경우를 포함한다. 정보처리의 장애는 현실적으로 발생하여야 한다.[3] 24

(다) **업무방해** 업무를 방해해야 한다. 그러나 방해의 결과가 현실적으로 발생하여야 하는 것이 아님은 업무방해죄의 경우와 같다. 본죄도 위험범이기 때문이다. 따라서 정보처리에 장애를 발생하게 하여 업무방해의 결과를 초래할 위험이 발생한 이상, 업무방해의 결과가 실제로 발생하지 않더라도 본죄가 성립한다. 25

(라) **주관적 구성요건** 본죄가 성립하기 위하여는 고의가 필요하며, 미필적 인식이 있으면 족하다. 고의는 컴퓨터등 정보처리장치나 특수매체기록에 대한 가해행위로 정보처리에 장애가 발생한다는 점에 대한 인식을 내용으로 한다. 업무방해의 결과에 대한 인식은 고의의 내용이 되지 않는다. 26

3) **타죄와의 관계** 본죄는 업무방해죄에 대한 특별유형을 규정한 것이므로 본죄가 성립한 때에 업무방해죄는 성립할 여지가 없다. 컴퓨터를 손괴하여 업무를 방해한 때에는 손괴죄와 본죄의 상상적 경합이 된다. 전자적 기록을 소거하여 본죄를 범한 때에도 같다. 27

이 있는 동안 입력하여 두었던 홈페이지 관리자의 아이디와 비밀번호를 단지 후임자 등에게 알려 주지 아니한 행위와는 달리, 정보처리장치에 부정한 명령을 입력하여 정보처리에 현실적 장애를 발생시킴으로써 피해 대학에 업무방해의 위험을 초래하는 행위에 해당하여 컴퓨터 등 장애 업무방해죄를 구성한다.」

1 대법원 2009. 4. 9. 2008도11978.

2 대법원 2012. 5. 24. 2011도7943.

3 대법원 2010. 9. 30. 2009도12238; 대법원 2012. 5. 24. 2011도7943.

Ⅳ. 경매 · 입찰방해죄

위계 또는 위력 기타 방법으로 경매 또는 입찰의 공정을 해한 자는 2년 이하의 징역 또는 700만원 이하의 벌금에 처한다(제315조).

28 (1) **경매 · 입찰방해죄의 의의** 위계 또는 위력 기타 방법으로 경매 또는 입찰의 공정을 해함으로써 성립하는 범죄이다.

본죄의 보호법익은 경매 또는 입찰의 공정이다. 경매란 매도인이 다수인으로부터 구두로 청약을 받고 그 가운데 최고가격 청약자에게 승낙함으로써 성립하는 매매를 말하며, 입찰이란 경쟁계약에 있어서 경쟁에 참가한 다수인에 대하여 문서로 계약의 내용을 표시하게 하여 가장 유리한 청약자를 상대방으로 하여 계약을 성립시키는 것을 말한다. 경매 또는 입찰의 종류는 묻지 않는다. 국가 또는 공공단체가 하는 경매 · 입찰뿐만 아니라 사인이 행하는 경매 · 입찰도 포함한다.

29 (2) **행 위** 위계 또는 위력 기타 방법으로 경매 또는 입찰의 공정을 해하는 것이다. 위계나 위력은 신용훼손죄와 업무방해죄의 경우와 같다.

예컨대 ① 입찰장소의 주변을 에워싸고 사람의 출입을 막아 입찰에 참가하려는 사람이 참석하지 못하게 한 것은 위력에 의한 입찰방해죄를 구성하며(대법원 1993. 2. 23. 92도3395), ② 지명경쟁입찰의 시행자인 법인의 대표자가 특정인과 공모하여 그 특정인이 낙찰자로 선정될 수 있도록 예정가격을 알려 주고 그 특정인은 나머지 입찰참가인들과 담합하여 입찰에 응하였다면 위계에 의한 입찰방해죄가 성립하고(대법원 2007. 5. 31. 2006도8070), ③ 경매절차에서 경매목적물을 매수할 의사나 능력 없이 오로지 경매목적물이 제3자에게 매각되는 것을 저지하기 위하여 경매절차를 지연할 목적으로 다른 사람의 명의를 이용하여 감정가와 현저하게 차이가 나는 금액으로 입찰하는 행위를 반복함으로써 제3자의 매수를 사실상 봉쇄한 것은 위계로써 경매의 공정을 해한 것으로 볼 수 있다(대법원 2023. 12. 21. 2023도10254).

경매 또는 입찰의 공정을 해한다는 것은 적정한 가격을 형성하는 공정한 자유경쟁이 방해될 우려 있는 상태를 발생시키는 것을 말한다. 여기에 공정을 해하는 행위에는 경매나 입찰가격을 결정하는 것뿐만 아니라 공정한 경쟁방법을 해하는 행위도 포함한다.

30 본죄도 추상적 위험범이므로 경매 또는 입찰의 공정을 해하는 행위가 있으

면 족하며, 현실적으로 경매 · 입찰의 공정이 해하여진 결과가 발생하였을 것은 요하지 않는다.[1] 그리고 적정한 가격이란 객관적으로 산정되는 공정한 가격을 말하는 것이 아니라 경매 · 입찰의 구체적 진행과정에서 얻어지는 가격을 의미한다.

(3) **담합행위** 문제는 소위 담합행위가 본죄를 구성하느냐에 있다. 담 31
합이라 함은 경매 · 입찰의 경쟁에 참가하는 자가 상호 통모하여 특정한 자를 낙찰자 내지 경락자로 하기 위하여 기타의 자는 일정한 가격 이상 또는 그 이하로 입찰 또는 호가(呼價)하지 않을 것을 협정하는 것을 말한다. 가장입찰의 경우뿐만 아니라 수인의 입찰자 가운데 1인을 입찰케 하고 나머지 자는 입찰을 포기할 것을 모의하는 경우도 포함한다.[2]

담합행위가 공정한 가격을 해하거나 부정한 이익을 얻을 목적으로 행하여진 32
때에는 위계에 의한 경매 · 입찰방해죄가 성립한다. 반드시 입찰참가자 전원 사이에 담합이 이루어져야 하는 것은 아니고, 입찰참가자들 중 일부 사이에만 담합이 이루어진 경우라고 하더라도 그것이 입찰의 공정을 해하는 것으로 평가되는 이상 입찰방해죄는 성립한다.[3] 그러나 담합의 목적이 주문자의 예정가격 내에서 적정한 가격을 유지하면서 무모한 출혈경쟁을 방지함에 있고 낙찰가격도 공정한 가격의 범위 내인 때에는 담합자 사이에 금품의 수수가 있었다 하더라도 경매나 입찰의 공정을 해하였다고 볼 수 없으므로 본죄는 성립하지 않는다.[4] 다만 경매 · 입찰의 공정을 해한다는 것은 적법하고 공정한 경매 · 입찰의 방법을 해하는 경우도 포함하므로 가장경쟁자를 조작하여 단독입찰을 경쟁입찰인 것처럼 가장한 경우에는 경매 · 입찰의 공정을 해한 것이므로 본죄가 성립한다.[5]

본죄는 위험범이므로 담합이 이루어지면 본죄는 완성된다. 그러나 담합이 있고 그에 따른 담합금이 수수되었다 하더라도 입찰시행자의 이익을 해함이 없이 자유로운 경쟁을 한 것과 같은 결과로 되는 경우에는 입찰의 공정을 해할 위험성이 있다고 할 수 없다. 따라서 입찰에 참가한 5개 회사 가운데 2개 회사 사이에 담합이 이루어졌다고 하여 본죄가 성립하는 것은 아니다.[6] 입찰자들 상호간에

1 대법원 1994. 5. 24. 94도600; 대법원 2006. 6. 9. 2005도8498; 대법원 2010. 10. 14. 2010도4940.
2 대법원 1956. 2. 17. 4288형상118.
3 대법원 2006. 12. 22. 2004도2581; 대법원 2009. 5. 14. 2008도11361.
4 대법원 1971. 4. 20. 70도2241.
5 대법원 1976. 7. 13. 74도717; 대법원 1988. 3. 8. 87도2646; 대법원 2003. 9. 26. 2002도3924.
6 대법원 1983. 1. 18. 81도824.

특정업체가 낙찰받기로 하는 담합이 이루어진 상태에서 그 특정업체를 포함한 다른 입찰자들은 당초의 합의에 따라 입찰에 참가하였으나 일부 입찰자는 자신이 낙찰받기 위하여 당초의 합의에 따르지 아니한 채 오히려 낙찰받기로 한 특정업체보다 저가로 입찰한 경우에도, 이러한 일부 입찰자의 행위는 담합을 이용하여 낙찰을 받은 것이라는 점에서 적법하고 공정한 경쟁방법을 해한 것이 되어 입찰방해죄에 해당한다.[1]

담합행위와 구별해야 하는 것이 신탁입찰이다. 신탁입찰이란 각자가 일부씩 입찰에 참가하면서 1인을 대표자로 하여 단독으로 입찰케 하는 것으로, 이는 본죄에 해당할 여지가 없다(대법원 1957. 10. 21. 4290민상368).

1 대법원 2010. 10. 14. 2010도4940.

제 4 장 사생활의 평온에 대한 죄

사생활의 평온에 대한 죄에는 비밀침해의 죄(제35장)와 주거침입의 죄(제36장)가 있다. 비밀침해의 죄가 개인의 사생활에 있어서의 비밀을 보호하기 위한 범죄임에 대하여, 주거침입의 죄는 사생활에 필요한 장소적 평온을 보호하기 위한 범죄라고 할 수 있다. 사생활의 평온이 보장되지 않을 때에는 인격발전도 불가능하다는 의미에서 개인의 사생활의 평온은 현대사회에 있어서 사람의 인격발전을 위하여 더욱 중요한 의의를 가지는 법익이 된다.

제 1 절 비밀침해의 죄 §14

Ⅰ. 총 설

1. 비밀침해의 죄의 의의

비밀침해의 죄란 개인의 사생활에 있어서의 비밀, 즉 privacy를 침해하는 것 1
을 내용으로 하는 범죄를 말한다. 사람은 누구나 사회생활을 하는 데 있어서 비밀을 가지게 마련이다. 이러한 비밀이 국가나 사회 또는 다른 사람으로부터 보호받지 못한다면 사생활의 평온은 유지될 수 없고, 인격의 발전도 기대할 수 없다. 헌법 제17조가 「모든 국민은 사생활의 비밀과 자유를 침해받지 아니한다」고 규정하고, 제18조가 「모든 국민은 통신의 비밀을 침해받지 아니한다」고 하여 사생활의 자유와 통신의 비밀을 보장하고 있는 이유도 여기에 있다. 형법 제35장의 비밀침해의 죄는 바로 헌법이 보장하고 있는 사생활의 자유와 통신의 비밀을 형법에 의하여 실현하게 하는 규정이다. 본죄는 개인의 사생활에 있어서의 비밀을 보호법익으로 한다. 이와 같이 본죄의 보호법익이 개인의 사생활의 비밀이라는 점에서 본죄는 국가의 기밀침해를 내용으로 하는 간첩죄(제98조), 외교상 기밀누설죄(제113조) 및 공무상 비밀누설죄(제127조)와 구별된다.

2 각칙 제35장의 비밀침해의 죄는 비밀침해죄(제316조)와 업무상 비밀누설죄(제317조)로 구성되어 있다. 비밀침해죄와 비밀누설죄는 로마법과 게르만법에서부터 처벌되어 오던 오랜 역사를 가진 범죄이다.

다만 로마법이나 게르만법에서는 타인의 문서를 개봉하는 것을 사기의 일종으로 보거나 또는 인격침해죄(injuria)로 파악하고 있었다. 1794년의 프로이센 일반란트법은 편지개봉죄는 재산죄로 규정하면서(제1370조) 비밀누설죄를 준공무원죄(Quasi-Amtsdelikt)로 하여(제505조) 두 죄로 분리하였고,[1] 이러한 태도가 1851년의 프로이센 형법까지 유지되었다.[2] 그러나 사생활의 비밀은 형법이 보호해야 할 독립된 보호법익이 되어야 한다는 사실이 Feuerbach 등에 의하여 주장되었고, 1871년의 독일 형법은 가벌적 사리행위(strafbare Eigennutz)의 장에서 편지개봉죄(제299조)와 비밀누설죄를 함께 규정하였고, 현행 독일 형법도 이를 제15장의 사생활과 비밀침해의 죄 속에 규정하고 있다. 일본 형법도 제13장의 비밀침해의 죄로서 신서개봉죄(제133조)와 비밀누설죄(제134조)를 같이 규정하고 있다. 다만 일본 형법은 비밀침해의 죄를 주거침입의 죄와 함께 사회적 법익에 대한 죄로 취급하고 있다.[3]

3 형법이 비록 비밀침해죄와 업무상 비밀누설죄를 같이 규정하고 있다고 할지라도 양 죄는 역사적 생성과정이 다를 뿐만 아니라 이론적 연관성을 찾아볼 수 없다는 견해[4]도 있다. 물론 비밀을 침해하는 방법에는 비밀의 탐지와 누설의 두 가지 방법이 있다. 업무상 비밀누설죄에 있어서는 탐지는 벌하지 아니하고 누설만 처벌된다. 그러나 비밀침해죄에 의하여 처벌되는 것은 편지의 개봉, 즉 비밀의 탐지이다. 한편 비밀침해죄와 업무상 비밀누설죄는 모두 사생활의 비밀을 보호하는 죄이지만 비밀침해죄에서는 실질적인 비밀의 내용을 문제로 하지 않음에 반하여, 업무상 비밀누설죄에 있어서는 비밀의 내용이 문제될 뿐만 아니라 사생활의 비밀을 보호하는 이외에도 일정한 직업에 종사하는 자가 업무처리중에 알게 된 타인의 비밀을 묵비하는 데 대한 일반의 이익도 그 보호법익이 된다.[5] 그럼

1 Maurach/Schroeder/Maiwald 29/1.
2 프로이센 형법에서는 비밀침해죄(제155조)가 명예에 대한 죄로서의 성질을 가지게 된다.
3 일본 개정형법초안은 비밀침해의 죄를 제35장에서 개인적 법익에 대한 죄로 규정하고 있다.
4 강구진 199면; 유기천 150면.
5 Lackner/Kühl §203 Rn. 1; Maurach/Schroeder/Maiwald 29/4; Sch/Sch/Lenckner §203 Rn. 3; Schünemann LK §203 Rn. 14; Tröndle/Fischer §203 Rn. 2; Wessels/Hettinger Rn. 525.

에도 불구하고 양 죄가 사생활의 비밀을 보호하기 위한 범죄라는 점에서 공통점을 가진다는 것은 부정할 수 없으며, 사생활의 비밀은 개인의 인격발전에 없어서는 안 되는 중요한 법익이다. 이러한 의미에서 형법이 비밀침해의 죄로서 비밀침해죄와 업무상 비밀누설죄를 함께 규정하고 있는 이유를 이해할 수 있다.

2. 입 법 론

형법이 개인의 사생활의 비밀을 보호하는 데는 한계가 있다. 즉 사생활의 비 4
밀을 침해하는 경우에는 언제나 처벌되는 것이 아니라, 그것이 일정한 방법에 의하여 침해되거나(비밀침해죄) 또는 사회생활을 하면서 개인의 비밀을 공개하지 않아야 할 사람에 의하여 누설되는 때(업무상 비밀누설죄)에만 범죄로 된다. 그러나 비밀침해의 죄에 관한 형법의 규정은 현대사회에 이르러 기술적으로 다양하게 행하여지는 사생활의 비밀에 대한 침해로부터 개인의 자유를 보호하는 데 충분하지 못하다는 비판을 받고 있다.

1) 대화의 비밀보호 형법상 개인의 사생활의 비밀을 일반적으로 보호 5
하기 위한 죄가 비밀침해죄이다. 그런데 비밀침해죄는 타인의 편지·문서 또는 도화를 개봉함으로써 성립한다. 편지개봉죄를 원형으로 하는 비밀침해죄가 사생활의 비밀을 침해하는 가장 전통적인 범죄임은 부정할 수 없다. 그러나 편지나 문서의 비밀보다는 오히려 사적 대화의 비밀을 보호할 필요성이 더욱 절실하다.[1] 개인적인 생활이나 이와 결합된 communication에서 행한 대화가 녹음되거나 도청되어서는 사생활의 비밀이 보장될 수 없음은 현대사회에서 자명한 현상이다. 말에는 말한 사람의 인격이 표현되는 것이므로 사람은 누구나 자기가 한 말이 미치는 범위와 그 말의 녹음 여부를 스스로 결정할 수 있어야 한다.[2] 이러한 의미에서 공개되지 아니한 다른 사람의 대화를 녹음하거나 기계적 수단에 의하여 도청하는 것을 처벌하는 통신비밀보호법 제16조, 제3조의 대화비밀침해죄는 형법에 규정해야 한다.[3] 1992년 형법개정법률안은 제183조에서 대화비밀침해죄를 규정

1 김기춘 495면; 이형국, 「비밀침해죄와 그 문제점」(고시월보 84. 9), 108면.

2 Hoyer SK §201 Rn. 3; Sch/Sch/Lenckner §201 Rn. 2; Schünemann LK §201 Rn. 2; Wessels/Hettinger Rn. 525.

3 (1) 통신비밀보호법 제3조 1항은 「누구든지 이 법과 형사소송법 또는 군사법원법의 규정에 의하지 아니하고는 우편물의 검열·전기통신의 감청 또는 통신사실확인자료의 제공을 하거나 공개되지 아니한 타인간의 대화를 녹음 또는 청취하지 못한다」고 규정하고, 동법 제16조는 제3조의

하고 있었다.

6 2) 비밀누설죄의 주체 업무상 비밀누설죄의 주체로 형법은 의사·한의사·치과의사·약제사·약종상·조산사·변호사·변리사·공인회계사·공증인·대서업자나 그 직무상 보조자 또는 이러한 직에 있던 자 및 종교의 직에 있는 자 또는 있던 자를 열거하고 있다. 그러나 변호사 아닌 변호인이나 소송대리인이 제외된 것은 입법의 불비일 뿐 아니라,[1] counselor·세무사 또는 흥신소에 종사하는 자와 같이 현대사회에 이르러 새로 등장한 타인의 비밀을 알게 되는 업무에 종사하는 자를 주체로 하지 않은 것도 부당하다고 하겠다.

형법개정법률안은 본죄의 주체를 「의료업무, 법률업무, 회계업무 기타 의뢰자와의 신뢰관계에 의하여 사람의 비밀을 알게 되는 업무에 종사하는 자나 그 직무상의 보조자 또는 그러한 직에 있던 자」로 규정하였다(제184조).

Ⅱ. 비밀침해죄

① 봉함 기타 비밀장치한 타인의 편지, 문서 또는 도화를 개봉한 자는 3년 이하의 징역이나 금고 또는 500만원 이하의 벌금에 처한다.

② 봉함 기타 비밀장치한 사람의 편지, 문서, 도화 또는 전자기록등 특수매체 기록을 기술적 수단을 이용하여 그 내용을 알아낸 자도 제1항의 형과 같다(제316조).

본죄는 고소가 있어야 공소를 제기할 수 있다(제318조).

7 (1) 의의와 보호법익 봉함 기타 비밀장치한 타인의 편지·문서 또는 도화를 개봉하거나, 봉함 기타 비밀장치한 사람의 편지, 문서, 도화 또는 전자기록 등 특수매체기록을 기술적 수단을 이용하여 그 내용을 알아냄으로써 성립하는 범죄이다.

본죄의 보호법익은 개인의 비밀이다. 비밀의 주체는 자연인이든 법인이든

규정에 위반하여 우편물의 검열·전기통신의 감청을 하거나 공개되지 아니한 타인간의 대화를 녹음 또는 청취하거나 지득한 통신 또는 대화의 내용을 공개하거나 누설한 자를 1년 이상 10년 이하의 징역과 5년 이하의 자격정지에 처하고 있다.

(2) 독일 형법 제201조, 스위스 형법 제179조의2와 오스트리아 형법 제119조(통화비밀의 침해)와 제120조(녹음기와 도청기의 악용)도 대화비밀침해죄(Verletzung der Vertraulichkeit des Wortes)를 규정하고 있다.

1 강구진 202면; 박상기 227면; 배종대 56/4; 유기천 155면; 이형국 283면; 정성근/박광민 232면; 진계호 238면.

법인격 없는 단체이든 불문한다. 문제는 국가 또는 공공단체의 비밀도 여기에 포함되느냐에 있다. 본죄가 친고죄로 되어 있는 점으로 보아 국가의 비밀은 포함되지 않는다는 견해[1]도 있다. 그러나 ① 제1항의 죄는 봉함 기타 비밀장치한 타인의 편지 · 문서 또는 도화를 개봉함으로써 성립하는 추상적 위험범이므로 편지 등에 포함되어 있는 비밀의 내용은 문제되지 않으며, ② 본죄는 개인 사이의 편지 교환뿐만 아니라 기업간 또는 정부기관 사이의 편지교류도 보호해야 한다는 점에 비추어[2] 개인의 비밀뿐만 아니라 국가 또는 공공단체의 비밀도 여기에 포함된다고 하지 않을 수 없다.[3]

(2) **객관적 구성요건**

1) **행위의 객체** 본죄의 객체는 「봉함 기타 비밀장치한 타인의 편지 · 문서 · 도화 또는 전자기록등 특수매체기록」이다. 1995년의 개정형법은 종래의 신서(信書)를 편지로 고치고 문서 · 도화 이외에 전자기록등 특수매체기록을 추가하였다. 소위 정보탐지 내지 컴퓨터 스파이를 처벌하는 규정이라고 할 수 있다. 8

(가) **편지 · 문서 · 도화 또는 전자기록등 특수매체기록** 편지(Brief)란 특정인으로부터 다른 특정인에게 의사를 전달하는 문서를 말한다. 반드시 우편물이어야 하는 것은 아니다. 발송 전후도 묻지 아니한다. 문서(Schriftstück)는 편지가 아닌 것으로서 문자 기타의 발음부호에 의하여 특정인의 의사를 표시한 것을 말한다. 공문서이든 사문서이든 묻지 아니한다. 유언서나 원고도 여기에 해당한다. 도화(Abbildung)란 그림에 의하여 의사가 표시된 것을 말한다. 사진 또는 도표가 여기에 해당한다. 다만 도화라고 하기 위하여는 의사가 표시된 것임을 요하므로 의사가 표시되지 아니한 도표나 사진은 여기의 도화라고 할 수 없다. 전자기록등 특수매체기록이란 전자적 기록 이외에 전기적 기록이나 광기술 · 생체기술을 이용하여 저장되어 있어 사람의 시각으로 직접 인식할 수 없는 기록을 말한다. 판례에 의하면, 피해자의 아이디, 비밀번호는 전자방식에 의하여 피해자의 노트북 컴퓨터에 저장된 기록으로서 전자기록 등 특수매체기록에 해당한다.[4] 9

---

1 배종대 54/3; 오영근 196면; 임웅 274면; 정성근/박광민 233면; 진계호 236면.

2 Graf MK §202 Rn. 3; Hoyer SK §202 Rn. 4; Kargl NK §202 Rn. 2; Sch/Sch/Lencker §202 Rn. 2; Schünemann LK §202 Rn. 2.

3 김일수/서보학 190면; 김종원 147면; 박상기 221면; 신동운 802면; 유기천 151면; 이영란 229면; 정영일 120면.

4 대법원 2022. 3. 31. 2021도8900.

10 (나) **봉함 기타 비밀장치** 편지·문서·도화 또는 전자기록등 특수매체기록은 봉함 또는 비밀장치한 것에 한하여 본죄의 객체가 된다. 따라서 이러한 장치를 하지 아니한 우편엽서 또는 무봉서장(無封書狀)은 본죄의 객체가 되지 않는다. 「봉함」이란 봉투를 풀로 붙인 것과 같이 그 외포를 파훼하지 않고는 내용을 알 수 없거나 곤란하게 하는 것을 말한다. 「비밀장치」는 봉함 이외의 방법으로 외포를 만들어 그 내용을 알 수 없게 하는 일체의 장치를 의미한다. 봉인한 것(Siegel), 풀로 붙인 것(Klebstoff), 또는 끈으로 매어놓은 것(Verschnürung)을 포함한다. 비밀장치한 특수매체기록이란 기록에 대한 권한 없는 사람의 접근을 방지하거나 곤란하게 하기 위한 장치가 취해져 있는 기록을 말한다. 컴퓨터나 기록 자체가 시정되어 있는 경우는 물론, 정보의 호출을 위하여 예컨대 password, 비밀번호, 전자카드, 지문감식 또는 음성감식체제와 같은 특수한 작동체계를 마련한 경우를 포함한다.[1] 그러나 컴퓨터나 기록에 금지 또는 허가가 필요하다고 기재한 것만으로는 여기에 해당하지 않는다.

11 편지 등을 비밀장치된 용기 속에 넣어 둔 경우가 여기의 비밀장치에 해당할 것인가에 대하여는 견해가 대립되고 있다. 예컨대 잠겨진 상자·금고·책상서랍 또는 장농 속에 들어 있는 편지를 비밀장치한 편지라고 할 수 있느냐의 문제이다. 기타 비밀장치라는 일반조항을 두어 널리 비밀을 보호하려고 하는 형법의 해석에 있어서는 이러한 경우도 포함된다고 해석하는 것이 타당하다.[2]

> 따라서 서랍이 2단으로 되어 있어 그 중 아랫칸의 윗부분이 막혀 있지 않아 윗칸을 밖으로 빼내면 아랫칸의 내용물을 쉽게 볼 수 있는 구조로 되어 있는 서랍이라고 하더라도, 피해자가 아랫칸에 잠금장치를 하였다면, 아랫칸은 윗칸에 잠금장치가 되어 있는지 여부에 관계없이 그 자체로서 본죄의 비밀장치에 해당한다(대법원 2008. 11. 27. 2008도9071).

2) **행 위** 본죄의 행위는 개봉하거나 기술적 수단을 이용하여 그 내용을 알아내는 것이다.

12 (가) 개봉이란 봉함 기타 비밀장치를 파훼하여 편지·문서 또는 도화의 내용

1 Hoyer SK §202a Rn. 8; Lackner/Kühl §202a Rn. 4; Sch/Sch/Lenckner §202a Rn. 8; Schünemann LK §202a Rn. 16; Tröndle/Fischer §202a Rn. 8.

2 김성천/김형준 351면; 김일수/서보학 191면; 김종원 147면; 박상기 222면; 배종대 55/4; 백형구 397면; 신동운 808면; 오영근 196면; 이영란 230면; 이정원 266면; 이형국 286면; 정성근/박광민 234면; 정영일 120면.

을 알 수 있는 상태에 두는 것을 말한다. 개봉의 방법은 묻지 않는다. 반드시 비밀장치를 제거하거나 손괴할 것을 요하는 것도 아니다. 봉투의 붙인 부분을 뜯는 것으로 족하다. 편지 등의 내용을 알 수 있는 상태에 두면 족하며, 그 내용을 인식하였을 것도 요하지 않는다. 따라서 편지를 개봉한 이상 그 내용은 읽지 못하였다 하여도 본죄는 기수가 된다. 이러한 의미에서 본죄는 추상적 위험범이다.

편지 등을 절취 또는 횡령한 후에 개봉한 때에는 절도죄 또는 횡령죄와 본죄의 경합범이 된다.

(나) 개봉하지 않고 기술적 수단을 이용하여 그 내용을 알아내는 경우에도 본 13
죄가 성립한다(제316조 2항). 내용을 알아내는 것은 기술적인 수단을 이용한 것이어야 하므로 단순히 불빛에 투시하여 내용을 읽어보는 것만으로는 족하지 않다. 투시기를 사용하거나 종이를 약물에 적셔서 내용을 알아내는 경우가 여기에 해당한다.[1] 본죄는 편지 등의 내용, 적어도 그 일부를 알아야 성립하는 침해범이므로 내용을 알아내지 못한 때에는 본죄가 성립하지 않는다.

(3) **주관적 구성요건** 주관적 구성요건으로 고의를 필요로 함은 당연하 14
다. 즉 봉함 기타 비밀장치한 타인의 편지·문서·도화 또는 전자기록등 특수매체기록을 개봉하거나 기술적 수단을 이용하여 그 내용을 알아낸다는 고의가 있어야 한다. 미필적 고의로 족하다. 행위자가 타인에게 온 편지를 자기에게 온 것으로 잘못 알고 개봉한 때에는 구성요건적 사실의 착오이므로 고의가 조각된다. 그러나 타인에게 온 편지인 것을 알면서 자기가 뜯어 볼 권한이 있다고 믿고 개봉한 경우, 예컨대 남편이 처에게 온 편지를 뜯어 볼 권한이 있다고 믿고 뜯은 때에는 법률의 착오로서 형법 제16조에 의하여 처리하지 않으면 안 된다.

(4) **위 법 성** 본죄가 성립하기 위해서는 편지 등의 개봉이 위법해야 15
한다. 본죄의 위법성도 위법성조각사유가 존재하면 조각된다. 종래의 통설은 피해자의 승낙도 본죄의 위법성조각사유로 이해하고 있었다.[2] 그러나 피해자의 동의는 본죄의 구성요건해당성을 배제한다고 해석함이 타당하다.[3] 본죄의 위법성조각사유로는 특히 정당행위와 추정적 승낙이 문제된다.

---

1 Sch/Sch/Lenckner §202 Rn. 10; Schünemann LK §202 Rn. 19; Tröndle/Fischer §202 Rn. 9.

2 김종원 148면; 배종대 55/10; 백형구 359면; 신동운 809면; 유기천 153면.

3 김성천/김형준 353면; 김일수/서보학 192면; 오영근 198면; 이영란 232면; 이형국 287면; 임웅 276면; 정성근/박광민 236면.

편지를 개봉할 권한이 법령에 규정되어 있는 경우에는 위법성이 조각된다. 예컨대 형의 집행 및 수용자의 처우에 관한 법률 제43조 3항과 4항, 형사소송법 제107조, 제120조 및 우편법 제28조 2항과 제35조가 그것이다. 또한 친권자가 친권의 행사로서 그 자녀에게 온 편지를 개봉하는 것도 위법성이 조각된다.

추정적 승낙은 특히 부부 사이에서 적용될 수 있는 위법성조각사유이다. 배우자는 상대방의 편지를 개봉할 권한이 없지만 상대방의 추정적 의사에 일치할 때에는 위법성이 조각된다.

16 (5) **고소권자** 본죄는 친고죄이다(제318조). 그러나 누가 고소권자인가에 대하여는 견해가 대립되고 있다. 편지가 도착하기 전에는 발송인, 도착 후에는 수신인만 고소권자가 된다는 견해도 있다. 독일의 통설[1]이라 할 수 있다. 이는 편지의 처분권이 누구에게 있느냐에 따라 고소권자를 결정하려는 것이지만 본죄의 피해자가 편지의 처분권자와 일치한다고 할 수는 없다. 발송인이 피해자가 된다는 데 대하여는 의견이 일치한다. 그러나 수신인이 언제 피해자가 되는가에 대하여는 ① 발송 후에는 피해자가 된다는 견해,[2] ② 도착 후에만 피해자가 된다는 견해[3] 및 ③ 수신인도 언제나 피해자가 된다는 견해[4]로 나누어져 있다. 생각건대 편지 등의 비밀은 발송인과 수신인에게 공통되는 것이므로 발송인뿐만 아니라 수신인도 언제나 피해자가 된다고 해석하는 다수설이 타당하다.

Ⅲ. 업무상 비밀누설죄

① 의사 · 한의사 · 치과의사 · 약제사 · 약종상 · 조산사 · 변호사 · 변리사 · 공인회계사 · 공증인 · 대서업자나 그 직무상 보조자 또는 차등의 직에 있던 자가 그 업무처리중 지득한 타인의 비밀을 누설한 때에는 3년 이하의 징역이나 금고, 10년 이하의 자격정지 또는 700만원 이하의 벌금에 처한다.

② 종교의 직에 있는 자 또는 있던 자가 그 직무상 지득한 사람의 비밀을 누설한 때에도 전항의 형과 같다(제317조).

---

1 Lackner/Kühl §205 Rn. 2; Sch/Sch/Lenckner §205 Rn. 3; Schünemann LK §205 Rn. 4; Tröndle/Fischer §205 Rn. 2.

2 서일교 89면; 황산덕 244면.

3 이정원 271면.

4 김일수/서보학 193면; 김종원 148면; 박상기 225면; 배종대 55/12; 백형구 399면; 손동권/김재윤 245면; 신동운 810면; 오영근 199면; 이영란 233면; 이형국 288면; 임웅 277면; 정성근/박광민 236면.

본죄는 고소가 있어야 공소를 제기할 수 있다(제318조).

(1) **의의와 보호법익** 의사 · 한의사 · 변호사 · 공증인 등 법문에 열거된 17
자가 그 업무처리중 지득한 타인의 비밀을 누설함으로써 성립하는 범죄이다.

본죄의 보호법익은 개인의 비밀이다. 그러나 개인의 비밀만을 보호법익으로 한다면 그것을 이러한 직업에 종사하는 자에 대하여만 보호해야 할 이유가 없다. 따라서 본죄는 이러한 직업에 종사하는 사람이 그 업무처리중에 지득한 타인의 비밀을 지켜야 하는 데 대한 일반의 이익도 보호법익이 된다고 해야 한다. 이러한 의미에서 본죄의 보호법익은 「개인이 숨김 없이 비밀을 이야기하고 일반이 신뢰하는 사회에서 중요한 직업에 종사하는 사람에 의하여 침해되어서는 안 되는 개인의 비밀」이라고 할 수 있다.

(2) **객관적 구성요건**

1) **주 체** 본죄의 주체는 의사 · 한의사 · 치과의사 · 약제사 · 약종 18
상 · 조산사 · 변호사 · 변리사 · 공인회계사 · 공증인 · 대서업자 또는 그 보조자와 종교의 직에 있는 자 또는 그 직에 있던 자에 제한된다. 따라서 법문에 열거되지 아니한 자는 본죄의 정범이 될 수 없다. 이러한 의미에서 본죄는 진정신분범이며 자수범이라고 할 수 있다. 그러므로 비신분자는 본죄의 간접정범이 될 수 없다. 예컨대 비신분자가 정을 모르는 의사를 이용하여 비밀을 누설하여도 본죄의 간접정범이 되지 않는다.

공무원 또는 공무원이었던 자가 법령에 의한 직무상 비밀을 누설한 때에는 공무상 비밀누설죄(제127조)가 성립하며, 외교상의 비밀을 누설한 때에는 외교상 기밀누설죄(제113조)를 구성한다.

2) **행위의 객체** 「업무처리중 또는 직무상 지득한 타인의 비밀」이다.

(가) **비 밀** 「비밀」이란 특정인 또는 일정한 범위의 사람에게만 알려 19
져 있는 사실로서 타인에게 알려지지 아니하는 것이 본인에게 이익이 되는 사실을 말한다. 따라서 공지의 사실은 비밀이라고 할 수 없다. 그러나 단순히 풍설이 있는 것만으로는 공지라고 할 수 없다. 이미 알고 있는 사람이 있다고 할지라도 아직 모르는 사람에 대하여는 여전히 비밀이 된다.

비밀의 주체는 자연인뿐만 아니라 법인 또는 법인격 없는 단체를 포함한다. 20

국가 또는 공공단체의 비밀도 여기의 비밀에 포함된다는 견해[1]가 있으나, 본죄의 비밀은 개인의 비밀에 제한하는 것이 타당하다고 생각한다.[2] 본죄는 개인의 비밀을 보호하기 위한 죄이기 때문이다. 그러나 개인의 비밀인 이상 그 내용은 문제되지 아니한다. 반드시 사생활에 관한 비밀임을 요하지 아니하고 공적 생활에 있어서의 비밀도 포함한다.

21 비밀이라고 하기 위하여는 어떤 요건이 필요한가에 대하여도 견해가 대립되고 있다. ① 본인이 비밀로 하기를 원하는 사실이면 비밀이 된다는 **주관설**,[3] ② 객관적으로 비밀로서 보호해야 할 이익이 있어야 한다는 **객관설**,[4] ③ 본인이 비밀로 할 것을 원할 뿐 아니라 객관적으로도 비밀로 할 이익이 있어야 한다는 **절충설**[5]이 그것이다. 본죄의 구성요건이 무제한 확대되는 것을 막기 위하여는 비밀유지의 의사와 객관적인 비밀유지의 이익이 일치하는 때에만 비밀성을 인정하는 절충설이 타당하다고 생각한다.[6] 다만 여기의 객관적인 비밀유지의 이익이란 본인의 비밀유지의 의사가 언제나 합리적이고 법률상 정당할 것을 요구하는 것은 아니다. 소극적으로 그의 자의(恣意)에 대한 한계로서의 기능을 가질 뿐이다. 또한 비밀유지의 의사가 필요하다고 하여 반드시 본인이 비밀을 인식할 것을 요하는 것도 아니다. 본인이 비밀을 모른 때에는 그의 추정적 의사가 문제된다.

22 (나) **직무상 지득한 비밀** 비밀은「그 업무처리중 또는 직무상 지득한 것」임을 요한다. 업무처리중 또는 직무상 알게 된 비밀인 이상 그 비밀이 본인으로부터 전달된 것이건 본인이 모르는 사이에 자기의 실험이나 판단에 의하여 알게 된 것이건 묻지 아니한다. 비밀의 전달자와 비밀의 주체가 일치할 것도 요하지 않는다. 그러나 업무처리와 관계 없이 알게 된 사실은 그것이 비밀에 속한다 하여도 본죄의 비밀에는 해당하지 않는다.

---

1 유기천 154면.

2 김일수/서보학 196면; 김종원 149면; 배종대 **56**/5; 백형구 401면; 손동권/김재윤 246면; 정성근/박광민 238면; 정영석 301면.

3 이건호 515면.

4 남흥우 104면.

5 강구진 203면; 김일수/서보학 195면; 김종원 150면; 박상기 228면; 배종대 **56**/6; 백형구 401면; 신동운 815면; 오영근 201면; 유기천 154면; 이형국 290면; 임웅 282면; 정성근/박광민 238면; 정영일 124면.

6 Hoyer SK §203 Rn. 5; Lackner/Kühl §203 Rn. 14; Maurach/Schroeder/Maiwald **29**/24; Sch/Sch/Lenckner §203 Rn. 5; Schünemann LK §203 Rn. 19; Tröndle/Fischer §203 Rn. 6; Wessels/Hettinger Rn. 563.

3) 행 위 비밀을 「누설」하는 것이다. 23

「누설」(offenbaren)이란 비밀에 속하는 사실을 모르는 사람에게 알게 하는 것을 말한다. 그 방법에는 제한이 없다. 구두로 고지하든 서류를 열람시키든 묻지 아니한다. 공연히 누설할 것을 요하지 않으므로 한 사람에게 알려도 된다. 다만 공연히 비밀을 누설하여 사람의 명예를 훼손한 때에는 본죄와 명예훼손죄의 상상적 경합이 된다. 부작위에 의하여도 누설할 수 있다. 비밀을 기재한 서류를 방치하여 다른 사람이 읽게 하는 경우가 그것이다. 상대방이 현실적으로 비밀을 인식하였을 것을 요하지도 않는다. 즉 누설은 상대방에게 도달하면 완성된다.

(3) **주관적 구성요건** 주관적 구성요건으로 고의가 있어야 한다. 여기 24
의 고의의 내용에는 신분에 대한 인식과 자기가 지득한 비밀을 누설한다는 인식이 포함된다. 따라서 자기가 지득한 타인의 비밀을 비밀이 아니라고 오신하여 제3자에게 말한 때에는 구성요건적 사실에 대한 착오이므로 고의를 조각한다. 그러나 그것이 비밀임을 알면서 자기에게 누설할 권한이 있다고 오신하고 누설한 때에는 법률의 착오에 해당하므로 형법 제16조에 의하여 처리하지 않으면 안 된다.

(4) **위 법 성** 본죄도 정당한 이유가 있는 때에는 위법성이 조각된다. 25
그러나 피해자의 동의가 있으면 위법성이 조각되는 것이 아니라 구성요건해당성 자체가 조각된다고 해야 한다. 비밀누설은 본인의 의사에 반할 것을 요건으로 한다고 보아야 하기 때문이다. 본죄에 대한 위법성조각사유로 긴급피난과 정당행위를 들 수 있다.

1) 긴급피난 · 정당행위 먼저 생명 · 신체 또는 자유에 대한 위난을 피 26
하기 위하여 비밀을 누설한 때에는 긴급피난에 의하여 위법성이 조각될 수 있다. 예컨대 성병환자를 치료한 의사가 전염을 막기 위하여 그 배우자에게 사실을 이야기하였거나, 운전사의 간질병을 치료하고 사고를 피하기 위하여 관계관청에 신고한 경우가 여기에 해당한다. 법령에 의하여 비밀의 고지가 의무로 되어 있는 때에도 정당행위로서 위법성이 조각된다. 예컨대 의사는 감염병의 예방 및 관리에 관한 법률 제11조에 의하여 전염병환자를 신고할 의무가 있다. 형사사건의 변호인이 피고인의 정당한 이익을 보호하기 위하여 그 업무처리중에 지득한 타인의 비밀을 누설하거나[1] 이혼소송을 담당하고 있는 변호사가 상대방의 생리적 결

1 日大判 1930. 2. 7(刑集 9-51).

함을 법정에서 공개하는 것도 위법성이 조각되는 경우이다.

27 **2) 증언거부권자의 증언** 본죄의 주체가 증인으로서 타인의 비밀에 대하여 증언한 때에 위법성이 조각되느냐가 문제된다. 증인에게 증언거부권이 없는 때에는 증언의무가 비밀의무에 우선하므로 위법성이 조각되는 데 의문이 없다. 그러나 본죄의 주체는 소송법상 일반적으로 증언거부권을 가진다. 그럼에도 불구하고 증언거부권을 행사하지 아니하고 증언하여 타인의 비밀을 누설한 경우 위법성이 조각되는가에 대하여는 견해가 대립되고 있다. ① 증언거부권을 인정하여 묵비의무를 보장하고 있는 이상 그 요건이 존재함에도 불구하고 자의로 증언한 이상 본죄의 성립을 인정해야 한다는 견해[1]도 있으나, ② 통설은 이러한 경우에도 위법성이 조각된다고 본다.[2] 법질서가 국민에게 서로 모순되는 의무를 과할 수는 없는 이상 증언거부권을 행사하지 아니하면 증언의무가 있으므로 이 때에도 비밀을 지킬 의무로부터 벗어나서 위법성이 조각된다고 보는 것이 타당하다.

§15 제2절 주거침입의 죄

I. 총 설

1. 주거침입죄의 의의

1 주거침입죄(住居侵入罪, Hausfriedensbruch)는 사람의 주거 또는 간수하는 장소의 평온과 안전을 침해하는 것을 내용으로 하는 범죄이다. 인간이 그 존엄과 가치를 향유하면서 인격을 자유롭게 발전할 수 있게 하기 위하여는 모든 사람이 불법한 침입으로부터 보호받을 수 있는 장소가 보장되어야 한다. 헌법이 「모든 국민은 주거의 자유를 침해받지 아니한다」고 규정하여 주거의 자유를 기본권으로 보장하고 있는 이유도 여기에 있다(헌법 제16조). 주거침입죄는 바로 헌법이 보장하

---

1 강구진 204면; 김일수/서보학 197면; 이형국 291면.
독일의 통설의 태도이다. Lackner/Kühl §203 Rn. 24; Maurach/Schroeder/Maiwald 29/50; Sch/Sch/Lenckner §203 Rn. 29; Schünemann LK §203 Rn. 128; Tröndle/Fischer §203 Rn. 39; Wessels/Hettinger Rn. 569.

2 김종원 151면; 배종대 56/11; 백형구 404면; 손동권/김재윤 248면; 신동운 818면; 오영근 204면; 유기천 156면; 이영란 237면; 임웅 284면; 정성근/박광민 239면; 정영석 302면; 정영일 124면.

고 있는 주거의 자유를 침해함으로써 성립하는 범죄이다.

2 주거침입죄를 어느 범위에서 처벌하며 이를 형법에 어떻게 규정할 것인가는 입법례에 따라 차이가 있다. 영미에서는 주거침입죄를 목적범에 한정하여 범죄를 목적으로 하는 주거침입(burglary, housebreaking)[1]만을 벌함에 대하여, 형법은 독일 형법의 예에 따라 이를 독립된 범죄로 처벌하고 있다. 그러나 독일 형법 제123조가 주거침입죄를 공공의 질서에 대한 범죄로 규정하고 일본 형법 제130조도 이를 사회적 법익에 대한 죄로 규정하고 있음에 대하여, 형법은 이를 개인적 법익을 침해하는 범죄로 규정하고 있는 점에 특색이 있다. 주거침입죄는 공공의 질서 또는 사회질서를 보호하기 위한 범죄가 아니라 개인의 주거의 자유라는 특수한 성질의 인격적 법익을 보호하기 위한 개인적 법익에 대한 죄라고 할 것이므로 형법의 이러한 태도는 타당하다.

> 주거침입죄를 공공의 질서에 대한 범죄로 규정하고 있는 독일 형법의 해석에 있어서도 본죄를 공공의 질서에 대한 죄가 아니라 개인의 주거권을 보호법익으로 하는 개인의 자유에 대한 범죄로 이해하는 데 의견이 일치하고 있다.[2]

3 형법은 각칙 제36장에서 주거침입의 죄로 주거침입죄와 퇴거불응죄(제319조)를 두고, 이에 대한 가중적 구성요건으로 특수주거침입(퇴거불응)죄(제320조)를 규정한 외에 주거 · 신체수색죄(제321조)와 미수범처벌에 관한 규정(제322조)을 두고 있다.

2. 보호법익

4 주거침입죄의 보호법익이 자유권적 성질을 가진 인격적 법익이라는 데는 의문이 없다. 그러나 그 구체적 내용을 어떻게 파악할 것인가에 대하여는 견해가 대립되고 있다.

5 (가) **주거권설** 독일의 통설은 본죄의 보호법익을 주거권(Hausrecht)이라고 해석하고 있다. 여기서 주거권이란「사람이 주거의 평온을 확보하고 권한 없

---

1 burglary와 housebreaking은 전자가 야간에 주거에 침입하는 경우이고, 후자는 주간에 침입하는 것이라는 점에서 구별된다.

2 Joecks §123 Rn. 1; Lackner/Kühl §123 Rn. 1; Lilie LK §123 Rn. 1; Rudolphi SK §123 Rn. 1; Sch/Sch/Lenckner §123 Rn. 1; Schäfer MK §123 Rn. 1; Tröndle/Fischer §123 Rn. 1; Wessels/Hettinger Rn. 573.

는 타인의 침입에 의하여 이를 방해받지 않는 권리」[1] 또는 「주거 안에서 권한 없는 사람의 존재에 의하여 방해받지 않을 이익」[2]을 의미한다고 이해된다. 즉 그것은 개인이 그의 보호구역 안에 다른 사람이 들어오거나 체류해도 되는가를 결정할 수 있는 자유[3]를 의미한다.

6 (나) **사실상 평온설** 통설은 본죄의 보호법익을 권리로서의 주거권이 아니라 주거를 지배하고 있는 사실관계, 즉 주거에 대한 공동생활자 전원의 사실상의 평온이라고 해석하고 있다.[4] 이는 ① 주거권은 법적 성질이 명백하지 아니하므로 권리로서의 위치조차 불분명한 주거권이라는 개념을 사용하는 것은 옳다고 할 수 없고, ② 주거권의 침해라는 사고는 모든 범죄를 권리의 침해로 보는 19세기 초의 낡은 사상의 잔재에 지나지 않는다는 것을 그 이유로 한다. 이에 의하면 사실상 거주자 또는 간수자의 승낙을 받고 들어가는 것은 주거의 평온을 해하는 것이 되지 않으므로 본죄를 구성할 수 없게 된다. 본죄의 보호법익에 대하여 대법원도 사실상의 주거의 평온이라고 판시하고 있다.[5]

7 (다) **비 판** 본죄의 보호법익을 주거권이라고 보는 경우에도 주거권의 내용을 사실상의 주거의 평온을 유지할 개인의 권리라고 이해할 때에는, 본죄의 보호법익이 주거권인가 또는 사실상의 주거의 평온인가의 문제는 결국 사실상의 주거의 평온을 내용으로 하는 권리를 인정할 수 있는가에 귀착된다고 하겠다. 그러나 ① 본죄의 보호법익을 사실상의 주거의 평온이라고 해석하면 본죄는 개인적 법익에 대한 죄라고 하기보다는 공공의 질서에 대한 죄로서의 성질이 강조된다고 하지 않을 수 없고, ② 주거권은 주거의 평온에 대한 결정의 자유를 내용으로 하는 고유한 성질의 인격적 자유권이므로 그 내용이 반드시 불분명하다고 할 수는 없을 뿐 아니라, ③ 주거의 자유는 헌법에 의하여 보장되고 있는 기본권이므로 주거의 평온을 유지하는 것이 권리가 된다는 것을 부정해야 할 이유는

1 Lackner/Kühl §203 Rn. 1; Lilie LK §203 Rn. 1; Maurach/Schroeder/Maiwald **30**/2; Rengier 2 **30**/1; Sch/Sch/Lenckner §203 Rn. 1.

2 Bockelmann S. 151.

3 Schäfer MK §203 Rn. 2; Wessels/Hettinger Rn. 573.

4 김일수/서보학 200면; 김종원 141면; 배종대 **57**/6; 백형구 386면; 손동권/김재윤 251면; 신동운 821면; 유기천 160면; 이영란 239면; 이형국 295면; 정성근/박광민 241면; 정영일 126면; 조준현 187면; 진계호 243면.

5 대법원 1983. 3. 8. 82도1363; 대법원 1995. 9. 15. 94도2561; 대법원 2001. 4. 24. 2001도1092; 대법원 2008. 5. 8. 2007도11322; 대법원 2021. 9. 9. 2020도12630 전원합의체판결.

없고, ④ 본죄의 보호법익을 주거에서의 공동생활자 전원의 평온이라고 하여도 주거에서의 사실상의 평온이 유지되는가는 법익주체의 의사와 관계 없이 판단할 수는 없다. 이러한 의미에서 본죄의 보호법익은 주거권이라고 해석함이 타당하다고 하겠으며, 따라서 주거권자의 주거권을 침해한 이상 사실상 주거를 지키고 있는 사람의 승낙을 받고 들어간 때에도 본죄는 성립한다고 하지 않을 수 없다.

보호법익이 보호받는 정도는 위험범이다.

Ⅱ. 주거침입죄

1. 단순주거침입죄

사람의 주거, 관리하는 건조물, 선박이나 항공기 또는 점유하는 방실에 침입한 자는 3년 이하의 징역 또는 500만원 이하의 벌금에 처한다(제319조 1항).

미수범은 처벌한다(제322조).

(1) 객관적 구성요건

1) **행위의 객체** 「사람의 주거, 관리하는 건조물, 선박이나 항공기 또는 점유하는 방실」이다.

8 (가) **사람의 주거** 주거란 사람이 기거하고 침식에 사용하는 장소를 의미한다는 견해[1]도 있으나, 사람이 일상생활을 영위하기 위하여 점거하는 장소면 족하고 반드시 침식에 사용하는 장소일 것까지 요하지 않는다고 하겠다.[2] 그 사용도 반드시 영구적임을 요하지 않고 일시적인 것도 포함한다. 따라서 낮에만 기거하는 곳이나, 일정한 기간 동안만 사는 별장도 여기의 주거에 해당한다. 다만 사무실이나 여관 또는 호텔의 방은 점유하는 방실에 속한다. 주거의 설비 또는 그 구조의 여하는 묻지 않는다. 따라서 천막·판자집은 물론 토굴이라도 주거가 될 수 있다. 주거는 또한 주거에 사용하는 건물에 한하지 아니하고 그 부속물도 포

---

1 김일수/서보학 201면; 김종원 141면; 박상기 233면; 백형구 387면; 손동권/김재윤 252면; 오영근 207면; 유기천 162면; 임웅 288면; 정영일 126면; 정성근/박광민 242면.

2 Joecks §123 Rn. 5; Maurach/Schroeder/Maiwald **30**/10; Rudolphi SK §123 Rn. 9; Sch/Sch/Lenckner §123 Rn. 4; Schäfer MK §123 Rn. 11; Tröndle/Fischer §123 Rn. 6.
강구진 190면; 배종대 **58**/2; 신동운 826면; 이정원 280면.

함한다. 따라서 계단 · 복도 · 지하실이나 정원[1]은 물론 다가구용 단독주택이나 다세대주택 · 연립주택 · 아파트와 같은 공동주택 내부의 엘리베이터, 공용 계단, 복도 등 공용 부분[2]도 주거에 해당한다. 반드시 부동산에 한하지 아니하며 주거용 차량(Wohnwagen)과 같은 동산도 주거가 될 수 있다. 사람의 주거라 하여 주거에 사람이 현존할 것을 요하는 것은 아니다. 일시 비워 둔 집도 또한 주거가 될 수 있다.[3]

9 ㈏ **관리하는 건조물, 선박이나 항공기** 「관리」란 사실상 사람이 관리 · 지배하고 있는 것을 말한다. 함부로 타인이 침해하는 것을 방지하는 데 족한 인적 · 물적 설비를 갖출 것을 요한다. 따라서 수위나 경비원 또는 관리인을 둔 경우는 물론, 자물쇠를 잠그거나 문에 못질을 해 둔 경우는 관리에 해당하지만, 단순히 출입금지의 표지를 해 둔 것만으로는 관리라고 할 수 없다. 타인의 침입을 불가능 또는 곤란하게 할 정도의 설비가 있음을 요하지 않고 또 그 설비가 저택 · 건조물 또는 선박과 장소적으로 결합되어 있어야 하는 것도 아니다.

10 「건조물」이란 주거를 제외한 일체의 건물을 말한다. 즉 주거에 사용할 목적으로 건축된 가옥, 빈 집 또는 폐쇄된 별장은 물론, 공장 · 창고 · 극장 또는 관공서의 청사가 여기에 해당한다. 건물뿐만 아니라 정원도 포함한다.[4] 그러나 건조물은 주거와 달리 부동산에 제한하지 않을 수 없다. 즉 건조물이라고 하기 위하여는 지붕이 있고 담 또는 기둥으로 지지되어 토지에 정착하고 있어 사람이 출입할 수 있을 것을 요한다. 따라서 사람이 출입할 수 없는 견사나 토지에 정착되지 않은 천막이나 물탱크시설[5]은 건조물이라 할 수 없다. 「선박」은 그 크기를 묻지 않지만 적어도 주거에 사용될 수 있을 정도임을 요한다.[6]

11 ㈐ **점유하는 방실** 건물 내에서 사실상 지배 · 관리하는 구획을 말한다. 점포 · 사무실 · 연구실은 물론 호텔이나 여관의 투숙중인 방이 여기에 속한다. 판

---

1 대법원 2001. 4. 24. 2001도1092, 「대문을 몰래 열고 들어와 담장과 피해자가 거주하던 방 사이의 좁은 통로에서 창문을 통하여 방안을 엿본 경우 주거침입죄에 해당한다.」

2 대법원 2009. 9. 10. 2009도4335; 대법원 2022. 8. 25. 2022도3801.

3 대법원 1957. 4. 12. 4289형상350.

4 대법원 1967. 12. 26. 67도1439.

5 대법원 2007. 12. 13. 2007도7247.

6 강구진 191면; 박상기 233면; 배종대 58/5; 손동권/김재윤 253면; 신동운 828면; 유기천 163면; 이형국 297면; 정성근/박광민 244면; 정영일 128면.

례는 가옥 가운데 일부의 방을 명도받은 경우 이를 점유하는 방실이라고 한다.[1]

2) 행 위 본죄의 행위는 침입(Eindringen)하는 것이다.

12 (가) 침 입 「침입」의 의미에 대하여 주거권자 내지 거주자의 의사에 반하는 출입이 침입이라는 의사침해설(의사기준설)과 거주자가 주거에서 누리는 사실상의 평온상태를 해치는 행위태양으로 들어가는 것을 의미한다는 평온침해설(행위태양기준설)이 대립한다.

의사침해설은 ① 침입의 사전적 의미는 의사에 반하여 들어가는 것이고, ② 주거의 평온을 확보하려면 거주자의 의사에 의해 주거에 대한 출입이 통제·관리되어야 하며, ③ 거주자의 의사에 반하는 출입이라면 그 거주자에 대한 관계에서 주거의 사실상 평온이 깨졌다고 보아야 한다는 점을 근거로 한다. 평온침해설은 ① 의사침해설에 따르면 주거침입죄를 의사의 자유를 침해하는 범죄의 일종으로 보게 되어 주거침입죄가 보호하고자 하는 법익의 범위를 넘어서게 되고, ② '평온의 침해' 내용이 주관화·관념화되며, ③ 출입 당시 현실적으로 존재하지 않는, 부재중인 거주자의 추정적 의사에 따라 주거침입죄의 성립 여부가 좌우되어 범죄 성립 여부가 명확하지 않고 가벌성의 범위가 지나치게 넓어져 부당한 결과를 가져온다고 한다.

대법원은 의사침해설에서 평온침해설로 견해를 변경하였다.[2] 즉 주거침입죄의 구성요건적 행위인 침입은 주거침입죄의 보호법익과의 관계에서 해석하여야 하므로, 침입이란 '거주자가 주거에서 누리는 사실상의 평온상태를 해치는 행위태양으로 주거에 들어가는 것'을 의미하고, 침입에의 해당 여부는 출입 당시 객관적·외형적으로 드러난 행위태양을 기준으로 판단함이 원칙이라고 한다.

생각건대 침입의 사전적 의미, 평온침해는 의사침해의 하나의 태양에 불과한 점, 구성요건적 행위를 보호법익과의 관계에만 초점을 맞춰 해석할 것은 아니라는 점, 개인적 법익에 대한 죄의 구성요건적 행위를 법익주체의 의사와 분리하여 판단할 수 없다는 점 및 주거의 사실상 평온은 소란출입이 아니라 의사에 반한 출입에 의해 깨진다는 점에서 의사침해설이 타당하다고 본다.

12a 「침입」이란 주거권자의 의사에 반하여 들어가는 것을 말한다. 주거권자의 의사에 반하면 족하고, 반드시 출입을 제지당하였을 것을 요하지 않는다.[3] 신체적 침입을 의미하므로 행위자의 신체가 주거에 들어가지 않으면 안 된다. 따라서

1 대법원 1965. 1. 26. 64도587.
2 대법원 2021. 9. 9. 2020도12630 전원합의체판결; 대법원 2022. 3. 24. 2017도18272 전원합의체판결; 대법원 2022. 8. 25. 2022도3801.
3 대법원 2003. 9. 23. 2001도4328; 대법원 2004. 8. 30. 2004도3212.

밖에서 돌을 던지거나 소리를 지르거나 창문으로 들여다 보거나 전화를 거는 것은 침입이라고 할 수 없다. 신체가 전부 들어갈 것을 요하는가가 문제된다. 독일의 통설은 신체의 일부가 들어가면 족하다고 한다.[1] 그러나 형법은 본죄의 미수범을 벌하고 있다. 따라서 신체의 전부가 들어가야 기수에 이른다고 해석하는 통설[2]이 타당하다고 생각된다. 이에 반하여 판례는 주거침입죄는 신체의 일부가 주거에 들어갔다고 하더라도 주거의 사실상의 평온을 해할 수 있는 정도에 이르렀다면 완성된다고 판시한 바 있다.[3] 침입의 방법은 묻지 않는다. 몰래 들어가든 공공연히 들어가든, 열린 문으로 들어가든 장애를 넘고 들어가든 관계가 없다. 다만 침입은 외부로부터의 침입에 제한되므로 주거의 안에 있는 자에 대하여는 침입이라고 할 수 없다.[4] 따라서 죄수가 교도소의 다른 감방에 들어가거나, 공무원이 권한 없이 상사의 방에 들어가는 것은 침입이라고 할 수 없다.

주거침입죄의 착수시기는 주거에 신체의 일부가 들어간 때이다.

판례는 아파트에 사람이 있는지 확인하기 위하여 초인종을 누르거나(대법원 2008. 4. 10. 2008도1464), 다세대주택에 침입하여 물건을 절취하기 위하여 가스 배관을 타고 오르다가 경찰관에게 발각되어 그대로 뛰어내린 때에는 본죄의 실행의 착수에 이르지 못하였다고 판시하였다(대법원 2008. 3. 27. 2008도917). 그러나 주거는 가옥 자체뿐만 아니라 정원 등 위요지(圍繞地)를 포함하며, 침입의 직접 전단계의 행위가 있는 때에도 실행의 착수를 인

1 Bockelmann S. 156; Joecks §123 Rn. 19; Lackner/Kühl §123 Rn. 5; Maurach/Schroeder/Maiwald 30/13; Rudolphi SK §123 Rn. 12; Sch/Sch/Lenckner §123 Rn. 12; Schäfer MK §123 Rn. 25; Tröndle/Fischer §123 Rn. 14.

2 강구진 195면; 김일수/서보학 206면; 김종원 144면; 박상기 234면; 배종대 58/8; 백형구 380면; 손동권/김재윤 258면; 오영근 215면; 유기천 164면; 정성근/박광민 244면; 정영석 307면.

3 대법원 1995. 9. 15. 94도2561, 「(1) 주거침입죄는 사실상의 주거의 평온을 보호법익으로 하는 것이므로, 반드시 행위자의 신체의 전부가 범행의 목적인 타인의 주거 안으로 들어가야만 성립하는 것이 아니라 신체의 일부만 타인의 주거 안으로 들어갔다고 하더라도 거주자가 누리는 사실상의 주거의 평온을 해할 수 있는 정도에 이르렀다면 범죄구성요건을 충족하는 것이라고 보아야 하고, 따라서 주거침입죄의 범의는 반드시 신체의 전부가 주거 안으로 들어간다는 인식이 있어야만 하는 것이 아니라 신체의 일부라도 타인의 주거 안으로 들어간다는 인식이 있으면 족하다 할 것이고, 이러한 범의로써 예컨대 주거에 들어가는 문의 시정장치를 부수거나 문을 여는 등 침입을 위한 구체적 행위를 시작하였다면 주거침입죄의 실행의 착수는 있었다고 보아야 하고, 신체의 극히 일부분이 주거 안에 들어갔지만 사실상의 주거의 평온을 해하는 정도에 이르지 아니하였다면 주거침입죄의 미수에 그친다.

(2) 야간에 타인의 집의 창문을 열고 집안으로 얼굴을 들이미는 등의 행위를 하였다면 피고인이 자신의 신체의 일부가 집안으로 들어간다는 인식하에 하였더라도 주거침입죄의 범의는 인정되고, 비록 신체의 일부가 집안으로 들어갔다고 하더라도 사실상 주거의 평온을 해하였다면 주거침입죄는 기수에 이르렀다고 할 것이다.」

4 대법원 1984. 2. 14. 83도2897.

정해야 한다. 판례도 ① 다가구용 단독주택인 빌라의 잠기지 않은 대문을 열고 들어가 공용계단으로 빌라 3층까지 올라갔다가 1층으로 내려온 경우(대법원 2009. 8. 20. 2009도3452)뿐만 아니라, ② 다가구용 단독주택이나 다세대주택 · 연립주택 · 아파트 등 공동주택의 내부에 있는 엘리베이터 · 공용계단과 복도에 들어간 경우에도 주거침입죄의 성립을 긍정하였다(대법원 2009. 9. 10. 2009도4335). 다만, 주거침입죄의 침입행위의 객체인 '건조물'에 포함된 위요지는 건조물에 인접한 그 주변의 토지로서 외부와의 경계에 담 등이 설치되어 그 토지가 건조물의 이용에 제공되고 또 외부인이 함부로 출입할 수 없다는 점이 객관적으로 명확하게 드러나야 한다. 따라서 ① 화단의 설치, 수목의 식재 등으로 담장의 설치를 대체하는 경우에도 건조물에 인접한 그 주변 토지가 건물, 화단, 수목 등으로 둘러싸여 건조물의 이용에 제공되었다는 것이 명확히 드러난다면 위요지가 될 수 있으나(대법원 2010. 3. 11. 2009도12609), ② 차량 통행이 빈번한 도로에 바로 접하여, 도로에서 주거용 건물, 축사 4동 및 비닐하우스 2동으로 이루어진 시설로 들어가는 입구 등에 그 출입을 통제하는 문이나 담 기타 인적 · 물적 설비가 전혀 없고 노폭 5m 정도의 통로를 통하여 누구나 축사 앞 공터에 이르기까지 자유롭게 드나들 수 있는 경우에, 차를 몰고 위 통로로 진입하여 축사 앞 공터까지 들어간 행위는 주거침입에 해당한다고 할 수 없다(대법원 2010. 4. 29. 2009도14643).

(나) 주거권자의 의사 주거권자의 의사에 반하여 들어가는 것이 침입이므로 여기서 주거권자가 누구이고, 그 의사에 반하여 들어간다는 의미가 무엇인가를 분명히 할 필요가 있다.

(a) 주거권자 주거권자(Hausrechtsinhaber)란 주거에의 출입과 그 체재 13
를 결정할 권리가 있는 사람을 말한다. 반드시 소유자이거나 직접점유자임을 요하지 않는다. 주거에 거주함으로써 그 장소에 대하여 privacy의 이익을 가진 사람이 주거권자가 된다. 따라서 주거권은 주거에 입주함으로써 취득하여 퇴거하면 없어지는 권리라고 할 수 있다. 다만 거주는 적법하게 개시될 것을 요한다. 따라서 위법하게 주거를 점거한 자는 주거권자가 될 수 없다. 다만 적법하게 점유를 개시하여 사실상 주거에 거주하는 이상 점유할 권리가 있는가는 문제되지 않는다.[1] 따라서

① 차가(借家)에 대하여는 제3자에 대한 관계에서는 물론 소유자에 대한 관 14
계에서도 주거권은 임차인에게 있다. 임대차기간이 종료되어 임차인이 점유할

1 대법원 1984. 4. 24. 83도1429; 대법원 1987. 11. 10. 87도1760; 대법원 2007. 7. 27. 2006도3137.

권리가 없는 때에도 임차인이 주거를 계속 점유하고 있는 동안은 같다. 따라서 임대차기간이 종료된 후에 임차인이 계속 점유하고 있는 건물에 대하여 소유자가 마음대로 출입한 때에는 본죄가 성립하지만,[1] 임차인이 소유자가 폐쇄한 출입구를 뜯고 그 건물에 들어갔다고 하여도 본죄가 성립하는 것은 아니다.[2]

다만 호텔이나 여관의 방실에 대하여는 투숙자 이외에 소유자에게도 제3자에 대한 관계에서는 주거권을 인정할 수 있다. 이는 소유자와 투숙객 사이의 묵시적 합의에 근거한다.

15 ② 주거에 수인이 같이 거주하는 때에는 각자가 모두 주거권을 가진다. 예컨대 부부가 같은 집에서 살고 있거나, 수인이 같은 방에서 하숙하거나, 여러 세대가 같은 집에 사는 경우에 그 공동사용부분에 대하여는 각자가 완전한 주거권을 가지고 다른 사람의 출입과 체재에 동의할 수 있다. 다만 이 경우에는 각자의 주거권은 다른 사람의 권리를 침해해서는 안 된다는 제한을 받게 되고, 다른 주거권자의 동의를 기대할 수 없는 때에는 단독으로 출입을 허락할 수 없게 된다. 그러므로 부부는 일방이 부재중에 손님을 초대할 수는 있지만 간통을 하기 위하여 다른 사람이 들어오도록 할 수는 없고, 따라서 이 경우에 일방의 승낙을 받고 들어가도 본죄가 성립한다.[3]

남편이 부재중에 처와 간통하기 위하여 처의 동의를 얻고 들어간 경우에 본죄가 성립하느냐에 대하여 통설은 본죄의 보호법익을 주거의 평온이라고 해석한 나머지 평온하게 주거에 들어간 이상 본죄는 성립하지 않는다고 하고 있다.[4] 그러나 주거침입죄의 성립에는 주거권자가 현존함을 요하지 않고, 주거에 수인이 거주하는 때에는 다른 사람의 주거권도 보호되어야 하므로 이러한 경우에도 본죄는 성립한다고 해야 한다. 대법원은 본죄의 보호법익을 주거의 평온이라고 해석하면서 종전 견해를 변경하여 이 경우에 본죄의 성립을 부정하였다.[5]

---

1 대법원 2008. 5. 8. 2007도11322.

2 대법원 1973. 6. 26. 73도460.

3 Rudolphi SK §123 Rn. 16; Sch/Sch/Lenckner §123 Rn. 18; Schäfer MK §123 Rn. 38; Tröndle/Fischer §123 Rn. 14.

4 김성천/김형준 380면; 김일수/서보학 204면; 김종원 143면; 배종대 58/10; 백형구 388면; 오영근 211면; 유기천 164면; 이형국 298면; 정영석 306면; 진계호 247면.

5 대법원 2021. 9. 9. 2020도12630 전원합의체판결, 「피고인이 피해자의 처와 혼외 성관계를 가질 목적으로 피해자가 부재중에 피해자의 처의 승낙을 받아 피해자와 그 처가 공동으로 거주하는 주거에 출입한 경우, 피고인이 피해자의 부재중에 피해자의 처로부터 현실적인 승낙을 받아 통상적인 출입방법에 따라 주거에 들어갔으므로 주거의 사실상 평온상태를 해치는 행위태양으로

③ 주거권자는 그 주거권의 행사를 타인에게 위탁할 수 있다. 아이나 가정부에게 집을 보게 한 경우가 여기에 해당한다. 물론 이 때에도 수탁자가 위탁의 범위를 넘어서 주거권을 행사할 수는 없다. 위탁이 없거나 그 범위를 넘은 때에는 수탁자의 승낙을 받고 들어가도 본죄가 성립하게 된다. 16

(b) **주거권자의 의사** 주거권자의 의사에 반할 때에만 침입이 된다. 따라서 해고를 당한 근로자가 회사의 의사에 반하여 회사 내의 노동조합 대의원회의에 참석한 때에도 침입이 될 수 있다.[1] 주거권자의 의사에 따라 들어간 때에는 침입이라고 할 수 없다. 그러므로 거주자 또는 간수자의 동의가 있는 때에는 본죄가 성립하지 않는다. 주거권자의 동의를 위법성을 조각하는 승낙이라고 해석하는 견해[2]도 있다. 그러나 동의가 있으면 이미 침입이 될 수 없으므로 그것은 구성요건해당성을 조각하는 양해(Einverständnis)라고 해야 한다. 17

동의가 반드시 명시적으로 행해질 것을 요하는 것은 아니다. 일반적 또는 묵시적 동의도 가능하며, 주변사정에 따라서는 주거권자의 의사가 추정될 수도 있다.[3] 주거권자에게 묻기만 하였다면 양해했을 것으로 인정될 때에는 묵시적 동의를 인정할 수 있다. 주거권자의 반대의사가 추정될 수도 있다. 여기에는 침입의 목적이 중요한 판단자료가 된다.

절도,[4] 강도,[5] 손괴[6] 또는 폭행[7]과 같이 범죄를 행할 목적으로 주거에 들어간 때에는 일반적으로 주거권자의 동의가 없다고 해야 한다. 또 출입문을 통한 정상적인 출입이 아닌 때에는 특별한 사정이 없는 한 그 침입 방법 자체에 의하여 주거권자의 의사에 반한다고 할 수 있다.[8]

따라서 피고인이 피해자가 사용중인 공중화장실의 용변칸에 노크하여 남편으로 오인한 피해자가 용변칸 문을 열자 강간할 의도로 용변칸에 들어간 때에는 주거침입죄에

주거에 들어간 것이 아니어서 주거에 침입한 것으로 볼 수 없고, 설령 피고인의 출입이 부재중인 피해자의 추정적 의사에 반하더라도 주거침입죄의 성립에 영향을 미치지 않는다.」

1 대법원 1991. 9. 10. 91도1666.
2 정영석 305면.
3 대법원 1993. 3. 23. 92도455; 대법원 2003. 5. 30. 2003도1256.
4 대법원 1979. 10. 30. 79도1882; 대법원 1983. 7. 12. 83도1394.
5 대법원 1952. 5. 20. 4285형상80.
6 대법원 2007. 3. 15. 2006도7079.
7 대법원 1955. 12. 23. 4288형상25.
8 대법원 1995. 9. 15. 94도3336; 대법원 2007. 8. 23. 2007도2595.

해당한다(대법원 2003. 5. 30. 2003도1256).

그러나 범죄의 목적으로 들어갔다고 하여 언제나 동의가 없다고 해야 하는 것은 아니다.

예컨대 증뢰하기 위하여 공무원의 주거에 들어간 때에는 본죄는 성립하지 않는다. 주거권자의 동의가 있는 때에도 그 범위를 벗어난 장소에 들어간 때에는 본죄를 구성하게 된다.

18 ① 형식적으로는 동의가 있는 때에도 기망 또는 강제에 의하여 동의가 얻어진 경우에 양해로서의 효력이 있는가가 문제된다. 기망에 의하여 동의를 얻고 주거에 들어간 경우, 예컨대 검침원이 절도의 의사를 숨기고 주인의 동의를 얻어 주거에 들어간 때에 주거침입죄가 성립하는가에 관하여는 긍정설[1]과 부정설[2]이 대립되고 있다. **긍정설**은 기망에 의하여 주거권자의 동의를 얻은 경우에도 행위자는 주거권자의 진의에 반하여 주거에 들어간 것이므로 주거침입죄의 불법을 실현하였다는 것을 이유로 한다.

그러나 ㉠ 동의를 받아서 들어간 경우에는 주거권자의 현실적 의사(aktuelle Willen)에 반하였다고 할 수 없고, ㉡ 주거권자의 진의는 가설에 불과하며 진의를 기준으로 할 때에 주거침입죄는 주거권을 보호하는 범죄가 아니라 강요죄 유사의 구성요건으로 변질될 우려가 있고, ㉢ 긍정설에 의하면 주거침입죄의 가벌성이 증명할 수 없는 전제에 좌우되어 남용될 위험이 있다는 점에 비추어 **부정설**이 타당하다고 하지 않을 수 없다.[3]

이에 반하여 강제에 의하여 동의를 받은 때에는 주거침입죄가 성립한다.

19 ② 개별적인 자격을 문제삼지 아니하고 일반인의 출입을 허용하고 있는 장소, 예컨대 공중에게 개방되어 있는 관공서의 청사나 역·백화점·슈퍼마켓·은행·식당 또는 호텔에 범죄의 목적으로 들어간 경우에 본죄가 성립할 수 있는가가 문제된다. 이러한 장소라 할지라도 불법한 목적으로 침입한 이상 본죄가 성립

1 김종원 143면; 배종대 **58**/13; 백형구 396면; 손동권/김재윤 254면; 오영근 211면; 이영란 244면; 이형국 298면; 정영일 129면.

2 김성천/김형준 376면; 김일수/서보학 205면; 박상기 235면; 이정원 285면; 임웅 290면.

3 Hohmann/Sander **13**/11; Joecks §123 Rn. 28; Lilie LK §123 Rn. 50; Ostendorf NK §123 Rn. 32; Rengier **30**/10; Sch/Sch/Lenckner §123 Rn. 22; Tröndle/Fischer §123 Rn. 16; Wessels/Hettinger Rn. 588.

한다는 견해[1]도 있다. 그러나 일반적 허가가 있는 경우에 단순히 그 허가를 불법한 목적으로 남용했다는 이유만으로 주거침입이 된다는 것은 타당하다고 할 수 없다. 목적이 불법하다는 것만으로 침입이 될 수는 없기 때문이다.[2] 판례는 도청장치를 설치할 의사로 음식점에 들어간 경우 주거침입죄의 성립을 인정하였으나, 견해를 변경하여 피고인과 기자가 대화하는 장면을 기자와 음식점 영업주 몰래 촬영하기 위해 카메라를 설치하려고 음식점에 들어간 경우 주거침입죄가 성립하지 않는다고 하였다.[3] 그러므로 절도의 목적으로 백화점에 들어가거나 접견내용을 촬영·녹음할 목적으로 녹음·녹화장비를 몰래 소지하고 구치소에 들어간 것[4]은 본죄를 구성하지 않는다고 해야 한다. 다만 이 경우에도 특별히 개인적으로 내려진 출입금지에 위반하였거나, 침입방법 그 자체가 일반적인 허가에 해당되지 않는 것이 명백하게 나타난 때에는 그렇지 아니하다.

예컨대 ① 출입이 금지된 시간에 들어가거나(대법원 1956. 12. 7. 4289형상272), ② 담벽을 넘고 창문을 통해 들어가거나(대법원 1990. 3. 13. 90도173), ③ 허용된 시간이라 할지라도 강도를 위하여 복면을 하고 흉기를 들고 은행에 들어가거나, ④ 다중이 고함이나 소란을 피우면서 집단적으로 난입하는 경우에는 침입이 된다고 하지 않을 수 없다(대법원 1983. 3. 8. 82도1363; 대법원 1996. 5. 10. 96도419). 그러나 대학교 강의실은 대학 당국에 의하여 관리되면서 강의와 관련되는 사람에게만 출입이 허용되는 곳이므로 일반인에게 개방된 곳이라고 할 수 없다(대법원 1992. 9. 25. 92도1520). 이에 반하여 150여 명의 조합원들이 시청 1층 중앙현관을 통해 1층 로비에 들어가면서 공무원 등으로부터 아무런 제지를 받지 않았고, 다수의 힘 또는 위세를 이용하여 들어간 정황이 없었던 경우(대법원 2022. 6. 16. 2021도7087)나 강제추행할 목적으로 야간에 피해자를 뒤따라 일반인의 출입이 허용되는 상가 1층의 공용 부분 내 엘리베이터 앞까지 들어간 경우(대법원 2022. 8. 25. 2022도3801)에는 침입에 해당하지 아니한다.

---

1 서일교 95면; 정영석 306면.

2 Rudolphi SK §123 Rn. 26; Sch/Sch/Lenckner §123 Rn. 26; Schäfer MK §123 Rn. 33; Tröndle/Fischer §123 Rn. 12; Wessels/Hettinger Rn. 591.
김성천/김형준 378면; 김일수/서보학 205면; 박상기 236면; 배종대 58/14; 백형구 380면; 이정원 286면; 임웅 292면; 정성근/박광민 246면도 같은 취지이다.

3 대법원 2022. 3. 24. 2017도18272 전원합의체판결, 「일반인의 출입이 허용된 음식점에 영업주의 승낙을 받아 통상적인 출입방법으로 들어갔다면 특별한 사정이 없는 한 주거침입죄에서 규정하는 침입행위에 해당하지 않는다. 설령 행위자가 범죄 등을 목적으로 음식점에 출입하였거나 영업주가 행위자의 실제 출입 목적을 알았더라면 출입을 승낙하지 않았을 것이라는 사정이 인정되더라도 그러한 사정만으로는 사실상의 평온상태를 해치는 방법으로 음식점에 들어갔다고 평가할 수 없으므로 침입행위에 해당하지 않는다.」

4 대법원 2022. 3. 31. 2018도15213.

20 (다) **부작위에 의한 침입** 형법은 주거침입죄 이외에 별도로 진정부작위범인 퇴거불응죄를 규정하고 있다. 그러나 본죄의 침입을 부작위에 의하여 행하는 것도 가능하다.[1] 그것은 부진정부작위범이다. 예컨대 주거에 대한 보증인이 제3자의 침입을 방지하지 아니한 경우 또는 허가를 받고 들어온 자가 그 시간을 넘어서 머무르거나, 주거권자의 의사에 반하여 침입한 것을 사후에 알고도 그대로 있는 경우가 여기에 해당한다. 부작위에 의한 침입은 주거권자의 퇴거요구를 받을 것을 요건으로 하지 않는 점에서 퇴거불응죄와 구별된다.

21 (2) **주관적 구성요건** 본죄도 고의범이다. 따라서 행위자는 주거권자의 의사에 반하여 들어간다는 고의가 있어야 한다. 미필적 고의로 족하다. 행위자가 주거권자의 의사에 반한다는 것을 인식하지 못한 때에는 구성요건적 사실의 착오로서 고의가 조각된다. 주거권자의 의사에 반하지 않음에도 불구하고 착오에 의하여 그의 의사에 반한다고 오인한 때에는 불능범의 문제가 된다. 이에 반하여 주거에 들어갈 정당한 권리가 있다고 오인한 때에는 법률의 착오에 해당한다.

22 (3) **위 법 성** 주거침입죄도 위법성조각사유가 있으면 적법하게 되어 범죄가 성립하지 아니한다. 예컨대 타인의 주거에 불이 났기 때문에 불을 끄기 위하여 들어간 때에는 긴급피난에 의하여 위법성이 조각된다. 추정적 승낙도 또한 위법성조각사유가 될 수 있다.

23 주거침입죄에 있어서 위법성조각사유의 대표적인 예로는 법령에 근거를 가진 행위를 들 수 있다. 즉 주거권에 우월하는 적법한 권한에 의하여 주거에 들어가는 것은 위법하다고 할 수 없다. 그것이 공법상의 권한이든 사법상의 권한이든 묻지 아니한다. 형사소송법과 민사소송법에 의한 강제처분 또는 강제집행은 전자의 예이며, 친권자가 친권을 행사하기 위하여 자녀의 집에 들어가는 경우는 후자에 해당한다. 사회상규에 반하지 않는 주거침입도 위법하다고 할 수 없다.

판례에 의하면 ① 술에 취하여 시비중에 상대방의 주거에 따라 들어가서 때린 이유를 따진 것은 위법하다고 할 수 없지만(대법원 1967. 9. 26. 67도1089), ② 피고인이 동네 부녀자에게 욕설한 것을 따지기 위하여 동네 부녀자 10여명과 작당하여 야간에 피해자의 집에 들어간 경우(대법원 1983. 10. 11. 83도2230)는 물론, ③ 현행범을 추격하여 그 범인의 아버지의

---

1 Gössel S. 454; Joecks §123 Rn. 29; Lackner/Kühl §123 Rn. 5; Sch/Sch/Lenckner §123 Rn. 13; Schäfer LK §123 Rn. 29; Tröndle/Fischer §123 Rn. 17; Wessels/Hettinger Rn. 592.

집에 들어가서 그와 시비끝에 상해를 입힌 경우(대법원 1965. 12. 21. 65도899), ④ 간통현장을 목격하고 그 사진을 촬영하기 위하여 상간자의 주거에 침입한 경우(대법원 2003. 9. 26. 2003도3000)에는 주거침입죄가 성립한다.

채권자가 채권을 변제받기 위하여 채무자의 집에 들어가는 때에는 위법성이 조각된다고 하는 견해[1]도 있다. 그러나 채무변제를 독촉하기 위한 것이라는 이유만으로는 주거침입이 정당화된다고 할 수 없다.

(4) 죄 수　주거침입죄는 주거침입을 위한 수단으로 범한 죄, 예컨대 재물손괴죄 또는 폭행죄와 상상적 경합이 된다. 그러나 주거침입시에 범한 다른 범죄와 주거침입죄는 경합범이다. 그 죄를 범하기 위하여 주거에 침입하였는가 또는 주거에 침입한 기회에 그 죄를 범하였는가는 묻지 아니한다. 따라서 절도[2] · 강도 · 강간 또는 살인을 위하여 주거에 침입한 경우는 물론, 주거에 침입하여 모욕 · 강간 또는 폭행을 한 때에도 양 죄는 경합범의 관계가 된다. 24

2명 이상이 공동하여 본죄를 범한 때에는 폭처법 제2조 2항 1호에 의하여 처벌된다. 본죄에 대한 특별법이다.

2. 퇴거불응죄

전항의 장소에서 퇴거요구를 받고 응하지 아니한 자도 전항의 형과 같다(제319조 2항).
미수범은 처벌한다(제322조).

1) 의 의　퇴거요구를 받고 응하지 아니함으로써 성립하는 범죄로 진정부작위범이다. 「퇴거요구를 받고 응하지 아니한다」고 함은 적법하게 주거에 들어간 자가 퇴거요구를 받고도 나가지 않는 것을 말한다. 처음부터 주거권자의 의사에 반하여 주거에 침입한 자에게는 주거침입죄가 성립될 뿐이다. 25

1 서일교 95면; 정영석 308면; 황산덕 251면.

2 대법원 2015. 10. 15. 2015도8169, 「형법 제330조에 규정된 야간주거침입절도죄 및 형법 제331조 제1항에 규정된 특수절도(야간손괴침입절도)죄를 제외하고 일반적으로 주거침입은 절도죄의 구성요건이 아니므로 절도범인이 범행수단으로 주거침입을 한 경우에 주거침입행위는 절도죄에 흡수되지 아니하고 별개로 주거침입죄를 구성하여 절도죄와는 실체적 경합의 관계에 서는 것이 원칙이다. 그러므로 형법 제332조에 규정된 상습절도죄를 범한 범인이 범행의 수단으로 주간에 주거침입을 한 경우 주간 주거침입행위는 상습절도죄와 별개로 주거침입죄를 구성한다. 또 형법 제332조에 규정된 상습절도죄를 범한 범인이 그 범행 외에 상습적인 절도의 목적으로 주간에 주거침입을 하였다가 절도에 이르지 아니하고 주거침입에 그친 경우에도 주간 주거침입행위는 상습절도죄와 별개로 주거침입죄를 구성한다.」

26 2) 구성요건 본죄가 성립하기 위하여는 퇴거요구가 있을 것을 요한다. 퇴거요구는 1회로도 족하며, 반드시 명시적으로 행하여져야 하는 것은 아니다. 다만 그것은 주거권자에 의하여 행하여져야 한다. 주거권자를 대리하거나 주거권자로부터 위탁받은 자도 할 수 있다. 반드시 그가 성인일 것도 요하지 않는다.

따라서 ① 예배를 방해할 목적으로 교회에 들어온 자에 대하여 교회의 당회가 퇴거를 요구하였는데도 불응한 경우(대법원 1992. 4. 28. 91도2309)는 물론, ② 직장점거를 개시한 근로자들이 직장폐쇄를 단행한 사용자의 퇴거요구를 받고 불응한 때에도 본죄가 성립한다(대법원 1991. 8. 13. 91도1324; 대법원 2005. 6. 9. 2004도7218). 그러나 ③ 임대차기간이 종료되어 소유자가 명도요구를 하는데 임차인이 응하지 않는 경우에는 본죄가 성립하지 않는다. 주거권자는 임차인이기 때문이다.

그러나 퇴거요구가 공법상 또는 사법상의 권리에 의하여 제한되는 경우가 있다. 예컨대 음식점에 들어온 사람은 식사를 마칠 때까지 퇴거에 응할 필요가 없다. 본죄는 퇴거요구를 받고 즉시 응하지 않음으로써 기수가 되며, 퇴거란 신체가 주거에서 나가는 것을 의미한다. 따라서 정당한 퇴거요구를 받고 건물에서 나가면서 가재도구 등을 남겨둔 경우에는 퇴거불응죄를 구성하지 않는다.[1] 다만 퇴거에 응할 수 있어야 함은 부작위범의 요건상 당연하다고 하겠다. 그러므로 달리는 차 또는 선박에서 내리라고 하거나 옷을 벗고 있는 사람에게 나가라고 하였다고 하여 본죄가 즉시 성립하는 것은 아니다. 본죄는 퇴거할 수 있음에도 불구하고 퇴거요구에 응하지 아니할 때에 완성되는 것이다.

27 3) 미 수 범 형법은 본죄의 미수범을 벌하고 있다(제322조). 본죄의 미수는 퇴거요구를 받고 퇴거에 필요한 시간이 경과되기 전에 축출된 때에 성립한다는 견해[2]도 있다. 그러나 본죄는 퇴거요구에 응하지 않으면 즉시 기수가 되므로 본죄의 미수는 성립할 여지가 없다고 해석하는 것이 타당하다고 생각된다.[3] 진정부작위범의 미수는 생각할 수 없기 때문이다.

1 대법원 2007. 11. 15. 2007도6990.

2 김종원 144면; 오영근 218면; 임웅 298면.

3 김일수/서보학 210면; 박상기 239면; 배종대 59/4; 백형구 392면; 이정원 288면; 이형국 302면; 정성근/박광민 249면; 황산덕 252면.

Ⅲ. 특수주거침입죄

단체 또는 다중의 위력을 보이거나 위험한 물건을 휴대하여 전조의 죄를 범한 때에는 5년 이하의 징역에 처한다(제320조).
미수범은 처벌한다(제322조).

본죄는 주거침입죄와 퇴거불응죄에 대하여 행위실행의 방법 때문에 불법이 가중되는 가중적 구성요건이다. 단체 또는 다중의 경우에는 전원이 주거에 침입할 것을 요하지 않으며, 그 가운데 1인만 침입한 때에도 본죄가 성립한다. 위험한 물건을 휴대한다고 하는 것도 처음부터 위험한 물건을 가지고 들어가는 때에 한하지 않는다. 주거침입죄와 퇴거불응죄는 계속범이므로 범죄가 계속되는 동안 위험한 물건을 가지고 있으면 족한 것이다. 또 그것을 외부에 꺼내어 보이거나, 피해자가 이를 인식할 것도 요하지 않는다. 28

Ⅳ. 주거 · 신체수색죄

사람의 신체, 주거, 관리하는 건조물, 자동차, 선박이나 항공기 또는 점유하는 방실을 수색한 자는 3년 이하의 징역에 처한다(제321조).
미수범은 처벌한다(제322조).

수색이란 사람 또는 물건을 발견하기 위하여 사람의 신체 또는 일정한 장소를 조사하는 것을 말한다. 수색은 불법하여야 하므로 형사소송법에 의한 수색은 위법성이 조각된다. 피해자의 동의에 의하여 수색한 때에는 구성요건해당성이 조각된다. 본죄도 피해자의 의사에 반할 것을 요소로 하기 때문이다. 주거에 침입하여 수색한 때에는 본죄와 주거침입죄의 경합범이 된다. 29

제 5 장 재산에 대한 죄

재산에 대한 죄는 개인의 재산을 보호법익으로 하는 범죄를 말하며, 재산죄라고도 한다. 형법이 규정하고 있는 절도와 강도의 죄(제38장), 사기와 공갈의 죄(제39장), 횡령과 배임의 죄(제40장), 장물에 관한 죄(제41장), 손괴의 죄(제42장) 및 권리행사를 방해하는 죄(제37장)가 여기에 해당한다. 재산에 대한 죄를 보호법익에 따라 소유권을 보호법익으로 하는 죄와 전체로서의 재산권을 보호법익으로 하는 죄 및 소유권 이외의 물권과 채권을 보호법익으로 하는 죄로 나눌 수 있다. 절도죄 · 횡령죄 · 손괴죄와 장물죄는 소유권을 보호법익으로 하는 죄이며, 강도죄 · 사기죄 · 공갈죄 · 배임죄는 전체로서의 재산권을 보호하기 위한 죄이고, 권리행사방해죄는 소유권 이외의 물권 또는 채권을 보호법익으로 하는 죄이다. 다만 형법은 재산죄를 보호법익에 따라 분류하는 태도를 취하지 않고 침해방법에 따라 나누는 태도를 취한 점에 특색이 있다. 즉 절도와 강도의 죄가 상대방의 의사에 의하지 않고 재산을 취득함으로써 성립하는 범죄임에 반하여, 사기와 공갈의 죄는 상대방의 하자 있는 의사에 의하여 재물을 교부받거나 재산상의 이익을 취득함으로써 성립하는 범죄이고, 횡령과 배임의 죄는 신임관계에 위배하여 재물을 영득하거나 재산상의 이익을 취득함으로써 성립하는 범죄이며, 손괴의 죄는 재물의 효용을 해하는 것을 내용으로 하는 범죄이다.

재산죄는 그 객체 · 영득의사 또는 침해방법에 따라 다음과 같이 분류할 수 있다.

① 재물죄와 이득죄 재산죄의 객체를 기준으로 한 구별이다. 재물죄란 재물을 객체로 하는 범죄이고, 이득죄는 재산상의 이익을 객체로 하는 범죄를 말한다. 절도죄 · 횡령죄 · 장물죄 · 손괴죄는 재물죄이며 배임죄가 이득죄이다. 강도죄와 사기죄 및 공갈죄는 재물죄인 동시에 이득죄가 된다.

② 영득죄와 손괴죄 영득의 의사에 따른 구별이다. 영득죄란 타인의 재물을 영득하는 것을 내용으로 하는 범죄로서 절도죄 · 강도죄 · 사기죄 · 공갈죄 및 횡령죄가 여기에 속한다. 이에 대하여 손괴죄는 타인의 재물의 효용가치를 해하는 것을 내용으로 하는 범죄로서 영득의 의사를 요건으로 하지 않는다.

③ 탈취죄와 편취죄 영득죄를 침해방법에 따라 구별한 것이다. 탈취죄란 타인의 의사에 의하지 않고 재물을 취득하는 것이며 여기에는 절도죄·강도죄·장물죄 및 횡령죄가 포함된다. 편취죄는 타인의 하자 있는 의사에 의하여 재물을 취득하는 것을 말하며 사기죄와 공갈죄가 여기에 해당한다.

제 1 절 절도의 죄 § 16

I. 총 설

1. 의의와 보호법익

(1) **절도죄의 의의** 절도죄(窃盗罪, Diebstahl, larceny)는 타인의 재물을 절취하는 것을 내용으로 하는 범죄이다. 재산죄 중에서 재물만을 객체로 하는 순수한 재물죄이다. 강도죄, 사기죄 및 공갈죄가 재물 이외에 재산상의 이익도 객체로 하는 것과 구별된다. 절도죄는 역사적으로 볼 때 고대사회로부터 존재하던 가장 전통적이고 소박한 범죄라고 할 수 있다. 사기죄를 이욕범이라고 함에 대하여, 절도죄는 강도죄와 함께 곤궁범이라고도 한다. 1

(2) **보호법익** 절도죄의 보호법익은 소유권이다.[1] 즉 절도죄는 재물에 대한 실질적·경제적 가치를 보호하는 것이 아니라 그 재물에 대한 형식적 소유권을 보호법익으로 하는 죄이다. 절도죄의 보호법익을 점유라고 하거나,[2] 또는 소유권과 함께 점유도 그 보호법익이 된다고 하는 견해[3]도 있다. 그러나 ① 형법은 제323조에서 권리행사방해죄를 따로 규정하여 소유권 이외의 물권을 보호하는 죄를 두고 있으므로 절도죄의 보호법익을 점유라고 해석할 여지는 없다. 문제는 소유권과 함께 점유도 절도죄의 보호법익이 되는가에 있다. 그러나 ② 소유권 이외에 점유도 또한 절도죄의 보호법익이라고 해석하는 견해는 보호법익과 행위의 객체를 혼동한 결과이다. 절도죄는 점유의 침해에 의하여 소유권을 침해하 2

1 김성천/김형준 394면; 김일수/서보학 221면; 남흥우 159면; 박상기 250면; 배종대 60/7; 유기천 189면; 이정원 291면; 정영일 137면; 조준현 198면; 진계호 257면.

2 정창운 132면.

3 강구진 260면; 김종원 178면; 손동권/김재윤 270면; 신동운 898면; 이영란 312면; 이형국 377면; 임웅 310면; 정성근/박광민 270면.

는 범죄이지, 소유권과 별도로 점유를 보호법익으로 하는 죄는 아니다.[1] ③ 더욱이 절도죄에 있어서 점유는 사실상의 재물지배를 뜻하는 순수한 사실상의 개념이며, 보호할 가치 있는 점유임을 요하지 않는다. 따라서 점유는 절도죄의 객체가 될 수 있어도 그 보호법익이 될 수는 없다. 이와 같이 절도죄의 보호법익은 소유권이므로 점유의 침해가 있어도 소유권을 침해하지 아니하면 절도죄는 성립하지 아니하며,[2] 절도죄가 성립하기 위한 주관적 구성요건으로 고의 이외에 소유권을 영득하는 의사인 불법영득의 의사를 필요로 한다. 요컨대 절도죄의 보호법익은 소유권이고 행위의 객체는 점유이다.

그러나 보호의 객체와 행위의 객체가 일치해야 절도죄가 성립하는 것은 아니다. 따라서 乙이 丙으로부터 절취한 재물을 甲이 절도한 때에도 甲에게 절도죄는 성립한다.

3 (3) **보호의 정도** 절도죄의 보호법익이 보호받는 정도에 대하여도 견해가 대립되고 있다. 다수설은 절도죄를 침해범이라고 해석한다. 절도죄에 있어서 점유의 침탈에 의하여 소유권의 내용인 사용 · 수익 · 처분이 방해되면 소유권도 사실상 침해되었다는 것을 이유로 한다.[3] 그러나 ① 절도죄의 보호법익인 소유권은 민법상의 개념이며 형법에 고유한 소유권 개념이 있을 수 없다. 그런데 절도죄에 있어서 행위자는 외관상의 소유자 지위는 취득할 수 있어도 피해자는 이로 인하여 소유권을 잃지 않는다. 그렇다면 절도죄에 의하여 소유권이 침해될 수는 없는 것이 된다. ② 절도죄는 절취만 있으면 완성되는 것이며 소유권의 내용이 침해되어야 기수에 이르는 것도 아니다. 이러한 의미에서 절도죄는 위험범이라고 해석함이 타당하다.[4]

2. 구성요건의 체계

4 절도죄의 기본적 구성요건은 단순절도죄(제329조)이다. 이에 대하여는 세 가지 가중적 구성요건이 있다. 야간주거침입절도죄(제330조), 특수절도죄(제331조) 및 상습절

1 Hoyer SK §242 Rn. 1; Joecks §242 Rn. 1; Sch/Sch/Eser §242 Rn. 1; Schmitz MK §242 Rn. 8; Tröndle/Fischer §242 Rn. 1; Wessels/Hillenkamp Rn. 57.

2 대법원 1977. 6. 7. 77도1069; 대법원 2014. 2. 21. 2013도14139.

3 강구진 257면; 김일수/서보학 222면; 박상기 250면; 백형구 126면; 손동권/김재윤 271면; 오영근 244면; 이정원 292면; 이형국 312면; 정성근/박광민 270면; 정영일 138면; 조준현 199면.

4 유기천 189면.

도죄(제332조)가 그것이다. 앞의 두 죄가 불법이 가중되는 가중적 구성요건임에 대하여, 상습절도죄는 책임이 가중되는 경우이다. 절도죄에 대하여는 미수범을 처벌하며(제342조), 자격정지를 병과할 수 있고(제345조), 친족상도례가 적용된다(제344조).

Ⅱ. 절 도 죄

타인의 재물을 절취한 자는 6년 이하의 징역 또는 1천만원 이하의 벌금에 처한다(제329조).
미수범은 처벌한다(제342조).
유기징역에 처할 경우에는 10년 이하의 자격정지를 병과할 수 있다(제345조).

1. 객관적 구성요건

본죄는 타인이 점유하는 타인의 재물을 절취함으로써 성립한다.

(1) **행위의 객체** 타인이 점유하는 타인의 재물이다. 여기서 재물과 점유의 개념을 설명하면서 타인의 재물과 타인이 점유하는 재물의 뜻을 밝히기로 한다. 5

1) 재 물 재산죄의 객체에는 재물과 재산상의 이익이 있다. 절도죄·횡령죄·장물죄 및 손괴죄는 재물만을 객체로 함에 대하여, 배임죄의 객체는 재산상의 이익에 제한된다. 강도죄·공갈죄 및 사기죄는 재물과 재산상의 이익을 모두 객체로 하는 범죄이다. 그런데 재물의 개념내용도 모든 재산죄에서 같은 의미를 가지는 것은 아니다. 사기죄·공갈죄 및 횡령죄에 있어서는 동산뿐만 아니라 부동산도 재물이 되지만, 절도죄와 강도죄에 있어서는 부동산이 재물로 되는가가 문제된다. 이러한 의미에서 재물의 개념을 밝히는 것은 특히 절도죄의 객체를 파악하는 데 중요한 뜻을 가진다. 6

형법에서 말하는 재물이란 일반적으로 민법상의 물건과 같은 의미로 이해되고 있다. 그러나 민법 제98조가 「본법에서 물건이라 함은 유체물 및 전기 기타 관리할 수 있는 자연력을 말한다」고 규정하고 있음에 반하여,[1] 형법은 제346조에서 「본장의 죄에 있어서 관리할 수 있는 동력은 재물로 간주한다」라고 규정하고 이를 사기와 공갈의 죄(제354조), 횡령과 배임의 죄(제361조) 및 손괴의 죄(제372조)에 각각 7

1 물건이라는 용어는 형법에서도 사용되고 있다. 권리행사방해죄(제323조)와 음화등의 반포죄(제243조)가 그것이다. 그러나 여기에는 형법 제346조에 대한 준용규정이 없다.

준용하고 있다.

(가) **유체성설과 관리가능성설**

8 (a) **논쟁의 실익** 재물의 개념에 대하여는 종래 유체성설과 관리가능성설의 대립이 있었다. **유체성설**(Körperlichkeitslehre)은 재물이란 유체물, 즉 일정한 공간을 차지하고 있는 물체에 한한다고 봄에 대하여,[1] **관리가능성설**(Beherrschbarkeitslehre)은 관리할 수 있으면 유체물뿐만 아니라 무체물도 재물이 된다고 한다. 관리가능성설이 통설이다.[2] 관리가능성설을 취하면서, 형법 제346조는 관리가능성설의 입장을 입법화한 것이므로 형법의 해석에 있어서 유체성설과 관리가능성설의 논쟁은 실익이 없다고 하는 견해도 있다.[3] 그러나 형법의 해석에 있어서 유체성설과 관리가능성설의 대립은 실익이 없다는 견해는 타당하다고 할 수 없다. 유체성설에 의하면 형법 제346조는 제한적 예외규정이 되지만, 관리가능성설에 의하면 단순한 주의규정으로서의 의미를 가질 뿐이므로 동조의 준용규정이 없는 때에는 관리할 수 있는 동력을 재물이라고 할 수 있느냐에 관하여 결론을 달리하기 때문이다. 권리행사방해죄에 있어서의 물건과 장물죄에 있어서 장물의 개념이 바로 이 경우에 해당한다.

9 (b) **이론적 근거와 비판** **유체성설**은 구민법이 「물이란 유체물을 말한다」라고 규정하고 있었으므로(구민법 제85조), 형법상의 재물도 유체물에 제한되어야 한다고 주장된 이론이었다. 형법 제346조의 해석에 있어서 유체성설을 채택한 것으로 보아야 할 근거가 전혀 없는 것은 아니다. 그것은 ① 재물에 무체물이 포함된다면 형법이 특히 제346조와 같은 규정을 둘 필요가 없다 할 것임에도 불구하고 「관리할 수 있는 동력은 재물로 간주한다」는 특별규정을 둔 것은 유체성설을 전제로 하였다고 보아야 하고, ② 일상용어에 따르더라도 재물이란 물을 의미하며 물은 외부세계의 유체적 대상, 즉 유체물을 말한다고 하지 않을 수 없고,[4] ③ 소유와 관리는 구별되어야 할 개념이므로 관리할 수 있는 동력이라 하여 소유권범죄의 객체가 되는 것은 아니고, ④ 관리가능한 동력도 재물이라고 해석하면 재물의 범

---

1 김일수/서보학 223면; 박상기 244면; 배종대 61/6; 손동권/김재윤 273면; 이정원 297면.

2 김성천/김형준 397면; 김종원 17면; 오영근 245면; 유기천 184면; 이형국 318면; 임웅 314면; 정성근/박광민 256면; 정영일 143면.

3 김종원 17면; 유기천 184면; 정영석 321면; 진계호 259면; 황산덕 266면.

4 김일수/서보학 223면.

위가 부당하게 확대될 우려가 있다는 것이다.[1]

그러나 물건의 개념에 관하여 이를 유체물 및 전기 기타 관리할 수 있는 자 10
연력을 말한다고 규정하고 있는 민법하에서 반드시 유체성설을 그대로 유지해야 할 이유는 없다. 즉 ① 형법 제346조는 반드시 특별규정이라고 해석해야 하는 것이 아니라 이를 주의규정이라고 볼 수도 있다. ② 재물이 통상 유체물을 의미한다고 하여 형법상의 재물의 개념을 반드시 여기에 제한해야 할 이유는 없다. 재물의 개념은 형법상의 재산범죄 특히 소유권범죄의 의의와 목적에 따라 결정되어야 한다. 그런데 관리할 수 있는 무체물의 침해에 대하여도 형법상의 재산죄에 의한 보호가 필요하다. ③ 소유와 관리라는 개념이 일치하지 않는 것은 사실이다. 그러나 소유권이란 민법상의 소유권을 말하는 것이며 형법에 특수한 소유권개념이 있는 것은 아니다.[2] 소유권이란 물건을 배타적으로 사용·수익·처분할 수 있는 권리를 말하며, 관리할 수 있다는 것도 배타적 지배가 가능하다는 것을 의미한다. 따라서 관리할 수 있는 동력도 소유권의 객체가 된다고 해야 한다. ④ 관리가능성설에 의하면 재물의 개념이 확대된다고 하여 그것이 유체성설을 취할 이유로 되는 것이 아니라, 관리가능성을 어떻게 이해하느냐라는 문제에 지나지 않는다. 관리가능성설도 이를 무제한하게 인정하는 것이 아니고, 유체성설에 의하여도 형법 제346조가 있는 이상 같은 문제가 일어나기 때문이다. 여기서 재물이란 유체물 및 관리할 수 있는 동력을 의미하고, 형법 제346조는 주의규정에 불과하다는 결론이 나오게 된다.

(나) 재물의 개념

(a) 유체물 및 관리할 수 있는 동력

a) 유 체 물 유체물이란 일정한 공간을 차지하고 있는 물체를 말한 11
다. 현금도 유체물에 해당한다. 그러나 채권 기타의 권리는 유체물이 아니다. 다만 이러한 권리가 화체된 문서, 예컨대 어음·수표·상품권 또는 예금통장은 유체물이라고 하지 않을 수 없다. 유체물은 반드시 고체에 한하지 않는다. 액체 또는 기체도 유체물이다. 따라서 물·가스·증기 등도 재물이라 할 수 있다. 그러나

1 강구진 243~245면; 손동권/김재윤 274면 참조.

2 Hoyer SK §242 Rn. 11; Lackner/Kühl §242 Rn. 4; Rengier 2/6; Sch/Sch/Eser §242 Rn. 12; Schmitz MK §242 Rn. 27; Tröndle/Fischer §242 Rn. 5; Wessels/Hillenkamp Rn. 69.

유체물이 재물이 되는 것은 그것이 유체물이기 때문이 아니라 관리할 수 있는 것이기 때문이다.[1]

바닷물이나 공기도 유체물임은 부정할 수 없다. 그러나 그것은 관리할 수 있는 유체물이 아니므로 절도죄의 객체인 재물이 될 수 없다(대법원 1964. 6. 23. 64도209). 이러한 의미에서 해·달 또는 별도 여기의 재물은 아니다.

12 재물은 민법상의 권리의 객체에 제한된다. 따라서 관리할 수 있는 유체물이라 할지라도 살아 있는 사람은 권리의 주체이지 객체가 아니므로 재물이 아니다. 살아 있는 인체의 일부나 인체에 부착된 치료보조장치도 재물이 될 수 없다. 그러나 사람은 죽으면 권리의 주체로서의 성질을 잃어 버린다. 따라서 사체는 물론 분리된 인체의 일부나 치료보조장치는 재물이 될 수 있다. 다만 그것이 소유권의 대상이 되느냐는 별개의 문제이다.

13 b) 관리할 수 있는 동력 관리할 수 있는 동력, 즉 에너지는 무체물이지만 재물이 된다. 전기가 바로 그 예라고 할 수 있다.

여기서는 관리할 수 있다는 의미를 물리적 관리에 한할 것인가 또는 사무적 관리를 포함할 것인가가 문제된다. 사무적 관리까지 포함한다고 해석할 때에는 재물과 재산상의 이익을 구별할 수 없게 되므로, 관리란 물리적 관리를 의미한다고 해석하는 통설[2]이 타당하다. 따라서 권리와 같이 사무적으로 관리할 수는 있어도 물리적으로 관리할 수 없는 것은 관리할 수 있는 동력이 아니다. 즉 권리는 절도죄의 객체가 될 수 없고, 권리절도(Rechtsdiebstahl)는 있을 수 없다. 전파는 물론 전화통화도 물리적으로 관리할 수 없기 때문에 재물이 되지 않는다.[3]

14 동력이란 자연적 에너지에 한할 것인가[4] 또는 인간이나 우마차의 힘도 포함할 것인가에 대하여도 견해가 대립되고 있다. 민법은「전기 기타 관리할 수 있는

1 곽윤직 민법총칙, 168면.

2 김일수/서보학 224면; 배종대 61/8; 손동권/김재윤 275면; 유기천 184면; 이영란 253면; 이형국 318면; 임웅 313면; 정성근/박광민 257면; 정영일 144면.

3 대법원 1998. 6. 23. 98도700,「타인의 전화기를 무단으로 사용하여 전화통화를 하는 행위는 전기통신사업자에 의하여 가능하게 된 전화기의 음향송수신기능을 부당하게 이용하는 것으로, 이러한 내용의 역무는 무형적인 이익에 불과하고 물리적 관리의 대상이 될 수 없어 재물이 아니라고 할 것이므로 절도죄의 객체가 되지 아니한다.」

4 강구진 244면; 김일수/서보학 224면; 배종대 61/8; 유기천 184면; 이영란 253면; 이형국 318면; 정성근/박광민 257면; 진계호 260면.

자연력」이라고 규정하고 있고, 일본 형법 제245조도 단순히 「본장의 죄에 있어서 전기는 재물로 간주한다」고 규정하고 있음에 대하여, 형법 제346조는 관리할 수 있는 동력이라고만 하고 있는 점에 비추어 여기의 동력을 자연력에 제한해야 할 이유는 없다. 따라서 관리할 수 있는 전기 · 수력 · 압력 · 견인력 · 인공난기 · 인공냉기도 모두 재물이 된다고 해야 한다.[1]

재물은 동력에 제한되므로 동력이 아닌 정보는 재물이 될 수 없다. 따라서 정보를 알아내거나, 문서를 복사하여 원본은 두고 복사본만 가져간 때에도 절도죄가 될 수 없다(대법원 1996. 8. 23. 95도192). 컴퓨터에 저장된 정보를 출력하여 가져간 경우에도 같다(대법원 2002. 7. 12. 2002도745). 그러나 사원이 회사를 퇴사하면서 제조공정과 실험결과를 기재한 자료(문서)를 가져간 경우에는 절도에 해당한다(대법원 2008. 2. 15. 2005도6223).

(b) **재물과 경제적 가치** 재물은 재산죄의 객체이므로 경제적 · 재산적 가 15
치를 가질 것을 요하는가가 문제된다. 판례는 재물이란 경제적 가치를 가질 것을 요한다는 전제에서 경제적 가치의 개념을 넓게 해석하여, 주관적 가치 또는 소극적 가치만 있어도 경제적 가치가 인정되므로 재물이 된다고 해석한다.[2]

대법원은 이러한 전제에서 부동산매매계약서 사본(대법원 2007. 8. 23. 2007도2595), 주주명부를 복사해 둔 복사본(대법원 2004. 10. 28. 2004도5183), 주권포기각서(대법원 1996. 9. 10. 95도2747), 백지의 자동차출고의뢰서 용지(대법원 1996. 5. 10. 95도3057)는 물론, 위조된 유가증권(대법원 1998. 11. 24. 98도2967)[3]도 재물이 된다고 한다.

그러나 재산상의 이익을 객체로 하는 이득죄와 재물죄 또는 소유권범죄는 구별하지 않으면 안 된다. 이득죄는 전체로서의 재산을 보호하는 죄이지만, 소유권범죄는 재물에 대한 지배라는 형식적 · 법적 지위를 보호하는 죄이다. 이러한

1 손동권/김재윤 274면; 정영일 145면; 황산덕 266면.

2 대법원 2007. 8. 23. 2007도2595, 「절도죄의 객체인 재물은 반드시 객관적인 금전적 교환가치를 가질 필요는 없고 소유자 · 점유자가 주관적인 가치를 가지고 있는 것으로 족하고, 이 경우 주관적 · 경제적 가치의 유무를 판별함에 있어서는 그것이 타인에 의하여 이용되지 않는다고 하는 소극적 관계에 있어서 그 가치가 성립하더라도 관계없다.」

동지 : 대법원 1976. 1. 27. 74도3442; 대법원 1981. 3. 24. 80도2902.

3 대법원 1998. 11. 24. 98도2967, 「유가증권도 그것이 정상적으로 발행된 것은 물론 비록 작성권한 없는 자에 의하여 위조된 것이라고 하더라도 절차에 따라 몰수되기까지는 그 소지자의 점유를 보호하여야 한다는 점에서 형법상 재물로서 절도죄의 객체가 된다.」

그러나 이 판결에서 점유를 보호해야 하기 때문에 재물에 포함된다는 논리는 타당하다고 할 수 없다.

지위는 실질적·경제적 표준에 의하여 결정되는 것이 아니라, 물권법적인 권리가 있느냐에 따라 형식적으로 결정되는 것이다. 따라서 재물은 경제적 가치 또는 교환가치가 있을 것을 요하지 않으며, 경제적 가치가 없더라도 예컨대 부모의 사진이나 애인의 편지와 같이 주관적 가치가 있는 것은 재물이 된다고 해야 한다.

16 문제는 경제적 가치는 물론 주관적 가치조차 없는 물건도 재물이라고 할 수 있는가에 있다. 이러한 물건은 재물이 될 수 없다는 견해[1]도 있지만, 절도죄는 재물에 대한 형식적 지배관계를 보호하는 데 본질이 있으므로 재물성은 인정되지만 피해자의 승낙이나 추정적 승낙에 의하여 구성요건해당성 또는 위법성을 조각한다고 해석하는 것이 타당하다.[2] 절도죄는 재물로 인한 이익의 취득을 본질로 하는 죄가 아니라, 형식적 영득을 문제삼는 죄임을 주의하지 않으면 안된다.[3]

17 (c) **재물과 부동산** 재물이 동산에 한하는가 또는 부동산도 포함하는가가 문제된다. 부동산도 유체물이므로 재물이 된다는 것은 부정할 수 없다. 따라서 이 문제는 부동산도 재물인가라는 개념상의 문제가 아니라, 절도죄·강도죄·사기죄·공갈죄 또는 횡령죄의 각 구성요건이 정하고 있는 객체에 부동산이 포함될 수 있느냐라는 문제에 지나지 않는다. 사기죄·공갈죄 및 횡령죄에 있어서 동산뿐만 아니라 부동산도 재물에 해당한다는 데는 이론이 없다. 문제는 부동산이 절도죄(또는 강도죄)의 객체인 재물이 될 수 있는가에 있다.

독일 형법 제242조는 절도죄의 객체를 동산이라고 규정하여 이 문제를 명문으로 해결하고 있다. **적극설**은 ① 형법에는 이러한 규정이 없으므로 재물을 동산에 한한다고 해석해야 할 합리적 이유가 없을 뿐 아니라, ② 절취는 재물에 대한 지배의 이전을 요하지만 반드시 장소적 이전까지 요건으로 하는 것은 아니므로 부동산도 재물에 포함된다고 해석한다.[4] 그러나 ① 절도죄의 객체는 로마법 이래 동산에 제한되어 왔으며, 사실상 부동산에 대한 절도로는 그 권리를 절취하거나 경계를 침범하거나 부동산에 침입하여 점거하는 것을 생각할 수 있을 뿐이다. 그

---

1 강구진 246면; 김일수/서보학 225면; 배종대 61/9; 이형국 319면; 정성근 325면; 황산덕 267면.

2 유기천 186면; 임웅 316면; 정영석 323면.

3 소유권이 경제적 가치와 일반적으로 결합되어 있는 것은 부정할 수 없다. 특히 그것은 금전의 경우에 현저히 나타난다. 금전은 같은 가치의 교환가능성에 그 본질이 있다. 따라서 같은 금액의 돈을 다른 돈으로 바꾸어 간 때에는 재물을 절취한 것으로 볼 수 없다. 그러나 금전 이외의 재물에 대하여는 형식적인 소유권만 문제된다.

4 김종원 181면; 오영근 246면; 임웅 318면; 정성근/박광민 259면; 정영일 144면.

런데 ② 권리는 물리적으로 관리할 수 있는 동력이 아니므로 재물이 될 수 없고, 경계를 침범하는 것에 대하여는 별도로 경계침범죄(제370조)가 마련되어 있으며, 타인의 부동산에 침입하여 점거하는 것도 주거침입죄(제319조)를 구성할 뿐이므로 부동산은 절도죄의 객체가 될 수 없다고 보는 **소극설**이 타당하다고 생각된다.[1]

> 동산인가 부동산인가는 민법에 따라 결정되는 것이 아니라, 그것이 사실상 움직일 수 있는 재물이냐에 따라 결정해야 한다. 이러한 의미에서 절도죄의 객체는 가동물건에 한한다고 할 수 있다. 토지와 그 정착물은 일응 부동산으로서(민법 제99조 1항) 절도죄의 객체가 될 수 없다. 그러나 정착물이 토지에서 분리되거나, 건물의 일부가 건물에서 떨어진 때에는 가동물건으로서 절도죄의 객체가 될 수 있다.

(다) **타인의 재물** 절도죄의 객체는 타인의 재물이다. 즉 재물의 소유권이 18
행위자 이외의 타인에 속하여야 한다. 타인과 공동소유에 속하는 재물도 타인의 재물이다.[2] 그러므로 타인의 재물이란 타인의 단독소유 또는 공동소유에 속하는 재물이라고 할 수 있다.

재물의 타인성이 인정되지 않는 경우로는 다음과 같은 세 가지를 들 수 있다.

(a) **행위자의 소유물** 행위자가 단독으로 소유하는 재물은 타인의 재 19
물이 아니다. 재물이 누구의 소유에 속하는가는 오로지 민법의 물권법이론에 의하여 결정되어야 한다. 형법에 특수한 소유권개념 또는 경제적 소유권개념(wirtschaftlicher Eigentumsbegriff)이란 있을 수 없기 때문이다. 따라서 권원 없이 타인의 토지 위에 식재한 감나무에서 감을 수확한 것도 절도죄에 해당한다.[3] 이와 같이 소유권의 귀속은 순수히 형식적으로 결정되는 것이므로 할부판매의 경우와 같은 유보된 소유권 또는 담보된 소유권도 형법상으로는 완전한 소유권으로 취급된다. 또 사실상의 1인회사의 소유에 속하는 재물은 1인주주에 대한 관계에서도 타인의 재물이 되고,[4] 명의신탁 자동차는 제3자에 대한 관계에서는 등록

---

1 강구진 247면; 김성천/김형준 401면; 김일수/서보학 226면; 박상기 246면; 배종대 61/16; 백형구 128면; 손동권/김재윤 276면; 유기천 187면; 이영란 266면; 이정원 301면.

2 대법원 1979. 10. 30. 79도1995; 대법원 1994. 11. 25. 94도2432.

3 대법원 1998. 4. 24. 97도3425, 「타인의 토지상에 권원 없이 식재한 수목의 소유권은 토지소유자에게 귀속하고 권원에 의하여 식재한 경우에는 그 소유권이 식재한 자에게 있으므로, 권원 없이 식재한 감나무에서 감을 수확한 것은 절도죄에 해당한다.」

4 Hoyer SK §242 Rn. 11; Lackner/Kühl §242 Rn. 5; Ruß LK §242 Rn. 16; Sch/Sch/Eser §242 Rn. 14; Schmitz MK §242 Rn. 12; Tröndle/Fischer §242 Rn. 5.

명의자가 소유자이다.[1] 절도죄나 횡령죄는 경제적 가치를 문제삼지 않는 범죄이기 때문이다.

무효인 계약에 의하여 인도한 재물의 소유권이 누구에게 속하느냐에 대하여는, 기본되는 계약이 무효라고 하여 그 이행행위까지 무효가 되는 것은 아니라고 해야 한다. 따라서 매음을 위하여 교부한 돈을 절취한 때에도 절도죄를 구성하게 된다.[2]

20 (b) **무 주 물** 무주물이란 어느 누구의 소유에도 속하지 않는 재물을 말한다. 무주물도 타인의 재물이 아니므로 절도죄의 객체가 되지 않는다. 무주물은 다시 다음과 같이 세 가지 경우로 나눌 수 있다.

a) 소유권의 객체가 될 수 없는 재물 소유권은 물건을 배타적으로 사용·수익·처분할 수 있는 권리이다. 그러므로 어느 누구도 소유할 수 없는 재물은 타인의 재물이 될 수 없다. 거래의 객체가 될 수 없는 재물이 여기에 해당한다. 사체(死體)가 소유권의 객체가 될 수 있느냐에 대하여는 다툼이 있다. 다수설은 사체도 소유권의 객체가 된다고 한다.[3] 그러나 사체는 사용·수익·처분할 수 있는 것이 아니라 존경심의 객체가 될 수 있을 뿐이다. 존경심만으로 소유권이라고는 할 수 없으므로 사체는 타인의 재물이 아니라고 할 것이다.[4] 다만 사체가 유해로서의 성질을 잃고 순수한 학문연구의 대상이 된 때(해부용 사체)에는 소유권의 객체가 될 수 있다.

b) 원래 소유자가 없는 재물 아직 누구에게도 소유권이 귀속되지 아니한 재물은 타인의 재물이 아니다. 따라서 포획되지 아니한 야수나 어류는 자유상태에 있는 한 무주물이다. 그러나 동물원 안에 있는 야수나 연못 속에 넣어 둔 어류는 타인의 재물이 된다.

다만 양식어업권 면허를 받았다고 하여 면허구역 안에서 자연적으로 번식하는 식물에까지 소유권이 미치는 것은 아니다(대법원 1983. 2. 8. 82도696; 대법원 2010. 4. 8. 2009도11827).

c) 소유자가 소유권을 포기한 재물 소유자가 유효하게 소유권을 포

---

1 대법원 2012. 4. 26. 2010도11771.

2 BGHSt. 6, 377(Dirnenlohn-Fall).

3 다만 이 견해도 사체에 대한 소유권의 내용은 매장·제사·공양 등을 할 수 있는 권리와 의무를 가지는 데 불과한 특수한 소유권이라고 보고 있다. 곽윤직 앞의 책, 169면.

4 김일수/서보학 225면; 박상기 247면; 배종대 61/11; 백형구 129면; 이형국 319면; 임웅 269면.

기한 재물도 무주물이다. 소유권 포기는 소유자에 의하여 이루어져야 한다. 따라서 전장에 방치되어 있는 군수품은 무주물이 아니다. 소유권은 유효하게 포기되어야 하므로, 잃어버린 재물이나 잘못 두고 온 재물도 무주물이라고 할 수 없다.

(c) **금 제 품** 금제품(禁製品)이란 소유 또는 점유가 금지되어 있는 물건 21
을 말한다. 금제품이 재산죄의 객체인 재물이 될 수 있느냐에 대하여는 견해가 대립되고 있다. ① **소극설**은 형법이 소지를 법익으로 보호하는 것은 재물의 경제적 이용가능성을 보호하기 위한 것이므로 금제품에 대하여는 절도죄가 성립할 수 없다고 한다.[1] 그러나 절도죄는 소유권을 보호법익으로 하는 죄이며 그 경제적 가치를 보호하는 것은 아니다. ② **적극설**은 금제품일지라도 절차에 따라 몰수되기까지는 소유 또는 점유를 보호해야 하며,[2] 금제품은 개인에 대한 관계에서는 소유가 금지되어 있지만 국가가 소유권을 가지게 되므로 소유권이 존재하지 않는다고는 할 수 없기 때문에 절도죄의 객체가 된다고 한다.[3] 그러나 절도죄의 보호법익은 점유가 아니라 소유권이며, 소유가 금지된 물건에 대하여 절도죄가 성립할 수는 없을 뿐만 아니라, 개인에 대한 관계에서 소유권이 금지되어 있다고 하여 바로 국가의 소유권을 인정하는 것도 옳다고 볼 수 없다. 따라서 ③ 금제품 가운데 단순히 점유가 금지되어 있는 물건(예컨대 불법하게 소지하고 있는 무기)은 재산죄의 객체가 되지만, 소유권의 객체가 될 수 없는 물건(예컨대 위조통화 또는 아편흡식기)은 절도죄의 객체가 될 수 없다고 해석하는 것이 타당하다.[4]

2) **점 유** 형법에 있어서 점유(Gewahrsam)란 사실상의 재물지배 22
(tatsächliche Sachherrschaft)를 의미한다. 그것은 재물에 대한 물리적·현실적 작용에 의하여 인정되는 순수한 사실상의 지배관계를 말한다.[5] 이와 같이 형법상의 점유는 순수한 사실상의 개념이라는 점에서 민법상의 점유(Besitz)와 구별된다. 따라서 형법상의 점유에 있어서는 ① 간접점유(민법 제194조)나 상속으로 인한 점유의 이전(민법 제193조)이 인정되지 아니하고,[6] ② 법인은 점유의 주체가 될 수 없지만, ③ 민

1 서일교 133면.
2 정성근/박광민 260면.
3 김성돈 282면; 김성천/김형준 403면; 김일수/서보학 226면; 박상기 246면; 오영근 246면; 유기천 187면; 임웅 321면.
4 김종원 177면; 배종대 61/12; 백형구 128면; 이영란 267면; 이정원 303면; 이형국 319면.
5 Hoyer SK §242 Rn. 21; Joecks §242 Rn. 12; Lackner/Kühl §242 Rn. 8; Ruß LK §242 Rn. 17; Sch/Sch/Eser §242 Rn. 23; Schmitz MK §242 Rn. 43; Wessels/Hillenkamp Rn. 71.
6 대법원 2012. 4. 26. 2010도6334.

법상 점유를 가지지 아니하는 점유보조자(민법 제195조)도 형법상의 점유자가 된다는 점에서 민법상의 점유와 의미를 달리한다.

23 (가) **점유의 기능** 재물에 대한 사실상의 지배를 뜻하는 형법상의 점유는 그 내용이 반드시 같은 것은 아니다. 형법상의 점유는 구성요건에서 차지하는 기능에 따라 보호의 객체, 행위의 주체 또는 행위의 대상으로 기능한다.

(a) **보호의 객체로서의 점유** 권리행사방해죄(제323조)에 있어서의 점유가 여기에 해당한다. 권리행사방해죄에 있어서 점유는 행위의 객체에 그치는 것이 아니라 동죄의 보호법익이 된다. 점유가 보호법익이 되기 때문에 그것은 적법한 권원(權原)에 의한 것임을 요한다.

(b) **행위의 주체로서의 점유** 신분요소로서의 점유라고도 하며 횡령죄의 경우를 들 수 있다. 횡령죄는 타인의 재물을 보관(점유)하는 자가 주체로 된다. 그러므로 여기의 점유는 행위의 주체 내지 신분요소인 기능을 가진다. 따라서 횡령죄에 있어서는 ① 점유가 피해자를 위한 위탁이라는 일정한 관계가 있을 것을 전제로 한다. 즉 횡령죄의 점유는 위탁관계에 기한 것이어야 한다. ② 한편 점유가 신분요소로서 기능할 때 그 범위는 행위의 대상으로서의 점유보다 넓어진다. 횡령죄에 있어서 점유가 재물에 대한 사실상의 지배에 엄격히 제한되지 아니하고 법률상의 지배까지 포함하는 이유도 여기에 있다.

(c) **행위의 대상으로서의 점유** 탈취죄의 점유는 행위의 대상 내지 객체가 된다. 그 대표적인 예가 절도죄의 점유이다. 절도죄의 행위의 객체는 타인이 점유하는 타인의 재물이다.

여기서 절도죄를 중심으로 점유의 의의와 그 주체를 살펴보기로 한다.

24 (나) **점유의 의의** 점유란 「점유의사에 의하여 지배되고 그 범위와 한계가 경험칙에 따라 결정되는 재물에 대한 사람의 지배관계」를 말한다.[1] 따라서 형법상의 점유는 세 가지 요소로 이루어진다. 객관적·물리적 요소와 주관적·정신적 요소 및 사회적·규범적 요소가 그것이다.[2]

---

1 Hoyer SK §242 Rn. 21; Lackner/Kühl §242 Rn. 8a; Maurach/Schroeder/Maiwald 33/12; Ruß LK §242 Rn. 17; Sch/Sch/Eser §242 Rn. 23; Tröndle/Fischer §242 Rn. 11.

2 사회적·규범적 요소가 점유개념의 독자적 요소로 기능하느냐 또는 주관적 요소나 객관적 요소의 내용에 지나지 않느냐에 대하여도 다툼이 있다. 그러나 이를 점유의 한 요소로 보는 경우에도 그것이 주관적·객관적 요소의 범위를 결정하는 기준으로서의 기능을 한다는 데는 이론이 없으므로 논쟁의 실익은 없다.

(a) **객관적 · 물리적 요소** 점유는 사실상의 재물지배를 의미한다. 이를 점유의 객관적 · 물리적 요소라고 한다. 사실상의 재물지배는 재물에 대한 물리적 · 현실적 지배의사의 실현이 방해받지 않는 때에 인정된다.[1] ① 사실상의 재물지배는 재물과 사람 사이의 밀접한 장소적 연관 또는 재물에 대한 장소적 · 시간적 작용가능성을 필요로 한다. 즉 그 사람의 집이나 거실 또는 공장이나 가게 안에 있는 물건에 대하여는 사실상의 재물지배가 인정된다. 이러한 관계는 재물을 손에 잡고 있거나 몸에 지니거나 주머니에 넣고 있는 경우에 뚜렷이 나타난다. 그러나 지배가능성의 범위와 한계는 사회적 · 규범적 요소에 의하여 수정되지 않으면 안 된다. ② 사실상의 재물지배는 사실적 처분가능성을 의미하며 법적 당위를 뜻하는 것은 아니다. 따라서 점유는 재물에 대한 지배가 적법할 것을 요하지 않는다. 그러므로 절도범도 절취한 장물에 대하여 점유를 가지게 된다.[2] 25

(b) **주관적 · 정신적 요소** 형법상의 점유는 지배의사(Herrschaftswille)를 전제로 한다. 지배의사란 재물을 자기의 의사에 따라 처리하는 것을 말하며 소유의 의사나 영득의 의사를 요하는 것은 아니다. 재물을 지배할 의사가 없는 때에는 점유를 인정할 수 없다.[3] 주관적 · 정신적 요소는 아래와 같은 세 가지 측면에서 이해할 수 있다. 26

① 재물지배의 의사는 순수한 사실상의 처분의사 내지 지배의사이다. 따라서 이를 위하여 법적 처분권이나 행위능력은 필요하지 않다. 그러므로 어린아이나 정신병자도 지배의사를 가질 수 있다. 그러나 법인의 점유의사는 인정할 수 없으므로 법인의 점유는 부정되어야 한다. ② 재물지배의 의사는 특정한 재물에 대한 구체적 지배의사가 아니라 일반적 지배의사를 뜻한다. 따라서 재물지배의 의사는 개개의 재물의 소재에 대한 인식을 요건으로 하지 않는다. 점유의사가 일정한 범위에 미치는 이상 그 속에 있는 재물에 대하여는 일반적 지배의사가 인정된다. 예컨대 편지함에 들어 있는 물건은 그 함에 투입되는 순간부터 주인에게 점유가 있고, 가게문을 열기 전에 가게 앞에 배달해 둔 상품에 대하여도 주인의 점유가 인정된다. 여관에서 여객이 분실한 물건에 대하여는 여관주인에

1 Hoyer SK §242 Rn. 22; Lackner/Kühl §242 Rn. 9; Maurach/Schroeder/Maiwald 33/14; Ruß LK §242 Rn. 18; Schmitz MK §242 Rn. 44; Wessels/Hillenkamp Rn. 78.

2 대법원 1966. 12. 20. 66도1437.

3 대법원 1972. 8. 31. 72도1499; 대법원 1981. 8. 25. 80도509.

게 점유가 있고, 양식장에 투입해 둔 진주조개는 양식업자의 점유에 속한다. ③ 재물지배의 의사는 현실적 의사임을 요하지 않으며 잠재적 지배의사(potentieller Herrschaftswille)로 족하다. 따라서 수면에 빠져 있는 사람이나 의식을 잃은 사람도 점유의사를 가질 수 있다.[1]

27 문제는 사자의 점유를 인정할 것인가에 있다. 처음부터 재물을 탈취할 의도로 사람을 살해한 경우 강도살인죄가 성립한다는 점에는 다툼이 없다. 그러나 사람을 살해한 후에 재물탈취 의사가 생겨 재물을 영득하거나 사자의 휴대품을 가져간 경우 절도죄가 성립하는가 또 누구의 점유를 침해한 것인가가 문제된다.

사자의 점유에 관하여는 소극설과 적극설이 대립하고 있다. ㉠ **소극설**은 사자의 점유를 인정할 수 없다고 한다.[2] 사람이 사망하면 점유의사를 가질 수 없다는 것을 이유로 한다. 이에 의하면 사람을 살해한 후에 재물을 탈취한 때에는 살인죄와 점유이탈물횡령죄의 경합범이 될 뿐이다. ㉡ **적극설**은 사자에게도 점유가 계속된다는 견해이다. 다만 적극설도 사망한 후 상당한 시간이 경과한 사체에 대하여까지 점유를 인정하는 것은 아니다. 여기서 적극설은 다시 피해자의 사망과 시간적·장소적으로 근접한 경우에는 사자의 생전의 점유를 침해한 것으로 절도죄가 성립한다고 해석하는 견해[3]와 사망한 후에도 일정시간 동안 사자의 점유가 계속된다는 견해[4]로 나누어진다. 판례는 피해자의 생전의 점유가 사망 후에도 계속된다는 전제에서 사람을 살해한 후 4시간이 지나 그의 재물을 영득한 경우에 살인죄와 절도죄의 경합범을 인정하였다.[5] 생각건대 사자는 지배의사를 가질 수 없으므로 사자의 점유를 인정할 수는 없다. 상속에 의한 점유도 인정되지 아니하며, 행위 이전에 있었던 사자의 생존시의 점유가 계속될 수도 없다. 그러므로 사자의 재물을 취거하거나 사람을 살해한 후에 영득의 의사가 생겨 재물을 취거한

1 대법원 1956. 8. 17. 4289형상170.

2 김일수/서보학 228면; 백형구 131면; 손동권/김재윤 278면; 오영근 234면; 이정원 310면; 이형국 315면.

3 김성천/김형준 410면; 박상기 255면; 이영란 275면; 임웅 325면; 정성근/박광민 276면; 정영일 141면.

다만 정성근/박광민은 살해 직후에 시간적·장소적으로 근접한 상태에서 행위자가 주관적으로 사망을 인식하면서 그 결과를 이용하여 영득한 것임을 요한다고 한다.

4 배종대 61/38.

5 대법원 1993. 9. 28. 93도2143, 「피해자를 살해한 방에서 사망한 피해자 곁에 4시간 30분쯤 있다가 그 곳 피해자의 자취방 벽에 걸려 있던 피해자가 소지하는 물건들을 영득의 의사로 가지고 나온 경우 피해자가 생전에 가진 점유는 사망 후에도 여전히 계속되는 것으로 보아야 한다.」

동지 : 대법원 1968. 6. 25. 68도590.

때에는 절도죄는 성립할 수 없고, 점유이탈물횡령죄가 성립한다고 해야 한다.[1]

(c) **사회적 · 규범적 요소** 점유의 객관적 요소인 사실상의 재물지배와 주 28
관적 요소인 재물지배의사의 내용은 다시 사회적 · 규범적 요소에 의하여 결정된다. 즉 형법상의 점유를 인정할 것인가는 재물에 대한 신체적 접근이나 지배의사의 강도에 의하여만 결정되는 것이 아니라, 거래계의 경험칙에 따라 결정되어야 한다. 점유의 사회적 · 규범적 요소는 점유의 객관적 요소와 주관적 요소에 대하여 두 가지 측면에서 영향을 미친다.

① 사회적 · 규범적 요소에 의하면 점유의 개념은 확대된다. 일단 개시된 점 29
유는 시간적 · 장소적 지배관계의 분리나 일시적 정지에 의하여 없어지지 않는다. 이러한 경우에도 일종의 정신적 점유를 인정할 수 있다.

따라서 주차장이나 도로변에 세워둔 자동차는 차주가 아무리 먼 곳에 가 있어도 차주의 점유에 있다고 보아야 하며(대법원 1962. 11. 15. 62도149), 농토에 두고 온 농기구는 농부의 점유에 속하고, 가족과 함께 휴가를 떠나 비어 있는 집 안에 있는 물건은 주인의 점유를 벗어나지 아니한다. 또한 가축은 집으로 돌아오는 길을 아는 이상 주인이 점유하고 있고, 화재시 집 앞에 내어 놓은 가구에 대하여도 주인의 점유가 계속된다.

잘못 두고 오거나 잃어버린 재물이 누구의 점유에 속하느냐도 이와 관련하 30
여 일어나는 문제이다. 여기서는 재물의 점유자가 그 소재를 알고 있으며 또 그 것을 다시 찾을 수 있느냐의 여부가 기준이 된다. 점유자가 그 소재를 알고 이를 찾을 수 있는 경우에는 점유를 상실하지 않지만, 어디에 두었는지도 모르는 때에는 점유를 이탈하였다고 보아야 한다.[2] 강간피해자가 도피하면서 현장에 두고 간 물건도 피해자의 점유에 속한다.[3] 다만 다른 사람의 지배범위에 두고 온 물건에 대하여는 새로운 점유가 개시될 수 있다. 예컨대 열차에 두고 내린 물건은 건설교통부의, 여관이나 극장에 두고 온 물건은 그 주인의, PC방[4]이나 당구장[5]에서

1 Maurach/Schroeder/Maiwald **33**/29; Rengier **2**/21; Ruß LK §242 Rn. 22; Sch/Sch/Eser §242 Rn. 30; Wessels/Hillenkamp Rn. 75.

2 Krey/Hellmann Rn. 20; Maurach/Schroeder/Maiwald **33**/21; Rengier **2**/20; Sch/Sch/Eser §242 Rn. 28; Schmitz MK §242 Rn. 64; Tröndle/Fischer §242 Rn. 15.

3 대법원 1984. 2. 28. 84도38, 「강간을 당한 피해자가 도피하면서 현장에 두고 간 손가방은 사회통념상 피해자의 지배하에 있는 물건이라고 보아야 할 것이므로 피고인이 그 손가방 안에 들어있는 피해자 소유의 돈을 꺼낸 행위는 절도죄에 해당한다.」

4 대법원 2007. 3. 15. 2006도9338.

5 대법원 1988. 4. 25. 88도409.

잃어버린 물건은 관리자의 점유에 속한다.

판례는 고속버스의 운전사는 승객이 잊고 내린 물건에 대하여 점유를 가지는 것이 아니며(대법원 1993. 3. 16. 92도3170),[1] 지하철의 전동차 바닥이나 선반 위에 승객이 놓고 내린 물건은 지하철 승무원의 점유에 속하지 아니한다(대법원 1999. 11. 26. 99도3963)고 판시한 바 있다.

31 ② 한편 사회적·규범적 요소에 의하여 점유의 개념이 제한될 수 있다. 사실상의 재물지배가 있고 지배의사가 인정되는 때에도 점유를 인정할 수 없는 경우가 있다. 예컨대 음식점에서 손님이 사용하고 있는 그릇에 대하여는 주인만 점유를 가질 수 있고, 가정부에게 집을 지키게 한 경우에 사실상의 재물지배를 가정부가 행사하고 있을지라도 그 집안에 있는 재물은 여전히 주인의 점유에 속한다. 예식장의 축의금 접수대에서 접수인인 것처럼 행세하여 축의금을 교부받은 자도 그 축의금에 대한 점유가 인정되지 아니한다.[2]

32 (다) **타인의 점유** 절도죄의 객체는 타인이 점유하는 재물이다. 즉 타인이 점유하는 재물에 대하여만 절도죄가 성립하고, 자기가 점유하는 재물에 대하여는 횡령죄,[3] 어느 누구의 점유에도 속하지 않는 경우에는 점유이탈물횡령죄가 성립할 수 있을 뿐이다. 따라서 점유의 주체, 즉 재물이 누구의 점유에 속하는가를 검토해야 할 필요가 있다. 타인의 점유란 그 재물이 행위자의 단독점유에 속하지 않는 경우를 말한다. 여기에는 타인의 단독점유에 속하는 경우와 타인과 행위자의 공동점유에 속하는 경우가 포함된다. 점유의 타인성과 관련하여 공동점유와

1 대법원 1993. 3. 16. 92도3170, 「고속버스 운전사는 고속버스의 간수자로서 차 내에 있는 승객의 물건을 점유하는 것이 아니라 승객이 잊고 내린 유실물을 교부받을 권능을 가질 뿐이므로 유실물을 현실적으로 발견하지 않는 한 이에 대한 점유를 개시하였다고 할 수 없고, 그 사이에 다른 승객이 유실물을 발견하고 이를 가져갔다면 절도에 해당하지 아니하고 점유이탈물횡령죄에 해당한다.」

이 판결에 대한 비판으로는 하태훈, 「형법상의 점유개념」(형사판례연구 3), 170면 참조.

2 대법원 1996. 10. 15. 96도2227, 「피해자가 결혼예식장에서 신부측 축의금 접수인인 것처럼 행세하는 피고인에게 축의금을 내어 놓자 이를 교부받아 가로챈 사안에서, 피해자의 교부행위의 취지는 신부측에 전달하는 것일 뿐 피고인에게 그 처분권을 주는 것이 아니므로, 이를 피고인에게 교부한 것이라고 볼 수 없고 단지 신부측 접수대에 교부하는 취지에 불과하므로 피고인이 그 돈을 가져간 것은 신부측 접수처의 점유를 침탈하여 범한 절취행위라고 보는 것이 정당하다.」

3 대법원 2008. 7. 10. 2008도3252, 「임차인이 임대계약 종료 후 식당건물에서 퇴거하면서 종전부터 사용하던 냉장고의 전원을 켜 둔 채 그대로 두었다가 약 1개월 후 철거해 가는 바람에 그 기간 동안 전기가 소비된 사안에서, 임차인이 퇴거 후에도 냉장고에 관한 점유·관리를 그대로 보유하고 있었다고 보아야 하므로, 냉장고를 통하여 전기를 계속 사용하였다고 하더라도 이는 당초부터 자기의 점유·관리 하에 있던 전기를 사용한 것일 뿐 타인의 점유·관리 하에 있던 전기가 아니어서 절도죄가 성립하지 않는다.」

봉함된 포장물의 점유를 검토하여야 한다.

(a) **공동점유** 공동점유(Mitgewahrsam)란 다수인이 재물에 대하여 사실적 지배를 가지는 것을 말한다. 이는 배분관계로 인한 공동점유와 상하관계에 의한 공동점유로 구별된다.

(i) 배분관계에 의한 공동점유로는 동업관계에 있는 조합원[1]이나 가구에 대 33
한 부부의 공동점유,[2] 서로 동의하여 금고를 열 수 있는 수인의 회사원의 공동점유를 들 수 있다. 배분관계에 의한 공동점유에 있어서는 공동점유자 상호간에 점유의 타인성이 인정되어 절도죄가 성립한다.

따라서 피해자와 동업자금으로 구입하여 피해자가 관리하고 있던 포크레인 1대를 그의 허락 없이 다른 사람을 시켜 운전하여 가게 한 때에는 절도죄가 성립한다(대법원 1990. 9. 11. 90도1021).

(ii) 상하관계에 의한 공동점유로 상점주인과 종업원 사이의 관계를 들 수 있 34
다.[3] 상하관계에 의한 공동점유에 있어서 하위점유자의 점유는 상위점유자에 대한 관계에서 보호받지 못한다. 따라서 하위점유자가 상위점유자의 점유를 침해하면 절도죄가 되지만, 상위점유자는 경우에 따라 횡령죄가 될 수 있을 뿐이다. 대법원도 상하관계에 의한 공동점유의 개념을 인정하고 하위점유자의 점유의 침해는 절도죄를 구성한다고 판시하였다.[4]

단독점유인가 공동점유인가도 그 사회의 경험칙에 따라 판단해야 한다. 그러나 그 한계가 반드시 명백한 것은 아니며, 구체적인 경우에 따라 결론을 달리한다고 하지 않을 수 없다.

① 상점주인과 종업원 사이의 상점 안에 있는 물건에 대하여는 주인의 단독 35
점유를 인정하는 것이 타당하다.[5] 이 때에는 종업원이 비록 사실상의 지배는 하

1 대법원 1995. 10. 12. 94도2076, 「동업체에 제공된 물품은 동업관계가 청산되지 않는 한 동업자들의 공동점유에 속하므로, 그 물품이 원래 피고인의 소유라거나 피고인이 다른 곳에서 빌려서 제공하였다는 사유만으로는 절도죄의 객체가 됨에 지장이 없다.」
동지 : 대법원 1982. 12. 28. 82도2058; 대법원 1987. 12. 8. 87도1831.

2 대법원 1984. 1. 31. 83도3027.

3 상점주인과 종업원 사이의 점유에 대하여는 주인만 점유를 가진다는 견해(강구진 265면; 김종원 183면; 박상기 256면; 배종대 **61**/28; 이영란 272면; 이형국 316면; 정성근/박광민 277면)와 상하관계에 의한 공동점유가 성립된다는 견해(유기천 192면)가 있으나, 그 관계에 따라 획일적으로 결정할 수는 없다고 생각된다.

4 대법원 1966. 1. 31. 65도1178.

5 Bockelmann S. 15; Maurach/Schroeder/Maiwald **33**/24; Sch/Sch/Eser §242 Rn. 33; Wessels/

고 있어도 주인과 가정부의 관계와 같이 종업원은 순수한 보조기능을 가지는 데 지나지 않기 때문이다. 주인이 일시 점포를 떠난 경우에도 같다.

대법원이 주인의 부재중에 점원이 가게에 있는 돈과 재물을 영득한 경우에 특별한 위임이 있는 때에만 횡령죄의 성립을 인정한 것(대법원 1982. 3. 9. 81도3396; 대법원 1986. 8. 19. 86도1093)은 이러한 의미에서 이해할 수 있다. 다만 상점주인과 종업원의 관계라 할지라도 일정한 범위에서 자기의 책임 아래 점포를 운영하는 종업원에 대하여는 상하관계에 의한 공동점유를 인정할 수 있다. 어느 경우에도 절도죄가 성립한다는 데는 결론을 같이한다.

36 ② 은행, 역 또는 백화점에서 금전을 관리하는 출납직원은 그 돈에 대하여 독자적인 책임 아래 다른 사람의 협조 없이 돈을 인출할 수 있는 때에는 단독점유를 인정해야 한다. 독자적으로 지점을 운영하는 사용인도 그 지점 안의 돈이나 물건에 대하여 단독으로 점유를 가진다. 이 경우에 주인 또는 본점도 간접점유는 가지지만 사실상의 재물지배는 미치지 않는다고 보아야 하기 때문이다.

37 ③ 재물의 운반을 위탁한 경우 운반자와 위탁자 사이에 공동점유를 인정할 수 있느냐 운반자의 단독점유에 속하느냐는 그에 대한 위탁자의 현실적인 감독과 통제가 가능한가에 따라 결정하지 않을 수 없다. 따라서 사환에게 단독으로 은행에 돈을 입금하라고 지시하였거나,[1] 지게꾼에게 단독으로 물건을 운반할 것을 위탁한 때에는 운반자의 단독점유에 속한다.[2] 화물차의 운전자와 고용주 사이에도 같은 이론이 적용된다. 그러므로 운행시간과 코스를 정하여 고용주가 관리하고 있을 때에는 상하관계에 의한 공동점유를 인정할 수 있으나, 그렇지 아니한 경우에는 운전자의 단독점유를 인정하지 않을 수 없다.

대법원이 화물자동차의 운전자가 운반중인 재물을 영득한 때에는 횡령죄의 성립을 인정하면서(대법원 1957. 10. 20. 4290형상281), 철도공무원이 운반중인 화물을 처분한 때에는 절도죄가 성립한다고 판시한 것(대법원 1967. 7. 8. 65도798)은 이러한 의미에서 이해할 수 있다.

38 (b) **봉함 또는 시정된 포장물의 점유** 봉함된 포장물을 위탁받은 경우에 그 내용물이 누구의 점유에 속하는가에 대하여는 견해가 대립되고 있다. 우편배달부가 보관중인 봉투 안에 들어 있는 돈을 영득한 경우가 여기에 해당한다. 이

Hillenkamp Rn. 89.

1 대법원 1968. 10. 29. 68도1222.

2 대법원 1982. 11. 23. 82도2394.

에 대하여는 ① 포장물 전체에 대하여는 수탁자가 점유를 가지지만 그 내용물에 관하여는 위탁자에게 점유가 있으므로 그 내용물을 영득하면 절도죄를 구성한다는 견해,[1] ② 내용물을 포함한 봉함물 전부에 대하여 위탁자에게 점유가 있으므로 절도죄가 성립한다는 견해,[2] ③ 포장물 전부가 수탁자의 점유에 속하므로 횡령죄가 성립할 뿐이라는 견해[3] 및 ④ 형식적으로 봉함물이라고 하는 데에 구애될 것이 아니라 위탁의 취지와 내용에 따라 형식적 위탁관계인 때에는 절도죄가 되고 실질적 위탁관계라면 횡령죄가 된다는 견해[4]가 있으나, 이 문제도 시정된 용기 안에 있는 물건의 점유관계의 한 적용례에 지나지 않는다고 하겠다.

시정된 용기(verschlossene Behältnisse)의 내용물의 점유에 관하여는 이를 획 39
일적으로 결정할 수 없다. 여기에는 위탁된 용기의 크기와 이에 대한 위탁자 또는 열쇠소지자의 접근가능성이라는 두 가지 표준이 기준이 되어야 한다. 따라서 ① 시정 또는 봉함된 용기가 부동산에 부착되어 있거나 그 크기 때문에 움직일 수 없을 때에는 열쇠소지자가 비록 장소적으로 떨어져 있어도 그의 단독점유에 속하지만, ② 봉함물이 독자적으로 움직일 수 있는 때에는 원칙적으로 수탁자의 단독점유에 속하고, 다만 그 봉함물에 대하여 위탁자 내지 열쇠소지자가 자유로이 접근할 수 있는 때에는 수탁자와 위탁자의 공동점유에 속한다고 해야 한다.[5] 따라서 봉함물의 내용물도 일반적으로는 수탁자의 점유에 속하므로 횡령죄가 성립한다.

(2) **행 위** 본죄의 행위는 절취이다. 절취(Wegnahme)란 타인이 점 40
유하고 있는 재물을 점유자의 의사에 반하여 그 점유를 배제하고 자기 또는 제3자의 점유로 옮기는 것을 말한다. 따라서 절취는 타인의 점유의 배제(Bruch fremdes Gewahrsams)와 새로운 점유의 취득(Begründung neues Gewahrsams)을 그 내용으로 한다. 새로운 점유를 취득하지 않고 단순히 타인의 점유를 배제하는 것만으로는 절취라고 할 수 없다. 새장 속의 새를 날아가게 하는 것이 그것이다.

---

1 대법원 1956. 1. 27. 4288형상375.
2 황산덕 275면.
3 김종원 183면.
4 김일수/서보학 232면; 배종대 61/41; 이형국 317면; 정성근/박광민 279면.
5 Otto S. 152; Ruß LK §242 Rn. 31; Sch/Sch/Eser §242 Rn. 34; Wessels/Hillenkamp Rn. 95.

1) 점유의 배제

41 (가) **점유배제의 의의** 타인의 점유의 배제는 지금까지의 점유자의 재물에 대한 사실상의 지배를 제거하는 것을 말한다. 그 수단이나 방법은 묻지 아니한다. 행위자가 직접 점유를 침해하였느냐 제3자나 동물을 이용하였느냐를 불문한다. 비밀리에 행할 것도 요건으로 하지 않는다.

42 점유의 배제는 점유자 또는 처분권자의 의사에 반할 것을 요한다. 따라서 점유자가 동의한 때에는 양해에 해당하며, 절도죄의 구성요건해당성을 배제하게 된다. 묵시적인 동의로 족하다.[1] 점유자는 조건부로 동의할 수 있다. 이 때에는 그 조건을 충족하여야만 절취에 해당하지 않는다. 예컨대 자동판매기의 경우 지정된 동전을 이용하여 물건을 빼 간 때에는 절취라고 할 수 없지만, 위조된 동전을 사용한 때에는 본죄가 성립할 수 있다. 다만 이 경우 형법상으로는 편의시설부정이용죄가 성립한다(제348조의2). 또 절취한 신용카드로 현금자동인출기에서 현금을 인출·취득한 경우에도 절도죄가 성립한다.[2] 양해가 절도죄의 구성요건을 조각하기 위하여는 점유배제에 대한 동의가 있어야 한다. 따라서 물건을 사겠다고 하여 진열장에 내어 놓았거나 옷을 입어 보게만 하였는데 이를 가지고 간 때에는 절취에 해당한다.[3] 절취는 점유의 배제가 점유자의 의사에 반하여 이루어진다는 점에서 상대방의 하자 있는 의사에 의한 사기 또는 공갈과 구별된다. 사기죄와 공갈죄가 상대방의 처분행위를 요건으로 하는 이유도 여기에 있다.

43 (나) **실행의 착수시기** 절도죄의 착수시기는 타인의 점유를 배제하는 행위를 개시한 때이다. 타인의 점유를 침해하는 행위가 언제 개시되느냐는 주관적 객관설 또는 개별적 객관설의 일반원리에 따라 해석할 수 있다.

따라서 절도의 의사로 타인의 주거에 침입하는 것만으로는 절도죄의 실행의 착수가 있다고 할 수 없지만, 절취할 재물에 접근하거나(대법원 1965. 6. 22. 65도427), 이를 물색할 때(대법원 1987. 1. 20. 86도2199; 대법원 2003. 6. 24. 2003도1985)[4]에는 실행의 착수가 있다고 해야 한다. 예컨대 ① 소매치기하

1 대법원 1990. 8. 10. 90도1211.

2 대법원 1995. 7. 28. 95도997.
이 경우에 컴퓨터 사용사기죄가 성립한다는 견해도 있다. *infra* **18**/89 참조.

3 대법원 1983. 2. 22. 82도3115; 대법원 1994. 8. 12. 94도1487.

4 대법원 2003. 6. 24. 2003도1985, 「야간이 아닌 주간에 절도의 목적으로 다른 사람의 주거에 침입하여 절취할 재물의 물색행위를 시작하는 등 그에 대한 사실상의 지배를 침해하는 데에 밀접한 행위를 개시하면 절도죄의 실행에 착수한 것으로 보아야 한다. 따라서 주간에 절도의 목적으로 방 안까지 들어갔다가 절취할 재물을 찾지 못하여 거실로 돌아나온 경우에는, 절도죄의 실행

기 위하여 손으로 호주머니 겉을 더듬을 때(대법원 1984. 12. 11. 84도2524),[1] ② 자동차 안에 있는 물건을 훔치기 위하여 손잡이를 당긴 때(대법원 1986. 12. 23. 86도2256; 대법원 2009. 9. 24. 2009도5595),[2] ③ 담을 넘어 마당에 들어가 훔칠 물건을 찾기 위하여 담에 붙어 걸어간 때(대법원 1989. 9. 12. 89도1153)에는 절도죄의 실행의 착수가 인정된다.[3]

2) 점유의 취득

44 ㈎ **점유취득의 의의** 새로운 점유의 취득은 행위자가 재물에 대하여 방해받지 않는 사실상의 지배를 갖는 것을 말한다. 피해자의 점유의 배제로 행위자 측에 새로운 점유가 취득되어야 한다. 행위자가 종국적이고 확실한 점유를 가질 것을 요하는 것은 아니다. 또한 새로운 점유는 반드시 행위자가 직접 취득할 것을 요하지 않는다. 제3자가 취득하여도 좋다. 이 경우에 행위자가 일시적으로 점유를 취득해야 하는 것도 아니다. 새로운 점유는 일반적으로 피해자의 점유의 배제와 동시에 취득된다. 그러나 양자가 시간적으로 일치할 것을 요하는 것은 아니다. 달리는 자동차에서 재물을 떨어뜨리고 후에 가져가는 경우가 그것이다. 새로운 점유가 취득되었는가는 거래계의 경험칙에 따라 결정되어야 한다.[4] 여기서는 행위자가 종래의 점유자의 방해를 받지 않고 재물을 지배하게 되었는가, 종래의 점유자는 행위자의 처분권을 제거하지 않으면 재물을 처분할 수 없게 되었는가가 기준이 된다.

45 ㈏ **기수시기** 절도죄의 기수시기에 대하여는 견해가 대립되고 있다. ① **접촉설**(Kontrektationstheorie)은 행위자가 재물에 접촉하는 때에 이미 절도죄는 기수에 이르렀다고 하고, ② **은닉설**(Illationstheorie)은 재물을 안전한 장소에 감추어

착수가 인정된다.」

1 대법원 1984. 12. 11. 84도2524, 「소매치기의 경우 피해자의 양복 상의 주머니로부터 금품을 절취하려고 그 호주머니에 손을 뻗쳐 그 겉을 더듬은 때에는 절도의 범행은 예비단계를 지나 실행에 착수하였다고 봄이 상당하다.」

2 대법원 1986. 12. 23. 86도2256, 「절도죄의 실행의 착수시기는 재물에 대한 타인의 사실상의 지배를 침해하는 데 밀접한 행위가 개시된 때라고 할 것인바, 피해자 소유 자동차 안에 들어 있는 밍크코트를 발견하고 이를 절취할 생각으로 공범이 위 차 옆에서 망을 보는 사이 위 차 오른쪽 앞문을 열려고 앞문 손잡이를 잡아당기다가 피해자에게 발각되었다면 절도의 실행에 착수하였다고 봄이 상당하다.」

3 대법원 2010. 4. 29. 2009도14554, 「피고인이 건축자재 등을 훔칠 생각으로 공범과 함께 아파트 신축공사현장 안으로 들어가 창문을 통해 신축 중인 아파트의 지하실 안쪽을 살핀 행위는 절취할 물건을 물색하기 전이므로 특수절도죄의 실행의 착수에 해당되지 않는다.」

4 Kindhäuser NK §242 Rn. 58; Sch/Sch/Eser §242 Rn. 38; Tröndle/Fischer §242 Rn. 17.

야 비로소 기수에 이른다고 한다. 그러나 현재 이러한 극단적인 견해를 주장하는 학자는 없다. ③ **이전설**(Ablationstheorie)은 재물이 피해자의 지배범위로부터 장소적으로 이전될 것을 요한다고 한다.[1] 이전설도 본죄의 기수시기를 너무 늦춘다는 형사정책상의 결점이 있다는 비판을 면할 수 없다. 따라서 ④ 재물을 자기의 지배하에 두면 족하다고 해야 하므로 재물을 취득할 때에 기수가 된다는 **취득설**(Apprehensionstheorie)이 통설[2]이며, 또한 타당하다.

46 취득설에 의하여 절도죄의 기수시기를 정한다 할지라도 언제 재물의 취득이 있다고 볼 것이냐가 반드시 명백한 것은 아니다.

대법원과 일본의 대심원 판결을 종합하면, ① 창고에서 물건을 밖으로 들고 나와 운반해 가다가 방범대원들에게 발각된 경우(대법원 1984. 2. 14. 83도3242), ② 광에 있는 백미를 자루에 담아 나오다가 체포된 경우(대법원 1964. 12. 8. 64도577)는 물론, ③ 목욕탕에서 타인이 떨어뜨린 금반지를 그 목욕탕 안에서 다른 사람이 쉽게 찾을 수 없는 구멍 속에 감춘 경우 절도죄는 기수에 이르렀고(日大判 大正 12. 7. 3.), ④ 점포에 있는 양말을 주머니에 넣은 이상 즉시 발견되어 반환하였다 하여도 절도는 기수가 되며(日大判 大正 12. 4. 9.), ⑤ 타인 소유의 입목을 벌채한 경우에는 벌채행위의 종료와 동시에 절도죄가 완성된다(대법원 2008. 10. 23. 2008도6080).[3]

47 생각건대 취득설에 의할 때에도 언제 재물의 취득이 있는가, 즉 언제 점유의 이전이 있는가는 구체적인 경우에 경험칙에 따라 해결해야 된다. 따라서 ① 재물의 크기와 무게에 비추어 쉽게 운반할 수 없는 재물, 예컨대 무거운 기계·카페트·가구 또는 쌀가마니와 같은 것은 적어도 피해자의 지배범위를 벗어나야 재물을 취득하였다고 볼 수 있다. 대법원이 절취 목적으로 내리막길에 주차되어 있는 자동차의 문을 열고 들어가 핸드브레이크를 풀자 자동차가 10미터 정도 굴러 가다가 멈춘 것만으로는 절도의 기수에 해당한다고 볼 수 없다고 판시한 것은 이러

1 Schmidhäuser는 절취를 타인의 점유를 배제함에 의한 장소이전(Ortsveränderung)이라고 정의하고 있다. Schmidhäuser S. 75.

2 강구진 268면; 김성돈 291면; 김성천/김형준 421면; 김일수/서보학 235면; 박상기 259면; 배종대 61/52; 백형구 134면; 유기천 196면; 이영란 276면; 이정원 319면; 이형국 322면; 임웅 335면; 정성근/박광민 282면; 정영일 146면; 조준현 213면.

3 대법원 2008. 10. 23. 2008도6080, 「입목을 절취하기 위하여 캐낸 때에 소유자의 입목에 대한 점유가 침해되어 범인의 사실적 지배하에 놓이게 되므로 범인이 그 점유를 취득하고 절도죄는 기수에 이른다. 이를 운반하거나 반출하는 등의 행위는 필요하지 않다.」

한 의미에서 이해할 수 있다.[1]

② 돈이나 옷 또는 일상용품과 같이 쉽게 운반할 수 있는 재물은 손에 잡거나 호주머니 또는 가방에 넣는 것만으로도 재물을 취득했다고 보아야 한다.[2] 피해자 또는 그 고용인이 이를 우연히 또는 계획적으로 감시하고 있었느냐는 본죄의 완성에 영향을 미치지 않는다. 절취는 비밀로 행할 것을 요건으로 하는 것이 아니기 때문이다. 감시에 의하여 즉시 발견되어 재물을 회복하는 것은 이미 취득한 점유가 반환될 가능성에 지나지 않는다.[3]

2. 주관적 구성요건

(1) **고 의** 절도죄가 성립하기 위한 주관적 구성요건으로 고의가 필 48
요하다는 것은 의문이 없다. 고의는 모든 객관적 구성요건요소에 대한 인식을 내용으로 한다. 그러므로 절도죄의 고의는 타인이 점유하는 타인의 재물을 절취한다는 데 대한 인식과 의사라고 할 수 있다. 이는 반드시 직접적 고의임을 요하는 것이 아니라 미필적 고의로도 족하다. 재물의 타인성은 규범적 구성요건요소이다. 따라서 재물의 타인성에 대한 인식도 고의의 내용이 된다.[4] 다만 이에 대하여는 문외한으로서의 소박한 인식이 있으면 족하다.

(2) **불법영득의사** 절도죄의 주관적 구성요건으로 고의 이외에 불법영 49
득의사가 있어야 하느냐가 문제된다. 불법영득의사의 법적 성격에 관하여는 이를 고의의 내용에 불과하다고 해석하는 견해[5]도 있다. 그러나 불법영득은 절도죄의 구성요건요소가 아니므로, 이에 대한 의사는 고의 이외의 초과주관적 구성요건요소라고 해야 한다.[6] 의사의 내용도 목적범에 있어서의 목적과 같이 해석해야 한다. 따라서 절도의 고의는 미필적 고의로 족함에 반하여, 영득의사는 확정적일 것을 요한다.

---

1 대법원 1994. 9. 9. 94도1522.

2 Lackner/Kühl §242 Rn. 16; Sch/Sch/Eser §242 Rn. 39; Tröndle/Fischer §242 Rn. 20; Wessels/Hillenkamp Rn. 113.

3 BGHSt. 16, 271.

4 대법원 1983. 9. 13. 83도1762.

5 배종대 61/55; 이영란 258면; 정성근/박광민 288면; 진계호 267면.

6 김성돈 292면; 김일수/서보학 238면; 김종원 186면; 박상기 260면; 백형구 136면; 이형국 323면; 임웅 336면; 정영일 147면.

50 **1) 영득의사의 요부** 독일 형법 제242조는 절도죄에 관하여 명문으로 불법영득의사(in der Absicht, sich rechtswidrig zuzueignen)를 요한다고 규정하고 있다. 명문의 규정이 없는 형법의 해석에 있어서는 불법영득의사가 있어야 하는가에 대하여 견해가 대립되고 있다.

절도죄의 주관적 구성요건으로 불법영득의사를 요하지 않는다는 **불요설**[1]은 ① 절도죄의 보호법익은 소유권이 아니라 소지로서의 점유이며, ② 절도죄의 성립에 관하여 불법영득의사가 있어야 한다는 명문의 규정이 없는 형법의 해석에 있어서 이를 독일 형법과 같이 볼 수는 없고, ③ 불법영득의사가 없는 사용절도도 재물의 사용으로 피해자에게 중대한 가치의 감소를 초래한 경우에는 절도죄의 성립을 인정해야 하며, ④ 손괴의사로 타인의 점유를 침해한 경우나 손괴의사로 타인의 점유를 침해한 후에 이를 경제적 용법에 따라 사용·처분한 때에도 절도죄의 성립을 인정할 필요가 있다는 것을 이유로 들고 있다. 이에 대하여 통설은 절도죄의 성립에 불법영득의사가 필요하다는 **필요설**을 취하고 있다.[2]

51 생각건대 ① 절도죄가 타인의 점유를 침해하고 새로운 점유를 취득하는 절취에 의하여 성립하는 것은 사실이다. 그러나 여기에 점유란 사실상의 재물지배를 의미하는 순수한 사실적 개념이며, 절도죄에 있어서 행위의 객체로서의 기능을 가지는 데 불과하고 절도죄의 보호법익은 어디까지나 소유권이다. 형법 제329조가 「타인이 점유하는 재물」이라고 규정하지 아니하고 「타인의 재물」이라고 규정하고 있으며, 자기의 재물에 대하여는 공무상 보관물무효죄(제142조)와 권리행사방해죄(제323조)를 별도로 마련하고 있기 때문이다. ② 절도죄가 소유권을 보호법익으로 하는 소유권범죄인 이상 절도죄의 성립에 소유권을 침해한다는 의사로서 불법영득의사가 있어야 함은 당연하다. 이는 형법이 명문의 규정을 두고 있느냐 아니냐에 따라 결론을 달리할 성질이 아니다. ③ 절도죄의 보호법익이 소유권인 이상 소유권을 침해하지 않는 사용절도는 원칙적으로 절도죄에 해당할 수 없다. 다만 불법영득의사가 있어야 절도죄가 성립한다고 하여 사용으로 인하여 재물의 가치가 현저히 감소되었을 때에도 언제나 절도죄의 성립이 부정되는 것은 아니

1 오영근 241면; 정성근/박광민 289면; 정영석 330면.

2 강구진 271면; 김성돈 291면; 김성천/김형준 423면; 김일수/서보학 238면; 김종원 185면; 박상기 260면; 배종대 **61**/59; 손동권/김재윤 294면; 신동운 901면; 유기천 198면; 이정원 324면; 이형국 324면; 임웅 336면; 정영일 147면.

다. 그것은 불법영득의사가 절도죄의 성립에 불필요하다는 논거가 되는 것이 아니라 그 의의와 내용을 어떻게 해석할 것인가의 문제에 지나지 않는다. ④ 형법은 절도죄를 손괴죄에 비하여 무거운 형으로 벌하고 있다. 점유를 침해한다는 점에서 보면 손괴죄의 불법이 절도죄보다 중하다고 해야 한다. 절도죄의 경우에는 피해자가 점유를 회복할 수 있지만 손괴죄는 그 가능성도 없기 때문이다. 따라서 형법이 절도죄를 손괴죄보다 무겁게 벌하는 이유도 절도죄에 있어서는 행위자가 불법영득의사로 점유를 침해하였기 때문이라고 하지 않을 수 없다. 이러한 의미에서 절도죄가 성립하기 위하여는 불법영득의사가 있어야 한다는 통설이 타당하다고 생각된다.

대법원도 절도죄가 성립하기 위하여는 불법영득의사가 있어야 한다는 태도로 일관하고 있다(대법원 1973. 2. 28. 72도2812; 대법원 1982. 2. 23. 81도2371). 따라서 대법원은 내연관계를 회복시켜 볼 목적으로 그가 찾으러 오면 반환하면서 타일러 다시 내연관계를 지속시킬 생각으로 그의 물건을 가져온 경우(대법원 1992. 5. 12. 92도280)나, 전화번호를 알아두기 위하여 전화요금영수증을 가져간 때(대법원 1989. 11. 28. 89도1679)에는 불법영득의사가 있다고 할 수 없어 절도죄는 성립하지 않는다고 판시하였다.

2) 영득의사의 내용　불법영득의사의 내용에 관하여 대법원은 「불법영 52
득의 의사라 함은 권리자를 배제하고 타인의 물건을 자기의 소유물과 같이 그 경제적 용법에 따라서 이용하고 처분할 의사를 말한다」고 판시하고 있다.[1] 이에 의하면 불법영득의사는 ① 권리자를 배제한다는 소극적 요소, 즉 제거(Enteignung)와, ② 소유자로서 이를 이용한다는 적극적 요소, 즉 취득(Aneignung) 및 ③ 경제적 용도에 따라 이용하는 의사를 그 내용으로 한다고 볼 수 있다. 그러나 절도죄는 소유권을 취득하기 위한 범죄이므로 영득의 대상은 소유권이다. 물론 절도범이 장물에 대하여 유효한 소유권을 취득하지는 못한다. 영득의사는 바로 법률상 유효하지는 않지만 사실상 소유자의 지위와 같은 재물지배관계, 즉 외관상의 소유자지위(Quasieigentümerstellung)를 얻고자 하는 의사를 말한다. 단순한 사용의사 또는 점유의사만으로는 영득의사라고 할 수 없다. 이와 같이 영득의사는 소유자로서 지배하고자 하는 의사를 의미하므로 그 내용도 재물에 대한 형식적·법적 지위를 취득하는 데 그쳐야 한다. 소유권범죄에 있어서 재물이 경제적 가치를 가

1 대법원 1961. 6. 28. 4294형상179; 대법원 1990. 5. 25. 90도573.

질 것을 요하지 않는 것처럼 영득의사도 경제적 용도에 따라 이용할 의사임을 요하지 않는다. 즉 절도죄에 있어서의 영득의사는 이득의사와 엄격히 구별해야 한다.[1] 여기서 영득의사의 내용으로는 두 가지 요소가 남게 된다. 그것은 ① 소유권에 유사한 처분권을 취득한다는 적극적 요소와, ② 소유권자를 그 지위에서 배제한다는 소극적 요소이다.

53 **(가) 적극적 요소** 영득의사는 적극적 요소로서 타인의 재물에 대하여 소유권자에 유사한 지위를 취득할 의사가 있음을 요한다. 이러한 의사는 반드시 영구적임을 요하지 않고 일시적인 것으로도 족하다.[2] 영득의사의 동기는 문제되지 않는다. 보관하기 위한 것이든 소비·판매 또는 선물하기 위한 것이든 불문한다. 그러나 재물을 소유자로서 지배할 의사가 없으면 소유자의 점유를 침해하였다고 하여도 영득의사를 인정할 수 없다. 영득의사는 이 적극적 요소를 통하여 손괴의사와 구별된다. 즉 손괴의사로 재물을 취거한 때에는 손괴죄가 성립할 뿐이며 절도죄는 되지 않는다.

다만 재물의 손괴가 소유권행사로서의 의미를 가질 때에는 그렇지 아니하다. 예컨대 먹기 위하여 식품을 절취하거나, 연료로 사용하기 위하여 석탄이나 석유를 절취한 때에는 영득의사가 인정된다.

재물을 절취하여도 소유권자로서 지배할 의사가 없으면 절도죄는 성립하지 않는다. 예컨대 국가에 반납하기 위하여 타인이 점유하는 총기를 절취하거나,[3] 소유자에게 돌려주고 현상금을 받기 위하여 소유자가 분실한 물건을 절취한 때에도 절도죄가 될 수는 없다.[4] 그러나 점유자의 의사에 반하여 취거하는 행위가 결과적으로 소유자의 이익으로 된다는 사정 또는 소유자의 추정적 승낙이 있다고 볼만한 사정이 있다고 하더라도 그러한 사유만으로 불법영득의사가 없다고 할 수는 없다.[5]

54 **(나) 소극적 요소** 영득의사는 소유자를 종래의 지위에서 제거한다는 소극적 요소가 있어야 한다. 적극적 요소는 일시적이라도 족함에 대하여 소극적 요소

1 Bockelmann S. 18; Maurach/Schroeder/Maiwald **33**/41.
2 대법원 1973. 2. 26. 73도51; 대법원 2006. 3. 24. 2005도8081; 대법원 2014. 2. 21. 2013도14139.
3 대법원 1977. 6. 7. 77도1038.
4 Maurach/Schroeder/Maiwald **33**/41; Sch/Sch/Eser §242 Rn. 47.
5 대법원 2014. 2. 21. 2013도14139.

는 영구적일 것을 요한다. 영득의사가 영구적 제거요소를 필요로 한다는 점에서 절도죄는 사용절도와 구별된다. 사용절도란 소유자를 영구적으로 제거하지 아니하고 일시적으로 타인의 재물을 이용하는 것을 말한다. 따라서 사용절도는 원칙적으로 절도죄가 되지 않는다.

3) 영득의사의 객체

(가) 학설의 검토 영득의사의 객체가 무엇인가에 대하여는 견해가 대립되고 있다. 물체설과 가치설 및 절충설이 그것이다.

(a) 물 체 설 물체설(Substanztheorie)은 영득의사의 본질을 재물의 물 55
체 자체에 대하여 소유자를 배제하고 소유자에 유사한 지위를 획득하는 의사, 즉 물체에 대하여 소유자로서 지배하는 의사를 의미한다고 한다. 영득의사의 객체에 대한 전통적인 견해이다. 그러나 ① 물체설에 의하면 물건 자체는 소유자에게 두고 그 가치만 취거하거나, 일시 사용한 후에 물체를 반환한 때에는 영득의사를 인정할 수 없게 된다. 예컨대 예금통장을 절취하여 예금을 인출하고 통장 자체는 반환한 경우가 여기에 해당한다. ② 물체설의 추종자 가운데는 물체란 물체 그 자체를 의미하는 것이 아니라 물체에 대한 소유권[1] 또는 물체의 기능(Sachfunktion)[2]을 의미한다고 하여 이 경우에 영득의사를 인정하는 견해도 있다. 수정된 물체설이라고 할 수 있다. 이에 의하면 절충설과 같은 결과를 가져오는 것은 사실이다. 다만 재물에 대한 형식적 지배관계만 강조한 나머지 소유권의 실질적 가치내용을 전혀 고려하지 않은 점에 논리적인 의문이 있다.

(b) 가 치 설 가치설(Sachwerttheorie)은 영득의사의 객체는 물체 그 자 56
체가 아니고 물체 속에 화체되어 있는 경제적 가치라고 한다. 따라서 예금통장을 절취하여 예금을 찾아 쓴 이상 그 통장의 가치를 취득한 것이 되어 영득의사를 인정할 수 있게 된다. 그러나 가치설을 일관할 때에는 ① 경제적 가치가 없는 재물을 절취한 때에는 영득의사를 인정할 수 없게 된다. 이는 절도죄의 객체인 재물이 경제적 가치를 가질 것을 요하지 않는 것과 모순된다. 뿐만 아니라 ② 순수한 가치설에 의하면 절도죄는 소유권범죄에서 이득죄로 의미가 변질되고, 불법영득의사도 이득의사와 같은 뜻을 가지게 된다. 영득의사는 이득의사와는 구별

1 Maurach/Schroeder/Maiwald 33/46; Welzel S. 341.
2 Hoyer SK §242 Rn. 77.

해야 하며, 따라서 가치설도 타당하다고 할 수 없다.

57 (c) 절 충 설 절충설(Vereinigungstheorie)은 영득의사의 객체를 물체 또는 그 물체가 가지고 있는 가치에 있다고 해석한다. 통설[1]과 판례[2]의 입장이다. 절충설이 타당하다. 물체와 가치는 재물이 가지고 있는 두 가지 측면의 하나에 지나지 않기 때문이다. 그러나 절충설에 의하여 영득의사의 객체가 물체 또는 그 가치를 의미한다고 할지라도 가치의 개념을 가치설과 같이 무제한하게 확대할 때에는 절도죄의 본질이 변질된다는 비판이 그대로 적용될 수 있다. 여기서 절충설을 취하는 경우에도 가치의 개념을 어떻게 제한할 것인가라는 문제가 남게 된다.

이러한 의미에서 영득의사의 객체의 문제는 그것이 물체냐 가치냐 또는 그 결합에 있느냐에 있는 것이 아니라 오히려 가치의 개념을 어떻게 제한하는가에 있다고 할 수 있다.

58 (나) 가치의 범위 영득의사의 객체를 물체 또는 그 가치라고 할 때에도 가치의 범위를 제한하지 않으면 절도죄는 이득죄와 같은 성질을 가지게 된다. 그것은 영득의사와 이득의사를 구별할 수 없게 할 뿐 아니라, 사용절도도 모두 절도라고 하는 결과를 초래한다. 그러므로 단순한 재물의 사용가치(Gebrauchswert)는 영득의사의 객체가 될 수 없고, 여기의 가치란 재물의 종류와 기능에 따라 개념적으로 결합되어 있는 가치, 즉 재물의 특수한 가치 또는 그 특수한 기능가치(Funktionswert)만을 의미한다고 해야 한다.[3] 그러므로 물체 자체를 반환한 때에는 가치가 영득의사의 객체가 되지만, 이 때에도 그 물체와 개념적으로 결합되어 있는 특수한 기능가치를 침해함으로써 재물의 가치내용을 감소 또는 소멸시킨 때에만 영득의사를 인정할 수 있게 된다.

59 따라서, ① 예금통장을 절취하여 예금을 인출하고 통장을 반환한 때에는 그 통장이 가지고 있는 고유한 기능가치를 침해한 것이므로 불법영득의사를 인정해야 한다.[4]

---

1 강구진 274면; 김성돈 294면; 김성천/김형준 428면; 김일수/서보학 240면; 김종원 217면; 박상기 262면; 백형구 137면; 손동권/김재윤 300면; 신동운 907면; 유기천 201면; 이영란 259면; 이정원 329면; 이형국 325면; 임웅 341면; 정영석 330면; 정영일 150면; 조준현 219면.

2 대법원 1965. 2. 24. 64도795; 대법원 1981. 10. 13. 81도2394; 대법원 2006. 3. 24. 2005도8081; 대법원 2014. 2. 21. 2013도14139.

3 Bockelmann S. 20; Kindhäuser NK §242 Rn. 78; Krey/Hellmann Rn. 69; Ruß LK §242 Rn. 49; Sch/Sch/Eser §242 Rn. 49; Wessels/Hillenkamp Rn. 135.

4 대법원 2010. 5. 27. 2009도9008, 「예금통장은 예금채권을 표창하는 유가증권이 아니고 그 자

② 타인의 재물을 그 소유자에게 다시 판매하여 그 재물의 대금을 편취할 의사로 절취한 때에도 영득의사를 인정할 수 있다. 재물이 갖고 있는 특수한 기능가치를 영득한 것이기 때문이다. 이에 반하여, ③ 주민등록증 등의 증명서를 사용한 후에 반환할 의사로 절취한 때에는 영득의사를 인정할 수 없다(대법원 1971. 10. 19. 70도1399). 여기서는 단순히 재물의 사용가치만 문제되며 사용가치는 영득의사의 객체가 될 수 없기 때문이다. ④ 신용카드 또는 현금카드를 사용한 후 소유자에게 반환할 의사로 절취한 때에도 영득의사를 인정할 수 없다(대법원 1998. 11. 10. 98도2642; 대법원 1999. 7. 9. 2002도2134). 카드의 사용으로 카드의 가치가 감소되거나 그 카드의 소유권을 부정하지 않고 소유자에게 반환하는 것이기 때문이다. 현금카드는 예금통장과 달리 그 카드에 특수한 가치가 내재되어 있는 것이 아니라 이를 이용하여 현금을 인출하는 것을 가능하게 하는 도구에 불과하다. 그러므로 별도의 특별구성요건을 마련하지 않으면 이 경우를 벌할 수 없다. 타인의 은행 직불카드를 무단 사용하여 자신의 예금계좌로 돈을 이체시키고 직불카드를 반환한 경우에도 같다(대법원 2006. 3. 9. 2005도7819).

4) 절도와 사용절도의 한계 절도죄의 성립에는 불법영득의사가 필요하므로 사용절도는 원칙적으로 처벌되지 않는다. 사용절도란 타인의 재물을 일시적으로 사용한 후에 소유자에게 반환하는 것을 말한다. 따라서 사용절도의 본질은 반환의사에 있다. 불법영득의 의사는 적극적 요소로서 일시적 취득과 소극적 요소로서 영구적 제거를 내용으로 한다. 그러나 적극적 요소인 일시적 취득에 의해서는 사용절도는 절도와 구별되지 않는다. 즉 사용절도는 영득의사의 소극적 요소인 소유자지위를 영구적으로 제거하는 것이 아니므로 불법영득의사를 인정할 수 없어 절도죄로 처벌되지 않는 것이다. 60

예컨대 읽어 보거나 복사한 후에 돌려 주기 위하여 서류를 절취한 때에는 사용절도가 되어 절도죄로 벌할 수 없다.

체에 예금액 상당의 경제적 가치가 화체되어 있는 것도 아니지만, 이를 소지함으로써 예금채권의 행사자격을 증명할 수 있는 자격증권으로서 예금계약사실뿐 아니라 예금액에 대한 증명기능이 있고 이러한 증명기능은 예금통장 자체가 가지는 경제적 가치라고 보아야 하므로, 예금통장을 사용하여 예금을 인출하게 되면 그 인출된 예금액에 대하여는 예금통장 자체의 예금액 증명기능이 상실되고 이에 따라 그 상실된 기능에 상응한 경제적 가치도 소모된다. 그렇다면 타인의 예금통장을 무단사용하여 예금을 인출한 후 바로 예금통장을 반환하였다 하더라도 그 사용으로 인한 위와 같은 경제적 가치의 소모가 무시할 수 있을 정도로 경미한 경우가 아닌 이상, 예금통장 자체가 가지는 예금액 증명기능의 경제적 가치에 대한 불법영득의 의사를 인정할 수 있으므로 절도죄가 성립한다.」

그러나 절도와 사용절도의 한계가 반드시 명백한 것은 아니다. 여기서 사용절도와 절도를 구별하기 위하여 사용절도가 될 수 있는 요건을 검토할 필요가 있다.

61 ① 재물의 일반적 사용가치는 영득의사의 객체가 되지 않는다. 단순한 사용만으로는 소유자에게 가치감소를 초래하지 않기 때문에 영득의사의 소극적 요소를 결하게 된다. 사용절도는 이 범위에서만 가능하다. 따라서 재물의 사용으로 인하여 그 재물의 가치가 소멸되었거나 현저히 감소된 때에는 사용절도의 범위를 벗어나 절도가 된다.[1] 그것은 이미 사용이 아니라 소모(Verbrauch)이고 이로 인하여 재물의 특수한 기능가치가 제거되었기 때문이다. 예컨대 자동차를 장기간 사용하여 타이어를 마모시키거나, 밧데리를 못 쓰게 한 경우가 여기에 해당한다.

대법원은 영업점 내에 있는 휴대전화를 허락 없이 가지고 나와 통화와 문자메시지를 주고받은 다음 약 1~2시간 후 위 영업점 정문 옆 화단에 놓고 간 경우에 피고인에 대하여 불법영득의사를 인정해야 한다고 판시하였다.[2] 그러나 이 경우에 피고인은 휴대전화의 사용가치를 침해했을 뿐이며 기능가치를 침해했다고 할 수는 없으므로 영득의사를 인정할 수 없다고 해야 한다.

62 ② 사용절도는 반환의사를 본질로 한다. 반환의사는 재물을 일시적으로 사용한 후에 방치하는 것만으로는 인정되지 않는다. 재물을 소유자의 지배범위에 돌려 놓아서 권리자가 이를 확실하게 취득할 수 있도록 한 때에만 반환의사가 인정되어 사용절도가 될 수 있다. 따라서 재물을 사용한 후에 방치하거나 본래의 장소와 다른 곳에 버려둔 경우[3] 또는 하드디스크를 떼어간 후 4개월 가까이 지난 시점에 반환한 경우[4]에는 절도죄가 성립한다.

63 ③ 사용절도인가 절도인가가 문제되는 가장 전형적인 경우가 일시 사용의 의사로 자동차 또는 자전거를 절취한 경우이다. 여기서도 위의 두 가지 기준에

1 Krey/Hellmann Rn. 63; Ruß LK §242 Rn. 54; Sch/Sch/Eser §242 Rn. 53; Wessels/Hillenkamp Rn. 148.

2 대법원 2012. 7. 12. 2012도1132.

3 대법원 1988. 9. 13. 88도917, 「절도죄의 성립에 필요한 불법영득의 의사라 함은 권리자를 배제하고 타인의 물건을 자기의 소유물과 같이 이용 처분할 의사를 말하고 영구적으로 그 물건의 경제적 이익을 보유할 의사임을 요하지 않으며 일시 사용의 목적으로 타인의 점유를 침탈한 경우에도 이를 반환할 의사 없이 상당히 오래도록 점유하고 있거나 본래의 장소와 다른 곳에 유기하는 경우에는 이를 일시 사용하는 경우라고는 볼 수 없으므로 영득의 의사가 없다고 할 수 없다.」
동지 : 대법원 1987. 12. 8. 87도1959; 대법원 2002. 9. 6. 2002도3465.

4 대법원 2011. 8. 18. 2010도9570.

의하여 사용절도의 요건이 충족되었는가의 여부를 판단해야 한다. 사용절도에 해당하는 때에는 자동차등 불법사용죄(제331조의2)가 성립할 수 있다.[1]

이러한 의미에서 대법원이 일시 사용의 목적으로 자동차나 자전거를 타고 간 때에는 불법영득의사를 인정할 수 없으나(대법원 1983. 10. 11. 83도2218; 대법원 1984. 4. 24. 84도311; 대법원 1992. 4. 24. 92도118), 해변에 둔 배를 절취하여 용무를 마치고 다른 곳에 방치하거나(대법원 1961. 6. 28. 4294형상179), 길가에 시동을 걸어놓은 채 세워둔 자동차를 함부로 운전하고 약 200미터 간 경우(대법원 1992. 9. 22. 92도1949)에 절도죄가 성립한다고 판시한 것은 타당하다. 그러나 오토바이를 절취하여 2시간 동안 사용하고 원래 있던 곳에서 7~8미터 떨어진 장소에 갖다 둔 경우에도 불법영득의사를 인정한 것(대법원 1981. 10. 13. 81도2394)은 의문이다.

5) 영득의 불법 절도죄의 주관적 구성요건으로 요구되는 것은 불법영득의사이다. 즉 영득은 객관적으로 불법하여야 한다. 여기의 불법이 위법함을 의미하는 것은 명백하다. 다만 위법이 구체적으로 무엇을 의미하는가에 대하여는 의문이 있다. 64

영득의 불법은 실질적으로 소유권에 일치하지 않는 상태를 야기했을 경우에 인정되어야 한다고 해석하는 견해가 있다. 이에 의하면 절취한 재물에 대하여 청구권이 없을 때에는 영득은 위법하게 되며, 재물에 대한 만기의 항변할 수 없는 반환청구권이 있는 때에는 절도죄가 성립하지 않는다. 반환할 의무 있는 재물에 대하여는 형식적인 소유권을 보호할 가치가 없다는 것을 이유로 한다. 독일의 통설[2]이 취하고 있는 견해이다. 다만 종류채권에 있어서는 채권자가 채무자의 재물을 임의로 취거하여 채권의 만족을 얻을 수 없으므로 이 때에는 불법영득의사를 인정해야 한다고 한다. 이에 반하여 불법이란 영득의 불법을 의미하는 것이 아니라 절취의 불법을 의미하므로 절취가 적법하지 아니하면 불법영득의사를 인정해야 한다는 견해[3]도 있다. 이에 의하면 절취에 대한 위법성조각사유가 없으면 영득도 불법하게 된다. 대법원도 이러한 입장을 취하고 있다.[4]

1 대법원 1998. 9. 4. 98도2181.

2 Krey/Hellmann Rn. 91; Lackner/Kühl §242 Rn. 28; Schmidhäuser S. 77; Sch/Sch/Eser §242 Rn. 59; Wessels/Hillenkamp Rn. 187.

3 Welzel S. 346.

4 대법원 2001. 10. 26. 2001도4546, 「굴삭기 매수인이 약정된 기일에 대금채무를 이행하지 아니하면 굴삭기를 회수하여 가도 좋다는 약정을 하고 각서와 매매계약서 및 양도증명서 등을 작성하여 판매회사 담당자에게 교부한 후 그 채무를 불이행하자 담당자가 굴삭기를 취거하여 매도한 경우, 굴삭기에 대한 소유권 등록 없이 매수인의 위와 같은 약정 및 각서 등의 작성, 교부만

65 생각건대 ① 영득은 절취와 구별해야 한다. 그것은 절취 이외에 소유권자의 영구적인 제거를 요건으로 한다. 따라서 영득의 불법은 절취의 불법과 구별해야 하며, 영득이 적법한 이상 그 수단이 불법하다고 하여 절도죄로 벌할 수는 없다. 절도죄의 보호법익은 어디까지나 소유권이기 때문이다. ② 불법영득의사는 구성요건요소이다. 이를 위법성조각사유가 없는 때에만 인정하는 것은 체계상으로도 옳다고 할 수 없다. 따라서 재물에 대한 물권적 청구권 또는 특정물채권에 의한 청구권이 있는 때에는 그 영득은 실질적 소유권질서와 일치하기 때문에 불법하다고 할 수 없다. 채권적 청구권에 있어서도 특정물채권에 기하여 재물을 취거한 때에는 이와 같다. 그러나 이러한 이론이 종류채권의 경우에는 적용될 수 없다. 여기서는 재물의 영득이 실질적 소유권질서와 일치한다고 할 수 없기 때문이다.

3. 죄 수

66 (1) **죄수판단의 기준** 절도죄는 개인적 법익에 대한 죄이나, 그 보호법익은 전속적 법익이 아니다. 따라서 본죄의 죄수는 법익주체의 수에 따라 결정되는 것이 아니라 구성요건적 행위인 절취의 수에 따라 결정되어야 한다. 즉 1개의 행위에 의하여 수인의 소유에 속하는 재물을 절취한 때에는 상상적 경합이 아니라 단순일죄가 될 뿐이다. 구성요건적 불법이 양적으로 증가하는 데 불과하기 때문이다. 수개의 행위에 의하여 수개의 재물을 절취한 때에는 원칙으로 수개의 절도죄가 성립하여 경합범의 관계가 된다. 그러나 수개의 행위가 시간적 · 장소적으로 결합되어 있을 때에는 포괄일죄가 될 수 있다. 접속범과 연속범의 경우가 그것이다.

67 절도죄는 절도죄를 포함하고 있는 결합범 또는 결과적 가중범과 특별관계가 된다. 따라서 강도죄(제333조), 강도상해 · 치상죄(제337조), 강도살인 · 치사죄(제338조), 강도강간죄(제339조)가 성립한 때에는 절도죄가 성립하지 않는다. 절도죄와 그 가중적 구성요건도 특별관계가 된다. 그러므로 야간주거침입절도죄(제330조) 또는 특수절도죄(제331조)에 해당하면 절도죄는 문제되지 않는다.

으로 굴삭기에 대한 소유권이 판매회사로 이전될 수는 없으므로 굴삭기 취거 당시 그 소유권은 여전히 매수인에게 남아 있고, 매수인의 의사표시 중에 자신의 동의나 승낙 없이 현실적으로 자신의 점유를 배제하고 굴삭기를 가져가도 좋다는 의사까지 포함되어 있었던 것으로 보기는 어려우므로, 그 굴삭기 취거행위는 절도죄에 해당하고 불법영득의 의사도 인정된다.」

동지 : 대법원 1973. 2. 28. 72도2538; 대법원 2010. 2. 25. 2009도5064.

(2) **불가벌적 사후행위** 절도죄는 상태범이므로 절도가 기수에 이른 후 68
에도 법익의 침해상태는 계속된다. 그러므로 절도가 기수로 된 후에 장물을 손괴 또는 처분하는 행위는 불가벌적 사후행위로서 흡수관계(吸水關係)에 해당한다. 그러나 불가벌적 사후행위가 되기 위하여는 사후행위가 절도행위와 보호법익을 같이하고 그 침해의 양을 초과하지 않을 것을 요한다. 따라서 ① 사후행위가 다른 사람의 법익이나 다른 법익을 침해한 때에는 불가벌적 사후행위라고 할 수 없다. 예컨대 절취한 재물을 손괴하거나 절취한 승차권 또는 자기앞수표를 환금하는 것은 불가벌적 사후행위가 되지만,[1] 절취한 예금통장을 이용하여 예금을 인출하거나 절취한 전당표로 전당물을 편취하는 때에는 새로운 법익을 침해하였으므로 별죄를 구성하게 된다.[2] 절취한 재물을 처분하는 때에도 새로운 법익의 침해가 있으므로 불가벌적 사후행위가 되지 않는다.[3] ② 사후행위가 절도죄에 의하여 침해한 법익의 범위를 초과한 때에도 불가벌적 사후행위라고 할 수 없다. 문서를 절취하여 피해자의 재물을 편취하거나, 절취한 재물을 피해자에게 매각할 때가 여기에 해당한다. 신용카드를 절취한 후에 이를 사용한 경우에도 부정사용행위는 불가벌적 사후행위가 되지 않는다.[4] 따라서 타인의 신용카드로 물건을 매수한 때에는 사기죄, 현금서비스를 받은 때에는 컴퓨터사용사기죄 또는 절도죄가 성립한다. 이 이외에 여신전문금융업법은 신용카드 부정사용죄의 구성요건을 두고 있다(제70조).

Ⅲ. 절도죄의 가중적 구성요건

1. 야간주거침입절도죄

야간에 사람의 주거, 관리하는 건조물, 선박, 항공기 또는 점유하는 방실에 침입하여 타인의 재물을 절취한 자는 10년 이하의 징역에 처한다(제330조).
미수범은 처벌한다(제342조).
10년 이하의 자격정지를 병과할 수 있다(제345조).

1 대법원 1975. 8. 29. 75도1996; 대법원 1982. 7. 27. 82도822.
2 대법원 1974. 11. 26. 74도2817; 대법원 1980. 10. 14. 80도2155.
3 대법원 1980. 11. 25. 80도2310.
4 대법원 1996. 7. 12. 96도1181.

69 (1) 의 의 야간에 주거 등에 침입하여 타인의 재물을 절취함으로써 성립하는 범죄이다.

본죄가 단순절도죄(제329조)에 대한 가중적 구성요건이라는 데는 이견이 없다. 다만 본죄를 절도죄에 「야간」이라는 시간적 제한과 「주거」라는 장소적 제한이 가미되어 위법성이 가중되는 범죄라고 해석하는 견해[1]가 있다. 이에 의하면 본죄가 성립하기 위하여는 절취행위가 야간에 이루어질 것을 요한다. 따라서 주간에 주거에 침입하여 야간에 절취한 때에는 본죄가 성립하지만, 야간에 침입하여 주간에 절취한 때에는 본죄에 해당하지 않게 된다. 그러나 본죄는 주거에 침입할 때에 착수되는 것이므로, 본죄의 본질은 야간이라는 시간적 제약을 받는 주거침입죄와 절도죄의 결합범이라고 이해하는 다수설[2]이 타당하다. 그러므로 주거침입이 야간에 이루어진 때에 본죄가 성립한다. 이에 반하여 '주간에' 사람의 주거 등에 침입하여 '야간에' 타인의 재물을 절취한 행위를 야간주거침입절도죄로 처벌할 수는 없다.[3]

본죄를 소유권과 주거의 평온을 보호법익으로 하는 독자적 범죄라고 해석하는 견해[4]도 있다.

(2) **구성요건** 야간에 주거 등에 침입하여 타인의 재물을 절취하는 것이다. 여기서는 야간의 의미와 본죄의 착수와 기수시기가 문제된다.

70 1) 야간의 의미 입법례에 따라서는 야간의 의미를 명문으로 규정하는 경우도 있다. 예컨대 영국의 1916년 Larceny Act 제46조는 Greenwich mean time에 의한 21 : 00부터 06 : 00까지를 야간이라고 규정하였다. 그러나 형법에는 이러한 규정이 없다. 이에 본죄의 입법취지가 야간의 불안상태를 이용하고 야간의 평온을 깨뜨리는 것을 무겁게 벌하는 데 있으므로 일반인이 심리적으로 야간

1 유기천 213면; 이영란 282면.
2 김성돈 300면; 김종원 191면; 박상기 267면; 배종대 62/1; 백형구 139면; 손동권/김재윤 306면; 신동운 949면; 이정원 337면; 이형국 336면; 임웅 352면; 정성근/박광민 290면.
3 대법원 2011. 4. 14. 2011도300, 「형법은 제329조에서 절도죄를 규정하고 곧바로 제330조에서 야간주거침입절도죄를 규정하고 있을 뿐, 야간절도죄에 관하여는 처벌규정을 별도로 두고 있지 아니하다. 이러한 형법 제330조의 규정형식과 그 구성요건의 문언에 비추어 보면, 형법은 야간에 이루어지는 주거침입행위의 위험성에 주목하여 그러한 행위를 수반한 절도를 야간주거침입절도죄로 중하게 처벌하고 있는 것으로 보아야 하고, 따라서 주거침입이 주간에 이루어진 경우에는 야간주거침입절도죄가 성립하지 않는다고 해석하는 것이 타당하다.」
4 김일수/서보학 245면; 정영일 265면.

이라고 볼 수 있는 상태를 야간이라고 해야 한다는 견해(심리학적 해석)[1]도 있다. 그러나 통설과 판례[2]는 이를 일몰후 일출전까지를 의미한다고 해석하고 있다(천문학적 해석).

2) 본죄의 착수와 기수시기　본죄의 착수시기는 절도의 의사로 야간에 사람의 주거 등에 침입할 때이다.[3] 71

주거에 침입할 것을 요건으로 하고 있으므로 주거에 침입하지 아니하면 본죄는 성립하지 않는다.[4]「사람의 주거 등에 침입한다」에는 주거침입죄에 대한 이론이 적용된다. 이 경우 피해자가 주거에 현존함을 요하지 않고, 주거침입이 기수인가 미수인가를 묻지 않는다.

본죄는 재물의 절취에 의하여 기수가 된다.

따라서 ① 야간에 아파트에 침입하여 물건을 훔칠 의도하에 아파트의 베란다 철제난간까지 올라가 유리창문을 열려고 시도하였다면 본죄의 미수에 해당하지만(대법원 2003. 10. 24. 2003도4417), ② 야간에 다세대주택에 침입하여 물건을 절취하기 위하여 가스배관을 타고 오르다가 순찰 중이던 경찰관에게 발각되어 그냥 뛰어내렸다면 본죄의 실행의 착수에 이르지 못했다고 해야 함에 반하여(대법원 2008. 3. 27. 2008도917), ③ 야간에 까페 내실에 침입하여 장식장 안에 들어 있던 정기적금통장을 꺼내 들고 까페로 나오던 중 발각되어 돌려준 경우에도 본죄는 기수에 이른 것이 된다(대법원 1991. 4. 23. 91도476).

3) 고　의　본죄는 실행의 착수시점인 주거침입을 할 때 절도의 고의가 있어야 한다. 따라서 야간에 주거침입행위가 있은 후 비로소 절도의 고의가 생겼다면 주거침입죄와 절도죄의 경합범이 될 수 있을지언정 야간주거침입절도죄는 성립하지 않는다.[5] 71a

1 유기천 214면.
2 대법원 1967. 8. 29. 67도944; 대법원 1969. 1. 28. 68도1741; 대법원 1972. 7. 25. 72도1273.
3 대법원 1984. 12. 26. 84도433; 대법원 2025. 1. 9. 2022도5573.
4 대법원 1976. 4. 13. 76도414.
5 대법원 2025. 1. 9. 2022도5573.

2. 특수절도죄

① 야간에 문이나 담 그 밖의 건조물의 일부를 손괴하고 제330조의 장소에 침입하여 타인의 재물을 절취한 자는 1년 이상 10년 이하의 징역에 처한다.

② 흉기를 휴대하거나 2명 이상이 합동하여 타인의 재물을 절취한 자도 제1항의 형에 처한다(제331조).

미수범은 처벌한다(제342조).

10년 이하의 자격정지를 병과할 수 있다(제345조).

72 (1) 의 의 특수절도죄는 야간주거침입절도죄와 절도죄에 대한 가중적 구성요건이다. 형법 제331조는 1항에서 야간주거침입절도가 침입의 방법으로 문 등을 손괴한 경우에 그 형을 가중하고 있으며, 2항에서는 절도가 흉기를 휴대하거나 2명 이상이 합동하여 죄를 범한 경우를 규정하고 있다. 야간주거침입절도와 절도가 행위의 방법에 의하여 불법이 가중되는 경우라고 할 수 있다. 가중의 근거는 1항은 범행의 강폭성, 2항의 경우는 그 위험성 내지 집단성 때문이다.

73 (2) **형법 제331조 1항의 특수절도죄** 본죄는 문이나 담 그 밖의 건조물의 일부를 손괴하고 야간주거침입절도죄를 범한 경우에 성립한다. 야간에 문 등을 손괴하고 주거에 침입하여 재물을 절취할 것을 요한다. 따라서 주간에 문 등을 손괴하여 침입한 때에는 본죄는 성립되지 않는다.[1] 여기서 문이나 담 그 밖의 건조물의 일부란 권한 없는 사람의 침입을 방지하기 위한 인공적 시설물을 의미한다. 그러므로 자연적 장애물(예컨대 냇물·바위 등)은 여기에 포함되지 않는다. 손괴란 문 등의 일부를 물질적으로 훼손하여 그 효용을 해하는 것을 말한다.

따라서 시정된 문의 자물쇠나 방문고리를 뜯고 침입하는 것은 본죄에 해당하지만(대법원 1979. 9. 11. 79도1736; 대법원 1986. 7. 8. 86도843; 대법원 1986. 9. 9. 86도1273), 문을 열쇠로 열고 들어가는 때에는 손괴라고 할 수 없다. 상점의 출입문을 발로 걷어차자 잠금고리의 아래쪽 부착 부분이 출입문에서 떨어지면서 문이 열려 상점 안으로 침입한 때에는 본죄가 성립하지만(대법원 2004. 10. 15. 2004도4505), 건물의 창문과 방충망을 창틀에서 분리한 행위만으로는 창문과 방충망을 물리적으로 훼손하여 그 효용을 상실하게 하였다고 볼 수 없으므로 본죄의 손괴에 해당하지 않는다(대법원 2015. 10. 29. 2015도7559).

74 착수시기는 건조물의 일부를 손괴하기 시작한 때이다.[2] 본죄도 야간이라는

1 대법원 2009. 12. 24. 2009도9667.

2 대법원 1977. 7. 26. 77도1802; 대법원 1986. 9. 9. 86도1273.

시간적 제약을 받는 손괴죄와 주거침입죄 및 절도죄의 결합범이기 때문이다. 본죄와 손괴죄는 법조경합의 관계이므로 본죄에 해당하는 때에는 손괴죄는 성립하지 않는다.

본죄의 기수시기도 절취가 완성된 때이다.

(3) **형법 제331조 2항의 특수절도죄** 제2항은 흉기휴대절도와 합동범을 특수절도로 규정하고 있다.

1) **흉기휴대절도** 형법은 흉기를 휴대하고 타인의 재물을 절취한 자를 무겁게 벌하고 있다. 행위수단의 객관적 위험성 내지 피해자에 대한 객관적 위험성이 증가하기 때문이다. 75

(가) **흉기의 의의** 엄격한 의미에서 흉기(Waffe)란 「원래 사람의 살상이나 재물의 손괴를 목적으로 제작되고 또 그 목적을 달성하는 데 적합한 물건」, 즉 권총이나 칼과 같은 전문적 의미의 무기를 말한다. 그러나 본죄의 흉기는 이러한 의미에서의 흉기에 제한[1]되지 아니하고 널리 위험한 물건과 같은 뜻으로 이해해야 한다. 따라서 본래 다른 목적으로 제조되었지만 사람의 살상 또는 재물의 손괴에 이용될 수 있는 물건, 예컨대 작은 칼·지팡이·곤봉 등도 여기의 흉기에 해당하게 된다. 흉기는 기구(器具)일 것을 요한다는 이유로 예컨대 청산가리·염산·마취제 등은 흉기에 포함될 수 없다는 견해[2]도 있다. 그러나 물리적으로 작용할 수 있는 것인 이상 이를 고체에 한하여야 할 이유는 없으므로 액체나 기체도 포함된다고 해석함이 타당하다. 76

문제는 본죄에서의 흉기가 신체적 위험을 초래하는 데 객관적으로 적합한 물건이어 77

1 대법원 2012. 6. 14. 2012도4175, 「(1) 형법은 흉기와 위험한 물건을 분명하게 구분하여 규정하고 있는바, 형벌법규는 문언에 따라 엄격하게 해석·적용하여야 하고 피고인에게 불리한 방향으로 지나치게 확장해석하거나 유추해석해서는 아니된다. 그리고 형법 제331조 제2항에서 '흉기를 휴대하여 타인의 재물을 절취한' 행위를 특수절도죄로 가중하여 처벌하는 것은 흉기의 휴대로 인하여 피해자 등에 대한 위해의 위험이 커진다는 점 등을 고려한 것으로 볼 수 있다. 이에 비추어 위 형법 조항에서 규정한 흉기는 본래 살상용·파괴용으로 만들어진 것이거나 이에 준할 정도의 위험성을 가진 것으로 봄이 상당하고, 그러한 위험성을 가진 물건에 해당하는지 여부는 그 물건의 본래의 용도, 크기와 모양, 개조 여부, 구체적 범행 과정에서 그 물건을 사용한 방법 등 제반 사정에 비추어 사회통념에 따라 객관적으로 판단할 것이다.
(2) 피고인이 절도 범행을 함에 있어서 택시 운전석 창문을 파손하는 데 사용한 드라이버는 일반적인 드라이버와 동일한 것으로 특별히 개조된 바는 없는 것으로 보이고, 그 크기와 모양 등 제반 사정에 비추어 보더라도 피고인의 범행이 흉기를 휴대하여 타인의 재물을 절취한 경우에 해당한다고 보기는 어렵다.」

2 강구진 281면.

야 하는가에 있다. 예컨대 장난감 권총을 휴대하고 타인의 재물을 절취한 때에도 본죄에 해당한다고 볼 것인가의 문제이다. 본죄의 가중이유를 강도예비에 유사한 점에 있다고 할 때에는 이러한 경우에도 흉기를 휴대하였다고 할 수 있다.[1] 그러나 형법은 단순히 「흉기를 휴대하여 타인의 재물을 절취한 자」라고 규정하고 있을 뿐이고 강도를 위하여 흉기를 휴대할 것을 요하지는 않으므로, 본죄의 가중이유는 흉기의 객관적 위험성에 있다고 하지 않을 수 없다. 그렇다면 객관적으로 위험하지 않은 물건은 흉기에 해당하지 않는다고 하겠다.

78 ㈏ **휴대하여** 휴대란 몸 가까이에 소지하는 것을 말한다. 장소적으로 항상 몸에 지니고 있을 것을 요하지 않으며, 그 옆에서 쉽게 잡을 수 있는 상태에 있으면 족하다. 시간적으로는 흉기를 행위시에 휴대하여야 한다. 여기서 행위시란 실행에 착수한 때부터 범죄의 종료시까지를 말한다.

79 ㈐ **주관적 구성요건** 행위자는 흉기를 휴대한다는 것을 인식해야 한다. 흉기를 사용할 의사까지 요하는 것은 아니며 흉기를 스스로 휴대하여야 본죄의 정범이 되는 것은 아니다. 다른 정범 또는 공범이 흉기를 휴대하였으면 족하다. 다른 정범 또는 공범이 흉기를 휴대하였음을 인식한 때에는 본죄가 성립한다는 것은 당연하다.

80 **2) 합 동 범** 합동범이란 2명 이상이 합동하여 범하는 죄를 말한다. 형법은 2명 이상이 합동하여 타인의 재물을 절취한 자도 특수절도죄로 가중하여 벌하고 있다. 합동범을 무겁게 벌하는 이유는 2명 이상이 합동하여 범하는 때에는 일반에 대한 위험성이 커지고 집단범죄가 되어 피해자에 대한 구체적 위험도 증가한다는 데 있다.[2] 형법은 본죄 이외에 특수강도죄(제334조 2항)와 특수도주죄(제146조)에서 합동범에 관한 규정을 두고 있다. 여기서 합동의 의미와 합동범과 공범의 관계에 대하여 살펴보기로 한다.

㈎ **합동의 의의** 합동범의 합동이 무엇을 의미하는가에 대하여 견해가 대립되고 있다. 공모공동정범설과 가중적 공동정범설 및 현장설이 그것이다.

81 ⒜ **공모공동정범설** 합동범은 집단범을 가중처벌하는 데 목적이 있으므로 공동의사주체설을 공동정범에는 인정할 수 없지만 합동범에는 적용할 수 있

1 Tröndle/Fischer §244 Rn. 11; Wessels/Hillenkamp Rn. 265.

2 Hoyer SK §244 Rn. 31; Kindhäuser NK §244 Rn. 34; Ruß LK §244 Rn. 11; Sch/Sch/Eser §244 Rn. 23; Wessels/Hillenkamp Rn. 270.

다고 하여, 공모공동정범을 합동범의 경우에 한하여 인정해야 한다는 견해이다. 즉 형법은 집단범죄에 대한 형사정책적 요청에 따라 집단의 수괴나 배후인물과 같은 무형적 공동정범과 공모공동정범을 처벌하기 위하여 합동범의 규정을 둔 것이며, 따라서 합동범에는 공동정범과 공모공동정범이 포함된다고 해석한다.[1] 그러나 공모공동정범설에 대하여는 ① 합동을 공모와 같은 의미로 해석하여 이를 근거로 공모공동정범에 대한 법적 근거를 마련했다고 하는 것은 부당할 뿐 아니라, ② 합동범의 범위를 지나치게 확대하여 합동범에 관하여는 총칙상의 교사범이나 종범에 대한 규정까지 무의미하게 한다는 비판을 면할 수 없다.

(b) **가중적 공동정범설** 공동정범·공모공동정범 및 합동범은 그 본질이 82
같은 것이므로 합동범은 그 본질에 있어서는 공동정범이지만 집단범죄에 대한 대책상 특별히 형을 가중한 것이라고 해석하는 견해[2]이다. 이에 의하면 현장에서 공동한 경우뿐만 아니라, 비록 현장에서 공동하지는 않았을지라도 그 공동실행의 사실이 공동정범이 될 정도에 이르면 이를 합동범이라 하여 그 형을 가중하는 것이므로 합동범은 가중적 공동정범에 불과하게 된다. 따라서 합동범은 가중적 공동정범에 관한 규정인 폭처법 제2조 2항의「2명 이상이 공동하여」라는 규정과 같은 의미로 해석해야 한다는 것이다. 그러나 가중적 공동정범설도 ① 합동과 공동은 개념상 구별되어야 함에도 불구하고「2명 이상이 합동하여」를 형법 제30조의「2인 이상이 공동하여」와 같은 의미로 해석할 근거를 찾아볼 수 없고, ② 가중적 공동정범에 관한 규정인 폭처법 제2조 2항이「2명 이상이 공동하여」라고 규정하고 있는 점에 비추어 볼 때「2명 이상이 합동하여」는 단순히 가중적 공동정범을 규정한 것은 아니라고 해야 할 뿐만 아니라, 폭처법의「공동하여」도 공동정범의 그것과 같은 의미로 해석할 수 없고, ③ 집단범죄는 절도죄·강도죄 및 도주죄에 한정된 개념이 아니므로 위의 세 가지 범죄에 대하여만 집단범죄에 대한 대책상 형을 가중하였다고 볼 수는 없다는 비판을 면할 수 없다.

(c) **현 장 설** 합동이란 시간적·장소적 협동(zeitliches und räumliches 83
Zusammenwirken)을 의미한다고 해석하는 견해이다. 이에 따르면 합동범은 모두 때와 장소를 같이하여 상호 협력할 것을 요건으로 하므로, 공모공동정범은 물론

1 김종수, 형법연습, 188면.
2 김종원 194면; 황산덕 284면.

현장에서 공동하지 아니한 공동정범도 합동범이 될 수는 없다. 우리나라의 통설[1]이다. 형법이 합동범에 관하여 특별히 「2명 이상이 합동하여」라고 규정하여 무겁게 벌하는 것은 시간적 · 장소적 협동에 의하여 다수인이 동시에 죄를 범할 때에는 구체적 위험성이 증가한다는 데 그 이유가 있다고 해야 할 뿐만 아니라, 형법의 합동범에 관한 규정은 원래 독일 형법의 Bandendiebstahl(집단절도죄)에서 유래한 것인데,[2] 이를 일본의 도범 등의 방지 및 처분에 관한 법률 제2조에서 「2인 이상이 현장에서 공동하여 범한 때」라고 규정하였던 것을 형법이 도입하게 된 연혁을 살펴볼 때 통설인 현장설이 타당하다고 하지 않을 수 없다.

대법원도 처음에는 「합동이라고 하기 위하여는 반드시 범인이 같은 장소에서 공동으로 범죄를 수행할 것을 요하지 않는다」는 취지로 판시한 바 있으나(대법원 1956. 5. 1. 4289형상35; 대법원 1960. 2. 29. 4292형상951), 그 후 태도를 변경하여 「합동절도가 성립하려면 주관적 요건으로서의 공모 외에 실행행위의 분담이 있어야 하고, 그 실행행위에 있어서는 시간적으로나 장소적으로 협동관계가 있다고 볼 수 있어야 한다」고 판시함으로써 현장설의 태도로 일관하고 있다(대법원 1975. 10. 7. 75도2635; 대법원 1988. 9. 13. 88도1197; 대법원 1989. 3. 14. 88도837; 대법원 1996. 3. 22. 96도313).

84 (d) **현장적 공동정범설** 합동범은 현장에 의하여 제한된 공동정범이라는 의미에서 현장적 공동정범이라고 하는 견해이다. 합동범은 2인 이상의 시간적 · 장소적 근접 활동 내지 협동을 요하는 점에 본질적 특징이 있다고 하는 점에서는 현장설과 결론을 같이한다. 다만 현장적 공동정범설은 현장성을 갖춘 경우에도 공범과 정범의 일반적 구별기준에 따라 정범이 될 수 없는 자는 합동범이 될 수

---

1 강구진 287면; 김성돈 305면; 박상기 269면; 배종대 62/20; 백형구 143면; 손동권/김재윤 311면; 신동운 956면; 오영근 261면; 유기천 215면; 이건호 531면; 이정원 343면; 이형국 340면; 임웅 358면; 정성근/박광민 295면; 정영일 154면.

2 독일 형법 제244조의 Bandendiebstahl의 해석에 있어서도 시간적 · 장소적 협동을 요한다는 견해가 다수설이다. Hoyer SK §244 Rn. 34; Lackner/Kühl §244 Rn. 8; Otto S. 180; Ruß LK §244 Rn. 13; Sch/Sch/Eser §244 Rn. 26; Schmitz MK §244 Rn. 48.

종래 현장설을 일관하던 독일의 판례는 2001. 3. 22.의 대형사부 결정에서, 「집단절도의 구성요건은 2인 이상의 집단구성원이 시간적 · 장소적으로 협동할 것을 요하지 아니하며, 한 사람의 집단구성원이 정범으로 다른 집단구성원과 절도에 어떤 방법으로든 공동하면 족하다. 절취행위는 집단구성원의 한 사람에 의하여 실행될 수도 있다」라고 판시하여(BGHSt. 46, 321) 현장설을 포기하였으며, 현재 이러한 판례의 태도를 지지하는 견해도 유력하다(Joecks §244 Rn. 24; Kindhäuser NK §244 Rn. 45; Krey/Hellmann Rn. 137b; Tröndle/Fischer §244 Rn. 22; Wessels/Hillenkamp Rn. 272a). 그러나 이는 집단절도죄에 관한 독일 형법 제244조 제1항 제2호가 「강도 또는 절도의 연속적 범행을 목적으로 결합한 집단의 구성원이 다른 집단구성원과 협동하여 절취한 때」라고 규정하여 집단절도죄를 범죄집단에 의한 계속적 범죄라는 조직범죄에 대처하기 위한 규정으로 이해하였기 때문이다.

없고, 현장에 있지 않는 자라고 할지라도 합동범에 기능적 행위지배를 하는 배후거물이나 범죄집단의 수괴는 기능적 행위지배의 기준에 따라 합동범의 공동정범이 될 수 있다는 것이다.[1] 그러나 이 견해도 합동의 본질에 관하여는 현장설과 태도를 같이하면서 현장에 없는 자에 대하여도 기능적 행위지배라는 기준에 의하여 합동범의 공동정범을 인정하는 결과, 합동의 의미를 무의미하게 한다는 비판을 받지 않을 수 없다.

(나) **합동범과 공범** 합동범에 있어서 합동이란 시간적·장소적 협동을 의 85
미한다는 현장설을 따를 때 합동범에 대하여 공동정범의 규정이 적용될 수 있느냐가 문제된다. 합동범에 대하여도 공동정범의 일반이론은 적용되어야 하므로 2인 이상의 합동이 있는 이상 현장에서 가담하지 않은 자도 공동정범이 된다는 견해가 독일에서는 유력하다.[2] 대법원은 종래 합동범의 공동정범을 인정하지 않았으나,[3] 전원합의체판결로 태도를 변경하여 현장에서 공동하지 않는 자도 합동범의 공동정범이 될 수 있다고 판시하였다.[4] 그러나 형법의 합동범은 그 주체가 범

1 김일수/서보학 250면.

2 Kindhäuser NK §244 Rn. 46; Maurach/Schroeder/Maiwald **33**/127; Rengier **4**/48; Sch/Sch/Eser §244 Rn. 27; Tröndle/Fischer §244 Rn. 22.

현장설을 포기하기 전의 독일 연방법원 판례도 1999. 12. 29.의 결정(BGH NStZ 2000, 255)과 2000. 8. 9.의 판결(BGH NStZ 2000, 641)을 통하여 2인 이상의 집단구성원이 시간적·장소적 협동에 의하여 범죄를 범하는 이상 다른 구성원은 현장에서 직접 협동하지 않은 때에도 정범이 될 수 있다고 판시하였다. 독일연방법원 대형사부의 2001. 3. 22.의 결정에 의하여 이 입장이 유지되어 판례의 명백한 태도가 되고 있다(BGHSt 46, 338).

3 대법원 1976. 7. 27. 76도2725.

4 대법원 1998. 5. 21. 98도321 전원합의체판결, 「3인 이상의 범인이 합동절도의 범행을 공모한 후 적어도 2인 이상의 범인이 범행 현장에서 시간적·장소적으로 협동관계를 이루어 절도의 실행행위를 분담하여 절도범행을 한 경우에는 공동정범의 일반이론에 비추어 그 공모에는 참여하였으나 현장에서 절도의 실행행위를 직접 분담하지 아니한 다른 범인에 대하여도 그가 현장에서 절도범행을 실행한 위 2인 이상의 범인의 행위를 자기의 의사의 수단으로 하여 합동절도의 범행을 하였다고 평가할 수 있는 정범성의 표지를 갖추고 있다고 보여지는 한 그 다른 범인에 대하여 합동절도의 공동정범의 성립을 부정할 이유가 없다고 할 것이다. 형법 제331조 제2항 후단의 규정이 위와 같이 3인 이상이 공모하고 적어도 2인 이상이 합동절도의 범행을 실행한 경우에 대하여 공동정범의 성립을 부정하는 취지라고 해석할 이유가 없을 뿐만 아니라, 만일 공동정범의 성립가능성을 제한한다면 직접 실행행위에 참여하지 아니하면서 배후에서 합동절도의 범행을 조종하는 수괴는 그 행위의 기여도가 강력함에도 불구하고 공동정범으로 처벌받지 아니하는 불합리한 현상이 나타날 수 있다. 그러므로 합동절도에서도 공동정범과 교사범·종범의 구별기준은 일반원칙에 따라야 하고, 그 결과 범행현장에 존재하지 아니한 범인도 공동정범이 될 수 있으며, 반대로 상황에 따라서는 장소적으로 협동한 범인도 방조만 한 경우에는 종범으로 처벌될 수도 있다.」

동지: 대법원 2011. 5. 13. 2011도2021.

죄집단의 구성원임을 요하지 않고 가중의 근거는 합동하여 실행하는 범죄수행의 위험에 있을 뿐이다. 또한 합동범은 공동정범에 대한 특별규정이므로 시간적·장소적으로 협동한 자만이 합동범의 정범이 될 수 있고 합동범에 대하여는 공동정범의 규정이 적용될 수 없다고 보아야 한다.[1] 이에 반하여 합동범에 대하여도 교사 또는 방조가 가능하다는 데는 이론이 없다. 따라서 甲·乙·丙이 절도를 공모하고 乙·丙만 현장에 가서 절취한 경우에는 乙·丙은 특수절도죄의 정범이 되지만, 甲은 단순절도죄의 공동정범과 특수절도죄의 교사 또는 방조의 상상적 경합이 된다.

형법 제331조 2항의 특수절도에서 절도범인이 그 범행수단으로 주거에 침입한 경우, 판례는 특수절도죄 이외에 별개의 주거침입죄를 구성하고, 양 죄는 실체적 경합관계에 있다고 해석한다.[2]

3. 상습절도죄

상습으로 제329조 내지 제331조의2의 죄를 범한 자는 그 죄에 정한 형의 2분의 1까지 가중한다(제332조).
미수범은 처벌한다(제342조).
유기징역에 처할 경우에는 10년 이하의 자격정지를 병과할 수 있다(제345조).

86 상습으로 절도죄·야간주거침입절도죄·특수절도죄 및 자동차등 불법사용죄를 범한 경우에 성립하는 범죄이다.

상습이란 반복된 행위로 인하여 얻어진 행위자의 습성 내지 경향 때문에 죄를 범하는 것을 말한다. 따라서 절도의 상습성을 인정하기 위하여는 단순히 여러 번 절도를 하였고, 그 수단·방법이 같다는 것으로 족하지 아니하고, 여러 번 행해진 범행이 절도습성의 발현이라고 인정되지 않으면 안 된다.[3] 그러므로 절도범행이 단 1회라 할지라도 그것이 절도습성의 발현이라고 볼 수 있으면 상습성이 인정되지만, 절도전과가 많다고 하여 전과사실만으로 상습성이 인정되는 것은 아니다. 물론 전과는 상습성을 인정하는 중요한 자료가 된다. 그러나 절도전

---

1 강구진 289면; 배종대 62/15; 유기천 215면; 임웅 358면; 강동범, 「합동범의 공동정범」(형사법연구 제13호), 93면.

2 대법원 2009. 12. 24. 2009도9667.

3 대법원 1976. 4. 13. 76도259; 대법원 1977. 7. 26. 77도1174; 대법원 1979. 4. 24. 79도218.

과 이외에 단기간 안에 절도범행을 반복하여 절도의 습성이 인정되면 상습이라 할 수 있지만,[1] 장시일이 경과한 전과사실을 근거로 상습성을 인정하려면 전과사실과 종합하여 그 범행이 피고인의 절도습벽의 발로라고 인정하기에 상당한 특별한 사정이 있어야 한다.

상습으로 범한 수개의 절도는 포괄일죄가 된다는 것이 통설·판례의 태도이 87
다. 따라서 포괄일죄의 관계에 있는 범죄의 일부에 대하여 확정판결이 있으면 그 확정판결 전에 범한 죄에 대하여도 기판력이 미치며,[2] 절도·야간주거침입절도 및 특수절도사실을 상습에 의하여 반복한 경우에는 가장 중한 상습특수절도죄의 포괄일죄만 성립한다.[3] 그러나 상습범을 포괄일죄로 보는 것은 범죄인의 생활태도만을 근거로 포괄일죄를 인정하는 것일 뿐 아니라, 상습범에게 지나친 특혜를 주는 것이 되어 타당하다고 할 수 없다. 따라서 상습범이라도 경합범이 된다고 해야 한다.

상습범에 대하여 형을 가중하는 것은 상습범의 책임이 무겁다는 것을 이유로 한다. 그러나 상습범의 책임이 가중된다는 것은 책임과 운명을 혼동한 것으로 책임원칙과 일치한다고 할 수 없다.

Ⅳ. 자동차등 불법사용죄

권리자의 동의없이 타인의 자동차, 선박, 항공기 또는 원동기장치자전거를 일시 사용한 자는 3년 이하의 징역, 500만원 이하의 벌금, 구류 또는 과료에 처한다(제331조의2).
상습으로 본죄를 범한 자는 그 죄에 정한 형의 2분의 1까지 가중한다(제332조).
미수범은 처벌한다(제342조).
유기징역에 처할 경우에는 10년 이하의 자격정지를 병과할 수 있다(제345조).

(1) 의 의 권리자의 동의없이 타인의 자동차, 선박, 항공기 또는 원 88
동기장치자전거를 일시 사용하였을 때에 성립하는 범죄이다(제331조의2). 1995년의 형법개정에 의하여 신설된 규정이다. 절도죄의 성립에는 불법영득의사가 필요하

1 대법원 1980. 5. 27. 80도719.
2 대법원 1973. 8. 31. 73도1366; 대법원 1978. 11. 14. 78도2121; 대법원 1979. 10. 30. 79도2175; 대법원 1980. 5. 27. 80도893.
3 대법원 1975. 12. 23. 75도3155; 대법원 1978. 2. 14. 77도3564 전원합의체판결.

기 때문에 사용절도는 불법영득의사가 없어 절도죄로 처벌할 수 없고, 자동차와 자가운전자의 증가에 따라 자동차의 불법사용이 증가할 것으로 예상되며 이로 인한 실해(實害)와 피해자의 감정을 고려하여 자동차의 사용절도를 처벌하는 규정을 둔 것이다.[1] 또한 자동차의 불법사용으로 인하여 자동차의 가치가 감소된다는 점도 고려하였다고 할 수 있다.[2]

본죄의 보호법익에 관하여는 이를 소유권이라고 해석하는 견해[3]와 사용권(Gebrauchsrecht)이라고 해석하는 견해[4]가 대립되고 있다. 후설에 의하면 소유자도 사용권자에 대하여 본죄를 범할 수 있는 것이 되어 예외적으로 자동차 등의 사용절도를 처벌하려고 한 취지에 반한다. 따라서 본죄는 불법영득의사 없이 소유권을 침해할 때에 성립하는 범죄라고 해야 한다.

(2) **구성요건** 본죄는 권리자의 동의없이 타인의 자동차, 선박, 항공기 또는 원동기장치자전거를 일시 사용함으로써 성립한다.

89 1) **행위의 객체** 자동차, 선박, 항공기 또는 원동기장치자전거이다. 자동차란 원동기가 장치되어 동력에 의하여 움직이는 차를 말한다. 기관의 종류는 묻지 않으므로 내연기관뿐만 아니라 가스터빈이나 전동기에 의하여 움직이는 것도 포함한다. 원동기장치자전거도 반드시 2륜자전거에 제한되지 아니한다. 자동차에 속하지 않는 한 특수한 모양의 삼륜차도 여기에 포함된다고 할 수 있다.

90 2) **행 위** 권리자의 동의없이 일시 사용하는 것이다.

사용이란 자동차 등을 통행수단으로 이용하는 것을 말한다. 반드시 기관의 동력에 의하여 통행하였을 것을 요하는 것은 아니나, 기관의 시동을 걸었다는 것만으로는 족하지 않다. 통행수단으로 이용하였을 것을 요하므로 자동차 등에 들어가서 잠자거나, 장물을 자동차 안에 은닉하거나, 자동차에서 라디오를 듣는 것만으로는 사용이라고 할 수 없다. 본죄는 계속범이다. 따라서 자동차 등을 사용함으로써 본죄는 기수에 이르나 사용이 끝날 때까지 계속된다. 본죄의 사용이 불법하게 사용을 개시한 경우에 제한되는가 또는 정당하게 사용하다가 권한의 범위를

1 법무부, 형법개정법률안 제안이유서, 175면.

2 Ruß LK §248b Rn. 1.

3 Hohmann MK §248b Rn. 1; Hoyer SK §248b Rn. 1; Lackner/Kühl §248b Rn. 1; Sch/Sch/Eser §248b Rn. 1.

4 Kindhäuser NK §248b Rn. 1; Maurach/Schroeder/Maiwald 37/5; Wessels/Hillenkamp Rn. 394.

넘어 사용한 경우를 포함하는가가 문제된다. 본죄가 일체의 부정승차(Schwarzfahrt)에 대처하는 데 기본취지가 있다는 점에서 사용에는 사용개시뿐만 아니라 사용계속이 포함된다고 해석하는 견해도 있다.[1] 그러나 권리자의 동의를 받고 자동차 등을 사용한 자가 그 동의의 범위를 넘은 경우에도 본죄가 성립한다면 일체의 계약위반이 본죄에 해당하게 되어 형법의 보충성을 부정하는 부당한 결과를 초래한다. 따라서 본죄의 사용이란 불법하게 사용을 개시한 경우만을 의미하며,[2] 택시기사가 택시를 개인용도로 사용하거나 자동차를 빌린 사람이 권한 없이 처로 하여금 운전하게 한 경우에는 본죄에 해당하지 않는다.

사용은 권리자의 동의가 없어야 한다. 권리자란 자동차 등의 소유자를 말한 91
다.[3] 본죄의 보호법익을 사용권이라고 해석하는 입장에서는 소유자뿐만 아니라 모든 사용권자를 포함한다고 해석한다.[4] 권리자의 동의가 있으면 본죄의 구성요건해당성이 인정되지 않는다. 동의는 반드시 명시적으로 할 것을 요하는 것이 아니며 객관적 사정을 종합하여 추정할 수도 있다고 해야 한다.

3) 주관적 구성요건 주관적 구성요건으로는 고의를 필요로 한다. 미필 92
적 고의로 족한 것은 물론이다. 권리자의 동의가 없다는 점에 대한 인식도 고의의 내용이 된다. 따라서 권리자의 동의가 있다고 오인한 때에는 구성요건적 사실의 착오로서 고의를 조각한다. 이에 반하여 동의가 있음에도 불구하고 없다고 오인한 때에는 불능범이 된다.

(3) 절도죄와의 관계 본죄는 절도죄에 대하여 보충관계에 있는 범죄이 93
다. 따라서 본죄는 절도죄에 해당하지 않는 경우에만 인정되며, 절도죄에 해당하는 때에는 본죄는 적용될 여지가 없다. 본죄와 절도죄는 불법영득의사가 있는가의 여부에 따라서 결정된다. 따라서 소유자의 승낙 없이 오토바이를 타고 가서 다른 장소에 버린 경우에는 자동차등 불법사용죄가 아니라 절도죄가 성립한다.[5]

---

1 Joecks §248b Rn. 9; Lackner/Kühl §248b Rn. 3; Maurach/Schroeder/Maiwald 37/9; Ruß LK §248b Rn. 4.

2 Krey/Hellmann Rn. 149; Sch/Sch/Eser §248b Rn. 4a; Tröndle/Fischer §248b Rn. 4.

3 Hoyer SK §248b Rn. 16; Maurach/Schroeder/Maiwald 37/9; Sch/Sch/Eser §248b Rn. 7.

4 Ruß LK §248b Rn. 6; Tröndle/Fischer §248b Rn. 6; Wessels/Hillenkamp Rn. 396.

5 대법원 2002. 9. 6. 2002도3465.

V. 친족상도례

제328조의 규정은 제329조 내지 제332조의 죄 또는 그 미수범에 준용한다(제344조).

① 직계혈족, 배우자, 동거친족, 동거가족 또는 그 배우자간의 제323조의 죄는 그 형을 면제한다.

② 제1항 이외의 친족간에 제323조의 죄를 범한 때에는 고소가 있어야 공소를 제기할 수 있다.

③ 전2항의 신분관계가 없는 공범에 대하여는 전2항을 적용하지 아니한다(제328조).

(1) 의의와 법적 성질

94 1) 의 의 강도죄와 손괴죄를 제외한 재산죄에 대하여 친족간의 범죄는 형을 면제하거나 고소가 있어야 공소를 제기할 수 있는 특례가 인정되고 있다. 이를 친족상도례라고 한다. 법은 가능한 한 가정 안에 침입해서는 안 된다는 것을 그 이유로 한다.

95 2) 법적 성질 친족상도례에 의하여 형을 면제하는 경우에 그 법적 성질에 관하여는 과거 위법성조각설 또는 책임조각설이 주장된 바 있으나, 통설은 이를 인적 처벌조각사유라고 해석하고 있다.[1] 생각건대 ① 친족간의 범행에 있어서는 그 배신성으로 인하여 위법성이나 책임이 무거울 수는 있어도 조각된다고는 할 수 없을 뿐 아니라,[2] ② 본조의 취지가 친족 내부의 분쟁은 불가피한 경우 이외에 국가적 형벌에 의한 간섭 없이 내부적으로 해결하는 것이 바람직하다는 정책적 고려에 있음에 비추어 볼 때,[3] 이를 인적 처벌조각사유라고 해석하는 통설이 타당하다. 따라서 친족상도례는 범죄가 성립하지만 형벌권이 발생하지 않는 경우에 해당한다.

96 친족상도례에 해당할 때에는 제1항의 경우에는 형의 면제의 판결을 하고, 제2항의 경우에는 공소기각의 판결(형사소송법 제327조 5호)을 해야 할 것으로 보인다. 그러나 근친 사이의 범죄에는 실체판결을 하고 원친간의 범죄에 대하여는 형식판결을 한다는 것은 균형에 어긋나는 결과가 된다. 제1항의 경우에도 형사소송법 제328조 1항 4호를 준용하

1 김성돈 311면; 김일수/서보학 218면; 김종원 189면; 박상기 279면; 배종대 **62**/36; 오영근 267면; 유기천 223면; 이영란 262면; 이형국 331면; 임웅 348면; 정성근/박광민 264면; 정영일 158면; 조준현 223면.

2 Maurach/Schroeder/Maiwald **33**/135; Wessels/Hillenkamp Rn. 306.

3 Hoyer SK §247 Rn. 1; Kindhäuser NK §247 Rn. 1; Lackner/Kühl §247 Rn. 1; Rengier **6**/1; Sch/Sch/Eser §247 Rn. 1.

여 공소기각의 결정을 하는 것이 타당하다고 생각된다.

3) 위헌 여부 친족상도례 규정이 형사피해자의 재산권과 재판절차진술 96a
권을 침해하고 평등원칙에 위반되는지 다툼이 있다. 헌법재판소는, 「형법 제328조 제1항은 재산범죄의 가해자와 피해자 사이의 일정한 친족관계를 요건으로 하여 일률적으로 형을 면제하도록 규정하고 있는바, 적용대상 친족의 범위가 지나치게 넓고, 동 조항이 준용되는 재산범죄들 가운데 불법성이 경미하다고 보기 어려운 경우가 있다는 점에서 제도적 취지에 부합하지 않는 결과를 초래할 우려가 있고, 미성년자나 질병, 장애 등으로 가족과 친족 사회 내에서 취약한 지위에 있는 구성원에 대한 경제적 착취를 용인할 우려가 있다. 그럼에도 법관에게 이러한 사정을 전혀 고려할 수 없이 획일적으로 형면제 판결을 선고하도록 한 것은, 입법재량을 일탈하여 현저히 불합리하거나 불공정하므로 형사피해자의 재판절차진술권을 침해한다」[1]고 하여 헌법불합치결정을 하였다.[2] 그러나 제328조 2항에 대해서는 합리적 이유가 있으므로 평등원칙에 위배된다고 보기 어렵다고 판시하였다.[3]

(2) **친족의 범위** 친족관계가 누구 사이에 있어야 하며, 친족의 범위는 어떻게 결정되는가가 문제된다.

1) **친족관계의 존재범위** 친족상도례가 적용되기 위하여는 친족관계가 97
행위자와 재물의 소유자뿐만 아니라 점유자 사이에도 있어야 한다고 해석하는 것이 통설[4]이다. 이에 의하면 친족이 친족 아닌 자의 재물을 점유하고 있을 때에는 물론, 친족 아닌 자가 친족소유의 재물을 점유하고 있는 때에도 친족상도례

1 헌법재판소 2024. 6. 27. 2020헌마468 등, 「심판대상조항의 위헌성은 '일률적으로 형면제'를 함에 따라 구체적 사안에서 형사피해자의 재판절차진술권을 형해화할 수 있다는 데 있고, 이러한 위헌성 제거에는 여러 입법적 선택가능성이 있으므로 심판대상조항에 대하여 2025. 12. 31.을 시한으로 입법자가 개정할 때까지 적용중지를 명하는 헌법불합치결정을 한다.」

2 대법원 2025. 3. 13. 2024도19846, 「헌법재판소의 헌법불합치결정은 헌법과 헌법재판소법이 규정하고 있지 않은 변형된 형태로서 법률조항에 대한 위헌결정에 해당한다. 그러나 형법 제328조 제1항은 형벌조각사유로서 형의 면제를 규정한 것이기 때문에 이 헌법불합치결정의 소급효를 인정할 경우 오히려 그 조항에 따라 형의 면제가 되었던 사람들에게 형사상의 불이익이 미치게 된다. 따라서 위 조항은 이 헌법불합치결정이 있는 날부터 효력을 상실한다고 보아야 한다.」

3 헌법재판소 2024. 6. 27. 2023헌바449.

4 김성돈 313면; 김종원 289면; 박상기 280면; 손동권/김재윤 319면; 신동운 918면; 오영근 268면; 유기천 223면; 이형국 334면; 임웅 349면; 정성근/박광민 266면; 정영석 336면.

는 적용될 수 없게 된다. 대법원도 같은 취지로 판시하고 있다.[1] 그러나 절도죄의 보호법익은 소유권이므로 행위자와 소유자 사이에 친족관계가 있으면 친족상도례가 적용된다고 해석하는 것이 타당하다.[2] 절도죄의 보호법익을 소유권과 점유라고 하는 견해에 의할지라도 절도죄는 소유권 또는 점유를 택일적으로 보호하는 것이 아니라 소유권과 결합된 점유만을 보호하는 것이므로, 단순히 친족 아닌 자가 점유하고 있다는 이유만으로 절도죄로 처벌하는 것은 친족상도례를 인정한 취지에 반한다.

재물의 소유자가 수인이 있는 때에는 모든 소유자와 행위자 사이에 친족관계가 있어야 한다. 제2항의 친족관계가 있는 때에는 한 사람의 고소가 있으면 족하다. 그러나 재물이 친족과 친족 아닌 자의 공유에 속할 때(대법원 1966. 1. 31. 65도1183)나 부동산이 합유로 등기되어 있을 때(대법원 2015. 6. 11. 2015도3160)에는 친족상도례는 적용될 여지가 없다.

98 2) 친족의 범위 친족상도례가 적용될 수 있는 친족 또는 가족의 범위는 민법에 따라 정하여진다.[3] 동거친족이란 같은 주거에서 일상생활을 공동으로 하는 친족을 말하며, 일시적으로 숙박하고 있는 친족은 여기에 해당하지 않는다. 배우자에 내연의 처가 포함된다는 견해[4]도 있으나, 법률상의 친족임을 요하고 내연관계는 포함하지 않는다고 해야 한다. 피고인이나 피해자가 타가에 입양된 사실이 있다고 할지라도 생가를 중심으로 한 종전의 친족관계는 소멸되지 않는다.[5] 다만, 친양자의 경우 입양 전의 친족관계는 친양자 입양이 확정된 때에 종료한다(민법 제908조의3).

결혼한 오빠 소유의 민화를 절취한 경우(대법원 1985. 3. 26. 84도365), 피해자가 피고인의 고종사촌 형수인 경우(대법원 1980. 3. 25. 79도2874)는 물론 피고인이 피해자의 외사촌 동생이거나(대법원

1 대법원 1980. 11. 11. 80도131; 대법원 2014. 9. 25. 2014도8984.
대법원은 횡령죄에 있어서도 횡령범인이 위탁자가 소유자를 위해 보관하고 있는 물건을 위탁자로부터 보관받아 이를 횡령한 경우에 친족간의 범행에 관한 조문은 범인과 피해물건의 소유자 및 위탁자 쌍방 사이에 친족관계가 있는 경우에만 적용된다고 판시하였다(대법원 2008. 7. 24. 2008도3438).

2 Hoyer SK §247 Rn. 5; Kindhäuser NK §247 Rn. 11; Schmidhäuser S. 80; Sch/Sch/Eser §247 Rn. 10; Tröndle/Fischer §247 Rn. 3.
김성천/김형준 433면; 김일수/서보학 219면; 배종대 62/38; 이정원 349면; 정영일 159면도 같은 입장이다.

3 대법원 1980. 4. 22. 80도485; 대법원 1991. 8. 27. 90도2857.

4 정성근 293면; 황산덕 271면.

5 대법원 1967. 1. 31. 66도1483.

1991. 7. 12. 91도1077), 피고인이 피해자의 직계혈족의 배우자인 경우(대법원 2011. 5. 13. 2011도1765)[1]에도 친족상도례가 적용된다. 그러나 피고인과 피해자가 사돈지간인 경우에는 민법상 친족으로 볼 수 없어 친족상도례가 적용되지 아니한다(대법원 2011. 4. 28. 2011도2170).

친족관계는 행위시에 존재하여야 한다. 행위시에 친족관계가 있는 이상 후에 그 친족관계가 없어진 때에도 친족상도례는 적용된다. 다만, 혼인외 출생자를 인지하는 경우에는 민법 제860조에 의하여 인지의 효력이 출생시에 소급하여 발생하므로 이러한 인지의 소급효는 친족상도례에 관한 규정에도 적용된다.[2] 99

(3) **친족관계의 착오** 친족상도례가 적용되기 위해서는 친족관계가 객관적으로 존재하면 족하고 행위자가 이를 인식할 것을 요하지 않는다. 객관적 구성요건요소만 고의의 대상이 되며 인적 처벌조각사유는 여기에 포함되지 않기 때문이다. 따라서 친족관계에 대한 착오는 고의에 영향을 미치지 않으며, 범죄의 성립에 지장을 주지 않는다. 100

(4) **친족상도례의 적용범위** 친족상도례는 정범뿐만 아니라 공범에게도 적용된다. 그러나 정범과 공범 사이는 물론 수인의 공범에 대하여도 친족상도례는 친족관계가 있는 자에 대하여만 적용된다. 101

형법은 친족상도례를 권리행사방해죄에서 규정하고, 이를 절도의 죄 이외에 사기와 공갈의 죄(제354조), 횡령과 배임의 죄(제361조) 및 장물의 죄(제365조)에 준용하고 있다. 절도죄에 관한 한 친족상도례는 절도죄, 야간주거침입절도죄, 특수절도죄 및 상습절도죄, 자동차등 불법사용죄와 그 미수범에 대하여 적용된다. 형법상의 절도죄뿐만 아니라 특별법[3]상의 절도죄, 예컨대 산림절도(산림자원의 조성 및 관리에 관한 법률 제73조)에 대하여도 친족상도례는 적용되어야 한다.[4] 102

---

1 대법원 2011. 5. 13. 2011도1765, 「형법 제354조에 의하여 준용되는 제328조 제1항에서 "직계혈족, 배우자, 동거친족, 동거가족 또는 그 배우자 간의 제323조의 죄는 그 형을 면제한다"고 규정하고 있는바, 여기서 '그 배우자'는 동거가족의 배우자만을 의미하는 것이 아니라, 직계혈족, 동거친족, 동거가족 모두의 배우자를 의미하는 것으로 볼 것이다.」

2 대법원 1997. 1. 24. 96도1731.

3 특경가법 제3조 1항 위반(사기 · 공갈 · 횡령 · 배임)죄에도 친족상도례가 적용된다(대법원 2013. 9. 13. 2013도7754).

4 대법원 1959. 9. 18. 4292형상290.

§ 17

제 2 절 강도의 죄

Ⅰ. 총 설

1. 강도죄의 의의

1 강도죄(强盜罪)는 폭행 또는 협박으로 타인의 재물을 강취하거나 기타 재산상의 이익을 취득하거나 제3자로 하여금 이를 취득케 함으로써 성립하는 범죄이다. 형법은 강도죄를 절도죄와 같은 장에서 규정하고 있다. 강도죄가 타인의 재물을 객체로 하는 범위에서는 타인의 점유를 침해함에 의하여 그 소유권을 침해한다는 점에서 절도죄와 본질을 같이한다. 그러나 강도죄는 ① 그 행위에 있어서 폭행 · 협박을 수단으로 하고, ② 재물뿐만 아니라 재산상의 이익도 객체로 하며, ③ 친족상도례의 적용이 없다는 점에서 절도죄와 구별된다.

2 강도죄는 통상 절도죄와 폭행죄(제260조) 또는 협박죄(제283조)의 결합범으로 이해되고 있다. 그러나 엄격히 볼 때 절도죄가 재물만을 대상으로 하는 소유권범죄임에 대하여 강도죄는 재물뿐만 아니라 재산상의 이익도 객체로 하는 재산죄이다.[1] 따라서 강도죄의 주된 보호법익은 재산권이라고 할 수 있다. 그러나 강도죄는 폭행 · 협박을 수단으로 재산권을 침해하는 범죄이므로, 소유권 또는 재산권을 보호하는 이외에 자유권, 즉 의사결정과 의사활동의 자유도 강도죄의 보호법익이 되지 않을 수 없다. 여기서 강도죄는 재산죄와 폭행 또는 협박죄의 결합범이며, 강도죄의 보호법익인 재산권과 자유권은 목적과 수단의 관계에 있다고 할 수 있다. 이러한 의미에서 강도죄는 절도죄의 가중적 구성요건이 아니라, 절도죄와는 독립된 범죄(selbständiges Delikt)라고 해야 한다.[2]

3 강도죄의 보호법익이 보호받는 정도가 침해범이라는 데는 이론이 없다. 강도죄는 폭행 · 협박에 의하여 재물을 강취하거나 재산상의 이익을 취득하여야 성립하며, 그 사이에 인과관계가 있어야 기수가 될 수 있기 때문이다.

---

1 형법상의 강도죄는 이러한 의미에서 타인의 동산만을 객체로 하는 독일 형법 제249조의 강도죄(Raub)와 구별된다.

2 Herdegen LK §249 Rn. 1; Hoyer SK §249 Rn. 2; Kindhäuser NK §249 Rn. 1; Sch/Sch/Eser § 249 Rn. 1; Tröndle/Fischer §249 Rn. 1; Wessels/Hillenkamp Rn. 316.

2. 구성요건의 체계

강도의 죄의 기본적 구성요건은 단순강도죄(제333조)이다. 이에 대한 가중적 구 4
성요건으로는 특수강도죄(제334조), 강도상해 · 치상죄(제337조), 강도살인 · 치사죄(제338조), 강도강간죄(제339조), 해상강도죄(제340조) 및 상습강도죄(제341조)가 있다. 특수강도죄와 해상강도죄는 방법에 의하여 불법이 가중되는 가중적 구성요건이며, 강도상해 · 치상죄, 강도살인 · 치사죄 및 강도강간죄는 결합범의 형식에 의한 가중적 구성요건이고, 상습강도죄는 책임이 가중되는 경우이다. 이 외에도 형법은 준강도죄(제335조)와 인질강도죄(제336조)에 대한 규정을 두고 있다. 이는 강도죄에 대한 가중적 구성요건이 아니라 어디까지나 독립된 구성요건이다.

강도죄는 미수범(제342조)과 예비 · 음모(제343조)를 벌하며, 자격정지를 병과할 수 있도록 하고 있다(제345조).

Ⅱ. 강 도 죄

폭행 또는 협박으로 타인의 재물을 강취하거나 기타 재산상의 이익을 취득하거나 제 3 자로 하여금 이를 취득하게 한 자는 3년 이상의 유기징역에 처한다(제333조).

미수범은 처벌한다(제342조).

10년 이하의 자격정지를 병과할 수 있다(제345조).

1. 객관적 구성요건

본죄는 객관적 구성요건으로 폭행 또는 협박으로 타인의 재물을 강취하거나 5
기타 재산상의 이익을 취득하거나 제3자로 하여금 이를 취득케 할 것을 요한다.

(1) **행위의 객체** 행위의 객체는 타인의 재물 또는 재산상의 이익이다.

1) 재 물 재물의 개념은 절도죄에 있어서와 같다. 재물은 타인의 6
재물이어야 할 뿐 아니라, 타인의 점유에 속하는 재물일 것을 요한다. 본죄의 재물에는 동산뿐만 아니라 부동산도 포함된다는 견해[1]가 있다. 그러나 강도죄의 객체에는 재물 이외에 재산상의 이익도 포함하고 있으므로 부동산을 구태여 재물의 개념 속에 포함시킬 필요는 없다고 생각된다. 부동산도 본죄의 객체가 된다는

1 김종원 198면; 황산덕 285면.

결론에는 차이가 없기 때문이다.

7 **2) 재산상의 이익** 재물 이외의 일체의 재산적 가치 있는 이익을 말한다. 재물도 재산상의 이익의 일종이지만 재물죄의 객체로서 독립된 의미를 가지므로 여기서 제외된다. 강도죄는 재물 이외에 재산상의 이익까지 객체로 하는 점에서 사기죄나 공갈죄와 같다.

재산상의 이익을 형법에서 어떻게 파악할 것인가에 대하여는 세 가지 태도로 나누어진다.

8 **(개) 법률적 재산설** **법률적 재산설**(juristische Vermögenstheorie) 또는 법률적 재산개념은 재산을 재산상의 권리와 의무의 총체로 파악한다. 이에 의하면 그 경제적 가치는 문제삼지 않는다. 그러나 법률적 재산설이 재산상의 이익을 주관적인 재산권과 같은 의미로 해석하는 것은 옳다고 할 수 없다. 이에 의하면 ① 경제적 가치 없는 법적 지위도 재산에 포함되어 재산상의 이익의 개념이 지나치게 확대되고, 그 결과 재산상의 이익을 보호하는 이득죄와 재물에 대한 소유권범죄가 같은 성질을 가지게 될 뿐 아니라, ② 한편으로는 경제적으로 가치 있는 재산도 예컨대 노동력이나 기대권과 같이 아직 주관적 권리가 되지 않으면 재산상의 이익이 되지 않는다고 하여 재산상의 이익의 범위를 지나치게 좁게 하는 결점이 있기 때문이다. 현재 법률적 재산설을 취하는 학자는 없다.

9 **(내) 경제적 재산설** **경제적 재산설**(wirtschaftliche Vermögenstheorie) 또는 순수한 경제적 재산개념은 재산을 경제적 이익의 총체로 파악한다.[1] 즉 재산상의 이익의 범위는 경제적 기준에 의하여 결정되며, 그 판단은 정산에 의한 종합판단이어야 한다는 것이다. 이에 의하면 권리라 할지라도 그 자체만으로 재산상의 이익이 되는 것이 아니라 그것이 경제생활에 있어서 가치가 있을 때에만 재산상의 이익이 되고, 반대로 사실상 경제적 가치 있는 지위는 권리가 아닐지라도 재산상의 이익에 포함되어 예컨대 노동력·기대권·상인의 정보 등도 재산상의 이익이 될 수 있다. 그러나 경제적 재산개념의 가장 중요한 결론은 불법한 이익일지라도 재산상의 이익이 될 수 있으며, 따라서 형법에 의하여 보호되지 않는 경제적 이익은 원칙적으로 있을 수 없다고 하는 데 있다.

---

1 김성돈 318면; 손동권/김재윤 325면; 오영근 227면; 이영란 293면; 임웅 369면; 정성근/박광민 262면; 정영일 160면.

판례도 「재산상의 이익은 반드시 사법상 유효한 재산상의 이득만을 의미하는 것이 아니고, 외관상 재산상의 이익을 얻을 것이라고 인정할 수 있는 사실관계만 있으면 된다」고 판시하여 경제적 재산설의 입장을 명백히 하고 있다.[1]

판례에 의하면 ① 폭행 · 협박에 의하여 피해자로 하여금 신용카드의 매출전표에 서명을 하게 한 다음 이를 교부받아 외관상 매출전표를 제출하여 신용카드회사로부터 그 금액을 지급받을 수 있는 상태가 되었다면 피해자가 매출전표에 허위의 서명을 한 탓으로 신용카드회사들이 그 금액의 지급을 거절할 가능성이 있다 하더라도 재산상의 이득을 취득하였다고 볼 수 있고(대법원 1997. 2. 25. 96도3411), ② 부녀가 상대방으로부터 금품이나 재산상 이익을 받을 것을 약속하고 성행위를 하는 약속 자체는 선량한 풍속 기타 사회질서에 반하는 사항을 내용으로 하는 법률행위로서 무효이나 부녀가 금품 등을 받을 것을 전제로 성행위를 하는 경우 그 행위의 대가는 사기죄의 객체인 경제적 이익에 해당한다고 한다(대법원 2001. 10. 23. 2001도2991).

경제적 재산설에 대하여는 다른 법질서에 의하여 명백히 부정되는 지위를 재산상의 이익에 포함시킴으로써 전체 법질서의 해결할 수 없는 충돌을 가져온다는 비판이 제기된다.

(다) **법률적 · 경제적 절충설** **법률적 · 경제적 절충설**(juristisch-ökonomi- 10
scher Vermittlungslehre) 또는 법률적 · 경제적 재산개념은 경제적 가치 있는 재산을 재산상의 이익이라고 하는 점에서 경제적 재산개념에서 출발하지만, 경제적 가치 있는 지위가 법질서에 의하여 인정되는 것임을 요한다고 한다.[2] 형법이 다른 모든 법질서에 의하여 부정되는 금전적 가치 있는 지위를 보호하는 기능을 가질 수는 없다는 것을 근거로 한다. 독일의 통설이 취하고 있는 입장이다.[3] 그러나 법률적 · 경제적 재산설에 대하여도 ① 형법과 민법은 그 이념을 같이하는 것이 아니므로 형법의 보호대상이 되는가는 형법의 독자적인 입장에서 판단되어야 하며, ② 매춘부로부터 지불한 대가를 절취한 경우에는 절도죄를 인정하면서 폭행 · 협박이나 기망에 의하여 대금을 지급하지 않은 경우에는 재산상의 이익이 아니라고 해석하는 것은 균형에 맞지 않고, ③ 그 결과 재산상의 이익에 해당하는

1 대법원 1997. 2. 25. 96도3411; 대법원 2020. 10. 15. 2020도7218.

2 김성천/김형준 454면; 김일수/서보학 257면; 박상기 324면; 배종대 **64**/7; 이형국 351면.

3 Lackner/Kühl §263 Rn. 35; Rengier **13**/55; Samson/Günther SK §263 Rn. 112; Sch/Sch/Cramer §263 Rn. 82; Tiedemann LK §263 Rn. 132; Wessels/Hillenkamp Rn. 535.

가의 여부가 범죄인과의 관계에 따라 동일하게 판단할 수 없게 되어 법적 평온을 해하게 된다는 비판이 제기된다.[1]

11 재산상의 이익의 개념은 경제적 재산설에 따라서 파악하는 것이 타당하다. 경제적 재산개념에 의할 때에는 경제적 가치 있는 모든 지위가 재산상의 이익에 포함된다. 소유권뿐만 아니라 저당권 · 청구권 · 기대권 및 점유권이 여기에 속한다. 위법한 점유도 재산적 가치가 인정되면 재산상의 이익이 된다. 사실상의 기대 또는 노동력은 그 자체로는 재산상의 이익이 될 수 없으나, 경제적 가치가 인정되면 재산상의 이익에 포함된다. 이와 같이 재산상의 이익은 외견상 재산상의 이익을 얻을 것이라고 인정할 수 있는 사실관계만 있으면 족하고, 그 법률행위가 유효이건 무효이건 또는 취소할 수 있는 것이건 불문한다.

재산상의 이익에는 적극적 이익과 소극적 이익이 포함된다. 반드시 영구적 이익임을 요하지 않고 일시적 이익으로도 족하다. 따라서 채무의 면제뿐만 아니라 채무의 변제를 일시 유예하는 것도 재산상의 이익에 해당한다.

12 (2) **행 위** 폭행 · 협박으로 타인의 재물을 강취하거나 기타 재산상의 이익을 취득하거나 제3자로 하여금 이를 취득하게 하는 것이다.

1) 폭행 · 협박

13 (가) **폭행 · 협박의 의의** 폭행이란 사람에 대한 유형력의 행사를 말한다. 단순한 물건에 대한 유형력의 행사는 폭행이라고 할 수 없다.[2] 따라서 강도의 의사로 문 또는 창문을 부수고 절취한 때에는 특수절도가 될 수 있어도 강도는 되지 아니한다. 그러나 직접 사람에 대하여 유형력이 행사되었을 것을 요하는 것은 아니다. 직접적으로는 물건에 대한 유형력이라고 할지라도 간접적으로 사람에 대한 것이라고 볼 수 있으면 여기의 폭행에 해당한다.

예컨대 문을 걸어서 피해자를 가두어 두거나, 피해자가 타고 가는 자동차를 전복시키는 경우가 그것이다. 문제는 날치기 수법으로 피해자가 들고 가던 가방을 탈취한 경우에 강도죄에 해당할 것인가에 있다. 이 경우에 점유탈취 과정에서 강제력을 행사한 것을 부정할 수는 없다. 다만 그 강제력의 행사가 강도죄에서 요구되는 폭행에 해당하는가가 기준이 된다. 따라서 ① 강제력의 행사가 피해자의 반항을 억압할 목적으로 가한 것이 아니라 점유탈취 과정에서 우연히 가해진 경우에 날치기는 절도에

1 Hohmann/Sander 11/76; Krey/Hellmann Rn. 433~435.
2 대법원 1984. 2. 14. 83도3186.

불과하다(대법원 2003. 7. 25. 2003도2316). 그러나 ② 강제력의 행사가 상대방의 반항을 억압하거나 항거불능케 할 정도에 이른 때에는 강도죄에 해당하며, 이로 인하여 피해자에게 상해를 입힌 때에는 강도치상죄가 성립한다고 해야 한다(대법원 2007. 12. 13. 2007도7601).[1]

사람의 신체에 직접 유형력이 미쳐야 하는 것도 아니다. 따라서 사람에게 권총을 겨누는 것도 폭행이 될 수 있다.

협박이란 해악을 고지하여 상대방에게 외포심을 일으키는 것을 말한다. 해 14
악의 내용에는 제한이 없다. 반드시 생명 · 신체에 대한 해악에 제한되지 않는다. 또한 현실적으로 해악을 가할 의사와 능력이 있을 것을 요하는 것도 아니다.

폭행 · 협박은 재물의 소지자에게 행해지는 것이 보통이지만 제3자에 대해 가해져도 좋다.[2]

(나) **폭행 · 협박의 정도** 폭행과 협박은 상대방의 의사를 억압하여 반항을 15
불가능하게 할 정도에 이를 것을 요한다.[3]

강도죄에 있어서 폭행 또는 협박은 최협의의 그것을 의미한다. 폭행 또는 협박을 수단으로 하는 점에서 강도죄는 공갈죄와 같다. 그러나 강도죄의 폭행 · 협박은 상대방의 반항과 그 의사를 억압할 정도임을 요하는 데 대하여, 공갈죄에 있어서는 상대방의 하자 있는 의사에 의하여 재물을 교부하거나 재산상의 이익을 제공케 하는 정도의 폭행 · 협박이 있으면 족하다.[4] 이러한 의미에서 강도죄의 폭행 · 협박과 공갈죄의 그것은 질적 차이가 있는 것이 아니라 정도의 차이에 불과하다. 공갈죄에 있어서는 원칙적으로 피공갈자의 처분행위가 있을 것을 요하

1 대법원 2007. 12. 13. 2007도7601, 「(1) 소위 '날치기'와 같이 강제력을 사용하여 재물을 절취하는 행위가 때로는 피해자를 넘어뜨리거나 상해를 입게 하는 경우가 있고, 그러한 결과가 피해자의 반항 억압을 목적으로 함이 없이 점유탈취의 과정에서 우연히 가해진 경우라면 이는 강도가 아니라 절도에 불과하지만, 그 강제력의 행사가 사회통념상 객관적으로 상대방의 반항을 억압하거나 항거 불능케 할 정도의 것이라면 이는 강도죄의 폭행에 해당한다. 그러므로 날치기 수법의 점유탈취 과정에서 이를 알아채고 재물을 뺏기지 않으려는 상대방의 반항에 부딪혔음에도 계속하여 피해자를 끌고 가면서 억지로 재물을 빼앗은 행위는 피해자의 반항을 억압한 후 재물을 강취한 것으로서 강도에 해당한다.

(2) 날치기 수법으로 피해자가 들고 있던 가방을 탈취하면서 가방을 놓지 않고 버티는 피해자를 5m 가량 끌고 감으로써 피해자의 무릎 등에 상해를 입힌 경우, 반항을 억압하기 위한 목적으로 가해진 강제력으로서 그 반항을 억압할 정도에 해당한다고 보아야 하므로 강도치상죄가 성립한다.」

2 대법원 1967. 6. 13. 67도610; 대법원 2010. 12. 9. 2010도9630.

3 대법원 1986. 12. 23. 86도2203; 대법원 1993. 3. 9. 92도2884; 대법원 2004. 10. 28. 2004도4437.

4 대법원 1960. 2. 29. 4292형상997; 대법원 1961. 10. 26. 4294형상499.

지만, 강도죄에 있어서는 행위자가 스스로 강취하거나 취득할 것을 요하는 이유도 여기에 있다.

피해자가 재물을 교부하였다고 하여 반드시 강도가 될 수 없는 것은 아니다. 상대방이 의사를 억압당하여 그 의사에 반하여 재물을 교부한 때에도 강도라고 보아야 하기 때문이다.

16 강도죄가 상대방의 반항을 불가능하게 할 정도의 폭행·협박이 있어야 성립한다고 하여 상대방의 반항이 현실적으로 있었을 것을 요하는 것은 아니다. 기대되는 반항을 방해하거나 절대적으로 불가능하게 하면 족하다.

따라서 피해자의 머리를 강타하여 의식을 잃게 하거나, 사람을 살해하여 반항하지 못하게 하는 것은 당연히 강도죄의 폭행에 해당한다. 또한 주류 또는 마취제를 사용하여 사람을 혼수상태에 빠뜨리는 것도 본죄의 폭행이라고 해야 한다(대법원 1979. 9. 25. 79도1735; 대법원 1984. 12. 11. 84도2324). 의사를 억압할 폭행이 있는가는 행위자의 신체적 작용을 요건으로 하지 않으며, 어떤 수단에 의하여 강제효과가 발생하였는가도 문제되지 않기 때문이다.

17 요컨대 상대방의 현실적 또는 가상적 반항을 불가능하게 하는 육체적·심리적 강제효과를 가진 모든 수단을 본죄의 폭행이라고 할 수 있다. 그러므로 수면 중에 있는 사람, 술에 취한 사람 또는 의식 없는 사람에 대하여도 강도가 가능하다. 이러한 의미에서 반항이란 일반적 반항의사를 뜻하며, 피해자가 행위자의 의도를 모른 때에도 본죄의 성립에는 영향이 없다.

18 **㈐ 판단의 기준** 「상대방의 반항을 불가능하게 한다」는 것은 폭행·협박에 의하여 피해자가 정신적 또는 신체적 자유를 상실할 정도에 이른 것을 말한다. 여기서 상대방의 반항을 불가능하게 할 폭행·협박인가를 어떤 기준에 의하여 판단할 것인가가 문제된다. 피해자의 주관에 따라 결정할 것이 아니라 객관적 표준에 의하여 판단함이 타당하다. 즉 행위 당시의 구체적 사정을 검토하여 그 폭행·협박으로 일반인의 반항을 억압할 정도에 이르렀는가를 기준으로 하지 않으면 안 된다. 이 경우 ① 피해자의 수·연령·성별, ② 범행의 시간과 장소, ③ 폭행·협박의 태양과 행위자의 인상 등을 종합적으로 고려해야 한다.[1] 폭행·협박이 반드시 반항을 억압하는 데 객관적으로 적합한 수단임은 요하지 않고, 사실상 반항을 억압할 정도에 이르면 족하다. 따라서 장난감 권총으로 폭행·협박할

1 대법원 1972. 1. 31. 71도2114; 대법원 1976. 8. 24. 76도1932; 대법원 1986. 12. 23. 86도2203.

때에도 본죄가 성립하게 된다.

2) **재물의 강취** 재물을 강취하여야 한다. 여기서 강취란 폭행 · 협박으로 피해자의 의사에 반하여 타인의 재물을 자기 또는 제3자의 점유로 옮기는 것을 말한다. 이를 재물강취죄 또는 강도취재죄라고 하여 이익에 대한 강도이득죄 또는 강제이득죄와 구별하는 견해[1]도 있으나, 이를 죄명에 의하여 구별할 필요는 없다. 강취는 반드시 탈취임을 요하지 않고 상대방이 의사에 반하여 교부한 경우도 포함된다. 19

폭행 · 협박과 재물의 강취 사이에는 일정한 관계가 있어야 한다. 즉 강도죄는 폭행 · 협박과 재물의 강취(취거)만 있으면 성립하는 것이 아니라, 폭행 · 협박이 재물취거의 수단이 되어야 한다. 뿐만 아니라 그 사이에 인과관계가 있어야 본죄는 기수로 된다.

(가) **수단과 목적의 관계** 폭행 또는 협박이 재물강취의 수단이 되지 아니한 때에는 강도죄는 성립하지 않는다. 이러한 관계는 폭행 · 협박과 재물의 강취가 시간적 · 장소적 연관이 있어야 인정될 수 있다. 즉 폭행 · 협박은 재물의 강취 시에 이루어져야 하며, 적어도 그 기수 이전에 있었음을 요한다. 재물의 취거가 기수에 이른 후에 폭행 · 협박을 하였을 때에는 강도죄는 성립하지 아니하고 준강도죄가 될 수 있을 뿐이다. 재물의 취거 이전에 폭행 · 협박이 있었던 때에도 그 사이에 시간적 연관이 없을 경우에는 강도죄는 성립되지 않는다. 20

예컨대 甲이 乙을 폭행하여 乙의 열쇠를 강취하고 다음날 乙의 집에 들어가서 재물을 절취한 때에는 열쇠에 대하여는 강도죄가 성립할 수 있어도 절취한 재물에 대하여는 절도죄가 성립할 뿐이다. 대법원은 주점 도우미인 피해자와의 윤락행위 도중 시비 끝에 피해자를 이불로 덮어씌우고 폭행한 후 이불 속에 들어 있는 피해자를 두고 나가다가 탁자 위의 피해자 손가방 안에서 현금을 가져간 경우 폭행에 의한 강도죄의 성립을 부정하였다(대법원 2009. 1. 30. 2008도10308).

폭행 · 협박과 재물의 강취 사이에 수단과 목적의 관계가 있어야 한다는 점에서 이미 존재하는 항거불능상태를 이용하여 재물을 강취한 경우에 강도죄가 성립하느냐가 문제된다. ① 다른 목적(예컨대 강간 또는 단순폭행)으로 폭행 · 협박을 하던 중에 재물강취의 고의가 생겨 폭행을 계속하면서 재물을 강취한 때에는 폭행 · 협박이 재물 21

1 강구진 294면; 김종원 199면.

강취의 수단이 되었으므로 강도죄가 성립한다는 데 의문이 없다.[1] 그러나 ② 행위자가 강도의 고의 없이 폭행·협박하여 상대방이 항거불능의 상태에 빠진 후에 재물강취의 고의가 생겨 재물을 취거한 때에도 강도죄의 성립을 인정할 수 있는가가 문제된다. 대법원은 강간범이 강간행위 후에 강도의 범의를 일으켜 그 부녀의 재물을 취득한 때에도 강도죄의 성립을 인정하고 있다.[2] 그러나 이 경우에는 폭행·협박이 재물강취의 수단이 되었다고 볼 수 없으므로 강도죄의 성립은 부정해야 하며,[3] 따라서 강간죄와 절도죄의 경합범이 될 뿐이라고 하겠다. 판례는 강간을 당한 피해자가 도피하면서 놓고 간 손가방 안에 있던 돈을 꺼낸 경우에는 절도죄가 성립한다고 하고 있다.[4]

22 (나) **폭행·협박과 재물강취의 인과관계** 재물강취의 수단으로 폭행·협박이 있는 때에도 그 사이에 인과관계가 없으면 강도죄는 기수에 이를 수 없다. 강취의 수단으로 폭행·협박이 실제로 필요했는가는 묻지 아니하며, 행위자가 강취하기 위하여 필요하다고 생각하고 폭행·협박을 하였으면 족하다. 그런데 강도죄의 폭행·협박은 상대방의 반항을 억압할 정도임을 요하므로 폭행·협박과 강취 사이에 이러한 정도의 폭행·협박으로 인한 인과관계가 있을 것을 요구한다.

23 여기서 공갈죄와의 관계에서 다음과 같은 세 가지 문제가 일어날 수 있다. ① 강도의 고의로 상대방의 반항을 억압할 정도의 폭행·협박을 하였지만 상대방은 조금도 공포심을 느끼지 않고 연민의 정으로 재물을 교부한 때에는 강도미수에 해당한다. ② 강도의 고의로 객관적으로는 상대방의 반항을 억압할 정도의 폭행·협박을 하였으나 상대방이 그 의사에 억압당하지는 않고 단순한 공포심 때문에 재물을 교부한 때에 대하여는 견해가 대립되고 있다. 단순히 강도죄가 성립한다는 견해,[5] 강도죄의 미수와 공갈죄의 상상적 경합이 된다는 견해[6]가 있으나, 강

1 대법원 2013. 12. 12. 2013도11899.
2 대법원 2010. 12. 9. 2010도9630, 「강간범인이 부녀를 강간할 목적으로 폭행·협박에 의하여 반항을 억압한 후 반항억압 상태가 계속 중임을 이용하여 재물을 탈취하는 경우에는 재물탈취를 위한 새로운 폭행·협박이 없더라도 강도죄가 성립한다.」
동지 : 대법원 1977. 9. 28. 77도1350; 대법원 2002. 2. 8. 2001도6425.
3 강구진 298면; 김일수/서보학 261면; 배종대 **64**/16; 신동운 973면; 유기천 205면; 이정원 361면; 정영일 163면.
4 대법원 1984. 2. 28. 84도38.
5 정영석 339면.
6 백형구 154면; 유기천 206면.

도죄의 미수가 된다고 보는 다수설[1]이 타당하다고 생각된다. 인과관계를 인정할 수 없는 이상 강도죄가 기수라고 할 수는 없고, 강도미수는 공갈을 포함한다고 해야 하기 때문이다. ③ 강도의 고의를 가졌다 할지라도 객관적으로 폭행·협박이 공갈의 정도에 불과한 때에는 공갈죄가 성립한다고 해야 한다.

3) 재산상 이익의 취득 강도죄는 폭행·협박에 의하여 재산상의 이익을 24
취득하거나 제3자로 하여금 이를 취득케 한 때에도 성립한다. 폭행·협박과 재산상의 이익의 취득도 수단과 목적의 관계에 있어야 하고, 인과관계가 필요한 것은 재물강취의 경우와 같다. 재산상의 이익을 취득하는 것으로는 세 가지 형태를 생각할 수 있다. ① 피해자에게 일정한 처분을 시켜 이익을 취득하는 경우이다. 채무를 면제하게 하거나 그 이행의 연기를 승낙하게 하는 것이 여기에 해당한다. ② 정당한 대가를 지급하지 않고 피해자가 노무를 제공하는 경우이다. 다만 재산상의 이익은 경제적 이익임을 요하므로 대가를 지급받을 수 없는 노무의 제공은 재산상의 이익이라고 할 수 없다. 따라서 택시운전자를 폭행·협박하여 택시를 운행케 한 때에는 강도죄를 구성하지만, 도주하는 절도범이 자가용승용차를 정차시켜 운행케 한 때에는 강요죄(제324조)에 해당할 뿐이다. ③ 피해자에게 일정한 의사표시를 하게 하여 이익을 취득하는 경우이다. 예컨대 소유권이전등기 또는 저당권설정등기 말소의 의사표시를 하게 하는 것이 그것이다.

재산상의 이익을 취득함에 있어서 피해자의 의사표시가 있어야 하는가에 대 25
하여는 견해가 대립되고 있다. **적극설**은 피해자의 의사표시가 있어야 본죄가 성립한다고 한다. 소극설에 의하면 어떤 이익을 위하여 사람을 살해하면 모두 강도죄가 성립하게 되어 살인죄는 대부분 강도살인죄로 되는 부당한 결과를 초래한다는 것을 이유로 한다.[2] 그러나 피해자의 의사표시 또는 처분행위를 요하지 않는다는 **소극설**이 통설[3]이며, 또한 타당하다고 생각한다. 강도죄에 있어서 재물의 강취나 재산상 이익의 취득은 폭행·협박에 의하여 상대방의 의사를 억압할 것을 요하므로 원칙적으로 피해자의 처분행위를 요하지 않고, 피해자의 처분행위가

1 강구진 297면; 김성천/김형준 405면; 김일수/서보학 260면; 김종원 198면; 배종대 **64**/17; 오영근 275면; 이형국 353면; 임웅 368면; 정성근/박광민 308면.

2 유기천 208면. 다만 유기천 교수도 적극설로 일관하는 것이 아니라 이를 구성요건해당성의 문제로 파악하고 있다.

3 김일수/서보학 262면; 김종원 199면; 박상기 284면; 배종대 **64**/19; 백형구 155면; 손동권/김재윤 330면; 이영란 296면; 이형국 424면; 임웅 369면; 정성근/박광민 309면; 정영일 163면.

있는 때에도 그것은 의사에 반한 것이기 때문에 법률상 처분행위라고 볼 수 없다는 데 특색이 있다. 특별히 재산상 이익의 취득에 대하여만 피해자의 처분행위를 요한다고 해야 할 이유가 없다.

따라서 자동차 승객이 운임지급을 면하기 위하여 운전자에게 폭행 · 협박을 한 때에는 강도죄가 성립하고, 채무를 면할 목적으로 채권자를 살해한 때에는 강도살인죄를 구성한다. 대법원도 소극설의 입장에서 채무면탈의 목적으로 채권자를 살해한 경우 강도살인죄가 성립한다고 판시하고 있다.[1] 다만 채무의 존재가 명백하며 채권자의 상속인이 존재하고 그가 채권의 존재를 확인할 방법이 확보되어 있어 일시적으로 채권자측의 추급을 면한 것에 불과한 때에는 강도살인죄가 성립할 수 없다고 한다.[2]

26 **4) 착수와 기수시기** 강도죄는 재산죄와 폭행 또는 협박죄의 결합범이지만 그것은 폭행 · 협박을 수단으로 하는 재산죄이다. 강도죄의 실행의 착수시기와 기수시기는 이러한 성격에 따라 결정된다.

강도죄의 기수시기는 재물 또는 재산상의 이익을 취득한 때이다. 폭행 · 협박의 완성만으로는 기수가 될 수 없다. 이에 반하여 강도죄의 착수시기는 폭행 · 협박을 개시한 때라고 해야 한다. 폭행 · 협박을 개시함으로써 강도죄의 구성요건은 직접 실현될 수 있는 단계에 이르렀다고 보아야 하기 때문이다. 다만 폭행 · 협박이 재물의 취득과 직접 연결되어 있을 것을 요함은 물론이다. 따라서 강취와 시간적 연관이 없는 폭행 또는 협박만으로는 본죄의 착수가 있다고 할 수 없다.[3] 폭

1 대법원 1964. 9. 8. 64도310, 「형법 제333조 소정의 재산상의 이득행위는 같은 규정의 재물강취와 마찬가지로 상대방의 반항을 억압할 폭행 또는 협박의 수단으로 재산상의 이익을 취득하면 족한 것으로서 반드시 상대방의 의사에 의한 처분행위를 필요로 하지 않는다고 해석함이 상당하다 할 것이므로 채무면탈의 목적을 가지고 살해행위에 착수한 피고인의 본건 범행을 강도살인미수로 인정한 것은 적법하다.」

동지 : 대법원 1971. 4. 6. 71도287; 대법원 1985. 10. 22. 85도1527; 대법원 1999. 3. 9. 99도242.

2 대법원 2004. 6. 24. 2004도1098, 「강도살인죄가 성립하려면 먼저 강도죄의 성립이 인정되어야 하고, 형법 제333조 후단 소정의 이른바 강제이득죄의 성립요건인 '재산상 이익의 취득'을 인정하기 위하여는 재산상 이익이 사실상 피해자에 대하여 불이익하게 범인 또는 제3자 앞으로 이전되었다고 볼 만한 상태가 이루어져야 하는데, 채무의 존재가 명백할 뿐만 아니라 채권자의 상속인이 존재하고 그 상속인에게 채권의 존재를 확인할 방법이 확보되어 있는 경우에는 비록 그 채무를 면탈할 의사로 채권자를 살해하더라도 일시적으로 채권자측의 추급을 면한 것에 불과하여 재산상 이익의 지배가 채권자측으로부터 범인 앞으로 이전되었다고 보기는 어려우므로, 이러한 경우에는 강도살인죄가 성립할 수 없다.」

동지 : 대법원 2010. 6. 24, 2010도4778; 대법원 2010. 9. 30, 2010도7405.

3 Günther SK §249 Rn. 45; Herdegen LK §249 Rn. 19; Kindhäuser NK §249 Rn. 28; Sch/Sch/Eser §249 Rn. 10.

행 · 협박을 개시하여야 본죄가 착수되므로, 필요하면 강도로 변하겠다는 결의를 가지고 재물을 물색하다가 검거된 때에는 강도의 착수를 인정할 수 없다. 강도의 의사로 주거에 침입하여 재물을 물색하다가 도주한 때에도 같다.

2. 주관적 구성요건

행위자에게는 객관적 구성요건요소에 대한 고의가 있어야 한다. 즉 폭행 또는 협박으로 타인의 재물을 강취하거나 재산상의 이익을 취득한다는 인식이 있어야 한다. 미필적 고의로도 족하다. 27

고의 이외에 재물을 강취하는 때에는 불법영득의사가 있어야 한다. 따라서 강간하는 과정에서 피해자들이 도망가지 못하게 하기 위하여 손가방을 빼앗은 것만으로는 강도죄가 성립하지 않는다.[1] 재산상의 이익을 취득하는 때에는 불법이득의사가 있어야 한다.

판례는 단순히 채권이 있다는 것만으로는 불법영득의사를 부정할 수 없으며(대법원 1962. 2. 15. 4294형상677), 외상물품대금채권의 회수를 의뢰받은 자가 그 추심과정에서 폭행 또는 협박을 가하여 재물 또는 재산상의 이익을 취득한 이상 본죄가 성립한다고 한다(대법원 1995. 12. 12. 95도2385).

3. 공범과 죄수

(1) **공 범** 본죄의 공동정범이 스스로 폭행 · 협박과 재물의 강취를 모두 행할 것을 요하는 것은 아니다. 공동의 의사에 의하여 실행행위를 분담하면 족하다. 다만 공동정범이 되기 위하여는 모두 주관적 구성요건요소를 갖추어야 하며, 따라서 불법영득의사 또는 불법이득의사가 있어야 한다. 절도를 결의하고 있는 자에게 강도를 교사한 때에도 본죄의 교사범이 될 수 있다. 28

(2) **죄 수** 같은 사람이 관리하고 있는 수인의 소유에 속하는 재물을 강취한 때에는 본죄는 단순일죄가 된다.[2] 29

판례는 강도가 가족을 이루는 수인에게 폭행 · 협박을 하여 집안에 있는 재물을 강취한 경우에도 본죄의 단순일죄가 된다고 한다(대법원 1996. 7. 30. 96도1285). 그러나 수인의 피해자에게 폭행 · 협박을 가하여 수인으로부터 각각 재물을 강취한 때에는 피해자의 수에

1 대법원 1985. 8. 13. 85도1170.
2 대법원 1979. 10. 10. 79도2093.

따른 수개의 강도죄가 성립한다. 따라서 강도가 여관에 들어가 안내실에 있던 종업원을 칼로 찔러 상해를 가하고 그로부터 금품을 강취한 다음, 각 객실에 들어가서 투숙객들로부터 금품을 강취한 때에는 피해자별로 강도상해죄와 강도죄의 실체적 경합범이 된다(대법원 1991. 6. 25. 91도643).

이에 반하여 하나의 행위로 수인을 폭행·협박한 때에는 상상적 경합이 된다. 강도죄는 절도죄와 법조경합의 관계에 있다. 따라서 강도죄가 될 때에는 별도로 절도죄는 성립하지 않는다. 단순절도죄뿐만 아니라 절도죄의 가중적 구성요건에 대하여도 같다. 강도범인이 체포를 면탈할 목적으로 경찰관에게 폭행을 가한 때에는 강도죄와 공무집행방해죄는 실체적 경합관계에 있게 된다.[1] 강도죄도 상태범이므로 강취한 재물의 처분행위는 새로운 법익을 침해하지 않으면 불가벌적 사후행위가 될 수 있다.

그러나 강취한 은행예금통장을 이용하여 은행직원을 기망하고 예금환급 명목으로 돈을 인출할 때에는 새로운 법익을 침해한 것이므로 불가벌적 사후행위가 되지 아니하며, 판례는 이 경우에 강도죄 이외에 사문서위조, 동 행사 및 사기죄가 실체적 경합관계에 있다고 한다(대법원 1990. 7. 10. 90도1176; 대법원 1991. 9. 10. 91도1722).

Ⅲ. 준강도의 죄

1. 준강도죄

절도가 재물의 탈환에 항거하거나 체포를 면탈하거나 범죄의 흔적을 인멸할 목적으로 폭행 또는 협박한 때에는 제333조 및 제334조의 예에 따른다(제335조).
미수범은 처벌한다(제342조).
유기징역에 처할 경우에는 10년 이하의 자격정지를 병과할 수 있다(제345조).

30 (1) 의 의 절도가 재물의 탈환에 항거하거나 체포를 면탈하거나 범죄의 흔적을 인멸할 목적으로 폭행 또는 협박한 때에 성립하는 범죄이다. 사후강도죄라고도 한다. 준강도죄에 있어서도 강도죄의 경우와 같이 절도와 폭행·협박

---

1 대법원 1992. 7. 28. 92도917, 「절도범인이 체포를 면탈할 목적으로 경찰관에게 폭행·협박을 가한 때에는 준강도죄와 공무집행방해죄를 구성하고 양 죄는 상상적 경합관계에 있으나, 강도범인이 체포를 면탈할 목적으로 경찰관에게 폭행을 가한 때에는 강도죄와 공무집행방해죄는 실체적 경합관계에 있고 상상적 경합관계에 있는 것이 아니다.」

이 결합되어 있다. 그러나 강도죄가 재물을 강취하기 위하여 폭행·협박을 하는 경우인 데 대하여, 준강도죄는 재물을 절취하거나 이에 착수한 자가 일정한 목적을 위하여 폭행·협박을 함으로써 성립한다는 점에서 그 결합의 형식이 강도죄와 구별된다. 이러한 의미에서 준강도죄는 절도죄나 강도죄의 가중적 구성요건이 아니라, 그 위험성 때문에 강도죄와 같이 처벌하는 독립된 범죄(raubähnliches Sonderdelikt)라고 하지 않을 수 없다.[1]

준강도를 강도와 같이 처벌하는 이유는 폭행·협박과 재물의 절취가 결합되어 그 불법내용을 강도죄와 같이 평가할 수 있다는 데 있다. 그러나 준강도죄의 불법내용이 강도죄의 그것과 같다고 하기 위해서는, 본죄의 폭행·협박이 절도의 기회에 행하여져야 할 뿐만 아니라 그 정도도 강도죄의 경우와 같아야 한다. 31

(2) **객관적 구성요건** 절도가 폭행 또는 협박함으로써 성립한다.

1) **행위의 주체** 주체는 절도이다. 즉 절도죄의 구성요건을 충족한 자만이 본죄의 주체가 될 수 있다.[2] 32

절도에는 단순절도뿐만 아니라 야간주거침입절도(제330조)와 특수절도(제331조)를 포함한다. 절도죄의 구성요건을 충족하는 재물에 대한 강도도 여기의 절도에 해당한다. 따라서 강도가 처음에는 흉기를 휴대하지 않았으나 체포를 면탈할 목적으로 폭행·협박할 때에 흉기를 휴대한 때에는 특수강도의 준강도가 된다.[3]

절도죄는 미수범을 처벌하므로 여기의 절도에는 절도의 기수뿐만 아니라 미수범도 포함된다.[4] 그러나 절도의 실행에 착수하기 전의 예비단계에서 폭행·협박한 때에는 본죄가 성립하지 않는다. 따라서 절도의 의사로 낮에 주거에 침입하였다가 발각되자 주인을 폭행한 때에는 주거침입죄와 폭행죄가 성립할 뿐이지만, 야간에 같은 행위를 한 때에는 야간주거침입절도죄의 실행의 착수가 있으므로 본죄를 구성하게 된다.[5]

절도죄의 정범(공동정범도 포함한다)이 여기의 절도에 해당함에는 의문이 없다. 문제는 33

---

1 Herdegen LK §252 Rn. 2; Hohmann/Sander 7/1; Kindhäuser NK §252 Rn. 1; Lackner/Kühl §252 Rn. 1; Sander MK §252 Rn. 1; Tröndle/Fischer §252 Rn. 1; Wessels/Hillenkamp Rn. 361.

2 대법원 2014. 5. 16. 2014도2521.

3 Herdegen LK §252 Rn. 5; Joecks §252 Rn. 2; Krey/Hellmann Rn. 215; Lackner/Kühl §252 Rn. 2; Sch/Sch/Eser §252 Rn. 3; Wessels/Hillenkamp Rn. 363.

4 대법원 1990. 2. 27. 89도2532; 대법원 2003. 10. 24. 2003도4417.

5 대법원 1968. 4. 23. 67도334.

절도죄의 교사범과 종범도 본죄의 주체가 될 수 있느냐에 있다. 절도의 종범도 포함된다는 견해[1]가 있으나, 본죄의 절도는 절도죄의 정범만을 의미한다고 해석하는 것이 타당하다.[2] 공범에게는 절도죄의 구성요건요소가 모두 구비될 것을 요하지 않기 때문이다. 절도에 가담하지 않은 자는 승계적 공동정범에 의하여 본죄의 주체가 될 수도 없다. 이 경우 본죄에 대한 공범이 될 수 있음은 물론이다.

34 2) 행 위 폭행 또는 협박하는 것이다.

(가) **폭행 · 협박의 정도** 폭행 또는 협박의 정도는 강도죄의 그것과 같다. 따라서 상대방의 반항을 억압할 정도에 이르지 않으면 안 된다.[3]

> 그러므로 절도가 체포를 면탈할 목적으로 자기의 멱살을 잡는 피해자의 얼굴을 주먹으로 때려 넘어뜨린 경우에는 본죄의 폭행에 해당하지만(대법원 1985. 11. 12. 85도2115), 절도가 옷을 잡히자 체포를 면하려고 잡은 손을 뿌리치는 것만으로는 준강도죄의 폭행에 해당한다고 할 수 없다(대법원 1985. 5. 14. 85도619).

그러나 폭행 또는 협박은 일반적 · 객관적으로 상대방의 반항을 억압하는 수단으로 가능하다고 인정되면 족하고, 현실적으로 반항을 억압하였을 것을 요하지 않는다.[4] 폭행 또는 협박은 반드시 재물의 소유자 또는 점유자에 대하여 행하여질 것을 요하지 않으며 제3자에게 가하여질 수도 있다. 공무를 집행하는 공무원, 예컨대 경찰관을 폭행 또는 협박한 때에는 본죄와 공무집행방해죄의 상상적 경합이 될 수 있다.

35 (나) **절도의 기회** 폭행 또는 협박은 절도의 기회에 행하여져야 한다. 즉 폭행 · 협박과 절취는 강도죄와 같이 평가될 수 있을 정도로 시간적 · 장소적 접근성이 인정되어야 한다. 이러한 시간적 · 장소적 접근성은 절취 직후에 그 부근에서 폭행 또는 협박이 행하여진 때에 긍정된다.[5]

36 (a) **시간적 접근성** 시간적 관점에서는 폭행이나 협박이 적어도 절도의

---

1 Günther SK §252 Rn. 25; Maurach/Schroeder/Maiwald 35/40.

2 Herdegen LK §252 Rn. 18; Kindhäuser NK §252 Rn. 32; Lackner/Kühl §252 Rn. 6; Sch/Sch/Eser §252 Rn. 10; Wessels/Hillenkamp Rn. 373a.

3 대법원 1971. 4. 20. 71도441; 대법원 1985. 11. 12. 85도2115.

4 대법원 1981. 3. 24. 81도409.

5 대법원 2001. 10. 23. 2001도4142, 「절도범인이 일단 체포되었으나 아직 신병확보가 확실하지 않은 단계에서 체포상태를 면하기 위해 폭행하여 상해를 가한 경우, 그 행위는 절도의 기회에 체포를 면탈할 목적으로 폭행하여 상해를 가한 것으로서 강도상해죄에 해당한다.」

실행에 착수한 이후부터 절도의 기수 직후까지 사이에 행하여져야 한다.[1] 절도가 종료된 후에도 본죄가 성립할 수 있다는 견해[2]가 있다. 그러나 절도범인이 재물의 점유를 확보하여 절도가 종료된 후에 폭행·협박한 때에는 본죄가 성립하지 않는다고 해석하는 것이 타당하다.

> 따라서 피해자의 집에서 절도범행을 마친 지 10분 가량 지나 피해자의 집에서 200m 가량 떨어진 버스정류장이 있는 곳에서 피고인을 절도범인이라고 의심하고 뒤쫓아 온 피해자에게 붙잡혀 피해자의 집으로 돌아왔을 때 비로소 피해자를 폭행한 경우, 그 폭행은 사회통념상 절도범행이 이미 완료된 이후에 행하여진 것이므로 준강도죄가 성립하지 않는다(대법원 1999. 2. 26. 98도3321).

(b) **장소적 접근성** 장소적 관점에서는 폭행·협박이 절도현장 또는 직접 그 부근에서 행하여질 것을 요한다. 그러나 절도현장에서 발각되어 직접 추적받고 있었던 때에는 거리가 떨어진 때에도 장소적 접근성을 인정하여야 한다.[3] 37

(다) **미 수 범** 본죄의 미수범은 처벌된다(제342조). 38

문제는 본죄의 기수와 미수를 어떤 기준에 의하여 판단할 것인가에 있다. 이에 대하여는 폭행 또는 협박의 기수·미수에 따라 결정해야 한다는 견해(폭행·협박기준설)[4]와 절도의 기수·미수에 따라 결정해야 한다는 견해(절도기준설)[5]가 대립되고 있다. 양자를 결합하여 폭행 또는 협박과 절도가 모두 완성되어야 본죄의 기수가 된다는 견해(종합설)도 있다.[6] 이에 의하면 절도가 미수인 경우뿐만 아니라 폭행·협박이 미수인 때에도 본죄는 미수가 된다. 그러나 준강도죄에 있어서의 폭행·협박은 상대방의 반항을 억압할 정도에 이르러야 하며, 폭행·협박과 절도 사이에 인과관계가 문제되는 것은 아니다. 절도가 기수에 이른 때에만 본죄의 성립을 인정하는 독일 형법에서는 폭행·협박에 의하여 기수와 미수가 결정되는 데 의문이 없다. 그러나 형법의 해석에 같은 이론이 적용될 수는 없다. 그것은 ① 강도죄는 재산권과 자유권을 보호법익으로 하는 죄이나 재산죄에 그 본질이

1 대법원 1987. 10. 26. 87도1662.
2 강구진 305면.
3 대법원 1982. 7. 13. 82도1352; 대법원 2009. 7. 23. 2009도5022.
4 강구진 332면; 박상기 291면; 배종대 68/15; 백형구 160면; 유기천 211면.
5 김성돈 300면; 김일수/서보학 271면; 김종원 202면; 손동권/김재윤 341면; 신동운 993면; 정성근/박광민 318면; 정영석 341면; 진계호 327면; 황산덕 290면.
6 오영근 282면; 이영란 305면; 이정원 373면; 이형국 359면; 임웅 380면; 정영일 169면.

있고, ② 강도죄에 있어서는 재물을 강취하여야 기수가 됨에도 불구하고 폭행·협박을 기준으로 기수와 미수를 결정할 때에는 강도의 미수가 준강도의 기수로 처벌받게 되는 불균형을 초래하기 때문이다. 따라서 절도의 기수·미수를 기준으로 본죄의 기수·미수를 결정해야 한다는 통설이 타당하다. 대법원은 폭행·협박 기준설을 취하고 있었으나,[1] 전원합의체판결에 의하여 그 태도를 변경하였다.[2]

39 (3) **주관적 구성요건** 준강도죄가 성립하기 위하여 객관적 구성요건에 대한 고의를 필요로 하는 것은 당연하다. 본죄는 이 이외에 일정한 목적으로 폭행 또는 협박을 하여야 성립하는 목적범이다. 일정한 목적이란 ① 재물의 탈환의 항거, ② 체포의 면탈, ③ 범죄흔적의 인멸의 목적을 말한다. ①의 경우는 절도가 기수에 이른 때를 말하나, ②와 ③의 경우는 절도의 기수·미수를 불문한다.

본죄는 위의 세 가지 목적으로 폭행·협박한 경우에만 성립하므로 절도가 발각되자 재물을 강취하기 위하여 폭행·협박한 때에는 본죄를 구성하지 아니하고 강도죄가 될 뿐이다. 그러나 이러한 목적으로 폭행·협박을 한 이상 그 목적의 달성 여부는 본죄의 성립에 영향을 미치지 아니하며, 이에 따라 기수와 미수가 결정되는 것도 아니다.

(4) **공범과 처벌**

40 1) **공 범** 절도의 공범(공동정범) 가운데 한 사람이 본죄를 범한 경우에 다른 공범자에게도 본죄의 성립을 인정할 수 있느냐가 문제된다. 대법원은 종래 폭행·협박에 대하여 공동의사가 없는 공동정범에게는 본죄의 성립을 인정할 수 없다는 태도를 취하였으나,[3] 그 후에 태도를 변경하여 다른 공범자도 이를 예상할 수 없었다고 할 수 없다는 이유로 본죄의 성립을 인정하고 있다.[4]

판례는 특수절도의 범인들이 범행 후 서로 다른 길로 도주하다가 그 중 1인이 폭행하여 상해를 가한 때에도 다른 공범자에게 강도상해죄의 성립을 인정하고 있다(대법원

1 대법원 1964. 11. 20. 64도504.

2 대법원 2004. 11. 18. 2004도5074 전원합의체판결, 「형법 제335조에서 절도가 재물의 탈환을 항거하거나 체포를 면탈하거나 죄적을 인멸할 목적으로 폭행 또는 협박을 가한 때에 준강도로서 강도죄의 예에 따라 처벌하는 취지는, 강도죄와 준강도죄의 구성요건인 재물탈취와 폭행·협박 사이에 시간적 순서상 전후의 차이가 있을 뿐 실질적으로 위법성이 같다고 보기 때문인바, 이와 같은 준강도죄의 입법취지, 강도죄와의 균형 등을 종합적으로 고려해 보면, 준강도죄의 기수 여부는 절도행위의 기수 여부를 기준으로 하여 판단하여야 한다.」

3 대법원 1959. 7. 11. 4292형상175.

4 대법원 1972. 1. 31. 71도2073.

1984. 10. 10. 84도1887).[1] 다만 망을 보다가 도주한 후에 다른 절도공범자가 폭행 · 상해를 가한 때에는 도주한 공범자는 이를 예기할 수 없었다고 하고 있다(대법원 1984. 2. 28. 83도3321).[2]

그러나 공동정범은 공동의사의 범위 안에서만 성립하므로 공동정범 가운데 1인이 공동의사의 범위를 초과한 때에는 그 부분은 단독정범이 될 뿐이고 다른 공범자에게 본죄의 성립을 인정할 수는 없다고 생각된다.

2) 처 벌 본죄에 해당하는 때에는 제333조 및 제334조의 예에 따른다. 즉 강도죄 또는 특수강도죄와 같이 취급한다. 특수강도에 해당하느냐는 절도에 관하여 가중사유가 있느냐에 따라 결정할 것이 아니라, 폭행 · 협박의 방법을 기준으로 판단해야 한다. 따라서 절도범인이 처음에는 흉기를 휴대하지 않았으나 체포를 면탈할 목적으로 폭행 · 협박할 때에 비로소 흉기를 휴대하여 사용한 때에는 특수강도의 준강도가 된다.[3] 「제333조 및 제334조의 예에 따른다」는 것은 처벌에 있어서 강도죄와 같을 뿐만 아니라, 강도상해 · 치상죄(제337조),[4] 강도살인 · 치사죄(제338조) 및 강도강간죄(제339조)의 규정도 적용된다는 의미이다. 41

3) 죄 수 본죄와 절도죄는 법조경합의 관계에 있다. 또한 강도 또는 특수강도가 본죄를 범한 때에는 강도죄 또는 특수강도죄만 성립한다. 그러나 강도가 특수강도의 준강도를 범한 때에는 특수강도의 준강도로 처벌받는다. 1개의 폭행으로 한 사람의 재물을 강취하고 다른 사람에 대하여 준강도를 범한 때에는 양 죄의 상상적 경합이 될 수 있다. 절도범인이 체포를 면탈할 목적으로 체포하려는 여러 명의 피해자에게 같은 기회에 폭행을 가하여 그 중 1인에게만 상해 42

1 대법원 1984. 10. 10. 84도1887, 「특수절도의 범인들이 범행이 발각되어 각기 다른 길로 도주하다가 그 중 1인이 체포를 면탈할 목적으로 폭행하여 상해를 가한 때에는, 나머지 범인도 위 공범이 추격하는 피해자에게 체포되지 아니하려고 위와 같이 폭행할 것을 전연 예기하지 못한 것으로는 볼 수 없다 할 것이므로 그 폭행의 결과로 발생한 상해에 관하여 형법 제337조, 제335조의 강도상해죄의 책임을 면할 수 없다.」

2 대법원 1984. 2. 28. 83도3321, 「절도를 공모한 피고인이 다른 공모자(甲)의 폭행행위에 대하여 사전양해나 의사의 연락이 전혀 없었고, 범행장소를 빈 가게로 알고 있었으며, 위 甲이 담배창구를 통하여 가게에 들어가 물건을 절취하고 피고인은 밖에서 망을 보던 중 예기치 않았던 인기척 소리가 나므로 도주해버린 이후에 위 甲이 창구에 몸이 걸려 빠져나오지 못하게 되어 피해자에게 붙들리자 체포를 면탈할 목적으로 피해자에게 폭행을 가하여 상해를 입힌 것이고, 피고인은 그 동안 상당한 거리를 도주하였을 것으로 추정되는 상황하에서는 피고인이 위 甲의 폭행행위를 전연 예기할 수 없었다고 보여지므로 피고인에게 준강도상해죄의 공동책임을 지울 수 없다.」

3 대법원 1973. 11. 13. 73도1553 전원합의체판결.

4 대법원 1971. 1. 26. 70도2518; 대법원 2009. 7. 23. 2009도5022.

를 가한 때에는 포괄하여 하나의 강도상해죄만 성립한다.[1]

2. 인질강도죄

사람을 체포 · 감금 · 약취 또는 유인하여 이를 인질로 삼아 재물 또는 재산상의 이익을 취득하거나 제3자로 하여금 이를 취득하게 한 자는 3년 이상의 유기징역에 처한다(제336조).
미수범은 처벌한다(제342조).
10년 이하의 자격정지를 병과할 수 있다(제345조).

43 사람을 체포 · 감금 · 약취 또는 유인하여 이를 인질로 삼아 재물 또는 재산상의 이익을 취득하거나 제3자로 하여금 이를 취득하게 함으로써 성립하는 범죄이다. 본죄는 체포 · 감금죄 또는 약취 · 유인죄와 공갈죄의 결합범이다. 종래의 약취강도죄가 사람을 약취하여 그 석방을 대상으로 하여 재물을 취득한 경우에만 성립하도록 규정하고 있었던 것을 1995년의 형법개정을 통하여 죄명을 인질강도죄로 고치고, 행위의 방법으로 약취 이외에 유인을 포함시키고 재물 이외에 재산상의 이익을 취득하는 경우도 포함하게 한 것은 본죄가 약취 · 유인죄와 공갈죄의 결합범인 점을 고려한 결과이며, 약취 · 유인 이외에 체포 · 감금을 추가한 것은 본죄를 인질강요죄의 성립범위와 일치되게 한 것이다.

44 체포 · 감금 · 약취 또는 유인의 객체는 사람이며, 미성년자에 제한되지 않는다. 인질로 삼는다는 뜻은 인질강요죄의 경우와 마찬가지로 체포 · 감금 · 약취 또는 유인된 자의 생명 · 신체의 안전에 대한 제3자의 우려를 이용하여 그 석방이나 생명 · 신체에 대한 안전을 보상하는 대상으로 재물 또는 재산상의 이익을 취득하기 위하여 자유를 구속하는 것을 말한다. 본죄는 석방의 대상으로 재물 또는 재산상의 이익을 취득함으로써 기수에 이른다. 피약취자와 재물의 피해자가 일치할 것도 요하지 않는다.

13세 미만의 미성년자를 약취 · 유인하고 재물이나 재산상의 이익을 취득하거나 요구한 때에는 특가법에 의하여 가중처벌된다.[2] 본죄에 대한 특별법이다.

---

1 대법원 2001. 8. 21. 2001도3447.

2 특가법 제5조의2 제2항 1호는 「13세 미만의 미성년자에 대하여 형법 제287조의 죄를 범한 사람이 약취 또는 유인한 미성년자의 부모나 그 밖에 그 미성년자의 안전을 염려하는 사람의 우려를 이용하여 재물이나 재산상의 이익을 취득하거나 이를 요구한 경우에는 무기 또는 10년 이상의 징역에 처한다」고 규정하고 있다.

본죄는 체포 · 감금죄(제276조, 제277조, 제278조) 또는 약취 · 유인죄(제287조, 제288조)와 법조경합의 관계에 있다.

Ⅳ. 가중적 구성요건

1. 특수강도죄

① 야간에 사람의 주거, 관리하는 건조물, 선박이나 항공기 또는 점유하는 방실에 침입하여 제333조의 죄를 범한 자는 무기 또는 5년 이상의 징역에 처한다.
② 흉기를 휴대하거나 2인 이상이 합동하여 전조의 죄를 범한 자도 전항의 형과 같다(제334조).
미수범은 처벌한다(제342조).
유기징역에 처할 경우에는 10년 이하의 자격정지를 병과할 수 있다(제345조).

단순강도죄에 대하여 행위의 방법 때문에 불법이 가중된 가중적 구성요건 45
이다.

제1항은 야간주거침입절도죄(제330조)와 행위상황이 같다. 이를 야간주거침입강도죄라고 하는 견해[1]도 있으나, 죄명상의 명칭은 될 수 없다고 생각된다. 본죄는 주거침입죄와 강도죄의 결합범이다. 다만 본죄의 착수시기는 주거에 침입할 때가 아니라 폭행 · 협박을 개시한 때라고 해야 하는 점에서 야간주거침입절도죄의 경우와 구별된다.

따라서 강도의 범의로 야간에 타인의 주거에 침입하여 집안의 동정을 살피다가 피해자를 발견하고 강간한 경우, 특수강도에 착수하기 전에 저지른 강간행위는 특수강도강간죄에 해당한다고 할 수 없다(대법원 1991. 11. 22. 91도2296).[2]

제2항은 흉기를 휴대하거나 2인 이상이 합동하여 강도죄를 범하는 경우이다. 제331조 2항의 특수절도죄에 대응하는 규정이다. 여기의 합동도 시간적 · 장소적 협동을 의미한다.[3]

1 김종원 200면.
2 이에 반하여 대법원 1992. 7. 28. 92도917 판결은 특수강도죄도 주거침입시에 실행에 착수한 것으로 보아야 한다고 판시하였다.
3 대법원 1981. 9. 8. 81도2159.

그러므로 피고인이 다른 피고인들과 강도를 모의한 후에 다른 피고인들이 폭행에 착수하기 전에 피고인이 겁을 먹고 미리 현장에서 도주한 때에는 실행행위를 분담한 협동관계가 있었다고 볼 수 없으므로 피고인에게는 본죄가 성립하지 않는다(대법원 1985. 3. 26. 84도2956).

2. 강도상해 · 치상죄

강도가 사람을 상해하거나 상해에 이르게 한 때에는 무기 또는 7년 이상의 징역에 처한다(제337조).
미수범은 처벌한다(제342조).
유기징역에 처할 경우에는 10년 이하의 자격정지를 병과할 수 있다(제345조).

46 (1) 의 의 강도가 사람을 상해하거나 상해에 이르게 함으로써 성립하는 범죄이다. 형법은 강도상해죄와 강도치상죄를 같이 취급하고 있다. 강도상해죄는 강도죄와 상해죄의 결합범이며, 강도치상죄는 강도죄의 결과적 가중범이다.

본죄를 강도죄에 대한 독자적 범죄로 이해하는 견해[1]도 있으나, 결합범 또는 결과적 가중범의 형식에 의한 가중적 구성요건으로 파악해야 한다.[2]

(2) 구성요건

47 1) 주 체 본죄의 주체는 강도, 즉 강도범인이다. 여기의 강도에는 단순강도(제333조)뿐만 아니라, 특수강도(제334조) · 준강도(제335조)[3] 및 인질강도(제336조)를 포함한다. 다만 인질강도가 특가법에 해당하는 때에는 본죄와 특가법 위반죄의 상상적 경합이 된다. 그러나 강도는 기수로 되었음을 요하지 않고 그 기수 · 미수를 불문한다.[4]

48 2) 행 위 사람을 상해하거나 상해에 이르게 하는 것이다.

상해란 상해에 대하여 고의가 있는 경우를 말하며, 상해에 이르게 하는 것이란 상해의 고의 없이 상해의 결과를 발생케 한 경우이다. 강도상해죄는 고의범이

1 김일수/서보학 256면.
2 김성돈 337면; 김성천/김형준 472면; 박상기 293면; 배종대 65/2; 백형구 165면; 신동운 996면; 오영근 285면; 이형국 348면; 임웅 384면; 정성근/박광민 322면.
3 대법원 1971. 4. 20. 71도441; 대법원 1984. 1. 24. 83도3043; 대법원 2009. 7. 23. 2009도5022.
4 대법원 1985. 10. 22. 85도2001; 대법원 1988. 2. 9. 87도2492.

므로 반드시 상해의 결과에 대한 고의가 있어야 하며, 폭행의 고의로 상해의 결과를 가져온 때에는 강도상해죄는 성립하지 않는다. 이에 반하여 강도치상죄는 결과적 가중범이다. 따라서 강도와 상해의 결과 사이에는 인과관계가 있어야 할 뿐 아니라 제15조 2항의 일반원리가 적용되어야 한다. 강도의 기회에 행하여진 과실에 의한 상해에 대하여는 강도치상죄가 성립하지 않는다는 견해[1]도 있으나, 제15조 2항의 규정에 반하는 해석이다.

상해 또는 치상의 결과는 반드시 강도의 수단인 폭행으로 인한 것임을 요하 49
지 않는다. 그 원인이 강도의 기회에 이루어진 것이면 족하며, 상해행위가 강도가 기수에 이르기 전에 행하여져야만 하는 것은 아니다.[2] 따라서 강도가 흉기를 보이며 협박하는데 피해자가 항거하다가 상해 또는 치상의 결과가 발생한 때에도 본죄가 성립한다.[3] 다만 피해자의 부상이 피해자의 적극적인 체포행위의 과정에서 스스로의 행위의 결과로 입은 것이라면 강도상해죄가 되지 않는다.[4]

> 대법원은 피해자가 피고인의 폭행·협박행위로 인해 극도의 공포심에 사로잡혀 이를 피하기 위하여 창문으로 뛰어내려 탈출을 시도하다가 상해를 입게 된 경우에 상해의 결과는 강도행위와 상당인과관계가 있고 또 그 결과를 예견할 수 있으므로 강도치상죄가 성립하고(대법원 1996. 7. 12. 96도1142), 피고인이 재물을 강취한 후 피해자가 운전하던 자동차를 타고 도주하다가 단속 경찰관이 뒤따라오자 강도행위를 한 지 1시간 20분이 지난 때에 피해자를 칼로 찔러 상해를 가한 경우에도 강도상해죄가 성립한다고 판시하였다(대법원 1992. 1. 21. 91도2727).

(3) 공범과 미수

1) 공 범 강도의 공범(공동정범) 중 1인이 강도의 기회에 상해 또는 50

---

1 서일교 156면.

2 대법원 2014. 9. 26. 2014도9567.

3 (1) 대법원 1984. 6. 26. 84도970, 「강도가 재물강취의 수단으로서 한 폭행에 의하여 상해를 입힌 경우가 아니라도 강도의 기회에 상해를 입힌 것이라면 강도상해죄가 성립한다 할 것인바, 강취현장에서 피고인의 발을 붙잡고 늘어지는 피해자를 30미터쯤 끌고 가서 폭행함으로써 상해한 피고인의 소위는 강도상해죄에 해당한다 할 것이다.」

(2) 대법원 1985. 1. 15. 84도2397, 「강도치상죄에 있어서의 상해는 강도의 기회에 범인의 행위로 인하여 발생한 것이면 족하므로 피고인이 택시를 타고 가다가 요금지급을 면할 목적으로 소지한 과도로 운전수를 협박하자 이에 놀란 운전수가 택시를 급우회전하면서 그 충격으로 피고인이 겨누고 있던 과도에 어깨부분이 찔려 상처를 입혔다면 피고인의 위 행위를 강도치상죄에 의율함은 정당하다.」

4 대법원 1985. 7. 9. 85도1109; 대법원 1990. 4. 24. 90도193.

치상의 결과를 발생케 한 경우에 다른 공범에게도 본죄가 성립하느냐가 문제된다. 대법원은 강도의 공동정범은 다른 공범자가 강도의 기회에 한 상해행위에 대하여 책임을 면할 수 없고,[1] 준강도의 공동정범도 이를 예견하지 못한 때에만 강도상해죄가 성립하지 않는다고 하고 있다.[2] 그러나 공동정범은 공동의 의사의 범위에서만 성립하므로 상해에 대하여 공동의 의사가 없는 공범자에게는 강도상해죄는 성립하지 아니하고, 그 결과를 예상할 수 있었던 때에는 강도치상죄의 공동정범이 된다고 해야 한다. 판례가 등산용 칼을 이용하여 노상강도할 것을 공모한 공범자 중 1인이 강도살해행위를 한 경우에 다른 공모자들에게 강도치사죄를 의율한 것은[3] 이러한 의미에서 이해할 수 있다.

51 2) 미 수 강도상해죄의 미수범은 처벌한다. 결과적 가중범인 강도치상죄의 미수는 있을 수 없다. 강도상해죄의 미수란 상해가 미수인 때를 말하며, 강도의 기수·미수와는 관계가 없다.[4]

> 본죄 또는 그 미수죄로 형을 선고받고 그 집행이 끝나거나 면제된 후 3년 내에 다시 이들 죄를 범한 사람은 사형, 무기 또는 10년 이상의 징역에 처한다(특가법 제5조의5).

3. 강도살인·치사죄

> 강도가 사람을 살해한 때에는 사형 또는 무기징역에 처한다. 사망에 이르게 한 때에는 무기 또는 10년 이상의 징역에 처한다(제338조).
> 미수범은 처벌한다(제342조).
> 유기징역에 처할 경우에는 10년 이하의 자격정지를 병과할 수 있다(제345조).

52 (1) 의 의 강도가 사람을 살해하거나 사망에 이르게 함으로써 성립하는 범죄이다. 강도살인죄와 강도치사죄를 같이 규정한 것이다. 강도살인죄는 강도죄와 살인죄의 결합범이며, 강도치사죄는 강도죄의 결과적 가중범이다.

(2) 구성요건

53 1) 주 체 본죄의 주체는 강도이다. 그 범위는 강도상해·치상죄의 경우와 같다. 강도의 실행에 착수한 이상 그 기수·미수는 불문한다.

---

1 대법원 1990. 2. 13. 89도2426; 대법원 1990. 10. 12. 90도1887; 대법원 1990. 12. 26. 90도2362; 대법원 1998. 4. 14. 98도356.

2 대법원 1982. 7. 13. 82도1352; 대법원 1991. 11. 26. 91도2267.

3 대법원 1990. 11. 27. 90도2262; 대법원 1991. 11. 12. 91도2156; 대법원 1992. 12. 22. 92도2462.

4 대법원 1969. 3. 18. 69도154; 대법원 1971. 1. 26. 70도2518; 대법원 1988. 2. 9. 87도2492.

2) 행 위 사람을 살해하거나 사망에 이르게 하는 것이다. 54

살해는 살인의 고의가 있는 경우이며, 사망에 이르게 하는 것은 고의 없이 사망의 결과를 발생케 한 경우이다. 살해 또는 사망에 이르게 하는 것은 반드시 강도의 수단인 폭행에 의하여 일어날 것을 요하지 않는다. 살해 또는 치사가 강도의 기회에 일어날 것을 요하지만 그것으로 족하다. 협박으로 인한 쇼크로 피해자가 사망한 때는 물론, 강도범행 직후 경찰관에게 붙잡혀 파출소로 연행되던 자가 체포를 면하기 위하여 과도로 경찰관을 찔러 사망케 한 경우에도 강도살인죄를 구성한다.[1]

본죄는 강도가 사람을 살해하거나 사망에 이르게 함으로써 성립하므로, 채무자가 채무를 면탈할 목적으로 사람을 살해한 때에는 강도살인죄가 성립되지 않는다는 견해[2]도 있다. 그러나 강도의 고의로 사람을 살해하면 강도죄의 착수도 있다고 할 것이므로 강도의 수단으로 사람을 살해한 이상 강취행위의 전후를 불문하고 본죄를 구성한다고 해야 한다.

강도가 피해자를 살해할 목적으로 현주건조물에 방화하여 사망에 이르게 한 경우에는 강도살인죄와 현주건조물방화치사죄의 상상적 경합이 된다(대법원 1998. 12. 8. 98도3416).

3) 미 수 강도살인죄의 미수범은 처벌한다. 강도살인죄의 기수와 55
미수는 살인의 기수·미수에 따라 결정된다. 따라서 살해행위가 미수에 그친 이상 강도의 기수·미수를 불문하고 강도살인미수죄가 성립한다.[3]

(3) **사자의 점유** 강도의 고의 없이 사람을 살해하고 그의 재물을 영득 56
한 때에는 살인죄와 점유이탈물횡령죄의 경합범이 된다. 이에 반하여 강도의 고의로 사람을 살해하고 재물을 탈취한 때에 강도살인죄가 성립한다는 데는 이론이 없다. 다만 이 경우에 누구의 점유를 침해했는가에 대하여는 견해가 대립되고

---

1 대법원 1996. 7. 12. 96도1108, 「강도범행 직후 신고를 받고 출동한 경찰관이 범행현장으로부터 약 150m 지점에서, 화물차를 타고 도주하는 피고인을 발견하고 순찰차로 추적하여 격투 끝에 붙잡았으나, 피고인이 너무 힘이 세고 반항이 심하여 수갑도 채우지 못한 채 피고인을 순찰차에 억지로 밀어넣고서 파출소로 연행하고자 하였는데, 그 순간 피고인이 체포를 면하기 위하여 소지하고 있던 과도로써 옆에 앉아 있던 경찰관을 찔러 사망케 하였다면 피고인의 위 살인행위는 강도행위와 시간상 및 거리상 극히 근접하여 사회통념상 범죄행위가 완료되지 아니한 상태에서 이루어진 것이라고 보여지므로 피고인을 강도살인죄로 적용하여 처벌한 것은 옳다.」

2 유기천 220면.

3 대법원 1973. 5. 30. 73도847.

있다. ① 상속인의 점유를 침해한다고 하는 것은 형법상의 점유가 사실상의 재물지배를 의미하고 상속에 의한 점유의 이전이 인정되지 않는다는 점에서 부당하다. ② 사자(死者)에게도 형법상의 점유가 계속된다거나,[1] ③ 전체적으로 보면 사자도 점유를 가진다고 해석하는 견해도 있으나, 사자는 점유의사를 가질 수 없으므로 사자의 점유를 인정할 수는 없다. 그러므로 ④ 피해자가 생전에 가지고 있던 점유를 침해한 것이라고 해석하는 다수설[2]이 타당하다고 하겠다. 행위자가 강도에 착수할 때에는 타인의 점유에 속하였고 그것으로 강도죄도 성립한다고 해야 하기 때문이다.

4. 강도강간죄

강도가 사람을 강간한 때에는 무기 또는 10년 이상의 징역에 처한다(제339조).
미수범은 처벌한다(제342조).
유기징역에 처할 경우에는 10년 이하의 자격정지를 병과할 수 있다(제345조).

57 (1) 의 의 강도가 사람을 강간함으로써 성립하는 범죄이다. 강도죄(제333조, 제334조, 제335조, 제336조)와 강간죄(제297조, 제299조, 제305조)의 결합범이다.

(2) 구성요건 강도가 사람을 강간할 것을 요한다.

58 1) 주 체 본죄의 주체는 강도이다. 강도의 실행에 착수한 이상 기수이든 미수이든 묻지 않는다.[3] 본죄는 강도가 강간할 때에 성립하는 것이므로 강간범인이 강도하는 때에는 본죄에 해당하지 않는다. 이 경우에는 강간죄와 강도죄의 경합범이 될 뿐이다.[4] 다만 강간의 종료 전에 강도행위를 한 때에는 본죄가 성립한다.[5] 강간의 종료 전에 강도의 신분을 취득하였기 때문이다.

59 2) 행 위 사람을 강간하는 것이다.

강간은 강도의 기회에 행하여짐을 요하며 그것으로 족하다. 사람이 강도의 피해자와 일치할 것은 요하지 않는다.[6] 강취의 전후도 묻지 않는다.[7] 강도가 사람

1 배종대 65/12.
2 김종원 207면; 유기천 221면; 이영란 313면; 임웅 390면; 정성근/박광민 276면; 정영일 174면.
3 대법원 1985. 10. 22. 85도2001; 대법원 1986. 1. 28. 85도2416; 대법원 1986. 5. 27. 86도507.
4 대법원 1977. 9. 28. 77도1350; 대법원 2002. 2. 8. 2001도6425.
5 대법원 1988. 9. 9. 88도1240; 대법원 2010. 12. 9. 2010도9630.
6 대법원 1991. 11. 12. 91도2241.
7 대법원 1984. 10. 10. 84도1880, 「형법 제339조의 강도강간죄는 강도범인이 강도의 기회에 강간

을 강간하여 치상 또는 치사케 한 경우에 본죄와 강도치사상죄의 상상적 경합이 된다고 해석하는 견해도 있다.[1]

판례는 강도가 부녀를 강간하려다가 미수에 그치고 폭행으로 피해자에게 상해를 입힌 경우에는 강도강간미수죄와 강도치상죄의 상상적 경합이 된다고 한다(대법원 1988. 6. 28. 88도820). 강도치사상죄의 형이 강간치사상죄보다 무겁다는 점에서 그 이유를 찾을 수 있다.

그러나 사상의 결과가 강도로 인한 때에는 본죄와 강도치사상죄의 상상적 경합이 되지만, 강간으로 인한 때에는 본죄와 강간치사상죄의 상상적 경합이 된다고 해야 한다.[2] 강도가 강간하고 사람을 살해 또는 상해한 때에도 본죄와 강도살인죄 또는 강도상해죄의 상상적 경합이 된다. 강도가 강간한 후에 살인 또는 상해의 의사가 생겨 살해 또는 상해한 때에는 양 죄의 경합범이 된다는 견해[3]도 있다. 그러나 강도살인 또는 강도상해죄가 될 수 있는 때에는 강도라는 행위의 부분적 단일성으로 인하여 상상적 경합을 인정할 수 있다고 생각한다.[4]

(3) **미수 · 처벌** 본죄의 미수범은 처벌한다. 여기서 미수란 강간의 미 60
수를 말한다. 본죄의 형을 가중하는 이유가 강간을 특히 고려한 것이기 때문이다.

본죄 또는 그 미수죄로 형을 선고받고 그 집행이 끝나거나 면제된 후 3년 내에 다시 이들 죄를 범한 사람은 사형 · 무기 또는 10년 이상의 징역에 처한다(특가법 제5조의5). 성폭력처벌법의 특수강도강간 등의 죄(제3조)는 강도강간죄에 대한 가중적 구성요건이다. 특수강도강간 등의 죄에는 두 가지 유형이 포함된다. 첫째는, 주거침입 · 야간주거침입절도 · 특수절도죄를 범한 사람이 강간 · 유사강간 · 강제추행, 준강간 · 준강제추행의 죄를 범한 경우이며(동조 1항), 둘째는 특수강도죄를 범한 사람이 강간 · 유사강간 · 강제추행, 준강간 · 준강제추행의 죄를 범한 경우이다(동조 2항). 전자의 경우에는 무기징역 또는 7년 이상의 징역에 처하며, 후자의 경우에는 사형 · 무기징역 또는 10년 이상의 징역에 처한다.

행위를 한 경우에 성립하는 것으로서 강도가 실행에 착수하였으나 아직 강도행위를 완료하기 전에 강간을 한 경우도 이에 포함된다.」

1 서일교 158면; 정성근 428면; 정영석 329면; 진계호 339면; 황산덕 295면.
유기천 209면은 본죄와 강간치사상죄(제301조 · 제301조의2)의 상상적 경합이라고 한다.

2 김성천/김형준 480면; 김일수/서보학 280면; 박상기 299면; 배종대 65/15; 백형구 171면; 신동운 1005면; 이형국 367면; 정성근/박광민 328면; 조준현 267면.

3 김성천/김형준 480면; 김일수/서보학 280면; 김종원 208면; 박상기 299면; 백형구 178면; 임웅 392면; 정성근/박광민 328면.

4 김성돈 345면; 배종대 65/15; 이영란 315면; 이형국 367면.

5. 해상강도죄

① 다중의 위력으로 해상에서 선박을 강취하거나 선박 내에 침입하여 타인의 재물을 강취한 자는 무기 또는 7년 이상의 징역에 처한다.
② 제1항의 죄를 범한 자가 사람을 상해하거나 상해에 이르게 한 때에는 무기 또는 10년 이상의 징역에 처한다.
③ 제1항의 죄를 범한 자가 사람을 살해 또는 사망에 이르게 하거나 강간한 때에는 사형 또는 무기징역에 처한다(제340조).

미수범은 처벌한다(제342조).

유기징역에 처할 경우에는 10년 이하의 자격정지를 병과할 수 있다(제345조).

(1) 해상강도죄

61 1) 의 의 제1항은 해상강도죄를 규정하고 있다. 본죄는 다중의 위력으로 해상에서 선박을 강취하거나 선박 내에 침입하여 타인의 재물을 강취함으로써 성립한다. 소위 해적죄를 규정한 것이다. 해상에서 선박을 강취하거나 선박 내의 사람에게 강도행위를 하는 이른바 해적행위는 위험성이 크기 때문에 형을 가중한 것이다.

62 2) 구성요건 본죄의 객체는 해상의 선박 또는 그 선박내에 있는 재물이다. 해상이란 영해와 공해를 포함한다. 그러나 본죄의 취지에 비추어 볼 때 그것은 적어도 지상의 경찰권이 미치지 않는 바다 위임을 요하며, 하천·호수·항만은 제외해야 한다. 선박도 그 대소와 종류를 불문하나, 성질상 해상을 항해할 수 있을 정도의 것임을 요한다.

행위는 다중의 위력으로 강취하는 것이다. 다중이란 다수인의 집단을 말하며, 인원수에는 제한이 없다. 다만 사람에게 집단적 위력을 보일 수 있는 정도임을 요한다. 위력이란 사람의 의사를 제압할 수 있는 세력을 말한다. 유형적이든 무형적이든 불문한다.

(2) 해상강도상해·치상죄

63 해상강도가 사람을 상해하거나 상해에 이르게 함으로써 성립한다(동조 2항). 주체는 해상강도이며, 그 기수·미수를 불문한다. 상해 또는 상해에 이르게 하는 것은 강도의 기회에 행하여져야 한다. 해상강도상해죄의 미수범은 처벌한다.

64 (3) 해상강도살인·치사·강간죄 본죄는 해상강도가 사람을 살해 또는

사망에 이르게 하거나 강간함으로써 성립한다(동조 3항). 해상강도살인죄 및 강간죄는 미수범을 처벌한다. 여기의 미수란 살인 또는 강간의 미수를 말한다.

판례는 선장을 비롯한 일부 선원들을 살해하고 선박의 지배권을 장악하여 목적지까지 항해한 후 선박을 매도하거나 침몰시키려고 한 경우에는 선박에 대한 불법영득의사가 있다고 보아 해상강도살인죄의 성립을 인정하였다(대법원 1997. 7. 25. 97도1142).

6. 상습강도죄

상습으로 제333조, 제334조, 제336조 또는 전조 제1항의 죄를 범한 자는 무기 또는 10년 이상의 징역에 처한다(제341조).
미수범은 처벌한다(제342조).
유기징역에 처할 경우에는 10년 이하의 자격정지를 병과할 수 있다(제345조).

상습으로 강도죄·특수강도죄·인질강도죄 또는 해상강도죄를 범함으로써 성립하는 범죄이다. 상습성으로 인하여 책임이 가중되는 경우이다. 강도상해·치상, 강도살인·치사 및 강도강간의 죄에 대하여는 상습범의 가중규정이 없다. 따라서 상습강도죄와 그 확정판결 전에 범한 위 죄들과는 경합범의 관계가 된다.[1] 65

V. 강도예비·음모죄

강도할 목적으로 예비 또는 음모한 자는 7년 이하의 징역에 처한다(제343조).

강도의 결의[2]를 하고 실행의 착수에 이르지 않는 것이다. 실행을 준비하거나(강도예비죄) 모의를 하는 것(강도음모죄)을 말한다. 결의의 존재가 객관적으로 인식할 수 있을 정도에 이를 것을 요한다. 예컨대 강도에 사용할 흉기를 매입하거나, 흉기를 휴대하고 통행인을 습격하기 위하여 대기하는 때에는 강도예비죄가 성립한다.[3] 강도의 목적으로 주거에 침입한 때에도 같다. 66

---

1 대법원 1982. 10. 12. 82도1764; 대법원 1990. 9. 28. 90도1365.

2 대법원 2006. 9. 14. 2004도6432, 「강도예비·음모죄가 성립하기 위해서는 예비·음모행위자에게 미필적으로라도 '강도'를 할 목적이 있음이 인정되어야 하고 그에 이르지 않고 단순히 '준강도'할 목적이 있음에 그치는 경우에는 강도예비·음모죄로 처벌할 수 없다.」

3 대법원 1948. 8. 17. 4281형상80.

§18

제3절 사기의 죄

Ⅰ. 총 설

1. 사기죄의 의의

1 사기죄(詐欺罪)란 사람을 기망하여 재물을 편취하거나 재산상의 불법한 이익을 취득하거나 타인으로 하여금 얻게 함으로써 성립하는 범죄를 말한다. 형법은 각칙 제39장에서 공갈죄와 함께 사기죄를 규정하고 있다. 절도죄와 강도죄가 전통적·고전적인 범죄임에 대하여, 사기죄는 경제적 자유주의 내지 자본주의 경제이론과 함께 형성된 새로운 범죄라고 할 수 있다.

즉 형법상의 사기죄의 구성요건은 19세기의 산물이다. 물론 그 이전에도 사기가 처벌되지 않았던 것은 아니다. 그러나 이 때까지의 사기죄는 허위라는 상위개념에 의하여 문서죄 및 위증죄와 결합되어 있었다. 허위라는 개념에서 부진실과 부진정을 구별하고, 사기죄가 재산죄로서의 성격을 가지게 된 것은 1851년 프로이센 형법 제241조 이후의 일이다.[1]

2 사기죄는 재물뿐만 아니라 재산상의 이익도 객체로 하는 점에서 재물죄인 동시에 이득죄이다. 본죄는 타인이 점유하는 재물을 객체로 하는 점에서 절도죄나 강도죄와 같고 횡령죄와 구별된다. 따라서 자기가 점유하는 재물을 횡령하기 위하여 기망행위를 한 때에는 횡령죄만 성립하고 본죄가 성립할 여지는 없다.[2] 사기죄는 절도죄·강도죄와 재물취득의 방법에서 구별된다. 절도죄와 강도죄가 상대방의 의사에 의하지 아니한 탈취에 의하여 재물을 취득할 것을 요함에 대하여, 사기죄는 상대방의 하자 있는 의사에 의하여 재물을 취득하는 경우이다. 상대방의 하자 있는 의사에 의하여 재물을 취득한다는 점에서 사기죄는 공갈죄와 같다. 양 죄는 상대방에게 하자 있는 의사를 야기하는 수단이 서로 다를 뿐이다. 즉 사기죄는 기망을 수단으로 함에 대하여, 공갈죄는 공갈(폭행 또는 협박)을 수단으로 하자 있는 의사를 야기하는 경우이다.

---

1 Kindhäuser NK §263 Rn. 5; Maurach/Schroeder/Maiwald **41**/25.

2 대법원 1980. 12. 9. 80도1177.

2. 사기죄의 본질

(1) **보호법익** 사기죄의 보호법익이 재산권, 즉 전체로서의 재산이라는 데는 이론이 없다. 여기서 사기죄는 재물에 대한 소유권을 보호법익으로 하는 절도죄나 횡령죄와 구별된다. 재산권 이외에 거래의 진실성(Wahrheit im Verkehr) 또는 신의성실(Treu und Glauben)도 사기죄의 보호법익이 된다는 견해[1]가 있다. 공갈죄의 보호법익에 재산권과 함께 자유권이 포함되는 것과 같다는 것이다. 그러나 ① 거래의 진실성은 사기죄에 있어서 재산침해의 태양에 불과하므로 행위방법과 보호법익을 구별해야 할 뿐만 아니라, ② 공갈죄의 보호법익으로 재산권 이외에 자유권이 포함되는 것은 자유권도 형법상 독립적으로 보호받는 법익이기 때문이지만 거래의 진실성은 형법이 보호할 독립된 법익이 될 수 없으며, ③ 사기죄의 보호법익에 거래의 진실성도 포함된다고 하면 사기죄는 문서위조죄와 같은 성질을 가지는 범죄가 되어 재산죄로서의 성격마저 부정될 위험이 있다. 따라서 사기죄의 보호법익은 재산권뿐이라고 해야 한다.[2] 그러므로 사기죄에 있어서 피기망자와 재산상의 피해자가 일치하지 않을 때에는 피기망자는 피해자라고 할 수 없다. 3

사기죄의 보호법익은 재산권이므로 기망에 의한 경우에도 재산권을 침해하지 않는 때에는 본죄가 성립하지 않는다. 기망에 의하여 공무원자격을 사칭하거나(제118조), 간음한 경우가 여기에 해당한다. 문제는 성(性)이 금전화된 경우, 예컨대 상대방과 가격을 정하고 성교를 한 후 대금을 지급하지 않는 때에 본죄가 성립하는가이다. 판례는 금품 등을 받을 것을 전제로 성행위를 하는 부녀를 기망하여 성행위 대가의 지급을 면하는 경우 사기죄가 성립한다고 판시한 바 있다(대법원 2001. 10. 23. 2001도2991). 그러나 성(性)은 어떤 경우에도 재산권이 될 수 없다(BGHSt. 4, 373). 성행위를 처분행위라고 할 수도 없다. 다만 결혼을 가장하여 금품을 편취한 때에 본죄가 성립하는 것은 당연하다. 공무원을 기망하여 세금을 포탈하거나(대법원 2008. 11. 27. 2008도7303) 농지보전부담금을 면제받거나(대법원 2019. 12. 24. 2019도2003) 여권을 발급받을 때에도 본죄는 성립하지 않는다. 기망행위에 의하여 국가적·사회적 법익을 침해한 것에 지나지 않기 때문이다. 4

---

1 김종원 212면; 배종대 **67**/4; 신동운 1015면; 유기천 231면; 임웅 399면; 정영일 176면.

2 Lackner/Kühl LK §263 Rn. 2; Maurach/Schroeder/Maiwald **41**/18; Rengier **13**/1; Samson/Günther SK §263 Rn. 1; Sch/Sch/Cramer §263 Rn. 1; Tröndle/Fischer §263 Rn. 3; Wessels/Hillenkamp Rn. 489.

5 보호법익이 보호받는 정도는 침해범이다. 피기망자의 착오에 의한 재산의 처분행위가 있고 이로 인하여 재물을 편취하거나 재산상의 이익을 취득해야 본죄는 기수에 이르기 때문이다.

6 (2) **재산상의 손해** 문제는 사기죄의 성립을 위하여 피해자에게 재산상의 손해가 발생할 것을 요건으로 하는가에 있다. 형법은 독일 형법 제263조와는 달리 재산상의 손해를 요한다는 명문의 규정을 두고 있지 않다. 여기서 상당한 대가를 지급하고 재물을 교부받은 때에도 본죄가 성립하느냐에 관하여 견해가 대립되고 있다. 이에 대하여는 사기죄의 본질은 기망에 의한 재물 또는 재산상의 이익의 취득에 있으므로 기망되지 않았다면 재물 또는 재산상의 이익을 제공하지 않았을 것을 기망에 의하여 제공하였다면 본죄가 성립한다는 견해[1]와 사기취재죄의 경우에는 손해의 발생을 요하지 않지만 사기이득죄의 경우에는 손해의 발생을 요한다는 견해[2] 및 상대방의 손해와 행위자의 이익은 상관관계에 있으므로 사기죄의 성립에는 손해의 발생을 요한다는 견해[3]가 있다. 대법원은 일관하여 사기죄가 성립하는 데에는 현실적인 재산상의 손해를 요하지 않는다고 판시하였으나[4] 이는 사실상 손해의 발생을 요건으로 하지 않는다는 의미에 불과하며,[5] 정면으로 재산상의 손해가 없다고 하여도 사기죄의 성립에는 영향이 없다고 판시

1 백형구 180면; 신동운 1024면; 이건호 147면; 정영일 179면.

2 김종원 216면; 정성근 456면; 진계호 361면; 황산덕 303면. 다만 김종원 교수는 재산상의 손해는 요하지만 사기취재의 경우에는 재물의 상실 자체가 손해라고 한다. 그러나 정당한 대가를 지급한 때에도 재물의 상실만으로 손해가 있다고 하는 것은 결국 손해를 요하지 않는다는 의미라고 하겠다.

3 강구진 326면; 김일수/서보학 347면; 박상기 326면; 배종대 68/59; 손동권/김재윤 385면; 유기천 235면; 이영란 337면; 이형국 383면; 임웅 419면; 정성근/박광민 347면.

4 대법원 1987. 12. 22. 87도2168; 대법원 1988. 6. 28. 88도740; 대법원 1994. 10. 21. 94도2048; 대법원 1998. 11. 10. 98도2526; 대법원 2004. 4. 9. 2003도7828; 대법원 2014. 10. 15. 2014도9099.

5 대법원 1992. 9. 14. 91도2994(소위 백화점 변칙세일사건), 「사기죄의 본질은 기망에 의한 재물이나 재산상의 이익의 취득에 있고 상대방에게 현실적으로 재산상의 손해가 발생함을 그 요건으로 하지 아니하는바, ……현대 산업화 사회에 있어서 소비자가 갖는 상품의 품질, 가격에 대한 정보는 대부분 생산업자 및 유통업자의 광고에 의할 수밖에 없고 백화점과 같은 대형 유통업체에 대한 소비자들의 신뢰는 백화점 스스로의 대대적인 광고에 의하여 창출된 것으로서 이에 대한 소비자들의 신뢰와 기대는 보호되어야 한다고 할 것인바, 종전에 출하한 일이 없던 신상품에 대하여 첫 출하시부터 종전가격 및 할인가격을 비교표시하여 막바로 세일에 들어가는 이른바 변칙세일은 진실규명이 가능한 구체적 사실인 가격조건에 관하여 기망이 이루어진 경우로서 그 사술의 정도가 사회적으로 용인될 수 있는 상술의 정도를 넘는 것이어서 사기죄의 기망행위를 구성한다.」

이 판결은 백화점의 변칙세일이 기망행위에 해당한다는 취지의 판결이나 사실상 피해자의 재산상의 손해가 사기죄의 요건이 아니라는 의미로 이해할 수 있다.

한 판결도 있다.[1] 그러나 ① 사기죄는 재산권을 보호법익으로 하는 재산죄이다. 그런데 재산상의 손해가 없는 때에도 사기죄가 성립한다고 해석한다면 사기죄는 이미 재산죄가 아니라 자유권, 즉 처분의 자유를 보호하는 죄로서의 성격을 가지게 된다. ② 정당한 대가를 지급하고 재물 또는 재산상의 이익을 취득한 때에도 사기죄가 성립한다는 것은 상식상으로도 받아들일 수 없다. 재산상의 이익과 손해는 언제나 상관관계에 있다고 해야 한다. 물론 사기죄에 있어서 피기망자가 피해자와 일치할 것을 요하는 것은 아니지만, 그것이 손해의 발생을 요하지 않는다는 근거가 될 수는 없다. ③ 정당한 대가를 지급한 때에도 사기죄가 언제나 성립하지 않는 것은 아니다. 그러나 그것은 재산상의 손해의 개념을 어떻게 이해할 것인가라는 문제이며, 사기죄의 성립에 재산상의 손해를 요하지 않기 때문은 아니다. 따라서 사기죄가 성립하기 위해서는 재산상의 손해가 발생해야 하며, 형법에 명문의 규정이 없을지라도 그것은 사기죄의 구성요건이 된다. 요컨대 정당한 대가를 지급하고 재물을 취득한 때에는 본죄는 성립하지 않는다고 해야 한다.

3. 구성요건의 체계

형법은 사기의 죄에 관하여 사기죄(제347조), 컴퓨터등 사용사기죄(제347조의2), 준사 7
기죄(제348조), 편의시설 부정이용죄(제348조의2) 및 부당이득죄(제349조)를 규정하고 있다. 형법 제347조의 사기죄가 기본적 구성요건이다. 컴퓨터등 사용사기죄와 준사기죄 및 편의시설 부정이용죄는 사기죄를 보충하기 위한 수정적 구성요건이다. 부당이득죄는 엄격한 의미에서는 사기죄와 구별되지만, 타인의 궁박한 상태를 이용하여 부당한 이득을 취득하는 것을 사기죄의 한 태양으로 처벌하는 것이다. 사기죄에 대한 가중적 구성요건으로는 상습사기죄(제351조)가 있다. 사기죄와 준사기죄의 미수범은 처벌하며(제352조), 자격정지를 병과할 수 있다(제353조). 사기죄에 대하여도 친족상도례가 적용된다(제354조).

사기죄(제347조)에 의하여 취득한 재물 또는 재산상 이익의 가액이 5억원 이상일 때에는

1 대법원 2007. 1. 25. 2006도7470, 「재물편취를 내용으로 하는 사기죄에 있어서는 기망으로 인한 재물교부가 있으면 그 자체로서 피해자의 재산침해가 되어 이로써 곧 사기죄가 성립하는 것이고, 상당한 대가가 지급되었다거나 피해자의 전체 재산상에 손해가 없다고 하여도 사기죄의 성립에는 그 영향이 없으므로 사기죄에 있어서 그 대가가 일부 지급된 경우에도 그 편취액은 피해자로부터 교부된 재물의 가치로부터 그 대가를 공제한 차액이 아니라 교부받은 재물 전부이다.」
동지 : 대법원 1995. 3. 24. 95도203.

특경가법 제3조에 의하여 가중처벌된다. 즉 이득액이 50억원 이상일 때에는 무기 또는 5년 이상의 징역, 5억원 이상 50억원 미만일 때에는 3년 이상의 유기징역에 처한다.[1] 이 경우 이득액 이하에 상당하는 벌금을 병과할 수 있다.

Ⅱ. 사 기 죄

① 사람을 기망하여 재물의 교부를 받거나 재산상의 이익을 취득한 자는 10년 이하의 징역 또는 2천만원 이하의 벌금에 처한다.

② 전항의 방법으로 제3자로 하여금 재물의 교부를 받게 하거나 재산상의 이익을 취득하게 한 때에도 전항의 형과 같다(제347조).

미수범은 처벌한다(제352조).

10년 이하의 자격정지를 병과할 수 있다(제353조).

1. 객관적 구성요건

8 사기죄는 사람을 기망하여 재물의 교부를 받거나 재산상의 이익을 취득하거나 제3자로 하여금 취득하게 함으로써 성립한다. 따라서 사기죄의 객관적 구성요건으로 ① 기망행위가 있고, ② 재물의 교부 또는 재산상의 이익의 취득이 있을 것을 요하는 것은 명백하다. 그러나 사기죄의 본질은 상대방의 하자 있는 의사에 의하여 재물을 교부받거나 재산상의 이익을 취득하였다는 데 있다. 따라서 사기죄가 성립하기 위하여는 이 외에도 ③ 피기망자의 착오와 ④ 처분행위가 있고, ⑤ 재산상의 손해가 발생하였을 것을 요건으로 한다.

(1) **행위의 객체** 타인이 점유하는 타인의 재물 또는 재산상의 이익이다.

9 1) **재 물** 재물의 개념은 절도죄에서 검토한 바와 같다. 금전은 물론 백지위임장,[2] 보험증서 또는 수출물품수령증,[3] 주권포기각서,[4] 인감증명

---

1 부동산을 편취한 경우 특경가법 제3조의 적용을 전제로 부동산의 가액을 산정함에 있어서 대법원은 「부동산에 아무런 부담이 없는 때에는 그 부동산의 시가 상당액이 곧 그 가액이라고 볼 것이지만, 그 부동산에 근저당권설정등기가 경료되어 있거나 압류 또는 가압류 등이 이루어져 있는 때에는 특별한 사정이 없는 한 아무런 부담이 없는 상태에서의 그 부동산의 시가 상당액에서 근저당권의 채권최고액 범위 내에서의 피담보채권액, 압류에 걸린 집행채권액, 가압류에 걸린 청구금액 범위 내에서의 피보전채권액 등을 뺀 실제의 교환가치를 그 부동산의 가액으로 보아야 한다」고 판시하였다(대법원 2007. 4. 19. 2005도7288 전원합의체판결).

2 대법원 1961. 10. 19. 4294형상352.

3 대법원 1982. 9. 28. 82도1656.

4 대법원 1996. 9. 10. 95도2747.

서[1]는 물론, 무효인 약속어음공정증서[2]도 외형상 권리의무를 증명함에 족한 체제를 구비하고 있는 한 여기의 재물에 해당한다.

대법원은 피해자가 본범의 기망행위에 속아 현금을 피고인 명의의 은행 예금계좌로 송금한 경우에 재물에 해당하는 현금을 교부하는 방법이 예금계좌로 송금하는 형식으로 이루어진 것에 불과하다는 이유로, 재물에 대한 사기죄가 성립한다고 판시하였다(대법원 2010. 12. 9. 2010도6256).

절도죄와 강도죄의 재물은 동산에 한함에 반하여, 본죄의 재물에는 동산뿐만 아니라 부동산도 포함된다는 데 이론이 없다. 다만 부동산편취의 기수시기에 대하여는 견해가 대립되고 있다. 부동산에 대한 권리이전의 의사표시가 있는 것으로 족하지 않고, 현실적으로 점유의 이전이 있거나 소유권이전등기가 경료된 때에 기수가 된다는 통설[3]과 판례[4]의 태도가 타당하다. 권리이전의 의사표시만으로는 재산상의 이익은 취득하였어도 재물로서의 부동산을 편취하였다고는 할 수 없기 때문이다.

2) 재산상의 이익 재물 이외의 일체의 재산상의 이익을 말한다. 적극적 10
이익이든 소극적 이익이든 불문한다. 예컨대 기망에 의하여 노무의 제공을 받거나, 담보의 제공을 받거나,[5] 연고권을 취득하거나[6] 또는 채권추심의 승인을 받는 경우[7]가 전자에 해당하며, 채무의 면제를 받거나[8] 채무변제의 유예를 받는 것[9]이 후자에 속한다.

채무이행의 연기도 재산상의 이익이 되므로 판례는 지급기일에 지급할 의사와 능력이 없으면서 채무이행을 연기받기 위하여 어음이나 수표를 발행 교부한 경우나(대법원 1997. 7. 25. 97도1095; 대법원 1998. 12. 9. 98도3282) 기망에 의하여 대출을 받은 것이 신규대출이 아니라 변제기를 연장받은 것에 불과한 경우(소위 대환)(대법원 1997. 2. 14. 96도2904)에도 사기죄에 해당하며, 신축

1 대법원 2011. 11. 10. 2011도9919.
2 대법원 1995. 12. 22. 94도3013.
3 강구진 318면; 배종대 68/4; 서일교 161면; 손동권/김재윤 364면; 이영란 323면; 유기천 235면; 정영석 348면; 황산덕 297면.
4 대법원 1961. 7. 14. 4294형상109.
5 대법원 1982. 10. 26. 82도2217; 대법원 1995. 8. 25. 94도2132; 대법원 2006. 11. 24. 2005도5567.
6 대법원 1972. 1. 31. 71도1193.
7 대법원 1983. 10. 25. 83도1520.
8 대법원 2012. 4. 13. 2012도1101.
9 대법원 1983. 11. 8. 83도1723.

중인 다세대주택에 관한 건축허가명의의 변경도 건축주로서 공사를 계속하여 완공한 다음 그의 명의로 소유권보존등기를 경료할 수 있는 것은 재산상의 이익이 된다고 한다(대법원 1997. 7. 11. 95도1874). 경제적 이익을 기대할 수 있는 자금운용의 권한 내지 지위의 획득(대법원 2012. 9. 27. 2011도282)이나 가상자산의 일종인 비트코인(대법원 2021. 11. 11. 2021도9855)도 재산상의 이익에 해당한다.

그것이 영속적 이익인가 또는 일시적 이익인가도 묻지 않으며, 이익의 취득이 사법상 유효할 것도 요하지 않는다. 외관상 재산상의 이익을 취득하였다고 볼 수 있는 사실관계가 있으면 족하다.[1]

11 그러나 이익의 대상은 어디까지나 재산권이어야 하므로 기망수단에 의하여 이익을 취득하였어도 그것이 재산상의 이익이 아니면 사기죄가 성립하지 않는다.

따라서 부재자의 재산관리인으로 선임되거나(대법원 1973. 9. 25. 73도1080) 도로점유허가신청에 있어서 사용자가 누구인가에 대하여 기망하였다는 것만으로는(대법원 1974. 7. 23. 74도669) 재산상의 이익을 취득하였다고 할 수 없다. 교통사고처리 특례법 제4조 소정의 보험가입증명원에 의한 보험가입사실의 증명도 재산상의 이익이 될 수 없다(대법원 1997. 3. 28. 96도2625).

재산상의 이익은 구체적인 이익일 것을 요한다. 그러므로 치료비 채무를 면하기 위하여 거짓말을 하고 병원을 빠져나와 도주하거나,[2] 단순히 지급보증서를 받은 것[3]만으로는 재산상의 이익을 취득하였다고 할 수 없다.

12 (2) **행　　위** 　본죄의 행위는 기망행위(欺罔行爲)이다. 그런데 행위자의 기망행위는 피기망자에게 착오를 일으킬 것을 요한다. 여기서 본죄의 행위를 기망행위와 피기망자의 착오로 나누어서 살펴볼 필요가 있다.

1) **기망행위** 　기망이란 널리 거래관계에서 지켜야 할 신의칙에 반하는 행위로서 사람으로 하여금 착오를 일으키게 하는 것을 말한다.[4] 따라서 사람에 대한 기망행위를 수반하지 않는 경우 사기죄로 처벌할 수 없다.[5]

1 대법원 2012. 5. 24. 2010도12732.
2 대법원 1970. 9. 22. 70도1615.
3 대법원 1982. 4. 13. 80도2667.
4 대법원 1984. 2. 14. 83도2995; 대법원 2007. 10. 25. 2005도1991.
5 대법원 2025. 3. 27. 2024도18441, 「피고인이 정상적으로 대출금을 반환할 의사나 능력이 없음에도 비대면 자동심사 방식의 대출을 신청하여 카드회사를 기망한 경우, 비대면 자동심사 방식의 대출 과정에서 카드회사의 직원이 대출신청을 확인하거나 대출금을 송금하는 등으로 개입하였다고 인정할 만한 사정이 없다면, 피고인의 행위는 사람에 대한 기망행위를 수반하지 않아서 사기죄에 해당하지 않는다.」

(가) **기망행위의 대상** 기망행위의 대상이 사실에 한하느냐 또는 가치판단을 포함하느냐가 문제된다. 종래의 통설[1]은 사실뿐만 아니라 가치판단에 대하여도 기망이 가능하다고 해석하였다. 독일 형법 제263조가 명문으로 기망행위의 대상을 사실(Tatsachen)에 제한하고 있는 것과 구별된다. 여기서 사실이란 증명할 수 있는 과거와 현재의 상태를 말하며 미래의 사실은 포함되지 않는다. 생각건대 사실은 객관적으로 확정될 수 있는 현상을 의미함에 반하여, 가치판단은 경험칙에 의하여 확정된 결론이 아니라 개인적·주관적으로 해석될 수 있는 것이므로 순수한 가치판단 내지 의견의 진술은 기망행위의 대상에서 제외하는 것이 옳다.[2] 따라서 화가의 그림을 보고 아름답다고 하거나 순수한 법적 의견을 진술하는 것은 기망행위가 될 수 없다. 그러나 사실에 관한 한 그것이 외적 사실인가 또는 내적 사실인가는 묻지 않는다. 13

예컨대 무전취식은 대금의 지불능력(외적 사실)과 지불의사(내적 사실)를 기망한 경우이며, 금전차용의 경우에 대여가치(외적 사실)뿐만 아니라 변제의사에 대한 기망도 사기죄를 구성한다(대법원 1983. 8. 23. 83도1048). 그러나 사실과 가치판단의 한계가 반드시 명백한 것은 아니다. 가치판단에는 사실주장이 포함될 수 있고, 주관적으로 강조된 가치판단은 내적 사실의 주장이라고 할 수 있기 때문이다. 순수한 가치판단은 기망의 대상이 될 수 없어도, 이러한 경우에는 당연히 기망이라고 해야 한다. 결국 사실주장과 가치판단의 구별은 기망행위의 내용이 구체적으로 증명할 수 있는 객관적 의미내용을 가지고 있느냐에 따라 개별적으로 판단하지 않으면 안 된다.[3]

사실주장과 가치판단의 한계로서 문제되는 것이 과장광고 내지 허위광고의 경우이다. 예컨대 상등품 또는 최고품이라고 하는 것과 같은 어느 정도의 추상적인 과장광고는 허용되지만,[4] 이러한 범위를 넘어서 구체적으로 증명할 수 있는 사실을 들어 허위광고를 하는 것은 기망행위에 해당한다고 하겠다.[5] 14

대법원은 ① 아파트를 분양함에 있어 평형의 수치를 과장하여 광고한 경우에도 그것

1 강구진 319면; 김종원 213면; 오영근 305면; 유기천 236면; 정성근/박광민 337면.

2 Krey/Hellmann Rn. 339; Lackner/Kühl §263 Rn. 5; Maurach/Schroeder/Maiwald **41**/30; Otto S. 224; Samson/Günther SK §263 Rn. 10; Sch/Sch/Cramer §263 Rn. 9; Tröndle/Fischer §263 Rn. 8; Wessels/Hillenkamp Rn. 496.

3 Kindhäuser NK §263 Rn. 85; Lackner/Kühl §263 Rn. 5; Sch/Sch/Cramer §263 Rn. 9; Wessels/Hillenkamp Rn. 496.

4 대법원 1960. 7. 6. 4293형상374; 대법원 1986. 4. 8. 86도236; 대법원 2007. 1. 25. 2004도45.

5 대법원 1982. 10. 26. 81도2531.

이 매매대금을 산정하기 위한 기준이 된 것이 아니고 단지 분양대상 아파트를 특정하고 분양을 쉽게 하기 위한 것이었거나(대법원 1991. 6. 11. 91도788), ② 매수인들에게 토지의 매수를 권유하면서 언급한 내용이 객관적 사실에 부합하거나 비록 확정된 것은 아닐지라도 연구용역 보고서와 신문스크랩 등에 기초한 내용을 언급한 경우(대법원 2007. 1. 25. 2004도45)에는 기망행위에 해당하지 아니하나, ① 음식점에서 한우만을 취급하는 것으로 광고하고 수입 쇠갈비를 판매한 경우(대법원 1997. 9. 9. 97도1561), ② 백화점 식품매장에서 남은 생식품에 대하여 가공일을 고친 바코드라벨을 부착하여 판매한 경우(대법원 1995. 7. 28. 95도1157; 대법원 1996. 2. 13. 95도2121), ③ 오리, 동충하초, 녹용 등 여러 가지 재료를 혼합하여 제조·가공한 '녹동달 오리골드'라는 제품이 성인병 치료에 특별한 효능이 있는 약이라고 허위선전하여 고가에 판매한 경우(대법원 2004. 1. 15. 2001도1429)에는 사회적으로 용인될 수 있는 상술의 범위를 넘는 기망행위에 해당한다고 판시하였다.

15 (나) **기망행위의 수단** 기망행위의 수단·방법에는 제한이 없다. 일반에게 착오를 일으킬 수 있는 모든 행위가 포함된다. 명시적이든 묵시적이든, 작위이건 부작위이건 묻지 아니한다.

16 (a) **명시적 기망행위** 언어에 의하여 허위의 주장을 하는 경우를 말한다. 여기서 허위란 객관적 진실에 반하는 것을 의미한다. 진실에 반하는 사실이 표현의 객체로 되어 기망행위가 되는 경우이며, 기망의 가장 전형적인 예이다. 허위의 주장이 문서화된 경우도 포함된다.[1]

17 (b) **묵시적 기망행위** 허위의 주장을 언어에 의하여 표현하지 아니하고 행동을 통하여 설명한 경우를 말한다. 명시적 기망행위와 함께 작위에 의한 기망행위의 한 형태를 이룬다. 그러므로 묵시적 기망행위는 부작위에 의한 기망행위와 구별되어야 하며, 묵시적 기망행위도 되지 않을 때에만 부작위에 의한 기망행위가 될 수 있다. 묵시적 기망행위는 행위자의 전체행위가 설명가치를 가질 때에 인정된다. 그리고 행위가 어떤 설명가치를 가지느냐는 사회통념에 따라 결정되어야 한다.[2]

18 묵시적 기망행위를 인정할 수 있는 것으로 다음과 같은 경우를 들 수 있다. ① 호텔에 숙박하거나 음식점에서 음식을 주문한 자는 대금지불의 의사와 능력

1 대법원 2015. 7. 9. 2014도11843.

2 Krey/Hellmann Rn. 344; Maurach/Schroeder/Maiwald **41**/39; Samson/Günther SK §263 Rn. 27; Sch/Sch/Cramer §263 Rn. 12; Tiedemann LK §263 Rn. 28; Wessels/Hillenkamp Rn. 498.

이 있음을 묵시적으로 표현했다고 해야 한다. 따라서 무전취식이나 무전숙박은 작위에 의한 묵시적 기망행위에 해당한다. 그러나 호텔에 투숙한 후 또는 음식을 먹는 도중에 지불불능상태에 빠진 때에는 묵시적 기망행위라고 할 수 없다. 이 때에는 부작위에 의한 기망이 되느냐가 문제될 따름이다. ② 재물을 처분하는 자는 그 재물이 자기의 소유물이거나 이를 처분할 권한이 있음을 묵시적으로 표현했다고 해야 한다. 따라서 타인에게 이전등기해 준 부동산을 매도하거나 임대하고 대금을 받은 때에는 당연히 사기죄를 구성하게 된다.[1] 뿐만 아니라 재물을 담보로 제공하는 자는 그 재물이 다른 사람에게 담보로 제공된 일이 없다는 것을 묵시적으로 설명했으며, 이를 매도하는 자는 그 목적물이 매수인이 원하는 성질을 구비하였음을 묵시적으로 설명했다고 해야 할 것이다.

따라서 압류된 사실을 고지하지 아니하고 양도담보로 제공하거나(대법원 1980. 4. 8. 79도2888), 절취한 장물을 담보로 제공하고 금원을 차용한 경우(대법원 1980. 11. 25. 80도2310)는 물론, 매매목적물에 대하여 하자가 있음에도 불구하고 이를 숨긴 때(대법원 1971. 7. 27. 71도977)에도 묵시적 기망행위에 해당하여 사기죄를 구성한다.

다만 묵시적 기망행위가 되는가는 그 행위가 사회통념에 의하면 어떤 설명가치를 가지느냐에 따라 판단해야 할 문제이므로 목적물에 하자가 있다고 할지라도 그것이 계약의 목적을 달성하는 데 아무런 의미를 가지지 않는 때에는 묵시적 기망이라고 할 수 없다.[2] ③ 저당권이나 가등기가 설정된 부동산에 대하여 그 사실을 알리지 아니하고 이를 처분한 경우도 묵시적 기망행위에 해당한다. 피해자는 행위자의 태도에 의하여 기망당하였다고 해야 하기 때문이다. 대법원은 종래 「매도인이 적극적으로 그 사실을 은폐하지 아니한 이상 기망이 되지 않는다」고 판시한 바 있다.[3] 그러나 기망행위는 반드시 명시적 방법으로 행하여질 것을 요하는 것이 아니라 묵시적 기망도 가능하고, 부동산을 매도하는 자는 그 부동산에 저당권이나 가등기가 설정되어 있지 않다는 것을 묵시적으로 설명하였다고 할 것이므로 이 경우에도 사기죄의 성립을 인정함이 타당하다.[4] ④ 은행에서 예금을 청구하는 자는 자기가 정당한 권리자임을 묵시적으로 설명하였으며, 어음

1 대법원 1971. 8. 31. 71도1302; 대법원 1984. 1. 31. 83도1501.
2 대법원 1979. 2. 13. 78도2211; 대법원 1983. 12. 27. 82도2497.
3 대법원 1970. 5. 26. 70도481; 대법원 1972. 3. 28. 72도255; 대법원 1979. 7. 10. 79도1133.
4 대법원 1981. 8. 20. 81도1638; 대법원 1986. 9. 9. 86도956.

또는 수표의 발행인은 지급일에 그것이 결제될 것이라고 묵시적으로 설명했다고 보아야 한다.

따라서 절취한 예금통장으로 예금을 청구하거나(대법원 1974. 11. 26. 74도2817), 결제될 가망이 없는 어음이나 수표를 담보로 제공하거나 할인을 받고 재물을 취득한 때에는 사기죄를 구성하게 된다(대법원 1997. 7. 25. 97도1095).

19 (c) **부작위에 의한 기망행위** 기망행위가 반드시 작위에 제한되지 아니하고 부작위에 의하여도 가능하다는 점에 대하여는 이론이 없다. 즉 보증인의무에 위배하여 착오의 발생을 저지하지 않거나 기존의 착오를 제거하지 않은 때에는 부작위에 의한 사기죄가 성립한다. 그러나 부작위에 의한 기망행위와 묵시적 기망행위의 한계가 반드시 명백한 것은 아니다. 종래의 통설은 저당권 또는 가등기 설정사실을 고지하지 아니한 부동산의 처분, 피보험자가 질병을 감추고 보험계약을 체결한 경우는 물론, 무전취식이나 무전숙박의 경우도 부작위에 의한 기망행위라고 해석하였다.[1]

판례도 거래의 상대방이 일정한 사정에 대한 고지를 받았다면 당해 거래에 임하지 않았을 것임이 경험칙상 명백한 경우 그 거래로 인하여 재물을 수취하는 자에게는 신의성실의 원칙상 사전에 상대방에게 그와 같은 사정을 고지할 의무가 있다 할 것이므로 이를 고지하지 아니한 것은 부작위에 의한 사기죄를 구성한다는 전제에서, ① 수표나 어음이 지급기일에 결제되지 않을 것을 예견하면서 이를 고지하지 않고 할인을 받는 경우(대법원 1998. 12. 9. 98도3282), ② 임대인이 임대차계약을 체결하면서 임차인에게 임대목적물이 경매진행중인 사실을 알리지 아니한 경우(대법원 1998. 12. 8. 98도3263), ③ 토지 소유자로 등기된 자가 자신이 진정한 소유자가 아님을 알면서 수용보상금으로 공탁된 공탁금의 출급을 신청한 경우(대법원 1994. 10. 14. 94도1911), ④ 토지에 관하여 도시계획이 입안되어 있어 협의매수되거나 수용될 것이라는 사정을 고지하지 않고 매도한 경우(대법원 1993. 7. 13. 93도14) 및 ⑤ 이전하지 않고는 가동할 수 없는 공장을 그 사정을 고지하지 않고 매도한 경우(대법원 1991. 7. 23. 91도458), ⑥ 특정 시술을 받으면 아들을 낳을 수 있을 것이라는 착오에 빠져 있는 피해자들에게 의사가 그 시술의 효과와 원리에 관하여 사실대로 고지하지 않고 아들을 낳을 수 있는 것처럼 시술과 처방을 행한 경우(대법원 2000. 1. 28. 99도2884)에 부작위에 의한 기망행위가 된다고 판시하였다.

그러나 행위자가 비록 명시적으로 기망하지 않았다 할지라도 설명가치 있는

1 김종원 214면; 유기천 239면; 정영석 350면; 진계호 353면; 황산덕 299면.

행위에 의하여 피해자를 기망한 때에는 작위에 의한 기망행위라고 하지 않을 수 없으므로 이러한 경우는 묵시적 기망행위에 속한다고 해야 한다. 묵시적 기망행위라고 할 수 없는 경우에만 부작위에 의한 기망행위라고 할 수 있고, 따라서 그것은 상대방이 행위자와 관계 없이 스스로 착오에 빠져 있을 것을 요건으로 한다.[1] 예컨대 은행원이 청구금액을 초과하는 돈을 내어주는 것을 받거나, 상대방이 거스름돈을 잘못 내어주는 것을 받은 경우, 또는 음식을 먹는 도중에 지불능력이 없어졌음에도 불구하고 계속 가져오는 음식을 먹는 경우나 잘못 지급된 보상금을 영득한 경우에 비로소 부작위에 의한 기망행위가 문제된다.

부작위에 의한 기망행위가 사기죄를 구성하기 위하여는 행위자가 상대방의 착오를 제거해야 할 보증인지위에 있을 뿐만 아니라 그 부작위는 작위에 의한 기망행위와 동가치를 가져야 한다. 보증인지위는 법령 · 계약 · 선행행위는 물론 신의성실의 원칙에 의하여도 발생할 수 있다. 그러나 계약에 의한 고지의무(Aufklärungspflicht)는 일정한 사유가 발생한 경우에 상대방에게 고지하는 것이 계약의 내용이 된 경우에 한하며, 단순히 계약을 체결하였다는 사실만으로 상대방의 재산을 보호할 보증인이 되는 것은 아니다. 또한 신의성실의 원칙에 근거한 고지의무도 특수한 신뢰관계를 전제로 한다. 따라서 계약의 당사자가 되었다는 것만으로 신의성실의 원칙을 근거로 진실을 고지해야 할 의무가 있다고 할 수는 없다. 음식을 주문한 사람이 지불능력이 초과된 사실을 알면서 음식을 먹는 것만으로는 부작위에 의한 기망행위가 되지 않고, 돈을 차용한 사람이 채권자에게 자신의 무자력을 고지해야 할 보증인이 되는 것도 아니다. 결국 신의성실의 원칙을 근거로 한 고지의무가 인정될 것인가는 ① 상대방에게 고지하지 아니하여 현저한 손해가 발생하였는가(손해요소), ② 그 요소가 상대방에게 특히 중요한 요소였는가(중요성), ③ 상대방이 무경험 때문에 제공된 재물의 가치와 성질을 심사할 수 없었는가(무경험요소)를 종합하여 판단해야 한다.[2] 20

판례는, ① 중고 자동차 매매에 있어서 매도인의 할부금융회사 또는 보증보험에 대한 할부금 채무가 매수인에게 당연히 승계되는 것이 아니므로 그 할부금 채무의 존재를 매수인에게 고지하지 아니한 것은 부작위에 의한 기망에 해당하지 아니하지만

1 대법원 1980. 7. 8. 79도2734.
2 Sch/Sch/Cramer §263 Rn. 22; Wessels/Hillenkamp Rn. 506.

(대법원 1998. 4. 14. 98도231), ② 물품의 국내 독점판매계약을 체결함에 있어서 이미 다른 회사가 같은 용도와 성능을 가진 이름도 같은 제품을 판매하고 있는 사실을 고지하지 않은 경우(대법원 1996. 7. 30. 96도1081), ③ 보험회사와 보험대리점 계약을 체결한 홈쇼핑 대리점의 보험상담원이 보험상품을 판매하면서 보험계약자들이 실제로 보험을 가입할 의사가 없어 1회 보험료 결제 후 보험계약이 유지되지 않을 것임을 알고 있었음에도 불구하고, 보험계약을 체결하게 하고 보험회사로부터 보험계약 체결에 따른 수수료 명목으로 금원을 교부받은 경우(대법원 2014. 1. 16. 2013도9644) 및 ④ 자신이 운영하는 인터넷 경매에 참가한 회원들이 경매상품을 낙찰받지 못하면 입찰을 위하여 사용한 아이템을 환불받을 수 없는 상황에서, 자신이 허위의 회원계정을 만들어 스스로 경매에 참가하여 낙찰받는 방법으로 정상적인 경매가 진행되는 것으로 믿은 회원들로 하여금 그 경매절차에 참가하기 위하여 아이템을 사용하게 함으로써 이를 모두 잃게 한 경우(대법원 2014. 10. 15. 2014도9099)에는 고지의무위반을 이유로 사기죄의 성립을 인정하였다.

상대방이 착오로 과다한 거스름돈을 주는 것을 알면서 받은 경우에 부작위에 의한 사기죄가 성립할 것인가에 관하여는 학설이 대립된다. 이 경우에도 사기죄가 성립한다는 견해,[1] 과분한 거스름돈임을 현장에서 알고 받으면 사기죄가 성립하고 사후에 알고 영득한 때에는 점유이탈물횡령죄가 성립한다는 견해[2] 및 사기죄가 성립할 수 없다는 견해[3]가 그것이다. 거스름돈을 받는 자가 상대방에게서 받은 돈이 맞는가를 심사하여 상대방에게 고지할 의무는 없으므로 이 경우에 부작위에 의한 기망행위가 성립할 수는 없다고 하겠다.

---

1 백형구 176면; 정영석 334면; 정영일 181면.

2 손동권/김재윤 368면; 신동운 1039면; 오영근 306면; 이영란 328면; 임웅 408면.

상대방이 착오에 빠져 초과지급하는 매매잔금을 받은 행위가 사기죄를 구성할 것인가에 관하여 판례도 같은 입장을 취하고 있다.

대법원 2004. 5. 27. 2003도4531, 「피해자가 피고인에게 매매잔금을 지급함에 있어 착오에 빠져 지급해야 할 돈을 초과하여 교부하는 경우, 피고인이 사실대로 고지하였다면 피해자가 그와 같이 초과하여 교부하지 않았을 것임은 경험칙상 명백하므로, 피고인이 매매잔금을 교부받기 전 또는 교부받던 중에 그 사실을 알게 된 경우에는 특별한 사정이 없는 한 피고인으로서는 피해자에게 사실대로 고지하여 피해자의 그 착오를 제거해야 할 신의칙상 의무를 지므로 그 의무를 이행하지 아니하고 피해자가 건네주는 돈을 그대로 수령한 경우에는 사기죄에 해당될 것이지만, 그 사실을 미리 알지 못하고 매매잔금을 건네주고 받는 행위를 끝마친 후에야 비로소 알게 되었을 경우에는 주고 받는 행위는 이미 종료되어 버린 후이므로 피해자의 착오상태를 제거하기 위하여 그 사실을 고지하여야 할 법률상 의무의 불이행은 더 이상 그 초과된 금액의 편취의 수단으로서의 의미는 없으므로, 교부하는 돈을 그대로 교부받는 그 행위는 점유이탈물횡령죄가 될 수 있음은 별론으로 하고, 사기죄를 구성할 수는 없다 할 것이다.」

3 김성돈 357면; 김성천/김형준 500면; 김일수/서보학 341면; 박상기 309면; 이정원 394면; 정성근/박광민 341면.

(다) **기망행위의 정도** 기망행위란 사람을 착오에 빠뜨리게 하는 행위를 21
말한다. 그러나 단순히 사람을 착오에 빠뜨리게 하였다는 것만으로 기망이 있었다고 할 수는 없고, 적어도 그것이 거래관계에 있어서 신의칙에 반하는 정도에 이르지 않으면 안 된다.[1] 따라서 비록 상대방을 착오에 빠뜨렸다고 할지라도 그것으로 인하여 거래의 목적을 달성하는 데 지장이 없을 때에는 사기죄가 성립하기 위한 기망행위가 있었다고 하기 어렵다.

예컨대 채무자가 채무변제를 위하여 대물변제하기로 한 물건을 처분하였다고 하여도 그것은 기망행위가 되지 않는다(대법원 1980. 9. 24. 80도903; 대법원 1989. 10. 24. 89도1397). 매수인은 이로 인하여 유효하게 소유권을 취득하기 때문이다. 또한 피고인이 피해자에게 자동차를 매도하겠다고 하고 자동차를 양도하면서 매매대금을 수령한 다음, 자동차에 미리 부착해 놓은 GPS로 위치를 추적하여 자동차를 절취한 경우, 피고인이 피해자에게 자동차를 인도하고 소유권이전등록에 필요한 일체의 서류를 교부함으로써 피해자가 언제든지 자동차의 소유권이전등록을 마칠 수 있게 된 이상, 피고인이 자동차를 양도한 후 다시 절취할 의사를 가지고 있었더라도 자동차의 소유권을 이전하여 줄 의사가 없었다고 볼 수 없고, 피고인이 자동차를 매도할 당시 곧바로 다시 절취할 의사를 가지고 있으면서도 이를 숨긴 것을 기망이라고 할 수 없어, 결국 피고인이 자동차를 매도할 당시 기망행위가 없었으므로 사기죄를 구성하지 않는다(대법원 2016. 3. 24. 2015도17452).

이중매매 내지 이중저당의 경우에 사기죄가 성립할 수 있는가의 문제도 기 22
망행위의 정도와 관련된다. 이중매매 또는 이중저당이란 甲이 부동산을 乙에게 매도하거나 저당권을 설정하는 계약을 체결하고 아직 등기를 경료하지 않은 것을 이용하여 丙과 다시 매매계약 또는 저당권설정계약을 체결하고 그에게 등기를 경료해 준 경우를 말한다. 甲이 乙에게 이미 등기를 경료한 후에 그 사실을 숨기고 丙과 계약을 맺은 때에는 사기죄가 성립한다는 데 의문이 없다. 종래 이중매매와 이중저당의 경우에도 사기죄의 성립에는 피기망자와 피해자가 일치함을

1 대법원 2015. 7. 23. 2015도6905, 「보험계약자가 보험계약 체결시 보험금액이 목적물의 가액을 현저하게 초과하는 초과보험 상태를 의도적으로 유발한 후 보험사고가 발생하자 초과보험 사실을 알지 못하는 보험자에게 목적물의 가액을 묵비한 채 보험금을 청구하여 보험금을 교부받은 경우, 보험자가 보험금액이 목적물의 가액을 현저하게 초과한다는 것을 알았더라면 같은 조건으로 보험계약을 체결하지 않았을 뿐만 아니라 협정보험가액에 따른 보험금을 그대로 지급하지 아니하였을 관계가 인정된다면, 보험계약자가 초과보험 사실을 알지 못하는 보험자에게 목적물의 가액을 묵비한 채 보험금을 청구한 행위는 사기죄의 실행행위로서의 기망행위에 해당한다.」

요하지 않는다는 이유로 사기죄의 성립을 인정하는 견해[1]가 있었다. 그러나 부동산의 물권변동에 관하여 형식주의를 취하고 있는 민법하에서 부동산의 소유권 또는 저당권은 등기하지 않으면 내부적인 채권관계로서의 효력밖에 가질 수 없으므로 甲이 丙에게 매매 또는 저당권설정사실을 숨겼다 할지라도 丙이 소유권 또는 저당권을 취득하는 데 아무런 장애가 될 수 없다. 그렇다면 甲에게는 거래관계에서 요구되는 신의칙에 반하는 기망행위가 없다 할 것이므로, 乙에 대한 관계에서 배임죄가 성립하는가는 별 문제로 하고 丙에 대하여 사기죄가 성립할 여지는 없다.[2] 같은 이유로 명의신탁받은 자가 신탁받은 부동산을 매각한 경우에도 매수인에 대한 관계에서 사기죄는 성립하지 아니한다.[3]

23 **2) 피기망자의 착오** 사기죄는 기망행위로 상대방을 착오(Irrtum)에 빠지게 함으로써 성립한다. 여기서 착오란 관념과 현실이 일치하지 않는 것을 말한다.

24 **(가) 착오의 내용** 착오의 대상에 관하여 통설은 착오가 반드시 법률행위의 내용의 중요부분에 대한 것임을 요하지 않고 동기의 착오로도 족하며, 사실에 대한 것이든 가치판단에 대한 것이든 묻지 않는다고 한다.[4] 그러나 착오란 행위자의 기망행위가 피기망자에게 미친 효과라는 측면에서 파악한 개념에 지나지 않는다. 따라서 기망행위가 거래관계에서 신의칙에 반하는 정도에 이를 것을 요하는 것과 같이 단순한 동기의 착오만으로는 착오라고 할 수 없으며,[5] 착오의 대상도 사실에 제한된다고 해야 한다. 판례가 용도를 속이고 돈을 빌린 경우 진정한 용도를 고지하였더라면 상대방이 빌려 주지 않았을 때에는 사기죄가 성립한다고 판시한 것[6]은 이러한 의미에서 타당하다고 할 수 없다. 다만 착오를 이유로

---

1 이건호 348면; 이근상 267면.

2 대법원 1971. 12. 21. 71도1480; 대법원 1991. 12. 24. 91도2698; 대법원 2012. 1. 26. 2011도15179.

3 대법원 1990. 11. 13. 90도1961, 「피고인 단독명의로 소유권이전등기가 되어 있는 부동산 중 1/2 지분은 타인으로부터 명의신탁받은 것임에도 불구하고 피고인이 그의 승낙 없이 위 부동산 전부를 피해자에게 매도하여 그 소유권이전등기를 마쳐준 경우 매수인은 유효하게 위 부동산의 소유권을 취득하므로 매수인인 피해자에 대하여 사기죄를 구성하지 않는다.」
동지 : 대법원 2007. 1. 11. 2006도4498.

4 강구진 318면; 유기천 236면; 정성근 441면; 정영석 349면; 황산덕 297면.

5 대법원 1984. 1. 17. 83도2818, 「피고인이 말한 차용금용도의 목적이 실현 안 되더라도 어차피 금원을 대여하기로 합의하여 이를 교부한 경우에는 피고인이 말한 차용금용도가 거짓이었다 하여도 피고인이 당초부터 변제할 의사와 능력 없이 차용한 것이라고 인정되지 않는 한 사기죄를 구성한다고 볼 수 없다.」

6 대법원 1995. 9. 15. 95도707, 「사기죄의 실행행위로서의 기망은 반드시 법률행위의 중요부분에 관한 허위표시임을 요하지 아니하고 상대방을 착오에 빠지게 하여 행위자가 희망하는 재산적

민법상 취소할 수 있느냐의 여부는 사기죄의 성립에 영향을 미치지 않는다.

착오는 사실에 대한 관념과 현실의 불일치를 의미하지만, 그것이 사실에 대 25
한 적극적 착오인가 소극적 부지인가는 묻지 않는다. 그러나 사실 그 자체에 관하여 아무런 관념이 없을 때, 즉 전혀 모르고 있는 때에는 착오라고 할 수 없다. 다시 말하면 착오는 반드시 구체적 상황에 대한 인식이 있을 것을 요하지 않지만, 적어도 일반적인 관념은 있을 것을 필요로 한다.

예컨대 무임승차의 경우에 차장이 승차한 사실도 모르고 있는 때에는 착오가 있다고 할 수 없으나, 차표 없이 승차한 사람이 있느냐고 물었는데 없다고 하거나 가만히 있었던 때에는 착오가 있다고 해야 한다. 착오는 주장한 사실을 상대방이 진실이라고 믿거나 확신하거나 그런 개연성이 있다고 생각할 것까지 요하지 않는다. 단순히 가능하다고 생각하거나 의문을 가진 때에도 착오에 빠졌다고 할 수 있다.[1]

(나) **기망과 착오의 인과관계** 기망과 상대방의 착오 사이에는 인과관계가 26
있어야 한다. 기망이 있어도 상대방이 착오에 빠지지 않거나, 기망과 착오 사이에 인과관계가 없는 때에는 본죄는 미수에 지나지 않는다. 그러나 기망행위가 착오에 대한 유일한 원인이 될 것을 요하는 것은 아니다. 또 착오에 대하여 피해자에게 과실이 있다고 하여 기망과 착오 사이에 인과관계가 부정되는 것도 아니다.

(다) **피기망자** 사기죄에 있어서 피기망자는 반드시 피해자와 일치할 것 27
을 요하지 않는다. 피기망자와 피해자가 일치하지 않는 전형적인 예가 바로 소송사기(Prozeßbetrug)이다.

소송사기(訴訟詐欺)란 법원에 허위의 사실을 주장하거나[2] 허위의 증거를 제출함으로써 법원을 기망하여 승소판결을 받는 경우를 말한다. 피기망자는 법원이지만 피해자는 소송의 상대방이다. 따라서 법원의 재판은 피해자의 처분행위를 갈음하는 내용과 효력이 있는 것이어야 한다.[3] 원고뿐만 아니라 피고도 소송

처분행위를 하도록 하기 위한 판단의 기초가 되는 사실에 관한 것이면 충분하므로, 용도를 속이고 돈을 빌린 경우에 만일 진정한 용도를 고지하였더라면 상대방이 빌려주지 않았을 것이라는 관계에 있는 때에는 사기죄의 실행행위인 기망은 있는 것으로 보아야 한다.」

동지 : 대법원 1996. 2. 27. 95도2828.

1 Lackner LK[10] §263 Rn. 79 ff.; Samson/Günther SK §263 Rn. 57; Sch/Sch/Cramer §263 Rn. 40; Tröndle/Fischer §263 Rn. 35b; Wessels/Hillenkamp Rn. 510.

2 대법원 1990. 1. 23. 89도607.

3 대법원 1985. 10. 8. 84도2642; 대법원 2009. 9. 24. 2009도5900; 대법원 2013. 11. 28. 2013도459.

사기의 주체가 될 수 있다. 피기망자와 피해자가 일치하지 않지만 피기망자의 행위에 의하여 재물 또는 재산상 이익을 취득하였으므로 소송사기가 사기죄를 구성한다는 데에는 의문이 없다. 간접정범의 형태에 의한 소송사기도 가능하다. 자기에게 유리한 판결을 얻기 위하여 소송상의 주장이 사실과 다름이 객관적으로 명백하거나 증거가 조작되어 있다는 정을 인식하지 못하는 제3자를 이용하여 그로 하여금 소송의 당사자가 되어 소송을 제기하게 한 경우가 여기에 해당한다.[1]

소송사기가 사기죄로 인정되기 위하여는 제소 당시 그 주장과 같은 권리가 존재하지 않는다는 것만으로는 부족하고 그 주장의 권리가 존재하지 않는 사실을 잘 알고 있으면서도 허위의 주장과 입증으로 법원을 기망한다는 인식을 요한다. 따라서 사실을 잘못 인식하거나 법률적 평가를 그릇하여 존재하지 않는 채권을 존재한다고 믿고 제소한 때에는 사기죄가 성립하지 않는다(대법원 1982. 9. 28. 81도2526; 대법원 2003. 5. 16. 2003도373). 기망행위가 있을 것을 요하므로 단순히 상대방에게 유리한 증거를 제출하지 않거나 상대방에게 유리한 사실을 진술하지 않은 행위만으로는 사기죄가 성립하지 않는다(대법원 2002. 6. 28. 2001도1610). 그러나 법원을 기망한다는 고의가 있는 경우에는 반드시 허위의 증거를 이용하지 않더라도 당사자의 주장이 법원을 기망하기에 충분한 것이라면 기망수단이 된다(대법원 2011. 9. 8. 2011도7262). 사자를 상대로 한 제소의 경우 법원이 피해자를 위하여 처분한다고 볼 수 없고, 사자에 대한 판결은 그 내용에 따른 효력이 발생하지 않으므로 소송사기가 될 수 없다(대법원 1986. 10. 28. 84도2386; 대법원 1987. 12. 22. 87도852; 대법원 1997. 7. 8. 97도632). 실재하지 않는 자에 대한 소송도 사기죄를 구성하지 아니한다(대법원 1992. 12. 11. 92도743). 타인과 공모하여 그를 상대로 의제자백을 받아 소유권이전등기를 경료한 때에도 같다(대법원 1997. 12. 23. 97도2430).

28 소송사기는 부실한 청구를 목적으로 법원에 소장을 제출한 때 또는 허위내용의 서류를 증거로 제출하거나 그러한 주장을 담은 답변서나 준비서면을 제출한 때에 실행의 착수가 있으며,[2] 법원을 기망하여 승소판결이 확정되면 기수에

---

1 대법원 2007. 9. 6. 2006도3591, 「甲이 존재하지 않는 약정이자에 관한 내용을 부가하여 위조한 乙 명의 차용증을 바탕으로 乙에 대한 차용금채권을 丙에게 양도하고, 이러한 사정을 모르는 丙으로 하여금 乙을 상대로 양수금 청구소송을 제기하도록 한 경우 甲의 행위는 丙을 도구로 이용한 간접정범 형태의 소송사기죄를 구성한다.」

2 대법원 2003. 7. 22. 2003도1951, 「이른바 소송사기는 법원을 기망하여 자기에게 유리한 재판을 얻고 이에 기하여 상대방으로부터 재물의 교부를 받거나 재산상 이익을 취득하는 것을 말하는 것인바, 부동산등기부상 소유자로 등기된 적이 있는 자가 자기 이후에 소유권이전등기를 경료한 등기명의인들을 상대로 허위의 사실을 주장하면서 그들 명의의 소유권이전등기의 말소를 구하는 소송을 제기한 경우 그 소송에서 승소한다면 등기명의인들의 등기가 말소됨으로써 그 소송을 제기한 자의 등기명의가 회복되는 것이므로 이는 법원을 기망하여 재물이나 재산상 이익을 편취한 것이라고 할 것이고 따라서 등기명의인들 전부 또는 일부를 상대로 하는 그와 같은 말소

이른다.[1] 승소판결의 확정에 의하여 이미 재산상의 이익을 취득한 것으로 보아야 하기 때문이다. 승소판결에 의한 집행이 끝난 때에는 사기의 기수에 대한 사후행위와 같은 구조를 가진다. 그러나 이 경우에는 단순한 재산상의 이익의 취득이 재물의 교부를 받는 단계에 이르므로 일괄하여 재물에 대한 사기죄가 기수에 이르렀다고 할 것이다.[2]

29 소송사기와 관련하여 허위의 채권으로 지급명령을 신청하거나, 가압류·가처분 또는 재판상 화해를 신청하는 경우 사기죄를 구성할 것인가가 문제된다. 가압류·가처분은 강제집행의 보전절차에 지나지 아니하므로 청구의 의사를 표시한 것으로 볼 수 없고,[3] 법정화해는 그것으로 인하여 새로운 법률관계가 창설되는 것이므로 화해의 내용이 실제 법률관계와 일치하지 않는다고 하여 사기죄가 성립할 여지는 없다.[4] 문제는 허위의 채권으로 지급명령을 신청한 경우 본죄의 성립을 인정할 수 있느냐에 있다. 생각건대 지급명령은 독촉절차에 지나지 아니하나 채무자가 이의신청을 하면 소를 제기한 것으로 간주되고, 이의신청이 없거나 각하된 때에는 확정판결과 같은 효력을 가지게 되어(민사소송법 제472조 2항, 제474조) 이로 인하여 채무자는 재산상의 손해를 입게 되므로 사기죄의 성립을 인정함이 타당하다.[5]

가계수표 발행인이 허위사실로 제권판결을 받거나(대법원 1999. 4. 9. 99도364), 자기앞수표를 교부한 자가 이를 분실하였다고 허위로 제권판결을 받은 경우(대법원 2003. 12. 26. 2003도4914) 및 주권을 교부한 자가 이를 분실하였다고 허위로 공시최고신청을 하여 제권판결을 받은 경

등기청구 소송의 제기는 사기의 실행에 착수한 것이라고 보아야 한다.」
동지 : 대법원 1993. 9. 14. 93도915.

1 대법원 1998. 2. 27. 97도2786.
2 대법원 1970. 12. 22. 70도2313; 대법원 1973. 11. 27. 73도1301.
3 대법원 1982. 10. 26. 82도1529; 대법원 1988. 9. 13. 88도55.
4 대법원 1968. 2. 27. 67도1579.
5 대법원 2004. 6. 24. 2002도4151. 「(1) 지급명령신청에 대해 상대방이 이의신청을 하면 지급명령은 이의의 범위 안에서 그 효력을 잃게 되고 지급명령을 신청한 때에 소를 제기한 것으로 보게 되는 것이지만 이로써 이미 실행에 착수한 사기의 범행 자체가 없었던 것으로 되는 것은 아니다.
(2) 지급명령을 송달받은 채무자가 2주일 이내에 이의신청을 하지 않는 경우에는 구 민사소송법(2002. 1. 26. 법률 제6626호로 전문 개정되기 전의 것) 제445조에 따라 지급명령은 확정되고, 이와 같이 확정된 지급명령에 대해서는 항고를 제기하는 등 동일한 절차 내에서는 불복절차가 따로 없어서 이를 취소하기 위해서는 재심의 소를 제기하거나 위 법 제505조에 따라 청구이의의 소로써 강제집행의 불허를 소구할 길이 열려 있을 뿐인데, 이는 피해자가 별도의 소로써 피해구제를 받을 수 있는 것에 불과하므로 허위의 내용으로 신청한 지급명령이 그대로 확정된 경우에는 소송사기의 방법으로 승소판결을 받아 확정된 경우와 마찬가지로 사기죄는 이미 기수에 이르렀다고 볼 것이다.」

우(대법원 2007. 5. 31. 2006도8488),[1] 채권이 소멸된 판결정본에 의하여 강제집행을 하거나(대법원 1992. 12. 22. 92도2218), 원인관계가 소멸한 약속어음 공정증서에 의하여 강제집행한 경우(대법원 1999. 12. 10. 99도2213)는 물론 회생절차의 채무자가 자신의 재산 및 수입 상황 등에 관하여 허위의 내용으로 법원을 기망함으로써 채무자에게 유리한 회생계획인가결정을 받는 행위(대법원 2025. 6. 12. 2024도13139)는 사기죄를 구성한다.

문제는 자신이 토지의 소유자라고 허위의 주장을 하면서 소유권보존등기 명의자를 상대로 보존등기의 말소를 구하는 소송을 제기하여 승소확정판결을 받은 경우에 사기죄가 성립하는가에 있다. 보존등기의 말소를 명하는 소송에 승소한 경우에도 그것만으로는 부동산에 대한 어떤 권리를 취득한 것은 아니기 때문이다. 판례는 보존등기의 말소를 명하는 내용의 판결이 확정된 때에는 그 판결을 소유권을 증명하는 판결로 하여 소유권보존등기를 신청하여 그 등기를 마칠 수 있게 되어, 「대상 토지의 소유권에 대한 방해를 제거하고 그 소유 명의를 얻을 수 있는 지위」라는 재산상 이익을 취득한 것이므로 위 판결이 확정된 때에 사기죄는 기수에 이르렀다고 한다.[2]

피기망자와 피해자가 일치하지 않는 경우로는 소송사기 이외에도 신용카드를 부정하게 사용한 때를 들 수 있다. 그것은 상품제공자를 기망하여 카드 회사 또는 카드 명의인에게 손해를 입힌 경우라고 할 수 있다.

신용카드를 부정사용하여 가맹점으로부터 물품을 구입한 경우 사기죄가 성립하는가가 문제된다. 대금결제의 의사와 능력 없이 자기의 신용카드를 이용하여 물품을 구입한 때에는 사기죄를 구성한다. 대법원은 자기의 카드를 이용하여 현금서비스를 받고 물품을 구입한 행위는 모두 사기의 포괄일죄가 성립한다고 판시한 바 있다(대법원 1996. 4. 9. 95도2466). 그러나 현금자동지급기에서 현금을 인출하는 행위는 사기죄의 구성요건에도 해당하지 않는 행위이므로 사기죄의 포괄일죄가 된다고 할 수는 없다. 타인의 신용카드를 절취 또는 강취하여 물품을 구입하는 데 사용한 때에 사기죄가 성립하는 것은 당연하다(대법원 1997. 1. 21. 96도2715). 이에 반하여 타인의 신용카드를 편취 또는 갈취하여 그로

1 대법원 2007. 5. 31. 2006도8488, 「주권을 교부한 자가 이를 분실하였다고 허위로 공시최고신청을 하여 제권판결을 선고받아 확정되었다면, 그 제권판결의 적극적 효력에 의해 그 자는 그 주권을 소지하지 않고도 주권을 소지한 자로서의 권리를 행사할 수 있는 지위를 취득하였다고 할 것이므로, 이로써 사기죄에 있어서의 재산상 이익을 취득한 것으로 보기에 충분하고, 이는 제권판결이 그 신청인에게 주권상의 권리를 행사할 수 있는 형식적 자격을 인정하는 데 그치며 그를 실질적 권리자로 확정하는 것이 아니라고 하여 달리 볼 것은 아니다.」

2 대법원 2006. 4. 7. 2005도9858 전원합의체판결; 대법원 2011. 12. 13. 2011도8873.

부터 신용카드를 사용할 권한을 부여받은 경우에는 사기죄는 성립하지 않는다.

(3) **처분행위** 사기죄는 피기망자의 의사에 따른 처분행위(Vermögens- 30
verfügung)에 의하여 재물을 교부받거나 재산상의 이익을 취득하는 점에서 절도죄나 강도죄와 구별된다. 따라서 사기죄가 성립하기 위하여는 행위자의 기망행위와 피기망자의 착오의 결과로 피기망자가 처분행위를 하지 않으면 안 된다. 이러한 의미에서 처분행위는 사기죄의 기술되지 아니한 구성요건요소라고 할 수 있다.[1]

따라서 피해자를 속여 교부받은 인감증명서 등으로 등기소요서류를 작성하여 피해자 소유의 부동산에 관한 소유권이전등기를 마친 경우에는 피해자의 부동산에 대한 처분행위가 없기 때문에 사기죄는 성립하지 않는다(대법원 2001. 7. 13. 2001도1289).[2]

1) **처분행위의 의의** 처분행위란 직접 재산상의 손해를 초래하는 행위· 31
수인 또는 부작위를 말한다. 재물에 대한 처분행위는 그 점유를 이전하는 교부를 의미하지만, 행위자가 재물을 가져가는 것을 묵인 내지 수인하는 것도 처분행위가 될 수 있다.[3] 재물의 교부가 있었다고 하기 위하여는 재물의 현실적 인도가 필요한 것은 아니고 재물이 범인의 사실상의 지배 아래 들어가 자유로운 처분이 가능한 상태에 놓인 경우에도 인정된다.[4] 재산상의 이익에 대한 처분행위는 이익을 취득하게 하는 일체의 행위를 말한다. 계약의 체결, 노무의 제공, 채무면제의 의사표시[5]와 같은 작위는 물론 피해자가 기망에 의해 착오에 빠져 청구권을 행사하지 않는 부작위도 여기에 해당한다.[6] 가압류채권자가 기망에 의하여 부동산가압

1 Kindhäuser NK §263 Rn. 195; Lackner/Kühl §263 Rn. 21; Samson/Günther SK §263 Rn. 66; Sch/Sch/Cramer §263 Rn. 54; Tröndle/Fischer §263 Rn. 40; Wessels/Hillenkamp Rn. 514.

2 대법원 2001. 7. 13. 2001도1289, 「사기죄는 타인을 기망하여 착오에 빠뜨리고 그로 인한 처분행위로 재물의 교부를 받거나 재산상의 이익을 취득한 때에 성립하는 것이므로, 피고인이 피해자에게 부동산매도용 인감증명 및 등기의무자본인확인서면의 진실한 용도를 속이고 그 서류들을 교부받아 피고인 등 명의로 위 부동산에 관한 소유권이전등기를 경료하였다 하여도 피해자의 위 부동산에 관한 처분행위가 있었다고 할 수 없을 것이고 따라서 사기죄를 구성하지 않는다.」

3 BGHSt. 18, 221.

4 대법원 2003. 5. 16. 2001도1825.

5 대법원 2012. 4. 13. 2012도1101.

6 대법원 2007. 7. 12. 2005도9221, 「출판사 경영자가 출고현황표를 조작하는 방법으로 실제출판부수를 속여 작가가 나머지 인세에 대한 청구권의 존재 자체를 알지 못하는 착오에 빠져 이를 행사하지 아니한 것은 사기죄에 있어 부작위에 의한 처분행위에 해당한다.」

류를 해제하거나,[1] 소유권이전등기 청구권 보전의 가등기를 말소하는 것도 처분행위에 해당한다.[2] 판결의 선고 또는 구속영장의 발부와 같은 국가권력의 행사도 처분행위라고 할 수 있다. 배당이의소송의 제1심 판결에서 패소판결을 받고 항소한 자가 그 항소를 취하하는 것도 재산적 처분행위에 해당한다.[3] 그러나 사업자등록 명의를 빌려주면 세금이나 채무는 모두 자신이 변제하겠다고 속여 명의를 대여받아 호텔을 운영한 경우, 명의대여자가 명의를 대여하였다는 것만으로 명의를 대여받은 자가 호텔에 관한 각종 세금 및 채무를 면하는 재산상 이익을 취득하는 명의대여자의 재산적 처분행위가 있었다고 보기 어렵다.[4]

처분행위는 민법상의 개념이 아니며, 순수한 사실상의 의미로 이해해야 한다. 따라서 그것은 민법상의 법률행위일 것을 요하지 아니하며, 순수한 사실행위도 포함된다. 법률행위인 경우에는 그것이 유효이건 무효이건 또는 취소할 수 있는 것이건 묻지 않는다. 사실행위는 행위능력이 없는 자도 할 수 있다. 다만 처분행위는 재산상의 손해를 초래하는 재산적 처분행위일 것을 요한다. 판례는 처분행위라고 하기 위하여는 처분의사가 있어야 하지만 피기망자가 처분행위로 인한 결과까지 인식할 필요가 있는 것은 아니라고 한다.[5] 그러나 객관적으로 손해를

1 대법원 2007. 9. 20. 2007도5507.

2 대법원 2008. 1. 24. 2007도9417.

3 대법원 2002. 11. 22. 2000도4419, 「사기죄는 타인을 기망하여 착오에 빠뜨리게 하고 그 처분행위를 유발하여 재물이나 재산상의 이득을 얻음으로써 성립하는 것이므로 여기에 처분행위라고 하는 것은 재산적 처분행위를 의미하는 것이라고 할 것인바, 배당이의소송의 제1심에서 패소판결을 받고 항소한 자가 그 항소를 취하하면 그 즉시 제1심 판결이 확정되고 상대방이 배당금을 수령할 수 있는 이익을 얻게 되는 것이므로 위 항소를 취하하는 것 역시 사기죄에서 말하는 재산적 처분행위에 해당한다.」

4 대법원 2012. 6. 28. 2012도4773.

5 대법원 2017. 2. 16. 2016도13362 전원합의체판결, 「(1) 비록 피기망자가 처분행위의 의미나 내용을 인식하지 못하였더라도, 피기망자의 작위 또는 부작위가 직접 재산상 손해를 초래하는 재산적 처분행위로 평가되고, 이러한 작위 또는 부작위를 피기망자가 인식하고 한 것이라면 처분행위에 상응하는 처분의사는 인정된다. 다시 말하면 피기망자가 자신의 작위 또는 부작위에 따른 결과까지 인식하여야 처분의사를 인정할 수 있는 것은 아니다.

(2) 서명사취 사안에서 피기망자가 처분문서의 내용을 제대로 인식하지 못하고 처분문서에 서명 또는 날인함으로써 내심의 의사와 처분문서를 통하여 객관적·외부적으로 인식되는 의사가 일치하지 않게 되었더라도, 피기망자의 행위에 의하여 행위자 등이 재물이나 재산상 이익을 취득하는 결과가 초래되었다고 할 수 있는 것은 그러한 재산의 이전을 내용으로 하는 처분문서가 피기망자에 의하여 작성되었다고 볼 수 있기 때문이다. 이처럼 피기망자가 행위자의 기망행위로 인하여 착오에 빠진 결과 내심의 의사와 다른 효과를 발생시키는 내용의 처분문서에 서명 또는 날인함으로써 처분문서의 내용에 따른 재산상 손해가 초래되었다면 그와 같은 처분문서에 서명 또는 날인을 한 피기망자의 행위는 사기죄에서 말하는 처분행위에 해당한다. 아울러 비록 피기

초래할 수 있는 행위이면 족하며 처분의사가 있을 것을 요하지 않는다고 해야 한다. 즉 처분행위는 의식적인가 아닌가를 묻지 않는다.[1]

2) **처분행위자** 처분행위자는 피기망자와 일치하여야 한다. 그러나 처 32
분행위자가 재산상의 피해자와 일치할 것을 요하는 것은 아니다. 따라서 피기망자가 타인의 재물을 처분한 때에도 사기죄가 성립한다.

처분행위자와 피해자가 일치하지 않는 경우 양자 사이에 어떤 관계가 있어야 하는가의 문제가 제기된다. 피기망자의 처분과 행위자의 이득 사이에 인과관계가 있으면 족하다는 견해[2]도 있다. 그러나 피해자와 처분행위자가 일치하지 않는 소위 삼각사기(Dreiecksbetrug)와 선의의 도구를 이용한 절도죄의 한계를 명백히 하기 위하여는 처분행위자에게 타인의 재물을 처분할 능력이 있을 것을 요한다고 해야 한다. 여기서도 처분행위라고 하기 위하여는 ① 처분행위자에게 피해자의 재물을 처분할 수 있는 법적 권한이 있어야 한다는 **권한설**(Befugnistheorie)과, ② 사실상 타인의 재산을 처분할 수 있는 지위에 있으면 족하다는 **지위설**(Lagertheorie)이 대립되고 있다. 대법원은 종래 처분행위자에게 타인의 재산을 처분할 수 있는 법적 권한이 있음을 요한다고 판시한 바 있으나,[3] 그 후 피기망자가 피해자를 위하여 재산을 처분할 수 있는 지위에 있으면 족하다는 태도를 명백히 하고 있다.[4]

권한설에 의하면 법률·계약 또는 최소한 묵시적 위임에 의하여 법적으로 처 33
분할 권한이 있는 자가 아니면 처분행위를 할 수 없다. 그러나 민법상의 권리에

망자가 처분결과, 즉 문서의 구체적 내용과 법적 효과를 미처 인식하지 못하였더라도, 어떤 문서에 스스로 서명 또는 날인함으로써 처분문서에 서명 또는 날인하는 행위에 관한 인식이 있었던 이상 피기망자의 처분의사 역시 인정된다.」

1 Lackner LK[10] §263 Rn. 98; Maurach/Schroeder/Maiwald **41**/73; Otto S. 227; Samson/Günther SK §263 Rn. 78a; Sch/Sch/Cramer §263 Rn. 60; Wessels/Hillenkamp Rn. 517.

2 유기천 242면.

3 대법원 1981. 7. 28. 81도529; 대법원 1982. 2. 9. 81도944; 대법원 1982. 3. 9. 81도1732.

4 대법원 1994. 10. 11. 94도1575, 「사기죄가 성립되려면 피기망자가 착오에 빠져 어떠한 재산상의 처분행위를 하도록 유발하여 재산적 이익을 얻을 것을 요하고, 피기망자와 재산상 피해자가 같은 사람이 아닌 경우에는 피기망자가 피해자를 위하여 그 재산을 처분할 수 있는 권능을 갖거나 그 지위에 있어야 하지만, 여기에서 피해자를 위하여 재산을 처분할 수 있는 권능이나 지위라 함은 반드시 사법상의 위임이나 대리권의 범위와 일치해야 하는 것은 아니고 피해자의 의사에 기하여 재산을 처분할 수 있는 서류 등이 교부된 경우에는 피기망자의 처분행위가 설사 피해자의 진정한 의도와 어긋나는 경우라고 할지라도 위와 같은 권능을 갖거나 그 지위에 있는 것으로 보아야 한다.」

동지 : 대법원 1989. 7. 11. 89도346; 대법원 1991. 1. 11. 90도2180.

근거를 두고 있는 권한설은 경제적 재산개념 내지 처분개념과 일치하지 않으며, 처분행위자를 여기에 제한해야 할 이유가 없다. 따라서 피기망자가 피해자의 재산을 사실상 처분할 수 있는 지위에 있으면 처분행위를 할 수 있다고 해석하는 지위설[1]이 타당하다. 그러므로 피기망자가 재물에 대하여 아무런 보호관계를 가지지 않은 때에는 간접정범에 의한 절도가 되고, 이미 존재하던 재물에 대한 보호관계에 의하여 피해자를 위한 지위에 있는 자가 객관적으로 피해자를 대신하고 주관적으로 피해자를 위하여 처분한 때에 삼각사기가 성립한다.

34 **3) 처분행위와 착오 및 손해** 기망행위와 착오 사이에 있어서와 같이 피기망자의 착오와 처분행위 사이에도 인과관계가 있어야 한다.[2] 또한 처분행위는 그것이 직접 재산상의 손해를 발생하는 것임을 요한다.

35 **(가) 처분행위와 착오의 관계** 처분행위는 착오로 인한 것이어야 한다. 처분행위가 있어도 그것이 기망에 의한 착오가 아닌 다른 원인에 의하여, 예컨대 연민의 정으로 재물을 교부한 때에는 본죄는 미수에 지나지 않는다. 착오와 처분행위의 인과관계는 착오가 처분행위의 유일한 원인일 것까지 요하는 것은 아니다. 착오가 처분행위를 하게 된 원인 중 하나가 되었으면 족하다. 비록 피기망자의 과실에 의하여 처분행위를 하였다고 하여 인과관계가 부정되는 것은 아니다.

따라서 타인의 예금통장으로 예금을 인출하는 예금통장사기(Sparbuchbetrug)의 경우에 은행원이 정당한 권리자인가를 인식하는 데 잘못이 있었다고 할지라도 인과관계를 인정하지 않을 수 없다. 그러나 피기망자에게 착오가 없어도 처분행위를 했다고 인정되는 때에는 착오가 처분행위의 원인이 되었다고 할 수 없다(대법원 1966. 10. 18. 66도806).

36 **(나) 처분행위와 손해의 관계** 처분행위로 인하여 직접 재산상의 손해가 발생해야 한다. 이를 처분효과의 직접성이라고 한다. 처분효과의 직접성은 행위자의 다른 부수적 행위가 없어도 손해가 발생하는 때에 인정된다. 여기서 재물에 대한 사기와 책략절도(Trickdiebstahl)의 한계가 문제된다. 처분행위가 직접 재물의 교부를 결과한 때에는 사기가 됨에 반하여, 행위자가 별도의 행위에 의하여 재물을 취거한 때에는 절도가 된다.

---

1 Maurach/Schroeder/Maiwald **41**/80; Rengier **13**/47; Sch/Sch/Cramer §263 Rn. 66; Tiedemann LK §263 Rn. 116; Wessels/Hillenkamp Rn. 641.

2 대법원 2014. 2. 27. 2013도9669.

따라서 타인을 기망하여 그의 승인을 받고 주거에 들어가서 재물을 절취하거나, 상품을 사겠다고 거짓말을 하여 진열대에 내어 놓은 것을 들고 가거나(대법원 1994. 8. 12. 94도1487)[1] 옷을 입어 보겠다고 한 후 그 옷을 가지고 가는 때에는 절도죄가 성립하지만, 자전거를 살 의사도 없이 시운전을 빙자하여 교부받은 자전거를 타고 도주하거나(대법원 1968. 5. 21. 68도480), 매장 주인이 매장에 유실된 손님(피해자)의 반지갑을 습득한 후 또 다른 손님인 피고인에게 "이 지갑이 선생님 지갑이 맞느냐?"라고 묻자 피고인이 "내 것이 맞다"라고 대답한 후 이를 교부받아 가져간 때(대법원 2022. 12. 29. 2022도12494)에는 사기죄를 구성한다. 사람을 기망하여 재물을 포기하게 한 다음 이를 습득하는 경우에도 재물의 점유포기를 처분행위라고 할 것이므로 사기죄가 성립한다.

(4) **재산상의 손해** 사기죄는 피해자에게 재산상의 손해가 발생함으로써 기수에 이르게 된다.

1) **재산상 손해의 의의** 재산상의 손해란 재산가치의 감소를 의미한다. 37
여기서 재산은 경제적 가치의 총체라고 할 수 있다(경제적 재산개념). 재산상의 손해는 전체계산의 원칙에 따라 결정된다. 그러므로 처분 전후의 피해자의 재산상태를 비교하여 그것이 감소된 때에 재산상의 손해가 있다. 판례는 재물편취를 내용으로 하는 사기죄에 있어서 대가가 일부 지급된 경우에 편취액은 대가를 공제한 차액이 아니라 교부받은 재물 그 자체가 된다고 판시하고 있다.[2] 처분행위에 의하여 재산이 감소되었어도 이와 직접 결부된 재산의 증가가 있는 때에는 손해가 있다고 할 수 없다. 그러나 기망행위에 의하여 발생된 취소권이나 손해배상청구권 등의 구제수단은 여기의 계산대상에 포함되지 않는다.[3] 처분행위에 의하여 피해자가 직접 얻은 이익만 계산될 수 있기 때문이다. 따라서 상당한 대가를 지급하고 재물을 취득한 때에는 손해가 있다고 할 수 없으나, 금전을 대부하면서

---

1 대법원 1994. 8. 12. 94도1487, 「피고인이 피해자 경영의 금방에서 마치 귀금속을 구입할 것처럼 가장하여 피해자로부터 순금목걸이 등을 건네받은 다음, 화장실에 갔다 오겠다는 핑계를 대고 도주한 것이라면, 위 순금목걸이 등은 도주하기 전까지는 아직 피해자의 점유하에 있었다고 할 것이므로 이를 절도죄로 의율 처단한 것은 정당하다.」

2 대법원 1995. 3. 24. 95도203, 「재물편취를 내용으로 하는 사기죄에 있어서는 기망으로 인한 재물교부가 있으면 그 자체로써 피해자의 재산 침해가 되어 이로써 곧 사기죄가 성립하는 것이고, 상당한 대가가 지급되었거나 피해자의 전체 재산상에 손해가 없다고 하여도 사기죄의 성립에는 영향이 없으므로, 사기죄에 있어서 대가가 일부 지급된 경우에도 그 편취액은 피해자로부터 교부된 재물의 가치로부터 그 대가를 공제한 차액이 아니라 교부받은 재물 전부이다.」
그러나 이는 사기죄의 성립에 재산상의 손해를 요하지 않는다는 전제에서 전개된 결론이다.

3 대법원 1978. 6. 13. 78도721.

담보권을 취득했다 하더라도 담보권이 손해를 정산하지는 못한다.[1]

38 2) 손해판단의 기준 재산상의 손해가 있는가는 객관적 · 개별적 방법에 의하여 평가되어야 한다.[2] 즉 전체재산의 감소가 있느냐는 먼저 객관적 기준에 의하여 결정해야 한다. 여기서는 피해자의 주관적 가치가 아니라 객관적 관찰자의 이성적 판단이 기준이 된다. 그러나 재물 또는 재산상의 이익은 모든 사람에게 언제나 같은 재산가치를 가지는 것이 아니다. 따라서 객관적 판단은 재산에 대한 피해자의 구체적 · 개별적 관계, 필요성 및 목적 등을 고려하지 않으면 그 의미를 잃게 된다.

39 손해판단의 개별화는 처분행위로 인한 급부와 반대급부가 객관적으로는 같은 가치를 갖지만 구체적 사정에 비추어 얻은 이익이 불필요하거나 지나친 부담을 주거나 기도한 목적에 반하는 경우에 특히 의미를 가지게 된다. 따라서 피기망자가 교부한 재산과 취득한 가치가 객관적으로 일치할지라도, ① 기망행위로 취득한 재산이 피해자에게 전혀 쓸모가 없는 경우, 예컨대 피해자의 목장 규모로는 사용할 수 없는 기계를 판매하였거나, 기망에 의하여 아동이 볼 수 없는 책을 그 부모에게 판매하거나 또는 주부로부터 불필요한 잡지를 주문하게 하는 때[3]에도 재산상의 손해가 있다고 할 수 있고, ② 피기망자가 부담한 의무를 이행하기 위하여 생계를 유지하기 어려울 정도의 경제적 부담을 지게 되는 경우나, ③ 처분행위가 가지고 있는 사회적 목적이 없어진 때에도 재산상의 손해를 인정할 수 있다.[4] 따라서 구걸사기(Bettelbetrug) 또는 기부금사기(Spendenbetrug)에 있어서 구호의 필요성이 없을 때에는 처분행위의 사회적 목적이 무의미하게 되어 사기죄의 성립을 인정하게 되고, 은행대출에 있어서 대출요건에 대한 기망,[5] 국유재산 매각에 있어서 연고권에 대한 기망도 사기죄를 구성하게 된다.[6]

---

1 대법원 1983. 4. 26. 82도3088.

2 Lackner LK[10] §263 Rn. 149; Lackner/Kühl §263 Rn. 37; Samson/Günther SK §263 Rn. 160; Sch/Sch/Cramer §263 Rn. 108; Wessels/Hillenkamp Rn. 538.

3 BGHSt. 23, 300.

4 BGHSt. 16, 321.

5 대법원 2007. 4. 27. 2006도7634, 「농어촌구조개선 특별회계기금을 재원으로 하여 임업후계자육성을 위해 이루어지는 정책자금대출로서 그 대출의 조건 및 용도가 임야매수자금으로 한정되어 있는 정책자금을 대출받음에 있어 임야매수자금을 실제보다 부풀린 허위의 계약서를 제출함으로써 대출취급기관을 기망하였다면, 피고인에게 대출받을 자금을 상환할 의사와 능력이 있었는지 여부를 불문하고 편취의 고의가 인정된다.」

6 대법원 1972. 1. 31. 71도1193.

3) **재산의 위험** 재산상의 손해는 현실적으로 발생하여 계산상으로 증 40
명할 수 있는 재산감소에 제한되지 않는다. 경제적 관점에서 재산상태가 악화되었다고 볼 수 있는 재산가치에 대한 구체적 위험, 즉 재산의 위험만으로도 손해가 발생했다고 할 수 있다.[1] 재산의 위험이 있느냐는 경제적 관점에서 판단할 것이지만, 현재의 재산상태의 가치감소라고 볼 수 있는 정도로 구체적 위험이 있을 것을 요한다.

따라서 입장권 없이 출입하거나 승차권 없이 승차한 경우 또는 지불능력 없는 자와 금전대여계약을 체결한 것만으로도 재산상의 손해는 발생하였다고 해야 하며, 타인의 명의를 빌려 예금계좌를 개설한 후 통장과 도장은 명의인에게 보관시키고 자신은 위 계좌의 현금인출카드를 소지한 채, 명의인을 기망하여 위 예금계좌로 돈을 송금하게 한 경우에도 사기죄는 이미 기수에 이른 것이 된다(대법원 2003. 7. 25. 2003도2252).[2] 분식회계에 의한 재무제표 등으로 금융기관을 기망하여 대출을 받은 경우에도 같다(대법원 2005. 4. 29. 2002도7262; 대법원 2012. 1. 27. 2011도14247).

2. 주관적 구성요건

본죄도 주관적 구성요건으로 고의와 함께 불법이득의사(Bereicherungsabsicht) 41
를 필요로 한다.

(1) **고 의** 사기죄도 고의범이므로 모든 객관적 구성요건요소에 대 42
한 고의가 있어야 한다. 따라서 행위자는 기망행위, 피기망자의 착오와 처분행위, 손해의 발생과 그 사이의 인과관계를 인식하여야 한다. 여기의 고의는 확정적 고의임을 요하지 않고 미필적 고의로도 족하다. 따라서 대금을 지급하기 어려운 사정을 알면서 물건을 납품받거나,[3] 변제가능성이 없는 상태에서 돈을 차용한

1 Krey/Hellmann Rn. 448; Maurach/Schroeder/Maiwald **41**/123; Sch/Sch/Cramer §263 Rn. 143; Wessels/Hillenkamp Rn. 571.

2 대법원 2003. 7. 25. 2003도2252, 「타인의 명의를 빌려 예금계좌를 개설한 후, 통장과 도장은 명의인에게 보관시키고 자신은 위 계좌의 현금인출카드를 소지한 채, 명의인을 기망하여 위 예금계좌로 돈을 송금하게 한 경우, 자신은 통장의 현금인출카드를 소지하고 있으면서 언제든지 카드를 이용하여 차명계좌 통장으로부터 금원을 인출할 수 있었고, 명의인을 기망하여 위 통장으로 돈을 송금받은 이상, 이로써 송금받은 돈을 자신의 지배하에 두게 되어 편취행위는 기수에 이르렀다고 할 것이고, 이후 편취금을 인출하지 않고 있던 중 명의인이 이를 인출하여 갔다 하더라도 이는 범죄성립 후의 사정일 뿐 사기죄의 성립에 영향이 없다.」

3 대법원 2003. 1. 24. 2002도5265, 「거래물품의 편취에 의한 사기죄의 성립 여부는 거래 당시를 기준으로 피고인에게 납품대금을 변제할 의사나 능력이 없음에도 피해자에게 납품대금을 변제할 것처럼 거짓말을 하여 피해자로부터 물품을 편취할 고의가 있었는지의 여부에 의하여 판단

때에는 본죄의 미필적 고의가 인정된다.[1] 그러나 기망의 고의가 사기죄의 주관적 구성요건이 되므로 단순한 채무불이행은 본죄를 구성하지 않는다.[2]

> 차용금의 편취로 인한 사기죄의 성립 여부는 금원차용 당시를 기준으로 판단해야 한다. 따라서 ① 금원차용 당시에는 사업이 정상적으로 운영되었고 차용금 변제의 의사와 능력이 있었으나 그 후 경제사정의 변화로 이를 변제할 수 없게 된 경우(대법원 1996. 3. 26. 95도3034; 대법원 2008. 2. 14. 2007도10770), ② 대주가 장래의 변제지체 또는 변제불능에 대한 위험을 예상하고 있었거나 충분히 예상할 수 있는 경우(대법원 2016. 4. 28. 2012도14516), ③ 기업경영자가 파산에 의한 채무불이행의 가능성을 인식할 수 있었으나 그러한 사태를 피할 수 있는 가능성이 있다고 믿었고, 계약이행을 위해 노력할 의사가 있었을 경우(대법원 2017. 1. 25. 2016도18432)에는 단순한 민사상의 채무불이행에 불과할 뿐 사기죄는 성립하지 않는다. 이에 반하여 ① 이미 과다한 부채의 누적으로 변제의 의사와 능력이 의심스러운 상황에 처하여 이러한 사실을 숨기고 피해자들에게 큰 이익을 볼 수 있다고 속여 금원을 차용하고 이를 급박한 기존 채무의 변제에 사용한 경우(대법원 1993. 1. 15. 92도2588), ② 특별한 자금공급 없이는 도산이 불가피한 상황에서 신용 과대조작, 재력과시 등의 방법으로 변제자력을 가장하여 대출을 받은 경우(대법원 1997. 2. 14. 96도2904), ③ 자기자본 없이 대출금과 분양대금만으로 상가 등의 신축 분양사업을 하다가 공사를 중단 · 방치한 경우(대법원 1995. 4. 25. 95도424)에는 편취의 고의가 인정되어 사기죄가 성립하게 된다. ④ 차용금 사기죄로 기소된 피고인이 파산신청을 하여 면책허가결정이 확정된 경우라 할지라도, 피고인이 파산신청 2년 전부터 불과 40여 일 전까지 여러 사람들로부터 돈을 빌려서 채무변제와 생활비 등으로 사용하였다면 사기죄를 구성한다(대법원 2007. 11. 29. 2007도8549).

행위자의 의도를 과학적으로 증명할 수 없다는 이유만으로 기망의 의사가 인정되는 것도 아니다. 따라서 기도 · 굿 또는 부적을 하여 주고 보수를 받았다고 하여 바로 사기죄가 성립한다고 할 수는 없다.[3] 그러나 전통적인 관습 또는 종교행위로서 허용될 수 있는 한계를 벗어났다면 사기죄에 해당한다.[4]

43 (2) **불법이득의사** 사기죄는 전체로서의 재산을 보호법익으로 하는 범죄이다. 따라서 그것은 주관적 구성요건으로 고의 이외에 자기 또는 제3자

하여야 하므로 납품 후 경제사정 등의 변화로 납품대금을 일시 변제할 수 없게 되었다고 하여 사기죄에 해당한다고 볼 수 없다.」

1 대법원 1983. 5. 10. 83도340 전원합의체판결; 대법원 1990. 11. 13. 90도1218.

2 대법원 1971. 11. 23. 71도1724; 대법원 1987. 9. 22. 87도1605.

3 대법원 1960. 6. 8. 4292형상321.

4 대법원 2017. 11. 9. 2016도12460.

에게 불법한 재산상의 이익을 취득하게 하는 것을 내용으로 하는 불법이득의사 또는 불법영득의사(재물인 경우)가 있음을 요한다.[1] 재산상의 이익은 피해자의 재산상의 손해에 대응하는 개념이다. 따라서 재산상의 이익도 경제적 관점에서 판단하여야 하며, 그것은 모든 재산상태의 향상 또는 재산가치의 증가를 의미한다. 그런데 사기죄는 행위자가 피해자에게 재산상의 손해를 입힘으로써 직접 불법한 이익을 취득해야 성립한다. 따라서 이익과 손해 사이에는 자료동일성(Stoffgleichheit) 또는 직접적 관계가 인정되어야 하며, 이러한 관계는 같은 처분행위에 의하여 손해와 이익이 발생한 때에 인정될 수 있다.

불법이득의사도 이익의 취득이 불법할 것을 요건으로 하며, 여기서 불법이란 객관적으로 위법한 것을 의미한다. 행위자가 권한 없이 이익을 취득하였을 때에 그 이득은 위법하게 된다. 따라서 청구권이 있는 때에는 불법한 이득이라고 할 수 없다. 그러므로 재물의 교부 또는 재산상의 이익을 받을 정당한 권리를 가진 자가 기망의 수단으로 재물 또는 재산상의 이익을 취득한 때에는 그것을 불법한 이익이라고 할 수 없으므로 사기죄는 성립하지 않는다. 정당한 권리행사의 경우에 사기죄가 성립할 것인가에 대하여는 권리의 행사라 할지라도 기망의 수단에 의하는 경우에는 권리의 남용으로서 위법하다고 해야 하며, 따라서 정당행위 또는 자구행위의 요건을 충족한 때에만 위법성이 조각된다는 견해[2]도 있다. 44

대법원도 기망행위를 수단으로 한 권리행사의 경우라 할지라도 기망행위가 사회통념상 권리행사의 수단으로서 용인할 수 있는 한계를 넘는다면 위법한 것이 되어 사기죄를 구성한다고 판시하고 있다.[3]

그러나 사기죄는 주관적 구성요건으로 불법이득의사를 필요로 하며, 여기서 불법이득이란 이득이 불법함을 의미하는 것이므로 그 기준은 사법질서(私法秩序)에 의하여 결정하지 않으면 안 된다. 단순히 기망이라는 위법한 수단을 사용하였

1 대법원 1980. 7. 8. 79도2734; 대법원 1984. 2. 14. 83도2857.
2 유기천 247면; 정영석 356면.
3 대법원 2003. 6. 13. 2002도6410, 「산업재해보상 보험급여를 지급받을 수 있는 지위에 있었다고 하더라도 특정일자에 업무상 재해를 입은 사실이 전혀 없음에도 불구하고, 허위 내용의 목격자진술서를 첨부하는 등의 부정한 방법으로 요양신청을 하여 산업재해보상 보험급여를 지급받았다면, 피고인의 이러한 행위는 특별한 사정이 없는 한 그 자체로 이미 사회통념상 권리행사의 수단으로 용인할 수 없는 정도이므로 사기죄를 구성한다.」

다는 이유만으로 불법한 이득이라고 할 수는 없다.[1] 따라서 정당한 권리의 행사를 위하여 기망행위를 한 때에는 본죄가 성립하지 아니하고, 다만 그 범위를 넘는 경우에 그것이 가분인 때에는 초과부분에 대하여, 불가분인 경우에는 전체에 대하여 사기죄가 성립한다고 해야 한다.

3. 관련문제

45 (1) **실행의 착수와 기수시기** 본죄의 실행의 착수시기는 편취의 의사로 기망행위를 개시한 때이며, 단순히 기망을 위한 수단을 준비하는 정도로는 아직 실행의 착수가 있다고 볼 수 없다.

따라서 화재보험금을 편취하기 위하여 보험에 든 자기 집에 방화하는 것만으로는 본죄의 착수가 있다고 할 수 없고 보험회사에 보험금지급을 청구할 때에 본죄의 착수가 있는 것이며, 소송사기의 경우 법원에 소를 제기할 때에 실행의 착수가 있다고 할 것이다. 대법원도 ① 태풍 피해복구보조금의 지원이 행정당국에 의한 실사를 거쳐 피해자로 확인된 경우에 한하여 신청할 수 있는 경우에 보조금지원신청을 해야 실행에 착수한 것이지 단순히 허위의 피해신고만으로는 보조금 편취의 실행에 착수한 것이라고 할 수 없고(대법원 1999. 3. 12. 98도3443), ② 장애보상금 지급청구권자에게 보상금을 찾아주겠다고 거짓말을 하여 동인을 보상금지급기관까지 유인한 것만으로는 아직 기망행위의 착수에 이르렀다고 보기 어렵고(대법원 1980. 5. 13. 78도2259), ③ 부동산소유권 이전등기 등에 관한 특별조치법에 의거하여 임야의 사실상의 양수자가 확인서발급신청을 하자 피고인이 이에 이의신청을 하였다는 사실만으로는 관계기관을 기망하여 재물을 교부받거나 재산상의 이익을 취득하려는 기망행위에 착수하였다고 볼 수 없다고 판시하였다(대법원 1982. 3. 9. 81도2767). 이에 반하여 ④ 강제집행절차를 통한 소송사기는 집행절차의 개시신청을 한 때 또는 진행 중인 집행절차에 배당신청을 한 때에 실행에 착수하였다고 볼 것이고, 부동산에 관한 소유권이전등기청구권에 대한 강제집행절차에서는 허위 채권에 기한 공정증서를 집행권원으로 하여 채무자의 소유권이전등기청구권에 대하여 압류신청을 한 시점에 소송사기의 실행에 착수하였다고 볼 것이다(대법원 2015. 2. 12. 2014도10086).

기수시기는 재산상의 손해가 발생한 때이며, 반드시 행위자가 불법한 이익을 취득하였을 것을 요하지 않는다. 유가증권을 편취한 경우에는 유가증권을 교

1 Maurach/Schroeder/Maiwald **41**/134; Otto S. 241; Samson/Günther SK §263 Rn. 191; Sch/Sch/Cramer §263 Rn. 171; Tröndle/Fischer §263 Rn. 111; Wessels/Hillenkamp Rn. 581.

부받았을 때에 기수가 되며,[1] 편취한 재물을 반환하는 것은 범죄의 성립에 영향을 미치지 않는다.[2] 본죄가 기수로 되기 위하여는 기망행위-착오-처분행위-재산상의 손해 사이에 인과관계가 있어야 하며, 그 사이에 인과관계가 인정되지 않을 때에는 본죄는 미수에 그친다.[3]

본죄에 의하여 취득한 재물을 처분하는 것은 새로운 법익의 침해가 없으면 불가벌적 사후행위로서 별죄가 성립하지 않는다. 그러나 절취한 예금통장으로 은행원을 기망하여 예금을 인출한 때에는 절도죄 이외에 사문서위조죄 · 동 행사죄 및 사기죄가 성립한다. 다만 절취한 자기앞수표를 교부하고 현금을 받는 행위는 불가벌적 사후행위가 된다.[4] 46

사기죄에 의하여 취득한 재물 · 재산상 이익을 보유하기 위하여 폭행한 경우, 예컨대 무전취식한 자가 대금지급을 요구받자 이를 면하기 위해 폭행한 경우 사기죄와 강도죄의 경합범 또는 상상적 경합범이 된다는 설, 사기죄와 폭행죄의 경합범설, 강도죄설이 대립할 수 있다. 동일한 재산적 손해에 대한 이중평가를 피하면서 공평한 처벌이 가능한 강도죄설이 타당하다.

판례도, 피해자를 속여 그로부터 성매매대금 명목의 돈을 받고 뒤이어 그 반환을 요구하는 피해자를 폭행 · 협박한 후 돈을 가지고 현장을 이탈함으로써 외견상 위 돈의 반환을 면하게 되는 재산상의 이익을 취득하였다고 하여 강도죄를 인정하였다(대법원 2020. 10. 15. 2020도7218).

(2) **불법원인급여와 사기죄** 사람을 기망하여 반환청구권이 없는 불법한 급여를 하게 한 경우(민법 제746조)에 사기죄의 성립을 인정할 것인가가 문제된다. 예 47

1 대법원 1985. 12. 24. 85도2317.

2 대법원 1986. 2. 25. 85도2748; 대법원 1998. 4. 24. 98도248; 대법원 2015. 11. 26. 2015도3012.

3 대법원 2011. 10. 13. 2011도8829, 「사기죄는 타인을 기망하여 착오에 빠뜨리고 처분행위를 유발하여 재물을 교부받거나 재산상 이익을 얻음으로써 성립하는 것으로서, 기망-착오-재산적 처분행위 사이에 인과관계가 있어야 하고, 한편 어떠한 행위가 타인을 착오에 빠지게 한 기망행위에 해당하는지 및 그러한 기망행위와 재산적 처분행위 사이에 인과관계가 있는지는 거래의 상황, 상대방의 지식 · 성격 · 경험 · 직업 등 행위 당시의 구체적 사정을 고려하여 일반적 · 객관적으로 판단하여야 한다. 따라서 피해자의 재산적 처분행위나 이러한 재산적 처분행위를 유발한 피고인의 행위가 피고인이 도모하는 어떠한 사업의 성패 내지 성과와 밀접한 관련 아래 이루어진 경우에는, 단순히 피고인의 재력이나 신용상태 등을 토대로 기망행위나 인과관계 존부를 판단할 수는 없고, 피해자와 피고인의 관계, 당해 사업에 대한 피해자의 인식 및 관여 정도, 피해자가 당해 사업과 관련하여 재산적 처분행위를 하게 된 구체적 경위, 당해 사업의 성공가능성, 피해자의 경험과 직업 등의 사정을 모두 종합하여 일반적 · 객관적으로 판단하여야 한다.」

4 대법원 1987. 1. 20. 86도1728.

컨대 통화위조자금을 편취하거나 공무원에게 뇌물로 공여할 재물을 편취한 때가 여기에 해당한다. **부정설**은 민법상 피해자에게는 반환청구권이 없으므로 본죄가 성립하지 않는다고 한다.[1] 이에 반하여 **긍정설**은 ① 민법상의 반환청구권이 본죄의 요건이 될 수는 없고, ② 기망행위에 의하여 피해자의 경제적 가치에 손해를 입힌 것은 부정할 수 없으므로 사기죄가 성립한다고 해석한다. 통설[2]과 판례[3]의 태도이다. 생각건대 사람을 기망하여 불법원인급여를 하게 한 때에는 기망행위에 의하여 피해자에게 재산상의 손해를 입힌 것이 명백하고, 사기죄의 성립 여부는 반환청구권의 유무와 관계 없이 형법의 독자적 관점에서 판단해야 할 것이므로 사기죄의 성립을 인정하는 긍정설이 타당하다.

48 (3) **친족상도례** 사기죄에 대하여도 친족상도례가 준용된다(제354조, 제328조). 본죄에 친족상도례가 준용되기 위하여 행위자와 피해자 사이에 친족관계가 존재해야 한다.[4] 그러나 사기범이 금원을 편취하기 위한 수단으로 피해자와 혼인신고를 한 것이어서 그 혼인이 무효인 경우라면 친족상도례를 적용할 수 없다.[5] 피기망자와 피해자가 일치하지 않는 때에는 피기망자는 사기죄의 피해자라고 할 수 없으므로 피기망자와 행위자 사이에 친족관계가 있을 것을 요하지 않는다.[6] 따라서 법원을 기망하여 직계혈족 관계에 있는 제3자로부터 재물을 편취한 경우 형을 면제하여야 한다.[7]

(4) 다른 범죄와의 관계

49 1) **수뢰죄 · 위조통화행사죄와의 관계** 공무원이 직무에 관하여 타인을 기망하여 재물을 교부받은 때에는 사기죄와 수뢰죄의 상상적 경합이 된다.[8] 그러

1 김일수/서보학 349면; 박상기 385면.

2 강구진 333면; 배종대 68/67; 유기천 237면; 이정원 411면; 이형국 454면; 정성근/박광민 354면; 정영석 356면; 진계호 369면; 황산덕 304면.

3 대법원 2006. 11. 23. 2006도6795, 「민법 제746조의 불법원인급여에 해당하여 급여자가 수익자에 대한 반환청구권을 행사할 수 없다고 하더라도, 수익자가 기망을 통하여 급여자로 하여금 불법원인급여에 해당하는 재물을 제공하도록 하였다면 사기죄가 성립한다.」

4 대법원 2011. 4. 28. 2011도2170, 「사기죄의 피고인과 피해자가 사돈지간이라고 하더라도 이를 민법상 친족으로 볼 수 없다.」

5 대법원 2015. 12. 10. 2014도11533.

6 대법원 1976. 4. 13. 75도781.

7 대법원 2014. 9. 26. 2014도8076.

8 대법원 1977. 6. 7. 77도1069; 대법원 2015. 10. 29. 2015도12838.

나 기망이라고 볼 수 없는 때에는 본죄가 성립하지 않고 수뢰죄만 성립한다.[1]

위조통화를 행사하여 타인의 재물을 편취한 때에 대법원은 위조통화 행사죄와 사기죄의 경합범이 된다고 한다.[2] 그러나 위조통화를 행사하는 행위는 기망행위의 내용을 이루는 것이므로 양 죄는 상상적 경합이 된다고 해야 한다. 50

2) 횡령죄 및 배임죄와의 관계 자기가 점유하는 타인의 재물을 기망에 의하여 영득한 때에는 횡령죄만 성립하고 사기죄가 될 수 없음은 앞에서 본 바와 같다. 51

이에 반하여 타인의 사무를 처리하는 자가 본인에 대하여 기망행위를 하여 재산상의 이익을 취득한 때에 사기죄와 배임죄의 관계에 대하여는 견해가 대립되고 있다. ① 사기죄만 성립하고 배임죄는 사기죄에 흡수된다는 견해,[3] ② 배임죄를 구성하는 이상 사기죄는 배임죄에 흡수되므로 배임죄만 성립한다는 견해[4] 및 ③ 양 죄의 상상적 경합이 된다는 견해[5]가 그것이다. 사기죄와 배임죄를 별개의 장에서 규정하고 있는 형법의 해석에 있어서 양 죄는 구성요건과 성질을 달리하는 범죄라 할 것이므로 양 죄의 상상적 경합을 인정하는 것이 타당하다. 대법원도 같은 태도를 취하고 있다.[6] 이에 반하여 본인에 대한 배임행위가 본인 이외의 제3자에 대한 사기죄를 구성한다 하더라도 그로 인하여 본인에게 손해가 생긴 때에는 사기죄와 함께 배임죄가 성립하며, 두 죄는 서로 구성요건 및 그 행위의 52

1 대법원 1962. 2. 28. 4294형상578.
2 대법원 1979. 7. 10. 78도840.
3 백형구 183면; 이건호 345면.
4 서일교 190면; 황산덕 324면.
5 김성돈 370면; 김성천/김형준 456면; 김일수/서보학 354면; 김종원 244면; 박상기 330면; 배종대 69/111; 유기천 249면; 이영란 341면; 이정원 388면; 이형국 385면; 임웅 427면; 정성근/박광민 352면; 정영석 391면.
6 대법원 2002. 7. 18. 2002도669 전원합의체판결, 「업무상배임행위에 사기행위가 수반된 때의 죄수 관계에 관하여 보면, 사기죄는 사람을 기망하여 재물의 교부를 받거나 재산상의 이익을 취득하는 것을 구성요건으로 하는 범죄로서 임무위배를 그 구성요소로 하지 아니하고 사기죄의 관념에 임무위배 행위가 당연히 포함된다고 할 수도 없으며, 업무상배임죄는 업무상 타인의 사무를 처리하는 자가 그 업무상의 임무에 위배하는 행위로써 재산상의 이익을 취득하거나 제3자로 하여금 이를 취득하게 하여 본인에게 손해를 가하는 것을 구성요건으로 하는 범죄로서 기망적 요소를 구성요건의 일부로 하는 것이 아니어서 양 죄는 그 구성요건을 달리하는 별개의 범죄이고 형법상으로도 각각 별개의 장에 규정되어 있어, 1개의 행위에 관하여 사기죄와 업무상배임죄의 각 구성요건이 모두 구비된 때에는 양 죄를 법조경합관계로 볼 것이 아니라 상상적 경합관계로 봄이 상당하다 할 것이고, 나아가 업무상배임죄가 아닌 단순배임죄라고 하여 양 죄의 관계를 달리 보아야 할 이유도 없다.」

태양과 보호법익을 달리하고 있어 상상적 경합범의 관계가 아니라 실체적 경합범의 관계에 있다.[1]

53 3) **도박죄와의 관계** 사기도박의 경우에 사기죄 이외에 도박죄가 성립하느냐가 문제된다. 도박이란 2인 이상의 자가 재산을 걸고 우연에 의하여 승패를 결정하는 것을 말하므로, 사기도박에 있어서는 이러한 우연성이 없기 때문에 도박죄는 성립하지 아니하고 사기죄를 구성할 뿐이라고 해야 한다.[2]

Ⅲ. 수정적 구성요건

1. 컴퓨터등 사용사기죄

컴퓨터등 정보처리장치에 허위의 정보 또는 부정한 명령을 입력하거나 권한 없이 정보를 입력 · 변경하여 정보처리를 하게 함으로써 재산상의 이익을 취득하거나 제3자로 하여금 취득하게 한 자는 10년 이하의 징역 또는 2천만원 이하의 벌금에 처한다(제347조의2).
미수범은 처벌한다(제352조).
10년 이하의 자격정지를 병과할 수 있다(제353조).

54 (1) **의 의** 컴퓨터 등 정보처리장치에 허위의 정보 또는 부정한 명령을 입력하거나 권한 없이 정보를 입력 · 변경하여 정보처리를 하게 함으로써 재산상의 이익을 취득하거나 제3자로 하여금 취득하게 함으로써 성립하는 범죄이며, 이익사기죄의 특별유형이다. 전자기록위작 · 변작죄(제227조의2, 제232조의2)와 함께 컴퓨터 범죄에 대한 대책으로서 핵심적인 의미를 가진 범죄이다. 컴퓨터 등 정보처리장치의 발달에 따라 은행업무를 비롯한 재산권의 득실 · 변경에 관한 여러 분야의 업무가 사람의 개입 없이 컴퓨터 등 정보처리장치에 의하여 자동적으로 처리되는 거래형태가 증가하고 있으며, 이러한 거래형태를 악용하여 불법한 이익을 취득하는 행위는 사람에 대한 기망행위가 없고 재물의 점유이전을 수반하지 않기 때문에 사기죄 또는 절도죄로 처벌할 수 없는 상황에 있었다. 본죄는 컴퓨터의 조작에 의하여 불법한 이익을 얻는 행위가 사기죄에 의하여 처벌되지 않는 처벌의

1 대법원 2010. 11. 11. 2010도10690, 「건물관리인이 건물주로부터 월세임대차계약 체결업무를 위임받고도 임차인들을 속여 전세임대차계약을 체결하고 그 보증금을 편취한 경우, 사기죄와 별도로 업무상배임죄가 성립하고 두 죄가 실체적 경합범의 관계에 있다.」

2 대법원 1960. 11. 16. 4293형상743.

결함을 보완하기 위한 규정이며,[1] 기계를 이용하여 불법한 이익을 취득한 경우에 성립하는 범죄라는 점에서 편의시설 부정이용죄(제348조의2)와 공통된 성질을 가진다. 편의시설 부정이용죄가 자동판매기 등 유료자동설비를 이용한 경우임에 반하여 본죄는 컴퓨터를 이용한 경우라는 점에서 차이가 있을 뿐이다.

본죄의 보호법익은 재산상의 이익, 즉 재산권이다. 따라서 컴퓨터를 사용함으로써 얻게 되는 경제상의 일반적 이익은 반사적 효과에 불과하다. 55

(2) 구성요건

1) 주 체 본죄의 주체에는 제한이 없다. 프로그래머나 오퍼레이터 등의 사람일 필요는 없다. 기업내부인인가 아닌가도 불문한다. 본죄의 주체가 직접 정보를 입력해야 하는 것도 아니다. 따라서 선의의 제3자로 하여금 컴퓨터에 허위의 정보를 입력케 한 자도 본죄의 정범이 될 수 있다. 56

2) 행 위 컴퓨터 등 정보처리장치에 허위의 정보 또는 부정한 명령을 입력하거나 권한 없이 정보를 입력·변경하여 정보처리를 하게 하는 것이다. 정보처리장치란 자동적으로 계산 또는 정보처리를 행하는 전자장치를 말한다. 컴퓨터는 주컴퓨터뿐만 아니라 네트워크 시스템에서의 단말장치를 포함하므로 은행의 현금지급기도 여기에 포함된다.[2] 57

(가) 허위의 정보나 부정한 명령의 입력 또는 권한 없는 정보의 입력·변경 정보처리의 수단은 허위의 정보나 부정한 명령을 입력하거나 권한 없이 정보를 입력·변경하는 것이다. 여기서 정보란 부호 또는 계속적 기능에 따라 정보처리를 위하여 코드화된 지식을 의미한다. 「허위의 정보를 입력한다」는 것은 내용이 진실에 반하는 정보를 입력하는 것을 말한다. 입금되지 않았음에도 불구하고 은행 컴퓨터에 허위의 입금데이터를 입력하여 예금파일의 예금잔고를 증액시키는 것이 여기에 해당한다. 「부정한 명령을 입력한다」는 것은 당해 시스템에 있어서 사무처리의 목적에 비추어 줄 수 없는 명령을 하는 것을 말한다. 프로그램을 조작하여 예금을 인출해도 잔금이 감소되지 않게 하는 경우나 당해 사무처리시스템의 프로그램을 구성하는 개개의 명령을 부정하게 변개·삭제하는 행위는 물론 프로그 58

1 Samson/Günther SK §263a Rn. 3; Sch/Sch/Cramer §263 Rn. 1; Tröndle/Fischer §263a Rn. 1.
그러나 컴퓨터사기죄의 형사정책적 근거는 컴퓨터 남용의 양적 빈도 때문이 아니라 다액의 피해액에 대한 우려에 근거하고 있을 뿐이다. Maurach/Schroeder/Maiwald **41**/227.

2 장영민, 「개정형법의 컴퓨터범죄」(고시계 96. 2), 48면.

램 자체에서 발생하는 오류를 적극적으로 이용하여 그 사무처리의 목적에 비추어 정당하지 아니한 사무처리를 하게 하는 행위도 이에 해당한다.[1] 「권한 없이 정보를 입력·변경한다」는 것은 정당한 정보의 권한 없는 사용을 의미한다.

타인의 인적사항을 모용하여 타인명의로 발급받은 신용카드의 번호와 비밀번호를 인터넷사이트에 입력함으로써 재산상의 이익을 취득하거나(대법원 2003. 1. 10. 2002도2363), 금융기관 직원이 범죄의 목적으로 전산단말기를 이용하여 다른 공범들이 지정한 특정계좌에 무자원 송금의 방식으로 거액을 입금한 경우(대법원 2006. 1. 26. 2005도8507), 또는 예금자가 은행계좌에서 인출한도가 넘는 금액을 자동이체하게 한 경우가 여기에 해당한다.

그러나 여기의 「권한 없이」를 권리자의 의사에 반하는 경우를 의미한다고 해석할 때에는 계약을 위반한 일체의 정보사용이 본죄에 해당하게 되어 처벌의 지나친 확대를 초래할 뿐만 아니라 사기죄의 보충적 구성요건인 본죄의 성격도 상실하게 된다. 따라서 정보의 권한 없는 사용은 사기특수의 행위(Betrugsspezifisches Verhalten) 또는 기망가치(Täuschungswert)를 가진 행위, 즉 사람에 대한 행위였다면 사기죄가 성립하였을 경우로 제한되며,[2] 단순한 계약위반은 제외된다고 해석해야 한다.

절취한 타인의 신용카드 또는 예금통장을 현금자동지급기에 넣고 조작하여 예금 잔고를 자기 계좌로 이체한 경우에 본죄가 성립한다는 점에는 의문이 없다.[3] 문제는 타인의 신용카드 또는 현금카드와 비밀번호를 입력하여 현금자동지급기에서 현금을 인출한 경우도 여기에 해당할 것인가에 있다. **부정설**은 컴퓨터사용사기죄의 객체는 재산상의 이익에 제한되어 있으므로 현금을 인출한 경우에는 본죄가 성립하지 않고, 이 경우에는 절도죄가 성립할 뿐이라고 해석한다.[4] 판례가 취하고 있는 태도이다.[5] 그러나 ① 본죄에 정보의 무권한 사용을 포함한 것

1 대법원 2013. 11. 14. 2011도4440.

2 Günther SK §263a Rn. 18; Kindhäuser NK §263a Rn. 25; Lackner/Kühl §263a Rn. 13; Sch/Sch/Cramer §263a Rn. 11; Tröndle/Fischer §263a Rn. 8; Wessels/Hillenkamp Rn. 609.

3 대법원 2008. 6. 12. 2008도2440.
대법원은 이 경우의 피해자는 타인명의 계좌의 금융기관이라고 한다(대법원 2007. 3. 15. 2006도2704).

4 김성돈 381면; 박상기 341면; 손동권/김재윤 401면; 신동운 1111면; 임웅 442면.

5 대법원 2003. 5. 13. 2003도1178, 「우리 형법은 재산범죄의 객체가 재물인지 재산상의 이익인지에 따라 이를 재물죄와 이득죄로 명시하여 규정하고 있는데, 형법 제347조가 일반 사기죄를 재물죄 겸 이득죄로 규정한 것과 달리 형법 제347조의2는 컴퓨터등사용사기죄의 객체를 재물이

은 바로 타인의 신용카드로 현금자동지급기에서 현금을 인출하는 행위를 본죄에 의하여 처벌하기 위해 형법개정을 통하여 신설한 것이며, ② 재물은 재산상의 이익과 대립되는 개념이지만 동시에 재산상의 이익의 특별규정이므로 재물에 대한 사기죄가 성립하지 않는 경우에는 재산상의 이익을 취득한 경우로 해석할 수 있다는 점에서 **긍정설**[1]이 타당하다고 생각된다.

(나) **정보처리** 허위의 정보 또는 부정한 명령을 입력하거나 권한 없이 정보를 입력·변경하여 컴퓨터 등 정보처리장치로 하여금 정보처리를 하게 해야 한다. 「정보처리」는 사기죄에서 피해자의 처분행위에 상응하므로 입력된 허위의 정보 등에 의하여 계산이나 데이터의 처리가 이루어짐으로써 직접적으로 재산처분의 결과를 초래하여야 한다.[2] 따라서 정보처리가 재산권의 득실변경에 영향을 미칠 수 있을 것임을 요한다. 59

3) **이익의 취득** 정보처리를 하게 함으로써 재산상의 이익을 취득하거나 제3자에게 취득하게 하여야 한다. 즉 재산상 이익 취득은 사람의 처분행위가 개재됨이 없이 컴퓨터 등에 의한 정보처리과정에서 이루어져야 한다.[3] 재산상의 이익을 취득한다는 것은 재물 이외의 재산상의 이익을 불법한 방법으로 얻는 것을 말한다. 예컨대 은행의 예금원장파일에 예금채권이 있는 것처럼 만들어 예금을 인출할 수 있는 지위를 취득하는 것, 위조된 전화카드를 이용하여 전화서비스를 받거나 기계적으로 계산 및 청구가 행하여지는 요금파일의 기록을 조작하여 요금청구를 면제받는 것이 여기에 해당한다. 60

아닌 재산상의 이익으로만 한정하여 규정하고 있으므로, 절취한 타인의 신용카드로 현금자동지급기에서 현금을 인출하는 행위가 재물에 관한 범죄임이 분명한 이상 이를 위 컴퓨터등사용사기죄로 처벌할 수는 없다고 할 것이고, 입법자의 의도가 이와 달리 이를 위 죄로 처벌하고자 하는 데 있었다거나 유사한 사례와 비교하여 처벌상의 불균형이 발생할 우려가 있다는 이유만으로 그와 달리 볼 수는 없다.」

동지 : 대법원 2002. 7. 12. 2002도2134.

1 김일수/서보학 357면; 배종대 **68**/102; 오영근 330면; 이영란 347면; 이정원 391면; 이형국 388면; 정성근/박광민 362면; 정영일 186면.

2 대법원 2025. 3. 13. 2024도19846, 「가맹점이나 금융기관 등의 인터넷 사이트 또는 휴대전화 어플리케이션 등에 접속하여 타인의 승낙 없이 타인의 인적사항과 타인 명의의 신용카드 번호 및 그 비밀번호 등을 입력하는 방법으로 물품이나 서비스 이용대금 등을 결제하거나 금융기관 등으로부터 신용대출을 받음으로써 재산상 이익을 취득하는 행위는, 컴퓨터 등 정보처리장치에 권한 없이 정보를 입력하여 정보처리를 하게 함으로써 재산상 이익을 취득하는 행위로서 가맹점이나 대출금융기관 등에 대한 컴퓨터등사용사기죄에 해당한다.」

3 대법원 2014. 3. 13. 2013도16099.

61 본죄는 컴퓨터 등 정보처리장치에 허위의 정보 또는 부정한 명령을 입력하거나 권한 없이 정보를 입력·변경할 때에 실행의 착수가 있고, 재산상의 이익을 취득함으로써 기수가 된다. 그러나 금융기관 직원이 전산단말기를 이용하여 허위의 정보를 입력하는 방법으로 특정계좌로 입금되도록 한 경우에는 그 입금절차를 완료함으로써 재산상 이익을 취득하였으므로 본죄는 기수에 이르렀고, 후에 그 입금이 취소되어 현실적으로 인출되지 못하였다고 하더라도 이미 성립한 컴퓨터등 사용사기죄에 어떤 영향이 있다고 할 수는 없다.[1]

62 (3) **죄수 및 다른 범죄와의 관계** 여러 번에 걸쳐 컴퓨터 등 정보처리장치에 허위의 정보를 입력하여 재산상의 이익을 취득한 때에는 본죄의 포괄적 일죄가 된다. 본죄는 사기죄에 대하여 보충관계에 있으므로 사기이득죄가 성립하는 경우에는 본죄는 성립할 여지가 없다. 예컨대 오퍼레이터를 기망하여 컴퓨터에 허위의 정보를 입력시켜 재산상의 이익을 취득한 때에는 사기죄가 성립한다. 본죄의 수단인 행위가 전자기록위작·변작죄(제227조의2, 제232조의2) 또는 동 행사죄(제229조, 제234조)에 해당할 때에는 본죄와 상상적 경합이 된다. 한편 본죄의 행위에 의하여 은행원장파일의 예금잔고기록을 부정하게 증액시켜 허위의 예금채권을 취득한 후 그 예금을 인출하여 현금을 취득한 경우에 현금을 취득한 행위는 절도죄를 구성하지 않는다.[2]

본죄와 절도죄는 택일관계에 있다. 따라서 본죄가 성립한 때에는 절도죄는 성립하지 않는다. 다만 특수절도죄는 본죄와 상상적 경합이 될 수 있다고 해야 한다.

2. 준사기죄

① 미성년자의 사리분별력 부족 또는 사람의 심신장애를 이용하여 재물을 교부받거나 재산상 이익을 취득한 자는 10년 이하의 징역 또는 2천만원 이하의 벌금에 처한다.

---

1 대법원 2006. 9. 14. 2006도4127.

2 대법원 2008. 6. 12. 2008도2440, 「절취한 타인의 신용카드를 이용하여 현금지급기에서 계좌이체를 한 행위는 컴퓨터등사용사기죄에서 컴퓨터 등 정보처리장치에 권한 없이 정보를 입력하여 정보처리를 하게 한 행위에 해당함은 별론으로 하고 이를 절취행위라고 볼 수는 없고, 한편 위 계좌이체 후 현금지급기에서 현금을 인출한 행위는 자신의 신용카드나 현금카드를 이용한 것이어서 이러한 현금인출이 현금지급기 관리자의 의사에 반한다고 볼 수 없어 절취행위에 해당하지 않으므로 절도죄를 구성하지 않는다.」

② 제1항의 방법으로 제3자로 하여금 재물을 교부받게 하거나 재산상 이익을 취득하게 한 경우에도 제1항의 형에 처한다(제348조).
미수범은 처벌한다(제352조).
10년 이하의 자격정지를 병과할 수 있다(제353조).

(1) **의 의** 미성년자의 사리분별력 부족 또는 사람의 심신장애를 이용하여 재물을 교부받거나 재산상 이익을 취득하거나 또는 제3자로 하여금 재물을 교부받게 하거나 재산상 이익을 취득하게 함으로써 성립하는 범죄이다. 미성년자의 사리분별력 부족 또는 사람의 심신장애를 이용하여 재물을 교부받거나 재산상 이익을 얻는 것은 기망을 수단으로 하지 않는 경우에도 기망행위를 한 사기죄와 유사한 성질을 가지므로 사기죄에 준하여 취급하는 것이다. 그러나 피해자가 사리분별력이 부족한 미성년자 또는 심신장애자라고 할지라도 적극적으로 기망수단을 쓴 때에는 사기죄가 성립하며 본죄가 되는 것은 아니다. 이러한 의미에서 본죄는 사기죄의 보충적 규정이라고 할 수 있다. 63

본죄는 사기죄에 대한 가중적 구성요건이 아니라 사기죄와는 다른 독립된 구성요건이다. 따라서 사기죄가 침해범임에 대하여, 본죄는 위험범이다. 본죄의 행위의 객체는 이미 착오에 빠져 있다고 보아야 하기 때문에 일정한 행위가 있으면 본죄가 완성되고, 기망행위-착오-처분행위-재산상 손해 사이의 인과관계는 본죄의 요건이 아니기 때문이다.[1] 본죄를 침해범이라고 해석하는 견해[2]도 있다. 64

(2) **구성요건** 미성년자의 사리분별력 부족 또는 사람의 심신장애를 이용하여 재물을 교부받거나 재산상 이익을 취득할 것을 요한다. 미성년자의 사리분별력 부족 또는 사람의 심신장애를 이용하는 것을 특색으로 한다. 65

1) 미성년자 미성년자란 민법상의 미성년자, 즉 19세 미만의 자를 말한다. 모든 미성년자가 본죄의 객체로 되는 것이 아니라, 미성년자 가운데 사리분별력이 부족한 자만 여기에 해당한다. 사리분별력 부족이란 독립하여 사리를 판단할 수 없는 정도, 즉 기망수단에 의하지 않아도 처분행위를 할 상태에 있는 것을 말한다. 66

2) 심신장애 심신장애란 정신기능의 장애를 의미한다. 그러나 본죄의 67

1 유기천 252면.
2 김성돈 388면; 김일수/서보학 364면; 박상기 347면; 배종대 69/9; 백형구 185면; 손동권/김재윤 403면; 오영근 331면; 이정원 424면; 이형국 393면; 임웅 450면; 정성근/박광민 366면.

심신장애란 책임능력의 기초가 되는 그것과 의미를 달리하며, 어디까지나 재산상의 거래능력에 관한 것을 말한다. 본죄의 심신장애를 형법 제10조의 그것과 같이 해석하여 심신미약뿐만 아니라 심신상실을 포함한다는 견해[1]도 있으나, 심신미약자나 심신상실자라 하여 반드시 본죄에 해당하는 것은 아니다. 심신상실자라 할지라도 그 정도가 심하여 의사능력까지 없다고 보아야 할 때에는 본죄가 성립하지 아니하고 절도죄를 구성할 뿐이라고 해야 한다.[2]

3. 편의시설 부정이용죄

부정한 방법으로 대가를 지급하지 아니하고 자동판매기 · 공중전화 기타 유료자동설비를 이용하여 재물 또는 재산상의 이익을 취득한 자는 3년 이하의 징역, 500만원 이하의 벌금, 구류 또는 과료에 처한다(제348조의2).

미수범은 처벌한다(제352조).

10년 이하의 자격정지를 병과할 수 있다(제353조).

68 (1) **의 의** 부정한 방법으로 대가를 지급하지 아니하고 자동판매기 · 공중전화 기타 유료자동설비를 이용하여 재물 또는 재산상의 이익을 취득함으로써 성립하는 범죄이다. 자동판매기 · 공중전화 기타 유료자동설비의 발달에 따라 사람이 없어도 부정을 행하지 않는다는 사회적 신뢰를 유지하여 자동설비의 사회적 기능을 보호하기 위해 마련한 규정이다.[3] 공중전화와 같은 자동설비에 의하여 편익 또는 재산상 이익을 취득하는 경우 재물이 아니기 때문에 절도죄가 성립하지 아니하고, 사람을 기망한 경우가 아니기 때문에 사기죄도 성립하지 아니한다. 이러한 경우 본죄는 사기죄의 흠결을 보충하는 보충적 구성요건(Auffangstatbestand)이다.[4] 이에 반해 자동판매기를 이용하여 재물을 취득하는 경우에는 절도죄에 의하여 처벌할 수 있다. 다만 자동판매기를 이용하여 재물을 절취하는 경우 대부분 사안이 경미하기 때문에 절도죄의 형으로 처벌하는 것이 부적절하다는 이유로 형법은 이러한 경우도 본죄에 포함시킨 것이다. 따라서 본죄

1 김종원 219면; 서일교 172면; 신동운 1115면; 황산덕 302면.

2 강구진 335면; 김성천/김형준 532면; 김일수/서보학 365면; 박상기 346면; 배종대 **69**/11; 오영근 332면; 유기천 252면; 이형국 393면; 임웅 451면; 정성근/박광민 366면; 정영일 194면.

3 법무부, 제안이유서, 183면.

4 독일 형법 제265조의a와 오스트리아 형법 제149조의 편익취득죄(Erschleichen von Leistungen)는 이 경우만을 규정하고 있다.

는 일면에 있어 사기죄의 처벌범위를 확대하면서, 한편으로는 절도죄의 적용범위를 제한하는 기능을 가졌다고 할 수 있다.[1] 본죄의 보호법익도 재산권이다.

(2) **구성요건** 본죄는 부정한 방법으로 대가를 지급하지 아니하고 자동 69
판매기·공중전화 기타 유료자동설비를 이용하여 재물 또는 재산상의 이익을 취득함으로써 성립한다.

1) **행위의 객체** 부정이용의 객체는 자동판매기·공중전화 기타 유료자 70
동설비이다. 유료자동설비(Automat)란 대가를 지불하는 경우에 기계 또는 전자장치가 작동을 개시하여 일정한 물건 또는 편익을 제공하는 일체의 기계를 말한다.[2] 자동판매기 또는 공중전화는 그 예시에 지나지 않는다. 공중전화·텔레비전 시청기·뮤직박스·자동저울 또는 자동놀이기구와 같은 편익제공 자동설비뿐만 아니라, 물건·승차권·담배 또는 음료수를 판매하는 자동판매기도 여기에 포함된다. 연극, 오페라 또는 영화관람과 같은 모임이나 목욕탕·도서관 또는 박물관 등의 시설에 출입하거나 공중교통기관을 부정하게 이용하는 경우에도 그것이 무인화·자동화된 때에는 본죄에 해당할 수 있다. 자동설비는 대가를 받을 때에 작동되는 것임을 전제로 한다. 따라서 자동설비라 할지라도 타인의 재산권을 침해할 수 없는 경우, 예컨대 무료의 모임에 출입자를 제한하기 위한 자동설비를 부정이용한 때에는 본죄에 해당하지 않는다.

현금자동지급기도 유료자동설비에 해당하지 않는다. 따라서 절취 또는 강취한 타인 소유의 신용카드로 현금자동지급기에서 현금을 인출한 때에는 본죄를 구성하지 않는다. 타인의 전화카드를 절취하여 전화통화에 이용한 경우에도 편의시설 부정이용죄는 성립하지 않는다. 이 경우에 통신카드서비스 이용계약을 한 피해자가 그 요금을 납부할 채무를 부담할 뿐이고 대가를 지급하지 아니하고 공중전화를 이용한 것이 아니기 때문이다(대법원 2001. 9. 25. 2001도3625).

2) **행 위** 자동설비를 이용하여 재물 또는 재산상의 이익을 취득하 71
는 것이다. 즉 자동설비의 메커니즘을 비정상적으로 조종함으로써 재물 또는 재산상의 이익을 얻어야 한다. 자동설비의 작동을 요하므로 자동판매기가 이미 고장나서 동전을 넣지 않아도 물건이 나오는 경우 이를 가져가거나, 자동판매기를

1 법무부, 제안이유서, 183면.
2 Kindhäuser NK §265a Rn. 18; Sch/Sch/Eser §265a Rn. 4; Wolter MK §265a Rn. 8.

손괴하고 그 안에 있는 물품을 가져가는 경우에는 본죄에 해당하지 않는다.

본죄는 자동설비를 통하여 재물 또는 재산상의 이익을 취득하였을 때에 기수가 된다.

72 3) 주관적 구성요건 주관적 구성요건으로는 고의를 필요로 하며, 미필적 고의로 족하다. 대가를 지급하지 않는다는 것도 고의의 내용이 된다. 따라서 대가를 지급하지 않아도 된다고 오인한 때에는 구성요건적 사실의 착오가 된다. 대가를 지급하지 아니할 목적이 있어야 하는 것은 아니다.

4. 부당이득죄

① 사람의 곤궁하고 절박한 상태를 이용하여 현저하게 부당한 이익을 취득한 자는 3년 이하의 징역 또는 1천만원 이하의 벌금에 처한다.

② 제1항의 방법으로 제3자로 하여금 부당한 이익을 취득하게 한 경우에도 제1항의 형에 처한다(제349조).

10년 이하의 자격정지를 병과할 수 있다(제353조).

73 (1) 의 의 사람의 곤궁하고 절박한 상태를 이용하여 현저하게 부당한 이익을 취득하거나 제3자로 하여금 취득하게 함으로써 성립하는 범죄이다. 본죄는 이른바 폭리행위(Wucher)를 처벌하는 것으로 엄밀하게 보면 사기죄의 한 형태라고 할 수는 없다.

폭리행위를 처벌하느냐는 경제질서 내지 그 자유와 밀접한 관련을 가진 문제이다. 원래 교회의 윤리적 명령은 폭리 또는 이자의 취득을 절대적으로 금지하고 있었다. 그러나 경제발전에 따라서 이러한 금지는 완화되지 않을 수 없었고, 특히 19세기 중엽의 자유주의경제체제는 계약체결의 자유의 확장과 함께 폭리행위에 대한 처벌의 철폐를 요구하였다. 형법은 독일 형법의 영향을 받아 일반적 폭리행위는 벌하지 아니하고, 타인의 궁박한 상태를 이용하여 현저하게 부당한 이익을 취득한 개별적 폭리행위(Individualwucher)만을 벌하고 있다.

74 본죄의 본질은 사람의 곤궁하고 절박한 상태를 경제적으로 이용하여 현저하게 부당한 이익을 취득하는 것을 금하는 데 있다. 사기죄는 아니지만 타인의 곤궁하고 절박한 상태를 이용하였다는 점에서 사기죄의 한 태양으로 처벌하는 것이다. 본죄의 보호법익은 전체로서의 재산이며, 본죄의 완성을 위하여 피해자에

게 현실적으로 손해가 발생하였음을 요하지 않고 재산상 위험이 있으면 족하다는 점에서 본죄는 위험범이다.[1] 본죄의 미수범은 처벌하지 않는다.

(2) 구성요건

1) 곤궁하고 절박한 상태 상대방이 곤궁하고 절박한 상태에 있어야 한 75
다. 곤궁하고 절박한 상태란 경제적 곤궁상태에 한하지 아니하며, 생명이나 명예에 대한 정신적 · 육체적 곤궁상태도 포함한다. 경제적 곤궁상태도 생존의 위험에 이를 단계, 즉 재산이 없게 될 정도에 이를 것을 요하지 않으며 현저한 재산의 감소나 그 위험이 있으면 족하다. 곤궁하고 절박한 상태에 이른 원인은 묻지 않는다. 무경험이나 판단능력의 결함에 의한 것이든, 의사의 박약에 의한 것이든 관계 없다.

2) 현저하게 부당한 이익 현저하게 부당한 이익을 취득하여야 한다. 재 76
산상태의 증가를 재산상 이익이라 하며, 급부와 이익 사이에 상당성이 없을 때 부당한 이익이 된다. 그리고 부당한 이익이 있느냐는 행위자를 기준으로 판단해야 한다. 부당한 이익을 가져온 법률행위가 유효인가 무효인가도 묻지 않는다.

이익은 현저하게 부당하여야 한다. 현저하게 부당한 이익인가의 여부도 추상적 · 일반적으로 결정할 것이 아니라 구체적 사정에 따라 객관적으로 결정해야 한다. 금전대차에 있어서는 금액 · 대부기간 · 담보물 · 피해자의 재산상태나 위험성 등의 모든 사정을 고려하여야 한다.

대법원은 채무액의 2배에 상당하는 재산을 대물변제받았다는 것만으로는 현저하게 부당한 이익이라 할 수 없다고 판시한 바 있다(대법원 1972. 10. 31. 72도1803). 소위 알박기의 경우 부당이득죄가 성립하는가가 문제된다. 대법원은 부동산매매와 관련하여 취득한 이익이 현저히 부당한가의 여부는 헌법이 규정하고 있는 자유시장경제질서와 여기에서 파생되는 사적 계약자유의 원칙을 고려하여 거래당사자의 신분과 상호간의 관계, 피해자가 처한 상황의 절박성의 정도, 계약의 체결을 둘러싼 협상과정 및 거래를 통한 피해자의 이익, 피해자가 그 거래를 통해 추구하고자 한 목적을 달성하기 위한 다른 적절한 대안의 존재 여부, 피고인에게 피해자와 거래하여야 할 신의칙상 의무가 있는지 여부 등 여러 상황을 종합하여 구체적으로 판단해야 한다는 전제에서, ① 건설회사 甲의 주택신축사업 계획을 미리 알고 토지소유자가 甲과 맺은 토지매매 약정을 깨고 자신에게 이를 매도 및 이전등기하게 한 다음 이를 甲에게 재매도하면서 2배 이

1 Krey/Hellmann Rn. 535; Maurach/Schroeder/Maiwald 43/10; Sch/Sch/Stree §291 Rn. 2; Schäfer/Wolff LK §291 Rn. 3; Tröndle/Fischer §291 Rn. 3.

상의 매매대금과 양도소득세를 부담시킨 경우 부당이득죄가 성립한다고 하면서(대법원 2008. 5. 29. 2008도2612), ② 아파트 건축사업이 추진되기 수년 전부터 사업부지 내 일부 부동산을 소유하여 온 피고인이 사업자의 매도 제안을 거부하다가 인근 토지 시가의 40배가 넘는 대금을 받고 매도한 경우에는 부당이득죄의 성립을 부정하였다(대법원 2009. 1. 15. 2008도8577).

77 3) 곤궁하고 절박한 상태의 이용 이익을 취득하기 위하여 상대방의 곤궁하고 절박한 상태를 이용하였을 것을 요한다. 상대방의 곤궁하고 절박한 상태를 이익을 취득하기 위하여 이용하였다는 점에 본죄의 특색이 있다. 이러한 의미에서 상대방의 곤궁하고 절박한 상태를 이용하였다는 비동정성(Rücksichtlosigkeit)은 본죄의 구성요건요소가 된다고 할 수 있다.

78 4) 주관적 구성요건 주관적 구성요건으로 고의를 필요로 한다. 미필적 고의로 족하다. 상대방이 곤궁하고 절박한 상태에 있다는 것과 현저하게 부당한 이익을 취득한다는 인식이 있어야 한다. 다만 그것은 문외한으로서의 소박한 평가로 족하다.

Ⅳ. 상습사기죄

상습으로 제347조 내지 제349조의 죄를 범한 자는 그 죄에 정한 형의 2분의 1까지 가중한다(제351조).
미수범은 처벌한다(제352조).
10년 이하의 자격정지를 병과할 수 있다(제353조).

79 상습이란 동종의 범행을 반복하는 습벽이 있는 것을 말한다. 반드시 전과를 요건으로 하는 것은 아니다. 전과가 있어도 긴 시간이 흐른 후의 범행은 사기습벽의 발현이라고 할 수 없다.[1] 통설과 판례는 본죄를 포괄일죄로 보고 있다. 따라서 상습사기에 대한 확정판결의 기판력과 공소제기의 효력은 사실심리의 가능성이 있는 판결선고시를 기준으로 하여 그때까지 행하여진 모든 사기행위에 미치게 된다.[2]

1 대법원 1978. 7. 11. 78도1429.
2 대법원 1982. 9. 28. 82도273; 대법원 1982. 12. 28. 82도2500; 대법원 1983. 10. 11. 82도402.

상습으로 제347조의 죄를 범한 경우에 그 이득액이 5억원 이상인 때에는 특경가법 제3조에 의하여 가중처벌된다.

《신용카드범죄의 유형과 그 죄책》

1. 신용카드의 개념과 신용카드범죄의 유형

(1) 신용카드의 의의와 기능

신용카드란 이를 제시함으로써 반복하여 신용카드가맹점에서 카드 이용과 80
관련된 대금을 결제할 수 있는 증표로서 신용카드업자가 발행한 것을 말한다(여신전문금융업법 제2조 3호). 신용카드의 핵심적 기능은 신용기능에 있다. 즉 신용카드의 거래는 신용카드회사로부터 카드를 발급받은 사람이 그 카드를 사용하여 카드가맹점으로부터 물품을 구입하면 카드를 소지하여 사용하는 사람이 카드회사로부터 카드를 발급받은 정당한 소지인인 한 카드회사가 그 대금을 가맹점에 결제하고 카드회사는 카드사용자에 대하여 물품구입대금을 대출해 준 금전채권을 가지는 것이고, 또 카드사용자가 현금자동지급기를 통하여 현금서비스를 받아 가면 현금대출관계가 성립하게 된다. 이와 같이 신용카드의 거래는 통상 신용카드회원 · 신용카드가맹점 및 신용카드회사의 3당사자의 관계로 이루어지는 것이지만(3당사자카드), 백화점신용카드와 같이 신용카드회원과 신용카드회사의 2당사자 관계로 이루어지는 경우(양 당사자카드)도 있다.

신용카드와 구별되는 것으로 현금카드와 직불카드 및 선불카드가 있다.

① **현금카드**란 예금계좌와 예금잔고를 가지고 있는 예금주가 현금자동지급 81
기에서 현금을 인출하는 기능만을 갖고 있는 카드이다. 대부분의 은행신용카드는 신용카드와 현금카드의 기능을 겸하고 있다. 현금카드는 신용기능이 없다는 점에서 신용카드와 구별되며, 따라서 이는 여신전문금융업법상의 신용카드에 포함되지 않는다.

② **직불카드**란 직불카드회원과 신용카드가맹점 간에 전자적 또는 자기적 방법으로 금융거래계좌에 이체하는 등의 방법으로 결제가 이루어질 수 있도록 신용카드업자가 발행한 증표를 말한다(동법 제2조 6호). 직불카드는 신용카드에 준하는 법적 규제를 받는다.

③ **선불카드**란 신용카드업자가 대금을 미리 받고 이에 해당하는 금액을 기록(전자적 또는 자기적 방법에 따른 기록을 말한다)하여 발행한 증표로서 선불카드소지자가 신용카드가맹점에 제시하여 그 카드에 기록된 금액의 범위에서 결제할 수 있게 한 증표를 말한다(동법 제2조 8호). 버스카드·공중전화카드·지하철승차권·고속도로통행카드 등이 여기에 해당한다.

82 (2) **신용카드범죄의 유형** 신용카드범죄는 신용카드 자체에 대한 범죄와 신용카드를 부정사용하는 범죄로 나눌 수 있다. 신용카드 자체에 대한 범죄로는 ㉠ 신용카드에 대한 재산범죄, ㉡ 신용카드를 부정발급받는 행위 및 ㉢ 신용카드의 위조·변조행위를 들 수 있으며, 신용카드를 부정사용하는 범죄는 ㉠ 타인 신용카드의 부정사용과 ㉡ 자기 신용카드의 부정사용으로 나뉘어, 각각 신용카드로 물품을 구입하는 경우와 현금서비스를 받는 경우가 문제된다.

2. 신용카드 자체에 대한 범죄

타인의 신용카드를 절취·강취·편취하거나, 신용카드회사로부터 신용카드를 부정발급받거나, 신용카드를 위조·변조한 경우에 어떤 범죄가 성립하는가의 문제이다.

83 (1) **신용카드에 대한 재산범죄** 타인의 신용카드를 절취·강취한 경우 절도죄 또는 강도죄 등의 재산범죄가 성립하는가가 문제된다. 신용카드가 재물이며, 재물에는 경제적 가치가 있어야 하는가에 관련된 문제이다. 그러나 재물범죄에 있어서 재물에는 형식적 소유권이 문제되며, 반드시 경제적 가치가 있을 것을 요하지 않는다. 따라서 타인의 신용카드를 절취 또는 강취한 경우에는 타인의 재물을 절취 또는 강취한 경우에 해당하는 것이 명백하다.

다만 절도죄나 강도죄가 성립하기 위해서는 주관적 구성요건요소로 불법영득의사가 있어야 함은 물론이다. 따라서 타인의 신용카드를 사용하여 물품을 구입하거나 현금서비스를 받은 후 신용카드는 반환할 의사로 신용카드를 절취한 경우에는 신용카드를 사용한 죄책 이외에 신용카드에 대한 절도죄는 성립할 여지가 없다.[1] 타인의 신용카드로 물품을 구입하거나 현금서비스를 받았다고 하여

1 대법원 1999. 7. 9. 99도857, 「신용카드는 그 자체에 경제적 가치가 화체되어 있거나 특정의 재산권을 표창하는 유가증권이라고 볼 수 없고, 단지 신용카드회원이 그 제시를 통하여 신용카드

신용카드 자체의 가치가 사용액만큼 소모된 것이 아니며, 행위자는 카드의 사용가치를 침해했을 뿐이기 때문이다.

(2) **신용카드를 부정발급받는 행위** 카드대금을 지급할 의사와 능력이 없으면서 자기의 신용카드를 발급받는 경우 사기죄가 성립하는가에 관하여는 긍정설과 부정설이 대립된다. **부정설**은 신용카드 자체는 가치라고 할 수 없을 정도로 경미하므로,[1] 사기죄의 성립을 부정해야 한다고 한다. **긍정설** 중에는 카드를 발급받음으로써 앞으로 신용카드를 이용할 재산상의 위험이 발생하였다는 이유로 사기죄가 성립한다고 해석하는 견해도 있다.[2] 판례가 카드회사로부터 신용카드를 발급받아 편취한 신용카드로 물품을 구입하거나 현금서비스를 받는 행위도 신용카드의 발급에 기초하여 이루어진 행위이므로 포괄일죄가 된다고 판시한 것[3]도 같은 입장이다. 그러나 신용카드를 발급받았다는 사실만으로 그 카드를 사용하여 물품을 구입하고 현금서비스를 받을 경우에 대금을 지급할 구체적인 손해가 발생하였다고 볼 수는 없다. 또 카드회사에 대한 신용카드의 부정발급과 카드를 이용한 물품구입은 행위방법과 법익을 달리하는 것이므로 포괄일죄가 아닌 경합범의 관계이며, 자기의 카드를 이용하여 현금서비스를 받는 경우는 범죄의 구성요건에 해당하지 않는다. 따라서 신용카드도 재물이며 재물에 대하여는 경제적 가치가 문제되지 않으므로 신용카드 자체에 대한 사기죄가 성립한다고 해 84

회원이라는 사실을 증명하거나 현금자동지급기 등에 주입하는 등의 방법으로 신용카드업자로부터 서비스를 받을 수 있는 증표로서의 가치를 갖는 것이어서, 이를 사용하여 현금자동지급기에서 현금을 인출하였다 하더라도 신용카드 자체가 가지는 경제적 가치가 인출된 예금액만큼 소모되었다고 할 수 없으므로, 이를 일시 사용하고 곧 반환한 경우에는 불법영득의 의사가 없다.」

대법원 1998. 11. 10. 98도2642 판결은 현금카드에 대하여, 대법원 2006. 3. 9. 2005도7819 판결은 직불카드에 대하여 같은 취지로 판시하였다.

1 배종대 **68**/78; 정성근/박광민 356면.

2 박상기 337면; 임웅 438면; 김영환, 「현급자동지급기의 부정사용에 관한 형법적인 문제점」(형사판례연구 6), 260면.

3 대법원 1996. 4. 9. 95도2466, 「피고인이 카드사용으로 인한 대금결제의 의사와 능력이 없으면서도 있는 것 같이 가장하여 카드회사를 기망하고, 카드회사는 이에 착오를 일으켜 일정 한도 내에서 카드사용을 허용해 줌으로써 피고인은 기망당한 카드회사의 신용공여라는 하자 있는 의사표시에 편승하여 자동지급기를 통한 현금대출도 받고, 가맹점을 통한 물품구입대금 대출도 받아 카드발급회사로 하여금 같은 액수 상당의 피해를 입게 함으로써, 카드사용으로 인한 일련의 편취행위가 포괄적으로 이루어지는 것이다. 따라서 카드사용으로 인한 카드회사의 손해는 그것이 자동지급기에 의한 인출행위이든 가맹점을 통한 물품구입행위이든 불문하고 모두가 피해자인 카드회사의 기망당한 의사표시에 따른 카드발급에 터잡아 이루어지는 사기의 포괄일죄이다.」

이 판결에 대한 평석으로 강동범, 「자기신용카드의 부정사용행위에 대한 형사책임」(형사판례연구 5), 357면 이하.

석해야 한다.

타인의 신용카드를 임의로 카드회사에서 발급받는 경우에는 카드발급신청서를 작성하는 행위가 사문서위조죄 · 동 행사죄를 구성하고 신용카드를 발급받는 행위는 신용카드에 대한 사기죄가 성립한다고 해야 한다. 그러나 판례는 타인의 명의를 모용하여 발급받은 신용카드를 이용하여 현금자동지급기에서 현금대출을 받는 경우에 절도죄가 성립할 뿐이라고 판시하였다.[1]

85 (3) **신용카드 위조 · 변조죄** 신용카드의 자기띠 부분의 전자기록에 변경을 가하거나 카드의 명의 또는 서명을 고치는 경우에는 여신전문금융업법 제70조 1항 1호의 신용카드 위조 · 변조죄에 해당한다. 전자기록을 변경한 경우에는 동시에 사전자기록 위작 · 변작죄에도 해당할 수 있으나, 신용카드 위조 · 변조죄가 동죄에 대한 특별법이라고 할 것이므로 별도로 성립할 여지는 없다. 신용카드가 유가증권인가에 대하여는 긍정설과 부정설이 대립되고 있으나,[2] 신용구매를 할 수 있다는 것만으로 신용카드에 재산권이 화체되었다고는 할 수 없으므로 유가증권이 될 수 없다는 부정설이 타당하다고 생각된다.[3] 따라서 신용카드를 위조 · 변조하는 행위가 유가증권 위조 · 변조죄에 해당할 여지는 없다.

3. 타인 신용카드의 부정사용

타인의 신용카드를 절취 · 강취하거나 편취 · 갈취한 후에 그 신용카드를 이용하여 가맹점에서 거래전표에 서명하고 물품을 구입하거나, 현금자동지급기에서 현금서비스를 받은 경우의 형사책임이 문제된다.

(1) 타인의 신용카드로 물품을 구입한 경우의 죄책

86 **1) 사기죄의 성립 여부** 절취 또는 강취한 타인의 신용카드로 가맹점에

1 대법원 2006. 7. 27. 2006도3126, 「피고인이 타인의 명의를 모용하여 신용카드를 발급받은 경우, 비록 카드회사가 피고인으로부터 기망을 당한 나머지 피고인에게 피모용자 명의로 발급된 신용카드를 교부하고, 사실상 피고인이 지정한 비밀번호를 입력하여 현금자동지급기에 의한 현금대출(현금서비스)을 받을 수 있도록 하였다 할지라도, 카드회사의 내심의 의사는 물론 표시된 의사도 어디까지나 카드명의인인 피모용자에게 이를 허용하는 데 있을 뿐 피고인에게 이를 허용한 것은 아니라는 점에서, 피고인이 타인의 명의를 모용하여 발급받은 신용카드를 사용하여 현금자동지급기에서 현금대출을 받는 행위는 카드회사에 의하여 미리 포괄적으로 허용된 행위가 아니라, 현금자동지급기의 관리자의 의사에 반하여 그의 지배를 배제한 채 그 현금을 자기의 지배하에 옮겨 놓는 행위로서 절도죄에 해당한다.」

2 *infra* 31/5 참조.

3 대법원 1999. 7. 9. 99도857.

서 물품을 구입한 경우 사기죄가 성립한다는 점에는 다툼이 없다. 판례도 같은 태도를 취하고 있다.[1] 행위자는 가맹점에 대하여 자신의 카드인 것처럼 속이고 물품을 구입한 것이므로 묵시적 기망행위를 하였고, 가맹점의 점원은 착오로 인하여 물품을 교부하였으며, 이로 인하여 재산상의 손해가 발생하였기 때문이다.

다만 피해자가 누구인가에 대하여는 견해가 대립되고 있다. ① 물품이나 용역의 제공 자체로 재산상의 손해가 발생하였으므로 가맹점이 피해자라는 견해,[2] ② 가맹점에 귀책사유가 있는 때에는 가맹점이 피해자이고 귀책사유가 없는 때에는 카드회사가 피해자라는 견해[3] 및 ③ 카드회사와 카드명의인이 피해자라는 견해가 대립되고 있다.[4] 그러나 (i) 신용카드거래는 원래 카드회사에서 대금을 지급할 것을 전제로 하는 거래이며, (ii) 가맹점에서 물품대금을 받은 경우에 가맹점을 피해자라고 하는 것은 옳지 않고, (iii) 물품대금 지급시까지 피해자가 누구인지 알 수 없다는 것은 부당하고, (iv) 카드거래로 인하여 카드회사는 대금지급의 위험을 부담하게 되었다는 점을 종합하면 피해자는 카드회사라고 해석하는 것이 타당하다.

2) 신용카드 부정사용죄의 성립 여부　여신전문금융업법 제70조 1항은 87
분실 또는 도난된 신용카드를 판매하거나 사용한 자를 7년 이하의 징역 또는 5천만원 이하의 벌금으로 처벌하고 있다(3호). 동조에서 말하는 분실 또는 도난된 신용카드란 타인의 신용카드를 의미한다. 따라서 절취 또는 강취한 신용카드로 물품을 구입하는 행위가 신용카드 부정사용죄에 해당하는 것은 의문이 없다. 횡령하거나 편취 또는 갈취당한 신용카드도 신용카드 부정사용죄의 객체가 된다(4호). 신용카드의 사용이란 신용카드의 소지인이 신용카드의 본래의 용도인 대금결제를 위하여 신용카드를 제시하고 매출전표에 서명하여 이를 교부하는 일련의 행위를 가리킨다. 따라서 매출전표에 서명하고 교부하는 행위는 형법상 사문서위조 및 동 행사죄의 구성요건에 해당하지만 사문서위조 및 동 행사죄는 신용카드

1 대법원 1997. 1. 21. 96도2715, 「강취한 신용카드를 가지고 자신이 그 신용카드의 정당한 소지인인 양 가맹점의 점주를 속이고 그에 속은 점주로부터 주류 등을 제공받아 이를 취득한 것이라면 신용카드부정사용죄와 별도로 사기죄가 성립한다.」
동지 : 대법원 1996. 7. 12. 96도1181.

2 김우진, 「신용카드부정사용죄의 기수시기」(형사판례연구 3), 283면.

3 오영근 322면; 임웅 439면.

4 배종대 **68**/91; 정성근/박광민 358면.

부정사용죄에 흡수되어 별도로 성립하지 않는다.[1]

(2) **현금자동지급기에서 현금을 인출한 경우의 죄책** 타인의 신용카드로 현금자동지급기에서 현금을 인출하는 행위가 어떤 범죄를 구성할 것인가에 관하여는 사기죄, 편의시설 부정이용죄, 절도죄 및 컴퓨터 사용사기죄와 신용카드 부정사용죄의 성립 여부가 문제된다.

88 **1) 사기죄, 편의시설 부정이용죄, 절도죄 및 컴퓨터 사용사기죄의 성립 여부**

(가) **사기죄 및 편의시설 부정이용죄의 성립 여부** 사기죄는 사람을 기망하여 재물을 교부받거나 재산상의 이익을 취득할 때에 성립한다. 즉 사기죄에 있어서 기망행위란 사람을 착오에 빠뜨리는 행위를 의미하므로 기계에 대한 기망행위는 있을 수 없다. 따라서 현금자동지급기에서 현금을 인출하는 행위를 기망행위라고 할 수 없다. 사기죄의 성립에 필요한 피기망자의 처분행위 또한 존재하지 않는다. 따라서 이 경우 사기죄가 성립할 수 없는 것은 분명하다. 편의시설 부정이용죄는 부정한 방법으로 대가를 지급하지 아니하고 자동판매기·공중전화기 기타 유료자동설비를 이용하여 재물 또는 재산상의 이익을 취득하였을 때 성립한다. 유료자동설비란 대가를 지불하는 경우 기계 또는 전자장치가 작동하여 일정한 물건이나 편익을 제공하는 기계를 말한다. 그러나 현금자동지급기는 신용카드와 비밀번호만으로 현금서비스를 제공하는 기계이지 대가의 지급을 요건으로 작동하는 기계가 아니다. 따라서 편의시설 부정이용죄도 성립하지 않는다.

(나) **절도죄와 컴퓨터 사용사기죄의 성립 여부** 타인의 신용카드로 현금자동지급기에서 현금을 인출한 경우 절도죄가 성립한다는 견해[2]와 컴퓨터 사용사기죄가 성립한다는 견해[3]가 대립되고 있다. 먼저 절도죄와 컴퓨터 사용사기죄의 성립 여부를 검토한다.

1 대법원 1992. 6. 9. 92도77, 「신용카드부정사용죄의 구성요건적 행위인 신용카드의 사용이라 함은 신용카드의 소지인이 신용카드의 본래 용도인 대금결제를 위하여 가맹점에 신용카드를 제시하고 매출표에 서명하여 이를 교부하는 일련의 행위를 가리키고 단순히 신용카드를 제시하는 행위만을 가리키는 것은 아니라고 할 것이므로, 위 매출표의 서명 및 교부가 별도로 사문서위조 및 동행사의 죄의 구성요건을 충족한다고 하여도 이 사문서위조 및 동행사의 죄는 위 신용카드부정사용죄에 흡수되어 신용카드부정사용죄의 1죄만이 성립하고 별도로 사문서위조 및 동행사의 죄는 성립하지 않는다.」

2 김성돈 381면; 박상기 341면; 손동권/김재윤 394면; 신동운 1083면; 이정원 422면; 임웅 442면; 강동범, 「타인신용카드 부정사용의 형사책임에 관한 판례의 검토」(형사재판의 제문제 제3권), 131면.

3 김일수/서보학 357면; 배종대 68/102; 오영근 329면; 이영란 347면; 이정원 391면; 이형국 388면; 정성근/박광민 360면; 정영일 186면.

(a) **절도죄의 성립 여부** 현금자동지급기 안에 있는 돈이 은행의 소유이 89
므로 타인의 재물인 것은 분명하다. 그러나 절취 또는 강취한 타인의 신용카드를 이용하여 현금자동지급기에서 현금을 인출한 행위가 절도죄를 구성하는가에 대하여는 부정설과 긍정설이 대립되고 있다. **부정설**은 절도죄는 타인의 재물을 절취하여야 성립하고 재물의 타인성은 행위 도중에도 존속해야 하는데 신용카드와 비밀번호를 입력함에 의하여 인출된 돈은 소유자의 의사에 의하여 양도된 것이므로 타인의 재물이 아니고, 적어도 신용카드와 비밀번호를 입력한 경우에 돈을 지급하겠다는 것이 현금자동지급기를 설치한 은행의 의사인데 그것은 자동판매기에 정당한 동전을 넣고 물건을 가져간 경우와 같은 것이므로 돈의 취거에 대하여 은행의 동의가 있고 그 동의는 절도죄의 구성요건을 조각하는 양해에 해당하여 절도죄가 성립하지 않는다고 한다.[1] 그러나 현금자동지급기를 설치한 은행의 의사는 비밀번호를 알아낸 카드 절취자에게 현금을 지급하겠다는 것이 아니라 정당한 권리자에게 지급하겠다는 것으로 보아야 하며, 비밀번호를 요구하는 것도 정당한 권리자인가를 확인하기 위한 것이므로 이 경우에도 절도죄가 성립한다고 해석하는 **긍정설**이 타당하다고 생각된다. 판례도 신용카드를 부정사용하여 현금지급기에서 현금을 인출하고 그 현금을 취득한 행위는 현금자동지급기의 관리자의 의사에 반해 그의 지배를 배제하고 그 현금을 자기의 지배하에 옮겨 놓은 것이므로 절도죄를 구성한다고 판시한 바 있다.[2] 다만, 현금카드의 소유자로부터 현금카드를 편취하거나,[3] 갈취하여[4] 예금인출의 승낙을 받고 현금카드를 이용하여 현금을 인출한 때에는 절도죄가 성립할 여지가 없음은 물론이다. 절취한

1 배종대 68/104; 김영환, 「신용카드부정사용에 관한 형법해석론의 난점」(형사판례연구 3), 318면; 하태훈, 「현금자동인출기 부정사용에 대한 형법적 평가」(형사판례연구 4), 330면.

2 대법원 1995. 7. 28. 95도997, 「절취한 피해자명의의 신용카드를 부정사용하여 현금자동인출기에서 현금을 인출하고 그 현금을 취득까지 한 행위는 신용카드업법 제25조 제1항의 부정사용죄에 해당할 뿐 아니라 그 현금을 취득함으로써 현금자동인출기 관리자의 의사에 반하여 그의 지배를 배제하고 그 현금을 자기의 지배하에 옮겨 놓는 것이 되므로 별도로 절도죄를 구성하고, 위 양 죄의 관계는 그 보호법익이나 행위태양이 전혀 달라 실체적 경합관계에 있는 것으로 보아야 한다.」

대법원 2007. 4. 13. 2007도1377; 대법원 2007. 5. 10. 2007도1375 판결은 강취한 타인의 신용카드를 부정사용하여 현금을 인출한 경우에도 신용카드 부정사용죄와 절도죄의 경합범이 성립한다고 판시하였다.

3 대법원 2005. 9. 30. 2005도5869.

4 대법원 2007. 5. 10. 2007도1375.

타인의 신용카드를 이용하여 현금지급기에서 자신의 예금계좌로 돈을 이체시킨 후 현금을 인출한 경우에도 컴퓨터 사용사기죄가 성립하는 것은 별문제로 하고, 절도죄를 구성할 여지는 없다.[1]

90 (b) **컴퓨터 사용사기죄의 성립 여부** 컴퓨터 사용사기죄는 컴퓨터 등 정보처리장치에 허위의 정보 또는 부정한 명령을 입력하거나 권한 없이 정보를 입력·변경하여 정보처리를 하게 함으로써 재산상의 이익을 취득하거나 제3자에게 취득하게 함으로써 성립하는 범죄이다. 현금자동지급기가 컴퓨터 등 정보처리장치에 해당한다는 점에는 의문이 없다. 현금자동지급기는 신용카드 또는 현금카드와 비밀번호를 입력하면 금융기관의 호스트 컴퓨터에 의하여 비밀번호의 일치 여부를 판독하고 현금을 지급하는 컴퓨터이기 때문이다. 본죄는 허위의 정보 또는 부정한 명령을 입력하는 경우뿐만 아니라 권한 없이 정보를 입력·변경하여 정보처리를 하게 함으로써 재산상의 이익을 취득하거나 제3자에게 취득하게 한 경우에도 성립한다. 타인의 신용카드와 비밀번호를 입력한 것은 허위의 정보나 부정한 명령을 입력한 것은 아니지만 권한 없이 정보를 입력한 경우에 해당한다. 다만, 이 경우에 컴퓨터 사용사기죄가 성립할 것인가는 현금을 인출하는 것이 컴퓨터 사용사기죄의 객체가 될 수 있는가와 관련하여 문제된다. **부정설**은 컴퓨터 사용사기죄의 객체는 재산상의 이익에 제한되어 있으므로 현금을 인출한 경우에는 본죄가 성립하지 않고, 절도죄가 성립할 뿐이라고 해석한다.[2] 판례가 취하고 있는 태도이다.[3] 그러나 ① 본죄에 정보의 무권한 사용을 포함한 것은 바로 타인의 신용카드로 현금자동지급기에서 현금을 인출하는 행위를 본죄에 의하여 처벌하기 위하여 신설한 것이며, ② 재물은 재산상의 이익과 대립되는 개념이지만 동시에 재산상의 이익의 특별규정이므로 재물에 대한 사기죄가 성립하지 않는 경우에는 재산상의 이익을 취득한 경우로 해석할 수 있다는 점에서 **긍정설**이 타당하다고 생각된다.[4]

판례는 타인의 명의를 모용하여 발급받은 신용카드를 이용하여 ARS 전화서비스나 인터넷 등을 통하여 신용대출을 받는 것과 같이 재산상의 이익을 취득하는 경우는

1 대법원 2008. 6. 12. 2008도2440.
2 박상기 341면; 손동권/김재윤 394면; 임웅 442면.
3 대법원 2003. 5. 13. 2003도1178.
4 김일수/서보학 359면; 배종대 68/103; 정성근/박광민 360면.

물론(대법원 2006. 7. 27. 2006도3126), 현금카드의 소유자로부터 현금인출을 부탁받고 현금카드를 교부받아 현금을 초과 인출한 경우에도 본죄의 성립을 긍정하고 있다(대법원 2006. 3. 24. 2005도3516).[1] 현금도 재산상의 이익이 될 수 있다는 점을 판례도 긍정한 것으로 볼 수 있다.

따라서 타인의 신용카드로 현금자동지급기에서 현금을 인출하는 행위는 컴퓨터 사용사기죄에 해당하며, 컴퓨터 사용사기죄는 절도죄와 택일관계에 있다고 해야 한다.

2) **신용카드 부정사용죄의 성립 여부** 분실 또는 도난된 타인의 신용카드 91
로 현금자동지급기에서 현금을 인출한 경우 여신전문금융업법상의 신용카드 부정사용죄가 성립하는가가 문제된다. 신용카드 부정사용이란 도난 또는 분실된 신용카드를 진정한 카드로 신용카드 본래의 용법에 따라 사용하는 경우를 말하며, 여신전문금융업법은 신용카드업의 본래의 업무로 신용카드 이용과 관련된 대금의 결제를 규정한 이외에(제2조 2호), 신용카드회원에 대한 자금의 융통도 부대업무로 규정하고 있다(제13조). 뿐만 아니라 신용카드로 현금서비스를 받는 경우에는 신용공여의 범위 안에서의 금전대출이 카드발급시에 미리 포괄적으로 허용되어 있다. 따라서 신용카드회원이 대금결제를 위하여 신용카드를 제시하고 매출전표에 서명하는 일련의 행위와 함께, 신용카드를 현금자동지급기에 넣고 비밀번호를 입력하여 현금서비스를 받는 행위도 신용카드를 본래의 용도에 따라 사용하는 경우에 해당하므로 신용카드 부정사용죄에 해당한다고 해야 한다.[2]

컴퓨터 사용사기죄와 신용카드 부정사용죄는 실체적 경합의 관계에 있다.

4. 자기 신용카드의 부정사용

대금지급의 의사와 능력이 없으면서 자기의 신용카드를 이용하여 물품을 구

---

1 대법원 2006. 3. 24. 2005도3516, 「예금주인 현금카드 소유자로부터 일정한 금액의 현금을 인출해 오라는 부탁을 받으면서 이와 함께 현금카드를 건네받은 것을 기화로 그 위임을 받은 금액을 초과하여 현금을 인출하는 방법으로 그 차액 상당을 위법하게 이득할 의사로 현금자동지급기에 그 초과된 금액이 인출되도록 입력하여 그 초과된 금액의 현금을 인출한 경우에는 그 인출된 현금에 대한 점유를 취득함으로써 이 때에 그 인출한 현금 총액 중 인출을 위임받은 금액을 넘는 부분의 비율에 상당하는 재산상의 이익을 취득한 것으로 볼 수 있으므로 이러한 행위는 그 차액 상당액에 관하여 형법 제347조의2에 규정된 컴퓨터 등 정보처리장치에 권한 없이 정보를 입력하여 정보처리를 하게 함으로써 재산상의 이익을 취득하는 행위로서 컴퓨터 등 사용사기죄에 해당한다.」

2 대법원 1995. 7. 28. 95도997; 대법원 1996. 4. 9. 95도2466.

입하거나 현금자동지급기에서 현금을 인출하는 행위가 어떤 범죄를 구성하는가가 문제된다.

92 (1) **자기의 신용카드로 물품을 구입한 경우의 죄책** 자기의 신용카드로 물품을 구입한 경우에 사기죄가 성립하는가에 관하여는 견해가 대립되고 있다. 이 경우에 카드의 제시는 대금지급 의사의 표시가 아니며, 가맹점은 카드소지인의 대금지급 의사나 능력을 불문하고 카드회사로부터 대금을 지급받는 것이므로 기망행위가 없다는 이유로 사기죄가 성립하지 않는다고 해석하는 **부정설**도 있으나,[1] 신용거래의 본질에 비추어 신용카드가맹점은 신용카드회원이 물품대금을 지급할 것이라고 믿고 있었다고 할 것이므로 신용카드회원이 카드대금을 지급할 의사와 능력이 없는 것이 명백한 이상 사기죄의 성립을 긍정하지 않을 수 없다. 물품대금을 변제할 자력이 없게 된 상황에서 신용카드를 이용하여 물품을 구입한 자를 처벌해야 할 필요성을 부정할 수는 없기 때문이다. 판례도 이 경우에 사기죄의 성립을 긍정하고 있다.[2]

자기의 신용카드로 물품을 구입한 경우에 신용카드 부정사용죄가 성립할 여지는 없다.

93 (2) **현금자동지급기에서 현금을 인출한 경우의 죄책** 자기의 신용카드로 현금자동지급기에서 현금을 인출한 경우 사기죄나 편의시설 부정이용죄가 성립할 수 없음은 타인의 신용카드를 부정사용한 경우와 같다. 또한 이 경우에는 절도죄나 컴퓨터 사용사기죄가 성립할 여지도 없다. 자기의 신용카드로 현금을 인출한 이상 정당한 권리자에게 현금을 지급하겠다는 은행의 의사에 일치하기 때문에 절취라고 할 수 없고, 컴퓨터에 허위의 정보나 부정한 명령은 물론 권한 없이 정보를 입력한 경우에도 해당할 수 없기 때문이다.

신용카드 부정사용죄가 성립할 여지가 없는 것도 여신전문금융업법의 규정상 명백하다.

---

1 배종대 68/84; 김영환, 앞의 글 308면; 안경옥, 「신용카드 부정취득 · 사용행위에 대한 형사법적 고찰」(형사법연구 11), 262면.

2 대법원 2005. 8. 19. 2004도6859, 「이미 과다한 부채의 누적 등으로 신용카드 사용으로 인한 대출금채무를 변제할 의사나 능력이 없는 상황에 처하였음에도 불구하고 신용카드를 사용하였다면 사기죄에 있어서 기망행위 내지 편취의 범의를 인정할 수 있다.」

제 4 절 공갈의 죄 § 19

Ⅰ. 총 설

1. 공갈죄의 의의와 보호법익

(1) **공갈죄의 의의** 공갈죄(恐喝罪, Erpressung)는 사람을 공갈하여 재물 1
의 교부를 받거나 재산상의 이익을 취득하거나 타인으로 하여금 이를 얻게 함으로써 성립하는 범죄이다. 재물뿐만 아니라 재산상의 이익도 객체로 하고 공갈, 즉 폭행 또는 협박을 수단으로 하는 점에서 공갈죄는 강도죄와 유사한 구조를 가진다. 입법례에 따라 공갈죄를 강도죄와 같이 규정하는 이유도 여기에 있다.[1] 그러나 강도죄는 폭행 또는 협박에 의하여 상대방의 의사를 억압하고 재물 또는 재산상의 이익을 강취(취거)함으로써 성립하는 범죄임에 반하여, 공갈죄는 상대방의 하자 있는 의사에 의하여 스스로 재산상의 손해를 야기하는 점에서 양 죄는 엄격히 구별된다. 강도죄에 있어서는 행위자가 스스로 재산을 취득하지만 공갈죄는 피해자를 도구로 하여 취득하는 경우라고 할 수 있다. 공갈죄는 사기죄와 같이 피해자에 의한 손해의 발생, 즉 피해자의 처분행위를 요건으로 하는 점에 그 본질이 있다.[2] 공갈죄를 사기죄와 함께 유발범죄라고 하는 이유도 여기에 있다.[3] 이와 같이 공갈죄는 상대방의 하자 있는 의사에 의한 처분행위에 의하여 재물 또는 재산상의 이익을 취득하는 점에서 사기죄와 본질을 같이하며, 다만 그 수단에서 차이가 있을 뿐이다. 즉 사기죄는 기망에 의하여 상대방에게 하자 있는 의사를 일으키는 경우임에 반하여, 폭행 또는 협박에 의한 경우가 바로 공갈죄이다.

공갈죄도 사기죄와 함께 새로운 범죄에 속하며, 19세기에 이르러 확립된 자본주의 2
의 산물이라고 할 수 있다. 물론 공갈죄도 그 이전의 로마법에 있어서의 consussio

1 독일 형법은 「Raub und Erpressung」의 절에서 강도죄와 함께 공갈죄(제253조)를 규정하고 있다.

2 Günther SK §253 Rn. 2; Herdegen LK §253 Rn. 1; Krey/Hellmann Rn. 297a; Maurach/Schroeder/Maiwald 42/6; Otto S. 253; Sch/Sch/Eser §253 Rn. 1; Tröndle/Fischer §253 Rn. 2; Wessels/Hillenkamp Rn. 704.

3 Welzel S. 380.

를 뿌리로 한다.[1] 그러나 로마법의 consussio는 공무원자격을 사칭하거나(consussio publica) 형사고소를 위협하여(consussio privata) 재산상의 이익을 취득하면 성립하는 범죄였지만, 그 본질은 전형적인 공무원범죄로 이해되었다. 공갈죄가 누구에 의하여도 범해질 수 있는 재산죄로 규정된 것은 1813년의 바이에른 형법과 1851년의 프로이센 형법에 의한 것이었다. 특히 현대적 의미에서의 공갈죄, 즉 재산권과 자유권의 침해를 내용으로 하면서 양자 사이에 목적과 수단의 관계를 요구하는 것은 1943년의 독일 형법개정법률에 의하여 비로소 형성되었다.

3 (2) **보호법익** 공갈죄는 재산죄이다. 재산죄로서의 공갈죄는 재산권 일반을 보호법익으로 한다. 그러나 공갈죄는 공갈을 수단으로 함으로써 사람의 의사결정과 행동의 자유를 침해하는 것을 내용으로 하는 죄이므로, 자유권 특히 결정의 자유도 공갈죄의 보호법익이 된다. 물론 공갈죄의 본질은 재산죄이기 때문에 그 주된 보호법익은 재산권이고, 자유권은 2차적인 보호법익이 될 뿐이다. 여기서 사기죄가 어디까지나 재산권을 보호법익으로 하고 거래의 진실성은 독립된 보호법익이 될 수 없는 것과 구별된다. 따라서 사기죄에 있어서 피기망자는 피해자가 될 수 없으나, 공갈죄에 있어서는 피공갈자와 피해자가 일치하지 않는 경우에 피공갈자도 또한 피해자가 된다.

공갈죄의 보호법익이 보호받는 정도는 사기죄의 경우와 같이 침해범이다.

2. 구성요건의 체계

3a 공갈의 죄의 기본적 구성요건은 공갈죄(제350조)이다. 이에 대한 가중적 구성요건으로 특수공갈죄(제350조의2)와 상습공갈죄(제351조)가 있다. 특수공갈죄는 행위방법의 위험성 때문에 불법이 가중된 구성요건이고, 상습공갈죄는 상습성으로 인하여 책임이 가중된 구성요건이다.

Ⅱ. 공 갈 죄

① 사람을 공갈하여 재물의 교부를 받거나 재산상의 이익을 취득한 자는 10년 이하의 징역 또는 2천만원 이하의 벌금에 처한다.

1 Maurach/Schroeder/Maiwald **42**/2; Welzel S. 380 참조.

② 전항의 방법으로 제 3 자로 하여금 재물의 교부를 받게 하거나 재산상의 이익을 취득하게 한 때에도 전항의 형과 같다(제350조).

미수범은 처벌한다(제352조).

10년 이하의 자격정지를 병과할 수 있다(제353조).

제328조와 제346조의 규정은 본장의 죄에 준용한다(제354조).

1. 객관적 구성요건

공갈죄는 ① 사람을 공갈하여, ② 타인이 점유하는 재물 또는 재산상의 이익을 취득함으로써 성립한다. 공갈죄가 성립하기 위하여 이 외에 ③ 피공갈자의 처분행위와, ④ 피해자의 재산상의 손해를 필요로 함은 사기죄에 있어서와 같다. 4

(1) **행위의 객체** 타인이 점유하는 재물 또는 재산상의 이익이다. 5

재물 또는 재산상의 이익의 개념은 사기죄에 있어서와 같다. 재물에는 동산[1] 뿐만 아니라 부동산도 포함되며, 재산상의 이익은 적극적 이익이건 소극적 이익이건 불문한다. 점유도 재산상의 이익에 포함된다.[2] 부동산에 대한 공갈죄는 그 부동산에 관하여 소유권이전등기를 경료받거나 인도받은 때에 기수가 된다는 점도 사기죄의 경우와 같다.[3] 공갈죄의 객체가 되는 이익도 재산상의 이익이어야 한다. 부녀와의 정교(情交)는 재산상의 이익이라 할 수 없으므로 부녀를 공갈하여 정교한 경우에는 강간죄 또는 강요죄가 성립할 수는 있어도 공갈죄가 성립할 여지는 없다.[4]

다만 대가를 지급하기로 약속하고 정교를 맺고 폭행 또는 협박에 의하여 그 대가를 지급하지 않은 때에는 재산상의 이익을 취득한 경우에 해당할 수 있다.

1 대법원 2012. 8. 30. 2012도6157, 「(1) 공갈죄의 대상이 되는 재물은 타인의 재물을 의미하므로, 사람을 공갈하여 자기의 재물을 교부받는 경우에는 공갈죄가 성립하지 아니한다. 그리고 타인의 재물인지는 민법, 상법, 기타의 실체법에 의하여 결정되는데, 금전을 도난당한 경우 절도범이 절취한 금전만 소지하고 있는 때 등과 같이 구체적으로 절취된 금전을 특정할 수 있어 객관적으로 다른 금전 등과 구분됨이 명백한 예외적인 경우에는 절도 피해자에 대한 관계에서 그 금전이 절도범인 타인의 재물이라고 할 수 없다.

(2) 甲이 乙의 돈을 절취한 다음 다른 금전과 섞거나 교환하지 않고 쇼핑백 등에 넣어 자신의 집에 숨겨두었는데, 피고인이 乙의 지시로 丙과 함께 甲에게 겁을 주어 위 돈을 교부받은 경우 위 금전은 타인인 甲의 재물이라고 할 수 없어 공갈죄가 성립된다고 볼 수 없다.」

2 BGHSt. 14, 386.

3 대법원 1992. 9. 14. 92도1506.

4 대법원 1983. 2. 8. 82도2714.

6 (2) 행 위 본죄의 행위는 공갈이다.

공갈이란 재물을 교부받거나 재산상의 이익을 취득하기 위하여 폭행 또는 협박으로 외포심을 일으키게 하는 것을 말한다. 여기의 폭행 또는 협박은 사람의 의사 내지 자유를 제한하는 정도로 족하고, 반드시 상대방의 반항을 억압할 정도에 이를 것을 요하지 않는다는 점에서 강도죄의 그것과 구별된다.[1] 이러한 의미에서 공갈죄의 수단인 폭행·협박과 강도죄의 그것은 질적 차이가 있는 것이 아니라 양적 차이에 지나지 않는다.[2] 본죄에 있어서도 피공갈자는 반드시 재산상의 피해자와 일치할 것을 요하지 않는다.

7 1) 폭 행 폭행(Gewalt)이란 사람에 대한 유형력의 행사를 말한다. 유형력이 직접 사람에 대하여 행하여졌을 것을 반드시 요하는 것은 아니다. 그러나 본죄의 폭행은 강압적 폭력(vis compulsiva)에 한하며 절대적 폭력(vis absoluta)은 여기에 포함되지 않는다. 공갈죄는 피공갈자의 재산처분을 강요하는 데 본질이 있으며, 절대적 폭력의 경우에는 피해자의 의사형성을 생각할 여지가 없기 때문이다.

2) 협 박

8 (가) 협박의 의의 협박이란 해악을 고지하여 상대방에게 외포심을 일으키는 것을 말한다. 판례는 사람의 의사결정의 자유를 제한하거나 의사실행의 자유를 방해할 정도로 겁을 먹게 할 만한 해악을 고지하는 것이라고 한다.[3] 고지한 해악에 대하여 행위자가 영향을 미칠 수 있을 것을 요하며, 따라서 자연발생적인 해악을 고지하는 경고는 협박이라고 할 수 없다.

예컨대 조상천도제를 지내지 아니하면 좋지 않은 일이 생긴다는 취지의 해악의 고지는 길흉화복이나 천재지변의 예고로서 행위자에 의하여 직접·간접적으로 좌우될 수 없는 것이고 가해자가 현실적으로 특정되어 있지도 않으며 해악의 발생가능성이 합리적으로 예견될 수 있는 것이 아니므로 협박으로 평가될 수 없다(대법원 2002. 2. 8. 2000도3245).

1 대법원 1961. 5. 12. 4294형상101; 대법원 2001. 3. 23. 2001도359.

2 김성돈 398면; 김일수/서보학 373면; 김종원 222면; 박상기 357면; 백형구 193면; 신동운 1132면; 유기천 250면; 정성근/박광민 377면; 황산덕 306면.

3 대법원 1991. 11. 26. 91도2344; 대법원 1993. 9. 14. 93도915; 대법원 1995. 3. 10. 94도2422; 대법원 2007. 10. 11. 2007도6406; 대법원 2013. 9. 13. 2013도6809.

해악을 고지하여 외포심을 일으킬 것을 요하므로 해악을 고지하지 않거나,[1] 외포심을 일으킨 바 없으면[2] 협박이라고 할 수 없다.

(나) **해악의 내용** 통고하는 해악의 내용에는 제한이 없다. 반드시 생명· 9
신체에 대한 해악에 제한되지 아니하고 재산·자유·명예 또는 신용에 대한 것도 포함된다. 사람에게 외포심을 일으키게 하는 것이면 가정의 평화를 깨뜨리거나, 신용을 떨어뜨리거나, 비밀을 폭로하거나[3] 불매운동을 하겠다는 것[4]도 여기의 해악에 해당한다. 절교 또는 단교계속의 통고도 그것이 외포심을 일으키는 때에는 해악에 포함될 수 있다. 통고하는 해악은 그 자체가 위법할 것을 요하지 않는다. 거래를 단절하거나 형사고소를 하겠다는 것과 같이 그 내용이 적법한 때에도 해악이 될 수 있다. 해악의 내용이 반드시 실현가능할 것을 요하지도 않는다. 또 해악을 행위자가 스스로 실현할 것을 고지할 필요도 없다. 제3자의 행위에 의하여 해악을 실현할 것을 고지하는 것도 포함한다. 다만 이 경우에는 행위자가 제3자에 대하여 영향을 미칠 수 있음을 알게 하거나 상대방이 이를 알고 있음을 요한다. 해악의 내용은 반드시 진실일 것을 요하지 않고 허위의 사실을 내용으로 해도 좋다.[5] 행위자에게 해악을 실현할 의사가 있어야 하는 것도 아니다. 해악의 고지에 기망행위가 포함된 때에는 사기죄와 공갈죄의 관계가 문제된다.

> 다만 ① 토지매도인이 매매대금을 지급받기 위하여 매수인을 상대로 소유권이전등기말소청구소송을 제기하고 그 대금을 변제받지 못하면 위 소송을 취하하거나 예고등기도 말소하지 않겠다고 하였거나(대법원 1989. 2. 28. 87도690), ② 지역신문의 발행인이 시정에 관한 비판기사 및 사설을 보도하고 관련 공무원에게 광고의뢰 및 직보배정을 타 신문사와 같은 수준으로 높게 해달라고 요청한 사실만으로 공갈죄의 수단으로서 그 상대방을 협박하였다고 볼 수 없다(대법원 2002. 12. 10. 2001도7095).

(다) **해악통고의 방법** 해악을 통고하는 방법에도 제한이 없다. 명시적이 10
건 묵시적이건 묻지 아니한다. 반드시 언어 또는 문서에 의하여 해악이 통고됨을 요하지 않고 해악을 인식하게 할 수 있는 일체의 행동이 포함된다. 피공갈자와의

---

1 대법원 1969. 12. 9. 69도1552.
2 대법원 1976. 4. 7. 75도2818.
3 대법원 1984. 5. 9. 84도573.
4 대법원 2013. 4. 11. 2010도13774.
5 대법원 1961. 9. 21. 4294형상385.

특수한 사정으로 외포심을 일으키면 그것으로 족하다.[1]

따라서 ① 방송기자가 건설회사에서 건축한 아파트의 공사하자에 관하여 계속 보도할 것 같은 태도를 보이거나(대법원 1991. 5. 28. 91도80), ② 폭력배와 잘 알고 있다는 지위를 이용하여 불법한 위세를 보인 경우(대법원 2003. 5. 13. 2003도709), ③ 신문사 사주나 광고국장이 부실공사 관련기사의 보도자제를 요청하는 건설회사 대표이사에게 회사의 신용을 해하는 기사가 계속 게재될 것 같다는 기자들의 분위기를 전달하는 경우(대법원 1997. 2. 14. 96도1959), ④ 피해자의 정신병원에서의 퇴원요구를 거절해 온 피해자의 배우자가 피해자에 대하여 재산이전요구를 한 경우(대법원 2001. 2. 23. 2000도4415)에도 공갈죄가 성립한다.

11 (3) **처분행위** 공갈죄가 성립하기 위해서도 피공갈자의 재물을 교부하거나 재산상의 이익을 공여하는 처분행위(Vermögensverfügung)가 있어야 한다. 따라서 피공갈자의 처분행위는 공갈죄의 본질요소가 된다.[2] 그러므로 행위자가 법적으로 의무있는 재산상의 이익의 공여를 면하기 위하여 피해자를 폭행하고 도주한 때에는 처분행위가 없으므로 공갈죄가 성립할 수 없다.[3] 처분행위는 반드시 작위에 한하지 아니하고 부작위 또는 묵인으로도 족하다.

12 1) **처분효과의 직접성** 재물의 교부 또는 재산상의 이익의 공여가 처분행위로서의 성질을 갖도록 하기 위하여 처분행위가 직접 피해자의 손해를 초래해야 하느냐가 문제된다.

독일의 통설은 처분행위의 직접적 효과를 요건으로 한다고 해석하고 있으며, 따라서 행위자의 별도의 행위에 의하여 손해가 발생한 때에는 본죄는 성립하지 않는다고 한다.[4] 그러나 공갈죄의 구성요건요소로 피공갈죄의 처분행위가 필요하다고 하여 반드시 그것을 사기죄에 있어서와 같은 의미로 해석해야 할 이유는 없다. 통설[5]과 판례[6]는 외포심을 일으켜 상대방이 묵인하고 있는 동안에 공갈자가 직접 재물을 탈취한 때에도 공갈죄의 성립을 인정하고 있다.

---

1 대법원 1974. 4. 30. 73도2518.

2 Bockelmann S. 124; Günther SK §253 Rn. 16; Lackner/Kühl §253 Rn. 3; Maurach/Schroeder/Maiwald **42**/6; Sch/Sch/Eser §253 Rn. 2; Wessels/Hillenkamp Rn. 709.

3 대법원 2012. 1. 27. 2011도16044.

4 Günther SK §253 Rn. 16; Maurach/Schroeder/Maiwald **42**/37; Sch/Sch/Eser §253 Rn. 8; Tröndle/Fischer §253 Rn. 11; Wessels/Hillenkamp Rn. 713; Welzel S. 381.

5 강구진 340면; 김일수/서보학 374면; 김종원 223면; 유기천 259면; 이영란 361면; 이형국 404면; 정성근/박광민 378면.

6 대법원 1960. 2. 29. 4292형상997.

2) **공갈과의 관계** 재물의 교부 또는 재산상의 이익의 제공은 공갈에 의한 것이어야 한다. 즉 처분행위와 공갈 사이에는 인과관계가 있어야 한다. 13

공갈은 하였으나 상대방이 외포심을 일으키지 않았거나, 다른 이유(예컨대 동정)로 재물을 교부한 때에는 공갈에 의한 재물의 교부가 아니므로 본죄는 미수에 그치게 된다. 피공갈자와 재물의 피해자는 동일인임을 요하지 않지만, 피공갈자와 처분행위자는 같은 사람이어야 한다. 다만 이 경우에는 피공갈자가 피해자의 재산을 사실상 처분할 수 있는 지위에 있어야 한다. 또한 공갈행위자와 재산의 이득자도 반드시 일치할 것을 요하지 않는다. 본죄는 제3자로 하여금 재물의 교부를 받게 하거나 재산상의 이익을 취득하게 한 때에도 성립하기 때문이다(제350조 2항). 공갈자와 재물의 교부를 받는 자도 일치할 것을 요하지 않는다.

(4) **재산상의 손해** 공갈죄가 성립하기 위하여 재산상의 손해가 발생해야 한다는 것은 사기죄의 경우와 같다. 종래의 통설은 공갈죄의 성립에 관하여도 손해의 발생을 요건으로 하지 않는다고 하여, 상당한 대가를 지급하여 본인에게 손해가 없는 때에도 본죄가 성립한다고 해석하고 있었다.[1] 판례 또한 재물의 교부 자체가 공갈죄에서의 재산상 손해에 해당하므로, 반드시 피해자의 전체 재산의 감소가 요구되는 것은 아니라고 한다.[2] 그러나 본죄의 보호법익이 전체로서의 재산이므로 재산가치의 감소가 없어도 본죄의 성립을 인정하는 것은 공갈죄의 본질에 반한다.[3] 14

공갈죄는 피공갈자의 처분행위로 피해자에게 손해가 발생한 때에 기수로 된다. 따라서 피해자를 공갈하여 지정한 은행계좌에 입금케 한 때에는 이미 공갈죄는 기수에 이른 것이 된다.[4] 공갈자가 이득의 목적을 달성했는가는 문제되지 않는다.[5] 본죄는 갈취의 의사로 공갈을 개시한 때에 실행의 착수가 있다.[6] 상대방이 외포심을 가질 것은 요하지 않는다.

---

1 김종원 223면; 백형구 195면; 신동운 1138면; 유기천 257면; 정영석 362면; 황산덕 308면.

2 대법원 2013. 4. 11. 2010도13774.

3 김성천/김형준 546면; 김일수/서보학 375면; 박상기 360면; 배종대 **71**/14; 이영란 361면; 이정원 432면; 이형국 404면; 임웅 463면; 정성근/박광민 378면.

4 대법원 1985. 9. 24. 85도1687.

5 BGHSt. 19, 342.

6 대법원 1969. 7. 29. 69도984.

2. 주관적 구성요건

15 공갈죄가 성립하기 위한 주관적 구성요건으로는 고의와 함께 불법이득의사가 있어야 한다. 본죄의 고의는 모든 객관적 구성요건요소에 대한 인식을 의미하며, 불법이득의사의 의미는 사기죄에 있어서와 같다. 따라서 재산상의 이익을 취득할 정당한 권리가 있는 때에는 불법한 이득이라 할 수 없으므로 공갈죄가 성립하지 않는다.

16 권리행사와 공갈죄의 관계에 대하여는 권리행사라 할지라도 공갈 등의 불법한 수단을 사용하는 것은 적법화될 수 없으므로 공갈행위 자체가 권리행사로서 허용될 수 있는 한계를 일탈하여 권리남용으로 인정될 때에는 공갈죄의 성립을 인정해야 한다는 견해[1]가 있다.

대법원도 일관하여 「정당한 권리를 가졌다 하더라도 그 권리실행의 수단·방법이 사회통념상 허용되는 범위를 넘는 때에는 공갈죄의 성립을 방해하지 않는다」고 판시하고(대법원 1995. 3. 10. 94도2422; 대법원 2006. 5. 12. 2005도9595; 대법원 2007. 10. 11. 2007도6406), 따라서 ① 피해자의 기망에 의하여 부동산을 비싸게 매수한 자가 그 계약을 취소하지 않고 피해자를 협박하여 전매 차액을 받아낸 경우(대법원 1991. 9. 24. 91도1824), ② 교통사고의 피해자가 사고 운전자의 사용자에게 과다한 금원을 요구하면서 응하지 않으면 수사기관에 신고하겠다고 한 경우(대법원 1990. 3. 27. 89도2036) 및 ③ 채권회수를 의뢰받아 빚을 갚기 전에는 영업을 할 수 없다고 욕을 하고 멱살을 잡아흔드는 등 폭행을 한 경우(대법원 1987. 10. 26. 87도1656)에는 공갈죄가 성립한다고 하였다.

그러나 공갈죄에 있어서 불법이득의사는 구성요건요소이며 여기서 불법이란 이득의 불법을 의미하므로, 이는 공갈죄의 구성요건해당성과 위법성을 혼동하였다고 하지 않을 수 없다. 따라서 정당한 권리가 있는 때에는 공갈수단에 의하는 경우에도 본죄는 성립하지 않고 강요죄나 폭행죄 또는 협박죄만 성립할 따름이며,[2] 재물 또는 재산상의 이익의 일부에 대해서만 정당한 권리가 있는 때에는 그것이 가분이면 권리 없는 부분에 대하여, 불가분이면 전체에 대하여 공갈죄의 성립을 인정하는 것이 타당하다.[3]

1 백형구 197면; 손동권/김재윤 416면; 신동운 1135면; 유기천 260면; 정영석 365면.

2 대법원 1968. 7. 23. 68도779.

3 김일수/서보학 377면; 김종원 223면; 박상기 361면; 배종대 71/18; 이영란 362면; 이형국 404면; 임웅 466면; 황산덕 309면.

3. 위 법 성

정당한 권리를 행사한 때에도 본죄의 구성요건에 해당한다는 견해는 권리의 행사가 정당행위 또는 자구행위의 요건을 충족하는 때에는 위법성을 조각한다고 보고 있다. 정당행위 또는 자구행위의 요건에 해당하는 때에 위법성이 조각되는 것은 당연하다고 하겠으나, 그것은 본죄의 구성요건에 해당하는 것을 전제로 한다. 17

대법원은 공갈의 수단에 의하더라도 그 방법이 사회통념상 인용된 범위를 일탈하지 아니한 때에는 본죄는 성립하지 않는다고 하고 있다. 예컨대 ① 손해배상을 청구하면서 고소하겠다고 하거나(대법원 1971. 11. 9. 71도1629; 대법원 1984. 6. 26. 84도648), ② 보증금을 환불하지 않으면 구속시키겠다고 한 경우(대법원 1977. 6. 7. 77도1107), ③ 공사금을 지급하지 않으면 진정하겠다고 하거나(대법원 1979. 10. 30. 79도1660), ④ 다소 시위를 할 듯한 태도를 보이는 경우(대법원 1980. 11. 25. 79도2565) 및 ⑤ 인접대지 위에 건축허가조건에 위반되게 건물을 신축 사용하는 소유자로부터 일조권 침해 등으로 인한 손해배상의 합의금을 받는 경우(대법원 1990. 8. 14. 90도114) 등이 여기에 해당한다.

요컨대 공갈행위가 정당행위로서 위법성이 조각될 것인가를 판단함에 있어서는 그 수단이 경제적 이익을 얻기 위하여 사회생활상 일반적으로 허용되는 수단이었는가라는 목적과 수단의 관계를 고려하지 않으면 안 되며,[1] 반드시 정당한 청구권이 있을 것을 요건으로 하는 것은 아니다. 또한 자구행위는 청구권의 보전을 위한 범위에서만 위법성을 조각할 수 있을 뿐이다.

4. 관련문제

(1) **죄 수** 1개의 공갈행위로 같은 피해자로부터 수회에 걸쳐 재물의 교부를 받거나 재물을 교부받고 재산상의 이익을 취득한 때에는 포괄일죄가 된다. 그러나 1개의 공갈행위로 수인을 외포시켜 각자로부터 재물의 교부를 받은 때에는 상상적 경합이 된다. 이에 반하여 동일인에 대하여 수개의 공갈행위를 한 때에는 수개의 공갈죄가 성립하며, 경합범이 된다. 18

공갈죄도 상태범이므로 갈취한 재물의 처분행위는 불가벌적 사후행위가 된다. 그러나 사후행위가 새로운 법익을 침해한 때에는 별죄를 구성한다.[2] 판례는

1 Bockelmann S. 126; Herdegen LK §253 Rn. 24; Maurach/Schroeder/Maiwald 42/33; Tröndle/Fischer §253 Rn. 7.

2 대법원 1979. 10. 30. 79도489.

현금카드 소유자를 협박하여 예금인출 승낙과 함께 카드를 교부받아 현금자동지급기에서 예금을 인출한 경우에 공갈죄의 포괄일죄가 성립한다고 판시한 바 있다.[1] 그러나 현금자동지급기에서 현금을 인출하는 행위는 별도로 공갈죄의 구성요건에 해당하는 행위가 될 수 없다.

2명 이상이 공동하여 본죄를 범한 때에는 형법 해당 조항에서 정한 형의 2분의 1까지 가중한다(폭처법 제2조 2항). 또한 갈취한 재물 또는 재산상의 이익의 가액이 5억원 이상일 때에는 특경가법 제3조에 의하여 가중처벌된다. 이득액이 50억원 이상인 때에는 무기 또는 5년 이상의 징역, 5억원 이상 50억원 미만인 때에는 3년 이상의 유기징역에 처한다(제3조 1항).

(2) **다른 범죄와의 관계**

19 **1) 사기죄와의 관계** 기망과 공갈의 두 가지 수단을 병용하여 재물 등을 교부받는 때에 사기죄가 성립하느냐 공갈죄가 성립할 것이냐가 문제된다. 사실관계에 따라서 기망과 공갈의 어느 요소가 피해자의 의사형성에 영향을 미쳤는가에 따라 결론을 달리한다고 해야 한다.[2] 즉 ① 기망이 공갈을 강화하거나 효과있게 하기 위하여 사용되어 외포심으로 인하여 처분행위가 있었던 경우에는 공갈죄만 성립하고,[3] ② 기망의 수단으로 공갈이 행하여져서 피해자가 착오 때문에 처분한 때에는 사기죄가 성립한다. 그러나 ③ 공갈과 기망이 피해자의 의사형성에 독립된 요소로 함께 영향을 미친 때에는 사기죄와 공갈죄의 상상적 경합이 될 수도 있다.[4]

---

1 대법원 1996. 9. 20. 95도1728, 「피고인이 피해자로부터 현금카드를 사용한 예금인출의 승낙을 받고 현금카드를 교부받은 행위와 이를 사용하여 현금자동지급기에서 예금을 여러 번 인출한 행위들은 모두 피해자의 예금을 갈취하고자 하는 피고인의 단일하고 계속된 범의 아래에서 이루어진 일련의 행위로서 포괄하여 하나의 공갈죄를 구성한다고 볼 것이지, 현금지급기에서 예금을 취득한 행위를 별도로 절도죄로 처단할 수는 없다.」

동지 : 대법원 2007. 5. 10. 2007도1375.

2 Herdegen LK §253 Rn. 35; Maurach/Schroeder/Maiwald 42/50; Sch/Sch/Eser §253 Rn. 37; Wessels/Hillenkamp Rn. 722, 723; Günther, 「Zur Kombination von Täuschung und Drohung bei Betrug und Erpressung」 ZStW 88, 960.

3 BGHSt. 23, 294, 「유괴된 아이의 친족에게 자기가 유괴범으로 아이의 생명이 자신의 손에 달렸다고 기망하여 희생자의 생명의 위험을 위협하고 돈을 요구한 때에는 강도적 공갈의 미수에 해당하며 사기죄는 구성하지 않는다.」

4 BGHSt. 9, 240. 경찰관 S가 K에게 형사입건하겠다고 협박하며 돈을 요구하면서 언제까지 반환하겠다고 기망하여 K가 형사입건에 대한 외포심과 돌려받는다는 착오로 150DM를 교부한 사건이다. BGH는 「피고인은 형사입건의 협박과 돈을 돌려준다는 기망이라는 두 가지 수단에 의하

2) **수뢰죄와의 관계** 공무원이 직무행위에 관하여 상대방을 공갈하여 재물을 교부받은 때에 본죄와 수뢰죄의 관계도 사실관계에 따라 결론을 달리한다. 즉 공무원이 직무집행의 의사로 당해 직무와 관련하여 타인을 폭행 또는 협박하여 재물의 교부를 받은 때에는 수뢰죄와 공갈죄의 상상적 경합이 되지만, 직무집행과 관련 없이 직무집행을 빙자하여 재물을 교부받은 경우에는 공갈죄만 성립한다.[1] 20

3) **소요죄, 체포 · 감금죄 및 장물죄와의 관계** 재물 또는 재산상의 이익을 취득하기 위하여 다중이 집합하여 폭행 · 협박한 때에는 본죄와 소요죄의 상상적 경합이 된다. 21

도박행위가 공갈죄의 수단이 된 경우[2] 또는 사람을 체포 · 감금하여 재물을 갈취한 때에는 양 죄는 경합범이 된다. 그러나 체포 · 감금이 갈취의 수단이 된 때에는 상상적 경합이 될 수 있다.

장물을 갈취한 때에는 본죄와 장물취득죄의 상상적 경합이 된다는 견해[3]도 있으나 공갈죄만 성립한다고 보는 것이 타당하다.

Ⅲ. 특수공갈죄

단체 또는 다중의 위력을 보이거나 위험한 물건을 휴대하여 전조의 죄를 범한 자는 1년 이상 15년 이하의 징역에 처한다(제350조의2).
미수범은 처벌한다(제352조).
10년 이하의 자격정지를 병과할 수 있다(제353조).

단체 또는 다중의 위력을 보이거나 위험한 물건을 휴대하여 공갈죄를 범함으로써 성립하는 범죄이다. 본죄는 행위방법의 위험성 때문에 가중된 구성요건으로, 폭처법의 관련 규정이 삭제되고 형법에 신설되어 2016. 1. 6. 공포 · 시행되었다. 단체 또는 다중의 위력을 보이는 것과 위험한 물건의 휴대의 의미는 특수 22

여 K로 하여금 돈을 교부하도록 하였으며 이와 같이 통고된 해악이 허위인 때에는 공갈죄와 사기죄의 상상적 경합이 가능하다」고 판시하였다.

1 대법원 1966. 4. 6. 66도12.

2 대법원 2014. 3. 13. 2014도212.

3 백형구 196면; 유기천 263면; 이정원 402면.

폭행죄, 공갈은 공갈죄의 경우와 같다.

Ⅳ. 상습공갈죄

상습으로 전조의 죄를 범한 자는 그 죄에 정한 형의 2분의 1까지 가중한다(제351조).
미수범은 처벌한다(제352조).
10년 이하의 자격정지를 병과할 수 있다(제353조).

23 본죄는 상습으로 공갈죄를 범한 경우에 그 형을 가중하는 것이다.

이득액이 5억원 이상일 때에는 특경가법 제3조에 의하여 가중된 형으로 처벌된다. 통설과 판례는 상습범을 포괄일죄로 파악하고 있으므로 상습공갈에 의하여 이득한 가액의 합계가 5억원 이상이면 동법이 적용된다.

§ 20

제 5 절 횡령의 죄

Ⅰ. 총 설

1. 횡령죄의 의의와 본질

1 (1) **횡령죄의 의의** 횡령죄(橫領罪)란 타인의 재물을 보관하는 자가 그 재물을 횡령하거나 반환을 거부하는 것을 내용으로 하는 범죄이다. 자기가 점유하는 재물을 영득한다는 점에서 타인이 점유하는 재물을 영득하는 것을 내용으로 하는 절도죄 · 강도죄 · 사기죄 및 공갈죄와 구별된다. 횡령죄는 재산죄 중에서 재물만을 객체로 하는 재물죄인 점에서 절도죄와 성질을 같이한다. 그러나 횡령죄는 타인의 점유를 침해하지 않는 점에서 절도죄와 구별된다. 그러므로 횡령죄의 보호법익이 소유권이라는 데는 의문이 없다. 보호법익을 보호하는 정도도 절도죄의 경우와 같이 위험범이다.[1]

2 형법은 횡령죄를 절도죄보다 가볍게 벌하고 있다. 그러나 횡령죄에 의한 소유권침해의 정도는 절도죄의 경우보다는 강하다. 절도범이나 횡령범이 재물에

1 대법원 1975. 4. 22. 75도123.

대하여 소유권을 취득하지 못하는 점에서는 같지만, 그 재물을 처분한 때에는 횡령죄의 처분에 대하여 선의취득(善意取得)이 인정되는 범위가 보다 넓기 때문이다(민법 제250조 참조). 따라서 형법이 횡령죄를 절도죄보다 가볍게 벌하는 이유는 자기가 점유하는 재물을 영득하는 것은 그 방법이 평화적일 뿐만 아니라 그 동기가 유혹적이라는 데서 찾지 않을 수 없다.

형법은 횡령죄를 배임죄와 같은 장에서 같은 조문으로 규정하고 있다. 3

이는 독일 형법이 횡령죄(Unterschlagung)를 절도죄와 같이 규정하면서(제246조) 배임죄는 사기죄와 함께 규정하고 있고(제266조), 일본 형법이 배임죄를 사기와 공갈의 죄와 같이 규정하고(제37장), 횡령죄는 별개의 장(제38장)에서 규정하는 것과 다르다. 형법은 횡령죄를 배임죄의 한 형태라는 점에 착안하여 그 체계를 정비한 것이다.

여기서 우리는 형법상의 횡령죄의 본질과 횡령죄와 배임죄의 관계를 독자적으로 해명하지 않으면 안 된다. 즉 횡령죄는 타인에 대한 신임관계를 위반한다는 점에서 배임죄와 같은 성질을 가진다. 다시 말하면 횡령죄와 배임죄는 그 성질을 같이하고, 다만 횡령죄의 객체가 재물임에 대하여 배임죄의 객체는 재산상의 이익이라는 점에서 차이가 있을 뿐이다. 이러한 의미에서 횡령죄와 배임죄는 특별법과 일반법의 관계에 있다고 할 수 있다.[1]

(2) **횡령죄의 본질** 횡령행위의 본질을 어떻게 이해할 것인가에 대하여 4
는 월권행위설과 영득행위설이 대립되고 있다.

월권행위설은 위탁된 물건에 대한 권한을 초월하는 행위를 함으로써 위탁에 의한 신임관계를 깨뜨리는 데 횡령죄의 본질이 있다고 하며, 불법처분설이라고도 한다.[2] 이에 의하면 신임관계를 침해하는 월권행위만 있으면 횡령죄는 성립하고, 여기에 불법영득의사가 있을 것은 요하지 않는다. 그 결과 일시사용의 목적으로 점유물을 처분하거나, 손괴 또는 은닉할 의사로 자기가 점유하는 재물을 처분하는 때에도 횡령죄의 성립을 인정한다. 이에 반하여 **영득행위설**은 횡령이란 위탁된 타인의 물건을 불법하게 영득하는 것을 의미하므로, 횡령죄가 성립하기 위하여는 불법영득의사가 있어야 한다고 해석한다. 따라서 일시사용이나 손괴 또는 은닉을 위하여 점유하는 재물을 처분하거나 위탁자를 위하여 권한을 넘

1 대법원 1961. 12. 14. 4294형상371.
2 이건호 557면; 정성근/박광민 386면; 정영석 373면.

은 행위를 한 때에는 횡령죄가 성립하지 않는다.

5 생각건대, ① 횡령죄의 보호법익은 소유권이므로 소유권을 침해하는 의사로서 불법영득의사가 있어야 함은 당연하다. 독일 형법 제246조는 명문으로 「불법하게 영득한 자」라고 규정하고 있지만, 이와 같은 규정이 없다고 하여도 횡령죄의 본질에 비추어 이는 당연하다. 뿐만 아니라 ② 월권행위설에 의하면 자기가 점유하는 타인의 재물을 손괴한 때에도 횡령죄가 성립하므로, 타인이 점유하는 타인의 재물을 손괴한 경우(손괴죄)보다 자기가 점유하는 타인의 재물을 손괴하는 경우(횡령죄)를 무겁게 벌하는 결과가 된다. 절도죄를 횡령죄보다 무겁게 벌하고 있는 점에 비추어 이러한 결론은 인정할 수 없다. 영득행위설이 통설[1]이며, 타당하다. 대법원도 일관하여 영득행위설의 입장에서 불법영득의사가 없는 때에는 횡령죄의 성립을 부정하고 있다.[2]

2. 구성요건의 체계

6 형법은 횡령의 죄에 관하여 횡령죄(제355조 1항)·업무상 횡령죄(제356조) 및 점유이탈물횡령죄(제360조)의 세 가지 태양을 규정하고 있다. 형법 제355조 1항의 단순횡령죄가 기본적 구성요건이다. 그것은 위탁관계에 의하여 타인의 재물을 보관하는 자가 신임관계를 깨뜨렸다는 데 본질이 있는 위탁물횡령죄이다. 횡령죄는 타인의 재물을 점유하는 자만이 주체가 될 수 있는 신분범이며, 여기의 신분은 제33조 본문의 구성적 신분(진정신분범)이다. 업무상 횡령죄가 이에 대한 가중적 구성요건인 데에는 의문이 없다. 횡령죄에 대하여 책임이 가중되는 경우이다.

7 점유이탈물횡령죄의 성격에 관하여는 견해가 대립되고 있다. 기본적 구성요건인 단순횡령죄에 대하여 보관자라는 신분이 없기 때문에 책임이 감경되는 감경적 구성요건이라는 견해[3]도 있으나, 횡령죄와는 그 성질을 달리하는 별개의 범죄라고 해석하는 다수설[4]이 타당하다. 그것은 ① 점유이탈물횡령죄는 신임관계

1 김성돈 408면; 김일수/서보학 283면; 김종원 231면; 박상기 366면; 백형구 201면; 손동권/김재윤 422면; 신동운 1208면; 유기천 268면; 이영란 368면; 이정원 348면; 이형국 411면; 임웅 472면; 정영일 205면.

2 대법원 1982. 3. 9. 81도3009; 대법원 2002. 2. 5. 2001도5439; 대법원 2013. 8. 23. 2011도7637.

3 신동운 1230면; 유기천 269면.

4 김성천/김형준 558면; 김일수/서보학 283면; 김종원 225면; 박상기 368면; 배종대 75/3; 손동권/김재윤 423면; 이영란 368면; 이형국 410면; 정성근/박광민 387면.

의 침해를 내용으로 하지 않는 점에서 위탁물횡령죄와는 성질을 달리하는 영득죄라고 보아야 하며,[1] ② 독일 형법은 점유이탈물횡령죄를 기본적 구성요건으로 하면서 가중적 구성요건으로 횡령죄를 규정하고 있지만, 점유이탈물횡령죄도 자기가 점유하는 재물에 대하여만 성립하도록 하고 있으므로 횡령죄를 이에 대한 가중적 구성요건으로 해석할 수 있으나, 형법상의 점유이탈물횡령죄는 자기가 점유하는 재물에 대하여만 성립하는 것이 아니고, ③ 횡령죄에 있어서 보관자라는 신분은 구성적 신분으로 이해하면서 그 신분이 없는 경우를 감경적 신분이라고 할 수는 없기 때문이다.

횡령죄 또는 업무상 횡령죄를 범한 사람이 그 범죄행위로 인하여 취득하거나 제3자로 하여금 취득하게 한 재물 또는 재산상 이익의 가액이 5억원 이상 50억원 미만일 때에는 3년 이상의 유기징역에, 50억원 이상일 때에는 무기 또는 5년 이상의 징역에 처한다(특경가법 제3조 1항).

Ⅱ. 횡 령 죄

타인의 재물을 보관하는 자가 그 재물을 횡령하거나 그 반환을 거부한 때에는 5년 이하의 징역 또는 1,500만원 이하의 벌금에 처한다(제355조 1항).
10년 이하의 자격정지를 병과할 수 있다(제358조).
미수범은 처벌한다(제359조).
제328조와 제346조의 규정은 본장의 죄에 준용한다(제361조).

1. 객관적 구성요건

횡령죄는 자기가 점유하는 타인의 재물을 횡령하거나 반환을 거부함으로써 성립한다.

(1) **행위의 주체** 본죄의 주체는 위탁관계에 의하여 타인의 재물을 보관하는 자이다. 8

보관이란 점유 또는 소지와 같은 의미이다. 즉 그것은 사실상의 재물지배를 뜻하는 형법상의 점유개념을 말하며, 민법상의 점유와는 구별된다. 그러므로 민

1 Schmidhäuser S. 80; Sch/Sch/Eser §246 Rn. 1.

법상으로는 점유를 가지지 못하는 점유보조자도 보관자가 될 수 있다.[1]

횡령죄의 보관이 사실상의 재물지배를 뜻한다는 의미에서는 절도죄의 점유와 같지만, 양자는 그 기능에 있어서 차이가 있다. 즉 절도죄의 점유는 행위의 객체로서의 의미를 갖지만, 횡령죄의 보관은 신분요소로 이해되어야 한다. 그러므로 횡령죄의 보관과 절도죄의 점유는 반드시 그 의미를 같이하는 것은 아니다. 여기에 횡령죄의 보관이 사실상의 재물지배뿐만 아니라 법률상의 지배도 포함하는 한편, 그것이 위탁관계에 의한 점유에 제한되어야 하는 이유가 있다.

9 1) 보 관 절도죄는 타인의 점유를 침해함으로써 소유권을 취득하는 영득죄이다. 따라서 절도죄에 있어서 점유는 재물에 대한 배타적 지배를 징표하는 의미를 가진다. 그러나 횡령죄에 있어서는 재물을 자기가 점유하고 있으므로 보관이 이런 뜻을 가질 수는 없다. 그것은 위탁자에 대한 관계에서는 신임관계의 기초로서의 의미를 가지며, 행위자에 대하여는 영득의 유혹 내지 남용의 위험이 강하다는 의미를 가질 뿐이다. 여기서 횡령죄에 있어서 점유는 사실상의 지배 이외에 법률상의 지배까지 포함하는 개념이 되지 않을 수 없다.[2]

10 법률상의 지배가 횡령죄에 있어서 보관에 해당하느냐가 문제되는 것으로는 다음과 같은 세 가지 경우가 있다.

11 (가) **부동산의 점유** 횡령죄의 객체인 재물에는 부동산이 포함된다. 부동산에 관하여 이를 외견상 유효하게 처분할 수 있는 지위에 있는 자를 보관자라고 할 수 있다. 먼저 부동산을 사실상 지배하고 있는 자는 등기명의의 여하를 불문하고 그 부동산의 보관자가 된다. 부동산에 대한 등기서류를 보관하고 있는 자도 보관자에 포함된다는 견해[3]가 있으나, 단순히 등기서류를 임치하고 있다는 것만으로는 보관자라고 할 수 없고 타인의 사무를 처리하는 자로 보아야 할 것이다. 부동산에 대하여 사실상의 지배가 없는 경우에도 등기명의를 가지고 있는 때에는 여기의 보관자에 해당한다고 해야 한다.[4] 따라서 부동산을 명의

---

1 대법원 1970. 5. 12. 70도649; 대법원 1982. 11. 23. 82도2394.

2 강구진 355면; 김성돈 409면; 김일수/서보학 288면; 김종원 229면; 박상기 369면; 배종대 **74**/3; 손동권/김재윤 424면; 유기천 273면; 이영란 370면; 이형국 413면; 임웅 476면; 정성근/박광민 388면; 정영일 206면.

3 강구진 355면.

4 대법원 2005. 6. 24. 2005도2413, 「(1) 횡령죄에서 재물의 보관이라 함은 재물에 대한 사실상 또는 법률상 지배력이 있는 상태를 의미하며, 그 보관은 소유자 등과의 위탁관계에 기인하여 이루

신탁받은 자도 그 부동산의 보관자가 된다. 다만 명의신탁받은 부동산의 처분이 횡령죄를 구성하는가는 그것이 타인소유의 재물인가 그리고 횡령죄의 위탁관계에 해당하는가와 관련하여 다시 검토되어야 한다.

판례는 횡령죄에 있어서 부동산의 보관은 그 부동산을 유효하게 처분할 수 있는 권능의 유무를 기준으로 하여 결정해야 한다는 전제에서, ① 명의신탁에 의하여 소유권이전등기를 경료받은 사람은 그 부동산을 제3자에게 유효하게 처분할 수 있는 권능을 갖게 되어 보관자가 되지만(대법원 1989. 12. 8. 89도1220), ② 공동상속인 중 1인이 상속 부동산을 혼자 점유하던 중 다른 공동상속인의 상속지분을 임의로 처분한 때에는 처분권능이 없고(대법원 2000. 4. 11. 2000도565), ③ 물품제조 회사가 농지를 매수하여 피고인 명의로 소유권이전등기를 마침으로써 소유명의를 신탁하여 두었는데 피고인이 그 후 이를 타인에게 처분한 경우, 물품제조 회사는 농지의 소유권을 취득할 수 없으므로 피고인은 원인무효인 소유권이전등기의 명의자에 불과하다는 이유로(대법원 2010. 6. 24. 2009도9242) 횡령죄가 성립하지 않는다고 판시하였다. 이에 반하여 ④ 소유권의 취득에 등록이 필요한 타인 소유의 차량을 인도받아 보관하고 있는 사람이 이를 사실상 처분하면 횡령죄가 성립하며, 보관 위임자나 보관자가 차량의 등록명의자일 필요는 없다고 하였다(대법원 2015. 6. 25. 2015도1944 전원합의체판결).[1]

소유권보존등기가 되어 있지 않는 건물의 건축허가명의를 수탁받은 자도 대

어져야 하는 것이지만, 그 위탁관계는 사실상의 관계이면 족하고 위탁자에게 유효한 처분을 할 권한이 있는지 또는 수탁자가 법률상 그 재물을 수탁할 권리가 있는지 여부를 불문하는 것이고, 한편 부동산에 관한 횡령죄에 있어서 타인의 재물을 보관하는 자의 지위는 동산의 경우와는 달리 부동산에 대한 점유의 여부가 아니라 법률상 부동산을 제3자에게 처분할 수 있는 지위에 있는지 여부를 기준으로 판단하여야 한다.

(2) 피고인이 종중의 회장으로부터 담보 대출을 받아달라는 부탁과 함께 종중 소유의 임야를 이전받은 다음 임야를 담보로 금원을 대출받아 임의로 사용하고 자신의 개인적인 대출금 채무를 담보하기 위하여 임야에 근저당권을 설정한 행위는 종중에 대한 관계에서 횡령죄를 구성한다.」

1 대법원 2015. 6. 25. 2015도1944 전원합의체판결, 「횡령죄에서 재물의 보관은 재물에 대한 사실상 또는 법률상 지배력이 있는 상태를 의미하며, 횡령행위는 불법영득의사를 실현하는 일체의 행위를 말한다. 따라서 소유권의 취득에 등록이 필요한 타인 소유의 차량을 인도받아 보관하고 있는 사람이 이를 사실상 처분하면 횡령죄가 성립하며, 보관 위임자나 보관자가 차량의 등록명의자일 필요는 없다. 그리고 이와 같은 법리는 지입회사에 소유권이 있는 차량에 대하여 지입회사에서 운행관리권을 위임받은 지입차주가 지입회사의 승낙 없이 보관 중인 차량을 사실상 처분하거나 지입차주에게서 차량 보관을 위임받은 사람이 지입차주의 승낙 없이 보관 중인 차량을 사실상 처분한 경우에도 마찬가지로 적용된다. 이와 달리 소유권의 취득에 등록이 필요한 차량에 대한 횡령죄에서 타인의 재물을 보관하는 사람의 지위는 일반 동산의 경우와 달리 차량에 대한 점유 여부가 아니라 등록에 의하여 차량을 제3자에게 법률상 유효하게 처분할 수 있는 권능 유무에 따라 결정하여야 한다는 취지의 대법원 1978. 10. 10. 선고 78도1714 판결, 대법원 2006. 12. 22. 선고 2004도3276 판결 등은 이 판결과 배치되는 범위에서 이를 변경하기로 한다.」

외적으로 유효하게 건물을 처분할 수 있으므로 그 건물을 보관하는 자라고 할 수 있다.[1] 판례는 어업면허권을 양도하고서도 그 어업면허권이 자기 앞으로 되어 있음을 틈타서 어업권손실보상금을 수령한 경우에도 횡령죄를 구성한다고 한다.[2]

12 (나) **은행예금 또는 유가증권의 소지에 의한 점유** 창고증권 등의 유가증권의 소지인은 비록 재물에 대하여 사실상의 지배가 없더라도 임치물을 자유롭게 처분할 수 있는 지위에 있으므로 재물에 대하여 법률적 지배를 가진다. 타인의 돈을 위탁받아 은행에 예금한 경우에도 그 돈에 대한 법률상의 지배로 인하여 그 보관자가 된다고 하는 것이 통설[3]이며, 대법원도 같은 태도를 취하고 있다.[4]

다만 금전을 위탁한 때에 금전에 대한 소유권은 원칙적으로 수치인에게 이전된다고 할 것이므로, 이러한 경우에는 타인의 재물을 보관하는 자가 아니라 타인의 사무를 처리하는 자로 보아야 한다.

13 (다) **법률상의 권한에 의한 점유** 부동산의 점유에 있어서 그 부동산을 용이하게 처분할 수 있는 지위에 있는 자는 등기명의인이 아니라도 보관자가 될 수 있다. 예컨대 미성년자의 법정대리인이나 후견인은 그 법률상의 권한에 의하여 미성년자 소유의 부동산을 점유하고 있다. 부동산의 명의수탁자의 지위를 포괄승계한 상속인도 그 권한에 의하여 부동산에 대한 보관자가 될 수 있다.[5]

14 2) **위탁관계에 의한 보관** 횡령죄의 본질은 신임관계에 위배하여 타인의 재물을 영득한다는 배신성에 있다. 따라서 점유는 위탁관계에 의한 것임을 요하고, 보관이란 바로 위탁관계에 의한 점유를 의미한다고도 할 수 있다. 이러한 의미에서 횡령죄의 주체는 위탁관계에 의하여 타인의 재물을 점유하는 신분자라고 할 것이다.

---

1 대법원 1990. 3. 23. 89도1911.

2 대법원 1993. 8. 24. 93도1578.

3 김성돈 411면; 김일수/서보학 289면; 손동권/김재윤 425면; 이영란 370면; 이형국 413면; 정성근/박광민 390면; 정영석 368면; 황산덕 311면.

4 대법원 1983. 9. 13. 82도75; 대법원 1984. 2. 14. 83도3207; 대법원 2000. 8. 18. 2000도1856.

5 대법원 1996. 1. 23. 95도784, 「횡령죄에 있어 부동산에 대한 보관자의 지위는 그 부동산에 대한 점유를 기준으로 할 것이 아니라 그 부동산을 유효하게 처분할 수 있는 권능이 있는지의 여부를 기준으로 하여 결정하여야 할 것이고, 임야의 명의수탁자인 조부가 사망함에 따라 그의 자(子)인 부가, 또 위 부(父)가 사망함에 따라 피고인이 각 그 상속인이 됨으로써 피고인은 위 임야의 수탁관리자로서의 지위를 포괄승계한 것이어서, 피고인은 위 임야를 유효하게 처분할 수 있는 보관자로서의 지위를 취득하였다고 할 것이다.」

(가) **위탁관계** 횡령죄의 보관은 위탁관계에 의한 것임을 요한다. 따라서 타인의 점유를 떠나 우연히 자기의 점유에 귀속하게 된 재물을 영득하였을 때에는 점유이탈물횡령죄가 될 수는 있어도 횡령죄는 되지 않는다. 15

횡령죄의 보관이 위탁관계를 전제로 하는가에 대하여 판례의 태도는 일관되어 있지 않다. 위탁관계가 있음을 요한다는 전제에서 위탁관계가 없는 때에는 횡령죄가 성립하지 않는다고 하는 판례(대법원 2007. 5. 31. 2007도1082)[1]가 있는가 하면, 때로는 횡령죄에 있어서 재물을 보관하게 된 원인은 위탁행위에 기인한 것임을 요하지 아니한다고 하여 송금절차의 착오로 인하여 자신의 은행계좌에 입금된 돈을 임의로 인출하여 소비한 행위는 횡령죄에 해당한다고 한다(대법원 2010. 12. 9. 2010도891). 그러나 위탁관계에 의하여 타인의 재물을 점유한 때에만 횡령죄가 성립되므로 이러한 때에는 사기죄가 된다고 해야 한다. 같은 이유로 절도·강도·사기(대법원 1971. 5. 24. 71도694) 또는 공갈(대법원 1986. 2. 11. 85도2513)에 의하여 점유하게 된 재물에 대하여도 횡령죄는 성립할 여지가 없다. 판례는 자신의 은행계좌가 전기통신금융사기 범행에 이용되어 사기피해금이 송금·이체된 경우 이 돈을 영득할 의사로 인출하면 피해자에 대한 횡령죄가 성립(대법원 2018. 7. 19. 2017도17494 전원합의체판결; 대법원 2019. 4. 3. 2018도7955)한다고 한다. 이때 계좌명의인이 사기의 공범이라면 자신이 가담한 범행의 결과 피해금을 보관하게 된 것일 뿐이어서 피해자와 사이에 위탁관계가 없고, 그가 송금·이체된 돈을 인출하더라도 이는 자신이 저지른 사기범행의 실행행위에 지나지 아니하여 새로운 법익을 침해한다고 볼 수 없으므로 사기죄 외에 별도로 횡령죄를 구성하지 않는다(대법원 2018. 7. 19. 2017도17494 전원합의체판결).

위탁관계는 사용대차·임대차·위임·임치·고용 등의 계약에 의하여 발생하는 것이 보통이나, 법률의 규정에 의하여 인정되는 경우도 있다. 사무관리 또는 후견의 경우가 여기에 해당한다. 그러나 위탁관계의 발생근거는 여기에 제한되지 않는다. 널리 거래의 신의성실에 비추어 재물의 보관에 대한 신임관계가 발생하였으면 족하다. 타인의 부탁으로 매각한 물품대금도 수령과 동시에 위탁물 16

1 대법원 2007. 5. 31. 2007도1082, 「임야의 진정한 소유자와는 전혀 무관하게 신탁자로부터 임야 지분을 명의신탁받아 지분이전등기를 경료한 수탁자가 신탁받은 지분을 임의로 처분한 경우, 소유자와 수탁자 사이에 위 임야 지분에 관한 법률상 또는 사실상의 위탁신임관계가 성립하였다고 할 수 없고, 또한 어차피 원인무효인 소유권이전등기의 명의자에 불과하여 위 임야 지분을 제3자에게 유효하게 처분할 수 있는 권능을 갖지 아니한 수탁자로서는 위 임야 지분을 보관하는 자의 지위에 있다고도 할 수 없으므로, 그 처분행위가 신탁자에 대해서나 소유자에 대하여 위 임야 지분을 횡령한 것으로 된다고 할 수 없다.」

동지 : 대법원 1983. 4. 12. 83도195; 대법원 1994. 11. 25. 93도2404; 대법원 2010. 6. 24. 2009도9242.

이 될 수 있다.

따라서 ① 팔아달라고 부탁을 받고 교부받은 다이아몬드를 판매한 대금을 임의소비하였거나(대법원 1990. 8. 28. 90도1019), ② 달력의 제작납품 주문을 받아오기로 한 자가 대금으로 수령한 약속어음을 임의소비한 때(대법원 1990. 5. 25. 90도578), ③ 자동차를 처분하여 그 대금으로 다른 차량을 피해자에게 넘겨주기로 한 피고인이 매각대금을 위탁의 취지에 반하여 임의로 소비한 경우(대법원 2003. 6. 24. 2003도1741)에도 횡령죄가 성립한다. 할인을 위하여 교부받은 약속어음을 자신의 채무변제에 충당한 경우에도 같다(대법원 1983. 4. 26. 82도3079).

위탁관계는 반드시 소유자에 의하여 행하여졌을 것을 요하지 않으며,[1] 소유자의 의사에 반하지 않으면 제3자에 의하여 이루어져도 좋다.

17 (나) **불법원인급여와 횡령죄** 위탁관계가 불법하여 위탁자가 보관자에 대하여 반환청구를 할 수 없는 경우(불법원인급여), 예컨대 뇌물로 공여할 재산을 위탁하였는데 보관자가 이를 영득한 때에 횡령죄가 성립하는가에 대하여는 소극설과 적극설 및 절충설이 대립되고 있다.

18 (a) **소 극 설** 불법원인급여의 경우에는 횡령죄가 성립하지 않는다는 견해[2]이며, 판례[3]가 취하고 있는 태도이다. 소극설은 ① 불법원인급여의 경우에 위탁자는 반환청구권을 상실하기 때문에 수탁자는 위탁자에 대하여 그 재물을 반환할 법률상의 의무가 없으므로 이를 자유롭게 처분할 수 있는 것이 되어 횡령죄가 성립할 여지가 없고, ② 민법상 반환의무가 없는 자에게 형법이 제재를 가하여 그 반환을 강제하는 것은 법질서 전체의 통일을 깨뜨리는 결과를 가져올 뿐만 아니라, ③ 불법원인급여의 경우에는 수탁자에게 소유권이 귀속되므로 타인의 재물이라고 할 수 없다는 것을 이유로 들고 있다.

19 (b) **적 극 설** 불법원인급여의 경우에도 횡령죄의 성립을 인정하는 견해

---

1 대법원 1985. 9. 10. 84도2644.

2 김성돈 420면; 김종원 229면; 배종대 **74**/13; 손동권/김재윤 429면; 이정원 448면; 이형국 414면; 정성근/박광민 395면; 황산덕 313면.

3 대법원 1988. 9. 20. 86도628, 「민법 제746조의 불법의 원인으로 인하여 재물을 급여하거나 노무를 제공한 때에는 그 이익의 반환을 청구하지 못한다고 규정한 뜻은 급여를 한 사람은 그 원인행위가 법률상 무효임을 내세워 상대방에게 부당이득반환의 청구를 할 수 없고, 또 급여한 물건의 소유권이 자기에게 있다고 하여 소유권에 기한 반환청구도 할 수 없어서 결국 급여한 물건의 소유권은 급여를 받은 상대방에게 귀속된다는 것이므로 조합장이 조합으로부터 공무원에게 뇌물로 전달하여 달라고 금원을 교부받은 것은 불법원인으로 인하여 지급받은 것으로서 이를 뇌물로 전달하지 않고 타에 소비하였다고 해서 타인의 재물을 보관중 횡령하였다고 볼 수는 없다.」
동지 : 대법원 1999. 6. 11. 99도275; 대법원 2017. 4. 26. 2016도18035.

이다. 종래 우리나라의 다수설[1]이었다. 적극설은 ① 범죄의 성립 여부는 형법의 독자적 목적에 비추어 판단해야 하고, ② 민법상 불법원인급여가 보호받지 못한다고 하여 위탁자가 소유권을 상실하는 것은 아니므로 점유자에 대하여는 여전히 타인의 재물이 되기 때문에 이를 영득하는 것은 횡령죄가 성립한다고 해야 하며, ③ 위탁관계는 상호간의 신임관계를 인정할 근거가 되므로 이 경우에도 신임관계를 인정할 수 있다는 점을 이유로 한다.

(c) **절 충 설** ① 불법원인급여를 소유권이전의 의사가 있는 점유이전(불법원인급여)과 소유권이전 의사가 없는 점유이전(불법원인위탁)으로 나누어, 전자의 경우에는 횡령죄가 성립하지 않지만 후자에 있어서는 성립한다는 견해,[2] ② 전자의 경우에는 횡령죄의 문제는 발생하지 않고 후자의 경우 보호가치 없는 신뢰관계의 파괴에 불과하여 횡령죄가 성립하지 않는다는 견해[3] 그리고 ③ 불법원인급여의 경우 행위반가치는 인정되나 결과반가치의 측면에서는 법익평온상태의 교란 정도의 반가치만 인정되므로 횡령죄의 불능미수가 될 뿐이라는 견해[4]를 절충설이라고 할 수 있다. 20

(d) **비 판** 생각건대 횡령죄의 성립 여부는 피해자의 보호필요성에 의하여 결정되는 것이 아니라 행위자의 가벌성을 기준으로 하여 판단해야 하며, 불법원인급여의 경우에도 횡령죄에 의하여 보호해야 할 신임관계가 존재하는 것은 사실이다. 다만 이 경우에 횡령죄가 성립하기 위해서는 재물이 타인의 소유에 속할 것을 요한다. 그러나 민법 제746조의 취지에 비추어 불법원인급여로 인하여 반환청구할 수 없게 된 재물의 소유권은 수령자에게 이전된다고 해석하지 않을 수 없다. 대법원도 불법원인급여의 경우에 위탁물의 소유권은 상대방에게 귀속된다고 판시하고 있다.[5] 따라서 이 경우에 타인의 재물임을 전제로 하는 횡령죄는 성립할 여지가 없다고 할 것이므로 소극설이 타당하다. 다만 불법원인급여라 할지라도 수익자의 불법성이 급여자의 그것보다 현저히 크기 때문에 급여자의 반환청구가 허용되는 때에는 이 이론이 적용될 여지가 없다. 따라서 윤락녀가 21

1 강구진 354면; 백형구 204면; 유기천 271면; 임웅 498면; 정영일 210면; 진계호 400면.
2 김성천/김형준 573면.
3 강동범, 「소위 불법원인급여와 횡령죄의 성부」(형사판례연구 1), 193~194면.
4 김일수/서보학 288면.
5 대법원 1979. 11. 13. 79다483 전원합의체판결.

받은 화대를 보관하고 있던 포주가 이를 임의로 소비한 때에는 횡령죄가 성립한다고 해야 한다.[1]

절충설 중 불법원인급여와 불법원인위탁을 구분한 견해는 민법 제746조의 급여가 반드시 소유권이전을 전제로 하는 것이 아님을 무시한 것이며, 횡령죄의 불능미수를 인정해야 한다는 견해도 불능미수의 위험성을 법익평온상태의 교란으로 해결하려는 잘못을 범하였다.

(2) **행위의 객체** 자기가 점유하는 「타인의 재물」이다.

22 1) **재 물** 횡령죄의 객체는 재물에 한한다. 따라서 재산상의 이익은 배임죄의 객체는 될 수 있어도 횡령죄의 객체가 될 수는 없다. 재물이란 물리적으로 관리할 수 있는 것을 말한다. 권리는 재물이 아니므로 횡령죄의 객체가 될 수 없다. 따라서 광업권[2]이나 주식[3]은 횡령죄의 객체가 될 수 없다. 그러나 권리가 화체되어 있는 문서는 재물에 해당한다. 본죄의 재물은 동산에 한하지 아니하고 부동산도 포함한다.

23 2) **타인의 재물** 재물은 타인의 재물이어야 한다.

타인의 재물이란 재물의 소유권이 타인에게 속하는 경우를 말한다. 여기서 타인이란 행위자 이외의 자연인·법인·법인격 없는 단체[4] 또는 조합[5]을 포함한다. 행위자와 타인의 공동소유에 속하는 재물도 타인의 재물이다. 그것은 공유[6]이든 합유[7]이든 또는 총유이든 묻지 아니한다. 그러므로 동업재산의 매각대금을 매수인으로부터 받아 보관하다가 임의로 소비한 때에는 횡령죄가 성립한다.[8]

24 (가) **소유권의 귀속** 타인의 재물인가 또는 자기의 재물인가는 민법에 따

1 대법원 1999. 9. 17. 98도2036, 「포주가 윤락녀와 사이에 윤락녀가 받은 화대를 포주가 보관하였다가 절반씩 분배하기로 약정하고도 보관중인 화대를 임의로 소비한 경우, 포주와 윤락녀의 사회적 지위, 약정에 이르게 된 경위와 약정의 구체적 내용, 급여의 성격 등을 종합해 볼 때 포주의 불법성이 윤락녀의 불법성보다 현저히 크므로 화대의 소유권이 여전히 윤락녀에게 속하는 것이어서, 포주가 이를 임의로 소비한 행위는 횡령죄를 구성한다고 보지 않을 수 없다.」

2 대법원 1994. 3. 8. 93도2272.

3 대법원 2023. 6. 1. 2020도2884.

4 대법원 1955. 2. 11. 4287형상169.

5 대법원 1975. 5. 27. 75도1014; 대법원 1993. 2. 23. 92도387.

6 대법원 1983. 8. 23. 80도1161.

7 대법원 1982. 12. 28. 81도3140; 대법원 1984. 1. 24. 83도940.

8 대법원 1996. 3. 22. 95도2824.

라 결정된다.[1] 형법에 독자적인 소유권개념은 있을 수 없기 때문이다. 따라서 ① 계주가 계원들로부터 징수한 계불입금은 일단 계주에게 그 소유권이 귀속된다 할 것이므로 계주가 이를 소비하여도 횡령죄는 성립되지 아니하며,[2] ② 입사보증금도 일단 사용자에게 소유권이 이전되므로 사용자가 이를 처분하여도 타인의 재물을 횡령한 것은 되지 않으며,[3] ③ 지입차주들이 자동차회사에 납부한 돈은 회사의 소유이므로 회사가 그 돈을 소비하여도 횡령죄는 되지 않고,[4] ④ 익명조합의 경우에 조합원이 영업을 위하여 출자한 금전 기타의 재산은 영업자의 재산이 되므로 영업자에 대하여 이를 타인의 재물이라고 할 수 없고,[5] ⑤ 이른바 프랜차이즈 계약(가맹점계약)에 있어서 가맹점주들이 물품을 판매하여 보관하고 있는 판매대금은 타인의 재물이라고 할 수 없고,[6] ⑥ 채권자가 채권의 지급담보를 위하여 채무자의 수표를 발행·교부받은 경우에도 수표상의 권리가 채권자에게 귀속되고,[7] 액면을 보충·할인하여 달라는 의뢰를 받고 액면 백지인 약속어음을 교부받은 자가 보충권의 한도를 넘어 보충하여 임의로 사용한 경우에도 수탁자는 새로운 별개의 약속어음을 발행한 것이므로 이를 타인의 재물이라고 할 수 없음에 반하여,[8] ⑦ 피해자의 요청을 받고 그의 토지를 담보로 제공하고 수령한 대출금은 피해자의 소유에 귀속하고,[9] ⑧ 금전의 수수를 수반하는 사무처리를 위임받은 자가 제3자로부터 수령한 금전은 수령과 동시에 위임자의 소유에 속하고,[10] ⑨ 위탁매매에 있어서는 위탁품의 소유권이 위탁자에게 속하고 그 판매대금도 수령함과 동시에 위탁자에게 귀속되므로 위탁판매인이 사용·소비한 때에는 횡령죄가 성립한다.[11] 또한 ⑩ 운송회사와 소속 근로자 사이에 근로자가 운송회사로부터 일정액의 급여를 받으면서 당일 운송수입금을 전부 운송회사에 납입하되, 운

1 Hohmann MK §246 Rn. 9; Kindhäuser NK §246 Rn. 4; Ruß LK §246 Rn. 4; Sch/Sch/Eser §246 Rn. 4a; Tröndle/Fischer §246 Rn. 3.
2 대법원 1976. 5. 11. 76도730.
3 대법원 1979. 6. 12. 79도656.
4 대법원 1997. 9. 5. 97도1592.
5 대법원 1973. 1. 30. 72도2704; 대법원 2011. 11. 24. 2010도5014.
6 대법원 1996. 2. 23. 95도2608; 대법원 1998. 4. 14. 98도292.
7 대법원 2000. 2. 11. 99도4979.
8 대법원 1995. 1. 20. 94도2760.
9 대법원 1996. 6. 14. 96도106.
10 대법원 1995. 11. 24. 95도1923.
11 대법원 1982. 2. 23. 81도2619.

송회사는 근로자가 납입한 운송수입금을 월 단위로 정산하기로 하는 약정이 체결되었다면, 근로자가 사납금 초과 수입금을 개인 자신에게 직접 귀속시키는 경우와는 달리, 근로자가 애초 거둔 운송수입금 전액은 운송회사의 관리와 지배 아래 있다고 봄이 상당하므로 근로자가 운송수입금을 임의로 소비하였다면 횡령죄를 구성한다.[1]

다만 위탁판매인과 위탁자 사이에 판매대금에서 각종 비용이나 수수료를 공제한 이익을 분배하기로 하는 등 그 대금처분에 관하여 특별한 약정이 있는 경우에는 이에 대한 정산관계가 밝혀지지 않는 한 위탁물을 판매하여 소비하였다고 하여 곧바로 횡령죄가 성립한다고 할 수 없고(대법원 1990. 3. 27. 89도813), 채무자가 기존 금전채무를 담보하기 위하여 다른 금전채권을 채권자에게 양도한 후 제3채무자에게 채권양도 통지를 하지 않은 채 자신이 사용할 의도로 제3채무자로부터 변제를 받아 변제금을 수령한 경우 채권자와의 위탁신임관계에 의하여 채권자를 위해 변제금을 보관하는 지위에 있다고 볼 수 없어 채무자가 이를 임의로 소비하더라도 횡령죄는 성립하지 않는다(대법원 2021. 2. 25. 2020도12927). 반면에 함께 복권을 나누어 당첨 여부를 확인한 자들 사이에는 당첨금을 공유하기로 하는 묵시적 합의가 있었다고 봄이 상당하므로 그 복권의 당첨금 수령인이 그 당첨금 중 타인의 몫의 반환을 거부한 경우에는 횡령죄가 성립될 수 있다(대법원 2000. 11. 10. 2000도4335).

(나) **구체적 문제점** 타인의 재물인가에 대하여는 특히 다음과 같은 네 가지 문제를 검토할 필요가 있다.

25 (a) **이중매매와 횡령죄** 물권변동에 관하여 의사주의를 취하였던 구민법에서는 매매계약의 체결에 의하여 목적물의 소유권은 매수인에게 이전되므로 소유권이전등기 또는 인도를 하지 아니한 매도인도 타인의 재물을 보관하는 자의 지위에 있게 되어 매도인이 다시 이를 처분한 때에는 횡령죄를 구성하였다.[2] 그러나 민법이 물권변동에 관하여 형식주의를 취하고 있는 이상 부동산에 관하여 이전등기를 경료할 때까지는 그 부동산의 소유권은 매수인에게 이전되지 아니하므로 이는 매도인의 재물이지 타인의 재물이 아니다. 따라서 이중매매의 경우에 매도인에게는 배임죄가 성립할 수는 있어도 횡령죄를 구성할 여지는 없다.

26 (b) **담보부 또는 유보부소유권과 횡령죄** 횡령죄에 대한 관계에서 유보부소

1 대법원 2014. 4. 30. 2013도8799.
2 대법원 1961. 11. 23. 4294형상586.

유권(Vorbehaltseigentum) 또는 담보부소유권(Sicherungseigentum)은 완전한 소유권과 같이 취급하지 않으면 안 된다.[1] 그러므로 할부판매의 경우에는 비록 목적물의 인도를 받았다 할지라도 그 대금을 완납하기까지는 소유권이 매도인에게 있으므로 매수인이 대금완납 전에 이를 처분하면 횡령죄가 성립한다. 동산 담보권자가 담보권의 범위를 벗어나서 담보물의 반환을 거부하거나 처분한 경우에도 같다.[2] 양도담보의 경우에는 목적물의 소유권이 채무자에게 남아 있고 채권자는 양도담보권이라는 독특한 제한물권을 취득하는 데 그치므로 채무자에 대한 관계에서는 타인의 재물이 될 수 없기 때문에 채무자는 횡령죄의 주체가 될 수 없다.[3]

매도담보에 있어서 종래의 판례는 목적물의 소유권이 채권자에게 넘어가므로 목적물을 보관하던 채무자가 이를 처분한 때에는 횡령죄가 성립한다고 해석한 바 있다(대법원 1962. 2. 8. 4294형상470). 그러나 가등기담보 등에 관한 법률이 시행되면서 매도담보를 비롯한 부동산에 관한 모든 양도담보의 경우에 정산절차를 밟게 함으로써 현행법상으로는 청산형의 양도담보만 남게 되었으므로 이 경우에도 채무자가 보관중이던 목적물을 처분했다고 하여 횡령죄는 성립할 수 없고, 채권자가 처분한 때에는 횡령죄가 성립한다.

환매특약부매매에 있어서 매수인이 환매특약에 위반하여 제3자에게 매각한 때에도 횡령죄는 성립하지 아니한다.

(c) **명의신탁받은 부동산의 처분과 횡령죄** 명의신탁이란 대내적 관계에서 27
는 신탁자가 소유권을 보유하면서 등기부상의 소유명의는 수탁자 앞으로 등재하여 두는 것을 말한다. 즉 대내적으로는 신탁자의 소유에 속하지만 대외적으로는 수탁자에게 소유권이 이전되는 경우이다. 이 경우 수탁자가 부동산의 보관자가 된다는 점은 앞에서 본 바와 같다. 문제는 그 부동산이 수탁자에 대하여 타인소유의 부동산이라고 할 수 있는가에 있다. 대법원은 종래 명의신탁에 있어서 부동

1 Hohmann MK §246 Rn. 10; Kindhäuser NK §246 Rn. 4; Ruß LK §246 Rn. 6; Sch/Sch/Eser §246 Rn. 5.

2 대법원 2007. 6. 14. 2005도7880, 「금전을 대여하면서 채무자로부터 그 담보로 동산을 교부받은 담보권자는 그 담보권의 범위 내에서 담보권을 행사할 수 있을 것인데, 담보권자가 담보목적물을 보관하고 있음을 기화로 실제의 피담보채권 이외에 자신의 제3자에 대한 기존의 채권까지 변제가 이루어지지 아니할 경우 반환하지 않을 것임을 표명하다가 타인에게 담보목적물을 매각하거나 담보로 제공하여 피담보채무 이외의 채권까지도 변제충당한 경우에는 정당한 담보권의 행사라고 볼 수 없고, 위탁의 취지에 반하여 자기 또는 제3자의 이익을 위하여 권한 없이 그 재물을 자기의 소유인 것 같이 처분하는 것으로서 불법영득의 의사가 인정되어 횡령죄가 성립한다.」

3 대법원 1983. 8. 23. 80도1545; 대법원 1980. 11. 11. 80도2097.

산의 소유권이 대외관계에서 수탁자의 소유이므로 타인의 재물이 아니라는 이유로 횡령죄의 성립을 부정하였으나,[1] 그 후 전원합의체판결에 의하여 태도를 변경하고 이러한 경우에도 타인의 재물을 보관한 때에 해당한다고 하여 횡령죄의 성립을 긍정하였다.[2] 그러나 1995. 7. 1.부터 시행된 부동산 실권리자명의 등기에 관한 법률(부동산실명법)은 부동산에 관한 명의이전약정과 이에 따른 부동산물권변동은 무효라고 규정하였다(제4조 1항·2항). 따라서 명의신탁 부동산의 처분이 횡령죄를 구성하는가는 부동산실명법과의 관계에서 재검토되어야 한다. 부동산실명법에 의하더라도 유효한 명의신탁의 경우에 명의신탁 부동산의 처분이 횡령죄를 구성하는 것은 당연하다. 종중이 보유한 부동산을 종중 이외의 자 명의로 등기하거나, 배우자 명의로 부동산을 등기하는 경우가 여기에 해당한다. 그러나 이 이외에 신탁부동산의 처분이 횡령죄를 구성하는가는 명의신탁의 유형에 따라 구별하지 않을 수 없다. 명의신탁은 다음의 세 가지 유형으로 나눌 수 있다.

28 a) 2자간 명의신탁 부동산의 소유자가 그 등기명의를 타인에게 신탁하기로 하는 명의신탁약정을 하고 수탁자에게 등기를 이전하는 형식의 명의신탁을 말한다. 이 경우에 부동산실명법에 의하여 명의신탁약정과 소유권이전등기는 무효이므로 부동산의 소유권은 신탁자에게 있고 수탁자는 등기명의에 의하여 그 부동산을 보관하는 자에 해당하므로 신탁부동산을 처분한 때에는 횡령죄를 구성하게 된다.[3] 판례도 횡령죄를 인정했었으나[4] 2021년 전원합의체판결을 통해 횡령죄가 성립하지 아니한다고 판시하였다.[5]

이 경우 신탁자의 수탁자에 대한 소유권이전등기는 불법원인급여에 해당하므로 신탁자가 반환청구를 할 수 없기 때문에 횡령죄가 성립하지 않는다고 해석하는 견해도

1 대법원 1970. 8. 31. 70도1434.

2 대법원 1971. 6. 22. 71도740 전원합의체판결, 「종중소유 부동산에 대한 명의수탁자가 이를 타인에게 처분하였다면 이는 그가 점유하는 종중소유 부동산을 횡령하는 행위가 된다. 이러한 견해와 저촉되는 1970. 8. 31. 70도1434호 판결은 폐기하기로 한다.」
동지 : 대법원 1987. 12. 8. 87도1690; 대법원 1989. 12. 8. 89도1220; 대법원 1990. 8. 10. 90도414.

3 김성돈 430면; 김성천/김형준 595면; 김일수/서보학 297면; 배종대 74/27; 손동권/김재윤 438면; 이형국 417면; 임웅 480면; 정성근/박광민 406면; 정영일 214면; 백재명, 「부동산명의신탁과 횡령죄」(형사판례연구 7), 376면; 장영민, 「명의신탁된 부동산의 영득행위의 죄책」(고시계 1997. 12), 38면.

4 대법원 1999. 10. 12. 99도3170; 대법원 2009. 8. 20. 2008도12009.

5 대법원 2021. 2. 18. 2016도18761 전원합의체판결.

있다.[1] 그러나 대법원 2019. 6. 20. 2013다218156 전원합의체판결은 「부동산실명법을 위반하여 무효인 명의신탁약정에 따라 명의수탁자 명의로 등기를 하였다는 이유만으로 그것이 당연히 불법원인급여에 해당한다고 단정할 수는 없다」고 하였다.

b) 3자간 명의신탁 신탁자가 수탁자와 명의신탁약정을 맺고 신탁자 29
가 매매계약의 당사자가 되어 매도인과 매매계약을 체결하되 등기는 매도인으로부터 수탁자 앞으로 직접 이전하는 형식의 명의신탁을 말하며, 중간생략등기형 명의신탁이라고도 한다. 이 경우 명의신탁약정은 무효이고, 그에 따라 행하여진 수탁자 앞으로의 소유권이전등기도 효력을 잃게 되므로 소유권은 매도인에게 남게 된다. 매도인과 매수인 사이의 매매계약이 유효한 것은 물론이다. 따라서 수탁자가 신탁부동산을 처분하면 횡령죄가 성립한다는 것이 통설이다.[2]

이 경우 매도인에 대한 횡령죄가 된다는 견해[3]와 신탁자에 대한 횡령죄가 된다는 견해[4]가 대립한다. 생각건대 횡령죄는 형식적인 소유권을 보호하기 위한 범죄라는 점에서 소유권을 취득하지 못한 신탁자에 대한 관계에서 횡령죄를 인정할 수는 없다.

종전 판례는 신탁자에 대한 횡령죄를 인정[5]하였으나, 대법원 2016. 5. 19. 2014도6992 전원합의체판결[6]에서 견해를 변경하여 신탁자에 대한 횡령죄의 성립

1 박상기 381면; 오영근 363면.
2 통설과 달리 횡령죄의 성립을 부정하는 견해로, 강동범 · 이강민, 「등기명의신탁과 수탁자의 형사책임」(법학논고 2013. 2), 16면; 우인성, 「명의신탁 부동산의 처분과 재산범죄의 성립 여부」(형사판례연구 24), 364면 및 392면.
3 박상기 382면; 백재명, 앞의 글, 377면.
4 배종대 74/28; 정성근/박광민 408면; 정영일 214면; 장영민, 앞의 글, 38면.
5 대법원 2002. 8. 27. 2002도2926; 대법원 2010. 9. 30. 2010도8556.
6 대법원 2016. 5. 19. 2014도6992 전원합의체판결, 「부동산실명법의 입법취지와 아울러, 명의신탁약정에 따른 명의수탁자 명의의 등기를 금지하고 이를 위반한 명의신탁자와 명의수탁자 쌍방을 형사처벌까지 하고 있는 부동산실명법의 명의신탁관계에 대한 규율 내용 및 태도 등에 비추어 볼 때, 명의신탁자와 명의수탁자 사이에 그 위탁신임관계를 근거지우는 계약인 명의신탁약정 또는 이에 부수한 위임약정이 무효임에도 불구하고 횡령죄 성립을 위한 사무관리 · 관습 · 조리 · 신의칙에 기초한 위탁신임관계가 있다고 할 수는 없다. 또한 명의신탁자와 명의수탁자 사이에 존재한다고 주장될 수 있는 사실상의 위탁관계라는 것도 부동산실명법에 반하여 범죄를 구성하는 불법적인 관계에 지나지 아니할 뿐 이를 형법상 보호할 만한 가치 있는 신임에 의한 것이라고 할 수 없다. 그러므로 명의신탁자가 매수한 부동산에 관하여 부동산실명법을 위반하여 명의수탁자와 맺은 명의신탁약정에 따라 매도인으로부터 바로 명의수탁자 명의로 소유권이전등기를 마친 이른바 중간생략등기형 명의신탁을 한 경우, 명의신탁자는 신탁부동산의 소유권을 가지지 아니하고, 명의신탁자와 명의수탁자 사이에 위탁신임관계를 인정할 수도 없다. 따라서 명의수탁자가 명의신탁자의 재물을 보관하는 자라고 할 수 없으므로, 명의수탁자가 신탁받은 부동산을 임의로 처분하여도 명의신탁자에 대한 관계에서 횡령죄가 성립하지 아니한다.」
이 판결에 대한 평석으로는, 강동범, 「등기명의신탁에서 신탁부동산의 임의처분과 횡령죄의 성

을 부정하였다.

30 c) 계약명의신탁 신탁자가 수탁자에게 부동산의 매수위임과 함께 명의신탁약정을 맺고 수탁자가 매매계약의 당사자가 되어 매도인과 매매계약을 체결하고 수탁자 앞으로 이전등기하는 형식의 명의신탁이다. 이 경우에는 매도인이 명의신탁사실을 알고 있는 경우와 모르는 경우를 구별하여 검토할 필요가 있다.

(i) 매도인이 명의신탁사실을 모르는 경우 매도인으로부터 수탁자에게 이루어진 소유권이전등기는 명의신탁약정의 무효에도 불구하고 유효하므로(동법 제4조 2항 단서), 부동산의 소유권은 수탁자에게 귀속한다. 따라서 수탁자가 신탁부동산을 처분한 경우 횡령죄는 성립할 수 없다. 판례도 같은 태도를 취하고 있다.[1]

이 경우 배임죄가 성립하는가에 관하여는 **긍정설**[2]과 **부정설**[3]이 대립되고 있다. 부정설은 배임죄를 인정하면 부동산실명법상 인정되지 않는 명의신탁약정을 사실상 인정하는 결과가 되고, 신탁자와 수탁자 사이의 신뢰관계는 형법이 보호할 가치도 필요도 없다는 것을 근거로 한다. 판례도 부정설을 취하고 있다.[4] 그러나 명의신탁약정이 무효라 할지라도 신탁자와 수탁자 사이의 사실상의 신임관계까지 부정할 수는 없다고 할 것이므로 배임죄의 성립을 긍정하는 것이 타당하다.

(ii) 매도인이 명의신탁사실을 알고 있는 경우 수탁자 앞으로의 소

부－대법원 2016. 5. 19. 선고 2014도6992 전원합의체판결－」(법조 2016. 8), 601면 이하.

1 대법원 2000. 3. 24. 98도4347; 대법원 2000. 9. 8. 2000도258.

2 배종대 74/31; 임웅 482면; 정성근/박광민 409면; 장영민, 앞의 글, 40면.

3 박상기 383면; 강동범, 「계약명의신탁과 수탁자의 형사책임」(법학논집 2014. 6), 152면 이하.

4 대법원 2004. 4. 27. 2003도6994, 「신탁자와 수탁자가 명의신탁약정을 맺고, 그에 따라 수탁자가 당사자가 되어 명의신탁약정이 있다는 사실을 알지 못하는 소유자와 사이에서 부동산에 관한 매매계약을 체결한 계약명의신탁에 있어서 수탁자는 신탁자에 대한 관계에서도 신탁부동산의 소유권을 완전히 취득하고 단지 신탁자에 대하여 명의신탁약정의 무효로 인한 부당이득반환의무만을 부담할 뿐인바, 그와 같은 부당이득반환의무는 명의신탁약정의 무효로 인하여 수탁자가 신탁자에 대하여 부담하는 통상의 채무에 불과할 뿐 아니라, 신탁자와 수탁자 간의 명의신탁약정이 무효인 이상 신탁자와 수탁자 간에 명의신탁약정과 함께 이루어진 부동산 매입의 위임약정 역시 무효라고 볼 것이어서 수탁자가 신탁자와의 신임관계에 기하여 신탁자를 위하여 신탁부동산을 관리하면서 신탁자의 허락 없이는 이를 처분하여서는 아니되는 의무를 부담하는 등으로 신탁자의 재산을 보전·관리하는 지위에 있는 자에 해당한다고 볼 수 없어, 계약명의신탁의 약정에 따라 체결한 분양권 매수계약에 기하여 취득한 이 사건 아파트에 관한 수분양자로서의 지위 및 그 분양권 관련서류에 대한 수분양자로서의 권리는 피고인 자신의 사무 또는 권리라고 할 것이므로 신탁자인 피해 회사의 반환요구를 거절하고 피고인 명의로 그 소유권이전등기를 경료하였다 하여 업무상배임죄가 성립하지 아니한다.」

동지 : 대법원 2008. 3. 27. 2008도455.

유권이전등기는 무효이므로 소유권은 원소유자인 매도인에게 복귀하게 된다. 이 경우 수탁자가 그 부동산을 처분한 때에는 횡령죄가 성립한다는 견해,[1] 횡령죄는 성립하지 않고 신탁자에 대한 관계에서 배임죄가 성립할 뿐이라고 해석하는 견해[2] 그리고 횡령죄나 배임죄 모두 성립하지 않는다는 견해[3]가 대립되고 있다. 판례는 명의수탁자가 부동산매매계약의 당사자도 아닌 명의신탁자에 대한 관계에서 횡령죄에서의 타인의 재물을 보관하는 자의 지위에 있다고 할 수 없고,[4] 명의신탁자에 대하여 매매대금 등을 부당이득으로 반환해야 할 의무를 부담한다고 하여 이를 배임죄의 타인의 사무를 처리하는 자의 지위에 있다고 할 수도 없다는 이유로 횡령죄와 배임죄의 성립을 모두 부정하고 있다.[5]

(d) **위탁받은 대체물과 횡령죄** 금전 기타 대체물(代替物)을 위탁받은 경우 31
에 이를 타인의 재물이라고 할 수 있느냐가 문제된다. 금전 기타 대체물도 재물에 해당한다는 것은 부정할 수 없다. 따라서 위탁받은 금전 기타 대체물을 영득하는 것이 타인의 재물을 횡령하였다고 볼 수 있는가는 이러한 금전 등의 위탁이 금전에 대한 소유권의 이전을 뜻하느냐에 따라 결론을 달리한다고 해야 한다. 먼저 금전 기타 대체물이라 할지라도 예컨대 봉함금 또는 공탁금과 같이 특정물로서 위탁된 때에는 타인의 재물을 위탁받은 경우에 해당하여 횡령죄가 성립한다. 이에 반하여 수치인이 계약에 의하여 임치물을 소비할 수 있는 소비임치의 경우에는(민법 제702조), 금전의 소유권이 수치인에게 이전되므로 수치인이 이를 영득하였다고 하여 횡령죄를 구성할 수 없다.

문제는 일정한 용도에 사용하기 위하여 위탁한 금전을 수탁자가 임의로 사 32
용한 때에 이를 타인의 재물을 횡령한 것이라고 볼 수 있는가에 있다. 이에 대하여는 금전 기타의 대체물이 특정물로서 위탁된 경우 이외에는 물건으로서가 아니라 가치로서 고찰되어야 하므로 횡령죄가 아니라 전체재산에 대한 죄로서 배임죄가 될 뿐이라는 견해[6]와, 금전 기타의 대체물도 재물이라고 하지 않을 수 없

1 김성천/김형준 566면; 박상기 382면; 임웅 481면; 백재명, 앞의 글, 384면.
2 김일수/서보학 299면; 배종대 **74**/30; 정성근/박광민 409면; 정영일 215면; 장영민, 앞의 글, 39면.
3 신동운 1188~1189면; 강동범, 앞의 글, 159면; 천진호, 「부동산실명법상 부동산명의수탁자의 형사책임」(형사재판의 제문제 2005), 288면.
4 대법원 2012. 12. 13. 2010도10515.
5 대법원 2012. 11. 29. 2011도7361.
6 김종원 228면; 배종대 **74**/23; 오영근 358면; 유기천 276면; 이영란 377면; 이형국 415면; 임웅

고 재산상의 이익이란 재물 이외의 재산적 가치를 말하는 것이며 그 대체물에 대하여 소유권이 이전되지 않은 이상 이를 타인의 재물이 아니라고는 할 수 없으므로 일정한 목적과 용도를 정하여 금전을 임치받은 경우에 수치인이 그 금전을 다른 목적이나 용도에 소비한 때에는 횡령죄의 성립을 인정해야 한다는 견해[1]가 대립되고 있다. 대법원은 일관하여 위탁자로부터 특정용도에 사용하도록 위탁받은 금원을 수탁자가 임의로 소비한 행위는 횡령죄를 구성한다고 판시하고 있다.[2]

따라서 대법원은 ① 주상복합상가의 매수인들로부터 우수상인 유치비 명목으로 금원을 납부받아 보관하던 중 그 용도와 무관하게 일반경비로 사용한 경우(대법원 2002. 8. 23. 2002도366) 및 집합건물의 관리회사가 입주자들로부터 특별수선충당금 명목으로 금원을 납부받아 보관하던 중 이를 일반경비로 사용한 경우(대법원 2004. 5. 27. 2003도6988)에는 횡령죄를 구성하고, ② 용도나 목적이 특정되어 보관된 금전은 그 보관 도중에 특정의 용도나 목적이 소멸되었다고 하더라도 위탁자가 이를 반환받거나 그 임의소비를 승낙하기까지는 횡령죄의 적용에 있어서는 여전히 위탁자의 소유물이라고 할 것이며(대법원 2002. 11. 22. 2002도4291), ③ 금전의 수수를 수반하는 사무처리를 위임받은 자가 그 행위에 기하여 위임자를 위하여 제3자로부터 수령한 금전은, 목적이나 용도를 한정하여 위탁된 금전과 마찬가지로, 그 수령과 동시에 위임자의 소유에 속한다고 판시하였다(대법원 2003. 9. 26. 2003도3394). 다만, ④ 수탁자가 위탁의 취지에 반하지 않고 필요한 시기에 다른 금전으로 대체시킬 수 있는 상태에 있는 때에는 횡령죄를 구성하지 않는다고 한다.[3] 따라서 골프회원권 매매중개업체를 운영하는 자가 매수의뢰와 함께 입금받아 보관하던 금원을 일시적으로 다른 회원권의 매입대금 등으로 임의로 소비한 경우에도, 그 매입대금이

499면.

1 김성돈 417면; 김성천/김형준 569면; 김일수/서보학 293면; 박상기 379면; 백형구 203면; 신동운 1161면; 이정원 451면; 정성근/박광민 397면; 정영석 372면; 정영일 207면; 황산덕 313면.

2 대법원 2005. 11. 10. 2005도3627, 「횡령죄는 타인의 재물을 보관하는 자가 그 재물을 횡령하는 것을 처벌하는 범죄이므로, 횡령죄가 성립되기 위해서는 횡령의 대상이 된 재물이 타인의 소유일 것을 요하는 것인바, 금전의 수수를 수반하는 사무처리를 위임받은 자가 그 행위에 기하여 위임자를 위하여 제3자로부터 수령한 금전은 목적이나 용도를 한정하여 위탁된 금전과 마찬가지로 달리 특별한 사정이 없는 한 그 수령과 동시에 위임자의 소유에 속하고, 위임을 받은 자는 이를 위임자를 위하여 보관하는 관계에 있다고 보아야 한다.」

동지 : 대법원 1983. 10. 25. 83도1520; 대법원 1994. 9. 9. 94도462; 대법원 1997. 9. 26. 97도1520; 대법원 2002. 5. 10. 2001도1779; 대법원 2014. 1. 16. 2013도11014.

3 대법원 1995. 10. 12. 94도2076, 「목적, 용도를 정하여 위탁한 금전은 정해진 목적, 용도에 사용될 때까지는 소유권이 위탁자에게 유보되어 있는 것으로서, 특히 그 금전의 특정성이 요구되지 않는 경우 수탁자가 위탁의 취지에 반하지 않고 필요한 시기에 다른 금전으로 대체시킬 수 있는 상태에 있는 한 이를 일시 사용하더라도 횡령죄를 구성한다고 할 수 없고, 수탁자가 그 위탁의 취지에 반하여 다른 용도에 소비할 때 비로소 횡령죄를 구성한다고 할 것이다.」

동지: 대법원 2014. 2. 27. 2013도12155.

다른 회사자금과 함께 보관되어 특정할 수 없는 때에는 횡령죄를 구성하지 아니한다(대법원 2008. 3. 14. 2007도7568).

생각건대 금전·유가증권 기타의 대체물은 특정물로서 위탁한 경우 이외에는 그것이 가지고 있는 고도의 유통성과 대체성 때문에 점유의 이전과 함께 소유권도 이전된다고 해석해야 한다. 즉 금전임치는 수치인이 소유권을 취득하는 소비임치가 원칙이며, 재물의 개성보다는 가치 또는 그 금액이 문제된다. 이러한 경우에는 금전의 임치가 보관을 목적으로 하거나 또는 그 용도에 제한이 있다고 하여도 수치인이 위탁의 취지에 따라야 할 의무를 부담함에 그치고, 이로 인하여 금전이 타인의 재물로 되는 것은 아니다. 횡령죄는 타인의 재물에 대하여만 성립할 수 있다. 그런데 재물의 개성이 문제되지 않는 금전은 재물이라고 할지라도 타인의 재물이라고는 할 수 없으므로, 이에 대하여 배임죄가 성립할 수는 있어도 횡령죄가 될 수는 없다고 해야 한다.[1]

대법원은 지명채권 양도인이 양도통지 전에 채무자로부터 채권을 추심하여 수령한 금전을 자기를 위하여 소비한 경우 그 금전은 양수인의 소유에 속하므로 횡령죄가 성립한다고 하였으나(대법원 1999. 4. 15. 97도666 전원합의체판결), 최근 금전의 소유권은 채권양수인이 아니라 채권양도인에게 귀속한다고 하여 횡령죄의 성립을 부정하였다.[2] 민법의 소유권과 다른 형법상의 특수한 소유권개념은 있을 수 없으며, 민법상 자기소유의 금전을 처벌의 필요에 따라 타인의 소유라고 해석하는 것은 허용될 수 없는 유추라고 해야 할 것이므로, 횡령죄는 성립하지 않는다고 본다.

(3) **행 위** 본죄의 행위는 횡령행위이다.

1) 횡령행위의 의의 횡령행위란 횡령하거나 반환을 거부하는 것으로 33
불법영득의사를 표현하는 행위를 말한다. 절도죄에 있어서는 절취(Wegnahme)라는 행위에 의하여 범죄가 실현됨에 반하여, 횡령죄의 경우는 행위자가 이미 재물

1 금전의 임치가 임치인가 또는 소비임치인가는 민법상의 법률행위의 해석에 의하여 결정해야 할 문제이다. 그러나 금전의 소유권이 수치인에게 이전된 이상 횡령죄의 성립을 인정할 수 없다.

2 대법원 2022. 6. 23. 2017도3829 전원합의체판결, 「채권양도인이 채무자에게 채권양도 통지를 하는 등으로 채권양도의 대항요건을 갖추어 주지 않은 채 채무자로부터 채권을 추심하여 금전을 수령한 경우, 특별한 사정이 없는 한 금전의 소유권은 채권양수인이 아니라 채권양도인에게 귀속하고 채권양도인이 채권양수인을 위하여 양도 채권의 보전에 관한 사무를 처리하는 신임관계가 존재한다고 볼 수 없다. 따라서 채권양도인이 위와 같이 양도한 채권을 추심하여 수령한 금전에 관하여 채권양수인을 위해 보관하는 자의 지위에 있다고 볼 수 없으므로, 채권양도인이 위 금전을 임의로 처분하더라도 횡령죄는 성립하지 않는다.」

을 점유하고 있으므로 영득의사가 객관적으로 인식할 수 있도록 외부에 표현되지 않으면 안 된다. 횡령행위는 객관적으로 인식할 수 있는 방법으로 영득의사를 표현하는 행위를 말한다.[1] 즉 영득의사가 객관적으로 판단하여 표현되었다고 볼 수 있는 행위가 횡령행위이며, 단순한 내심의 의사만으로는 족하지 않다.

34 **2) 횡령행위의 태양** 횡령행위는 사실행위이건 법률행위이건 묻지 않는다. 소비 · 착복 · 은닉 또는 점유의 부인은 전자에 해당하며, 매매 · 입질 또는 저당권설정이나 가등기[2]와 같은 담보제공 · 증여 · 대여[3] 등은 후자에 속한다. 그러나 재물의 손괴만으로는 횡령행위라고 할 수 없다. 법률행위는 청약 또는 계약의 체결로 족하며, 그것이 유효인가 무효인가 또는 취소할 수 있는 것인가는 본죄의 성립에 영향이 없다.

> 판례는 종래 처분행위가 당연무효인 때에는 횡령죄를 구성하지 않는다고 판시한 바 있다(대법원 1978. 3. 14. 77도2869; 대법원 1978. 11. 28. 75도2713). 그러나 이 경우에도 불법영득의사는 객관적으로 표현되었으므로 횡령죄의 성립을 인정해야 한다. 이러한 의미에서 대법원이 「다른 사람의 재물을 보관하는 사람이 그 사람의 동의없이 함부로 이를 담보로 제공하는 행위는 불법영득의 의사를 표현하는 횡령행위로서 사법(私法)상 그 담보제공행위가 무효이거나 그 재물에 대한 소유권이 침해되는 결과가 발생하는지 여부에 관계 없이 횡령죄를 구성한다」고 판시한 것은(대법원 2002. 11. 13. 2002도2219) 타당하다.

횡령행위는 부작위에 의하여도 가능하다. 부작위에 의하여도 영득의사가 표현될 수 있기 때문이다.[4] 따라서 사법경찰관리가 사건의 증거물로서 영치한 재물을 영득할 의사로 자기의 책상서랍에 넣어 두고 검사에게 송부하지 않을 때에는 횡령죄가 성립한다.

> 대법원은 법원의 입찰사건 담당공무원이 자신이 맡고 있는 입찰사건의 입찰보증금이 사무원에 의하여 계속적으로 횡령되고 있는 사실을 알고 묵인한 경우에 그 공무원을 업무상 횡령죄의 종범으로 처벌해야 한다고 판시하였다(대법원 1996. 9. 6. 95도2551).

35 **3) 반환거부** 형법은 반환거부를 횡령과 함께 별도의 행위태양으로 규

1 Hohmann MK §246 Rn. 16; Lackner/Kühl §246 Rn. 4; Rengier **5**/10; Ruß LK §246 Rn. 13; Sch/Sch/Eser §246 Rn. 11; Tröndle/Fischer §246 Rn. 6; Wessels/Hillenkamp Rn. 280.

2 대법원 1981. 7. 14. 81도1302.

3 대법원 1980. 5. 27. 80도132.

4 Maurach/Schroeder/Maiwald **34**/31; Sch/Sch/Eser §246 Rn. 20; Tröndle/Fischer §246 Rn. 7.

정하고 있다. 그러나 반환거부가 횡령행위에 해당한다는 데는 이론이 없다. 반환거부는 소유자의 권리를 배제하는 의사표시를 의미하고, 그것이 불법영득의사를 표현하는 경우이므로 영득죄가 성립함은 당연하기 때문이다.[1] 따라서 반환거부행위는 반환거부의 의미 및 주관적인 의사 등을 종합하여 횡령행위와 같다고 볼 수 있어야 한다.[2] 그러나 영득의사는 없이 반환할 수 없는 사정이 있거나 반환을 거부할 수 있는 때[3]에는, 반환거부만으로 횡령죄가 성립한다고 할 수 없다.

4) **횡령죄의 미수** 횡령죄는 행위자가 불법영득의사를 표현하는 행위를 하면 기수가 된다. 행위자는 이미 재물을 점유하고 있으므로, 영득의사가 실현되어 그 재물을 취득하였거나 소유자의 권리가 영구적으로 배제되었을 것을 요하지 않는다. 즉 횡령죄는 영득의사가 행위로 표현되면 이미 기수에 이르고, 반드시 그 처분행위가 종료되었음을 요하는 것이 아니다. 이를 표현설(Manifestations-theorie)이라고 한다. 36

형법 제359조는 횡령죄의 미수범을 처벌하는 규정을 두고 있다. 여기서 어떤 경우에 횡령죄의 미수를 인정할 수 있느냐가 문제된다. ① 횡령죄의 미수를 처벌하고 있는 이상 이론상으로도 횡령죄의 미수를 인정할 수 있다는 견해[4]가 있다. 즉 횡령죄는 불법영득의사가 실현되어야 기수가 되므로 이에 이르지 못한 경우는 당연히 횡령죄의 미수라는 것이다. 이에 의하면 부동산의 처분으로 인한 횡령은 등기의 완료에 의하여 기수가 되므로, 자기가 점유하고 있는 부동산에 대하여 매매계약을 체결하거나 소유권이전등기를 신청하였지만 아직 등기가 되지 않은 때에는 횡령죄의 미수가 된다고 한다. 판례도 횡령죄의 미수를 인정하고 있다.[5] 그러나 ② 횡령죄에 있어서는 불법영득의사가 외부적 · 객관적으로 표현되기만 하면 바로 기수가 되므로 횡령죄의 미수는 이론상으로는 가능할지라도 실제 37

---

1 대법원 1983. 6. 28. 83도1212; 대법원 1983. 11. 8. 82도800.

2 대법원 1992. 11. 27. 92도2079; 대법원 1993. 6. 8. 93도874.

3 대법원 1983. 12. 13. 83도2642; 대법원 1990. 3. 13. 89도1952.

4 김일수/서보학 305면; 김종원 255면; 박상기 390면; 오영근 367면; 이정원 454면; 이형국 420면; 정성근/박광민 401면.

5 대법원 2012. 8. 17. 2011도9113, 「피고인이 피해자로부터 위탁받아 식재 · 관리하여 오던 나무들을 피해자 모르게 제3자에게 매도하는 계약을 체결하고 제3자로부터 계약금을 수령한 상태에서 피해자에게 적발되어 위 계약이 더 이행되지 아니하고 무위로 그친 경우, 피고인의 행위는 횡령미수에 해당한다.」

상으로는 인정하기 어렵다고 보아야 한다.[1] 매매계약을 체결하거나 매매의 의사를 표시하는 청약에 의하여도 횡령은 이미 기수가 되기 때문이다. 따라서 횡령죄의 미수는 예컨대 우편배달부가 우편물 속에 돈이 들어 있는 것으로 알고 봉투를 뜯었다가 돈을 꺼내지 않고 다시 봉하거나, 자기의 소유물이나 무주물을 타인의 재물로 오신하고 영득한 경우와 같이 중지미수 또는 불능미수(불능범이 될 수도 있다)의 경우에만 가능하다고 할 수 있다.[2]

2. 주관적 구성요건

38 횡령죄도 주관적 구성요건으로 객관적 구성요건요소에 대한 고의가 있어야 한다. 미필적 고의로 족하다. 횡령행위의 본질에 관하여 월권행위설을 취할 때에는 이러한 고의만 있으면 횡령죄가 성립하지만, 영득행위설에 따를 때에는 고의 이외에 주관적 구성요건으로 불법영득의사가 있어야 한다.

횡령죄에 있어서 불법영득의사는 자기 또는 제3자의 이익을 위하여 타인의 재물을 보관하는 자가 위탁의 취지에 반하여 그 재물을 자기의 소유인 것같이 처분하는 의사를 말한다. 반드시 보관자 스스로가 영득함을 요하지 아니하고 제3자를 위한 영득의 경우도 포함한다. 소유자로서 처분하는 의사가 있는 이상 사후에 이를 반환하거나 변상·전보하는 의사가 있는가는 문제되지 않는다.[3] 따라서 회사의 대표이사가 회사로 하여금 자신의 채무에 관하여 연대보증채무를 부담하게 한 다음 회사의 자금을 임의로 인출한 후 개인채무의 변제에 사용한 경우,[4] 또는 회사의 대표이사가 회사재산을 처분하여 정치자금으로 기부한 경우[5]에는 횡령죄가 성립한다. 그러나 위탁자 본인을 위하여 처분하는 때에는 불법영득의사를 인정할 수 없다.[6] 법인의 대표자가 소송비용 등 법인의 업무수행에 필요한 비용을 지급하거나,[7] 대표이사가 회사를 위하여 보관하고 있는 회사 소유의 금전으로 자

---

1 강구진 359면; 김성천/김형준 582면; 배종대 **74**/37; 유기천 304면; 이영란 381면; 임웅 508면; 정영석 373면; 정영일 217면; 황산덕 315면.

2 Ruß LK §246 Rn. 23; Sch/Sch/Eser §246 Rn. 26; Tröndle/Fischer §246 Rn. 21.

3 대법원 1983. 9. 13. 82도75; 대법원 2014. 12. 24. 2014도11263.

4 대법원 2011. 4. 14. 2011도277.

5 대법원 2005. 5. 26. 2003도5519.

6 대법원 1963. 2. 28. 63도26; 대법원 1982. 3. 9. 81도3009.

7 대법원 2003. 5. 30. 2003도1174, 「법인의 이사를 상대로 한 이사직무집행정지가처분결정이 된 경우, 당해 법인의 업무를 수행하는 이사의 직무집행이 정지당함으로써 사실상 법인의 업무수행

신의 회사에 대한 채권의 변제에 충당한 때에는[1] 영득의사가 인정되지 않는다. 단순한 항목유용은 횡령죄를 구성하지 않지만, 용도가 정해져 있는 돈을 금지되거나[2] 불필요한 용도에 소비한 때[3]에는 영득의사를 인정하지 않을 수 없다. 금지되거나 불필요한 용도에 전용한 것인가는 사회통념에 따라 판단해야 한다. 법인의 운영자 또는 관리자가 법인 자금으로 비자금을 조성한 경우에도 같다. 법인의 자금을 이용하여 비자금을 조성하였다고 하더라도 그것이 장부상의 분식에 불과하거나 법인의 운영에 필요한 자금을 조달하는 수단으로 인정되는 경우에는 불법영득의사를 인정하기 어렵지만, 법인의 운영자 또는 관리자가 법인과는 아무런 관련이 없거나 개인적인 용도로 착복할 목적으로 법인의 자금을 빼내어 별도로 비자금을 조성하였다면 그 조성행위 자체로써 횡령죄(업무상 횡령죄)의 불법영득의사가 실현된 것으로 볼 수 있다.[4]

따라서 ① 학교법인 산하 대학교총장 등에 대한 형사재판의 변호사 비용을 법인회계자금 및 교비회계자금에서 지출하거나(대법원 2003. 5. 30. 2002도235), 회사의 대표이사가 자신이 당사자일 뿐만 아니라 자신의 경영권을 방어하기 위한 목적으로 신주를 발행하는 과정에서 저지른 배임행위에 대한 소송을 수행하면서 그 변호사 비용을 회사의 자금으로 지급한 경우(대법원 2008. 6. 26. 2007도9679), ② 사립학교법상 교비회계에 속하는 금원을 다른 용도에 사용하거나(대법원 2004. 12. 24. 2003도4570; 대법원 2008. 2. 29. 2007도9755; 대법원 2014. 8. 28. 2014도6286)[5] 같은 학교법인에 속하는 다른 학교의 교비회계에 사용한 경우(대법원 2002. 5. 10. 2001도1779), ③ 회사의 대표이사 등이 회사

에 지장을 받게 될 것은 명백하므로 법인으로서는 그 이사 자격의 부존재가 객관적으로 명백하여 항쟁의 여지가 없는 경우가 아닌 한 위 가처분에 대항하여 항쟁할 필요가 있다고 할 것이고, 이와 같이 필요한 한도 내에서 법인의 대표자가 법인 경비에서 당해 가처분 사건의 피신청인인 이사의 소송비용을 지급하더라도 이는 법인의 업무수행을 위하여 필요한 비용을 지급한 것에 해당하고, 법인의 경비를 횡령한 것이라고는 볼 수 없다.」

다만 법인의 대표자 개인이 당사자이거나 법인이 형식적 소송담당자에 불과한 소송사건에서 변호사 비용을 법인의 비용으로 지출한 경우에는 횡령죄가 성립한다(대법원 2008. 6. 26. 2007도9679).

1 대법원 1999. 2. 23. 98도2296.

2 대법원 1997. 4. 22. 96도8, 「회사의 경영자가 용도가 엄격히 제한되어 있는 자금을 회사를 위한 다른 용도에 사용하는 경우에는 그 사용행위 자체로써 불법영득의 의사를 실현한 것이라고 할 것이다.」

3 대법원 1970. 4. 28. 69도1880.

4 대법원 2010. 5. 13. 2009도1373; 대법원 2010. 12. 9. 2010도11015.

5 대법원 2004. 12. 24. 2003도4570, 「사립학교의 경우, 사립학교법 제29조 및 같은법시행령에 의해 학교법인의 회계가 학교회계와 법인회계로 구분되고 학교회계 중, 교비회계에 속하는 수입은 다른 회계에 전출하거나 대여할 수 없는 등 용도가 엄격히 제한되어 있기 때문에 교비회계자금을 다른 용도에 사용하였다면 그 자체로써 횡령죄가 성립한다.」

를 위한 지출 이외의 용도로 거액의 회사자금을 가지급금 등의 명목으로 인출·사용한 경우(대법원 2006. 4. 27. 2003도135)에는 불법영득의사가 인정된다. 이에 반하여 ① 법인의 대표자가 법인의 예비비를 전용하여 기관운영판공비·회의비 등으로 사용한 경우 이사회에서 사전에 예비비의 전용결의가 이루어지지 아니하였다는 사정만으로 불법영득의사를 단정할 수 없다(대법원 2002. 2. 5. 2001도5439). 이 경우에 임직원이 판공비 또는 업무추진비를 불법영득의사로 횡령한 것으로 인정하려면 판공비 등이 업무와 관련 없이 개인적인 이익을 위하여 지출되었다거나 또는 업무와 관련되더라도 합리적인 범위를 넘어 지나치게 과다하게 지출되었다는 점이 증명되어야 하고, 단지 판공비 등을 사용한 임직원이 그 행방이나 사용처를 제대로 설명하지 못하거나 사후적으로 그 사용에 관한 증빙자료를 제출하지 못하였다는 것만으로 족하지 않다(대법원 2010. 6. 24, 2007도5899). 또한 ② 피고인이 출장비를 지정용도 이외로 임의소비하였다는 것만으로 바로 피고인에게 불법영득의사를 인정할 수는 없고(대법원 2002. 11. 26. 2002도5130), ③ 수사비를 수사정보비로 사용하였다고 하여 횡령의 의사를 인정할 수 없다(대법원 1973. 12. 26. 73도2524). ④ 재물의 보관처나 보관방법을 변경하였다는 것만으로 본죄가 성립하는 것은 아니며(대법원 1979. 9. 25. 79도198), 타인으로부터 금원을 차용하여 주금을 납입하고 설립등기나 증자등기 후 바로 인출하여 차용금 변제에 사용하여 상법상 납입가장죄가 성립하는 경우에도 같다(대법원 2004. 6. 17. 2003도7645 전원합의체판결; 대법원 2004. 12. 10. 2003도3963).[1]

39 피해자의 승낙이 있거나 정당한 권리를 행사한 때에는 본죄의 위법성이 조각될 것인가가 문제된다. 그러나 이러한 경우에도 불법영득의사가 없기 때문에 횡령죄가 성립하지 않는다고 해석하는 것이 타당하다.

대법원이 매도담보의 경우에 채무자가 채권자의 승낙을 얻고 매각한 때에는 횡령죄가 성립하지 아니하고(대법원 1977. 11. 8. 77도1715), 채권확보책으로 가처분결정에 의하여 보관중인 돈을 은행에 예치하거나(대법원 1974. 10. 22. 74도2678), 담보권을 실행하기 위하여 부동산을 매각한 때에도 불법영득의사를 인정할 수 없다고 판시(대법원 1979. 7. 10. 79도1125)한 것은 이러한 의미에서 이해할 수 있다.

주식회사의 1인주주가 회사의 재산을 임의로 처분한 때에도 불법영득의사를

1 대법원 2004. 12. 10. 2003도3963, 「타인으로부터 금원을 차용하여 주금을 납입하고 설립등기나 증자등기 후 바로 인출하여 차용금 변제에 사용하는 경우, 위와 같은 행위는 실질적으로 회사의 자본을 증가시키는 것이 아니고 등기를 위하여 납입을 가장하는 편법에 불과하여 주금의 납입 및 인출의 전과정에서 회사의 자본금에는 실제 아무런 변동이 없다고 보아야 할 것이므로, 그들에게 회사의 돈을 임의로 유용한다는 불법영득의 의사가 있다고 보기 어렵다 할 것이어서 업무상횡령죄가 성립한다고 할 수 없다.」

인정할 수 있다.[1] 횡령죄는 형식적 의미에서의 소유권을 보호하는 소유권범죄이며 경제적 의미에서의 이익은 고려되지 아니하므로, 불법영득의사의 내용으로도 경제적 이해관계가 문제될 여지는 없기 때문이다.

3. 공 범

횡령죄는 위탁관계에 의하여 타인의 재물을 점유하는 자만 정범이 될 수 있 40
다. 즉 타인의 재물을 점유하는 자라는 신분은 구성적 신분을 이루며, 이러한 의미에서 횡령죄는 진정신분범이 된다. 따라서 신분 없는 자는 본죄의 단독정범이 될 수 없고, 공동정범 · 교사범 또는 종범이 될 뿐이다(제33조 본문). 즉 신분자와 비신분자가 공동하여 본죄를 범한 때에는 비신분자도 횡령죄의 공동정범이 된다. 점유이탈물횡령죄를 본죄에 대하여 책임이 감경된 감경적 구성요건으로 볼 때에는 비신분자는 점유이탈물횡령죄로 처벌되어야 하지만, 본죄는 점유이탈물횡령죄와 성질을 달리하는 진정신분범이다.

타인의 재물을 보관하는 자가 업무상 보관자와 공범관계에 있을 때에는 형 41
법 제33조 단서가 적용된다. 따라서 업무상 보관자라는 신분이 없는 자는 본죄의 공동정범 · 교사범 또는 종범이 되고, 업무상 보관자는 업무상 횡령죄에 의하여 처벌된다. 본죄의 신분은 구성적 신분이지만 업무상 보관자의 신분은 가감적 신분이기 때문이다. 비보관자가 업무상 보관자와 공범관계에 있는 때에도 같다. 비보관자는 제33조 본문에 의하여 본죄의 공동정범 · 교사범 또는 종범이 되지만, 업무상 보관자는 동조 단서에 의하여 업무상 횡령죄로 처벌받는다.

4. 죄수 및 다른 범죄와의 관계

(1) 죄 수 횡령죄의 죄수는 위탁관계의 수를 기준으로 판단해야 한 42
다. 따라서 1개의 행위로 수인으로부터 위탁받은 재물을 횡령한 때에는 수죄로서 상상적 경합이 되지만,[2] 1인으로부터 위탁받은 수인 소유의 재물을 횡령하여도 일죄가 된다. 1개의 위탁관계에 의하여 보관하는 재물을 수개의 행위에 의하여

1 대법원 1982. 4. 13. 80도537; 대법원 1987. 2. 24. 86도999; 대법원 1989. 5. 23. 89도570; 대법원 1999. 7. 9. 99도1040.

2 대법원 2013. 10. 31. 2013도10020.

횡령한 때에는 수죄(경합범)가 된다. 그러나 수개의 횡령행위가 피해법익이 하나이고 범죄의 방법을 같이하고 하나의 범의에 의하여 실현된 연속적 행위라고 인정될 때에는 포괄일죄가 된다.

횡령죄도 상태범이다. 따라서 횡령죄에 의하여 영득한 재물을 처분하는 행위는 새로운 법익을 침해하지 않는 한 불가벌적 사후행위로서 별죄를 구성하지 않는다.[1] 그러나 불가벌적 사후행위가 되기 위해서는 후행 처분행위가 선행 처분행위에 의하여 발생한 위험을 현실적인 법익침해로 완성하는 수단에 불과하거나 그 과정에서 당연히 예상할 수 있는 것이어야 한다. 따라서 후행 처분행위가 선행 처분행위로 예상할 수 없는 새로운 위험을 추가함으로써 법익침해에 대한 위험을 증가시키거나 선행 처분행위와는 무관한 방법으로 법익침해의 결과를 발생시키는 경우에는 별도로 횡령죄를 구성한다.[2]

(2) **다른 범죄와의 관계**

43 **1) 사기죄와의 관계** 사기죄는 타인이 점유하는 재물을 객체로 하는 점에서, 자기가 점유하는 재물을 객체로 하는 횡령죄와 구별된다. 따라서 자기가 점유하는 재물에 대하여 기망행위를 하여 영득한 때에는 횡령죄만 성립하고 사기죄가 될 수는 없다. 그러나 자기가 점유하는 재물을 횡령하고 타인을 기망하여 그의 재물이나 재산상의 이익을 편취한 때에는 횡령죄 이외에 당연히 사기죄가 성립한다. 다만 피기망자가 유효하게 소유권을 취득할 수 있는 때에는 그렇지 아니하다. 신탁재산을 처분한 경우가 그 예이다.[3]

44 **2) 장물죄와의 관계** 횡령죄와 장물죄의 관계는 두 가지 측면에서 문제될 수 있다.

첫째, 장물의 보관을 위탁받은 자가 이를 영득한 때에 장물죄 이외에 횡령죄가 성립할 것인가이다. 대법원은 장물보관죄가 성립한 이상 소유자의 추구권은

---

1 대법원 1971. 11. 30. 71도1542; 대법원 1978. 11. 28. 78도2175.

2 대법원 2013. 2. 21. 2010도 10500 전원합의체판결, 「타인의 부동산을 보관 중인 자가 불법영득의 의사를 가지고 그 부동산에 근저당설정등기를 경료함으로써 일단 횡령행위가 기수에 이르렀다 하더라도 그 후 같은 부동산에 별개의 근저당권을 설정하여 새로운 법익침해의 위험을 추가함으로써 법익침해의 위험을 증가시키거나 해당 부동산을 매각함으로써 기존의 근저당권과 관계없이 법익침해의 결과를 발생시켰다면, 이는 특별한 사정이 없는 한 불가벌적 사후행위로 볼 수 없고, 별도로 횡령죄를 구성한다.」

3 대법원 1983. 11. 8. 83도2346; 대법원 1987. 12. 22. 87도2168.

침해되었으므로 그 후의 횡령행위는 불가벌적 사후행위가 된다고 한다.[1]

둘째, 횡령죄에 의하여 영득된 장물을 취득한 자는 장물죄를 구성하는가 또는 횡령죄의 공범이 되는가라는 문제이다. 예컨대 甲이 점유하고 있는 타인의 재물을 乙에게 매도한 경우에 그 정을 알면서 매수한 乙의 죄책을 말한다. 乙에게 횡령죄의 공범이 성립한다는 견해[2]와 장물취득죄가 된다는 견해[3]가 있으나, 乙은 횡령죄의 공범이 된다고 보는 것이 타당하다. 횡령에 의한 재물의 영득과 그 재물의 취득이 시간적으로 중복하는 때에는 장물죄가 성립할 수 없기 때문이다.

Ⅲ. 업무상 횡령죄

업무상의 임무에 위배하여 제355조의 죄를 범한 자는 10년 이하의 징역 또는 3천만원 이하의 벌금에 처한다(제356조).
10년 이하의 자격정지를 병과할 수 있다(제358조).
미수범은 처벌한다(제359조).

(1) 의 의 업무상의 임무에 의하여 자기가 보관하는 타인의 재물을 횡령하는 것을 내용으로 하는 범죄이다. 위탁관계가 업무로 되어 있기 때문에 횡령죄에 대하여 책임이 가중되는 가중적 구성요건이다. 업무에 의하여 타인의 재물을 보관하는 때에는 횡령의 가능성과 그 피해범위가 크고, 사회의 신뢰를 해할 우려가 있기 때문에 형을 가중하는 것이다. 횡령죄도 위탁관계에 의하여 타인의 재물을 점유하는 신분을 요하는 신분범이다. 그런데 업무상 횡령죄는 이러한 보관자라는 신분 이외에 업무자라는 신분을 필요로 한다. 전자가 구성적 신분(진정신분범)임에 반하여, 후자는 가감적 신분(부진정신분범)이다. 이러한 의미에서 본죄는 2중의 신분을 요하는 신분범이라고 할 수 있다. 따라서 신분 없는 사람이 업무상 보관자와 공동하거나 이에 가담하여 본죄를 범한 때에는 업무자는 본죄에 의하여 처벌받지만, 비업무자는 형법 제33조 본문에 의하여 횡령죄의 공동정 45

1 대법원 2004. 4. 9. 2003도8219, 「절도범인으로부터 장물보관 의뢰를 받은 자가 그 정을 알면서 이를 인도받아 보관하고 있다가 임의처분하였다 하여도 장물보관죄가 성립하는 때에는 이미 그 소유자의 소유물 추구권을 침해하였으므로 그 후의 횡령행위는 불가벌적 사후행위에 불과하여 별도로 횡령죄가 성립하지 않는다.」
2 김종원 250면; 이형국 422면.
3 김일수/서보학 309면; 배종대 75/44; 백형구 207면; 이영란 384면; 정성근/박광민 413면.

범이나 공범이 될 뿐이고 본죄의 공범이 될 수는 없다.

(2) **구성요건** 업무상의 임무에 위배하여 타인의 재물을 횡령하는 것이다.

46 1) 업 무 업무란 사회생활상의 지위에 기하여 계속 또는 반복하여 행하는 사무를 말한다. 계속성과 사회생활상의 지위를 요소로 한다는 점에서 업무상 과실치사상죄의 업무와 그 내용이 같다. 다만 생명·신체에 위험을 가져올 사무에 제한되지 않고, 오히려 타인의 재물의 보관을 내용으로 하는 사무를 의미한다는 점에 차이가 있다고 할 수 있다. 일정한 사무를 계속하고 있는 이상 반드시 직업 또는 영업과 같이 생계유지를 위한 것임을 요하지 않는다.

업무는 법령이나 계약에 근거가 있는 경우뿐만 아니라 관례에 따르거나 사실상의 것도 포함된다.[1] 면허를 받지 않은 것과 같이 절차상의 불법이 있다 하여도 업무 자체가 위법하지 않으면 여기의 업무에 해당한다. 자기를 위한 사무이건 타인을 위한 사무이건 불문하고, 타인을 위한 사무인 때에는 재량권이 없는 보조사무에 지나지 않아도 좋다.[2]

본죄의 업무는 위탁관계에 의하여 타인의 재물을 보관·점유하는 것을 내용으로 한다. 그것이 주된 업무이든 부수적 업무이든 불문한다.[3] 부하직원이 현실적으로 보관하고 있는 때에는 그 소속장도 업무상 보관자가 될 수 있다.[4] 그러나 점유는 업무와 관련되어 있을 것을 요하며, 업무와 관련 없이 보관하던 재물을 영득한 때에는 본죄를 구성하지 않는다. 다만 업무자로서의 지위와 업무상 점유자로서의 신분이 언제나 일치하는 것은 아니다. 따라서 업무자로서의 지위에서 면직되거나 사임한 때에도 사무인계를 마치지 않았거나 사실상 업무를 수행하고 있는 때에는 본죄의 주체가 된다.[5]

47 2) 횡 령 본죄는 업무상 보관자라는 신분을 요하는 이외에 횡령죄의 구성요건을 충족해야 한다. 본죄가 성립하기 위하여 불법영득의사가 있어야 한다는 것도 당연하다.

---

1 대법원 1982. 1. 12. 80도1970; 대법원 1988. 11. 22. 88도1523.
2 대법원 1975. 11. 25. 73도1881; 대법원 1978. 8. 22. 78도958.
3 대법원 1967. 2. 28. 67도33.
4 대법원 1962. 5. 17. 4294형상721.
5 대법원 1982. 1. 12. 80도1970.

금전 기타 대체물을 일정한 목적을 위하여 임치한 경우에 이를 영득한 때에는 배임죄가 성립한다는 것은 앞에서 본 바와 같다. 본죄와 관련하여 문제되는 것은 회사 또는 단체가 소유하는 금전을 그 조직 내부의 사무분담에 따라 관리·보전하는 자가 그 금전을 유용한 때에 본죄가 성립할 것인가에 있다. 금전이 대체물이라 할지라도 회사 또는 단체의 소유에 속할 때에는 타인의 재물이라고 하지 않을 수 없으므로 이 때에는 본죄의 성립을 인정해야 한다. 대법원도 이러한 경우에 본죄의 성립을 인정하고 있다.[1] 요컨대 횡령죄와 배임죄는 타인의 재물을 보관하는 자가 그 재물을 영득하였는가 또는 타인의 사무를 처리하는 자가 재산상의 이익을 취득하였는가에 따라 구별되며, 금전 기타 대체물의 경우도 그 기준이 그대로 적용되는 데 지나지 않는다.

Ⅳ. 점유이탈물횡령죄

① 유실물·표류물 또는 타인의 점유를 이탈한 재물을 횡령한 자는 1년 이하의 징역이나 300만원 이하의 벌금 또는 과료에 처한다.
② 매장물을 횡령한 자도 전항의 형과 같다(제360조).

(1) **의 의** 본죄는 유실물·표류물·매장물 기타 타인의 점유를 이탈한 재물을 횡령함으로써 성립하는 범죄이다. 타인의 점유에 속하지 않는 타인의 재물을 영득하는 죄라는 점에서는 횡령죄와 공통점을 가진다. 그러나 본죄는 위탁관계에 의하여 타인의 재물을 보관할 것을 요하지 아니하며, 따라서 신임관계의 배반을 내용으로 하지 않는 점에서 횡령죄나 업무상 횡령죄와는 그 성질을 달리하는 범죄이다. 48

(2) **구성요건**

1) **행위의 객체** 타인의 점유를 이탈한 재물이다. 유실물·표류물·매장물은 그 예시에 지나지 않는다.

(가) **점유이탈물** 타인의 점유를 이탈한 재물, 즉 점유이탈물이란 점유자의 의사에 의하지 않고 그 점유를 떠난 물건을 말한다. 따라서 어느 누구의 점유 49

1 대법원 1982. 1. 12. 80도1970; 대법원 1982. 4. 13. 80도537; 대법원 1982. 12. 28. 81도863; 대법원 2014. 4. 30. 2013도8799.

에도 속하지 않는 재물뿐만 아니라 점유자의 착오에 의하여 우연히 행위자의 점유에 들어온 재물도 점유이탈물이다. 예컨대 타인이 착오로 놓고 간 물건,[1] 바람에 날려 들어온 이웃집의 세탁물, 점유자의 지배에서 벗어난 가축 등이 여기에 해당한다. 타인의 점유를 떠났을 것을 요하므로 아직 타인의 점유를 벗어났다고 볼 수 없는 재물은 점유이탈물이 아니다. 따라서 폭행 또는 강간 현장에 떨어져 있는 피해자의 물건,[2] 일시 노상에 세워 둔 자전거[3]는 물론, 잘못 두고 온 물건이나 잃어버린 재물도 점유자가 이를 찾을 수 있는 상태에 있거나 새로운 점유가 개시된 때에는 점유이탈물이 아니다. 사자의 사체에 부착되어 있는 재물은 행위자가 재물을 영득할 의사로 살해한 경우가 아니면 점유이탈물이 된다. 사자는 점유의사가 없고 상속에 의한 점유의 이전도 인정될 수 없기 때문이다.

점유이탈물도 타인의 소유에 속하는 재물임을 요한다. 어느 누구의 소유에도 속하지 않는 무주물은 점유이탈물이 아니라 선점의 대상이 될 뿐이다. 그러나 타인의 소유에 속하는 것으로 인정되면 족하며, 반드시 그 소유권의 귀속이 명백히 될 것까지는 요하지 않는다.

50 (나) **유실물 · 표류물 · 매장물** 형법은 점유이탈물의 예로 유실물 · 표류물 및 매장물을 들고 있다. 유실물이란 이른바 잃어버린 물건 또는 분실물을 말하며, 점유자의 의사에 의하지 않고 그 점유를 벗어난 재물을 뜻한다. 착오로 점유한 물건, 타인이 놓고 간 물건이나 일실(逸失)한 가축을 준유실물이라고도 한다(유실물법 제12조). 표류물이란 점유를 이탈하여 수상에 떠 있거나 떠내려가고 있는 물건을 말하며, 침몰품과 구별된다(수상에서의 수색 · 구조 등에 관한 법률 제2조 11호 · 12호). 매장물이란 토지 · 해저 또는 건조물 등에 포장된 물건으로서 점유이탈물에 준하는 것을 말한다. 고분 안에 들어 있는 보석 · 거울 · 칼 등이 여기에 해당한다.

51 2) **행 위** 본죄의 행위는 횡령이다. 본죄의 성립에도 불법영득의사가 있어야 하며, 본죄는 불법영득의사를 외부적으로 표현하는 행위에 의하여 완성된다. 미수범은 벌하지 아니한다.

그러므로 자전거를 습득하여 단순히 수일간 보관하였거나(대법원 1957. 7. 16. 4290형상104), 유실물인

1 우편배달부가 잘못 배달한 우편물이 그 예이다.

2 대법원 1984. 2. 28. 84도38.

3 대법원 1962. 11. 15. 62도149.

줄 알면서 당국에 신고하거나 피해자의 숙소에 운반하지 아니하고 자기의 친구 집에 운반하였다는 것만으로는 본죄가 성립하지 않는다(대법원 1969. 8. 19. 69도1078). 영득의사를 표현하는 행위라고 할 수 없기 때문이다.

본죄도 상태범이므로 습득한 자기앞수표를 현금과 교환하여도 불가벌적 사후행위로서 별죄를 구성하지 않는다.[1]

제 6 절 배임의 죄 § 21

I. 총 설

1. 배임죄의 의의

배임죄(背任罪, Untreue)란 타인의 사무를 처리하는 자가 그 임무에 위배하는 행위로 재산상의 이익을 취득하거나 제3자로 하여금 이를 취득케 하여 본인에게 손해를 가하는 것을 내용으로 하는 범죄이다. 재산죄 가운데 재물 외에 재산상의 이익만을 객체로 하는 순수한 이득죄이다. 배임죄는 재산권을 보호법익으로 하는 재산죄이다. 배임죄도 본인과의 신임관계 또는 신의성실에 위배하여 타인의 재산을 침해하는 범죄이다. 그러나 신임관계의 침해가 배임죄의 보호법익이 되는 것이 아니라 재산권을 침해하는 수단 내지 침해의 태양에 불과한 것은 사기죄의 경우와 같다. 신임관계 자체는 독립된 보호법익이 될 수 있는 것이 아니기 때문이다. 본죄의 보호법익이 보호받는 정도도 위험범이다.[2] 1

배임죄는 신임관계를 위배하여 타인의 재산권을 침해하는 것을 내용으로 하는 범죄라는 점에서 사기죄와 유사한 성질을 지닌다. 독일 형법(제266조)과 일본 형법(제247조)이 배임죄를 사기죄와 같은 장에서 규정하고 있는 이유도 여기에 있다. 그러나 신임관계의 위반이 배임죄에서 차지하는 기능은 사기죄의 경우와 구별되어야 한다. 사기죄에 있어서는 신임관계의 침해, 즉 기망이 특수한 행위의 수단이 되는 데 반하여, 배임죄는 기존의 신임관계를 전제로 하여 이를 침해하는 일 2

1 대법원 1980. 1. 15. 79도2948.
2 대법원 1975. 12. 23. 74도2215.

체의 행위를 벌하는 것이다. 즉 배임죄는 본인과 행위자 사이에 신임관계가 있음에도 불구하고 이에 위배하여 본인에게 손해를 가하였다는 점에 그 본질이 있으며, 이러한 의미에서 횡령죄와 그 성질을 같이한다. 형법이 배임죄를 횡령죄와 같이 규정하면서 그 처벌도 같이하고 있는 이유는 여기에 있다.

3 배임죄는 고대 로마법이나 게르만법에서는 독립된 재산범죄로 인정되지 않았다. 원래 배임죄는 횡령죄와 함께 발전되어 온 것이며, 1532년 카롤리나 형법전은 위탁물횡령에 횡령과 배임을 분리하지 않은 채 규정하고 있었다. 1810년 프랑스의 나폴레옹형법전 제408조 이하에 규정된 신용남용죄(L'abus de confiance)와 유사한 개념이었다. 1851년의 프로이센 형법이 배임죄를 사기죄의 한 태양으로 규정하기 시작하였으나 횡령죄의 요소에서 완전히 분리되지는 못했다. 1933년의 독일 형법에 의하여 배임죄는 전체재산에 대한 기본적 형태의 범죄로 다뤄지면서, 사기죄와의 유사한 성격으로 인하여 사기죄와 같은 장에서 규정되었다. 그것이 현행 독일 형법에 이르기까지 유지되고 있으며,[1] 일본 형법도 그 영향을 받은 것으로 보인다.

4 배임죄를 횡령죄와 같이 취급하고 있는 형법의 해석에 있어서는 배임죄의 본질 내지 횡령죄와의 관계를 독일 형법이나 일본 형법과 같이 해석할 수 없다. 독일 형법 제266조는 배임죄를 본인에게 손해를 가하면 성립하는 것으로 규정하고 있고, 일본 형법은 여기에 본인에게 손해를 가할 목적이라는 목적적 요소까지 요구하고 있으므로, 배임죄는 이득죄가 아니라 가해범죄(Schädigungsdelikt)로서의 성질을 가지게 된다.[2] 따라서 가해범죄인 배임죄는 영득죄인 횡령죄와 엄격히 구별된다. 그러나 형법의 해석에 있어서 횡령죄와 배임죄는 모두 영득죄 내지 이득죄로서 재산취득죄(Vermögensverschiebungsdelikt)가 되며, 본인에 대한 신임관계를 위반하는 것을 본질로 하는 점에서도 같다. 다만 횡령죄가 자기가 보관하는 타인의 재물을 영득하는 경우에 성립함에 대하여, 배임죄는 재물 이외의 재산상의 이익을 취득하는 경우에 성립하는 범죄라는 데 차이가 있을 뿐이다.

2. 배임죄의 본질

배임죄의 본질을 어떻게 이해할 것이냐에 대하여는 권한남용설과 배신설이

1 Hübner LK §266 Rn. 6; Kindhäuser NK §266 Rn. 6~9; Maurach/Schroeder/Maiwald **45**/7, 8 참조.

2 Maurach/Schroeder/Maiwald **45**/3; Rengier **18**/1; Wessels/Hillenkamp Rn. 748.

대립하고 있다.

1) **권한남용설** 권한남용설(Mißbrauchstheorie)은 배임죄의 본질이 법적 5
대리권의 남용에 있다고 한다. 즉 배임죄는 대외관계에서 타인의 재산을 처분할 권한을 가진 자가 그 대외적 권한을 행사함에 있어서 대내적 의무를 위배한 경우에 성립한다는 것이다. 이에 의하면 배임죄가 성립하기 위하여는 먼저 타인의 재산을 처분할 수 있는 권한, 즉 대리권이 있을 것을 요하며, 그 권한의 행사에 의하여 본인에게 손해를 가하여야 하므로 배임행위는 법률행위에 제한되지 않을 수 없다. 따라서 대리권 없는 자의 법률행위는 물론 순수한 사실행위, 예컨대 금전을 임의로 소비하거나 재산을 멸실케 하는 경우 배임죄는 성립할 수 없게 된다. 그러므로 횡령과 배임은 침해방법의 성질에 의하여 구별되어 배임은 법률행위에 의하여, 횡령은 사실행위로 인하여 성립하는 것이 된다.

권한남용설에 의하면 배임죄가 권리에 대한 범죄로서의 성질을 가지게 되어 횡령과 배임의 한계가 명백하게 되고, 배임죄의 범위가 확대될 위험도 없어지는 것이 사실이다. 그러나 권한남용설은 법률행위에 대하여만 배임죄의 성립을 인정하고 사실행위에 의한 배임을 부정함으로써 배임죄의 범위를 지나치게 좁게 하여, 신임관계를 위배한 사실행위를 처벌하지 못하는 형사정책상의 결점을 나타내게 되므로 옳다고 할 수 없다.[1]

2) **배 신 설** 배신설(Treubruchstheorie)은 배임죄의 본질을 신의성실의 6
의무에 대한 위배 내지 신임관계의 침해에 있다고 한다. 즉 배임죄의 본질은 외부관계에 있어서의 권한의 남용에 있는 것이 아니라, 의무위반에 의하여 재산상의 손해를 결과하는 내부관계의 보호에 있고, 배임죄는 바로 신임관계에서 발생한 타인의 재산상의 이익을 보호할 의무를 침해하는 것을 말한다는 것이다. 이에 의하면 배임죄는 대외관계에 있어서 대리권의 존재를 요하지 않고, 배임행위도 반드시 법률행위에 제한되지 않는다. 따라서 배임죄와 횡령죄는 신임관계를 침해한다는 배신성에서 그 본질을 같이하며, 다만 행위의 객체를 달리할 뿐이다.

1 배임죄의 본질에 관하여는 권한남용설과 배신설 이외에 **사무처리설**(Geschäftsführungstheorie)이 있다. 배임죄의 본질은 타인의 재산을 관리하는 법률상의 의무 있는 자가 그 의무를 위배하는 데 있다고 한다. 그러나 사무처리설도 배임죄를 법령상 또는 계약상의 재산관리의무위반에 제한해야 할 이유가 없다는 비판을 면할 수 없고, 따라서 오늘날의 형법학에서는 이미 자취를 감춘 이론이다.

즉 횡령죄가 타인의 재물을 객체로 함에 대하여, 배임죄는 재산상의 이익을 객체로 하는 것이며, 횡령죄와 배임죄는 특별법과 일반법의 관계에 놓이게 된다. 우리나라의 통설[1]과 판례[2]의 태도이다.

7 형법이 배임죄를 횡령죄와 같은 장에서 규정하면서 배임죄에 대하여 「타인의 사무를 처리하는 자가 그 임무에 위배하는 행위로써 재산상의 이익을 취득하거나」라고 한 것은 배신설을 취한 것이 명백하다. 그러나 배신설을 극단적으로 적용할 때에는 배임죄의 구성요건이 무제한하게 확대될 위험이 있다. 모든 채무불이행자가 신의성실의 의무에 위배하였으므로 배임죄를 구성한다는 결론이 되기 때문이다. 따라서 배신설을 채택하는 경우에도 구성요건을 엄격하게 해석하지 않으면 배임죄의 구성요건은 명확성의 원칙에 반하게 된다. 여기서 신임관계의 범위를 결정하는 타인의 사무를 처리하는 자라는 구성요건요소를 어떻게 해석해야 하는가가 배임죄의 해석에서 가장 중요한 문제로 되지 않을 수 없다.

Ⅱ. 배 임 죄

타인의 사무를 처리하는 자가 그 임무에 위배하는 행위로써 재산상의 이익을 취득하거나 제3자로 하여금 이를 취득하게 하여 본인에게 손해를 가한 때에도 전항의 형과 같다(제355조 2항).

10년 이하의 자격정지를 병과할 수 있다(제358조).

미수범은 처벌한다(제359조).

1. 객관적 구성요건

8 배임죄는 객관적 구성요건으로 「타인의 사무를 처리하는 자가 배임행위를 하여 재산상의 이익을 취득하고 본인에게 손해를 가할 것」을 요한다.

9 (1) **행위의 주체** 본죄의 주체는 「타인의 사무를 처리하는 자」이다. 이러한 의미에서 배임죄는 진정신분범이라고 할 수 있다. 타인의 사무를 처리하는 자란 타인과의 대내관계에서 신의성실의 원칙에 비추어 그 사무를 처리할 신임

1 김성돈 443면; 김성천/김형준 591면; 김일수/서보학 381면; 김종원 226면; 박상기 398면; 배종대 **76**/7; 손동권/김재윤 461면; 유기천 290면; 이영란 394면; 이정원 461면; 이형국 430면; 임웅 519면; 정성근/박광민 420면.

2 대법원 1999. 9. 17. 97도3219; 대법원 2018. 5. 17. 2017도4027 전원합의체판결.

관계가 존재하는 자를 말한다. 반드시 제3자에 대한 대외관계에서 대리권이 존재하거나, 그 사무가 포괄적 위임사무일 것을 요하지는 않는다. 그러나 이와 같이 배신설에 입각하여 타인의 사무를 처리하는 자의 범위를 정하는 경우에는 그 범위가 지나치게 확대되므로 이를 엄격히 해석해야 한다는 데 의견이 일치하고 있다. 여기서 신임관계를 기초하는 사무처리의 근거와 내용, 타인의 사무의 정형성과 그 독립성의 문제를 검토할 필요가 있다.

1) 사무처리의 근거 타인의 사무를 처리하는 근거는 법령(친권자 · 후견인 · 파산관재인 · 집행관 또 10
는 회사의 대표자), 계약 또는 법률행위(위임 · 고용 · 임치)에 제한되지 않는다. 경우에 따라서는 관습 또는 사무관리에 의하여 사무를 처리하는 자라고 할지라도 신의성실의 원칙에 의하여 신임관계가 인정되면 족하다. 즉 사회윤리적 신임관계[1] 또는 순수한 사실상의 신임관계(tatsächliche Treuverhältnisse)[2]가 인정되는 경우도 포함한다. 따라서 사실상 학교법인의 경영을 주도하고 학교자금을 보관 · 관리하는 학교법인의 이사가 학교재산에 대한 임대차계약을 체결한 경우는 물론,[3] 대리권이 소멸된 후에 그 사무를 처리하거나, 사무처리자가 그 직에서 해임된 후 사무인계 전에 사무를 처리한 경우에도 여기의 타인의 사무를 처리하는 자에 해당한다.

사무처리의 근거가 된 법률행위가 무효인 때에도 본죄의 성립을 인정할 수 있는가가 문제된다. 판례는 부정하고 있다.[4] 부동산 이중매매의 경우에 선매수인과의 매매계약이 무효이어서 사무처리의 근거인 소유권이전등기에 협력할 의무가 발생하지 않은 경우에 본죄의 성립을 부정해야 하는 것은 당연하다. 그러나 일반적으로 법률행위가 무효인 경우 사무를 처리하는 자라고 볼 수 있는가는 무효의 원인에 따라 구별해야 한다. 즉 ① 무효원인이 선량한 풍속 기타 사회질서에 반하는 것인 경우에는 타인의 사무를 처리하는 자라고 할 수 없다.[5] 따라서 마

1 Bockelmann 1 S. 144; Schmidhäuser S. 115; Welzel S. 288.

2 Krey/Hellmann Rn. 563; Lackner/Kühl §266 Rn. 10; Maurach/Schroeder/Maiwald 45/27; Sch/Sch/Lenckner/Perron §266 Rn. 30; Tröndle/Fischer §266 Rn. 31.

3 대법원 2000. 3. 14. 99도457.

4 대법원 1986. 9. 9. 86도1382, 「내연의 처와의 불륜관계를 지속하는 대가로서 부동산에 관한 소유권이전등기를 경료해 주기로 약정한 경우, 위 부동산 증여계약은 선량한 풍속과 사회질서에 반하는 것으로 무효이어서 위 증여로 인한 소유권이전등기의무가 인정되지 아니하는 이상 동인이 타인의 사무를 처리하는 자에 해당한다고 볼 수 없어 비록 위 등기의무를 이행하지 않는다 하더라도 배임죄를 구성하지 않는다.」

5 Joecks §266 Rn. 29; Maurach/Schroeder/Maiwald 45/28; Samson/Günther SK §266 Rn. 36; Sch/Sch/Lenckner/Perron §266 Rn. 31.

약을 팔아 주겠다고 하고 팔지 않거나 장물을 알선한 대금을 착복한 때에는 본죄가 성립하지 않는다. 이에 반하여 ② 법적 형식이나 행위능력의 결여 등을 이유로 한 무효의 경우에는 사실상의 사무처리관계를 인정해야 한다. 결국, 사실상의 신임관계를 어느 범위에서 인정할 것인가는 부진정부작위범의 보증인지위와 같이 판단할 수 있다. 즉 타인의 사무를 처리하는 자는 그 재산상의 이익을 보호할 보증인이어야 한다.[1]

11 **2) 사무처리의 내용** 타인의 사무를 처리하는 자에 있어서 사무의 내용이 사적 사무뿐만 아니라 공적 사무[2]도 포함하는 것은 의문이 없다. 그러나 여기의 사무가 재산상의 사무임을 요하는가에 대하여는 견해가 대립되고 있다. ① 형법은 사무의 내용에 대하여 아무런 제한도 하지 않고 있고 배임죄의 재산죄로서의 성질은 본인에게 재산상의 손해를 가하는 데서 충분히 나타나므로 여기의 사무는 재산상의 사무임을 요하지 않는다는 견해[3]와, ② 반드시 재산상의 사무일 것을 요하지는 않아도 형법이 재산상의 이익을 취득하거나 취득하게 하는 것으로 규정하고 있으므로 적어도 그것이 재산적 이해관계를 가지는 사무임을 요한다는 견해[4]가 있으나, ③ 본죄의 사무를 재산상의 사무에 국한한다고 보는 견해[5]가 타당하다고 생각된다. 배임죄는 횡령죄와 그 본질을 같이하는 재산죄일 뿐만 아니라 이를 재산상의 사무에 제한함으로써 배임죄의 부당한 확대적용을 막을 수 있기 때문이다. 대법원이 배임죄에서 타인의 사무를 처리하는 자란 「타인의 재산관리에 관한 사무의 전부 또는 일부를 대행하는 경우와 타인의 재산보전에 협력하는 경우를 말한다」라고 판시하고 있는 것[6]도 이러한 의미에서 이해할 수

1 Hübner LK §266 Rn. 25; Samson/Günther SK §266 Rn. 27; Sch/Sch/Lenckner §266 Rn. 23a; Welzel S. 386.
그러나 부진정부작위범의 경우와는 달리 선행행위로 인한 신임관계는 인정될 수 없다. 예컨대 과실로 타인에게 재산상의 손해를 가하였다고 하여 그의 사무를 처리하는 자가 될 수는 없다 (Maurach/Schroeder/Maiwald 45/27).

2 대법원 1974. 11. 12. 74도1138; 대법원 1975. 11. 25. 73도1881; 대법원 2013. 9. 27. 2013도6835.

3 오영근 381면; 이영란 399면; 임웅 523면.

4 서일교 187면; 정영석 383면; 정영일 228면; 황산덕 322면.

5 강구진 375면; 김성천/김형준 594면; 김일수/서보학 383면; 김종원 238면; 박상기 401면; 배종대 77/5; 백형구 216면; 유기천 294면; 이정원 466면; 이형국 434면; 정성근/박광민 426면; 진계호 421면.

6 대법원 1982. 9. 28. 81도2777; 대법원 1983. 2. 8. 81도3137; 대법원 1984. 12. 26. 84도2127; 대법원 1987. 4. 28. 86도2490; 대법원 2014. 2. 27. 2011도3482.

있다. 따라서 의사가 환자에게 재산상의 손해를 가할 의사로 부적절한 치료를 하거나, 변호사가 형사사건의 변호를 의뢰받은 때에는 본죄의 사무를 처리하는 자에 해당한다고 할 수 없다. 골프시설의 운영자도 일반회원들의 골프회원권이라는 재산관리를 대행하거나 재산보전에 협력하는 지위에 있다고 할 수 없다.[1]

이에 반하여 ① 계주는 지정된 계원에게 징수한 계금을 지급해야 할 사무를 처리하 12
는 자이므로 이를 자의로 소비하거나 계원에게 지급하지 아니한 때에는 본죄가 성립하며(대법원 1986. 7. 22. 86도230; 대법원 1994. 3. 8. 93도2221; 대법원 1995. 9. 29. 95도1176),[2] ② 채권담보를 위하여 부동산에 가등기를 해 둔 가등기담보권자(대법원 1976. 9. 14. 76도2069; 대법원 1990. 8. 10. 90도414)나 양도담보권자(대법원 1988. 12. 13. 88도184; 대법원 1989. 11. 28. 89도1309; 대법원 1995. 5. 12. 95도283) 또는 소유권이전등기 소요서류를 임치하고 있는 자도 변제기까지는 타인의 사무를 처리하는 자이고(대법원 1973. 3. 13. 73도181), ③ 예금통장에서 돈의 인출을 의뢰받은 자가 의뢰인의 의사에 반하여 의뢰받은 돈보다 많은 돈을 인출한 때에도 배임죄를 구성하게 된다(대법원 1972. 3. 28. 72도297).

3) 타인의 사무처리 배임죄의 주체는 타인의 사무를 처리하는 자이다. 13
따라서 자기의 사무를 처리하는 자는 배임죄의 주체가 될 수 없다. 타인의 사무란 타인(본인)이 처리해야 할 사무를 그를 위하여 처리하는 것을 말한다. 타인의 사무라고 하기 위해서는 본인의 재산보호가 신임관계의 전형적·본질적 내용이 되는 주된 의무(Hauptpflicht)가 아니면 안 되며, 단순히 부수적 의무가 되는 것으로는 족하지 않다.[3] 모든 계약에는 상대방의 재산상의 이익을 보호해야 할 신의칙상의 의무가 포함된다. 그러나 이러한 의무는 계약관계의 본질적인 의무가 아니다. 따라서 계약을 이행하여야 할 일반적인 의무는 본죄의 타인의 사무에 속하지 아니한다.

그러므로 ① 매매계약에 있어서 매수인이 대금을 지급하거나, 매매대금 중 일부를 타인에게 지급하겠다고 약정하거나(대법원 1976. 5. 11. 75도2245), 또는 월부상환중인 자동차를 매도하면서 연체된 중도금을 지급기일까지 완납하겠다고 약정하였다고 하여 그러한 채무의 이행이 타인의 사무가 되는 것은 아니며(대법원 1983. 11. 8. 83도2493), ② 증여를 구두로 약

1 대법원 2003. 9. 26. 2003도763.

2 그러나 계주가 계원들로부터 계불입금을 징수하지 아니한 상태에서 부담하는 계금지급의무는 신의칙상의 신임관계에 이르지 아니한 단순한 채권관계상의 의무에 불과하여 타인의 사무에 속하지 않는다(대법원 2009. 8. 20. 2009도3143).

3 Krey/Hellmann Rn. 555; Lackner/Kühl §266 Rn. 11; Maurach/Schroeder/Maiwald **45**/31; Tröndle/Fischer §266 Rn. 29; Wessels/Hillenkamp Rn. 679.

정하였거나(대법원 1976. 5. 11. 76도679), 임대차계약에 의하여 임차인이 임대료를 지급하지 않았다고 하여 그가 타인의 사무를 처리하는 자의 지위에 설 수는 없다(대법원 1971. 7. 20. 71도1116). ③ 양도담보권자는 담보권의 실행으로 담보목적물을 환가처분하는 경우에 채권의 변제충당을 위하여 적절한 환가처분을 하여 원리금에 충당하고 나머지가 있으면 이를 채무자에게 정산해야 한다는 의미에서 타인의 사무를 처리하는 자라고 할 수 없다(대법원 1985. 11. 26. 85도1493 전원합의체판결).[1] 판례는 양도담보권자가 담보목적물을 부당하게 염가로 처분한 경우에도 같은 태도를 유지하고 있다(대법원 1989. 10. 24. 87도126; 대법원 1997. 12. 23. 97도2430). 마찬가지로 ④ 동업계약에 의하여 공사시공 및 거래를 담당한 자가 그 계약이 종료된 후 자금만 투자한 동업자에게 정산하는 과정에서 채권을 추심하고 양도하거나(대법원 1992. 4. 14. 91도2390), ⑤ 청산회사의 대표청산인이 처리하는 채무의 변제 또는 재산의 환가처분 등 청산업무는 채권자에 대한 관계에서 타인의 사무라고 할 수 없고(대법원 1990. 5. 25. 90도6), ⑥ 아파트의 분양수입금으로 시공사에 공사대금을 지급하는 사무는 시행사 자신의 사무에 속하는 것이므로, 타인의 사무라고 할 수 없다. 따라서 아파트 건축공사 시행사가 시공사와의 아파트 건축공사 도급계약을 체결하면서 분양수입금을 공동명의로 개설한 예금계좌로만 수령하고 그 분양수입금으로 공사대금 등을 지급하기로 특약하였음에도, 시행사가 이를 어기고 아파트에 대한 분양수입금을 공동명의 예금계좌에 입금하지 아니한 채 이를 자신의 기존 채무의 변제 등에 사용한 행위는 시공사에 대한 단순한 민사상의 채무불이행에 불과할 뿐 배임죄를 구성한다고 볼 수 없으며(대법원 2008. 3. 13. 2008도373), ⑦ 주식회사의 신주발행의 경우 대표이사는 일반 주주들에 대하여 '타인의 사무를 처리하는 자'의 지위에 있다고 할 수 없다. 신주발행은 주식회사의 자본조달을 목적으로 하는 것으로서, 신주발행과 관련한 대표이사의 업무는 회사의 사무이므로 신주발행 과정에서 대표이사가 납입된 주금을 회사를 위하여 사용하도록 관리·보관하는 업무 역시 회사의 사무에 속하는 것이고, 신주발행에서 대표이사가 일반 주주들에 대하여 그들의 신주인수권과 기존 주식의 가치를 보존하는 임무를 대행한다거나 주주의 재산보전 행위에 협력하는 자로서의 지위에 있다고는 볼 수 없기 때문이다(대법원 2010. 10. 14. 2010도387). 또한 ⑧ 채무자가 투자금반환채무의 변제를 위하여 담보로 제공한 임차권 등의 권리를 그대로 유지할 계약상 의무가 있다고 하더라도, 이는 기본적

1 대법원 1985. 11. 26. 85도1493 전원합의체판결, 「양도담보가 처분정산형의 경우이건 귀속정산형의 경우이건 간에 담보권자가 변제기 경과 후에 담보권을 실행하고 그 환가대금 또는 평가액을 채권원리금과 담보권 실행비용 등의 변제에 충당하고, 환가대금 또는 평가액의 나머지가 있어 이를 담보제공자에게 반환할 의무는, 부동산매매에 있어서의 등기의무자인 매도인의 등기협력 없이는 매수인 앞으로의 소유권이전을 할 수 없는 경우와 같은 협력의무로서의 성질이 없으므로, 담보계약에 따라 부담하는 자신의 정산의무이고, 그 의무를 이행하는 사무는 곧 자신의 사무처리에 속하는 것이라고 할 것이므로 그 정산의무를 이행하지 아니한 소위는 배임죄를 구성하지 않는다.」

동지 : 대법원 1986. 7. 8. 85도554.

으로 투자금반환채무의 변제의 방법에 관한 것이고, 성실한 이행에 의하여 채권자가 계약상 권리의 만족이라는 이익을 얻는다고 하여도 이를 가지고 통상의 계약에서의 이익대립관계를 넘어서 배임죄에서 말하는 신임관계에 기초하여 채권자의 재산을 보호 또는 관리하여야 하는 타인의 사무에 해당한다고 볼 수 없으며(대법원 2015. 3. 26. 2015도1301), ⑨ 수분양권 매도인이 수분양권 매매계약에 따라 매수인에게 수분양권을 이전할 의무는 자신의 사무에 해당할 뿐이므로 매수인에 대한 관계에서 '타인의 사무를 처리하는 자'라고 할 수 없고, 따라서 수분양권 매도인이 이러한 의무를 이행하지 아니하고 수분양권 또는 이에 근거하여 향후 소유권을 취득하게 될 목적물을 미리 제3자에게 처분하였다고 하더라도 형법상 배임죄가 성립하는 것은 아니고(대법원 2021. 7. 8. 2014도12104), ⑩ 채무자가 채권양도담보계약에 따라 부담하는 '담보 목적 채권의 담보가치를 유지·보전할 의무'를 이행하는 것은 채무자 자신의 사무에 해당할 뿐이고, 채무자가 통상의 계약에서의 이익대립관계를 넘어서 채권자와의 신임관계에 기초하여 채권자의 사무를 맡아 처리한다고 볼 수 없으므로, 이 경우 채무자는 채권자에 대한 관계에서 '타인의 사무를 처리하는 자'에 해당한다고 할 수 없으며(대법원 2021. 7. 15. 2020도3514),[1] ⑪ 가상자산 권리자의 착오나 가상자산 운영시스템의 오류 등으로 법률상 원인관계없이 가상자산을 이체받은 사람을 피해자에 대한 관계에서 배임죄의 주체인 '타인의 사무를 처리하는 자'에 해당한다고 단정할 수는 없다(대법원 2021. 12. 16. 2020도9789). 이에 반하여 자동차운송사업면허를 가진 운송사업자와 실질적으로 자동차를 소유하고 있는 차주간에 지입계약이 체결된 경우 지입회사 측이 지입차주의 실질적 재산인 지입차량에 관한 재산상 사무를 일정한 권한을 가지고 맡아 처리하는 것으로서 당사자 관계의 전형적·본질적 내용이 그들 사이의 신임관계에 기초하여 타인의 재산을 보호 또는 관리하는 데에 있으므로, 지입회사 운영자는 지입차주와의 관계에서 '타인의 사무를 처리하는 자'의 지위에 있고, 따라서 지입회사 운영자가 지입차주의 승낙 없이 지입차량에 임의로 저당권을 설정해 줌으로써 지입차주에게 재산상 손해를 가한 것은 배임죄를 구성한다(대법원 2021. 6. 24. 2018도14365; 대법원 2021. 6. 30. 2015도19696).

그러나 그 사무가 오로지 타인의 재산을 보호할 사무일 때에만 타인의 사무가 되는 것은 아니다. 타인의 재산을 보호할 사무임과 동시에 자기의 사무로서의 성질을 가지고 있는 때에도 타인을 위한 사무가 본질적 내용을 이룰 때에는 타인 14

1 대법원 2021. 7. 15. 2020도3514, 「피고인이 피해자에게 금전을 차용하면서 그 담보 목적으로 전세보증금반환채권을 양도해 주기로 하는 채권양도담보계약을 체결하였음에도, 채권양도통지를 하기 전에 제3자에게 전세권근저당권을 설정하여 주었다 하더라도, 피고인이 피해자와의 신임관계에 의하여 '타인의 사무를 처리하는 자'의 지위에 있다고 볼 수 없어 배임죄는 성립하지 않는다.」

의 사무를 처리하는 자에 해당하게 된다.[1] 부동산의 이중매매와 이중저당의 경우에 매도인 또는 저당권설정자가 타인의 사무를 처리하는 자로 되어 배임죄의 죄책을 져야 하는 이유도 여기에 있다.[2]

15 **4) 사무처리의 독립성** 배신설에 의하여 타인의 사무를 처리하는 자를 해석할 때에는 사무를 처리하는 자에게 사무처리에 관한 권한이 있을 것을 요하지 않는다. 그러나 배임죄의 구성요건이 이에 의하여 무제한하게 확대되는 것을 방지하기 위해서는 사무처리자에게 일정한 범위에서 판단의 자유 내지 활동의 자유와 독립성과 책임이 있을 때에만 그 신임관계 위반을 벌하는 것이 정당화될 수 있다.[3] 물론 필요한 독립성의 정도는 구체적인 경우의 사무의 종류와 내용 및 시간적 계속성 등을 종합하여 판단할 것이지만, 단순히 본인의 지시에 따라 기계적 사무에 종사하는 자는 여기에 해당하지 않는다. 다만 그 사무를 고유한 권한에 의하여 처리하는 자임을 반드시 요하는 것은 아니다. 보조기관으로서 사실상 그 사무를 담당하는 자도 여기의 타인의 사무를 처리하는 자에 해당한다.[4]

16 **(2) 행 위** 「배임행위로써 재산상의 이익을 취득하여 본인에게 손해를 가하는 것」이다.

1) 배임행위

17 **(가) 배임행위의 의의** 배임행위란 타인의 사무를 처리하는 자로서 임무에 위배하는 행위를 말한다. 임무에 위배하는 행위가 있는가는 그 사무의 성질과 내용 및 행위시의 상황 등을 구체적으로 검토하여 신의성실의 원칙에 따라 판단하지 않으면 안 된다.

따라서 부동산을 경락한 자가 경락허가결정이 확정된 후에 소유자에게 경락을 포기하겠다고 약속하고도 대금을 완납하고 소유권을 취득하거나(대법원 1969. 2. 25. 69도46), 타인명의로 등기되어 있는 자기소유의 부동산을 자기 앞으로 이전등기를 마친 경우(대법원 1974. 2. 12. 73도2926)는 물론, 양도담보권자가 변제기의 도과 후에 채권추심을 위하여 담보부동산을 처분하거나(대법원 1982. 9. 28. 82도1621), 환매조건부로 대물변제한 부동산을 채권자가 환매기일이 지난 후에 처분한 것만으로는 배임행위가 있다고 할 수 없다(대법원 1983. 2. 22. 82도2945).

---

1 대법원 2005. 3. 25. 2004도6890; 대법원 2017. 4. 26. 2017도2181.

2 *infra* 21/27 이하 참조.

3 Maurach/Schroeder/Maiwald 45/36; Samson/Günther SK §266 Rn. 25; Sch/Sch/Lenckner/Perron §266 Rn. 23; Tröndle/Fischer §266 Rn. 29; Wessels/Hillenkamp Rn. 771.

4 대법원 1982. 7. 27. 81도203.

18 (나) **배임행위의 방법** 배임행위는 그것이 권한의 남용이건 법률상의 의무위반이건 묻지 아니하며, 법률행위뿐만 아니라 사실행위도 포함한다. 반드시 작위에 한하지 아니하고 부작위에 의한 배임행위도 가능하다. 따라서 채권의 추심을 위탁받은 자가 그 추심을 게을리하여 채권의 소멸시효가 완성된 경우에는 부작위에 의한 배임죄의 성립을 인정해야 한다.

배임행위에 해당하는 예로는 ① 금융기관의 임직원이 대출규정에 위배하여 보증인 중 일부를 자격미달인 보증인을 세우고 충분한 담보를 제공받는 등 상당하고 합리적인 채권회수조치를 취하지 아니하고 대출한 경우(대법원 2002. 7. 22. 2002도1696; 대법원 2004. 3. 26. 2003도7878), ② 재단법인 불교방송의 이사장 직무대리인이 후원회 기부금을 자신과 친분관계 있는 신도에게 확실한 담보도 제공받지 않고 대여한 경우(대법원 2000. 12. 8. 99도3338), ③ 회사경영자가 안정주주를 확보하여 경영권을 계속 유지하는 것을 주된 목적으로 종업원 자사주 매입에 회사자금을 지원한 경우(대법원 1999. 6. 25. 99도1141), ④ 회사의 대표가 회사에서 지급의무 없는 돈을 지급하거나(대법원 1984. 2. 28. 83도2928), 지급능력 없는 타인발행의 약속어음에 회사명의로 배서하거나(대법원 2000. 5. 26. 99도2781), 변제능력을 상실한 자에게 회사자금을 대여한 경우(대법원 2000. 3. 14. 99도4923; 대법원 2014. 7. 10. 2013도10516), ⑤ 특정목적을 위하여 조성된 기금을 부적격업체에 부당지출하거나(대법원 1997. 10. 24. 97도2042), ⑥ 대학교 총장으로 학교법인의 이사를 겸하고 있는 자가 명예총장을 추대하고 활동비 및 전용운전사의 급여를 지급한 경우(대법원 2003. 1. 10. 2002도758), ⑦ 회사직원이 영업비밀 또는 영업상 중요한 자산인 자료를 경쟁업체에 유출하는 경우(대법원 2003. 10. 30. 2003도4382; 대법원 2008. 4. 24. 2006도9089; 대법원 2017. 6. 29. 2017도3808)[1]를 들 수 있다. 이에 반하여 회사의 대표이사가 타인에게 회사의 자금을 대여하거나 타인의 채무를 회사 이름으로 연대보증하거나 또는 타인의 채무를 위하여 회사의 재산을 담보로 제공함에 있어 그 타인이 채무초과 상태에 있더라도 그러한 이유만으로는 자금대여나 연대보증 또는 담보제공이 곧 회사에 대하여 배임행위가 된다고 단정할 수 없다(대법원 2014. 11. 27. 2013도2858).

(다) **모험거래와 피해자의 동의** 타인의 사무를 처리하는 자의 투기적 성질 19
을 가진 모험거래(Risikogeschäft)가 배임행위에 해당하는가라는 문제가 있다. 모험거래란 그 사무의 처리가 본인에게 이익 또는 손해를 가할 것인가에 대한 전망이 심히 명확하지 않은 경우를 말한다. 물론 모험거래를 할 수 있는 권한의 유무

1 대법원 2008. 4. 24. 2006도9089, 「회사직원이 영업비밀을 경쟁업체에 유출하거나 스스로의 이익을 위하여 이용할 목적으로 무단 반출하였다면 그 반출시에 업무상배임죄의 기수가 되고, 영업비밀이 아니더라도 그 자료가 불특정 다수의 사람에게 공개되지 않았고 사용자가 상당한 시간, 노력 및 비용을 들여 제작한 영업상 주요한 자산인 경우에도 그 자료의 반출행위는 업무상배임죄를 구성한다.」

와 그 범위는 내부관계에 의하여 결정되지 않을 수 없다. 따라서 모험거래가 일체 금지되어 있는 때에는 배임행위가 될 수도 있다. 그러나 그 거래가 통상의 거래의 관행을 벗어나지 아니하고, 본인의 추정적 승낙이 있다고 인정될 때에는 배임행위가 될 수 없다.[1] 주식회사의 대표이사나 유한회사의 대표사원이 투기적 사업을 한 경우의 대부분이 여기에 해당한다.[2] 이 경우에는 장래의 손해의 가능성이나 위험이 이익의 기대에 의하여 제거된다고 보아야 하기 때문이다.

> 기업의 경영자가 투기적 사업을 함에 있어 합리적으로 가능한 범위 내에서 수집한 정보를 근거로 하여 당해 기업이 처한 경제적 상황이나 그 행위로 인한 손실발생과 이익획득의 개연성 등의 제반 사정을 신중하게 검토하지 아니한 채, 비록 경제적인 관점에서 기업에 재산상 손해를 가하는 결과가 초래되더라도 이를 용인할 수밖에 없다는 인식하에 그와 같은 행위를 하였다면 업무상 배임죄의 고의는 있었다고 봄이 상당하다. 따라서 대기업 또는 대기업의 회장 등 개인이 정치적으로 난처한 상황에서 벗어나기 위하여 자회사 및 협력회사 등으로 하여금 특정 회사의 주식을 매입수량, 가격 및 매입시기를 미리 정하여 매입하게 한 행위는 배임행위에 해당한다(대법원 2007. 3. 15. 2004도5742). 금융기관의 경영자가 금융거래와 관련한 경영상 판단을 할 때에도 같은 기준이 적용된다.[3]

20 사무처리에 대하여 본인의 동의가 있는 때에는 배임행위라고 할 수 없다.[4] 따라서 사무처리에 대한 피해자의 동의는 구성요건해당성을 조각하는 양해(諒解)라고 해야 한다. 그러나 회사의 임원 등이 임무위배행위에 대하여 사실상 대주주의 양해를 얻었다거나, 이사회의 결의가 있었다고 하여 배임죄의 성립에 어떠한 영향이 있는 것이 아니다.[5]

---

1 Hübner LK §266 Rn. 84; Lackner/Kühl §266 Rn. 7; Samson/Günther SK §266 Rn. 21; Sch/Sch/Lenckner/Perron §266 Rn. 20; Tröndle/Fischer §266 Rn. 44.

2 대법원 1984. 3. 13. 83도1986.

3 대법원 2010. 10. 14. 2010도387, 「이윤추구와 아울러 공공적 역할도 담당하는 각종 금융기관의 경영자가 금융거래와 관련한 경영상 판단을 할 때에 그 업무처리의 내용, 방법, 시기 등이 법령이나 당해 구체적 사정 하에서 일의적인 것으로 특정되지 않는 경우에는 결과적으로 특정한 조치를 취하지 아니하는 바람에 본인에게 손해가 발생하였다는 사정만으로 배임의 책임을 물을 수는 없고, 그 경우 경영자에게 배임의 고의가 있었는지 여부를 판단할 때에는 문제된 경영상의 판단에 이르게 된 경위와 동기, 판단대상인 업무의 내용, 금융기관이 처한 경제적 상황, 손실발생의 개연성 등 제반 사정에 비추어 자기 또는 제3자가 재산상 이득을 취득한다는 인식과 본인에게 손해를 가한다는 인식하의 의도적 행위임이 인정되는 경우에 한하여 배임죄의 고의를 인정하는 엄격한 해석기준이 유지되어야 한다.」

4 대법원 1983. 11. 8. 83도2309; 대법원 2015. 6. 11. 2012도1352.

5 대법원 2014. 7. 10. 2013도10516.

2) 재산상의 손해와 이익의 취득

(가) **재산상의 손해** 배임죄는 배임행위로 인하여 본인에게 재산상의 손해가 발생하여야 성립한다. 배임행위와 재산상의 손해 사이에는 인과관계가 있어야 한다. 여기서 재산상의 손해란 본인의 전체재산가치의 감소, 즉 총체적으로 본인의 재산상태에 손실을 가하는 경우를 말한다.[1] 기존재산의 감소(적극적 손해)이건, 장래에 취득할 이익의 상실(소극적 손해)이건 묻지 않는다. 재산가치의 감소가 있는가는 경제적 관점에서 판단되어야 한다. 당해 배임행위가 법률상 유효할 것을 요하지 않는다. 따라서 주식회사의 대표이사가 행한 회사 재산의 처분행위가 법률상 당연무효라고 하더라도 경제적 관점에서 회사에 재산상의 손해를 가한 때에 해당할 수 있다.[2] 다만 이로 인하여 회사에 손해발생의 위험이 초래되지 않은 때에는 배임미수죄가 성립한다.[3] 재산상의 손해가 동시에 본인에게 재산상의 이익을 준 경우에는 손해가 있다고 할 수 없다. 그러나 여기서 말하는 이익은 손해를 가한 행위 자체로 취득한 이익에 제한된다. 따라서 배임행위에 의하여 본인이 손해배상청구권 또는 원상회복청구권을 취득하였다고 하여도 그것은 여기의 이익에 해당하지 않는다. 또한 피해가 사후에 회복되었다고 하여 손해가 없어지는 것은 아니다.[4] 21

재산상의 손해는 반드시 현실적으로 손해를 가한 경우뿐만 아니라 가치의 감소라고 볼 수 있는 재산상의 위험이 발생한 경우도 포함한다는 것은 사기죄에 있어서와 같다.[5] 따라서 부실대출에 의한 업무상 배임죄가 성립하는 경우에는 담보 22

1 대법원 2007. 3. 15. 2004도5742.
2 대법원 1992. 5. 26. 91도2963; 대법원 2014. 2. 13. 2011도16763.
3 대법원 2017. 7. 20. 2014도1104 전원합의체판결, 「주식회사의 대표이사가 대표권을 남용하는 등 그 임무에 위배하여 회사 명의로 의무를 부담하는 행위를 하더라도 일단 회사의 행위로서 유효하고, 다만 상대방이 대표이사의 진의를 알았거나 알 수 있었을 때에는 회사에 대하여 무효가 된다. 따라서 상대방이 대표권남용 사실을 알았거나 알 수 있었던 경우 그 의무부담행위는 원칙적으로 회사에 대하여 효력이 없고, 경제적 관점에서 보아도 이러한 사실만으로는 회사에 현실적인 손해가 발생하였다거나 실해 발생의 위험이 초래되었다고 평가하기 어려우므로, 달리 그 의무부담행위로 인하여 실제로 채무의 이행이 이루어졌다거나 회사가 민법상 불법행위책임을 부담하게 되었다는 등의 사정이 없는 이상 배임죄의 기수에 이른 것은 아니다. 그러나 이 경우에도 대표이사로서는 배임의 범의로 임무위배행위를 함으로써 실행에 착수한 것이므로 배임죄의 미수범이 된다.」
동지 : 대법원 2017. 9. 21. 2014도9960.
4 대법원 1986. 8. 19. 86도584.
5 대법원 1980. 9. 9. 79도2637; 대법원 2015. 11. 26. 2014도17180; 대법원 2017. 2. 3. 2016도3674.

물의 가치를 초과하여 대출한 금액이나 실제로 회수가 불가능하게 된 금액만을 손해액으로 볼 것은 아니고, 재산상 권리의 실행이 불가능하게 될 염려가 있거나 손해발생의 위험이 있는 대출금 전액을 손해액으로 보아야 한다.[1] 배임죄의 성립에 있어서 손해액이 구체적으로 확정될 것을 요하지 않는 이유도 여기에 있다.[2]

따라서 위조된 문서를 근거로 부정대출한 경우(대법원 1983. 2. 8. 81도3190)는 물론, ① 저축은행 대표이사가 허위로 예금이 입금된 것처럼 거래원장을 작성하고 예금통장을 작성하여 교부한 경우(대법원 1996. 9. 6. 96도1606), ② 공사주의 피용인이 기성고를 초과하는 공사금을 수급인에게 지급한 경우(대법원 1969. 7. 22. 65도1166), ③ 이사회의 결의를 거치지 아니하고 충분한 담보도 받지 않고 회사에 보증채무를 부담하게 한 경우(대법원 1969. 7. 22. 69도694), ④ 제1순위의 저당권설정등기를 위탁받은 자가 2번의 근저당권설정등기를 경료한 경우(대법원 1982. 11. 9. 81도2501), ⑤ 부동산의 매도인이 차용금 담보조로 그 부동산에 대하여 가등기나 근저당권설정등기를 경료한 경우(대법원 1982. 2. 23. 81도3146; 대법원 1982. 11. 23. 82도2215; 대법원 1998. 2. 10. 97도2919), ⑥ 조합의 대출업무 담당자가 조합에 처와 모친 소유의 토지를 담보로 제공하고 그들 명의로 대출을 받은 다음 위임장 등을 위조하여 담보로 제공된 위 토지에 설정된 근저당권설정등기를 말소한 경우(대법원 2014. 6. 12. 2014도2578) 또는 ⑦ 한국농어촌공사의 직원이 법에서 정한 농지매매사업 등을 수행하기 위하여 정부에서 위탁받아 운용하는 농지관리기금을 농지매매사업의 지원대상에 해당하지 아니하는 농지를 매입하는 데 사용하거나 지원요건을 갖추지 아니한 농업인을 위하여 부당하게 지원하도록 한 경우(대법원 2015. 8. 13. 2014도5713)에도 손해가 발생하였다고 해야 한다. 다만, 금융기관의 임직원이 동일인 대출한도 제한규정을 위반하여 초과대출한 사실만으로는 재산상의 손해가 발생하였다고 할 수 없고,[3] 타인에 대한 채무의 담보로 제3채무자에 대한 채권에 대하여 권리질권을 설정한 질권설정자가 질권의 목적인 채권의 변제를 받았다고 하여 질권자에게 손해를 가하거나 손해 발생의 위험을 초래하였다고 할 수 없다.[4]

---

1 대법원 2000. 3. 24. 2000도28.

2 대법원 1983. 12. 27. 83도2602.

3 대법원 2008. 6. 19. 2006도4876 전원합의체판결.

4 대법원 2016. 4. 29. 2015도5665, 「타인에 대한 채무의 담보로 제3채무자에 대한 채권에 대하여 권리질권을 설정한 경우 질권설정자는 질권자의 동의 없이 질권의 목적된 권리를 소멸하게 하거나 질권자의 이익을 해하는 변경을 할 수 없다(민법 제352조). 또한 질권설정자가 제3채무자에게 질권설정의 사실을 통지하거나 제3채무자가 이를 승낙한 때에는 제3채무자가 질권자의 동의 없이 질권의 목적인 채무를 변제하더라도 이로써 질권자에게 대항할 수 없고, 질권자는 여전히 제3채무자에 대하여 직접 채무의 변제를 청구하거나 변제할 금액의 공탁을 청구할 수 있다(민법 제353조 제2항, 제3항). 그러므로 이러한 경우 질권설정자가 질권의 목적인 채권의 변제를 받았다고 하여 질권자에 대한 관계에서 타인의 사무를 처리하는 자로서 임무에 위배하는 행위를 하여 질권자에게 손해를 가하거나 손해 발생의 위험을 초래하였다고 할 수 없고, 배임죄가 성립하지도 않는다.」

여기서 실질적인 1인회사의 1인주주가 주식회사의 회사재산을 처분하거나 회사의 돈을 임의로 소비한 경우에 타인에게 손해를 가하였다고 보아 배임죄가 성립할 수 있느냐가 문제된다. 23

대법원은 종래 주식회사의 주식이 1인주주에게 귀속되는 경우에는 그 주식회사의 손해는 바로 1인주주의 손해라 할 것이므로 배임죄가 성립하지 않는다는 태도를 취하였으나(대법원 1974. 4. 23. 73도2611; 대법원 1976. 5. 11. 75도823), 후에 전원합의체판결을 통하여 이 경우에는 행위자와 본인은 다르고, 법률상 권리 · 의무의 주체로서의 법인격을 갖는 주식회사와 이윤 귀속의 주체로서의 주주를 동일시할 수는 없다는 이유로 배임죄의 성립을 긍정하였다(대법원 1983. 12. 13. 83도2330 전원합의체판결).[1]

이득죄에 있어서 손해의 개념은 경제적으로 판단해야 하지만, 이로 인하여 타인의 개념까지 이익의 귀속주체를 의미한다고 할 수 없으므로 이 경우에도 배임죄가 성립된다고 하지 않을 수 없다.

(나) 이익의 취득 배임죄는 본인에게 재산상의 손해를 가하면 바로 성립하는 것이 아니라, 배임행위로 인하여 재산상의 이익을 취득할 것을 요건으로 한다. 따라서 본인에게 손해를 가하였다고 할지라도 이익을 취득한 사실이 없으면 배임죄는 성립하지 않는다.[2] 여기서 재산상의 이익이란 모든 재산적 가치의 증가를 의미하며, 적극적 이익이든 소극적 이익이든 묻지 아니한다. 다만 재산적 이익을 취득할 것을 요하므로 사회적 지위 또는 신분상의 이익과 같이 재산상의 이익이라고 볼 수 없으면 이익을 취득하였다고 할 수 없다. 그러나 반드시 행위자가 스스로 이익을 취득할 것을 요하는 것이 아니라 제3자로 하여금 취득케 하는 경우도 포함한다.[3] 제3자란 자기와 본인 이외의 모든 사람을 말한다. 24

배임죄 또는 업무상배임죄를 범한 사람이 그 범죄행위로 인하여 취득하거나 제3자로 하여금 취득하게 한 재산상 이익의 가액이 5억원 이상 50억원 미만일 때에는 3년 이상의 유기징역에, 50억원 이상일 때에는 무기 또는 5년 이상의 징역에 처한다(특경가법 제3조 1항).

---

1 대법원 1983. 12. 13. 83도2330 전원합의체판결, 「배임죄의 주체는 타인을 위하여 사무를 처리하는 자이며 그의 임무위반행위로써 그 타인인 본인에게 재산상의 손해를 발생케 하였을 때 이 죄가 성립하는 것인즉, 소위 1인회사에 있어서도 행위의 주체와 그 본인은 분명히 별개의 인격이며 그 본인인 주식회사에 재산상 손해가 발생하였을 때는 배임죄는 기수가 되는 것이므로 궁극적으로 그 손해가 주주의 손해가 된다 하더라도 이미 성립한 죄에는 아무 소장이 없다.」

2 대법원 1982. 2. 23. 81도2601; 대법원 2021. 11. 25. 2016도3452.

3 대법원 1977. 4. 12. 76도952.

2. 주관적 구성요건

25 배임죄는 고의범이므로 객관적 구성요건요소에 대한 고의가 있음을 요한다. 따라서 행위자는 타인의 사무를 처리하는 자로서의 임무에 위배하는 행위를 하여 자기 또는 제3자가 재산상의 이익을 취득하고, 본인에게 손해를 가한다는 인식과 의사가 있어야 한다. 이러한 고의는 미필적 고의로 족하다.

26 문제는 배임죄의 주관적 구성요건으로서 불법이득의사 내지 이득의 목적과 손해의 의사를 요하는가에 있다. 이득의사에 관하여는 이익을 취득한다는 미필적 인식이 있으면 족하며 이득의사를 요하는 것은 아니라는 견해[1]도 있으나, 통설은 배임죄가 성립하기 위하여는 불법이득의사가 있어야 한다고 해석하고 있다.[2] 형법이 배임죄를 횡령죄와 같이 규정하고 있어 횡령죄와는 그 객체에 의하여만 구별되는 이득죄임에 비추어 볼 때 이득의사가 있어야 한다고 해석하는 것이 타당하다. 대법원도 배임죄가 성립하기 위하여는 불법이득의사가 필요하다고 판시하고 있다.[3] 따라서 본인의 이익을 위하여 사무를 처리한 때에는 불법이득의사가 없으므로 본죄는 성립하지 않는다.[4] 본인의 이익을 위한 의사와 자기 또는 제3자가 재산상의 이익을 취득할 의사가 결합된 때에는 그 가운데 어느 의사가 주된 것인가에 따라 판단해야 한다. 이에 반하여 배임죄의 주관적 구성요건으로 본인에게 손해를 가할 목적이 있을 것은 요하지 않는다는 데 대하여는 이론이 없다.[5] 형법이 구법에서 규정하고 있던 「본인에게 손해를 가할 목적」이라는 목적적 요소를 삭제한 이유도 여기에 있다.

3. 이중저당과 이중매매의 형사책임

27 (1) 의 의 이중저당과 이중매매의 경우 배임죄가 성립할 것인가의 문제는 저당권설정자 또는 매도인이 배임죄에 있어서의 「타인의 사무를 처리하는 자」에 해당하는가의 문제로 귀착된다. 이중저당이란 甲이 乙로부터 돈을 차용하고 1번저당권을 설정하기로 약정하였으나 아직 등기가 경료되지 않았음을

1 김종원 243면; 서일교 189면; 정성근/박광민 434면.

2 김성천/김형준 616면; 김일수/서보학 391면; 박상기 409면; 손동권/김재윤 473면; 신동운 1269면; 유기천 300면; 이영란 407면; 이형국 437면; 임웅 533면; 정영일 238면.

3 대법원 1983. 7. 26. 83도819; 대법원 2017. 9. 12. 2015도602.

4 대법원 1960. 5. 18. 4292형상755.

5 대법원 1983. 12. 13. 83도2330 전원합의체판결.

이용하여 丙에게 다시 돈을 빌리고 저당권설정등기를 경료한 경우를 말하며, 이중매매는 甲이 乙에게 자기의 부동산을 매도하였으나 이전등기를 해 주지 않은 상태에서 이를 丙에게 다시 매도하고 丙에게 소유권이전등기를 경료해 준 경우를 말한다. 따라서 甲이 乙에게 저당권설정등기 또는 소유권이전등기를 경료해 준 때에는 이중저당 또는 이중매매의 문제가 아니다.[1] 이때에는 丙에 대한 사기죄가 성립할 수 있을 뿐이다.[2] 이중저당과 이중매매를 나누어 검토하기로 한다.

(2) **이중저당의 죄책** 이중저당의 경우 저당권설정자의 형사책임에 관하여는 사기죄가 성립한다는 견해와 배임죄가 성립한다는 견해가 대립되고 있다. 28

사기죄의 성립을 인정하는 견해[3]는 사기죄에 있어서 피기망자와 재산상의 피해자는 반드시 일치할 것을 요하지 아니하므로, 甲이 丙에게 저당권설정계약 사실을 고지하지 아니하여 착오에 빠뜨린 기망행위가 있고 그 결과 乙에게 손해를 가하여 재산상의 이익을 취득한 이상 사기죄가 성립한다고 본다. 그러나 ① 사기죄에 있어서 기망행위란 사람을 착오에 빠뜨리는 모든 행위를 총칭하는 것이 아니라 그것이 거래에 있어서 신의칙에 반하는 정도에 이를 것을 요하므로 丙이 유효하게 저당권을 취득하는 이상 甲은 丙을 기망하였다고 할 수 없을 뿐만 아니라, ② 피기망자(처분행위자)와 피해자가 일치하지 않는 경우에 사기죄가 성립하기 위하여는 피기망자가 피해자의 재산을 처분할 수 있는 법적 권한 내지 사실상의 지위에 있음을 요하는데 丙은 乙의 재산을 처분할 수 있는 지위에 있다고 할 수 없다. 따라서 사기죄의 성립은 부정하여야 할 것이다.

이중저당이 배임죄를 구성한다고 하기 위하여는 甲이 乙의 저당권설정등기 29
에 협력해야 할 의무가 타인의 사무이고, 따라서 甲을 「타인의 사무를 처리하는 자」라고 볼 수 있어야 한다. 이 점이 인정되는 때에는 임무에 위배하는 행위나 손해의 발생을 인정하는 데 아무런 어려움도 없기 때문이다. 여기에는 이중매매에 관하여 검토할 이론이 그대로 적용된다. 甲의 사무는 자기의 사무임과 동시에 타인의 사무인 성질을 가지고 있으므로 배임죄의 성립을 인정하지 않을 수 없다.

1 대법원 2009. 2. 26. 2008도11722 판결은 이 경우에 후매수인에 대한 관계에서 배임죄가 성립하지 않는다고 판시하였다.

2 대법원 1977. 10. 11. 77도1116.

3 일본의 대심원판결 가운데는(日大判 1912. 11. 28[刑錄 18 · 1431]) 이 경우에 사기죄의 성립을 인정한 것이 있다.

대법원은 종래 이중으로 근저당권설정등기를 마친 행위는 배임죄를 구성한다고 하였으나(대법원 2008. 3. 27. 2007도9328), 2020년 견해를 변경하여 저당권약정 부동산의 이중저당이나 양도, 양도담보약정 부동산의 처분에 대하여 배임죄의 성립을 부정하였다(대법원 2020. 6. 18. 2019도14340 전원합의체판결).[1] 또한 채권담보를 위하여 채무자가 대물로 변제하기로 한 부동산을 제3자에게 처분한 경우에도 형법상 배임죄가 성립하지 않는다(대법원 2014. 8. 21. 2014도3363 전원합의체판결).[2]

동산에 대한 이중 양도담보의 경우, 예컨대 채무자 甲이 채권자 乙에게 동산을 양도담보로 제공하고 점유개정으로 점유하던 중 다시 丙에게 양도담보로 제공하거나 매도하는 등으로 처분한 경우 甲에게 배임죄가 성립하는가가 문제된다. 대법원은 종래 채무자가 점유개정에 의하여 양도담보로 제공한 동산을 처분하는 등 부당히 그 담보가치를 감소시키는 행위를 한 경우 배임죄가 성립한다고 하였으나, 대법원 2020. 2. 20. 2019도9756 전원합의체판결에서 채무담보를 위해 채권자에게 동산을 양도담보로 제공한 채무자를 배임죄의 주체인 '타인의 사무를 처리하는 자'에 해당한다고 할 수 없고, 그가 담보물을 제3자에게 처분하는 등으로 담보가치를 감소 또는 상실시켜 채권자의 담보권 실행이나 이를 통한 채권실현에 위험을 초래하더라도 배임죄가 성립한다고 할 수 없다고 하였다.[3] 같은

1 대법원 2020. 6. 18. 2019도14340 전원합의체판결, 「채무자가 금전채무를 담보하기 위한 저당권설정계약에 따라 채권자에게 그 소유의 부동산에 관하여 저당권을 설정할 의무를 부담하게 되었다고 하더라도, 이를 들어 채무자가 통상의 계약에서 이루어지는 이익대립관계를 넘어서 채권자와의 신임관계에 기초하여 채권자의 사무를 맡아 처리하는 것으로 볼 수 없다. 채무자가 저당권설정계약에 따라 채권자에 대하여 부담하는 저당권을 설정할 의무는 계약에 따라 부담하게 된 채무자 자신의 의무이다. 채무자가 위와 같은 의무를 이행하는 것은 채무자 자신의 사무에 해당할 뿐이므로, 채무자를 채권자에 대한 관계에서 '타인의 사무를 처리하는 자'라고 할 수 없다. 따라서 채무자가 제3자에게 먼저 담보물에 관한 저당권을 설정하거나 담보물을 양도하는 등으로 담보가치를 감소 또는 상실시켜 채권자의 채권실현에 위험을 초래하더라도 배임죄가 성립한다고 할 수 없다. 위와 같은 법리는, 채무자가 금전채무에 대한 담보로 부동산에 관하여 양도담보설정계약을 체결하고 이에 따라 채권자에게 소유권이전등기를 해 줄 의무가 있음에도 제3자에게 그 부동산을 처분한 경우에도 적용된다.」

2 대법원 2014. 8. 21. 2014도3363 전원합의체판결, 「대물변제예약의 궁극적 목적은 차용금반환채무의 이행 확보에 있고, 채무자가 대물변제예약에 따라 부동산에 관한 소유권이전등기절차를 이행할 의무는 궁극적 목적을 달성하기 위해 채무자에게 요구되는 부수적 내용이어서 이를 가지고 배임죄에서 말하는 신임관계에 기초하여 채권자의 재산을 보호 또는 관리하여야 하는 '타인의 사무'에 해당한다고 볼 수는 없다. 그러므로 채권 담보를 위한 대물변제예약 사안에서 채무자가 대물로 변제하기로 한 부동산을 제3자에게 처분하였다고 하더라도 형법상 배임죄가 성립하는 것은 아니다.」

3 대법원 2020. 2. 20. 2019도9756 전원합의체판결, 「배임죄는 타인의 사무를 처리하는 자가 그 임무에 위배하는 행위로써 재산상의 이익을 취득하거나 제3자로 하여금 이를 취득하게 하여 사무의 주체인 타인에게 손해를 가할 때 성립하는 것이므로 그 범죄의 주체는 타인의 사무를 처리하는 지위에 있어야 한다. 여기에서 '타인의 사무를 처리하는 자'라고 하려면, 타인의 재산관리에

이유에서 '동산·채권 등의 담보에 관한 법률'에 따른 동산담보로 제공한 기계를 제3자에게 처분하거나[1] '자동차 등 특정동산 저당법'에 따른 저당권 설정·약정 동산을 처분하거나 '공장 및 광업재단 저당법'에 따른 저당권 설정 동산을 처분하는 등으로[2] 부당히 그 담보가치를 감소시키는 행위를 한 경우에도 배임죄가 성립하지 아니한다고 한다. 이러한 법리는 권리이전에 등기·등록을 요하는 동산에 관한 양도담보설정계약에도 마찬가지로 적용되므로 자동차 등에 관하여 양도담보설정계약을 체결한 채무자가 채권자에게 양도담보설정계약에 따른 의무를 다하지 아니하고 이를 타에 처분하였다고 하더라도 배임죄가 성립하지 아니한다.[3]

(3) **이중매매의 죄책** 이중매매 특히 부동산의 이중매매에 있어서 매도 30
인의 형사책임에 관하여 의사주의를 취한 구민법 아래에서는 횡령죄의 성립이 문제되었지만, 형식주의를 취한 민법에서 횡령죄가 성립할 여지가 없다는 점은 이미 횡령죄에 관하여 살펴본 바와 같다. 또한 후매수인 丙에 대한 관계에서 사기죄도 성립할 수 없으므로 배임죄의 성립 여부가 문제될 뿐이다. 여기서 매도인이 언제 타인의 사무를 처리하는 자가 되는가에 대하여는 다툼이 있다.

1) **계약금만 수령한 경우** 먼저 매도인이 매매계약을 체결하고 계약금 31
만을 받은 단계에서 이중으로 매도한 때에는 배임죄가 성립할 수 없다고 하는 데

관한 사무의 전부 또는 일부를 타인을 위하여 대행하는 경우와 같이 당사자 관계의 전형적·본질적 내용이 통상의 계약에서의 이익대립관계를 넘어서 그들 사이의 신임관계에 기초하여 타인의 재산을 보호 또는 관리하는 데에 있어야 한다. 이익대립관계에 있는 통상의 계약관계에서 채무자의 성실한 급부이행에 의해 상대방이 계약상 권리의 만족 내지 채권의 실현이라는 이익을 얻게 되는 관계에 있다거나, 계약을 이행함에 있어 상대방을 보호하거나 배려할 부수적인 의무가 있다는 것만으로는 채무자를 타인의 사무를 처리하는 자라고 할 수 없고, 위임 등과 같이 계약의 전형적·본질적인 급부의 내용이 상대방의 재산상 사무를 일정한 권한을 가지고 맡아 처리하는 경우에 해당하여야 한다. 채무자가 금전채무를 담보하기 위하여 그 소유의 동산을 채권자에게 양도담보로 제공함으로써 채권자인 양도담보권자에 대하여 담보물의 담보가치를 유지·보전할 의무 내지 담보물을 타에 처분하거나 멸실, 훼손하는 등으로 담보권 실행에 지장을 초래하는 행위를 하지 않을 의무를 부담하게 되었더라도, 이를 들어 채무자가 통상의 계약에서의 이익대립관계를 넘어서 채권자와의 신임관계에 기초하여 채권자의 사무를 맡아 처리하는 것으로 볼 수 없다. 따라서 채무자를 배임죄의 주체인 '타인의 사무를 처리하는 자'에 해당한다고 할 수 없고, 그가 담보물을 제3자에게 처분하는 등으로 담보가치를 감소 또는 상실시켜 채권자의 담보권 실행이나 이를 통한 채권실현에 위험을 초래하더라도 배임죄가 성립한다고 할 수 없다. 위와 같은 법리는, 채무자가 동산에 관하여 양도담보설정계약을 체결하여 이를 채권자에게 양도할 의무가 있음에도 제3자에게 처분한 경우에도 적용되고, 주식에 관하여 양도담보설정계약을 체결한 채무자가 제3자에게 해당 주식을 처분한 사안에도 마찬가지로 적용된다.」

1 대법원 2020. 8. 27. 2019도14770 전원합의체판결.
2 대법원 2020. 10. 22. 2020도6258 전원합의체판결.
3 대법원 2022. 12. 22. 2020도8682 전원합의체판결.

견해가 일치한다. 계약금만을 교부받은 단계에서는 매도인은 언제든지 계약금의 배액을 지급하고 이를 해제할 수 있으므로, 매도인은 채무자로서 자기의 사무를 처리하는 자라고 할 수밖에 없기 때문이다.[1]

32 **2) 중도금 또는 잔금을 수령한 경우** 매도인이 중도금을 수령하고도 이중으로 매도한 때에는 본죄가 성립할 수 있는가가 문제된다. 이에 대하여는 대금이 완결되고 등기서류가 매수인에게 교부되어 사회통념상 소유권을 매수인에게 이전하는 의사가 표명되었을 때, 즉 물권적 합의가 있거나 매수인이 물권적 기대권을 취득하였을 때에 비로소 매도인은 등기에 협력할 의무를 가지고 타인의 사무를 처리하는 자가 된다는 견해[2]도 있다. 그러나 ① 배임죄에 있어서 신임관계의 존재가 물권적 합의가 있을 때에 발생한다고 해야 할 근거는 없을 뿐 아니라, ② 물권은 배타적 효력을 본질로 하는 것임에도 불구하고 제3자에 대하여는 주장할 수 없는 등기청구권에 물권적 기대권이라는 개념을 도입하는 것도 옳다고 할 수 없다. 따라서 매도인이 중도금을 수령한 이후에는 배임죄가 성립한다고 해석해야 한다.[3] 중도금을 지급하면 계약의 이행에 착수한 것이 되어 매도인은 계약을 일방적으로 해제할 수 없는 효과가 발생하므로 매수인의 소유권취득에 협력하여야 할 신의칙에 의한 신임관계가 발생했다고 보아야 하기 때문이다. 대법원도 중도금을 수령한 매도인이 이중으로 매매한 때에는 배임죄가 성립한다고 판시하고 있다.[4] 매도인과 매수인 사이에 소유권이전등기절차를 이행하기로 하는 재판상

1 대법원 1980. 5. 27. 80도290, 「피고인이 공소외인으로부터 매매계약금만을 수령하였다면 피고인은 아직 그 소유권이전등기절차를 이행할 의무가 있다고 할 수 없으므로 이 사건 임야를 다시 다른 곳에 처분한 행위를 배임죄로 다스릴 수 없다.」
동지 : 대법원 1984. 5. 15. 84도315.

2 김종원 238면.

3 강구진 381면; 김일수/서보학 387면; 박상기 410면; 배종대 77/16; 백형구 220면; 손동권/김재윤 479면; 이영란 410면; 이정원 475면; 이형국 438면; 임웅 535면; 정성근/박광민 436면; 정영일 232면.

4 (1) 대법원 1975. 12. 23. 74도2215, 「부동산매매에 있어서 등기의무자인 매도인의 임무는 일면에 있어 자기의 재산처분 행위를 완성케 하는 것은 자기의 사무임과 동시에, 타면에 있어 등기의무자인 매도인의 협력 없이는 매수인 명의로의 소유권이전등기는 완성되는 것이 아니므로 등기권리자인 매수인의 소유권취득을 위한 사무의 일부를 이루는 것이고, 매도인의 등기협력의무는 주로 타인인 매수인을 위하여 부담하고 있는 것임에 비추어 부동산매도인은 형법상의 타인의 사무를 처리하는 입장에 있는 것이다.」
(2) 대법원 1983. 4. 26. 82도49, 「매도인이 계약금·중도금의 전부와 잔금의 일부를 수령하고 있었다면 매도인은 일방적으로 그 매매계약을 해제할 권리가 없고 잔금수령과 동시에 매수인에게 소유권이전등기를 이행할 의무가 발생하므로 매수인의 사무를 처리하는 지위에 있어 배임죄의 주체가 된다.」

화해가 성립한 경우에도 같다.[1]

이 경우에 배임죄의 착수시기에 관하여 판례는 매도인이 다시 제3자와 매매계약을 체결하고 계약금과 중도금을 수령한 때라고 하나(대법원 1983. 10. 11. 83도2057; 대법원 2003. 3. 25. 2002도7134),[2] 후매수인에게의 등기에 착수할 때라고 해야 하며, 제3자에게 소유권이전등기를 마친 때에 기수가 된다고 하겠다(대법원 1969. 2. 25. 68도1261; 대법원 1984. 11. 27. 83도1946). 33

선매수인에 대한 매매계약이 무효인 때에는 등기협력의무가 발생하지 아니하므로 본죄는 성립하지 않는다.[3] 따라서 토지거래허가지역 내의 토지에 대한 거래허가 전의 이중양도는 배임죄를 구성하지 않는다.[4] 그러나 매매계약을 해제한 경우에도 그 해제가 무효이거나 매수인의 잔대금지급을 고의로 못하게 유도하여 계약을 해제하고 다시 타인에게 매도하여 이전등기를 경료한 때에는 배임죄가 성립한다.[5] 34

중도금을 수령한 이후의 매도인을 타인의 사무를 처리하는 자로 보는 이상, 그가 이중으로 매매한 경우뿐만 아니라 그 부동산에 대하여 가등기나 근저당설정등기를 경료하거나(대법원 1983. 6. 14. 81도2278; 대법원 1990. 10. 16. 90도1702), 전세권등기를 경료한 경우에도 배임죄가 성립하는 것은 당연하다(대법원 1969. 9. 30. 69도1001).

동산의 이중매매, 예컨대 甲이 동산을 乙에게 양도하기로 하고 계약금과 중도금을 수령하였음에도 이를 다시 丙에게 매도하고 점유를 이전하는 경우 배임죄가 성립한다는 견해[6]가 있으나, 판례는 배임죄가 성립하지 않는다고 한다.[7]

동지 : 대법원 1986. 7. 8. 85도1873; 대법원 1988. 12. 13. 88도750; 대법원 1989. 10. 24. 89도641; 대법원 2018. 5. 17. 2017도4027 전원합의체판결.

1 대법원 2007. 7. 26. 2007도3882.

2 대법원 2003. 3. 25. 2002도7134, 「부동산의 이중양도에 있어서 매도인이 제2차 매수인으로부터 계약금만을 지급받고 중도금을 수령한 바 없다면 배임죄의 실행의 착수가 있었다고 볼 수 없다.」

3 대법원 1983. 7. 12. 82도2941.

4 대법원 1992. 10. 13. 92도1070; 대법원 1995. 1. 20. 94도697; 대법원 1996. 2. 9. 95도2891; 대법원 1996. 8. 23. 96도1514.

5 대법원 1977. 12. 13. 77도2862; 대법원 1990. 11. 13. 90도153.

6 김일수/서보학 388면.

7 대법원 2011. 1. 20. 2008도10479 전원합의체판결, 「매매의 목적물이 동산일 경우, 매도인은 매수인에게 계약에 정한 바에 따라 그 목적물인 동산을 인도함으로써 계약의 이행을 완료하게 되고 그때 매수인은 매매목적물에 대한 권리를 취득하게 되는 것이므로, 매도인에게 자기의 사무인 동산인도채무 외에 별도로 매수인의 재산의 보호 내지 관리 행위에 협력할 의무가 있다고 할 수 없다. 동산매매계약에서의 매도인은 매수인에 대하여 그의 사무를 처리하는 지위에 있지 아니하므로, 매도인이 목적물을 매수인에게 인도하지 아니하고 이를 타에 처분하였다 하더라도 형법상 배임죄가 성립하는 것은 아니다.」

또한 임차권양도계약을 체결한 양도인이 점포를 이중으로 양도한 경우(대법원 1991. 12. 10. 91도2184)나 주권발행 전에 주식을 양도한 자가 제3자에 대한 대항요건을 갖추어 주지 아니하고 타에 처분하거나(대법원 2020. 10. 15. 2020도9688) 권리이전에 등기·등록을 요하는 자동차 등의 매도인이 매수인에게 소유권이전등록을 하지 아니하고 타에 처분한 경우(대법원 2020. 10. 22. 2020도6258 전원합의체판결)에도 양도인은 타인의 사무처리자에 해당하지 않으므로 배임죄는 성립하지 않는다.

35 3) **악의의 후매수인의 죄책** 이중매매의 경우에 악의(惡意)의 후매수인의 형사책임도 문제된다. 악의의 후매수인은 배임죄의 공범이 되고 장물취득죄는 성립하지 않는다. 장물이란 재산범죄에 의하여 영득한 재물을 의미하며, 재산범죄에 제공된 재물은 여기에 해당하지 않기 때문이다. 그러나 배임죄의 공범이 성립하는 범위에 대하여도 반드시 견해가 일치하는 것은 아니다.

대법원은 후매수인이 먼저 매수한 자를 해할 목적으로 양도를 교사하거나 기타 방법으로 양도행위에 적극 가담한 경우에 한하여 배임죄의 공범으로 처벌된다는 입장을 취하고 있다(대법원 1966. 1. 31. 65도1095; 대법원 1975. 6. 10. 74도2455). 따라서 후매수인이 배임행위를 교사하거나 그 배임행위의 전 과정에 관여하는 등으로 배임행위에 적극 가담함으로써 그 실행행위자와의 계약이 반사회적 법률행위에 해당하여 무효로 되는 경우에는 배임죄의 교사범 또는 공동정범이 될 수 있다(대법원 2005. 10. 28. 2005도4915)고 한다.

배임죄의 성립에 손해의 의사가 필요한 것은 아니므로, 이미 매도한 사실을 알면서 매도인과 공모하여 이를 매수한 때에는 배임죄의 공범으로 처벌하는 것이 타당하다고 생각된다.

4. 다른 범죄와의 관계

36 1) **횡령죄와의 관계** 배임죄를 사기죄와 같이 규정하고 배임죄의 본질을 가해범죄의 일종으로 파악하는 독일 형법의 해석에 있어서는 횡령죄와 배임죄는 성질을 달리하는 범죄로 이해되고 있다. 그러나 형법은 배임죄를 횡령죄와 같이 규정하고 있으며, 특히 배임죄의 본질을 배신설에 의하여 파악하는 이상, 횡령죄와 배임죄는 신임관계를 위배한다는 점에서 그 본질을 같이하며 다만 객체의 성질에 따라 양자가 구별될 수 있을 뿐이라고 해야 한다. 횡령죄가 불법영득의사로 재물을 영득하여 신임관계를 침해하는 범죄라고 한다면, 배임죄는 불

법이득의사로 이익을 취득함으로써 신임관계를 침해하는 범죄이다. 다시 말하면 횡령죄는 자기가 보관하는 타인의 재물을 영득함으로써 성립하는 데 반하여, 배임죄는 타인의 사무를 처리하는 자가 그 임무에 위배하여 재산상의 이익을 취득함으로써 성립한다. 즉 횡령죄는 재물죄이고 배임죄는 이득죄이다. 따라서 배임죄는 횡령죄를 포함하고, 횡령죄는 배임죄에 대하여 특별관계에 있다. 횡령죄가 성립하면 법조경합의 관계에 의하여 배임죄는 별도로 성립하지 않는다.

2) **사기죄와의 관계** 타인의 사무를 처리하는 자가 그 임무에 위반하여 37
본인을 기망함으로써 본인에게 손해를 가한 경우, 예컨대 보험회사의 보험설계사가 피보험자에 대하여 회사를 기망하고 보험계약을 체결하게 하여 피보험자에게 이익을 취득케 한 경우에 사기죄만 성립한다는 견해, 배임죄가 성립한다는 견해 및 양 죄의 상상적 경합이 된다는 견해가 대립하고 있지만, 양 죄의 상상적 경합을 인정함이 타당하다는 것은 사기죄에 관하여 본 바와 같다. 다만 타인의 사무를 처리하는 자가 본인을 기망하여 본인으로부터 별도의 재물을 교부받은 때에는 배임죄는 문제될 여지가 없고 사기죄만 성립한다.

3) **장물죄와의 관계** 장물이란 재산범죄에 의하여 영득한 재물을 말하 38
며, 재산범죄에 제공된 물건은 장물이 될 수 없다. 배임죄에 의하여 영득한 것은 재산상의 이익이며, 재물은 배임행위에 제공된 물건에 지나지 아니하므로 이를 취득하여도 장물죄가 성립할 여지는 없다. 따라서 이중으로 매매된 부동산을 취득한 경우에 배임죄의 공범은 될 수 있어도 장물취득죄는 성립하지 않는다.[1]

Ⅲ. 업무상 배임죄

업무상의 임무에 위배하여 제355조의 죄를 범한 자는 10년 이하의 징역 또는 3천만원 이하의 벌금에 처한다(제356조).
10년 이하의 자격정지를 병과할 수 있다(제358조).
미수범은 처벌한다(제359조).

본죄는 업무상의 임무에 위배하여 재산상의 이익을 취득하거나 제3자로 하 39
여금 이익을 취득하게 하고 이로 인하여 본인에게 손해를 가함으로써 성립하는

1 대법원 1975. 12. 9. 74도2804.

범죄이다. 타인의 사무를 처리하는 것이 업무로 되어 있기 때문에 배임죄에 대하여 책임이 가중되는 가중적 구성요건이다. 따라서 본죄도 타인의 사무를 처리하는 자라는 신분과 업무자라는 신분, 즉 이중의 신분을 요구하는 신분범이다. 전자는 구성적 신분(진정신분범)이고, 후자는 가감적 신분(부진정신분범)이다. 따라서 업무상의 사무처리자라는 신분 있는 자가 그 신분 없는 자와 같이 본죄를 범한 때에는 신분 있는 자는 본죄에 해당하지만, 신분 없는 자는 제33조 본문에 의하여 배임죄의 공범은 될 수 있어도 동조 단서에 의하여 본죄의 공범은 될 수 없다.

Ⅳ. 배임수증죄

> ① 타인의 사무를 처리하는 자가 그 임무에 관하여 부정한 청탁을 받고 재물 또는 재산상의 이익을 취득하거나 제3자로 하여금 이를 취득하게 한 때에는 5년 이하의 징역 또는 1천만원 이하의 벌금에 처한다.
> ② 제1항의 재물 또는 재산상 이익을 공여한 자는 2년 이하의 징역 또는 500만원 이하의 벌금에 처한다.
> ③ 범인 또는 그 사정을 아는 제3자가 취득한 제1항의 재물은 몰수한다. 그 재물을 몰수하기 불가능하거나 재산상의 이익을 취득한 때에는 그 가액을 추징한다(제357조).
> 10년 이하의 자격정지를 병과할 수 있다(제358조).
> 미수범은 처벌한다(제359조).

40 (1) 의 의 본죄는 타인의 사무처리의 공정과 성실의무를 지키고자 하는 데 근본취지가 있다. 즉 본죄의 보호법익은 거래의 청렴성이다. 형법이 배임죄와 함께 규정하고 있지만, 본죄는 배임죄라기보다 공무원의 뇌물죄에 상응하는 규정이며, 타인의 사무를 처리하는 자에 대한 뇌물죄라고 할 수 있다.

배임수증죄는 배임수재죄(제357조 1항)와 배임증재죄(동조 2항)로 구별된다. 전자는 형법 제129조의 수뢰죄에, 후자는 형법 제133조의 증뢰죄에 상응하는 규정이다.

41 (2) **배임수재죄** 타인의 사무를 처리하는 자가 그 임무에 관하여 부정한 청탁을 받고 재물 또는 재산상의 이익을 취득하거나 제3자로 하여금 이를 취득하게 함으로써 성립하는 범죄이다.[1]

42 1) 주 체 본죄의 주체는 타인의 사무를 처리하는 자이다. 타인의

1 2016. 5. 29.의 개정에 의해 제3자에게 공여한 때에도 배임증재죄가 성립하게 되었다.

사무를 처리하는 자의 뜻은 배임죄에 있어서와 같다. 따라서 본죄도 진정신분범이다. 타인의 사무를 처리하는 것이 업무인가의 여부는 묻지 않는다.

점포 등의 임대와 관리를 담당하고 있는 자는 물론(대법원 1984. 8. 21. 83도2447), 방송국 소속 가요담당 프로듀서도 본죄의 주체가 될 수 있다(대법원 1991. 6. 11. 91도688).

2) 부정한 청탁 본죄는 임무에 관하여 부정한 청탁을 받을 것을 요건으로 한다. 임무에 관하여 부정한 청탁을 받아야 하는 점에서 수뢰죄의 경우와 다르다. 「임무에 관하여」란 타인의 사무를 처리하는 자가 위탁받은 본래의 사무뿐만 아니라 그와 밀접한 관계가 있는 범위의 사무를 포함한다.[1] 반드시 명시적인 청탁이 있을 것을 요하는 것은 아니다.[2] 43

부정한 청탁이란 배임이 되는 내용의 부정한 청탁을 말하는 것이 아니라, 사회상규 또는 신의성실의 원칙에 반하는 것을 내용으로 하는 청탁이면 족하고,[3] 이를 판단할 때에는 청탁의 내용과 이에 관련하여 공여한 재물의 액수·형식, 이 죄의 보호법익인 거래의 청렴성 등을 종합적으로 고찰하여야 한다.[4]

따라서 ① 취재기자를 겸하고 있는 신문사 지국장이 무허가 벌채사건의 기사송고를 하지 않을 것을 청탁받거나(대법원 1970. 9. 17. 70도1355), ② 보험회사 지부장이 피보험자의 사인(死因)에 대하여 보험회사에서 의심을 가지고 내사를 진행하고 있는데도 보험금을 빨리 타도록 해 달라는 청탁을 받은 경우(대법원 1978. 11. 1. 78도2081), ③ 특정인을 어떤 직위에 우선적으로 추천해 달라는 청탁을 받은 경우(대법원 1989. 12. 12. 89도495), ④ 은행장이 회수불능이 예상되는 회사로부터 거액의 불량대출을 청탁받은 경우(대법원 1983. 3. 8. 82도2873), ⑤ 건설회사의 대표이사가 자기 회사에서 발주하는 공사에 입찰경쟁업체로 지명하여 주는 대가로 파산 직전의 회사로부터 돈을 받은 경우(대법원 1983. 12. 13. 82도735), ⑥ 종합병원 의사들이 의료품 수입업자들로부터 특정약을 본래의 적응증인 순환기질환뿐 아니라 모든 병에 잘 듣는 약이라고 원외처방하여 달라는 청탁을 받고 돈을 받은 경우(대법원 1991. 6. 11. 91도413), ⑦ 대학교 부총장이 의과대학부속병원 부대시설의 운영권을 인수하는 데 우선적으로 추천해 달라는 청탁을 받고 사례비를 받은 경우(대법원 1991. 12. 10. 91도2543), ⑧ 대학교 교수가 특정출판사의 교재를 채택하여 달라는 청탁을 받고 교재 판매대금의 일정 비율에 해당하는 금원을 받은 경우(대법원 1996. 10. 11. 95도2090), ⑨ 방송국 프로듀서가 특정가수의 44

1 대법원 1982. 2. 9. 80도2130.
2 대법원 1988. 12. 20. 88도167.
3 대법원 1984. 7. 10. 84도179; 대법원 1988. 3. 8. 87도1445; 대법원 2021. 9. 30. 2019도17102.
4 대법원 1996. 3. 8. 95도2930; 대법원 1998. 6. 9. 96도837; 대법원 2006. 5. 12. 2004도491.

노래만을 자주 방송하여 달라는 청탁을 받은 경우(대법원 1991. 1. 15. 90도2257), ⑩ 회원제 골프장의 예약업무 담당자가 부킹대행업자의 청탁에 따라 회원에게 제공해야 하는 주말부킹권을 부킹대행업자에게 판매하고 그 대금 명목의 금품을 받은 경우(대법원 2008. 12. 11. 2008도6987), ⑪ 보도의 대상이 되는 자가 언론사 소속 기자에게 소위 '유료 기사' 게재를 청탁하는 행위(대법원 2021. 9. 30. 2019도17102), ⑫ 언론인이 평론의 대상이 되는 특정인 내지 특정 기업으로부터 경제적 이익을 제공받으면서 우호적 여론 형성 등에 관한 청탁을 받는 것(대법원 2024. 3. 12. 2020도1263)은 부정한 청탁에 해당한다.

45 본죄가 성립하기 위하여는 부정한 청탁이 있을 것을 요하므로, 청탁이 있었다고 할지라도 그것이 부정한 청탁이라고 할 수 없으면 본죄는 성립하지 않는다. 예컨대 직무를 처리함에 있어서 직무권한범위 안에서 편의를 보아 달라고 부탁하거나, 선처를 바란다는 내용의 부탁[1] 또는 학교법인의 운영권을 양도하고 양수인으로부터 양수인 측을 학교법인의 임원으로 선임해 주는 대가로 양도대금을 받기로 하는 내용의 청탁[2]만으로는 부정한 청탁이 있다고 보기 어렵다. 부정한 청탁이 있으면 족하며, 현실적으로 임무를 담당하고 있을 것은 요하지 않는다.[3]

3) 행 위

46 (가) **재물 또는 재산상의 이익의 취득** 본죄의 행위는 재물 또는 재산상의 이익을 취득하거나 제3자로 하여금 이를 취득하게 하는 것이다. 특별한 사정이 없는 한 제3자에는 사무처리를 위임한 '타인'은 포함되지 않는다.[4] 재물 또는 재산상의 이익의 취득은 부정한 청탁과 관련한 것이어야 한다. 예컨대 그 청탁의 대가, 사례 또는 묵인조로 돈을 받는 경우가 여기에 해당한다. 따라서 부정한 청탁이 있었다 할지라도 그 청탁과 관계 없이 금품을 받은 때에는 본죄는 성립하지 않는다.[5] 그러나 부정한 청탁을 받은 이상 사직한 후에 재물을 수수한 때에도 본죄가 성립한다.[6] 본죄는 수재시에 현실적으로 사무를 담당할 것을 요건으로 하지

1 대법원 1980. 4. 8. 79도3108; 대법원 1985. 10. 22. 85도465.
2 대법원 2014. 1. 23. 2013도11735.
3 대법원 1987. 4. 28. 87도414.
4 대법원 2021. 9. 30. 2020도2641, 「신문사 기자들이 홍보성 기사를 게재하는 대가로 기자들이 소속된 신문사들이 피고인으로부터 돈을 교부받은 행위는 형법 제357조 제1항의 사무처리자 또는 제3자가 돈을 교부받은 경우가 아니므로, 신문사들의 배임수재죄가 성립하지 않고 이를 전제로 하는 피고인의 배임증재죄 역시 성립하지 않는다.」
5 대법원 1982. 7. 13. 82도874.
6 대법원 1997. 10. 24. 97도2042.

않기 때문이다.

재물 또는 재산상의 이익의 취득은 현실적인 취득을 의미하며, 단순한 요구 또는 약속으로는 족하지 않다.[1] 수뢰죄에 관하여는 형법 제129조가 수수뿐만 아니라 요구 또는 약속을 같이 벌하고 있으나 본죄는 취득만을 벌하기 때문이다. 그러나 재물 또는 재산상의 이익의 취득이 있으면 본죄는 기수에 이르며, 반드시 배임행위에 나갈 것은 요하지 않는다.[2] 배임행위까지 한 때에는 본죄와 배임죄의 경합범이 된다. 본인에게 손해가 발생하였는가의 여부도 본죄의 성립에 영향이 없다.[3] 그러나 본죄가 성립하려면 취득자가 재물 또는 재산상의 이익을 취득할 의사를 가질 것을 요한다고 해야 한다. 대법원은 본죄의 성립에 불법영득의사를 필요로 한다고 하고 있다.[4] 47

(나) 미수범의 처벌 본죄의 미수범은 처벌한다. 그러나 언제 본죄의 미수가 되는가에 대하여는 견해가 대립한다. 재물을 요구 또는 약속하는 것만으로는 죄가 될 수 없으므로 본죄의 미수범은 있을 수 없고, 수뢰죄에 관하여는 미수를 벌하지 않음에도 불구하고 본죄의 미수를 벌하는 것은 입법론상 부당하다는 견해[5]도 있다. 그러나 형법 제129조에 있어서의 요구 또는 약속(증재의 경우는 공여의 의사표시)이 바로 본죄의 미수에 해당한다고 생각된다.[6] 뇌물죄에 관한 형법 제129조와 제133조는 수수와 공여뿐만 아니라 요구·약속 및 공여의 의사표시를 같이 규정하고 있기 때문에 미수를 벌하지 아니하나, 본죄는 취득과 공여만을 벌하고 있으므로 미수범의 처벌규정을 두었고, 요구 또는 약속은 취득의 미수에 해당하기 때문이다. 48

4) 몰수·추징 범인 또는 그 사정을 아는 제3자가 취득한 재물은 몰수하며, 그 재물을 몰수할 수 없거나 재산상의 이익을 취득한 때에는 그 가액을 추징한다. 49

몰수 또는 추징은 필요적이다. 배임수재자가 해당 금액을 공여자에게 반환

1 대법원 1999. 1. 29. 98도4182.
따라서 골프장 회원권은 명의변경이 이루어져야 현실적으로 취득한 것이 된다.

2 대법원 1982. 7. 13. 82도925.

3 대법원 1980. 10. 14. 79도190; 대법원 1982. 5. 25. 81도1305; 대법원 1983. 12. 13. 82도735.

4 대법원 1983. 3. 8. 82도2873; 대법원 1984. 3. 13. 83도1986.

5 남흥우 219면; 서일교 192면; 황산덕 325면.

6 김성돈 474면; 김성천/김형준 627면; 김일수/서보학 397면; 김종원 246면; 박상기 419면; 배종대 **78**/11; 백형구 227면; 손동권/김재윤 491면; 오영근 404면; 유기천 301면; 이영란 423면; 이형국 442면; 임웅 550면; 정성근/박광민 444면.

하였다고 하여도 추징해야 하며(대법원 1983. 8. 23. 83도406), 수재자가 증재자로부터 받은 재물을 그대로 가지고 있다가 증재자에게 반환하였다면 증재자로부터 이를 몰수하거나 그 가액을 추징하여야 한다(대법원 2017. 4. 7. 2016도18104). 수인이 공모하여 금품을 수수한 경우에 각자가 실제로 수수한 금품을 몰수하거나 몰수할 수 없을 때에는 추징해야 하며, 개별적으로 몰수 또는 추징할 수 없을 때에는 평등하게 몰수 또는 추징해야 한다(대법원 1978. 2. 14. 77도3949).

50 금융회사 등의 임직원의 배임수재에 대하여는 특경가법 제5조에서 특별규정을 두고 있다. 금융회사 등의 임직원이 그 직무에 관하여 금품이나 그 밖의 이익을 수수·요구 또는 약속하거나(동조 1항), 부정한 청탁을 받고 제3자에게 금품이나 그 밖의 이익을 공여하게 하거나 공여하게 할 것을 요구 또는 약속하였을 때에는(동조 2항) 5년 이하의 징역 또는 10년 이하의 자격정지에 처한다. 수수·요구 또는 약속한 금품이나 그 밖의 이익의 가액이 3천만원 이상일 때에는 형이 가중된다. 즉 수수액이 1억원 이상일 때에는 무기 또는 10년 이상의 징역, 5천만원 이상 1억원 미만일 때에는 7년 이상의 유기징역, 3천만원 이상 5천만원 미만일 때에는 5년 이상의 유기징역에 처한다(동조 4항). 또한 수수액의 2배 이상 5배 이하의 벌금을 병과한다(동조 5항).

51 (3) **배임증재죄** 본죄는 타인의 사무를 처리하는 자에게 그 임무에 관하여 부정한 청탁을 하고 재물 또는 재산상 이익을 공여하거나 제3자에게 이를 공여함으로써 성립한다. 재물 또는 재산상 이익을 타인의 사무를 처리하는 자는 물론 제3자에게 공여하여도 무방하다. 본죄도 부정한 청탁을 할 것을 요건으로 한다.

52 본죄는 배임수재죄와 필요적 공범의 관계에 있다. 그러나 그것은 증재자와 수재자가 같이 처벌받아야 한다는 것을 의미하지는 않는다. 따라서 수재자에 대하여는 부정한 청탁이 되어도 증재자에게 부정한 청탁이라고 볼 수 없는 사정이 있으면 본죄는 성립하지 아니한다.[1] 본죄도 재물 등을 현실적으로 공여하여야 기수가 되며, 공여의 의사표시 또는 약속만으로는 미수에 불과하다.

53 금융회사 등의 임직원에 대한 증재에 관하여도 특경가법 제6조에서 특별규정을 두고 있다. 즉 금융회사등의 임직원에게 그 직무에 관하여 금품이나 그 밖의 이익을 약속·공여 또는 공여의 의사를 표시한 사람은 5년 이하의 징역 또는 3천만원 이하의

1 대법원 1979. 6. 12. 79도708; 대법원 1991. 1. 15. 90도2257; 대법원 2011. 10. 27. 2010도7624.

벌금에 처한다(동조 1항). 형을 가중하였을 뿐만 아니라 부정한 청탁을 요건으로 하지 않고, 공여의 의사표시나 약속을 공여와 같이 처벌하는 데 특색이 있다.

제7절 장물의 죄 §22

Ⅰ. 총 설

1. 장물죄의 의의

장물죄(贓物罪, Hehlerei)란 장물을 취득·양도·운반·보관하거나 또는 이를 알선함을 내용으로 하는 범죄이다. 재산죄 가운데 재물만을 객체로 하는 재물죄이다. 여기서 장물이란 재산범죄(영득죄)에 의하여 불법하게 영득한 재물을 말하며, 영득죄 자체 또는 그 범인을 본범(Vortat, Vortäter)이라고 한다. 1

형법은 제41장에서 장물죄를 독립한 재산범죄로 규정하고 있다. 그러나 연혁적으로 장물죄는 범인은닉죄 또는 사후종범의 한 형태로 발전되어 온 범죄이다.[1] 오늘날 영미법은 물론 현행 독일 형법이 장물죄를 범인은닉죄와 같은 장에서 규정하고 있는 이유도 여기에 있다. 2

로마법에서 장물죄는 소위 crimen receptatorum으로서 강도 또는 절도를 은닉시켜 주는 범죄로 취급되었으나, 중세 이탈리아법에서 공범사상이 강조되어 장물죄를 사후종범(auxilium post delictum)의 하나로 이해하였다. 중세 독일법도 장물죄를 범인은닉죄와 함께 사후종범으로 본범과 같이 처벌하였으며, 이러한 태도가 현행 독일 형법에서도 유지되고 있다.

장물죄가 본범에 의하여 행하여진 범죄의 위법상태를 유지한다는 점에서는 범인은닉죄와 공통점을 가지고 있다. 그러나 장물죄는 재산죄이며, 그것은 국가의 사법작용을 보호법익으로 하는 범인은닉죄와는 성질을 달리한다.[2] 더욱이 형 3

1 Maurach/Schroeder/Maiwald 39/3 참조.

2 장물죄를 범인은닉죄와 같이 규정하고 있는 독일 형법의 해석에서도 장물죄가 재산범죄라는 데는 이론이 없다.
Altenhain NK §259 Rn. 3; Hoyer SK §259 Rn. 1; Lauer MK §259 Rn. 1; Ruß LK §259 Rn. 1; Schmidhäuser S. 115; Sch/Sch/Stree §259 Rn. 1; Tröndle/Fischer §259 Rn. 1.

법은 장물죄를 절도죄나 횡령죄보다 무겁게 벌하고 있다. 이는 절도나 횡령·강도범이 장물범을 통하여 장물을 처분할 수 있으며, 장물범은 재산죄의 실행을 유발한다는 특수한 위험성 때문이다. 즉 장물범은 절도범의 보호자이며, 절도보다 사악하다.[1] 따라서 장물죄는 본범과는 독립된 범죄이고 본범에 대한 공범이 될 수는 없다. 이러한 의미에서 형법이 장물죄를 범인은닉죄 또는 증거인멸죄와 분리하여 독립된 재산범죄로 규정하고 있는 것은 체계상 타당한 태도라고 하겠다.

그러나 장물죄가 재산죄라고 하여 장물죄의 범인비호적 성격이 형법상 완전히 부정되는 것은 아니다. 그것은 장물죄와 친족간의 범죄의 특칙에서 나타난다. 친족상도례의 규정이 장물범과 피해자 사이에 적용되는 것이 장물죄의 재산죄적 성격을 고려한 것이라면, 장물범과 본범 사이에 친족관계가 있을 때에 형을 감면하도록 한 것은 범인비호적 성격을 표현한 것이라 할 수 있다.

4 장물죄의 보호법익은 재산권이다.[2] 추구권설의 입장에서 본죄의 보호법익을 「본범의 피해자가 그 물건에 대하여 가지는 추구권」[3] 또는 재산권의 안전[4]이라고 해석하는 견해도 있다. 그러나 피해자가 장물에 대하여 소유권 기타 물권을 가지지 아니한 때(예컨대 본범이 권리행사방해죄인 경우)에도 장물죄는 성립하므로, 본죄의 보호법익이 추구권이라고 하는 것은 정확한 표현이 되지 못한다. 보호의 정도는 위험범이다.

2. 장물죄의 본질

5 (1) **견해의 대립** 장물죄의 본질에 관해서는 추구권설과 유지설 및 공범설이 대립되고 있다.

6 1) **추구권설** **추구권설**(Resitutionsvereitelungstheorie)은 본범의 피해자가 점유를 상실한 재물에 대하여 추구·회복하는 것을 곤란하게 하는 데 장물죄의 본질이 있다고 한다. 여기서 추구란 소유권 기타 물권에 의한 반환청구권의 행사를 말한다. 즉 장물죄의 구성요건은 본범에 의하여 행하여진 불법한 점유의 회복

---

1 Hoyer SK §256 Rn. 2; Maurach/Schroeder/Maiwald 39/5; Sch/Sch/Stree §256 Rn. 3; Schmidhäuser S. 116.

2 김일수/서보학 400면; 박상기 422면; 배종대 79/4; 이영란 426면; 이정원 481면; 이형국 448면; 임웅 552면; 정영일 245면.

3 강구진 389면; 김종원 248면; 오도기(공저) 411면; 진계호 436면.

4 정성근/박광민 485면.

이 장물범에 의하여 방해된다는 데 착안하여 피해자의 추구 · 회복을 곤란하게 하는 행위를 유형화하여 규정한 것이라고 한다. 우리나라의 종래의 통설[1]이며, 대법원 판례[2]의 입장이다. 이에 의하면 장물은 사법상의 추구권을 전제로 하므로 추구권이 없으면 장물성도 상실하게 되고, 따라서 ① 불법원인급여의 경우(민법 제746조), ② 피해자가 취소 또는 해지할 수 없는 경우(상법 제651조), ③ 시효에 걸린 물건에 대하여는 추구권이 없으므로 장물성을 상실하게 된다.

2) 유 지 설 **유지설**(Perpetuierungs- bzw. Aufrechterhaltungstheorie)은 장물죄의 본질이 본범에 의하여 이루어진 위법한 재산상태를 본범 또는 그 점유자와의 합의 아래 유지 · 존속하는 데 있다고 한다. 즉 장물죄의 성립은 사법상의 추구권의 존재를 요건으로 하는 것이 아니라, 위법한 재산상태를 유지한다는 형법의 독자적 기준에 의하여 판단해야 한다는 것이다. 독일의 통설과 판례의 태도이다.[3] 위법한 재산상태를 유지하는 것은 사법상의 추구권의 행사를 곤란하게 하는 것이므로 양자는 표리관계에 있다고 할 수 있다. 따라서 유지설에 의하여도 본범이 소유권을 취득하여 피해자에게 추구권이 없는 때에는 재산상태의 위법성도 없어지므로 장물죄가 성립하지 아니하고, 본범에 의하여 영득된 재물에 관하여만 위법한 재산상태가 유지될 수 있기 때문에 대체장물(Ersatzhehlerei)은 장물성을 상실한다는 점에 있어서 추구권설과 결론을 같이한다. 다만 ① 장물죄의 본질을 사법상의 추구권의 유무와 관계 없이 형법 독자의 기준에서 판단하려고 하고, ② 위법한 재산상태의 유지에 장물죄의 본질이 있다고 하므로 본범의 점유의 위법성만을 문제로 하는 추구권설에 비하여 장물죄의 재산죄적 성격이 강조되고, ③ 장물죄의 성립에 장물범과 본범 또는 점유자와의 합의를 요건으로 하며, ④ 불법원인급여의 경우에도 장물죄의 성립을 인정하는 점에 특색이 있다. 7

3) 공 범 설 **공범설**(Teilnahmetheorie)은 장물죄의 본질을 이익을 추구하는 이욕적인 점에 있다고 보아, 장물죄는 본범에 의한 범죄적 이익에 관여하는 간접영득죄라고 한다. 이익설(Ausbeutungs- od. Nutznießungstheorie)이라고도 한 8

1 김종원 248면; 남흥우 220면; 신동운 1313면; 이건호 566면; 정영석 394면; 황산덕 327면.

2 대법원 1972. 2. 22. 71도2296; 대법원 1975. 12. 9. 74도2804.

3 Lackner/Kühl §259 Rn. 1; Lauer MK §259 Rn. 1; Ruß LK §259 Rn. 1; Sch/Sch/Stree §259 Rn. 1; Tröndle/Fischer §259 Rn. 1; Welzel S. 396; Wessels/Hillenkamp Rn. 824.
BGHSt(GStS). 7, 137; BGHSt. 27, 45.
이정원 483면; 임웅 556면도 유지설의 입장을 지지하고 있다.

다. 이에 의하면 ① 장물죄의 성립에는 주관적 구성요건요소로 이득의사를 필요로 하고,[1] ② 피해자와의 견련성이 인정되는 이상 장물을 매각하여 얻은 대금이나 본범이 소유권을 취득한 재물에 대하여도 장물성을 인정하는 결과가 된다.

9 (2) 비 판 형법의 해석에 있어서 장물죄의 본질에 관하여 공범설을 취하는 견해는 찾아볼 수 없다. 형법이 장물죄의 주관적 구성요건요소로서 이득의사를 요건으로 하지 않을 뿐 아니라, 장물죄에 대하여 벌금형을 병과하던 구형법의 규정을 폐지한 점에 비추어 공범설이 주장될 근거는 없다.

종래의 통설이 추구권설을 취하고 있는 이유는, ① 독일 구형법은 장물의 개념을 「범죄행위에 의하여 취득된 물건」(Sachen, die mittels einer strafbaren Handlung erlangt sind)이라고 규정하고 있었으므로 유지설이 타당할 수 있으나, 형법은 이를 장물이라고만 하고 있으므로 재산죄의 일종으로 보는 한 추구권설을 취하지 않을 수 없고,[2] ② 형법이 장물양도죄를 신설한 취지에서 볼 때 이는 피해자의 반환청구권의 행사를 곤란하게 한다는 점을 고려한 것이므로 유지설을 취할 수 없다는 데 있다.[3]

그러나 ① 장물죄가 재산죄이기 때문에 추구권설이 타당하다는 통설의 첫번째 이유는 옳다고 할 수 없다. 유지설은 원래 본범이 재산범죄일 것을 요하지 않던 독일 구형법하에서 주장되어 통설의 지위를 차지한 것은 사실이다. 다만 유지설은 장물죄의 본질을 위법한 재산상태의 유지에 있다고 보기 때문에 본범이 타인의 재산을 침해하는 범죄임을 요하지만, 추구권설에 의하면 타인의 점유의 불법만을 문제로 하는 것이므로 본범이 반드시 재산범죄일 것을 요하지 않고 오히려 공무상 비밀표시무효죄(제140조), 공무상 보관물무효죄(제142조) 기타 공공의 이익에 대한 죄에 의하여 불법하게 점유를 취득한 때에도 장물성을 인정하게 된다. 즉 장물죄의 본범을 재산범죄에 제한하는 것은 추구권설이 아니라 유지설의 입장이다.[4]

현행 독일 형법이 장물을 「타인이 절취하거나 타인의 재산에 대한 위법한 행위로 인

1 독일 형법 제259조는 장물죄의 주관적 구성요건으로 이득의사(Bereicherungsabsicht)를 요구하고 있다. 즉 자기 또는 제3자의 이익을 위하여(um sich oder einen Dritten zu bereichern) 장물을 취득·매수·판매 또는 알선한 때에 장물죄가 성립한다.

2 강구진 392면; 김종원 248면; 정영석 394면; 황산덕 327면.

3 강구진 392면; 유기천 310면.

4 Maurach/Schroeder/Maiwald 39/8.

하여 취득한 물건」(eine Sache, die ein anderer gestohlen oder sonst durch eine gegen fremdes Vermögen gerichtete rechtswidrige Tat erlangt hat)이라고 규정한 것은 유지설의 입장을 명문화한 것이라고 하는 이유도 여기에 있다.[1]

② 형법이 장물양도죄를 신설한 것은 추구권설을 취한 것이라는 통설의 두 번째 이유는 타당하다. 장물양도죄는 피해자의 반환청구권의 행사를 곤란하게 한다는 점에서만 그 근거를 가질 수 있기 때문이다. 여기에 형법에 있어서 장물죄의 본질은 유지설과 추구권설의 결합에서 찾지 않을 수 없다. 즉 장물죄의 본질을 형법의 독자적 입장에서 규명하고 재산죄로서의 성질을 강조한 점에서 근본적으로 유지설이 타당하다. 그러나 형법의 제정에 있어서 추구권설이 기초가 되어 있는 것도 부정할 수 없으므로 장물죄의 본질은 유지설과 추구권설의 조화에 의하여 해석해야 하는 것이다.[2]

대법원도 장물보관죄는 장물인 정을 모르고 보관하던 중 장물인 정을 알게 되었고, 위 장물을 반환하는 것이 불가능하지 않음에도 불구하고 계속 보관함으로써 피해자의 정당한 반환청구권 행사를 어렵게 하여 위법한 재산상태를 유지시킨 경우에 성립한다고 판시하여, 장물죄의 본질을 유지설과 추구권설의 결합에서 찾고 있다(대법원 1987. 10. 13. 87도1633).

Ⅱ. 장물취득 · 양도 · 운반 · 보관 · 알선죄

장물을 취득 · 양도 · 운반 또는 보관한 자는 7년 이하의 징역 또는 1,500만원 이하의 벌금에 처한다.

전항의 행위를 알선한 자도 전항의 형과 같다(제362조).

전 3 조의 죄를 범한 자와 피해자간에 제328조 제1항, 제2항의 신분관계가 있는 때에는 동조의 규정을 준용한다.

전 3 조의 죄를 범한 자와 본범간에 제328조 제1항의 신분관계가 있는 때에는 그 형을 감경 또는 면제한다. 단 신분관계가 없는 공범에 대하여는 예외로 한다(제365조).

---

1 Bockelmann S. 160; Ruß LK §259 Rn. 1; Sch/Sch/Stree §259 Rn. 1; Tröndle/Fischer §259 Rn. 1; Wessels/Hillenkamp Rn. 825.

2 김일수/서보학 402면; 박상기 425면; 배종대 79/8; 백형구 232면; 유기천 310면; 이영란 429면; 이형국 450면; 정영일 247면.
강구진 392면; 김종원 248면; 오도기(공저) 414면; 정성근/박광민 448면; 진계호 436면도 추구권설과 유지설의 결합을 주장하고 있으나, 원칙적으로 추구권설에 입각하고 있다는 점에서 그 기본태도가 구별된다고 하겠다.

1. 객관적 구성요건

10 본죄는 장물을 취득 · 양도 · 운반 · 보관 또는 이를 알선함으로써 성립한다.

11 (1) **행위의 객체** 장물(贓物)이다. 장물이란 재물죄에 의하여 영득한 재물을 말한다. 추구권설은 장물을 재산범죄에 의하여 영득한 재물로서 피해자가 법률상 그 반환을 청구할 수 있는 물건이라고 하지만 장물의 개념에 반환청구권의 존재를 요소로 할 필요는 없다고 생각된다.

12 1) **재 물** 장물은 재물임을 요한다. 따라서 재산상의 이익이나 권리는 장물이 될 수 없다.[1] 다만 권리가 화체된 문서는 재물이므로 장물이 될 수 있다. 이러한 의미에서 형법은 재물에 대한 장물죄(Sachhehlerei)만 인정하고 가치장물(Werthehlerei)은 인정하지 않는다고 할 수 있다. 재물인 이상 동산인가 부동산인가는 묻지 아니하며, 반드시 경제적 가치(교환가치)를 가질 것도 요하지 않는다. 관리할 수 있는 동력도 장물이 될 수 있는가에 대하여는 견해가 대립되고 있다. 형법이 장물죄에 관하여는 제346조의 규정을 준용하지 아니하므로 관리할 수 있는 동력은 장물이 될 수 없다는 견해[2]도 있다. 그러나 관리할 수 있는 동력도 당연히 재물에 해당하고 형법 제346조는 주의규정에 불과하다고 할 것이므로(관리가능성설), 형법 제346조의 준용규정의 유무에 관계 없이 당연히 장물이 된다고 해석함이 타당하다.[3]

2) **본범의 성질** 장물은 재산범죄에 의하여 영득한 재물을 의미한다.

13 (가) **재산범죄** 본범은 재산범죄임을 요한다. 장물의 개념에 관하여 영미법에서는 stolen goods(도품), 독일 형법은 「타인이 절취하거나 타인의 재산에 대한 위법한 행위로 인하여 취득한 물건」이라고 규정하고 있음에 대하여, 형법은 장물의 개념을 규정하지 않고 있다. 그러나 장물죄도 재산죄의 일종인 이상 본범은 재산범죄임을 요한다고 하지 않을 수 없다.

> 따라서 수뢰죄에 의하여 수수한 뇌물, 도박죄에 의하여 취득한 재물, 사체등 영득죄에 의하여 영득한 사체(제161조) 등은 물론 수산업법에 위반하여 획득한 어획물이나 임산물단속에 관한 법률에 위반하여 벌채한 임산물은 장물이 될 수 없다(대법원 1975. 9. 23. 74도1804).

1 대법원 1971. 2. 23. 70도2589, 「전화가입권은 채권적 권리로서 재산상 이익은 될지언정 재물이 아니므로 전화가입권매수행위를 업무상과실 장물취득죄로 처단할 수 없다.」

2 황산덕 331면.

3 대법원 1972. 6. 13. 72도971.

장물죄의 본범이 될 수 있는 형법상의 재산죄에는 절도 · 강도 · 사기 · 공갈 · 횡령죄가 있다. 장물죄도 재산죄이므로 장물죄의 본범이 될 수 있다. 이를 연쇄장물(Kettenhehlerei)이라고 한다. 그러나 손괴죄는 재산죄이지만 재물의 취득이 없으므로 장물죄의 본범이 될 수 없다. 재산죄인 이상 형법상의 재산범죄에 제한하지 않는다. 특별법상의 재산범죄(산림자원의 조성 및 관리에 관한 법률 위반)도 포함한다.

(나) **재산범죄에 의하여 영득한 재물** 장물은 재산범죄에 의하여 영득한 재 14
물임을 요한다. 따라서 범죄에 의하여 작성한 물건은 물론, 재산범죄의 수단으로 사용된 재물도 장물이 될 수 없다. 그러므로 배임죄에 있어서는 영득한 것은 재산상의 이익이고 재물은 배임죄에 제공된 것에 불과하므로 이중매매된 부동산[1]은 장물이 될 수 없다. 리프트탑승권 발매기를 전산조작하여 위조한 탑승권을 발매기에서 뜯어간 행위는 탑승권 위조행위와 위조탑승권 절취행위가 결합된 것이므로 위조탑승권도 장물에 해당한다.[2]

판례는 컴퓨터등 사용사기죄의 범행으로 예금채권을 취득한 다음 자기의 현금카드를 사용하여 현금자동지급기에서 현금을 인출하거나, 인터넷뱅킹으로 타인의 예금계좌에서 자신의 예금계좌로 돈을 이체한 후 그 중 일부를 인출하여 그 정을 아는 자에게 교부한 경우에도, 컴퓨터등 사용사기죄에 의하여 취득한 예금채권은 재물이 아니라 재산상 이익이므로, 장물취득죄가 성립하지 않는다고 판시한 바 있다(대법원 2004. 4. 16. 2004도353). 이에 반하여 사기 범행의 피해자로부터 현금을 예금계좌로 송금받은 경우 그 사기죄의 객체는 재물이므로 그 계좌에서 인출한 돈은 장물이 된다(대법원 2010. 12. 9. 2010도6256).

(다) **장물성의 상실** 재산범죄에 의하여 영득한 재물이라고 하여 언제나 15
장물이 되는 것은 아니다. 유지설에 의하여도 장물죄의 본질은 위법한 재산상태를 유지하는 데 있으므로 본범에 의하여 형성된 위법한 재산상태가 없어진 때에는 더 이상 장물이라고 할 수 없다.[3] 즉 재물이 위법한 점유상태에 있는 때에만 그것은 장물이 될 수 있다.[4] 따라서 본범 또는 제3자가 그 장물에 대하여 소유권

1 대법원 1975. 12. 9. 74도2804.
2 대법원 1998. 11. 24. 98도2967.
3 추구권설에 의하여도 피해자가 추구할 수 있는 재산만 장물이 될 수 있으므로 같은 결론이 된다. 강구진 395면; 김종원 250면; 정영석 397면; 황산덕 329면.
4 Hoyer SK §259 Rn. 11; Ruß LK §259 Rn. 7; Sch/Sch/Stree §259 Rn. 8; Wessels/Hillenkamp Rn. 830.

을 취득한 때에는 장물성을 상실하여 더 이상 장물죄는 성립할 여지가 없다.

16 그러므로 ① 본범에 대하여 피해자의 승낙이 있거나 본범이 이를 상속받은 경우에는 장물성이 소멸되며, ② 본범이 대외관계에서 소유자로서 처분할 권한을 가지고 처분한 재물도 장물이라고 할 수 없다. 명의신탁받은 부동산을 처분하는 경우에 그 부동산이 여기에 해당한다.[1] ③ 민법 제249조에 의하여 제3자가 선의취득한 재물도 장물이라고 할 수 없다. 다만 목적물이 도품이나 유실물일 때에는 도난 또는 유실한 날로부터 2년간은 장물성이 소멸되지 않는다(민법 제250조). ④ 가공에 의하여 소유권이 가공자에게 귀속된 경우(민법 제259조)에도 같다. 그러나 다소 가공한 사실이 있다고 할지라도 재물의 동일성이 유지되어 가공자의 소유로 귀속되지 아니한 때에는 장물성이 소멸되지 않는다.[2] ⑤ 사기 또는 공갈에 의하여 취득한 장물의 경우 피해자가 그 의사표시를 취소할 수 있지만(민법 제110조), 이와 같이 취소할 수 있는 재물의 점유도 위법한 점유상태라고 해야 하므로 장물이 된다. 그러나 피해자가 소유권을 포기하거나 취소기간을 도과하여 취소할 수 없는 상태가 되면 장물이라고 할 수 없게 된다. ⑥ 불법한 원인에 의하여 급여한 재물을 장물이라고 할 수 있는가에 대하여는 추구권설과 유지설이 결론을 달리한다. **추구권설**은 불법원인급여의 경우에는 민법상 피해자에게 반환청구권이 인정되지 아니하므로 그 재물을 취득하더라도 피해자의 권리를 침해하지 아니하여 이는 장물이 될 수 없다고 함에 반하여,[3] **유지설**의 입장에서는 장물죄의 본질은 피해자의 반환청구권의 유무와 관계 없이 위법한 재산상태를 유지하면 족하다고 하므로 이 경우에도 장물성을 인정한다. 생각건대 불법원인급여의 경우에도 사기죄나 공갈죄 등의 재산죄가 성립한다는 점에 비추어 볼 때 장물성을 인정하는 것이 타당하다.

3) 본범의 실현정도

17 **(가) 범죄의 성립** 장물은 본범의 구성요건에 해당하고 위법한 행위에 의하여 영득한 것임을 요한다. 즉 본범은 구성요건에 해당하고 위법해야 한다. 구성요건에는 객관적 구성요건뿐만 아니라 주관적 구성요건도 포함된다. 따라서

---

1 대법원 1979. 11. 27. 79도2410.

2 대법원 1958. 7. 11. 4291형상215.

3 강구진 395면; 김종원 251면; 오도기(공저) 421면; 황산덕 330면. 다만 정영석 398면은 추구권설의 입장을 취하면서도 불법원인급여의 경우에 장물성을 인정하고 있다.

본범은 고의가 있어야 하고, 과실로 족한 때에는 과실이 있어야 한다. 본범의 행위가 유책할 것은 요하지 않는다. 따라서 본범이 책임무능력자이거나 회피할 수 없는 금지의 착오가 있었을 때에도 장물죄는 성립한다. 본범이 소추되거나 처벌받을 것도 요하지 않는다. 따라서 ① 본범이 범한 죄가 친고죄인 경우에 고소가 없거나 공소시효가 완성되어 소추할 수 없는 경우, ② 본범에게 친족상도례가 적용되어 형이 면제되는 경우, ③ 본범이 재판권이 미치지 않는 외교관이거나 외국에서 외국인에 의하여 범하여진 때에도 장물죄의 성립에는 영향이 없다. 즉 본범에게 소송조건 또는 처벌조건이 없는 때에도 장물죄는 성립한다.

(나) 시간적 관계 본범과 장물죄 사이의 시간적 관계에 관하여 장물죄가 18
범해지기 전에 본범이 종결되어야 한다는 데는 의문이 없다. 통설은 본범이 기수에 이를 것을 요한다고 한다.[1] 그러나 본범이 종결되었는가를 판단할 때에는 본범에 의한 재물의 영득이 시간적으로 끝났는가를 기준으로 할 것이지, 기수인가 종료인가에 의하여 좌우될 성질은 아니다.[2] 즉 장물은 본범에 의하여 불법하게 영득한 점유를 전제로 하며, 본범의 재물영득과 장물행위가 시간적으로 동시에 이루어진 때에는 장물죄는 성립할 여지가 없다. 여기서 문제되는 것은 본범이 횡령행위인 경우이다. 예컨대 甲이 보관하던 타인의 재물을 乙에게 매도한 경우 그 정을 알고 취득한 乙은 횡령죄의 공범인가 장물취득죄가 되는가이다. 이에 대하여 ① 횡령죄는 매도하는 행위가 있으면 매수의 의사표시를 기다리지 않고 기수가 되므로 乙의 행위는 **장물취득죄**가 성립할 뿐이라는 견해[3]와, ② 횡령죄는 현실적인 매도에 의하여만 기수가 될 수 있다는 전제에서 **횡령죄의 종범과 장물취득죄**의 성립을 인정하는 견해[4]가 있으나, ③ 횡령에 의한 재물영득과 장물취득이 시간적으로 중복되는 경우이므로 **횡령죄의 공범**이 될 뿐이라고 하는 것이 타당

---

1 강구진 394면; 김일수/서보학 405면; 김종원 250면; 배종대 **80**/12; 손동권/김재윤 499면; 신동운 1320면; 이정원 492면; 정성근/박광민 453면; 정영일 248면.

2 Maurach/Schroeder/Maiwald **39**/21; Otto S. 274; Rengier **22**/6; Ruß LK §259 Rn. 11; Wessels/Hillenkamp Rn. 385.
Tröndle/Fischer §259 Rn. 10은 본범이 종료에 이를 것을 요한다고 한다.

3 김일수/서보학 406면; 박상기 431면; 배종대 **80**/13; 오도기(공저) 418면; 정성근/박광민 453면; 황산덕 329면.

4 김종원 250면; 진계호 441면.

하다고 생각된다.[1] 판례는 이 경우에 장물취득죄가 성립한다고 판시하였다.[2]

19 4) 재물의 동일성 장물은 재산범죄에 의하여 영득한 재물 그 자체임을 요한다.

유지설에 의하면 장물죄의 본질이 본범에 의하여 이루어진 위법한 재산상태를 유지하는 데 있으므로 직접 본범에 의하여 영득된 재물만 장물이 될 수 있고 대체장물(Ersatzhehlerei)은 장물이 아니다. 추구권설에 의하여도 피해자가 반환청구권을 가지는 것은 장물 그 자체에 제한되므로 같은 결론을 가져온다. 따라서 장물을 매각한 대금으로 받은 돈[3]이나, 장물과 교환한 재물은 물론, 장물인 돈으로 매입한 재물은 모두 장물이 될 수 없다. 장물을 전당잡힌 전당표도 장물이 되지 아니한다.[4] 이와 같이 대체장물은 장물이 될 수 없지만 그것이 다른 재산범죄에 의하여 취득한 것이라고 인정될 때에는 장물이 될 수 있다.

예컨대 절취한 재물을 처분한 대가로 받은 돈은 절취에 의하여 영득된 장물은 아니지만 그 처분행위가 사기죄를 구성하는 때에는 사기죄에 의하여 취득한 재물로서 장물이 될 수 있다.

20 문제는 금전과 같이 대체성을 갖는 재물에 대하여도 대체장물의 장물성을 부정해야 하는가에 있다. 금전도 재물이지만, 금전의 영득에 있어서는 물체의 영득보다는 가치취득이라는 성질이 강하고, 행위자가 취득한 가치총액은 그 금전을 교환한 때에도 동일성이 유지되므로 장물성을 인정해야 한다는 이론이 전개되고 있다.[5] 종래 우리나라의 통설이 금전을 다른 돈으로 환전한 경우(예컨대 1만원권을 5천원권으로 바꾼 경우)에 장물성을 인정한 이유도 여기에 있다.[6] 이러한 이론은 현금과 같은 가치를

---

1 김성돈 484면; 손동권/김재윤 500면; 오영근 413면; 이영란 432면; 이정원 492면; 이형국 453면; 임웅 560면.

2 대법원 2004. 12. 9. 2004도5904, 「甲이 회사자금으로 乙에게 주식매각 대금조로 금원을 지급한 경우, 그 금원은 단순히 횡령행위에 제공된 물건이 아니라 횡령행위에 의하여 영득된 장물에 해당한다고 할 것이고, 나아가 설령 甲이 乙에게 금원을 교부한 행위 자체가 횡령행위라고 하더라도 이러한 경우 甲의 업무상 횡령죄가 기수에 달하는 것과 동시에 그 금원은 장물이 된다.」

3 대법원 1972. 2. 22. 71도2296; 대법원 1972. 6. 13. 72도971.

4 대법원 1973. 3. 13. 73도58.

5 Otto S. 279; Roxin, 「Geld als Objekt von Eigentums- und Vermögensdelikten」, H. Mayer-FS S. 467, 471.

6 강구진 396면; 김성돈 481면; 김성천/김형준 640면; 손동권/김재윤 501면; 유기천 314면; 정성근/박광민 456면; 정영일 249면.

이에 반하여 김일수/서보학 408면; 박상기 427면; 백형구 235면; 오영근 414면; 이영란 435면;

가지고 있는 자기앞수표를 현금으로 교환하거나 절취한 돈을 은행에 예금하였다가 찾은 경우에도 적용되어 장물성이 유지된다. 대법원은 장물인 현금과 수표를 예금하였다가 현금으로 인출한 경우에도 장물성을 긍정하였다.[1]

절취한 예금통장을 이용하여 찾은 돈에 대하여도 장물은 그 동일성을 유지한다고 해석하는 견해[2]도 있다. 그러나 이 경우에 그 돈은 사기죄에 의하여 영득한 재물로서 당연히 장물성을 가진다고 보는 것이 타당하다.

(2) **행 위** 장물을 「취득 · 양도 · 운반 · 보관 또는 알선하는 것」이다.

1) **취 득** 취득(Verschaffen)이란 점유를 이전함으로써 재물에 대한 사실상의 처분권을 획득하는 것을 말한다. 따라서 취득이라고 하기 위하여는 재물에 대한 점유의 이전(인도)과 사실상의 처분권의 획득이라는 두 가지 요소가 있어야 한다. 21

취득은 점유의 이전을 필요로 한다. 따라서 단순한 약속이나 계약의 성립만으로는 취득이라고 할 수 없다. 장물취득죄는 취득의 의사가 표시된 때에 실행의 착수가 있다고 하겠지만, 본죄는 미수범을 벌하지 아니하므로 계약만으로는 성립되지 않는 것이다. 그러나 장물이 현실로 인도된 이상 대금이 지급되거나 대금액의 결정이 있었는가는 본죄의 성립에 영향이 없다. 반드시 현실의 인도를 요하는 것이 아니라 간접적인 점유의 취득이 있어도 본죄는 성립한다. 따라서 시정물의 열쇠를 취득하거나 위탁된 장물을 인출할 수 있는 증서를 인도받은 때에도 본죄가 성립한다. 취득은 또한 사실상의 처분권을 획득한다는 데에 그 본질이 있다. 장물취득죄는 장물에 대한 사실상의 처분권이 취득자에게 이전된다는 점에서 운반 또는 보관과 구별된다.

따라서 담보물로서 취득하거나(매도담보) 소비대차로 취득한 때에는 취득에 해당하

이정원 490면; 이형국 454면; 임웅 561면은 이 경우에도 장물성을 부정하고 있다.

1 대법원 2000. 3. 10. 98도2579, 「장물인 현금을 금융기관에 예금의 형태로 보관하였다가 이를 반환받기 위하여 인출한 경우에 예금계약의 성질상 인출된 현금은 당초의 현금과 물리적으로 동일성은 상실되었지만 액수에 의하여 표시되는 금전적 가치에는 아무런 변동이 없으므로 장물로서의 성질은 그대로 유지된다고 봄이 상당하고, 자기앞수표도 그 액면금을 즉시 지급받을 수 있는 등 현금에 대신하는 기능을 가지고 거래상 현금과 동일하게 취급되고 있는 점에서 금전의 경우와 동일하게 보아야 한다.」

동지 : 대법원 2004. 3. 12. 2004도134; 대법원 2004. 4. 16. 2004도353.

2 유기천 314면.

지만, 보관·손괴·임대차 또는 사용대차로 인도받은 때에는 취득이라고 할 수 없다. 여기서 장물인 음식물을 같이 먹는 것이 취득이라고 할 수 있느냐가 문제된다. 음식물을 같이 먹는 것만으로는 독자적인 처분권을 취득한 것이라고 할 수 없으므로 취득이 될 수 없다.[1] 또한 보수를 받고 본범을 위하여 장물을 일시 사용하거나 그와 같이 사용할 목적으로 장물을 건네받은 것도 장물을 취득한 것으로 볼 수 없다(대법원 2003. 5. 13. 2003도1366).

22 취득은 유상이든 무상이든 묻지 않는다. 매매·교환·채무변제·소비대차·매도담보에 의하여 취득하는 것은 유상취득에 해당하며, 증여 또는 무이자소비대차가 무상취득의 예이다. 자기를 위하여 취득하는 경우에 한하지 않고 제3자를 위한 취득도 포함한다. 예컨대 회사원이 회사를 위하여 장물을 취득한 경우가 여기에 속한다. 반드시 본범으로부터 직접 취득할 것을 요하는 것도 아니다.

장물취득죄는 즉시범이다. 따라서 행위자는 장물을 취득할 때에 장물에 대한 고의가 있어야 한다. 매매계약을 체결할 때에는 장물인 것을 몰랐으나 그 정을 알고 인도받은 때에는 본죄가 성립하지만,[2] 취득할 때에 장물인 정을 몰랐을 경우에는 본죄는 성립할 여지가 없다.[3]

23 2) 양 도 양도란 장물을 제3자에게 수여하는 것을 말한다. 유상인가 무상인가를 묻지 않으며, 양도의 상대방(양수인)이 장물임을 알았는가도 문제되지 않는다. 양도죄의 성립에 있어서도 단순한 양도의 계약성립만으로는 족하지 않고 점유의 이전이 있어야 하는 것은 취득의 경우와 같다.

장물임을 알고 취득하여 장물취득죄가 성립한 후에 이를 다른 사람에게 양도하는 것은 장물취득죄의 불가벌적 사후행위에 지나지 않는다. 따라서 장물양도죄는 장물인 정을 모르고 장물을 취득한 후에 그 내용을 알면서 이를 제3자에게 양도한 때에만 성립한다.

24 3) 운 반 운반이란 장물을 장소적으로 이전하는 것을 말한다. 운반은 실질적으로 보면 본범 또는 장물죄를 방조하는 행위와 같은 성질을 가진다. 형법이 이를 독립한 범죄유형으로 규정하고 있는 것은 운반이 장물의 위법한 재

1 Bockelmann S. 165; Hoyer SK §259 Rn. 27; Krey/Hellmann Rn. 586; Ruß LK §259 Rn. 21; Sch/Sch/Stree §259 Rn. 24; Tröndle/Fischer §259 Rn. 15; Wessels/Hillenkamp Rn. 856.
2 대법원 1960. 2. 17. 4292형상496.
3 대법원 1971. 4. 20. 71도468.

산상태를 유지하는 데 중요한 역할을 한다고 보기 때문이다. 따라서 피해자의 위탁을 받거나 피해자에게 회수해 주기 위하여 장물을 피해자에게 옮긴 때에는 본죄를 구성하지 않는다. 운반이 유상인가 무상인가, 즉 운반의 대가를 받았는가는 본죄의 성립에 영향이 없다. 운반의 방법도 묻지 않는다. 정을 모르는 제3자를 이용하여 운반한 때에는 간접정범으로 본죄를 범한 것이 된다. 그러나 타인이 절도하여 운전하는 승용차에 편승한 것만으로는 운반이라고 할 수 없다.[1]

본범이 스스로 장물을 운반하는 것은 별죄를 구성하지 않는다. 그러나 본범과 공동하여 제3자가 장물을 운반한 때에 제3자에 대하여는 본죄가 성립한다. 따라서 재물을 절취한 본범과 장물을 승차시켜 운반한 자도 본죄를 범한 것으로 된다. 다만 장물임을 알고 운반할 것을 요함은 물론이다.[2] 본범이 절취한 차량이라는 정을 알면서 이를 운전해 준 경우에도 본죄가 성립한다.[3] 장물을 취득한 자가 이를 운반하거나, 운반한 자가 이를 취득한 때에는 장물취득죄만 성립할 뿐이다. 그러나 장물인 정을 모르고 취득하거나 보관한 자가 그 정을 알면서 운반한 때에는 본죄가 성립한다.

4) 보 관 보관이란 위탁을 받아 장물을 자기의 점유하에 두는 것을 25
말한다. 유상·무상을 묻지 아니하며, 보관의 방법도 불문한다. 직무에 의하여 보관하거나, 임대차계약에 의하거나, 질물로서 보관하거나 묻지 않는다. 장물에 대한 사실상의 처분권이 없는 점에서 취득과 구별되지만, 현실적인 점유의 이전이 있어야 하는 것은 취득의 경우와 같다. 다만 타인의 죄증을 인멸하기 위하여 장물을 은닉한 때에는 본죄와 증거인멸죄의 상상적 경합이 된다. 보관을 개시할 때에 장물인 정을 알아야 한다. 따라서 정을 모르고 보관하였다가 알고도 보관을 계속하였으나 점유할 권한이 있는 때에는 본죄가 성립하지 않는다.[4]

장물을 취득한 자가 이를 보관하는 때에는 장물취득죄만 성립한다. 장물을 보관한 자가 취득한 때에도 같다. 전자의 경우에는 보관은 불가벌적 사후행위가 되고, 후자의 경우에는 보관이 취득에 대하여 보충관계에 있기 때문이다. 그러나 장물임을 모르고 취득한 자가 그 정을 알면서 보관한 때에는 장물보관죄가 성립

1 대법원 1983. 9. 13. 83도1146.
2 대법원 1959. 7. 20. 4291형상396.
3 대법원 1999. 3. 26. 98도3030.
4 대법원 1986. 1. 21. 85도2472.

한다.[1] 여기서 장물을 보관하던 자가 이를 횡령한 때에 본죄 이외에 횡령죄가 성립할 것인가가 문제된다. 통설[2]과 판례[3]는 장물죄에 의하여 피해자의 소유권은 침해되었으므로 횡령죄는 불가벌적 사후행위가 된다고 해석한다.

26 **5) 알 선** 알선이란 장물의 취득·양도·운반 또는 보관을 매개하거나 주선하는 것을 말한다. 자기의 이름으로 하거나, 본범의 이름으로 하거나, 대리인의 이름으로 하거나 묻지 않는다. 직접 매수인과 교섭하거나 타인을 위촉하여 교섭하게 하거나도 불문한다. 이를 통하여 이익을 얻을 것도 요하지 않는다.

27 **알선죄의 성립시기**에 대하여는 견해가 대립되고 있다. 알선행위시설은 사실상 **알선행위**만 있으면 본죄는 기수가 되며, 알선에 의하여 매매계약 등이 성립할 것은 요하지 않는다고 한다.[4] 그 이유는 ① 형법이 장물의 알선을 벌하는 이상 알선행위가 있으면 기수가 된다고 해야 하고, ② 장물의 알선행위는 그 자체로 본범을 유발할 위험성이 클 뿐만 아니라 알선행위로도 장물죄의 보호법익(피해자의 반환청구권이라고 한다)에 대한 위험이 초래되었으며, ③ 계약의 성립을 요한다면 알선죄의 성립이 조건부가 된다는 점을 들고 있다. 이에 대하여 알선죄가 기수가 되기 위하여는 적어도 **계약의 성립**이 필요하다는 견해[5]는 ① 본범유발의 위험성은 알선의 경우에만 강조해야 할 이유가 없고, ② 알선행위만으로 피해자의 반환청구권에 대하여 위험을 초래하였다고 볼 수 없으며, ③ 장물의 취득·양도·운반·보관의 경우에는 모두 현실적인 점유의 이전이 있어야 기수가 된다고 하면서 알선에 대하여만 알선행위가 있으면 기수가 된다고 하는 것은 균형이 맞지 않는다는 이유로 현실적인 인도는 요하지 않더라도 적어도 계약이 성립하여야 알선이 기수가 된다고 한다. 생각건대 ① 장물알선의 위험성이 다른 행위에 비추어 특히 크다고 할 수는 없고, ② 장물에 대한 위법상태의 유지 또는 반환청구권에 대한 위험은 점유의 이전에 의하여 비로소 실현되는 것이며, ③ 알선과 취득 등의 경우에 균형을 유지하기 위하여는 알선에 있어서도 제3자에게 점유를 이전하

---

1 대법원 1987. 10. 13. 87도1633.

2 강구진 403면; 김성돈 489면; 김일수/서보학 411면; 김종원 254면; 박상기 431면; 배종대 80/25; 신동운 1331면; 유기천 318면; 이형국 456면; 정성근/박광민 459면.

3 대법원 1976. 11. 23. 76도3067; 대법원 2004. 4. 9. 2003도8219.

4 김성천/김형준 646면; 김일수/서보학 412면; 김종원 254면; 박상기 430면; 신동운 1331면; 정영일 251면.

5 유기천 319면; 이형국 457면; 임웅 568면; 정성근/박광민 460면; 정영석 401면.

여야 본죄가 성립한다고 해석함이 타당하다고 생각된다.[1]

대법원은 알선행위시설을 취하고 있다. 판례에 의하면, 장물인 정을 알면서 장물을 취득 · 양도 · 운반 · 보관하려는 당사자 사이에 서서 서로를 연결하여 장물의 취득 · 양도 · 운반 · 보관행위를 중개하거나 편의를 도모하였다면, 그 알선에 의하여 당사자 사이에 실제로 장물의 취득 · 양도 · 운반 · 보관에 관한 계약이 성립하지 아니하였거나 장물의 점유가 현실적으로 이전되지 아니한 경우라도 장물알선죄가 성립한다. 따라서 장물인 귀금속의 매도를 부탁받은 자가 그 귀금속이 장물임을 알면서도 매매를 중개하고 매수인에게 이를 전달하려다가 매수인을 만나기도 전에 체포되었다 하더라도, 위 귀금속의 매매를 중개함으로써 장물알선죄는 성립한다(대법원 2009. 4. 23. 2009도1203).

2. 주관적 구성요건

장물죄도 고의범이다. 따라서 주관적 구성요건으로 모든 객관적 구성요건요소에 대한 고의가 있어야 하며, 특히 장물인 정에 대한 인식이 있어야 한다. 이러한 인식은 미필적인 것으로도 족하므로,[2] 도난차량인 미등록 수입자동차를 취득하여 신규등록을 마친 후 위 자동차가 장물일지도 모른다고 생각하면서 이를 양도한 경우에는 장물양도죄가 성립한다.[3] 장물에 대한 인식은 그 재물이 재산범죄에 의하여 영득된 것이라는 인식이 있으면 족하다. 반드시 본범의 구체적 내용까지 알아야 하는 것은 아니다. 따라서 본범이 누구이며, 어떤 범죄에 의하여 영득된 것이고, 피해자가 누구이며, 언제 어디서 본범이 행하여졌는가를 인식할 것은 요하지 않는다. 단순히 어떤 재산범죄에 의하여 영득된 재물임을 인식할 것을 필요로 하며, 또 그것으로 충분하다. 28

예컨대 전매청 창고수로부터 그가 운반한 연초를 매수하였다면 창고수가 불법처분하는 것임은 알았다고 보아야 하므로 장물인 정을 알았다고 하겠지만(대법원 1970. 9. 29. 70도1678), 시중에서 거래되는 군용물을 매수하였다고 하여 반드시 장물임을 알았다고 단정할 수는 없다(대법원 1982. 2. 23. 81도2876). 예외적으로 군용물이 합법적으로 유통될 수도 있기 때문이다. 또한 주민등록증 이외의 방법으로라도 인적 사항을 확인하고 적정한 가격으로 귀금속을 매입한 때에는 장물인 정을 알았다고 볼 수 없다(대법원 1984. 2. 14. 83도3014).

1 김성돈 490면; 배종대 80/27; 오영근 420면; 이영란 438면; 이정원 496면.
2 대법원 1969. 1. 21. 68도1474; 대법원 1987. 4. 14. 87도107; 대법원 2006. 10. 13. 2004도6084.
3 대법원 2011. 5. 13. 2009도3552.

장물죄의 주관적 구성요건으로는 고의가 있으면 족하며 고의 이외에 이득의사가 있음은 요하지 않는다. 독일 형법은 명문으로 이득의사를 요구하고 있으나, 형법의 해석상으로 이를 필요로 한다고 볼 근거가 없기 때문이다.

3. 다른 범죄와의 관계

29 (1) **본범과 장물죄의 관계** 장물죄는 타인이 불법하게 영득한 재물에 대하여만 성립한다. 그러므로 자기가 영득한 재물에 대하여는 장물죄는 성립할 여지가 없다.[1] 따라서 본범의 정범 또는 공동정범에게는 본범 이외에 별도로 장물죄가 성립하지 않는다. 즉 본범의 정범 또는 공동정범은 장물죄의 정범은 물론 공범도 될 수 없다. 따라서 공동정범 사이에 서로 다른 공동정범의 장물을 취득·양도·운반·보관 또는 알선하여도 별도로 장물죄를 구성하지 않는다. 그러나 본범에 대한 협의의 공범, 즉 교사범과 종범은 스스로 본범을 실행한 자가 아니라 타인의 범죄에 가공한 것에 불과하므로 장물죄를 범할 수 있다. 예컨대 절도를 교사한 자가 장물을 취득한 때에는 절도죄의 교사범과 장물취득죄의 경합범이 된다. 처음부터 장물을 취득하기 위하여 절도를 교사한 때에도 같다.[2]

30 (2) **장물에 대한 재산범죄와 장물죄의 관계** 장물도 재물이므로 장물에 대하여도 재산범죄가 행하여질 수 있다. 이와 같이 본범에 의하여 장물이 된 이후 그 장물에 대하여 장물죄 이외의 재산범죄가 행하여진 경우, 예컨대 장물에 대하여 절도죄·강도죄·사기죄·공갈죄 또는 횡령죄를 범한 때에 그 재산범죄와 함께 장물죄가 성립할 수 있는가가 문제된다. 먼저 장물을 횡령한 때에는 장물죄만 성립하고 별도로 횡령죄가 문제되지 않는다는 것은 앞에서 본 바와 같다. 장물을 절취·강취·편취 또는 갈취한 때에 장물죄가 성립하는가에 대하여, 유지설은 장물죄의 본질을 본범과의 합의에 의하여 위법한 재산상태를 유지하는 데 있다고 보므로 상대방과의 합의가 없는 때에는 장물죄의 성립을 부정한다. 그러나 추구권설에 의하면 이론상으로 소유자가 추구권을 가지는 이상 반드시 상대

1 독일 형법 제259조는 장물을 「타인이 절취하거나 타인의 재산에 대한 위법한 행위로 영득한 재물」이라고 규정하고 있으므로, 여기서 본범은 타인이어야 한다는 결론이 나온다. 명문의 규정이 없는 형법에 있어서도 이와 같이 해석해야 한다. 본범의 불법은 장물의 처분까지 내용으로 하는 것이기 때문이다.

2 대법원 1986. 9. 9. 86도1273.

방과의 합의가 필요한 것은 아니므로 이 경우에 장물죄가 성립한다는 결과가 된다. 추구권설을 취하면서도 장물죄는 단순히 장물에 대한 추구를 곤란하게 하는 것만을 요소로 하는 것이 아니라 본범의 행위에 가담하여 장물에 대한 추구를 곤란하게 한다는 측면이 있으므로 본범과의 합의를 요한다고 해석하는 견해[1]도 있다.[2] 생각건대 본범이나 장물의 점유자와 장물범 사이의 의사의 합치는 장물범과 본범 사이에 위법한 재산상태를 유지하게 하거나 추구권의 행사를 곤란케 한다는 내적 연관을 이루며, 이로 인하여 장물죄가 다른 재산죄와 구별되는 고유한 재산죄로서의 성격을 갖게 되는 것이다.[3] 따라서 장물을 절취 · 강취한 때에는 물론 이를 편취 또는 갈취한 때에도 장물죄는 성립하지 아니하고 절도죄[4] · 강도죄 · 사기죄 또는 공갈죄만 성립한다. 다만 여기서 합의는 사실상의 의사의 합치 또는 묵시적 합의로 족하다.

4. 친족간의 범행

친족상도례에 관한 친족관계가 장물죄에 있어서 장물범과 재물의 피해자 사 31
이에 있어야 하는가 또는 본범 사이에 있을 것을 요하는가가 문제된다. 형법 제365조는 제328조의 규정이 장물범과 피해자 사이에 친족관계가 있을 때에 적용되고, 다만 장물죄를 범한 자와 본범 사이에 동조 1항의 신분관계가 있을 때에는 그 형을 감경 또는 면제한다는 특별규정을 두어 이에 대한 구법시대의 논쟁을 입법에 의하여 해결하였다.[5]

형법이 장물범과 재물의 피해자 사이에 친족관계가 있을 때 친족간의 범행

1 강구진 403면.

2 추구권설을 취하는 일본의 판례도 장물을 절취 · 강취한 때에 절도죄 또는 강도죄의 성립만 인정하고, 장물을 편취 또는 갈취한 때에도 사기죄(日大判 1928. 4. 16) 또는 공갈죄(日最判 1949. 2. 8)의 성립만을 인정하고 있다.

3 Altenhain NK §259 Rn. 21; Hoyer SK §259 Rn. 31; Lackner/Kühl §259 Rn. 103; Sch/Sch/Stree §259 Rn. 42; Tröndle/Fischer §259 Rn. 16.

4 대법원 1966. 12. 20. 66도1437.

5 구형법 제257조는 「① 직계혈족, 배우자, 동거친족 또는 가족 및 이러한 자의 배우자간의 자에 있어서 전조의 죄를 범한 자는 그 형을 면제한다. ② 친족 또는 가족이 아닌 공범에 대하여는 전항의 예를 적용하지 아니한다」라고 규정하고 있었다. 여기서 판례와 다수설은 본조가 본범과 장물범 사이에 이러한 친족관계가 있을 때에 적용된다고 해석하였다. 이는 장물죄를 범인은닉죄 및 증거인멸죄와 같은 성질의 범죄로 이해한 결과였다. 이에 대하여 장물죄가 재산범죄인 이상 친족상도례의 규정은 장물범과 피해자 사이에 친족관계가 있을 때에 적용되어야 한다는 반대설이 주장되어 견해의 대립을 보이고 있었다.

에 대한 특칙을 적용하도록 한 것은 장물죄를 재산범죄로 파악한 당연한 결론이다. 그러나 장물범과 본범 사이에 제328조 1항의 친족관계가 있을 때에도 그 형을 감경 또는 면제하도록 한 것은 장물죄에 범인비호적 성격도 있음을 고려한 것이다. 즉 범인은닉죄나 증거인멸죄에 있어서와 같이 본범의 친족이 본범으로부터 장물을 취득하거나, 본범과 협력하여 장물을 운반 또는 알선하는 것은 친족간의 인정에 비추어 동정할 점이 있다는 것을 근거로 한다. 이러한 의미에서 형법상의 장물죄는 재산범죄이지만 범인비호적 성격이 유지되고 있다고 할 수 있다.

Ⅲ. 상습장물취득 · 양도 · 운반 · 보관 · 알선죄

① 상습으로 전조의 죄를 범한 자는 1년 이상 10년 이하의 징역에 처한다.
② 제1항의 경우에는 10년 이하의 자격정지 또는 1,500만원 이하의 벌금을 병과할 수 있다(제363조).

32 본죄는 상습으로 장물을 취득 · 양도 · 운반 · 보관 또는 알선함으로써 성립한다. 장물죄의 본범조장적 성격을 고려하여 상습으로 장물죄를 범한 자에게 형을 가중하는 가중적 구성요건이다. 상습의 의미에 관하여는 상습절도죄에서 검토한 바와 같다. 장물알선의 전과도 없는 자가 단지 2회에 걸쳐 장물을 알선한 사실만으로는 장물알선의 상습범이 될 수 없다.[1] 대법원은 상습장물죄를 포괄일죄로 보고 있다. 따라서 장물취득죄도 상습장물알선죄와 포괄일죄가 된다.[2]

Ⅳ. 업무상과실 · 중과실 장물취득 · 운반 · 보관 · 알선죄

업무상과실 또는 중대한 과실로 인하여 제362조의 죄를 범한 자는 1년 이하의 금고 또는 500만원 이하의 벌금에 처한다(제364조).

33 (1) 의 의 본죄는 업무상과실 또는 중과실에 의하여 장물을 취득 · 운반 · 보관 또는 알선함으로써 성립하는 범죄이다. 형법은 업무상과실 또는 중과실에 의하여 제362조의 죄를 범한 자라고 규정하여 양도의 경우까지 포함하고

1 대법원 1972. 8. 31. 72도1472.
2 대법원 1975. 1. 14. 73도1848.

있다. 그러나 양도란 장물인 정을 모르고 취득한 후에 그 정을 알면서 처분하는 것을 말하므로 업무상과실에 의한 장물양도죄는 생각할 여지가 없다. 형법상의 재산죄 가운데 과실범을 처벌하는 유일한 규정이다.

본죄의 입법취지에 관하여는 고의의 입증이 곤란한 경우에 과실범으로 처벌 34
할 길을 열어 단속의 효과를 거둔다는 정책적 고려에 있다고 보는 견해[1]도 있다. 그러나 본조가 업무상과실과 중과실만을 처벌하고 있는 점에서 볼 때, 고물상이나 전당포와 같이 중고품을 취급하는 업무에 종사하는 자는 장물을 취급하기 쉽기 때문에 그 업무처리상의 주의의무를 요구하고, 보통인의 중과실을 이와 같이 취급하는 것이라고 해야 한다.[2] 여기의 업무는 반드시 본래의 업무에 한하지 아니하고 그에 부수되는 업무도 포함한다.[3]

(2) **주의의무의 내용** 업무상 주의의무의 내용을 판례를 중심으로 검토 35
하여 본다. ① 고물상의 경우 물건의 출처와 매도인의 신분을 확인하기 위하여 주민등록증을 제시받고 고물대장과 매매장부에 매입·매도경위를 자세히 기재하였고 가격이 부당하지 않을 때에는 업무상 주의의무를 다하였다고 해야 한다.[4]

> 따라서 밀가루를 구입하는 상인이 같은 업종의 상회를 경영하고 있는 자로부터 수표부도를 막기 위하여 염가로 팔려고 하니 사라는 권유를 받고 공장출고가격보다 다소 저렴한 가격으로 매수한 경우(대법원 1986. 8. 19. 84도704)나 우표상이 주민등록증의 제시를 요구하여 인적 사항을 확인한 후 평소 일반인들로부터 매입하던 가격으로 매입한 때(대법원 1986. 6. 24. 86도396)에는 장물인지 여부를 확인할 주의의무를 게을리했다고 할 수 없다.

② 전당포의 경우에도 전당물의 출처와 그 소지경위 및 전당물의 소유자의 신원을 확인하고 이를 대장에 기재하였다면 그 주의의무를 다하였다고 해야 하며, 전당물의 출처 및 그 소지경위에 관한 말의 진위까지 확인해야 할 주의의무는 없다.[5] ③ 영업용 택시의 운전자에게 승객의 소지품을 확인하여 장물인가를 따져보아야 할 업무상 주의의무는 없다.[6]

---

1 강구진 404면; 김종원 256면; 이영란 442면.
2 김성돈 494면; 박상기 432면; 신동운 1333면; 정성근/박광민 463면; 정영석 404면.
3 대법원 1962. 5. 17. 4294형상596.
4 대법원 1960. 8. 10. 4292형상328; 대법원 1984. 2. 14. 83도2982; 대법원 1991. 11. 26. 91도2332.
5 대법원 1984. 9. 25. 84도1488; 대법원 1985. 2. 26. 83도1215; 대법원 1987. 2. 24. 86도2077.
6 대법원 1983. 6. 28. 83도1144.

§23

제 8 절 손괴의 죄

Ⅰ. 총 설

1. 손괴죄의 의의

1 손괴죄(損壞罪, Sachbeschädigung)는 타인의 재물, 문서 또는 전자기록 등 특수매체기록을 손괴 또는 은닉 기타의 방법으로 그 효용을 해하는 것을 내용으로 하는 범죄이다. 재산죄 가운데 재물만을 객체로 하는 순수한 재물죄이며, 재물죄이면서도 영득의사를 필요로 하지 않는 점에서 영득죄와 구별된다.

재산범죄의 하나로서 손괴죄라는 일반적 구성요건이 만들어진 것도 현대적 법사고의 산물이다. 로마법에서는 일정한 공공물의 손괴만을 범죄로 보았고, 중세 독일법도 장벽 · 목장 또는 동물 등에 대한 손괴를 개별적으로 처벌하였을 뿐이다. 1810년의 프랑스 형법은 재산죄 가운데에 파괴 · 훼기 · 손괴(destructions, dégradations, dommages)라는 죄목 아래 방화를 포함한 재물손괴죄의 제 규정을 두었고(제434조 내지 제456조), 1871년의 독일 제국형법이 제303조 이하에서 재산죄로서의 손괴죄를 규정하여, 그것이 현행 독일 형법에 이르기까지 유지되고 있다.

2 형법은 각칙 제42장에서 손괴의 죄를 규정하고 있다. 재물(문서)손괴죄(제366조)와 공익건조물파괴죄(제367조)가 기본적 구성요건이다.[1] 양 죄의 가중적 구성요건으로는 중손괴죄(제368조)와 특수손괴죄(제369조)가 있다. 전자는 결과적 가중범에 대하여 형을 가중하는 것이고, 후자는 행위의 방법에 의한 가중적 구성요건이다. 중손괴죄를 제외한 손괴의 죄에 대하여는 미수범을 처벌하고(제371조), 특별구성요건으로서 경계침범죄를 규정하고 있다(제370조).

본장의 죄에 관하여는 친족상도례의 규정이 준용되지 않는다. 그러나 다른 재산죄와의 균형을 생각하면 이를 준용해서는 안 될 근거를 찾아볼 수 없다. 입법론으로는 재검토를 요하며, 적어도 이를 반의사불벌죄로 규정함이 타당하다.[2]

---

1 강구진 407면; 유기천 325면은 공익건조물파괴죄를 재물(문서)손괴죄에 대한 가중적 구성요건으로 해석하고 있다. 그러나 양자는 그 보호법익을 달리하는 독립된 구성요건이라고 이해해야 한다.

2 강구진 407면; 김종원 258면; 서일교 200면.

2. 보호법익

손괴죄에는 세 가지 독립된 구성요건이 포함되어 있다. 재물(문서)손괴죄와 공익건조물파괴죄 및 경계침범죄가 그것이다. 이러한 세 가지 구성요건은 그 보호법익을 달리하며, 따라서 그 보호법익을 하나로 통일되게 파악할 수는 없다. 3

1) **재물손괴죄의 보호법익** 형법 제366조의 재물(문서)손괴죄는 그 본질상 소유권범죄이다. 그러나 그것은 소유권 자체를 취득하고자 하는 범죄가 아니라, 재물의 이용가능성을 침해하는 것을 내용으로 하는 범죄, 즉 영득의사 없이 소유권을 침해하는 범죄이다. 따라서 그 보호법익은 소유권의 이용가치(Gebrauchswert) 또는 기능으로서의 소유권(Eigentum als Funktion)이다.[1] 이와 같이 소유권 자체가 아니라 소유권의 이용가치를 보호법익으로 하는 점에서 재물손괴죄는 다른 재산죄와 구별되며, 따라서 순수한 용익물권 기타 점유권의 침해는 본죄를 구성하지 않게 된다. 4

2) **공익건조물파괴죄의 보호법익** 공익건조물파괴죄(제367조)는 단순히 재물의 기능 자체를 보호하는 죄이고 소유권범죄가 아니다. 자기의 소유물에 대하여도 동죄가 성립할 수 있기 때문이다. 따라서 그것은 공익에 공하는 건조물의 유지에 대한 일반의 이익, 즉 공공의 이익을 보호법익으로 한다고 하지 않을 수 없다.[2] 5

3) **경계침범죄의 보호법익** 경계침범죄(제370조)의 보호법익에 대하여는 견해가 대립되고 있다. 경계침범죄는 원래 독일 형법 제274조 1항 3호의 경계변동죄(Veränderung einer Grenzbezeichnung)에서 유래하는 것으로, 독일 형법의 경계변동죄는 공적 증명도구로서의 외견상의 물체를 보호하기 위한 공공의 법익에 대한 죄로 규정되어 있음에 반하여, 형법은 이를 손괴죄의 한 형태로 규정하고 있다. 여기서 ① 본죄는 실질적으로 부동산 자체를 보호하려는 것이므로 본죄의 보호법익은 **소유권의 이용가치**이며, 다만 그것은 소유권 그 자체를 보호하는 것이 아니라 소유권이 침해당할 가능성 있는 경우를 형식적으로 규정하여 이를 벌 6

---

1 김성돈 496면; 김성천/김형준 654면; 김일수/서보학 317면; 김종원 258면; 배종대 **83**/3; 오영근 424면; 유기천 326면; 이영란 446면; 이정원 501면; 이형국 463면; 임웅 574면; 정성근/박광민 466면; 정영일 254면.

2 Hoyer SK §304 Rn. 1; Lackner/Kühl §304 Rn. 1; Sch/Sch/Stree §304 Rn. 1; Tröndle/Fischer §304 Rn. 2; Wessels/Hillenkamp Rn. 40; Zaczyk NK §304 Rn. 1.

하는 것이라는 견해[1]가 있으나, ② 통설은 본죄의 보호법익이 토지에 대한 권리와 중요한 관계를 가진 **토지경계의 명확성**을 보호하는 데 있다고 한다.[2] 토지에 관한 권리관계의 확정은 사회질서의 유지와 관계되는 것이지만, 그것이 사권의 보호와 밀접한 관계를 가지고 있기 때문에 형법이 이를 재산죄의 하나로 규정하고 있는 것이라고 해야 한다.

Ⅱ. 재물(문서)손괴죄

타인의 재물, 문서 또는 전자기록등 특수매체기록을 손괴 또는 은닉 기타 방법으로 그 효용을 해한 자는 3년 이하의 징역 또는 700만원 이하의 벌금에 처한다(제366조).

미수범은 처벌한다(제371조).

1. 의 의

7 본죄는 타인의 재물, 문서 또는 전자기록 등 특수매체기록을 손괴 또는 은닉 기타 방법으로 그 효용을 해함으로써 성립하는 범죄이다. 구형법상의 사문서훼기죄(제259조), 기물손괴죄(제261조) 및 신서은닉죄(제263조)를 통합하였을 뿐만 아니라, 1995년 12월의 형법개정에 의하여 전자기록 등 특수매체기록이 행위객체에 추가되었다. 고도 정보화사회에서 컴퓨터정보의 경제적 가치와 경제 및 행정에 있어서 차지하는 기능은 더욱 증가하고 있음에도 불구하고 기억매체에 기록된 정보 자체를 재물이라고 볼 수 있는가에 의문이 있을 뿐만 아니라, 가시성과 가독성이 인정되지 않기 때문에 문서에 포함시키는 것도 어려운 사정에 비추어 컴퓨터에 수록된 정보에 대하여도 손괴죄의 성립을 가능하게 하여 처벌의 결함을 보완하기 위한 것이었다. 폭처법은 2명 이상이 공동하여 본죄를 범하였을 때에 그 형을 가중하고 있다(제2조).

2. 객관적 구성요건

(1) **행위의 객체** 타인의 재물, 문서 또는 전자기록 등 특수매체기록이다.

---

1 유기천 332면.

2 강구진 421면; 김종원 264면; 박상기 434면; 배종대 **85**/4; 백형구 254면; 신동운 1348면; 오영근 425면; 이영란 447면; 이정원 501면; 이형국 463면; 임웅 583면; 정성근/박광민 466면; 정영일 260면.

1) 재물, 문서 또는 전자기록 등 특수매체기록

(가) **재 물** 본죄에서 재물이란 유체물뿐만 아니라 관리할 수 있는 동력을 포함한다(제372조). 동산·부동산을 불문하며, 동물 또한 여기의 재물에 해당한다. 재물은 재산권의 목적이 될 수 있는 한 반드시 경제적 가치 내지 교환가치를 가질 것을 요하지 않는다. 8

그러므로 오래된 가족사진은 물론, 재건축사업으로 철거예정이고 그 입주자들이 모두 이사하여 아무도 거주하지 않은 채 비어 있는 아파트도 여기의 재물에 해당한다(대법원 2007. 9. 20. 2007도5207). 그러나 소유자가 아무런 이용가치 또는 주관적 가치도 가지지 않는 재물은 여기서 제외되어야 한다. 재물의 유지에 아무런 합리적 이익 없는 재물에 대하여는 본죄에 의한 형법적 보호가 필요하다고 할 수 없기 때문이다. 다만 재물로서의 본래의 가치는 상실되었어도 다른 용도에 사용될 수 있는 재물은 당연히 재물이 된다(대법원 1979. 7. 24. 78도2138).

사체는 본죄의 객체인 재물이라고 할 수 없다(제161조).

문제는 공익 또는 공용건조물도 여기에 포함되는가에 있다. 공익건조물은 이를 파괴한 때에는 공익건조물파괴죄(제367조)에 해당하지만 그 정도에 이르지 아니한 때에는 본죄의 객체가 된다. 이에 반하여 공용건조물은 파괴에 이르면 공용물파괴죄(제141조 2항)가 성립하지만 손괴에 그친 때에는 공용서류(물건)무효죄(동조 1항)가 성립하므로 본죄의 객체에는 포함되지 않는다고 해석함이 타당하다.[1] 9

(나) **문 서** 문서란 형법 제141조 1항의 서류에 해당하지 않는 모든 서류를 말한다. 사문서이든 공문서이든 불문한다. 사문서는 권리·의무에 관한 문서이든 사실증명에 관한 문서이든 묻지 않는다. 특정인으로부터 특정인에게 의사를 전달하는 편지는 물론 도화나 유가증권도 여기에 포함된다. 공문서에 관하여는 그것이 사인의 소유에 들어갔을 때에 본죄의 객체가 된다고 하는 견해[2]가 있다. 그러나 타인의 소유라고 할 때 타인의 개념에는 국가도 포함되므로 공용서류(제141조 1항)에 해당하지 않는 한 본죄의 객체가 된다고 해야 한다. 10

(다) **특수매체기록** 전자기록 등 특수매체기록이란 사람의 지각에 의하여 인식될 수 없는 방식에 의하여 작성되어 컴퓨터 등 정보처리장치에 의한 정보처 11

1 김성돈 498면; 김일수/서보학 318면; 김종원 260면; 배종대 83/2; 이영란 448면; 이형국 465면; 임웅 575면; 정성근/박광민 468면; 정영일 256면.

2 서일교 200면; 황산덕 334면.

리를 위하여 제공된 기록을 말하며, 전자기록뿐만 아니라 전기기록이나 광학기록을 포함한다.

12 **2) 타인의 재물, 문서 또는 전자기록 등 특수매체기록** 재물, 문서 또는 전자기록 등 특수매체기록은 타인의 소유에 속하여야 한다. 여기서 타인이란 개인뿐만 아니라 국가 · 법인 · 법인격 없는 단체를 포함하며, 타인의 소유란 타인의 단독 또는 공동소유에 속하는 것을 말한다. 소유권의 귀속은 민법에 의하여 결정된다.[1] 어느 누구의 소유에도 속하지 않는 무주물은 타인의 소유가 될 수 없다. 또한 자기의 소유에 속하는 것은 공무상 보관물무효죄(제142조) 또는 권리행사방해죄(제323조)의 객체는 될 수 있어도 본죄의 객체는 되지 않는다.

13 재물, 문서 또는 전자기록 등 특수매체기록은 타인의 소유에 속하면 족하므로 그것을 누가 점유하고 있는가는 문제되지 않는다. 따라서 자기소유의 부동산에 부합된 물건이라도 타인의 소유에 속할 때에는 본죄의 객체가 된다.

예컨대 자기소유의 부동산에 타인이 권한 없이 경작한 농작물도 타인의 재물이므로 이를 뽑아버린 때에는 본죄가 성립한다(대법원 1969. 2. 18. 68도906; 대법원 1970. 3. 10. 70도82). 이에 반하여 수확되지 않은 농작물의 매수인이 명인방법을 갖추지 않은 경우에 그 소유권은 매도인에게 있으므로 매도인과의 약정에 의하여 제3자가 이를 뽑아버린 때에는 본죄가 성립하지 않는다(대법원 1996. 2. 23. 95도2754).

타인소유의 문서도 문서의 소유권이 타인에게 있으면 족하며 작성명의인이 누구인가는 문제되지 않는다. 따라서 타인명의의 문서일지라도 자기의 소유에 속할 때에는 본죄의 객체가 될 수 없지만, 자기명의의 문서가 타인의 소유에 속할 때에는 본죄의 객체가 되며, 타인소유의 문서를 자기가 점유하는 경우에도 본죄의 객체가 된다.[2] 다만, 어음 또는 수표는 정당한 소지인의 소유에 속한다.[3]

예컨대 타인에게 교부한 자기명의의 영수증 또는 약속어음을 찢어버리거나(대법원 1987. 4. 14.

1 대법원 2023. 11. 16. 2023도11885, 「민법 제256조에서 부동산에의 부합의 예외사유로 규정한 '권원'은 지상권, 전세권, 임차권 등과 같이 타인의 부동산에 자기의 동산을 부속시켜서 그 부동산을 이용할 수 있는 권리를 뜻한다. 따라서 타인 소유의 토지에 수목을 식재할 당시 토지의 소유권자로부터 그에 관한 명시적 또는 묵시적 승낙 · 동의 · 허락 등을 받았다면, 이는 민법 제256조에서 부동산에의 부합의 예외사유로 정한 '권원'에 해당한다고 볼 수 있으므로, 해당 수목은 토지에 부합하지 않고 식재한 자에게 그 소유권이 귀속된다.」

2 대법원 1984. 12. 26. 84도2290.

3 대법원 1985. 2. 26. 84도2802.

87도 177), 명의인의 부탁을 받고 타인소유의 문서의 내용을 고치는 경우에는 본죄가 성립한다(대법원 1982. 7. 27. 82도223).

문서의 내용의 진위는 본죄의 성립에 영향이 없다.[1]

(2) **행 위** 손괴 또는 은닉 기타 방법으로 효용을 해하는 것이다.

1) **손 괴** 손괴(Beschädigen)란 재물 또는 문서에 직접 유형력을 행 14
사하여 그 이용가능성을 침해하는 것을 말한다. 재물 자체에 유형력을 행사할 것을 요하므로 물체에 영향을 미치지 않고 재물의 기능을 훼손하는 것은 손괴가 되지 않는다.

따라서 부두에 매어 둔 배를 풀어서 떠내려가게 하거나, 오토바이를 지붕 위에 올려놓거나, 텔레비전을 못 보게 하기 위하여 전파를 방해하는 것만으로는 손괴라고 할 수 없다.

그러나 이로 인하여 물체 자체가 반드시 소멸될 것을 요하지 아니하며, 그 재물이 가지고 있는 원래의 목적에 사용될 수 없게 하는 것이면 족하다. 즉 소유자의 이익에 반하는 물체의 상태변화가 있으면 손괴라고 할 수 있다. 예컨대 기계나 시계 등을 분해하여 쉽게 결합할 수 없게 한 경우, 우물물을 오물로 더럽게 하는 경우, 벽에 광고를 붙이는 경우에도 손괴에 해당된다. 그러나 물체 자체의 상태의 변화를 초래하지 않거나, 훼손된 재물을 수리하여 보다 좋게 만드는 것은 손괴가 될 수 없다. 재물을 본래의 목적에 사용할 수 없게 하는 것도 반드시 영구적임을 요하지 않고 일시적이라도 좋다.[2]

따라서 타인의 금반지로 금니를 만들기 위하여 녹이거나, 얼음을 먹기 위하여 녹이는 경우뿐만 아니라 문서에 첩부된 인지를 떼어내는 것도 손괴라고 할 수 있다. 또한 자동문을 자동으로 작동하지 않고 수동으로만 개폐가 가능하게 하여 자동잠금장치로서 역할을 할 수 없도록 한 경우에도 재물손괴죄가 성립한다(대법원 2016. 11. 25. 2016도9219).

문서를 손괴하는 대표적인 예로는 문서를 파손·소각하거나 장부 중의 일부를 뜯어버리는 것을 들 수 있다. 전자기록 등 특수매체기록의 손괴란 기억매체의 파손이나 정보의 소거를 말하며, 기록 그 자체를 소거 또는 변경하는 경우뿐만 아니라 기록매체를 파손하는 경우를 포함한다. 손괴는 반드시 중요한 부분을 훼

1 대법원 1982. 12. 28. 82도1807.
2 대법원 1971. 1. 26. 70도2378; 대법원 1982. 7. 13. 82도1057; 대법원 2006. 12. 22. 2006도7219.

손할 것을 요하지 않는다. 따라서 자동차 타이어의 바람을 빼어 버리는 것도 손괴가 된다.[1] 이러한 의미에서 손괴와 파괴는 그 정도에 차이가 있다고 할 수 있다.

15 **2) 은 닉** 은닉이란 재물, 문서 또는 전자기록 등 특수매체기록의 소재를 불분명하게 하여 그 발견을 곤란 또는 불가능하게 함으로써 재물, 문서 또는 전자기록 등 특수매체기록이 가진 효용을 해하는 것을 말한다. 은닉은 물건 자체의 상태에 변화를 가져오는 것이 아니라는 점에서 손괴와 구별된다. 재물 또는 문서의 점유가 행위자에게 이전될 것도 요하지 않는다. 따라서 피해자가 점유하는 장소에 숨겨 두고 이를 찾지 못하게 하는 것도 은닉에 해당한다. 행위자가 재물 또는 문서를 점유하고 있는 사실을 피해자가 알고 있는 때에도 그가 이를 발견할 수 없는 때에는 은닉이라고 할 수 있다.[2] 그러나 문서를 민사소송의 증거물로 제출하였다는 것만으로는 은닉이라고 할 수 없다.[3] 재물 또는 문서를 은닉한 때에는 본죄 이외에 절도죄 또는 횡령죄를 구성할 수 있다. 불법영득의사의 유무에 의하여 본죄와 구별된다.

16 **3) 기타의 방법** 손괴 또는 은닉 이외의 방법으로 재물, 문서 또는 전자기록 등 특수매체기록의 효용을 해하는 일체의 행위를 말한다. 물질적 훼손뿐만 아니라 사실상 또는 감정상 그 물건을 본래의 용도에 사용할 수 없게 하는 일체의 행위를 포함한다. 물건을 본래의 사용목적에 공할 수 없게 하는 경우뿐만 아니라 일시 이용할 수 없는 상태로 만드는 것도 포함한다.[4]

예컨대 ① 그림에 낙서를 하여 피해자가 감정상 그 그림을 걸어둘 수 없게 하거나, ② 음식용 그릇에 방뇨하여 기분상 이를 쓸 수 없게 하는 경우, ③ 새장 안의 새를 풀어 주거나, 보석을 바다에 던져 버리는 경우, ④ 타인이 기르는 양어장의 잉어를 밖으로 유출시키거나, ⑤ 문서의 내용을 삭제하는 경우(대법원 1967. 7. 4. 67도416) 또는 ⑥ 소유자의 의사에 따라 어느 장소에 게시 중인 문서를 소유자의 의사에 반하여 떼어내는 경우(대법원 2015. 11. 27. 2014도13083)[5] 등이 여기에 해당한다. 이에 반하여 토지 소유자와의 철거 등 청

1 BGHSt. 13, 207.
2 대법원 1971. 11. 23. 71도1576.
3 대법원 1979. 8. 28. 79도1266.
4 대법원 1993. 12. 7. 93도2701.
5 대법원 2015. 11. 27. 2014도13083, 「(1) 소유자의 의사에 따라 어느 장소에 게시 중인 문서를 소유자의 의사에 반하여 떼어내는 것과 같이 소유자의 의사에 따라 형성된 종래의 이용상태를 변경시켜 종래의 상태에 따른 이용을 일시적으로 불가능하게 하는 경우에도 문서손괴죄가 성립할 수 있다. 그러나 문서손괴죄는 문서의 소유자가 문서를 소유하면서 사용하는 것을 보호하려는

구소송에서 패소하고 강제집행을 당했는데도 무단으로 새 건물을 짓는 것은 토지를 본래의 용법에 따라 사용·수익함으로써 그 소유자로 하여금 효용을 누리지 못하게 한 것일 뿐 효용을 침해한 것이 아니므로 재물손괴죄에 해당하지 않는다(대법원 2022. 11. 30. 2022도 1410).

건조물의 벽면에 낙서를 하거나 게시물을 부착하는 행위 또는 오물을 투척하는 행위 등이 그 건조물의 효용을 해하는 행위에 해당하는가가 문제된다. 이는 당해 건조물의 용도와 기능, 그 행위가 건조물의 채광·통풍·조망 등에 미치는 영향과 건조물의 미관을 해치는 정도, 건조물 이용자들이 느끼는 불쾌감이나 저항감, 원상회복의 난이도와 거기에 드는 비용, 그 행위의 목적과 시간적 계속성, 행위 당시의 상황 등 제반 사정을 종합하여 사회통념에 따라 판단하지 않을 수 없다.

따라서 해고노동자 등이 복직을 요구하는 집회를 개최하던 중 래커 스프레이를 이용하여 회사 건물 외벽과 1층 벽면 등에 낙서한 행위는 건물의 효용을 해한 것으로 볼 수 있으나, 계란 30여 개를 건물에 투척한 행위는 건물의 효용을 해하는 정도에 해당하지 않는다(대법원 2007. 6. 28. 2007도2590).

기타의 방법으로 특수매체기록의 효용을 해하는 행위는 정보를 사용할 수 없게 하는 것과 기록내용을 변경하는 것을 말한다. 정보에 새로운 프로그램을 입력하여 기록에 접근할 수 없게 하는 것이 전자에 해당하고, 기록에 새로운 내용을 추가하거나 일부를 삭제하거나 다른 정보와 연결하여 다른 정보내용을 갖게 하는 경우가 후자에 속한다.

여기서 문서변조죄와 문서손괴죄의 관계를 검토하여야 한다. 문서의 변조는 문서의 효용과 그 내용을 부분적으로 변경하는 것임에 대하여, 문서의 손괴는 그 효용의 전부 또는 일부를 없애는 것이다. 따라서 연명으로 작성된 사문서의 일부 17

것이므로, 어느 문서에 대한 종래의 사용상태가 문서 소유자의 의사에 반하여 또는 문서 소유자의 의사와 무관하게 이루어진 경우에 단순히 종래의 사용상태를 제거하거나 변경시키는 것에 불과하고 손괴, 은닉하는 등으로 새로이 문서 소유자의 문서 사용에 지장을 초래하지 않는 경우에는 문서의 효용, 즉 문서 소유자의 문서에 대한 사용가치를 일시적으로도 해하였다고 할 수 없어서 문서손괴죄가 성립하지 아니한다.

(2) 엘리베이터 벽면에 게시한 문서를 손괴, 은닉하는 등으로 그 효용을 해하였다는 것이 아니라 문서를 엘리베이터 벽면에서 떼어내어 그 효용을 해하였다고 하려면 문서를 엘리베이터 벽면에 게시한 것이 문서 소유자의 의사에 따른 것이어야 하고, 만일 문서가 그 소유자의 의사에 반하여 또는 소유자의 의사와 무관하게 엘리베이터 벽면에 게시된 것이라면 피고인이 떼어낸 행위만으로 이 문서의 효용을 해하였다고 할 수 없다.」

를 말소하는 것은 문서손괴에 해당하지만, 나아가서 새로운 사실을 기재하는 때에는 문서변조가 된다. 다만 사문서의 작성권자가 그 내용을 고치는 것은 문서변조죄를 구성하지 아니하므로 문서의 작성권자가 타인소유의 문서의 내용을 정정하거나, 작성권자의 동의를 받아 같은 문서에 새로운 사실을 기입할 때에는 문서손괴죄만 성립한다.[1]

따라서 약속어음의 발행인이 소지인으로부터 그 어음을 교부받아 수취인란에 타인의 이름을 기재하거나(대법원 1985. 2. 26. 84도2802), 은행지점장이 발행인의 부탁을 받고 채무담보조로 보관받은 약속어음의 지급기일을 지운 때(대법원 1982. 7. 27. 82도223)에는 문서손괴죄가 성립한다.

문서의 기재내용이 허위인 경우에도 본죄의 성립에는 영향이 없다.[2]

3. 주관적 구성요건

18 본죄는 고의범이다. 따라서 본죄가 성립하기 위하여는 객관적 구성요건요소에 대한 고의가 있어야 한다. 본죄의 고의는 타인의 재물, 문서 또는 전자기록 등 특수매체기록의 이용가치의 전부 또는 일부를 침해한다는 인식을 내용으로 한다.[3] 미필적 고의로도 족하다. 영득의사 또는 이득의사는 요하지 않는다.

19 과실에 의한 재물손괴는 처벌받지 않는다. 다만 도로교통법 제151조는 「차의 운전자가 업무상 필요한 주의를 게을리하거나 중대한 과실로 다른 사람의 건조물이나 그 밖의 재물을 손괴한 경우에는 2년 이하의 금고나 500만원 이하의 벌금에 처한다」고 규정하고 있다.

Ⅲ. 공익건조물파괴죄

공익에 공하는 건조물을 파괴한 자는 10년 이하의 징역 또는 2천만원 이하의 벌금에 처한다(제367조).
미수범은 처벌한다(제371조).

본죄는 공익에 공하는 건조물을 파괴함으로써 성립하는 범죄이다.

1 대법원 1987. 4. 14. 87도177.
2 대법원 1982. 12. 28. 82도1807.
3 대법원 1983. 5. 10. 83도595.

1) 행위의 객체 공익에 공하는 건조물이다. 20

건조물이란 가옥 기타 이와 유사한 건축물을 말한다. 지붕이 있고 장벽 또는 기둥에 의하여 지지되어 토지에 정착하고 그 내부에 사람이 출입할 수 있는 것이어야 한다. 따라서 축항 · 제방 · 교량 · 철도 · 전주 · 기념비 · 분묘 등은 여기의 건조물이 아니다. 반드시 완성된 건축물임을 요하지 않는다.

건조물은 공익에 공하는 것이어야 한다. 본죄는 공익에 공하여진 건조물은 21
일반인이 쉽게 접근할 수 있는 것이어서 파괴의 위험성이 크다는 이유로 무거운 형으로 벌하는 것이다. 따라서 공익건조물이라고 하기 위하여는 그 건조물이 공공의 이익을 위한 것이라는 사용목적과 함께 일반인이 쉽게 접근할 수 있는 것이 아니면 안 된다. 그러므로 일정한 범위의 사람에게 이용이 제한되어 있는 건조물, 예컨대 법원도서관은 공용건조물은 될 수 있어도 공익건조물은 아니다. 그러나 원칙적으로 누구나 이용할 수 있는 것이면 그 출입에 허가를 요한다고 해도 공익건조물이 된다. 건조물이 국가 또는 공공단체의 소유일 것을 요하지 않으며 사인의 소유라도 좋다. 또 그것이 타인의 소유일 것도 요하지 않는다. 본죄는 소유권범죄가 아니므로 자기소유의 건조물이라 할지라도 공익에 공하여진 이상 본죄의 객체가 된다. 다만 공무소에서 사용하는 건조물은 형법 제141조 2항의 적용을 받으므로 여기서 제외된다.

2) 행 위 파괴하는 것이다. 파괴(Zerstören)란 건조물의 중요부분을 22
손괴하는 것, 즉 건조물의 전부 또는 일부를 용도에 따라 사용할 수 없게 하는 것을 말한다. 파괴와 손괴는 물질적 훼손이라는 점에서 성질을 같이하지만 그 정도에 있어서는 차이가 있다. 따라서 공익건조물이라 할지라도 그것이 파괴의 정도에 이르지 않고 타인의 건조물일 때에는 재물손괴죄에 해당하게 된다. 파괴의 방법은 묻지 않는다.

다만 방화에 의한 때에는 공익건조물방화죄(제165조), 일수의 방법에 의할 때에는 공익건조물일수죄(제178조)에 해당하므로 본죄가 성립하지 않는다.

Ⅳ. 가중적 구성요건

1. 중손괴죄

① 전2조의 죄를 범하여 사람의 생명 또는 신체에 대하여 위험을 발생하게 한 때에는 1년 이상 10년 이하의 징역에 처한다.
② 제366조 또는 제367조의 죄를 범하여 사람을 상해에 이르게 한 때에는 1년 이상의 유기징역에 처한다. 사망에 이르게 한 때에는 3년 이상의 유기징역에 처한다(제368조).

23 재물(문서)손괴죄와 공익건조물파괴죄의 결과적 가중범이다.

제1항은 생명·신체에 대한 위험이 발생한 경우이다. 여기서 생명·신체에 대한 위험이란 구체적 위험을 의미한다. 다만 생명·신체에 대한 위험이 상해로 인한 때에는 제2항에 해당한다. 입법론으로 신체의 위험을 제1항에서 같이 규정한 것은 검토를 요한다고 하겠다.

제2항은 사상이라는 결과가 발생한 경우이다(재물손괴치사상죄). 재물손괴죄와 공익건조물파괴죄는 미수범을 벌하므로, 손괴 또는 파괴가 기수인가 미수인가는 묻지 않는다. 결과적 가중범의 일반원리에 따라 손괴행위와 발생한 결과 사이에 인과관계가 있어야 하고, 그 결과는 예견할 수 있는 것이어야 한다.

2. 특수손괴죄

① 단체 또는 다중의 위력을 보이거나 위험한 물건을 휴대하여 제366조의 죄를 범한 때에는 5년 이하의 징역 또는 1천만원 이하의 벌금에 처한다.
② 제1항의 방법으로 제367조의 죄를 범한 때에는 1년 이상의 유기징역 또는 2천만원 이하의 벌금에 처한다(제369조).
미수범은 처벌한다(제371조).

24 재물손괴죄와 공익건조물파괴죄에 대한 행위의 방법에 의한 가중적 구성요건이다. 즉 단체 또는 다중의 위력을 보이거나 위험한 물건을 휴대하여 재물손괴죄(제366조) 또는 공익건조물파괴죄(제367조)를 범한 때에 본죄가 성립한다.

Ⅴ. 경계침범죄

경계표를 손괴·이동 또는 제거하거나 기타 방법으로 토지의 경계를 인식불능하게 한 자는

3년 이하의 징역 또는 500만원 이하의 벌금에 처한다(제370조).

1. 의 의

본죄는 경계표를 손괴·이동 또는 제거하거나 기타 방법으로 토지의 경계를 인식불능케 함으로써 성립하는 범죄이다. 토지에 대한 권리와 중요한 관계를 가진 토지경계의 명확성을 보호법익으로 하는 죄이다. 25

2. 객관적 구성요건

(1) **행위의 객체** 토지의 경계이다. 경계표를 손괴·이동 또는 제거하는 것은 토지의 경계를 인식불능케 하는 행위의 예시에 지나지 않는다. 토지의 경계란 소유권 등의 권리의 장소적 한계를 나타내는 지표를 말한다. 사법적 권리의 범위를 표시하건 공법적 권리의 범위(도·시·군·읍·면의 경계)를 표시하는 것이건 묻지 아니하며, 자연적 경계이건 인위적 경계이건 불문한다. 또한 그 경계가 권한 있는 기관에 의하여 확정된 것이건 사인간의 계약에 의하여 그어진 것이건 또는 관습상 일반적으로 인정된 것이건 가리지 않는다. 경계가 실체법상의 권리와 일치할 것도 요하지 않는다. 실체법상의 권리관계와 부합하지 않아도 사실상 현존하는 경계는 여기에 포함된다.[1] 따라서 현존하는 경계를 손괴하고 정당하다고 생각하는 경계를 만드는 것도 본죄를 구성한다. 그러나 주관적으로 경계라고 생각하거나 일방적으로 설정한 경계는 여기의 경계에 속하지 않는다.[2] 26

(2) **행 위** 경계표를 손괴·이동 또는 제거하거나 기타 방법으로 경계를 인식불능케 하는 것이다. 27

경계표(Grenzbezeichnung)란 토지의 경계를 확정하기 위하여 그 토지에 만들어진 표지·공작물·입목 기타의 물건을 말한다. 반드시 타인의 소유임을 요하지 않으며, 자기의 소유이든 무주물이든 불문한다. 인위적으로 설치된 것이건 자연적으로 존재하던 것이건 묻지 않는다. 영구적인 것임을 요하지 않고 일시적인 것도 포함한다. 손괴란 경계표를 물질적으로 훼손하는 것을 말하고, 제거는 원래 설치된 장소에서 취거하는 것이다. 손괴나 제거는 경계 자체에 물리적으로 변동을 일으키는 것을 말한다. 이에 반하여 이동이란 경계표를 원래의 장소에서 다른

1 대법원 1976. 5. 25. 75도2564; 대법원 1992. 12. 8. 92도1682; 대법원 2007. 12. 28. 2007도9181.
2 대법원 1986. 12. 9. 86도1492.

곳으로 옮기는 것이다. 즉 새로운 경계선을 만들어 기존의 경계선을 인식할 수 없게 하는 것을 말한다.[1]

28 기타 방법으로 경계를 인식불능케 하는 것은 예컨대 경계표를 매몰하거나, 경계를 흐르는 유수를 바꾸어 놓거나, 경계로 되어 있는 구거(溝渠)를 매립하는 경우를 말한다. 자기토지에 인접한 타인의 토지를 침범하여 점포를 건축하는 것도 여기에 해당한다.[2] 그러나 그것은 경계표의 손괴·이동 또는 제거에 준하는 방법임을 요한다.

따라서 ① 경계를 표시한 도면을 파기하거나, ② 경계를 알고 있는 사람을 살해하거나, 또는 ③ 경계표의 위치가 잘못되었다고 주장하거나, ④ 건물처마를 타인소유의 가옥 지붕 위로 나오게 하는 것(대법원 1984. 2. 28. 83도1533)만으로는 여기의 기타 방법으로 경계를 인식불능케 한 경우에 해당하지 않는다.

29 본죄는 이와 같은 행위로 인하여 토지의 경계가 인식불능케 되었을 때에 성립한다. 형법은 본죄의 미수범을 벌하지 않는다. 따라서 경계표의 손괴·이동·제거 또는 이에 준하는 행위가 있어도 이에 의하여 경계가 인식불능케 될 정도에 이르지 않으면 본죄는 성립하지 않는다.[3] 그러나 경계의 인식불능이란 그것이 절대적으로 불가능할 것을 요하는 것이 아니라 사실상 곤란한 것으로 족하다. 따라서 지적도를 열람하거나 측량에 의하여 정확한 경계를 인식할 수 있다고 할지라도 본죄의 성립에는 영향이 없다. 또한 경계 전부에 대한 인식이 불가능할 것도 요하지 않는다.

3. 주관적 구성요건

30 경계표를 손괴·이동·제거하거나 기타 방법으로 경계를 인식불능케 한다는 인식을 요하며 또 그것으로 족하다. 정당한 경계가 아니라고 믿은 것만으로는 고의가 조각되지 않는다. 그러나 토지의 경계를 인식불능케 한다는 인식이 없고 손괴의 고의만 있을 때에는 본죄가 성립하지 않고 재물손괴죄를 구성한다.

본죄의 성립에는 타인에게 손해를 가할 의사 또는 영득의사를 요하지 않는다. 그러나 영득의사를 가지고 경계를 인식불능케 한 때에도 본죄의 성립을 인정

1 대법원 1980. 10. 27. 80도225.
2 대법원 1968. 9. 17. 68도967.
3 대법원 1972. 2. 29. 71도2293; 대법원 1992. 12. 8. 92도1682.

해야 한다. 부동산에 대한 절도죄는 성립할 수 없고, 영득의사를 가지고 행위한 때에도 경계침범행위가 포함된다고 해야 하기 때문이다.

제 9 절　권리행사를 방해하는 죄　§ 24

Ⅰ. 총　설

1. 권리행사방해죄의 의의

권리행사를 방해하는 죄란 타인의 점유 또는 권리의 목적이 된 자기의 물건 에 대한 타인의 권리행사를 방해하거나, 강제집행을 면할 목적으로 채권자를 해하는 것을 내용으로 하는 범죄이다. 구형법은 자기의 재물이라 할지라도 타인의 점유에 속하거나 또는 공무소의 명에 의하여 타인이 간수하는 것일 때에는 타인의 재물로 간주하여(제242조) 이를 절취하거나 강취할 때에는 절도죄 또는 강도죄가 성립하는 것으로 하고,[1] 위 규정을 사기죄와 공갈죄(제251조), 횡령죄(제252조 2항) 및 훼기죄(제253조)에 준용하여 각 사기·공갈·횡령 및 훼기죄가 성립하는 것으로 하였고, 한편 강제집행면탈죄는 국가의 강제집행의 기능을 보호하는 죄로서 공무의 집행을 방해하는 죄로 규정하고 있었다(제96조 의2). 그러나 형법은 자기의 물건이지만 공무소로부터 보관명령을 받거나 공무소의 명령을 받아 타인이 간수하는 경우에 이를 손상·은닉 기타의 방법으로 그 효용을 해한 때에는 공무상 보관물무효죄(제142조)에 해당하게 하고, 소유권 이외의 재산권을 보호하는 형벌법규를 제37장의 권리행사를 방해하는 죄로 묶어서 규정하는 태도를 취하였다. 1

형법 제37장의 권리행사를 방해하는 죄에는 세 가지의 기본적 구성요건이 포함되어 있다. 즉 권리행사방해죄(제323조), 점유강취죄·준점유강취죄(제325조) 및 강제집행면탈죄(제327조)가 그것이다. 점유강취죄에 대하여는 결과적 가중범에 의한 가중적 구성요건으로 중권리행사방해죄(제326조)가 있다. 권리행사방해죄에 대하여는 친족상도례가 적용되고(제328조), 점유강취죄·준점유강취죄는 미수범을 처벌한다. 2

형법이 권리행사방해죄(제323조)를 소유권 이외의 재산권을 보호하는 죄로 파악하여 이

1 권리행사방해죄를 이러한 의미에서 점유절도(Besitzdiebstahl, Fortum possessionis)라고도 한다. Maurach/Schroeder/Maiwald 37/14.

를 권리행사를 방해하는 죄 속에 규정한 것은 독일 형법 제289조의 권리행사방해죄(Pfandkehr)의 영향을 받은 것이고, 특히 강제집행면탈죄를 공무집행방해죄에서 분리하여 채권자를 보호하는 죄로서 같이 규정한 것도 독일 형법 제288조의 강제집행방해죄(Vereiteln der Zwangsvollstreckung)에서 영향을 받은 것으로 생각된다.

3 형법이 권리행사를 방해하는 죄를 재산죄로 규정한 근본태도는 체계상 타당하다고 생각된다. 그러나 이에 관한 형법규정 가운데는 입법론상 재검토를 요하는 문제점이 없는 것은 아니다. ① 권리행사방해죄(제323조)는 타인의 점유 또는 권리의 목적이 된 자기의 물건을 취거·은닉 또는 손괴하는 행위를 벌함으로써 자기의 물건에 대한 절도와 손괴를 함께 처벌하고 있다. 그 결과 자기의 물건을 절취한 때에는 타인의 재물을 절취한 절도죄보다 가볍게 벌함에 대하여, 자기의 물건을 손괴한 때에는 타인의 재물을 손괴한 경우보다 무겁게 처벌하는 부당한 결과를 초래한다. 따라서 독일 형법 제289조와 같이 절취만을 처벌하는 것이 타당하다고 생각된다. ② 형법은 권리행사방해죄를 타인의 점유 또는 권리의 목적이 된 자기의 물건을 취거하는 때에만 인정하고, 제3자가 소유자를 위하여 타인의 점유 또는 권리의 목적이 된 물건을 취거·은닉 또는 손괴하는 때를 포함하지 않고 있다.[1] 그러나 이러한 경우도 여기에 포함시키는 것이 본죄의 성질상 당연하다. ③ 형법은 점유강취죄에 대한 결과적 가중범으로 중권리행사방해죄를 규정하고 있다. 그러나 강도치사상죄의 경우와 같이 사상의 결과를 발생케 한 경우에는 별도의 규정을 두는 것이 타당하다.

2. 보호법익

4 권리행사를 방해하는 죄의 보호법익은 소유권이 아닌 제한물권 또는 채권이다.

구체적으로 살펴보면 권리행사방해죄(제323조)의 보호법익은 용익권·담보권 혹은 채권이며, 점유강취죄(제325조)의 보호법익은 자유권과 제한물권이다. 강제집행면탈죄의 보호법익은 채권자의 채권이다. 다만 그것은 채권일반을 보호하는 것이 아니라, 채권이 국가의 강제집행권에 의하여 발동될 단계에 접근한 것만을 보호하는 것이다. 강제집행권 자체가 동죄의 보호법익이 되는 것은 아니다.

1 대법원 1984. 6. 26. 83도2413.

Ⅱ. 권리행사방해죄

타인의 점유 또는 권리의 목적이 된 자기의 물건 또는 전자기록등 특수매체기록을 취거, 은닉 또는 손괴하여 타인의 권리행사를 방해한 자는 5년 이하의 징역 또는 700만원 이하의 벌금에 처한다(제323조).

① 직계혈족, 배우자, 동거친족, 동거가족 또는 그 배우자간의 제323조의 죄는 그 형을 면제한다.

② 전항 이외의 친족간에 제323조의 죄를 범한 때에는 고소가 있어야 공소를 제기할 수 있다.

③ 전2항의 신분관계가 없는 공범에 대하여는 전2항을 적용하지 아니한다(제328조).

1. 객관적 구성요건

본죄는 타인의 점유 또는 권리의 목적이 된 자기의 물건을 취거 · 은닉 또는 손괴함으로써 성립한다. 5

(1) 행위의 객체

타인의 점유 또는 권리의 목적이 된 자기의 물건 또는 전자기록 등 특수매체기록이다.

1) 자기의 물건 본죄의 객체는 자기의 물건 또는 전자기록 등 특수매체기록이다. 자기의 물건이란 자기소유의 물건을 말한다. 따라서 물건의 소유자가 아닌 사람은 형법 제33조 본문에 따라 소유자의 권리행사방해 범행에 가담한 경우에 한하여 그의 공범이 될 수 있을 뿐이다.[1] 자기와 타인의 공유에 속하는 물건은 타인의 물건이므로 여기에 해당하지 않는다. 6

판례는 회사에 지입한 자동차(대법원 1974. 11. 12. 74도1632; 대법원 2003. 5. 30. 2000도5767)[2]나 자동차등록원부에 타인명의로 등록되어 있는 차량을 담보로 제공한 경우(대법원 2005. 11. 10. 2005도6604)에 그 차량은 타인의 소유에 속하므로 본죄의 객체가 될 수 없다고 한다. 배우자에게 명의신탁된 부동산(대법원 2005. 9. 9. 2005도626)[3]이나 강제경매를 통하여 자신의 아들 명의로 매수한 건물(대법원 2019. 12. 27.

1 대법원 2017. 5. 30. 2017도4578.

2 대법원 2003. 5. 30. 2000도5767, 「피고인이 택시를 회사에 지입하여 운행하였다고 하더라도, 피고인과 회사 사이에 위 택시의 소유권을 피고인이 보유하기로 약정하였다는 등의 특별한 사정이 없는 한, 위 택시는 그 등록명의자인 회사의 소유이고 피고인의 소유는 아니라고 할 것이므로 회사의 요구로 위 택시를 회사 차고지에 입고하였다가 회사의 승낙을 받지 않고 이를 가져간 피고인의 행위는 권리행사방해죄에 해당하지 않는다.」

3 대법원 2005. 9. 9. 2005도626, 「부동산 실권리자명의 등기에 관한 법률 제8조는 배우자 명의로 부동산에 관한 물권을 등기한 경우에 조세포탈, 강제집행의 면탈 또는 법령상 제한의 회피를 목적으로 하지 아니한 때에는 제4조 내지 제7조 및 제12조 제1항, 제2항의 규정을 적용하지 아니한다고 규정하고 있는바, 만일 명의신탁자가 그러한 목적으로 명의신탁을 함으로써 명의신탁이

2019도14623)도 본죄의 객체인 자기의 물건이라고 할 수 없으며, 회사 명의로 등기된 선박을 과점주주가 취거한 때에도 본죄가 성립할 수 없다(대법원 1984. 6. 26. 83도2413). 다만 차량대여회사가 대여차량을 실력으로 회수하거나(대법원 1989. 7. 25. 88도410), 회사의 대표이사가 직무집행행위로서 타인이 점유하는 회사의 물건을 취거한 경우(대법원 1992. 1. 21. 91도1170)는 물론 법인의 대표기관이 아닌 대리인이나 지배인이 대표기관과 공모 없이 하였더라도 그 직무권한 범위 내에서 직무에 관하여 타인이 점유하는 법인의 물건을 취거한 경우는 자기의 물건이라고 보아야 한다(대법원 2020. 9. 24. 2020도9801).

7 물건이란 재산죄에 있어서 재물과 같은 의미이다. 동산에 한하지 않고 부동산도 포함한다. 관리할 수 있는 동력에 관한 규정은 본죄에 준용되지 않는다. 여기서 관리할 수 있는 동력은 본죄의 물건에 해당하지 않는다는 견해[1]도 있으나, 동력에 관한 규정은 예시에 지나지 않으므로 본죄에 관하여 이를 제외해야 할 이유는 없다.[2]

8 **2) 타인의 점유의 목적** 타인이란 자기 이외의 자를 말한다. 자연인은 물론 법인이나 법인격 없는 단체를 포함한다. 타인의 점유의 목적이 된 물건이면 족하므로 자기와 타인이 공동점유하는 물건도 당연히 여기에 해당한다.

9 여기서 점유란 현실적인 소지라는 의미에서 형법상의 점유를 말하며 민법상의 점유개념과는 구별된다. 그러나 본죄의 점유는 형법상의 점유이면서도 적법한 권원에 의한 점유에 제한된다. 본죄는 점유 그 자체 또는 점유의 기초가 되는 본권을 보호하기 위한 것이며, 따라서 점유는 보호법익으로서의 기능을 가지고 있기 때문이다. 따라서 본권을 갖지 않는 절도범인의 점유는 여기에 해당하지 않는다.[3] 그러나 점유는 반드시 법적 근거를 가질 것을 요하지 않고, 계약상의 근거 또는 유언의 효과에 의하여 점유가 개시된 경우도 포함한다. 그것이 질권·저당권·유치권·용익권 등의 물권에 기하거나 임대차 등의 채권에 기하거나 묻지 아니한다. 권원에 의하여 점유한 이상 그 후에 점유물을 소유자에게 반환하여야 할

무효로 되는 경우는 말할 것도 없고, 그러한 목적이 없어서 유효한 명의신탁이 되는 경우에도 제3자인 부동산의 임차인에 대한 관계에서는 명의신탁자는 소유자가 될 수 없으므로, 어느 모로 보나 신탁한 부동산이 권리행사방해죄에서 말하는 '자기의 물건'이라 할 수 없다.」

1 김일수/서보학 421면; 손동권/김재윤 528면; 정영일 266면.

2 남흥우 138면; 신동운 845면; 오영근 440면; 이영란 463면; 이정원 512면; 이형국 478면; 임웅 590면; 정성근/박광민 484면; 황산덕 255면.

3 대법원 1994. 11. 11. 94도343.

사정이 발생하였어도 점유자가 점유를 계속하는 이상 본죄의 점유에 해당한다.[1]

따라서 렌트카회사의 공동대표이사 1인으로부터 개인적인 채무담보 명목으로 넘겨받은 회사보유 차량에 대한 점유도 본죄의 보호대상인 점유에 해당한다(대법원 2006. 3. 23. 2005도4455).

또한 본권에 의한 점유가 아니더라도 동시이행항변권 등에 기한 점유와 같은 적법한 점유도 여기에 해당한다.[2]

3) **타인의 권리의 목적** 타인의 제한물권 또는 채권의 목적이 된 물건을 10
말한다. 따라서 공장저당권이 설정된 기계를 이중담보로 제공하기 위하여 다른 장소로 옮긴 경우에도 본죄가 성립한다.[3] 여러 사람의 권리의 목적이 된 물건이라면 권리자별로 각각 권리행사방해죄가 성립하고 각 죄는 상상적 경합범의 관계에 있다. 채권의 목적이 된 물건에 있어서는 반드시 물건에 대한 점유를 수반하는 채권임을 요하지 않고, 타인에게 점유가 없는 경우도 포함한다.[4]

따라서 정지조건 있는 대물변제예약이 되어 있는 물건(대법원 1968. 6. 18. 68도616), 가압류되어 있는 물건(대법원 1960. 9. 14. 4292형상537)도 여기에 해당한다. 그러나 계약의 이행에 착수하기 전의 순수한 채권채무관계는 여기에 포함되지 아니한다(대법원 1971. 6. 29. 71도926).

(2) **행 위** 취거 · 은닉 또는 손괴하여 타인의 권리행사를 방해하는 것이다.

1) **취거 · 은닉 · 손괴** 취거란 점유자의 의사에 반하여 그 점유물에 대 11
한 점유자의 사실상의 지배를 제거하고 자기 또는 제3자의 사실상의 지배로 옮

---

1 대법원 1977. 9. 13. 77도1672.

2 대법원 2003. 11. 28. 2003도4257, 「형법 제323조의 권리행사방해죄에 있어서의 타인의 점유라 함은 권원으로 인한 점유, 즉 정당한 원인에 기하여 그 물건을 점유하는 권리 있는 점유를 의미하는 것으로서 본권을 갖지 아니한 절도범인의 점유는 여기에 해당하지 아니하나, 반드시 본권에 의한 점유만에 한하지 아니하고 동시이행항변권 등에 기한 점유와 같은 적법한 점유도 여기에 해당한다고 할 것이고, 한편 쌍무계약이 무효로 되어 각 당사자가 서로 취득한 것을 반환하여야 할 경우, 어느 일방의 당사자에게만 먼저 그 반환의무의 이행이 강제된다면 공평과 신의칙에 위배되는 결과가 되므로 각 당사자의 반환의무는 동시이행 관계에 있다고 보아 민법 제536조를 준용함이 옳다고 해석되고, 이러한 법리는 경매절차가 무효로 된 경우에도 마찬가지라고 할 것이므로, 무효인 경매절차에서 경매목적물을 경락받아 이를 점유하고 있는 낙찰자의 점유는 적법한 점유로서 그 점유자는 권리행사방해죄에 있어서의 타인의 물건을 점유하고 있는 자라고 할 것이다.」

3 대법원 1994. 9. 27. 94도1439.

4 대법원 1991. 4. 26. 90도1958, 「피해자가 원목에 대한 인도청구권을 가지고 있었다면 원목은 피해자의 권리의 목적이 된 물건이라고 볼 여지가 있다.」

기는 것을 말하며, 절도죄에 있어서의 절취에 대응하는 것이다. 따라서 점유자의 의사나 그의 하자 있는 의사에 기하여 점유가 이전된 경우에는 취거라고 할 수 없다.[1] 은닉이란 물건의 소재의 발견을 불가능하게 하거나 현저히 곤란한 상태에 두는 것을 말하고, 손괴는 물건의 전부 또는 일부에 대하여 그 용익적 또는 가치적 효용을 해하는 것을 말한다. 예컨대 건물과 기계·기구에 근저당권을 설정하고도 건물을 철거 및 멸실등기 하고, 기계·기구를 양도한 것은 피해자의 권리의 목적이 된 자기의 물건을 손괴 또는 은닉하여 피해자의 권리행사를 방해한 것이다.[2] 본죄의 행위는 취거·은닉 또는 손괴에 제한되므로, 예컨대 타인의 권리의 목적이 된 자기 소유의 토지를 이전등기한 것으로는 본죄가 성립하지 아니한다.[3]

12 2) **권리행사방해** 「타인의 권리행사를 방해한다」는 것은 타인의 권리행사가 방해될 우려 있는 상태에 이른 것을 말하며, 현실로 권리행사가 방해되었을 것을 요하는 것은 아니다. 즉 형법은 마치 권리의 행사가 방해된 결과가 발생하여야 본죄가 성립한다는 취지로 규정하고 있으나, 본죄는 취거·은닉 또는 손괴 행위를 하여 권리행사를 방해할 우려 있는 상태에 이르면 완성하는 위험범이다.[4] 본죄의 미수는 벌하지 아니한다.

2. 주관적 구성요건

13 본죄는 영득죄가 아니다. 따라서 본죄의 성립에는 불법영득의사를 요하지 않는다. 타인의 점유 또는 권리의 목적이 된 자기의 물건이라는 것과 이를 취거·은닉 또는 손괴함으로써 타인의 권리행사를 방해한다는 인식이 있으면 족하다. 미필적 고의로 충분하다.

3. 친족간의 범죄의 특례

14 본죄에는 친족상도례가 적용된다. 친족간의 정의를 고려하여 친족 내부의 범죄에 대하여 국가의 간섭을 억제하고자 하는 것이다. 통설은 형의 면제의 의미

1 대법원 1988. 2. 23. 87도1952.
2 대법원 2021. 1. 14. 2020도14735.
3 대법원 1972. 6. 27. 71도1072.
4 대법원 2016. 11. 10. 2016도13734; 대법원 2017. 5. 17. 2017도2230.

를 인적 처벌조각사유로 이해하고 있다.

Ⅲ. 점유강취죄

1. 점유강취죄 · 준점유강취죄

① 폭행 또는 협박으로 타인의 점유에 속하는 자기의 물건을 강취한 자는 7년 이하의 징역 또는 10년 이하의 자격정지에 처한다.
② 타인의 점유에 속하는 자기의 물건을 취거하는 과정에서 그 물건의 탈환에 항거하거나 체포를 면탈하거나 범죄의 흔적을 인멸할 목적으로 폭행 또는 협박한 때에도 제1항의 형에 처한다.
③ 제1항과 제2항의 미수범은 처벌한다(제325조).

(1) **점유강취죄** 본죄는 폭행 또는 협박으로 타인의 점유에 속하는 자 15
기의 물건을 강취함으로써 성립한다. 강도죄에 대응하는 범죄이며, 타인의 점유에 속하는 자기의 물건에 대한 강도죄라고 할 수 있다. 폭행 · 협박은 강도죄에 있어서와 같이 상대방의 의사를 억압할 정도에 이를 것을 요한다. 다만 불법영득의사를 요하지 않는 점에서 강도죄와 차이가 있을 뿐이다.

공무소의 명에 의하여 타인이 간수하는 자기의 물건을 폭행 · 협박으로 강취한 경우에도 본죄가 성립한다. 형법 제142조는 이러한 경우를 예상하고 있지 않기 때문이다. 본죄의 미수범은 처벌된다.

(2) **준점유강취죄** 본죄는 타인의 점유에 속하는 자기의 물건을 취거하 16
는 과정에서 그 물건의 탈환에 항거하거나 체포를 면탈하거나 범죄의 흔적을 인멸할 목적으로 폭행 · 협박함으로써 성립한다. 준강도죄에 대응하는 범죄이며, 자기의 물건에 대한 준강도죄이다. 본죄도 체포를 면탈하거나 범죄의 흔적을 인멸하거나 탈환에 항거할 목적으로 폭행 · 협박하여야 성립하는 목적범이다. 그러나 목적의 달성 여부는 본죄의 성립에 영향이 없다. 폭행 · 협박의 정도가 상대방의 의사를 억압할 정도임을 요하는 것은 준강도의 경우와 같다. 다만 폭행 · 협박은 취거하는 과정에서 행하여져야 하며, 취거행위와 시간적 · 장소적 접근성이 인정되어야 한다. 점유자와 폭행 · 협박을 받은 자가 같은 사람임을 요하는 것은 아니다.

본죄의 미수범도 처벌한다. 본죄의 기수 · 미수를 정하는 기준에 대하여는 ① 17

취거의 기수·미수에 따라 결정된다는 견해와, ② 폭행·협박의 기수·미수에 따라 결정된다는 견해로 대립될 수 있다. 준강도죄의 경우와 같이 전설이 타당하다고 생각한다. 형법은 폭행의 미수를 벌하지 아니하므로 후설에 의하면 폭행의 경우에 본죄의 미수범은 생각할 여지가 없게 된다.

2. 중권리행사방해죄

제325조의 죄를 범하여 사람의 생명에 대한 위험을 발생하게 한 자는 10년 이하의 징역에 처한다(제326조).

18 본죄는 점유강취죄·준점유강취죄를 범하여 사람의 생명에 대한 위험이 발생하면 그 형을 가중하는 결과적 가중범이다. 사람의 생명에 대한 위험이란 생명에 대한 구체적 위험을 의미한다. 사상의 결과가 발생한 경우는 본조에서 규정하지 않고 있다. 따라서 점유강취죄나 준점유강취죄와 함께 폭행치상 또는 폭행치사죄가 성립할 뿐이라고 해야 한다.

Ⅳ. 강제집행면탈죄

강제집행을 면할 목적으로 재산을 은닉·손괴·허위양도 또는 허위의 채무를 부담하여 채권자를 해한 자는 3년 이하의 징역 또는 1천만원 이하의 벌금에 처한다(제327조).

1. 의 의

19 본죄는 강제집행을 면할 목적으로 재산을 은닉·손괴·허위양도 또는 허위의 채무를 부담하여 채권자를 해함으로써 성립하는 범죄이다. 본죄의 보호법익은 국가의 강제집행권이 발동될 단계에 있는 채권자의 채권이다.[1] 따라서 본죄가 성립하기 위하여는 주관적 구성요건으로 강제집행을 면할 목적이 있어야 하는 외에, 객관적 구성요건으로 강제집행을 받을 객관적 상태에 있음을 요한다.

2. 객관적 구성요건

20 (1) **강제집행을 받을 객관적 상태** 본죄가 성립하기 위하여는 먼저 강

1 대법원 2013. 4. 26. 2013도2034.

제집행을 받을 객관적 상태가 존재해야 한다. 실질적으로 강제집행을 받을 위험 있는 객관적 상태에 있지 아니한 경우에 본죄는 성립할 여지가 없다고 해야 하기 때문이다.[1]

강제집행을 받을 위험 있는 객관적 상태란 민사소송에 의한 강제집행 또는 가압류 · 가처분 등의 집행을 당할 구체적 염려가 있는 상태를 말한다.[2] 언제 이와 같은 구체적 염려가 있는 상태로 되는가에 대하여 대법원은 처음에 채권자가 가압류 · 가처분을 신청하거나 민사소송을 제기할 것을 요한다고 하였다.[3] 그러나 소의 제기나 가압류 · 가처분의 신청이 있어야 강제집행을 받을 구체적 염려 있는 상태가 개시된다는 것은 타당하다고 할 수 없다.[4] 대법원도 그 후 채권자가 강제집행이나 가압류 · 가처분을 하거나 소의 제기 또는 지급명령의 신청을 한 사실이 없더라도 채권확보를 위하여 소송을 제기할 기세를 보이는 이상 강제집행을 받을 상태가 된다는 태도를 일관하고 있다.[5]

그러므로 치료비 청구를 하면서 관계기관에 진정을 하고 있는 때에는 강제집행을 할 우려가 있는 객관적 사정이 있지만(대법원 1979. 4. 10. 78도2370), 민사소송이나 강제집행을 할 기세도 보이지 않는 때에는 본죄는 성립할 여지가 없다(대법원 1982. 5. 25. 82도311). 판례는 채무초과의 상태에 있는 피고인 발행의 약속어음이 부도가 난 때에도 강제집행을 당할 구체적 위험이 있는 상태에 있다고 인정하였다(대법원 1999. 2. 9. 96도3141).

여기의 강제집행은 민사집행법상의 강제집행에 한하지 아니하고 형사소송 21
법상의 벌금 · 과료 · 몰수의 재판의 집행도 포함한다는 견해[6]가 있다. 그러나 본죄는 채권자의 채권을 보호하는 데 그 근본취지가 있는 것이므로, 본죄의 강제집행은 민사집행법 제2편의 적용대상인 강제집행 또는 가압류 · 가처분 등의 집행을 의미한다고 해석하는 것이 타당하다.[7]

1 대법원 1974. 10. 8. 74도1798; 대법원 1979. 9. 11. 79도436.

2 대법원 1981. 6. 23. 81도588.

3 대법원 1970. 5. 12. 70도643.

4 Hoyer SK §288 Rn. 10; Schäfer LK §288 Rn. 12; Sch/Sch/Eser §288 Rn. 10; Tröndle/Fischer §288 Rn. 4; Wessels/Hillenkamp Rn. 448.

5 대법원 1981. 6. 23. 81도588; 대법원 1982. 5. 25. 82도311; 대법원 1984. 3. 13. 84도18; 대법원 1986. 10. 28. 86도1553; 대법원 1999. 2. 9. 96도3141.

6 서일교 127면; 정영석 316면.

7 대법원 1972. 5. 31. 72도1090; 대법원 2012. 4. 26. 2010도5693; 대법원 2015. 3. 26. 2014도14909.

따라서 벌금 · 과료 또는 몰수 등의 재판의 집행은 물론, 국세징수법에 의한 체납처분이나 민사집행법 제3편의 적용대상인 담보권 실행 등을 위한 경매[1]도 여기의 강제집행에 해당하지 않는다. 국세징수법에 의한 체납처분에 대하여는 조세범 처벌법 제12조가 적용되고, 민사집행법 제3편에 의한 경매는 경우에 따라 공무집행방해죄가 성립될 뿐이다.

그러나 민사집행법에 의한 강제집행인 이상 금전채권의 강제집행뿐만 아니라 소유권이전등기의 강제집행[2]이나 의사의 진술에 갈음하는 판결의 강제집행[3]도 여기에 포함된다.

22 강제집행면탈죄는 강제집행을 할 우려 있는 객관적 상태가 있어야 할 뿐만 아니라, 본죄는 채권자의 채권을 보호하기 위한 것이므로 채권의 존재를 전제로 한다. 따라서 채권이 존재하지 아니할 때에는 본죄는 성립할 여지가 없다.[4]

23 (2) **행위의 객체** 본죄의 객체는 재산이다.

재산이란 재물뿐만 아니라 권리도 포함되며, 재물은 동산 · 부동산을 불문한다. 다만 그것이 강제집행의 대상이 될 수 있는 것이어야 함은 당연하다. 따라서 본죄의 객체는 채무자의 재산[5]으로서 채권자가 강제집행 또는 보전처분의 대상으로 삼을 수 있는 것이어야 한다.[6] 여기서 본죄의 주체도 채무자에 제한하여 제3자는 공범이 될 뿐이라고 해석하는 견해[7]도 있다. 독일 형법은 명문으로 자기의 재산이라고 규정하고 있으므로 이러한 해석이 불가피하지만, 형법의 해석에 있어서 본죄의 주체를 채무자에 제한해야 할 이유는 없다. 제3자도 본죄의 주체가 될 수 있다고 해야 한다.[8]

24 (3) **행 위** 재산을 은닉 · 손괴 · 허위양도 또는 허위의 채무를 부담하여 채권자를 해하는 것이다.

---

1 대법원 2015. 3. 26. 2014도14909.
2 대법원 1983. 10. 25. 82도808.
3 대법원 2015. 9. 15. 2015도9883.
4 대법원 1982. 10. 26. 82도2157; 대법원 1988. 4. 12. 88도48; 대법원 2008. 5. 8. 2008도198.
5 따라서 계약명의신탁의 방식으로 명의수탁자가 당사자가 되어 소유자와 부동산에 관한 매매계약을 체결하고 그 명의로 소유권이전등기를 마친 경우, 그 부동산은 채무자인 명의신탁자의 재산이 아니기 때문에 강제집행면탈죄의 객체가 되지 않는다(대법원 2009. 5. 14. 2007도2168).
6 대법원 2014. 10. 27. 2014도9442.
7 김일수/서보학 426면; 박상기 447면; 유기천 344면; 이정원 516면; 임웅 596면.
8 김성돈 516면; 김종원 273면; 배종대 88/7; 백형구 275면; 이영란 469면; 이형국 483면; 정성근/박광민 490면; 정영일 269면.

1) 은닉 · 손괴 · 허위양도 또는 허위의 채무부담 은닉이란 강제집행을 실시하려는 자에 대하여 재산의 발견을 불가능하게 하거나 곤란하게 만드는 것을 말한다. 재산의 소재를 불명하게 하는 경우뿐만 아니라 재산의 소유관계를 불명하게 하는 경우도 포함한다.[1] 25

판례는 ① 채무자 소유의 유체동산을 어머니 소유로 사칭하면서 어머니 명의로 제3자이의의 소를 제기하고 강제집행정지결정을 받아 집행을 저지한 경우(대법원 1992. 12. 8. 92도1653), ② 담보목적의 가등기권자가 다른 채권자들의 강제집행을 불가능하게 할 목적으로 채무자와 공모하여 정확한 청산절차도 거치지 않은 채 의제자백판결을 통하여 본등기를 경료함과 동시에 가등기 이후에 경료된 가압류등기 등을 모두 직권말소하게 한 경우(대법원 2000. 7. 28. 98도4558), ③ 사업장의 유체동산에 대한 강제집행을 면탈할 목적으로 사업자 등록의 사업자 명의를 변경함이 없이 사업장에서 사용하는 금전등록기의 사업자 이름만을 변경한 경우(대법원 2003. 10. 9. 2003도3387) 소유관계를 불명확하게 하는 방법에 의한 재산의 은닉에 해당하지만, ④ 제3자 명의로 되어 있던 사업자등록을 또 다른 제3자 명의로 변경하였다는 사정만으로는 사업장 내 유체동산에 관한 소유관계를 종전보다 더 불명하게 하여 채권자에게 손해를 입게 할 위험성을 야기한다고 단정할 수 없다고 하였다(대법원 2014. 6. 12. 2012도2732). 본죄와 횡령죄의 관계에 관하여는 ⑤ 타인의 재물을 보관하는 자가 보관하고 있는 재물을 영득할 의사로 은닉하였다면 횡령죄를 구성하는 것이므로 채권자들의 강제집행을 면탈하는 결과를 가져온다 하여 이와 별도로 강제집행면탈죄를 구성하는 것은 아니라고 한다(대법원 2000. 9. 8. 2000도1447).

손괴란 재물의 물질적 훼손뿐만 아니라 그 가치를 감소케 하는 일체의 행위를 의미한다. 허위양도란 실제로 재산의 양도가 없음에도 불구하고 양도한 것으로 가장하여 재산의 명의를 변경하는 것을 말한다.

예컨대 가옥대장상의 소유명의의 변경(대법원 1968. 7. 31. 68도677), 임차권명의의 제3자에게의 이전(대법원 1971. 4. 20. 71도319), 허위채무담보를 위한 부동산소유권이전등기(대법원 1982. 12. 14. 80도2403) 등이 여기에 해당한다. 그러나 양도가 진실인 때에는 그것이 강제집행을 면할 목적으로 행하여졌고 채권자를 해한 때에도 본죄를 구성하지 않는다(대법원 1982. 7. 27. 80도382; 대법원 1986. 8. 19. 86도1191; 대법원 1998. 9. 8. 98도1949). 따라서 신탁재산에 대하여 신탁자가 신탁계약을 해지하고 소유권이전등기를 경료한 것은 허위양도가 되지 않는다(대법원 1983. 7. 26. 82도1524).

「허위의 채무를 부담한다」는 것은 채무가 없음에도 불구하고 채무를 부담한 26

1 대법원 1983. 5. 10. 82도1987; 대법원 2000. 7. 28. 98도4558; 대법원 2005. 10. 13. 2005도4522.

것처럼 가장하는 것을 말한다. 진실한 채무를 부담한 때에는 본죄는 성립하지 않는다. 타인에게 가등기를 경료한 것만으로 허위의 채무를 부담하였다고 할 수 없다.[1] 허위의 채무를 부담할 것을 요하므로 장래 발생할 특정한 조건부채권을 담보하기 위하여 부동산에 근저당권을 설정한 것은 본죄에 해당하지 않는다.[2]

27 **2) 채권자를 해할 것** 채권자가 현실적으로 해를 입을 것을 요하는 것이 아니라 채권자를 해할 위험성이 있으면 족하다.[3] 즉 본죄는 위험범이다.

> 채권자를 해할 위험이 없는 때에는 본죄가 성립하지 않는다. 따라서 ① 가압류 후에 목적물의 소유권을 취득한 제3취득자가 다른 사람에 대한 허위의 채무에 기하여 근저당권설정등기 등을 경료했다 하더라도 이로써 가압류채권자의 법률상 지위에 어떤 영향을 미치지 않고(대법원 2008. 5. 29. 2008도2476), ② 토지 소유자가 그 지상 건물 소유자에 대하여 건물철거 및 토지인도청구권을 갖는 경우, 건물 소유자가 허위채무로 위 건물에 근저당권설정등기를 경료한 때에도 그것만으로 토지 소유자의 건물철거 및 토지인도청구권에 기한 강제집행을 불능케 하는 사유에 해당한다고 할 수 없으므로(대법원 2008. 6. 12. 2008도2279) 강제집행면탈죄가 성립하지 않는다.

채권자를 해하였는가는 행위시를 기준으로 하여 구체적으로 판단해야 한다. 다만 판례는 현실적으로 강제집행을 받을 우려가 있는 상태에서 강제집행을 면탈할 목적으로 허위의 채무를 부담하는 등의 행위를 하는 경우에는 달리 특별한 사정이 없는 경우에는 채권자를 해할 위험이 있다고 해석한다.[4]

> 따라서 강제집행을 면할 목적으로 재산을 허위양도하였다 하여도 채무자에게 집행을 확보할 수 있는 충분한 재산이 있으면 채권자를 해하였다고 할 수 없지만(대법원 1968. 3. 26. 67도1577), 약간의 잉여자산이 있다거나(대법원 1990. 3. 23. 89도2506), 허위양도한 부동산의 시가액보다 그 부동산에 의하여 담보된 채무액이 더 많다고 하여(대법원 1999. 2. 12. 98도2474) 그 허위양도로 인하여 채권자를 해할 위험이 없다고 할 수 없다.

3. 주관적 구성요건

28 본죄도 고의범이다. 따라서 행위자는 강제집행을 받을 우려 있는 객관적 상태에서 재산을 은닉 · 손괴 · 허위양도 또는 허위의 채무를 부담하여 채권자를 해

1 대법원 1987. 8. 18. 87도1260.
2 대법원 1996. 10. 25. 96도1531.
3 대법원 1994. 10. 14. 94도2056; 대법원 1999. 2. 12. 98도2474; 대법원 2009. 5. 28. 2009도875.
4 대법원 1996. 1. 26. 95도2526; 대법원 2008. 6. 26. 2008도3184.

한다는 고의가 있어야 한다. 이는 미필적 고의로 족하다.

본죄는 이러한 고의 이외에 강제집행을 면할 목적이 있어야 성립하는 목적범이다. 목적범의 일반원리에 따라 목적의 달성 여부는 본죄의 성립에 영향을 미치지 않는다.

제2편

사회적 법익에 대한 죄

사회적 법익에 대한 죄

사회적 법익에 대한 죄란 인간의 공동생활의 기초가 되는 국민의 사회생활에서의 일반적 법익을 보호하기 위한 범죄를 말한다. 그것은 개별적 존재로서의 개인을 보호하기 위한 범죄가 아니라는 점에서 개인적 법익에 대한 죄와 구별되며, 국가 자체의 존립과 기능을 보호하기 위한 범죄가 아니라는 점에서는 국가적 법익에 대한 죄와 구별된다. 개인의 존재는 사회의 존재를 전제로 하지만 동시에 개인을 떠난 사회도 생각할 여지가 없다. 따라서 사회적 법익을 떠나서 개인적 법익을 생각할 수는 없고, 개인의 법익에 대한 침해는 사회적 법익의 침해가 된다고 할 수 있다.

사회적 법익에 대한 죄는 ① 공공의 안전과 평온에 대한 죄, ② 공공의 신용에 대한 죄, ③ 공중의 건강에 대한 죄 및 ④ 사회의 도덕에 대한 죄로 나눌 수 있다.

공공의 안전과 평온에 대한 죄란 공공의 안전과 평온을 해하는 것을 내용으로 하는 범죄를 말한다. 형법이 규정하고 있는 공안을 해하는 죄, 폭발물에 관한 죄, 방화와 실화의 죄, 일수와 수리에 관한 죄 및 교통방해의 죄가 여기에 해당한다. 공공의 신용에 대한 죄는 통화 · 유가증권 · 문서 또는 인장의 진정에 대한 공공의 신용을 해하여 경제적 · 법적 거래의 안전을 해하는 것을 내용으로 하는 범죄이다. 통화에 관한 죄, 유가증권 · 우표와 인지에 관한 죄, 문서에 관한 죄 및 인장에 관한 죄가 여기에 속한다. 공중의 건강에 대한 죄는 먹는 물에 관한 죄와 아편에 관한 죄와 같이 개인의 생명이나 신체가 아닌 공중의 건강생활을 위태롭게 하는 범죄를 말한다. 사회일반인의 성생활 · 경제생활 또는 종교생활상의 도덕적 질서를 보호하기 위한 범죄가 사회의 도덕에 대한 죄이다. 성풍속에 관한 죄, 도박과 복표에 관한 죄와 신앙에 관한 죄가 여기에 해당한다.

제1장　공공의 안전과 평온에 대한 죄

제1절　공안을 해하는 죄 §25

Ⅰ. 총　　설

1. 의의와 본질

1 공안을 해하는 죄란 공공의 법질서 또는 공공의 안전과 평온을 해하는 것을 내용으로 하는 범죄를 말한다. 형법은 공안을 해하는 죄로 제114조 이하에서 범죄단체 조직죄(제114조), 소요죄(제115조), 다중불해산죄(제116조), 공중협박죄(제116조의2), 공공장소 흉기소지죄(제116조의3), 전시 공수계약 불이행죄(제117조) 및 공무원 자격사칭죄(제118조)를 규정하고 있다.

2 형법은 공안을 해하는 죄를 국가적 법익에 대한 죄의 하나로 배열하고 있다. 그러나 공안을 해하는 죄의 본질에 관하여는 국가적 법익설과 사회적 법익설이 대립되고 있다. **국가적 법익설**은 공안을 해하는 죄는 헌법에서 위임받는 법질서를 보호함으로써 국가의 기능을 보호하기 위한 범죄이며, 형법이 이를 국가적 법익에 대한 죄로 규정한 것은 국가의 법질서를 보호하는 데 중점을 둔 것이라고 해석한다.[1] 이에 반하여 다수설인 **사회적 법익설**은 형법이 비록 국가적 법익에 대한 죄로 배열시켰다 할지라도 공안을 해하는 죄는 공공의 질서,[2] 공공의 안전과 평온[3]을 보호하기 위한 범죄이므로 사회적 법익에 대한 범죄라고 해석하고 있다. 생각건대 형법이 규정하고 있는 공안을 해하는 죄 가운데 전시 공수계약 불이행죄와 공무원 자격사칭죄는 국가의 기능을 보호하기 위한 국가적 법익에 대한 죄임이 명백하다. 이들 범죄는 공공의 법질서와 안전 또는 평온과는 아무런 관련이 없는 범죄이다. 따라서 공안을 해하는 죄의 본질은 범죄단체 조직죄와 소

---

1 유기천 275면.
2 서일교 276면; 진계호 600면.
3 이형국 492면; 정성근/박광민 498면; 정영석 105면.

요죄 및 다중불해산죄의 보호법익을 중심으로 검토해야 한다.

3 범죄단체 조직죄의 보호법익은 공공의 내적 안전(innere öffentliche Sicherheit)[1] 또는 공공의 평온(öffentliche Friede)이다.[2] 소요죄와 다중불해산죄의 보호법익도 일반적으로 공공의 평온[3] 또는 공공의 안전과 평온[4]으로 설명되고 있다. 엄격한 의미에서 공공의 평온과 공공의 안전은 구별되는 개념이다. 공공의 평온이 모든 종류의 평온에 대한 위험을 의미하는 데 반하여, 공공의 안전은 그 중에서 사람의 생명 · 신체 또는 재산에 대한 위험만을 의미하는 것이기 때문이다.[5] 형법이 소요죄의 행위로 폭행 · 협박 · 손괴를 규정하고 있는 점에서 볼 때 소요죄의 보호법익은 공공의 안전이라고 해석하는 것이 타당하다고 생각된다.[6] 다만 공공의 안전이라 할지라도 개인의 생명 · 신체 · 재산에 대하여 위협받지 않는 객관적 상태뿐만 아니라 이러한 상태에 대한 주관적 신뢰를 포함하는 것이라는 점에서 양자는 접근한다. 공안을 해하는 죄가 국가적 법익에 대한 죄라고 해석하는 **국가적 법익설**은 내적 평온은 국가의 대내주권(innere Souveränität)을 의미한다는 데 근거한다.[7] 그러나 ① 공안을 해하는 죄는 내란죄와 같이 국가권력에 대한 반항을 내용으로 하거나 국가의 기능을 해할 것을 내용으로 하는 범죄가 아니며, ② 공공의 안전이란 모든 사람이 국가 안에서 위협받지 않는 일반적 안전, 즉 사회에서의 평온한 공동생활을 보호하기 위한 것이므로 사회적 법익에 대한 죄라고 해석하는 **사회적 법익설**이 타당하다.[8]

2. 입 법 론

4 형법이 전시 공수계약 불이행죄와 공무원 자격사칭죄를 공안을 해하는 죄

1 Bubnoff LK §129 Rn. 1; Joecks §129 Rn. 1; Lackner/Kühl §129 Rn. 1; Sch/Sch/Lenckner/Sternberg-Lieben §129 Rn. 1; Tröndle/Fischer §129 Rn. 2.

2 Miebach/Schäfer MK §129 Rn. 1; Sch/Sch/Lenckner/Sternberg-Lieben §129 Rn. 1.

3 서일교 276면; 황산덕 34면.

4 이형국 492면; 정성근/박광민 501면; 정영석 107면; 진계호 605면.

5 Bubnoff LK §125 Rn. 17; Maurach/Schroeder/Maiwald 2 S. 87; Rudolphi SK §125 Rn. 12.

6 Bubnoff LK §125 Rn. 1; Lackner/Kühl §125 Rn. 1; Sch/Sch/Lenckner/Sternberg-Lieben §125 Rn. 2; Schäfer MK §125 Rn. 1; Tröndle/Fischer §125 Rn. 2.

7 Maurach/Schroeder/Maiwald 2 S. 87.

8 김성돈 523면; 김일수/서보학 433면; 박상기 453면; 배종대 **90**/5; 백형구 445면; 손동권/김재윤 544면; 오영근 454면; 이영란 481면; 이정원 521면; 이형국 492면; 임웅 607면; 정성근/박광민 498면; 정영일 278면.

의 장에서 규정하고 있는 것은 체계상 타당하다고 할 수 없다. 양 죄는 공공의 안전과 평온을 해하는 범죄라고 할 수 없기 때문이다. 특히 전시 공수계약 불이행죄는 단순한 채무불이행을 범죄로 규정한 국수주의형법의 잔재라는 비판을 면할 수 없다. 당연히 삭제되어야 할 규정이다.

범죄단체 조직죄에 대하여는 구성요건이 개별화되어 있지 않을 뿐만 아니 5
라 예비 · 음모를 기수와 같이 처벌하는 것은 위헌이라는 비판이 있다.[1] 그러나 범죄를 목적으로 하는 단체를 조직하거나 이에 가입한 자라는 구성요건이 불명확하다고 할 수 없고, 예비 · 음모를 기수와 같이 처벌한다고 하여 위헌이 되는 것은 아니다. 범죄단체 조직죄는 단체조직의 위험성을 방지하기 위한 예방적 기능(präventive Funktion)을 수행하는 범죄이기 때문이다.[2]

범죄단체 조직죄에 관한 형법 제114조의 규정은 형법 일부개정법률에 의하여 개정되어 2013년 4월 5일부터 새로운 규정이 시행되고 있다. 2000. 12. 13. 우리나라가 서명한 「UN 국제조직범죄방지협약」의 국내적 입법 이행사항을 고려하여 범죄단체에 대해 효율적으로 대응하기 위한 것이다. 개정내용은 범죄단체를 사형, 무기 또는 장기 4년 이상의 징역에 해당하는 범죄를 목적으로 하는 단체로 제한하여 그 처벌범위를 축소하고, 범죄단체에 가입하는 행위뿐만 아니라 그 구성원으로 활동하는 사람도 처벌할 수 있게 하여 처벌의 공백을 보완한 점이다.

Ⅱ. 범죄단체 조직죄

> 사형, 무기 또는 장기 4년 이상의 징역에 해당하는 범죄를 목적으로 하는 단체 또는 집단을 조직하거나 이에 가입 또는 그 구성원으로 활동한 사람은 그 목적한 죄에 정한 형으로 처벌한다. 다만, 형을 감경할 수 있다(제114조).

(1) 의 의 사형, 무기 또는 장기 4년 이상의 징역에 해당하는 범죄 6
를 목적으로 하는 단체 또는 집단을 조직하거나, 이에 가입하거나 그 구성원으로 활동함으로써 성립하는 범죄이다. 단체나 집단의 조직 또는 가입에 의하여 성립하는 범죄라는 점에서 조직범죄(Organisationsdelikt)라고 할 수 있다.[3] 원래 범죄

1 유기천 276면.
2 Bubnoff LK §129 Rn. 1; Rudolphi SK §129 Rn. 2.
3 Bubnoff LK §129 Rn. 1; Ostendorf NK §129 Rn. 10; Rudolphi SK §129 Rn. 7.

를 목적으로 하는 단체를 조직하거나 이에 가입하는 것은 일종의 예비 또는 음모 행위에 불과하다. 본죄의 형사정책적 근거는 단체 또는 집단의 조직과 결합된 특수한 위험성을 제거하는 데 있다. 즉 범죄를 범할 목적으로 단체 등을 조직하거나 이에 가입한 때에는 구성원의 개인적인 억제요소가 제거되고 단체의 조직적 구조로 인하여 범죄의 계획과 실행이 용이하게 된다는 점에서 다수인의 결합에 의한 범죄실행의 특수한 위험성이 강화되고, 이러한 단체 등에 내재하는 자가동력(Eigendynamik)에 의하여 형법적 보호를 예비단계까지 확대하는 것도 정당화된다는 것이다.[1]

7 폭처법에 규정된 범죄를 목적으로 하는 단체 또는 집단을 구성하거나 이에 가입하거나 그 구성원으로 활동한 사람은 같은 법에 의하여 가중처벌된다. 이에 의하면 ① 수괴는 사형, 무기 또는 10년 이상의 징역에 처한다. ② 간부는 무기 또는 7년 이상의 징역에 처한다. ③ 수괴·간부 외의 사람은 2년 이상의 유기징역에 처한다(동법 제4조 1항). 본죄에 대하여 특별관계에 있다고 해야 한다.

8 (2) **객관적 구성요건** 본죄의 행위는 사형, 무기 또는 장기 4년 이상의 징역에 해당하는 범죄를 목적으로 하는 단체 또는 집단을 조직하거나, 이에 가입하거나 그 구성원으로 활동하는 것이다.

단체 또는 집단은 사형, 무기 또는 장기 4년 이상의 징역에 해당하는 범죄를 목적으로 하여야 한다. 본죄는 원래 공공의 위험에 대한 현저한 위험을 초래할 수 있는 범죄에 제한해야 하기 때문이다.[2] 반드시 형법에 규정된 범죄임을 요하지 않고 특별법에 규정된 범죄를 포함한다. 다만 단체의 조직과 가입을 처벌하는 조직범죄(예컨대 국가보안법의 반국가단체구성·가입죄)나 경범죄 처벌법이 적용되는 경범은 여기서 제외된다.[3]

단체란 다수인이 일정한 범죄를 수행한다는 공통목적 아래 이루어진 계속적인 결합체를 말한다.[4] 따라서 본죄의 단체라고 하기 위하여는 단체를 주도하거나

1 Bubnoff LK §129 Rn. 1; Miebach/Schäfer MK §129 Rn. 3; Kindhäuser Besonderer Teil 1, **41** Rn. 5; Rudolphi SK §129 Rn. 3.

2 Fischer §129 Rn. 12; Miebach/Schäfer MK §129 Rn. 3; Sch/Sch/Lenckner/Sternberg-Lieben §129 Rn. 6.

3 Bubnoff LK §129 Rn. 11; Rudolphi SK §129 Rn. 7; Sch/Sch/Lenckner/Sternberg-Lieben §129 Rn. 6.

4 독일 형법에서는 다수인은 3인 이상임을 요한다고 해석한다.
Fischer §129 Rn. 12; Kindhäuser **41** Rn. 6; Lackner/Kühl §129 Rn. 2; Miebach/Schäfer MK §129 Rn. 3; Sch/Sch/Lenckner/Sternberg-Lieben §129 Rn. 6.

내부질서를 유지하는 최소한의 통솔체계를 갖출 것을 요한다.[1]

> 그러므로 피고인 등 4명이 도박개장을 공모하였거나(대법원 1977. 12. 27. 77도3463), 소매치기를 공모하고 실행행위를 분담하기로 약정한 경우(대법원 1981. 11. 24. 81도2608) 또는 어음사기를 위하여 전자제품도매상을 경영하는 것으로 가장하고 업무를 분담한 것(대법원 1985. 10. 8. 85도1515)만으로는 단체를 조직하였다고 할 수 없다.

집단이란 범죄단체를 이루지 못한 다수인의 결합체를 말한다. 집단도 일정한 범죄를 목적으로 조직된 결합체이므로 공통의 목적을 가져야 한다는 점에서 단체와 차이가 없다. 따라서 집단은 단체를 주도하는 통솔체제를 갖추지 못했다는 점에서 단체와 구별되지만, 범죄의 계획과 실행을 용이하게 할 정도의 조직적 구조를 갖추어야 한다.[2]

본죄의 행위는 단체 또는 집단을 조직하거나, 이에 가입하거나 그 구성원으 8a
로 활동하는 것이다.

조직은 특정 다수인이 의사 연락을 통하여 계속적으로 결합된 집합체를 형성함을 의미하고, 가입이란 이미 조직된 단체나 집단의 취지에 동조하여 구성원으로 참가하는 것을 말한다.[3] 단체나 집단을 조직하거나 이에 가입하는 방법이나 형식에는 제한이 없다. 역할이 능동적이건 수동적이건, 자진하여 가입한 것이든 권유에 의한 것이든 불문한다. 구성원으로 활동한다는 것은 단체 또는 집단의 범죄목적을 촉진하기 위한 활동을 의미한다.[4] 단체 또는 집단의 구성원으로서 활동해야 하므로 단체 등의 의사와 합치하는 적극적인 행위일 것을 요한다고 해야 한다. 범죄를 목적으로 하는 단체 또는 집단을 조직하였거나 이에 가입하면 본죄는 성립하고, 목적한 범죄를 실행하였는가는 본죄의 성립에 영향이 없다.[5]

(3) **주관적 구성요건** 본죄가 성립하기 위하여는 사형, 무기 또는 장기 9
4년 이상의 징역에 해당하는 범죄를 목적으로 하는 단체 또는 집단을 조직하거나, 이에 가입하거나 그 구성원으로 활동한다는 점에 대한 고의가 있어야 한다. 단체 등에 가입하는 때에도 단체의 목적을 인식해야 한다.

---

1 대법원 1985. 10. 8. 85도1515; 대법원 2020. 9. 7. 2020도7915.

2 대법원 2020. 9. 7. 2020도7915.

3 대법원 2024. 7. 25. 2024도6909.

4 Kindhäuser 41 Rn. 7; Lackner/Kühl §129 Rn. 5; Miebach/Schäfer MK §129 Rn. 59; Sch/Sch/Lenckner/Sternberg-Lieben §129 Rn. 13.

5 대법원 1975. 9. 23. 75도2321.

Ⅲ. 소요죄 · 다중불해산죄 · 공중협박죄 · 공공장소 흉기소지죄

1. 소 요 죄

다중이 집합하여 폭행 · 협박 또는 손괴의 행위를 한 자는 1년 이상 10년 이하의 징역이나 금고 또는 1,500만원 이하의 벌금에 처한다(제115조).

10 (1) **의의와 본질** 소요죄(騷擾罪, Landfriedensbruch)란 다중이 집합하여 폭행 · 협박 또는 손괴행위를 함으로써 성립하는 범죄이다. 다중의 집합을 요건으로 하는 필요적 공범이며, 군집범죄(Massedelikte)라는 점에서 내란죄와 성질을 같이한다. 소요죄가 공공의 안전을 보호법익으로 하는 위험범이라는 점에 대하여는 의문이 없다. 따라서 소요죄가 성립하기 위하여 공공의 안전이 현실적으로 침해된 결과가 발생하였을 것을 요하는 것은 아니다.[1]

11 다만 본죄가 구체적 위험범인가 또는 추상적 위험범인가에 대하여는 견해가 일치하지 않는다. **구체적 위험범설**은 다중의 폭행 · 협박 · 손괴가 그 성질상 당연히 한 지방의 평온을 해하는 위험성 있는 행위라고 할 수는 없으므로 본죄가 성립하기 위하여는 공공의 질서에 대한 구체적 위험이 있을 것을 요한다고 한다.[2] 그러나 본죄의 행위로 한 지방의 평온을 해할 정도의 폭행 · 협박 · 손괴가 있음을 요한다고 하여 이를 구체적 위험을 요하는 것이라고 할 수 없다는 점에 비추어 통설인 **추상적 위험범설**[3]이 타당하다고 하지 않을 수 없다.

12 (2) **객관적 구성요건** 본죄는 다중이 집합하여 폭행 · 협박 또는 손괴의 행위를 함으로써 성립한다.

13 1) **주 체** 종래의 통설은 본죄의 주체를 집합한 다중, 즉 다수인의 집단(군집)이라고 해석하였다.[4] 집합한 다중이 주체가 되는 점에 집단범죄의 특색이 있다고 한다. 본죄의 성립에 다중의 집합을 요하는 것은 물론이다. 그러나 다중의 집합은 본죄의 행위의 태양에 불과하고 집합한 다중이 본죄의 주체가 될 수

---

1 대법원 1947. 3. 25. 4280형상6 · 7 · 8.

2 배종대 91/1; 서일교 278면.

3 김성돈 529면; 김성천/김형준 696면; 김일수/서보학 436면; 박상기 458면; 백형구 449면; 손동권/김재윤 548면; 신동운 59면; 유기천 279면; 이영란 487면; 이정원 524면; 이형국 498면; 임웅 615면; 정성근/박광민 502면; 정영일 280면.

4 박상기 458면; 서일교 277면; 오성환(주석) 74면; 이형국 499면; 정영석 108면; 진계호 605면; 황산덕 34면.

는 없다.[1] 그것은 ① 집합한 다중이 본죄의 주체라고 할 때에는 단체의 범죄능력을 인정하여 개인책임원리에 반하는 결과를 초래할 뿐만 아니라, ② 군집은 일시적이고 막연한 사회적 집합형태에 불과하므로 범죄의 주체가 될 수 없고, ③ 집단범죄라 하여 집단 자체가 주체로 되어야 하는 것은 아니기 때문이다. 이러한 의미에서 본죄의 주체는 집합된 다중이 아니라 다중을 구성한 개인이며, 따라서 본죄의 주체에는 제한이 없다고 해야 한다.[2]

2) 행 위 다중이 집합하여 폭행 · 협박 또는 손괴하는 것이다.

㈎ **다중의 집합** 다중(Menschenmenge)이란 다수인의 집단을 말한다. 다 14
중이 될 수 있는 기준에 관하여는 인원수에 중점을 두어 일견하여 그 수를 계산할 수 없는 정도의 다수인 또는 몇 사람의 증가나 감소가 문제되지 않는 다수인을 의미한다고 해석하는 견해,[3] 그들 사이에 군중심리로 인하여 통제되지 않고 통제될 수 없는 반응이 나타날 수 있는 것을 말한다는 견해[4]도 있다. 그러나 이러한 기준을 도입한다고 하여 반드시 다중의 개념이 명백하게 되는 것은 아니며, 통제될 수 없는 것이 요건이 되어야 할 이유도 없다. 본죄의 본질과 보호법익을 고려할 때 규범적 기준에 의하여 한 지방의 안전을 해할 수 있을 정도의 폭행 · 협박 또는 손괴를 할 수 있을 정도의 다수인임을 요한다는 통설[5]이 타당하다고 하지 않을 수 없다. 따라서 이를 위하여는 행위자의 수뿐만 아니라 그 성질과 휴대한 흉기, 집단의 목적과 시기 · 장소 등을 종합하여 판단해야 한다.

집합이란 다수인이 일정한 장소에 모여 집단을 이루는 것을 말한다. 장소적 15
결합을 본질로 한다. 그러나 내란죄의 경우와는 달리 집단이 조직적일 것을 요하지 않으며 반드시 주모자가 있어야 하는 것도 아니다. 공동의 목적이 있을 것을 요하지 않고, 공동의 목적이 있는 경우에는 그 목적이 무엇인가도 묻지 않는다.

㈏ **폭행 · 협박 · 손괴** 폭행 · 협박은 최광의의 그것을 말한다. 즉 폭행은 16

1 Bubnoff LK §125 Rn. 30; Ostendorf NK §125 Rn. 13; Rudolphi SK §125 Rn. 7; Sch/Sch/Lenckner/Sternberg-Lieben §125 Rn. 4; Tröndle/Fischer §125 Rn. 4.
2 김성돈 529면; 김성천/김형준 697면; 김일수/서보학 437면; 배종대 **91**/3; 손동권/김재윤 548면; 이영란 488면; 이정원 524면; 임웅 615면; 정성근/박광민 502면; 정영일 280면.
3 독일의 통설이 취하고 있는 태도이다. 이에 의하면 15~20인 정도에 이르면 다중에 해당한다고 한다. Bubnoff LK §125 Rn. 31; Lackner/Kühl §125 Rn. 2; Otto S. 296; Rudolphi SK §125 Rn. 7; Sch/Sch/Lenckner/Sternberg-Lieben §125 Rn. 10; Schäfer MK §125 Rn. 10.
4 Maurach/Schroeder/Maiwald 2 **60**/22.
5 김성돈 529면; 김성천/김형준 697면; 김일수/서보학 438면; 배종대 **91**/4; 손동권/김재윤 549면; 유기천 280면; 이형국 499면; 임웅 615면; 정성근/박광민 502면; 정영일 280면.

사람 또는 물건에 대한 일체의 유형력을 의미하며, 협박이란 공포심을 일으키기 위하여 해악을 고지하는 일체의 행위를 말한다. 해악의 성질과 내용은 문제되지 않는다. 상대방이 특정인일 것을 요하지 않으며, 불특정 다수인인 경우도 포함한다. 손괴도 재물의 효용가치를 해하는 일체의 행위를 의미한다. 다만 여기의 폭행·협박·손괴는 사람 또는 물건에 대한 공격적이고 적극적인 행위일 것을 요한다. 따라서 단순한 소극적인 저항이나 연좌농성은 여기의 폭행 등에 해당하지 않는다.[1] 또한 폭행·협박·손괴는 그 성질상 공공의 안전을 위험하게 할 수 있을 정도에 이르지 않으면 안 된다. 사람 또는 물건에 대한 현실적인 침해나 공공의 안전을 침해하는 결과를 요하는 것은 아니다.

17 폭행·협박·손괴는 집합한 다중의 합동력(vereinte Kräfte)에 의한 것이어야 한다. 다중의 합동력으로 인한 것이라고 하기 위하여는 폭행·협박·손괴가 다중의 구성원에 의하여 다중 이외의 사람이나 물건에 대하여 행하여졌을 뿐만 아니라, 다중에 의하여 공동으로 행하여진 것임을 요구한다. 따라서 폭행 등은 다중의 의사에 따른 것이어야 한다. 다중에 의해 지배되는 의사를 표현한 것이라고 할 수 없는 구성원 개인의 행위는 본죄의 행위에는 해당하지 않는다. 그러나 다중의 전원이 폭행 등을 할 것을 요하는 것은 아니다. 그 일부 또는 대부분이 폭행·협박·손괴를 하였으면 족하다.

18 (3) **주관적 구성요건** 본죄의 고의로는 소요에 대한 인식이 있어야 한다. 소요의 인식이란 다중의 합동력으로 폭행·협박 또는 손괴한다는 의사, 즉 공동의사를 의미한다는 점에 대하여는 견해가 일치하고 있다.[2] 여기서 공동의사란 다중의 합동력을 믿고 스스로 폭행·협박 등을 할 의사 내지 다중으로 하여금 이를 하게 할 의사와 이러한 폭행·협박에 가담하는 의사를 포함한다. 따라서 공동의 의사 없이 다중이 집합한 때에 폭행·협박하는 것은 다수인의 행위라 할지라도 본죄가 성립하지 않고 특수폭행죄 또는 특수협박죄가 성립할 뿐이다. 다중으

1 Bubnoff LK §125 Rn. 51; Lackner/Kühl §125 Rn. 4; Maurach/Schroeder/Maiwald 60/24; Rudolphi SK §125 Rn. 6; Sch/Sch/Lenckner/Sternberg-Lieben §125 Rn. 6; Tröndle/Fischer §125 Rn. 13.

2 김성돈 530면; 김성천/김형준 698면; 김일수/서보학 439면; 배종대 91/7; 손동권/김재윤 549면; 신동운 60면; 오성환(주석) 77면; 오영근 461면; 유기천 281면; 이영란 489면; 이정원 525면; 이형국 500면; 임웅 616면; 정성근/박광민 503면.

다만 박상기 460면; 정영일 281면은 공동의 의사는 소요의 인식의 내용에 불과하므로 공동의 의사가 필요한 것은 아니라고 해석한다.

로 하여금 폭행·협박 등을 하게 할 의사는 단순한 교사의 고의에 불과한 경우도 있으므로 이를 공동의 의사에 포함시키는 것이 타당한가가 문제된다. 그러나 다중의 구성원은 직접 폭행·협박 등을 한 자뿐만 아니라 이를 교사·방조한 자도 본죄의 정범에 해당하므로 다중으로 하여금 폭행 등을 하게 할 의사를 제외해야 할 이유는 없다. 공동의사는 군중심리로 족하다고 할 것이므로 반드시 행위자 사이의 공모나 계획 또는 사전의 의사의 연락이 있어야 하는 것은 아니다.[1] 개개의 폭행·협박·손괴에 대한 구체적인 인식을 필요로 하는 것도 아니다.

(4) **관련문제**

1) **공범규정의 적용** 본죄는 필요적 공범에 해당하는 집합범이므로 총 19
론의 공범에 관한 규정이 적용될 수 있는가가 문제된다. 먼저 집합한 다중의 구성원으로서 소요행위를 한 자에 대하여 공범규정이 적용될 여지가 없다는 점에는 의문이 없다. 다중이 집합하여 폭행·협박·손괴한 때에는 가담의 정도를 묻지 않고 정범으로 처벌되며, 이러한 의미에서 형법이 예외적으로 단일정범개념(Einheitstäterbegriff)을 인정한 것으로 볼 수 있기 때문이다.[2]

집단 외에서 가담한 자에 대하여 공범규정이 적용될 수 있는가에 대하여 집 20
단범죄의 특질을 고려할 때 집단 외에서 협력한 자에 대하여는 공범규정이 적용될 수 없다고 해석하는 견해[3]도 있으나, 집단범죄라 할지라도 집단 외에서 자금이나 정보를 제공하거나 다른 사람의 가담을 권유한 자에 대하여는 당연히 공범규정이 적용되어야 할 것이므로 공범규정이 적용된다는 다수설이 타당하다. 다만 공범규정의 적용범위에 관하여는 공동정범의 규정을 제외한 교사와 방조에 관한 규정만 적용된다는 견해[4]와 공동정범(제30조)과 교사(제31조) 및 방조(제32조)의 규정이 모두 적용된다고 해석하는 견해[5]가 대립되고 있다. 필요적 공범, 특히 집단범죄에서 집단의 구성원이 아닌 자에 대하여 공동정범을 인정할 수는 없으므로 교사와 방조에 관한 규정만 적용된다고 해석하는 것이 타당하다고 생각된다.[6]

1 김일수/서보학 439면; 유기천 281면; 정성근/박광민 504면.
2 Bubnoff LK §125 Rn. 9; Maurach/Schroeder/Maiwald 60/30; Ostendorf NK §125 Rn. 22; Rudolphi SK §125 Rn. 13; Sch/Sch/Lenckner/Sternberg-Lieben §125 Rn. 12; Tröndle/Fischer §125 Rn. 6.
3 서일교 280면.
4 배종대 91/9; 백형구 451면; 신동운 61면; 오영근 462면; 유기천 282면; 이영란 491면; 이정원 525면; 이형국 500면; 임웅 617면; 정성근/박광민 504면.
5 김일수/서보학 440면; 손동권/김재윤 550면; 정영석 111면; 진계호 608면; 황산덕 36면.
6 Lackner/Kühl §125 Rn. 10; Maurach/Schroeder/Maiwald 60/32; Rudolphi SK §125 Rn. 25;

21 공동정범의 규정이 적용되는가는 공모공동정범을 인정할 것인가에 따라서 결정된다고 설명하는 견해[1]도 있다. 그러나 공모공동정범을 인정하는가는 공동정범의 규정을 적용하기 위한 하나의 근거에 지나지 않으며, 공모공동정범을 인정한다고 하여 반드시 공동정범의 규정이 적용되어야 하는 것은 아니다. 집단범죄의 본질도 동시에 고려해야 하기 때문이다.

22 **2) 다른 범죄와의 관계** 폭행죄 · 협박죄 및 손괴죄가 소요죄에 흡수된다는 점에는 의문이 없다. 그 외에 어느 범죄까지 본죄에 흡수되는가에 대하여는 견해가 일치하지 않는다. 특수폭행죄 · 특수협박죄 및 특수손괴죄는 본죄에 흡수되지만 그 이외의 범죄는 본죄와 상상적 경합의 관계에 있다고 해야 한다는 견해[2]도 있으나, 소요죄보다 법정형이 중한 살인죄 · 방화죄는 본죄와 상상적 경합의 관계에 있지만 형이 경한 공무집행방해죄나 주거침입죄는 모두 소요죄에 흡수된다고 해석하는 것이 다수설이다.[3] 다수설은 형법이 본죄의 행위로 폭행 · 협박 이외에 손괴를 포함하고 있는 취지에 비추어 위의 행위는 소요죄가 당연히 예상하고 있는 범죄라는 것을 이유로 한다. 그러나 공무집행방해죄나 주거침입죄와 본죄는 보호법익을 달리하고 또 소요죄가 이러한 행위를 당연히 예상한다고 할 수 없으므로 전설이 타당하다고 생각된다.

2. 다중불해산죄

폭행 · 협박 또는 손괴의 행위를 할 목적으로 다중이 집합하여 그를 단속할 권한이 있는 공무원으로부터 3회 이상의 해산명령을 받고 해산하지 아니한 자는 2년 이하의 징역이나 금고 또는 300만원 이하의 벌금에 처한다(제116조).

23 **(1) 의 의** 본죄는 폭행 · 협박 또는 손괴의 행위를 할 목적으로 다중이 집합하여 그를 단속할 권한 있는 공무원으로부터 3회 이상의 해산명령을 받고 해산하지 아니함으로써 성립하는 진정부작위범이다. 다중이 집합하여 폭행 · 협박 또는 손괴할 의사가 있지만 아직 그 실행이 없는 소요죄의 예비단계의 행위

Sch/Sch/Lenckner/Sternberg-Lieben §125 Rn. 13.

1 정성근/박광민 504면; 진계호 608면.

2 김성천/김형준 699면; 박상기 461면; 손동권/김재윤 550면; 유기천 281면; 이영란 491면; 이형국 501면.

3 김성돈 531면; 김일수/서보학 440면; 배종대 91/10; 이정원 526면; 이형국(공저) 449면; 임웅 617면; 정성근/박광민 505면; 정영석 112면; 진계호 609면; 황산덕 35면.

를 독립된 구성요건으로 규정한 것이다. 따라서 집합한 다중이 나아가 폭행·협박 또는 손괴를 한 때에는 소요죄가 성립한다.

(2) 객관적 구성요건

1) 주 체 본죄의 주체는 폭행·협박 또는 손괴행위를 할 목적으로 24
집합한 다중을 구성한 자이다. 따라서 본죄는 폭행·협박 또는 손괴행위를 할 목적으로 다중이 집합할 것을 전제로 한다. 폭행·협박 또는 손괴의 목적은 집합 전부터 있을 것을 요건으로 하지 않고 도중에 가지는 경우도 포함한다. 다만 해산명령을 받기 전에는 이러한 목적이 존재하여야 한다.[1]

2) 행 위 본죄의 행위는 단속할 권한 있는 공무원으로부터 3회 이 25
상의 해산명령을 받고 해산하지 아니하는 것이다.

단속할 권한 있는 공무원이란 해산명령권을 가진 공무원을 말한다. 해산명령권은 법령에 근거를 가질 것을 요한다. 예컨대 경찰관직무집행법 제6조가 규정하고 있는 제지는 해산명령의 뜻을 포함한다. 해산명령의 방식은 묻지 않으나, 집합한 다중에게 인식될 수 있을 것을 요한다.

단속할 권한 있는 공무원으로부터 3회 이상의 해산명령을 받아야 한다. 3회 26
이상이란 적어도 3회라는 의미이며, 각 회마다 해산에 필요한 시간적 간격이 있어야 한다. 따라서 시간적 간격을 주지 않고 계속하여 해산하라고 한 것은 1회의 해산명령에 불과하다.[2] 해산명령을 받고 해산하지 아니함으로써 본죄는 성립한다. 3회의 해산명령을 받고 해산하지 않을 때에 본죄는 완성된다는 이유로 4회째의 해산명령을 받고 해산한 경우에도 본죄의 성립에는 영향이 없다는 견해[3]도 있다. 그러나 본죄의 완성은 최종의 해산명령시를 기준으로 판단해야 하며, 따라서 그 후의 명령에 따라 해산한 때에는 본죄가 성립하지 않는다는 다수설이 타당하다.[4] 해산이란 다중의 분산을 의미한다. 따라서 집합한 채 퇴거하거나 본죄가 성립한 후에 체포를 면하기 위하여 도주하는 것은 해산이라고 할 수 없다. 다중이

1 박상기 462면; 배종대 **92**/3; 이영란 493면; 임웅 619면; 정성근/박광민 506면; 정영석 113면; 진계호 610면; 황산덕 37면.

2 김일수/서보학 441면; 배종대 **92**/4; 백형구 453면; 손동권/김재윤 551면; 오영근 463면; 유기천 283면; 이형국 502면; 임웅 619면; 정성근/박광민 506면; 정영일 282면.

3 서일교 281면; 정영석 113면; 정영일 282면.

4 김일수/서보학 441면; 박상기 462면; 배종대 **92**/5; 백형구 454면; 손동권/김재윤 551면; 오영근 464면; 이영란 493면; 이정원 527면; 이형국 502면; 임웅 531면; 정성근/박광민 507면.

라고 볼 수 있는 집단의 대부분이 해산한 때에는 소수자가 남아 있어도 해산한 것으로 보아야 한다. 이에 반하여 다중이 해산하지 않는 때에는 본죄가 성립한다. 이 경우 해산한 자에 대하여는 본죄가 적용되지 않는다.

27 (3) **주관적 구성요건** 본죄는 목적범이다. 따라서 본죄가 성립하기 위하여는 집합한 다중이 해산권한 있는 공무원으로부터 3회 이상 해산명령을 받고 해산하지 않는다는 점에 대한 고의가 있어야 하는 이외에 폭행 · 협박 또는 손괴의 행위를 할 목적이 있어야 한다.

3. 공중협박죄

① 불특정 또는 다수의 사람의 생명, 신체에 위해를 가할 것을 내용으로 공연히 공중을 협박한 사람은 5년 이하의 징역 또는 2천만원 이하의 벌금에 처한다.
② 상습으로 제1항의 죄를 범한 때에는 그 죄에 정한 형의 2분의 1까지 가중한다.
③ 제1항 및 제2항의 미수범은 처벌한다(제116조의2).

27a 본죄는 불특정 또는 다수의 사람의 생명, 신체에 위해를 가할 것을 내용으로 공연히 공중을 협박함으로써 성립한다. 보호법익은 개인의 의사의 자유가 아니라 공공의 평온이다.

불특정 또는 다수의 사람의 생명, 신체에 대한 위해여야 하므로 특정한 소수에 대한 위해인 때에는 본죄가 아닌 협박죄가 성립한다. 공연히 하여야 하는데 통상 정보통신망을 통해 이루어지고 있다. 본죄의 상습범은 가중처벌하고, 이들의 미수범도 처벌된다.

4. 공공장소 흉기소지죄

27b 정당한 이유 없이 도로 · 공원 등 불특정 또는 다수의 사람이 이용하거나 통행할 수 있는 공공장소에서 사람의 생명, 신체에 위해를 가할 수 있는 흉기를 소지하고 이를 드러내어 공중에게 불안감 또는 공포심을 일으킨 사람은 3년 이하의 징역 또는 1천만원 이하의 벌금에 처한다(제116조의3).

정당한 이유 없이 도로·공원 등 불특정 또는 다수의 사람이 이용하거나 통행할 수 있는 공공장소에서 사람의 생명, 신체에 위해를 가할 수 있는 흉기를 소지하고 이를 드러내어 공중에게 불안감 또는 공포심을 일으킴으로써 성립하는 범죄이다. 본죄의 보호법익은 공공의 평온이다.

본죄는 공공장소에서 흉기를 소지하는 것만으로는 부족하고 이를 드러냄으로써 성립하며, 공중에게 불안감 또는 공포심을 현실적으로 일으킬 필요는 없다고 할 것이다.

Ⅳ. 전시 공수계약 불이행죄

① 전쟁·천재 기타 사변에 있어서 국가 또는 공공단체와 체결한 식량 기타 생활필수품의 공급계약을 정당한 이유 없이 이행하지 아니한 자는 3년 이하의 징역 또는 500만원 이하의 벌금에 처한다.
② 전항의 계약이행을 방해한 자도 전항의 형과 같다.
③ 전2항의 경우에는 그 소정의 벌금을 병과할 수 있다(제117조).

본죄는 전쟁·천재 기타 사변에 있어서 국가 또는 공공단체와 체결한 공수계약을 이행하지 않거나 계약이행을 방해한 자를 처벌하여, 국가비상사태하에서 생활필수품의 원활한 공급을 가능하게 하여 국민생활의 안정을 도모하려고 하는데 그 취지가 있다. 전시 군수계약 불이행죄(제103조)와 평행되는 규정이다. 여기서 국가는 제103조의 정부보다 넓은 개념이며, 공공단체에는 지방조합도 포함된다. 정당한 이유의 유무는 구체적인 경우에 사회통념에 따라 판단해야 하며, 계약이행을 방해하는 방법에는 제한이 없다. 28

Ⅴ. 공무원 자격사칭죄

공무원의 자격을 사칭하여 그 직권을 행사한 자는 3년 이하의 징역 또는 700만원 이하의 벌금에 처한다(제118조).

본죄는 공무원의 자격을 사칭하여 직권을 행사함으로써 성립하는 범죄이다. 따라서 범죄가 성립하기 위하여는 공무원의 자격을 사칭하고 직권을 행사한다는 두 가지 요건이 구비되어야 한다. 29

「공무원의 자격을 사칭」한다는 것은 자격 없는 자가 공무원의 자격을 가진 것처럼 오신케 하는 일체의 행위를 말한다. 비공무원이 공무원이라고 사칭하는 경우는 물론, 공무원이 다른 공무원의 자격을 사칭하는 경우도 포함한다. 여기의 30

공무원에는 임시직원을 포함한다.[1] 자격을 사칭하는 방법에는 제한이 없다. 자기 자신이 스스로 사칭할 것을 요하지 않고, 부작위에 의한 사칭도 가능하다.

31 본죄가 성립하기 위하여는 공무원의 자격을 사칭하였을 뿐만 아니라 직권을 행사하지 않으면 안 된다. 직권행사가 없는 단순한 사칭은 경범죄에 해당할 뿐이다(경범죄 처벌법 제3조 7호).

따라서 청와대 민원비서관임을 사칭하고 시외전화선로 고장을 수리하라고 하거나(대법원 1972. 12. 26. 72도2552), 중앙정보부원을 사칭하고 대통령사진이 든 액자가 파손되었다는 자인서를 쓰라고 하거나(대법원 1977. 12. 13. 77도2750), 또는 합동수사반원을 사칭하고 채권을 추심하는 행위를 하는 것만으로는 본죄가 성립하지 않는다(대법원 1981. 9. 8. 81도1955).

본죄의 성립에도 고의가 필요하다. 따라서 공무원의 자격 없이 공무원의 자격을 사칭하고 직권을 행사한다는 점에 대한 고의가 있어야 한다. 본죄는 사기죄 · 절도죄 · 공갈죄 또는 문서위조죄와 상상적 경합이 될 수 있다.

§ 26 제 2 절 폭발물에 관한 죄

Ⅰ. 총 설

1. 의의와 입법례

1 폭발물에 관한 죄는 폭발물을 사용하여 공중의 생명 · 신체 또는 재산을 해하거나 기타 공안을 문란케 함으로써 성립하는 범죄를 말한다. 영국의 1883년 폭발물조례(Explosive Substances Act)에서 유래하여 구법시대의 폭발물취체규칙에 규정되었던 것을 독일 형법 제308조와 일본 형법가안의 예에 따라 형법전에 규정한 것이다.

독일 형법 제308조와 스위스 형법 제223조 이하 및 오스트리아 형법 제173조는 물론 일본 개정형법초안 제170조 이하도 폭발물에 관한 죄를 공공위험죄로 규정하고 있음에 반하여, 형법은 이를 국가적 법익에 대한 죄로 규정하고 있고, 독일 형법(제307조, 제309조), 스위스 형법(제226조) 및 오스트리아 형법(제171조)이 핵에너지(Kernenergie)의 폭발과 방사선(ionisierende Strahlen)의 남용을 함께 규정하고 있고 일본 개정형법초안(제172조)

1 대법원 1973. 5. 22. 73도884.

도 방사선등 방류죄를 규정하고 있는데, 형법은 방화와 실화의 죄의 장에서 이에 관한 별도의 규정을 두고 있다는 점에 특색이 있다.

폭발물에 관한 죄는 전통적이고 전형적인 공공위험죄라는 점에 비추어 볼 2
때 이를 사회적 법익에 대한 죄로 규정하는 것이 타당하다. 핵에너지의 남용에는 특수한 위험이 수반되며 원자력에 의한 폭발과 폭발물의 폭발을 동일시할 수는 없다는 점에서 형법이 방사선이나 방사성물질을 방출·유출 또는 살포시켜 사람의 생명 등에 위험을 발생시킨 자를 별도로 가스·전기등 방류죄로 처벌하고 있음을 이해할 수 있다(제172조의2).

2. 보호법익

폭발물에 관한 죄의 보호법익에 대하여는 견해가 대립되고 있다. 이를 국가 3
적 법익에 대한 죄라고 해석하는 견해는 형법이 본죄를 국가적 법익을 보호하는 범죄로 나열하고 있을 뿐만 아니라, 내란죄가 헌법질서를 보호하려고 하는 데 비하여 본죄는 헌법에서 위임된 법질서 일반을 보호하려는 국가적 법익에 대한 범죄라고 한다.[1] 이에 의하면 본죄에서 공안을 문란하게 한다는 의미도 방화죄나 폭발물파열죄의 정도로 족하지 않고 국가 전체 법질서에 대한 치안을 혼란하게 하는 정도에 이를 것을 요한다. 이에 반하여 통설은 본죄가 폭발물의 사용으로 인하여 사회공공생활의 질서가 침해된다는 사회적 위험성을 고려한 사회적 법익에 대한 죄라고 이해하고 있다.[2] 폭발물에 관한 죄는 방화죄나 일수죄와 같은 전형적인 공공위험죄라는 점에 비추어 사회적 법익에 대한 죄라고 해석하는 통설이 타당하다.

보호법익이 보호받는 정도에 관하여도 추상적 위험범이라고 해석하는 견 4
해[3]도 있다. 그러나 본죄에 있어서 구성요건요소로 요구되고 있는 사람의 생명·신체·재산을 해하거나 공안을 문란하게 한다는 것은 공공의 위험을 의미한다고 해석할 것이므로 본죄는 구체적 위험범이라고 하지 않을 수 없다.[4]

1 신동운 68면; 유기천 286면.

2 김일수/서보학 444면; 박상기 465면; 배종대 94/2; 백형구 441면; 오영근 468면; 이영란 499면; 이형국 511면; 임웅 624면; 정성근/박광민 510면; 정영일 286면.

3 유기천 287면; 진계호 615면.

4 김성돈 536면; 김일수/서보학 445면; 박상기 465면; 배종대 94/2; 백형구 441면; 손동권/김재윤 553면; 신동운 68면; 이영란 500면; 이정원 529면; 이형국 511면; 임웅 624면; 정성근/박광민 511면; 정영일 286면.

Ⅱ. 폭발물사용죄

1. 폭발물사용죄

① 폭발물을 사용하여 사람의 생명 · 신체 또는 재산을 해하거나 그 밖에 공공의 안전을 문란하게 한 자는 사형 · 무기 또는 7년 이상의 징역에 처한다.

③ 미수범은 처벌한다(제119조).

5 (1) **의 의** 폭발물을 사용하여 사람의 생명 · 신체 또는 재산을 해하거나 기타 공안을 문란케 함으로써 성립하는 공공위험죄이다. 폭발물의 사용이라는 특별한 방법에 의하여 공공의 평온을 해하는 범죄라고 할 수 있다. 즉 여기서 위험의 내용에는 생명 · 신체 · 재산에 대한 위험 이외에 공안을 문란케 하는 것을 포함하고 있다.

6 (2) **행 위** 폭발물을 사용하여 사람의 생명 · 신체 또는 재산을 해하거나 기타 공안을 문란케 하는 것이다.

7 1) **폭발물의 사용** 폭발물의 사용이란 폭발가능성 있는 물건을 그 용법에 따라 폭발시키는 것을 말한다. 여기서 폭발물이란 점화 등 일정한 자극을 가하면 고체 · 액체 또는 가스 등의 급격한 팽창에 의하여 폭발작용을 하는 물체를 말한다. 예컨대 다이나마이트 · 니트로글리세린 · 아세틸렌가스 등 폭발물로 사용된 화약이 여기에 해당한다. 폭발이란 급격한 팽창에 의하여 파괴력을 갖는 화학적 · 물리적 과정을 말한다.

그러나 폭발물은 이화학적 개념에 의존할 필요가 없는 법률적 개념[1] 또는 규범적 개념[2]이므로 폭발의 파괴력이 사람의 생명 · 신체 · 재산을 해하거나 공안을 문란케 할 정도에 이르러야 한다. 즉 폭발작용의 위력이나 파편의 비산 등으로 사람의 생명, 신체, 재산 및 공공의 안전이나 평온에 직접적이고 구체적인 위험을 초래할 수 있는 정도의 강한 파괴력을 가지는 물건을 말한다.[3] 따라서 소총의 실탄발사는 폭발물이 될 수 없으며, 화염병도 또한 폭발물이라고 할 수 없다.[4] 시한폭탄도 폭발물이 아니라고 해석하는 견해[5]가 있으나, 타당하다고 할 수 없다.

1 김일수/서보학 445면; 배종대 **95**/2; 유기천 288면; 진계호 616면.
2 Lackner/Kühl §308 Rn. 2; Maurach/Schroeder/Maiwald 2 **52**/6.
3 대법원 2012. 4. 26. 2011도17254.
4 대법원 1968. 3. 5. 66도1056.
5 유기천 288면.

문제는 원자핵의 폭발을 폭발물의 사용이라고 할 수 있는가에 있다. 핵에너지 폭발의 특수성을 인정하면서도 별도의 규정이 마련될 때까지는 여기에 해당한다고 보지 않을 수 없다는 견해[1]도 있다. 그러나 핵에너지는 핵분열과 핵융합에 의하여 발생하는 것이므로 본죄의 폭발물에는 해당한다고 할 수 없다.[2]

2) **공안의 문란** 공안의 문란이란 폭발물을 사용하여 한 지방의 법질서 8
를 교란할 정도에 이르는 것을 말한다. 생명 · 신체 · 재산을 해하는 것은 그 예시에 지나지 않는다. 생명 · 신체 · 재산을 해한다는 것은 이에 대한 구체적 위험을 의미하며, 여기서의 재산은 재물을 말한다고 해야 한다.

본죄는 폭발물을 폭발하여 공안을 문란케 하였을 때에 기수가 된다. 따라서 폭발물을 사용하였으나 폭발하지 않았거나, 폭발하였으나 공안을 문란케 하지 못한 때에는 본죄의 미수가 된다.[3]

(3) **주관적 구성요건** 본죄의 성립에 폭발물을 사용한다는 점에 대한 9
고의가 있어야 한다는 것은 당연하다. 통설은 생명 · 신체 또는 재산을 해하고 공안을 문란케 한다는 점에 대한 고의도 필요하다고 하며,[4] 판례도 같은 취지로 판시하고 있다.[5] 본죄를 구체적 위험범으로 해석할 때에는 당연한 결론이다.

(4) **위 법 성** 공장 · 작업장 또는 연구소에서 안전규칙을 준수한 폭발 10
물의 사용은 위법성을 조각한다.[6] 그러나 피해자의 동의는 본죄의 성립에 영향을 미치지 못한다. 피해자의 동의는 생명 · 신체 또는 재산이나 공안의 문란이라는 공공의 위험과 아무런 관계가 없기 때문이다.

2. 전시폭발물사용죄

② 전쟁, 천재지변 그 밖의 사변에 있어서 제1항의 죄를 지은 자는 사형이나 무기징역에 처한다.

③ 미수범은 처벌한다(제119조).

---

1 김성천/김형준 704면; 오영근 469면; 이형국 511면.

2 김성돈 537면; 김일수/서보학 445면; 박상기 466면; 배종대 **95**/2; 손동권/김재윤 554면; 유기천 289면; 이영란 501면; 정성근/박광민 512면; 진계호 616면.

3 Horn SK §308 Rn. 10; Sch/Sch/Cramer/Heine §308 Rn. 14.

4 김성돈 538면; 김일수/서보학 446면; 배종대 **95**/4; 백형구 442면; 신동운 70면; 오영근 470면; 유기천 289면; 임웅 628면; 정성근/박광민 513면; 정영일 287면.

5 대법원 1969. 7. 8. 69도832.

6 Herzog NK §308 Rn. 10; Sch/Sch/Cramer/Heine §308 Rn. 13; Tröndle/Fischer §308 Rn. 10.

11 전쟁 · 천재지변 그 밖의 사변에 있어서 폭발물사용죄의 형이 가중되는 경우이다. 판례는 휴전중이라 할지라도 전시에 해당한다고 판시한 바 있으나,[1] 타당하다고 하기 어렵다.

Ⅲ. 폭발물사용 예비 · 음모등죄

1. 폭발물사용 예비 · 음모 · 선동죄

① 전조 제1항 · 제2항의 죄를 범할 목적으로 예비 또는 음모한 자는 2년 이상의 유기징역에 처한다. 단 그 목적한 죄의 실행에 이르기 전에 자수한 때에는 그 형을 감경 또는 면제한다.

② 전조 제1항 · 제2항의 죄를 범할 것을 선동한 자도 전항의 형과 같다(제120조).

12 폭발물사용죄를 범할 목적으로 예비 · 음모 또는 선동함으로써 성립하는 범죄이다. 예비란 폭발물을 사용하기 위한 준비행위를 말하며, 음모는 위 죄를 실행하기 위한 2인 이상의 모의를 말한다. 예비 · 음모에 대하여도 교사 · 방조의 규정이 적용된다고 해석하는 견해[2]도 있다. 그러나 이는 예비에 대한 독립된 구성요건을 규정한 것이 아니므로 방조에 관한 규정은 적용되지 않는다고 해야 한다.

선동이란 타인에 대하여 정당한 판단을 잃게 하여 범죄실행의 결의를 하게 하거나 이미 되어 있는 결의를 조장하도록 자극을 주는 것을 말한다. 상대방이 이에 따라 결의하였을 것을 요하지 않는 점에서 교사와 구별된다.[3]

2. 전시폭발물제조 · 수입 · 수출 · 수수 · 소지죄

전쟁 또는 사변에 있어서 정당한 이유없이 폭발물을 제조 · 수입 · 수출 · 수수 또는 소지한 자는 10년 이하의 징역에 처한다(제121조).

13 전쟁 또는 사변에 있어서 정당한 이유 없이 폭발물을 제조 · 수입 · 수출 · 수수 또는 소지함으로써 성립하는 범죄이다. 폭발물의 제조 등은 원래 폭발물사용죄의 예비행위에 해당하는 것이나, 이를 독립된 구성요건으로 규정한 것이다.[4]

1 대법원 1956. 11. 30. 4289형상217.

2 유기천 290면; 정성근 640면; 진계호 619면.

3 배종대 **96**/3; 서일교 284면; 유기천 290면; 이형국 514면; 정성근/박광민 514면.

4 Arzt/Weber S. 65; Maurach/Schroeder 2 **52**/9; Sch/Sch/Cramer/Heine §310 Rn. 1; Tröndle/Fischer §310 Rn. 2; Wolff LK §311b Rn. 2.

따라서 이에 대한 공범 특히 방조의 성립도 가능하다.

「정당한 이유없이」란 법률의 규정에 의하지 아니하거나 국가기관의 허가가 없음을 뜻한다. 제조란 폭발물을 새로 만드는 것이고, 수입은 국외에서 국내로 반입하는 것이며, 수출은 이에 대립되는 개념이다. 수수란 주고 받는 행위를 말하며, 소지는 목적물을 자기의 사실상의 지배하에 두는 것이다. 소지의 원인은 묻지 않는다.

제 3 절 방화와 실화의 죄 § 27

Ⅰ. 총 설

1. 의의와 보호법익

(1) 방화죄와 실화죄의 의의와 본질 방화죄(放火罪, Brandstiftung, arson) 1
와 실화죄(失火罪, fahrlässige Brandstiftung)는 고의 또는 과실로 불을 놓아 현주건조물·공용건조물·일반건조물 또는 일반물건을 불태우는 것을 내용으로 하는 공공위험죄(gemeingefährliche Straftaten)이다. 이러한 좁은 의미의 방화죄 이외에 형법은 진화(鎭火)를 방해하거나, 폭발성 있는 물건을 파열하거나 가스 등의 공작물을 손괴하는 것도 방화죄에 준하여 처벌하고 있다. 따라서 광의의 방화죄에는 이러한 준방화죄가 포함된다.

방화죄는 오랜 역사를 가진 범죄이다. 그러나 방화죄를 어떤 성질의 범죄로 규정할 2
것인가에 관하여는 연혁상 변화를 보이고 있을 뿐 아니라, 현재에 이르기까지 입법례에 따라 그 태도가 일치하는 것도 아니다. 원래 로마법에서는 방화죄를 살인죄의 일종으로 처벌하였으며, 게르만법에서도 생명과 재산에 대한 침해범으로 파악하였다. 그러나 1794년의 프로이센 일반란트법이 방화죄를 통일적으로 규정한 이래, 1851년의 프로이센 형법은 이를 공공위험죄로 규정하였다.[1] 독일 형법(제306조 이하)·오스트리아 형법(제169조) 및 스위스 형법(제221조)이 방화죄를 공공위험죄의 장에서 규정하고 있는 것은 프로이센 형법을 모범으로 삼은 것이라고 볼 수 있다. 이에 반하여 방화죄를 재산범죄 특히 손괴죄의 일종으로 규정하고 있는 입법례도 없는 것이 아니다. 예컨대 영미 특히 미국의 모범형법전은 재산에 대한 죄(offenses against property)에 관

1 Maurach/Schroeder/Maiwald 2 51/1.

한 제220장에서 방화죄를 규정하고 있고, 프랑스 형법(제322-6조)도 이를 손괴죄와 함께 규정하고 있다.

3 실화죄도 불에 의한 공공위험죄라는 점에서 방화죄와 본질을 같이한다. 과실로 화재를 발생케 했다는 점에서 차이가 있을 뿐이다. 실화죄는 방화죄에 비하여 실제로 발생하는 수가 압도적으로 많을 뿐만 아니라 예측할 수 없는 막대한 피해를 수반하는 범죄이다.

(2) **보호법익**

1) **견해의 대립** 방화죄의 본질, 즉 그 보호법익이 무엇인가에 대하여는 견해가 대립되고 있다.

4 (가) **공공위험죄설** 공공위험죄설은 방화죄의 보호법익은 공공의 안전과 평온이라는 사회적 법익이며 재산죄와는 관계가 없다는 견해[1]이다. 이에 의하면 방화죄는 손괴죄의 가중적 구성요건이 될 수 없다고 한다. 자기의 소유물에 대한 방화도 처벌받을 뿐만 아니라 방화죄의 기수시기와 손괴죄의 기수시기는 일치할 수 없다는 것을 이유로 한다.

5 (나) **이중성격설** 이중성격설은 방화죄가 공공의 안전이라는 사회의 이익을 보호하기 위한 범죄이지만 부차적으로는 개인의 재산, 즉 소유권도 보호법익으로 하므로 공공위험죄와 재산죄로서의 이중의 성격을 가지는 범죄라고 해석하는 견해이다. 우리나라의 통설[2]과 판례[3]가 취하고 있는 태도이다. 형법이 방화죄에 관하여 자기소유물에 대한 방화죄와 타인소유물에 대한 방화죄의 법정형에 차이를 두고 있을 뿐만 아니라, 재산을 불태운다는 재산침해의 결과를 요한다는 점을 이유로 들고 있다.

6 (다) **이 원 설** 이원설은 방화죄는 공공의 안전을 보호법익으로 하는 공공위험죄이지만 타인소유의 건조물 또는 물건에 대한 방화죄는 손괴죄에 대한 가중적 구성요건이라고 해석하는 견해이다. 독일의 통설[4]의 태도이다.

---

1 김성천/김형준 714면; 김일수/서보학 454면.
김일수/서보학은 본죄의 보호법익을 공공의 안전으로 보고, 이는 개별적 구성요건에 따라 불특정 또는 다수인의 생명 · 건강 · 재산으로 구체화할 수 있다고 한다.

2 김성돈 540면; 박상기 472면; 배종대 **97**/8; 손동권/김재윤 558면; 신동운 286면; 오영근 473면; 유기천 19면; 이영란 506면; 이정원 532면; 이형국 519면; 임웅 632면; 정성근/박광민 516면; 정영일 291면.

3 대법원 1983. 1. 18. 82도2341.

4 Horn SK §306 Rn. 1; Maurach/Schroeder/Maiwald 2 **51**/2; Sch/Sch/Heine §306a Rn. 2;

2) 검 토 형법이 방화죄를 손괴죄와 분리하여 사회적 법익에 대한 7
죄로 규정하고 있을 뿐만 아니라, 자기소유의 건조물과 물건에 대한 방화도 처벌하고 있고, 일반물건 방화죄(제167조)에 공공의 위험을 발생하게 하였을 것을 요건으로 하고 있는 점에 비추어 독일의 통설과 같이 타인소유의 건조물과 물건의 방화죄를 순수한 재산범죄로 파악할 수는 없다. 방화죄가 공공의 안전을 보호하기 위한 공공위험죄라는 점에는 의문이 없다. 문제는 통설과 같이 방화죄가 동시에 재산죄로서의 성질을 가졌다고 보는 것이 타당한가에 있다.

통설의 첫째 이유는 형법이 방화죄에 관하여 목적물의 소유권에 따라 처벌을 달리하고 있다는 점에 있다. 그러나 형법은 현주건조물등 방화죄(제164조)와 공용건조물등 방화죄(제165조)에 관하여 건조물의 소유권이 누구에게 있는가를 묻지 않으며, 이에 따라 처벌의 차이를 두고 있는 것도 아니다. 따라서 이는 일반건조물등 방화죄와 일반물건 방화죄에 대하여만 적용될 수 있는 이유에 불과하다. 형법이 불태운다는 재산침해의 결과를 요건으로 하고 있다는 통설의 둘째 이유도 소유권의 귀속을 문제삼지 않는 범죄에 대하여 재산죄의 성질을 인정할 근거가 될 수 없다. 여기서 소유권이 방화죄의 부수적 보호법익이 되는가가 문제되는 것은 제166조와 제167조의 경우에 제한된다. 그러나 일반건조물등 방화죄와 일반물건 방화죄도 소유권의 귀속과 관계 없이 처벌되는 범죄이므로, 소유권의 귀속에 따라 처벌에 차이가 있다는 이유로 재산권이 보호법익에 포함된다고 할 수는 없다. 공공위험죄가 부수적으로 소유권을 보호법익으로 하는가는 공공위험죄의 본질과 관련하여 재검토되어야 한다.

법익보호에 중점을 둔 형법에 있어서 결과불법의 핵심은 법익침해라는 점 8
에서 형법상 범죄의 중점은 침해범에 있다. 그러나 침해범에 있어서도 미수를 처벌함으로써 형법은 침해의 결과가 발생하지 않는 경우를 벌하게 된다. 다만 미수범의 처벌범위는 객관적으로 실행의 착수를 요건으로 하고 주관적으로는 침해의 고의를 요구함에 의하여 제한된다. 여기서 이론적으로는 결과에 대한 귀속을 입증하는 것이 곤란하고 법익침해를 확정하기 어려울 뿐만 아니라, 실제적으로 예방적 행정활동을 가능하게 하기 위하여 형법에 의한 보호를 법익침해 이전의 단계로 앞당긴 것이 바로 위험범이다.[1] 따라서 위험범에 있어서는 법익의

Tröndle/Fischer §306a Rn. 1; Wessels/Hettinger Rn. 953; Wolff LK §308 Rn. 1.

1 Arzt/Weber S. 8ff.; Weber, 「Die Vorverlegung des Strafrechtsschutzes durch Gefährdungs-

침해가 문제되는 것이 아니라 그 위험만으로 족하게 된다. 위험을 개인의 위험(Individualgefahr)과 일반의 위험(Gemeingefahr)으로 분류할 때 이에 대응하는 범죄가 개인위험죄와 공공위험죄이며, 공공위험죄는 일반에 대한 위험이라는 사회적 법익을 보호하기 위한 것으로서 방화죄가 바로 공공위험죄의 대표적인 예에 속한다. 이러한 의미에서 공공위험죄에 침해범인 손괴죄를 전제로 한다거나 이에 의하여 개인의 소유권을 보호한다는 것은 그 자체가 논리적 모순이다. 따라서 방화죄는 순수한 공공위험죄이고, 형법이 제166조와 제167조에서 타인의 소유물과 자기소유물에 대하여 처벌에 차이를 두고 있는 것은 그 불법의 차이를 고려한 것에 지나지 않는 것으로 이해해야 한다.

9 **3) 보호의 정도** 위험범은 보호의 정도에 따라 추상적 위험범과 구체적 위험범으로 구별된다. 추상적 위험범은 전형적으로 위험한 행위방법 자체를 처벌하는 범죄이다. 따라서 추상적 위험범에 있어서는 법익침해나 구체적 위험의 발생이 문제되는 것이 아니라, 구성요건에 규정된 행위방법의 일반적 위험(generelle Gefährlichkeit)만으로 범죄는 완성된다. 즉 여기서 위험은 입법의 동기에 불과하며 구성요건요소가 되는 것이 아니다. 이에 반하여 구체적 위험범이란 구체적인 경우에 위험의 발생이 증명될 것을 요하는 범죄를 말한다. 여기서는 위험의 발생이 구성요건요소가 된다. 위험의 결과(Gefahrerfolg) 또는 위험발생으로서의 결과(Erfolg als Gefährdungseintritt)를 요하는 점에서 구체적 위험범은 결과범이라고도 한다.[1]

10 공공위험죄인 방화죄도 추상적 위험범과 구체적 위험범으로 구별된다. 형법 제164조, 제165조 및 제166조 1항의 범죄가 전자에 속하고, 제166조 2항과 제167조의 범죄가 후자에 해당한다는 점에 대하여는 현재 견해가 일치하고 있다. 문제는 추상적 위험범의 경우에 절대적인 무위험을 증명하는 것이 허용될 수 있는가에 있다. 이를 긍정하는 견해[2]도 있으나, 추상적 위험범은 행위방법 자체의 위험성을 문제삼는 것이며, 이에 의하면 추상적 위험범을 구체적 위험범으로 변질시키는 결과를 초래한다는 점에서 타당하다고 할 수 없다.[3]

---

und Unternehmensdelikte」, ZStW 1987 Beiheft S. 23 ff.

1 Arzt/Weber S. 19; Horn SK Vor §306 Rn. 4, *Konkrete Gefährdungsdelikte* S. 11.

2 Henkel, 「Die "Praesumtio Doli" im Strafrecht」, Eb. Schmidt-FS S. 594; Schröder, 「Die Gefährdungsdelikte im Strafrecht」, ZStW 81, 16.

3 Arzt/Weber S. 26, 53; Horn SK Vor §306 Rn. 16, *a.a.O.* S. 25; Sch/Sch/Heine Vor §306 Rn. 4;

2. 방화죄와 공공위험죄의 본질

(1) 공공위험죄의 본질

방화죄는 형법이 규정하고 있는 대표적인 공공위험죄이다. 따라서 방화죄의 본질도 이러한 공공위험죄로서의 성질과 관련하여 검토해야 한다.

1) 공공의 위험의 의의와 기준 공공의 위험의 개념을 명문으로 규정하 11
고 있는 입법례도 있으나,[1] 형법에는 이러한 규정이 없다. 공공의 위험이란 일반적으로 공중의 생명 · 신체 · 재산을 침해할 가능성,[2] 타인의 생명 · 신체 · 재산에 대한 위험[3] 또는 생명 · 신체 · 재산에 대한 예측할 수 없는 위험[4]을 의미하는 것으로 해석하고 있다. 여기서 공중 또는 타인의 개념에 관하여는 불특정한 다수인을 의미한다고 하거나 특정 · 불특정을 불문하고 다수인을 의미한다는 견해[5]도 있으나, 우리나라에서는 불특정 또는 다수인의 생명 · 신체 · 재산에 대한 위험을 의미한다는 점에 견해가 일치하고 있다.[6] 다수인에 대한 위험은 물론 불특정인에 대한 위험도 공공의 위험에 포함된다고 해야 할 것이므로 통설이 타당하다.

위험개념의 기초는 침해의 가능성이다. 공공의 위험을 판단함에 있어서는 12
행위자의 주관을 기초로 할 것이 아니라 구체적 사정을 고려하여 경험칙상 결과가 발생할 가능성이 있는가를 객관적으로 판단하여야 한다. 이러한 의미에서 위험판단은 객관적 · 사후적 판단(objektiv-nachträgliche Prognose)을 의미한다.[7] 행위자의 주관은 고의 또는 과실에 불과하기 때문이다. 물론 여기서 말하는 객관적 판단이란 물리적 위험성이 아닌 심리적 위험성, 즉 일반인이 심리적으로 공공의 위험이 있다고 느끼는가를 의미한다.[8]

2) 방화죄와 피해자의 승낙 방화죄를 공공위험죄로 파악할 때에는 피해 13
자의 승낙은 범죄의 성립에 영향이 없다. 다만 소유권의 귀속에 따라 처벌을 달

Wolff LK §306 Rn. 3.

1 오스트리아 형법 제176조는 공공의 위험을 「다수인의 생명 · 신체 또는 타인의 소유권에 대한 위험」이라고 규정하고 있다.

2 유기천 20면.

3 Maurach/Schroeder/Maiwald 2 **50**/5, 24; Sch/Sch/Heine Vor §306 Rn. 19.

4 정성근/박광민 516면.

5 Sch/Sch/Heine Vor §306 Rn. 19; Tröndle/Fischer §243 Rn. 36.

6 김일수/서보학 454면; 배종대 **97**/10; 백형구 441면; 유기천 20면; 이형국 517면; 정성근/박광민 516면; 정영석 128면; 진계호 627면; 황산덕 103면.

7 Arzt/Weber S. 24; Maurach/Schroeder/Maiwald **50**/20; Sch/Sch/Heine Vor §306 Rn. 5.

8 유기천 21면; 정성근/박광민 516면.

리하고 있는 범위에서는 피해자의 승낙이 법률의 규정에 따라 의미를 가질 수 있다. 통설은 방화죄가 공공위험죄인 동시에 재산죄의 성격을 가진다는 이유로 현주건조물방화의 경우에도 거주자의 동의가 있으면 일반건조물 방화죄(제166조)가 되고, 타인의 물건에 대한 방화는 자기물건 방화죄(제167조 2항)로 처벌받는다고 해석하고 있다.[1] 거주자가 동의한 때에는 더 이상 사람이 현존한다고 할 수 없다는 것을 이유로 한다. 그러나 거주자가 동의하였다고 하여 현주건조물 방화죄에서 규정하고 있는 사람이 주거로 사용하거나 현존하는 것이 아니라고 할 수는 없다. 뿐만 아니라 공중의 생명과 신체에 대한 위험은 처분할 수 있는 법익이 아니므로 피해자의 승낙이 영향을 미칠 수 있는 것은 일반건조물 방화죄(제166조)와 일반물건 방화죄(제167조)에 제한된다고 해석해야 한다.[2]

14 3) **방화죄와 위험의 고의** 방화죄에 있어서 공공의 위험에 대한 고의가 있을 것을 요하는가가 문제된다. 위험의 고의(Gefährdungsvorsatz)란 결과발생의 가능성을 인식하는 것을 말한다. 다만 침해의 고의가 있는 경우에는 위험의 고의도 있는 것으로 인정된다. 위험의 고의를 요하는가는 보호의 정도에 따라 구별해야 한다. 즉 구체적 위험범에 있어서 위험은 구성요건요소이므로 행위자는 공공의 위험에 대한 인식이 있을 것을 요함에 반하여, 추상적 위험범에 있어서는 공공의 위험이 입법의 동기에 불과하므로 고의의 내용에 포함되지 않는다.

15 4) **방화죄의 죄수** 방화죄의 죄수도 방화죄의 보호법익이 공공의 안전이라는 사회적 법익인 점을 고려하여 결정하지 않을 수 없다. 따라서 1개의 방화행위로 수개의 건조물을 불태운 때에도 1개의 방화죄가 성립할 따름이다. 건조물이 수인의 소유에 속한 때에도 같다. 수개의 건조물에 대하여 순차로 방화한 때에도 건조물이 같은 지역에 있을 때에는 1죄가 성립한다. 적용법조를 달리하는 건조물과 물건 등을 불태운 경우에도 가장 중한 죄의 포괄일죄가 된다.

16 (2) **구성요건의 체계** 형법의 방화와 실화의 죄는 방화죄와 준방화죄 및 실화죄로 나눌 수 있다. 준방화죄는 방화죄나 실화죄가 아님에도 불구하고 공공의 위험을 고려하여 방화죄에 준하여 처벌하는 경우이다.

방화죄의 기본적 구성요건은 일반물건 방화죄(제167조)이다. 현주건조물등 방화

1 김일수/서보학 460면; 손동권/김재윤 566면; 유기천 19면; 정성근/박광민 529면; 정영석 125면; 진계호 631면.

2 김일수/서보학 460면; 백형구 417면; 이형국 525면.

죄(제164조), 공용건조물등 방화죄(제165조) 및 일반건조물등 방화죄(제166조)는 이에 대하여 불법이 가중된 가중적 구성요건이다. 자기소유의 일반물건 방화죄와 일반건조물등 방화죄에 대하여는 형을 감경하고 있다. 준방화죄에는 진화방해죄(제169조), 폭발성물건 파열죄(제172조), 가스 · 전기등 방류죄(제172조의2) 및 가스 · 전기등 공급방해죄(제173조)가 있다.

실화죄에 있어서는 기본적 구성요건인 실화죄(제170조)에 대한 가중적 구성요건으로 업무상 실화 · 중실화죄(제171조)를 두고 있다.

3. 방화죄의 기수시기

방화죄의 행위는 불을 놓아(방화하여) 목적물을 불태우는 것이다. 방화죄에 17
있어서 가장 중요한 문제는 방화죄의 기수시기를 어떻게 파악할 것인가라는 점에 있다. 방화죄의 기수시기는 방화죄의 본질과 불태운의 개념 내지 그 시기를 어떻게 해석해야 할 것인가와 깊은 관련을 가진 문제이다.

(1) **견해의 대립** 방화죄의 기수시기에 대하여는 다음과 같은 견해가 대립되고 있다.

1) **독립연소설** 불이 매개물을 떠나 목적물에 독립하여 연소할 수 있는 18
상태에 이르렀을 때에 방화죄는 기수가 된다는 견해[1]이다. 방화죄의 본질이 공공위험죄인 점에 비추어 기수시기도 공공의 위험을 야기한 때를 기준으로 결정해야 한다는 것을 이유로 한다. 독일의 통설이 취하고 있는 견해[2]이며, 우리나라 판례[3]의 태도이기도 하다.

다만 독립연소설에 의할지라도 방화죄는 목적물 자체(Gebäudeteile)에 불이 붙은 것을 요한다는 점을 주의할 필요가 있다. 즉 건조물방화의 경우에는 건물의 지붕 · 천정 · 벽 · 마루 · 문기둥 또는 창틀에 불이 붙을 때에 기수가 되지만, 가구 · 서가 · 카페트 등에 불이 붙은 데 지나지 않는 경우에는 그것이 건물에 접착되어 있는 경우라 할지라도 독립연소의 단계에 이르렀다고 볼 수 없다고 한다.[4] 즉 건물로부터 훼손하지

1 김성천/김형준 619면; 박상기 472면; 배종대 **98**/14; 손동권/김재윤 565면; 신동운 291면; 이정원 540면.

2 Hohmann/Sander 2 **32**/19; Horn SK §306 Rn. 11; Lackner/Kühl §306 Rn. 3; Maurach/Schroeder/Maiwald **51**/5; Sch/Sch/Heine §306 Rn. 13; Tröndle/Fischer §306 Rn. 13; Wolff LK §306 Rn. 2.

3 대법원 1970. 3. 24. 70도330; 대법원 1983. 1. 18. 82도2341; 대법원 2007. 3. 16. 2006도9164.

4 Lackner/Kühl §306 Rn. 3; Maurach/Schroeder/Maiwald **51**/10; Radtke MK §306 Rn. 50; Sch/Sch/Heine §306 Rn. 16; Tröndle/Fischer §306 Rn. 13; Wolff LK §306 Rn. 2.

않고 분리할 수 있는 공작물에 불이 붙는 것만으로는 독립연소라고 할 수 없게 된다.

19 2) **효용상실설** 화력에 의하여 목적물의 중요부분이 소실되어 그 효용이 상실된 때에 기수가 된다고 해석하는 견해이다. 종래 우리나라의 다수설의 태도였다고 할 수 있다.[1] 효용상실설은 방화죄가 공공위험죄일 뿐만 아니라 재산죄의 성질도 가지고 있다는 점을 중시하여 ① 형법이 독일 형법과 달리 불을 놓은 것(in Brand setzen) 이외에 불태울 것을 요구하고 있고, ② 목조건물이 대부분인 우리의 실정상 독립연소설에 의하면 기수의 범위가 지나치게 확대되고, ③ 공공위험죄인 현주건조물등 일수죄(제177조)와 폭발성물건 파열죄(제172조)에 있어서도 침해(侵害) 또는 손괴를 요구하고 있는 것과 동일하게 해석해야 한다는 이유로 목적물의 효용이 상실된 때에 기수가 된다고 주장한다.

20 3) **절 충 설** 독립연소설과 효용상실설을 절충하는 견해를 말한다. 절충설도 절충의 방법에 따라 다음의 두 가지 견해로 나누어진다.

21 (가) **중요부분 연소개시설** 목적물의 중요부분에 연소가 개시되었을 때에 방화죄는 기수가 된다는 견해[2]이다. 독립연소설을 기초로 하면서 독립연소설에 의하면 기수의 범위가 지나치게 넓어진다는 이유로 독립연소의 가능성으로는 족하지 않고 목적물의 중요부분에 연소가 개시되어 공공의 위험이 인정될 수 있는 경우에 기수가 된다고 설명한다.

22 (나) **일부손괴설** 손괴죄에 있어서 손괴의 정도, 즉 목적물의 일부분의 손괴가 있을 때에 기수가 된다는 견해[3]이다. 효용상실설을 기초로 하면서 효용상실을 요하지 않고 일부분의 손괴로 족하다고 절충하는 태도이다. ① 공공의 위험의 발생과 소훼시기를 일치시킬 필요는 없고, ② 방화죄의 재산죄적 성격을 도외시해서는 안 된다는 것을 이유로 한다.

23 (2) **검 토** 방화죄의 기수시기는 방화죄의 본질이 공공위험죄이고 그 재산죄적 성격은 일반건조물방화죄와 일반물건방화죄에 있어서 불법에 영향을 주는 범위에서 고려될 수 있을 뿐이라는 방화죄의 본질과 관련하여 판단해야 한다. 따라서 방화죄의 기수시기도 공공의 위험이 발생하였는가라는 점을 기준으

1 서일교 190면; 유기천 25면; 정영석 121면.
2 백형구 403면; 이형국 524면; 정영일 291면; 진계호 627면; 황산덕 108면.
3 김성돈 545면; 오영근 477면; 이영란 512면; 임웅 638면; 정성근/박광민 523면.

로 해야 하며, 불태움의 개념을 지나치게 강조하는 것은 타당하다고 할 수 없다.

먼저 종래의 다수설인 효용상실설은 방화죄의 재산죄적 성격을 지나치게 강조하여 손괴죄에 있어서도 요구되지 않는 중요부분의 효용상실, 즉 파괴를 요구하는 잘못을 범하였다. 목조건물이 대부분을 차지한다는 사실은 오히려 공공의 위험을 보다 빨리 인정해야 할 사유가 된다.[1] 일부손괴설도 방화죄의 재산죄적 성격을 중시하여 공공위험죄로서의 본질을 무시한 채 방화죄를 손괴죄와 같이 취급하는 데 잘못이 있다. 중요부분 연소개시설은 방화죄의 기수시기를 공공의 위험의 발생시기와 일치시키는 점에서 근본적으로는 타당하다고 할 수 있다. 그러나 이 견해는 독립연소설을 정확하게 파악하지 못하고, 이를 다른 말로 표현한 것에 불과하다. 독립연소설도 목적물 그 자체, 또는 그 중요부분(nicht völlig unwesentlicher Teil)에 연소가 개시된 때에 기수가 된다고 하는 점에는 견해가 일치하고 있다.[2] 이러한 의미에서 방화죄의 기수시기는 **독립연소설**에 의하여 파악하는 것이 타당하다고 생각된다.

Ⅱ. 방 화 죄

1. 현주건조물등 방화죄

① 불을 놓아 사람이 주거로 사용하거나 사람이 현존하는 건조물 · 기차 · 전차 · 자동차 · 선박 · 항공기 또는 지하채굴시설을 불태운 자는 무기 또는 3년 이상의 징역에 처한다.
② 제1항의 죄를 지어 사람을 상해에 이르게 한 경우에는 무기 또는 5년 이상의 징역에 처한다. 사망에 이르게 한 경우에는 사형, 무기 또는 7년 이상의 징역에 처한다(제164조).
제1항의 미수범은 처벌한다(제174조).

(1) 의 의 본죄는 불을 놓아 사람이 주거로 사용하거나 사람이 현 24

1 독일 형법은 1998. 4. 1.의 개정에 의하여 방화죄의 행위방법으로 「불을 놓는 것」 이외에 「방화에 의하여 목적물의 전부 또는 일부를 파괴하는 것」을 추가하였으나, 이는 건축물에 내연성 자재가 많이 사용되어 독립연소에 이르지 않고 건조물을 파괴에 이르게 하는 경우를 고려하여 처벌의 결함을 보완하기 위한 것이지 기수시기를 늦추기 위한 것은 아니다.
Horn SK §306 Rn. 11; Lackner/Kühl §306 Rn. 4; Rengier **40**/9; Tröndle/Fischer §306 Rn. 15.

2 Herzog NK §306 Rn. 24; Hohmann/Sander **32**/10; Horn SK §306 Rn. 11; Lackner/Kühl §306 Rn. 3; Rengier 2 **40**/4; Sch/Sch/Heine §306 Rn. 13; Tröndle/Fischer §306 Rn. 3; Wolff LK §306 Rn. 2.

존하는 건조물 등을 불태움으로써 성립하는 추상적 위험범이다. 이러한 객체에 불이 난 때에는 사람의 생명에 대한 위험이 크다는 점을 고려하여 무거운 형으로 벌하는 것이다.

(2) 객관적 구성요건

25 1) 행위의 객체 사람이 주거로 사용하거나 사람이 현존하는 건조물·기차·전차·자동차·선박·항공기 또는 지하채굴시설이다.

26 (가) 사람이 주거로 사용하거나 현존하는 여기서 「사람」이란 범인 이외의 사람을 말한다.[1] 따라서 범인이 혼자서 살고 있는 집에 방화한 때에는 본죄에 해당하지 않는다. 범인의 가족·동거자 또는 친족도 여기의 사람에 속한다. 따라서 자기의 처와 같이 살고 있는 집에 방화한 때에도 본죄가 성립한다.[2]

27 「사람이 주거로 사용한다」는 것은 범인 이외의 사람이 일상생활의 장소로 사용한다는 것을 의미한다.[3] 기와침식(起臥寢食)의 장소로 이용될 것을 요한다고 해석하는 견해[4]도 있으나, 이를 요건으로 할 필요는 없다고 생각된다. 사실상 주거로 사용되고 있을 것을 요하고 이로써 족하다.[5] 주거에 사용하기 위하여 건조된 것일 필요는 없다. 건조물 등이 주거에 적합하거나 행위시에 거주하는 사람이 현존할 것도 요하지 않는다.[6] 따라서 사실상 주거에 사용되는 주택인 한 행위시에 주거자가 없는 경우에도 본죄가 성립한다. 건조물의 일부분이 주거에 사용되는 때에는 전체에 대하여 본죄가 성립한다.[7] 주거에 사용하는 것이 적법할 것을 요건으로 하지 않으며,[8] 건조물 등의 소유자가 누구인가도 문제되지 않는다. 거주하는 사람을 모두 죽이고 방화한 때에도 본죄가 성립한다는 견해[9]가 있다. 그러나 이 때에는 주거에 사용된다고 할 수 없다.[10]

1 대법원 1948. 3. 19. 4281형상5.
2 서일교 285면; 유기천 29면; 이형국 521면; 정성근/박광민 518면; 정영석 125면.
3 김성돈 543면; 배종대 98/3; 이형국 521면; 이영란 508면; 임웅 635면; 정영석 125면.
4 백형구 414면; 서일교 285면; 진계호 622면; 황산덕 105면.
5 Horn SK §306a Rn. 7; Sch/Sch/Heine §306a Rn. 5; Tröndle/Fischer §306a Rn. 4; Wolff LK §306a Rn. 9.
6 Hohmann/Sander 33/4; Horn SK §306a Rn. 7; Sch/Sch/Heine §306a Rn. 5; Wolff LK §306a Rn. 9.
7 대법원 1967. 8. 29. 67도925.
8 박상기 472면; 손동권/김재윤 562면; 이형국 521면; 정성근/박광민 518면; 진계호 623면.
9 배종대 98/4; 유기천 29면; 정성근/박광민 519면; 진계호 622면.
10 Lackner/Kühl §306a Rn. 2; Sch/Sch/Heine §306a Rn. 5; Tröndle/Fischer §306a Rn. 4;

「사람이 현존하는」이란 건조물 등의 내부에 범인 이외의 사람이 존재하는 것을 말한다. 건조물의 일부에 사람이 있으면 전체에 사람이 현존한다고 할 수 있다. 사람이 존재하는 때에는 주거에 사용될 것을 요하지 않는다. 현존하는 이유도 불문한다. 28

(나) **건조물 · 기차 · 전차 · 자동차 · 선박 · 항공기 · 지하채굴시설** 건조물이란 가옥 기타 이에 준하는 공작물로서 토지에 정착하여 내부에 사람이 출입할 수 있는 것을 말한다.[1] 규모나 재료의 여하는 불문한다. 따라서 토막굴이나 방갈로 등도 여기에 해당할 수 있다. 건조물의 부속물도 건조물과 불가분한 일체를 형성하여 파괴하지 않고 뜯어낼 수 없는 것일 때에는 건조물에 해당한다. 그러나 가옥과 접속되지 않는 축사나 천막은 건조물이 아니다.[2] 29

기차란 증기를 동력으로 궤도 위를 진행하는 차량이며, 전차는 전기에 의하여 궤도를 진행하는 차량을 말한다. 그러나 가솔린 차나 디젤기관차에 의하여 견인되는 열차도 기차에 포함되고, 케이블카도 전차에 포함된다고 해석된다.[3] 자동차는 원동기에 의하여 육상에서 운전되는 차량을 말한다. 항공기나 선박은 그 대소와 형상을 묻지 않는다. 지하채굴시설이란 광물을 채취하기 위한 지하시설을 말하며, 광업권에 의하지 않고 불법하게 설치된 것도 포함한다.

2) 행 위 불을 놓아 목적물을 불태우는 것이다. 목적물을 불태우는 일체의 행위를 방화라고 한다. 방화의 방법에는 제한이 없다. 직접 목적물에 방화하건 매개물을 이용하여 방화하건 불문한다. 적극적인 행위에 한하지 않고 부작위에 의한 방화도 가능하다. 예컨대 소화(消火)할 의무 있는 자가 쉽게 소화할 수 있음에도 불구하고 화기를 이용하기 위하여 소화하지 않는 경우에는 부작위에 의한 방화가 될 수 있다. 다만 부작위에 의한 방화가 되기 위하여는 보증인의 부작위일 것을 요하는 이외에 행위정형의 동가치성이 인정되어야 한다. 화재 현 30

Wessels/Hettinger Rn. 963; Wolff LK §306 Rn. 9.

1 대법원 2013. 12. 12. 2013도3950, 「형법상 방화죄의 객체인 건조물은 토지에 정착되고 벽 또는 기둥과 지붕 또는 천장으로 구성되어 사람이 내부에 기거하거나 출입할 수 있는 공작물을 말하고, 반드시 사람의 주거용이어야 하는 것은 아니라도 사람이 사실상 기거 · 취침에 사용할 수 있는 정도는 되어야 한다.」

2 배종대 **98**/5; 손동권/김재윤 563면; 이형국 521면; 황산덕 106면.

3 배종대 **98**/6; 백형구 415면; 손동권/김재윤 563면; 유기천 31면; 이형국 522면; 정성근/박광민 519면; 정영석 126면.

장에 있는 자가 공무원의 구조요구에 응하지 아니한 때에는 경범죄 처벌법에 해당할 따름이다(제3조 29호).

31 방화죄의 착수시기를 불을 놓는 것을 기준으로 해야 한다는 점에는 의문이 없다. 다만 통설[1]과 판례[2]는 방화죄의 실행의 착수를 인정하기 위하여는 발화 또는 점화가 있을 것을 요한다고 한다. 발화 또는 점화가 있으면 방화의 착수가 있고, 매개물에 발화된 때에는 목적물에 불이 붙지 않은 때에도 실행의 착수를 인정해야 한다는 것은 당연하다.[3] 그러나 실행의 착수에 관하여 개별적 객관설을 일관할 때에는 반드시 발화 또는 점화를 요하는 것은 아니라고 해야 한다. 본죄는 추상적 위험범이다. 따라서 점화가 독립연소의 정도에 이른 때에는 본죄는 기수가 되며 무너지거나 소실되는 결과가 발생할 것을 요건으로 하지 않는다.

32 (3) **주관적 구성요건** 불을 놓아 주거에 사용하거나 사람이 현존하는 건조물 등을 불태운다는 점에 대한 고의가 필요하다. 반드시 확정적 고의일 필요는 없으며 미필적 인식으로도 족하다.

> 따라서 석유를 사용하여 건물에 연소되기 쉬운 방법으로 점화하여 건물을 연소케 한 때에는 방화에 대한 고의가 있다고 해야 한다(대법원 1954. 1. 16. 4287형상47). 그러나 홧김에 서적 등을 마당에 내어 놓고 불을 놓았다는 것만으로는 본죄의 고의가 있다고 할 수 없다(대법원 1984. 7. 24. 84도1245).

목적물이 주거에 사용되지 않는 것으로 알았거나 사람이 현존하지 않는다고 인식한 때에는 구성요건적 사실의 착오로서 고의를 조각한다.

본죄는 추상적 위험범이므로 행위자에게 위험의 고의가 있을 필요는 없다. 소유자가 누구인가를 인식하는 것도 고의의 내용이 되지 않는다.

---

1 김성천/김형준 717면; 배종대 98/8; 오영근 476면; 유기천 27면; 이정원 541면; 임웅 636면; 정성근/박광민 520면; 정영석 119면; 조준현 596면; 진계호 628면; 황산덕 108면.

2 대법원 1960. 7. 22. 4293형상213.

3 대법원 2002. 3. 26. 2001도6641, 「매개물을 통한 점화에 의하여 건조물을 소훼함을 내용으로 하는 형태의 방화죄의 경우에, 범인이 그 매개물에 불을 켜서 붙였거나 또는 범인의 행위로 인하여 매개물에 불이 붙게 됨으로써 연소작용이 계속될 수 있는 상태에 이르렀다면, 그것이 곧바로 진화되는 등의 사정으로 인하여 목적물인 건조물 자체에는 불이 옮겨 붙지 못하였다고 하더라도, 방화죄의 실행의 착수가 있었다고 보아야 할 것이므로, 피고인이 방화의 의사로 뿌린 휘발유가 인화성이 강한 상태로 주택주변과 피해자의 몸에 적지않게 살포되어 있는 사정을 알면서도 라이터를 켜 불꽃을 일으킴으로써 피해자의 몸에 불이 붙은 경우, 비록 외부적 사정에 의하여 불이 방화 목적물인 주택 자체에 옮겨 붙지는 아니하였다 하더라도 현존건조물방화죄의 실행의 착수가 있었다고 봄이 상당하다.」

(4) **현주건조물등 방화치사상죄** 현주건조물등 방화죄를 지어 사람을 사상에 이르게 한 경우에 성립하는 결과적 가중범이다. 여기의 사람이란 범인 이외의 사람을 의미한다. 따라서 방화의 공동정범이 사상에 이르게 되었다고 할지라도 본죄는 성립하지 않는다.[1] 결과적 가중범의 일반원리에 따라 사상의 결과에 대하여 인과관계가 있고, 결과를 예견할 수 있었을 것을 요한다. 사상의 결과에 대한 인과관계는 사람이 소사한 경우뿐만 아니라 연기나 가스에 의하여 질식사하거나, 넘어지는 건조물 등에 압사한 경우 또는 사상의 결과가 불을 피하여 뛰어내리다가 일어난 때에는 물론 불에 대한 쇼크로 일어난 때에도 인정된다.[2] 그러나 피해자가 진화작업에 열중하다가 화상을 입은 경우에는 예견할 수 있는 결과라고 할 수 없다.[3] 다만, 피해자의 진화작업이나 구조행위가 법적으로 의무지워진 경우에는 이로 인하여 발생한 사상의 결과를 행위자에게 귀속시킬 수 있다.[4] 33

> 방화행위를 하던 집단의 1인이 피해자에게 화염병을 던져 화상을 입힌 경우에는 공모에 참가한 다른 집단원도 상해의 결과가 발생하는 것을 예견할 수 있었으므로 본죄가 성립할 수 있다(대법원 1996. 4. 12. 96도215).

사상의 결과에 대하여 고의가 있는 경우에도 본죄가 적용될 것인가에 대하여는 견해가 대립되고 있다. 다수인이 현존하는 건조물에 방화한 때에는 사상의 결과에 대한 미필적 고의를 인정할 수 있으므로[5] 고의 있는 경우가 일반적이라고 할 수 있다. 이 때에는 방화죄와 살인죄 또는 상해죄의 상상적 경합이 성립한다고 해석하는 견해[6]도 있으나, 본죄는 중한 결과에 대하여 과실 있는 경우뿐만 아니라 고의 있는 때에도 성립하는 부진정결과적 가중범이라고 해야 한다.[7] 따라서 고의 있는 경우에는 본죄와 살인죄 또는 상해죄의 상상적 경합이 된다.[8] 본죄를 34

1 Sch/Sch/Heine §306c Rn. 2.
2 Sch/Sch/Heine §306c Rn. 4; Tröndle/Fischer §306c Rn. 3; Wessels/Hettinger Rn. 973; Wolff LK §307 Rn. 3.
3 대법원 1966. 6. 28. 66도1.
4 Rudolphi SK Vor §1 Rn. 80; Sch/Sch/Cramer §15 Rn. 157; Schroeder LK §16 Rn. 182.
5 대법원 1983. 3. 8. 82도3248.
6 백형구 419면; 이영란 515면; 이형국(공저) 462면.
7 김성돈 542면; 김일수/서보학 461면; 박상기 475면; 배종대 99/1; 손동권/김재윤 567면; 유기천 32면; 이정원 543면; 임웅 641면; 정성근/박광민 526면; 정영일 292면; 진계호 633면.
8 Horn SK §306c Rn. 9; Joecks §306c Rn. 6; Sch/Sch/Heine §306c Rn. 11; Tröndle/Fischer §306c Rn. 7; Wolff LK §307 Rn. 4.

진정결과적 가중범이라고 해석할 때에는 형의 균형이 유지될 수 없기 때문이다. 판례도 본죄를 부진정결과적 가중범이라고 해석하면서 이 경우에는 현주건조물방화치사죄에 살인죄가 흡수되고, 다만 존속살해죄[1]나 강도살인죄[2]와 본죄는 상상적 경합이 될 수 있다고 판시하고 있다.

2. 공용건조물등 방화죄

불을 놓아 공용으로 사용하거나 공익을 위해 사용하는 건조물 · 기차 · 전차 · 자동차 · 선박 · 항공기 또는 지하채굴시설을 불태운 자는 무기 또는 3년 이상의 징역에 처한다(제165조).

미수범은 처벌한다(제174조).

35 본죄는 불을 놓아 공용으로 사용하거나 공익을 위해 사용하는 건조물 등을 불태움으로써 성립하는 추상적 위험범이다.

행위의 객체는 공용으로 사용하거나 공익을 위해 사용하는 건조물 · 기차 · 전차 · 자동차 · 선박 · 항공기 또는 지하채굴시설이다. 이러한 목적물이 사람의 주거로 사용되거나 사람이 현존하는 때에는 본죄가 성립하지 않고 현주건조물등 방화죄가 된다. 공용으로 사용한다는 것은 국가 또는 공공단체의 이익을 위하여 사용된다는 것을 의미하고, 공익을 위해 사용한다는 것은 공중의 이익을 위하여 사용된다는 의미이다. 공용 또는 공익을 위해 사용하는 이상 누구의 소유인가는 문제되지 않는다.

---

1 대법원 1996. 4. 26. 96도485, 「형법 제164조 제2항이 규정하는 현주건조물 방화치사상죄는 제1항이 규정하는 죄에 대한 일종의 가중처벌규정으로서 과실이 있는 경우뿐만 아니라 고의가 있는 경우도 포함된다고 볼 것이므로 사람을 살해할 목적으로 현주건조물에 방화하여 사망에 이르게 한 경우에는 현주건조물 방화치사죄로 의율하여야 하고 이와 더불어 살인죄와의 상상적 경합으로 의율할 것은 아니며, 다만 존속살인죄와 현주건조물 방화치사죄는 상상적 경합관계에 있으므로 법정형이 중한 존속살인죄로 의율함이 타당하다.」

동지: 대법원 1983. 1. 18. 82도2341.

다만 대법원이 위의 경우에 현주건조물 방화치사죄의 성립만 인정한 것은 타당하다고 할 수 없다.

2 대법원 1998. 12. 8. 98도3416, 「피고인들이 피해자들의 재물을 강취한 후 그들을 살해할 목적으로 현주건조물에 방화하여 사망에 이르게 한 경우, 피고인들의 행위는 강도살인죄와 현주건조물 방화치사죄에 모두 해당하고 그 두 죄는 상상적 경합관계에 있다.」

3. 일반건조물등 방화죄

① 불을 놓아 제164조와 제165조에 기재한 외의 건조물 · 기차 · 전차 · 자동차 · 선박 · 항공기 또는 지하채굴시설을 불태운 자는 2년 이상의 유기징역에 처한다.

② 자기 소유인 제1항의 물건을 불태워 공공의 위험을 발생하게 한 자는 7년 이하의 징역 또는 1천만원 이하의 벌금에 처한다(제166조).

제1항의 미수범은 처벌한다(제174조).

자기의 소유에 속하는 물건이라도 압류 기타 강제처분을 받거나 타인의 권리 또는 보험의 목적물이 된 때에는 본장의 규정의 적용에 있어서 타인의 물건으로 간주한다(제176조).

본죄는 불을 놓아 사람의 주거에 사용되거나 사람이 현존하지 않고 공용 또는 공익에 공하지 않는 일반건조물, 즉 현주건조물등 방화죄(제164조)나 공용건조물등 방화죄(제165조)에 해당하지 않는 건조물 등을 불태운 때에 성립하는 범죄이다. 36

건조물 등의 소유권이 타인에게 속하는 때에는 추상적 위험범임에 반하여, 자기 소유인 때에는 구체적 위험범이므로 공공의 위험이 발생한 경우에 한하여 본죄가 성립한다. 자기소유물에 대하여도 공공위험죄인 방화죄는 성립하지만 방화의 객체가 자기소유물인 때에는 자기의 소유물을 손괴하는 것은 범죄가 되지 않는 점을 고려하여 구체적인 공공의 위험이 발생되지 않은 때에는 처벌할 필요가 없다고 본 것이다. 여기서 공공의 위험이란 불특정 또는 다수인의 생명 · 신체 · 재산에 대한 위험을 의미하며, 행위자는 이에 대한 인식이 있어야 한다.

「자기 소유」란 건조물 등이 행위자 또는 공범자의 소유에 속하는 것을 말한다. 타인의 소유에 속하는 때에 소유권자의 동의가 있는 경우는 물론, 무주물인 때에도 자기 소유인 경우에 준한다고 해석해야 한다.[1] 한편 자기의 소유에 속하는 건조물 등이라도 압류 기타 강제처분을 받거나 타인의 권리 또는 보험의 목적물이 된 때에는 타인의 물건으로 간주한다(제176조). 강제처분에는 제한이 없으므로 국세징수법에 의한 체납처분, 강제경매절차에서의 압류 또는 형사소송에 의한 몰수물건의 압류 등을 포함한다. 타인의 권리에는 저당권 · 전세권 · 질권 또는 임차권 등이 포함된다. 37

1 대법원 2009. 10. 15. 2009도7421.

4. 일반물건방화죄

① 불을 놓아 제164조부터 제166조까지에 기재한 외의 물건을 불태워 공공의 위험을 발생하게 한 자는 1년 이상 10년 이하의 징역에 처한다.

② 제1항의 물건이 자기 소유인 경우에는 3년 이하의 징역 또는 700만원 이하의 벌금에 처한다(제167조).

자기의 소유에 속하는 물건이라도 압류 기타 강제처분을 받거나 타인의 권리 또는 보험의 목적물이 된 때에는 본장의 규정의 적용에 있어서 타인의 물건으로 간주한다(제176조).

38 본죄는 불을 놓아 제164조부터 제166조까지에 기재한 외의 물건을 불태워 공공의 위험을 발생하게 함으로써 성립하는 구체적 위험범이다.[1] 본죄는 구체적 위험범이므로 본죄가 성립하기 위하여는 공공의 위험이라는 구체적 위험이 발생해야 한다. 따라서 불을 놓아 본죄의 객체인 물건을 불태운 때에도 공공의 위험이 발생하지 않은 때에는 본죄는 성립하지 않는다. 다만 타인 소유의 물건인 때에 한하여 손괴죄가 성립할 수 있다. 공공의 위험에 대한 인식이 고의의 내용이 된다는 것은 구체적 위험범의 본질상 당연하다.

5. 연 소 죄

① 제166조 제2항 또는 전조 제2항의 죄를 범하여 제164조, 제165조 또는 제166조 제1항에 기재한 물건에 연소한 때에는 1년 이상 10년 이하의 징역에 처한다.

② 전조 제2항의 죄를 범하여 전조 제1항에 기재한 물건에 연소한 때에는 5년 이하의 징역에 처한다(제168조).

39 자기소유 건조물 또는 물건에 대한 방화가 확대되어 타인소유물에 연소한 경우를 처벌하기 위한 자기소유물에 대한 방화죄의 결과적 가중범이다. 여기서 연소(延燒)란 행위자가 예견하지 않은 물체에 불이 이전되어 불태워진 것을 말한다.

본죄는 자기소유 건조물등 방화죄나 자기물건 방화죄가 성립함을 전제로 한다. 따라서 본죄의 적용을 위하여는 자기물건이 불태워졌을 뿐만 아니라 이로 인

1 대법원 2013. 12. 12. 2013도3950, 「지붕과 문짝, 창문이 없고 담장과 일부 벽체가 붕괴된 철거대상 건물로서 사실상 기거·취침에 사용할 수 없는 상태인 폐가는 형법 제166조의 건조물이 아닌 형법 제167조의 물건에 해당하고, 폐가의 내부와 외부에 쓰레기를 모아놓고 태워 그 불길이 폐가 주변 수목 4~5그루를 태우고 폐가의 벽을 일부 그을리게 하는 정도만으로는 방화죄의 기수에 이르렀다고 보기 어렵다.」

하여 공공의 위험이 발생해야 한다. 또한 제166조 2항과 제167조의 죄는 미수를 벌하지 않으므로 자기소유물에 대한 방화죄는 기수에 이를 것을 요한다.

본죄는 진정결과적 가중범이다. 따라서 본죄는 중한 결과에 대하여 과실이 있는 때에만 적용되며, 고의가 있는 때에는 제164조 내지 제165조의 죄와 제166조 1항 또는 제167조 1항의 죄가 성립한다. 제167조 2항의 죄를 범하여 동조 제1항에 기재된 물건이 연소되고 나아가 제164조 내지 제166조 1항의 물체에 연소된 때에도 본조 제1항이 적용된다.

6. 방화예비 · 음모죄

제164조 제1항, 제165조, 제166조 제1항, 제172조 제1항, 제172조의2 제1항, 제173조 제1항과 제2항의 죄를 범할 목적으로 예비 또는 음모한 자는 5년 이하의 징역에 처한다. 단 그 목적한 죄의 실행에 이르기 전에 자수한 때에는 그 형을 감경 또는 면제한다(제175조).

현주건조물등 방화죄(제164조 1항), 공용건조물등 방화죄(제165조), 타인소유의 일반건 40
조물등 방화죄(제166조 1항)와 폭발성물건 파열죄(제172조 1항), 가스 · 전기등 방류죄(제172조의2 제1항) 또는 가스 · 전기등 공급방해죄(제173조 1항 · 2항)를 범할 목적으로 예비 · 음모함으로써 성립한다. 예비란 실행의 착수 이전의 준비행위를 말한다. 예컨대 점화하기 위하여 방화재료를 쌓아 올리거나, 목적물에 기름을 붓는 등의 행위가 여기에 해당한다. 예비 · 음모에 대하여도 공범의 성립이 가능하다는 견해[1]가 있다. 그러나 예비나 음모에 대한 방조는 있을 수 없다고 해야 한다. 예비행위를 한 후에 실행에 착수한 때에는 기수 또는 미수죄만 성립하고 예비는 별도로 문제되지 않는다.

Ⅲ. 준방화죄

1. 진화방해죄

화재에 있어서 진화용의 시설 또는 물건을 은닉 또는 손괴하거나 기타 방법으로 진화를 방해한 자는 10년 이하의 징역에 처한다(제169조).

(1) 의 의 본죄는 화재가 일어난 경우에 진화용(鎭火用)의 시설 또 41

1 박보무(주석) 282면; 유기천 41면.

는 물건을 은닉 또는 손괴하거나 기타의 방법으로 진화를 방해함으로써 성립하는 범죄이다. 「화재에 있어서」란 공공의 위험이 발생할 정도의 연소상태가 있는 것을 말한다. 이미 화재가 발생한 경우뿐만 아니라 화재가 발생하고 있는 경우를 포함한다. 화재의 원인도 불문한다. 방화인가 실화인가 또는 천재에 의한 것인가를 묻지 않는다.

본죄의 성격에 관하여는 이를 방화죄로 보는 견해[1]와 준방화죄의 일종으로 파악하는 견해[2]로 나누어지고 있다. 본죄는 방화죄라고 할 수 없으므로 준방화죄에 해당한다고 보는 것이 타당하다고 생각된다.

42 ⑵ **구성요건** 본죄는 진화용의 시설 또는 물건을 은닉 또는 손괴하거나 기타의 방법으로 진화를 방해함으로써 성립한다.

43 1) **행위의 객체** 진화용의 시설 또는 물건이다. 「진화용의 시설 또는 물건」이란 소화활동(消火活動)에 쓰이는 기구를 말한다. 예컨대 화재경보기와 같은 소방용통신시설, 소화전, 소방자동차 기타 소방용으로 마련된 시설과 기구를 말한다. 원래 화재를 방지하기 위하여 만든 물건일 것을 요하며, 일반통신시설이나 물과 같이 일시 소방을 위하여 사용되는 데 불과한 것은 여기에 포함되지 않는다. 시설 또는 물건이 타인의 소유이건 자기의 소유이건 불문한다.

2) **행 위** 은닉 또는 손괴하거나 기타의 방법으로 진화를 방해하는 것이다.

44 ㈎ **은닉 · 손괴** 은닉이란 시설이나 물건의 발견을 불가능 또는 곤란하게 하는 행위를 말한다. 손괴는 물질적 훼손에 의하여 효용을 해하는 일체의 행위이다. 예컨대 호스를 절단하거나 파괴하는 것이 여기에 해당한다.

45 ㈏ **기타의 방법에 의한 진화방해** 진화용의 시설 또는 물건을 은닉 또는 손괴하는 것은 예시에 불과하다. 기타의 방법에 의하여 진화를 방해하는 것에는 소방차를 못가게 하거나 소방관을 폭행 · 협박하는 경우가 포함된다.

46 진화방해는 부작위에 의하여도 행할 수 있다. 소방관 · 경찰관리와 같이 진화할 법률상 의무 있는 자가 화재보고를 하지 아니하여 진화를 방해하는 경우가 그것이다. 그러나 **부작위에 의한 진화방해**는 **부작위에 의한 방화**와 구별해야 한다.

1 서일교 294면.

2 김성돈 553면; 김성천/김형준 725면; 김일수/서보학 466면; 배종대 99/7; 백형구 426면; 손동권/김재윤 571면; 오영근 488면; 이영란 527면; 이형국 532면; 임웅 649면; 정성근/박광민 532면.

양자의 구별기준에 관하여 본죄가 화재시에 성립하는 것임에 반하여, 부작위에 의한 방화는 화재가 일어나기 전에 방화의 고의를 가지고 작위에 들어가지 않는 것을 의미한다고 해석하는 견해[1]도 있다. 진화방해가 화재시에 가능한 것은 물론이나, 부작위에 의한 방화는 화재 전에만 가능하다는 것은 타당하다고 할 수 없다. 결국 양자는 작위의무와 행위정형을 고려하여 판단하지 않을 수 없다. 즉 부작위에 의한 방화죄의 작위의무는 화기관리자로서의 소화의무인 데 반하여 진화방해죄에 있어서는 소화활동에 종사해야 할 의무이며, 방화가 불을 놓아 소훼케 하는 것임에 반하여 진화방해는 화재에 있어서 진화를 방해하는 것이다.[2]

본죄는 위험범이므로 진화를 방해할 만한 은닉 · 손괴 기타 방법의 행위가 있으면 본죄는 완성되며, 화재가 확대되는 등 현실로 진화방해의 결과가 발생할 것을 요하는 것은 아니다. 47

(3) **주관적 구성요건** 본죄의 성립을 위하여 행위자는 화재시라는 행위상황을 인식하고 진화를 방해한다는 사실에 대한 고의가 있어야 한다. 48

2. 폭발성물건파열죄

① 보일러, 고압가스 기타 폭발성 있는 물건을 파열시켜 사람의 생명, 신체 또는 재산에 대하여 위험을 발생시킨 자는 1년 이상의 유기징역에 처한다.
② 제1항의 죄를 범하여 사람을 상해에 이르게 한 때에는 무기 또는 3년 이상의 징역에 처한다. 사망에 이르게 한 때에는 무기 또는 5년 이상의 징역에 처한다(제172조).
제1항의 미수범은 처벌한다(제174조).
제1항의 죄를 범할 목적으로 예비 또는 음모한 자는 5년 이하의 징역에 처한다. 단, 그 목적한 죄의 실행에 이르기 전에 자수한 때에는 그 형을 감경 또는 면제한다(제175조).

(1) **의 의** 본죄는 보일러, 고압가스 기타 폭발성 있는 물건을 파열시켜 사람의 생명, 신체 또는 재산에 대하여 위험을 발생케 함으로써 성립하는 구체적 위험범이다. 폭발성물건의 파열은 방화는 아니지만 폭발물의 파괴력이 화력에 의한 파괴력에 준하는 것으로 보아 방화죄와 함께 규정하고 있는 것이다. 1995년의 형법개정을 통하여 화약은 폭발물이 될 수 있다는 이유로 이를 대표적인 폭발성물건인 고압가스로 바꾸고 침해범을 구체적 위험범으로 변경하였다. 49

1 유기천 36면; 진계호 637면.
2 이영란 528면; 정성근/박광민 532면; 황산덕 106, 110면.

(2) 구성요건

50 1) 행 위 보일러, 고압가스 기타 폭발성 있는 물건을 파열시켜 사람의 생명, 신체 또는 재산에 대하여 위험을 발생시키는 것이다. 폭발성 있는 물건이란 급격하게 파열하여 물건을 파괴하는 성질을 가진 물질을 말하며, 보일러·고압가스는 그 예시에 불과하다. 그러나 총포는 여기의 폭발성물건이라고 할 수 없다. 파열시킨다는 것은 물질의 급격한 팽창력을 생기게 하는 일체의 행위를 포함한다. 본죄가 성립하기 위하여는 폭발성물건의 파열로 사람의 생명, 신체 또는 재산에 대한 구체적 위험이 발생해야 한다. 특정한 소수인의 생명, 신체 또는 재산의 위험이 있으면 족하고 반드시 공공의 위험이 되어야 하는 것은 아니다.

51 2) 주관적 구성요건 폭발성물건을 파열하여 사람의 생명, 신체 또는 재산에 대한 위험을 발생케 한다는 고의가 있어야 한다. 생명, 신체 또는 재산에 대한 위험의 인식도 고의의 내용이 된다.

52 (3) 폭발성물건파열치사상죄 보일러·고압가스 기타 폭발성물건을 파열하게 하여 사람을 사상에 이르게 함으로써 성립하는 범죄이다(제172조 2항). 폭발성물건 파열죄에 대한 결과적 가중범이므로 결과적 가중범에 관한 일반이론이 적용되는 것은 당연하다. 폭발성물건 파열치상죄는 부진정결과적 가중범에 속한다.

3. 가스·전기등 방류죄

① 가스·전기·증기 또는 방사선이나 방사성 물질을 방출, 유출 또는 살포시켜 사람의 생명, 신체 또는 재산에 대하여 위험을 발생시킨 자는 1년 이상 10년 이하의 징역에 처한다.
② 제1항의 죄를 범하여 사람을 상해에 이르게 한 때에는 무기 또는 3년 이상의 징역에 처한다. 사망에 이르게 한 때에는 무기 또는 5년 이상의 징역에 처한다(제172조 의2).
제1항의 미수범은 처벌한다(제174 조).
제1항의 죄를 범할 목적으로 예비 또는 음모한 자는 5년 이하의 징역에 처한다. 단, 그 목적한 죄의 실행에 이르기 전에 자수한 때에는 그 형을 감경 또는 면제한다(제175 조).

53 (1) 의 의 가스·전기·증기 또는 방사선이나 방사성 물질을 방출, 유출 또는 살포시켜 사람의 생명, 신체 또는 재산에 대하여 위험을 발생케 함으로써 성립하는 구체적 위험범이다. 본죄는 공공의 위험을 구성요건으로 하지 않는다. 그러나 본죄에 열거된 행위는 공공의 위험을 발생시키는 점에 있어서 방화

죄에 준한다고 보아야 한다는 이유로 1995년의 형법개정에 의하여 본죄가 신설되었다.

⑵ **구성요건** 가스·전기·증기 또는 방사선이나 방사성물질을 방출, 유출 또는 살포시켜 사람의 생명, 신체 또는 재산에 대하여 위험을 발생시키는 것이다. 방사선이란 전자파 또는 입자선 중 직접 또는 간접으로 공기를 전리(電離)하는 능력을 가진 것을 말하며(원자력안전법 제2조 7호), 방사성물질이란 핵연료물질, 사용후핵연료, 방사성동위원소 및 원자핵분열생성물을 말한다(동조 5호). 방출, 유출이란 관리되고 있는 것을 외부에 발산시키는 것을 말하고, 살포는 분말상태나 미립자상태의 방사성물질을 방치하여 분말 또는 미립자가 자연히 날아 흩어지게 하는 것을 의미한다. 사람의 생명, 신체 또는 재산에 대하여 구체적 위험을 발생케 할 것을 요하나, 공공의 위험에 이르러야 하는 것은 아니다. 54

⑶ **가스·전기등 방류치사상죄** 가스·전기·증기 또는 방사선이나 방사성물질을 유출, 방출 또는 살포시켜 사람을 사상에 이르게 함으로써 성립하는 결과적 가중범이다. 치상죄는 상해의 결과에 대하여 과실이 있는 경우뿐만 아니라 고의 있는 때에도 성립하는 부진정결과적 가중범이지만, 치사죄는 과실 있는 때에만 성립하는 진정결과적 가중범이다. 55

4. 가스·전기등 공급방해죄

① 가스·전기 또는 증기의 공작물을 손괴 또는 제거하거나 기타 방법으로 가스·전기 또는 증기의 공급이나 사용을 방해하여 공공의 위험을 발생하게 한 자는 1년 이상 10년 이하의 징역에 처한다.
② 공공용의 가스·전기 또는 증기의 공작물을 손괴 또는 제거하거나 기타 방법으로 가스·전기 또는 증기의 공급이나 사용을 방해한 자도 전항의 형과 같다.
③ 제1항 또는 제2항의 죄를 범하여 사람을 상해에 이르게 한 때에는 2년 이상의 유기징역에 처한다. 사망에 이르게 한 때에는 무기 또는 3년 이상의 징역에 처한다(제173조).
제1항·제2항의 미수범은 처벌한다(제174조).

⑴ **의 의** 가스·전기 또는 증기의 공작물을 손괴·제거하거나 기타 방법으로 그 공급이나 사용을 방해함으로써 성립하는 범죄이다. 폭발성물건파열죄와 같은 화력은 아니지만 이에 준하는 파괴력을 가진 가스 등의 공작물을 손괴·제거하여 그 목적에 의한 사용을 방해하여 공공의 위험이 발생한 것을 처 56

벌하는 것이다.

57 (2) **제1항과 제2항의 죄** 제1항의 죄의 객체는 가스·전기 또는 증기의 공작물이며, 행위는 손괴·제거 기타의 방법으로 가스·전기 또는 증기의 공급이나 사용을 방해하여 공공의 위험을 발생하게 하는 것이다. 손괴란 물질적 훼손을 말하며, 제거는 목적물을 없애는 것을 말한다. 구체적 위험범이므로 공공의 위험이 발생해야 한다.

58 제2항의 죄는 객체가 공공용의 가스·전기 또는 증기의 공작물로 제한되어 있다. 이 경우에는 추상적 위험범이므로 공공의 위험발생을 요건으로 하지 않는다.

59 (3) **결과적 가중범** 사상의 결과가 발생한 때에 성립하는 결과적 가중범이다. 상해에 이르게 한 때에는 부진정결과적 가중범이지만, 치사죄는 진정결과적 가중범이다.[1] 이를 모두 진정결과적 가중범이라고 해석하는 견해[2]도 있다.

Ⅳ. 실 화 죄

1. 단순실화죄

① 과실로 제164조 또는 제165조에 기재한 물건 또는 타인 소유인 제166조에 기재한 물건을 불태운 자는 1천500만원 이하의 벌금에 처한다.
② 과실로 자기 소유인 제166조의 물건 또는 제167조에 기재한 물건을 불태워 공공의 위험을 발생하게 한 자도 제1항의 형에 처한다(제170조).

60 과실로 제164조, 제165조 또는 타인 소유인 제166조의 물건을 불태우거나, 자기 소유인 제166조의 물건 또는 제167조에 기재한 물건을 불태워 공공의 위험을 발생하게 한 때에 성립하는 범죄이다. 화력이 가지고 있는 특수한 위험성을 고려하여 과실범을 처벌하는 것이며, 고의 대신 과실을 요하는 점이 방화죄와 다를 뿐이다. 과실이란 주의의무위반을 의미한다. 제2항이 규정하고 있는 자기 소유인 제166조의 물건 또는 제167조에 기재한 물건의 의미에 관하여 대법원은 전원합의체결정을 통하여 '자기의 소유에 속하는 제166조에 기재한 물건' 또는 '자

1 김성돈 557면; 김일수/서보학 452면; 박상기 638면; 배종대 99/13; 유기천 41면; 이형국 537면; 임웅 658면; 정성근/박광민 536면.
2 백형구 432면; 이영란 533면.

기의 소유에 속하든 타인의 소유에 속하든 불문하고 제167조에 기재한 물건'을 의미하는 것으로 해석해야 한다고 판시하였다.[1]

본죄는 작위뿐만 아니라 부작위에 의하여도 범할 수 있다. 다만 부작위에 의한 실화죄가 성립하기 위하여는 부작위범의 일반이론이 적용되어야 한다.

2. 업무상실화 · 중실화죄

업무상과실 또는 중대한 과실로 인하여 제170조의 죄를 범한 자는 3년 이하의 금고 또는 2천만원 이하의 벌금에 처한다(제171조).

업무상과실 또는 중과실로 인하여 실화죄를 범한 경우에 형을 가중하는 것 61
이다. 업무상실화는 업무자의 예견의무로 인하여 책임이 가중되는 경우임에 반하여, 중실화는 과실이라는 불법이 가중되는 경우이다. 여기서 업무에는 주유소와 같이 화재의 위험이 수반되는 업무, 화기 · 전기를 다루는 사람과 같이 화재를 일으키지 않도록 특별히 주의해야 할 업무 및 화재방지를 내용으로 하는 업무가 포함된다. 중과실은 행위자가 극히 근소한 주의를 함으로써 결과발생을 예견할 수 있었는데도 부주의로 이를 예견하지 못한 경우를 말한다.[2]

판례는 성냥불이 꺼진 것을 확인하지 아니한 채 플라스틱 휴지통에 던지거나(대법원 1993. 7. 27. 93도135) 연탄 아궁이로부터 80센티미터 떨어진 곳에 스폰지와 솜 등을 쓰러지기 쉽게 쌓아두어 방치한 것(대법원 1989. 1. 17. 88도643)은 중대한 과실에 해당함에 반하여, 호텔오락실의 경영자가 그 오락실 천정에 형광등 등을 설치하는 공사를 하면서 무자격 전기기술자로 하여금 전기공사를 하게 하였다는 것만으로는 화재발생에 대한 중대한 과실을 인정할 수 없다고 한다(대법원 1989. 10. 13. 89도204).

3. 과실 폭발성물건 파열죄, 과실 가스 · 전기등 방류죄, 과실 가스 · 전기등 공급방해죄, 업무상과실 · 중과실 폭발성물건 파열등죄

① 과실로 제172조 제1항, 제172조의2 제1항, 제173조 제1항과 제2항의 죄를 범한 자는 5년 이하의 금고 또는 1,500만원 이하의 벌금에 처한다.

② 업무상과실 또는 중대한 과실로 제1항의 죄를 범한 자는 7년 이하의 금고 또는 2천만원

---

1 대법원 1994. 12. 20. 94모32 전원합의체결정.
이 결정에 대한 평석으로는 김영환, 「형법해석의 한계」(형사판례연구 4), 1면 이하; 신동운 판례백선, 38면 이하; 이상돈, 「형법해석의 한계」(저스티스 29-2), 1면 이하 참조.

2 대법원 1980. 10. 14. 79도305; 대법원 1988. 8. 23. 88도855.

이하의 벌금에 처한다(제173조 의2).

62 과실 폭발성물건 파열등죄는 과실로 보일러 · 고압가스 기타 폭발성물건을 파열시키거나, 가스 · 전기 · 증기 또는 방사선이나 방사성물질을 방출, 유출 또는 살포시켜 사람의 생명 · 신체 또는 재산의 위험을 발생케 하거나, 가스 · 전기 등 공급을 방해하여 공공의 위험을 발생케 하거나 공공용의 가스 · 전기 등의 공급이나 사용을 방해함으로써 성립하는 범죄이다. 업무상과실 · 중과실 폭발성물건 파열등죄는 업무상과실 · 중과실로 인한 가중적 구성요건이다.

§ 28 제 4 절 일수와 수리에 관한 죄

Ⅰ. 총 설

1 일수죄(溢水罪, Überschwemmung)는 수해(水害)를 일으켜 공공의 안전을 해하는 것을 내용으로 하는 범죄이다. 공공의 평온을 보호법익으로 하는 공공위험죄라는 점에서 방화죄와 본질을 같이한다.[1] 다만 방화죄가 화력에 의한 파괴력을 이용하는 데 본질이 있음에 반하여, 일수죄는 수력에 의한 파괴력을 이용한다는 점에 특색이 있다. 일수죄에 대하여도 공공위험죄이면서 재산죄로서의 성격을 가지고 있다고 해석하는 견해[2]도 있다. 보호법익이 보호받는 정도는 추상적 위험범이다. 다만 자기물건 일수죄는 구체적 위험범에 해당한다. 이에 반하여 수리방해죄(제184조)는 수리권을 보호법익으로 하는 범죄이며 공공위험죄가 아니다. 형법은 수리권이 대부분 다수인의 공유에 속하고 일수의 위험을 수반할 뿐만 아니라, 물을 이용한다는 수단의 유사성이 인정된다는 점을 고려하여 일수죄와 함께 규정하고 있다.

2 일수와 수리에 관한 죄의 기본적 구성요건은 일반건조물등 일수죄(제179조)와 수리방해죄(제184조)이다. 일수죄에 관한 가중적 구성요건으로 현주건조물등 일수죄

---

1 김성돈 561면; 김일수/서보학 470면; 박상기 485면; 배종대 100/1; 손동권/김재윤 577면; 신동운 319면; 유기천 44면; 이영란 536면; 이정원 551면; 이형국 542면; 임웅 660면; 정영일 301면.

2 백형구 434면; 임웅 660면; 정성근/박광민 540면.

(제177조)와 공용건조물등 일수죄(제178조)가 있는 이외에, 진화방해죄에 대응하는 방수방해죄(제180조)와 과실일수죄(제181조)를 처벌한다. 일수죄에 관하여도 미수범(제182조)과 예비 · 음모(제183조)를 처벌하고 있다.

Ⅱ. 일 수 죄

1. 현주건조물등 일수죄

① 물을 넘겨 사람의 주거에 사용하거나 사람이 현존하는 건조물 · 기차 · 전차 · 자동차 · 선박 · 항공기 또는 광갱을 침해한 자는 무기 또는 3년 이상의 징역에 처한다.
② 제1항의 죄를 범하여 사람을 상해에 이르게 한 때에는 무기 또는 5년 이상의 징역에 처한다. 사망에 이르게 한 때에는 무기 또는 7년 이상의 징역에 처한다(제177조).
미수범은 처벌한다(제182조).

본죄는 물을 넘겨 사람의 주거에 사용하거나 사람이 현존하는 건조물 · 기 3
차 · 전차 · 자동차 · 선박 · 항공기 또는 광갱을 침해(浸害)함으로써 성립하는 추상적 위험범이다. 현주건조물등 방화죄(제164조)에 대응하는 범죄이다.

본죄의 행위는 물을 넘겨 현주건조물 등을 침해하는 것이다. 「물을 넘겨(일 4
수)」란 제한되어 있는 물의 자연력을 해방시켜 계역 밖으로 범람하게 하는 것을 말한다. 물이 유수인가 저수인가는 묻지 않는다. 물을 넘기는 수단과 방법에도 제한이 없다. 제방을 결궤(決潰)하거나 수문을 파괴하는 것이 여기에 해당한다. 침해의 의의에 대하여는 목적물의 중요부분의 효용이 상실될 정도에 이를 것을 요한다는 견해[1]와 목적물의 전부 또는 일부에 대한 효용의 상실 또는 감소를 의미한다는 견해[2]가 대립되고 있다. 방화죄에 관하여 독립연소설을 취한 이상 후설이 타당하다고 생각된다. 따라서 효용의 상실과 감소는 영구적임을 요하지 않고, 반드시 물건의 유실을 요하는 것도 아니다.

사람을 사상에 이르게 한 때에는 결과적 가중범이 성립한다. 다만 이는 사상 5
의 결과에 대하여 과실이 있는 경우뿐만 아니라 고의가 있는 때에도 성립하는 부

1 백형구 435면; 서일교 301면; 유기천 45면; 정영석 135면.
2 김성돈 562면; 김성천/김형준 735면; 김일수/서보학 470면; 박상기 486면; 배종대 102/3; 손동권/김재윤 579면; 오영근 498면; 이영란 538면; 이형국 544면; 임웅 662면; 정성근/박광민 542면; 정영일 301면.

진정결과적 가중범이다.[1] 이에 대하여 치상죄는 부진정결과적 가중범이지만 치사죄는 진정결과적 가중범이라고 해석하는 견해[2]도 있다.

2. 공용건조물등 일수죄

물을 넘겨 공용 또는 공익에 공하는 건조물 · 기차 · 전차 · 자동차 · 선박 · 항공기 또는 광갱을 침해한 자는 무기 또는 2년 이상의 징역에 처한다(제178조).
미수범은 처벌한다(제182조).

6 본죄의 객체는 공용 또는 공익에 공하는 건조물 등이다. 공용건조물등 방화죄(제165조)에 상응하는 범죄이다.

3. 일반건조물등 일수죄

① 물을 넘겨 전 2조에 기재한 이외의 건조물 · 기차 · 전차 · 자동차 · 선박 · 항공기 또는 광갱 기타 타인의 재산을 침해한 자는 1년 이상 10년 이하의 징역에 처한다.
② 자기의 소유에 속하는 제1항의 물건을 침해하여 공공의 위험을 발생하게 한 때에는 3년 이하의 징역 또는 700만원 이하의 벌금에 처한다.
③ 제176조의 규정은 본조의 경우에 준용한다(제179조).
제1항의 미수범은 처벌한다(제182조).

7 물을 넘겨 현주건조물 또는 공용건조물 이외의 건조물 기타 물건을 침해함으로써 성립하는 범죄이다. 일수죄의 기본적 구성요건에 해당한다. 제1항의 죄가 추상적 위험범임에 반하여, 자기소유의 물건인 때에는 구체적 위험범이다(제2항). 따라서 공공의 위험이 구체적으로 발생할 것을 요할 뿐만 아니라, 이에 대한 인식도 고의의 내용이 된다. 「자기의 소유」란 행위자 또는 공범자의 소유에 속하는 것을 말한다. 다만 자기의 소유에 속하는 물건이라도 압류 기타 강제처분을 받거나 타인의 권리 또는 보험의 목적물이 된 때에는 타인의 물건으로 간주한다(제176조). 소유자가 없거나 소유자가 침해에 동의한 때에는 자기의 물건과 같이 취급해야 한다.

1 유기천 45면; 황산덕 114면.
2 김성돈 563면; 김일수/서보학 471면; 박상기 486면; 신동운 321면; 임웅 663면.

4. 방수방해죄

수재에 있어서 방수용의 시설 또는 물건을 손괴 또는 은닉하거나 기타 방법으로 방수를 방해한 자는 10년 이하의 징역에 처한다(제180조).

방수방해죄(防水妨害罪)는 수재에 있어서 방수용의 시설 또는 물건을 손괴 또는 은닉하거나 기타 방법으로 방수를 방해함으로써 성립하는 범죄이다. 방화죄에 있어서의 진화방해죄(제169조)와 그 본질을 같이한다. 8

「수재에 있어서」란 수재로 인하여 침해의 결과가 일어난 때뿐만 아니라 수재발생의 위험이 있는 상태를 포함한다. 수재발생의 원인은 묻지 않는다.

본죄의 행위는 방수용의 시설 또는 물건을 손괴 또는 은닉하거나 기타 방법으로 방수를 방해하는 것이다. 방수용의 시설 또는 물건이란 방수하기 위하여 만든 일체의 시설 또는 물건을 포함한다. 재료나 구조가 어떤가는 물론 소유권의 여하도 문제되지 않는다. 따라서 자기소유의 물건에 대하여도 본죄가 성립할 수 있다. 방수란 방수활동을 말한다. 여기의 방수활동에는 수재를 예방하는 활동뿐만 아니라 이미 일어난 수재를 감퇴시키기 위한 활동과 수재로 인하여 발생할 손해, 예컨대 건조물의 파괴나 교량의 유실 등을 방지하는 활동도 포함된다. 방해의 결과가 발생하였을 것을 요하는 것은 아니다. 9

방수에 대한 협력의무위반은 본죄에 해당하지 않는다. 경범죄 처벌법은 화재·수재가 있는 때에 현장에 있는 자로서 정당한 이유 없이 관계 공무원 또는 이를 돕는 사람의 현장출입에 관한 지시에 따르지 아니하거나 공무원이 도움을 요청하여도 도움을 주지 아니한 경우를 별도로 규정하고 있다(제3조 29호). 10

5. 과실일수죄

과실로 인하여 제177조 또는 제178조에 기재한 물건을 침해한 자 또는 제179조에 기재한 물건을 침해하여 공공의 위험을 발생하게 한 자는 1천만원 이하의 벌금에 처한다(제181조).

본죄는 과실로 현주건조물등 일수죄(제177조) 또는 공용건조물등 일수죄(제178조)에 기재된 물건을 침해하거나, 일반건조물등 일수죄(제179조)에 기재한 물건을 침해하여 공공의 위험을 발생케 한 경우에 성립하는 범죄이다. 과실에 의한 재물손괴는 처벌되지 않는다. 그러나 수력의 파괴력이 크다는 점을 고려하여 형법은 일수죄 11

에 관하여는 공공의 위험이 인정되거나 또는 그 위험이 발생한 경우에 과실범을 처벌하는 것이다. 전자가 추상적 위험범임에 반하여, 후자는 구체적 위험범이다.

6. 일수예비 · 음모죄

제177조 내지 제179조 제1항의 죄를 범할 목적으로 예비 또는 음모한 자는 3년 이하의 징역에 처한다(제183조).

12 현주건조물등 일수죄(제177조), 공용건조물등 일수죄(제178조) 및 타인소유의 일반건조물등 일수죄(제179조 1항)를 범할 목적으로 예비 · 음모함으로써 성립하는 범죄이다. 수력의 위험성을 고려한 것이다. 방화죄의 경우와 달리 실행에 이르기 전에 자수한 자에 대하여 형을 감경 또는 면제하는 규정(제175조)을 두지 않은 것은 입법의 미비라고 하겠다.

Ⅲ. 수리방해죄

둑을 무너뜨리거나 수문을 파괴하거나 그 밖의 방법으로 수리를 방해한 자는 5년 이하의 징역 또는 700만원 이하의 벌금에 처한다(제184조).

13 둑을 무너뜨리거나 수문을 파괴하거나 그 밖의 방법으로 수리를 방해함으로써 성립하는 범죄이다. 본죄의 보호법익은 수리권(水利權)이다. 따라서 본죄가 성립하기 위하여는 현존하는 수리의 이익이 있어야 한다.[1] 수리란 관개 · 목축 · 수차발전 등 일체의 물의 이용을 의미한다. 즉 널리 물이라는 천연자원을 사람의 생활에 유익하게 사용하는 것을 가리킨다.[2] 이용의 방법과 종류를 묻지 않는다. 물이 자연수인가 인공수인가도 불문한다. 다만 수도에 의한 먹는 물의 이용은 수도불통죄(제195조)에 의하여 보호받을 뿐이며 본죄의 수리에는 해당하지 않는다. 수

1 대법원 1960. 9. 21. 4293형상522.

2 대법원 2001. 6. 26. 2001도404, 「(1) 원천 내지 자원으로서의 물의 이용이 아니라, 하수나 폐수 등 이용이 끝난 물을 배수로를 통하여 내려 보내는 것은 형법 제184조 소정의 수리에 해당한다고 할 수 없고, 그러한 배수 또는 하수처리를 방해하는 행위는, 특히 그 배수가 수리용의 인수(引水)와 밀접하게 연결되어 있어서 그 배수의 방해가 직접 인수에까지 지장을 초래한다는 등의 특수한 경우가 아닌 한, 수리방해죄의 대상이 될 수 없다.

(2) 농촌주택에서 배출되는 생활하수의 배수관(소형 PVC관)을 토사로 막아 하수가 내려가지 못하게 한 경우 수리방해죄에 해당하지 아니한다.」

리권의 근거는 법령 · 계약뿐만 아니라 관습에 의한 경우도 포함한다.[1]

본죄의 행위는 둑을 무너뜨리거나 수문을 파괴하거나 그 밖의 방법으로 수리를 방해하는 것이다. 둑이란 물의 일출을 막기 위한 건조물을 말하며, 무너뜨리는 것은 허물어 내려앉게 하는 것을 의미한다. 둑의 무너뜨림과 수문의 파괴는 수리방해행위의 예시에 지나지 않는다. 수리를 방해한다는 것은 수로를 폐쇄하거나 변경하거나 이를 방해하는 일체의 행위를 말한다. 그러나 단순히 삽으로 흙을 떠올려 물줄기를 막은 행위만으로는 본죄에 해당한다고 할 수 없다.[2] 14

제 5 절 교통방해의 죄 § 29

I. 총 설

1. 의의와 본질

교통방해죄(交通妨害罪, gafährliche Eingriffe in den Verkehr, Verkehrsstraftaten)는 교통로 또는 교통기관 등 교통설비를 손괴 또는 불통하게 하여 교통을 방해하는 것을 내용으로 하는 범죄이다. 교통의 안전은 사회생활을 유지 · 발전시키기 위한 불가결한 조건일 뿐만 아니라, 경제와 산업발전에 대하여도 중요한 의미를 가지고 있다. 특히 교통기관의 대형화와 고속화에 따라 공중교통의 안전에 대한 침해는 다수인의 생명 · 신체 또는 재산에 중대한 피해를 초래할 위험이 있다. 여기서 교통방해죄도 방화죄나 일수죄와 함께 공공위험죄로서의 성격을 가지게 된다. 1

본죄의 보호법익에 대하여는 공공 또는 공중의 교통안전이라고 해석하는 견해[3]와 교통안전뿐만 아니라 생명 · 신체 또는 재산의 위험도 본죄의 보호법익에 포함된다는 견해[4]가 대립되고 있다. 판례는 일반교통방해죄의 보호법익이 일반 2

1 대법원 1968. 2. 20. 67도1677; 대법원 2001. 6. 26. 2001도404.
2 대법원 1975. 6. 24. 73도2594.
3 김성천/김형준 740면; 신동운 327면; 정영석 138면; 정영일 303면.
4 김일수/서보학 475면; 박상기 489면; 배종대 103/2; 백형구 460면; 유기천 51면; 이영란 545면; 이정원 555면; 이형국 550면; 임웅 669면; 정성근/박광민 547면; 진계호 651면.

공중의 교통안전이라고 해석하고 있다.[1] 생각건대 본죄가 공중의 교통안전만을 보호하기 위한 범죄라고 할 때에는 본죄는 도로교통법과 같은 성질을 가지는 데 그치게 된다. 공공위험죄가 공공의 생명·신체·재산에 대한 위험을 처벌하는 범죄라는 점에서 볼 때 본죄의 보호법익은 교통안전뿐만 아니라 이로 인한 생명·신체·재산의 안전이라고 해야 한다. 이러한 의미에서 본죄는 교통안전의 침해와 이로 인한 생명·신체·재산의 위험이라는 이중의 위험을 필요로 하는 범죄라고 할 수 있다.[2] 본죄의 보호법익이 보호받는 정도는 추상적 위험범이다.

2. 형법규정의 검토

3 (1) **구성요건의 체계** 교통방해죄의 기본적 구성요건은 일반교통방해죄(제185조)이다. 기차·선박등 교통방해죄(제186조), 기차등 전복죄(제187조)와 교통방해치사상죄(제188조)는 이에 대하여 불법이 가중되는 가중적 구성요건이다. 기차·선박등 교통방해죄는 기차·전차·자동차·선박 또는 항공기의 교통을 방해하여 공공의 위험이 증가되기 때문에, 기차등 전복죄는 행위의 태양이 전복·매몰·추락 또는 파괴라는 점에서 불법이 가중되는 경우이며, 교통방해치사상죄는 결과적 가중범이다. 형법은 이 이외에도 교통방해죄의 미수범(제190조)과 과실범(제189조)을 처벌하고, 가중교통방해죄에 대하여는 예비·음모(제191조)를 벌하고 있다.

4 (2) **입법론적 고찰** 교통방해죄의 형법규정에 관하여 입법론상 특히 다음의 두 가지 측면을 살펴볼 필요가 있다.

5 1) **교통방해치사상죄의 재고** 결과적 가중범의 경우에 형을 가중하는 이유는 기본범죄에 포함된 전형적인 불법이 실현되어 중한 결과가 발생하였다는 점에 있다. 따라서 결과적 가중범의 중한 결과는 기본범죄의 전형적 불법이 실현된 경우에 제한되어야 한다. 그러나 단순한 교통방해만으로 사상의 결과가 발생한다고 보기 어렵다.[3] 이러한 의미에서 교통방해죄의 결과적 가중범의 규정은 삭제하는 것이 타당하다고 생각된다.

---

1 대법원 1995. 9. 15. 95도1475; 대법원 2005. 10. 28. 2004도7545; 대법원 2009. 1. 30. 2008도10560; 대법원 2014. 7. 10. 2014도1926.

2 Herzog NK §315 Rn. 3; Lackner/Kühl §315 Rn. 1; Sch/Sch/Cramer/Sternberg-Lieben §315 Rn. 1; Tröndle/Fischer §315 Rn. 3; Welzel S. 458.

3 배종대 103/4; 유기천 50면; 정성근/박광민 548면.

2) 항공기등 납치죄의 신설 항공교통과 해상교통의 발전과 국제분쟁의 6
지속은 항공기나 선박에 대한 납치사건을 빈발하게 할 뿐 아니라 이로 인하여 다수인의 생명에 대한 위험은 물론 범죄에 대한 대응조치도 불가능하게 하고 있다. 이에 따라 항공보안법에서는 항공기 파손죄(제39조), 항공기 납치죄(제40조), 항공시설 파손죄(제41조), 항공기 위험물건 탑재죄(제44조) 및 항공기 안전운항 저해 폭행죄(제46조) 등을 규정하고 있다. 그러나 항공기 납치죄의 보호법익은 항공교통의 안전과 탑승자의 생명 · 신체 · 재산에 있으므로[1] 이를 형법의 교통방해의 죄에서 함께 규정할 필요가 있다.[2]

Ⅱ. 교통방해죄

1. 일반교통방해죄

> 육로 · 수로 또는 교량을 손괴 또는 불통하게 하거나 기타 방법으로 교통을 방해한 자는 10 년 이하의 징역 또는 1,500 만원 이하의 벌금에 처한다(제185조).
> 미수범은 처벌한다(제190조).

(1) 의 의 본죄는 육로 · 수로 또는 교량을 손괴 또는 불통하게 하 7
거나 기타 방법으로 교통을 방해함으로써 성립하는 범죄이다. 교통방해죄의 기본적 구성요건이다. 공공의 교통안전뿐만 아니라 생명 · 신체와 재산의 위험을 보호하기 위한 추상적 위험범이다.

(2) 객관적 구성요건

1) 행위의 객체 본죄의 객체는 육로 · 수로 또는 교량이다. 8

(가) 육 로 육로란 공중의 왕래에 사용되는 육상의 도로를 말한다. 9
공중의 왕래에 사용되는 도로인 이상 관리자나 소유자가 누구인가는 물론,[3] 노면

1 Herzog NK §316c Rn. 4; Horn SK §316c Rn. 2; Lackner/Kühl §316c Rn. 1; Rüth LK §316c Rn. 1; Sch/Sch/Cramer/Sternberg-Lieben §316c Rn. 2; Tröndle/Fischer §316c Rn. 2.

2 독일 형법 제316조의c는 항공기교통침해죄(Angriffe auf den Luftverkehr), 오스트리아 형법 제185조와 제186조는 항공기약탈죄(Luftpiraterie)를 교통방해죄와 함께 규정하고 있으며, 일본 개정형법초안은 별개의 장에서 선박 · 항공기의 강탈 및 운항지배의 죄(제14장)를 규정하고 있다.

3 대법원 2002. 4. 26. 2001도6903, 「불특정 다수인의 통행로로 이용되어 오던 도로의 토지 일부의 소유자라 하더라도 그 도로의 중간에 바위를 놓아두거나 이를 파헤침으로써 차량의 통행을 못하게 한 행위는 일반교통방해죄 및 업무방해죄에 해당한다.」
동지: 대법원 1987. 4. 14. 87도393; 대법원 1989. 6. 27. 88도2264; 대법원 2007. 12. 28. 2007

의 광협이나 통행인의 다과는 불문한다.[1]

소수인의 통행에 불과한 도로라 할지라도 본죄의 성립에는 영향이 없다. 따라서 주민들에 의하여 통행로로 오랫동안 이용되어 온 폭 2m의 골목길(대법원 1994. 11. 4. 94도2112)이나 영농을 위한 경운기나 리어카 등의 통행을 위한 농로로 개설된 도로도 일반공중의 왕래에 공용되는 도로로 된 이상(대법원 1995. 9. 15. 95도1475) 본죄에 해당한다. 그러나 공로에 출입할 수 있는 다른 도로가 있는 상태에서 토지 소유자로부터 일시적인 사용승낙을 받아 통행하거나 토지 소유자가 개인적으로 사용하면서 부수적으로 타인의 통행을 묵인한 장소에 불과한 도로(대법원 2017. 4. 7. 2016도12563)는 본죄의 육로에 해당하지 않는다.

반드시 도로법의 적용을 받는 도로일 필요도 없다. 여기서 공중의 왕래에 사용되는 장소란 특정인에 한하지 않고 불특정 다수인 또는 차마가 자유롭게 통행할 수 있는 공공성을 지닌 장소를 말한다.[2] 따라서 공터로 두었을 때 인근주민들이 일시 지름길로 사용하였다는 것만으로 육로라고 할 수는 없다.[3]

10 (나) 수 로 수로란 선박의 항해에 제공되어 있는 하천·운하·해협·호소(湖沼) 등을 말한다. 공해상의 해로도 여기에 포함되는가에 대하여 해로 가운데 좁은 해협만 여기에 포함된다고 해석하는 견해[4]도 있다. 그러나 교통방해의 대상이 될 수 있는 이상 공해상의 해로도 수로라고 해야 한다.[5]

11 (다) 교 량 일반의 교통에 제공된 다리를 말한다. 그 형태와 대소 또는 재질과 소유권의 여하는 묻지 않는다.[6] 일반적으로는 하천 기타 수로에 가설되는 다리를 말하지만 육교도 여기에 포함된다.[7] 다만 궤도의 일부가 되는 철교는 여기의 교량에 속하지 않는다.

12 2) 행 위 손괴 또는 불통하게 하거나 기타의 방법으로 교통을 방해하는 것이다.

13 (가) 교통방해의 방법 교통방해의 방법은 손괴·불통 또는 기타의 방법이

도7717.

1 대법원 1988. 4. 25. 88도18; 대법원 1999. 7. 27. 99도1651; 대법원 2007. 3. 15. 2006도9418.

2 대법원 1988. 5. 10. 88도262; 대법원 1999. 4. 27. 99도401; 대법원 2007. 10. 11. 2005도7573; 대법원 2010. 2. 25. 2009도13376.

3 대법원 1984. 11. 13. 84도2192.

4 박보무(주석) 297면; 진계호 652면.

5 박상기 490면; 배종대 104/4; 백형구 461면; 유기천 54면; 정성근/박광민 550면.

6 대법원 1959. 3. 13. 4291형상562.

7 김일수/서보학 476면; 박상기 490면; 배종대 104/4; 백형구 461면; 손동권/김재윤 586면; 유기천 54면; 이영란 547면; 이형국 552면; 정성근/박광민 550면.

다. 손괴란 교통을 방해할 수 있을 정도의 물질적 훼손을 의미하며, 불통하게 하는 것은 장애물을 사용하여 왕래를 방해하는 일체의 행위를 말한다. 도로를 차단하는 경우뿐만 아니라 교통을 불가능하게 하는 경우이면 그 방법은 불문한다. 손괴와 불통은 교통방해의 예시이므로 기타의 방법에 의하여도 교통을 방해할 수 있다. 권한 없는 자가 허위의 표지를 세우거나 폭력으로 통행을 차단하여 교통을 방해하는 것이 기타의 방법에 해당하는가에 관하여는 이를 긍정하는 견해[1]와 기타의 방법은 손괴 또는 불통에 준하는 행위일 것을 요한다는 이유로 여기서 제외되어야 한다는 견해[2]가 대립되고 있다. 생각건대 폭력으로 통행을 차단하거나 허위의 표지를 세우는 것은 손괴나 불통 이외에 교통을 방해할 수 있는 대표적인 방법이므로 이를 제외하는 것은 타당하다고 할 수 없다.[3] 그러나 공항리무진 버스 외의 다른 차의 주차가 금지된 구역에서 밴 차량을 40분간 불법주차하고 호객행위를 한 것은 일반교통방해죄에 해당하지 않는다.[4]

도로의 대부분을 차지하면서 행진하는 방법으로 시위를 하는 것이 기타 방법에 의하여 교통을 방해하는 행위에 해당하는가가 문제된다. 집회 또는 시위가 신고된 범위 내에서 행해졌거나 신고된 내용과 다소 다르게 행해졌어도 신고된 범위를 현저히 일탈하지 않는 경우에는, 그로 인하여 도로의 교통이 방해를 받았다고 하더라도 일반교통방해죄가 성립한다고 볼 수 없으나, 그 집회 또는 시위가 당초 신고된 범위를 현저히 일탈하거나 그 조건을 중대하게 위반하여 도로의 교통을 방해함으로써 통행을 불가능하게 하거나 현저하게 곤란하게 하는 경우에는 일반교통방해죄가 성립한다고 해야 한다. 따라서 ① 노동조합원 600여 명이 차도만 설치되어 있을 뿐 보도는 따로 마련되어 있지 아니한 도로 우측의 편도 2차선의 대부분을 차지하면서 대오를 이루어 행진하는 방법으로 시위를 하고 이로 인하여 나머지 편도 2차선으로 상, 하행차량이 통행하느라 차량의 소통이 방해된 때에는 교통방해죄를 적용할 수 없으나(대법원 1992. 8. 18. 91도2771). ② 전국민주노동조합총연맹 준비위원회가 주관한 도로행진시위가 사전에 옥외집회신고를 마쳤다 할지라도, 신고의 범위와 법에 따른 제한을 현저히 일탈하여 주요도로 전차선을 점거하고 행진 등을 하여 교통소통에 현저한 장해를 일으킨 때에는 일반교통방해죄를 구성한다(대법원 2008. 11. 13. 2006도755).

---

1 김일수/서보학 476면; 박상기 491면; 정성근/박광민 550면; 정영석 139면.

2 백형구 461면; 유기천 57면; 진계호 653면.

3 Horn SK §315b Rn. 15; Rüth LK §315b Rn. 23; Sch/Sch/Cramer/Sternberg-Lieben §315b Rn. 10; Tröndle/Fischer §315b Rn. 4.

4 대법원 2009. 7. 9. 2009도4266.

14 (나) **교통방해** 본죄의 행위는 위의 방법으로 교통을 방해하는 것이다. 교통의 방해란 교통을 불가능하게 하는 경우뿐만 아니라 교통을 현저히 곤란하게 하는 경우를 포함한다.[1] 그러나 이러한 상태가 발생하면 본죄는 기수가 되며, 교통방해의 결과가 현실적으로 발생하여야 하는 것은 아니다. 본죄는 추상적 위험범이기 때문이다. 공공의 위험이 현실적으로 발생하여야 하는 것도 아니다.

15 (3) **주관적 구성요건** 본죄가 성립하기 위하여는 행위자에게 교통을 방해한다는 고의가 있어야 한다. 미필적 고의로 족하다. 본죄는 추상적 위험범이므로 공공의 위험에 대한 인식은 고의의 내용이 되지 않는다.

2. 기차 · 선박등 교통방해죄

궤도 · 등대 또는 표지를 손괴하거나 기타 방법으로 기차 · 전차 · 자동차 · 선박 또는 항공기의 교통을 방해한 자는 1년 이상의 유기징역에 처한다(제186조).

미수범은 처벌한다(제190조).

본죄를 범할 목적으로 예비 또는 음모한 자는 3년 이하의 징역에 처한다(제191조).

16 (1) **의 의** 본죄는 궤도 · 등대 또는 표지를 손괴하거나 기타 방법으로 기차 · 전차 · 자동차 · 선박 또는 항공기의 교통을 방해함으로써 성립하는 범죄이다. 객체가 기차 · 전차 · 자동차 · 선박 또는 항공기라는 중요한 교통기관에 제한되어 있다는 점에서 불법이 가중되는 것이라고 볼 수 있다. 이러한 교통기관은 일시에 많은 사람 또는 물건을 수송하는 것이므로 이를 침해할 때에는 예견할 수 없는 중대한 위험이 초래될 수 있다는 점을 고려한 것이다.

가중의 근거가 행위의 객체뿐만 아니라 특정한 방법에 의하여 방해가 일어난 점에 있다고 설명하는 견해[2]도 있다.

(2) **객관적 구성요건**

17 1) **행위의 객체** 행위의 객체는 궤도 · 등대 또는 표지이다. 궤도란 일반교통에 제공하기 위하여 지상에 부설한 궤조(軌條)를 말한다. 등대란 선박의 항해의 안전을 도모하고 그 목표를 제시하기 위하여 시설한 등화를 말하며, 표지는 교통 소통이나 신호관계를 명백히 하기 위한 표지를 가리킨다.

1 대법원 1995. 9. 15. 95도1475; 대법원 2014. 7. 10. 2014도1926.

2 유기천 57면.

2) 행 위 손괴하거나 기타의 방법으로 기차 · 전차 · 자동차 · 선박 또는 항공기의 교통을 방해하는 것이다. 18

(가) 교통방해의 수단 교통방해의 수단은 손괴 또는 기타의 방법이다. 손괴는 물질적 훼손을 의미하므로 물건 자체에 손실을 초래하지 않고 효용을 발휘하지 못하게 하는 것은 손괴가 아니다. 기타의 방법이란 궤도상에 장애물을 놓아두는 행위[1]나 등대의 등화를 소화하는 것을 말한다. 교통신호를 가리거나 신호등의 불을 끄거나 거짓 등대를 만드는 것은 이에 해당하지 않는다고 해석하는 견해[2]도 있으나, 이에 해당한다는 통설[3]이 타당하다고 해야 한다. 19

(나) 교통방해의 내용 교통방해의 내용은 기차 · 전차 · 자동차 · 선박 또는 항공기의 교통을 방해하는 것이다. 기차와 전차는 궤도차의 일종이나 동력을 기준으로 한 개념이다. 통설은 이 이외에도 Diesel engine이나 gasoline car, cable car, monorail 등도 여기에 포함된다고 해석하고 있다.[4] 동력을 문제삼지 않고 궤도차와 삭도(索道)차로 구별하여 이러한 교통기관이 당연히 포함되도록 규정하고 있는 입법례도 있다(독일 형법 제315조). 한편 자동차나 선박도 기차 · 전차 또는 항공기에 해당하는 정도일 것을 요한다고 해석하는 견해[5]도 있다. 그러나 자동차는 물론 소규모의 선박도 여기서 제외된다고 해석할 수는 없다.[6] 20

교통을 방해하는 행위를 하면 족하며 교통방해의 실해가 발생하였거나 공공의 위험이 발생하였을 것을 요건으로 하지 않는다.

(3) 주관적 구성요건 궤도 · 등대 · 표지를 손괴하거나 기타 방법으로 기차 · 전차 등의 교통을 방해한다는 사실을 인식할 것을 요한다. 미필적 고의로도 족하다. 그러나 교통방해의 결과발생이나 공공의 위험에 대한 인식을 요하지는 않는다. 21

---

1 김일수/서보학 477면; 배종대 **104**/5; 유기천 58면; 이형국 554면; 정성근/박광민 552면.

2 유기천 60면.

3 김일수/서보학 477면; 배종대 **105**/3; 손동권/김재윤 588면; 이영란 550면; 이정원 560면; 이형국 554면; 정성근/박광민 552면.

4 유기천 60면; 이형국 553면; 정성근/박광민 553면; 진계호 655면.

5 유기천 60면.

6 서일교 304면; 정성근/박광민 553면; 진계호 655면.

3. 기차등 전복죄

사람이 현존하는 기차 · 전차 · 자동차 · 선박 또는 항공기를 전복 · 매몰 · 추락 또는 파괴한 자는 무기 또는 3년 이상의 징역에 처한다(제187조).
미수범은 처벌한다(제190조).
본죄를 범할 목적으로 예비 또는 음모한 자는 3년 이하의 징역에 처한다(제191조).

22 (1) 의 의 본죄는 사람이 현존하는 기차 · 전차 · 자동차 · 선박 또는 항공기를 전복 · 매몰 · 추락 또는 파괴함으로써 성립하는 범죄이다. 사람이 현존하는 기차 등을 전복 · 매몰 · 추락 또는 파괴한 때에는 교통안전과 공공의 위험을 침해하는 정도가 현저히 증가된다는 점에 비추어 기차 · 선박등 교통방해죄(제186조)에 대하여 형을 가중한 것이다. 본죄도 또한 추상적 위험범이다.

(2) 객관적 구성요건

23 1) 행위의 객체 사람이 현존하는 기차 · 전차 · 자동차 · 선박 또는 항공기이다. 「사람이 현존하는」이란 범인 이외의 사람이 현존한다는 의미이다.[1] 승객이거나 또는 어떤 이유로 기차 등의 안에 들어와 있는가는 불문한다. 수의 다소도 문제되지 않는다. 열차의 1량에 사람이 현존하는 때에는 전체를 사람이 현존하는 기차 · 전차라고 할 수 있다. 사람이 현존하는 시기에 관하여는 결과발생시에 사람이 현존함을 요하지 않으며 실행행위를 개시할 때에 사람이 있으면 족하다고 해석하는 데 견해가 일치하고 있다.[2]

기차 · 전차 · 자동차 · 선박 또는 항공기는 반드시 현재 진행중일 것을 요하지 않는다. 따라서 교통기관으로서의 기능이 유지되는 이상 차고에 들어가 있거나 정차 또는 정박중인 것도 여기에 해당한다.[3]

24 2) 행 위 본죄의 행위는 전복 · 매몰 · 추락 또는 파괴하는 것이다. 전복이란 교통기관을 탈선시켜 넘어가게 하는 것이다. 단순히 탈선시키는 것만으로는 전복이라고 할 수 없다. 여러 차량으로 연결되어 있는 기차의 경우에 어느 한 차량만 넘어가게 하면 여기에 해당한다. 매몰은 선박을 침몰시키는 것이

1 대법원 1970. 9. 17. 70도1665.
2 김일수/서보학 478면; 배종대 105/6; 백형구 463면; 손동권/김재윤 589면; 유기천 62면; 이영란 552면; 이형국(공저) 478면; 임웅 674면; 정성근/박광민 554면; 정영일 306면.
3 박상기 492면; 배종대 105/6; 백형구 463면; 손동권/김재윤 589면; 유기천 63면; 이영란 552면; 이형국 554면; 임웅 674면; 정성근/박광민 554면.

다. 침몰은 좌초와 구별된다. 따라서 침몰의 의사로 좌초케 한 때에는 본죄의 미수에 불과하며, 좌초로 인하여 선박이 파괴된 때에는 파괴에 해당하게 된다. 추락이란 자동차와 항공기가 높은 곳에서 아래로 떨어지는 것을 말한다. 이로 인하여 자동차나 항공기가 파괴되었을 것은 요하지 않는다. 파괴의 뜻에 관하여는 본죄가 공공위험죄인 본질에 비추어 불특정 다수인의 생명 · 신체에 위험을 생기게 할 정도의 손괴임을 요한다는 견해도 있으나, 통설[1]과 판례[2]는 이를 교통기관으로서의 기능의 전부 또는 일부를 불가능하게 할 정도의 손괴임을 요한다고 해석하고 있다. 생명 · 신체 또는 재산에 대한 위험은 파괴의 경우에만 발생하는 것이 아니므로 통설과 판례의 태도가 타당하다. 따라서 유리창을 깨뜨리거나 차체의 도료를 벗겨지게 하는 것은 파괴라고 할 수 없다.

(3) **주관적 구성요건** 본죄가 성립하기 위하여는 사람이 현존하는 기 25
차 · 전차 · 자동차 · 선박 또는 항공기를 전복 · 매몰 · 추락 또는 파괴한다는 사실을 인식해야 한다. 공공의 위험에 대한 인식은 요하지 않는다.

4. 교통방해치사상죄

제185조 내지 제187조의 죄를 범하여 사람을 상해에 이르게 한 때에는 무기 또는 3년 이상의 징역에 처한다. 사망에 이르게 한 때에는 무기 또는 5년 이상의 징역에 처한다(제188조).

본죄는 일반교통방해죄(제185조), 기차 · 선박등 교통방해죄(제186조) 또는 기차등 전 26
복죄(제187조)를 범하여 사람을 사망 또는 상해에 이르게 한 결과가 발생하였을 때에 성립하는 결과적 가중범이다.[3] 전 3조의 죄에는 기수뿐만 아니라 미수도 포함한

---

1 김일수/서보학 478면; 박상기 492면; 배종대 105/7; 백형구 464면; 손동권/김재윤 589면; 오영근 512면; 유기천 63면; 이정원 561면; 이형국 555면; 임웅 675면; 정성근/박광민 554면; 정영석 141면; 정영일 307면; 조준현 405면.

2 대법원 1970. 10. 23. 70도1611; 대법원 2009. 4. 23. 2008도11921.

3 대법원 2014. 7. 24. 2014도6206, 「(1) 형법 제188조에 규정된 교통방해에 의한 치사상죄는 결과적 가중범이므로, 위 죄가 성립하려면 교통방해 행위와 사상의 결과 사이에 상당인과관계가 있어야 하고 행위 시에 결과의 발생을 예견할 수 있어야 한다. 그리고 교통방해 행위가 피해자의 사상이라는 결과를 발생하게 한 유일하거나 직접적인 원인이 된 경우만이 아니라, 그 행위와 결과 사이에 피해자나 제3자의 과실 등 다른 사실이 개재된 때에도 그와 같은 사실이 통상 예견될 수 있는 것이라면 상당인과관계를 인정할 수 있다.

(2) 피고인이 고속도로 2차로를 따라 자동차를 운전하다가 1차로를 진행하던 갑의 차량 앞에 급하게 끼어든 후 곧바로 정차하여, 갑의 차량 및 이를 뒤따르던 차량 두 대는 연이어 급제동하여 정차하였으나, 그 뒤를 따라오던 을의 차량이 앞의 차량들을 연쇄적으로 추돌케 하여 을을 사망에 이르게 하고 나머지 차량 운전자 등에게 상해를 입힌 경우 편도 2차로의 고속도로 1차로

다. 사람이란 교통기관 안에 현존하는 사람뿐만 아니라 보행자 또는 부근에 있는 기타의 다른 사람들을 포함한다.

27 본죄를 모두 부진정결과적 가중범이라고 해석하는 견해[1]도 있다. 그러나 교통방해치사죄는 진정결과적 가중범이고, 치상죄는 부진정결과적 가중범이라고 해석해야 한다.[2] 교통방해치사죄를 살인의 고의 있는 경우에도 인정해야 할 필요가 없기 때문이다. 따라서 살인의 고의로 교통방해를 하여 사람을 살해한 때에는 살인죄와 교통방해죄의 상상적 경합이 됨에 반하여, 상해의 경우에는 상해죄와 교통방해치상죄의 상상적 경합이 된다.

Ⅲ. 과실에 의한 교통방해죄

1. 과실교통방해죄

과실로 인하여 제185조 내지 제187조의 죄를 범한 자는 1천만원 이하의 벌금에 처한다(제189조 1항).

28 본죄는 과실로 일반교통방해죄(제185조), 기차 · 선박등 교통방해죄(제186조) 및 기차등 전복죄(제187조)를 범한 경우에 성립한다. 교통방해죄는 다수인의 생명 · 신체에 위험을 초래한다는 점을 고려하여 과실범을 처벌하는 것이다. 피해자 또는 다른 관여자에게 과실이 있다고 하여 행위자의 과실이 부정되는 것은 아니다.[3]

2. 업무상과실 · 중과실교통방해죄

업무상과실 또는 중대한 과실로 인하여 제185조 내지 제187조의 죄를 범한 자는 3년 이하의 금고 또는 2천만원 이하의 벌금에 처한다(제189조 2항).

한가운데에 정차한 피고인은 현장의 교통상황이나 일반인의 운전 습관 · 행태 등에 비추어 고속도로를 주행하는 다른 차량 운전자들이 제한속도 준수나 안전거리 확보 등의 주의의무를 완전하게 다하지 않을 수도 있다는 점을 알았거나 충분히 알 수 있었으므로, 피고인의 정차 행위와 사상의 결과 발생 사이에 상당인과관계가 있고, 사상의 결과 발생에 대한 예견가능성도 인정되므로, 피고인에게 일반교통방해치사상죄를 인정한 원심판단은 정당하다.」

1 진계호 659면; 황산덕 116면.

2 김성돈 574면; 김일수/서보학 479면; 박상기 493면; 배종대 **105**/9; 손동권/김재윤 590면; 오영근 513면; 유기천 64면; 이영란 554면; 이형국 555면; 임웅 675면.

3 대법원 1972. 2. 22. 71도2386.

업무상과실 또는 중과실로 인하여 교통을 방해한 때에 성립하는 범죄이다. 29
업무란 사회생활상의 지위에서 계속하여 행하는 사무를 말한다. 본무인가 또는 겸무인가는 불문한다. 여기의 업무는 주로 직접 또는 간접으로 기차·전차 등 교통에 종사하는 자의 업무를 말한다.

제 2 장 공공의 신용에 대한 죄

§30 제 1 절 통화에 관한 죄

Ⅰ. 총 설

1. 통화에 관한 죄의 의의

1 통화에 관한 죄(Geldfälschung, Münzverbrechen)란 행사할 목적으로 통화를 위조·변조하거나, 위조·변조한 통화를 행사·수입·수출 또는 취득하거나, 통화유사물을 제조함으로써 성립하는 범죄를 말한다. 통화(通貨)는 경제생활에 있어서 유통거래의 기초를 이루고 있으며, 경제활동은 통화를 중심으로 이루어지고 있다. 따라서 통화에 대한 공공의 신용을 유지하는 것은 경제생활의 불가결한 기초가 된다.

통화에 관한 죄는 문서위조죄의 특수한 경우에 해당한다고 할 수 있다.[1] 따라서 통화에 관한 죄가 성립하는 때에는 문서위조죄는 별도로 성립하지 않는다.

2 통화에 관한 죄는 1871년에 이르기까지 위조범죄의 일종으로 발전하여 왔으나, 독일 형법(제146조 이하)과 오스트리아 형법(제232조 이하)은 이를 유가증권위조죄와 함께 규정하는 태도를 취하고 있다. 그러나 유가증권위조죄를 통화에 관한 죄와 같이 취급하는 것은 양자가 서로 기능을 달리하고, 이에 의하여 처벌의 범위가 확대된다는 비판을 받고 있다.[2] 즉 통화가 지불수단임에 반하여 유가증권은 지불의 증명수단에 불과하다.

3 형법은 유가증권과 구별하여 통화에 관한 죄를 규정하여 통화의 위조와 변조 및 행사죄(제207조)를 기본적 구성요건으로 하면서, 이를 내국통화(동조 1항)·내국유통 외국통화(동조 2항) 및 외국통용 외국통화(동조 3항)로 구별하고 있는 점에 특색이 있다. 형

1 Herdegen LK Vor §146 Rn. 7; Puppe NK Vor §146 Rn. 1; Rudolphi SK Vor §146 Rn. 4; Tröndle/Fischer Vor §146 Rn. 2; Wessels/Hettinger Rn. 923.

2 Herdegen LK Vor §146 Rn. 6; Maurach/Schroeder/Maiwald 2 67/4; Tröndle/Fischer Vor §146 Rn. 2.

법은 이 외에도 위조·변조통화 취득죄(제208조), 위조통화취득후 지정행사죄(제210조) 및 통화유사물 제조등죄(제211조)를 규정하고 있다. 통화에 관한 죄에 있어서는 외국인의 국외범도 처벌되며(제5조), 형법의 장소적 적용범위에 있어서 세계주의가 채택되고 있다. 따라서 행위자의 국적이나 주소는 본죄의 처벌에 영향이 없다.

2. 보호법익

통화에 관한 죄는 연혁적으로 통화고권(Münzhoheit)을 침해하는 범죄로 이 4
해되어 왔다. 여기서 통화에 관한 죄의 보호법익이 무엇인가에 대하여도 견해가 대립되고 있다. 다수설이 본죄의 보호법익을 통화에 대한 거래상의 안전과 신용이라고 해석함에 반하여,[1] 국가의 화폐주권이라는 국가적 법익과 통화의 진정에 대한 공공의 신용이라는 사회적 법익을 포함한다고 해석하는 견해[2]와 국가의 화폐주권과 통화에 대한 사회적 신용뿐만 아니라 재산상태의 위험도 본죄에 의하여 보호받는다고 하는 견해[3]도 있다. 독일의 통설도 본죄의 보호법익은 통화에 대한 거래상의 안전과 신용에 있다고 해석하고 있다.[4] 본죄의 보호법익에 재산상태에 대한 위험을 포함시키는 것은 타당하다고 할 수 없다. 다수설이 통화에 대한 거래상의 안전과 신용을 보호법익으로 해석하는 것은 형법이 외국화폐의 위조를 처벌하는 것을 설명할 수 있어야 한다는 점을 이유로 한다. 내국통화와 외국화폐의 위조를 같이 처벌하는 독일 형법에서는 당연한 해석이라고 할 수 있다. 그러나 다수설에 의할 때에는 내국통화의 위조를 외국통화의 그것에 비하여 무겁게 벌하고 있는 이유를 설명할 수 없다. 형법의 해석에 있어서 본죄의 주된 보호법익은 통화에 대한 거래상의 안전과 신용이지만, 국가의 화폐주권도 보충적으로 보호되고 있다고 하지 않을 수 없다.

내국통화의 위조를 외국화폐에 비하여 무겁게 처벌하는 형법의 태도는 입법론상 타 5

---

1 김성돈 591면; 김성천/김형준 750면; 김일수/서보학 532면; 박상기 495면; 배종대 **106**/3; 백형구 486면; 오도기(공저) 497면; 오영근 533면; 유기천 219면; 이영란 577면; 이정원 562면; 이형국 560면; 임웅 677면; 정성근/박광민 620면; 조준현 409면; 진계호 531면.

2 서일교 231면; 손동권/김재윤 607면; 정영일 316면.

3 황산덕 120면.

4 Herdegen LK §146 Rn. 2; Lackner/Kühl §146 Rn. 1; Maurach/Schroeder/Maiwald 2 **67**/5; Sch/Sch/Stree/Sternberg-Lieben §146 Rn. 1; Tröndle/Fischer Vor §146 Rn. 2; Wessels/Hettinger Rn. 920.

당하다고 할 수 없다. 오늘날의 국제화시대에 있어서 외국화폐가 거래의 안전과 신용에 대하여 미치는 영향을 내국통화의 그것에 비하여 덜하다고 할 수 없기 때문이다. 따라서 형법이 내국통화의 위조를 무겁게 벌하는 것은 국수주의라는 낡은 사상의 표현으로서 외국통화의 경우에도 같은 형으로 처벌하는 것이 타당하다.

Ⅱ. 통화위조죄와 위조통화행사죄

1. 내국통화위조 · 변조죄

행사할 목적으로 통용하는 대한민국의 화폐 · 지폐 또는 은행권을 위조 또는 변조한 자는 무기 또는 2년 이상의 징역에 처한다(제207조 1항).

유기징역에 처할 경우에는 10년 이하의 자격정지 또는 2천만원 이하의 벌금을 병과할 수 있다(제209조).

제207조의 미수범은 처벌한다(제212조).

6 (1) **객관적 구성요건** 본죄는 통용하는 대한민국의 통화를 위조 또는 변조함으로써 성립한다.

1) **행위의 객체** 통용하는 대한민국의 통화이다.

7 (개) **통 화** 「통화」란 국가 또는 국가에 의하여 발행권한이 부여된 기관에 의하여 금액이 표시된 지불수단으로서 강제통용력이 인정된 것을 말한다. 따라서 가격이 표시되지 않거나 발행권자에 의하여 강제통용력이 인정되지 아니한 것은 통화가 될 수 없다.

형법은 통화를 화폐 · 지폐 · 은행권으로 구별하고 있다. ① 화폐(Geld, money)란 금속화폐인 경화(硬貨)를 말한다.[1] 재료에 따라 금화 · 은화 · 백동화 · 은동화 · 니켈화 등도 있으나, 현재 대한민국에서 통용되는 화폐로는 주화가 있을 뿐이다. 명목가치에 가까운 실가가 인정되는 것이 보통이나, 반드시 이를 요건으로 하는 것은 아니다. ② 지폐(Papiergeld, paper money)란 정부 기타 발행권자에 의하여 발행된 화폐대용의 증권을 말한다. ③ 은행권(Banknote, banknote)이란 정부의 인허를 받은 특정한 은행이 발행하여 교환의 매개물이 된 증권을 말한다. 화폐의 발행권은 한국은행만 가지고 있으므로 한국은행권이 주화와 함께 대한민

---

1 김성돈 593면; 김성천/김형준 752면; 김일수/서보학 533면; 배종대 107/2; 백형구 487면; 손동권/김재윤 610면; 유기천 221면; 정성근/박광민 621면; 정영석 144면; 진계호 532면.

국의 통화가 되고 있다.

8 (나) **통용하는** 「통용하는」이란 법률에 의하여 강제통용력이 인정되는 것을 말한다. 사실상 내국에서 쓰여지는 것을 의미하는 유통과 구별된다. 따라서 고화나 폐화는 통화라고 할 수 없다.[1] 그러나 유통보다는 수집의 대상이 되는 기념주화는 통화에 해당한다.

통용기간이 경과하였으나 교환중인 구화가 통화라고 할 수 있는가에 대하여는 견해가 대립되고 있다. 구화가 사실상 유통되고 있거나[2] 은행에 교환의무가 있는 이상[3] 통화라고 해야 한다는 **긍정설**도 있으나, 강제통용력이 인정되지 않는 것은 통용하는 통화라고 할 수 없다는 **부정설**이 다수설[4]이며 또한 타당하다.

2) **행 위** 본죄의 행위는 위조 또는 변조하는 것이다.

9 (가) **위 조** 위조(Nachmachen)란 통화의 발행권자 아닌 자가 통화의 외관을 가지는 물건을 작성하는 것을 말한다. 통화의 발행권은 정부 기타 발행권자에 제한되어 있으므로 이미 존재하는 통화와 유사한 물건을 제작하는 것을 위조라고 할 수도 있다. 이러한 의미에서 통화에 관한 죄에 있어서의 위조의 개념은 문서위조죄나 유가증권위조죄의 그것과 같은 의미를 가질 수는 없다.

10 위조의 방법에는 제한이 없다. 고화나 폐화를 이용하여 새로운 통화를 제작하건 사진·인쇄 또는 복사의 방법에 의하건 불문한다. 위조라고 하기 위하여는 진화의 존재를 요하는가가 문제된다. 진화가 없는 경우에 위조하는 것은 생각할 수 없다고 해석하는 견해[5]도 있으나, 통화의 발행이 예정되어 있는 경우에는 진화가 존재하지 않는 경우에도 위화를 진화로 오인할 우려가 있으므로 이를 요하지 않는다고 해야 한다.[6] 위화가 진화 이상의 가치를 가지는 경우에도 위조가 될 수 있다.[7] 통화의 실질적 가치가 문제되는 것은 아니기 때문이다.

1 김일수/서보학 533면; 박상기 497면; 배종대 **107**/3; 백형구 487면; 오영근 536면; 이영란 578면; 이형국 565면; 임웅 679면; 정성근/박광민 622면; 정영일 317면.
2 정영석 145면.
3 Herdegen LK §146 Rn. 5; Maurach/Schroeder/Maiwald 2 **67**/13; Sch/Sch/Stree/Sternberg-Lieben §146 Rn. 3.
4 김성천/김형준 751면; 김일수/서보학 533면; 배종대 **107**/3; 서일교 232면; 임웅 679면; 정성근/박광민 622면.
5 신동운 363면; 이건호 157면; 정영일 318면.
6 김일수/서보학 534면; 배종대 **107**/5; 손동권/김재윤 610면; 이영란 579면; 이형국 565면; 임웅 680면; 정성근/박광민 622면; 정영석 145면; 진계호 524면; 황산덕 122면.
7 김성돈 594면; 김일수/서보학 534면; 배종대 **107**/5; 손동권/김재윤 610면; 이형국 565면; 정성근/

11 위조의 정도는 일반인이 진화라고 오인할 우려가 있는 외관을 갖추면 족하다.[1] 즉 진화로서의 혼동의 위험이 있는가가 기준이 되지 않을 수 없다.[2] 반드시 진화와의 식별이 불가능할 정도에 이를 것을 요하는 것은 아니다. 진화로 오인할 염려가 있다면 그 지질, 대소, 문자, 지문의 모양, 색채, 인장 또는 기호가 실제로 유통되는 것과 동일 또는 유사할 것임을 요하지 않는다.[3]

따라서 주화의 색채를 변경하거나(대법원 1979. 8. 28. 79도639), 전자복사기를 이용하여 흑백으로 복사한 것(대법원 1985. 4. 23. 85도570; 대법원 1986. 3. 25. 86도255)과 같이 일반인에게 진정한 통화로 오신할 정도에 이르지 못한 경우에는 위조에 해당한다고 할 수 없다.

12 (나) **변 조** 변조(Verfälschen)란 진정한 통화에 가공하여 그 가치를 변경하는 것을 말한다. 변조는 진정한 통화를 전제로 하므로 가공으로 인하여 진화의 외관 내지 진화의 동일성이 상실되지 않을 것을 요한다는 점에서 위조와 구별된다.[4] 따라서 진정한 통화를 사용하여 완전히 다른 새로운 위화가 작성된 때에는 변조가 아니라 위조에 해당한다.

13 변조에는 두 가지 방법을 생각할 수 있다. 첫째, 진화의 모양과 문자를 고쳐서 그 명가를 변경하는 것이다. 예컨대 1,000원권을 가공하여 5,000원권으로 고치는 것이 여기에 해당한다. 둘째, 진화를 손괴하여 그 실가를 감소하게 하는 방법이다. 예컨대 금화나 은화를 감량케 하여 실질적 가치를 줄이는 행위가 여기에 해당한다. 다만 금화나 은화가 통용되지 않는 현실에 있어서 이러한 방법은 특별한 의미를 가지지 않는다. 변조의 정도도 위조의 경우처럼 일반인이 진정한 통화로 오인할 수 있을 것임을 요한다.

따라서 일본국의 자동판매기에 사용하기 위하여 한국은행 발행 500원짜리 주화의 표면 일부를 깎아 손상을 가하거나(대법원 2002. 1. 11. 2000도3950), 미화 1달러 및 2달러 지폐의 발행 연도, 발행번호, 미국 재무부를 상징하는 문양, 재무부장관의 사인, 일부 색상을 고친 것만으로는 통화변조죄가 성립하지 않는다(대법원 2004. 3. 26. 2003도5640).

박광민 622면; 정영일 318면.

1 대법원 1946. 7. 5. 4279형상35; 대법원 1961. 8. 23. 4294형상257; 대법원 1986. 3. 25. 86도255.

2 Erb NK §146 Rn. 17; Puppe MK §146 Rn. 4; Rengier 2 **39**/4; Sch/Sch/Stree/Sternberg-Lieben §146 Rn. 5; Wessels/Hettinger Rn. 926.

3 대법원 1946. 8. 20. 4297형상64.

4 배종대 **107**/7; 신동운 364면; 유기천 223면; 임웅 681면; 정성근/박광민 623면.

(2) **주관적 구성요건** 본죄가 성립하기 위하여는 통용하는 대한민국의 화폐 · 지폐 또는 은행권을 위조 또는 변조한다는 고의가 있음을 요한다. 따라서 통용하는 화폐인가에 대한 착오는 구성요건적 착오에 해당한다. 14

본죄는 초과주관적 구성요건요소로 행사의 목적이 있어야 한다. 행사할 목적이란 위조통화를 진화로서 통용하게 하겠다는 목적을 말한다. 따라서 자신의 신용력을 증명하기 위하여 타인에게 보일 목적으로 통화를 위조한 경우에는 행사할 목적이 있다고 할 수 없다.[1] 자기가 행사하는 경우뿐만 아니라 타인으로 하여금 진정한 통화로 유통하게 할 목적인 경우도 포함한다.

(3) **죄 수** 같은 기회에 인쇄기로 수개의 통화를 위조한 때에는 한 개의 통화위조죄가 성립할 따름이다. 통화를 위조하고 위조통화를 행사한 때에는 본죄와 위조통화 행사죄의 경합범이 된다고 해석하는 것이 다수설[2]이다. 그러나 목적범에 있어서 목적을 달성할 때까지의 행위는 하나의 행위가 된다고 할 수 있으므로 상상적 경합이 된다고 해석하는 것이 타당하다. 15

2. 내국유통 외국통화위조 · 변조죄

행사할 목적으로 내국에서 유통하는 외국의 화폐 · 지폐 또는 은행권을 위조 또는 변조한 자는 1년 이상의 유기징역에 처한다(제207조 2항).

유기징역에 처할 경우에는 10년 이하의 자격정지 또는 2천만원 이하의 벌금을 병과할 수 있다(제209조).

제207조의 미수범은 처벌한다(제212조).

본죄의 객체는 내국에서 유통하는 외국의 통화이다. 16

내국이란 대한민국 영역 내를 의미한다. 판례는 북한도 내국에 포함된다고 본다.[3] 「내국에서 유통한다」는 것은 사실상의 유통을 의미한다.[4] 형법은 강제통용력이 필요한 경우를 유통과 구별하여 통용이라고 규정하고 있기 때문이다. 사

1 대법원 2012. 3. 29. 2011도7704.

2 김성돈 596면; 김성천/김형준 760면; 김일수/서보학 540면; 박상기 497면; 백형구 490면; 손동권/김재윤 612면; 유기천 229면; 이형국 567면; 정성근/박광민 624면; 조준현 412면; 진계호 535면.

3 따라서 북한에서 통용하는 소련 군표도 내국에서 유통하는 외국통화에 해당한다고 한다(대법원 1948. 3. 24. 4281형상10; 대법원 1948. 3. 31. 4280형상210).

4 김일수/서보학 537면; 박상기 499면; 배종대 107/11; 손동권/김재윤 612면; 유기천 224면; 이형국 567면; 임웅 683면; 정성근/박광민 625면; 정영일 319면.

실상 유통되면 족하므로 국내에서 그 사용이 금지되어 있는가는 문제되지 않으며, 외국통화가 본국에서 강제통용력을 가질 것도 요하지 않는다. 유통의 범위는 대한민국 전역에 걸칠 필요가 없고 일부 지역에서 유통하는 경우도 포함된다.

따라서 스위스 화폐로서 1998년까지 통용되었으나 현재는 통용되지 않고 다만 스위스 은행에서 신권과의 교환이 가능한 진폐(眞幣)는 본죄 소정의 내국에서 '유통하는' 외국의 화폐에 해당하지 아니한다(대법원 2003. 1. 10. 2002도3340).

행위는 행사할 목적으로 위조 또는 변조하는 것이다. 위조와 변조의 의미는 내국통화위조죄에서 검토한 바와 같다.

3. 외국통용 외국통화위조 · 변조죄

행사할 목적으로 외국에서 통용하는 외국의 화폐 · 지폐 또는 은행권을 위조 또는 변조한 자는 10년 이하의 징역에 처한다(제207조 3항).

유기징역에 처할 경우에는 10년 이하의 자격정지 또는 2천만원 이하의 벌금을 병과할 수 있다(제209조).

제207조의 미수범은 처벌한다(제212조).

17 객체는 외국에서 통용하는 외국의 통화이다. 「외국에서 통용한다」는 것은 외국에서 강제통용력을 가졌음을 의미한다. 따라서 외국통화가 본국에서 강제통용력을 잃었을 때에는 본죄의 객체가 될 수 없다.

4. 위조 · 변조통화행사등죄

위조 또는 변조한 전3항 기재의 통화를 행사하거나 행사할 목적으로 수입 또는 수출한 자는 그 위조 또는 변조의 각죄에 정한 형에 처한다(제207조 4항).

유기징역에 처할 경우에는 10년 이하의 자격정지 또는 2천만원 이하의 벌금을 병과할 수 있다(제209조).

제207조의 미수범은 처벌한다(제212조).

18 (1) **구성요건** 본죄는 위조 또는 변조한 통화를 행사하거나 행사할 목적으로 수입 또는 수출함으로써 성립한다.

19 1) **행위의 객체** 행위의 객체는 위조 또는 변조한 내국통화 · 내국유통 외국통화 · 외국통용 외국통화이다. 따라서 위조된 외국의 화폐, 지폐 또는 은행

권이 외국에서 강제통용력이 없고 국내에서 사실상 거래 대가의 지급수단이 되지 않는 경우 그 화폐 등을 행사하더라도 위조통화 행사죄를 구성하지 않으며, 이러한 경우에는 위조사문서 행사죄 또는 위조사도화 행사죄로 처벌할 수 있다.[1] 위조 또는 변조된 통화는 객관적으로 보아 일반인으로 하여금 진정통화로 오신케 할 정도에 이른 것이어야 한다. 따라서 전자복사기를 이용하여 흑백으로 복사한 10,000원권의 사본은 진정한 통화로 오인할 위험성이 없으므로 본죄의 객체가 될 수 없다.[2]

2) 행 위 본죄의 행위는 행사·수입 또는 수출하는 것이다.

(가) 행 사 행사(Inverkehrbringen)란 위조 또는 변조된 통화의 점유 또는 처분권을 타인에게 이전하여 통화로서 유통될 수 있게 하는 것을 말한다. 통화로 유통될 수 있게 하면 족하므로 위조문서행사죄의 경우와는 달리 위조통화임을 알고 있는 자에게 그 위조통화를 교부한 경우에도 피교부자가 이를 유통시키리라는 것을 예상 내지 인식하면서 교부하였다면 위조통화 행사죄가 성립한다.[3] 통화를 유통시킬 것을 요하므로 단순히 자기의 신용력을 보이기 위하여 위조통화를 제시하는 것만으로는 행사에 해당하지 않는다. 또한 진화로 유통할 것을 요하므로 위조화폐를 명가 이하의 상품으로 매매하는 것도 행사라고 할 수 없다.[4] 그러나 위조화폐를 진정한 화폐로 화폐수집상에 판매하는 것은 행사에 해당한다.[5] 수집상이 위조통화를 유통시킬 수도 있기 때문이다. 진정한 통화로 유통될 수 있게 한 이상 유상인가 무상인가는 묻지 않는다. 따라서 진화와 바꾸거나 물품대금으로 지급하는 경우뿐만 아니라 위화를 증여하는 경우도 행사에 해당한다. 진정한 통화임을 상대방에게 알릴 필요는 없다. 따라서 위화를 공중전화기나 자동판매기에 넣는 것도 행사에 속한다.[6] 20

(나) 수입·수출 수입이란 외국에서 국내로 반입하는 것을 말하며, 수출 21

1 대법원 2013. 12. 12. 2012도2249.
2 대법원 1985. 4. 23. 85도570.
3 대법원 2003. 1. 10. 2002도3340.
4 배종대 **107**/14; 백형구 491면; 서일교 233면; 유기천 225면; 정성근/박광민 627면; 정영일 321면; 진계호 538면.
5 Herdegen LK §146 Rn. 13; Lackner/Kühl §146 Rn. 7; Sch/Sch/Stree/Sternberg-Lieben §146 Rn. 7.
6 김일수/서보학 539면; 박상기 500면; 배종대 **107**/14; 백형구 491면; 신동운 367면; 유기천 226면; 이형국 569면; 임웅 685면; 정성근/박광민 627면; 정영일 321면; 진계호 538면.

은 국내에서 국외로 반출하는 것이다. 수출시기를 영해이탈시로 이해하는 견해[1]가 있으나, 이륙시를 기준으로 하는 것이 타당하며, 수입도 또한 양륙시를 의미한다고 해석하는 것이 다수설의 태도이다.[2]

22 **3) 주관적 구성요건** 행사에 있어서는 위조 또는 변조한 통화를 행사한다는 고의가 있어야 한다. 그러나 수입과 수출에 있어서는 고의 이외에 행사의 목적을 필요로 한다.

23 **(2) 사기죄와의 관계** 위조 또는 변조통화를 행사하여 재물을 취득한 때에는 본죄 이외에 사기죄의 구성요건이 충족되는 것이 일반적이다. 이 경우에 위조통화 행사죄와 사기죄의 관계에 관하여는 견해가 대립되고 있다. 위조통화 행사죄에 있어서 행사는 언제나 기망적 요소를 포함하고 있으므로 법정형이 가중되어 있는 것이기 때문에 사기죄는 행사죄 속에 흡수되어 별도로 성립하지 않는다는 견해,[3] 위조통화 행사죄와 사기죄는 법익을 달리하는 것이므로 양 죄의 경합범[4] 또는 상상적 경합[5]이 성립한다고 해석하는 견해가 있다. 판례는 위조통화 행사죄와 사기죄는 경합범의 관계에 있다고 판시하고 있다.[6] 생각건대 본죄의 보호법익이 통화의 거래에 대한 안전과 신용임에 반하여 사기죄는 재산권을 보호하기 위한 범죄이며, 위조통화의 행사와 기망행위는 한 개의 행위로 인한 것이므로 양 죄의 상상적 경합이 된다고 해석하는 것이 타당하다.[7]

Ⅲ. 통화위조죄의 수정적 구성요건

1. 위조 · 변조통화취득죄

행사할 목적으로 위조 또는 변조한 제207조 기재의 통화를 취득한 자는 5년 이하의 징역

---

1 서일교 235면.
2 김일수/서보학 539면; 배종대 107/14; 백형구 494면; 손동권/김재윤 615면; 신동운 368면; 이형국 570면; 정성근/박광민 627면; 정영일 322면; 진계호 538면.
3 서일교 235면; 신동운 369면; 유기천 230면; 황산덕 125면.
4 진계호 539면.
5 김성천/김형준 760면; 김일수/서보학 540면; 박상기 502면; 배종대 107/15; 백형구 493면; 손동권/김재윤 615면; 이영란 584면; 이형국 570면; 임웅 686면; 정성근/박광민 628면.
6 대법원 1979. 7. 10. 79도840.
7 Herdegen LK §146 Rn. 35; Lackner/Kühl §146 Rn. 15; Sch/Sch/Stree/Sternberg-Lieben §147 Rn. 14; Tröndle/Fischer §147 Rn. 6.

또는 1,500만원 이하의 벌금에 처한다(제208조).

유기징역에 처할 경우에는 10년 이하의 자격정지 또는 2천만원 이하의 벌금을 병과할 수 있다(제209조).

제208조의 미수범은 처벌한다(제212조).

24 본죄는 행사할 목적으로 제207조에 의하여 위조 또는 변조된 대한민국이나 외국의 통화를 취득함으로써 성립하는 범죄이다. 즉 본죄의 객체는 제207조에 의하여 위조 또는 변조된 통화이다.

25 본죄의 행위는 취득이다. 취득이란 자기의 점유로 옮기는 일체의 행위를 말한다. 유상인가 무상인가는 묻지 않는다. 따라서 대금을 지불하고 구입하거나 교환한 경우뿐만 아니라 증여를 받는 경우도 포함한다. 취득의 방법도 문제되지 않는다. 범죄행위로 인하여 취득한 경우도 여기에 포함된다. 따라서 절취 또는 편취의 방법에 의하여 취득하여도 본죄를 구성한다. 점유이탈물횡령에 의하여도 취득할 수 있다. 다만 횡령죄의 경우에는 견해가 대립한다. 행사의 목적이 있는 때에는 이 경우에도 취득이라는 견해[1]도 있다. 그러나 횡령의 경우에는 점유이전이 수반되지 않으며 점유이전을 수반하지 않는 취득은 생각할 수 없다.[2] 또한 공범자 사이에 위조통화를 수수하는 것도 취득에 해당하지 않는다.[3]

26 본죄가 성립하기 위하여는 주관적 구성요건으로 고의가 있어야 한다. 따라서 위화인 정을 알면서 취득한 경우에만 본죄가 성립한다. 또한 초과주관적 구성요건요소로 행사할 목적을 필요로 한다.

2. 위조통화취득후 지정행사죄

제207조에 기재한 통화를 취득한 후 그 사정을 알고 행사한 자는 2년 이하의 징역 또는 500만원 이하의 벌금에 처한다(제210조).

27 본죄는 위조 또는 변조한 통화임을 모르고 취득한 후에 그 사정을 알고 행사한 때에 성립하는 범죄이다. 동기에 있어서 유혹적이며 기대가능성이 적다는 것을 고려하여 취득죄에 비하여 가볍게 처벌하는 것이다.

1 김성천/김형준 761면; 김일수/서보학 541면; 서일교 235면; 유기천 227면; 이정원 574면.

2 박상기 503면; 배종대 108/2; 백형구 495면; 신동운 369면; 이영란 585면; 이형국 571면; 임웅 687면; 정성근/박광민 629면; 정영석 150면; 진계호 540면; 황산덕 124면.

3 신동운 369면; 유기천 227면; 이영란 585면; 이형국 571면; 정성근/박광민 629면.

28 본죄의 행위는 사정을 모르고 취득한 후에 행사하는 것이다. 사정을 알고 취득한 후에 행사한 경우에는 위조통화취득죄(제208조)와 위조통화행사죄(제207조 4항)의 두 죄가 성립한다. 본죄의 취득은 적법한 취득임을 요한다는 견해[1]도 있다. 그러나 위조 또는 변조된 통화인 것을 모르고 취득한 이상 그것이 적법한가 또는 위법한가는 문제되지 않는다고 해야 한다.[2] 행사란 위조통화 행사죄의 그것과 같이 진정한 통화로 유통하게 하는 것을 말한다. 유상인가 무상인가는 문제되지 않는다.

29 본죄가 특히 가벼운 형을 과하고 있는 점에 비추어 본죄가 성립하는 때에는 사기죄는 별도로 성립하지 않는다고 해석하는 견해[3]도 있다. 그러나 본죄가 사기행위까지 가볍게 벌하는 취지라고 볼 수는 없다.

3. 통화유사물제조등죄

① 판매할 목적으로 내국 또는 외국에서 통용하거나 유통하는 화폐 · 지폐 또는 은행권에 유사한 물건을 제조 · 수입 또는 수출한 자는 3년 이하의 징역 또는 700만원 이하의 벌금에 처한다.
② 전항의 물건을 판매한 자도 전항의 형과 같다(제211조).
제211조의 미수범은 처벌한다(제212조).

30 (1) **의 의** 판매할 목적으로 내국 또는 외국에서 통용하거나 유통하는 통화의 유사물을 제조 · 수입 또는 수출하거나 이를 판매함으로써 성립하는 범죄이다. 통화에 대한 거래의 안전과 신용을 침해할 위험이 적다는 점을 고려하여 위조나 변조의 경우보다 가볍게 처벌하고 있다.

(2) **구성요건**

31 **1) 행위의 객체** 본죄의 객체는 통화유사물이다. 통화유사물이란 통화와 유사한 외관를 갖추었으나 위조 또는 변조의 정도에 이르지 않는 것, 즉 일반인으로 하여금 진화로 오인할 정도에 이르지 않는 모조품을 말한다. 위조라고 하기 위하여는 진화로 오인할 정도의 유사성이 있어야 하며, 이러한 정도의 유사성이 없는 것이 바로 통화유사물인 것이다.

---

1 김일수/서보학 544면; 정영석 144면.
2 배종대 **108**/3; 백형구 492면; 서일교 237면; 유기천 228면; 이정원 574면; 정성근/박광민 629면; 조준현 414면; 진계호 542면.
3 서일교 237면; 진계호 542면.

2) 행 위 행위는 제조 · 수입 · 수출 또는 판매하는 것이다. 제조란 통화발행권이 없는 자가 통화유사물을 만드는 것을 말하며, 수입과 수출은 이를 국내에 반입하거나 국외로 반출하는 것이다. 판매란 불특정 다수인에게 유상으로 양도하는 것을 말한다. 불특정 다수인을 상대로 할 의사가 있는 때에는 1인에 대한 1회의 유상양도도 판매에 해당한다. 32

3) 주관적 구성요건 본죄의 성립을 위하여도 고의 이외에 초과주관적 구성요건요소로 판매의 목적이 있어야 한다. 33

4. 통화위조예비 · 음모죄

제207조 제1항 내지 제3항의 죄를 범할 목적으로 예비 또는 음모한 자는 5년 이하의 징역에 처한다. 단 그 목적한 죄의 실행에 이르기 전에 자수한 때에는 그 형을 감경 또는 면제한다(제213조).

본죄는 내국통화위조 · 변조죄(제207조 1항), 내국유통 외국통화위조 · 변조죄(동조 2항) 34
또는 외국통용 외국통화위조 · 변조죄(동조 3항)를 범할 목적으로 예비 · 음모하는 것을 특별히 처벌하는 것이다. 본죄는 예비와 음모를 독립된 구성요건으로 규정한 것이므로 본죄에 대한 방조범도 가능하다고 해석하는 견해[1]가 있다. 그러나 예비 · 음모를 독립된 구성요건이라고 하기 위해서는 독일 형법 제149조와 같이 예비에 해당하는 구체적인 행위를 특별히 처벌하는 규정을 둔 것으로 볼 수 있어야 한다. 본죄를 이러한 의미에서의 독립된 구성요건이라고 해석하는 것은 타당하다고 할 수 없다. 따라서 본죄에 대한 방조는 있을 수 없다고 해야 한다.[2]

예비란 범죄에 대한 준비행위로서 실행의 착수에 이르지 못한 것을 말한다. 35
예컨대 위조할 통화를 사진 찍어 원판과 인화지를 만든 것이 여기에 해당한다.[3] 본죄가 성립하기 위하여는 통화위조 · 변조죄를 범할 목적이 있어야 한다. 따라서 행사의 목적은 본죄의 성립을 위해서도 필요한 초과주관적 구성요건요소이다.

실행의 착수에 이르기 전에 자수한 때에는 필요적 감면사유가 된다. 위조 · 변조통화의 유통을 사전에 방지하기 위한 형사정책적 고려의 결과이다.

1 김일수/서보학 545면; 백형구 498면; 유기천 230면; 정성근 780면; 진계호 544면.
2 박상기 505면; 배종대 108/7; 이영란 589면; 이형국 576면; 임웅 691면; 정성근/박광민 632면.
3 대법원 1966. 12. 6. 66도1317.

§31 제2절 유가증권·우표와 인지에 관한 죄

Ⅰ. 총 설

1. 의의와 본질

1 유가증권에 관한 죄(Wertpapierfälschung)란 행사할 목적으로 유가증권을 위조·변조 또는 허위작성하거나 위조·변조·허위작성한 유가증권을 행사·수입 또는 수출함으로써 성립하는 범죄를 말한다. 유가증권에 관한 법적 거래의 신용과 안전을 보호법익으로 하는 범죄이다.

2 유가증권은 문서의 일종이다. 일본 형법이 문서위조죄 다음에 본죄를 규정하고 있는 것은(제18장) 본죄의 문서죄로서의 성격을 강조한 것이라고 할 수 있다. 그러나 현대사회에 이르러 일정한 유가증권은 강력한 유통성으로 인하여 문서보다는 오히려 통화에 유사한 기능을 가지게 되었다. 독일 형법(제151조)과 오스트리아 형법(제237조)이 본죄를 통화에 관한 죄와 함께 규정하고 있는 것은 경제거래에 있어서 유가증권의 대량성과 통화에 유사한 도구로서의 기능 때문에 통화와 같은 신용을 필요로 한다는 점을 고려한 것이다.[1] 그러나 독일 형법의 이러한 태도에 대하여는 유가증권에 대한 거래에 있어서의 안전과 신용의 요구가 통화의 경우와는 같을 수 없다는 비판이 제기되고 있다.[2] 형법은 유가증권에 관한 죄를 독립된 별개의 장으로 규정하면서 유가증권의 특수성을 고려하여 통화에 관한 죄의 다음에 규정하고, 유가증권의 일종인 우표와 인지에 관한 죄를 함께 두는 태도를 취하고 있다. 유가증권의 양면성을 고려한 것이라고 할 수 있다.

3 경제거래에 있어서의 유가증권의 기능과 통화에 유사한 유통성은 유가증권의 위조·변조행위에 대한 국제적 단속을 필요로 한다. 여기서 형법은 외국의 유가증권도 대한민국의 그것과 같이 보호하면서(제214조 1항), 외국인의 국외범에 대하여도 형법이 적용되도록 하고 있다(제5조 5호).

---

1 Herdegen LK §151 Rn. 1; Rudolphi SK §151 Rn. 1; Sch/Sch/Stree/Sternberg-Lieben §151 Rn. 1; Tröndle/Fischer §151 Rn. 1; Wessels/Hettinger Rn. 942.

2 Arzt/Weber S. 159; Herdegen LK §148 Rn. 1.

2. 유가증권의 의의

본장의 죄의 객체는 유가증권(有價證券)이다. 형법이 유가증권 · 우표 또는 인지에 관한 죄라고 규정하고 있어도 우표와 인지는 유가증권에 불과하기 때문이다. 4

1) **유가증권의 개념** 유가증권(Wertpapier)이란 증권상에 표시된 재산상의 권리의 행사와 처분에 그 증권의 점유를 필요로 하는 것을 말한다. 따라서 유가증권이라고 하기 위하여는 재산권이 증권에 화체되어 있고, 권리의 행사와 처분에 증권의 점유를 필요로 한다는 두 가지 요건이 구비되어야 한다. 그러므로 재산권이 증권에 화체된 공중전화카드[1] 및 스키장의 리프트탑승권[2]이나 할부구매전표,[3] 약속어음[4]은 유가증권에 해당하지만, 재산권이 화체되어 있다고 할 수 없는 물품구입증[5]이나 영수증과 같은 증거증권은 물론, 정기예탁금증서와 같이 증서의 점유가 권리행사의 요건이 되지 않는 면책증권은 유가증권이 아니다.[6] 유가증권에 화체된 재산권은 물권 · 채권 또는 사원권을 불문한다. 증권의 형식도 문제되지 않는다. 기명식인가 무기명식인가 또는 지시식인가를 묻지 않는다. 5

신용카드가 유가증권인가에 대하여는 **긍정설**[7]과 **부정설**[8]이 대립되고 있다. 판례는 종래 신용카드는 신용구매의 권리가 화체되어 있는 유가증권이라고 해석하였으나(대법원 1984. 11. 27. 84도1862), 그 후 재산권이 화체되었다고 볼 수 없으므로 유가증권이라고 볼 수 없다고 판시한 바 있다(대법원 1999. 7. 9. 99도857).[9] 생각건대 신용구매를 할 수 있다는 것만

1 대법원 1998. 2. 27. 97도2483.

2 대법원 1998. 11. 24. 98도2967.

3 대법원 1995. 3. 14. 95도20, 「할부구매전표가 그 소지인이 판매회사의 영업소에서 그 취급상품을 그 금액의 한도 내에서 구매할 수 있는 권리가 화체된 증권으로서 그 권리의 행사와 처분에 증권의 점유를 필요로 하는 것임이 인정된다면 이를 유가증권으로 봄이 정당하다.」

4 대법원 2001. 8. 24. 2001도2832.

5 대법원 1972. 12. 26. 72도1688.

6 대법원 1984. 11. 27. 84도2147, 「정기예탁금증서는 예탁금반환채권의 유통이나 행사를 목적으로 작성된 것이 아니고 채무자가 그 증서소지인에게 변제하여 책임을 면할 목적으로 작성된 면책증권에 불과하여 위 증서의 점유가 예탁금반환채권을 행사함에 있어 그 조건이 된다고 할 수 없는 것이라면 위 증권상에 표시된 권리가 그 증권에 화체되었다고 볼 수 없을 것이므로 위 증서는 유가증권에 해당하지 아니한다.」

7 박상기 506면; 정성근 733면.

8 김성돈 606면; 김성천/김형준 767면; 김일수/서보학 550면; 배종대 110/6; 신동운 379면; 이정원 580면; 이형국 581면; 임웅 695면; 정성근/박광민 635면; 정영일 325면.

9 대법원 1999. 7. 9. 99도857, 「신용카드업자가 발행한 신용카드는 이를 소지함으로써 신용구매가 가능하고 금융의 편의를 받을 수 있다는 점에서 경제적 가치가 있다고 하더라도, 그 자체에

으로 신용카드에 재산권이 화체되었다고 할 수 없고 달리 신용카드 자체에 화체된 재산권이 없으므로 신용카드는 유가증권이 아니라고 해야 할 것이다. 카드 일련번호식 국제전화카드도 유가증권에 해당하지 않는다. 국제전화카드에는 재산권이 증권에 화체되었다고 할 수 없고, 그 권리의 행사와 처분에 증권의 점유를 필요로 한다고도 할 수 없기 때문이다(대법원 2011. 11. 10. 2011도9620).[1]

6 유가증권에는 법률상의 유가증권과 사실상의 유가증권이 포함된다. 법률상의 유가증권이란 어음 · 수표 · 화물상환증 · 선하증권 · 창고증권과 같이 법률상 일정한 형식을 필요로 하는 증권을 말하며, 사실상의 유가증권은 승차권 · 상품권과 같이 법률상의 형식이 규정되어 있지 않는 유가증권을 말한다. 유가증권은 그것이 사법상 유효할 것도 요하지 않는다.[2] 유가증권에 대한 거래의 안전과 신용은 유가증권의 사법상의 효력과는 관계 없는 것이기 때문이다.

따라서 발행일자의 기재가 없는 수표(대법원 1959. 7. 10. 4290형상355) 또는 대표자의 날인이 없는 주권(대법원 1974. 12. 24. 74도294)과 같이 필요적 기재사항을 결하여 상법상 무효인 유가증권도 포함된다. 위조된 유가증권도 본죄의 유가증권에 해당한다. 따라서 위조한 약속어음을 구입하여 그 약속어음을 완성하는 경우에도 유가증권위조죄가 성립한다(대법원 1982. 6. 22. 82도677).

7 **2) 유가증권의 발행자** 유가증권의 발행자는 사인인가 국가 또는 공공단체인가를 불문한다. 유가증권은 국내에서 발행된 것임을 요한다는 견해[3]도 있으나, 제214조의 규정에 비추어 외국의 공채증서 기타의 유가증권도 당연히 포함

경제적 가치가 화체되어 있거나 특정의 재산권을 표창하는 유가증권이라고 볼 수 없고, 단지 신용카드회원이 그 제시를 통하여 신용카드회원이라는 사실을 증명하거나 현금자동지급기 등에 주입하는 등의 방법으로 신용카드업자로부터 서비스를 받을 수 있는 증표로서의 가치를 갖는 것이어서, 이를 사용하여 현금자동지급기에서 현금을 인출하였다 하더라도 신용카드 자체가 가지는 경제적 가치가 인출된 예금액만큼 소모되었다고 할 수 없으므로, 이를 일시 사용하고 곧 반환한 경우에는 불법영득의 의사가 없다.」

1 대법원 2011. 11. 10. 2011도9620, 「국제전화카드는 카드 뒷면의 은박코팅을 벗기면 드러나는 카드 일련번호에 의해 전산상 관리되는 통화가능금액을 사용하여 국제전화서비스를 이용하는 것으로서, 그 카드 자체에는 카드 일련번호가 적혀 있을 뿐 자기띠 등 전산적인 방법으로 통화가능금액에 관한 정보 등은 입력되어 있지 않고, 카드의 소지자가 카드를 분실하더라도 카드 일련번호만 알고 있으면 국제전화서비스를 이용하는 데 아무런 지장이 없을 뿐만 아니라 일련번호만을 다른 사람에게 알려주는 방법으로 그 사람으로 하여금 국제전화서비스를 이용할 수 있도록 하는 것도 가능하다. 위와 같은 사정들을 살펴보면 국제전화카드에는 재산권이 증권에 화체되었다고 할 수 없고, 그 권리의 행사와 처분에 증권의 점유를 필요로 한다고도 할 수도 없으므로 유가증권에 해당한다고 할 수 없다.」

2 대법원 1979. 9. 25. 78도1980.

3 황산덕 127면.

된다.[1]

유가증권에 있어서 명의인이 실재함을 요하는가가 문제된다. 통설[2]과 판례[3] 8
는 행사할 목적으로 외형상 일반인으로 하여금 진정하게 작성된 유가증권이라고 오신케 할 수 있을 정도로 작성된 것이라면 명의인이 허무인이라도 유가증권위조죄가 성립한다는 태도를 취하고 있다. 유가증권의 거래에 대한 일반의 신용은 명의인의 실재와는 관계 없는 것이므로 당연한 결론이다.

3) **유가증권과 유통성**　　형법은 유가증권을 통화에 관한 죄 다음에 규정 9
하여 문서에 관한 죄와는 별도로 취급하고 있다. 여기서 유가증권이라고 하기 위하여는 통화와 같이 유통성이 있을 것을 요하는가라는 문제가 제기된다. 그러나 유가증권이 특별히 취급받는 것은 유통성 때문이 아니라 재산권이 화체되어 있는 증권이기 때문이라는 점에 비추어 유통성은 유가증권의 요건이 될 수 없다.[4] 따라서 유통성이 없는 철도승차권이나 승마투표권도 유가증권에 해당한다.

3. 구성요건의 체계

형법은 유가증권에 관한 죄를 유가증권위조죄(제214조, 제215조)와 허위유가증권 작성 10
등죄(제216조), 위조등 유가증권행사죄(제217조) 및 인지 · 우표에 관한 죄(제218조, 제219조, 제221조, 제222조)의 네 가지 유형으로 나누어 규정하고 있다. 첫번째의 유형인 유가증권위조죄에는 유가증권위조 · 변조죄(제214조 1항)와 기재의 위조 · 변조죄(동조 2항) 및 자격모용에 의한 유가증권작성죄(제215조)의 세 가지 형태가 있고, 인지와 우표등에 관한 죄에는 인지 · 우표등의 위조 · 변조죄(제218조 1항), 동 행사등죄(동조 2항), 위조 · 변조인지 · 우표등 취득죄(제219조), 인지 · 우표등의 소인말소죄(제221조)와 인지 · 우표 유사물 제조등죄(제222조)

1 김일수/서보학 551면; 백형구 501면; 유기천 201면; 이영란 596면; 정성근/박광민 637면; 정영석 241면.

2 김일수/서보학 551면; 배종대 **110**/7; 서일교 240면; 유기천 204면; 이영란 596면; 이정원 580면; 임웅 696면; 정성근/박광민 637면; 진계호 548면; 황산덕 127면.

3 대법원 1979. 9. 25. 78도1980, 「유가증권위조죄에 있어서의 유가증권이라 함은 형식상 일반인으로 하여금 유효한 유가증권이라고 오신할 수 있을 정도의 외관을 갖추고 있으면 되므로 그것이 비록 허무인 명의로 작성되었거나 유가증권으로서의 요건의 흠결 등 사유로 무효인 것이라 하여도 유가증권위조죄의 성립에는 아무런 영향이 없다.」
동지: 대법원 1971. 7. 27. 71도905; 대법원 2005. 2. 24. 2002도18; 대법원 2011. 7. 14. 2010도1025.

4 김성돈 607면; 김성천/김형준 767면; 김일수/서보학 549면; 박상기 506면; 배종대 **110**/5; 백형구 501면; 유기천 202면; 이영란 594면; 이정원 581면; 정성근/박광민 637면.

가 있다. 형법은 이 이외에도 제214조 내지 제219조의 죄를 범하여 징역에 처하는 경우에는 10년 이하의 자격정지 또는 2천만원 이하의 벌금을 병과할 수 있도록 하고(제220조), 미수범(제223조)과 예비·음모(제224조)의 처벌규정을 두고 있다.

11 유가증권 가운데 유통증권인 수표의 기능을 보장하기 위하여 부정수표의 발행을 단속·처벌하는 특별법으로 부정수표 단속법이 있다. 본죄에 대한 특별법이다. 즉 동법은 부정수표[1]를 발행·작성하거나, 수표를 발행하거나 작성한 자가 수표를 발행한 후에 예금부족·거래정지처분이나 수표계약의 해제 또는 해지로 인하여 제시기일에 지급되지 아니하게 한 경우에 5년 이하의 징역 또는 수표금액의 10배 이하의 벌금에 처하고 있다(제2조 1항·2항). 여기서 제시기일에 지급되지 아니하게 된다는 점에 대하여는 고의를 요하는 것이므로 동법은 과실범에 대한 처벌규정을 두고 있으며(동조 3항), 수표를 위조하거나 변조한 자에 대하여는 1년 이상의 유기징역과 수표금액의 10배 이하의 벌금에 처하고 있다(제5조). 이러한 의미에서 수표를 위조 또는 변조하거나 부정수표를 발행한 때에는 본장의 죄는 적용될 여지가 없다.

Ⅱ. 유가증권위조죄

1. 유가증권위조·변조죄

> 행사할 목적으로 대한민국 또는 외국의 공채증서 기타 유가증권을 위조 또는 변조한 자는 10년 이하의 징역에 처한다(제214조 1항).
> 10년 이하의 자격정지 또는 2천만원 이하의 벌금을 병과할 수 있다(제220조).
> 제214조의 미수범은 처벌한다(제223조).

12 (1) **구성요건** 본죄는 행사할 목적으로 대한민국 또는 외국의 공채증서 기타 유가증권을 위조 또는 변조함으로써 성립한다.

13 1) **행위의 객체** 대한민국 또는 외국의 공채증서 기타 유가증권이다. 대한민국의 유가증권뿐만 아니라 외국의 그것도 포함한다. 유가증권에 관하여 형법은 공채증서를 예시하고 있다. 공채증서란 국가 또는 지방자치단체에서 발행하는 국채 또는 지방채의 증권을 말한다.

14 2) **행 위** 본죄의 행위는 위조 또는 변조이다. 위조와 변조는 기재

1 부정수표란 가공인물의 명의로 발행한 수표, 금융기관과의 수표계약 없이 발행하거나 금융기관으로부터 거래정지처분을 받은 후에 발행한 수표 및 금융기관에 등록된 것과 다른 서명 또는 기명날인으로 발행한 수표를 말한다(부정수표 단속법 제2조 1항).

의 위조 · 변조와 구별해야 한다. 따라서 여기의 위조 또는 변조는 기본적 증권행위에 대한 것임을 요한다.

(가) 위 조 위조란 작성권한 없는 자가 타인명의의 유가증권을 작성 15
하는 것을 말한다. 대리권의 범위 안에서 유가증권을 작성하는 경우는 물론, 대리 또는 대표권을 모용하여 유가증권을 작성하는 때에도 여기의 위조에 해당하지 않는다. 자격모용에 의한 유가증권작성죄를 별도로 규정하고 있기 때문이다. 따라서 포괄적으로 위임받은 자가 위임사무처리를 위하여 위임자 명의로 약속어음을 발행하거나,[1] 회사의 대표자가 대표권을 남용하여 주권의 기재사항에 변경을 가한 때에는 위조에 해당하지 않는다.[2]

위조는 외형상 일반인에게 진정하게 작성된 유가증권이라고 오신케 할 정도 16
의 유가증권이 작성될 것을 요한다. 유가증권이 사법상 유효하거나 명의인이 실재함을 요하지 아니하며, 반드시 본명에 의하여 표시되었을 것도 요건으로 하지 않는다.[3] 그러나 일반인이 진정하게 작성된 유가증권으로 오신케 할 정도임을 요하므로 발행인의 날인 없는 가계수표를 발행하는 것은 위조라고 할 수 없다.[4]

위조의 방법에는 제한이 없다. 약속어음 또는 수표의 액면란에 보충권의 범 17
위를 초월한 금액을 기입하거나[5] 폐지로 된 약속어음을 조합한 경우[6]는 물론 타인이 위조한 백지의 약속어음을 완성하는 경우[7]에도 위조에 해당한다. 간접정범

---

1 대법원 1960. 5. 31. 4292형상558.

2 대법원 1980. 4. 22. 79도3034; 대법원 2008. 11. 27. 2006도2016.

3 대법원 1996. 5. 10. 96도527, 「수표에 기재되어야 할 수표행위자의 명칭은 반드시 수표행위자의 본명에 한하는 것은 아니고 상호, 별명 그 밖의 거래상 본인을 가리키는 것으로 인식되는 칭호라면 어느 것이나 다 가능하다고 볼 것이므로, 비록 그 칭호가 본명이 아니라 하더라도 통상 그 명칭을 자기를 표시하는 것으로 거래상 사용하여 그것이 그 행위자를 지칭하는 것으로 인식되어 온 경우에는 그것을 수표상으로도 자기를 표시하는 칭호로 사용할 수 있다.」

4 대법원 1985. 9. 10. 85도1501; 대법원 1992. 6. 23. 92도976.

5 대법원 1989. 12. 12. 89도1264, 「백지어음에 대하여 취득자가 발행자와의 합의에 의하여 정하여진 보충권의 한도를 넘어 보충을 한 경우에는 발행인의 서명날인 있는 기존의 약속어음 용지를 이용하여 새로운 약속어음을 발행한 것에 해당하므로 위와 같은 보충권의 남용행위는 유가증권위조죄를 구성하는 것이나, 그 보충권의 한도 자체가 일정한 금액으로 특정되어 있지 아니하고 그 행사방법에 대하여도 특별한 정함이 없어서 다툼이 있는 경우에는 결과적으로 보충권의 행사가 그 범위를 일탈하게 되었다 하더라도 그 점만 가지고 바로 백지보충권의 남용 또는 그에 대한 범의가 있다고 단정할 수는 없다 할 것이고 그 보충권일탈의 정도, 보충권행사의 원인 및 경위 등에 관한 심리를 통하여 신중히 이를 인정하여야 한다.」
동지 : 대법원 1999. 6. 11. 99도1201.

6 대법원 1976. 1. 27. 74도3442.

7 대법원 1982. 6. 22. 82도677.

의 방법에 의한 위조도 가능하다. 따라서 기망에 의하여 타인으로 하여금 약속어음용지에 발행인으로 서명·날인케 한 후 마음대로 어음요건을 기재하여 어음을 발행한 때에도 위조에 해당한다.[1] 그러나 발행권자를 기망하여 이미 기재한 수표용지에 날인케 한 때에는 유가증권위조가 아니라 사기에 해당할 뿐이다.

18 (나) 변 조 변조란 진정하게 성립된 유가증권의 내용에 권한 없는 자가 그 유가증권의 동일성을 해하지 않는 범위에서 변경을 가하는 것을 말한다. 예컨대 어음의 발행일자·액면 또는 지급인의 주소를 변경하는 것이 여기에 해당한다. 진정하게 성립된 유가증권의 존재를 전제로 하므로 이미 타인에 의하여 위조되었거나[2] 변조[3]된 약속어음의 기재사항을 권한 없이 변경하였다고 하더라도 유가증권변조죄는 성립하지 않는다. 또한 유가증권의 용지에 필요한 사항을 기재하여 새로운 유가증권을 만들거나, 이미 실효된 유가증권에 가공하여 새로운 유가증권을 작성하는 것은 변조가 아니라 위조에 해당한다. 유가증권의 동일성이 유지되지 않는 경우에도 같다. 간접정범에 의한 변조도 가능하다.[4]

진정하게 성립된 타인명의의 유가증권에 변경을 가할 것을 요하므로 타인에게 속한 자기명의의 유가증권에 변경을 가한 것은 변조에 해당하지 않는다.[5]

19 3) 주관적 구성요건 본죄는 고의범이다. 따라서 본죄가 성립하기 위하여는 유가증권을 위조 또는 변조한다는 점에 대한 고의가 있어야 한다. 고의 이외에 초과주관적 구성요건요소로 행사의 목적이 있을 것을 필요로 한다.

(2) 죄수 및 다른 범죄와의 관계

20 1) 죄 수 본죄의 죄수는 유가증권의 수를 기준으로 결정된다. 따라서 한 통의 유가증권에 수개의 위조 또는 변조가 있을 때에는 포괄적으로 1죄가 성립할 뿐이다. 이에 반하여 동일한 일시와 장소에서 수매의 유가증권을 위조한 때에는 수죄가 성립하여 상상적 경합의 관계에 있게 된다. 1매의 유가증권에 관하여 기본적 증권행위와 부수적 증권행위에 대한 위조 또는 변조가 있는 때에는 후자는 전자에 흡수된다.

---

1 유기천 204면; 이영란 598면; 이형국 582면; 정성근/박광민 639면; 진계호 548면.
2 대법원 2006. 1. 26. 2005도4764; 대법원 2008. 12. 24. 2008도9494.
3 대법원 2012. 9. 27. 2010도15206.
4 대법원 1984. 11. 27. 84도1862.
5 대법원 1978. 11. 14. 78도1904.

2) 다른 범죄와의 관계 유가증권을 위조하는 방법으로 인장을 위조한 때에는 인장위조죄는 본죄에 흡수된다. 절취 또는 횡령한 유가증권용지를 이용하여 이를 위조 · 변조한 때에는 양 죄의 경합범이 된다. 본죄와 위조유가증권 행사죄는 상상적 경합의 관계에 있다. 21

2. 기재의 위조 · 변조죄

행사할 목적으로 유가증권의 권리의무에 관한 기재를 위조 또는 변조한 자도 전항의 형과 같다(제214조 2항).
10년 이하의 자격정지 또는 2천만원 이하의 벌금을 병과할 수 있다(제220조).
제214조의 미수범은 처벌한다(제223조).

본죄는 유가증권의 권리 · 의무에 관한 기재를 위조 또는 변조함으로써 성립한다. 여기서 유가증권의 권리 · 의무에 관한 기재란 배서 · 인수 · 보증과 같은 부수적 증권행위의 기재사항을 말한다. 따라서 본죄의 위조는 기본적 증권행위가 진정하게 성립한 후에 부수적 증권행위에 대하여 작성명의를 모용하는 것을 말하며, 변조란 부수적 증권행위에 속한 사항의 내용을 변경하는 것을 말한다. 타인명의로 어음을 배서하는 것이 전자에 해당하며,[1] 진정하게 성립된 유가증권의 타인의 배서부분에 변경을 가하는 것이 후자의 예이다. 22

3. 자격모용에 의한 유가증권작성죄

행사할 목적으로 타인의 자격을 모용하여 유가증권을 작성하거나 유가증권의 권리 또는 의무에 관한 사항을 기재한 자는 10년 이하의 징역에 처한다(제215조).
10년 이하의 자격정지 또는 2천만원 이하의 벌금을 병과할 수 있다(제220조).
제215조의 미수범은 처벌한다(제223조).

본죄는 타인의 자격을 모용하여 유가증권을 작성 또는 기재함으로써 성립하는 범죄이다. 「타인의 자격을 모용하여」란 대리 또는 대표권 없는 자가 타인의 대리인 또는 대표자로서 유가증권을 작성하는 것을 말한다. 즉 본죄는 권한이 없는 경우에 한하여 성립한다. 따라서 대리권 또는 대표권 있는 자가 권한을 남용하여 본인 또는 회사명의로 유가증권을 발행한 때에는 본죄가 성립하지 않는다. 23

1 대법원 1984. 2. 28. 83도3284.

그러나 대리권 또는 대표권 있는 자라 할지라도 그 권한범위 외의 사항 또는 명백히 권한을 초월한 사항에 관하여 본인 또는 회사명의의 유가증권을 발행한 때에는 권한 없는 자의 경우와 마찬가지이므로 본죄가 성립한다.[1]

24 판례에 의하면 직무집행정지가처분을 받은 대표이사가 그 권한 밖인 유가증권을 작성하거나(대법원 1987. 8. 18. 87도145), 대표이사가 타인으로 변경되었음에도 전임 대표이사가 명판을 이용하여 회사의 약속어음을 발행한 때(대법원 1991. 2. 26. 90도577)에는 본죄가 성립하지만, 회사의 대표이사가 은행과 당좌거래약정이 되어 있는 전 대표이사명의로 수표를 발행하였거나(대법원 1975. 9. 23. 74도1684), 거래상 자기를 표시하는 명칭으로 사용해 온 망부 명의로 어음을 발행한 때에는 본죄에 해당하지 않는다고 한다(대법원 1982. 9. 28. 82도296).

Ⅲ. 허위유가증권작성죄

행사할 목적으로 허위의 유가증권을 작성하거나 유가증권에 허위의 사항을 기재한 자는 7년 이하의 징역 또는 3천만원 이하의 벌금에 처한다(제216조).

징역에 처하는 경우에는 10년 이하의 자격정지 또는 2천만원 이하의 벌금을 병과할 수 있다(제220조).

제216조의 미수범은 처벌한다(제223조).

25 본죄는 행사할 목적으로 허위의 유가증권을 작성하거나 유가증권에 허위의 사항을 기재함으로써 성립하는 범죄이다. 문서에 관한 죄에 있어서의 무형위조에 해당하는 경우를 규정한 것이다. 따라서 허위의 유가증권을 작성한다는 것은 작성권한 있는 자가 작성명의를 모용하지 않고 단순히 유가증권에 허위의 내용을 기재하는 것을 말하며, 허위의 사항을 기재하는 것은 기재권한 있는 자가 기존의 유가증권에 진실에 반하는 사항을 기재하는 것을 말한다. 작성권한이 없는 자가 타인의 작성명의를 모용한 때에는 유가증권위조죄가 성립한다. 허위기재사항이 기본적 증권행위에 속하는가 부수적 증권행위에 속하는가를 불문하며, 기존의 유가증권에 허위기재를 하는 경우뿐만 아니라 자기명의로 새로 유가증권을 작성하면서 허위기재를 하는 경우도 포함한다. 다만 권리관계에 아무런 영향을 미치지 않는 사항을 허위기재하는 것은 본죄에 해당한다고 할 수 없다.[2]

1 김성돈 612면; 김성천/김형준 773면; 박상기 512면; 배종대 110/18; 백형구 505면; 유기천 216면; 이영란 601면; 이형국 585면; 임웅 700면; 정영석 154면; 진계호 548면.

2 대법원 1986. 6. 24. 84도547.

26 판례는 ① 지급은행과 당좌거래사실이 없거나 거래정지를 당하였음에도 불구하고 수표를 발행한 경우(대법원 1956. 6. 26. 4289형상128), ② 실재하지 아니하는 회사명의의 약속어음을 발행하는 경우(대법원 1970. 12. 29. 70도2389), ③ 발행일자를 소급하여 주권을 발행한 경우(대법원 1974. 1. 15. 73도2041), ④ 발행인명의 아래 진실에 반하는 피고인의 인장을 날인하여 약속어음을 발행한 때(대법원 1975. 6. 10. 74도2594) 또는 ⑤ 선적한 사실이 없는 화물을 선적하였다는 내용의 선하증권을 발행한 때(대법원 1995. 9. 29. 95도803)에는 본죄가 성립함에 반하여, ① 당좌거래은행에 자금 없음을 알면서 수표를 발행하였거나(대법원 1960. 11. 30. 4293형상787), ② 원인관계가 존재하지 않는 경우에 약속어음을 발행하는 행위(대법원 1977. 5. 24. 76도4132) 또는 ③ 주권발행 전에 주식을 양도받은 자에게 주권을 발행한 때(대법원 1982. 6. 22. 81도1935)에는 권리의 실질관계와 부합하며, ④ 어음배서인의 주소를 허위기재한 때(대법원 1986. 6. 24. 84도547) 또는 ⑤ 은행을 통하여 지급이 이루어지는 약속어음의 발행인이 그 발행을 위하여 은행에 신고된 것이 아닌 발행인의 다른 인장을 날인한 경우(대법원 2000. 5. 30. 2000도883), ⑥ 자기앞수표의 발행인이 수표의뢰인으로부터 수표자금을 입금받지 아니한 채 자기앞수표를 발행한 경우(대법원 2005. 10. 27. 2005도4528)에는 어음이나 수표의 효력에 아무런 영향을 미치지 않으므로 허위유가증권 작성죄가 성립하지 않는다고 판시하고 있다.

Ⅳ. 위조등 유가증권행사죄

> 위조 · 변조 · 작성 또는 허위기재한 전 3조 기재의 유가증권을 행사하거나 행사할 목적으로 수입 또는 수출한 자는 10년 이하의 징역에 처한다(제217조).
>
> 10년 이하의 자격정지 또는 2천만원 이하의 벌금을 병과할 수 있다(제220조).
>
> 제217조의 미수범은 처벌한다(제223조).

27 본죄는 위조 · 변조 · 작성 또는 허위기재한 유가증권을 행사하거나 행사할 목적으로 수입 또는 수출하는 것을 내용으로 하는 범죄이다. 행위의 객체는 위조 · 변조 · 작성 또는 허위기재된 유가증권이다. 여기서 유가증권이란 위조 또는 변조된 유가증권의 원본을 말하며 전자복사기 등을 사용하여 기계적으로 복사한 사본은 이에 해당하지 않는다.[1] 행위는 행사하거나 수입 또는 수출하는 것이다. 여기서 행사란 위조 · 변조 · 작성 또는 허위기재된 유가증권을 진정하게 작성된 진실한 내용의 유가증권으로 사용하는 것을 말한다. 반드시 유가증권을 유통

1 대법원 1998. 2. 13. 97도2922; 대법원 2007. 2. 8. 2006도8480; 대법원 2010. 5. 13. 2008도10678.

시킬 것을 요하지 않는다는 점에서 위조통화 행사죄와 구별된다. 따라서 유가증권을 할인하기 위하여 제시하는 경우뿐만 아니라 신용을 얻기 위하여 타인에게 보이는 것도 행사에 해당한다. 행사할 의사가 분명한 타인에게 교부하는 것도 포함한다.[1] 그러나 유가증권위조죄의 공범 사이에서의 위조유가증권 교부행위는 그들 이외의 자에게 행사함으로써 범죄를 실현하기 위한 전단계의 행위에 불과하며 위조유가증권은 아직 범인들의 수중에 있다고 볼 것이므로 행사되었다고 할 수 없다.[2] 수입과 수출은 위조통화 행사죄의 그것과 같다.

28 주관적 구성요건은 행사의 경우에는 고의가 있으면 족함에 반하여, 수입 또는 수출의 경우에는 행사의 목적을 요한다.

29 위조 · 변조 · 작성 · 허위기재한 유가증권을 행사한 때에는 양 죄의 상상적 경합이 된다. 위조유가증권을 행사하여 편취를 한 때에도 본죄는 사기죄와 상상적 경합이 된다. 양 죄의 경합범이 된다고 해석하는 견해[3]도 있다.

Ⅴ. 인지 · 우표에 관한 죄

1. 인지 · 우표등 위조 · 변조죄

행사할 목적으로 대한민국 또는 외국의 인지, 우표 기타 우편요금을 표시하는 증표를 위조 또는 변조한 자는 10년 이하의 징역에 처한다(제218조 1항).
10년 이하의 자격정지 또는 2천만원 이하의 벌금을 병과할 수 있다(제220조).
제218조의 미수범은 처벌한다(제223조).

30 본죄의 객체는 대한민국 또는 외국의 인지, 우표 기타 우편요금을 표시하는 증표이다. 인지란 수입인지에 관한 법률이나 인지세법이 정하는 바에 따라 일정한 수수료 또는 인지세를 납부하는 방법으로 첩부 · 사용하기 위하여 정부 기타 발행권자가 일정한 금액을 권면에 표시하여 발행한 증표를 말하며, 우표란 정부 기타 발행권자가 일반인에게 우편요금의 납부용으로 첩부 · 사용하게 하기 위하여 일정한 금액을 권면에 표시하여 발행한 증표를 말한다. 기타 우편요금을 표

1 대법원 1966. 9. 27. 66도1011; 대법원 1995. 9. 29. 95도803; 대법원 2007. 1. 11. 2006도7120.
2 대법원 2010. 12. 9. 2010도12553.
3 박상기 515면; 이형국 588면; 진계호 556면.

시하는 증표란 우편법 제20조의 규정에 의하여 우편요금의 납부방법으로 사용한 증표를 말한다. 봉투 등에 우표를 대체하는 「요금별납」 등의 표지와 우편요금이 함께 표시되는 소인(消印) 등이 여기에 해당한다. 인지 또는 우표는 유가증권의 일종이지만 유가증권보다는 통화에 가까운 성격을 가지고 있음에 비추어 이를 별도로 규정한 것이다. 대한민국의 인지 또는 우표뿐만 아니라 외국의 그것도 포함한다.

본죄의 행위는 위조 또는 변조이다.

2. 위조 · 변조인지 · 우표등 행사죄

위조 또는 변조된 대한민국 또는 외국의 인지, 우표 기타 우편요금을 표시하는 증표를 행사하거나 행사할 목적으로 수입 또는 수출한 자도 제1항의 형과 같다(제218조 2항).
10년 이하의 자격정지 또는 2천만원 이하의 벌금을 병과할 수 있다(제220조).
제218조의 미수범은 처벌한다(제223조).

위조 또는 변조된 대한민국 또는 외국의 인지, 우표 기타 우편요금을 표시하 31
는 증표를 행사하거나 행사할 목적으로 수입 또는 수출하는 것을 내용으로 하는 범죄이다. 위조유가증권 행사죄(제217조)와 대응하는 범죄이다. 여기서 행사란 위조 또는 변조된 대한민국 또는 외국의 우표 등을 진정한 우표로 사용하는 것을 말한다. 반드시 우편요금의 납부용으로 사용하는 것에 제한되지 않고 우표수집의 대상으로서 매매하는 경우도 포함된다.[1]

3. 위조 · 변조인지 · 우표등 취득죄

행사할 목적으로 위조 또는 변조한 대한민국 또는 외국의 인지, 우표 기타 우편요금을 표시하는 증표를 취득한 자는 3년 이하의 징역 또는 1천만원 이하의 벌금에 처한다(제219조).
징역에 처하는 경우에는 10년 이하의 자격정지 또는 2천만원 이하의 벌금을 병과할 수 있다(제220조).
제219조의 미수범은 처벌한다(제223조).

행사할 목적으로 위조 또는 변조한 대한민국 또는 외국의 인지 또는 우표 기 32
타 우편요금을 표시하는 증표를 취득하는 것을 내용으로 하는 범죄이다. 위조 또

1 대법원 1989. 4. 11. 88도1105.

는 변조한 인지 또는 우표라는 정을 알면서 취득하였을 것을 요한다.

4. 인지 · 우표등 소인말소죄

행사할 목적으로 대한민국 또는 외국의 인지, 우표 기타 우편요금을 표시하는 증표의 소인 기타 사용의 표지를 말소한 자는 1년 이하의 징역 또는 300만원 이하의 벌금에 처한다(제221조).

33 행사할 목적으로 대한민국 또는 외국의 인지, 우표 기타 우편요금을 표시하는 증표의 소인(消印) 기타 사용의 표지를 말소함으로써 성립하는 범죄이다.

본죄의 행위는 인지, 우표 기타 우편요금을 표시하는 증표의 소인 기타 사용의 표지를 말소하는 것이다. 소인을 말소한다는 것은 인지 · 우표에 진정하게 찍혀 있는 소인의 흔적을 소멸시키는 것을 말하며, 기타 사용의 표지를 말소한다고 함은 그 우표 또는 인지를 다시 사용할 수 있게 하는 일체의 행위를 말한다. 그 방법은 묻지 않는다.

주관적 구성요건으로는 행사의 목적이 있어야 한다.

5. 인지 · 우표 유사물제조등죄

① 판매할 목적으로 대한민국 또는 외국의 공채증서, 인지, 우표 기타 우편요금을 표시하는 증표와 유사한 물건을 제조 · 수입 또는 수출한 자는 2년 이하의 징역 또는 500만원 이하의 벌금에 처한다.
② 전항의 물건을 판매한 자도 전항의 형과 같다(제222조).
미수범은 처벌한다(제223조).

34 본죄는 판매할 목적으로 대한민국 또는 외국의 공채증서 · 인지 · 우표 기타 우편요금을 표시하는 증표와 유사한 물건을 제조 · 수입 · 수출하거나 이를 판매함으로써 성립하는 범죄이다.

본죄의 객체는 공채증서 · 인지 · 우표 기타 우편요금을 표시하는 증표와 유사한 물건이다. 공채증서 · 인지 또는 우표 등의 유사물이란 진정한 공채증서 · 인지 또는 우표라고 오신할 정도의 외관을 구비하지 않은 모조품을 말한다.

Ⅵ. 유가증권위조등 예비 · 음모죄

제214조, 제215조와 제218조 제1항의 죄를 범할 목적으로 예비 또는 음모한 자는 2년 이하의 징역에 처한다(제224조).

유가증권위조 · 변조죄(제214조 1항), 기재의 위조 · 변조죄(동조 2항) 및 자격모용에 의한 35
유가증권작성죄(제215조)와 인지 · 우표등의 위조 · 변조죄(제218조 1항)를 범할 목적으로 예비 · 음모함으로써 성립한다. 형법은 유가증권에 관한 죄 가운데 유형위조에 대하여만 예비 · 음모를 처벌하고 있다.

통화에 관한 죄의 경우와는 달리 자수에 대한 특별규정이 없다. 입법론상 재검토를 요한다.[1]

제 3 절 문서에 관한 죄 § 32

Ⅰ. 총 설

1. 의의와 본질

(1) **문서에 관한 죄의 의의와 보호법익** 문서에 관한 죄(Urkunden- 1
straftaten)란 행사할 목적으로 문서를 위조 또는 변조하거나, 허위의 문서를 작성하거나, 위조 · 변조 · 허위작성된 문서를 행사하거나 문서를 부정행사함으로써 성립하는 범죄를 말한다. 문서는 관념 내지 사상을 표시하는 수단으로서의 확실성 때문에 현대사회에 있어서 문화적 · 법률적 · 경제적 측면에서 가장 중요한 거래수단으로의 중추적 역할을 하고 있다. 문서에 관한 죄의 보호법익은 바로 문서에 대한 거래의 안전과 신용이다.[2] 판례도 문서에 대한 공공의 신용이 문서위조죄의 보호법익이라고 판시하고 있다.[3] 따라서 문서에 관한 죄에 의하여 보호되는

1 박상기 517면; 배종대 111/10; 손동권/김재윤 634면; 임웅 704면; 정성근/박광민 650면.

2 김일수/서보학 563면; 박상기 518면; 배종대 112/2; 백형구 515면; 손동권/김재윤 634면; 손해목(주석) 378면; 오영근 562면; 유기천 132면; 이영란 609면; 이정원 589면; 이형국 595면; 임웅 708면; 정성근/박광민 559면; 정영일 336면.

3 대법원 1993. 7. 27. 93도1435; 대법원 2003. 9. 26. 2003도3729; 대법원 2005. 2. 24. 2002도18 전원합의체판결; 대법원 2008. 2. 14. 2007도9606; 대법원 2011. 9. 29. 2011도6223.

것은 문서 자체가 아니라 중요한 문서와 기술기록 및 정보에 대한 법적 거래의 안전과 신용이라고 할 수 있다.[1]

2 문서에 관한 죄는 재산죄 특히 사기죄를 위한 수단으로 이용되는 경우가 많다.

> 입법례에 따라서는 문서위조죄를 재산죄와 함께 규정(독일 형법 제23장)하거나 재산죄에 포함하여 규정(영미)하는 나라도 있다. 그러나 문서에 관한 죄는 사회적 법익을 보호하기 위한 범죄이며 재산을 보호하기 위한 재산범죄는 아니다. 독일 형법의 해석에 있어서도 문서위조죄에 의하여 재산이 보호받는 것은 아니라고 하여 재산죄에 대한 문서위조죄의 독자성을 인정하고 있다.[2] 또한 영미에서는 물론 독일에서도 문서에 관한 죄에 있어서 공문서와 사문서를 원칙으로 구별하지 않고 있음에 반하여, 형법은 양자를 엄격히 구별하는 태도를 일관하고 있다.

3 형법의 문서에 관한 죄는 ① 인장과 서명의 유무에 따라 형기를 구별하지 아니하고, ② 자격모용에 의한 공문서와 사문서의 작성죄(제226조, 제232조)에 관한 규정을 신설하고, ③ 적법한 공문서 또는 사문서를 부정하게 행사하는 것을 처벌하는 규정(제230조, 제236조)을 둔 점에 특색이 있다.

4 문서위조죄는 추상적 위험범이다. 따라서 문서에 대한 거래의 안전과 신용의 추상적 위험이 있으면 본죄는 성립한다.

(2) 문서에 관한 죄의 본질

5 **1) 형식주의와 실질주의** 문서에 관한 죄가 문서의 성립의 진정(Echtheit)을 보호하는가 또는 내용의 진실(Wahrheit)을 보호하는 것인가에 대하여 형식주의와 실질주의가 대립되고 있다. **형식주의**는 문서에 관한 죄의 보호대상을 문서의 성립의 진정이라고 해석한다. 따라서 문서의 작성명의의 진정이 인정되지 않으면 내용의 진실성은 문제되지 않으며, 반대로 성립의 진정이 인정되면 내용이 진실과 일치하지 않아도 문서위조죄가 성립하지 않는다고 한다. 이에 반하여 **실질주의**는 문서에 표시된 내용의 진실을 보호하는 것이라고 파악하여 표시된 사실이 객관적 진실과 일치할 때에는 작성명의의 허위가 있어도 본죄는 성립하지 않는다고 한다. 독일 형법이 형식주의를 취하고 있음에 반하여, 프랑스 형

---

1 Gribbohm LK Vor §267 Rn. 6; Lackner/Kühl §267 Rn. 1; Tröndle/Fischer §267 Rn. 1; Wessels/Hettinger Rn. 789.

2 Gribbohm LK §267 Rn. 2; Sch/Sch/Cramer/Heine §267 Rn. 1; Welzel S. 402.

법은 실질주의를 취하고 있다.

2) **형법의 태도** 형식주의와 실질주의의 대립은 사문서위조죄의 해석에 관하여 의미를 가질 뿐이다. 형법이 형식주의를 채택하고 있다고 해석하는 견해[1] 도 있다. 성립의 진정을 침해하면 문서에 대한 안전과 신용의 위험이 발생한다는 점에서 형식주의가 타당하다는 것을 이유로 한다. 형법이 사문서에 관하여 원칙적으로 권한 없는 자가 타인명의의 문서를 작성하는 유형위조만을 처벌하고 있는 것은 사실이다.[2] 판례도 사문서를 위조 또는 변조한 때에는 문서내용의 진실 여부는 문제되지 않는다고 판시하고 있다.[3] 그러나 형법은 공문서에 관하여는 물론 사문서에 있어서도 예외적으로 무형위조를 처벌하는 규정(제233조)을 두고 있다. 이러한 의미에서 형법은 형식주의를 원칙으로 하면서 예외적으로 실질주의를 인정하고 있다고 보는 것이 정확한 판단이다.[4] 6

형식주의를 원칙으로 하고 있는 독일 형법도 예외적으로는 실질주의를 인정하고 있으며,[5] 프랑스 형법도 무형위조뿐만 아니라 유형위조를 처벌하고 있다.

(3) **구성요건의 체계** 형법의 문서에 관한 죄는 다섯 가지 유형으로 구별할 수 있다. 문서위조 · 변조죄, 허위문서 작성죄, 위조등 문서행사죄, 문서 부정행사죄 및 전자기록 위작 · 변작등죄가 그것이다. 문서위조 · 변조죄는 타인명의를 모용하여 문서를 작성하거나 변경하는 것임에 반하여, 허위문서 작성죄는 문서의 내용의 진실을 보호하는 범죄이다. 7

문서위조 · 변조죄의 기본적 구성요건은 사문서위조 · 변조죄(제231조)이다. 공문서위조 · 변조죄(제225조)는 이에 대하여 불법이 가중되는 가중적 구성요건이다. 자격모용에 의한 사문서작성죄(제232조)와 공문서작성죄(제226조)는 문서위조의 특수한 경우를 규정한 것이다. 허위문서 작성죄는 허위진단서등 작성죄(제233조)를 기본적 구성요건으로 하고, 허위공문서 작성죄(제227조)는 이에 대한 가중적 구성요건이다. 공정

1 서일교 247면; 황산덕 130면.
2 대법원 1984. 4. 24. 83도2645; 대법원 1984. 7. 10. 84도1146; 대법원 1985. 10. 22. 85도1732.
3 대법원 1985. 1. 22. 84도2422.
4 김성돈 620면; 김일수/서보학 565면; 박상기 518면; 배종대 112/7; 백형구 515면; 손동권/김재윤 637면; 손해목(주석) 381면; 신동운 400면; 오영근 563면; 유기천 137면; 이영란 611면; 이형국 595면; 임웅 709면; 정성근/박광민 561면; 조준현 425면; 진계호 563면.
5 Gribbohm LK Vor §267 Rn. 9; Otto S. 334; Wessels/Hettinger Rn. 789.

증서원본등 부실기재죄(제228조)는 간접정범의 형태에 의한 허위공문서 작성죄를 특별히 규정한 것이다. 위조등 문서행사죄와 문서 부정행사죄 및 전자기록 위작·변작등죄는 모두 위조등 사문서행사죄(제234조)와 위조등 공문서행사죄(제229조), 사문서 부정행사죄(제236조)와 공문서 부정행사죄(제230조), 사전자기록 위작·변작·행사죄(제232조의2)와 공전자기록 위작·변작·행사죄(제227조의2)로 나누어진다.

2. 문서의 개념

8 문서(Urkunde)는 문서위조죄의 행위의 객체이다. 광의의 문서에는 협의의 문서 외에 도화가 포함된다.

문서(文書)란 문자 또는 이를 대신할 부호에 의하여 사상 또는 관념을 표시한 물체를 말한다. 그런데 문서위조죄의 객체가 되는 문서는 위조 또는 변조에 의하여 공공의 신용을 침해할 것을 요하므로 그것은 일정한 법률관계 또는 거래상 중요한 사실에 대한 증명이 될 수 있는 것이어야 한다. 이러한 의미에서 문서는 법적으로 중요한 사실을 증명할 수 있고 명의인을 표시하는 내용의 문자 또는 부호에 의하여 화체된 사람의 의사를 의미한다고 할 수 있다. 여기서 문서는 그 개념요소로서 계속적 기능(Perpetuierungsfunktion)과 증명적 기능(Beweisfunktion) 및 보장적 기능(Garantiefunktion)을 필요로 하게 된다.[1]

9 (1) **계속적 기능** 문서는 유체물에 결합되어 있는 사람의 의사표시를 말한다. 결합의 방법은 묻지 않으나 계속성을 가지지 않으면 안 된다.

1) 의사표시

10 (가) **의사표시의 내용** 문서는 의사표시이다. 그러나 여기서 의사표시란 사법상의 의사표시를 의미하는 것이 아니라 단순한 사상 또는 관념의 표시(Gedankenerklärung)를 뜻한다. 따라서 문서는 타인에게 사상의 내용을 전달하여 인식할 수 있는 것임을 요한다. 이러한 의미에서 문서의 본질은 문서의 실체가 아니라 그 속에 포함된 내용, 즉 사상의 표시에 있다고 할 수 있다. 따라서 물건의 형상이나 존재가 증명의 대상이고 의사의 표시라고 볼 수 없는 검증의 목적물이나 표지는 문서가 아니다. 또한 외적 상황을 복사한 것에 지나지 않는 기계적

1 Hohmann/Sander 2 **17**/4; Hoyer SK §267 Rn. 7; Lackner/Kühl §267 Rn. 2; Rengier **32**/1; Sch/Sch/Cramer/Heine §267 Rn. 2; Wessels/Hettinger Rn. 792 ff.

기록(mechanische Aufzeichnung)도 문서에 속하지 않는다.

기계에 의하여 사진복사한 복사문서(Fotokopien)를 문서라고 할 수 있는가도 이러한 관점에서 문제된다. 복사문서는 의사 내지 관념의 표시 그 자체가 아니라 이를 기계적으로 재현한 것에 불과하기 때문이다.[1] 그러나 형법은 전자복사기, 모사전송기 기타 이와 유사한 기기를 사용하여 복사한 문서 또는 도화의 사본도 문서 또는 도화로 보고 있다(제237조 의2). 11

복사문서가 문서인가에 관하여는 종래 학설과 판례에서 다툼이 있었다. 판례는 처음에 복사문서는 문서가 될 수 없다는 태도를 취하였으나(대법원 1978. 4. 11. 77도4068 전원합의체판결; 대법원 1982. 5. 25. 82도715; 대법원 1983. 11. 8. 83도1948; 대법원 1985. 11. 26. 85도2138; 대법원 1986. 2. 25. 85도2835), 그 후 전원합의체판결에 의하여 「사진기나 복사기 등을 사용하여 기계적인 방법에 의하여 원본을 복사한 복사문서는 문서의 사본이라 하더라도 원본과 동일한 의사내용을 보유하고 증명수단으로서 원본과 같은 사회적 기능과 신용을 가지므로 사진복사한 문서의 사본도 문서에 해당한다」고 판시하였다(대법원 1989. 9. 12. 87도506 전원합의체판결; 대법원 1992. 11. 27. 92도2226; 대법원 1995. 12. 26. 95도2389; 대법원 1996. 5. 14. 96도785). 이에 대하여는 전자복사나 사진복사 등 기계적 방법에 의하여 복사하는 것만으로는 원본에 포함된 사상을 표현하였다고 볼 수 없을 뿐만 아니라, 복사문서에는 명의인이 표시되어 있지 아니하여 보장적 기능도 가질 수 없다는 비판이 제기되었다.[2] 형법 제237조의2가 복사문서를 문서로 본다는 규정을 신설한 것은 복사기술의 발달로 인하여 원본과 똑같이 복사한 문서의 사본이 사회에서 중요한 기능을 수행하고 있는 실정에 비추어 이에 대한 사회적 신용을 보호할 필요가 있으므로 이에 관한 논쟁을 입법에 의하여 해결한 것이다.[3]

(나) **의사표시의 방법** 의사표시의 방법은 반드시 문자에 의할 것을 요하지 않으며 부호에 의하는 경우를 포함한다. 문자에 의하는 경우에는 어느 나라의 언어에 의한 것인가를 불문한다. 부호(符號)에 의한 경우로는 예컨대 속기용의 부호, 전신부호 또는 맹인의 점자에 의한 경우를 들 수 있다. 상형적 부호에 의한 의사표시는 도화에 속하므로 발음적 부호에 의하는 경우만 문서에 해당한다는 견해[4]도 있다. 그러나 문자에 대신할 수 있는 가독적 부호면 족하고 반드시 발음적 부호임을 요할 필요는 없다고 생각된다.[5] 따라서 접수일부인의 날인도 문서에 12

1 Gribbohm LK §267 Rn. 114; Lackner/Kühl §267 Rn. 16; Rengier 2 **32**/25; Sch/Sch/Cramer/Heine §267 Rn. 42; Tröndle/Fischer §267 Rn. 12; Wessels/Hettinger Rn. 811.

2 하태훈, 「복사문서의 문서성」(형사판례연구 1), 207면 이하 참조.

3 법무부 형법개정법률안 제안이유서 233면.

4 손해목(주석) 382면; 정영석 162면; 진계호 564면.

5 김일수/서보학 566면; 배종대 **112**/11; 유기천 138면; 이영란 614면; 이정원 596면.

해당한다.[1] 다만 본인 또는 특정한 당사자만 해독할 수 있는 암호를 사용한 물체는 문서라고 할 수 없다. 예술작품에 예술가가 한 서명과 낙관은 문서가 아니므로 인장에 관한 죄가 성립할 뿐이라고 해석하는 것이 통설[2]이다. 서명과 낙관은, 그 자체로 관념을 표시하는 것으로 그것이 법률상 중요성을 갖는 사실을 증명하는 것이 아닌 한 사실증명에 관한 문서라고 할 수 없다는 것을 이유로 한다. 그러나 생략문서도 문서에 속할 뿐 아니라 서명 또는 낙관은 예술가가 자기의 작품이라는 의사를 표현한 것이므로 문서에 속한다고 해석함이 타당하다.[3] 표시가 생략되어 있는 생략문서(verkürzte Urkunde)도 연결된 의미내용을 표시할 수 있는 범위에서는 문서가 될 수 있다.

13 **2) 의사표시의 계속성** 의사표시가 물체에 고정되어 계속성을 가져야 하며 이는 시각적 방법에 의하여 이해할 수 있는 것임을 요한다.

14 **(가) 물체에 고정된 의사표시** 문서는 물체에 기재된 의사표시이다. 따라서 의사표시는 계속성을 가질 것을 요한다. 계속성이 인정될 때에만 문서가 가지고 있는 법적 거래에 있어서의 중요한 기능을 다할 수 있기 때문이다. 의사표시가 반드시 영구적일 것을 요하는 것은 아니다. 따라서 구두에 의한 사상의 표현은 계속성이 인정되지 않으므로 문서라 할 수 없다. 예컨대 모래나 눈 위에 쓴 글이나 흑판에 백묵으로 쓴 글은 물론, 컴퓨터 스캔 작업을 통하여 만들어낸 이미지 파일도 문서에 해당하지 않는다.[4] 계속성이 인정되는 이상 잉크나 먹 또는 타자기 등에 의하여 표시된 것임을 요하지 않고 연필로 기재된 것이라도 좋다. 의사가 표시되는 물체도 종이일 것을 요하는 것은 아니다. 목편 · 도자기 · 피혁 · 석재 등에 기재된 것도 문서가 될 수 있다.

15 **(나) 시각적 방법에 의한 표시** 문서는 표시된 의사의 내용을 시각적으로 이해할 수 있는 것임을 요한다. 따라서 계속성이 인정되는 경우라 할지라도 음반이나 녹음테이프와 같이 청각에 의하여 내용을 파악할 수 있는 것은 문서가 아니다.

16 **(2) 증명적 기능** 물체에 기재된 의사표시는 일정한 법률관계를 증명할

1 대법원 1979. 10. 30. 77도1879.

2 김일수/서보학 567면; 박상기 521면; 손동권/김재윤 638면; 유기천 147면; 이형국 600면; 정성근/박광민 564면; 진계호 567면.

3 Bockelmann S. 95; Gribbohm LK §267 Rn. 89; Rengier 32/4, 14; Sch/Sch/Cramer/Heine §267 Rn. 27; Tröndle/Fischer §267 Rn. 10; Wessels/Hettinger Rn. 805.

4 대법원 2008. 4. 10. 2008도1013; 대법원 2020. 12. 24. 2019도8443.

수 있고 또 증명하기 위한 것이어야 한다. 법률상 중요한 의미를 가지는 문서만 형법에 의하여 보호되는 것이기 때문이다. 따라서 문서의 증명적 기능은 증명능력(Beweiseignung)과 증명의사(Beweisbestimmung)를 내용으로 한다. 문서의 증명적 기능은 사문서에 대하여만 의미를 가지는 것이므로 문서의 개념요소가 될 수 없다고 하는 견해[1]도 있다. 그러나 증명적 기능은 문서의 구성요소로서 사문서뿐만 아니라 공문서에서도 문서개념의 내용과 한계가 된다.[2]

1) 증명능력 문서의 내용은 법적으로 중요한 사실, 즉 법률관계와 사회 17
생활상의 중요사항을 증명할 수 있는 것이어야 한다. 증명할 수 있다는 것은 사상의 표현이 그 자체 또는 다른 상황과 결합하여 확신형성에 기여할 수 있음을 의미한다. 법적으로 중요한 사실이란 권리 또는 의무의 발생 · 유지 · 변경 · 소멸에 관한 사실을 의미한다.[3] 공법관계인가 사법관계인가는 문제되지 않는다. 형법이 공문서 이외에 사문서에 관하여 「권리 · 의무 또는 사실증명에 관한 문서」라고 규정하고 있는 이유도 여기에 있다.

따라서 단순히 사상을 표현하는 데 지나지 않는 소설 · 시가 등의 예술작품이나 특정 대통령후보자에 대한 정치적인 지지 의사를 집단적 형태로 표현하고자 한 서명부(대법원 2024. 1. 4. 2023도1178)는 문서가 아니다. 이에 반하여 ① 신분증명서 · 주민등록표 · 가족관계등록부, ② 이사회의 회의록과 결의서, ③ 계약서 · 계산서 · 영수증 · 현금보관증 · 적금청구서는 물론, ④ 이력서 · 추천서 · 안내장 등은 문서에 해당한다.

문서의 증명능력은 진정한 문서를 전제로 한다. 따라서 부진정한 문서를 작 18
성하는 것은 본죄를 구성하지만 부진정한 문서 자체는 문서위조죄의 객체가 될 수 없다. 판례도 허위로 작성된 공문서는 공문서변조죄의 객체가 되지 않는다고 판시하고 있다.[4]

2) 증명의사 문서는 법률관계를 증명하기 위한 것이어야 한다. 증명의 19
사에 의하여 문서는 목적문서(Absichtsurkunde)와 우연문서(Zufallsurkunde)로 구별된다. 목적문서는 처음부터 증명의사로 작성한 문서임에 반하여, 우연문서란

1 유기천 145면.
2 Hohmann/Sander 17/16; Joecks §267 Rn. 21; Lackner/Kühl §267 Rn. 11; Tröndle/Fischer §267 Rn. 8; Wessels/Hettinger Rn. 795.
3 Hoyer SK §267 Rn. 32; Sch/Sch/Cramer/Heine §267 Rn. 12.
4 대법원 1986. 11. 11. 86도1984.

증명의사가 사후에 발생한 경우를 말한다. 공문서는 항상 목적문서이며 사문서에는 양자가 포함될 수 있다. 범죄내용이 기재된 범죄문서(Deliktsurkunde)도 또한 목적문서에 속한다.[1]

20 문서는 증명의사를 필요로 한다. 증명의사는 확정적 의사임을 요한다. 따라서 확정적 증명의사가 없는 초안(Entwurf)은 문서가 아니다. 그러나 가계약서 · 가영수증은 시한부로 작성된 것이라 할지라도 확정의사를 가지고 있으므로 문서에 해당한다.

21 (3) **보장적 기능** 문서는 문서의 작성자 또는 보증인을 의미하는 명의인이 표시되어야 하며, 명의인이 없으면 문서가 될 수 없다. 즉 익명의 사상의 표현(anonyme Gedankenerklärung)은 문서가 아니다. 여기서 명의인이란 문서를 실제로 작성한 자를 말하는 것이 아니라 법적 거래에 있어서 문서의 표현내용이 귀속되는 자, 즉 의사표시의 주체를 뜻한다. 명의인은 자연인뿐만 아니라 법인과 법인격 없는 단체를 불문한다. 그러나 명의인이 작성한 것으로 볼 수 있는 형식과 외관을 갖춘 이상 명의인의 날인이 있을 것을 요건으로 하는 것은 아니다.[2] 명의인의 서명도 반드시 필요한 것은 아니다. 요컨대 명의인이 명시되지 아니한 경우라도 문서의 형식과 내용에 의하여 누가 작성하였는가를 알 수 있는 정도이면 족하다.[3]

22 1) **사자와 허무인 명의의 문서** 명의인이 실재함을 요하는가, 즉 사자(死者)와 허무인 명의의 문서를 인정할 수 있는가에 관하여, 통설은 공문서는 물론 사문서에 대하여도 명의인이 실재함을 요하지 않는다는 전제에서 일반인에게 진정한 문서라고 오신케 할 염려가 있는 때에는 사자와 허무인 명의의 문서도 문서에 해당한다고 해석하고 있다.[4] 한편 판례는 종래 공문서와 사문서를 구별하여 공문서에 있어서는 작성자가 허무인인가의 여부는 공문서위조죄의 성립에 영향을 미치지 않으므로 위조된 문서가 일반인으로 하여금 공무소 또는 공무원의 직무권한 내에서 작성된 것으로 믿을 만한 형식과 외관을 갖추고 있으면 작성명의

1 Hoyer SK §267 Rn. 40; Sch/Sch/Cramer/Heine §267 Rn. 14; Tröndle/Fischer §267 Rn. 9; Wessels/Hettinger Rn. 799.

2 대법원 1989. 8. 8. 88도2209; 대법원 2007. 5. 10. 2007도1674; 대법원 2010. 7. 29. 2010도2705.

3 대법원 1973. 9. 29. 73도1765; 대법원 1992. 5. 26. 92도353; 대법원 1995. 11. 10. 95도2088.

4 김성돈 625면; 김성천/김형준 792면; 김일수/서보학 571면; 박상기 523면; 배종대 112/23; 손동권/김재윤 641면; 손해목(주석) 384면; 오영근 568면; 유기천 143면; 이영란 617면; 이정원 600면; 이형국 604면; 임웅 718면; 정성근/박광민 568면; 정영일 339면; 조준현 429면; 진계호 566면.

인이 실재하지 않는 허무인인 때에도 공문서위조죄가 성립하지만,[1] 사문서에 대하여는 사자 명의의 문서는 물론,[2] 허무인 명의의 문서[3]에 대하여도 사문서위조죄는 성립하지 아니하고, 다만 사자 명의의 문서에 있어서 작성일자가 생존중의 일자인 때에 한하여 사문서위조죄가 성립한다는 태도를 취하고 있었다.[4] 그러나 대법원은 그 후 전원합의체판결을 통하여 태도를 변경하고, 공문서뿐만 아니라 사문서에 있어서도 명의인이 실재하지 않는 허무인이거나 문서의 작성일자 전에 이미 사망하였다 하더라도 문서위조죄가 성립한다고 판시하였다.[5] 생각건대, ① 문서위조죄는 문서에 대한 거래의 안전과 신용을 보호법익으로 하는 추상적 위험범이므로 일반인에게 진정한 문서라고 오신할 염려가 있으면 성립한다고 해야 하고, ② 공문서와 사문서를 구별할 이유가 없다는 점에서, 명의인이 실재할 것을 요하지 않는다는 통설과 판례의 태도가 타당하다.

2) **복본 · 등본 · 사본** 문서란 명의인의 의사를 표현한 물체 그 자체를 23
의미한다. 문서의 복본 · 등본 · 사본을 문서라고 할 수 있는가는 문서의 형식과 거래관념에 따라 결정하지 않을 수 없다. 복본(複本, Durchschrift)은 명의인이 증명을 위하여 수통의 문서를 작성한 경우이므로 문서에 해당한다. 이에 반하여 등본이나 사본의 문서성에 대하여는 다툼이 있었는데, 판례는 사본 또는 등본의 인증이 없는 한 문서에 해당하지 않는다고 하였다가[6] 견해를 변경하여 복사한 문서의 사본도 문서에 해당한다고 판시하였다.[7] 형법은 전자복사기, 모사전송기(팩스)

---

1 대법원 1976. 9. 14. 76도1767, 「위조된 문서가 일반인으로 하여금 공무소 또는 공무원의 직무권한 내에서 작성된 것으로 믿을 만한 형식 · 외관을 갖추고 있으면 설령 그러한 공무소 또는 공무원이 실존하지 아니하여도 공문서위조죄가 성립하는 것이다.」
동지: 대법원 1967. 4. 4. 67도264; 대법원 1969. 1. 21. 68도1570.

2 대법원 1960. 8. 10. 4292형상658; 대법원 1992. 12. 24. 92도2322.

3 대법원 1977. 2. 22. 72도2265; 대법원 1991. 1. 29. 90도2542.

4 대법원 1993. 9. 28. 93도2143; 대법원 1994. 9. 30. 94도1787; 대법원 1997. 7. 25. 97도605.

5 대법원 2005. 2. 24, 2002도18 전원합의체판결, 「문서위조죄는 문서의 진정에 대한 공공의 신용을 그 보호법익으로 하는 것이므로 행사할 목적으로 작성된 문서가 일반인으로 하여금 당해 명의인의 권한 내에서 작성된 문서라고 믿게 할 수 있는 정도의 형식과 외관을 갖추고 있으면 문서위조죄가 성립하는 것이고, 위와 같은 요건을 구비한 이상 그 명의인이 실재하지 않는 허무인이거나 또는 문서의 작성일자 전에 이미 사망하였다고 하더라도 그러한 문서 역시 공공의 신용을 해할 위험성이 있으므로 문서위조죄가 성립한다고 봄이 상당하며, 이는 공문서뿐만 아니라 사문서의 경우에도 마찬가지라고 보아야 할 것이다.」
동지: 대법원 2011. 9. 29. 2011도6223.

6 대법원 1981. 12. 22. 81도2715; 대법원 1983. 9. 13. 83도1829; 대법원 1985. 11. 26. 85도2138.

7 대법원 1989. 9. 12. 87도506 전원합의체판결; 대법원 2006. 1. 26. 2004도788; 대법원 2011. 11. 10. 2011도10468; 대법원 2016. 7. 14. 2016도2081.

등의 기기를 사용하여 복사한 문서나 도화의 사본도 문서 또는 도화로 본다는 규정(제237조의2)을 신설하여 입법적으로 해결하였다. 또한 문서의 재사본도 문서에 해당한다.[1]

24 도화란 문자 이외의 상형적 부호에 의하여 기재자의 관념 또는 사상이 표시된 것을 말한다. 지적도나 상해의 부위를 명백히 하기 위한 인체도가 여기에 해당한다. 담뱃갑도 그 담배의 제조회사와 담배의 종류를 구별·확인할 수 있는 특유의 도안이 표시되어 있는 경우에는 도화에 해당한다.[2] 사람의 사상 내지 관념이 화체되어 있을 것을 요하므로 순수한 미술작품으로서의 회화는 여기의 도화에 포함되지 않는다.

3. 문서의 종류

25 (1) **공문서와 사문서** 형법은 문서를 공문서(öffentliche Urkunde)와 사문서(Privaturkunde)로 구별하고 있다.

26 1) **공 문 서** 공문서란 공무소 또는 공무원이 직무에 관하여 작성한 문서를 말한다. 즉 공문서는 공무소 또는 공무원이 작성명의인인 문서이다. 작성주체가 공무원과 공무소가 아닌 경우에는 형법 또는 특별법에 의하여 공무원 등으로 의제되는 경우를 제외하고는 계약 등에 의하여 공무와 관련되는 업무를 일부 대행하는 경우가 있더라도 공무원 또는 공무소가 될 수 없다.[3] 또한 외국의 공무소나 공무원이 작성한 문서는 공문서가 아니다. 작성명의인이 공무소 또는 공무원인 때에도 직무에 관하여 작성된 것이 아니면 공문서가 아니다. 따라서 공무원 명의의 개인채무부담의 의사표시문서는 공문서가 아니다.[4] 여기서 직무에 관한 문서란 공무원이 그 직무권한 내에서 작성한 문서를 말한다. 직무권한의 근거는 법률에 한하지 않고 명령·내규 또는 관례에 의한 경우를 포함한다.[5]

27 2) **사 문 서** 사문서란 사인명의로 작성된 문서를 말한다. 그러나 사인명의의 모든 문서가 사문서인 것이 아니라 권리·의무와 사실증명에 관한 문서만

1 대법원 2004. 10. 28. 2004도5183.
2 대법원 2010. 7. 29. 2010도2705.
3 대법원 2020. 3. 12. 2016도19170.
4 대법원 1984. 3. 27. 83도2892.
5 대법원 1981. 12. 8. 81도943; 대법원 1995. 4. 14. 94도3401.

사문서가 될 수 있다. 권리 · 의무에 관한 문서란 권리 · 의무의 발생 · 변경 · 소멸에 관한 사항을 기재한 문서를 의미하며, 사실증명에 관한 문서는 권리 · 의무에 관한 문서 이외의 문서로서 거래상 중요한 사실을 증명하는 문서를 말한다.

(2) **문서의 특수형태** 문서의 특수형태로는 개별문서에 대하여 전체문 28
서와 결합문서가 있다. 개별문서란 개별적으로 의사표시를 내용으로 하는 독립된 문서를 말한다.

1) **전체문서** 전체문서(Gesamturkunde)란 개별적인 문서가 계속적인 형 29
태에 의하여 통일된 전체로 결합되어 독자적인 표시내용을 가지는 경우를 말한다. 예컨대 예금통장 · 상업장부 · 형사기록 등이 여기에 해당한다. 전체문서의 기능은 전체가 문서죄의 객체로 되어 하나의 범죄가 성립한다는 점에 있다.[1]

2) **결합문서** 결합문서(zusammengesetzte Urkunde)는 문서가 검증의 목 30
적물과 장소적으로 결합되어 통일된 증명내용을 가지는 경우를 말한다. 사진을 첨부한 증명서가 대표적인 예이다. 문서에 대한 인증도 같은 경우에 해당한다. 결합문서도 결합된 범위에서 하나의 문서로 취급된다.

Ⅱ. 문서위조 · 변조죄

1. 사문서위조 · 변조죄

행사할 목적으로 권리 · 의무 또는 사실증명에 관한 타인의 문서 또는 도화를 위조 또는 변조한 자는 5년 이하의 징역 또는 1천만원 이하의 벌금에 처한다(제231조).
미수범은 처벌한다(제235조).

(1) **의 의** 본죄는 행사할 목적으로 권리 · 의무 또는 사실증명에 관 31
한 타인의 문서 또는 도화를 위조 또는 변조함으로써 성립하는 범죄이다. 문서에 관한 죄 중에서 가장 기본적인 범죄라고 할 수 있다.

(2) **행위의 객체** 권리 · 의무 또는 사실증명에 관한 타인의 문서 또는 32
도화이다. 사문서 중에서 권리 · 의무 또는 사실증명에 관한 문서만 본죄의 객체가 된다.

---

1 Sch/Sch/Cramer/Heine §267 Rn. 30; Tröndle/Fischer §267 Rn. 13; Wessels/Hettinger Rn. 815.

권리·의무에 관한 문서란 공법상 또는 사법상의 권리·의무의 발생·변경 또는 소멸에 관한 사항을 기재한 문서를 말한다. 예컨대 위임장·매매계약서 또는 임대차계약서·신탁증서·예금청구서·대출금청구서와 차용금증서·영수증 및 주민등록증 발급신청서와 인감증명 발급신청서가 그것이다. 사실증명에 관한 문서는 권리·의무에 관한 문서 이외의 문서로서 거래상 중요한 사실을 증명하는 문서를 말한다. 추천서·인사장·안내장·이력서 또는 단체의 신분증 등이 여기에 해당한다. 그러나 사상 또는 관념이 표시되지 않고 사물의 동일성을 표시하는 데 불과한 명함이나 신표는 본죄의 객체가 되지 않는다.

33 (3) **행 위** 위조 또는 변조하는 것이다. 위조와 변조는 문서에 관한 죄에 있어서 가장 중요한 행위태양이다.

34 1) **위 조** 위조(Fälschen)란 작성권한 없는 자가 타인명의를 모용하여 문서를 작성하는 것을 말한다. 부진정한 문서를 작성하는 것을 의미한다고 할 수 있다. 광의의 위조에는 유형위조와 무형위조가 포함된다. 유형위조란 권한 없이 타인명의의 문서를 작성하는 것을 말하며, 무형위조는 권한 있는 자가 진실에 반하는 내용의 문서를 작성하는 경우를 말한다. 형법은 무형위조를 작성이라고 하여 유형위조인 위조와 구별하고 있다. 따라서 협의의 위조는 유형위조를 의미한다고 해야 한다.

> 위조의 개념을 최광의·광의·협의 및 최협의로 구별하여 최광의의 위조는 문서에 관한 죄의 모든 행위의 태양을 포함하고, 광의의 위조에는 문서의 행사를 제외한 유형위조와 무형위조가 포함됨에 반하여, 협의의 위조는 위조와 변조를, 유형위조에서 변조를 제외한 것을 최협의의 위조라고 이해하는 견해[1]도 있다. 그러나 변조를 포함하거나 문서에 관한 죄의 모든 행위의 태양을 포함하는 의미의 위조개념을 별도로 구별할 실익은 없다고 생각된다.

35 (가) **권한 없는 자** 위조란 권한 없는 자가 타인명의의 문서를 작성하는 것을 말한다. 작성명의자의 날인이 정당하게 성립된 사문서라고 하더라도 내용을 기재할 정당한 권한이 없는 자가 내용을 기재하거나 또는 권한을 위임받은 자가 권한을 초과하여 내용을 기재함으로써 날인자의 의사에 반하는 사문서를 작

1 손해목(주석) 387면; 정성근 715면; 진계호 569면.

성한 경우에는 사문서위조죄가 성립한다.[1] 따라서 명의인을 기망하여 문서를 작성케 하는 경우에는 서명 · 날인이 정당하게 성립된 경우에도 위조에 해당한다.[2] 그러나 명의인의 사전승낙을 받은 경우는 위조라고 할 수 없다.[3] 승낙은 명시적이건 묵시적(추정적 승낙)이건 불문한다.[4] 문서작성에 관하여 포괄적 위임을 받아 위임의 취지에 따라 사문서를 작성한 경우도 같다. 그러나 단순히 문서명의자가 문서작성사실을 알았다면 승낙하였을 것이라고 기대하거나 예측한 것만으로는 승낙이 추정된다고 할 수 없다.[5]

따라서 ① 동업계약에 의하여 사무처리의 권한을 포괄적으로 위임받은 자가 다른 동업자의 주식배당포기서와 이사사임서 등을 작성한 경우(대법원 1988. 9. 13. 87도2012), ② 토지매매계약에 관한 포괄적인 권한의 위임을 받은 대리인이 본인 명의로 문서를 작성하면서 허위의 내용을 기재한 경우(대법원 1984. 7. 10. 84도1146), ③ 보관시켜 둔 인장으로 이사회 회의록을 작성하거나(대법원 1984. 3. 27. 82도1915) 출석 및 의결권을 위임하고 불출석한 이사들이 출석하여 의결권을 행사한 것처럼 회의록을 작성한 경우(대법원 1985. 10. 22. 85도1732), ④ 지주들의 허락을 받고 점포를 임대하면서 새겨 둔 인장으로 임대차계약서를 작성한 경우는 물론(대법원 1984. 7. 24. 84도785), ⑤ 연대보증인이 될 것을 허락한 자의 인감도장과 인감증명서를 교부받아 그를 직접 차주로 하는 차용금증서를 작성한 경우(대법원 1984. 10. 10. 84도1566), ⑥ 담보권을 양수한 자가 가등기말소신청서를 작성하거나(대법원 1984. 2. 14. 83도2650), ⑦ 대금수령을 위임받아 예금청구서를 작성한 경우(대법원 1984. 3. 27. 84도115)에도 위조에 해당하지 않는다. ⑧ 신탁자에게 아무런 부담이 없이 재산이 수탁자에게 명의신탁된 경우에는 그 재산의 처분 기타 권한행사에 있어서는 수탁자가 자신의 명의사용을 포괄적으로 신탁자에게 허용하였다고 봄이 상당하므로, 신탁자가 수탁자 명의로 신탁재산의 처분에 필요한 서류를 작성함에 있어 수탁자로부터 개별적인 승낙을 받지 아니하였다 하더라도 사문서위조 · 동 행사죄가 성립하지 아니하지만, 수탁자가 명의신탁받은 사실을 부인하면서 신탁재산이 수탁자 자신의 소유라고 주장하는 등으로 두 사람 사이에 신탁재산의 소유권에 관하여 다툼이 있는 경우에 신탁자가 수탁자 명의로 신탁재산의 처분에 필요한 매매계약서와 영수증(대법원 2007. 11. 30. 2007도4812) 또는 채권이전등록청구서를 작성한 경우에는(대법원 2007. 3. 29. 2006도9425) 사문서위조죄가 성립한다.

---

1 대법원 1982. 10. 12. 82도2023; 대법원 1992. 12. 22. 92도2047; 대법원 1997. 3. 28. 96도3191; 대법원 2005. 10. 28. 2005도6088; 대법원 2006. 9. 28. 2006도1545.

2 대법원 2000. 6. 13. 2000도778.

3 대법원 1988. 1. 12. 87도2256; 대법원 1998. 2. 24. 97도183; 대법원 2005. 10. 28. 2005도6088.

4 대법원 1993. 3. 9. 92도3101; 대법원 2006. 9. 28. 2006도1545.

5 대법원 2011. 9. 29. 2010도14587.

승낙은 사전에 있을 것을 요한다. 따라서 사후승낙이 있는 경우에도 위조에 해당한다.[1] 또한 위임의 취지에 반하여 백지를 보충한 백지위조(Blankettfälschung)도 위조라고 해야 한다.[2]

36 대리권 또는 대표권 없는 자가 대리인으로서 본인명의의 문서를 작성하는 경우 위조가 아니라 자격모용에 의한 문서작성(제226조, 제232조)에 해당한다. 대리권 또는 대표권 있는 자가 권한 외의 사항에 대하여 문서를 작성한 때에는 자격모용에 의한 문서작성에 해당한다는 견해[3]와 문서위조라고 해석하는 견해[4]가 대립하는데, 판례는 사문서위조죄가 성립한다고 한다.[5] 그러나 권한 외의 사항에 대하여는 작성권한이 없다 할 것이므로 자격을 모용한 경우에는 자격모용에 의한 문서작성이 될 수 있다. 대리권자 또는 대표권자가 그 권한의 범위 내에서 권한을 남용하여 문서를 작성한 경우에도 위조가 된다는 견해[6]가 있으나, 배임죄 또는 허위공문서 작성죄의 성립은 별 문제로 하고 위조에 해당하지는 않는다는 통설[7]과 판례[8]의 태도가 타당하다고 생각된다. 문서의 작성을 위임받지 아니한 문서기안자가 작성권한을 가진 사람의 결재를 받은 바 없이 권한을 초과하여 문서를 작성한 때에는 사문서위조죄가 성립한다.[9]

37 (나) **타인명의의 모용** 위조의 본질은 타인의 명의를 모용하는 데 있다. 「타인의 명의를 모용한다」는 것은 실질적인 명의인에 대한 착오를 야기·유지하

1 대법원 1970. 11. 24. 70도1981.

2 대법원 1984. 6. 12. 83도2408; 대법원 1992. 3. 31. 91도2815.

3 배종대 113/6; 손해목(주석) 389면; 유기천 155면; 임웅 723면; 정성근/박광민 575면; 진계호 570면.

4 김일수/서보학 576면; 서일교 253면; 황산덕 137면.

5 (1) 대법원 1997. 3. 28. 96도3191, 「신축상가건물의 명목상 건축주의 포괄적 승낙하에 분양에 관한 모든 업무를 처리하던 실제 건축주가 실제 분양되지도 않은 상가의 분양계약서 및 입금표를 작성·행사한 사안에서, 사문서위조 및 동행사의 점에 대하여 무죄를 선고한 원심판결을 파기하였다.

(2) 대법원 2005. 10. 28. 2005도6088, 「회사를 인수하면서 회사 대표이사의 명의를 계속 사용하기로 승낙을 받았다고 하더라도, 사기범행을 목적으로 실제로는 위 회사에 근무한 바 없는 제3자의 재직증명서 및 근로소득원천징수영수증 등 허위의 문서를 작성한 행위는 위임된 권한의 범위를 벗어나는 것으로서 사문서위조죄를 구성한다.」

6 손해목(주석) 389면.

7 김일수/서보학 576면; 배종대 113/5; 오도기(공저) 529면; 유기천 155면; 임웅 724면; 정성근/박광민 575면; 정영석 167면; 진계호 570면; 황산덕 137면.

8 대법원 1984. 7. 10. 84도1146; 대법원 2010. 5. 13. 2010도1040.

9 대법원 1997. 2. 14. 96도2234.

기 위한 행위, 즉 동일성의 사칭(Identitätstäuschung)을 의미한다.[1] 문서의 기재내용이 진실인가의 여부는 문제되지 않는다. 별도로 진정한 문서가 있을 것도 요하지 않는다. 타인이란 명의인을 의미한다. 명의인에 대한 사칭이 있으면 족하므로 현실의 작성자가 문서에 표시될 것은 요하지 않는다. 명의인은 반드시 실재인일 것을 요하지 않으며 특정인이 명의인으로 표시되었다는 인상을 주면 족하다. 따라서 사자나 허무인 명의를 모용하는 것도 위조가 될 수 있다. 타인명의의 모용은 타인의 성명을 기재함으로써 행하여지는 것이 보통이다. 그러나 작성자가 가명이나 별명을 기재한 경우에는 그것이 타인명의를 모용한 것이 아니면 위조가 되지 않으며, 반대로 자신의 이름을 기재한 경우에도 타인명의를 모용한 것으로 볼 수 있을 때에는 위조가 될 수 있다.[2] 명의인은 법인격을 가진 자임을 요하지 않고 법인격 없는 단체라도 좋다. 작성명의를 모용할 것을 요하므로 타인이 작성한 문서에 작성일자를 기재하는 것만으로는 위조가 되지 않는다.[3] 매수인이 단독명의로 신청할 수 있는 증명확인원의 매도인란에 타인의 이름을 기재한 경우에도 타인명의를 모용한 것은 아니므로 위조라고 할 수 없다.[4]

(다) **문서의 작성** 위조는 타인의 명의를 모용하여 문서를 작성하는 것 38
이다.

(a) **문서작성의 방법** 문서작성의 방법에는 제한이 없다. 새로운 문서를 39
작성하는 경우뿐만 아니라 기존문서를 이용하는 경우도 포함한다. 기존의 미완성문서에 가공하여 그 문서를 완성하거나 별개의 독립된 새로운 증명력을 가지는 문서를 작성하는 경우가 여기에 해당한다. 백지보충이 전자에 해당하며, 유효기간이 경과한 문서의 발행일자를 정정하여 새로운 문서를 만들거나[5] 증명서의 성명을 고쳐서 별개의 문서를 작성하였다고 볼 수 있는 경우[6]가 후자에 해당한다. 즉 기존의 문서를 변경하는 경우에도 중요부분을 변경하여 변경 전의 문서와

1 Gribbohm LK §267 Rn. 163; Hohmann/Sander 17/13; Sch/Sch/Cramer/Heine §267 Rn. 48; Tröndle/Fischer §267 Rn. 20; Wessels/Hettinger Rn. 821.
2 Lackner/Kühl §267 Rn. 19; Sch/Sch/Cramer/Heine §267 Rn. 52.
3 대법원 1983. 4. 26. 83도520.
4 대법원 1986. 9. 23. 86도1300.
5 대법원 1980. 11. 11. 80도2126, 「공문서 작성권한자의 부하인 업무담당자가 유효기간이 경과하여 무효가 된 공문서에 기간과 발행일자를 정정하여 정정기재부분에 함부로 작성권한자의 직인을 압날하였다면 공문서를 위조한 경우에 해당한다.」
6 대법원 1962. 12. 20. 62도183.

별개의 문서를 작성한 때에는 변조가 아니라 위조라고 해야 한다.

대법원은 타인의 주민등록증사본의 사진란에 자신의 사진을 붙여 복사한 행위(대법원 2000. 9. 5. 2000도2855)와 타인의 주민등록증을 복사기와 컴퓨터를 이용하여 전혀 별개의 주민등록증사본을 창출시킨 경우(대법원 2004. 10. 28. 2004도5183) 공문서위조에 해당한다고 하였다.

작성자가 자필로 작성할 것을 요하지 않고 간접정범에 의하여 작성할 수도 있다. 명의인이 내용을 오신하고 있는 것을 이용하여 명의인을 기망하여 그의 의사와 다른 내용의 문서를 작성하게 하는 경우가 여기에 해당한다.[1]

40 (b) **문서작성의 정도** 작성된 문서는 형식과 내용에 있어서 완전할 것을 요하지 않는다. 일반인으로 하여금 진정한 문서로 오인할 정도로 문서로서의 형식과 외관을 갖추고 있으면 족하며, 이로 인하여 본죄는 기수가 된다.[2] 명의인에게 손해가 발생할 것도 요하지 않는다.

따라서 ① 졸업증명서나 수료증에 성명 기재가 없는 경우(대법원 1962. 9. 27. 62도113), ② 작성명의자의 직인이나 인인(認印)(대법원 1958. 9. 26. 4291형상359) 또는 계인(契印)이 없는 경우(대법원 1959. 10. 16. 4292형상497), ③ 예금청구서에 작성명의자의 기명만 있고 날인이 빠진 경우(대법원 1984. 10. 23. 84도1729)에도 위조에 해당한다. 그러나 ① 작성인의 인장도 없고 모두에 사본이라고 써 두어 외관상 문서라고 볼 수 없는 것을 작성한 데 그친 경우(대법원 1965. 7. 20. 65도280), ② 토지사용에 관한 책임각서 등을 작성하면서 작성명의자의 서명이나 날인은 하지 않고 자기 이름으로 보증인란에 서명·날인한 경우(대법원 1997. 12. 26. 95도2221) 또는 ③ 적법하게 작성된 공문서 말미에 발송시에 당연히 첨부해야 할 도면을 붙인 것(대법원 1975. 7. 8. 74도3013)만으로는 문서를 위조하였다고 볼 수 없다.

41 **2) 변 조** 변조(Verfälschen)란 권한 없이 이미 진정하게 성립된 타인 명의의 문서내용에 그 동일성을 해하지 않을 정도로 변경을 가하는 것을 말한다.

예컨대 ① 인감증명서의 사용용도란의 기재를 변경한 경우(대법원 1985. 9. 24. 85도1490), ② 결재된 원안문서에 새로운 사항을 첨가 기재한 경우(대법원 1970. 12. 29. 70도116), ③ 첨부된 도면을 떼어내고 새로 작성한 도면을 가철한 경우(대법원 1982. 12. 14. 81도81), ④ 인터넷을 통하여 열람·출력한 등기사항전부증명서 하단의 열람 일시 부분을 수정 테이프로 지우고 복사한 경우(대법원 2021. 2. 25. 2018도19043) 등이 여기에 해당한다.

1 대법원 1970. 9. 29. 70도1759; 대법원 2000. 6. 13. 2000도778.
2 대법원 1988. 3. 22. 88도3; 대법원 1998. 4. 10. 98도164; 대법원 2008. 3. 27. 2008도443; 대법원 2010. 5. 13. 2008도10678.

변조된 문서의 내용이 객관적 진실에 합치하거나 명의인에게 유리하다고 해서 본죄의 성립에 영향이 있는 것은 아니다.[1]

「권한 없이」란 문서내용에 변경을 가할 권한이 없는 자를 의미한다. 문서의 42
작성권한자라도 변경을 가할 권한이 없는 자에 해당할 수 있다.[2] 변조는 문서의 내용에 변경을 가할 것을 요한다. 따라서 단순한 자구수정이나 문서의 내용에 영향을 미치지 않는 사실을 기재하는 것만으로는 변조가 되지 않는다.[3] 기존문서의 동일성을 해하지 않는 범위에서의 변경만 변조가 되므로 문서의 중요부분에 변경을 가하거나, 효력을 상실한 문서에 변경을 가하여 새로운 증명력을 가진 문서를 작성한 경우에는 위조에 해당하게 된다. 따라서 증명서의 사진을 뜯어내고 자신의 사진을 첩부한 때에는 위조에 해당한다.[4]

변조의 대상은 진정하게 성립된 문서에 한한다. 따라서 위조되거나 허위작성 43
된 문서는 변조의 객체가 되지 않는다.[5] 다만 이로 인하여 새로운 문서를 작성하였다고 인정될 때에는 위조가 될 수 있다. 또한 타인명의의 문서일 것을 요하므로 자기명의의 문서에 변경을 가하는 것은 변조가 아니라 문서손괴에 해당할 뿐이다.[6]

변조는 당초부터 그와 같은 내용으로 작성된 문서라고 일반인으로 하여금 믿을 수 있을 정도의 형식과 외관을 갖추어 문서로서의 신용을 해할 위험이 있으면 완성된다.[7]

(4) **주관적 구성요건** 본죄가 성립하기 위하여는 고의가 필요하다. 고 44
의는 권리·의무 또는 사실증명에 관한 문서를 위조 또는 변조한다는 점에 대한 인식과 의사이다. 이에 대한 고의는 문외한으로서의 소박한 인식으로 족하다. 타

1 대법원 1985. 1. 22. 84도2422; 대법원 1995. 2. 24. 94도2092.
2 대법원 2018. 9. 13. 2016도20954.
3 대법원 1981. 10. 27. 81도2055.
4 대법원 1991. 9. 10. 91도1610, 「피고인이 행사할 목적으로 타인의 주민등록증에 붙어 있는 사진을 떼어내고 그 자리에 피고인의 사진을 붙였다면 이는 기존 공문서의 본질적 또는 중요부분에 변경을 가하여 새로운 증명력을 가지는 별개의 공문서를 작성한 경우에 해당하므로 공문서위조죄를 구성한다.」
동지: 대법원 1998. 4. 10. 98도164.
5 대법원 1986. 11. 11. 86도1984, 「공문서변조라 함은 권한 없이 이미 진정하게 성립된 공무원 또는 공무소 명의의 문서내용에 대하여 그 동일성을 해하지 아니할 정도로 변경을 가하는 것을 말한다 할 것이므로 이미 허위로 작성된 공문서는 형법 제225조 소정의 공문서변조죄의 객체가 되지 아니한다.」
6 대법원 1987. 4. 14. 87도177.
7 대법원 1970. 7. 17. 70도1096.

인명의의 문서라는 점에 대한 인식도 고의의 내용이 된다.

45 본죄는 고의 이외에 행사의 목적을 필요로 하는 목적범이다. 「행사할 목적」이란 위조 또는 변조된 문서를 진정한 문서인 것처럼 사용할 목적을 말한다. 즉 상대방에게 문서의 진정에 대한 착오를 일으킬 목적을 말한다고 할 수 있다. 행사의 목적은 위조문서의 행사와 반드시 같은 의미를 가지는 것은 아니다. 따라서 행사라고 할 수 없는 경우에도 행사의 목적은 인정할 수 있게 된다. 행사의 목적은 미필적 인식으로 족하다는 견해[1]도 있다. 그러나 목적을 고의와 같은 의미로 해석할 수는 없으며, 초과주관적 구성요건요소인 행사의 목적은 적어도 직접적인 인식임을 요한다고 해야 한다.[2]

(5) 죄수 및 다른 범죄와의 관계

46 1) 죄 수 문서에 관한 죄의 죄수를 결정하는 기준에 관하여는 ① 문서의 수를 표준으로 해야 한다는 견해,[3] ② 범죄의사를 표준으로 해야 한다는 견해[4] 및 ③ 보호법익을 기준으로 해야 한다는 견해[5]가 대립되고 있다. 판례는 명의인의 수를 기준으로 2인 이상의 연명으로 된 문서를 위조한 때에는 수죄의 상상적 경합이 된다고 해석하고 있다.[6] 그러나 죄수를 결정함에 있어서는 법익을 기준으로 하면서 행위와 범죄의사도 함께 고려해야 한다. 따라서 하나의 행위로 수인 명의의 사문서를 위조한 경우는 물론 공문서위조와 사문서위조 또는 사문서위조와 변조가 행하여진 때에도 1죄만 성립한다. 본죄와 위조사문서행사죄의 관계에 관하여는 양 죄의 경합범이 된다고 해석하는 견해[7]도 있으나, 상상적 경합이 된다고 하는 것이 타당하다.

47 2) 다른 범죄와의 관계 명의인이 문맹임을 이용하여 문서를 작성하게 한 때에는 본죄와 사기죄의 관계가 문제된다. 명의인이 문서의 내용을 모르고 문

1 서일교 254면; 오도기(공저) 532면; 진계호 576면.
판례도 문서변조에 있어서 행사할 목적이란 미필적 인식으로 족하다고 한다(대법원 2006. 1. 26. 2004도788).

2 Gribbohm LK §267 Rn. 270; Hoyer SK §267 Rn. 92; Maurach/Schroeder/Maiwald 65/73; Sch/Sch/Cramer/Heine §267 Rn. 91; Tröndle LK §267 Rn. 198; Wessels/Hettinger Rn. 837.

3 정영석 181면.

4 황산덕 139면.

5 서일교 260면; 유기천 188면; 진계호 574면.

6 대법원 1956. 3. 2. 4288형상343; 대법원 1987. 7. 21. 87도564.

7 김일수/서보학 583면; 박상기 530면; 이정원 617면; 정성근/박광민 581면; 정영석 181면; 진계호 574면.

서를 작성한 때에는 본죄가 성립하지만, 그 내용을 안 때에는 사기죄를 구성한다고 해야 한다. 자기명의의 문서에 대하여는 본죄가 성립할 수 없으므로 문서손괴죄가 성립할 뿐이다.

타인명의의 문서를 만들어 무고한 때에는 본죄와 무고죄의 상상적 경합이 된다. 타인의 명의를 도용하여 협회 교육원장을 비방하는 내용의 호소문을 작성한 후 이를 협회 회원들에게 우편으로 송달한 경우 사문서위조죄와 명예훼손죄가 각 성립하고, 이는 실체적 경합관계에 있다.[1]

예금통장을 강취하고 예금자 명의의 예금청구서를 위조한 다음 은행원에게 제출하여 예금을 인출한 때에는 강도죄 이외에 사문서위조죄, 동 행사죄 및 사기죄가 성립한다. 판례는 이들 범죄가 실체적 경합관계에 있다고 한다(대법원 1991. 9. 10. 91도1722). 도난 · 분실 또는 위조된 신용카드를 사용하여 물품을 구입하면서 매출전표에 서명하여 교부하는 행위는 여신전문금융업법의 신용카드 부정사용죄에 해당하며, 사문서위조 및 동 행사죄는 동죄에 흡수되어 별도로 성립하지 않는다(대법원 1992. 6. 9. 92도77).

48 (6) 몰 수 위조문서는 원칙적으로 제48조 1항에 의하여 몰수할 수 있다. 그러나 위조문서라 할지라도 선의의 제3자를 보호하기 위하여 그 효력을 인정할 필요가 있거나, 문서의 일부만 위조 또는 변조된 때에는 그 전부를 몰수할 수는 없다. 문서 또는 도화의 일부가 몰수에 해당하는 경우에는 그 부분을 폐기한다(동조 3항). 그러나 문서의 주된 부분이 위조되어 진정한 부분만으로는 독립하여 효력을 갖지 못할 때에는 그 전부를 몰수할 수 있다.

2. 자격모용에 의한 사문서작성죄

행사할 목적으로 타인의 자격을 모용하여 권리 · 의무 또는 사실증명에 관한 문서 또는 도화를 작성한 자는 5년 이하의 징역 또는 1천만원 이하의 벌금에 처한다(제232조).
미수범은 처벌한다(제235조).

49 본죄는 행사할 목적으로 타인의 자격을 모용하여 권리 · 의무 또는 사실증명에 관한 문서 또는 도화를 작성함으로써 성립하는 범죄이다. 대리권 또는 대표권을 가지지 아니하는 자가 타인의 대리자격 또는 대표자격이 있는 것으로 가장하여 문서를 작성하는 경우를 처벌하기 위한 것이다. 예컨대 대리권 없는 甲이 乙의

1 대법원 2009. 4. 23. 2008도8527.

대리인으로 자기명의(乙 대리인 甲)의 문서를 작성하는 경우가 여기에 해당한다. 다만 명시적으로 대표자 또는 대리인의 자격 표시가 없다 하더라도, 일반인으로 하여금 대표자 또는 대리인의 자격을 가진 자에 의해 작성된 문서라고 믿게 할 수 있는 정도의 형식과 외관을 갖춘 경우라면 본죄가 성립한다.[1] 자격을 모용하여 문서를 작성한 이상 문서행사의 상대방이 자격모용 사실을 알았다거나, 작성자가 그 문서에 모용한 자격과 무관한 직인을 날인하였다는 사정은 본죄의 성립에 영향이 없다.[2]

따라서 ① 재건축조합의 조합장이 아닌 사람이 재건축조합 조합장의 직함을 사용하여 재건축사업에 관한 계약서를 작성한 경우(대법원 2007. 7. 27. 2006도2330), ② 종중의 신임 대표자 등이 선임되고 전임 대표자에 대한 직무집행정지가처분결정이 있은 후 전임 대표자가 위 가처분결정을 알면서 대표자 자격으로 이사회 의사록 등을 작성한 경우(대법원 2007. 7. 26. 2005도4072), ③ 부동산중개사무소를 대표하거나 대리할 권한이 없는 사람이 부동산매매계약서의 공인중개사란에 자신을 ○○부동산 대표라고 기재한 경우(대법원 2008. 2. 14. 2007도9606)에는 자격모용에 의한 사문서 작성죄가 성립한다.

50 대리권 또는 대표권 없는 자가 타인의 대리인으로 자기명의의 문서를 작성하거나, 대리권 또는 대표권이 있다고 하여도 그 권한 이외의 사항에 관하여 대리권자 또는 대표권자 명의로 문서를 작성한 때에는 본죄에 해당한다. 그러나 대리권자 또는 대표권자가 그 대리명의나 대표명의 또는 본인명의를 사용하여 문서를 작성할 권한을 가지는 경우에 그 권한을 남용하여 자기 또는 제3자의 이익을 위하여 대리인 또는 대표자명의 또는 본인명의로 문서를 작성한 때에는 본죄에 해당하지 않는다.[3]

따라서 토지매수권한을 위임받은 대리인이 매도인측 대표자와 공모하여 매매 대금 일부를 착복하기로 하고 위임받은 특정 매매금액보다 낮은 금액을 허위로 기재한 매매계약서를 작성한 경우에는 자격모용 사문서작성죄를 구성하지 않는다(대법원 2007. 10. 11. 2007도5838).

1 대법원 2017. 12. 22. 2017도14560.
2 대법원 2022. 6. 30. 2021도17712.
3 대법원 2007. 10. 11. 2007도5838, 「타인의 대표자 또는 대리자가 그 대표 또는 대리명의로 문서를 작성할 권한을 가지는 경우에 그 지위를 남용하여 단순히 자기 또는 제3자의 이익을 도모할 목적으로 문서를 작성하였다 하더라도 자격모용 사문서작성죄는 성립하지 않는다.」
동지: 대법원 2010. 5. 13. 2010도1040.

3. 공문서위조 · 변조죄

행사할 목적으로 공무원 또는 공무소의 문서 또는 도화를 위조 또는 변조한 자는 10년 이하의 징역에 처한다(제225조).
미수범은 처벌한다(제235조).
10년 이하의 자격정지를 병과할 수 있다(제237조).

본죄는 행사의 목적으로 공무원 또는 공무소의 문서 또는 도화를 위조 또는 변조함으로써 성립하는 범죄이다. 사문서위조 · 변조죄에 대하여 객체가 공문서이기 때문에 불법이 가중된 가중적 구성요건이다. 공무원 또는 공무소의 직무상 작성명의로 되어 있는 공문서는 사문서에 비하여 신용력이 높다는 점을 고려한 것이다. 51

본죄의 객체는 공문서이다. 공문서는 공무원 또는 공무소가 직무상 작성한 문서를 말하며, 공법관계에서 작성된 것인가 사법관계에서 작성된 것인가를 불문한다. 공무원이 작성한 문서와 개인이 작성한 문서가 1개의 문서에 포함되어 있는 경우에 공무원이 작성한 증명문구에 의하여 증명되는 개인작성 부분도 공문서가 된다.[1] 공증인가 합동법률사무소에서 작성한 사서증서인증서[2]나 금융감독원 집행간부인 금융감독원장 명의의 문서[3]도 공문서이다. 다만, 허위로 작성된 공문서는 공문서변조죄의 객체인 공문서에 포함되지 않는다.[4] 52

행위는 위조 또는 변조이다. 위조 또는 변조는 작성권한 없는 자가 타인명의의 문서를 작성 또는 변경하는 것을 말한다. 작성권한이 있던 자가 인사이동되어 그 권한이 없어진 후 그 내용을 변경한 때에도 공문서변조죄에 해당한다.[5] 문서를 작성할 공무원을 보조하는 기안담당자[6] 또는 보충기재할 권한만 위임되어 있었던 업무보조자인 공무원이 임의로 허위문서를 작성한 경우도 위조라고 해야 한다.[7] 위조 또는 변조가 외견상 공무소 또는 공무원이 그 직무권한 내에서 작성한 공문서라고 볼 수 있을 정도의 형식과 외관을 갖출 것을 요하는 것은 사문서 53

1 대법원 1985. 9. 24. 85도1490; 대법원 2010. 6. 24 2008도11226.
2 대법원 1992. 10. 13. 92도1064.
3 대법원 2021. 3. 11. 2020도14666.
4 대법원 1986. 11. 11. 86도1984.
5 대법원 1996. 11. 22. 96도1862.
6 대법원 1981. 7. 28. 81도898; 대법원 1995. 3. 24. 94도1112; 대법원 2017. 5. 17. 2016도13912.
7 대법원 1984. 9. 11. 84도368; 대법원 1990. 10. 12. 90도1790; 대법원 1996. 4. 23. 96도424.

의 경우와 같다.[1] 사후에 권한있는 자의 동의나 추인이 있었더라도 본죄의 성립에는 영향이 없다.[2]

54 주관적 구성요건으로는 고의 이외에 행사의 목적이 있어야 한다.

4. 자격모용에 의한 공문서작성죄

행사할 목적으로 공무원 또는 공무소의 자격을 모용하여 문서 또는 도화를 작성한 자는 10년 이하의 징역에 처한다(제226조).
미수범은 처벌한다(제235조).
10년 이하의 자격정지를 병과할 수 있다(제237조).

55 행사할 목적으로 공무원 또는 공무소의 자격을 모용하여 문서 또는 도화를 작성함으로써 성립하는 범죄이다. 자격모용에 의한 사문서 작성죄에 대한 가중적 구성요건이라고 할 수 있다. 여기서 자격을 모용하여 공문서를 작성한다는 것은 일정한 지위를 허위로 기재한다는 것을 의미한다. 이와 같이 본죄는 타인의 자격만을 모용하는 것이라는 점에서, 타인명의를 모용하는 공문서위조죄와 구별된다. 따라서 타인의 자격뿐만 아니라 명의까지 모용하여 공문서를 작성한 때에는 본죄가 성립하는 것이 아니라 공문서위조죄가 성립한다.

Ⅲ. 허위문서작성죄

1. 허위진단서등 작성죄

의사 · 한의사 · 치과의사 또는 조산사가 진단서 · 검안서 또는 생사에 관한 증명서를 허위로 작성한 때에는 3년 이하의 징역이나 금고, 7년 이하의 자격정지 또는 3천만원 이하의 벌금에 처한다(제233조).
미수범은 처벌한다(제235조).

56 (1) 의 의 의사 · 한의사 · 치과의사 또는 조산사가 진단서 · 검안서 또는 생사에 관한 증명서를 허위로 작성한 때에 성립하는 범죄이다. 의사 · 한의사 · 치과의사 등이 작성하는 이러한 문서는 사문서이지만 일정한 전문직에 종사

1 대법원 1987. 9. 22. 87도1443; 대법원 1992. 5. 26. 92도699; 대법원 2003. 12. 26. 2002도7339.
2 대법원 2012. 1. 27. 2010도11884.

하는 사람들이 그 경험에 따라 작성하는 문서이므로 신빙도가 높다는 것을 고려하여 작성권한 있는 자가 허위내용의 문서를 작성하는 경우를 처벌하는 것이다. 사문서의 무형위조를 예외적으로 처벌하는 경우이다.

(2) 객관적 구성요건

1) **행위의 주체** 의사 · 한의사 · 치과의사 또는 조산사에 제한된다. 이러 57
한 신분자가 문서를 작성할 때에만 본죄가 성립하며, 간접정범에 의해서는 본죄가 성립할 수 없다는 의미에서 본죄는 자수범이다.[1]

2) **행위의 객체** 진단서 · 검안서 또는 생사에 관한 증명서이다. 진단서 58
란 의사가 진찰의 결과에 대한 판단을 표시하여 사람의 건강상태를 증명하기 위하여 작성하는 문서를 말하며,[2] 문서의 명칭은 묻지 않는다. 따라서 소견서로 표시된 것도 여기에 포함된다.[3] 검안서란 의사가 사람의 신체에 대하여 검안한 바를 기재한 문서를 말한다. 예컨대 의사가 창상을 조사하여 그 결과를 기재한 문서나 사체를 해부하여 검사한 결과를 기록한 문서가 여기에 해당한다. 생사에 관한 증명서란 출생 또는 사망사실 또는 사망의 원인을 증명하는 일종의 진단서를 말한다. 사망진단서가 그 예이다.

3) **행 위** 허위로 문서를 작성하는 것이다. 허위란 진실에 반하는 59
것을 말한다. 사실에 관한 것이건 판단에 관한 것이건 불문한다. 따라서 병명 · 사인 · 사망일시뿐만 아니라 치료 여부와 치료기간에 대한 기재도 허위의 대상이 될 수 있다.

(3) **주관적 구성요건** 본죄가 성립하기 위해서는 의사 등의 행위자가 60
자기의 신분뿐만 아니라 진단서 · 검안서 또는 생사에 관한 증명서를 작성한다는 사실과 기재내용이 허위라는 사실을 인식할 것을 요한다. 행사의 목적이 있을 것은 요하지 않는다. 허위라고 인식한 때에도 객관적 진실과 일치하는 때에는 본죄가 성립하지 않는다. 의사가 진찰을 소홀히 하거나 오진하여 진실에 반하는 기재

---

1 배종대 114/7; 손해목(주석) 403면; 유기천 163면.

2 대법원 2013. 12. 12. 2012도3173, 「환자의 인적사항, 병명, 입원기간 및 그러한 입원사실을 확인하는 내용이 기재된 '입퇴원 확인서'는 문언의 제목, 내용 등에 비추어 의사의 전문적 지식에 의한 진찰이 없더라도 확인 가능한 환자들의 입원 여부 및 입원기간의 증명이 주된 목적인 서류로서 환자의 건강상태를 증명하기 위한 서류라고 볼 수 없어 허위진단서작성죄에서 규율하는 진단서로 보기 어렵다.」

3 대법원 1990. 3. 27. 89도2083.

를 한 때에는 본죄의 고의를 인정할 수 없다.[1] 그러나 스스로 진단하지 않고 진단서를 작성할 때에는 본죄가 성립한다. 이 경우에도 기재내용이 진실과 일치할 때에는 본죄는 성립하지 않는다.

2. 허위공문서작성죄

공무원이 행사할 목적으로 그 직무에 관하여 문서 또는 도화를 허위로 작성하거나 변개한 때에는 7년 이하의 징역 또는 2천만원 이하의 벌금에 처한다(제227조).
미수범은 처벌한다(제235조).
징역에 처하는 경우에는 10년 이하의 자격정지를 병과할 수 있다(제237조).

61 (1) **의 의** 본죄는 공무원이 직무에 관하여 허위의 문서 또는 도화를 작성함으로써 성립하는 범죄이다. 공문서위조죄와 같이 문서의 진정을 보호하는 것이 아니라 내용의 진실을 보호하는 범죄이다. 형법이 공문서의 특수한 신용력을 고려하여 문서의 무형위조를 예외적으로 처벌하고 있는 경우에 속한다. 본죄를 고유한 의미의 공무원범죄로 파악하여 공무원의 직권남용죄로 규정하고 있는 입법례도 있으나,[2] 형법은 이를 문서에 관한 죄와 함께 규정하고 있다. 따라서 본죄의 보호법익도 공문서의 내용의 진실에 대한 공공의 신용이다.[3]

(2) **구성요건**

62 1) **주 체** 본죄의 주체는 직무에 관하여 문서 또는 도화를 작성할 권한이 있는 공무원이다. 이러한 의미에서 본죄는 문서의 작성권한자인 공무원을 주체로 하는 신분범이다.[4] 공무원이라 할지라도 문서의 작성권한이 없는 자는 본죄의 주체가 될 수 없다.

예컨대 ① 사법경찰관의 직무권한이 없는 행정서기보가 피의자신문조서를 작성하거나(대법원 1974. 1. 29. 73도1854), ② 동사무소 임시직원이 소재증명서를 작성하는 경우(대법원 1976. 10. 12. 76도1682)에는 본죄가 성립할 수 없다.

작성권한 있는 공무원이 문서의 명의인과 반드시 일치하는 것은 아니다. 따

1 대법원 1976. 2. 10. 75도1888; 대법원 2006. 3. 23. 2004도3360.
2 독일 형법 제348조는 허위공문서작성죄(Falschbeurkundung im Amt)를 공무원의 직권남용죄의 일종으로 규정하고 있다.
3 대법원 1962. 9. 27. 4294형상580; 대법원 1970. 11. 24. 70도1791.
4 대법원 1962. 5. 17. 4293형상297; 대법원 1984. 3. 13. 83도3152.

라서 명의인이 아니라 할지라도 전결권이 위임되어 있는 자는 본죄의 주체가 된다.[1] 그러나 문서를 보충기재할 권한만 위임되어 있는 자가 허위의 문서를 작성한 때에는 본죄가 성립하는 것이 아니라 공문서위조죄가 성립한다.[2]

2) 행위의 객체 행위의 객체는 공문서이다. 공문서란 공무소 또는 공무 63
원이 직무에 관하여 작성한 문서를 말한다. 따라서 사문서에 대하여는 본죄가 성립할 여지가 없다. 직무에 관한 문서란 공무원이 직무권한 내에서 작성한 문서를 말하며, 직무권한은 법률에 근거를 가질 것을 요하지 않는다. 명령 · 내규 또는 관례에 의한 직무집행으로 작성되는 경우를 포함한다.[3] 따라서 합동법률사무소명의로 작성된 공증에 관한 문서[4]뿐만 아니라, 외부 전문기관이 작성 · 보고하고 지방자치단체의 장 또는 계약담당자가 결재 · 승인한 '검사조서'[5]도 공문서에 해당한다. 사법경찰리가 작성한 피의자신문조서[6]나 건축사무기술검사원으로 위촉된 건축사가 작성한 준공검사조서[7]도 공문서에 속한다. 대외적인 문서에 한하지 않고 대내적인 기안문서도 포함된다.[8] 작성명의인이 명시되어야 하는 것도 아니다.

작성명의인이 명시되어 있지 아니하더라도 문서의 형식 · 내용 등 그 문서 자체에 의하여 누가 작성하였는지를 추측하여 알 수 있는 것이면 된다(대법원 1995. 11. 10. 95도2088).

3) 행 위 문서 · 도화를 허위로 작성하거나 변개하는 것이다. 64

(가) 문서의 허위작성 작성권한 있는 문서에 허위내용을 기재하는 것을 65
말한다. 허위란 진실에 반하는 것을 의미한다.

예컨대 ① 가옥대장에 무허가건물을 허가받은 건물로 기재하거나(대법원 1983. 12. 13. 83도1458) 가옥대장 기재와 다른 내용을 기재한 가옥증명서를 발행한 경우(대법원 1973. 10. 23. 73도395), ② 원본과 대조하지 않고 원본대조필을 날인하거나(대법원 1981. 9. 22. 80도3180), 준공검사를 하지 않고 준공검사를 하였다고 기재한 경우(대법원 1983. 12. 27. 82도3063; 대법원 1990. 10. 16. 90도1307), ③ 공사가 완성되지 아니하였다는 것을 알면서 준공검사조서를 작성한 경우(대법원 1995. 6. 13. 95도491), ④ 인감증

1 대법원 1977. 1. 11. 76도3884.
2 대법원 1984. 9. 11. 84도368; 대법원 1996. 4. 23. 96도424.
3 대법원 1978. 12. 13. 76도3467; 대법원 1995. 4. 14. 94도3401.
4 대법원 1977. 8. 23. 74도2715 전원합의체판결; 대법원 1994. 6. 28. 94누2046.
5 대법원 2010. 4. 29. 2010도875.
6 대법원 1975. 3. 25. 74도2855.
7 대법원 1980. 5. 13. 80도177.
8 대법원 1981. 12. 8. 81도943; 대법원 1995. 4. 14. 94도3401.

명서를 발행하면서 대리인의 신청에 의한 것을 본인의 신청에 의한 것으로 기재한 경우(대법원 1985. 6. 25. 85도758; 대법원 1997. 7. 11. 97도1082), ⑤ 소유권이전등기와 근저당권설정등기가 동시에 신청되고 그와 함께 등본 교부신청이 있는 경우에 등기공무원이 소유권이전등기만 기입한 등기부등본을 발급한 경우(대법원 1996. 10. 15. 96도1669), ⑥ 경찰서 보안과장이 운전자의 음주운전을 눈감아 주기 위하여 일련번호가 동일한 음주운전 적발보고서에 다른 사람의 음주운전사실을 기재하게 한 경우(대법원 1996. 10. 11. 95도1706)는 물론, ⑦ 경찰관이 피의자를 현행범으로 체포할 때 체포사유 및 변호인선임권을 고지하지 아니하였음에도 불구하고 '체포의 사유 및 변호인 선임권 등을 고지 후 현행범인 체포한 것임'이라는 내용의 현행범인체포서와 '현행범인으로 체포하면서 범죄사실의 요지, 구속의 이유와 변호인을 선임할 수 있음을 고지하고 변명의 기회를 주었다'는 내용의 확인서를 작성한 경우(대법원 2010. 6. 24. 2008도11226), ⑧ 공증담당 변호사가 법무사의 직원으로부터 인증촉탁서류를 제출받았을 뿐, 법무사가 공증사무실에 출석하여 사서증서의 날인이 당사자 본인의 것임을 확인한 바 없음에도 마치 그러한 확인을 한 것처럼 인증서에 기재한 경우(대법원 2007. 1. 25. 2006도3844)가 여기에 해당한다.

그러나 허위공문서작성죄란 공문서에 진실에 반하는 기재를 하는 때에 성립하는 범죄이므로, 고의로 법령을 잘못 적용하여 공문서를 작성하였다고 하더라도 그 법령적용의 전제가 된 사실관계에 대한 내용에 거짓이 없다면 허위의 문서를 작성한 것이 아니므로 허위공문서작성죄가 성립될 수 없다.

따라서 ① 건축 담당 공무원이 건축허가신청서를 접수·처리함에 있어 건축법상의 요건을 갖추지 못하고 설계된 사실을 알면서도 기안서인 건축허가통보서를 작성하여 건축허가서의 작성명의인인 군수의 결재를 받아 건축허가서를 작성한 경우(대법원 2000. 6. 27. 2000도1858),[1] ② 당사자로부터 뇌물을 받고 고의로 적용하여서는 안 될 조항을 적용하여 과세표준을 결정하고 그 과세표준에 기하여 세액을 산출하였다고 하더라도 그 세액계산서에 허위내용의 기재가 없는 경우(대법원 1996. 5. 14. 96도554) 허위공문서작성죄에는 해당

1 대법원 2000. 6. 27. 2000도1858, 「건축 담당 공무원이 건축허가신청서를 접수·처리함에 있어 건축법상의 요건을 갖추지 못하고 설계된 사실을 알면서도 기안서인 건축허가통보서를 작성하여 건축허가서의 작성명의인인 군수의 결재를 받아 건축허가서를 작성한 경우, 건축허가서는 그 작성명의인인 군수가 건축허가신청에 대하여 이를 관계법령에 따라 허가한다는 내용에 불과하고 위 건축허가신청서와 그 첨부서류에 기재된 내용(건축물의 건축계획)이 건축법의 규정에 적합하다는 사실을 확인하거나 증명하는 것은 아니라 할 것이므로 군수가 위 건축허가통보서에 결재하여 위 건축허가신청을 허가하였다면 위 건축허가서에 표현된 허가의 의사표시 내용 자체에 어떠한 허위가 있다고 볼 수는 없다 할 것이어서, 이러한 건축허가에 그 요건을 구비하지 못한 잘못이 있고 이에 담당 공무원의 위법행위가 개입되었다 하더라도 그 위법행위에 대한 책임을 추궁하는 것은 별론으로 하고 위 건축허가서를 작성한 행위를 허위공문서작성죄로 처벌할 수는 없다.」

하지 않는다.

문서의 허위작성은 부작위에 의하여도 가능하다. 예컨대 출납부에 수입사실을 기재하지 않는 것도 여기에 해당할 수 있다.[1]

신고에 의하여 문서의 내용을 기재함에 있어서 공무원이 실질적 심사권을 66
가지는 경우에 허위인 것을 알면서 이를 기재한 때에 본죄가 성립한다는 점에는 의문이 없다. 이에 반하여 등기부 · 가족관계등록부와 같이 공무원에게 형식적 심사권만 인정된 경우에 본죄가 성립하는가에 대하여는 견해가 대립되고 있다. **부정설**은 공무원은 일정한 형식을 구비한 신고가 있는 때에 문서를 작성할 직무상의 의무가 있다는 것을 이유로 본죄의 성립을 부정한다.[2] 그러나 신고사실이 허위인 것을 알고 문서를 작성한 이상 공문서에 대한 공공의 신용을 침해한 것이라고 보아야 하며, 공무원은 그 기재를 거부할 수 있다고 해야 하므로 본죄의 성립을 인정하는 **긍정설**이 타당하다.[3] 판례도 가족관계등록 공무원이 신고사항이 허위인 것을 알면서 가족관계등록부에 허위기재를 한 경우에 본죄의 성립을 인정하고 있다.[4] 우연히 신고사실이 허위임을 알고 기재한 때에는 본죄가 성립하지 않지만 신고자와 공모하여 허위사실을 기재한 때에는 본죄가 성립한다는 **중간설**도 있으나,[5] 공모가 있어야 범죄가 성립한다는 것은 옳다고 할 수 없다. 문서의 내용이 진실과 일치하는 때에는 기재내용이 실체법규에 위배되어 효력이 없다고 하여도 허위문서를 작성한 경우에는 해당하지 않는다.[6]

(나) **변 개** 변개(變改)란 작성권한 있는 공무원이 기존문서를 허위로 67
고 치는 것을 말한다. 기존문서를 전제로 한다는 점에서는 변조와 유사하나, 작성권한 있는 자의 행위임을 요한다는 점에서 양자는 구별된다.

(다) **기수시기** 본죄는 문서에 허위사실을 기재한 때 기수가 된다. 문서로 68
서의 형식과 외관을 갖춘 이상 반드시 명의인의 날인을 명시할 것을 요하지 않으

1 대법원 1960. 5. 18. 4293형상125.
2 서일교 262면; 손해목(주석) 397면; 오도기(공저) 534면; 정영석 174면; 진계호 579면.
3 김성돈 653면; 김일수/서보학 601면; 배종대 114/16; 백형구 522면; 신동운 445면; 오영근 589면; 유기천 166면; 이정원 626면; 임웅 745면; 정성근/박광민 599면.
4 대법원 1977. 12. 27. 77도2155, 「호적공무원이 신고사항이 허위인 것을 알고 있으면서 고의로 신고인의 뜻을 받아 이를 호적부에 기재한 때에는 허위공문서작성죄를 구성한다.」
5 서일교 262면; 정성근 742면.
6 손해목(주석) 397면; 유기천 166면.

며,[1] 하나의 공문서에 작성자가 2인 이상인 때에는 1인의 작성행위가 완료되면 본죄는 기수가 된다.[2]

69 4) 주관적 구성요건 본죄가 성립하기 위하여는 고의 이외에 행사의 목적이 있어야 한다. 공무원이 직무에 관하여 허위의 문서를 작성하거나 변개한다는 인식은 고의의 내용이 된다. 허위라는 사실을 인식한 이상 상사 또는 상급관청의 양해나 지시가 있었다고 하여 고의가 부정되는 것은 아니다.[3] 다만 단순한 오기나 부주의로 인한 기재누락에 불과한 경우,[4] 선례나 업무상의 관행에 따라서 기재한 것인 경우[5] 또는 오기가 통상 있을 수 있는 사소한 차이에 불과한 때[6]에는 허위작성의 고의가 있다고 할 수 없다.

70 (3) **간접정범의 성립 여부** 작성권한 있는 공무원이 권한 없는 자를 이용하거나 작성권한 있는 다른 공무원을 이용하여 허위공문서를 작성한 때에는 본죄의 간접정범이 성립할 수 있다.[7] 문제는 문서의 작성권한이 없는 자가 본죄의 간접정범이 될 수 있는가에 있다.

71 1) 공무원 아닌 자의 경우 공무원 아닌 자가 공무원을 이용하여 간접정범으로 본죄를 범할 수 있는가에 대하여 판례는 종래 공무원에게 허위사실을 기재한 증명원을 제출하여 그 정을 모르는 공무원으로부터 증명을 받은 경우에는 본죄의 간접정범이 성립한다고 판시한 바 있었다.[8] 그러나 대법원이 전원합의체 판결에 의하여 판례를 변경한 이래,[9] 판례는 일관하여 공무원 아닌 자가 본죄의

1 대법원 1973. 9. 29. 73도1765; 대법원 1995. 11. 10. 95도2088.
2 대법원 1973. 6. 26. 73도733.
3 대법원 1970. 6. 30. 70도1122; 대법원 1971. 11. 9. 71도1775.
4 대법원 1978. 4. 11. 77도3781; 대법원 1982. 12. 28. 82도1617.
5 대법원 1975. 11. 25. 75도2045; 대법원 1982. 7. 27. 82도1026.
6 대법원 1985. 5. 28. 85도327.
7 Otto S. 349; Tröndle LK §348 Rn. 3.
8 대법원 1955. 2. 25. 4286형상39.
9 대법원 1961. 12. 14. 4292형상645 전원합의체판결, 「형법은 무형위조에 관하여는 공문서에 관하여서만 이를 처벌할 뿐 일반사문서의 무형위조를 인정하지 아니할 뿐 아니라 공문서의 무형위조에 관하여도 동법 제227조의 허위공문서작성의 경우 이외에 특히 공무원에 대하여 허위의 신고를 하고 공정증서원본·면허장·감찰 또는 여권에 사실 아닌 기재를 하게 한 때에 한하여 동법 제228조의 경우의 처벌규정을 만들고 더구나 위 제227조의 경우의 형벌보다 현저히 가볍게 벌하고 있음에 지나지 아니하는 점으로 보면 공무원이 아닌 자가 허위의 공문서작성의 간접정범이 되는 때에는 동법 제228조의 경우 이외에는 이를 처벌하지 아니하는 취지로 해석함이 상당하다고 할 것이다.」

간접정범이 될 수 없다고 판시하고 있으며,[1] 학설도 간접정범의 성립을 부정하는 점에 견해가 일치하고 있다. 다만 그 근거에 관하여는 ① 공정증서원본 부실기재죄와의 관계에 비추어 본죄의 간접정범이 있을 수 없다고 설명하는 견해[2]와, ② 공무원 아닌 자가 정을 모르는 공무원에게 부실의 사실을 기재하게 하는 것은 허위공문서 작성죄의 구성요건 또는 실행행위의 정형성을 구비하지 못하였기 때문이라고 해석하는 견해[3]가 대립되고 있다. 공무원 아닌 자는 본죄의 교사범이나 방조범은 될 수 있어도 간접정범이 될 수 없다는 것은 타당하다. 그러나 공무원 아닌 자가 본죄의 간접정범이 될 수 없는 것은 공무원 아닌 자가 본죄의 정범이 될 수 있는 자격이 없기 때문이지 간접정범이나 실행행위의 정형을 갖추지 못하였기 때문이라고 할 수는 없다. 따라서 공무원 아닌 자는 본죄의 간접정범이 될 수 없는 자일 뿐만 아니라, 형법이 공정증서원본 등에 대하여만 본죄의 간접정범을 처벌하면서 본죄의 경우보다 가볍게 벌하고 있는 취지에 비추어 이 경우에는 간접정범의 성립을 인정할 수 없다고 해석하는 것이 타당하다.

2) 공무소 내의 공무원인 경우 문서의 작성권한은 없지만 당해 사무를 72
담당하는 공무원이 상사에게 허위보고를 하여 허위공문서를 작성한 경우에 본죄의 간접정범이 성립할 수 있는가에 관하여 판례는 공문서의 작성권한이 있는 공무원을 보좌하여 공문서의 기안을 담당하는 공무원이 그 직위를 이용하여 행사의 목적으로 허위공문서를 기안하여 그 정을 모르는 상사의 서명날인을 받아 공문서를 완성한 경우에는 허위공문서작성죄의 간접정범이 성립하고,[4] 공무원 아닌 자가 공문서작성을 보좌하는 공무원과 공모하여 허위의 문서초안을 상사에게

---

1 대법원 1962. 1. 31. 4294형상595; 대법원 1970. 7. 28. 70도1044; 대법원 2001. 3. 9. 2000도938; 대법원 2006. 5. 11. 2006도1663.

2 백형구 524면; 유기천 168면; 임웅 747면; 정성근/박광민 601면; 정영석 175면; 황산덕 142면.

3 서일교 267면; 오도기(공저) 535면; 진계호 581면.

4 대법원 1990. 10. 30. 90도1912, 「허위공문서작성죄의 주체는 직무상 그 문서를 작성할 권한이 있는 공무원에 한하고 작성권자를 보조하는 직무에 종사하는 공무원은 허위공문서작성죄의 주체가 되지 못하나 이러한 보조직무에 종사하는 공무원이 허위공문서를 기안하여 허위인 정을 모르는 작성권자에게 제출하고 그로 하여금 그 내용이 진실한 것으로 오신케 하여 서명 또는 기명날인케 함으로써 공문서를 완성한 때에는 허위공문서작성죄의 간접정범이 성립된다 할 것인바, 면의 호적계장이 정을 모르는 면장의 결재를 받아 허위내용의 호적부를 작성한 경우 허위공문서작성, 동행사죄의 간접정범이 성립된다.」

동지: 대법원 1986. 8. 19. 85도2728; 대법원 1990. 2. 27. 89도1816; 대법원 1990. 10. 16. 90도1170; 대법원 2010. 1. 14. 2009도9963; 대법원 2011. 5. 13. 2011도1415.

제출하여 결재케 함으로써 허위공문서를 작성케 한 경우에는 허위공문서작성죄의 간접정범의 공범으로서의 죄책을 진다고 판시하였다.[1] 통설도 같은 입장을 취하고 있다.[2] 다만 그 이유에 대하여는 ① 본죄의 본질이 공무원이라는 신분자의 권한남용을 방지하려는 데 있는 것으로 본죄의 신분은 공무원이라는 신분이 아니라 공무원이 직무에 관하여 문서를 작성하는 것을 말하며 따라서 본죄는 자수범이지만 이러한 경우에는 간접정범이 성립한다고 하거나,[3] ② 기안을 담당하는 보조공무원은 문서의 작성명의인은 아니지만 사실상 또는 실질적으로 작성권한을 가지고 있으므로 간접정범이 가능하다고 하거나,[4] 또는 ③ 신분범에는 간접정범이 인정되는 경우와 인정될 수 없는 경우가 있다는 전제에서 이러한 경우는 신분범이지만 간접정범이 인정된다고 설명하고 있다.[5]

73 그러나 ① 본죄는 공무원의 직권남용을 처벌하려는 것이 아니라 공문서의 신용력에 대한 공공의 신용을 보호하기 위한 범죄이며, ② 본죄의 주체는 작성권한 있는 공무원에 엄격히 제한되는 진정신분범이고,[6] ③ 진정신분범에 있어서 신분 없는 자가 신분 있는 자를 이용한 간접정범은 성립할 수 없으므로 이 경우에도 간접정범은 성립할 수 없다고 해석하는 것이 타당하다고 생각된다.[7] 이 경우에 처벌의 흠결은 입법에 의하여 보완되어야 할 것이며, 이를 해석에 의하여 해결하는 것은 허용될 수 없다.

74 (4) **다른 범죄와의 관계** 본죄는 허위진단서작성죄와 상상적 경합이 될 수 있다. 따라서 공무원인 의사가 허위진단서를 발행한 때에는 본죄와 허위진단서작성죄의 상상적 경합이 된다.[8] 본죄와 직무유기죄는 법조경합의 관계이다. 즉

1 대법원 1992. 1. 17. 91도2837.
2 배종대 **114**/21; 백형구 523면; 손동권/김재윤 655면; 손해목(주석) 397면; 오도기(공저) 535면; 유기천 171면; 정성근/박광민 603면; 진계호 581면.
3 유기천 171면.
4 배종대 **114**/23; 정성근/박광민 602면.
5 진계호 581면.
6 Joecks §348 Rn. 1; Lackner/Kühl §348 Rn. 2; Puppe NK §348 Rn. 1; Sch/Sch/Cramer/Heine §348 Rn. 1; Tröndle/Fischer §348 Rn. 2.
7 김성돈 650면; 김일수/서보학 604면; 오영근 592면; 이정원 630면; 이형국 621면; 임웅 751면.
8 판례는 허위진단서작성죄의 대상은 사문서인 진단서에 한정된다는 이유로 이 경우에는 허위공문서작성죄만 성립한다고 한다.

대법원 2004. 4. 9. 2003도7762, 「형법에 제225조 내지 제230조에서 공문서에 관한 범죄를 규정하고, 이어 제231조 내지 제236조에서 사문서에 관한 범죄를 규정하고 있는 점 등에 비추어 볼 때 형법 제233조 소정의 허위진단서작성죄의 대상은 공무원이 아닌 의사가 사문서로서 진단

허위공문서를 작성하는 것이 동시에 직무유기가 되는 때에는 허위공문서작성죄만 성립하고 별도로 직무유기죄는 성립하지 않는다.[1]

3. 공정증서원본등의 부실기재죄

① 공무원에 대하여 허위신고를 하여 공정증서원본 또는 이와 동일한 전자기록등 특수매체기록에 부실의 사실을 기재 또는 기록하게 한 자는 5년 이하의 징역 또는 1천만원 이하의 벌금에 처한다.
② 공무원에 대하여 허위신고를 하여 면허증, 허가증, 등록증 또는 여권에 부실의 사실을 기재하게 한 자는 3년 이하의 징역 또는 700만원 이하의 벌금에 처한다(제228조).
미수범은 처벌한다(제235조).

(1) 의 의 본죄는 공무원에 대하여 허위신고를 하여 공정증서원본 또는 이와 동일한 전자기록 등 특수매체기록이나 이에 준하는 신빙력이 인정되는 공문서에 부실의 사실을 기재하게 함으로써 성립하는 범죄이다. 허위공문서작성죄는 작성권한 있는 공무원을 주체로 하는 진정신분범이므로 이러한 신분이 없는 자가 간접정범으로 범할 수는 없다. 여기서 선의인 공무원에 대하여 허위신고를 하여 허위의 공문서를 작성하게 한 자는 허위공문서작성죄에 의하여 처벌받을 수 없게 된다. 이러한 의미에서 본죄는 간접정범의 형태에 의한 허위공문서작성죄를 특별히 규정하여 허위공문서작성죄에 의한 처벌의 결함을 보충하기 위한 범죄라고 할 수 있다.[2] 75

다만 형법은 독일 형법과 같이 허위공문서작성죄의 간접정범(mittelbare Falschbeurkundung)을 일반적으로 처벌하는 규정(제271조)을 두지 않고, 공정증서원본 · 면허증 · 허가증 · 등록증 또는 여권과 같이 특수한 신용력이 인정되는 공문서로 그 객체를 제한하고 있는 점에 특색이 있다.

서를 작성한 경우에 한정되고, 공무원인 의사가 공무소의 명의로 허위진단서를 작성한 경우에는 허위공문서작성죄만이 성립하고 허위진단서작성죄는 별도로 성립하지 않는다.」

그러나 허위진단서작성죄의 위치만으로 이를 사문서에 제한된다고 해석하는 것은 타당하지 않다.

1 대법원 1982. 12. 28. 82도2210; 대법원 1993. 12. 24. 92도3334; 대법원 2004. 3. 26. 2002도5004.

2 Gribbohm LK §271 Rn. 1; Hohmann/Sander 2 **20**/3; Hoyer SK §271 Rn. 4; Joecks §271 Rn. 3; Puppe NK §271 Rn. 2; Rengier **37**/4; Sch/Sch/Cramer/Heine §271 Rn. 1; Wessels/Hettinger Rn. 903.

76 형법은 본죄의 형을 허위공문서작성죄에 비하여 가볍게 하고 있다. 허위공문서작성죄의 불법에 대한 기초가 되는 공무원의 직무의무에 대한 침해가 본죄에 있어서는 인정되지 않는다는 점에 근거가 있다. 이 경우에 공무원이 정을 알면서 부실의 사실을 기재한 때에는 허위공문서작성죄가 성립하고, 이를 기재하게 한 자는 허위공문서작성죄의 교사범으로 처벌받게 된다.

(2) 구성요건

77 1) 주 체 본죄의 주체에는 제한이 없다. 공무원도 또한 본죄의 주체가 될 수 있다.

78 2) 행위의 객체 본죄의 객체는 공정증서원본 또는 이와 동일한 전자기록등 특수매체기록, 면허증·허가증·등록증 또는 여권이다.

79 (가) 공정증서원본 또는 이와 동일한 전자기록등 특수매체기록 공정증서의 개념에 관하여는 공무원이 직무상 작성하는 문서로서 권리·의무에 관한 사실을 증명하는 효력을 가진 것을 의미한다는 견해[1]와 권리·의무에 관한 사실을 증명할 것을 요하지 않고 사실을 증명하는 효력을 가진 공문서이면 족하다는 견해[2]가 대립되고 있다. 형법에는 일본 형법과 같은 '권리·의무에 관한'이라는 규정(제157조)을 두지 않고 있다. 그러나 본죄의 객체가 특히 중요한 증명력을 가진 공문서에 제한되어 있는 취지에 비추어 공정증서란 권리·의무에 관한 사실을 증명하는 공문서에 제한된다고 해석하는 것이 타당하다. 그러나 여기의 권리·의무는 반드시 재산상의 권리·의무에 한하지 않고 신분상의 그것도 포함한다. 예컨대 가족관계등록부·부동산등기부·상업등기부 또는 화해조서 등이 여기에 해당한다. 그러나 주민등록부나 인감대장,[3] 토지대장,[4] 가옥대장[5] 또는 자동차운전면허대장[6]은 권리·의무관계를 증명하는 공문서가 아니므로 공정증서에 속하지 않는다. 공증인이 인증한 사서증서도 사실을 증명하는 것에 불과하여 공정증서라고 할 수 없

1 김성돈 659면; 김일수/서보학 606면; 박상기 543면; 배종대 114/28; 손동권/김재윤 661면; 신동운 454면; 이영란 644면; 이형국 623면; 임웅 752면; 정성근/박광민 605면; 정영일 357면.

2 오도기(공저) 536면; 유기천 177면; 진계호 583면.

3 대법원 1968. 11. 19. 68도1231; 대법원 1969. 3. 25. 69도163.

4 대법원 1970. 12. 29. 69도2059; 대법원 1971. 1. 29. 69도2238; 대법원 1988. 5. 24. 87도2696.

5 대법원 1971. 4. 20. 71도359.

6 대법원 2010. 6. 10. 2010도1125.

다.[1] 공정증서도 공문서의 일종이므로 문서의 요건이 구비되어야 한다. 따라서 문자 또는 발음적 부호에 의하여 표시된 것만 공정증서가 될 수 있다. 본죄의 객체는 공정증서의 원본임을 요하므로 등본·사본 또는 초본은 물론, 공정증서의 정본도 여기에 해당하지 않는다.[2]

공정증서원본과 동일한 전자기록 등 특수매체기록이란 공정증서원본에 상당하는 권리·의무에 관한 일정한 사실을 공적으로 증명하는 효력을 가진 전자기록 등을 말한다. 예컨대 전산자료화한 부동산등기파일, 자동차등록파일, 특허원부 또는 가족관계등록파일 등이 여기에 해당한다.

(나) **면 허 증** 면허증이란 특정인에게 특정된 기능을 부여하기 위하여 공 80
무원이 작성하는 증서를 말한다. 예컨대 의사면허증·자동차운전면허증·수렵면허증 또는 침사자격증[3]이 여기에 해당한다. 이에 반하여 단순히 일정한 자격을 표시함에 불과한 시험합격증서나 교사자격증은 면허증에 포함되지 않는다.

(다) **허가증·등록증** 허가증이란 일정한 영업 또는 업무를 허가하였다는 81
사실을 증명하는 공무소의 문서를 말한다. 고물상 또는 주류판매의 영업허가증, 자동차의 영업허가증 등이 여기에 해당한다. 등록증은 일정한 자격을 취득한 자에게 그 활동에 상응하는 권능을 부여하기 위하여 공무원 또는 공무소가 작성하는 증서를 말한다. 예컨대 변호사·공인회계사·법무사·전문의·세무사 또는 변리사등록증이 여기에 해당한다. 이에 반하여 사업자등록증은 본죄의 등록증에 해당하지 않는다.[4]

(라) **여 권** 공무소가 여행자에게 발행하는 허가증을 말한다. 외국여 82
행자에게 교부하는 여권이나 가석방자에 대한 여행허가증이 그 예이다. 허위사실을 기재한 여권신청서에 의하여 여권을 발급받은 때에는 본죄와 여권법 위반죄의 상상적 경합이 된다.[5]

---

1 대법원 1975. 9. 9. 75도331; 대법원 1984. 10. 23. 84도1217.

2 대법원 2002. 3. 26. 2001도6503, 「형법 제228조에서 규정한 '공정증서원본'에는 공정증서의 정본이 포함된다고 볼 수 없으므로 부실의 사실이 기재된 공정증서의 정본을 그 정을 모르는 법원 직원에게 교부한 행위는 부실기재공정증서원본행사죄에 해당하지 아니한다.」

3 대법원 1976. 7. 27. 76도1709.

4 대법원 2005. 7. 15. 2003도6934, 「사업자등록증은 단순한 사업사실의 등록을 증명하는 증서에 불과하고 그에 의하여 사업을 할 수 있는 자격이나 요건을 갖추었음을 인정하는 것은 아니라고 할 것이어서 형법 제228조 제1항에 정한 등록증에 해당하지 않는다.」

5 대법원 1970. 7. 28. 70도837; 대법원 1974. 4. 9. 73도2334.

83 3) 행 위 본죄의 행위는 공무원에 대하여 허위신고를 하여 부실의 사실을 기재하게 하는 것이다. 허위신고에 의하여 부실의 사실을 기재하여야 하므로 허위신고와 부실기재 사이에는 인과관계가 있어야 한다. 따라서 허위신고에 의하지 않고 법원의 촉탁에 의하여 부실의 등기가 이루어진 때에는 본죄가 성립하지 않는다.[1]

84 (가) 허위신고 허위신고란 일정한 사실에 대하여 진실에 반하는 신고를 하는 것을 말한다. 내용이 허위인 경우뿐만 아니라 신고인이 자격을 사칭하는 경우를 포함한다. 사자명의로 소유권보존등기를 신청하거나,[2] 허위의 매매를 원인으로 소유권이전등기를 신청하거나,[3] 주금(株金)을 가장납입하여 증자등기를 신청하는 경우[4]가 여기에 해당한다. 신고의 방법에는 제한이 없다. 구두이건 서면에 의한 것이건, 자기명의이건 타인명의이건 불문한다. 확정판결에 의하여 등기신청을 하거나,[5] 화해조서에 의하여 등기신청을 하는 경우[6]에도 그 내용이 진실에 반하는 것을 알면서 신청한 때에는 허위신고에 해당할 수 있다.

85 (나) 부실의 사실의 기재 「부실의 사실을 기재하게 한다」는 것은 중요한 점에 있어서 진실에 반하는 사실을 기재하게 하는 것이다. 따라서 권리·의무와 관계 없는 예고등기를 말소하거나,[7] 등기원인을 명의신탁 대신에 매매라고 기재하는 것[8] 또는 사실과 다른 내용의 거래가액이 부동산등기부에 등재되도록 한 것[9]은 부실기재에 해당하지 않는다.

예컨대 유한회사의 사원이 상법 등 법령에 정한 회사설립의 요건과 절차에 따라 회사설립등기를 함으로써 회사가 성립하였다고 볼 수 있는 경우 유한회사의 사원 등 회사설립에 관여하는 사람이 회사를 설립할 당시 회사를 실제로 운영할 의사 없이 회사를 이용한 범죄 의도나 목적이 있었다거나, 회사로서의 인적·물적 조직 등 영업의 실질을 갖추지 않았다는 이유만으로는 불실의 사실을 법인등기부에 기록하게 한

1 대법원 1976. 5. 25. 74도568; 대법원 1983. 12. 27. 83도2442.
2 대법원 1969. 1. 28. 68도1596.
3 대법원 1960. 9. 14. 4293형상348.
4 대법원 1986. 8. 19. 85도2158; 대법원 1987. 11. 10. 87도2072; 대법원 2004. 6. 17. 2003도7645 전원합의체판결.
5 대법원 1969. 2. 25. 68도1787; 대법원 1996. 5. 31. 95도1967.
6 대법원 1981. 2. 24. 80도1584.
7 대법원 1972. 10. 31. 72도1966.
8 대법원 1957. 4. 12. 4290형상32; 대법원 2011. 7. 14. 2010도1025.
9 대법원 2013. 1. 24. 2012도12363.

것으로 볼 수 없다(대법원 2020. 3. 26. 2019도7729). 다만, 토지거래 허가구역 안의 토지에 관하여 실제로는 매매계약을 체결하고서도 처음부터 토지거래허가를 잠탈하려는 목적으로 등기원인을 '증여'로 하여 소유권이전등기를 경료한 경우, 비록 매도인과 매수인 사이에 '증여'를 원인으로 한 소유권이전등기를 경료할 의사의 합치가 있더라도, 위 매매계약이 확정적으로 무효인 이상 허위신고를 하여 공정증서원본에 부실의 사실을 기재하게 한 때에 해당한다(대법원 2007. 11. 30. 2005도9922).

비록 기재절차에 흠이 있는 경우라 할지라도 기재내용이 당사자의 의사나 실체권리관계와 일치하는 때에도 부실기재라고 할 수 없다.

판례는 ① 가장한 매매계약을 원인으로 가등기를 하거나(대법원 1970. 5. 12. 70도643; 대법원 1991. 9. 24. 91도1164) 매매를 가장하거나 잔금을 지급하지 않고 소유권이전등기를 했다 하더라도 그것이 당사자의 의사에 합치하거나(대법원 1972. 3. 28. 71도2417 전원합의체판결; 대법원 1996. 6. 11. 96도233), ② 당사자의 합의에 의하여 진정한 채무자가 아닌 제3자를 채무자로 기재한 근저당설정등기를 한 경우(대법원 1985. 10. 8. 84도2461), ③ 원인관계가 사실과 달라도 실체법률관계와 일치하는 경우(대법원 1998. 4. 14. 98도16; 대법원 2000. 3. 24. 98도105) 및 의제자백으로 승소판결을 받거나(대법원 1987. 3. 10. 86도864) 사망자를 상대로 승소판결을 받아 소유권이전등기를 한 절차상의 흠이 있어도 기재내용이 실체법률관계와 일치하는 경우(대법원 1982. 1. 12. 81도1702), ④ 피상속인에게 실체법상의 권리가 없는 경우에 상속인이 상속을 원인으로 하는 소유권이전등기를 한 경우(대법원 1987. 4. 14. 85도2661), ⑤ 1인주주회사에서 1인주주가 상법 소정의 절차를 거치지 않고 이사 해임등기를 한 경우(대법원 1996. 6. 11. 95도2817), ⑥ 공동상속인 중의 1인이 다른 공동상속인들과 합의 없이 법정상속분에 따른 공동상속등기를 마친 경우(대법원 1995. 11. 7. 95도898)에는 본죄가 성립하지 않는다고 판시하고 있다. 또 ⑦ 해외이주를 목적으로 일시 이혼하기로 하고 이혼신고를 하거나(대법원 1976. 9. 14. 76도1074) 기망에 의하여 협의상 이혼의 확인을 받아 가족관계등록부에 이혼사실을 기재한 경우에는 본죄가 성립하지 않지만(대법원 1997. 1. 24. 95도448), 위장결혼을 하고 혼인신고를 한 때에는 혼인의사가 없기 때문에 부실의 사실을 기재한 경우에 해당하며(대법원 1985. 9. 10. 85도1481; 대법원 1996. 11. 22. 96도2049), ⑧ 허위의 소유권이전등기를 경료한 자가 자신의 채권자와의 합의로 그 부동산에 근저당설정등기를 경료한 경우(대법원 1997. 7. 25. 97도605)나 ⑨ 발행인과 수취인 사이에 통정허위표시로서 무효인 어음발행행위를 공증인에게 진정한 어음발행행위가 있는 것처럼 신고함으로써 공증인으로 하여금 어음발행행위에 대하여 집행력 있는 어음공정증서원본을 작성하게 한 경우(대법원 2012. 4. 26. 2009도5786), ⑩ 실제로는 채권·채무관계가 존재하지 않는데도 허위의 채무를 가장하고 이를 담보한다는 명목으로 허위의 근저당권설정등기를 마친 경우(대법원 2017. 2. 15. 2014도2415)에도 본죄가 성립한다고 한다.

86 중간생략등기(中間省略登記)가 본죄에 해당하는가에 대하여는 **긍정설**[1]과 **부정설**[2]이 대립되고 있다. 그러나 중간생략등기는 사회에서 널리 행하여지고 있을 뿐만 아니라, 이 경우에 등기부의 기재내용은 당사자의 의사 또는 실체법률관계와 일치된다고 할 것이므로 본죄가 성립하지 않는다고 해석하는 것이 타당하다. 판례도 중간생략등기의 경우에는 본죄가 성립하지 않는다고 판시하고 있다.[3]

87 **(다) 착수와 기수시기** 본죄의 착수시기는 허위신고시를 기준으로 판단하여야 한다. 이에 반하여 허위신고에 의하여 공정증서원본 등에 부실의 기재가 된 때에 본죄는 기수에 이르게 된다. 따라서 허위신고를 하였으나 기재되지 아니한 때에는 본죄의 미수에 해당한다. 부실의 기재를 하면 족하며 이로 인하여 실해가 발생하였을 것을 요하는 것은 아니다. 부실의 기재를 한 후에 기재내용이 객관적 권리관계와 일치하게 되었는가의 여부는 본죄의 성립에 영향이 없다.[4]

88 **4) 고 의** 본죄도 고의범이므로 허위신고에 의하여 부실의 사실을 기재한다는 점에 대한 인식이 있을 것을 요한다. 객관적으로 부실의 기재가 있는 경우에도 이에 대한 인식이 없는 때에는 본죄가 성립하지 않는다.

Ⅳ. 위조등 문서행사죄

1. 위조 · 변조 · 작성 사문서행사죄

제231조 내지 제233조의 죄에 의하여 만들어진 문서, 도화를 행사한 자는 그 각 죄에 정한 형에 처한다(제234조).
미수범은 처벌한다(제235조).

89 **(1) 의 의** 본죄는 사문서위조 · 변조죄에 의하여 위조 · 변조되거나, 자격모용에 의한 사문서작성죄에 의하여 작성된 사문서 또는 의사 등에 의하여 작성된 허위진단서 등을 행사함으로써 성립하는 범죄이다. 위조등 문서행사죄의 기본적 구성요건에 해당하는 범죄이다.

1 박상기 545면; 임웅 757면; 황산덕 163면.
2 김성돈 662면; 김일수/서보학 610면; 배종대 114/34; 오도기(공저) 536면; 유기천 176면; 이정원 638면; 이형국 626면; 정성근/박광민 610면; 진계호 585면.
3 대법원 1967. 9. 29. 67도1090; 대법원 1967. 11. 28. 66도1682.
4 대법원 1998. 4. 14. 98도16; 대법원 2007. 6. 28. 2007도2714.

(2) 객관적 구성요건

1) 주 체 본죄의 주체에는 제한이 없다. 반드시 사문서를 위조 · 변조 또는 작성한 범인이 행사할 목적으로 위조 또는 변조한 것임을 요하지 않는다. 위조 · 변조한 범인이 행사한 때에는 양 죄의 상상적 경합이 된다. 90

2) 행위의 객체 위조 · 변조 또는 자격모용에 의하여 작성된 사문서와 허위로 작성한 진단서, 검안서 또는 생사에 관한 증명서이다. 91

3) 행 위 본죄의 행위는 행사하는 것이다. 행사(Gebrauchen)란 위조 또는 변조된 문서를 진정한 문서로 사용하는 것, 즉 법적 거래에 있어서 문서의 기능적 이용을 말한다. 문서를 진정한 것으로 사용하는 경우뿐만 아니라 내용이 진실한 것으로 사용하는 것도 포함한다.[1] 사용한다는 것은 문서를 인식할 수 있는 상태에 두는 것이다. 문서를 현실로 보았을 것을 요하지 않는다. 92

행사의 상대방에는 제한이 없다. 위조된 문서의 작성명의인이나[2] 도구로 이용된 간접정범[3]이라고 하여 행사의 상대방이 될 수 없는 것은 아니다. 다만 상대방은 문서가 위조 또는 변조된 사실을 모를 것을 요한다. 따라서 그 정을 아는 공범자에게 이를 제시 · 교부한 때에는 행사라 할 수 없다.[4] 행사의 방법에도 제한이 없다. 상대방이 인식할 수 있는 상태에 두는 행위면 족하다. 교부 또는 제시뿐만 아니라 등기부와 같이 비치하여 열람할 수 있는 상태에 두는 것도 포함한다.[5] 우편물을 발송하여 도달하게 하는 것도 행사에 해당한다. 93

행사는 위조 또는 변조된 문서 자체에 대한 것임을 요한다. 다만 기계적 방법으로 복사된 사본을 제시하는 것도 행사가 된다(제237조의2). 따라서 위조된 문서의 복사본을 인증한 다음 소장에 첨부하여 법원에 제출하거나,[6] 소장에 사본하여 첨 94

1 대법원 1986. 2. 25. 85도2798, 「위조 · 변조 · 허위작성된 문서의 행사죄는 이와 같은 문서를 진정한 것 또는 그 내용이 진실한 것으로 각 사용하는 것을 말하는 것이므로 그 문서가 위조 · 변조 · 허위작성되었다는 정을 아는 공범자 등에게 제시 · 교부하는 경우 등에 있어서는 행사죄가 성립할 여지가 없다.」

2 대법원 2005. 1. 28. 2004도4663.

3 대법원 2012. 2. 23. 2011도14441.

4 대법원 1986. 2. 25. 85도2798; 대법원 2005. 1. 28. 2004도4663.

5 대법원 1989. 12. 12. 89도1253.

6 대법원 1988. 1. 19. 87도1217, 「위조문서행사죄에 있어서의 행사는 위조된 문서를 진정한 문서인 것처럼 타인에게 제시함으로써 성립하는 것이므로 위조된 매매계약서를 피고인으로부터 교부받은 변호사가 복사본을 작성하여 원본과 동일한 문서임을 인증한 다음 소장에 첨부하여 법원에 제출함으로써 위조문서행사죄는 성립된다.」

부하도록 교부하는 것[1]도 행사에 해당한다.[2] 뿐만 아니라 위조된 문서를 모사전송의 방법으로 제시하거나 컴퓨터에 연결된 스캐너(scanner)로 읽어 들여 이미지화한 다음 이를 전송하여 컴퓨터 화면상에서 보게 하는 경우도 행사가 된다.[3]

95 행사는 문서를 상대방에게 인식할 수 있는 상태에 둠으로써 기수가 된다. 상대방이 문서의 내용을 인식하였거나 문서에 대한 사회적 신용이 침해되었을 것을 요하지 않는다. 따라서 위조된 문서를 우송한 경우에는 그 문서가 상대방에게 도달한 때에 기수가 되고 상대방이 실제로 그 문서를 보아야 하는 것은 아니다.[4] 그러나 위조된 면허증을 소지하고 자동차를 운전한 것만으로는 행사에 해당하지 않는다.[5]

96 (3) **주관적 구성요건** 본죄가 성립하기 위하여는 위조 · 변조 · 자격모용에 의하여 작성된 사문서 또는 허위작성된 진단서 등에 대한 인식과 이를 행사한다는 점에 대한 고의가 있어야 한다. 행사의 동기가 무엇인가는 문제되지 않는다. 사문서의 위조 또는 변조의 경우와 달리 고의가 있으면 족하며, 행사의 목적이 있을 것은 요하지 않는다.

2. 위조 · 변조 · 작성 공문서행사죄

제225조 내지 제228조의 죄에 의하여 만들어진 문서 · 도화 · 공정증서원본 · 면허증 · 허가증 · 등록증 또는 여권을 행사한 자는 그 각 죄에 정한 형에 처한다(제229조).
미수범은 처벌한다(제235조)
징역에 처할 경우에는 10년 이하의 자격정지를 병과할 수 있다(제237조).

97 본죄는 위조 · 변조한 공문서, 자격모용에 의하여 작성한 공문서, 허위작성한 공문서 또는 부실기재한 공정증서원본 등을 행사함으로써 성립하는 범죄이다.

1 대법원 1989. 9. 12. 87도506 전원합의체판결; 대법원 1994. 3. 22. 94도4; 대법원 1994. 9. 30. 94도1787.

2 대법원 1995. 12. 26. 95도2389; 대법원 2004. 10. 28. 2004도5183; 대법원 2011. 9. 29. 2010도14587.

3 대법원 2008. 10. 23. 2008도5200, 「휴대전화 신규 가입신청서를 위조한 후 이를 스캔한 이미지 파일을 제3자에게 이메일로 전송한 경우, 이미지 파일 자체는 문서에 관한 죄의 '문서'에 해당하지 않으나, 이를 전송하여 컴퓨터 화면상으로 보게 한 행위는 이미 위조한 가입신청서를 행사한 것에 해당하므로 위조사문서행사죄가 성립한다.」

4 대법원 2005. 1. 28. 2004도4663.

5 대법원 1956. 11. 2. 4289형상240.

위조 · 변조 · 작성 사문서행사죄에 대하여 객체가 공문서이기 때문에 형을 가중한 경우이다.

위조문서행사죄는 문서의 형태로 위조가 완성된 것을 전제로 하는 것이므로, 공문서로서의 형식과 외관을 갖춘 문서에 해당하지 않아 공문서위조죄가 성립하지 않는 경우에는 위조공문서행사죄도 성립할 수 없다.[1]

Ⅴ. 문서부정행사죄

1. 사문서등 부정행사죄

> 권리 · 의무 또는 사실증명에 관한 타인의 문서 또는 도화를 부정행사한 자는 1년 이하의 징역이나 금고 또는 300 만원 이하의 벌금에 처한다(제236조).

권리 · 의무 또는 사실증명에 관한 타인의 문서 또는 도화를 부정행사함으로 98
써 성립하는 범죄이다. 부정행사란 권리 · 의무 또는 사실증명에 관한 진정성립된 타인의 사문서를 사용할 권한 없는 자가 문서명의자로 가장 행세하여 이를 사용하는 것을 말한다. 판례에 의하면 절취한 후불식 전화카드를 사용하여 공중전화를 한 경우에는 본죄가 성립한다.[2] 사용할 권한이 있는 자가 본래의 사용목적 이외의 다른 사실을 직접 증명하는 용도에 이를 사용하는 것이 부정행사에 해당하는가가 문제되나, 판례는 이를 긍정한다.[3] 그러나 사문서부정행사죄의 객체는 용도가 특정되어 작성된 사문서임을 요하므로 실질적인 채권채무관계 없이 당사자간의 합의로 작성한 '차용증 및 이행각서'를 이용하여 대여금청구소송을 제기하면서 이를 법원에 제출한 경우에는 사문서부정행사죄에 해당하지 않는다.[4] 보

1 대법원 2020. 12. 24. 2019도8443.

2 대법원 2002. 6. 25. 2002도461, 「사용자에 관한 각종 정보가 전자기록되어 있는 자기띠가 카드번호와 카드발행자 등이 문자로 인쇄된 플라스틱 카드에 부착되어 있는 전화카드의 경우에는 그 자기띠 부분은 카드의 나머지 부분과 불가분적으로 결합되어 전체가 하나의 문서를 구성하므로, 전화카드를 공중전화기에 넣어 사용하는 경우 비록 전화기가 전화카드로부터 판독할 수 있는 부분은 자기띠 부분에 수록된 전자기록에 한정된다고 할지라도, 전화카드 전체가 하나의 문서로서 사용된 것으로 보아야 하고 그 자기띠 부분만 사용된 것으로 볼 수는 없으므로 절취한 전화카드를 공중전화기에 넣어 사용한 것은 권리의무에 관한 타인의 사문서를 부정행사한 경우에 해당한다.」

3 대법원 1978. 2. 14. 77도2645.

4 대법원 2007. 3. 30. 2007도629.

관하고 있던 문서를 증거로 법원에 제출하는 것도 부정행사에 해당하지 않는다.[1] 객체가 진정한 사문서라는 점에서 위조·변조등 사문서행사죄와 구별된다.

2. 공문서등 부정행사죄

공무원 또는 공무소의 문서 또는 도화를 부정행사한 자는 2년 이하의 징역이나 금고 또는 500만원 이하의 벌금에 처한다(제230조).
미수범은 처벌한다(제235조).

99 공무원 또는 공무소의 문서 또는 도화를 부정행사함으로써 성립하는 범죄이다. 객체가 진정하게 작성된 공문서라는 점에서 위조공문서행사죄와 구별된다. 여기서 부정행사에는 사용목적이 특정되어 있는 공문서를 사용권한 없는 자가 사용용도에 따라 사용하는 경우와 권한 있는 자가 정당한 용법에 반하여 부정하게 사용하는 것을 생각할 수 있다. 먼저 사용권한 없는 자가 용도에 따라 사용한 경우에 본죄가 성립한다는 점에는 이론이 없다. 즉 이 경우의 부정행사는 용도에 따른 사용일 것을 요하므로 문서의 용도 외 사용일 때에는 본죄에 해당하지 않는다.

따라서 다른 사람의 주민등록증을 소지하다가 검문경찰관에게 제시하거나(대법원 1982. 9. 28. 82도1297), 자동차 대여업체의 직원으로부터 운전면허증의 제시요구를 받고 타인의 운전면허증을 제시하는 것이 본죄에 해당한다는 점에는 의문이 없다(대법원 1998. 8. 21. 98도1701). 이에 반하여 습득한 타인의 주민등록증으로 이동전화 가입신청을 한 경우에는 용도에 따라 사용한 것이 아니므로 본죄가 성립하지 않는다.[2] 문제는 신분확인을 위하여 신분증명서의 제시를 요구받고 운전면허증을 제시한 경우에 본죄가 성립하는가에 있다. 대법원은 종래 신분확인을 요구받고 타인의 운전면허증을 제시하는 것만으로는 본죄가 성립하지 않는다(대법원 1991. 7. 12. 91도1052; 대법원 1996. 10. 11. 96도1733)고 하였으나, 전원합의체판결을 통하여 그 태도를 변경하여 본죄의 성립을 인정하였다(대법원 2001. 4. 19. 2000도1985 전원합의체판결).[3] 운전면허증

1 대법원 1985. 5. 28. 84도2999.

2 대법원 2003. 2. 26. 2002도4935, 「피고인이 기왕에 습득한 타인의 주민등록증을 피고인 가족의 것이라고 제시하면서 그 주민등록증상의 명의 또는 가명으로 이동전화 가입신청을 한 경우, 타인의 주민등록증을 본래의 사용용도인 신분확인용으로 사용한 것이라고 볼 수 없어 공문서부정행사죄가 성립하지 않는다.」

3 대법원 2001. 4. 19. 2000도1985 전원합의체판결, 「운전면허증은 운전면허증에 표시된 사람이 운전면허시험에 합격한 사람이라는 자격증명과 이를 지니고 있으면서 내보이는 사람이 바로 그 사람이라는 동일인 증명의 기능도 동시에 가지고 있다. 인감증명법상 인감신고인 본인 확인, 공직선거및선거부정방지법상 선거인 본인 확인, 부동산등기법상 등기의무자 본인 확인 등 여러 법령에 의한 신분확인 절차에서도 운전면허증은 신분증명서의 하나로 인정되고 있다. 금융기관과의 거래에 있어서도 운전면허증에 의한 실명확인이 인정되는 등 현실적으로 운전면허증은 주민

도 신분증명서로 널리 사용되고 있고 동일인 증명의 기능도 가지고 있다고 할 것이므로 본죄의 성립을 인정하는 것이 타당하다. 판례는 도로교통법 제92조 제2항에서 제시의 객체로 규정한 운전면허증은 적법한 운전면허의 존재를 추단 내지 증명할 수 있는 운전면허증 그 자체를 가리키는 것이지 그 이미지파일 형태는 여기에 해당하지 않으므로, 자동차 등의 운전자가 경찰공무원에게 다른 사람의 운전면허증 자체가 아니라 이를 촬영한 이미지파일을 휴대전화 화면 등을 통하여 보여주는 행위는 운전면허증의 특정된 용법에 따른 행사라고 볼 수 없는 것이어서 공문서부정행사죄를 구성하지 아니한다고 판시하였다(대법원 2019. 12. 12. 2018도2560). 또한 조세범처벌법위반 사건으로 지방세무서 조사과에서 조사를 받으면서 다른 사람인 것처럼 행세하기 위하여 다른 사람 명의 국가유공자증을 조사관에게 제시한 경우 국가유공자증의 본래 용도는 제시인이 국가유공자법에 따라 등록된 국가유공자로서 관련 혜택을 받을 수 있는 자격이 있음을 증명하는 것이고, 신분의 동일성을 증명하는 것이 아니므로 공문서부정행사죄가 성립하지 않는다(대법원 2022. 10. 14. 2020도13344).

사용권한 있는 자의 용도 외 사용이 본죄의 부정행사에 해당하는가에 관하여는 **긍정설**[1]과 **부정설**[2]이 대립되고 있다. 부정설은 사용권한 없는 자의 용도 외 사용이 부정사용에 해당하지 않는데 권한 있는 자의 용도 외 사용은 본죄에 해당한다고 해석하는 것은 균형이 맞지 않는다는 것을 이유로 한다. 이론상 부정설이 타당하다고 할 수 있다. 판례는 긍정설을 일관하고 있으나 이는 사용권한자와 사용목적이 특정되어 작성된 공문서에 대하여는 사용권한 있는 자의 용도 외 사용이 부정사용에 해당할 수 있다는 전제에서 용도가 다양한 공문서의 경우에는 사용권한 있는 자의 용도 외 사용이 본죄를 구성하지 않는다는 것을 설명한 것에 불과하다.

따라서 판례는 인감증명서 또는 등기필증과 같이 사용권한자가 특정되어 있지 않고 용도도 다양한 공문서를 문서 본래의 취지에 따라 행사하거나(대법원 1981. 12. 8. 81도1130; 대법원 1983. 6. 28. 82도1985), 피증명인만 사용할 수 있는 것이 아닌 신원증명서를 피증명인의 의사에 의하지 아니하고 사용하였거나(대법원 1993. 5. 11. 93도127), 타인의 주민등록표 등본을 자기의 것인 것

등록증과 대등한 신분증명서로 널리 사용되고 있다. 따라서, 제3자로부터 신분확인을 위하여 신분증명서의 제시를 요구받고 다른 사람의 운전면허증을 제시한 행위는 그 사용목적에 따른 행사로서 공문서부정행사죄에 해당한다고 보는 것이 옳다.」

1 배종대 **114**/43; 백형구 528면; 임웅 767면; 정영석 170면.

2 김성돈 671면; 김성천/김형준 827면; 김일수/서보학 616면; 박상기 552면; 손동권/김재윤 668면; 신동운 475면; 오영근 607면; 이정원 644면; 이형국 631면; 정성근/박광민 617면.

처럼 행사하였거나(대법원 1999. 5. 14. 99도206) 또는 화해조서경정결정신청 기각결정문을 화해조서정본인 것처럼 등기서류로 제출하는 것(대법원 1984. 2. 28. 82도2851)은 본죄에 해당하지 않는다고 한다.

Ⅵ. 전자기록위작 · 변작등죄

1. 의 의

100 사무처리를 그르치게 할 목적으로 전자기록 등 특수매체기록을 위작 또는 변작함으로써 성립하는 범죄이다. 전자기록 등 특수매체기록에 대하여 문서와 같은 형법적 보호가 가능하도록 1995년의 형법개정에 의하여 신설된 규정이다. 컴퓨터 등 정보처리장치의 보급이 확대됨에 따라 관공서나 기업체의 각종 파일 등 전자기록이 종래의 장부나 원장류에 대신하여 정보를 기록하는 수단으로 사무처리에 널리 이용되고 있고, 그것이 정보통신시스템을 매개로 외부로부터의 조회에 자동적으로 이용되기에 이르러 문서에 못지 않는 중요한 사회적 기능을 갖게 되었다. 컴퓨터 등 정보처리장치에서 출력된 기록은 현행법상으로도 문서에 해당하여 형법에 의한 보호를 받을 수 있는 것은 물론이다. 그러나 매체에 기록되어 출력되기 전의 전자기록은 문서의 요건인 가시성과 가독성이 없기 때문에 문서에 해당한다고 할 수 없다. 전자기록은 입력된 정보가 기존의 데이터와 함께 처리 가공되어 만들어지고 기록에 명의인이 없거나 분명하지 않은 경우가 많아 문서의 경우와 같은 명의인을 생각하는 것도 곤란하다. 이러한 의미에서 본죄는 문서범죄에 있어서의 처벌의 흠결을 보완하여 컴퓨터범죄에 효율적으로 대처하기 위한 규정이라고 할 수 있다.[1] 형법은 공문서와 사문서를 구별하는 태도에 따라 전자기록에 관하여도 공전자기록 위작 · 변작죄와 사전자기록 위작 · 변작죄를 구별해서 규정하고 있다.

101 본죄의 보호법익은 전자기록에 대한 거래의 안전과 신용이다.[2]

---

1 Gribbohm LK §269 Rn. 1; Hoyer SK §269 Rn. 2; Joecks §269 Rn. 2; Maurach/Schroeder/Maiwald 65/87; Sch/Sch/Cramer/Heine §269 Rn. 1; Tröndle/Fischer §269 Rn. 1.

2 Gribbohm LK §269 Rn. 1; Joecks §269 Rn. 1; Lackner/Kühl §269 Rn. 1; Sch/Sch/Cramer/Heine §269 Rn. 4.

2. 사전자기록위작 · 변작 · 행사죄

사무처리를 그르치게 할 목적으로 권리 · 의무 또는 사실증명에 관한 타인의 전자기록등 특수매체기록을 위작 또는 변작한 자는 5년 이하의 징역 또는 1천만원 이하의 벌금에 처한다(제232조의2).

제232조의2의 죄에 의하여 만들어진 전자기록등 특수매체기록을 행사한 자는 그 죄에 정한 형에 처한다(제234조).

미수범은 처벌한다(제235조).

사무처리를 그르치게 할 목적으로 권리 · 의무 또는 사실증명에 관한 타인의 전자기록 등 특수매체기록을 위작 또는 변작하거나, 위작 · 변작된 특수매체기록을 행사함으로써 성립하는 범죄이다. 102

1) **행위의 객체** 행위의 객체는 권리 · 의무 또는 사실증명에 관한 전자기록 등 특수매체기록이다. 전자기록이란 일정한 매체에 전기적 · 자기적 방식으로 저장된 기록을 말한다. 일정한 매체란 집적회로 · 자기디스크 · 자기테이프 등을 의미하고, 특수매체기록에는 전자기록 이외에 광기술이나 레이저기술을 이용한 기록이 포함된다. 그러나 본죄의 전자기록은 문서죄와의 관계에서 의사가 표현된 것임을 요하므로 컴퓨터에 대한 작업명령을 내용으로 하는 프로그램은 여기의 기록에 해당하지 않는다.[1] 문자의 축소나 기계적 확대에 의한 재생에 불과한 마이크로 필름도 또한 본죄의 객체가 되지 않는다. 기록은 계속성을 가져야 하므로 모니터에 화상의 형태로만 존재하는 데이터도 기록에 해당하지 않는다. 그러나 컴퓨터의 기억장치 중 하나인 램(RAM)에 올려진 전자기록은 본죄의 전자기록 등 특수매체기록에 해당한다.[2] 권리 · 의무에 관한 전자기록이란 권리 · 의무의 발생 · 존속 · 변경 · 소멸에 관한 사실의 증명에 관한 전자기록을 말하며, 사실 103

1 Hoyer SK §269 Rn. 16; Sch/Sch/Cramer/Heine §269 Rn. 8.

2 대법원 2003. 10. 9. 2000도4993, 「형법 제232조의2의 사전자기록위작 · 변작죄에서 말하는 권리 의무 또는 사실증명에 관한 타인의 전자기록 등 특수매체기록이라 함은 일정한 저장매체에 전자방식이나 자기방식에 의하여 저장된 기록을 의미한다고 할 것인데, 비록 컴퓨터의 기억장치 중 하나인 램(RAM, Random Access Memory)이 임시기억장치 또는 임시저장매체이기는 하지만, 형법이 전자기록위 · 변작죄를 문서위 · 변조죄와 따로 처벌하고자 한 입법취지, 저장매체에 따라 생기는 그 매체와 저장된 전자기록 사이의 결합강도와 각 매체별 전자기록의 지속성의 상대적 차이, 전자기록의 계속성과 증명적 기능과의 관계, 본죄의 보호법익과 그 침해행위의 태양 및 가벌성 등에 비추어 볼 때, 위 램에 올려진 전자기록 역시 사전자기록위작 · 변작죄에서 말하는 전자기록 등 특수매체기록에 해당한다.」

증명에 관한 전자기록은 법률상 또는 사회생활상 중요한 사실의 증명과 관계 있는 전자기록을 말한다.

104 2) 행 위 행위는 위작·변작 또는 행사하는 것이다. 위작 또는 변작은 권한 없이 또는 권한의 범위를 일탈하여 전자기록을 작성·변경하는 것을 말한다. 램에 올려진 전자기록에 허구의 내용을 권한 없이 수정입력한 경우는 변작[1]에, 시스템의 설치·운영 주체로부터 각자의 직무 범위에서 개개의 단위정보의 입력 권한을 부여받은 사람이 그 권한을 남용하여 허위의 정보를 입력함으로써 시스템 설치·운영 주체의 의사에 반하는 전자기록을 생성하는 경우는 위작에 포함된다.[2] 전자기록의 작성권은 어떤 기록을 만드는가에 대한 결정권을 포함하므로 작성권자가 허위내용의 기록을 만드는 때에는 본죄에 해당하지 않는다. 따라서 컴퓨터시스템의 설치 운영주체인 개인영업자가 탈세를 위하여 거래에 관한 허위의 데이터를 자기파일에 입력한 경우는 본죄를 구성하지 않는다. 행사란 위작 또는 변작된 전자기록을 타인의 사무처리를 위하여 컴퓨터에 사용할 수 있는 상태에 두는 것을 말한다. 따라서 현금카드와 같은 휴대형 전자기록을 은행의 자동현금지급기에 넣는 것, 고객원장파일과 같은 비치형 전자기록에 있어서는 기록을 완성하여 사무처리에 사용할 수 있는 상태에 두는 것으로 행사가 있다고 할 수 있다.

105 3) 주관적 구성요건 본죄가 성립하기 위하여는 고의가 필요한 이외에 사무처리를 그르치게 할 목적이 있어야 한다. 「사무처리를 그르치게 할 목적」이란 위작·변작된 특수매체기록이 사용됨으로써 사무처리가 그르치게 되도록 할 목적을 말하며, 「그르치게」 한다는 것은 정당하거나 정상적인 사무처리 이외의 하자 있는 처리를 하게 하는 모든 경우를 포함한다.[3]

판례는 새마을금고 직원이 위 금고의 전 이사장에 대한 채권확보를 위해 금고의 예금 관련 컴퓨터 프로그램에 전 이사장 명의의 예금계좌 비밀번호를 동의 없이 입력하여 위 예금계좌에 입금된 상조금을 위 금고의 가수금계정으로 이체한 경우(대법원 2008. 6. 12. 2008도938)나 인터넷 포털사이트에 개설한 카페의 설치·운영 주체로부터 글쓰기 권한을 부여받은 사람이 위 카페에 접속하여 자신의 아이디로 허위내용의 글을 작성·

1 대법원 2003. 10. 9. 2000도4993.
2 대법원 2020. 8. 27. 2019도11294 전원합의체판결.
3 법무부 제안이유서 229면 참조.

게시한 경우(대법원 2008. 4. 24. 2008도294)에는 새마을금고 또는 카페의 설치·운영 주체의 사무처리를 그르치게 할 목적을 인정할 수 없다고 판시하였다.

3. 공전자기록위작·변작·행사죄

사무처리를 그르치게 할 목적으로 공무원 또는 공무소의 전자기록등 특수매체기록을 위작 또는 변작한 자는 10년 이하의 징역에 처한다(제227조의2).

제227조의2의 죄에 의하여 만들어진 전자기록등 특수매체기록을 행사한 자는 그 죄에 정한 형에 처한다(제229조).

미수범은 처벌한다(제235조).

10년 이하의 자격정지를 병과할 수 있다(제237조).

사무처리를 그르치게 할 목적으로 공무원 또는 공무소의 전자기록 등 특수매체기록을 위작 또는 변작하거나 위작 또는 변작된 공전자기록을 행사함으로써 성립하는 범죄이다. 106

1) 행위의 객체 공무원 또는 공무소의 전자기록등 특수매체기록이다. 「공무원 또는 공무소의 전자기록」이란 공무원 또는 공무소의 직무수행상 만들어지도록 되어 있거나 이미 만들어진 전자기록 등 특수매체기록을 말한다. 예컨대 주민등록이나 등기부등본의 파일, 자동차등록파일이나 특허등록 마스터파일 등이 여기에 해당한다. 107

2) 행 위 위작·변작 또는 행사하는 것이다. 위작이란 처음부터 허위의 기록을 만들어 저장·기억케 하는 행위를 말하고, 변작이란 기존의 기록을 부분적으로 고치거나 말소하여 기록의 내용을 변경하는 것을 말한다. 위작·변작은 문서죄에 있어서의 위조·변조에 대응하는 개념이다.[1] 그러나 문서범죄의 위조와 변조가 명의인을 전제로 하는 유형위조를 말함에 반하여, 전자기록에 있어서는 명의인이 누구인가가 명확하지 아니하고 전자기록의 내용의 진정에 대한 사회적 신용의 보호에 중점이 있으므로 위조·변조 또는 허위작성이라는 행위 태 108

1 독일 형법 제269조 1항은 증명상 중요자료위조죄(Fälschung beweiserheblicher Daten)를 「법적 거래에서 기망하기 위하여 그것을 시각적으로 인식할 때에 부진정 또는 변조된 문서가 존재하는 것처럼 증명에 중요한 자료를 저장 또는 변경하거나, 그렇게 저장 또는 변경된 자료를 사용한 사람은 5년 이하의 자유형 또는 벌금에 처한다」라고 규정하고 있다.

그러나 이는 전자기록 위작죄에 있어서 컴퓨터의 고유한 작업과정을 정확히 파악하지 못하였다는 비판을 받고 있다.

Lackner/Kühl §269 Rn. 1; Sch/Sch/Cramer/Heine §269 Rn. 2; Tröndle/Fischer §269 Rn. 1.

양이 적절하다고 할 수 없다. 한편 전자기록의 진정에 대한 공공의 신용은 기록이 컴퓨터 시스템의 설치 운영주체의 의사에 따라 정당하게 만들어진 것을 전제로 한다. 따라서 여기서 말하는 위작과 변작에는 시스템 운영주체의 의사에 반하여 권한 없이 또는 권한을 일탈하여 전자기록을 작성하거나 변경한 경우뿐만 아니라 공무원이 허위내용의 전자기록을 만드는 경우도 포함된다. 권한 있는 공무원이 허위의 기록을 만든 경우는 실질적으로 권한의 범위를 일탈했다고 할 수 있기 때문이다.

따라서 경찰관이 고소사건을 처리하지 아니하였음에도 경찰범죄정보시스템에 그 사건을 검찰에 송치한 것으로 허위사실을 입력한 행위는 공전자기록 위작죄에서 말하는 위작에 해당한다(대법원 2005. 6. 9. 2004도6132). 이에 반하여 자동차등록 담당공무원이 여객자동차 운수사업법상 차량충당연한 규정에 위배되어 영업용으로 변경 및 이전등록을 할 수 없는 차량인 것을 알면서 자동차등록정보 처리시스템의 자동차등록원부 용도란에 '영업용'이라고 입력하였다 할지라도, 변경 및 이전등록에 관한 구체적 등록내용인 최초등록일 등은 사실대로 입력한 경우에는 공전자기록등 위작죄의 '위작'에 해당한다고 할 수 없다(대법원 2011. 5. 13. 2011도1415).

§ 33

제 4 절 인장에 관한 죄

I. 총 설

1. 의의와 본질

1 인장(印章)에 관한 죄란 행사할 목적으로 인장 · 서명 · 기명 또는 기호를 위조 또는 부정사용하거나, 위조 또는 부정사용한 인장 · 서명 등을 행사하는 것을 내용으로 하는 범죄를 말한다. 인장과 서명 등은 특정인의 인격을 상징하고 문서 기타의 물건과 특정인 사이에 연결을 맺어주어 그 동일성을 증명하는 데 중요한 기능을 한다. 따라서 인장의 진정성을 해하는 것은 사회경제활동의 기초를 해할 뿐만 아니라 간접적으로는 문서의 진정한 성립에 대한 신빙력을 해한다고 할 수 있다. 인장에 관한 죄의 보호법익은 인장 · 서명 등의 진정에 대한 공공의 신용, 즉 인장의 사회생활에 있어서의 거래상의 신용과 안전이다.

인장에 관한 죄는 문서에 관한 죄 또는 유가증권에 관한 죄와 밀접한 관계를 가지고 있다. 인장·서명의 위조는 대개의 경우에 문서위조 또는 유가증권위조의 수단으로 행하여지며, 그것이 문서와 결부될 때에는 문서위조죄의 미수 내지 부분적 형태를 이룬다. 따라서 문서위조죄가 성립할 때에는 인장에 관한 죄는 여기에 흡수되어 별도로 성립하지 않는다. 문서위조의 기수·미수는 불문한다. 그러므로 인장에 관한 죄는 특히 ① 인장·서명 등의 위조자와 문서위조자나 유가증권위조자가 서로 다른 경우, ② 인장·서명 등을 이용하는 문서의 위조가 범죄로 되지 않는 경우 또는 ③ 인장·서명 등이 문서와 관계 없이 독자적 의미를 가지는 경우에 독립하여 성립할 수 있게 된다. 2

형법은 인장에 관한 죄로 인장위조죄와 행사죄를 규정하고 있다. 기본적 구성요건은 사인등 위조·부정사용죄(제239조 1항)와 위조등 사인행사죄(동조 2항)이며, 공인등 위조·부정사용죄(제238조 1항)와 위조등 공인행사죄(동조 2항)는 이에 대하여 불법이 가중된 가중적 구성요건이다. 인장에 관한 죄에 대한 형법의 규정은 인장 등의 위조와 부정사용, 즉 성립의 진정(Echtheit)만을 보호하고 내용의 진실은 문제삼지 않는다는 점에서 문서위조죄나 유가증권위조죄와 구별되며 통화에 관한 죄와 동일하다. 인장에 관한 죄에 대하여 내용이 허위인 것을 처벌할 수는 있지만 형법이 유가증권이나 공문서 또는 진단서에 대하여만 내용의 진실을 보호하고 있음에 비추어 인장에 대한 내용의 진실을 처벌할 필요가 없다는 것을 이유로 한다. 3

2. 인장·서명·기명·기호

본죄의 객체는 인장·서명·기명 또는 기호이다. 4

(1) **인 장** 인장(印章)이란 특정인의 인격과 그 동일성을 증명하기 위하여 사용하는 상징을 의미한다. 상형으로는 일반적으로 성명을 사용하고 있으나 반드시 성명임을 요하지 않는다. 문자임을 필요로 하는 것도 아니다. 따라서 인격의 동일성을 증명하는 지장 또는 무인(拇印)도 인장에 해당한다. 5

1) **인영과 인과** 인장이란 인영을 의미하는가 또는 인과를 포함하는가에 대하여는 견해가 대립되고 있다. 여기서 인영(印影)이란 일정한 사항을 증명하기 위하여 물체상에 현출케 한 문자 기타 부호의 영적을 말하며, 인과(印顆)란 인영을 현출케 하는 데 필요한 문자 기타의 부호를 조각한 물체를 말한다. 형법이 인장과 서명의 위조를 동일하게 처벌하고 있고 위조의 미수도 처벌할 뿐만 아니 6

라, 인장의 부정사용도 인영을 현출하는 것을 의미한다는 이유로 인장은 인영을 의미한다고 해석하는 견해[1]도 있다. 그러나 ① 형법이 본죄의 객체를 인장이라고만 규정하고 있고, ② 인과의 위조도 그 자체로 진정한 인영에 대한 공공의 신용을 해할 위험이 있다고 해야 하고, ③ 인장의 부정사용(인과)과 부정사용한 인장의 행사(인영)를 구별하고 있는 점에 비추어 인영과 인과를 포함한다고 하는 통설[2]이 타당하다고 생각된다.

7 **2) 인장의 대상** 인장 특히 사인(私印)은 권리·의무 또는 사실증명에 관한 것임을 요하는가가 문제된다. 반드시 권리·의무의 증명에 관한 것임을 요하지 않으나 인장은 적어도 사실증명을 위하여 사용된 것임을 요한다고 해야 한다.[3] 따라서 사원 또는 명승지의 기념스탬프는 인장이 아니나, 서화에 사용된 낙관은 여기에 해당한다.

8 **3) 인장과 문서의 한계** 서화의 낙관에 서명·날인한 경우나 우체국에서 일부인(日附印)을 찍은 것이 인장인가 또는 문서에 해당하는가가 문제된다. 인장 또는 서명만에 의하여 일정한 관념을 표현하는 경우에는 극도로 생략된 형태의 문서이므로 그 중요성에 비추어 인장에 해당한다고 하거나,[4] 문서로서의 증명성이 없기 때문에 인장이라고 해야 한다는 견해[5]도 있다. 그러나 인장과 서명만에 의하여도 인격의 동일성 이외에 다른 사항을 증명할 수 있는 때에는 문서가 될 수 있다고 해석하는 것이 타당하다.[6]

9 (2) **서명·기명** 서명이란 특정인이 자기를 표시하는 문자를 말한다. 성명을 표시하는 것이 보통이나, 성 또는 이름을 표시하거나 상호·약호·옥호 또는 아호를 표시하는 경우도 포함한다. 다만 기명을 별도로 규정하고 있는 형법의 해석에 있어서 서명은 자서(自署)에 한한다고 해야 한다. 기명이란 특정인의

1 유기천 235면.

2 김성돈 673면; 김일수/서보학 618면; 박상기 555면; 배종대 116/2; 백형구 541면; 손동권/김재윤 689면; 손해목(주석) 406면; 신동운 501면; 오도기(공저) 545면; 이영란 660면; 이형국 639면; 임웅 772면; 정성근/박광민 653면.

3 서일교 275면; 유기천 236면; 정성근/박광민 654면; 진계호 596면; 황산덕 147면.

4 김일수/서보학 619면(다만 은행접수일부인은 생략문서의 일종으로 본다); 서일교 272면.

5 유기천 236면. 일본의 판례는 서화의 낙관에 서명·날인만 한 때에는 인장위조가 되지만 이름을 쓰고 서명한 때에는 문서위조가 되고(日大判 1906. 10. 10), 우편국의 일부인(日大判 1910. 5. 13)이나 물품세증지(日最判 1954. 8. 20)는 문서라고 해석하고 있다.

6 진계호 598면.

주체를 표시하는 문자로서 자서가 아닌 것을 말한다.

(3) **기 호** 기호란 물건에 압날하여 그 동일성을 증명하는 점에서 10
인장의 일종이다. 기호와 인장의 구별에 관하여는 사용목적에 따라 문서에 날인하여 증명에 사용하는 것은 인장이며, 상품 · 산물 · 서적 등에 날인하는 것은 기호라고 해석하는 견해[1]와 증명목적에 따라 인장이 인격의 동일성을 증명하는 것임에 반하여, 기호는 기타의 사항을 증명함을 목적으로 하는 부호라고 해석하는 견해[2]가 대립되고 있다. 인장은 특정한 사람의 인격과 그 동일성을 증명하는 점에 특색이 있으므로 증명의 목적에 따라 이를 구별하는 견해가 타당하다. 다만 인장과 기호를 같이 처벌하는 형법의 해석에 있어서는 양자를 구별해야 할 실익이 없다.[3]

Ⅱ. 사인등 위조 · 행사죄

1. 사인등 위조 · 부정사용죄

행사할 목적으로 타인의 인장 · 서명 · 기명 또는 기호를 위조 또는 부정사용한 자는 3년 이하의 징역에 처한다(제239조 1항).
미수범은 처벌한다(제240조).

본죄는 행사할 목적으로 타인의 인장 · 서명 · 기명 또는 기호를 위조 또는 부 11
정사용함으로써 성립한다. 인장위조죄의 기본적 구성요건이다.

1) **행위의 객체** 행위의 객체는 타인의 인장 · 서명 · 기명 또는 기호이 12
다. 적어도 사실증명에 관한 것임을 요한다.

따라서 음주운전으로 단속되자 동생의 이름을 대며 조사를 받다가 휴대용정보단말기(PDA)에 표시된 음주운전단속결과통보 중 운전자의 서명란에 동생의 이름 대신 의미를 알 수 없는 부호 [서명] 를 기재한 행위는 동생의 서명을 위조한 것에 해당한다(대법원 2020. 12. 30. 2020도14045).

---

1 서일교 273면; 오도기(공저) 545면; 정영석 183면.
2 김일수/서보학 619면; 백형구 541면; 손해목(주석) 407면; 신동운 502면; 유기천 238면; 이영란 661면; 이형국 640면; 임웅 773면; 정성근/박광민 655면; 정영일 371면.
3 서일교 273면; 정성근/박광민 655면; 황산덕 147면.

2) 행 위 위조 또는 부정사용하는 것이다.

13 (가) 위 조 위조란 권한 없이 타인의 인장·서명·기명 또는 기호를 작성 내지 기재하여 일반인으로 하여금 명의인의 진정한 인장·서명·기명 또는 기호로 오신케 하는 것을 말한다. 권한 없는 경우뿐만 아니라 대리권 또는 대표권을 가진 자가 그 권한 이외의 무권대리행위로 서명·날인하는 경우도 포함한다. 다만, 명의자로부터 명시적 또는 묵시적 승낙 내지 위임을 받았다면 인장위조죄가 성립하지 않는다.[1] 판례는 명의인이 실재함을 요한다는 전제에서 사자명의의 인장위조는 성립하지 않는다고 한다.[2] 그러나 일반인으로 하여금 진정한 인장으로 오신케 할 정도에 이른 이상 명의인이 실재할 것은 요하지 않는다고 해야 한다. 인장은 진정한 인장에 유사할 것을 요하지 않고, 명의인의 진정한 인장으로 오신케 할 수 있는 정도이면 족하다. 위조의 방법에도 제한이 없다. 따라서 타인의 인과를 제조하거나 묘사에 의하여 인영을 작출하는 경우는 물론 기존의 인영을 소재로 새로운 인영을 현출케 하는 것을 포함한다.

14 (나) 부정사용 부정사용이란 인장 등을 권한 없는 자가 사용하거나 권한 있는 자가 그 권한을 남용하여 부당하게 사용하는 것을 말한다. 위조가 인장 자체의 거짓을 만드는 것임에 반하여, 부정사용은 진정하게 만들어진 인장을 부정하게 사용하여 사용의 진정을 해하는 것을 말한다. 형법이 인장위조죄에 관하여 유형위조만을 처벌하는 취지에 비추어 여기의 부정사용도 위조와 평행되게 해석해야 한다.

15 3) 주관적 구성요건 본죄가 성립하기 위하여는 고의 이외에 행사의 목적이 있어야 한다. 행사의 목적이란 위조인장을 진정한 인장으로 사용하려는 의사를 말한다.

따라서 인장을 조각하여 명의인의 승낙을 얻은 후에 사용할 의도였으나 승낙을 얻지 못하여 사용하지 않고 돌려준 때에는 행사의 목적이 있었다고 할 수 없다(대법원 1992. 10. 27. 92도1578).

---

1 대법원 2014. 9. 26. 2014도9213.

2 대법원 1984. 2. 28. 82도2064, 「이미 사망한 사람 명의의 문서를 위조하거나 이를 행사하더라도 사문서위조나 동 행사죄는 성립하지 않는다는 문서위조죄의 법리에 비추어 이와 죄질을 같이하는 인장위조죄의 경우에도 사망자명의의 인장을 위조, 행사하는 소위는 사인위조 및 동 행사죄가 성립하지 않는다고 해석함이 상당하다.」

2. 위조등 사인행사죄

위조 또는 부정사용한 타인의 인장 · 서명 · 기명 또는 기호를 행사한 때에도 전항의 형과 같다(제239조 2항).
미수범은 처벌한다(제240조).

본죄는 위조 또는 부정사용한 타인의 인장 · 서명 · 기명 또는 기호를 행사함으로써 성립한다. 여기서 행사란 위조된 인장을 진정한 것처럼 용법에 따라 사용하는 것을 말한다. 따라서 위조된 인영을 타인에게 열람할 수 있는 상태에 두거나, 인과를 날인하여 일반인이 열람할 수 있는 상태에 두는 경우가 여기에 해당한다(대법원 1984. 2. 28. 84도90). 16

Ⅲ. 공인위조 · 행사죄

1. 공인등 위조 · 부정사용죄

① 행사할 목적으로 공무원 또는 공무소의 인장 · 서명 · 기명 또는 기호를 위조 또는 부정사용한 자는 5년 이하의 징역에 처한다.
③ 7년 이하의 자격정지를 병과할 수 있다(제238조).
미수범은 처벌한다(제240조).

행위의 객체가 공무원 또는 공무소의 인장 · 서명 등이기 때문에 사인위조죄에 대하여 불법이 가중되는 가중적 구성요건이다. 공무원의 인장이란 공무원이 공무상 사용하는 모든 인장을 말한다. 공무소의 인장이란 공무소가 그 사무에 관하여 문서에 사용하는 인장을 말하며, 청인(廳印) 또는 서인(署印) 등이 여기에 포함된다. 반드시 공무소의 명칭이 표시되었음을 요하지 않으며, 관청이 사용하는 계인(契印)도 포함한다. 공기호는 해당 부호를 공무원 또는 공무소가 사용하는 것만으로는 부족하고, 그 부호를 통하여 증명을 하는 사항이 구체적으로 특정되어 있고 해당 사항은 그 부호에 의하여 증명이 이루어질 것이 요구된다.[1] 전매청의 17

1 대법원 2024. 1. 4. 2023도11313, 「피고인이 온라인 구매사이트에서 자신의 전화번호, 승용차 번호 또는 '공무수행' 문구를 표시한 표지판 3개를 주문하여 배송받은 검찰 업무표장(◆ 또는 ▮▮▮▮) 은 검찰수사, 공판, 형의 집행부터 대외 홍보 등 검찰청의 업무 전반 또는 검찰청 업무와의 관련성을 나타내기 위한 것으로 보일 뿐, 이것이 부착된 차량은 '검찰 공무수행 차량'이라는 것을 증명하는 기능이 있다는 등 이를 통하여 증명을 하는 사항이 구체적으로 특정되어 있다거나 그 사

기호,[1] 택시미터기의 검정납봉의 봉인,[2] 자동차 번호표[3] 및 자동차등록번호판[4]은 공기호에 속한다. 자동차의 등록번호판을 다른 자동차에 부착하였을 뿐 차량을 운행한 바가 없더라도 부정사용에 해당한다.[5]

2. 위조등 공인행사죄

② 위조 또는 부정사용한 공무원 또는 공무소의 인장 · 서명 · 기명 또는 기호를 행사한 자도 전항의 형과 같다.

③ 7년 이하의 자격정지를 병과할 수 있다(제238조).

미수범은 처벌한다(제240조).

18 위조등 사인행사죄에 대한 가중적 구성요건이다. 부정사용된 공기호를 공범자 이외의 자에게 보이는 것도 행사에 해당한다.

행사라고 하기 위하여는 타인에 대한 외부적인 행위가 있어야 한다. 따라서 부정사용한 공기호인 자동차등록번호판이 부착된 자동차를 운행하는 것은 행사가 될 수 있으나(대법원 1997. 7. 8. 96도3319), 극인이 타기된 소나무 등을 산판에 적치 또는 반출하였다는 것만으로는 행사에 해당하지 않는다(대법원 1981. 12. 22. 80도1472).

항이 이러한 검찰 업무표장에 의하여 증명된다고 볼 근거가 없고, 일반인들이 위 각 표지판이 부착된 차량을 '검찰 공무수행 차량'으로 오인할 수 있다고 해도 위 각 검찰 업무표장이 위와 같은 증명적 기능을 갖추지 못한 이상 이를 공기호라고 할 수는 없다.」

1 대법원 1957. 11. 1. 4290형상294.

2 대법원 1982. 6. 8. 82도138.

3 대법원 1983. 10. 25. 83도2078.

4 대법원 2016. 4. 29. 2015도1413.

5 대법원 2006. 9. 28. 2006도5233.

제 3 장　공중의 건강에 대한 죄

제 1 절　먹는 물에 관한 죄 §34

Ⅰ. 총　　설

1. 의의와 본질

(1) 의의와 보호법익　　물은 인간과 동식물의 생존을 위한 가장 중요한 1
기초의 하나이다. 특히 먹는 물은 인간생활에 하루라도 없어서는 안 될 필수적 요소이다. 따라서 필요한 질의 적절한 양의 물을 유지하고 마련하는 것은 중요한 문제가 아닐 수 없다. 먹는 물에 관한 죄란 먹는 물로 사용되는 물 또는 그 수원에 오물·독물 기타 건강을 해하는 물질을 넣거나, 수도 그 밖의 시설을 손괴하거나 그 밖의 방법으로 불통하게 하여 공중의 먹는 물의 이용과 그 안전을 위태롭게 함으로써 성립하는 범죄를 말한다. 공공위생의 견지에서 공중의 건강 또는 공중의 보건을 보호법익으로 하는 공공위험죄이다. 보호법익이 보호받는 정도는 추상적 위험범이다.

(2) 구성요건의 체계　　먹는 물에 관한 죄의 기본적 구성요건은 먹는 물 2
사용방해죄(제192조 1항)이다. 먹는 물 유해물혼입죄(동조 2항)는 행위의 방법으로 인하여 불법이 가중되는 경우이다. 수돗물 사용방해죄(제193조 1항)는 객체가 제한되어 불법이 가중되는 구성요건이며, 수돗물 유해물혼입죄(동조 2항)와 수도불통죄(제195조)는 객체와 방법 때문에 불법이 가중되는 경우이다. 먹는 물 혼독치사상죄(제194조)는 결과적 가중범에 관한 규정이다.

2. 입 법 론

형법은 공공의 건강과 보건을 보호하기 위한 범죄로서 먹는 물에 관한 죄를 3
규정하고 있을 뿐이다. 그러나 형법의 규정이 이를 위하여 충분한 것인가는 다음의 두 가지 측면에서 검토되어야 한다.

4 (1) **식품공해의 형법적 대처** 먹는 물에 관한 죄가 공해범죄의 핵심적 구성요건임은 물론이다.[1] 그러나 공중의 음식에 제공되는 기성식품의 이용도가 현저히 높아진 사정에 비추어 볼 때 다수인에게 제공되는 음식물 또는 그 원료에 독물 또는 건강을 해할 물질을 혼입하는 행위를 처벌하는 규정을 둠으로써 소위 식품공해를 형법적으로 대처할 필요가 있다.

5 (2) **환경범죄의 형법전에의 도입** 본장의 죄와 관련하여 가장 문제되는 것은 환경범죄를 형법에 규정할 것인가에 있다. 독일 형법은 환경에 대한 죄(Straftaten gegen die Umwelt)의 장에서 수질과 공기·소음 또는 유해물의 폐기 등에 관한 광범위한 규정을 두고 있음에 반하여(제324조 내지 제330조의d), 오스트리아 형법은 수질, 토양 또는 공기오염을 처벌하는 규정을 두고 있고(제180조), 일본 개정형법초안은 독물등방류죄(毒物等放流罪)를 규정하고 있다(제208조). 환경범죄를 형법전에 규정하는 이유는 이에 의하여 환경범죄를 경범시하는 일반인의 법의식에 대처할 수 있을 뿐만 아니라, 환경범죄의 사회적 유해성과 범죄로서의 성격을 명백히 할 수 있다는 점에 있다.[2] 한편 환경범죄를 형법에 규정하는 것에 문제가 없는 것은 아니다. 즉 환경범죄의 행정법에 대한 종속성(verwaltungsrechtliche Akzessorietät)으로 인하여 환경범죄의 요건과 허용한계는 행정기관에 의하여 결정되어야 하므로 이를 형법에 규정할 때에는 불명확한 백지형법을 만드는 결과가 되며,[3] 환경범죄에 있어서는 법인의 형사책임과 인과관계에 대한 특칙 때문에 환경형법의 유효성이 이를 형법에 규정함에 의하여 개선되는 것도 아니다.[4] 생각건대 헌법이 환경권을 국민의 기본권으로 보장하고 있는 취지에 비추어 기본적인 환경범죄는 형법에서 규정하는 것이 타당하다고 생각된다.

---

1 Steindorf LK Vor §324 Rn. 3; Leibinger, 「Der strafrechtliche Schutz der Umwelt」, ZStW Beiheft 1978, S. 73.

2 Steindorf LK §324 Rn. 3; Albrecht/Heine/Meinberg, 「Umweltschutz durch Strafrecht?」, ZStW 96, 943; Herrmann, 「Die Rolle des Strafrechts beim Umweltschutz」, ZStW 91, 297; Laufhütte/Möhrenschlager, 「Umweltstrafrecht in neuer Gestalt」, ZStW 92, 912.

3 Horn SK Vor §324 Rn. 6; Joecks Vor §324 Rn. 4; Lackner/Kühl Vor §324 Rn. 3; Sch/Sch/Cramer/Heine Vor §324 Rn. 11ff.; Herrmann ZStW 91, 289; Laufhütte/Möhrenschlager ZStW 92, 921; Leibinger ZStW 1978, 80.

4 Sch/Sch/Cramer/Heine Vor §324 Rn. 3ff.; Tröndle/Fischer Vor §324 Rn. 4; Albrecht/Heine/Meinberg ZStW 96, 943; Laufhütte/Möhrenschlager ZStW 92, 919.

Ⅱ. 먹는 물 사용방해죄

> 일상생활에서 먹는 물로 사용되는 물에 오물을 넣어 먹는 물로 쓰지 못하게 한 자는 1년 이하의 징역 또는 500만원 이하의 벌금에 처한다(제192조 1항).

(1) 의 의 본죄는 사람의 일상생활에서 먹는 물로 사용되는 물에 오물을 넣어 먹는 물로 쓰지 못하게 함으로써 성립하는 범죄이다. 먹는 물로 사용되는 물을 먹는 물로 쓰지 못하게 하면 족하고 그 이상의 어떤 결과발생을 요건으로 하는 것은 아니다. 먹는 물에 관한 죄의 기본적 구성요건에 해당한다. 6

(2) 행위의 객체 본죄의 객체는 일상생활에서 먹는 물로 사용되는 물이다. 7

일상생활에서 먹는 물로 사용되는 물이란 불특정 또는 다수인이 반복·계속하여 먹는 물로 사용하는 물을 의미한다. 불특정 또는 다수인이 사용할 것을 요하므로 특정인이 먹는 물로 사용하기 위하여 담아둔 물은 여기에 해당하지 않는다. 다만 여기서 다수인은 어느 정도 다수의 사람을 의미하는 데 지나지 않는다. 따라서 일가족이 먹는 물로 사용하기 위하여 담아둔 물도 본죄의 객체에 포함된다.[1] 반복·계속하여 먹는 물로 사용하는 물임을 요하므로 계곡에 흐르는 물과 같이 일시적으로 이용되는 물은 여기에 포함되지 않는다.[2]

물이란 사람이 먹는 물로 사용하기에 적합할 정도로 청결한 물을 말한다. 먹는 물로 사용하기에 적합할 정도면 족하고 화학상으로 순수할 것을 요하는 것은 아니다. 반드시 먹는 물로만 사용될 것을 요하는 것은 아니며 경우에 따라 공업용 또는 기타의 용도로 사용되어도 관계 없다. 자연수인가 인공수인가를 불문하며,[3] 물의 소유자나 관리자가 누구인가도 문제되지 않는다.[4] 8

(3) 행 위 오물을 넣어 먹는 물로 쓰지 못하게 하는 것이다. 9

---

1 김일수/서보학 482면; 박상기 562면; 배종대 119/2; 서일교 235면; 신동운 341면; 이영란 560면; 이정원 654면; 이형국 649면; 임웅 784면; 정성근/박광민 662면; 정영석 181면; 진계호 519면; 황산덕 117면.

2 김일수/서보학 482면; 명형식(공저) 428면; 박상기 562면; 이영란 560면; 이형국 650면; 정성근/박광민 662면.

3 김일수/서보학 482면; 명형식(공저) 482면; 배종대 119/2; 신동운 341면; 정성근/박광민 661면; 정영석 189면; 진계호 518면.

4 김일수/서보학 482면; 배종대 119/2; 손동권/김재윤 595면; 신동운 341면; 유기천 72면; 이영란 560면; 이형국 650면; 임웅 783면; 정성근/박광민 661면.

오물이란 독물 이외에 이를 넣으면 먹는 물로서의 이용에 지장을 줄 수 있는 일체의 물질을 말한다. 「넣어」란 어떤 물질을 투입하는 경우뿐만 아니라 우물바닥의 흙을 들추어 물을 흐리게 하는 것을 포함한다. 먹는 물로 쓰지 못하게 한다는 것은 먹는 물로서 사용할 수 없게 하는 것을 말한다. 사용할 수 없다는 것은 보통인의 감정을 기준으로 한다. 먹는 물로 쓰지 못하게 할 것을 요하므로 오물을 넣었으나 먹는 물로 쓸 수 없는 정도에 이르지 않은 때에는 경범죄 처벌법에 해당할 뿐이다(제3조 1항 10호). 그러나 먹을 수 없게 된 이유는 물리적이건 감정적·심리적이건 불문한다. 따라서 먹는 물에 소변을 보아 일반인이 감정적으로 불결한 감을 느껴 먹는 물로서 이용할 수 없는 경우도 여기에 해당한다.

10 (4) **주관적 구성요건** 본죄의 성립에도 고의가 필요하다. 고의의 내용은 먹는 물에 오물을 넣어 먹는 물로 쓰지 못하게 하는 것에 대한 인식과 의사이다. 먹는 물로 쓰지 못하는 것에 대한 인식은 요하지 않는다는 견해[1]도 있으나, 먹는 물로 쓰지 못하게 한 상태에 대한 인식도 고의의 내용이 된다고 해야 한다.[2]

Ⅲ. 가중적 구성요건

1. 먹는 물 유해물혼입죄

제1항의 먹는 물에 독물이나 그 밖에 건강을 해하는 물질을 넣은 사람은 10년 이하의 징역에 처한다(제192조 2항).
미수범은 처벌한다(제196조).
본죄를 범할 목적으로 예비 또는 음모한 자는 2년 이하의 징역에 처한다(제197조).

11 일상생활에서 먹는 물로 사용되는 물에 독물이나 그 밖에 건강을 해하는 물질을 넣음으로써 성립하는 범죄이다. 먹는 물 사용방해죄에 대하여 행위의 방법 때문에 불법이 가중되는 구성요건이다. 즉 본죄는 먹는 물 사용방해죄에 대하여 특별법의 관계에 있다. 따라서 본죄에 해당하는 경우에는 먹는 물 사용방해죄는 성립하지 않는다.

---

1 김일수/서보학 483면; 명형식(공저) 483면; 박상기 561면.
2 손동권/김재윤 596면; 오영근 520면; 이영란 561면; 이형국 650면; 임웅 784면; 정성근/박광민 662면; 정영일 309면; 진계호 519면.

본죄의 행위는 독물이나 그 밖에 건강을 해하는 물질을 넣는 것이다. 독물이란 소량을 인체에 넣으면 건강에 장애를 가져올 수 있는 물체를 말한다. 예컨대 청산가리나 유산니코틴 등이 여기에 해당한다. 그 밖에 건강을 해하는 물질이란 먹으면 사람의 건강에 장애를 줄 만한 유해물을 말한다. 예컨대 전염병균과 같은 생물체가 여기에 속한다. 12

2. 수돗물 사용방해죄

수도를 통해 공중이 먹는 물로 사용하는 물 또는 그 수원에 오물을 넣어 먹는 물로 쓰지 못하게 한 자는 1년 이상 10년 이하의 징역에 처한다(제193조 1항).

(1) **의 의** 본죄는 수도를 통해 공중이 먹는 물로 사용하는 물 또는 그 수원에 오물을 넣어 먹는 물로 쓰지 못하게 함으로써 성립하는 범죄이다. 행위의 객체가 수도를 통해 공중이 먹는 물로 사용하는 물 또는 그 수원에 제한되어 불법이 가중되는 구성요건이다. 수도를 통한 물은 공급의 범위가 넓고 먹을 수 있다는 점에 대한 신뢰가 높으므로 이에 대한 사용방해는 공중의 보건에 대한 위험성이 크다는 것을 고려한 것이다. 13

(2) **행위의 객체** 수도를 통해 공중이 먹는 물로 사용하는 물 또는 그 수원이다. 14

수도란 정수를 공급하기 위한 인공적 설비를 말한다. 공공적인 설비인가 사설인가를 묻지 않는다. 대체로 수도법 제3조[1]의 그것을 말하지만 여기서는 일시적인 목적으로 시설된 것을 포함한다는 의미에서 반드시 동일한 것은 아니다. 수도는 물의 유통로를 말하므로 저수지 또는 정수지에 이르는 수로는 수도라고 할 수 없고 수원에 해당한다고 해야 한다.[2] 공중이 먹는 물로 사용하는 물임을 요한다. 공중이 먹는 물로 사용하는 물이란 공급중인 물을 말한다. 따라서 공급이 끝나 개인집의 물통에 담긴 물은 본죄의 객체에 해당하지 않는다. 공중이란 불특정 또는 다수의 사람을 말한다. 여기의 다수란 상당한 다수임을 요한다. 따라서 자

---

1 수도법 제3조 5호는 「"수도"란 관로 그 밖의 공작물을 사용하여 원수나 정수를 공급하는 시설의 전부를 말하며, 일반수도 · 공업용수도 및 전용수도로 구분한다. 다만 일시적인 목적으로 설치된 시설과 농어촌정비법 제2조 제6호에 따른 농업생산기반시설은 제외한다」고 규정하고 있다.

2 김일수/서보학 485면; 명형식(공저) 484면; 박상기 564면; 배종대 120/4; 유기천 74면; 임웅 786면; 정성근/박광민 664면; 진계호 521면.

기와 가족이 이용하는 전용수도는 본죄의 객체가 되지 않는다.[1]

15 수원(水源)이란 수도에 들어오기 전의 물의 총체를 말한다. 따라서 저수지 또는 정수지의 물뿐만 아니라 저수지 또는 정수지에 이르는 수로도 수원에 포함된다.

16 (3) **행 위** 오물을 넣어 먹는 물로 쓰지 못하게 하는 것이다. 먹는 물 사용방해죄의 행위와 같다. 사람의 건강에 실제로 장애를 주었는가는 문제되지 않는다.

3. 수돗물 유해물혼입죄

제1항의 먹는 물 또는 수원에 독물 그 밖에 건강을 해하는 물질을 넣은 자는 2년 이상의 유기징역에 처한다(제193조 2항).
미수범은 처벌한다(제196조).
본죄를 범할 목적으로 예비 또는 음모한 자는 2년 이하의 징역에 처한다(제197조).

17 수도를 통해 공중이 먹는 물로 사용하는 물 또는 그 수원에 독물 그 밖에 건강을 해하는 물질을 넣음으로써 성립하는 범죄이다. 수돗물 사용방해죄에 대하여 행위의 방법이 독물 그 밖에 건강을 해하는 물질을 넣는 것이기 때문에 불법이 가중되는 경우이다. 독물 그 밖에 건강을 해하는 물질을 넣는다는 것은 먹는 물 유해물혼입죄의 그것과 같다.

4. 먹는 물 혼독치사상죄

제192조 제2항 또는 제193조 제2항의 죄를 지어 사람을 상해에 이르게 한 경우에는 무기 또는 3년 이상의 징역에 처한다. 사망에 이르게 한 경우에는 무기 또는 5년 이상의 징역에 처한다(제194조).

18 먹는 물 유해물혼입죄와 수돗물 유해물혼입죄를 범하여 사망 또는 상해의 결과가 발생한 경우에 성립하는 결과적 가중범이다. 사망의 결과가 발생한 때에는 진정결과적 가중범이지만 상해의 결과가 발생한 때에는 부진정결과적 가중범이다.[2] 따라서 상해의 결과에 대하여 고의가 있는 때에는 본죄와 상해죄의 상상

1 김일수/서보학 485면; 명형식(공저) 485면; 유기천 74면; 이형국 653면; 정성근/박광민 664면.
2 김일수/서보학 486면; 박상기 565면; 배종대 120/7; 신동운 344면; 유기천 77면; 이형국 654면.

적 경합이 된다. 제192조 2항과 제193조 2항의 죄가 미수에 그친 때에도 이로 인하여 사상의 결과가 발생한 때에는 본죄가 성립한다.

5. 수도불통죄

공중이 먹는 물을 공급하는 수도 그 밖의 시설을 손괴하거나 그 밖의 방법으로 불통하게 한 자는 1년 이상 10년 이하의 징역에 처한다(제195조).
미수범은 처벌한다(제196조).
본죄를 범할 목적으로 예비 또는 음모한 자는 2년 이하의 징역에 처한다(제197조).

(1) **의 의** 공중이 먹는 물을 공급하는 수도 그 밖의 시설을 손괴하거나 그 밖의 방법으로 불통하게 함으로써 성립하는 범죄이다. 객체가 수도 그 밖의 시설이고 행위의 태양이 손괴하거나 그 밖의 방법으로 불통하게 하는 것이라는 점에서 먹는 물 사용방해죄의 가중된 구성요건이며, 물의 공급시설의 효용을 해하여 간접적으로 먹는 물 사용을 방해하는 점에 특색이 있다. 19

(2) **행위의 객체** 공중이 먹는 물을 공급하는 수도 그 밖의 시설이다. 공중이 먹는 물을 공급하는 수도는 먹는 물을 공급하는 인공적 시설을 말하며, 수돗물 사용방해죄의 「수도를 통해 공중이 먹는 물」의 수도와 같은 의미이다. 반드시 적법한 절차를 밟은 수도임을 요하지 않는다.[1] 또한 공중의 음용수 공급을 주된 목적으로 설치된 것에 한정되는 것은 아니고, 설령 다른 목적으로 설치된 것이더라도 불특정 또는 다수인에게 현실적으로 음용수를 공급하고 있는 것이면 충분하다.[2] 공중이 먹는 물을 공급하는 수도임을 요하므로 불법이용자에 대한 관계에서의 사설 특수가압 수도시설은 본죄의 객체가 되지 않는다.[3] 20

그 밖의 시설은 공중이 먹는 물을 공급하는 수도 이외의 시설을 말한다. 예컨대 불특정 또는 다수인에 의하여 이용되는 우물이 여기에 해당된다.

(3) **행 위** 본죄의 행위는 손괴하거나 그 밖의 방법으로 불통하게 하는 것이다. 손괴란 행위객체를 물리적으로 훼손하여 효용을 해하는 것을 말하고, 불통하게 한다는 것은 손괴 이외의 방법으로 수도의 유통을 제지하여 물의 공급을 불가능하게 하는 것을 말한다. 물의 공급을 불가능하게 할 정도에 이르지 21

1 대법원 1957. 2. 1. 4289형상317.
2 대법원 2022. 6. 9. 2022도2817.
3 대법원 1971. 1. 26. 70도2654.

않을 때에는 경범죄 처벌법 또는 수도법에 의한 제재를 받는 데 불과하다.

§35 제2절 아편에 관한 죄

Ⅰ. 총 설

1. 의의와 본질

1 (1) **보호법익** 아편에 관한 죄는 아편을 흡식하거나, 아편 또는 아편흡식기구를 제조·수입·판매 또는 소지하는 것을 내용으로 하는 범죄이다. 아편은 의학상 중요한 약으로 치료에 있어서 불가결한 재료가 된다. 그러나 이는 무서운 습관성을 가지고 있으므로 한 번 사용하면 중독되지 않을 수 없고 중독이 되는 때에는 사람의 건강을 크게 해하고 정신의 마비를 일으킬 뿐만 아니라, 이로 인하여 국민의 건전한 생활을 퇴폐시켜 각종 범죄를 야기하는 부정적 결과를 초래한다. 아편에 관한 죄는 바로 국민의 건강과 국민생활의 퇴폐방지를 위하여 규정된 범죄이다. 본죄는 공중의 건강을 보호법익으로 하는 추상적 위험범이라는 점에서 음용수에 관한 죄와 성질을 같이한다. 다만 음용수에 관한 죄가 일반적인 필수품인 음용수에 관련된 것임에 반하여, 본장의 죄는 특별히 아편으로부터 국민의 건강을 보호하고자 하는 점에 특색이 있다.

2 (2) **구성요건의 체계** 아편에 관한 죄의 기본적 구성요건은 아편흡식등죄(제201조 1항)이다. 동 장소제공죄(동조 2항)는 위의 죄에 대한 방조를 특별히 규정한 것이다. 아편등 제조·수입·판매 또는 판매목적 소지죄(제198조)와 아편흡식기 제조·수입·판매 또는 판매목적 소지죄(제199조)는 이에 대하여 불법이 가중되는 가중적 구성요건이다. 세관공무원의 아편등 수입죄(제200조)와 상습범(제203조)에 관한 규정은 책임이 가중되는 구성요건이다. 이에 대한 감경적 구성요건으로는 아편등 소지죄(제205조)가 있다. 아편흡식등죄의 예비행위를 독립하여 규정한 것이다.

3 아편에 관한 죄에 대하여는 특별법인 마약류 관리에 관한 법률이 적용된다. 마약류 관리에 관한 법률은 마약·향정신성의약품 및 대마의 취급·관리를 적정하게 하기 위하여 제정된 법률로, 이에 의하여 종래의 마약법·향정신성의약품관

리법 및 대마관리법은 폐지되었다. 마약류 관리에 관한 법률은 마약 · 향정신성의약품 및 대마를 마약류로 규정하고, 아편을 마약의 일종으로 분류하고 있으므로(제2조), 이 범위에서 형법에 대한 특별법이 된다. 마약류 관리에 관한 법률은 마약이나 임시마약을 수출입 · 제조 · 매매나 매매의 알선을 한 자 또는 이러한 목적으로 소지 · 소유한 자, 마약 또는 향정신성의약품을 제조할 목적으로 그 원료가 되는 물질을 제조 · 수출입하거나 제조 · 수출입할 목적으로 소지 · 소유한 자를 무기 또는 5년 이상의 징역으로 가중처벌하며(제58조 1항 1호 · 2호), 영리의 목적 또는 상습으로 행위를 한 자는 사형 · 무기 또는 10년 이상의 징역으로 처벌하고(동조 2항), 이들 죄를 범할 목적으로 예비 또는 음모한 자도 10년 이하의 징역으로 처벌하고 있다(동조 4항). 뿐만 아니라 마약을 소지 · 소유 · 관리 또는 수수하거나 수출입 · 매매 또는 제조의 목적으로 마약의 원료가 되는 식물을 재배하거나 그 성분을 함유하는 원료 · 종자 · 종묘를 소지 · 소유한 자도 1년 이상의 유기징역으로 처벌하고(제59조 1항 1호 · 9호), 이 법에 규정된 범죄에 제공한 마약류 · 임시마약류 및 시설 · 장비 · 자금 또는 운반수단과 그로 인한 수익금까지 몰수 · 추징하게 하고 있다(제67조).

특가법은 마약류 관리에 관한 법률 중 마약과 관련된 죄를 범한 자에 대하여 4
마약이나 향정신성의약품의 가액이 500만원 이상인 경우 다시 그 형을 가중하는 규정을 두고 있다(제11조).

2. 입 법 론

아편에 관한 죄는 중국 · 일본과 우리나라에서만 형법전에 규정되어 있다. 아 5
편전쟁 이후에 아편에 대한 해독이 큰 문제로 제기되었기 때문이다.[1] 이에 반하여 독일 · 프랑스 · 오스트리아의 형법이나 미국의 모범형법전에는 아편에 관한 죄는 규정되어 있지 않고 특별법에 의하여 규율되고 있다. 마약이 미치는 해독과 위험성에 비추어 이를 단속하기 위한 국내적 · 국제적 노력이 필요하다는 점에는 의문이 없다. 그러나 아편에 관한 죄는 형법에 의하여 처벌해야 할 불법인가에 대하여 의문이 있을 정도로 행정단속적 성격이 강할 뿐만 아니라, 마약과 향정신성의약품의 종류가 격증하고 있는데 아편에 관한 죄만을 형법에 규정해야 한다

---

1 유기천 78면.

고 할 수도 없다. 따라서 이미 형법에서 규정하고 있는 아편에 관한 죄가 무의미하게 된 이상 마약 등에 대한 단속은 특별법에 맡기고 본장의 죄는 형법에서 삭제하는 것이 타당하다.

Ⅱ. 아편흡식 · 동 장소제공죄

① 아편을 흡식하거나 몰핀을 주사한 자는 5년 이하의 징역에 처한다.
② 아편흡식 또는 몰핀주사의 장소를 제공하여 이익을 취한 자도 전항의 형과 같다(제201조).
미수범은 처벌한다(제202조).
10년 이하의 자격정지 또는 2천만원 이하의 벌금을 병과할 수 있다(제204조).
본죄에 제공한 아편 · 몰핀이나 그 화합물 또는 아편흡식기구는 몰수한다. 그를 몰수하기 불능한 때에는 그 가액을 추징한다(제206조).

1. 아편흡식등죄

6 (1) **의 의** 아편을 흡식하거나 몰핀을 주사함으로써 성립하는 범죄이다. 본장의 죄의 기본적 구성요건이다. 아편을 흡식하거나 몰핀을 주사하는 자체도 흡식 또는 주사자의 심신을 해할 뿐만 아니라 다른 범죄를 유발할 위험이 있기 때문에 처벌의 대상으로 삼은 것이다.

7 (2) **구성요건** 아편을 흡식하거나 몰핀을 주사하는 것이다.

아편은 정제되어 즉시 흡식할 수 있는 조제아편, 즉 아편연(阿片煙)뿐만 아니라 그 원료인 생아편을 포함한다. 흡식이란 아편을 호흡기 또는 소화기에 의하여 소비하는 것을 말하며, 주사는 주사기에 의하여 신체에 주입하는 것이다. 흡식 또는 주사의 목적은 묻지 않는다. 따라서 약용으로 흡식 · 주사한 경우에도 의사의 적법한 처방에 의한 것이 아닌 한 본죄가 성립한다.

8 (3) **아편등 소지죄와의 관계** 아편을 흡식하거나 몰핀을 주사하기 위하여 이를 소지하는 경우에 어떤 범죄가 성립할 것인가가 문제된다. 흡식 또는 주사를 위하여 일시 소지할 때에는 소지행위가 필연적인 것이므로 본죄에 흡수되고 별죄를 구성하지 않음에 반하여, 아편 · 몰핀 또는 아편흡식기구를 소지하고 있던 자가 후에 흡식한 때에는 양 죄의 경합범이 된다.[1]

1 김일수/서보학 493면; 박상기 567면; 백형구 480면; 유기천 89면; 이영란 568면; 이형국 661면;

2. 아편흡식등 장소제공죄

아편흡식 또는 몰핀주사의 장소를 제공하여 이익을 취득함으로써 성립하는 9
범죄이다. 아편흡식등죄의 방조에 해당하는 행위가 흡식 · 주사에 못지않게 위험한 것임을 고려하여 독립된 형태의 범죄로 규정한 것이다.

이익을 취득하는 것이 구성요건요소이므로 본죄가 성립하기 위하여는 이익을 취득한 결과가 발생하였을 것을 요한다.[1] 이익이란 장소제공의 대가를 취득하는 것을 말한다. 장소사용과 관련된 일체의 적극적 · 소극적 이익을 포함한다. 재산상의 이익에 제한되지 않는다.[2]

Ⅲ. 가중적 구성요건

1. 아편등 제조 · 수입 · 판매 · 판매목적 소지죄

아편 · 몰핀 또는 그 화합물을 제조 · 수입 또는 판매하거나 판매할 목적으로 소지한 자는 10년 이하의 징역에 처한다(제198조).

미수범은 처벌한다(제202조).

10년 이하의 자격정지 또는 2천만원 이하의 벌금을 병과할 수 있다(제204조).

본죄에 제공한 아편 · 몰핀이나 그 화합물은 몰수한다. 그를 몰수하기 불능한 때에는 그 가액을 추징한다(제206조).

(1) 의 의 본죄는 아편 · 몰핀 또는 그 화합물을 제조 · 수입 또는 10
판매하거나 판매할 목적으로 소지함으로써 성립하는 범죄이다. 아편의 제조 · 수입 · 판매 등은 아편흡식의 근원행위이므로 아편의 흡식보다도 위험성이 크다고 본 것이다.

(2) 객관적 구성요건

1) 행위의 객체 아편 · 몰핀 또는 그 화합물이다. 아편에는 아편연뿐만 11
아니라 생아편을 포함한다.

2) 행 위 제조 · 수입 · 판매 또는 판매할 목적으로 소지하는 것이다. 12

임웅 792면; 정성근/박광민 669면; 정영석 195면; 진계호 528면.

1 김일수/서보학 494면; 배종대 122/3; 신동운 354면; 오영근 528면; 유기천 87면; 이영란 569면; 임웅 793면; 정성근/박광민 670면.

2 대법원 1960. 4. 6. 4292형상844.

13 제조란 아편·몰핀 기타 화합물을 만드는 것을 말한다. 아편 등을 작출하였을 것을 요한다. 수입은 국외로부터 국내에 반입하는 것이다. 육로에 의할 경우에는 국경선을 넘을 때에 기수가 된다. 해로에 의할 때에는 영해 안에 배가 들어왔을 때가 아니라 그 물체가 육지에 양륙되었을 때에 기수가 된다.[1] 세관을 통과한 때에 기수가 된다는 견해[2]도 있다. 항공기에 의하여 수입될 때에도 세관의 절차가 끝난 때에 기수가 된다는 견해[3]도 있으나, 물체가 항공기에서 지상에 운반된 때라고 해야 한다.[4]

14 판매란 계속·반복의 의사로 유상양도하는 것을 말한다. 따라서 1회의 행위라 하여도 판매에 해당할 수 있다. 수익의 유무는 묻지 않는다. 헤로인의 밀매행위도 여기에 해당한다.[5] 소지는 목적물을 사실상의 지배하에 두는 것을 말한다. 점유보다는 넓은 개념이다. 따라서 수중에 둘 것을 요하지 않고 저장·은닉·진열 등 어떤 형태로든지 자기의 지배하에 두면 족하다. 소지의 원인도 묻지 않는다. 타인을 위하여 소지하건 불법으로 탈취하여 소지하건 불문한다. 다만 본죄의 소지는 판매할 목적으로 소지하는 것에 한한다. 따라서 판매할 목적 없이 소지한 때에는 아편등 소지죄(제205조)를 구성할 뿐이다.

15 (3) **주관적 구성요건** 본죄가 성립하기 위하여는 행위의 객체가 아편·몰핀 또는 그 화합물임을 인식하고, 이를 제조·수입·판매 또는 소지한다는 점에 대한 고의가 있어야 한다. 소지의 경우에는 초과주관적 구성요건요소로 판매의 목적이 있어야 한다.

2. 아편흡식기 제조·수입·판매·판매목적 소지죄

아편을 흡식하는 기구를 제조·수입 또는 판매하거나 판매할 목적으로 소지한 자는 5년 이하의 징역에 처한다(제199조).

미수범은 처벌한다(제202조).

10년 이하의 자격정지 또는 2천만원 이하의 벌금을 병과할 수 있다(제204조).

본죄에 제공한 아편흡식기구는 몰수한다. 그를 몰수하기 불능한 때에는 그 가액을 추징한

1 박상기 568면; 배종대 123/2; 백형구 478면; 이정원 660면; 임웅 793면; 정성근/박광민 671면.

2 김석휘(주석) 320면; 유기천 83면.

3 김석휘(주석) 320면; 유기천 83면.

4 박상기 568면; 배종대 123/2; 백형구 478면; 서일교 228면; 이정원 660면; 이형국 663면; 임웅 793면; 정성근/박광민 671면; 정영석 185면; 진계호 526면.

5 대법원 1958. 2. 21. 4290형상335.

다(제206조).

(1) **의 의** 아편을 흡식하는 기구를 제조 · 수입 · 판매하거나 판매할 16
목적으로 소지한 때에 성립하는 범죄이다. 행위의 객체가 아편 · 몰핀 또는 그 화합물이 아니라 아편을 흡식하는 기구라는 점에서 간접적이고 흡식 이전의 행위이지만 아편흡식등죄에 비하여 위험성이 적지 않기 때문에 아편흡식등죄와 같은 형으로 처벌하고 있는 것이다.[1]

(2) **구성요건** 행위의 객체는 아편을 흡식하는 기구(器具)이다. 아편을 17
흡식하는 기구란 특별히 아편의 흡식에 사용하기 위하여 제조한 기구를 말한다. 따라서 아편의 흡식에 사용되더라도 이를 위하여 만든 것이 아닐 때에는 여기에 포함되지 않는다. 예컨대 아편을 주사하기 위한 주사기는 아편을 흡식하는 기구가 아니다. 생아편을 흡식할 수 있는 기계도 여기에 해당할 수 있다.

행위는 제조 · 수입 · 판매 또는 판매할 목적으로 소지하는 것이다. 아편등 제 18
조 · 수입 · 판매 · 판매목적 소지죄(제198조)의 그것과 같다. 제조 · 수입 · 판매 등이 순차로 행하여진 때에는 포괄일죄의 관계에 있다.[2]

3. 세관공무원의 아편등 수입 · 수입허용죄

세관의 공무원이 아편 · 몰핀이나 그 화합물 또는 아편흡식기구를 수입하거나 그 수입을 허용한 때에는 1년 이상의 유기징역에 처한다(제200조).
미수범은 처벌한다(제202조).
10년 이하의 자격정지 또는 2천만원 이하의 벌금을 병과할 수 있다(제204조).
본죄에 제공한 아편 · 몰핀이나 그 화합물 또는 아편흡식기구는 몰수한다. 그를 몰수하기 불능한 때에는 그 가액을 추징한다(제206조).

(1) **의 의** 세관공무원이 아편 등을 수입하거나 수입을 허용함으로 19
써 성립하는 범죄이다. 세관공무원의 의무를 강조하여 형이 가중되는 신분범이다. 본죄의 성격에 관하여는 전단의 수입죄가 부진정신분범임에 반하여 후단의 수입허용죄는 진정신분범이라고 해석하는 견해[3]도 있다. 그러나 수입을 허용하는 것도 수입에 대한 공범에 해당할 것이므로 수입의 교사 또는 방조를 가중처벌

1 유기천 85면.
2 김석휘(주석) 321면; 진계호 527면.
3 김석휘(주석) 322면; 오영근 492면; 이정원 661면; 진계호 527면.

한다는 의미에서 본죄는 모두 부진정신분범이라고 해석하는 것이 타당하다.[1]

(2) 구성요건

20 1) 주 체 본죄의 주체는 세관공무원이다. 세관공무원이란 세관에 있는 모든 공무원을 말하는 것이 아니라 세관에서 수입사무에 종사하는 공무원을 말한다. 따라서 세관에 근무하면서 수입사무를 보지 않는 공무원은 본죄의 주체가 될 수 없다.

21 2) 행 위 아편·몰핀이나 그 화합물 또는 아편흡식기구를 수입하거나 수입을 허용하는 것이다. 수입을 허용한다는 것은 명시적 또는 묵시적으로 수입을 허용하는 것을 말한다. 따라서 수입의 허용은 작위뿐만 아니라 부작위에 의할 수도 있다. 수입허용의 기수시기는 수입이 기수에 이른 때이다.

22 (3) 공범규정의 적용 여부 수입죄의 경우에는 총론의 공범과 신분에 관한 규정이 적용된다. 따라서 신분 있는 자가 신분 없는 자와 같이 수입한 때에는 신분자에게는 본죄, 비신분자에게는 제198조와 제199조가 적용된다(제33조 단서). 이에 반하여 수입허용죄는 수입죄의 공범을 독립죄로 규정한 것이므로 총론의 공범에 관한 규정은 적용될 여지가 없다.[2] 따라서 세관공무원의 허용을 받아 수입한 자는 수입죄로 처벌받으며 본죄의 공범이 되는 것은 아니다.

4. 상습아편흡식, 아편등 제조·수입·판매등죄

상습으로 전 5 조의 죄를 범한 때에는 각조에 정한 형의 2분의 1까지 가중한다(제203조).
10년 이하의 자격정지 또는 2천만원 이하의 벌금을 병과할 수 있다(제204조).
본죄에 제공한 아편·몰핀이나 그 화합물 또는 아편흡식기구는 몰수한다. 그를 몰수하기 불능한 때에는 그 가액을 추징한다(제206조).

23 상습으로 아편등 제조·수입·판매·판매목적 소지죄(제198조), 아편흡식기 제조·수입·판매·판매목적 소지죄(제199조), 세관공무원의 아편등 수입·수입허용죄(제200조), 아편흡식·동 장소제공죄(제201조) 및 동 미수죄(제202조)를 범할 때에 성립한다.

---

1 김일수/서보학 491면; 박상기 569면; 배종대 123/5; 백형구 479면; 유기천 86면; 이영란 572면; 이형국 665면; 임웅 795면; 정성근/박광민 673면; 정영일 537면; 조준현 457면.

2 김일수/서보학 492면; 명형식(공저) 493면; 박상기 569면; 배종대 123/5; 이영란 573면; 이정원 662면; 이형국 665면; 임웅 796면; 진계호 528면.

Ⅳ. 아편등 소지죄

아편 · 몰핀이나 그 화합물 또는 아편흡식기구를 소지한 자는 1년 이하의 징역 또는 500만 원 이하의 벌금에 처한다(제205조).

본죄에 제공된 아편 · 몰핀이나 그 화합물 또는 아편흡식기구는 몰수한다. 그를 몰수하기 불능한 때에는 그 가액을 추징한다(제206조).

아편 · 몰핀이나 그 화합물 또는 아편흡식기구를 소지함으로써 성립하는 범 24
죄이다. 기본적 구성요건인 아편의 흡식이나 몰핀의 주사를 위한 예비행위를 독립된 구성요건으로 규정한 것이다.

행위의 객체는 아편 · 몰핀 · 그 화합물 또는 아편흡식기구이며, 행위는 소지 25
하는 것이다. 그러나 여기의 소지는 판매할 목적이 없는 경우에 제한된다. 판매할 목적으로 소지한 때에는 제198조와 제199조의 죄가 성립하기 때문이다. 본죄와 아편흡식 또는 몰핀주사의 관계에 관하여는 아편흡식등죄에서 설명한 바와 같다.

제 4 장 사회의 도덕에 대한 죄

§36

제 1 절 성풍속에 관한 죄

Ⅰ. 총 설

1. 성풍속에 관한 죄의 의의

1 성풍속에 관한 죄(Strafbare Handlungen gegen die Sittlichkeit)란 성도덕 또는 건전한 성적 풍속을 보호하기 위한 성생활에 관계된 범죄를 말한다. 형법은 성에 관한 범죄를 강간과 추행의 죄와 성풍속에 관한 죄로 나누어 강간죄와 강제추행죄 등 개인의 성적 자유를 침해하는 범죄를 강간과 추행의 죄의 장에서 규정하고, 성풍속에 관한 죄의 장에서는 음행매개죄(제242조)·음란물죄(제243조, 제244조) 및 공연음란죄(제245조)를 규정하여 사회의 성질서를 보호하고 있는 점에 특색이 있다. 독일 형법이 성적 자기결정에 대한 죄(Straftaten gegen die sexuelle Selbstbestimmung), 스위스 형법이 성적 불가침성에 대한 죄(Strafbare Handlungen gegen die sexuelle Integrität), 일본 형법이 외설·간음 및 중혼의 죄의 장에서 성에 관한 모든 범죄를 규정하고 있는 것과 구별된다.[1]

2 성풍속에 관한 범죄에 있어서도 근친상간(Blutschande, 독일 형법 제173조; 스위스 형법 제213조; 오스트리아 형법 제211조) 또는 계간(구 스위스 형법 제194조; 구 오스트리아 형법 제209조) 등을 처벌하는 입법례도 있으나 형법에는 이러한 규정이 없다. 성제도(Sexualverfassung)를 보호하는 것은 형법의 과제가 아니며,[2] 성형법을 자유화의 이념에 따라 사회의 성적 질서에 대한 중대한 침해의 방지에 제한하여 인간의 사생활도 보호해야 하기 때문이다.

3 형법의 성풍속에 관한 죄는 2종으로 나눌 수 있다. 음행매개죄 및 음란물죄

1 성풍속에 대한 죄 이외에 오스트리아 형법은 혼인과 가정에 대한 죄(9장), 스위스 형법은 가정에 대한 죄(6장)를 두어 간통과 중혼 등을 처벌하고 있다.

2 Horn/Wolters SK §184 Rn. 1; Laufhütte LK §184 Rn. 1.

와 공연음란죄가 그것이다.[1] 음행매개죄는 성도덕과 함께 개인의 성적 자유도 동시에 보호하는 범죄임에 반하여 음란물죄와 공연음란죄는 건전한 성풍속이라는 일반의 이익을 보호하기 위한 범죄라고 할 수 있다.

2. 성풍속에 관한 죄의 보호법익

성풍속에 관한 죄의 보호법익을 일률적으로 설명할 수는 없다. 음란물죄와 4
공연음란죄의 보호법익은 선량한 성풍속의 보호에 있다. 이에 반하여 음행매개죄의 보호법익이 무엇인가에 관하여는 견해가 대립되고 있다.

음행매개죄의 보호법익이 개인의 성적 자유라고 해석하는 견해[2]가 있다. 그러나 음행매개죄의 주된 보호법익은 선량한 성풍속이며 피음행매개자의 성적 자유는 부수적인 보호법익이 된다고 해석하는 것이 타당하다.[3]

Ⅱ. 음행매개죄

영리의 목적으로 사람을 매개하여 간음하게 한 자는 3년 이하의 징역 또는 1,500만원 이하의 벌금에 처한다(제242조).

(1) **의 의** 영리의 목적으로 사람을 매개하여 간음하게 함으로써 성 5
립하는 범죄이다. 사회의 성도덕 내지 성풍속뿐만 아니라 부차적으로 개인의 성적 자유도 보호하는 침해범이다.

그러나 본죄 이외에 18세 미만의 아동에게 음란한 행위를 시키거나 이를 매개한 때에는 아동복지법에 해당하며(제17조 2호), 성매매를 강요하거나 알선한 자는 성매매알선 등 행위의 처벌에 관한 법률에 의하여 처벌되고(제18조, 제19조), 만 19세 미만의 아동·청소년의 성을 사거나 이들에게 성매매를 강요하거나 알선한 자는 아동·청소년 성보호법에 따라 처벌된다(제13조, 제14조).

---

1 김일수/서보학 496면; 김종원(공저) 549면; 배종대 124/1; 이형국 674면; 임웅 797면; 진계호 472면.
이에 반하여 유기천 90면은 풍속에 대한 죄를 성도덕을 보호하는 규정과 성풍속을 보호하는 규정으로 나누고 있다.

2 Lackner/Kühl Vor §174 Rn. 2; Laufhütte LK §181a Rn. 1; Sch/Sch/Lenckner/Perron §181a Rn. 1; Tröndle/Fischer §181a Rn. 3.

3 김일수/서보학 497면; 김종원(공저) 553면; 유기천 97면; 이정원 665면; 이형국 657면; 임웅 802면; 정성근/박광민 675면; 정영일 375면; 진계호 476면.

(2) 구성요건

6 1) 주 체 본죄의 주체에는 제한이 없다. 피매개자의 부모나 감독자 또는 배우자도 본죄의 주체가 될 수 있다. 다만 매개되어 간음행위를 행한 사람과 그 상대방은 본죄의 주체가 될 수 없다.[1] 이들은 일종의 필요적 공범이지만 형법이 매개자만을 처벌하고 있기 때문에 공범의 규정은 적용되지 않는다고 해석해야 하기 때문이다.

7 2) 행위의 객체 사람이다. 따라서 남자든 여자든, 성년의 사람이든 미성년자이든 불문한다. 다만, 13세 미만의 사람은 본죄의 객체에서 제외된다. 13세 미만의 사람에 대하여는 의제강간죄(제305조)가 성립되기 때문이다.[2] 음행에 상습이 있는가도 불문한다. 피매개자가 음행에 동의했는가도 본죄의 성립에 영향이 없다.[3]

8 3) 행 위 사람을 매개하여 간음케 하는 것이다.

(가) 매 개 매개란 사람을 간음에 이르게 알선하는 것을 말한다. 사람에게 간음의 의사가 있었는가는 문제되지 않는다. 따라서 매개행위가 교사행위일 것을 요하는 것은 아니다.

9 (나) 간 음 매개에 의하여 간음하게 하여야 한다. 간음이란 부부 사이 이외의 성교를 말한다. 간음케 할 것을 요하므로 단순히 추행케 하는 것으로는 족하지 않다. 간음케 함을 요하므로 간음이란 결과가 일어나야 한다. 따라서 간음을 매개하였지만 그가 이에 응하지 않거나, 간음을 결의하였으나 실행에 이르지 않은 때에는 본죄는 성립하지 않는다.[4]

본죄는 1회의 간음이 있을 때마다 1죄가 성립한다. 다만 연속범이 될 수 있는 때에는 포괄일죄가 된다고 할 수 있다.

10 4) 주관적 구성요건 본죄가 성립하기 위하여는 객관적 구성요건에 대한 고의가 있어야 하는 이외에 영리의 목적이 필요하다. 영리의 목적이란 재산적 이익을 취득할 목적을 말한다.[5] 일시적 이익이건 영구적 이익이건 불문한다. 목

---

1 김일수/서보학 501면; 김종원(공저) 501면; 박상기 577면; 배종대 **125**/3; 유기천 99면; 임웅 748면.

2 김성돈 681면; 백형구 553면; 이형국 681면.

3 대법원 1955. 7. 8. 4288형상37.

4 김일수/서보학 502면; 김종원(공저) 553면; 박상기 578면; 배종대 **125**/5; 백형구 554면; 손동권/김재윤 708면; 유기천 99면; 임웅 719면; 정성근/박광민 676면; 진계호 477면.

5 김종원(공저) 554면; 백형구 554면; 유기천 99면; 정성근/박광민 677면; 정영석 199면; 황산덕

적의 달성 여부도 문제되지 않는다. 재산적 이익이 현실로 발생하였을 것도 요하지 않는다.

Ⅲ. 음란물죄와 공연음란죄

1. 음화등 반포 · 판매 · 임대 · 공연전시죄

음란한 문서 · 도화 · 필름 기타 물건을 반포 · 판매 또는 임대하거나 공연히 전시 또는 상영한 자는 1년 이하의 징역 또는 500 만원 이하의 벌금에 처한다(제243조).

정보통신망을 통하여 음란한 부호 · 문언 · 음향 · 화상 또는 영상을 배포 · 판매 · 임대하거나 공공연하게 전시한 자는 1년 이하의 징역 또는 1천만원 이하의 벌금에 처한다(정보통신망 이용촉진 및 정보보호 등에 관한 법률 제74조 1항 2호, 제44조의7 제1항 1호).

(1) **의 의** 음란한 문서 · 도화 · 필름 기타 물건을 반포 · 판매 또는 임대하거나 공연히 전시 또는 상영함으로써 성립하는 범죄이다. 음화등 제조 · 소지 · 수입 · 수출죄(제244조)와 함께 음란물죄가 된다. 선량한 성풍속을 보호하기 위한 추상적 위험범이다. 음란한 문서나 도화 등을 무책임하게 반포하는 것은 성풍속에 대한 환경파괴를 초래하므로 규제해야 한다. 그러나 표현의 자유, 학문의 자유 및 사상의 자유를 존중해야 한다는 점에서는 음란성에 대한 신중한 판단이 필요하다. 여기서 성표현의 자유화 · 비범죄화의 경향과 관련하여 음란성의 개념과 처벌의 범위를 명백히 하지 않으면 안 된다. 11

(2) **행위의 객체** 본죄의 객체는 음란한 문서 · 도화 · 필름 기타 물건이다.

1) 음 란 성

(가) **의의와 판단기준** 본죄의 객체가 되는 문서 · 도화 · 필름 기타 물건은 음란성(淫亂性)이 인정되어야 한다. 음란성이란 보통인의 성적 수치심과 도의감을 현저히 침해하는 데 객관적으로 적합한 것을 말한다. 즉 통설은 음란성은 그 내용이 성욕을 자극 또는 흥분시키고 보통인의 정상적인 성적 수치심을 해하여 선량한 성적 도의관념에 반하는 것을 말한다고 설명하고 있으며,[1] 판례도 같은 12

151면.

1 김일수/서보학 503면; 김종원(공저) 555면; 박상기 581면; 배종대 126/2; 백형구 557면; 손동권/김재윤 710면; 신동운 520면; 오영근 629면; 유기천 94면; 이영란 677면; 이정원 676면; 이형국 683면; 임웅 813면; 정성근/박광민 678면; 정영석 201면; 정영일 377면; 황산덕 151면.

취지로 판시하고 있다.[1] 성욕을 자극 또는 흥분케 한다는 행위자의 주관적 목적을 요하지 않으며, 표현의 객관적 경향이 문제될 따름이다.[2] 판례도 음란성의 유무는 제조자나 판매자의 주관적 의도에 관계 없이 객관적이고 규범적으로 판단해야 한다고 하고 있다.[3]

음란성은 규범적 개념이므로 그 시대의 문화관에 따라 종국적으로는 법원이 판단하여야 한다.[4] 여기서 음란성의 판단을 위한 기준을 제시할 필요가 있다.

13 ① 음란성의 판단기준은 보통인, 즉 통상의 성인이다.[5] 따라서 도덕적으로 타락하여 수치심이 없거나 수치감정이 지나치게 예민한 자를 기준으로 하여 이를 판단하는 것은 허용되지 않는다. 일본의 판례는 영문서적의 음란성은 영어를 읽는 평균인을 기준으로 판단해야 한다고 판시한 바 있다.[6]

14 ② 음란성의 판단대상은 문서 전체가 되어야 하며 어느 부분의 음란성이 아니다. 판례도 소설 반노사건의 판결에서 소설에 내포된 전체적 사상의 흐름이 음란할 것을 요한다고 하여 전체적 고찰방법을 명백히 하고 있다.[7]

15 ③ 음란성을 판단함에 있어서는 당해 문서·도화 또는 물건이 단순히 저속하다는 느낌을 주는 정도를 넘어 사람의 존엄성과 가치를 심각하게 훼손·왜곡하였다고 평가할 수 있을 정도로 성에 대한 노골적이고 상세한 묘사·서술의 정도와 그 수법, 묘사·서술이 문서 전체에서 차지하는 비중, 문서에 표현된 사상 등과 묘사·서술과의 관련성, 문서의 구성이나 전개 또는 예술성·사상성 등에 의한 성적 자극의 완화의 정도, 이들 관점으로부터 당해 문서를 전체로 보았을 때 주로 독자의 호색적 흥미를 돋우는 것으로 인정되느냐의 여부 등을 검토해야 한다.[8]

---

1 대법원 1987. 12. 22. 87도2331; 대법원 2000. 10. 13. 2000도3346; 대법원 2014. 7. 24. 2013도9228; 대법원 2017. 10. 26. 2012도13352.

2 Horn/Wolters SK §184 Rn. 4; Lackner/Kühl §184 Rn. 2; Laufhütte LK §184 Rn. 5; Sch/Sch/Lenckner/Perron/Eisele §184 Rn. 4; Tröndle/Fischer §184 Rn. 6.

3 대법원 2014. 6. 12. 2013도6345; 대법원 2020. 1. 16. 2019도14056.

4 대법원 2008. 3. 13. 2006도3558.

5 대법원 1995. 2. 10. 94도2266; 대법원 2014. 6. 12. 2013도6345.

6 日最判 1970. 4. 7(刑集 24-4, 105).

7 대법원 1975. 12. 9. 74도976, 「반노의 13장 내지 14장 기재부분이 음란하다는 공소사실은 그 표현에 있어 과도하게 성욕을 자극시키거나 정상적인 정서를 크게 해칠 정도로 노골적이고 구체적인 묘사라고 볼 수 없고 전체적인 내용의 흐름이 인간에 내재하는 향락적인 성욕에 반항하고 그로부터 새로운 자아를 발견하는 내용이므로 이를 음란작품이라고 단정할 수 없다.」

8 대법원 1995. 6. 16. 94도1758(사진첩 「산타페 등」 사건); 대법원 1995. 6. 16. 94도2413(소설 「즐거운 사라」 사건); 대법원 1997. 8. 22. 97도937; 대법원 2006. 4. 28. 2003도4128; 대법원

즉 이러한 사정을 종합하여 그 시대의 건전한 사회통념에 비추어 그것이 공연히 성욕을 흥분 또는 자극시키고 보통인의 정상적인 성적 수치심을 해하고, 선량한 성적 도의관념에 반하는 것이라고 할 수 있는가의 여부를 판단해야 한다.

(나) **과학서 · 예술작품과 음란성** 과학서나 문예작품의 과학성과 예술성 16
이 음란성과 양립할 수 있는가에 대하여는 **적극설과 소극설**이 대립되고 있다. 통설은 적극설의 입장에서 과학성 · 예술성과 음란성은 차원을 달리하는 관념이므로 과학작품 또는 예술작품이라고 하여 음란성이 당연히 부정되는 것은 아니라고 해석하고 있다.[1] 판례도 명화집에 실려 있는 나체화가 음란성을 가질 수 있다고 하여 적극설의 입장을 취하고 있다.[2] 일본의 판례도 「차타레이 부인의 사랑」 사건에 대한 판결에서는 고도의 예술성이 있다고 하여 작품의 음란성이 부정되는 것은 아니라고 하였으나,[3] 그 후 「악덕의 번영」 사건의 판결을 통하여 문서의 예술성이 음란성을 제거할 수 있다고 판시하였다.[4] 생각건대 학문과 예술을 음란문서라고 할 수는 없으므로 성에 대한 정확한 이해를 가능하게 하는 과학적인 저서나 교육서는 물론 고도의 예술성이 인정되는 예술작품의 음란성은 부정하지 않을 수 없다.[5]

(다) **상대적 음란개념의 이론** 상대적 음란성(relative Unzüchtigkeit)이란 문 17
서의 음란성은 문서의 내용 이외에 작자나 출판자의 의도, 광고 · 선전 · 판매의 방법, 독자의 상황 등을 고려하여 상대적으로 판단하지 않으면 안 된다는 이론이다. 이에 의하면 음란성이 인정되지 않는 예술작품이나 과학적 논문도 다른 방법으로 공개될 때에는 음란문서가 될 수 있다고 한다.[6]

따라서 성교를 취급한 학술논문도 신문에 게재할 때에는 음란성을 가질 수 있고

2014. 5. 29. 2013도15643.

1 김성천/김형준 872면; 김일수/서보학 505면; 김종원(공저) 556면; 백형구 559면; 손동권/김재윤 710면; 이정원 676면; 이형국 684면; 정성근/박광민 681면; 정영일 378면; 진계호 483면.

2 대법원 1970. 10. 30. 70도1879, 「명화집에 실려 있는 그림이라 하여도 성냥갑 속에 넣어서 시판할 목적으로 이를 복사 · 제조하거나 시판한 경우 그 그림이 보는 사람으로 하여금 성욕을 자극하여 흥분케 할 뿐만 아니라 일반인의 정상적인 성적 정서와 선량한 사회풍속을 해칠 가능성이 있는 때에는 음화제조 · 판매죄가 성립한다고 보아야 한다.」

3 日最判 1957. 3. 13(刑集 11-3, 997).

4 日最判 1969. 10. 15(刑集 23-10, 1239).

5 Horn/Wolters SK §184 Rn. 6; Laufhütte LK §184 Rn. 9; Sch/Sch/Lenckner/Perron/Eisele §184 Rn. 4; Tröndle/Fischer §184 Rn. 8.

6 서일교 210면; 손동권/김재윤 711면; 유기천 96면; 이정원 624면; 정영석 200면; 정영일 378면.

(RGSt. 27, 114), 미술작품이라 할지라도 복제되어 일반에게 반포된 때에는 벌할 수 있는 것이 된다(RGSt. 37, 315).

고야의 나체화에 대한 판례의 태도도 상대적 음란개념에 입각한 것이었다.[1] 음란성의 판단이 시대에 따라 변천할 수 있고 또 그 판단이 전체적 고찰을 통하여 가능하다는 의미에서는 상대적이라고 할 수 있다. 그러나 상대적 음란개념을 인정하는 것은 문서 자체의 예술성과 같은 사회적 가치를 고려하지 않고 음란한 문서나 도화의 범위도 명백하지 않아 금지된 행위를 명시할 수 없다는 비난을 면할 수 없다. 이러한 의미에서 상대적 음란 개념을 인정할 수는 없다고 해야 한다.[2] 우리나라의 다수설도 이를 부정하고 있다.[3]

상대적 음란개념을 위법성조각사유의 하나로 보는 견해[4]도 있다. 음란한 작품이라도 반포·판매 또는 공연전시의 방법에 따라서는 위법성이 조각되는 경우가 있다는 것이다. 그러나 예술성이 인정되어 음란하지 않은 문서를 음란하다고 하고 위법성이 조각된다고 해석하는 것은 타당하다고 할 수 없다.

18 2) 문서·도화·필름 기타 물건 문서나 도화는 비밀침해죄와 문서위조죄의 그것과 같다. 필름이란 사진이나 영화 등으로 재생될 수 있도록 제작된 물체를 말한다. 비디오 테이프도 여기에 속한다. 기타 물건에는 조각품·음반 또는 녹음테이프 등이 포함된다. 예컨대 남성용 자위기구인 모조여성성기가 그것이다.[5] 그러나 사람의 신체는 물건이 아니다. 따라서 음란행위를 하는 것은 기타 물건에 해당하지 않는다. 컴퓨터 프로그램파일도 본죄의 객체에 포함되지 않는다.[6]

(3) 행 위 본죄의 행위는 반포·판매·임대하거나 공연전시 또는

---

1 대법원 1970. 10. 30. 70도1879.

2 Laufhütte LK §184 Rn. 10; Sch/Sch/Lenckner/Perron §184 Rn. 5a; Tröndle/Fischer §184 Rn. 9.

3 김일수/서보학 506면; 박상기 586면; 배종대 126/4; 백형구 560면; 이형국 684면; 임웅 815면; 정성근/박광민 679면.

4 김종원(공저) 557면.

5 대법원 2003. 5. 16. 2003도988.

6 대법원 1999. 2. 24. 98도3140, 「형법 제243조는 음란한 문서·도화·필름 기타 물건을 반포·판매 또는 임대하거나 공연히 전시 또는 상영한 자에 대한 처벌규정으로서 컴퓨터 프로그램파일은 위 규정에서 규정하고 있는 문서·도화·필름 기타 물건에 해당한다고 할 수 없으므로, 음란한 영상화면을 수록한 컴퓨터 프로그램파일을 컴퓨터 통신망을 통하여 전송하는 방법으로 판매한 행위에 대하여 전기통신기본법 제48조의2의 규정을 적용할 수 있음은 별론으로 하고, 형법 제243조의 규정을 적용할 수 없다.」

상영하는 것이다.

1) **반포 · 판매 · 임대** 반포(頒布)란 불특정 또는 다수인에게 무상으로 19
교부하는 것을 말한다. 유상인 때에는 판매에 해당한다. 불특정 또는 다수인에게 교부될 것을 예견하고 특정인에게 교부한 때에도 반포에 해당한다. 반포는 현실로 교부됨을 요한다. 따라서 단순한 우송만으로는 족하지 않고 현실로 인도되어야 한다. 판매란 불특정 또는 다수인에 대한 유상양도를 말한다. 매매 또는 교환에 제한되지 않는다. 술값 대신 음화를 주거나 기관지를 배부하는 것도 대가관계가 인정되면 여기에 포함된다. 판매도 매매계약으로 족하지 않고 현실의 인도가 있어야 한다. 계속 · 반복의 의사가 있는 이상 1회의 판매로도 족하다. 임대란 유상의 대여를 말한다. 영업으로 행할 것을 요하지 않는다. 반포 · 판매 · 임대의 상대방은 본죄의 공범으로 처벌받지 않는다.[1] 반포 · 판매 · 임대만을 특별히 처벌하고 있기 때문이다.

2) **공연전시 또는 상영** 공연히 전시한다는 것은 불특정 또는 다수인이 20
관람할 수 있는 상태에 두는 것을 말한다. 유상인가 무상인가를 불문한다. 동시에 다수인에게 보일 필요는 없으며 순차로 열람케 하여도 좋다. 전람회에 진열하는 것은 물론 녹음테이프의 재생도 여기에 해당한다.[2] 음란한 부호 등이 전시된 웹페이지에 대한 링크(link) 행위도 이에 따라 불특정 · 다수인이 이러한 링크를 이용하여 별다른 제한 없이 음란한 부호 등에 바로 접할 수 있는 상태가 실제로 조성되었다면, 음란한 부호 등을 공연히 전시한 경우에 해당한다.[3] 상영이란 필름을 영사하여 공개하는 것을 말한다. 공연히 상영하여야 하므로 친구 두 사람이 보는 앞에서 도색영화필름을 상영한 것은 여기에 해당하지 않는다.[4]

(4) **주관적 구성요건** 본죄가 성립하기 위하여는 객관적 구성요건요소 21
에 대한 고의가 있어야 한다. 따라서 문서 · 도화 · 필름 기타 물건을 반포 · 판매 · 임대하거나 공연전시 또는 상영한다는 점에 대한 인식을 요한다. 문서의 음란성에 대한 인식도 고의의 내용이 된다. 다만 음란성은 규범적 구성요건요소이므로

1 김일수/서보학 509면; 김종원(공저) 558면; 박상기 586면; 이정원 679면; 임웅 819면; 정성근/박광민 683면; 진계호 486면.
2 김종원(공저) 559면; 배종대 126/7; 서일교 210면; 이정원 679면; 정성근/박광민 682면; 진계호 485면.
3 대법원 2003. 7. 8. 2001도1335; 대법원 2009. 5. 14. 2008도10914.
4 대법원 1973. 8. 21. 73도409.

문외한으로서의 소박한 평가라는 의미에서의 의미의 인식이 필요하다.

2. 음화등 제조 · 소지 · 수입 · 수출죄

제243조의 행위에 공할 목적으로 음란한 물건을 제조 · 소지 · 수입 또는 수출한 자는 1년 이하의 징역 또는 500만원 이하의 벌금에 처한다(제244조).

22 본죄는 반포 · 판매 · 임대하거나 공연전시 또는 상영할 목적으로 음란한 물건을 제조 · 소지 · 수입 또는 수출함으로써 성립하는 범죄이다. 음화등 반포 · 판매 · 임대 · 공연전시 또는 상영죄의 예비에 해당하는 범죄를 독립된 구성요건으로 규정한 것이다. 본죄는 음화판매 등의 죄를 범할 목적이 있어야 하는 목적범이다.

23 행위의 객체는 음란한 물건이다. 음란한 물건이란 음란한 문서와 도화를 포함하는 개념이다. 판례는 성기확대기는 음란물건이 될 수 없다고 하고 있다.[1] 행위는 제조 · 소지 · 수입 또는 수출이다. 제조는 음란한 물건을 만드는 것이고, 소지는 이를 자기의 사실상의 지배하에 두는 것을 말한다. 수입과 수출은 국외에서 국내로 반입하는 것과 국내에서 국외로 반출하는 것을 말한다.

3. 공연음란죄

공연히 음란한 행위를 한 자는 1년 이하의 징역 또는 500만원 이하의 벌금 · 구류 또는 과료에 처한다(제245조).

24 (1) 의 의 공연히 음란한 행위를 함으로써 성립하는 범죄이다. 음란물죄가 음란한 물건에 대한 범죄임에 대하여 본죄는 음란한 행위 자체를 처벌하는 것이다. 음란행위를 하여 공분(公憤)을 야기(Erregung öffentlichen Ärgernisses)할 것을 요건으로 하는 입법례도 있으나,[2] 형법에는 이러한 제한이 없다. 본죄가 의사에 반하여 음란행위를 보아야 하는 개인의 이익을 보호하기 위한 범죄라고 해석하는 견해[3]도 있으나, 건전한 성풍속 내지 성도덕이라는 일반의 이

1 대법원 1978. 11. 14. 78도2327, 「이 해면체비대기는 그 구조와 작용방법으로 미루어 남자의 성기를 확대하려는 데 쓰려고 만든 도구로서 그 도구의 일부에 음경을 넣게 된 부분이 원통으로 되어 있어 음경을 연상케 함도 없고, 그 전체에서 성에 관련된 어떤 뜻이 나온다고도 인정될 수 없으니 그 기구 자체가 성욕을 자극 · 흥분 또는 만족시키게 하는 음란물건이라고 할 수 없다.」

2 독일 형법 제183조의a; 오스트리아 형법 제218조 참조.

3 Horn/Wolters SK §183a Rn. 1; Sch/Sch/Lenckner/Perron/Eisele §183a Rn. 1.

익을 보호법익으로 한다고 보는 것이 형법의 태도와 일치한다.

(2) **행 위** 공연히 음란한 행위를 하는 것이다.

1) **공 연 히** 「공연히」란 불특정 또는 다수인이 알 수 있는 상태를 의미 25
한다. 따라서 내부적으로 결합된 수인 사이에 음란행위를 하는 것은 여기에 포함되지 않는다. 불특정 또는 다수인이 음란행위가 행하여지는 장소에 있어야 하는 것은 아니다. 그러나 장소의 공연성만으로는 족하지 않다. 따라서 거리에서 행하여진 음란행위라 할지라도 숨어서 한 경우는 본죄에 해당하지 않는다.

2) **음란행위** 음란행위란 성욕을 자극 또는 흥분케 하여 성적 수치심 26
과 성도덕을 침해하는 행위를 말한다. 대법원은 음란행위가 반드시 성행위를 묘사하거나 성적인 의도를 표출할 것을 요하는 것은 아니라고 하지만,[1] 음란행위는 성행위일 것을 요한다. 성행위인가는 외적 상황을 기준으로 판단해야 한다. 단순히 나체를 보인다는 것만으로 음란행위가 되는 것은 아니다. 예컨대 목욕을 하거나 소변을 보는 것은 음란행위가 아니다.

판례는 말다툼을 한 후 항의의 표시로 엉덩이를 노출시킨 행위는 음란한 행위에 해당하지 않는다고 하면서도(대법원 2004. 3. 12. 2003도6514), 고속도로에서 옷을 벗어 성기를 노출한 경우나(대법원 2000. 12. 22. 2000도4372) 요구르트 제품홍보를 위하여 전라의 여성 누드모델들이 알몸을 완전히 들어낸 채 음부 및 유방이 노출된 상태에서 무대를 돌며 관람객에게 요구르트를 던진 행위는 음란행위에 해당한다고 판시하였다(대법원 2006. 1. 13. 2005도1264).

무엇이 음란행위인가는 시대와 문화에 따라 동일한 것이 아니다. 따라서 키스나 유방을 노출하는 것만으로는 음란행위라고 할 수 없다. 음담, 즉 음란한 말이 여기에 포함된다는 견해[2]도 있으나, 언어와 행위는 구별해야 한다.[3]

본죄의 죄수는 음란행위를 기준으로 판단된다. 그러나 1회의 출연중에 행한 27
여러 번의 음란행위는 물론, 연속범의 요건을 충족하는 수회의 음란행위는 포괄일죄가 될 수 있다. 본죄는 강제추행죄와 상상적 경합이 될 수 있다.

(3) **주관적 구성요건** 본죄가 성립하기 위하여도 공연히 음란한 행위를 28
한다는 고의가 있어야 한다. 따라서 공연성에 대한 인식이 없는 때에는 음란행위

1 대법원 2020. 1. 16. 2019도14056.

2 김종원(공저) 561면, 주석 431면.

3 Horn/Wolters SK §183a Rn. 2; Laufhütte LK §183a Rn. 2; Sch/Sch/Lenckner/Perron/Eisele §183a Rn. 3.

에 대한 고의가 있더라도 본죄가 성립하지 않는다.

§ 37

제 2 절 도박과 복표에 관한 죄

I. 총 설

1. 의의와 보호법익

1 도박(Glückspiel)과 복표(Lotterie)에 관한 죄란 도박하거나 도박을 개장하거나 복표를 발매·중개 또는 취득함으로써 성립하는 범죄이다. 우연에 의하여 재산의 득실을 다투는 것을 내용으로 하는 범죄이다. 복표도 도박의 일종이라고 볼 수 있으므로 넓은 의미의 도박죄라고 할 수 있다. 이러한 범죄는 사람의 요행심을 조장하여 건전한 근로생활을 퇴폐케 할 뿐만 아니라 폭행·협박·살인·상해·절도·강도 등의 다른 범죄를 유발하는 원인이 되기 때문에 국가적 수단에 의하여 처벌하거나 통제되어 온 것이다.

2 도박죄의 보호법익은 입법례에 따라 일치하지 않는다. 독일 형법은 도박죄를 재산죄로 규정하고 있으며, 따라서 통설은 이를 특수한 형태의 재산위험범죄로 파악하고 있다.[1] 이에 반하여 형법이 도박의 승자만을 처벌하는 것이 아니고 도박에의 참여 자체를 처벌하는 것이므로 본죄의 보호법익은 도박장의 질서확보,[2] 또는 공공의 윤리와 도덕의 위험이라고 하는 견해[3]도 있다.

본죄를 사회적 법익에 대한 죄로 규정하고 있는 형법의 해석에 있어서 도박과 복표에 관한 죄의 보호법익은 건전한 기업활동의 기초가 되는 국민의 근로관념과 공공의 미풍양속 내지 근로라는 사회의 경제도덕이라고 해석하지 않을 수 없다.[4] 판례도 도박죄는 정당한 근로에 의하지 아니한 재산의 취득을 처벌함으로

1 Bubnoff LK Vor §284 Rn. 4; Fischer §284 Rn. 2; Hoyer SK §284 Rn. 3; Sch/Sch/Heine §284 Rn. 2 b.

2 Maurach/Schroeder/Maiwald **44**/2.

3 Groeschke/Hohmann MK §284 Rn. 1.

4 권문택(주석) 434면; 김일수/서보학 513면; 김종원(공저) 561면; 박상기 589면; 배종대 **127**/2; 유기천 105면; 이형국 689면; 임웅 823면; 정성근/박광민 687면; 진계호 491면.

써 경제에 관한 건전한 도덕법칙을 보호하기 위한 것이라고 판시하고 있다.[1]

2. 구성요건

도박과 복표에 관한 죄는 도박에 관한 죄와 복표에 관한 죄로 나눌 수 있다. 3
도박에 관한 죄의 기본적 구성요건은 단순도박죄(제246조 1항)이다. 상습도박죄(동조 2항)는 상습성 때문에 책임이 가중되는 가중적 구성요건이고, 도박장소등 개설죄 (제247조)는 영리의 목적으로 인하여 불법이 가중되는 경우이다. 복표에 관한 죄로는 복표의 발매 · 중개 및 취득죄(제248조)가 있다.

형법은 종래 단순도박죄를 「재물로써 도박한 자는 500만원 이하의 벌금 또 4
는 과료에 처한다」고 규정하고(제246조 1항), 상습도박죄와 도박개장죄는 3년 이하의 징역 또는 2천만원 이하의 벌금에 처하고(동조 2항, 제247조), 복표발매등죄에 관하여는 법령에 의하지 아니하고 복표를 발매한 자를 3년 이하의 징역 또는 2천만원 이하의 벌금에 처하면서(제248조 1항), 그 중개(동조 2항) 및 취득죄(동조 3항)를 각 징역 1년 또는 500만원 이하의 벌금, 500만원 이하의 벌금으로 처벌하고 있었다.

> 도박과 복표에 관한 죄에 있어서는 단순도박죄를 비범죄화할 것인가, 복표에 관한 5
> 죄를 형법에 별도로 규정할 필요가 있는가에 대하여 입법론상 다툼이 있다. 도박죄는 경제생활에 있어서의 윤리 내지 근로정신을 보호하기 위한 범죄인데, 근로정신은 상습도박에 의하여만 침해되는 것이므로 단순도박죄는 비범죄화하는 것이 타당하고,[2] 복표에 관한 죄는 이미 그 사회적 의의를 상실하였고 특별법으로 사행행위 등 규제 및 처벌 특례법이 제정되어 금지해야 할 사행행위를 별도로 규정하여 처벌하고 있으므로 이를 형법에서 계속 규정할 필요가 없다는 주장이 다수설을 차지하고 있다.[3]

도박과 복표에 관한 죄는 형법 일부개정법률에 의하여 그 내용이 개정되어 6
2013년 4월 5일부터 시행되었다. 개정법률은 2000. 12. 13. 우리나라가 서명한 「UN 국제조직범죄방지협약(United Nations Convention against Transnational Organized Crime)」의 국내적 입법 이행사항을 고려한 법률이다. 개정법률은 첫째, 도박장소의 개설이나 복표발행으로 인한 수입이 범죄단체나 집단의 운영자금으

1 대법원 1983. 3. 22. 82도2151.
2 김기춘 546면; 배종대 **127**/3; 서일교 215면; 오영근 638면; 임웅 825면; 정성근/박광민 688면.
3 권문택(주석) 435면; 김일수/서보학 513면; 박상기 590면; 배종대 **127**/4; 오영근 638면; 이형국 693면; 정성근/박광민 688면; 진계호 491면; 황산덕 153면.

로 사용되고 있어 그 수입원을 차단하는 한편, 도박장소의 개설과 복표발매죄가 UN 국제조직범죄방지협약의 대상범죄로 처벌될 수 있도록 법정형을 「5년 이하의 징역 또는 3천만원 이하의 벌금」으로 상향 조정하고, 둘째 그 구성요건을 정비하였다. 즉 도박죄에 있어서 「재물로써 도박한 자」를 「도박을 한 사람은」으로 고쳐 재물뿐만 아니라 재산상의 이익도 그 객체가 될 수 있음을 명백히 하고(제246조 1항), 도박개장죄의 「도박을 개장한 자」를 「도박을 하는 장소나 공간을 개설한 사람」으로 고쳐 인터넷상에 도박사이트를 개설하여 전자화폐나 온라인으로 결제케 하는 경우도 본죄가 성립할 수 있다는 것을 명백히 하였다(제247조).

Ⅱ. 도 박 죄

1. 단순도박죄

도박을 한 사람은 1천만원 이하의 벌금에 처한다. 단 일시오락 정도에 불과한 경우에는 예외로 한다(제246조 1항).

7 (1) **구성요건** 본죄는 도박함으로써 성립한다. 도박죄의 기본적 구성요건이다.

8 1) **주 체** 주체에는 제한이 없다. 다만 도박은 2인 이상의 자 사이에서 행하여지므로 본죄는 필요적 공범에 해당한다.

2) **행 위** 본죄의 행위는 「도박」하는 것이다.

9 ㈎ **도박의 대상** 재물 또는 재산상의 이익이다. 즉, 도박죄는 「재물 또는 재산상의 이익을 걸고」 도박할 때에 성립한다. 재물을 걸고란 재물을 승자에게 줄 것을 약속하는 것을 말한다. 재물이 현장에 있을 것을 요하지 않는다. 재물뿐만 아니라 재산상의 이익도 포함한다. 가액의 다과나 교환가치의 유무도 묻지 않는다. 재물의 액수가 확정되어 있을 필요도 없다. 승패가 결정된 경우에 확정할 수 있는 것이면 족하다.

10 ㈏ **도 박** 도박이란 재물 또는 재산상 이익을 걸고 우연에 의하여 그 득실을 결정하는 것을 말한다. 여기서 도박의 개념과 관련하여 다음 세 가지가 문제된다.

11 ⒜ **우 연 성** 재물 또는 재산상 이익의 득실은 우연에 의하여 결정되어

야 한다. 여기서 우연이란 당사자가 확실히 예견하거나 영향을 미칠 수 없는 사정을 말한다. 즉 우연이란 개념은 주관적으로 결정되는 것이며 객관적으로 불확실할 것을 요하지 않는다.[1] 객관적인 의미에서의 우연이란 엄격히 볼 때 있을 수 없는 것이기 때문이다. 우연에 의하여 결정되는 재물 또는 재산상의 이익의 득실은 경제적으로 정당한 이익이 아닐 것을 요한다. 따라서 보험계약은 도박이 될 수 없다.

(b) **도박과 경기(Geschicklichkeitsspiel)** 경기(競技)란 우연이 아니라 당사 12
자의 육체적 · 정신적 능력과 주의의 정도 또는 기능과 기량에 의하여 승패가 결정되는 것을 말한다.[2] 당구 · 테니스 · 야구 등의 운동경기나 장기나 바둑 등이 여기에 해당한다. 통설은 우연한 승패란 승패가 완전히 우연에 의하여 결정될 것을 요하지 않고 당사자의 기능이 승패에 영향을 미친다고 할지라도 조금이라도 우연의 지배를 받는 것이라면 도박에 해당한다고 해석하고 있다.[3] 판례도 내기골프가 도박에 해당한다고 판시한 바 있다.[4] 그러나 기능과 기량에 의하여 승패가 결정되는 것을 도박이라고 해석하는 것은 타당하다고 할 수 없다.[5] 우연을 주관에 의하여 결정한다면 기능과 기술을 다하여 승패를 결정하려고 한 때에는 우연이라고 할 수 없기 때문이다. 따라서 보통의 경기자에게 필요로 하는 능력과 지식을 가지고 있는 한 자신의 기능에 의하여 승패가 결정되는 것은 도박이 아니라고 해야 한다.[6]

1 김일수/서보학 515면; 김종원(공저) 562면; 배종대 128/4; 손동권/김재윤 718면; 신동운 524면; 유기천 109면; 이형국 694면; 정성근/박광민 689면; 정영석 203면; 진계호 492면; 황산덕 153면.

2 독일에서는 도(賭, Wette)와 박(博, Glückspiel)을 구별하여 도는 의견 다툼임에 반하여 박은 이익을 위한 다툼이라고 해석하여 박만을 처벌의 대상으로 하였고(Bubnoff LK §284 Rn. 3), 구법시대의 일본에서도 도사와 박희를 구별하고 구별의 기준에 관하여는 당사자의 의견의 적중 여부에 따라 재물의 득실이 결정되는 것이 도이고 그 외의 경우가 박이라는 주관설과 승패가 당사자의 행위에 의하는 것이 박이고 그렇지 않는 것이 도라고 해석하는 객관설 등이 대립되고 있었다. 그러나 형법에서는 양자를 구별할 실익이 없다.

3 김일수/서보학 515면; 김종원(공저) 563면; 박상기 591면; 백형구 564면; 유기천 110면; 이정원 685면; 이형국 694면; 정성근/박광민 690면; 정영석 203면; 황산덕 154면.

4 대법원 2008. 10. 23. 2006도736, 「당사자의 능력이 승패의 결과에 영향을 미친다고 하더라도 다소라도 우연성의 사정에 의하여 영향을 받게 되는 때에는 도박죄가 성립할 수 있다. 따라서 피고인들이 각자 핸디캡을 정하고 홀마다 또는 9홀마다 별도의 돈을 걸고 총 26 내지 32회에 걸쳐 내기 골프를 한 행위는 도박에 해당한다.」
동지: 대법원 2014. 6. 12. 2013도13231.

5 Fischer §284 Rn. 8; Groeschke/Hohmann MK §284 Rn. 7; Hoyer SK §284 Rn. 14; Lackner/Kühl §284 Rn. 5; Sch/Sch/Heine §284 Rn. 5.

6 김성돈 644면; 배종대 128/5; 손동권/김재윤 718면; 신동운 524면; 임웅 828면; 정영일 383면.

13 (c) **편면적 도박** 도박이라고 하기 위하여는 당사자 쌍방에 우연할 것을 요하는가, 즉 편면적 도박이 가능한가가 문제된다. 이는 사기도박의 경우에 도박죄가 성립할 것인가의 문제이다. 도박죄가 필요적 공범이라고 하여 전원에 대하여 범죄의 성립이 인정되어야 하는 것은 아니므로 편면적 도박을 인정하여 사기도박의 경우에 사기행위자에게는 사기죄가 성립하지만 상대방에게는 도박죄가 성립한다는 **긍정설**[1]도 있다. 그러나 통설은 도박이 계약 또는 합동행위일 뿐만 아니라 사기도박의 경우에는 도박에 있어서 필요한 우연성이 인정될 수 없다는 이유로 도박죄의 성립을 부정한다.[2] 판례도 같은 태도를 취하고 있다.[3] 통설과 판례의 태도인 **부정설**이 타당하다.

14 (d) **기수시기** 본죄는 추상적 위험범이다. 따라서 본죄는 도박행위에 착수하면 기수에 이르며, 승패가 결정되거나 현실로 재물 또는 재산상의 이익의 득실이 있었을 것을 요하지 않는다. 도박에 건 금액이 확정되었을 필요도 없다. 예컨대 화투나 트럼프에 의한 도박의 경우에는 화투의 배부를 시작한 때에 기수가 된다. 단순히 선(先)을 정하기 위한 배부인 때에도 같다.

15 (2) **위 법 성** 일시 오락의 정도에 불과한 때에는 본죄는 성립하지 않는다. 일시 오락의 정도는 도박죄의 위법성조각사유가 된다.[4] 구법이 「일시의 오락에 공하는 물건을 건 자는」이라고 규정하였던 것을 형법이 일시 오락에 불과한 때로 고친 점에 비추어, 종래의 통설은 일시 오락의 정도는 도박에 거는 재물의 용도를 기준으로 할 것이 아니라 재물의 경제적 가치가 근소하다는 것이 기준이 되어야 한다고 해석하였다.[5] 경제적 가치가 근소한 때에는 근로에 의한 재산의 취득이라는 경제관념을 침해하지 않기 때문이라고 한다. 그러나 도박죄의 위법성의 한계를 재물의 근소성만으로 판단하는 것은 타당하다고 할 수 없다.[6] 일시 오락의 정도에 불과한 것인가는 도박의 시간과 장소, 도박에 건 재물의 가액, 도박에 가담한 자들의 사회적 지위나 재산정도 및 도박으로 인한 이득의 용도 등

1 김일수/서보학 515면; 이정원 688면.
2 김종원(공저) 562면; 박상기 590면; 배종대 128/6; 백형구 565면; 손동권/김재윤 718면; 유기천 110면; 이형국 694면; 임웅 827면; 정성근/박광민 690면; 정영일 383면; 진계호 493면.
3 대법원 1960. 11. 16. 4293형상743; 대법원 2011. 1. 13. 2010도9330.
4 대법원 2004. 4. 9. 2003도6351.
5 김종원(공저) 563면; 박상기 592면; 유기천 113면; 정영석 204면; 진계호 494면; 황산덕 154면.
6 대법원 1959. 6. 12. 4291형상335.

여러 가지 사정을 참작하여 판단해야 한다.[1] 결국 재산상황을 고려하여 거래관념에 따라 객관적으로 판단하지 않을 수 없다.[2]

금전을 거는 것도 여기에 해당할 것인가에 대하여는 견해가 일치하지 않는 16
다. 금전을 거는 것은 성질상 일시 오락에 불과하다고 할 수 없기 때문에 금전 그 자체를 목적으로 하는 때에는 액수의 다소를 불문하고 본죄가 성립한다고 해석하는 견해[3]도 있다. 그러나 일시 오락이란 당사자가 후일 재산으로 보존할 의사 없이 단순히 오락을 위하여 재물 또는 재산상 이익을 거는 것을 의미하므로, 재산의 득실이 승패결정의 흥미를 북돋우기 위한 경우에는 금전이라고 하여 제외될 이유는 없다.[4] 판례도 같은 취지로 판시하고 있다.[5]

2. 상습도박죄

상습으로 제1항의 죄를 범한 사람은 3년 이하의 징역 또는 2천만원 이하의 벌금에 처한다(제246조 2항).

본죄에 대하여는 1천만원 이하의 벌금을 병과할 수 있다(제249조).

(1) 의 의　상습으로 도박죄를 범한 경우에 책임이 가중되는 가중적 17
구성요건이다. 상습으로 도박죄를 범하였을 것을 요하므로 일시 오락의 정도에 불과한 때에는 본죄가 성립하지 않는다. 본죄가 성립한 때에 누범가중의 규정이 적용되는가에 대하여는 이를 부정하는 견해[6]도 있으나, 본죄와 누범가중은 그 근거가 다를 뿐만 아니라 누범인 상습범과 전과 없는 상습범을 같이 처벌하는 것은

1 대법원 1983. 6. 28. 83도1044; 대법원 1984. 4. 10. 84도194; 대법원 1985. 11. 12. 85도2096.

2 Fischer §284 Rn. 5; Groeschke/Hohmann MK §284 Rn. 8; Lackner/Kühl §284 Rn. 4; Wohlers NK §284 Rn. 13; Sch/Sch/Heine §284 Rn. 5.

3 정영석 205면.

4 김일수/서보학 516면; 김종원(공저) 563면; 배종대 128/8; 백형구 565면; 손동권/김재윤 719면; 이영란 688면; 이형국 695면; 정성근/박광민 691면; 정영일 384면.

5 대법원 1983. 3. 22. 82도2151, 「속칭 민화투놀이에 도한 재물이 바로 그 즉시 예정된 방법에 따라 소비되지 아니하고 어느 일방이 승패에 따라 그 재물을 차지하였다 하더라도 그 재물의 득실이 승패결정의 흥미를 북돋우기 위한 것이고 그 재물의 경제적 가치가 근소하여 건전한 근로의식을 침해하지 않을 정도라면 일시 오락의 정도에 불과한 것이다.」

금전으로 음식 또는 술값을 낸 경우는 당연히 일시 오락의 정도에 불과한 것이다. 대법원 1974. 3. 12. 74도582; 대법원 1979. 11. 13. 79도1715; 대법원 1984. 7. 10. 84도1043; 대법원 2004. 4. 9. 2003도6351.

6 황산덕 154면.

타당하다고 할 수 없으므로 본죄에 대하여도 당연히 적용된다.[1]

(2) **상습성판단의 기준과 죄수**

18 1) **상습성의 판단** 상습이란 반복하여 도박행위를 하는 습벽을 말한다. 상습성을 인정하기 위하여는 전과를 요하는 것이 일반적이지만,[2] 전과가 없는 경우에도 상습성을 인정할 수 있다.[3] 전과와 범죄사실의 반복, 시간적 간격 등을 고려하여 도박의 습성이 발현되었는가를 판단해야 할 것이다.

따라서 1주일간에 수십회의 도박을 하였으나 그 이후에는 어떤 도박행위에도 가담하지 않은 경우(대법원 1985. 9. 24. 85도1272), 도박 전과가 없는 피고인이 연말과 연초에 두 차례 잘 아는 사람과 만나 도박을 했거나(대법원 1990. 12. 11. 90도2250), 타인으로부터 건네받은 금원으로 저녁 9시부터 다음날 9시까지 200회에 걸쳐 도박을 한 경우(대법원 1991. 10. 8. 91도1894)에는 상습성을 인정할 수 없다.

19 2) **죄 수** 상습도박죄는 집합범이므로 수회에 걸쳐 도박행위를 한 때에도 포괄일죄가 된다고 해석하는 것이 통설[4]이다.

판례도 상습도박죄가 성립하는 때는 포괄일죄가 되며(대법원 1982. 9. 28. 82도1669), 도박의 습벽 있는 자가 도박과 도박방조를 한 때에는 상습도박죄만 성립한다고 판시하고 있다(대법원 1984. 4. 24. 84도195).

그러나 상습성만을 이유로 수죄를 일죄로 취급하는 것은 타당하다고 할 수 없다.[5]

20 (3) **공 범** 상습범은 행위의 속성이 아니라 행위자의 속성이다. 따라서 상습범은 상습성으로 인하여 형이 가중되는 부진정신분범이다. 따라서 상습자가 비상습자와 같이 도박한 때에는 형법 제33조 단서가 적용되어 상습자에게는 본죄가 성립하지만 비상습자에게는 도박죄가 성립하게 된다. 또 비상습자가 상습자의 도박을 교사·방조한 때에는 도박죄의 교사 또는 방조가 된다.

---

1 김일수/서보학 518면; 배종대 **128**/12; 백형구 567면; 이영란 691면; 이형국 696면; 임웅 831면; 정성근/박광민 693면.

2 대법원 1978. 2. 28. 77도3999; 대법원 1994. 3. 8. 93도3608.

3 대법원 1983. 10. 25. 83도2448; 대법원 1995. 7. 11. 95도955.

4 김종원(공저) 565면; 배종대 **128**/13; 백형구 566면; 오영근 643면; 유기천 120면; 이영란 691면; 이형국 697면; 임웅 831면; 정성근/박광민 694면; 정영일 385면; 진계호 499면.

5 김성돈 695면; 박상기 593면.

3. 도박장소등 개설죄

영리의 목적으로 도박을 하는 장소나 공간을 개설한 사람은 5년 이하의 징역 또는 3천만 원 이하의 벌금에 처한다(제247조).

본죄에 대하여는 1천만원 이하의 벌금을 병과할 수 있다(제249조).

(1) **의 의** 영리의 목적으로 도박하는 장소나 공간을 개설함으로써 성립하는 범죄이다. 성질상 본죄는 도박행위를 교사하거나 준비시키는 예비행위에 불과하나 형법은 이를 독립된 범죄로 하여 도박죄보다 가중하여 처벌하고 있다. 가중처벌하는 근거는 행위자가 재산상실의 위험을 부담하지 않고 인간의 사행본능을 이용하여 도박범을 유인하거나 이를 촉진시킴으로써 영리를 취하는 것은 도박행위보다 더 반도덕적 요소가 있기 때문이다.[1] 도박죄를 처벌하지 않는 입법례에서도 대부분 본죄에 해당하는 행위를 처벌하고 있다. 21

(2) **구성요건** 영리의 목적으로 도박을 하는 장소나 공간을 개설하는 것이다.

1) **행 위** 「도박하는 장소를 개설한다」는 것은 스스로 주재자가 되어 그 지배하에 도박의 장소를 여는 것을 말한다. 설비의 정도는 문제되지 않는다. 상설일 것도 요하지 않는다. 「도박하는 공간을 개설한다」란 인터넷 사이트 운영자가 회원들로 하여금 온라인에서 현금화할 수 있는 게임코인을 걸고 속칭 고스톱[2] 또는 포커게임을 하도록 하고 수수료 명목으로 일정액을 이익으로 취하거나,[3] 유료낚시터를 운영하는 사람이 입장료 명목으로 요금을 받은 후 낚인 물고기에 부착된 시상번호에 따라 경품을 지급한 경우를 말한다.[4] 22

따라서 성인피시방 운영자가 손님들로 하여금 컴퓨터에 접속하여 인터넷 도박게임을 하고 게임머니의 충전과 환전을 하도록 하면서 게임머니의 일정 금액을 수수료 명목으로 받은 행위의 경우에도 본죄가 성립한다(대법원 2008. 10. 23. 2008도3970).

도박의 주재자가 될 것을 요하므로, 주재자가 되지 않고 도박장소를 제공하였을 뿐인 때에는 도박죄의 종범이 될 뿐이고 본죄를 구성하지 않는다.

1 유기천 121면; 정성근/박광민 694면.
2 대법원 2002. 4. 12. 2001도5802.
3 대법원 2008. 9. 11. 2008도1667.
4 대법원 2009. 2. 26. 2008도10582.

23 도박하는 장소나 공간을 개설하면 기수에 이르고 도자를 유인하거나 도박죄 자체가 성립되었을 것을 요하지 않는다. 자신이 도박행위를 할 필요도 없다. 도박을 하는 장소나 공간을 개설한 사람이 도박한 경우에도 도박장소 등 개설죄만 성립한다는 견해[1]가 있으나, 본죄와 도박죄의 경합범이 된다고 해석해야 한다.[2] 다만 도박장소 등의 개설을 방조한 자는 본죄의 방조가 되며 별도로 도박방조죄는 성립하지 않는다.[3] 도박장소 등 개설은 도박방조를 포함하는 것이기 때문이다. 양 죄의 상상적 경합이 된다고 해석하는 견해[4]도 있다.

24 **2) 영리의 목적** 본죄가 성립하기 위하여는 고의 이외에 영리의 목적이 있어야 한다. 영리의 목적이란 도박개장의 대가로 불법한 재산상의 이익을 얻을 목적을 말한다.[5] 재산상의 이익은 입장료·수수료 등과 같이 도박하는 장소나 공간을 연 대가로 얻는 것을 말하며 도박을 통하여 얻는 것을 의미하지 않는다. 영리의 목적이 있으면 족하며 현실로 이득을 얻었는가는 문제되지 않는다.

Ⅲ. 복표발매·중개·취득죄

> ① 법령에 의하지 아니한 복표를 발매한 사람은 5년 이하의 징역 또는 3천만원 이하의 벌금에 처한다.
> ② 제1항의 복표발매를 중개한 사람은 3년 이하의 징역 또는 2천만원 이하의 벌금에 처한다.
> ③ 제1항의 복표를 취득한 사람은 1천만원 이하의 벌금에 처한다(제248조).
> 제1항의 죄에 대하여 1천만원 이하의 벌금을 병과할 수 있다(제249조).

25 **(1) 의 의** 법령에 의하지 아니한 복표를 발매·발매중개 또는 취득함으로써 성립하는 범죄이다. 복표의 발행도 우연에 의하여 승패가 결정된다는 의미에서 넓은 의미의 도박죄에 해당하나, 형법이 이를 별도로 규정하여 복표의 발매와 중개 및 취득을 처벌하고 있다. 그러나 복표의 발행은 사행행위 등 규제

---

1 황산덕 155면.
2 박상기 594면; 배종대 128/14; 백형구 567면; 유기천 121면; 이형국 699면; 임웅 833면; 진계호 502면.
3 권문택(주석) 445면; 정성근/박광민 696면; 정영석 206면.
4 김종원(공저) 566면.
5 대법원 2013. 11. 28. 2012도14725.

및 처벌 특례법의 적용을 받게 된다.

(2) 구성요건

1) 행위의 객체 법령에 의하지 아니한 복표이다. 26

복표(福票)란 특정한 표찰을 발매하여 다수인으로부터 금품을 모아 추첨 등의 방법에 의하여 당첨자에게 재산상의 이익을 제공하고 다른 참가인에게 손실을 주는 것을 말한다. 즉 형법 제248조가 규정하는 복표의 개념요소는 ① 특정한 표찰일 것, ② 그 표찰을 발매하여 다수인으로부터 금품을 모을 것, ③ 추첨 등의 우연한 방법에 의하여 그 다수인 중 일부 당첨자에게 재산상의 이익을 주고 다른 참가자에게 손실을 줄 것의 세 가지로 파악할 수 있다.

따라서 판례는 기본적인 성질이 위와 같은 개념요소를 갖추고 있다면, 이른바 광고복권과 같이 거기에 광고 등 다른 기능이 일부 가미되어 있는 관계로 당첨되지 않은 참가자의 손실을 그 광고주 등 다른 사업주들이 대신 부담한다고 하더라도, 특별한 사정이 없는 한 복표로서의 성질을 상실하지는 않는다고 한다 (대법원 2003. 12. 26. 2003도5433).

도박과 복표의 구별에 관하여는 일반적으로 ① 도박은 추첨 이외의 우연한 방법에 의하여 재물 또는 재산상 이익의 득실을 결정하는 데 반하여 복표는 추첨에 의하여 손익을 결정하는 것이며, ② 도박에서는 도물의 소유권이 승패가 결정될 때까지 승자에게 이전되지 않음에 반하여 복표에서는 재물의 제공에 의하여 소유권이 발행자에게 이전되고, ③ 도박에서는 당사자 전원이 재산상실의 위험을 부담하는 데 반하여 복표에서는 구매자가 위험을 부담할 뿐이고 발매자는 이를 부담하지 않는다는 점 등이 지적되고 있다.[1] 특히 이 가운데 추첨에 의한 것인가에 따라 구별해야 한다는 견해[2]와 위험부담자에 따라 구별해야 한다는 견해[3]가 있으며, 독일의 다수설은 승패결정계획(Spielplan)의 존부를 기준으로 해야 한다고 해석하고 있다.[4] 도박과 복표는 재산의 득실이 우연에 의하여 결정된다는 점에서는 성질을 같이하며, 양자를 구별하는 기준으로는 어느 하나에 치중할 것이 아니라 위의 여러 가지 점을 종합하여 판단하는 것이 타당하다고 생각된다. 27

1 박상기 595면; 배종대 129/3; 손동권/김재윤 722면; 신동운 528면; 이형국 700면; 임웅 835면; 정성근/박광민 697면.

2 유기천 107면; 진계호 490면.

3 김종원(공저) 567면.

4 Bubnoff LK §287 Rn. 3; Hoyer SK §287 Rn. 4; Sch/Sch/Eser/Heine §287 Rn. 3; Tröndle/Fischer §287 Rn. 5.

28 복표는 법령에 의하지 아니한 것임을 요한다. 따라서 법령에 의하여 발행된 복표는 본죄의 객체가 되지 않는다.

29 2) 행 위 발매 · 발매중개와 취득이다.

발매란 구매자에게 복표를 파는 것을 말하고, 발매중개는 발매자와 구매자의 중간에서 알선하는 일체의 행위를 말한다. 직접적인가 간접적인가를 묻지 않으며, 보수의 유무도 불문한다. 취득은 유상인가 무상인가를 묻지 않는다.

§38 제 3 절 신앙에 관한 죄

I. 총 설

1. 종교범죄와 형법

1 신앙에 관한 죄란 종교적 평온과 종교감정을 침해하는 것을 내용으로 하는 범죄를 말한다. 형법은 신앙에 관한 죄로 장례식등 방해죄(제158조), 시체등 오욕죄(제159조), 분묘발굴죄(제160조), 시체등 유기죄(제161조) 및 변사체 검시방해죄(제163조)를 규정하고 있다.

2 종교범죄(Religionsdelikte)에 대한 형법적 보호를 어느 범위에서 인정할 것인가는 종교적 · 세계관적 가치의 담당자가 누구인가에 따라 결정되지 않을 수 없다. 국가와 종교가 일치하는 때에는 종교에 대한 범죄는 동시에 국가에 대한 범죄로 되어 무겁게 처벌받지만 국교 이외의 종교는 이에 의해 보호받을 수 없게 된다. 교회와 국가가 분리된 때에는 종교가 허용될 뿐이며 고유한 의미의 종교범죄란 있을 수 없다. 이에 반하여 교회와 국가가 법적으로 분리되어 있으면서 서로 존중하고 인정하는 관계에 있는 경우에는 국가가 일정한 한계에서 종교를 형법에 의하여 보호하게 된다. 형법의 신앙에 관한 죄는 이러한 입장에 선 것이다. 한편 형법에 의하여 종교를 보호하는 경우에 그 보호법익으로는 종교 자체, 종교적 평온(religiöse Friede) 및 종교적 감정(religiöses Gefühl)을 생각할 수 있다. 그러나 신앙에 관한 죄는 종교적 평온과 종교적 감정을 보호하기 위한 범죄이며, 종교 자체를 보호하는 것은 아니다. 형법에는 신에 대한 모독죄의 규정이 없기 때

문이다. 여기서 종교적 감정이란 개인의 종교적 감정이 아니라 다수인 또는 일반의 그것을 의미한다.[1]

2. 보호법익

신앙에 관한 죄의 보호법익은 사회풍속으로 되어 있는 종교적 감정이라고 3
해석하는 견해[2]도 있다. 그러나 본죄의 보호법익에는 종교적 감정 이외에 종교적
평온이 포함되어 있다고 해야 하며,[3] 신앙에 관한 죄가 모두 종교적 평온과 종교
감정을 동시에 보호하는 것이라고 할 수도 없다.[4] 시체등 오욕죄(제159조) 이하의 범
죄는 종교적 평온을 보호하기 위한 범죄라고 할 수 없기 때문이다. 즉 장례식등
방해죄는 자유로운 종교행사를 보호한다는 의미에서 종교적 평온을 보호법익으
로 한다.[5] 물론 이 가운데 장례식은 종교행사일 것을 요하지 않는다는 점에서 그
보호법익은 공공의 평온이라고 할 수 있다. 이에 반하여 시체등 오욕죄 이하의
죄의 보호법익은 사자에 대한 존경의 감정이다.[6] 유족의 존경감정이 아니라 일반
인의 감정이라는 의미에서 이를 종교적 감정이라고 할 수도 있다.[7]

변사체 검시방해죄(제163조)의 보호법익은 종교적 평온이나 감정과 아무런 관련 4
이 없으며, 오히려 범죄수사를 방해하는 공무방해의 죄로서의 성질을 갖는다. 따
라서 입법론으로는 변사체 검시방해죄를 형법에서 삭제하거나[8] 공무방해의 죄의
장에서 규정하는 것이 타당하다.

---

1 Dippel LK Vor §166 Rn. 2; Lackner/Kühl §166 Rn. 1; Sch/Sch/Lenckner Vor §166 Rn. 2.
2 김종원(공저) 567면; 서일교 219면; 황산덕 100면.
3 정영석 208면; 진계호 206면.
4 김일수/서보학 521면; 박상기 597면; 배종대 130/2; 유기천 3면; 이형국 704면; 정성근/박광민 698면.
5 Dippel LK Vor §166 Rn. 5; Herzog NK §166 Rn. 1; Rudolphi/Rogall SK Vor §166 Rn. 2; Sch/Sch/Lenckner Vor §166 Rn. 2; Tröndle/Fischer §166 Rn. 1.
6 Herzog NK §168 Rn. 2; Lackner/Kühl §168 Rn. 1; Rudolphi/Rogall SK Vor §166 Rn. 3; Sch/Sch/Lenckner Vor §166 Rn. 2; Tröndle/Fischer §168 Rn. 1a.
7 이러한 의미에서 형법의 신앙에 관한 죄라는 장명이 적절한가에 대하여는 의문이 제기될 수 있다. 독일 형법은 종교와 세계관에 관한 죄(제166조 내지 제168조), 오스트리아 형법은 종교적 평온과 사자의 평온에 대한 죄(제188조 내지 제191조)라고 규정하고 있다. 그러나 우리나라에서는 종교에 있어서 유교적 영향을 배제할 수 없고, 사자에 관한 죄도 종교에 관한 죄와 역사적으로 결합되어 왔다는 점에 비추어(Dippel LK Vor §166 Rn. 3) 형법이 사자에 관한 죄를 신앙에 관한 죄의 장에서 규정한 것을 이해할 수 있다.
8 유기천 3면.

Ⅱ. 장례식 · 제사 · 예배 · 설교방해죄

장례식 · 제사 · 예배 또는 설교를 방해한 자는 3년 이하의 징역 또는 500만원 이하의 벌금에 처한다(제158조).

5 (1) 의 의 본죄는 장례식 · 제사 · 예배 또는 설교를 방해함으로써 성립하는 범죄이다. 장례식 등 종교적 행사를 방해하는 행위를 처벌하여 종교적 평온을 보호하기 위한 범죄라고 할 수 있다.[1]

(2) 객관적 구성요건

6 1) 행위의 객체 본죄의 객체는 장례식 · 제사 · 예배 또는 설교이다. 장례식 · 제사 · 예배 또는 설교에 제한되므로 교회에서의 회합이라 할지라도 정치적 · 학술적 강연을 위한 회합이나 결혼식은 본죄의 객체가 되지 않는다.[2]

7 장례식이란 사자를 장사지내는 의식을 말한다. 반드시 종교적인 의식일 것을 요하지 않고 비종교적 장례식도 포함한다.[3] 시체가 존재할 것도 요하지 않는다. 제사란 제사지내는 의식을 말한다. 종교적 의식도 여기에 포함된다.[4] 예배란 종교단체의 규칙과 관례와 형식에 따라 신에게 기도하고 숭배하는 종교적 의식을 말한다. 예배의 장소는 문제되지 않는다. 따라서 교회에서의 예배뿐만 아니라 기도원 · 선박 또는 들이나 야외예배도 여기에 포함된다.[5] 정식절차를 밟지 아니하여 설교가 거부된 목사가 행하는 예배도 본죄의 객체가 된다.[6] 그러나 예배라고 하기 위하여는 다수인이 참여할 것을 요하며, 혼자서 보고 있는 예배는 여기에 포함되지 않는다. 설교란 종교상의 교의를 해설하는 것을 말한다.

8 2) 행 위 방해하는 것이다. 방해(Stören)란 장례식 등의 정상적인 진행을 곤란하게 하는 것을 말한다. 방해의 방법에는 제한이 없다. 따라서 폭행 · 협박에 의하는 경우뿐만 아니라 소음을 내거나 혼란에 빠뜨리는 것도 방해에 해

1 대법원 1982. 2. 23. 81도2691; 대법원 2008. 2. 1. 2007도5296.
2 김일수/서보학 522면; 백형구 572면; 신동운 277면; 유기천 7면; 이형국 705면; 임웅 839면; 정성근/박광민 699면; 진계호 508면.
3 Lackner/Kühl §167a Rn. 1; Rudolphi/Rogall SK §167a Rn. 1; Sch/Sch/Lenckner §167a Rn. 1; Tröndle/Fischer §167a Rn. 1.
4 김석휘(주석) 240면; 김일수/서보학 522면; 유기천 6면; 정성근/박광민 700면; 진계호 508면.
5 Dippel LK §167 Rn. 5; Rudolphi/Rogall SK §167a Rn. 1; Sch/Sch/Lenckner §167a Rn. 4; Tröndle/Fischer §167a Rn. 2.
6 대법원 1971. 9. 28. 71도1465.

당한다. 외부로부터의 공격인가 내부에서의 행위인가를 불문한다. 묘혈(墓穴)을 파고 있는 것을 방해하여 장례식의 시간을 지연케 하거나, 목사나 승려를 감금하여 식을 진행하지 못하게 하는 것도 여기에 해당한다.[1] 이 경우에는 본죄와 감금죄의 상상적 경합이 된다. 다만 문서를 반포하여 비난하는 것은 방해라고 할 수 없다. 방해는 장례식 또는 제사가 진행중이거나 그 집행과 시간적으로 밀접 불가분한 관계에 있는 준비단계에서 할 것을 요한다.[2]

따라서 교회의 교인이었던 사람이 교회 현판, 나무십자가 등을 떼어 내고 예배당 건물에 들어가 출입문 자물쇠를 교체하여 7개월 동안 교인들의 출입을 막아 장기간 예배당 건물의 출입을 통제한 행위는 교인들의 예배 내지 그와 밀접불가분의 관계에 있는 준비단계를 계속하여 방해한 것으로 볼 수 없어 예배방해죄가 성립하지 않는다(대법원 2008. 2. 1. 2007도5296).

본죄는 추상적 위험범이다. 따라서 본죄는 장례식 등을 방해하면 기수가 되 9
며, 종교적 의식이 방해되었다는 결과가 발생할 것은 요하지 않는다. 다만, 적어도 객관적으로 보아 장례식의 평온한 수행에 지장을 줄 만한 행위를 함으로써 장례식의 절차와 평온을 저해할 위험이 초래될 수 있는 정도는 되어야 비로소 장례식방해죄가 성립한다.[3]

(3) **주관적 구성요건** 본죄가 성립하기 위하여는 고의가 필요하다. 본 10
죄의 고의는 객관적 구성요건에 대한 인식과 의사이다. 미필적 인식으로 족하다. 고의 이외에 방해의 목적이 있어야 하는 것은 아니다.

Ⅲ. 시체에 관한 죄

1. 시체 · 유골 · 유발오욕죄

시체 · 유골 또는 유발을 오욕한 자는 2년 이하의 징역 또는 500만원 이하의 벌금에 처한다(제159조).

(1) **의 의** 시체 · 유골 또는 유발을 오욕함으로써 성립하는 범죄이 11

1 김일수/서보학 523면; 배종대 131/2; 유기천 7면; 정성근/박광민 700면; 진계호 508면.
2 대법원 1982. 2. 23. 81도2691.
3 대법원 2013. 2. 14. 2010도13450.

다. 보호법익은 사자에 대한 사회의 경외와 존경의 감정, 즉 종교적 감정이다.

(2) **행위의 객체** 시체·유골 또는 유발이다.

12 (가) **시 체** 시체(屍體)란 사람 모양의 통일체로 결합되어 있는 사람의 시신을 말한다. 사태는 시체에 포함되지 않는다고 해석하는 견해[1]도 있다. 그러나 통설은 인체의 형태를 갖춘 사태도 시체에 포함된다고 해석한다.[2] 사자에 대한 존경의 감정은 사태에 대하여도 인정될 뿐만 아니라,[3] 장사 등에 관한 법률이 임신 4개월 이상의 사태도 시신에 포함한다고 규정하고 있는 점(제2조)에 비추어 통설이 타당하다. 시체의 전부뿐만 아니라 일부도 포함한다. 따라서 머리나 팔·다리는 물론 장기와 뇌장도 여기에 해당한다. 금니나 금속뼈와 같은 가공물도 시체에 포함된다.[4] 그러나 시체에서 뽑아낸 혈액은 시체라고 보기 어렵다.

13 (나) **유골·유발** 유골(遺骨)이란 화장 기타의 방법에 의하여 백골이 된 시체의 일부분을 말하며, 유발(遺髮)은 사자를 기념하기 위하여 보존한 모발이다. 화장하고 버려진 재는 여기의 유골에 포함되지 않는다. 유골과 유발은 사자를 제사·기념하기 위하여 보존하고 있는 것임을 요한다. 따라서 유골이나 유발이라 할지라도 학술상 표본이 된 것은 종교적 감정의 보호와 관계 없기 때문에 여기에 포함되지 않는다.

14 (3) **행 위** 본죄의 행위는 오욕하는 것이다. 여기서 오욕이란 폭행 기타 유형력의 행사에 의하여 모욕적인 의사를 표현하는 것을 말한다. 따라서 언어에 의한 경우에는 오욕이라고 할 수 없다. 예컨대 시체에 침을 뱉거나 방뇨하는 경우는 물론 시체를 간음하는 경우가 여기에 해당한다.[5]

2. 분묘발굴죄

분묘를 발굴한 자는 5년 이하의 징역에 처한다(제160조).
미수범은 처벌한다(제162조).

1 유기천 10면.

2 김성천/김형준 894면; 김일수/서보학 524면; 김종원(공저) 569면; 배종대 132/2; 백형구 574면; 이정원 692면; 이형국 707면; 임웅 840면; 정성근/박광민 701면; 진계호 512면.

3 Dippel LK §168 Rn. 12.

4 Dippel LK §168 Rn. 14; Herzog NK §168 Rn. 5; Lackner/Kühl §168 Rn. 2; Tröndle/Fischer §168 Rn. 2.

5 김일수/서보학 524면; 김종원(공저) 569면; 백형구 574면; 유기천 8면; 이정원 693면; 이형국 707면; 정성근/박광민 702면; 정영석 209면; 황산덕 101면.

(1) 의 의 분묘를 발굴함으로써 성립하는 범죄이다. 분묘의 평온을 유지하여 사자에 대한 종교적 감정을 보호하기 위한 것이다. 판례는 본죄의 보호법익을 종교감정의 공서양속이라고 해석하고 있다.[1] 15

(2) 구성요건

1) 행위의 객체 본죄의 객체는 분묘이다. 분묘(墳墓)란 사람의 시체·유골·유발을 매장하여 사자를 제사 또는 기념하는 장소를 말한다. 사태를 매장한 장소는 포함되지 않는다고 해석하는 견해[2]도 있으나, 태아가 인체의 형태를 갖춘 때에는 여기에 포함된다고 해야 한다.[3] 분묘에 대한 소유권자나 관리자가 현존하거나 묘표가 있을 것을 요하지 않는다. 본죄가 분묘에 대한 소유권을 보호하는 범죄는 아니기 때문이다. 적법하게 매장된 분묘일 것을 요하지 않으므로 암장된 분묘도 객체가 된다.[4] 시체나 유골이 분해된 이후라 할지라도 후손의 제사와 존경의 목적이 되어 있는 것은 여기의 분묘에 해당한다.[5] 다만 제사나 예배의 대상이 되지 않는 고분은 분묘라고 할 수 없다. 16

2) 행 위 본죄의 행위는 발굴이다. 발굴이란 복토의 전부 또는 일부를 제거하거나 묘석 등을 파괴하여 분묘를 손괴하는 것을 말한다. 관이나 유골 또는 시체가 외부에 표출될 것을 요하는가에 대하여 **복토제거설**과 **외부인지설**이 대립되고 있다. 판례는 발굴행위에는 유골·시체가 외부로부터 인식할 수 있는 상태까지 현출될 필요는 없다고 하여 복토제거설을 취하고 있다.[6] 그러나 미수범을 처벌하는 형법의 태도에 비추어 볼 때 통설인 외부인지설이 타당하다.[7] 17

(3) 위 법 성 발굴이 법에 근거를 가질 때에는 위법성이 조각될 수 있다. 검증 또는 감정을 위한 발굴의 경우가 그것이다. 분묘를 개장 또는 수선하기 위하여 관리자의 동의를 얻어 시체에 대한 종교적·관습적 양속에 따른 존중의 예를 갖추어서 행한 발굴도 본죄를 구성하지 않는다.[8] 그러나 토지구획사업시행 18

1 대법원 1971. 10. 25. 71도1727.
2 유기천 8면.
3 김일수/서보학 525면; 백형구 575면; 오영근 651면; 이정원 693면; 이형국 708면; 임웅 841면; 정성근/박광민 702면; 진계호 510면.
4 대법원 1976. 10. 29. 76도2828.
5 대법원 1990. 2. 13. 89도2061.
6 대법원 1962. 3. 29. 4294형상539.
7 김일수/서보학 525면; 김종원(공저) 570면; 박상기 598면; 배종대 132/5; 백형구 575면; 유기천 9면; 이형국 709면; 정성근/박광민 703면; 진계호 511면.
8 대법원 1995. 2. 10. 94도1190; 대법원 2007. 12. 13. 2007도8131.

자로부터 분묘의 개장명령을 받았다고 하여도 분묘주의 허락 없이 한 분묘발굴 행위는 정당화될 수 없다.[1]

3. 시체등 손괴 · 유기 · 은닉 · 영득죄

① 시체 · 유골 · 유발 또는 관 속에 넣어 둔 물건을 손괴 · 유기 · 은닉 또는 영득한 자는 7년 이하의 징역에 처한다.
② 분묘를 발굴하여 제1항의 죄를 지은 자는 10년 이하의 징역에 처한다(제161조).
미수범은 처벌한다(제162조).

19 (1) 의 의 시체 · 유골 · 유발 또는 관 속에 넣어 둔 물건을 손괴 · 유기 · 은닉 또는 영득함으로써 성립하는 범죄이다. 사회의 종교적 감정을 보호하기 위한 범죄라는 점에서 재산죄와는 성질을 달리한다. 여기서 본죄의 객체에 대하여 재산죄가 성립할 수 있는가에 관하여는 견해가 대립되고 있다. 시체라 할지라도 해부용으로 병원에 판 것은 이미 본죄의 객체가 아니므로 재산죄의 객체가 된다는 점에는 의문이 없다. 본죄의 객체와 재산죄의 객체는 구별해야 하므로 본죄의 객체에 대하여는 재산죄가 성립할 수 없다고 해석하는 견해[2]도 있다. 시체 · 유골 · 유발은 재물이라고 할 수 없으므로 이에 대하여 재산죄가 성립할 수 없는 것이 명백하다. 그러나 관 속에 넣어 둔 물건은 재물성을 가진다고 할 수 있다.[3] 따라서 이 경우에는 본죄와 재산죄의 상상적 경합이 된다.

(2) 구성요건

20 1) 주 체 본죄의 주체에는 제한이 없다. 사자의 후손도 또한 본죄를 범할 수 있다. 시체 등에 대하여 처분권을 가지고 있더라도 관계 없다.

21 2) 행위의 객체 본죄의 객체는 시체 · 유골 · 유발 또는 관 속에 넣어 둔 물건이다. 시체 · 유골 · 유발의 개념은 시체등 오욕죄의 그것과 같다. 관 속에 넣어 둔 물건이란 기념을 위하여 시체와 함께 관 속에 둔 일체의 부장물을 말한다. 시체의 착의나 사자의 유애물 등이 여기에 해당한다. 그러나 관 자체는 여기에 포함되지 않는다.

---

1 대법원 1978. 5. 9. 77도3588.
2 김석휘(주석) 247면; 김종원(공저) 571면; 박상기 599면; 서일교 222면.
3 김일수/서보학 526면; 배종대 132/7; 백형구 578면; 유기천 15면; 임웅 843면; 정성근/박광민 705면; 정영석 212면; 진계호 507면.

3) 행 위 손괴 · 유기 · 은닉 또는 영득이다.

(가) 손 괴 손괴란 종교적 감정을 해할 정도의 물리적인 훼손 또는 파괴를 말한다. 반드시 손괴죄의 손괴와 같은 의미를 갖는 것은 아니다. 예컨대 시체의 수족을 절단하거나 유골의 일부를 분리하는 것이 여기에 해당한다.[1] 시간(屍姦)은 시체오욕에 해당하며 시체를 손괴하는 것이라고 할 수 없다. 22

(나) 유 기 유기란 시체를 종교적 · 사회적으로 매장이라고 인정되는 방법에 의하지 않고 방기하는 것을 말한다. 시체에 대한 장소적 이전을 요건으로 하지 않는다. 따라서 유기는 작위뿐만 아니라 부작위에 의하여도 할 수 있다. 다만 부작위에 의한 유기는 작위의무가 존재할 것을 전제로 한다. 그러므로 사람을 살해한 후에 범죄를 은폐하기 위하여 시체를 다른 장소에 옮겨 유기하거나[2] 시체를 묻은 때에는 본죄가 성립하지만,[3] 시체를 현장에 방치하는 것만으로는 유기에 해당하지 않는다.[4] 이에 반하여 모가 영아를 질식사하게 한 후에 시체를 그대로 방치한 때에는 시체유기죄가 성립한다. 판례는 조리에 의하여도 작위의무가 발생할 수 있다고 한다.[5] 사람을 살해한 자가 시체를 유기한 때에는 살인죄와 시체유기죄는 실체적 경합관계가 된다.[6] 23

(다) 은 닉 은닉이란 시체의 발견을 불가능하게 하거나 심히 곤란하게 하는 것을 말한다. 예컨대 시체를 매몰하거나 마루 밑에 숨기거나 물 속에 가라앉게 하는 것이 여기에 해당한다. 사람을 살해하고 그대로 도주한 것만으로 은닉이 될 수 없는 것은 유기의 경우와 같다.[7] 24

(라) 영 득 시체의 점유를 불법하게 취득하는 것을 말한다. 점유취득의 방법에는 제한이 없다. 직접적이든 간접적이든 유상이건 무상이건 묻지 않는다. 다만 여기서 점유의 개념은 재산죄의 그것과는 구별된다. 즉 점유란 시체에 대한 재물지배를 의미하는 것이 아니라 감시와 보관관계라는 의미에서의 보호를 뜻한다.[8] 25

1 대법원 1957. 7. 5. 4290형상148.
2 대법원 1984. 11. 27. 84도2263; 대법원 1997. 7. 25. 97도1142.
3 대법원 1968. 7. 2. 68도679. 다만 이 경우는 유기가 아니라 은닉이라고 해야 할 것이다.
4 대법원 1986. 6. 24. 86도891.
5 대법원 1961. 1. 18. 4293형상859.
6 대법원 1984. 11. 27. 84도2263; 대법원 1997. 7. 25. 97도1142.
7 대법원 1986. 6. 24. 86도891.
8 Dippel LK §168 Rn. 23; Lackner/Kühl §168 Rn. 3; Rudolphi/Rogall SK §168 Rn. 8; Sch/Sch/

26 ⑶ **분묘발굴 시체등 손괴·유기·은닉·영득죄** 분묘를 발굴하여 시체·유골·유발 또는 관 속에 넣어 둔 물건을 손괴·유기·은닉 또는 영득함으로써 성립하는 범죄이다. 즉 본죄는 분묘발굴죄와 시체등 영득죄의 결합범이다. 따라서 분묘발굴죄가 성립하지 않거나 타인이 발굴한 분묘에서 손괴 등을 하는 경우에는 본죄가 성립하지 않는다.

4. 변사체검시방해죄

변사자의 시체 또는 변사로 의심되는 시체를 은닉하거나 변경하거나 그 밖의 방법으로 검시를 방해한 자는 700만원 이하의 벌금에 처한다(제163조).

27 ⑴ **의 의** 변사자의 시체 또는 변사로 의심되는 시체를 은닉하거나 변경하거나 그 밖의 방법으로 검시를 방해함으로써 성립하는 범죄이다. 종교적 평온과 종교감정을 보호하기 위한 범죄가 아니라 공무방해의 죄로서의 성질을 가진 범죄이다. 종래의 변사자검시방해죄가 검시를 받지 아니한 변사자의 시체에 변경을 가하는 것을 처벌하여 경찰목적을 달성하기 위한 행정형벌법규로서의 성질을 가지고 있었으나, 형법개정에 의하여 공무방해죄로서의 성격이 더욱 명백히 되었다고 할 수 있다. 정당한 이유 없이 변사체 또는 사태가 있는 현장을 변경한 때에는 경범죄 처벌법에 해당한다(제3조 1항 5호).

⑵ **구성요건**

28 1) **행위의 객체** 변사자의 시체 또는 변사로 의심되는 시체이다. 변사자(變死者)란 자연사 또는 통상의 병사가 아닌 시체로서 범죄로 인한 사망이라는 의심이 있는 것을 말한다.[1] 사인이 불분명한 경우뿐만 아니라 범죄로 인한 것이 명백한 사망의 경우도 변사자에 해당한다고 해석하는 견해도 있으나,[2] 사인이 명백한 시체를 변사자라고 할 수는 없다.[3] 변사자의 시체뿐만 아니라 변사로 의심되는 시체도 행위의 객체에 포함된 것은 형사소송법 제222조가 이를 검시의 대상

Lenckner §168 Rn. 6; Tröndle/Fischer §168 Rn. 8.

1 김석휘(주석) 250면; 김일수/서보학 528면; 백형구 577면; 유기천 14면; 임웅 845면; 정성근/박광민 707면.

2 김종원(공저) 571면; 박상기 600면; 서일교 223면; 정영석 212면.

3 대법원 2003. 6. 27. 2003도1331, 「형법 제163조의 변사자라 함은 부자연한 사망으로서 그 사인이 분명하지 않은 자를 의미하고 그 사인이 명백한 경우는 변사자라 할 수 없으므로, 범죄로 인하여 사망한 것이 명백한 자의 사체는 같은 법조 소정의 변사체검시방해죄의 객체가 될 수 없다.」

으로 규정하고 있기 때문이다.

2) 행 위 시체를 은닉하거나 변경하거나 그 밖의 방법으로 검시를 29
방해하는 것이다.

검시를 방해한다는 것은 검시를 불가능하게 하거나 현저히 곤란하게 하는 것을 말한다. 검시란 사람의 사망이 범죄로 인한 것인가를 판단하기 위하여 수사기관이 변사자의 시체를 조사하는 것을 말하며, 수사의 단서에 지나지 않는다는 점에서 범죄의 혐의가 인정되는 경우의 수사처분인 검증과 구별된다.

시체를 은닉하거나 변경하는 것은 검시를 방해하는 방법의 예시에 불과하 30
다. 은닉이란 변사체의 소재를 불분명하게 하여 그 발견을 곤란하게 하는 일체의 행위를 의미하며, 변경은 시체의 현상을 바꾸는 행위를 말한다. 시체 내부의 변화이건 외부의 변경이건 불문한다. 기타 방법으로 검시를 방해하는 경우로는 시체를 화장하거나 손괴하는 경우를 들 수 있다. 검시관을 폭행 또는 협박한 때에도 본죄에 해당한다고 해석하는 견해도 있으나,[1] 공무집행방해죄가 성립할 때에는 본죄가 별도로 성립하지 않는다고 해야 한다.

1 김일수/서보학 529면; 박상기 600면.

제 3 편

국가적 법익에 대한 죄

국가적 법익에 대한 죄

국가적 법익에 대한 죄란 국가의 존립과 권위 또는 국가의 기능을 보호하기 위한 범죄를 말한다. 따라서 국가적 법익에 대한 죄는 국가의 존립과 권위에 대한 죄와 국가의 기능에 대한 죄로 구별할 수 있다.

국가의 존립과 권위에 대한 죄는 국가의 존립을 보호하기 위한 국가보호형법과 국가의 권위를 보호하기 위한 범죄를 포함한다. 국가의 대내적·대외적 안전을 보호하기 위한 내란의 죄와 외환의 죄가 국가보호형법의 내용이 됨에 반하여, 국가의 권위를 상징하는 표지인 국기에 관한 죄는 국가의 권위를 보호하기 위한 범죄라고 할 수 있다. 국교에 관한 죄는 국가의 대외적 지위와 함께 외국의 이익도 동시에 보호하고자 하는 범죄이다.

국가의 기능도 국가적 법익에 대한 죄에 의하여 보호되고 있다. 형법은 국가의 기능에 대한 죄로 공무원의 직무에 관한 죄, 공무방해에 관한 죄 이외에 도주와 범인은닉의 죄, 위증과 증거인멸의 죄 및 무고의 죄를 규정하고 있다. 공무원의 직무에 관한 죄란 공무원의 의무에 위배하거나 직권을 남용하여 국가기능의 공정을 해하는 공무원의 직무범죄를 의미하며, 직무위배죄와 직권남용죄 및 뇌물죄를 내용으로 한다. 이에 반하여 공무방해에 관한 죄는 국가 또는 공공기관이 행하는 기능을 방해함으로써 성립하는 범죄를 말한다. 도주와 범인은닉의 죄, 위증과 증거인멸의 죄 및 무고의 죄는 국가의 사법기능을 특별히 보호하기 위한 범죄이다.

제 1 장 국가의 존립과 권위에 대한 죄

제 1 절 내란의 죄 §39

I. 총 설

1. 의의와 보호법익

(1) 국가보호형법의 의의

1) 내란죄의 의의 내란죄란 폭동에 의하여 국가의 존립과 헌법질서를 1
위태롭게 하는 범죄, 즉 국토를 참절(대한민국 영토의 전부 또는 일부에서 국가권력을 배제)하거나 국헌을 문란하게 할 목적으로 폭동함으로써 성립하는 범죄이다. 내란의 죄는 외환의 죄와 함께 국가존립을 보호하는 정치형법 내지 국가보호형법의 전통적 기초에 속하는 범죄라고 할 수 있다. 다만 내란의 죄가 내부적으로 국가존립을 위태롭게 하는 범죄임에 반하여, 외환의 죄는 이를 대외적으로 침해하는 것이라는 점에 차이가 있다. 한편 내란의 죄는 다중이 폭동함으로써 성립하는 집단범이라는 면에서는 소요죄와 성질을 같이한다. 그러나 내란의 죄는 국토참절과 국헌문란의 목적이 있어야 성립하는 목적범이며, 따라서 다수인이 이를 위하여 어느 정도 조직화되어 있을 것을 요한다는 점에서 양자는 구별된다.

2) 국가보호형법의 본질 국가보호형법이란 국가의 존립을 보호하기 위 2
한 형법을 말한다. 그러나 국가의 존립은 형법규범의 기능이 아니라 정치권력의 기능에 불과하다. 내란이 성공했을 때에는 형법에 의하여 처벌할 수 없기 때문이다. 이러한 의미에서 Welzel이 지적한 바와 같이 국가의 존립은 정치의 문제이며, 형법상의 문제는 이차적이고 제한적인 것이라 해야 한다.[1]

국가보호형법은 그 시대의 산물이다.[2] 국가의 존립이라 하는 경우에도 국가 3

---

1 Laufhütte LK Vor §80 Rn. 22; Welzel S. 480.

2 Maurach/Schroeder/Maiwald 2 82/8.

자체가 아니라 특정한 헌법과 정치관계하의 구체적 국가가 문제된다. 여기서 정권은 지배관계를 확보하기 위하여 형법을 이용하게 되고, 형법은 정치투쟁을 위한 수단으로 남용되지 않을 수 없었다. 특히 19세기와 20세기 초까지 인간의 인격적 자유가 강조되던 시대에는 정치형법은 인격적 자유를 억압하는 수단으로 이해되었다. 그러나 20세기 이후 동서의 냉전과 사회의 구조변질로 인하여 투쟁적 민주주의(streitbare Demokratie)가 강조됨에 따라 국가보호형법은 수의 증가와 처벌의 확대로 특징지어지고 있다.[1]

4 내란의 죄는 로마법의 perduellio(황제에 대한 반역죄)에서 유래한다. 즉 로마법의 국가보호형법은 배반죄(proditio)와 perduellio로 구별되었다. 그러나 perduellio는 공화정 말기에 이르러 crimen laesae majestatis가 되었다. 로마법의 전통은 독일에 영향을 미치게 되어, 1791년의 프로이센 일반란트법은 이를 내란죄(Hochverrat)와 배반죄(Landesverrat)로 구별하여 규정하였다. 전자가 헌법과 국가에 대한 공격임에 반하여 후자는 외국에 대한 위험을 의미하였으나, 이것이 내부로부터의 침해와 외부에서의 침해로 이해되었다.[2] 여기서 현행 독일 형법은 국가보호형법으로 국가의 내적 안전을 보호하기 위한 내란죄(Hochverrat)와 법치국가위험죄(Rechtsstaatsgefährdung) 이외에, 외환의 죄에 해당하는 평화교란죄(Friedensverrat)와 간첩죄(Landesverrat)를 규정하고 있다.

5 형법은 내란의 죄에 관하여 내란죄(제87조)와 내란목적 살인죄(제88조)를 규정하고 있다. 양 죄는 내란의 죄에 대한 기본적 구성요건이다. 형법에는 이 이외에 양 죄의 미수범과 예비·음모를 처벌하는 규정을 두고 있으며, 법치국가위험죄는 특별법인 국가보안법에 규정되어 있다.

6 (2) **보호법익** 내란죄의 보호법익에 관하여는 국가의 존립[3] 내지 국가존립의 기초,[4] 국헌적 법질서[5] 또는 국가의 내적 안전[6]이라고 설명되고 있다. 그러나 내란의 죄는 대한민국 영토의 전부 또는 일부에서 국가권력을 배제하거나 국헌을 문란하게 할 목적으로 폭동할 때에 성립하는 것이므로 영토내란죄

1 Laufhütte LK Vor §80 Rn. 8; Maurach/Schroeder/Maiwald 2 **82**/8.
2 Maurach/Schroeder/Maiwald 2 **82**/4.
3 배종대 **138**/5; 서일교 369면; 정영석 17면; 정영일 397면.
4 유기천 243면; 진계호 778면.
5 염정철(주석) 34면.
6 김성돈 710면; 김일수/서보학 742면; 손동권/김재윤 727면; 이정원 700면; 이형국 716면; 임웅 851면; 정성근/박광민 846면.

(Gebietshochverrat)와 헌법내란죄(Verfassungshochverrat)로 구별할 수 있고, 영토 내란죄는 국가의 존립을 보호법익으로 하고 헌법내란죄는 헌법질서를 보호하는 것이므로 본죄의 보호법익은 국가의 존립과 헌법이라고 해야 하며,[1] 양자를 포함하는 넓은 의미에서 국가의 내적 안전이라고 하는 것이 타당하다.

보호법익이 보호받는 정도는 위험범이다.

2. 내란죄의 본질

내란죄는 일정한 조직력을 가진 집단적 행위를 전제로 하는 집합적(집단적) 범죄이다. 여기서 내란죄에 대하여 총론상의 공범에 관한 규정이 적용되는가가 문제된다. 뿐만 아니라 내란죄는 이에 대한 특별법인 국가보안법과의 관계를 검토해 볼 필요가 있다. 7

(1) **공범규정의 적용** 집단범인 내란죄에 총론상의 공범규정이 적용되는가에 대하여는 견해가 대립되고 있다. **적극설**은 집단 외에서 교사·방조한 자는 내란죄의 공범으로 처벌받아야 한다고 해석한다. 즉 내란죄에 공동정범의 규정이 적용될 여지는 없으나 내란을 교사하거나 집단 외에서 자금을 제공하여 실행을 용이하게 하는 방조는 가능하므로 협의의 공범에 관한 규정은 적용된다고 해석하고 있다. 우리나라의 다수설이 취하고 있는 태도이다.[2] **소극설**은 총론의 공범규정은 임의적 공범에 관한 것이므로 필요적 공범에 대하여는 적용되지 않는다고 한다.[3] 법률이 집단범죄의 특질을 고려하여 집단적 행동에 관여한 자를 일정한 태양과 한도에서 처벌하려고 하는 이상 법률이 규정한 이외의 관여행위는 처벌하지 않겠다는 취지로 해석해야 하고, 단독범을 전제로 한 총칙의 공범규정을 내란죄에 적용하는 것은 집단범죄의 본질에 반한다는 것을 이유로 한다. 8

생각건대 내란죄를 우두머리·모의참여자·부화수행자로 구별하여 처벌하고 있는 점에 비추어 볼 때에 공동정범의 규정이 적용되지 않는다는 것은 명백하다. 따라서 교사나 방조에 관한 규정이 여기에 적용될 것인가가 문제될 뿐이다. 9

---

1 Laufhütte LK §81 Rn. 1; Maurach/Schroeder/Maiwald 82/17; Rudolphi SK §81 Rn. 1; Sch/Sch/Stree/Sternberg-Lieben §81 Rn. 2, 7.

2 김성천/김형준 768면; 박상기 605면; 배종대 138/5; 백형구 693면; 손동권/김재윤 731면; 신동운 13면; 오영근 666면; 유기천 245면; 임웅 856면; 정성근/박광민 850면; 정영일 400면.

3 김일수/서보학 745면; 서일교 373면; 염정철(주석) 34면; 이정원 701면; 정영석 22면; 진계호 779면.

그러나 ① 형법 제87조가 교사 또는 방조까지 예상한 규정이라고 볼 수는 없고, ② 선동 또는 선전을 처벌하고 있는 규정이 교사나 방조를 처벌하지 않겠다는 규정이라고 해석할 수는 없으며, ③ 구법의 방조에 관한 규정을 삭제한 이유도 총론의 공범규정이 적용된다는 것을 전제로 한 것이라는 점에 비추어 볼 때 교사와 방조의 규정은 적용된다는 적극설이 타당하다. 이러한 의미에서 본죄에 대한 공범규정의 적용문제를 소요죄의 그것과 구별할 필요는 없다.

10 (2) **국가보안법과의 관계** 국가의 안전을 위태롭게 하는 반국가활동을 규제하여 국가의 안전과 국민의 생존 및 자유를 확보하기 위한 특별법으로 국가보안법이 있다. 국가보안법은 내란의 죄, 특히 내란예비·음모에 대한 관계에서는 형법에 대한 특별법이므로 형법에 우선하여 적용되는 것은 물론이다. 따라서 정부를 참칭하거나 국가를 변란할 것을 목적으로 하는 반국가단체를 구성하거나 가입한 때에는 국가보안법에 해당하게 된다(제3조). 그러나 국가보안법은 단순히 내란죄에 대한 특별법에 그치는 것이 아니고 외환의 죄와 국가위험범에 대한 특별규정을 마련하고 있을 뿐만 아니라, 내란죄 자체는 동법이 규정하지 않고 있으므로 내란행위에 나아간 때에는 형법의 내란죄가 적용된다. 이 경우에 내란죄와 국가보안법 위반과의 관계에 있어서는 형법의 내란죄를 적용하면 족하다.[1]

Ⅱ. 내 란 죄

대한민국 영토의 전부 또는 일부에서 국가권력을 배제하거나 국헌을 문란하게 할 목적으로 폭동을 일으킨 자는 다음 각 호의 구분에 따라 처벌한다.

1. 우두머리는 사형, 무기징역 또는 무기금고에 처한다.
2. 모의에 참여하거나 지휘하거나 그 밖의 중요한 임무에 종사한 자는 사형, 무기 또는 5년 이상의 징역이나 금고에 처한다. 살상, 파괴 또는 약탈 행위를 실행한 자도 같다.
3. 부화수행하거나 단순히 폭동에만 관여한 자는 5년 이하의 징역이나 금고에 처한다(제87조).

미수범은 처벌한다(제89조).

본장에서 국헌을 문란할 목적이라 함은 각호의 1에 해당함을 말한다.

1. 헌법 또는 법률에 정한 절차에 의하지 아니하고 헌법 또는 법률의 기능을 소멸시키는 것

---

1 김일수/서보학 746면; 배종대 138/8; 신동운 5면; 염정철(주석) 34면; 유기천 246면; 임웅 852면; 정성근/박광민 851면.

2. 헌법에 의하여 설치된 국가기관을 강압에 의하여 전복 또는 그 권능행사를 불가능하게 하는 것(제91조).

(1) 의 의 대한민국 영토의 전부 또는 일부에서 국가권력을 배제하거나 국헌을 문란하게 할 목적으로 폭동함으로써 성립하는 범죄이다. 대한민국 영토에서의 국가권력 배제 또는 국헌문란의 목적을 요하는 목적범이므로 이러한 목적을 달성하기 위한 다수인의 조직적 결합을 필요로 한다. 따라서 아무런 조직성 없는 단순한 폭행·협박은 본죄를 구성하지 않는다. 11

(2) 객관적 구성요건

1) 주 체 본죄의 주체에는 제한이 없다. 내국인인가 외국인인가를 불문한다. 내국에서 범한 경우뿐만 아니라 외국에서 범한 경우도 포함한다(제5조). 다만 본죄는 다중의 집합을 요하는 집단범으로서 상당수의 다수인의 공동을 필요로 한다. 12

본죄의 주체에는 제한이 없으나, 형법은 이를 관여의 정도에 따라 ① 우두머리, ② 모의참여자·지휘자·중요임무종사자, ③ 부화수행자와 단순관여자로 구별하여 처벌을 달리하고 있다. 13

우두머리는 폭동을 조직·지휘·통솔하는 자를 말한다. 내란의 발의자 또는 주모자일 것을 요하지 않는다. 반드시 1인임을 요하지 않고, 폭동의 현장에 있을 필요도 없다. 모의참여자(謀議參與者)란 우두머리를 보좌하여 폭동계획에 참여하는 자를 말하며, 지휘자란 폭동에 있어서 다수인의 전부 또는 일부를 지휘하는 자를 말한다. 지휘자를 사전에 폭동하는 자들에 대하여 지휘함을 말한다고 하는 견해[1]도 있으나, 폭동개시 전에 지휘하는 경우뿐만 아니라 폭동개시 후에 폭동현장에서 지휘하거나 집단 외에서 지휘하는 경우를 포함한다고 해야 한다.[2] 중요임무종사자는 모의참여자와 지휘자 이외의 자로서 폭동에 관하여 중요한 책임있는 지위에 있는 자를 말한다. 예컨대 탄약·식량을 운반하거나 경리나 보급을 담당하는 자가 여기에 해당한다. 폭동에서 살상·파괴·약탈행위를 실행한 자도 여기에 포함된다. 부화수행자(附和隨行者)와 단순관여자는 막연하게 폭동에 참가하여 폭동의 세력을 확장·증대시킨 자를 말한다. 기계적 노무에 종사하거나 투 14

1 유기천 251면.
2 배종대 138/4; 염정철(주석) 35면; 이형국 722면; 임웅 853면; 정성근/박광민 848면.

석 · 방가 등의 행위를 한 자가 여기에 해당한다. 이러한 자는 군중심리에 의하여 경솔하게 행동하였으므로 기대가능성이 적다는 점을 고려한 것이다.

15 2) 행 위 본죄의 행위는 폭동하는 것이다. 여기서 폭동이란 다수인이 결합하여 폭행 · 협박하는 것을 말한다. 폭행과 협박은 최광의의 그것이다. 따라서 폭행은 사람뿐만 아니라 물건에 대한 유형력의 행사를 포함한다. 파업(Streik)이나 시위(Demonstration)도 폭행의 개념에 포함될 수 있다.[1] 다만 폭행 · 협박은 한 지방의 평온을 해할 정도일 것을 요한다. 따라서 본죄는 폭행 · 협박이 한 지방의 평온을 해할 정도에 이를 때에 기수가 된다. 폭행 · 협박은 하였으나 한 지방의 평온을 해할 정도에 이르지 못한 때에는 본죄의 미수가 된다.[2] 그러므로 폭행 · 협박에도 이르지 못한 때에는 본죄의 미수가 될 수 없다.[3] 또한 폭행 · 협박은 국토참절 또는 국헌문란의 목적을 위한 수단일 것을 요한다. 따라서 내란의 목적과 관련 없는 폭행 · 협박만으로는 본죄가 성립하지 않는다.

16 폭동에 수반하여 살인 · 상해 · 강도 · 손괴 · 방화 등의 행위가 있는 때에 관하여 통설은 살인죄 · 상해죄 또는 방화죄 등은 내란의 목적을 달성하기 위한 수단에 불과하므로 본죄에 흡수된다고 해석한다.[4] 판례도 같은 취지로 판시하고 있다.[5] 다만 폭동의 기회에 사원(私怨)을 풀기 위한 살상이나 강간을 한 때에는 별죄가 성립한다고 한다.[6] 그러나 본죄와 살인죄 · 상해죄 · 강도죄 · 방화죄는 그 보호법익을 달리하며 그것이 내란에 반드시 수반하는 것도 아니므로 본죄와 상상적 경합이 된다고 해석하는 것이 타당하다.[7]

17 (3) **주관적 구성요건** 본죄는 목적범이므로 다수인이 폭동하는 고의가 있어야 하는 이외에 대한민국 영토의 전부 또는 일부에서 국가권력을 배제하거나 국헌을 문란하게 할 목적이 있어야 한다.

대한민국 영토의 전부 또는 일부에서 국가권력을 배제할 목적이란 대한민국

---

1 Laufhütte LK §81 Rn. 12; Sch/Sch/Stree/Sternberg-Lieben §81 Rn. 4.
2 김일수/서보학 744면; 서일교 373면; 유기천 253면; 진계호 780면; 황산덕 19면.
3 유기천 253면; 정성근/박광민 849면; 황산덕 19면.
4 김일수/서보학 744면; 배종대 138/6; 백형구 694면; 신동운 8면; 염정철(주석) 36면; 오영근 664면; 이형국 722면; 임웅 854면; 정성근/박광민 851면; 정영석 19면; 진계호 780면.
5 대법원 1997. 4. 17. 96도3376 전원합의체판결.
6 염정철(주석) 36면.
7 Paeffgen NK §81 Rn. 35; Rudolphi SK §81 Rn. 17; Sch/Sch/Stree/Sternberg-Lieben §81 Rn. 19; Tröndle/Fischer §81 Rn. 10.

의 영토주권의 전부 또는 일부를 배제할 목적, 즉 영토내란의 목적을 말한다. 영토내란은 영토주권을 배제하여 국가의 존립을 침해하는 것을 의미하며, 여기에는 대한민국의 영토를 외국에 양도하거나 대한민국의 국가적 통일성을 배제하거나 또는 대한민국 영토의 일부를 분리하는 것을 포함한다.[1]

국헌문란 목적은 우리 헌법을 지배하는 헌법의 기본질서(verfassungsmäßige Ordnung)를 침해할 목적, 즉 헌법내란의 목적을 의미한다. 여기서 헌법의 기본질서는 헌법에 규정된 자유민주적 기본질서를 말한다. 그러나 헌법에 규정된 자유민주적 기본질서란 자유민주주의의 본질을 이루는 자유민주적 기본질서(freiheitliche demokratische Grundordnung)와 동의어가 되는 것이 아니라 구체적 국가질서의 기초를 이루고 있는 원칙을 의미한다.[2] 따라서 행위자에 의하여 기도된 목적이 자유민주적 기본질서와 일치하는가의 여부는 국헌문란의 목적과 반드시 일치하는 것이 아니다. 18

형법 제91조는 국헌문란의 목적을 구체적으로 정의하여 국헌문란의 목적이란 ① 헌법 또는 법률에 정한 절차에 의하지 아니하고 헌법 또는 법률의 기능을 소멸시키는 것, ② 헌법에 의하여 설치된 국가기관을 강압에 의하여 전복 또는 그 권능행사를 불가능하게 하는 것을 말한다고 규정하고 있다. 스위스 형법 제265조의 영향을 받은 것이라 할 수 있다.[3] 헌법 또는 법률에 정한 절차에 의하지 아니하고 헌법 또는 법률의 기능을 소멸시키는 것은 국가의 기본조직을 파괴 또는 변혁하는 것을 의미하며,[4] 헌법에 의하여 설치된 국가기관을 강압에 의하여 전복 또는 그 권능행사를 불가능하게 하는 것은 이에 대한 예시라고 할 수 있다.[5] 여기서 권능행사를 불가능하게 한다는 것은 그 기관을 제도적으로 영구히 폐지하는 경우뿐만 아니라 사실상 상당기간 기능을 제대로 할 수 없게 만드는 경우를 포함한다.[6] 따라서 정부조직제도 자체를 불법하게 파괴하는 것은 국헌문란 19

1 Laufhütte LK §81 Rn. 2; Rudolphi SK §81 Rn. 4; Sch/Sch/Stree/Sternberg-Lieben §81 Rn. 2; Tröndle/Fischer §81 Rn. 3.

2 Laufhütte LK §81 Rn. 7; Rudolphi SK §81 Rn. 11; Sch/Sch/Stree/Sternberg-Lieben §81 Rn. 7; Tröndle/Fischer §81 Rn. 4.

3 스위스 형법 제265조는 헌법을 변혁하거나 헌법에 의해 설치된 국가기관을 전복 또는 폐지하거나 영토를 분리할 목적으로 폭동한 자를 내란죄로 처벌하고 있다.

4 서일교 371면; 염정철(주석) 42면; 정성근/박광민 849면; 정영석 18면; 황산덕 16면.

5 염정철(주석) 43면.

6 대법원 1997. 4. 17. 96도3376 전원합의체판결.

에 해당하지만, 개개의 구체적인 정부와 내각을 타도하는 것은 여기에 포함되지 않는다.[1] 또한 단순히 국무총리나 수상을 살해하여 내각의 경질을 목적으로 하는 데 불과하고 직접 내각제도 자체를 변혁하는 것을 목적으로 하는 것이 아닐 때에도 국헌문란이라고 할 수 없다. 헌법에 규정된 권력분립, 의회제도, 복수정당제도, 선거제도 및 사법권의 독립은 국가의 기본조직에 속하는 것이므로 이를 파괴하는 것은 국헌문란이라고 할 수 있다.[2]

20 본죄는 국헌문란의 목적을 요하는 목적범이므로 목적범의 일반원리가 적용된다. 따라서 목적의 달성 여부는 본죄의 성립과 관계 없다. 또한 폭동은 직접 국헌문란의 목적을 달성하기 위한 수단으로 행하여질 것을 요한다. 따라서 후일 이 목적을 달성하기 위한 간접적인 폭동으로는 본죄를 구성하지 않는다. 국헌문란의 목적은 미필적 인식으로 족하다고 해석하는 견해[3]도 있다. 그러나 목적범의 목적을 미필적 인식으로 족하다고는 할 수 없으므로 이에 대한 인식은 확정적임을 요한다고 해석해야 한다.[4]

Ⅲ. 내란목적 살인죄

> 대한민국 영토의 전부 또는 일부에서 국가권력을 배제하거나 국헌을 문란하게 할 목적으로 사람을 살해한 자는 사형, 무기징역 또는 무기금고에 처한다(제88조).
>
> 미수범은 처벌한다(제89조).

21 (1) **의 의** 대한민국 영토의 전부 또는 일부에서 국가권력을 배제하거나 국헌을 문란하게 할 목적으로 사람을 살해함으로써 성립하는 범죄이다. 본죄의 성격에 관하여 본죄는 대한민국 영토의 전부 또는 일부에서 국가권력을 배제하거나 국헌을 문란하게 할 목적으로 사람을 살해한 때에는 제87조 2호에 해당하지만 이를 특별히 무겁게 처벌하기 위하여 규정한 특별관계적 규정이라고 해석하는 견해[5]와 요인암살을 내용으로 하는 내란죄의 독립된 유형이라고 해석

---

1 대법원 1977. 2. 22. 72도2265.

2 Rudolphi SK §81 Rn. 12; Sch/Sch/Stree/Sternberg-Lieben §81 Rn. 8; Tröndle/Fischer §81 Rn. 6.

3 신동운 9면; 염정철(주석) 36면; 진계호 781면.

4 김일수/서보학 745면; 배종대 138/7; 오영근 666면; 정성근/박광민 850면.

5 염정철(주석) 39면; 유기천 252면; 진계호 783면.

하는 견해(독립범죄설)[1]가 대립되고 있다. 그러나 내란목적 살인죄와 내란시에 사람을 살상하는 것은 구별해야 하며, 본죄를 요인암살을 내용으로 하는 범죄라고 해석할 수도 없다. 본죄에 있어서 내란의 목적은 살인의 목적에 불과하므로 본죄는 살인죄에 대한 가중적 구성요건으로서의 성질을 가진다고 해석하는 것이 타당하다고 생각된다.[2] 이러한 의미에서 본죄는 침해범이다.

폭동에 수반한 살인은 내란죄에 해당함에 반하여 폭동과 별개로 행하여진 살인만 내란목적 살인죄에 해당한다고 해석하는 견해도 있다.[3] 판례도 같은 태도이다.[4] 본죄가 내란을 목적으로 살해하면 성립하며, 폭동에 수반하여 살해할 것을 요하지 않는 것은 사실이다. 그러나 폭동에 수반하여 살해했다고 하여 본죄가 성립하지 않는 것은 아니다.

(2) **구성요건** 본죄는 대한민국 영토에서의 국가권력 배제와 국헌문란, 22
즉 내란을 목적으로 사람을 살해함으로써 성립한다.

1) **행위의 객체** 본죄의 객체는 사람이다. 여기의 사람은 일반인이 아닌 요인, 즉 헌법기관을 구성하는 삼부요인과 정당지도자, 주요당직자를 의미한다는 견해[5]나 국가원수 또는 군수뇌부에 제한된다고 해석하는 견해[6]도 있다. 그러나 본죄의 객체에는 제한이 없고 이를 요인에 제한해야 할 이유도 없다. 따라서 내란의 목적을 위하여 경비중인 군인을 살해한 경우에도 본죄에 해당한다.[7]

2) **행 위** 살해하는 것이다. 본죄는 폭동에 나갈 것을 요하지 않으 23
므로 폭동의 고의가 없거나 폭동의 실행행위에 나아가지 않은 때에만 성립한다

1 김성천/김형준 910면; 김일수/서보학 747면; 박상기 609면; 이정원 706면.
2 배종대 139/1; 정성근/박광민 852면.
3 오영근 668면; 이형국 724면; 임웅 858면.
4 대법원 1997. 4. 17. 96도3376 전원합의체판결, 「내란목적 살인죄는 국헌을 문란할 목적을 가지고 직접적인 수단으로 사람을 살해함으로써 성립하는 범죄라 할 것이므로, 국헌문란의 목적을 달성함에 있어 내란죄가 폭동을 수단으로 함에 비하여 내란목적 살인죄는 살인을 그 수단으로 하는 점에서 두 죄는 엄격히 구별된다. 따라서 내란의 실행과정에서 폭동행위에 수반하여 개별적으로 발생한 살인행위는 내란죄의 한 구성요소를 이루는 것이므로 내란행위에 흡수되어 내란목적 살인의 별죄를 구성하지 아니하나, 특정인 또는 일정한 범위 내의 한정된 집단에 대한 살해가 내란의 와중에 폭동에 수반하여 일어난 것이 아니라 그것 자체가 의도적으로 실행된 경우에는 이러한 살인행위는 내란에 흡수될 수 없고 내란목적 살인의 별죄를 구성한다.」
5 김일수/서보학 747면; 이정원 707면.
6 박상기 609면.
7 오영근 668면; 이정원 706면; 임웅 767면; 정성근/박광민 853면.

고 해석하는 견해[1]도 있다. 내란죄의 폭동에 살인도 포함된다는 것을 전제로 한다. 그러나 본죄는 내란의 목적으로 사람을 살해하면 성립하며 폭동 전후를 불문한다고 해야 한다.

24 3) 주관적 구성요건 본죄의 성립을 위하여는 사람을 살해한다는 고의 이외에 내란의 목적이 있어야 한다. 목적의 달성 여부는 본죄의 성립에 영향을 미치지 않는다.

25 (3) **다른 범죄와의 관계** 폭동행위 중 내란의 목적으로 사람을 살해한 때에는 본죄와 내란죄의 상상적 경합이 된다고 해야 한다.[2] 폭동의 준비단계에서 일반인을 살해하면 내란예비죄와 살인죄의 상상적 경합이 된다고 해석하는 견해[3]도 있다. 그러나 이 경우에도 내란예비죄와 본죄의 상상적 경합이 될 수 있다고 해야 한다.

Ⅳ. 내란예비 · 음모 · 선동 · 선전죄

① 제87조 또는 제88조의 죄를 범할 목적으로 예비 또는 음모한 자는 3년 이상의 유기징역이나 유기금고에 처한다. 단 그 목적한 죄의 실행에 이르기 전에 자수한 때에는 그 형을 감경 또는 면제한다.

② 제87조 또는 제88조의 죄를 범할 것을 선동 또는 선전한 자도 전항의 형과 같다(제90조).

26 내란죄 또는 내란목적 살인죄를 범할 목적으로 예비 · 음모 · 선동 · 선전함으로써 성립하는 범죄이다.

27 예비란 범죄실행을 목적으로 한 준비행위를 말한다. 무기나 양곡을 제조 또는 구입하는 것이 여기에 해당한다. 음모는 이를 위한 통모 내지 합의이다. 본죄를 예비 · 음모에 대한 독자적 구성요건으로 이해하여 이에 대한 교사 · 방조도 가능하다는 견해[4]가 있다. 그러나 본죄는 예비 · 음모를 독립된 구성요건으로 처벌하는 것이 아니므로 이에 대한 방조는 허용되지 않는다고 해야 한다. 내란을 예비 · 음모한 자가 실행에 이르기 전에 자수한 때에는 그 형을 감경 또는 면제한다.

1 염정철(주석) 39면; 황산덕 20면.
2 서일교 372면; 신동운 15면; 염정철(주석) 39면; 진계호 784면.
3 김일수/서보학 748면; 박상기 610면.
4 김일수/서보학 750면; 유기천 253면; 이정원 707면.

중대한 범죄를 미연에 방지하기 위한 정책적 규정이다. 실행에 이르기 전이란 폭동이나 살해에 이르기 전을 의미한다. 따라서 폭동한 후에 자수한 때에는 이 규정은 적용되지 않는다.

내란선동죄는 내란이 실행되는 것을 목표로 선동함으로써 성립하는 독립한 범죄이고, 선동으로 말미암아 피선동자들에게 반드시 범죄의 결의가 발생할 것을 요건으로 하지 않는다.[1] 선동이란 타인에게 자극을 주어 정당한 판단을 잃게 하고 내란행위를 결의하게 하거나 이미 존재하는 결의를 촉구하는 것이며, 선전이란 불특정다수인에게 내란의 취지를 이해시키고 알리는 행위를 말한다. 28

제 2 절 외환의 죄 § 40

I. 총 설

1. 의의와 본질

(1) **보호법익** 외환의 죄란 외환을 유치하거나 대한민국에 항적하거나 적국에 이익을 제공하여 국가의 안전을 위태롭게 하는 범죄를 말한다. 국가의 존립과 안전을 위태롭게 하는 범죄라는 점에서는 내란의 죄와 본질을 같이하나, 외부로부터 국가의 존립을 위태롭게 하는 행위를 처벌하는 것이라는 점에서 내란의 죄와 구별된다. 즉 내란의 죄의 보호법익이 국가의 내적 안전임에 반하여 본죄의 보호법익은 국가의 외적 안전(äußere Sicherheit des Staates)이다. 여기서 국가의 외적 안전이란 대한민국에 대한 외부로부터의 공격과 강제조치 또는 방해에 대하여 방위할 수 있는 국가의 능력을 의미한다.[2] 이러한 의미에서 내란의 죄는 지구상에 하나의 국가가 있는 경우에도 가능하지만, 외환의 죄는 개념상 다수국가의 존재를 전제로 한다.[3] 본죄도 내국인뿐만 아니라 외국인의 국외범에 대하여도 적용되는 범죄이다(제5조). 1

1 대법원 2015. 1. 22. 2014도10978 전원합의체판결.

2 Rudolphi SK §93 Rn. 27; Sch/Sch/Stree/Sternberg-Lieben §93 Rn. 17; Träger LK §93 Rn. 13; Tröndle/Fischer §93 Rn. 7.

3 Kern *Der Strafschutz des Staates und seine Problematik* S. 7.

2 외환의 죄는 국민의 국가에 대한 의무위반이라는 견지에서 규정된 범죄로 국민의 국가에 대한 충성의무위반을 본질로 한다고 해석하는 것이 종래의 통설[1]의 태도이다. 외환의 죄가 국가존립의 기본가치에 대한 충성의무를 전제로 하며 이를 기초로 적국에 대한 이적행위를 처벌할 수 있다는 것을 부정할 수는 없다.[2] 그러나 외국인이 외국에서 범한 경우에도 본죄가 성립한다는 점을 고려할 때 본죄의 본질을 충성의무위반이라는 점에서 찾는 것은 타당하다고 할 수 없다.[3]

3 (2) **구성요건의 체계** 외환의 죄는 로마법의 perduellio(반역죄)와 동양 고율(古律)의 모반죄에서 유래하는 범죄이다. 형법은 제92조에서 제104조에 이르기까지 외환의 죄에 관한 상세한 규정을 두고 있다. 형법상 외환의 죄는 외환유치죄(제92조) · 여적죄(제93조) · 이적죄(제94조 내지 제97조, 제99조) · 간첩죄(제98조) 및 전시 군수계약 불이행죄(제103조)로 구성되어 있다. 이적죄의 기본적 구성요건은 일반이적죄(제99조)이며, 모병이적죄(제94조) · 시설제공이적죄(제95조) 및 시설파괴이적죄(제96조)와 물건제공이적죄(제97조)는 그 가중적 구성요건이다.

2. 입 법 론

4 국가의 외적 안전을 형법에 의하여 확보하는 것은 불가능하다고 할 수밖에 없다. 따라서 각국의 입법은 외환의 죄를 국가기밀을 보호함에 의하여 국가의 안전을 보호하는 데 그치게 하고 있다.[4] 이에 반하여 형법은 일본 형법가안의 예에 따라 외환의 죄에 관한 상세한 규정을 두고 있다. 그러나 일본 형법가안은 Nazis의 영향을 강하게 받아 국수주의적 경향을 띠고 있었던 법률이었으므로 형법의 외환의 죄에 관한 규정은 형이 지나치게 무거울 뿐만 아니라, 입법론상 여러 가지 문제점을 가지고 있는 것으로 지적되고 있다.

5 전시 군수계약 불이행죄는 독일 구형법 제92조의a에 규정되어 있던 전시계약 불이행죄(Verletzung von Kriegslieferungsverträgen)에서 유래하는 것으로 전시 기타 사변에 있어서 사법상의 계약위반을 처벌하는 것이다. 그러나 단순한 계약위반은 형법에 의하여 처벌할 불법이 될 수 없을 뿐만 아니라, 전시 기타 사변에

1 서일교 375면; 염정철(주석) 46면; 유기천 256면; 진계호 375면.
2 Arndt *Landesverrat* S. 26.
3 Kern *a.a.O.* S. 6.
4 Rudolphi SK Vor §93 Rn. 2; Sch/Sch/Stree/Sternberg-Lieben Vor §93 Rn. 3.

있어서의 계약위반은 계엄포고나 대통령의 비상조치권 또는 국가동원법에 의하여 규율하면 족하다고 할 것이므로 이는 형법에서 삭제되어야 할 시대착오적 규정이라 하지 않을 수 없다.[1]

Ⅱ. 외환유치죄와 여적죄

1. 외환유치죄

외국과 통모하여 대한민국에 대하여 전단(戰端)을 열게 하거나 외국인과 통모하여 대한민국에 항적한 자는 사형 또는 무기징역에 처한다(제92조).

미수범은 처벌한다(제100조).

① 본죄를 범할 목적으로 예비 또는 음모한 자는 2년 이상의 유기징역에 처한다. 단 그 목적한 죄의 실행에 이르기 전에 자수한 때에는 그 형을 감경 또는 면제한다.

② 본죄를 선동 또는 선전한 자도 전항의 형과 같다(제101조).

본장의 규정은 동맹국에 대한 행위에 적용한다(제104조).

본죄는 외국과 통모하여 대한민국에 대하여 전단(戰端)을 열게 하거나 외국인과 통모하여 대한민국에 항적함으로써 성립한다. 따라서 본죄의 행위의 태양은 외국과 통모하여 대한민국에 대하여 전단을 열게 하는 것 또는 외국인과 통모하여 대한민국에 항적하는 것이다. 6

외국이란 대한민국 이외의 국가를 말한다. 다만 제93조와의 관계에 비추어 적국 이외의 국가를 의미한다. 반드시 국제법상 승인된 국가임을 요하지 않는다. 여기서 국가는 그 국가를 대표하는 정부기관을 의미하며, 외국과 통모한다는 것은 외국의 정부기관과 의사를 연락하는 것을 말한다. 통모의 발의가 누구에 의한 것인가 또한 의사연락의 방법이 직접적인가 간접적인가를 불문한다. 외국과 통모할 것을 요한다는 이유로 외국인이 자국과 통모하여 전단을 열 때에는 여기에 해당하지 않는다고 해석하는 견해[2]도 있다. 그러나 외국이란 대한민국 이외의 국가이며, 본죄의 주체는 외국인을 포함하므로 이 경우도 외국과 통모한 경우에 해 7

1 김기춘 570면; 김일수/서보학 751면; 배종대 140/3; 오영근 671면; 유기천 254면; 이형국 727면; 임웅 863면; 진계호 786면.

2 유기천 257면; 진계호 788면.

당한다고 해석해야 한다.[1] 전단을 연다는 것은 전투행위를 개시하는 것을 말한다. 통모하여 전단을 열게 하면 족하며, 전투개시의 의사를 발생케 하였을 것을 요하는 것은 아니다. 따라서 이미 전투의사가 있는 외국에 대하여 전단을 열게 한 경우도 여기에 포함된다. 전쟁은 국제법상 전쟁개시의 형태로 인정되어 있는 적대행위를 의미한다고 해석하는 견해[2]도 있으나, 반드시 국제법상의 전쟁을 개시하는 경우에 제한되지 않고 사실상의 전쟁도 포함한다고 해석해야 한다.[3] 외국군대에 의한 영토의 침입, 영토에 대한 포격이나 폭격이 여기에 해당한다. 본죄는 통모에 의하여 전단이 개시됨으로써 기수가 된다.[4] 국가의 외적 안전이 침해될 것을 요하지 않는다. 통모와 전단개시 또는 항적 사이에 인과관계가 있을 것을 요한다.

8 외국인이란 외국을 대표하는 정부기관 이외의 외국인 개인과 사적 단체를 말한다. 대한민국에 항적한다는 것은 적국의 군무에 종사하여 대한민국에 적대행위를 하는 것을 말한다. 적국의 군무에 종사하는 이상 전투원인가 또는 비전투원인가는 묻지 않는다.

2. 여 적 죄

적국과 합세하여 대한민국에 항적한 자는 사형에 처한다(제93조).

미수범은 처벌한다(제100조).

① 본죄를 범할 목적으로 예비 또는 음모한 자는 2년 이상의 유기징역에 처한다. 단 그 목적한 죄의 실행에 이르기 전에 자수한 때에는 그 형을 감경 또는 면제한다.

② 본죄를 선동 또는 선전한 자도 전항의 형과 같다(제101조).

대한민국에 적대하는 외국 또는 외국인의 단체는 적국으로 간주한다(제102조).

9 적국과 합세하여 대한민국에 항적함으로써 성립하는 범죄이다. 적국이란 국제법상 선전포고를 하고 전쟁을 수행하는 국가에 국한되어야 한다는 견해[5]도 있

1 김일수/서보학 752면; 오영근 672면; 이형국 728면; 정성근/박광민 857면.

2 서일교 375면.

3 김일수/서보학 752면; 배종대 141/2; 백형구 683면; 신동운 24면; 유기천 257면; 이형국 728면; 임웅 865면; 정성근/박광민 857면; 정영석 24면; 진계호 789면.

4 김일수/서보학 752면; 배종대 141/3; 백형구 683면; 염정철(주석) 48면; 유기천 257면; 이형국 728면; 임웅 865면; 정성근/박광민 857면; 진계호 788면; 황산덕 23면.

5 황산덕 22면.

으나, 사실상 전쟁을 수행하고 있는 나라도 포함된다고 해야 한다.[1] 이러한 의미에서 본죄는 교전상태를 전제로 하는 범죄라고 할 수 있다. 대한민국에 적대하는 외국 또는 외국인의 단체도 적국으로 간주된다. 항적이란 대한민국에 대하여 적대행위를 하는 것을 말한다. 적국과 합세하여 항적할 것을 요하므로 항거할 수 없는 압력에 의하여 부득이 적대행위를 한 때에는 본죄를 구성하지 않는다.[2]

고의는 적국과 합세하여 대한민국에 항적한다는 인식을 요한다.

Ⅲ. 이 적 죄

1. 모병이적죄

① 적국을 위하여 모병한 자는 사형 또는 무기징역에 처한다.
② 전항의 모병에 응한 자는 무기 또는 5년 이상의 징역에 처한다(제94조).
미수범은 처벌한다(제100조).
대한민국에 적대하는 외국 또는 외국인의 단체는 적국으로 간주한다(제102조).

적국을 위하여 모병하거나 모병에 응함으로써 성립하는 범죄이다. 모병(募 10
兵)이란 전투에 종사할 인원을 모집하는 것을 말하며, 모병에 응한다는 것은 이에 자발적으로 지원하는 것을 말한다. 내국인이 외국에 있다가 강제모병에 응한 때에는 기대가능성이 문제될 수 있다.[3]

주관적 구성요건으로는 고의 이외에 적국을 이롭게 할 이적의사가 있어야 한다.

2. 시설제공이적죄

① 군대, 요새, 진영 또는 군용에 공하는 선박이나 항공기 기타 장소, 설비 또는 건조물을 적국에 제공한 자는 사형 또는 무기징역에 처한다.
② 병기 또는 탄약 기타 군용에 공하는 물건을 적국에 제공한 자도 전항의 형과 같다(제95조).
미수범은 처벌한다(제100조).

---

1 김성천/김형준 915면; 김일수/서보학 753면; 박상기 613면; 배종대 142/1; 백형구 684면; 유기천 257면; 이정원 710면; 이형국 729면; 임웅 866면; 정성근/박광민 857면.

2 서일교 376면; 정성근/박광민 858면; 진계호 379면; 황산덕 23면.
염정철(주석) 48면은 이 경우에 기대가능성이 없다고 해석한다.

3 배종대 143/1; 염정철(주석) 48면; 유기천 258면; 정성근/박광민 858면; 진계호 790면.

대한민국에 적대하는 외국 또는 외국인의 단체는 적국으로 간주한다(제102조).

11 군사시설 또는 병기·탄약 기타 군사상 필요한 물건을 적국에 제공함으로써 성립하는 범죄이다. 군용에 공하는 설비 또는 물건이란 우리나라의 군사목적에 직접 사용하기 위하여 설비한 시설 또는 물건을 의미한다.

3. 시설파괴이적죄

적국을 위하여 전조에 기재한 군용시설 기타 물건을 파괴하거나 사용할 수 없게 한 자는 사형 또는 무기징역에 처한다(제96조).
미수범은 처벌한다(제100조).
대한민국에 적대하는 외국 또는 외국인의 단체는 적국으로 간주한다(제102조).

12 적국을 위하여 대한민국의 군사시설·병기·탄약 기타 군용물건을 파괴하거나 사용할 수 없게 함으로써 성립하는 범죄이다. 본죄가 성립하기 위하여는 이적의사가 있어야 한다. 따라서 적국의 함대에 포획되는 것을 피하기 위하여 승선을 침몰케 하는 행위는 본죄를 구성하지 않는다.

4. 물건제공이적죄

군용에 공하지 아니하는 병기, 탄약 또는 전투용에 공할 수 있는 물건을 적국에 제공한 자는 무기 또는 5년 이상의 징역에 처한다(제97조).
미수범은 처벌한다(제100조).
대한민국에 적대하는 외국 또는 외국인의 단체는 적국으로 간주한다(제102조).

13 군용에 직접 제공되지는 않지만 병기·탄약 기타 전투용에 공할 수 있는 물건을 적국에 제공함으로써 성립하는 범죄이다.

5. 일반이적죄

전 7 조에 기재한 이외에 대한민국의 군사상 이익을 해하거나 적국에 군사상 이익을 공여한 자는 무기 또는 3년 이상의 징역에 처한다(제99조).
미수범은 처벌한다(제100조).
대한민국에 적대하는 외국 또는 외국인의 단체는 적국으로 간주한다(제102조).

14 외환의 죄에 대한 기본적 구성요건으로 일반적으로 적국에 군사상의 이익을

제공하거나 대한민국의 군사상의 이익을 해함으로써 성립한다. 외환유치죄 · 여적죄 · 모병이적죄 · 시설제공이적죄 · 시설파괴이적죄 · 물건제공이적죄 또는 간첩죄에 대한 보충적 규정이므로 위의 죄를 구성하는 때에는 본죄에 해당하지 않는다. 적국의 정황을 허위보고하여 대한민국의 작전계획을 잘못되게 하거나 적국을 위하여 자금을 조달하는 경우뿐만 아니라, 표지관리소 소속의 선박을 제공하거나[1] 이중첩자가 대한민국의 군사상의 이익을 해하는 행위를 하는 경우[2] 및 직무와 관계 없이 지득한 군사기밀을 누설한 경우[3]가 여기에 해당한다.

6. 이적예비 · 음모, 선동 · 선전죄

① 제92조 내지 제99조의 죄를 범할 목적으로 예비 또는 음모한 자는 2년 이상의 유기징역에 처한다. 단 그 목적한 죄의 실행에 이르기 전에 자수한 때에는 그 형을 감경 또는 면제한다.
② 제92조 내지 제99조의 죄를 선동 또는 선전한 자도 전항의 형과 같다(제101조).

모병이적죄 · 시설제공이적죄 · 시설파괴이적죄 · 물건제공이적죄 또는 일반이적죄를 범할 목적으로 예비 · 음모, 선동 또는 선전함으로써 성립하는 범죄이다. 15

Ⅳ. 간 첩 죄

① 적국을 위하여 간첩하거나 적국의 간첩을 방조한 자는 사형 · 무기 또는 7년 이상의 징역에 처한다.
② 군사상의 기밀을 적국에 누설한 자도 전항의 형과 같다(제98조).
미수범은 처벌한다(제100조).
① 본죄를 범할 목적으로 예비 또는 음모한 자는 2년 이상의 유기징역에 처한다. 단 목적한 죄의 실행에 이르기 전에 자수한 때에는 그 형을 감경 또는 면제한다.
② 본죄를 선동 또는 선전한 자도 전항의 형과 같다(제101조).
대한민국에 적대하는 외국 또는 외국인의 단체는 적국으로 간주한다(제102조).

(1) 의 의 간첩죄는 적국을 위하여 간첩하거나 적국의 간첩을 방조 16
하거나 또는 군사상의 기밀을 적국에 누설함으로써 성립하는 범죄이다. 여기서

1 대법원 1954. 2. 13. 4286형상202.
2 대법원 1959. 7. 10. 4292형상197.
3 대법원 1982. 7. 13. 82도968; 대법원 1982. 11. 23. 82도2201.

간첩죄는 ① 적국을 위하여 간첩하거나, ② 적국의 간첩을 방조하거나, ③ 군사기밀을 적국에 누설하는 세 가지 행위의 태양으로 이루어진다.

17 (2) **간 첩** 간첩(間諜)이란 적국을 위하여 국가기밀을 탐지 · 수집하는 것을 말한다.

18 1) **적 국** 간첩은 적국을 위하여 국가기밀을 탐지 · 수집하는 것이다. 적국을 위한 것이어야 하므로 적국과의 의사의 연락이 있을 것을 요하며, 편면적 간첩은 있을 수 없다.[1] 여기서 적국이란 국제법상 국가로 취급받는 단체일 것을 요하지 않고, 사실상 국가에 준하는 단체를 포함한다고 해야 한다. 따라서 북한도 본죄의 적국에 해당한다.

> 판례는 종래 북한을 위한 간첩은 중공을 위한 것이라는 이유로 적국을 위한 간첩이라고 해석하였으나(대법원 1959. 7. 18. 4292형상180; 대법원 1971. 9. 28. 71도1333), 본죄의 적용에 있어서는 적국에 준한다고 해석하는 것이 타당하다고 생각된다(대법원 1971. 9. 28. 71도1498; 대법원 1983. 3. 22. 82도3036).

19 2) **국가기밀의 개념** 간첩행위의 객체는 국가기밀(國家機密)이다. 국가기밀(Staatsgeheimnis)이란 제한된 범위의 사람에게만 알려져 있고 대한민국의 외적 안전에 대한 중대한 불이익을 초래할 위험을 방지하기 위하여 적국에 대하여 비밀로 하여야 할 사실 · 대상 또는 지식을 말한다. 국가기밀은 실질적 기밀개념(materieller Geheimnisbegriff)이 기준이 된다. 따라서 국가기밀은 국가기관의 기밀이라는 표지나 기밀보지의사가 문제되는 것이 아니라, 대한민국의 안전을 위하여 객관적으로 적국에게 비밀로 해야 할 이익이 있을 것을 요건으로 한다.[2]

20 (가) **국가기밀의 범위** 국가기밀은 군사기밀뿐만 아니라 정치 · 경제 · 문화 · 사회 등 각 방면에 걸쳐 우리나라의 국방정책상 북한에 알려지지 아니함이 우리나라의 이익이 되는 모든 기밀을 포함한다.[3] 따라서 수배자명단[4]이나 민심의 동향[5]을 파악하는 것도 국가기밀에 포함된다. 다만 판례는 군사기밀의 개념에 관하여 사회 · 정치 · 경제 등 모든 분야가 군사력과 연관이 된 현대전의 양상 아래

---

1 김일수/서보학 755면; 배종대 144/1; 백형구 686면; 유기천 260면; 이영란 726면; 이형국 733면; 임웅 870면; 정성근/박광민 861면; 진계호 793면.

2 Maurach/Schroeder/Maiwald 85/16; Paeffgen NK §93 Rn. 29; Rudolphi SK §93 Rn. 25; Sch/Sch/Stree/Sternberg-Lieben §93 Rn. 22; Tröndle/Fischer §93 Rn. 5.

3 대법원 1986. 7. 8. 86도861; 대법원 1988. 11. 8. 88도1630.

4 대법원 1978. 1. 10. 77도3571.

5 대법원 1969. 2. 25. 68도1825; 대법원 1985. 11. 12. 85도1939; 대법원 1988. 11. 8. 88도1630.

에서는 사회 · 경제 · 정치 등에 대한 기밀도 군사기밀이 된다고 해석하여 국가기밀과 같은 의미로 이해하고 있다.[1]

(나) **공지의 사실과 국가기밀** 국내에서 공지인 사실이 국가기밀로 될 수 21
있는가가 문제된다. 국가기밀이 상대적 기밀개념임에 착안하여 북한에서 공지에 속하지 않는 사실은 국가기밀에 포함된다고 해석하는 견해[2]도 있다. 판례는 종래 국내에서 공지에 속하거나 국민에게 널리 알려진 사실도 국가기밀이 될 수 있고,[3] 신문 · 잡지 · 라디오에 보도되어 알려진 사실[4]이나 일간신문에 보도된 사실도 국가기밀에 포함된다고 판시한 바 있으나,[5] 전원합의체판결을 통하여 그 태도를 변경하고 국내에서 적법한 절차에 의하여 일반인에게 널리 알려진 공지의 사실은 국가기밀이 될 수 없다고 판시하였다.[6] 국내에서 공지인 사실은 이미 기밀이 아니며, 적국에 대하여 기밀로 해야 할 이익도 없다고 해야 한다.[7] 문제는 공지의 사실이 모자이크이론에 의하여 국가기밀이 될 수 있는가에 있다. Mosaik이론이란 개별적으로 알려진 사실도 그것이 결합하여 비밀을 유지해야 할 새로운 전체형상이 된 때에는 국가기밀이 될 수 있다는 것이다. 그러나 간첩죄는 국가의 외적 안전을 보호하는 것이지 정보획득의 경비와는 관계 없는 것이므로, 특수한 능력을 통하여 새로운 지식이 된 경우가 아닌 한 공지의 사실을 결합한다고 하여 국가기밀이 될 수는 없다고 해야 한다.[8]

(다) **위법한 국가기밀의 문제** 위법한 국가기밀도 국가기밀인가에 대하여 22
침략전쟁을 준비하거나 자유민주적 기본질서에 반하는 기밀은 국가의 외적 안전과 관련하여 보호해야 할 국가기밀이 될 수 없다고 해석할 여지도 있다. 그러나 언론에 의한 국가기밀의 공개의 경우와는 달리 간첩죄에 있어서는 이러한 기밀

1 대법원 1980. 9. 9. 80도1430; 대법원 1983. 3. 22. 82도3036.
2 유기천 259면; 진계호 792면; 황산덕 25면.
3 대법원 1980. 7. 22. 80도845; 대법원 1986. 7. 22. 86도808; 대법원 1987. 5. 26. 87도432; 대법원 1994. 4. 15. 94도126.
4 대법원 1982. 11. 9. 82도2239; 대법원 1987. 9. 8. 87도1446; 대법원 1991. 3. 12. 91도3.
5 대법원 1983. 4. 26. 83도416; 대법원 1984. 11. 27. 84도2252.
6 대법원 1997. 7. 16. 97도985 전원합의체판결; 대법원 2003. 6. 24. 2000도5442.
7 김성천/김형준 921면; 김일수/서보학 755면; 배종대 **144**/3; 손동권/김재윤 741면; 신동운 33면; 이정원 713면; 이형국 734면; 임웅 872면; 정성근/박광민 862면; 정영일 408면.
8 Lackner/Kühl §93 Rn. 2; Rudolphi SK §93 Rn. 17; Sch/Sch/Stree/Sternberg-Lieben §93 Rn. 12; Träger LK §93 Rn. 5; Tröndle/Fischer §93 Rn. 4; Jescheck *Pressefreiheit und militärisches Staatsgeheimnis* S. 25; Stratenwerth *Publizistischer Landesverrat* S. 29.

도 국가기밀에 포함된다고 해석해야 한다. 간첩죄는 국가의 외적 안전을 보호하기 위한 범죄이며, 기밀 자체를 보호하기 위한 범죄는 아니기 때문이다.[1]

23 3) **간첩의 착수와 기수시기** 간첩죄의 착수시기는 국가기밀을 탐지·수집하는 행위에 착수한 때라고 해야 한다. 따라서 단순히 무인포스트를 설정한 것으로는 간첩에 착수하였다고 할 수 없다.[2] 이에 반하여 판례는 일관하여 본죄는 간첩을 위하여 국내에 잠입 또는 입국하였을 때에 실행의 착수가 있다고 판시하고 있다.[3] 그러나 국내에 잠입 또는 상륙하는 것으로는 국가보안법상의 잠입죄를 구성하는 것은 별 문제로 하고(제6조) 간첩의 착수가 있다고 할 수는 없다.

24 간첩죄는 국가기밀을 탐지·수집함으로써 기수가 된다. 따라서 동지를 포섭하거나 접선하였다는 것만으로는 기수가 되지 않는다.[4] 그러나 국가기밀을 탐지·수집하면 족하며, 수집한 국가기밀을 지령자에게 전달할 것을 요하지 않는다.[5] 탐지·수집한 국가기밀을 적국에 제보하여 누설하는 행위는 간첩의 사후행위로서 별죄를 구성하지 않는다.[6]

25 (3) **간첩방조** 적국의 간첩임을 알면서 그 실행을 용이하게 하는 일체의 행위를 말한다. 간첩방조도 간첩과 대등한 독립범이므로 총칙의 종범에 관한 규정은 적용되지 않는다. 따라서 본죄의 미수는 방조행위 자체가 미수에 그친 때를 의미하며,[7] 본죄에 대하여는 종범감경을 할 수 없게 된다.[8] 간첩방조는 간첩행위, 즉 국가기밀을 탐지·수집하는 것을 용이하게 하는 것임을 요한다.

따라서 간첩에게 숙식을 제공하거나(대법원 1986. 2. 25. 85도2533), 안부편지를 전달하여 주는 것(대법원 1966. 7. 12. 66도470)은 물론, 간첩을 숨겨주거나(대법원 1979. 10. 10. 75도1003), 무전기를 매몰하는 데 망을 봐 준 행위만으로는 간첩방조가 된다고 보기 어렵다(대법원 1983. 4. 26. 83도416).[9] 판례는

1 Maurach/Schroeder/Maiwald 85/35; Rudolphi SK Vor §93 Rn. 1; Sch/Sch/Stree/Sternberg-Lieben Vor §93 Rn. 1.

2 대법원 1974. 11. 12. 74도2662.

3 대법원 1958. 9. 26. 4291형상351; 대법원 1960. 9. 30. 4293형상508; 대법원 1963. 11. 7. 63도265; 대법원 1964. 9. 22. 64도290; 대법원 1984. 9. 11. 84도1381.

4 대법원 1968. 7. 30. 68도754.

5 대법원 1963. 12. 12. 63도312.

6 대법원 2011. 1. 20. 2008재도11 전원합의체판결.

7 대법원 1959. 6. 12. 4292형상131.

8 대법원 1959. 6. 30. 4292형상195; 대법원 1986. 9. 23. 86도1429.

9 대법원 1983. 4. 26. 83도416, 「간첩이란 적국을 위하여 국가기밀사항을 탐지·수집하는 행위를 지칭하는 것이므로 무전기를 매몰하는 행위를 간첩행위로 볼 수 없다 하겠으니 이를 망보아 준 행위는 간첩방조죄를 구성하지 않는다.」

북괴의 대남공작원을 상륙시키거나(대법원 1961. 1. 27. 4293형상807) 접선방법을 합의하는 것(대법원 1971. 2. 25. 70도2417)은 간첩방조에 해당한다고 하고 있다.

(4) **군사상의 기밀누설** 군사상의 기밀을 누설한다는 것은 군사기밀임을 알면서 이를 적국에 알리는 것을 말한다. 알리는 방법에는 제한이 없다. 본죄는 직무에 관하여 군사상의 기밀을 지득한 자가 그 기밀을 누설함으로써 성립하는 신분범이다. 따라서 본죄는 직무상 지득한 기밀을 누설한 경우에만 성립하고, 직무와 관계 없이 알게 된 기밀을 누설한 때에는 일반이적죄가 성립할 뿐이다.[1] 26

Ⅴ. 전시 군수계약 불이행죄

① 전쟁 또는 사변에 있어서 정당한 이유 없이 정부에 대한 군수품 또는 군용공작물에 관한 계약을 이행하지 아니한 자는 10년 이하의 징역에 처한다.
② 전항의 계약이행을 방해한 자도 전항의 형과 같다(제103조).

전쟁 또는 사변에 있어서 정당한 이유 없이 정부에 대한 군수품 또는 군용공작물에 관한 계약을 이행하지 않거나 계약이행을 방해함으로써 성립하는 범죄이다. 전쟁 또는 사변과 같은 비상사태에서 군작전상 필요한 물자나 시설에 대한 계약을 이행하지 않는 것은 군작전상 막대한 지장을 초래하고 국가의 존립을 위태롭게 할 염려가 있다는 점에서 계약불이행과 계약이행의 방해를 처벌하는 것이다. 27

정부란 행정부를 말하나, 중앙관서는 물론 정부를 대표하여 군수계약을 체결할 수 있는 지방관서도 포함한다. 군수품 또는 군용공작물이란 군작전상 필요로 하는 일체의 물자와 시설을 말한다. 28

1 대법원 1971. 2. 25. 70도2417; 대법원 1974. 8. 20. 74도479; 대법원 1982. 7. 13. 82도968; 대법원 1982. 11. 9. 82도2239.

§41

제3절 국기에 관한 죄

Ⅰ. 총 설

1 국기와 국장은 국가의 권위를 상징하는 표지이다. 국기에 관한 죄란 국기 또는 국장을 손상·제거·오욕 또는 비방하는 것을 내용으로 하는 범죄이다. 구법에서는 외국의 국기 또는 국장을 손괴 기타 모독하는 행위만을 처벌하고 있었으나, 형법은 독일 형법의 예에 따라 우리나라의 국기와 국장을 모독하는 행위도 처벌하고 있다.[1] 외국의 국기와 국장에 대한 모독은 공용에 공하는 것에 한하여 우리나라의 국기의 경우보다 가볍게 처벌되고 있다(제109조).

2 형법은 국기에 관한 죄로 국기·국장모독죄(제105조)와 국기·국장비방죄(제106조)를 규정하고 있다. 국기에 관한 죄의 보호법익은 국가의 권위,[2] 국가존립의 체면[3] 또는 국가의 권위와 체면[4]이라고 할 수 있다. 내국인뿐만 아니라 외국인이 대한민국 영역 외에서 본죄를 범한 때에도 처벌받는다(제5조).

Ⅱ. 국기·국장모독죄

대한민국을 모욕할 목적으로 국기 또는 국장을 손상, 제거 또는 오욕한 자는 5년 이하의 징역이나 금고, 10년 이하의 자격정지 또는 700만원 이하의 벌금에 처한다(제105조).

3 (1) 의 의 대한민국을 모욕할 목적으로 국기 또는 국장을 손상·제거 또는 오욕함으로써 성립하는 범죄이다. 모욕의 목적이 있어야 성립하는 목적범이며, 모욕죄와 손괴죄의 결합범이라고 할 수도 있다. 따라서 모욕의 목적이 없을 때에는 본죄가 성립하지 않고 경우에 따라 손괴죄가 될 수 있을 뿐이다.

---

1 독일 형법 제90조의a나 오스트리아 형법 제248조는 국기를 모독하는 행위(beschimpfen)를 처벌하고 있다.

2 김일수/서보학 759면; 박상기 621면; 서일교 368면; 신동운 40면; 오영근 684면; 이형국 738면; 임웅 878면.

3 유기천 265면.

4 배종대 146/1; 정성근/박광민 866면.

(2) 구성요건

1) 행위의 객체 국기 또는 국장이다. 국기(國旗)란 국가의 권위를 상징 4
하기 위하여 일정한 형식에 따라 제작된 기를 말한다. 그러나 치수와 규격이 정확할 것을 요하는 것은 아니다. 국장(國章)이란 국가를 상징하는 국기 이외의 휘장을 말한다. 나라문장규정에 의한 나라문장뿐만 아니라[1] 군기나 대사관·공관 등의 휘장도 여기에 포함된다.

국기 또는 국장은 공용에 공하는 것임을 요하지 않고 사용에 공하는 것도 포 5
함된다는 점에 견해가 일치하고 있다.[2] 외국국기·국장모독죄(제109조)의 경우와는 달리 공용에 공하는 국기·국장이라는 제한이 없기 때문이다. 국기·국장의 소유권이 누구에게 있는가도 묻지 않는다.

2) 행 위 본죄의 행위는 손상·제거 또는 오욕이다. 손상이란 국기 6
나 국장을 절단하는 것과 같은 물질적인 파괴 내지 훼손을 말한다. 손괴(제366조, 제161조)와 같은 의미라고 할 수 있다. 제거는 국기·국장 자체를 손상하지 않고 이를 철거 또는 차폐(遮蔽)하는 것을 말한다. 장소적 이전을 요하지 않는다. 따라서 게양된 국기를 가려서 보이지 않게 하는 것도 여기에 해당한다. 오욕이란 국기·국장을 불결하게 하는 일체의 행위를 말한다. 국기에 오물을 끼얹거나, 방뇨하거나, 침을 뱉거나, 먹물을 칠하는 것이 여기에 해당한다.

손상·제거 또는 오욕은 대한민국의 권위와 체면을 손상시킬 정도에 이를 것 7
을 요한다. 이러한 의미에서 본죄는 구체적 위험범이라고 할 수 있다.[3]

3) 주관적 구성요건 국기·국장을 손상·제거 또는 오욕한다는 고의 이 8
외에 모욕의 목적이 있어야 한다. 모욕이란 경멸의 의사를 표시하는 것을 말한다. 목적의 달성 여부는 본죄의 성립에 영향이 없다.

---

1 나라문장규정은 외국에 발신하는 공문서와 국가적 중요문서, 그 밖의 시설, 물자 등에 대한민국을 상징하는 휘장으로 사용하기 위한 나라문장에 관하여 규정하고 있다.

2 김일수/서보학 760면; 배종대 147/2; 신동운 41면; 오성환(주석) 57면; 오영근 684면; 유기천 266면; 이영란 736면; 이형국 739면; 임웅 879면; 정성근/박광민 867면; 정영석 36면; 진계호 775면.

3 배종대 147/3; 백형구 669면; 손동권/김재윤 745면; 이형국 740면.

Ⅲ. 국기 · 국장비방죄

전조의 목적으로 국기 또는 국장을 비방한 자는 1년 이하의 징역이나 금고, 5년 이하의 자격정지 또는 200만원 이하의 벌금에 처한다(제106조).

9 대한민국을 모욕할 목적으로 국기 또는 국장을 비방함으로써 성립하는 범죄이다. 국기 · 국장모독죄와는 행위의 태양이 다를 뿐이다. 모독죄가 물질적 · 물리적으로 국기나 국장을 모독하는 경우임에 반하여, 비방죄는 언어나 거동, 문장이나 회화에 의하여 모욕의 의사를 표현하는 것을 말한다. 다만 비방이라고 하기 위하여는 공연성이 인정되어야 한다.[1]

판례는 성경의 교리상 국기에 대하여 절을 해서는 안 되나 국기를 존중하는 의미에서 가슴에 손을 얹고 주목하는 방법으로 경의를 표할 수 있다고 말한 것은 국기의 비방에 해당하지 않는다고 판시하였다(대법원 1975. 5. 13. 74도2183).

§ 42

제 4 절 국교에 관한 죄

Ⅰ. 총 설

1. 의의와 보호법익

1 국교에 관한 죄는 외국과의 평화로운 국제관계를 침해하여 국제법상 보호되는 외국의 이익을 해하고, 외국과의 국교관계 내지 자국의 대외적 지위를 위태롭게 하는 범죄를 말한다.

2 국교에 관한 죄의 보호법익이 무엇인가에 대하여는 견해가 일치하지 않는다. 외국의 이익을 형법이 보호해야 할 법익으로 인정하지 않는 입장에서는 국가주의적 입장에서 국교에 관한 죄도 **자국의 대외적 이익**을 보호하기 위한 범죄로 파악하지 않을 수 없었다. 이에 의하면 국교에 관한 죄는 외국을 보호함에 의하여 자국을 보호하는 범죄로 이해되었다.[2] 이에 반하여 국제주의적 입장에서 국교

1 배종대 **147**/4; 백형구 669면; 손동권/김재윤 746면; 이형국 740면; 임웅 880면; 정성근/박광민 868면; 진계호 776면.

2 Maurach/Schroeder/Maiwald **88**/1; Wohlers NK Vor §102 Rn. 2; Schroeder *Der Schutz von*

에 관한 죄는 국제법상의 의무에 의하여 **외국의 법익**을 보호하기 위한 범죄라고 해석하는 견해[1]도 있다. 국교에 관한 죄의 내용은 국가의 대외적 지위를 위태롭게 할 정도에 이르지 않고, 국가는 외국의 이익을 보호해야 할 국제법상의 의무가 있으며 국교에 관한 죄에는 반의사불벌죄가 포함되어 있다는 것을 이유로 한다. 그러나 본죄를 국교에 관한 죄로 규정하고 있는 형법의 태도에 비추어 본죄는 주로 외국의 이익을 보호하기 위한 범죄이지만 동시에 국가의 대외적 지위 내지 국가의 권위와 체면을 대외적인 면에서 보호한다는 면이 있음을 부정할 수는 없다.[2] 특히 외교상의 기밀누설죄는 국가의 대외적 지위를 보호하는 범죄라고 하지 않을 수 없다. 이러한 의미에서 국교에 관한 죄는 외국의 이익과 자국의 이익이라는 이중의 보호목적 또는 이중의 보호의무를 가진 범죄라고 할 수 있다.[3]

국교에 관한 죄를 규정하는 입법주의에는 외국의 형법에 동일한 규정이 있는 경우에 한하여 내국법의 적용을 인정하는 **상호주의**와, 외국에서 동일한 규정을 두고 있는가에 관계 없이 내국법의 적용을 인정하는 **단독주의**가 있으나 형법은 단독주의를 취하고 있다. 3

2. 구성요건의 체계

형법의 국교에 관한 죄는 세 가지 유형으로 구별할 수 있다. 첫째, 외국원수·사절·국기에 대한 죄는 외국원수나 사절에 대한 폭행·협박·모욕 또는 명예훼손을 가중처벌하고 외국국기 등을 특별취급하는 규정이다. 외국원수에 대한 폭행등죄(제107조), 외국사절에 대한 폭행등죄(제108조) 및 외국 국기·국장모독죄(제109조)가 여기에 해당한다. 둘째, 외국에 대한 국제적 의무위반 내지 평화를 침해하는 것을 처벌하는 범죄유형으로 외국에 대한 사전죄(제111조)와 중립명령위반죄(제112조)가 있다. 셋째, 외교상 기밀누설죄(제113조)는 외환죄의 성격을 가지고 있는 범죄이다. 4

Staat und Verfassung im Strafrecht S. 386.

1 서일교 379면; 정영석 30면; 진계호 800면.

2 김일수/서보학 762면; 박상기 623면; 백형구 673면; 유기천 268면; 이형국 741면; 정성근/박광민 869면; 황산덕 28면.

3 Laufhütte LK Vor §102 Rn. 1; Rudolphi SK Vor §102 Rn. 2; Sch/Sch/Eser Vor §102 Rn. 2.

Ⅱ. 외국원수 · 사절 및 국기에 대한 죄

1. 외국원수에 대한 폭행등죄

① 대한민국에 체재하는 외국의 원수에 대하여 폭행 또는 협박을 가한 자는 7년 이하의 징역이나 금고에 처한다.

② 전항의 외국원수에 대하여 모욕을 가하거나 명예를 훼손한 자는 5년 이하의 징역이나 금고에 처한다(제107조).

본죄는 그 외국정부의 명시한 의사에 반하여 공소를 제기할 수 없다(제110조).

5 (1) 의 의 대한민국에 체재하는 외국원수에 대하여 폭행 · 협박, 모욕 또는 명예를 훼손함으로써 성립하는 범죄이다. 행위의 객체가 대한민국에 체재하는 외국원수이기 때문에, 폭행죄 · 협박죄 · 모욕죄 또는 명예훼손죄에 대하여 불법이 가중되는 가중적 구성요건이라고 할 수 있다.

대한민국의 원수에 대한 폭행 · 협박 등에 대해서는 특별규정이 없는 점에 비추어 입법론상 의문을 제기하는 견해[1]도 있다.

(2) 구성요건

6 1) 행위의 객체 대한민국에 체재하는 외국원수이다. 외국이란 국가로서의 요건을 갖추고 있는 대한민국 이외의 국가를 말한다. 우리나라가 정식승인을 하고 외교관계를 맺고 있을 것을 요하지 않는다. 원수란 외국의 헌법에 의하여 국가를 대표할 권한이 있는 자를 말한다.[2] 따라서 대통령 또는 군주는 여기에 포함되지만, 내각책임제하의 수상은 일반적으로 원수라고 할 수 없다.[3] 외국원수임을 요하므로 원수의 가족은 본죄의 객체가 될 수 없다.[4]

7 2) 행 위 폭행 · 협박, 모욕 또는 명예훼손이다. 폭행 · 협박의 개념은 폭행죄 또는 협박죄의 그것과 같다. 따라서 본죄가 성립하는 때에는 폭행죄나 협박죄는 별도로 성립하지 않는다.

모욕이나 명예훼손의 경우에는 공연성을 요건으로 하지 않고, 명예훼손죄의

1 김일수/서보학 762면; 서일교 379면; 황산덕 29면.
2 Laufhütte LK §102 Rn. 1; Rudolphi SK §102 Rn. 2; Sch/Sch/Eser §102 Rn. 3.
3 김일수/서보학 763면; 박상기 624면; 배종대 149/1; 백형구 673면; 이형국 744면; 임웅 883면; 정성근/박광민 870면; 진계호 801면.
4 Sch/Sch/Eser §102 Rn. 6; Tröndle/Fischer §102 Rn. 1a.

위법성조각사유에 관한 규정이 적용되지 않는다는 점에서 모욕죄나 명예훼손죄와 구별된다. 또한 모욕죄가 친고죄임에 반하여, 본죄는 반의사불벌죄이다.

3) 주관적 구성요건 대한민국에 체재하는 외국원수를 폭행 · 협박, 모욕 8
또는 명예훼손한다는 고의가 있어야 한다.

2. 외국사절에 대한 폭행등죄

① 대한민국에 파견된 외국사절에 대하여 폭행 또는 협박을 가한 자는 5년 이하의 징역이나 금고에 처한다.

② 전항의 외국사절에 대하여 모욕을 가하거나 명예를 훼손한 자는 3년 이하의 징역이나 금고에 처한다(제108조).

본죄는 그 외국정부의 명시한 의사에 반하여 공소를 제기할 수 없다(제110조).

대한민국에 파견된 외국사절에 대하여 폭행 · 협박 · 모욕 또는 명예훼손을 9
함으로써 성립하는 범죄이다. 행위의 객체가 대한민국에 파견된 외국사절인 점에서 외국원수에 대한 폭행등의 죄와 구별된다.

외국사절이란 대사 · 공사 등을 말한다. 외국사절인 이상 상설사절인가 임시 10
사절인가, 정치적 사절인가 의례적 사절인가를 불문한다. 계급도 문제되지 않는다. 그러나 외국사절은 대한민국에 파견된 자임을 요한다. 따라서 제3국에 파견되어 부임 또는 귀국중에 대한민국에 체재하는 자는 여기에 포함되지 않는다. 외국사절임을 요하므로 외국사절의 가족 · 수행원 · 사자 등은 본죄의 객체가 되지 않는다.

3. 외국국기 · 국장모독죄

외국을 모욕할 목적으로 그 나라의 공용에 공하는 국기 또는 국장을 손상, 제거 또는 오욕한 자는 2년 이하의 징역이나 금고 또는 300만원 이하의 벌금에 처한다(제109조).

본죄는 그 외국정부의 명시한 의사에 반하여 공소를 제기할 수 없다(제110조).

외국을 모욕할 목적으로 공용에 공하는 외국의 국기 또는 국장을 손상 · 제거 11
또는 오욕함으로써 성립하는 범죄이다. 행위의 객체가 공용에 공하는 외국의 국기 · 국장인 점에서 국기 · 국장모독죄(제105조)와 구별된다. 「공용에 공하는」이란 국가의 권위를 나타내기 위하여 그 나라의 공적 기관이나 공무소에 사용되는 것을 말한다. 따라서 장식용 만국기, 사인이 휴대 또는 게양한 외국기는 물론 소장중인 외국기와 국장은 본죄의 객체가 되지 않는다.[1] 외국의 국기·국장임을 요하므로 국가간의 국제조직인 국제연합기와 그 휘장도 본죄의 객체가 될 수 없다.[2]

Ⅲ. 외국에 대한 사전·중립명령위반죄

1. 외국에 대한 사전죄

① 외국에 대하여 사전한 자는 1년 이상의 유기금고에 처한다.
② 전항의 미수범은 처벌한다.
③ 제1항의 죄를 범할 목적으로 예비 또는 음모한 자는 3년 이하의 금고 또는 500만원 이하의 벌금에 처한다. 단 그 목적한 죄의 실행에 이르기 전에 자수한 때에는 그 형을 감경 또는 면제한다(제111조).

12 (1) **의 의** 외국에 대하여 사전(私戰)하거나 사전할 목적으로 예비 또는 음모함으로써 성립하는 범죄이다. 국민의 일부가 외국에 대하여 마음대로 사적인 전투행위를 하는 때에는 외교관계를 악화시켜 국가의 존립을 위태롭게 할 위험이 있기 때문이다.[3]

13 (2) **구성요건** 본죄는 외국에 대하여 사전함으로써 성립한다. 사전의 상대방은 외국이다. 여기서 외국이란 외국의 국가권력을 의미하므로 외국인 또는 그 일부 집단을 상대로 한 전투는 본죄를 구성하지 않는다. 외국은 우리나라가 국가로 승인한 나라임을 요하지 않는다.

14 사전이란 국가의 전투명령을 받지 않고 함부로 외국에 대하여 전투행위를 하는 것을 말한다. 국가의 의사와 연결된 때에는 국가의 공격이고 사인에 의한 공격이라고 할 수 없다. 다만 사전이라고 하기 위하여는 단순히 폭력행위의 정도로는 족하지 않고, 무력에 의한 조직적인 공격이 있을 것을 요한다.[4]

15 (3) **사전예비·음모죄** 외국에 대하여 사전할 목적으로 예비·음모함으

---

1 김일수/서보학 764면; 배종대 **149**/3; 신동운 46면; 이형국 746; 정성근/박광민 871면.
2 박상기 625면; 백형구 676면; 이형국 746면; 임웅 884면; 정성근/박광민 871면.
3 김일수/서보학 764면; 오영근 689면; 이형국 747면; 임웅 885면; 정성근/박광민 872면; 진계호 804면; 황산덕 30면.
4 김일수/서보학 764면; 박상기 625면; 배종대 **150**/2; 손동권/김재윤 750면; 신동운 46면; 오영근 689면; 임웅 885면; 정성근/박광민 872면; 정영일 418면.

로써 성립한다. 사전할 목적을 요하는 목적범이다. 본죄는 예비·음모를 특별구성요건으로 규정한 독립된 예비·음모죄가 아니라, 일반적 예비·음모를 규정한 것에 불과하다.[1] 따라서 본죄에 대한 방조는 성립할 수 없다.

2. 중립명령위반죄

외국간의 교전에 있어서 중립에 관한 명령에 위반한 자는 3년 이하의 금고 또는 500만원 이하의 벌금에 처한다(제112조).

(1) **의 의** 외국간의 교전에 있어서 중립명령을 위반함으로써 성립 16
하는 범죄이다. 외국간의 교전이 있을 때에 국가가 중립을 선언하였음에도 불구하고 일반 국민이 여기에 협력하지 않고 교전국의 일방에 가담하여 군사행동을 하는 때에는 중립선언이 무의미하게 될 뿐만 아니라, 그 국가와의 국교관계를 위태롭게 할 우려가 있다는 것을 이유로 한다. 어떤 행위가 중립명령에 위반되는가는 중립명령에 의하여 결정되는 것이므로 구성요건의 중대한 내용을 중립명령에 위임하고 있다는 점에서 백지형법의 대표적인 예라고 할 수 있다.[2]

(2) **구성요건** 본죄의 구성요건은 외국간의 교전에 있어서 중립명령에 17
위반하는 것이다.

1) **외국간의 교전** 행위상황으로 외국간의 교전이 있어야 한다. 외국간 18
의 교전이란 우리나라가 참가하지 않은 전쟁이 2개국 이상의 외국 사이에서 행하여지고 있는 것을 말한다. 외국간의 교전은 국제법상 전쟁이라고 인정될 수 있는 것이어야 한다는 견해[3]도 있다. 그러나 중립명령이 있어야 본죄가 성립하는 점에서 어느 정도의 전쟁일 것을 요하는가는 문제되지 않는다고 해야 한다.[4]

2) **중립명령위반** 본죄는 중립명령에 위반한 때에 성립한다. 중립명령 19
이란 교전국의 어느 편에도 가담하지 않고 불편부당의 지위를 지키는 국외중립선언에 따르는 명령을 말한다. 본죄는 중립명령이 폐지될 때까지 효력을 가지는

---

1 김일수/서보학 765면; 오성환(주석) 66면; 진계호 804면.

2 김일수/서보학 765면; 박상기 625면; 배종대 150/3; 백형구 679면; 신동운 47면; 오영근 690면; 유기천 272면; 이정원 725면; 이형국 748면; 임웅 886면; 정성근/박광민 873면.

3 황산덕 31면.

4 박상기 626면; 손동권/김재윤 750면; 신동운 47면; 유기천 272면; 정성근/박광민 873면.

범죄이므로 일시적 사정에 대처하기 위한 한시법에 속한다고 할 수 있다.[1]

Ⅳ. 외교상 기밀누설죄

① 외교상의 기밀을 누설한 자는 5년 이하의 징역 또는 1천만원 이하의 벌금에 처한다.
② 누설할 목적으로 외교상의 기밀을 탐지 또는 수집한 자도 전항의 형과 같다(제113조).

20 외교상의 기밀을 누설함으로써 성립하는 범죄이다. 공무상 비밀누설죄(제127조)가 일정한 신분을 가진 자만 주체가 될 수 있는 신분범임에 반하여 본죄의 주체에는 제한이 없다.

21 행위의 객체는 외교상의 기밀이다. 외교상의 기밀이란 외국과의 관계에서 국가가 보지해야 할 기밀을 말한다. 외국과 비밀조약을 체결한 사실 또는 체결하려고 하는 사실 등이 여기에 해당한다. 국내에서 공지에 속한 사실도 외국에 대하여 알려지지 않은 사실은 외교상의 비밀이 될 수 있는가가 문제된다. 그러나 공지인 사실은 이미 외국에 대하여도 비밀로 해야 할 이익이 있는 기밀이라고 할 수 없다고 생각된다.[2] 외국언론에 이미 보도되어 외국에 공지인 사실에 대하여는 판례도 외교상의 기밀이 될 수 없다고 한다.[3]

22 행위는 누설하는 것이다. 누설이란 외교상의 기밀을 외국에 알리는 것을 말한다. 그 수단과 방법에는 제한이 없다. 외교상의 기밀도 간첩죄에 대한 관계에서는 군사기밀에 포함되므로 이를 적국에 누설한 때에는 간첩죄에 해당한다. 따라서 본죄는 외교상의 기밀을 적국이 아닌 외국에 누설하는 때에만 성립한다고 해야 한다.[4]

23 누설할 목적으로 외교상의 기밀을 탐지·수집한 자도 같은 형으로 처벌한다. 기밀누설에 대한 예비행위를 독립하여 규정한 경우이다. 외교상의 기밀을 탐지·수집하는 때에는 고의 이외에 누설할 목적이 있음을 요한다.

1 김일수/서보학 765면; 박상기 626면; 배종대 **150**/3; 유기천 272면; 이정원 725면; 임웅 886면; 정성근/박광민 873면.

2 김일수/서보학 766면; 박상기 626면; 배종대 **151**/2; 백형구 679면; 신동운 49면; 이정원 726면; 임웅 887면; 정성근/박광민 874면.

3 대법원 1995. 12. 5. 94도2379.

4 박상기 626면; 배종대 **151**/2; 이형국 750면; 임웅 887면; 정성근/박광민 874면.

제 2 장 국가의 기능에 대한 죄

제 1 절 공무원의 직무에 관한 죄 §43

I. 총 설

1. 직무범죄의 의의

1 공무원의 직무에 관한 죄란 공무원이 의무에 위배하거나 직권을 남용하여 국가기능의 공정을 해하는 것을 내용으로 하는 범죄, 즉 공무원의 직무범죄(Amtsdelikte)를 말한다. 국가의 기능이 직권남용, 뇌물 기타의 이유로 부패되는 것을 방지하기 위한 범죄라고 할 수 있다. 각칙 제7장은 공무원의 직무범죄를 규정하고 있다. 다만 증뢰죄는 공무원범죄가 아니라 직무범죄와의 관련성 때문에 함께 규정하고 있는 것에 불과하다. 이러한 의미에서 본죄의 보호법익은 국가기능이며, 특히 국가질서에 대한 내부로부터의 침해에 그 본질이 있다고 할 수 있다. 그러나 공무원의 직무범죄는 하나의 법익을 보호하기 위한 것이라고 할 수 없을 정도로 이질적 구성요건이 결합되어 있는 범죄이다. 즉 직무범죄의 불법내용은 직무수행의 적법성과 이로 인한 국가이익의 보호와 국가기능의 순결성에 대한 일반의 신뢰뿐만 아니라 이에 의하여 침해되는 개인의 이익의 보호에 본질이 있다고 할 수 있다. 공무원의 직무범죄가 이러한 법익을 모두 보호하는 것도 아니다. 개별적인 구성요건에 따라 어떤 법익의 보호에 중점을 두는지도 달라지게 된다.[1]

2 형법이 규정하고 있는 공무원의 직무에 관한 죄는 직권남용죄와 직무위배죄 및 뇌물죄의 세 가지 유형으로 분류되고 있다. 직권남용죄가 공무원에 의한 국민에 대한 범죄임에 반하여, 직무위배죄와 뇌물죄는 공무원에 의한 국가에 대한 범죄를 의미한다. 직무위배죄가 공무원의 직무상의 의무에 위배한 것을 내용으로

1 Arzt/Weber LH 5 S. 129; Jescheck LK Vor §331 Rn. 8; Sch/Sch/Cramer Vor §331 Rn. 1.

함에 반하여, 뇌물죄는 개인적인 이익획득을 위하여 지위를 이용하였다는 점에 특색이 있다.

3 공무원의 직무에 관한 죄에 관하여 구형법은 직권남용죄와 뇌물죄에 관한 규정을 두고 있었으나, 전체주의적 사고의 영향으로 이를 관대하게 취급하고 있었고 특히 직권남용죄를 뇌물죄에 비하여 가볍게 벌하고 있었다. 형법은 직권남용죄와 뇌물죄의 형기를 인상하고 직무유기죄(제122조)·피의사실공표죄(제126조)·공무상 비밀누설죄(제127조)와 선거방해죄(제128조)를 신설하였을 뿐만 아니라, 공무원범죄에 대하여 형을 가중하는 규정(제135조)까지 두고 있다. 공무원은 국민 전체에 대한 봉사자로서 성실하게 집무하여야 한다는 민주주의 국가에서의 공무원의 본질에 기초한 것이라 할 수 있다. 다만 직무유기죄에 관하여는 특별권력관계에 의한 행정상의 징계책임에 지나지 않는 행위를 형법에 규정한 것이고 처벌의 범위가 명백하지 못하다는 입법론상의 비난이 제기되고 있다.[1]

2. 직무범죄의 본질과 공무원의 의무

4 (1) **직무범죄의 본질과 종류** 공무원의 직무에 관한 직무범죄는 행위자가 행위시에 공무원일 것을 요하는 신분범이다. 다만 공무상 비밀누설죄(제127조)와 사전수뢰죄(제129조 2항)의 주체에는 공무원이었던 자와 공무원이 될 자가 포함된다.

5 1) **진정직무범죄와 부진정직무범죄** 직무범죄를 모두 진정신분범이라고 해석하는 견해[2]도 있다. 그러나 통설은 직무범죄도 진정직무범죄(echte Amtsdelikte)와 부진정직무범죄(unechte Amtsdelikte)로 분류하고 있다. 이는 진정신분범과 부진정신분범의 구별과 일치된다. 진정직무범죄란 공무원만 정범이 될 수 있는 범죄를 말하며, 여기서 공무원의 신분은 구성적 신분으로 기능한다. 이에 반하여 부진정직무범죄는 공무원이 아닌 자에 의하여도 범하여질 수 있지만 공무원이 행한 경우에 형이 가중되는 범죄를 말한다. 가중의 근거는 공법상의 복무 내지 신뢰관계에 기초한 행위자의 의무위반과 국가권력을 범죄의 수단으로 이용되게 하였다는 직권남용에 있다.[3] 진정직무범죄와 부진정직무범죄의 구별은 직무범죄에 공범으로 가담한 비공무원의 죄책에 있어서 의미가 있다. 즉 진정직

1 유기천 292면; 진계호 668면.
2 진계호 655면.
3 Arzt/Weber S. 130; Hirsch LK §340 Rn. 1; Rudolphi SK Vor §331 Rn. 5; Sch/Sch/Heine Vor §331 Rn. 8.

무범죄에 가담한 비공무원은 직무범죄의 공범이 되지만, 부진정직무범죄에 있어서는 기본범죄가 성립할 따름이다.

2) **일반직무범죄와 특수직무범죄** 직무범죄는 일반직무범죄(allgemeine 6
Amtsdelikte)와 특수직무범죄(besondere Amtsdelikte)로 나눌 수도 있다.[1] 전자가 모든 공무원이 범할 수 있는 범죄임에 반하여, 후자는 구성요건이 전제하고 있는 특수한 지위에 있는 공무원만 범할 수 있는 범죄를 말한다. 불법체포·감금죄(제124조), 폭행·가혹행위죄(제125조), 피의사실공표죄(제126조) 및 선거방해죄(제128조)가 여기에 해당한다. 특수직무범죄에 있어서의 정범요소가 되는 특수한 지위는 구성적 신분으로서의 의미를 가진다.[2]

(2) **공무원의 의의** 직무범죄는 공무원인 신분을 요하는 신분범이다. 7
그러나 형법에는 공무원의 개념에 관한 규정이 없다. 따라서 공무원의 개념에 대하여는 원칙적으로 공법상의 공무원 개념이 적용된다. 일반적으로 공무원이란 「법령에 의하여 공무(국가 또는 지방자치단체의 사무)에 종사하는 직원」을 말한다. 판례에 의하면, 형법상 공무원이란 법령의 근거에 기하여 국가 또는 지방자치단체 및 이에 준하는 공법인의 사무에 종사하는 자로서 그 노무의 내용이 단순한 기계적·육체적인 것에 한정되어 있지 않은 자를 말한다.[3] 따라서 세무수습행정원도 공무원에 속한다.[4]

공무원의 범위는 원칙적으로 국가공무원법과 지방공무원법에 의하여 정하여지고 있 8
다. 국가공무원법과 지방공무원법에 의하면 공무원은 경력직공무원과 특수경력직공무원으로 구분된다(제2조 1항). 경력직공무원이란 실적과 자격에 따라 임용되고 그 신분이 보장되며 평생 동안 공무원으로 근무할 것이 예정되는 공무원을 말하며, 일반직공무원과 특정직공무원이 여기에 포함된다(동조 2항). 특수경력직공무원이란 경력직공무원 외의 정무직공무원과 별정직공무원을 의미한다(동조 3항). 이 이외에도 한국은행의 임원과 직원(한은법 제106조), 한국산업은행(산은법 제17조)·한국수출입은행(수은법 제17조)·중소기업은행(기은법 제32조)의 임원 등은 다른 법령에 의하여 공무원의 지위가 인정된 경우이다.

형법상의 공무원의 개념에 관하여는 다음 두 가지 문제가 제기되고 있다.

1 Jescheck LK Vor §331 Rn. 13; Sch/Sch/Heine Vor §331 Rn. 9.
2 Jescheck LK Vor §331 Rn. 13.
3 대법원 1978. 4. 25. 77도3709; 대법원 2011. 1. 27. 2010도14484; 대법원 2015. 5. 29. 2015도3430.
4 대법원 1961. 12. 14. 4294형상99.

9 첫째, 단순한 노무에 종사하는 청소부·인부 또는 사환 등은 여기서 말하는 공무원에서 제외된다.[1] 이들이 담당하는 기계적 노무는 특별히 직무범죄에 의하여 보호되어야 할 가치가 있다고 할 수 없기 때문이다. 여기서 우편집배원도 공무원에서 제외되는가가 문제된다. 그러나 우편업무의 공정성이 요구될 뿐만 아니라, 우편집배원의 직무는 정신적·기능적 판단을 요하는 사무로서 단순한 기계적·육체적 노무라고 할 수 없다는 점에 비추어 공무원에 속한다고 해야 한다.[2]

10 둘째, 공법인의 직원을 공무원이라고 할 것인가이다. 통설은 개별적으로 검토하여 행정기관에 준하는 공법인의 직원은 공무원에 속한다고 해석하고 있다.[3] 판례도 같은 태도를 취하고 있다.[4] 그러나 ① 공법인과 사법인의 구별은 명백하지 않고 공법인이라 하여도 사법인의 사무와 차이가 없는 경우가 많을 뿐만 아니라, ② 공법인의 직원 중에서 공무원으로 해야 할 자의 범위가 법률에 규정되어 있다는 점에 비추어 다른 법령에 의하여 공무원의 지위가 인정되는 경우가 아니면 공법인의 직원이라도 공무원이라고 할 수 없다.

Ⅱ. 직무유기죄

1. 직무유기죄

공무원이 정당한 이유 없이 그 직무수행을 거부하거나 그 직무를 유기한 때에는 1년 이하의 징역이나 금고 또는 3년 이하의 자격정지에 처한다(제122조).

11 (1) **의 의** 공무원이 정당한 이유 없이 직무수행을 거부하거나 직무를 유기함으로써 성립하는 범죄이다. 공무원은 국민 전체의 봉사자로서 국가공무원법에 의한 성실의무(제56조)와 복종의무(제57조) 및 직장이탈금지의무(제58조) 등을 부담하며, 직무상의 의무를 위반하여 직무를 태만하였을 때에는 특별권력관계에 의한 징계사유에 해당한다(제78조). 본죄가 공무원에 대한 징계처분의 대상을 처벌

1 김일수/서보학 625면; 배종대 **152**/4; 손동권/김재윤 754면; 신동운 76면; 유기천 295면; 정성근/박광민 712면; 진계호 667면; 황산덕 42면.

2 배종대 **152**/4; 유기천 295면; 이정원 728면; 임웅 891면; 정성근/박광민 712면; 진계호 667면.

3 권문택(공저) 681면; 김일수/서보학 625면; 배종대 **152**/5; 신동운 73면; 이정원 729면; 진계호 667면.

4 대법원 1961. 12. 14. 4294형상99; 대법원 2012. 7. 26. 2012도5692.

함에 의하여 공무원의 직무수행의 성실을 기하려는 것으로 해석하는 견해[1]도 있다. 그러나 본죄는 징계사유에 해당하는 모든 직무상의 의무위반을 처벌하는 것이 아니라 그것이 형법에 의한 처벌의 대상이 될 정도에 이를 때에 벌하려는 것이라고 보아야 한다.[2] 판례도 직무유기란 공무원의 추상적인 충근의무를 태만하는 일체의 경우를 이르는 것이 아니고 국가의 기능을 저해하며 국민에게 피해를 야기할 가능성이 있는 경우를 말한다고 판시하고 있다.[3] 이러한 의미에서 본죄는 국가의 기능을 보호법익으로 하는 구체적 위험범이다.[4]

(2) **구성요건** 직무유기죄가 성립하기 위하여는 주관적으로 직무의 수 12
행을 거부하거나 이를 버린다는 인식과 객관적으로는 직무 또는 직장을 벗어나는 행위가 있어야 한다. 따라서 공무원이 직무집행과 관련하여 태만·분망·착각 등으로 부당한 결과를 초래하였다고 하여 본죄가 성립하는 것은 아니다.[5]

1) 주 체 본죄의 주체는 공무원이다. 진정직무범죄에 해당한다. 13

2) 행 위 직무수행을 거부하거나 직무를 유기하는 것이다. 14

직무란 공무원법상의 본래의 직무 또는 고유한 직무를 말하며, 공무원인 신분관계로 인하여 부수적·파생적으로 발생하는 직무는 여기에 포함되지 않는다. 따라서 형사소송법에 의한 고발의무를 여기의 직무라고 할 수는 없다.[6] 그러나 공무원의 본래의 직무가 모두 본죄의 직무에 해당한다고 할 때에는 역시 본죄가 무제한하게 확대될 염려가 있다. 따라서 여기의 직무는 공무원이 맡은 바 직무를 그때에 수행하지 않으면 실효를 거둘 수 없는 구체적인 직무임을 요한다.[7] 그러므로 직무의 내용은 성문으로 된 법령에 근거가 있거나 특별한 지시 또는 명령이 있어야 하며,[8] 이러한 범위의 직무에 속하지 않는 사항에 관하여는 본죄가 성립하지 않는다.[9]

---

1 서일교 310면; 정영석 37면; 진계호 668면; 황산덕 43면.
2 김일수/서보학 626면; 배종대 **153**/1; 유기천 322면; 이형국 755면; 임웅 892면; 정성근/박광민 715면; 정영일 422면.
3 대법원 1982. 9. 28. 82도1633; 대법원 1983. 3. 22. 82도3065; 대법원 2013. 4. 26. 2012도15257.
4 대법원 1997. 4. 22. 95도748; 대법원 2007. 7. 12. 2006도1390.
5 대법원 1982. 3. 23. 81도861; 대법원 1983. 12. 13. 83도1157; 대법원 1994. 2. 8. 93도3568.
6 대법원 1962. 5. 2. 4294형상127.
7 배종대 **153**/2; 신동운 77면; 유기천 322면; 이형국 756면; 임웅 894면; 정성근/박광민 716면; 진계호 669면.
8 대법원 1965. 9. 7. 65도464; 대법원 1976. 10. 12. 75도1895.
9 대법원 1959. 8. 28. 4291형상482; 대법원 1974. 6. 11. 74도1270.

15 직무수행을 거부하는 것은 직무를 능동적으로 수행할 의무 있는 자가 이를 행하지 않는 것을 말하고, 직무유기란 직무에 관한 의식적인 방임 내지 포기 등 정당한 이유 없이 직무를 수행하지 않는 경우를 말한다.[1] 적극적인가 또는 소극적인가는 묻지 않는다.[2] 직무수행의 거부는 진정부작위범에 해당한다는 견해[3]와 직무유기는 부진정부작위범에 해당한다고 해석하는 견해[4]가 있다. 판례도 직무유기를 부진정부작위범으로 보고 있다.[5] 그러나 양자는 모두 작위뿐만 아니라 부작위에 의하여도 가능하므로 이를 구별할 실익은 없으며, 직무유기를 부진정부작위범이라고 할 필요도 없다. 부진정부작위범은 작위에 의하여 행하여지는 범죄임을 전제로 하는 것이기 때문이다. 직무를 유기할 것을 요하므로 직무를 집행한 때에는 직무집행에 있어서 법정절차를 이행하지 않았거나,[6] 내용이 부실하다고 하여도 본죄는 성립하지 않는다.

따라서 시청 양정계 직원이 보관하고 있던 정부양곡을 형식적으로 소홀히 조사한 경우(대법원 1969. 8. 19. 69도932)나 사법경찰관리가 경미한 범죄혐의사실을 조사하여 훈방한 경우(대법원 1982. 6. 8. 82도117), 또는 수사관이 허위 내용의 진술조서를 작성하거나 기타 공무원이 허위의 공문서를 작성한 경우(대법원 1982. 9. 14. 81도2538; 대법원 1982. 12. 28. 82도2210), 지방자치단체장이 전국공무원노동조합이 주도한 파업에 참가한 소속 공무원들에 대하여 관할 인사위원회에 징계의결요구를 하지 아니하고 가담 정도의 경중을 가려 자체 인사위원회에 징계의결요구를 하거나 훈계처분을 하도록 지시한 경우(대법원 2007. 7. 12. 2006도1390)에는 직무유기에 해당하지 않는다.

직무유기는 또한 직무에 관한 의식적인 포기일 것을 요한다는 점에서 직무태만과 구별해야 한다.

16 판례는 직무유기라고 하기 위하여는 직장의 무단이탈이나 직무의 의식적인 포기가 있어야 한다는 전제에서, ① 세관서기가 무단승선자를 묵인하고 밀수품 양륙을 묵인한 경우(대법원 1959. 12. 4. 4291형상105), ② 경찰관이 투표용지 유출사실에 대하여 상사에게 보고하지 않고 수사하지 아니하거나(대법원 1961. 2. 28. 4294형상25), 경찰관이 방치된 오토바이가 있다는

---

1 대법원 1977. 11. 22. 77도2952; 대법원 1982. 9. 14. 81도2538.
2 대법원 1956. 10. 19. 4289형상244.
3 권문택(공저) 682면; 진계호 669면.
4 유기천 323면.
5 대법원 1965. 12. 10. 65도826; 대법원 1972. 9. 12. 72도1175; 대법원 1975. 11. 25. 75도306.
6 대법원 1961. 8. 23. 4294형상223.

신고를 받거나 순찰중 이를 발견하고 오토바이상회 운영자에게 연락하여 오토바이를 수거해 가도록 하고 그 대가를 받은 경우(대법원 2002. 5. 17. 2001도6170), ③ 인감증명 발급사무 담당공무원이 내용의 기재와 인감의 날인도 없는 인감증명서에 동장의 인장을 날인하여 교부한 경우(대법원 1971. 6. 22. 71도778), ④ 차량번호판의 교부담당직원이 운행정지처분을 받은 자동차에 대하여 번호판을 재교부한 경우(대법원 1972. 6. 27. 72도969), ⑤ 과세자료처리를 담당하던 세무서원이 양도소득세 과세자료가 은닉되어 있는 것을 발견하고 방치한 경우(대법원 1984. 4. 10. 83도1653), ⑥ 농지사무를 담당하고 있는 군직원이 그 관내에서 발생한 농지 불법전용 사실을 알고 아무런 조치를 취하지 않은 경우(대법원 1993. 12. 24. 92도3334), ⑦ 학교군사교육단의 당직사관이 교대할 당직근무자에게 당직근무의 인계·인수도 하지 않고 퇴근한 경우(대법원 1990. 12. 21. 90도2425), ⑧ 가축검사원으로 재직하는 공무원이 퇴근시 소계류장의 시정·봉인 조치를 취하지 않고 그 관리를 도축장 직원에게 방치한 경우(대법원 1990. 5. 25. 90도191), ⑨ 경찰관이 불법체류자의 신병을 출입국관리사무소에 인계하지 않고 훈방하면서 이들의 인적사항조차 기재해 두지 않은 경우(대법원 2008. 2. 14. 2005도4202), ⑩ 경찰관들이 현행범으로 체포한 도박혐의자들에게 현행범인체포서 대신에 임의동행동의서를 작성하게 하거나 압수한 일부 도박자금에 관하여 검사의 지휘도 받지 않고 반환하는 등 제대로 조사하지 않은 채 이들을 석방한 경우(대법원 2010. 6. 24. 2008도11226)에는 직무유기에 해당한다고 판시하고 있다.

이에 반하여 ① 부대물품출납관이 물품불출청구 후 즉시 불출되지 않은 이유를 확인하지 않은 경우(대법원 1966. 7. 26. 66도122), ② 약사감시원이 무허가 약국개설자를 조사하여 상사에게 보고하고 수사기관에 고발하지 아니한 경우(대법원 1969. 2. 4. 67도184), ③ 세관의 검사담당직원이 보세화물장치요강에 따라 위험물을 위험창고에 옮기지 않은 경우(대법원 1970. 11. 24. 70도2113), ④ 예비군교관이 교육과목을 다른 과목으로 대체한 경우(대법원 1979. 3. 27. 79도291), ⑤ 일직사관이 근무장소인 상황실 부근에서 잠잔 경우(대법원 1984. 3. 27. 83도3260), ⑥ 교도소 보안과 출정계장과 감독교사가 호송교도관의 감독을 소홀히 하여 재소자 집단도주사고가 발생한 때(대법원 1991. 6. 11. 91도96), ⑦ 통고처분이나 고발할 권한이 없는 세무공무원이 그 권한자에게 범칙사건의 조사 결과에 따른 통고처분이나 고발조치를 건의하지 않은 경우(대법원 1997. 4. 11. 96도2753)에는 직무유기가 될 수 없다고 하였다.

3) 고 의 본죄의 성립에는 직무를 유기한다는 인식이 있을 것을 요 17
한다. 판례는 무단히 직장을 떠난 때에도 직무유기의 범의를 인정할 수 있다고 하면서,[1] 야간특파근무공무원이 근무상의 관례에 따라 밤 10시경 귀가한 때에는 직무유기의 범의가 있다고 할 수 없다고 하였다.[2]

1 대법원 1968. 12. 17. 67도191.
2 대법원 1971. 2. 9. 70도2590.

폭처법은 사법경찰관리가 동법에 규정된 죄를 범한 사람을 수사하지 아니하거나 범인을 알면서 이를 체포하지 아니하거나 수사상 정보를 누설하여 범인의 도주를 용이하게 한 사람은 1년 이상의 유기징역에 처하고(제9조 1항), 뇌물을 수수·요구 또는 약속하고 제1항의 죄를 범한 사람은 2년 이상의 유기징역에 처한다(동조 2항). 특가법은 범죄수사의 직무에 종사하는 공무원이 동법에 규정된 죄를 범한 사람을 인지하고 그 직무를 유기한 경우에는 1년 이상의 유기징역에 처하고 있다(제15조).

18 (3) **죄 수** 공무원이 직무를 유기한 후 다른 목적을 위하여 허위공문서를 작성한 때에는 본죄와 허위공문서 작성죄는 실체적 경합관계가 된다.[1] 이에 반하여 범인을 검거해야 할 경찰관이 적극적으로 범인을 도피하게 하거나,[2] 예비군 훈련에 불참한 자를 보고해야 할 직무상의 의무 있는 자가 대원의 훈련불참사실을 은폐하기 위하여 허위의 공문서를 작성한 때[3]에는 직무위배의 위법상태가 범인도피나 허위공문서작성에 포함되는 것이므로 범인도피죄 또는 허위공문서 작성죄가 성립하고 별도로 본죄가 성립하는 것은 아니다.[4] 위계에 의한 공무집행방해죄가 성립하는 경우에도 같다.[5]

2. 피의사실공표죄

검찰·경찰 그 밖에 범죄수사에 관한 직무를 수행하는 자 또는 이를 감독하거나 보조하는 자가 그 직무를 수행하면서 알게 된 피의사실을 공소제기 전에 공표한 경우에는 3년 이하의 징역 또는 5년 이하의 자격정지에 처한다(제126조).

19 (1) **의 의** 검찰·경찰 그 밖에 범죄수사에 관한 직무를 수행하는 자 또는 이를 감독하거나 보조하는 자가 직무를 수행하면서 알게 된 피의사실을 공소제기 전에 공표함으로써 성립하는 범죄이다. 본죄의 보호법익이 국가의 범죄수사권과 피의자의 인권이라는 점에는 의문이 없다. 다만 전자에 중점이 있는가[6] 또는 후자에 중점을 두어야 하는가[7]에 대하여는 의견이 일치하지 않는다. 본

1 대법원 1993. 12. 24. 92도3334.
2 대법원 1996. 5. 10. 96도51.
3 대법원 1982. 12. 28. 82도2210.
4 대법원 2004. 3. 26. 2002도5004.
5 대법원 1997. 2. 28. 96도2825.
6 권문택(공저) 690면, (주석) 102면; 임웅 900면; 정성근/박광민 719면; 진계호 671면.
7 박상기 632면; 배종대 153/5; 서일교 311면; 유기천 323면; 이정원 738면; 이형국 759면; 황산덕

죄를 직무위배죄로 파악할 때에는 전자에 중점이 있다고 해석함이 타당하겠으나, 실질적으로 피의자의 인권보호는 국가의 수사기능에 못지않는 의미를 가진다.

(2) 구성요건

1) 주 체 본죄의 주체는 검찰·경찰 그 밖에 범죄수사에 관한 직무를 수행하는 자 또는 이를 감독하거나 보조하는 자이다. 특수공무원만이 주체가 될 수 있는 진정직무범죄인 것이다. 20

2) 행위의 객체 직무를 수행하면서 알게 된 피의사실이다. 피의사실은 진실한 것임을 요하지 않는다. 직무를 수행하면서 알게 된 피의사실이어야 하므로 직무와 관련 없이 알게 된 사실은 여기에 포함되지 않는다. 21

3) 행 위 공소제기 전에 피의사실을 공표하는 것이다. 공표란 불특정 또는 다수인에게 그 내용을 알리는 것을 말한다. 공연히 알릴 것을 요하지 않는다. 따라서 특정한 1인에게 알린 경우에도 이로 인하여 불특정 다수인이 알 수 있을 때에는 공표에 해당한다. 작위에 한하지 않고 부작위에 의한 경우도 포함한다. 22

공표는 공소제기 전일 것을 요한다. 따라서 공소제기 후에 알리는 것은 본죄에 해당하지 않는다.

(3) 위 법 성 피의자의 승낙은 본죄의 성립에 영향을 미치지 못한다. 수사활동상 필요하다고 인정되는 경우에는 정당행위로서 위법성이 조각된다고 해석하는 견해[1]도 있다. 그러나 공공의 이익을 위한 것이라는 이유만으로 위법성이 조각될 수는 없다.[2] 23

3. 공무상 비밀누설죄

공무원 또는 공무원이었던 자가 법령에 의한 직무상 비밀을 누설한 때에는 2년 이하의 징역이나 금고 또는 5년 이하의 자격정지에 처한다(제127조).

(1) 의 의 공무원 또는 공무원이었던 자가 법령에 의한 직무상 비밀을 누설하였을 때에 성립하는 범죄이다. 본죄의 보호법익은 공무상의 비밀 24

48면.

1 김일수/서보학 633면; 백형구 659면.

2 박상기 634면; 손동권/김재윤 768면; 이형국 760면; 정성근/박광민 720면; 정영일 425면; 진계호 672면.

(Dienstgeheimnis)과 관청에 대한 일반의 신뢰에 있다고 해석하는 견해[1]도 있다. 본죄를 비밀침해죄와 평행되는 규정으로 이해하는 견해[2]도 같은 태도이다. 그러나 본죄는 비밀 그 자체를 보호하는 것이 아니라 공무원의 비밀엄수의무의 침해에 의하여 위험하게 되는 이익, 즉 비밀의 누설에 의하여 위협받는 국가의 기능을 보호하기 위한 것이라고 해석하지 않을 수 없다.[3] 우리나라의 다수설[4]과 판례[5]의 입장이다. 공무원에게는 재직 중은 물론 퇴직 후에도 직무상 알게 된 비밀을 엄수할 의무가 있다(국공법 제60조). 이러한 공무원의 비밀엄수의무를 형법에 의하여 보호하는 것이 바로 본죄이다.

(2) 구성요건

25 1) 주 체 본죄의 주체는 공무원뿐만 아니라 공무원이었던 자를 포함한다.

26 2) 행위의 객체 법령에 의한 직무상의 비밀이다. 비밀이란 일반적으로 알려져 있지 않은 사항으로서 국가가 비밀을 보지할 이익이 있는 것을 말한다. 직무상의 비밀이란 직무상 알게 된 비밀을 의미한다. 따라서 직무상 알게 된 비밀이 아닌 단순한 비밀은 여기에 포함되지 않는다. 직무상의 비밀은 법령에 의한 것이어야 한다. 법령에 의한 비밀의 의미에 관하여 통설은 법령에 의하여 비밀로 분류된 것임을 요한다고 해석하고 있음에 반하여,[6] 판례는 법령에 의하여 비밀로 분류된 경우뿐만 아니라, 객관적·일반적으로 외부에 알려지지 않는 것에 상당한 이익이 있는 사항을 포함한다고 해석하고 있다.[7] 본죄의 본질과 현대국가의 복잡화에 따라 보호할 비밀의 범위를 확대할 필요가 있다는 점에 비추어 판례의 태도가 타당하다고 생각된다.

판례는 이른바 옷값 대납 사건의 내사결과보고서의 내용은 비공지의 사실이기는 하나

1 Hoyer SK §353b Rn. 1; Kuhlen NK §353b Rn. 7; Tröndle/Fischer §353b Rn. 1.
2 유기천 323면; 진계호 672면.
3 Hoyer SK §353b Rn. 2; Lackner/Kühl §353b Rn. 1; Maurach/Schroeder/Maiwald 80/1; Sch/Sch/Lenckner/Perron §353b Rn. 1; Träger LK §353b Rn. 2.
4 김성천/김형준 953면; 박상기 634면; 배종대 153/10; 손동권/김재윤 768면; 신동운 107면; 오영근 702면; 이정원 807면; 이형국 761면; 임웅 903면; 정성근/박광민 721면; 정영일 426면.
5 대법원 2003. 12. 26. 2002도7339; 대법원 2009. 6. 11. 2009도2669.
6 김성천/김형준 954면; 김일수/서보학 635면; 박상기 634면; 백형구 661면; 유기천 324면; 이정원 745면; 임웅 904면; 정성근/박광민 722면.
7 대법원 1982. 6. 22. 80도2822; 대법원 1996. 5. 10. 95도780; 대법원 2003. 6. 13. 2001도1343.

실질적으로 비밀로서 보호할 가치가 있는 것이라고 인정할 수 없고(대법원 2003. 12. 26. 2002도7339), 차적조회시스템을 이용하여 범죄현장 부근에서 경찰의 잠복근무에 이용되고 있던 경찰청 소속 차량의 소유관계에 관한 정보는 공무상 비밀에 속하지 않지만(대법원 2012. 3. 15. 2010도14734), 검찰의 고위 간부가 특정 사건에 대한 수사가 계속 진행 중인 상태에서 해당 사안에 관한 수사책임자의 잠정적인 판단 등 수사팀의 내부 상황을 확인한 뒤 그 내용을 수사대상자 측에 전달한 행위는 공무상 비밀누설에 해당한다고 하였다(대법원 2007. 6. 14. 2004도5561).

3) 행 위 본죄의 행위는 누설하는 것이다. 누설이란 비밀사항을 제 27
3자에게 알리는 것을 말한다. 알리는 방법에는 제한이 없다. 작위뿐만 아니라 부작위에 의한 경우도 포함한다. 이미 알고 있는 사람에게 알리는 것도 누설에 해당한다고 해석하는 견해[1]도 있다. 그러나 이러한 경우까지 누설의 개념에 해당한다고 할 수는 없다.[2]

본죄는 공무원 또는 공무원이었던 자가 법령에 의한 직무상 비밀을 누설하는 행위만을 처벌하고 있을 뿐 직무상 비밀을 누설받은 상대방을 처벌하는 규정이 없다. 따라서 직무상 비밀을 누설받은 자에 대하여는 공범에 관한 형법총칙 규정이 적용될 수 없다.[3]

공직자가 업무처리 중 알게 된 비밀을 이용하여 재물 또는 재산상 이익을 취득하거나 제3자로 하여금 취득하게 한 경우에는 부패방지 및 국민권익위원회의 설치와 운영에 관한 법률 제86조 제1항 위반죄만이 성립하고, 별도로 공무상비밀누설죄가 성립하지 않는다.[4]

Ⅲ. 직권남용죄

1. 일반공무원 직권남용죄(권리행사방해죄)

공무원이 직권을 남용하여 사람으로 하여금 의무 없는 일을 하게 하거나 사람의 권리행사를 방해한 때에는 5년 이하의 징역, 10년 이하의 자격정지 또는 1천만원 이하의 벌금에 처한다(제123조).

1 권문택(주석) 104면; 진계호 673면.
2 Sch/Sch/Lenckner/Perron §353b Rn. 8.
3 대법원 2011. 4. 28. 2009도3642.
4 대법원 2025. 5. 15. 2024도16239.

28 (1) 의 의 공무원이 일반적 권한을 가지고 있는 사항에 대하여 직권을 남용하여 사람에게 의무 없는 일을 행하게 하거나 권리행사를 방해함으로써 성립하는 범죄이다. 본죄의 성질을 강요죄(제324조)에 대하여 공무원이라는 신분으로 인하여 책임이 가중된 가중적 구성요건이라고 해석하는 견해도 있다.[1] 그러나 본죄의 보호법익은 국가기능의 공정한 행사를 보호함에 있으므로 강요죄와는 본질을 달리할 뿐만 아니라, 반드시 폭행 또는 협박에 의할 것을 요하지 않는다는 점에서 강요죄에 대한 가중적 구성요건이라 하는 것은 타당하다고 볼 수 없다. 그러므로 공무원이 폭행 · 협박에 의하여 권리행사를 방해한 경우에는 본죄와 강요죄의 상상적 경합이 된다.[2]

(2) 구성요건

29 1) 주 체 본죄의 주체는 공무원이다. 다만 본죄의 성질상 여기의 공무원은 강제력을 수반할 수 있는 직무를 행하는 자임을 요한다.[3] 직접강제인가 간접강제인가는 묻지 않는다. 판례는 직권남용죄에서 공무원의 일반적 직무권한은 반드시 법률상의 강제력을 수반하는 것임을 요하지 아니하며, 그것이 남용될 경우 직권행사의 상대방으로 하여금 법률상 의무 없는 일을 하게 하거나 정당한 권리행사를 방해하기에 충분한 것이면 된다고 한다.[4]

30 2) 행 위 직권을 남용하여 사람으로 하여금 의무 없는 일을 하게 하거나 권리행사를 방해하는 것이다.

31 (가) 직권남용 「직권남용」이란 공무원이 일반적 직무권한에 속하는 사항에 관하여 그 권한을 위법 · 부당하게 행사하는 것, 즉 형식적, 외형적으로는 직무집행으로 보이나 그 실질은 정당한 권한 이외의 행위를 하는 경우를 의미한다.[5] 따라서 외관상 직무권한과 아무런 관련이 없는 행위에 대하여는 본죄가 성립한

1 배종대 154/1; 서일교 313면; 유기천 297면; 황산덕 44면.

2 김일수/서보학 639면; 백형구 654면; 이형국 766면; 임웅 906면; 정성근/박광민 724면; 진계호 676면.

3 김일수/서보학 637면; 배종대 154/2; 백형구 655면; 신동운 84면; 이정원 742면; 이형국 765면; 임웅 907면; 정성근/박광민 724면; 정영일 428면.

4 대법원 2004. 5. 27. 2002도6251; 대법원 2007. 7. 13. 2004도3995; 대법원 2015. 3. 26. 2013도2444.

5 대법원 2011. 7. 28. 2011도1739; 대법원 2018. 2. 13. 2014도11441; 대법원 2021. 3. 11. 2020도12583.

다고 할 수 없다.[1]

판례는 ① 치안본부장이 국립과학수사연구소 법의학 1 과장에게 고문치사자의 사인에 관하여 기자간담회에 참고할 메모를 작성하도록 요구해서 그의 의사에 반하는 메모를 작성토록 하여 교부받은 경우에는 본죄가 성립하지 않지만(대법원 1991. 12. 27. 90도2800), ② 대통령 비서실 민정수석비서관이 대통령의 근친 관리업무에 관련하여 농수산물 도매시장 관리공사 대표이사에게 요구하여 위 시장 내 일부 시설을 공개입찰이 아닌 수의계약으로 대통령의 근친에게 임대케 한 경우(대법원 1992. 3. 10. 92도116)나 ③ 검찰의 고위 간부가 내사 담당 검사로 하여금 내사를 중도에서 그만두고 종결처리토록 한 경우(대법원 2007. 6. 14. 2004도5561), ④ 상급 경찰관이 직권을 남용하여 부하 경찰관들의 수사를 중단시키거나 사건을 다른 경찰관서로 이첩하게 한 경우(대법원 2010. 1. 28. 2008도7312), ⑤ 시장이 평정대상 공무원에 대한 평정단위별 서열명부에 따라 평정순위가 정해졌는데도 평정권자나 실무 담당자 등에게 특정 공무원에 대한 평정순위변경을 지시하여 평정단위별 서열명부를 새로 작성하도록 한 경우(대법원 2012. 1. 27. 2010도11884)에는 본죄를 구성한다고 판시하였다.

㈏ **권리행사방해** 의무 없는 일을 하게 하는 것은 법률상 전혀 의무 없는 경우뿐만 아니라 의무의 태양을 변경하여 하게 하는 경우를 포함한다. 과중한 납세의무를 과하거나, 각종 조건을 부가하거나, 의무이행 시기를 빠르게 하는 것이 여기에 해당한다. 32

따라서 교육감이 인사담당 장학관 등에게 지시하여 승진 또는 자격연수 대상이 될 수 없는 특정 교원들을 승진임용하거나 그 대상자가 되도록 한 때에는 인사담당 장학관에게 법률상 의무 없는 일을 하게 한 경우에 해당한다(대법원 2011. 2. 10. 2010도13766). 또한 공무원이 자신의 직무권한에 속하는 사항에 관하여 실무 담당자로 하여금 그 직무집행을 보조하는 사실행위를 하도록 하더라도 이는 공무원 자신의 직무집행으로 귀결될 뿐이므로 원칙적으로 의무 없는 일을 하게 한 때에 해당한다고 할 수 없으나, 직무집행의 기준과 절차가 법령에 구체적으로 명시되어 있고 실무 담당자에게도 직무집행의 기준을 적용하고 절차에 관여할 고유한 권한과 역할이 부여되어 있다면 실무 담당자로 하여금 그러한 기준과 절차를 위반하여 직무집행을 보조하게 한 경우에는 의무 없는 일을 하게 한 때에 해당한다(대법원 2021. 3. 11. 2020도12583).

권리행사를 방해한다는 것은 법률상 가지고 있는 권리를 행사하지 못하게 하는 것을 말한다. 정보담당 순경이 정당의 회의 장소에 도청장치를 하는 경우도

---

1 대법원 2013. 11. 28. 2011도5329; 대법원 2014. 12. 24. 2012도4531.

여기에 해당할 수 있다.[1] 다만 구체화된 권리의 현실적인 행사가 방해될 것을 요한다. 따라서 검사가 고소사건을 불기소하였다거나,[2] 교도소에서 접견업무를 담당하던 교도관이 접견신청에 대하여 필요한 용무가 있는 때에 해당하지 않는다고 판단하여 거부한 것만으로는 권리행사를 방해하였다고 할 수 없다.[3]

33 (다) 기수시기 본죄가 기수로 되기 위하여는 의무 없는 일을 하게 하거나 권리행사를 방해하는 결과가 발생하여야 하고, 그 결과의 발생은 직권남용 행위로 인한 것이어야 한다.[4] 그러나 이로 인하여 국가의 기능이 현실적으로 침해되어야 하는 것은 아니다. 이러한 의미에서 본죄는 추상적 위험범이다.

2. 불법체포 · 감금죄

① 재판 · 검찰 · 경찰 기타 인신구속에 관한 직무를 행하는 자 또는 이를 보조하는 자가 그 직권을 남용하여 사람을 체포 또는 감금한 때에는 7년 이하의 징역과 10년 이하의 자격정지에 처한다.

② 전항의 미수범은 처벌한다(제124조).

34 (1) 의 의 인신구속에 관한 직무를 행하는 특별공무원이 직권을 남용하여 사람을 체포 · 감금한 때에 성립하는 범죄이다. 다수설은 본죄를 체포 · 감금죄(제276조)에 대하여 책임이 가중되는 부진정신분범이라고 해석한다.[5] 이에 의하면 본죄에 가담한 신분 없는 자는 제33조 단서에 의하여 체포 · 감금죄를 구성하게 된다. 그러나 본죄는 구속에 관한 국가기능의 공정을 보호하는 데 중점을 둔 특수직무범죄로서 체포 · 감금죄와는 성질을 달리한다.

(2) 구성요건

35 1) 주 체 재판 · 검찰 · 경찰 기타 인신구속에 관한 직무를 행하는 자 또는 이를 보조하는 자이다. 기타 인신구속에 관한 직무를 행하는 자는 사법경찰관리의 직무를 수행할 자와 그 직무범위에 관한 법률에 규정된 자를 말한다.

---

1 대법원 1978. 10. 10. 75도2665, 「도청장치를 하였다가 뜯겨서 도청을 못하였다면 회의진행을 도청당하지 아니할 권리(기타 권리)가 침해된 현실적인 사실은 없다 할 것이니 직권남용죄의 기수로 논할 수 없다.」

2 대법원 1986. 6. 30. 86모12.

3 대법원 1993. 7. 26. 92모29.

4 대법원 2020. 1. 30. 2018도2236 전원합의체판결.

5 김성돈 749면; 김일수/서보학 640면; 박상기 637면; 배종대 **154**/7; 오영근 707면; 유기천 298면; 이형국 767면; 임웅 910면.

보조하는 자는 법원 또는 검찰서기 · 사법경찰리와 같이 그 직무상 보조자의 지위에 있는 자를 말하며, 사실상 보조하는 사인은 여기에 포함되지 않는다. 판례는 집행관도 본죄의 주체에 해당할 수 있다고 해석하고 있으나,[1] 집행관을 본죄의 주체인 특별공무원이라 할 수는 없다.

2) 행 위 직권을 남용하여 사람을 체포 · 감금하는 것이다. 직권을 남용할 것을 요하므로 직권과 관계 없이 체포 · 감금한 때에는 체포 · 감금죄(제276조)에 해당한다. 체포란 사람의 신체에 현실적인 구속을 가하여 행동의 자유를 빼앗는 것을 말하며, 감금이란 사람을 일정한 장소 밖으로 나가지 못하게 하는 것이다. 경찰관이 현행범인 아닌 자를 현행범인으로 체포하는 경우뿐만 아니라, 법정절차 없이 피의자를 경찰서 보호실에 구금하거나,[2] 임의동행한 피의자를 귀가시키지 않고 경찰서 조사실 또는 보호실에 유치한 때[3] 또는 즉결심판 피의자를 강제로 경찰서 보호실에 유치시키는 것[4]도 여기에 해당한다. 본죄도 간접정범의 형태로 범해질 수 있다. 따라서 인신구속에 관한 직무를 행하는 자 또는 이를 보조하는 자가 피해자를 구속하기 위하여 진술조서 등을 허위로 작성한 후 검사와 영장전담판사를 기망하여 구속영장을 발부받아 피해자를 구금하였다면 직권남용감금죄가 성립한다.[5] 36

본죄를 범하여 사람을 상해에 이르게 한 경우에는 1년 이상의 유기징역, 사망에 이르게 한 경우에는 무기 또는 3년 이상의 징역에 처한다(특가법 제4조의2).

3. 폭행 · 가혹행위죄

재판 · 검찰 · 경찰 그 밖에 인신구속에 관한 직무를 수행하는 자 또는 이를 보조하는 자가 그 직무를 수행하면서 형사피의자나 그 밖의 사람에 대하여 폭행 또는 가혹행위를 한 경우에는 5년 이하의 징역과 10년 이하의 자격정지에 처한다(제125조).

---

1 대법원 1969. 6. 24. 68도1218.

2 대법원 1971. 3. 9. 70도2406.

3 대법원 1985. 7. 29. 85모16, 「수사기관이 피의자를 수사하는 과정에서 구속영장 없이 피의자를 함부로 구금하여 피의자의 신체의 자유를 박탈하였다면 직권을 남용한 불법감금의 죄책을 면할 수 없고, 수사의 필요상 피의자를 임의동행한 경우에도 조사 후 귀가시키지 아니하고 그의 의사에 반하여 경찰서 조사실 또는 보호실 등에 계속 유치함으로써 신체의 자유를 속박하였다면 이는 구금에 해당한다.」

4 대법원 1997. 6. 13. 97도877.

5 대법원 2006. 5. 25. 2003도3945.

인신구속에 관한 직무를 행하는 특별공무원이 폭행 또는 가혹행위를 한 경우에 성립하는 범죄이다. 특별공무원의 인권침해행위를 처벌하고, 고문금지에 관한 헌법규정(제12조 2항)을 실현하기 위한 범죄라고 할 수 있다. 따라서 피의자의 승낙은 본죄의 성립에 영향을 미치지 않는다. 37

38 1) 주체와 객체 본죄의 주체는 재판·검찰·경찰 그 밖에 인신구속에 관한 직무를 수행하는 자 또는 이를 보조하는 자이며, 행위의 객체는 형사피의자 그 밖의 사람이다. 그 밖의 사람이란 피고인·증인·참고인 등 재판이나 수사에 있어서 조사의 대상이 된 사람을 말한다.

39 2) 행 위 본죄의 행위는 직무를 수행하면서 폭행 또는 가혹행위를 하는 것이다.

40 「직무를 수행하면서」란 직무를 수행하는 기회에 있어서란 의미이다. 직권남용보다는 넓은 개념이다. 「직권을 남용하여」라고 하지 않은 것은 폭행·가혹 행위가 직무행위라고 할 수 없다는 것을 고려한 것이다. 직무를 수행하는 기회인 이상 사감(私感)이나 개인적 감정에 의한 경우가 포함된다는 견해[1]도 있으나, 직무와 사항적·내적 관련이 있을 것을 요한다고 해야 한다.[2] 시간적 관련만으로 족하다고 하는 때에는 직무집행시에 찾아온 친구의 뺨을 때린 경우에도 본죄를 구성하는 결과를 초래하기 때문이다.

41 폭행이란 신체에 대한 유형력의 행사를 말하고, 직접 사람에 대한 것임을 요하지 않는다. 가혹행위란 폭행 이외의 방법에 의하여 정신적·육체적으로 고통을 주는 일체의 행위를 말한다. 음식을 주지 않거나 잠을 못 자게 하는 것이 여기에 해당한다. 추행이나 간음행위도 여기에 해당한다고 해야 한다. 구금된 사람을 간음한 때에는 피구금자 간음죄(제303조)에 해당하고,[3] 강간 또는 강제추행한 때에는 강간죄(제297조) 또는 강제추행죄(제298조)와 제135조가 적용되므로 본죄는 성립하지 않는다고 해석하는 견해[4]도 있다. 그러나 본죄와 강간과 추행의 죄는 죄질을 달리하므로 양 죄의 상상적 경합이 된다고 하는 것이 타당하다.[5]

1 권문택(공저) 689면; 정영석 41면; 진계호 678면.

2 Hirsch LK §340 Rn. 5; Horn/Wolters SK §340 Rn. 5; Lackner/Kühl §340 Rn. 2; Sch/Sch/Cramer §340 Rn. 3.

3 황산덕 47면.

4 유기천 300면; 이정원 749면.

5 김일수/서보학 644면; 박상기 640면; 백형구 654면; 손동권/김재윤 767면; 이형국 769면; 임웅

본죄를 범하여 사람을 상해에 이르게 한 경우에는 1년 이상의 유기징역, 사망에 이르게 한 경우에는 무기 또는 3년 이상의 징역에 처한다(특가법 제4조의2).

4. 선거방해죄

검찰·경찰 또는 군의 직에 있는 공무원이 법령에 의한 선거에 관하여 선거인, 입후보자 또는 입후보자되려는 자에게 협박을 가하거나 기타 방법으로 선거의 자유를 방해한 때에는 10년 이하의 징역과 5년 이상의 자격정지에 처한다 (제128조).

본죄는 민주주의 국가의 기본이 되는 선거의 자유, 즉 정치적 의사결정과 의사표현의 자유를 보호하기 위한 범죄이다. 본죄의 본질에 관하여는 직무위배죄의 일종이라는 견해[1]와 직권남용죄에 대한 특별규정이라고 이해하는 견해[2]가 대립되고 있다. 그러나 본죄는 선거 자체의 적정한 진행을 보호하는 것이 아니라 선거권의 자유로운 행사 내지 선거권자의 선거권을 보호하는 것[3]이므로 직권남용죄에 속한다고 보아야 한다. 본죄를 공직선거법(구 대통령선거법과 국회의원선거법)에 대한 일반규정이라고 해석하는 견해[4]도 있으나, 본죄의 주체가 특별공무원에 제한되어 있는 점에 비추어 타당하다고 할 수 없다. 42

주체는 검찰·경찰 또는 군의 직에 있는 공무원이다. 군의 직에 있는 공무원은 군인 이외에 군무원을 포함한다. 43

본죄의 행위는 법령에 의한 선거에 관하여 선거인·입후보자 또는 입후보자되려는 자에게 협박을 가하거나 기타 방법으로 선거의 자유를 방해하는 것이다. 법령에 의한 선거란 선거의 근거가 법령에 규정되어 있는 선거를 말한다. 방해의 방법에는 제한이 없다. 작위든 부작위든 묻지 않는다. 선거의 자유를 방해할 행위를 하면 족하며, 현실적으로 방해의 결과가 발생하였을 것을 요하지는 않는다. 44

913면; 정성근/박광민 730면; 진계호 679면.

1 백형구 662면; 유기천 324면.

2 김일수/서보학 645면; 박상기 641면; 배종대 **154**/12; 손동권/김재윤 770면; 오영근 711면; 이영란 769면; 이형국 770면; 임웅 915면; 정성근/박광민 731면; 정영일 433면.

3 Lackner/Kühl §108 Rn. 1; Rudolphi SK §108 Rn. 1; Sch/Sch/Eser §108 Rn. 1; Tröndle/Fischer §108 Rn. 1; Willms LK §108 Rn. 1.

4 유기천 324면; 진계호 680면.

Ⅳ. 뇌 물 죄

1. 일반이론

(1) 뇌물죄의 본질

45 1) 의의와 보호법익 뇌물죄(Bestechungsdelikte)란 공무원 또는 중재인이 직무행위에 대한 대가로 법이 인정하지 않는 이익을 취득함을 금지하는 것을 내용으로 하는 범죄이다. 공무원의 지위를 개인적 이익취득을 위하여 남용한 경우[1] 또는 공무원이 금전 때문에 국가의 기능을 부패하게 하는 경우를 말한다고 할 수 있다.[2] 형법의 뇌물죄는 수뢰죄와 증뢰죄로 구성되어 있다. 수뢰죄(收賂罪, Bestechlichkeit)는 공무원 또는 중재인이 직무에 관하여 뇌물을 수수·요구 또는 약속함으로써 성립하는 범죄이며, 증뢰죄(贈賂罪, Bestechung)는 공무원 또는 중재인에게 이를 공여하는 것을 내용으로 하는 범죄이다.

46 수뢰죄를 소극적 뇌물죄, 증뢰죄를 적극적 뇌물죄라고도 한다. 그러나 수뢰가 반드시 공무원의 소극적인 행위에 의하여 발생하는 것은 아니며, 증뢰도 공무원의 요구에 의하여 발생할 수도 있으므로 이러한 용어는 정확한 표현이라고 할 수 없다.

47 뇌물죄의 보호법익이 국가기능의 공정성에 있다는 점에 대하여는 의문이 없다. 그러나 뇌물죄의 본질에 관하여는 공무원이 직무행위에 대하여 뇌물을 받는 행위를 엄격히 금지하는 데 있다는 로마법적 사고와 뇌물죄의 불법내용이 부정한 직무행위의 매수(Erkaufung oder Käuflichkeit einer Amtshandlung)에 있다고 보는 게르만법의 사고가 대립되고 있다. 전자가 **직무행위의 불가매수성**(Unkäuflichkeit der Diensthandlungen)을 뇌물죄의 보호법익으로 이해함에 반하여, 후자는 **공무원의 직무의 순수성**(Reinheit der Amtsausübung) 내지 불가침성에 그 본질이 있다고 본다. 독일 형법은 보통법시대 이래 로마법의 사고를 따르고 있다고 한다.[3] 그러나 엄격히 볼 때 현행법에 이르기까지 독일 형법은 직무상의 의무에 위반하지 않은 공무원에 대한 뇌물의 수수를 처벌하는 규정(제331조, 제333조)과 함께(로마법주의), 직무위반의 행위에 대한 뇌물의 수수를 가중처벌하는 규정(제332조, 제334조)을 두어(게르만법주

1 Arzt/Weber S. 133.
2 유기천 301면.
3 Maurach/Schroeder/Maiwald 2 **78**/1.

의) 혼합형식을 취하고 있다. 형법도 공무원이 직무의무에 위반하였을 것을 요건으로 하지 않으며, 다만 공무원 또는 중재인이 부정한 행위를 하였을 때에는 형을 가중하고 있다. 따라서 형법에 있어서도 통설은 뇌물죄의 보호법익을 직무행위의 불가매수성에 있다고 해석하고 있다.[1] 그러나 직무행위의 불가매수성은 단순한 감정이 아니라 직무의 불가침성에 대한 객관적 기초가 되며, 직무행위에 대한 일반의 신뢰는 직무행위의 매수에 관한 외관에 의하여 침해되는 것이므로 뇌물죄의 보호법익은 직무행위에 대한 불가매수성과 이에 대한 일반의 신뢰에 있다고 보는 것이 타당하다.[2] 판례는 종래 뇌물죄의 보호법익은 직무행위의 불가매수성에 있다고 하는 태도를 유지했으나,[3] 그 후 태도를 변경하여 뇌물죄는 공무원의 직무집행의 공정과 이에 대한 사회의 신뢰 및 직무행위의 불가매수성을 보호법익으로 한다고 판시하였다.[4]

2) 수뢰죄와 증뢰죄의 관계 뇌물죄에는 수뢰죄와 증뢰죄가 있다. 그러 48
나 수뢰죄가 공무원의 직무범죄임에 대하여, 증뢰죄는 공무원에 대한 범죄로서 양자는 그 성질을 달리한다. 수뢰죄와 증뢰죄의 관계에 대하여는 양 죄가 필요적 공범인가의 여부와 공범규정의 적용범위가 문제된다.

㈎ 필요적 공범 여부 수뢰죄와 증뢰죄가 필요적 공범인가에 대하여는 49
견해가 대립되고 있다. 양 죄가 필요적 공범관계에 있다고 해석하는 **필요적 공범설**은 뇌물죄가 수뢰자와 증뢰자의 협동을 필요로 하므로 양 죄는 1개의 범죄의 양면이며, 범인의 신분에 의하여 형의 경중에 차이가 있는 경우를 규정한 필요적 공범이라고 해석한다.[5] 판례가 취하고 있는 태도이기도 하다.[6] 이에 반하여 **별개범죄설**은 양 죄는 필요적 공범이 아니라 별개 독립의 범죄라고 한다.[7] 별개범죄

1 배종대 155/4; 박상기 643면; 백형구 639면; 서일교 317면; 유기천 301면; 정영석 46면; 진계호 682면; 황산덕 49면; 김종원, 「뇌물죄의 문제점」(고시계 87. 10), 15면.

2 Haft S. 286; Jescheck LK Vor §331 Rn. 17; Otto S. 464; Rudolphi SK §331 Rn. 4; Sch/Sch/Heine §331 Rn. 3; Tröndle/Fischer §331 Rn. 3.
김일수/서보학 648면; 이정원 752면; 이형국 775면; 임웅 917면; 정성근/박광민 732면도 같은 취지이다.

3 대법원 1965. 5. 31. 64도723; 대법원 1984. 8. 14. 84도1139; 대법원 1984. 9. 25. 84도1568.

4 대법원 1996. 1. 23. 94도3022; 대법원 1998. 3. 10. 97도3113; 대법원 2000. 1. 28. 99도4022; 대법원 2010. 12. 23. 2010도13584; 대법원 2014. 10. 15. 2014도8113.

5 남흥우 358면; 이정원 757면.

6 대법원 1971. 3. 9. 70도2536; 대법원 1987. 12. 22. 87도1699; 대법원 2008. 3. 13. 2007도10804.

7 권문택(공저) 698면; 서일교 318면; 정영석 46면; 황산덕 50면.

설은 ① 수뢰죄가 신분범임에 대하여 증뢰죄는 그렇지 않고, 수뢰죄가 공무원의 직무범죄임에 대하여 증뢰죄는 공무의 집행을 방해하는 범죄로서 양 죄는 그 성질을 달리하며, ② 필요적 공범설에 의할 때에는 신분 없는 자가 수뢰죄의 공범인 경우에 신분 없는 공범자에게 제33조 단서를 적용하여 증뢰죄의 형을 과하여야 하는 부당한 결과를 초래한다는 점을 이유로 한다.

50 수뢰죄와 증뢰죄가 원칙적으로 필요적 공범의 관계에 있다는 점은 부정할 수 없다. 수뢰죄가 공무원의 직무범죄라는 점에서는 증뢰죄와 성질을 달리한다고 할지라도 증뢰죄는 수뢰죄에 대한 공범의 형태를 별도로 규정한 것이라는 점에서 관련되는 범죄라고 보아야 한다. 뿐만 아니라 양 죄가 필요적 공범이라고 하여 신분 없는 공범자에 대하여 반드시 제33조 단서를 적용해야 한다는 것도 타당하지 않다. 형법이 수뢰죄와 증뢰죄를 다른 형으로 처벌한 것은 처벌에 있어서 특칙을 규정한 것으로 이해해야 하기 때문이다.[1] 한편 필요적 공범설도 형법이 규정하고 있는 수뢰죄와 증뢰죄의 모든 경우를 필요적 공범이라고 하는 점에서 타당하다고 할 수 없다. 뇌물죄 가운데 수수와 공여·약속의 경우는 필요적 공범이지만 요구와 공여의 의사표시는 독립된 범죄에 불과하다고 해야 하기 때문이다.[2] 이러한 의미에서 수뢰죄와 증뢰죄는 원칙으로 필요적 공범이지만 요구와 공여의 의사표시는 별개의 독립된 범죄라고 해야 한다. 이를 **병합설** 또는 **이원설**이라고도 한다.

51 (나) **공범규정의 적용범위** 뇌물죄가 필요적 공범이라는 것은 수뢰자와 증뢰자가 필요적 공범에 해당한다는 것을 의미한다. 따라서 공무원의 신분이 없는 증뢰자는 증뢰죄에 의하여 처벌받으며 제33조의 본문이나 단서를 적용할 필요는 없다.[3] 그러나 뇌물죄에 있어서도 수뢰자와 증뢰자의 관계 이외의 경우, 즉 수뢰자 상호간이나 증뢰자 사이에서는 공범규정이 당연히 적용된다. 이 경우에는 교사 또는 방조의 규정뿐만 아니라 공동정범의 규정도 적용된다고 해야 한다. 즉 증뢰자나 수뢰자에 대한 제3자의 교사·방조가 가능할 뿐만 아니라, 수뢰죄나 증

1 Arzt/Weber S. 136; Haft S. 286; Jescheck LK §331 Rn. 29; Maurach/Schroeder/Maiwald 78/28; Otto S. 465; Sch/Sch/Heine §333 Rn. 18; Tröndle/Fischer §333 Rn. 10; Welzel S. 540.

2 김일수/서보학 649면; 박상기 646면; 배종대 155/8; 백형구 649면; 유기천 303면; 이형국 784면; 임웅 919면; 정성근/박광민 733면; 진계호 683면.

3 대법원 2015. 2. 12. 2012도4842.

뢰죄의 공동정범도 가능하다.[1] 수뢰죄에 대하여 공무원의 신분 없는 자가 가담한 경우에는 제33조 본문이 적용된다.

(2) **뇌물의 개념** 뇌물죄의 본질적 구성요건요소는 직무에 관하여 뇌물을 받는다는 점에 있다. 형법은 뇌물죄에 관하여 뇌물 이외에 별도로 직무에 관한 것임을 요한다는 규정을 두고 있다. 그러나 다수설은 뇌물을 직무에 관한 불법한 보수 또는 직무에 관한 부당한 이익이라고 해석하고 있다.[2] 52

뇌물과 직무 사이에 대가관계가 필요하다는 점에 관하여 의문의 여지가 없는 이상 뇌물이란 직무에 관한 부당한 이익이라고 할 수 있다.

1) 직무에 관하여

(가) 직 무 직무(Diensthandlung)란 공무원이 그 직위에 따라 공무로 담당하는 일체의 집무를 말한다.[3] 직무의 범위 내지 직무권한은 법령뿐만 아니라 지령 · 훈령 또는 행정처분에 의한 경우는 물론,[4] 상사를 보조할 종속적 지위에 있는 부하공무원으로서 관례상 또는 상사의 명령에 의하여 소관 이외의 사무를 일시 대리할 경우의 직무를 포함한다.[5] 사항적 · 장소적 관할이 필요한 것도 아니다. 따라서 소속과 이외의 과의 소관사무인 경우는 물론,[6] 공무원의 일반적 직무권한에 속하는 사항인 때에는 현실적으로 담당하고 있는 직무일 것을 요하지 않는다.[7] 과거에 담당하였거나 장래에 담당할 직무라도 관계 없다.[8] 그 직무에 관하여 공무원이 결정권을 가질 것을 요하는 것도 아니다.[9] 따라서 결정권자를 보좌하여 영향을 줄 수 있는 직무도 포함된다.[10] 직무행위는 작위인가 부작위인가를 53

1 대법원 1970. 1. 27. 69도2225; 대법원 1975. 4. 22. 73도1963; 대법원 2014. 12. 24. 2014도10199.

2 김일수/서보학 652면; 박상기 643면; 배종대 155/10; 백형구 640면; 손해목 760면; 신동운 123면; 유기천 308면; 이정원 753면; 이형국 776면; 임웅 929면; 정성근/박광민 734면; 정영석 47면; 진계호 684면; 황산덕 51면.

3 대법원 1982. 11. 23. 82도1549; 대법원 2013. 11. 28. 2013도9003.

4 대법원 1959. 9. 4. 4291형상284.

5 대법원 1996. 6. 14. 96도865; 대법원 1996. 11. 15. 95도1114; 대법원 1997. 4. 17. 96도3378; 대법원 1997. 12. 26. 97도2609; 대법원 1998. 2. 27. 96도582.

6 대법원 1957. 7. 26. 4290형상81.

7 대법원 2003. 6. 13. 2003도1060, 「교통계 근무 경찰관이 도박장개설 및 도박범행을 묵인하는 등 편의를 봐주는 데 대한 사례비를 받은 경우 수뢰죄가 성립한다.」

8 대법원 1994. 3. 22. 93도2962; 대법원 1995. 6. 30. 94도993; 대법원 1995. 9. 5. 95도1269; 대법원 1996. 1. 23. 94도3002; 대법원 2013. 11. 28. 2013도10011.

9 대법원 1961. 4. 15. 4290형상201.

10 대법원 1985. 5. 14. 83도2050; 대법원 1987. 9. 22. 87도1472.

불문한다. 수사를 중지하거나 의원이 의사에 참여하지 않거나, 세관공무원이 밀수품의 반입을 묵인하는 것은 부작위에 의한 직무행위에 해당한다. 직무행위가 정당한가 또는 부당한가, 적법한가 또는 위법한가도 문제되지 않는다.

54 (나) **직무에 관하여** 뇌물은 직무에 관한 이익이다. 여기서 「직무에 관하여」란 권한에 속하는 직무행위뿐만 아니라 직무행위에는 속하지 않더라도 직무행위와 밀접한 관계가 있거나,[1] 직무행위와 관련하여 사실상 처리하던 직무를 포함한다.[2] 따라서 단순히 사적 행위에 대한 이익은 그것이 집무시간 내에 집무장소에서 행하여진 경우라 할지라도 뇌물이라고 할 수 없다.[3] 직무행위와 밀접한 관계가 있는 행위란 직무상의 지위를 이용하거나 그 직무에 기한 세력을 기초로 공무의 공정에 영향을 미치는 행위를 말한다.[4]

55 판례에 의하면 ① 재무부 보험과장이 보험회사의 주식인수에 대한 노력의 대가로 돈을 받은 경우(대법원 1984. 7. 24. 83도830), ② 경락허가결정문의 문안작성을 처리해 온 관여 주사보가 허부결정에 대한 청탁을 받은 경우(대법원 1985. 2. 8. 84도2625), ③ 광산과 운수업무를 취급하는 시 광산과장이 개인택시면허를 청탁받은 경우(대법원 1987. 9. 22. 87도1472), ④ 부하직원의 비행 묵인조로 돈을 받은 때(대법원 1968. 12. 24. 66도1575), ⑤ 구청 위생계장이 유흥업소를 경영하는 사람으로부터 건물용도변경허가와 관련하여 금품을 수수한 경우(대법원 1989. 9. 12. 89도597)는 물론, ⑥ 대통령이 국책사업의 사업자 선정과 관련하여 금품을 수수한 경우(대법원 1997. 4. 17. 96도3377 전원합의체판결), ⑦ 음주운전을 적발하여 단속에 관련된 제반 서류를 작성한 후 운전면허 취소업무를 담당하는 직원에게 이를 인계하는 업무를 담당하는 경찰관이 피단속자로부터 운전면허가 취소되지 않도록 하여 달라는 청탁을 받고 금원을 교부받은 경우(대법원 1999. 11. 9. 99도2530), ⑧ 군에서 일차진급 평정권자가 그 평정업무와 관련하여 진급대상자로 하여금 자신의 은행대출금채무에 연대보증하게 한 경우(대법원 2001. 1. 5. 2000도4714) 및 ⑨ 국회의원이 의정활동과 전체적·포괄적으로 대가관계 있는 금원을 교부받은 경우(대법원 1997. 12. 26. 97도2609)에도 직무에 관하여 뇌물을 수수한 경우에 해당함에 반하여, ① 교육부 편수국 교육연구관이 발행자로부터 검정교과서의 내용검토와 개편 등을 의뢰받은 경우(대법원 1979. 5. 22. 78도296), ② 형사피고사건의 공판참여주사가 양형을 감경하여 달라는 청탁을 받은 경우(대법원 1980. 10. 14. 80도1373)는 직무에 관한 것이라 할 수 없고, ③ 국립대

1 대법원 1977. 6. 7. 77도842.

2 대법원 1981. 4. 28. 81도459; 대법원 1985. 2. 8. 84도2625; 대법원 1998. 2. 27. 96도582; 대법원 1999. 1. 29. 98도3584.

3 Jescheck LK §331 Rn. 12; Lackner/Kühl §331 Rn. 9; Rudolphi/Stein SK §331 Rn. 12; Sch/Sch/Heine §331 Rn. 10.

4 유기천 305면.

학교 교수가 부설연구소의 책임연구원의 지위에서 연구소 자체가 수주한 어업피해조사용역업무를 수행하는 것은 교육공무원의 직무에 관한 것이 아니라고 판시하였다(대법원 2002. 5. 31. 2001도670).

결국 공무원이 수수한 금원이 직무에 관한 부당한 이익으로서 뇌물에 해당하는지 여부는 당해 공무원의 직무 내용, 직무와 이익제공자와의 관계, 쌍방간에 특수한 사적인 친분관계가 존재하는지 여부, 이익의 다과, 이익을 수수한 경위와 시기 등의 제반 사정을 참작하여 결정하여야 할 것이고, 뇌물죄가 직무집행의 공정과 이에 대한 사회의 신뢰를 그 보호법익으로 하고 있음에 비추어 볼 때 공무원이 금원을 수수하는 것으로 인하여 사회일반으로부터 직무집행의 공정성을 의심받게 되는지의 여부도 하나의 판단 기준이 된다.[1] 56

따라서 경찰관이 재건축조합 직무대행자에 대한 진정사건을 수사하면서 진정인측의 재건축 설계업체로 선정되기를 희망하던 건축사사무소 대표로부터 금원을 수수한 경우에도, 금원의 수수와 경찰공무원의 직무인 진정사건 수사와의 관련성을 배척할 수 없다(대법원 2007. 4. 27. 2005도4204).

공무원이 다른 직무로 옮긴 후에 전직 전(轉職前)의 직무에 관하여 뇌물을 받은 경우를 직무에 관한 것이라고 할 수 있는가에 대하여는 **부정설**[2]도 있으나 다수설인 **긍정설**[3]이 타당하다고 생각된다. 이 경우에도 과거의 직무행위에 대한 공정과 이에 대한 사회의 신뢰를 보호할 필요가 있기 때문이다. 57

2) 부당한 이익

(가) **대가관계** 뇌물은 직무에 관한 부당한 이익 내지 불법한 보수이다. 직무에 관한 보수임을 요하므로 직무에 대한 대가관계가 있어야 한다. 따라서 직무에 대한 대가관계가 인정되지 않는 명절 또는 연말의 단순한 사교적 증여는 뇌물이 아니다. 뇌물은 또한 불법한 보수임을 요하므로 법령에 의한 봉급 · 수당 · 여비 · 일당 또는 수수료는 뇌물이 될 수 없다. 그러나 법령에 의하여 인정되지 않는 보수는 원칙적으로 불법한 보수라고 할 수 있다. 58

1 대법원 2001. 9. 18. 2000도5438; 대법원 2007. 4. 27. 2005도4204; 대법원 2008. 2. 1. 2007도5190; 대법원 2011. 3. 24. 2010도17797.

2 서일교 325면.

3 김일수/서보학 651면; 박상기 644면; 배종대 155/13; 손동권/김재윤 778면; 신동운 125면; 유기천 316면; 이형국 777면; 임웅 935면; 정성근/박광민 737면; 정영일 437면.

59 문제는 사교적 의례(社交的 儀禮)로서의 선물과 뇌물을 어떤 기준에 의하여 구별할 것인가에 있다. 사교적 의례로서의 선물이라 할지라도 직무에 대한 대가관계가 인정되는 때에는 뇌물이 된다는 견해[1]와 직무행위와의 대가관계가 인정되는 경우라 하더라도 사회의식에 있어서 관습적으로 승인되는 한도 내에서는 뇌물성을 부정해야 한다는 견해[2]가 대립되고 있다. 판례는 사교적 의례에 속하는 경우에는 뇌물성을 부정하면서도,[3] 대가관계가 인정되는 때에는 금액이 근소하거나 규모가 적다고 하여 사교적 의례에 속한다고 할 수 없다고 판시하고 있다.[4] 그러나 직무에 대한 대가관계가 인정되지 않을 때에는 뇌물이 될 수 없으므로 사교적 의례에 속하는가를 따질 필요가 없다는 점에서 후설이 타당하다. 직무와의 대가관계가 인정되지 않을 때는 뇌물이라고 할 수 없지만 사교적 의례의 범위를 넘지 않는 것은 사회상규에 위배되지 않는 행위(제20조)로 위법성이 조각된다고 해석하는 견해[5]도 있다. 그러나 사회상규에 의하여 의례의 범위를 넘지 않는 선물은 뇌물이라 할 수 없으므로 이를 위법성조각사유로 파악할 수는 없다.[6]

60 (나) 이 익 이익(Vorteil)이란 수령자의 경제적·법적·인격적 지위를 유리하게 하여 주는 것을 말한다. 재산적 이익뿐만 아니라 사람의 수요·욕망을 충족시키기에 족한 일체의 유형·무형의 이익을 포함한다.[7] 다만 비재산적 이익인 때에는 객관적으로 측정할 수 있는 내용을 가질 것을 요한다.

따라서 차용금 명목의 금원(대법원 1977. 6. 7. 76도3662), 양복(대법원 1959. 6. 12. 4290형상380), 자동차(대법원 1961. 4. 15. 4290형상201)와 같은 금품의 제공 이외에 시가앙등이 예상되는 주식을 액면가로 매수하여 얻게 된 투기사업에 참여할 기회(대법원 1995. 9. 5. 95도1269; 대법원 2002. 5. 10. 2000도2251; 대법원 2011. 7. 28. 2009도9122), 장기간 처분하지 못하던 토지를 처분하고 향후 개발이 되면 가격이 많이 상승할 토지를 매수한 무형적 이익(대법원 2001. 9. 18. 2000도5438), 아파트 가입권에 붙은 소위 프리미엄(대법원 1992. 12. 22. 92도1762),

1 배종대 155/18; 백형구 640면; 손동권/김재윤 779면; 신동운 132면; 정영석 48면; 진계호 686면; 황산덕 51면.

2 김일수/서보학 653면; 유기천 309면; 이형국 780면; 정성근/박광민 738면.

3 대법원 1959. 6. 12. 4290형상380.

4 대법원 2017. 12. 22. 2017도11616, 「공무원의 직무와 관련하여 금품을 수수하였다면 비록 사교적 의례의 형식을 빌려 금품을 주고받았다고 하더라도 그 수수한 금품은 뇌물이 된다.」
동지: 대법원 1999. 1. 29. 98도3584; 대법원 2002. 7. 26. 2001도6721.

5 김성천/김형준 964면; 오영근 716면; 임웅 930면.

6 Jescheck LK §331 Rn. 8; Lackner/Kühl §331 Rn. 14; Maurach/Schroeder/Maiwald S. 269; Rudolphi/Stein SK §331 Rn. 23; Sch/Sch/Heine §331 Rn. 53; Tröndle/Fischer §331 Rn. 26.

7 대법원 2014. 1. 29. 2013도13937.

금전소비대차계약에 의한 금융이익(대법원 1977. 9. 28. 76도2607)은 물론, 향응의 제공(대법원 1963. 2. 7. 62도270; 대법원 1967. 10. 31. 67도1123)[1]이나 성적 욕구의 충족(대법원 2014. 1. 29. 2013도13937), 보험계약 체결에 따라 모집수수료 등을 지급받을 수 있는 지위 또는 기회(대법원 2014. 10. 15. 2014도8113)도 뇌물에 해당한다.

명예욕이나 호기심을 만족시켜 주는 것이 뇌물에 해당하는가에 대하여는 이를 긍정하는 견해[2]도 있으나, 이에 의하여 비재산적 이익이 객관화되었다고 할 수 없으므로 뇌물이라고 할 수 없다고 해야 한다.[3]

특가법은 수뢰액이 3천만원 이상인 때에는 그 가액에 따라 가중처벌한다(제2조).

2. 단순수뢰죄

공무원 또는 중재인이 그 직무에 관하여 뇌물을 수수, 요구 또는 약속한 때에는 5년 이하의 징역 또는 10년 이하의 자격정지에 처한다(제129조 1항).

범인 또는 사정을 아는 제3자가 받은 뇌물 또는 뇌물로 제공하려고 한 금품은 몰수한다. 이를 몰수할 수 없을 경우에는 그 가액을 추징한다(제134조).

(1) **구성요건** 본죄는 공무원 또는 중재인이 직무에 관하여 뇌물을 수수·요구 또는 약속함으로써 성립한다. 뇌물죄의 기본적 구성요건이다. 61

1) **주 체** 본죄의 주체는 공무원 또는 중재인이다. 공무원이란 국가 또는 지방자치단체의 사무에 종사하는 자로서 그 직무의 내용이 단순한 기계적·육체적인 것에 한정되어 있지 않은 자를 말한다. 62

따라서 시 또는 도의 도시계획에 관한 사항을 심의하기 위하여 설치된 시·구도시계획위원회의 위원이나(대법원 1997. 6. 13. 96도1703), 정기적인 급여를 지급받지 않는 지방의회의원(대법원 1997. 3. 11. 96도1258)도 공무원에 해당한다. 기한부로 채용된 공무원도 포함한다(대법원 1971. 10. 19. 71도1113). 이에 반하여 집행관사무소의 사무원은 지방법원에 소속되어 법률이 정하는 바에 따라 재판의 집행, 서류의 송달 그 밖에 법령에 따른 사무에 종사하는 집행관(집행관법 제2조)과 달리 그에게 채용되어 업무를 보조하는 자에 불과할 뿐, 그를 대신하거나 그와 독립하여 집행에 관한 업무를 수행하는 자의 지위에 있지 않으므로 공무

1 판례는 향응을 제공받은 경우의 수뢰액은 피고인의 접대에 요한 비용이며, 각자의 비용이 불명한 때에는 평등하게 분할한 액을 수뢰액으로 인정해야 한다고 한다(대법원 1995. 1. 12. 94도2687).

2 진계호 688면.

3 Jescheck LK §331 Rn. 9; Otto S. 466; Rudolphi/Stein SK §331 Rn. 21; Sch/Sch/Heine §331 Rn. 19; Welzel S. 539.

원에 해당하지 않는다(대법원 2011. 3. 10. 2010도14394). 그러나 공무에 종사하여 온 사람이 나중에 그가 임용결격자이었음이 밝혀져 당초의 임용행위가 무효라고 하더라도, 그가 임용행위라는 외관을 갖추어 실제로 공무를 수행한 이상 공무원으로 봄이 타당하고(대법원 2014. 3. 27. 2013도11357), 도시 및 주거환경정비법상 정비사업조합의 임원이 조합 임원의 지위를 상실하거나 직무수행권을 상실한 후에도 조합 임원으로 등기되어 있는 상태에서 계속하여 실질적으로 조합 임원으로서 직무를 수행하여 온 경우 그 조합 임원을 같은 법 제84조에 따라 형법상 뇌물죄의 적용에서 공무원으로 보아야 한다(대법원 2016. 1. 14. 2015도15798).

특가법이 적용될 때에는 정부관리기업체의 간부직원도 공무원으로 보므로(제4조) 뇌물죄의 적용범위가 확대된다. 중재인이란 법령에 의하여 중재의 직무를 담당하는 자를 말하며 사실상 중재를 하는 것만으로는 족하지 않다. 노동조합 및 노동관계조정법에 의한 중재위원(제64조), 중재법에 의한 중재인(제3조)이 여기에 해당한다. 현재 공무원 또는 중재인일 것을 요하므로 앞으로 공무원이 될 자나 이미 공무원의 지위를 떠난 자[1]는 여기에 포함되지 않는다.

63 2) 행 위 직무에 관하여 뇌물을 수수 · 요구 또는 약속하는 것이다. 직무에 관하여 뇌물을 수수 · 요구 또는 약속하면 성립하며, 공무원에게 청탁하였을 것을 요하지 않는다.[2]

64 (가) 수 수 수수(收受)란 뇌물을 취득하는 것을 말한다. 취득이란 뇌물에 대한 사실상의 처분권을 획득하는 것을 의미하고, 뇌물인 물건의 법률상 소유권까지 취득하여야 하는 것은 아니다.[3] 무형의 이익인 때에는 이를 현실로 받은 때에 수수가 된다. 다만 금품이나 재산상 이익 등이 반드시 공여자와 수뢰자 사이에 직접 수수될 필요는 없다.[4] 그러나 수수라고 하기 위하여는 영득의사가 있을 것을 필요로 한다.[5] 따라서 반환할 의사로 일시 받아둔 데 불과한 것은 수수

1 대법원 2013. 11. 28. 2013도10011.
2 대법원 2001. 10. 12. 2001도3579; 대법원 2014. 10. 15. 2014도8113.
3 대법원 2019. 8. 29. 2018도2738 전원합의체판결. 따라서 자동차를 뇌물로 제공한 경우 자동차 등록원부에 뇌물수수자가 그 소유자로 등록되지 않았다고 하더라도 자동차의 사실상 소유자로서 자동차에 대한 실질적인 사용 및 처분권한이 있다면 자동차 자체를 뇌물로 취득한 것으로 보아야 한다(대법원 2006. 4. 27. 2006도735).
4 대법원 2020. 9. 24. 2017도12389.
5 대법원 1979. 6. 12. 78도2125; 대법원 2013. 11. 28. 2013도9003.

라고 할 수 없다.[1] 영득의사로 수수한 것이라면 후에 반환하였다고 하여도 본죄의 성립에는 영향이 없다.[2]

> 자신이 먼저 뇌물을 요구하여 증뢰자가 제공하는 돈을 받았다면 받은 돈 전부에 대한 영득의사가 인정된다고 하지 않을 수 없으므로 영득의사로 뇌물을 수령한 이상 그 액수가 예상한 것보다 너무 많은 액수여서 후에 이를 반환하였다고 하더라도 뇌물죄의 성립에는 영향이 없다(대법원 2007. 3. 29. 2006도9182).

금품을 수수한 장소가 공개된 장소라도 관계가 없으며, 뇌물을 행정 비용에 충당하였든 부하직원들을 위하여 소비하였든 뇌물의 소비처도 묻지 않는다.[3] 본죄는 뇌물의 수수에 의하여 완성되는 것이기 때문이다. 동일인에 대하여 순차로 요구·약속·수수한 때에는 포괄하여 한 개의 수수죄가 성립할 뿐이다. 수수한 이상 요구 또는 약속이 있어야 하는 것도 아니다.[4] 수수함에 있어서 상사의 승낙을 받았다고 하여 본죄의 성립이 조각되지 않는다.[5]

> 공사 시행이나 물품 구입을 위하여 수의계약을 체결하는 공무원이 해당 사업자와 적정한 금액 이상으로 계약금액을 부풀려서 계약하고 부풀린 금액을 자신이 되돌려 받기로 사전에 약정한 다음 그에 따라 수수한 돈은 성격상 뇌물이 아니고 횡령금에 해당한다(대법원 2007. 10. 12. 2005도7112).

㈏ 요 구 요구란 뇌물을 취득할 의사로 상대방에게 그 교부를 청구 65
하는 것을 말한다. 청구가 있으면 족하며 뇌물의 교부가 있을 것을 요하지 않는다. 상대방이 응하였는가도 문제되지 않는다.

㈐ 약 속 약속이란 양 당사자 사이에 뇌물의 수수를 합의하는 것을 66
말한다. 뇌물의 수수를 장래에 기약하는 것이므로 목적물인 이익이 약속 당시에 현존할 필요는 없고 예기할 수 있으면 족하며 또 가액이 확정되었을 것도 요하지 않는다.[6] 이익이 금전인 때에는 이행기가 확정되지 않아도 좋다.

3) 주관적 구성요건 직무에 관하여 뇌물을 수수·요구 또는 약속한다는 67

1 대법원 1985. 1. 22. 84도2082; 대법원 1985. 3. 12. 83도150; 대법원 1989. 7. 25. 89도126.
2 대법원 1982. 11. 23. 82도1431; 대법원 1985. 5. 14. 83도2050; 대법원 1987. 9. 22. 87도1472.
3 대법원 1984. 2. 14. 83도3218; 대법원 1996. 6. 14. 96도865.
4 대법원 1986. 11. 25. 86도1433.
5 대법원 1955. 10. 18. 4288형상235.
6 대법원 1981. 8. 20. 81도698.

사실에 대한 고의가 있어야 한다. 목적물이 뇌물이라는 점, 즉 직무의 대가에 대한 인식은 있어야 한다. 그러나 뇌물을 받은 대가로 직무집행을 할 의사가 있을 것은 요하지 않는다.

판례에 의하면 ① 자기도 모르는 사이에 돈뭉치를 놓고 간 것을 발견하고 연락하여 반환하였거나(대법원 1978. 1. 31. 77도3755), 피고인이 택시를 타고 떠나려는 데 돈뭉치를 던져놓고 가버린 경우에는 뇌물을 수수할 의사를 인정하기 어려우나(대법원 1979. 7. 10. 79도1124), ② 사례조로 교부받은 자기앞수표를 은행에 예치하였다가 2주일 후에 반환하였다 하여도 뇌물수수의 고의는 있었다고 한다(대법원 1984. 4. 10. 83도1499).

68 (2) **다른 범죄와의 관계** 수뢰죄는 증뢰자가 자유로운 의사에 의하여 뇌물을 공여하였을 것을 요건으로 하는 것이 아니다. 여기서 본죄는 공갈죄와 사기죄의 관계가 문제된다.

69 1) **공갈죄와의 관계** 공무원이 직무집행의 의사로 직무에 관하여 상대방을 공갈하여 뇌물을 수수한 때에는 본죄와 공갈죄의 상상적 경합이 된다. 그러나 직무집행의 의사 없이 또는 직무처리와 대가적 관계 없이 타인을 공갈하여 재물의 교부를 받은 때에는 공갈죄만 성립한다.

이 경우 피공갈자에게 증뢰죄가 성립하는가는 공무원에게 수뢰죄가 성립하느냐와 관련된다. 즉 공무원에게 공갈죄만 성립하는 때에는 피해자에 대하여 증뢰죄의 성립을 인정할 수 없다.[1] 그러나 공무원의 행위가 공갈죄와 수뢰죄의 상상적 경합이 되는 때에는 피공갈자의 뇌물제공이 하자 있는 의사에 기한 것이라는 이유로 증뢰죄도 성립하지 않는다는 견해도 있으나,[2] 피공갈자의 의사는 비록 외포되어 하자 있는 상태에 있어도 그 의사에 반한 것이라고는 볼 수 없으므로 증뢰죄의 성립을 인정해야 한다.[3] 하자 있는 의사에 기하였다는 이유만으로 증뢰죄의 성립을 부정할 수 없기 때문이다.

70 2) **사기죄와의 관계** 뇌물수수에 있어서 공무원이 공여자를 기망한 경

---

1 대법원 1994. 12. 22. 94도2528, 「공무원이 직무집행의 의사 없이 또는 직무처리와 대가적 관계 없이 타인을 공갈하여 재물을 교부하게 한 경우에는 공갈죄만이 성립하고, 이러한 경우 재물의 교부자가 공무원의 해악의 고지로 인하여 외포의 결과 재물을 교부한 것이라면 그는 공갈죄의 피해자가 될 것이고 뇌물공여죄는 성립될 수 없다고 하여야 할 것이다.」

2 김일수/서보학 379면; 임웅 467면; 정성근/박광민 382면.

3 서일교 323면; 손동권/김재윤 420면; 신동운 1141면; 오영근 346면; 이영란 364면.

우에도 본죄의 성립에는 영향이 없다.[1] 즉 공무원이 직무에 관하여 타인을 기망하여 재물을 교부받은 때에는 본죄와 사기죄의 상상적 경합이 된다.[2]

(3) 뇌물의 몰수와 추징

1) 형법 제134조의 의의 　형법 제134조는 「범인 또는 사정을 아는 제3 71
자가 받은 뇌물 또는 뇌물로 제공하려고 한 금품은 몰수한다. 몰수할 수 없을 경우에는 그 가액을 추징한다」고 규정하고 있다. 뇌물의 몰수와 추징이 필요적이며 자유재량이 인정되지 않는다는 의미에서 형법 제48조에 대한 특칙을 규정한 것이다. 뿐만 아니라 몰수와 추징의 대상이 수수한 뇌물에 한하지 않고 요구 또는 약속한 뇌물을 포함한다는 것을 명백히 한 규정이다. 범인에게 뇌물죄와 관련된 부정한 이익을 보유하지 못하게 하는 데 그 취지가 있다.

공무원범죄에 관한 몰수 특례법은 특정공무원범죄를 범한 자가 그 범죄행위를 통하여 얻은 불법수익뿐만 아니라 불법수익에서 유래한 재산, 즉 불법수익의 과실로서 얻은 재산, 불법수익의 대가로서 얻은 재산, 이들 재산의 대가로서 얻은 재산 등 불법수익이 변형되거나 증식되어 형성된 재산도 몰수하게 하고(제2조, 제3조), 몰수하기 위하여 필요하다고 인정할 때에는 몰수보전명령을 발하여 그 재산에 대한 처분을 금지할 수 있게 하였다(제23조 이하).

2) 몰수 · 추징의 대상자 　누구로부터 뇌물을 몰수 또는 추징해야 할 것 72
인가에 대하여 형법에는 아무런 규정이 없다. 뇌물의 필요적 몰수를 규정한 취지에 비추어 뇌물을 보유하고 있는 자로부터 몰수해야 한다. 따라서 수뢰자가 뇌물을 그대로 보관하였다가 증뢰자에게 반환하였을 때에는 증뢰자로부터 몰수 또는 추징하여야 한다.[3] 반환한 수뢰자로부터 추징하는 것은 가혹하고, 증뢰자로부터 몰수하는 것이 형법 제134조의 취지와 일치하기 때문이다. 그러나 증뢰자로부터 몰수 또는 추징하는 것은 수뢰자가 뇌물 그 자체를 반환하였을 때에 한한다.

따라서 ① 수뢰자가 일단 수뢰한 뇌물을 소비하고 같은 액수의 금원을 증뢰자에게 반환한 경우(대법원 1983. 12. 27. 83도1313; 대법원 1986. 10. 14. 86도1189)는 물론, ② 뇌물로 수수한 자기앞수표를 소비하고 그 금액을 반환하였거나(대법원 1984. 2. 14. 83도2871), ③ 은행에 예치한 후에 같은 액수의 돈을 반환한 때(대법원 1970. 4. 14, 69도2461; 대법원 1985. 9. 10, 85도1350), 또는 ④ 수뢰자가 뇌물로 받은 돈을 다른 사람

1 대법원 1985. 2. 8. 84도2625.
2 대법원 1977. 6. 7. 77도1069; 대법원 2015. 10. 29. 2015도12838.
3 대법원 1978. 2. 28. 77도4037; 대법원 1984. 2. 28. 83도2783.

에게 다시 뇌물로 공여한 경우(대법원 1986. 11. 25. 86도1951)에는 수뢰자로부터 추징해야 한다. 그리고 ⑤ 회사 대표이사인 피고인이 금융기관에 알선행위를 하고 그 대가로 용역대금 명목의 수수료를 회사 계좌를 통해 송금받음으로써 특경가법 위반(알선수재)죄가 인정된 경우 수수료에 대한 권리가 위 회사에 귀속된다 하더라도 행위자인 피고인으로부터 수수료로 받은 금품을 몰수 또는 그 가액을 추징할 수 있다(대법원 2015. 1. 15. 2012도7571).

73 **3) 몰수·추징의 방법** 수인이 공모하여 뇌물을 수수한 경우에는 각자가 실제로 수수한 금품을 몰수하거나 그 가액을 개별적으로 추징하여야 하며, 개별적으로 알 수 없는 경우에는 평등하게 몰수 또는 추징해야 한다.[1]

몰수·추징의 범위에 있어서는 ① 공무원이 증뢰자와 함께 향응을 하고 증뢰자가 이에 소요되는 금원을 지출한 경우에는 먼저 피고인의 접대에 요한 비용과 증뢰자가 소비한 비용을 가려내어 전자의 수액을 가지고 피고인의 수뢰액으로 하여야 하고 만일 각자에 요한 비용액이 불명일 때에는 이를 평등하게 분할한 액을 피고인의 수뢰액으로 인정하여야 할 것이고, 피고인이 향응을 제공받는 자리에 피고인 스스로 제3자를 초대하여 함께 접대를 받은 경우에는, 그 제3자가 피고인과는 별도의 지위에서 접대를 받는 공무원이라는 등의 특별한 사정이 없는 한 그 제3자의 접대에 요한 비용도 피고인의 접대에 요한 비용에 포함시켜야 하며(대법원 2001. 10. 12. 99도5294), ② 공무원이 뇌물을 받음에 있어서 그 취득을 위하여 상대방에게 뇌물의 가액에 상당하는 금원의 일부를 비용의 명목으로 출연하거나 그 밖에 경제적 이익을 제공한 경우에는 이는 뇌물을 받는 데 지출한 부수적 비용에 불과하다고 보아야 할 것이므로, 그 공무원으로부터 뇌물죄로 얻은 이익을 몰수·추징함에 있어서는 그 받은 뇌물 자체를 몰수·추징하여야 하고(대법원 1999. 10. 8. 99도1638), ③ 공무원의 직무에 속한 사항의 알선에 관하여 금품을 받고 그 금품 중의 일부를 받은 취지에 따라 청탁과 관련하여 관계 공무원에게 뇌물로 공여하거나 다른 알선행위자에게 청탁의 명목으로 교부한 경우에는 그 부분의 이익은 실질적으로 범인에게 귀속된 것이 아니어서 이를 제외한 나머지 금품만을 몰수하거나 그 가액을 추징하여야 한다(대법원 2002. 6. 14. 2002도1283).

뇌물의 전부 또는 일부를 몰수할 수 없을 경우에는 그 가액을 추징한다. 몰수할 수 없게 된 이유는 묻지 않는다.

74 뇌물의 추징가액산정의 기준시기에 대하여는 ① 수뢰시의 가액을 기준으로

1 대법원 1970. 1. 27. 69도2225; 대법원 1975. 4. 22. 73도1963.

해야 한다는 견해[1]와 ② 판결선고시를 기준으로 해야 한다는 견해[2] 및 ③ 몰수할 수 없게 된 사유가 발생한 때가 기준이 되어야 한다는 견해[3]가 대립한다. 몰수는 범인에게 부정한 이익을 보유하지 못하게 하기 위한 것이고, 추징은 몰수에 대신되는 것이라는 점에서 볼 때 제3설이 타당하다. 판례는 제2설의 입장이다.[4]

3. 사전수뢰죄

공무원 또는 중재인이 될 자가 그 담당할 직무에 관하여 청탁을 받고 뇌물을 수수, 요구 또는 약속한 후 공무원 또는 중재인이 된 때에는 3년 이하의 징역 또는 7년 이하의 자격정지에 처한다(제129조 2항).

범인 또는 사정을 아는 제3자가 받은 뇌물 또는 뇌물로 제공하려고 한 금품은 몰수한다. 이를 몰수할 수 없을 경우에는 그 가액을 추징한다(제134조).

공무원 또는 중재인이 될 자가 그 담당할 직무에 관하여 청탁을 받고 뇌물을 수수 · 요구 또는 약속함으로써 성립하는 범죄이다. 취직 전의 수뢰행위를 처벌하기 위한 범죄이다. 75

본죄의 주체는 공무원 또는 중재인이 될 자이다. 공무원 또는 중재인이 될 자란 공무원채용시험에 합격하여 발령을 대기하고 있는 자 또는 선거에 의해 당선이 확정된 자 등 공무원 또는 중재인이 될 것이 예정되어 있는 자뿐만 아니라 공직취임의 가능성이 확실하지는 않더라도 어느 정도의 개연성을 갖춘 자를 포함한다.[5] 76

본죄는 직무에 관하여 청탁을 받고 뇌물을 수수 · 요구 · 약속할 것을 요한다. 청탁이란 일정한 직무행위를 할 것을 의뢰하는 것을 말하며, 「청탁을 받고」란 그러한 의뢰에 응할 것을 약속하는 것을 말한다. 직무행위가 부정할 것을 요하지 77

1 권문택(공저) 710면; 황산덕 53면.
2 김일수/서보학 656면; 신동운 140면; 이정원 772면; 정영일 453면.
3 김성천/김형준 973면; 박상기 647면; 배종대 155/54; 백형구 641면; 서일교 321면; 손동권/김재윤 786면; 오영근 725면; 유기천 320면; 이형국 786면; 임웅 941면; 정성근/박광민 742면; 진계호 690면.
4 대법원 2008. 10. 9. 2008도6944, 「몰수는 범죄에 의한 이득을 박탈하는 데 그 취지가 있고, 추징도 이러한 몰수의 취지를 관철하기 위한 것인 점 등에 비추어 볼 때, 몰수할 수 없는 때에 추징하여야 할 가액은 범인이 그 물건을 보유하고 있다가 몰수의 선고를 받았더라면 잃었을 이득상당액을 의미하므로, 다른 특별한 사정이 없는 한 그 가액산정은 재판선고시의 가격을 기준으로 하여야 한다.」
동지: 대법원 1991. 5. 28. 91도352; 대법원 2007. 3. 15. 2006도9314.
5 대법원 2010. 5. 13. 2009도7040.

않으며, 청탁과 약속이 명시적이어야 하는 것도 아니다.

78 본죄는 공무원 또는 중재인이 될 자가 공무원 또는 중재인이 된 것을 요건으로 한다. 공무원 또는 중재인이 된 때를 **구성요건요소**라고 해석하는 견해[1]도 있다. 이에 대한 주관적 구성요건이 요구된다는 것을 이유로 한다. 그러나 본죄의 주관적 구성요건으로는 공무원 또는 중재인이 될 자라는 인식이 있으면 족하며 공무원 또는 중재인이 되었다는 인식을 요하는 것은 아니다. 따라서 이는 **객관적 처벌조건**이라고 하는 통설[2]이 타당하다. 즉 본죄는 공무원 또는 중재인이 될 자가 뇌물을 수수·요구 또는 약속함으로써 성립하며, 공무원 또는 중재인이 되었을 때에 처벌된다.

4. 제3자뇌물수수·요구·약속죄

공무원 또는 중재인이 그 직무에 관하여 부정한 청탁을 받고 제 3 자에게 뇌물을 공여하게 하거나 공여를 요구 또는 약속한 때에는 5 년 이하의 징역 또는 10 년 이하의 자격정지에 처한다(제130조).

범인 또는 사정을 아는 제3자가 받은 뇌물 또는 뇌물로 제공하려고 한 금품은 몰수한다. 이를 몰수할 수 없을 경우에는 그 가액을 추징한다(제134조).

79 공무원 또는 중재인이 그 직무에 관하여 부정한 청탁을 받고 제3자에게 뇌물을 공여하게 하거나 공여를 요구 또는 약속함으로써 성립하는 범죄이다. 제3자로 하여금 뇌물을 받게 하는 행위를 처벌하기 위한 규정이다.

80 본죄의 성질에 관하여 뇌물을 받는 자가 제3자라는 점에서 실질적인 간접수뢰를 규정한 것이라고 보는 견해[3]와 간접수뢰와는 엄격히 구별되어야 한다는 견해[4]가 대립되고 있다. 생각건대 간접수뢰(mittelbare Bestechung)란 제3자에 대한 뇌물의 공여가 간접적으로 행위자에 대한 수뢰가 되는 경우, 즉 공무원이 가족을 시켜 수뢰하는 경우를 의미하며, 따라서 그것이 공무원에 대한 간접적인 이익

---

1 유기천 312면.

2 김일수/서보학 663면; 박상기 651면; 서일교 325면; 신동운 145면; 오영근 726면; 이정원 760면; 이형국 787면; 임웅 942면; 정성근/박광민 748면; 정영일 442면; 진계호 693면.

3 김일수/서보학 664면; 이형국 788면; 임웅 943면; 정성근/박광민 748면; 정영석 52면; 진계호 695면; 황산덕 56면.

4 김성천/김형준 976면; 배종대 155/31; 손동권/김재윤 787면; 오영근 727면; 유기천 313면; 이정원 761면; 정영일 444면.

(mittelbarer Vorteil)이 될 것을 요한다.[1] 본죄의 성립을 위하여 공무원과 제3자 사이에 이해관계가 있을 것을 요하지 않으므로 본죄는 간접수뢰죄와는 구별된다고 해석하지 않을 수 없다. 제3자란 행위자와 공동정범자 이외의 사람을 말한다. 교사범이나 종범도 제3자에 포함될 수 있다. 자연인에 한하지 않고 법인 또는 법인격 없는 단체도 제3자가 될 수 있다. 그러나 배우자 등 생활이익을 같이하는 가족은 여기의 제3자가 될 수 없다.[2] 따라서 공무원이 직접 뇌물을 받지 아니하고 증뢰자로 하여금 다른 사람에게 뇌물을 공여하도록 한 경우, 그 다른 사람이 공무원의 사자 또는 대리인으로서 뇌물을 받은 경우나, 그 다른 사람이 뇌물을 받음으로써 공무원은 그만큼 지출을 면하게 되는 경우 등 사회통념상 그 다른 사람이 뇌물을 받은 것을 공무원이 직접 받은 것과 같이 평가할 수 있는 관계가 있는 경우에는 형법 제129조 1항의 뇌물수수죄가 성립한다.[3] 제3자에게 뇌물을 공여하게 하거나 이를 요구·약속함으로써 본죄는 성립하며, 제3자가 뇌물을 수수하였을 것을 요하지 않는다. 제3자가 그 정을 알았는가도 문제되지 않는다.

본죄는 공무원 또는 중재인이 직무에 관하여 부정한 청탁을 받는 것을 요건 81
으로 한다. 부정한 청탁이란 위법한 것뿐만 아니라 부당한 경우를 포함하며,[4] 명시적으로는 물론 묵시적으로도 행하여질 수 있다.[5] 부정한 청탁을 요건으로 하는 것은 단순수뢰죄와의 균형에 비추어 입법론상 부당하다는 비판도 있다.[6]

5. 수뢰후부정처사죄

① 공무원 또는 중재인이 전2조의 죄를 범하여 부정한 행위를 한 때에는 1년 이상의 유기징역에 처한다.

④ 10년 이하의 자격정지를 병과할 수 있다(제131조).

범인 또는 사정을 아는 제3자가 받은 뇌물 또는 뇌물로 제공하려고 한 금품은 몰수한다. 이를 몰수할 수 없을 경우에는 그 가액을 추징한다(제134조).

---

1 Arzt/Weber S. 138; Jescheck LK §331 Rn. 6; Sch/Sch/Heine §331 Rn. 20a; Tröndle/Fischer § 331 Rn. 13.

2 김일수/서보학 664면; 배종대 155/32; 백형구 647면; 신동운 146면; 유기천 313면; 이형국 789면; 임웅 943면; 정성근/박광민 750면.

3 대법원 2004. 3. 26. 2003도8077; 대법원 2009. 10. 15. 2009도6422.

4 대법원 2006. 6. 15. 2004도3424.

5 대법원 2007. 11. 16. 2004도4959.

6 서일교 327면; 진계호 695면.

82 본죄는 공무원 또는 중재인이 수뢰뿐만 아니라 부정한 행위까지 함으로써 국가기능의 공정성이 구체적으로 위험에 처하게 되었다는 점을 고려하여 형을 가중한 것이다. 반드시 뇌물수수 등의 행위가 완료된 이후에 부정한 행위가 이루어져야 하는 것은 아니며, 뇌물수수 등의 행위를 하는 중에 부정한 행위를 한 경우도 포함한다.[1] 본죄에 해당하는 경우에도 특가법 제2조가 적용된다.[2]

83 부정한 행위란 공무원 또는 중재인이 직무에 위배하는 일체의 행위를 말한다. 직무행위 자체뿐만 아니라 그것과 관련 있는 행위를 포함한다. 적극적으로 부정한 행위를 하는 작위인가 또는 당연히 해야 할 일을 하지 않는 부작위인가를 불문한다. 예컨대 수사기록의 일부를 파기·소각하거나 응찰자에게 예정가격을 보여 주는 경우뿐만 아니라, 증거품의 압수를 포기하거나 회의에 참석하지 않는 것도 여기에 해당한다. 다만 그것은 직무위반행위일 것을 요하므로 직무 이외의 사적 행위에 대하여 부정한 행위가 있어도 본죄는 성립하지 않는다. 부정한 행위가 공무상 비밀누설죄나 공문서위조죄, 횡령죄 또는 배임죄를 구성하는 때에는 본죄와 상상적 경합이 된다.[3]

6. 부정처사후수뢰죄

② 공무원 또는 중재인이 그 직무상 부정한 행위를 한 후 뇌물을 수수, 요구 또는 약속하거나 제3자에게 이를 공여하게 하거나 공여를 요구 또는 약속한 때에도 전항의 형과 같다.

③ 공무원 또는 중재인이었던 자가 그 재직중에 청탁을 받고 직무상 부정한 행위를 한 후 뇌물을 수수, 요구 또는 약속한 때에는 5년 이하의 징역 또는 10년 이하의 자격정지에 처한다.

④ 10년 이하의 자격정지를 병과할 수 있다(제131조).

범인 또는 사정을 아는 제3자가 받은 뇌물 또는 뇌물로 제공하려고 한 금품은 몰수한다. 이를 몰수할 수 없을 경우에는 그 가액을 추징한다(제134조).

본죄는 다음과 같은 두 가지 태양을 포함하고 있다.

84 첫째는, 공무원 또는 중재인이 그 직무상 부정한 행위를 한 후 뇌물을 수수·요구 또는 약속하거나 제3자에게 이를 공여하게 하거나 공여를 요구 또는 약

1 대법원 2021. 2. 4. 2020도12103.
2 대법원 1969. 12. 9. 69도1288; 대법원 2004. 3. 26. 2003도8077.
3 대법원 1970. 6. 30. 70도562; 대법원 1983. 4. 26. 82도2095; 대법원 2001. 2. 9. 2000도1216.

속하는 경우이다(제2항). 부정한 행위를 한 후에 뇌물을 수수하는 경우라는 점에서 수뢰후부정처사죄(제1항)와 대립되는 경우라 할 수 있다. 부정행위와 뇌물죄가 결합되어 형이 가중되는 경우라는 의미에서 본죄와 수뢰후부정처사죄를 합하여 가중수뢰죄라고도 한다. 판례도 같은 태도를 취하고 있다.[1] 뇌물은 직무에 관한 이익이어야 한다. 따라서 직무와 관련 없이 금품을 받은 때에는 본죄도 성립하지 않는다.

둘째는, 공무원 또는 중재인이었던 자가 그 재직 중에 청탁을 받고 직무상 85
부정행위를 한 후 뇌물을 수수 · 요구 또는 약속하는 경우이다(제3항). 재직중에 부정한 행위를 한 후에 퇴직하여 그 신분을 상실하고, 수뢰하는 경우를 처벌하는 것이다. 전직 후에 수뢰한 경우는 제2항에 해당한다. 재직중 직무상 부정한 행위를 할 것을 요하므로 정당한 행위를 한 때에는 본죄가 성립하지 않는다.

7. 알선수뢰죄

> 공무원이 그 지위를 이용하여 다른 공무원의 직무에 속한 사항의 알선에 관하여 뇌물을 수수, 요구 또는 약속한 때에는 3년 이하의 징역 또는 7년 이하의 자격정지에 처한다(제132조).
>
> 범인 또는 사정을 아는 제3자가 받은 뇌물 또는 뇌물로 제공하려고 한 금품은 몰수한다. 이를 몰수할 수 없을 경우에는 그 가액을 추징한다(제134조).

(1) **의　　의**　　공무원이 그 지위를 이용하여 다른 공무원의 직무에 속 86
한 사항의 알선에 관하여 뇌물을 수수 · 요구 또는 약속함으로써 성립하는 범죄이다. 공무원이 그 지위를 이용하여 다른 공무원의 직무에 관한 사항에 대하여 알선하여 수뢰하는 경우가 많을 뿐만 아니라, 간접적이라 할지라도 이로 인하여 직무의 공정을 해하게 된다는 점을 고려하여 자기의 직무에 관한 수뢰와 같이 처벌하고자 하는 데 입법취지가 있다. 즉 본죄도 직무행위의 불가매수성을 보호한다는 점에서 수뢰죄와 본질을 같이하나, 간접적으로 직무행위의 공정을 보호하고자 하는 점에 특색이 있다.

(2) **구성요건**　　공무원이 그 지위를 이용하여 다른 공무원의 직무에 속 87
한 사항의 알선에 관하여 뇌물을 수수 · 요구 또는 약속하는 것이다.

1) 주　　체　　본죄의 주체는 공무원이다. 공무원의 지위의 고하는 불문 88

1 대법원 1959. 8. 28. 4291형상482.

한다.[1] 다만 공무원이 지위를 이용할 것을 요하므로 단순히 공무원의 신분만 있으면 족하다는 의미라고는 할 수 없다. 직무를 처리하는 공무원과 직무상 직접 또는 간접의 연관관계를 가지고 법률상 또는 사실상 영향을 미칠 수 있는 공무원일 것을 요한다.[2]

89 본죄가 성립하기 위하여는 공무원이 지위를 이용하였을 것을 요한다. 「지위를 이용하여」란 영향력을 미칠 수 있는 공무원이 그 지위를 이용하는 것을 말한다. 판례는 지위를 이용하였다고 하기 위하여는 다른 공무원의 직무에 일반적 또는 구체적으로 영향을 미칠 수 있을 것을 요한다고 한다.[3] 직무행위의 공정성이라는 측면에서 본죄의 적용범위를 축소하는 것은 부당하다는 견해[4]도 있다. 그러나 다른 공무원에게 영향을 미칠 수 없는 경우까지 지위를 이용하였다고는 보기 어렵다. 지위를 이용하면 족하며 다른 공무원에 대한 임면권이나 압력을 가할 수 있는 법적 근거가 있을 것을 요하지 않고,[5] 또 상하관계나 감독관계 또는 협동관계가 존재할 것도 요하지 않는다.[6] 알선행위는 다른 공무원의 직무에 속하는 사항에 관한 것이면 되는 것이지, 반드시 부정행위라거나 그 직무에 관하여 결재권한이나 최종 결정권한을 갖고 있어야 하는 것이 아니다.

판례에 의하면 ① 법원장은 예하법관의 직무에 관하여(대법원 1956. 3. 2. 4288형상179), ② 병무청 심리연구사보는 병무담당자의 직무에 관하여(대법원 1969. 8. 26. 69도1120), ③ 육군 참모총장의 수석부관은 장교의 진급업무에 관하여(대법원 1982. 6. 8. 82도403), ④ 노동부 고용대책과장은 연예인 국외공급사업에 관하여(대법원 1989. 9. 12. 89도1297), ⑤ 서울시 중구청장 및 지역경제국장은 자판기 운영업자들의 영업에 관한 지하철공사의 임직원의 업무에 관하여(대법원 2001. 10. 12. 99도5294), ⑥ 광명 세무서장은 전에 부하로 근무한 바 있는 지방국세청 세무조사담당관의 사무에 관하여(대법원 1994. 10. 21. 94도852) 지위를 이용할 수 있는 관계에 있다. ⑦ 지역경제계장이 직전에 자신이 계장으로 있던 지적과 지정계 직원에게 토지 거래계약허가를 받도록 알선하거나(대법원 1990. 7. 27. 90도890), 전임 징세계장이 다른 세무서에서 징세계장으로 근무하고 있었다면 후임 징세계장의 직무에 관하여 지위를 이용한 경우에 해당한다

1 대법원 1970. 10. 30. 70도1586.
2 대법원 1982. 6. 8. 82도403.
3 대법원 1968. 12. 17. 68도1303; 대법원 1971. 4. 28. 71도1788.
4 권문택(공저) 707면; 박상기 655면; 임웅 947면; 진계호 700면.
5 대법원 1961. 1. 31. 4293형상942.
6 대법원 1992. 5. 8. 92도532; 대법원 1994. 10. 21. 94도852; 대법원 1999. 6. 25. 99도1900; 대법원 2006. 4. 27. 2006도735.

(대법원 1989. 12. 26. 89도2018). 이에 반하여 ① 군청 건설과 농림계 공무원은 도지사의 직무에 관하여(대법원 1984. 1. 31. 83도3015), ② 검찰주사는 검사의 직무에 대하여(대법원 1982. 6. 8. 82도403) 영향을 미칠 수 없다고 한다.

2) 행 위 본죄의 행위는 다른 공무원의 직무에 속한 사항의 알선에 관하여 뇌물을 수수·요구 또는 약속하는 것이다. 수수·요구 또는 약속은 앞에서 본 바와 같다. 90

알선이란 일정한 사항을 중개하는 것을 말한다. 알선행위는 과거의 것이거나 현재의 것이거나 불문한다. 알선행위는 장래의 것이라도 무방하다. 따라서 알선뇌물요구죄가 성립하기 위하여 뇌물을 요구할 당시 반드시 상대방에게 알선에 의하여 해결을 도모하여야 할 현안이 존재하여야 할 필요는 없다.[1] 정당한 직무행위이건 부정행위이건 불문한다. 정당한 직무행위의 알선에 대하여는 본죄가 성립하지 않는다는 견해[2]도 있으나, 이 경우에도 본죄의 성립을 부정해야 할 이유는 없다고 생각된다.[3]

(3) **특가법상의 알선수재죄** 특가법 제3조는 공무원의 직무에 속한 사항의 알선에 관하여 금품이나 이익을 수수·요구 또는 약속한 사람을 5년 이하의 징역 또는 1천만원 이하의 벌금으로 처벌하고 있다. 특가법상의 알선수재죄는 ① 그 주체가 공무원 또는 중재인에 제한되지 아니하고, ② 지위를 이용할 것을 요건으로 하지 않는다는 점에서 형법상의 알선수뢰죄와 구별된다. 따라서 공무원이 지위를 이용하지 아니하고 다른 공무원의 직무에 속한 사항의 알선에 관하여 금품이나 이익을 수수한 때에도 특가법상의 알선수재죄에 해당하게 된다. 91

8. 증뢰죄·증뢰물전달죄

① 제129조부터 제132조까지에 기재한 뇌물을 약속, 공여 또는 공여의 의사를 표시한 자는 5년 이하의 징역 또는 2천만원 이하의 벌금에 처한다.

---

1 대법원 2009. 7. 23. 2009도3924; 대법원 2013. 4. 11. 2012도16277.
따라서 구청 공무원이 유흥주점의 업주에게 '유흥주점 영업과 관련하여 세금이나 영업허가 등에 관하여 문제가 생기면 다른 담당 공무원에게 부탁하여 도움을 주겠다'면서 그 대가로 1,000만원을 요구한 경우에도 알선뇌물요구죄가 성립할 수 있다.

2 서일교 319면.

3 권문택(공저) 707면; 김일수/서보학 670면; 배종대 155/40; 오영근 733면; 이정원 764면; 이형국 792면; 임웅 949면; 정성근/박광민 756면; 진계호 701면.

② 제1항의 행위에 제공할 목적으로 제3자에게 금품을 교부한 자 또는 그 사정을 알면서 금품을 교부받은 제3자도 제1항의 형에 처한다(제133조).

범인 또는 사정을 아는 제3자가 받은 뇌물 또는 뇌물로 제공하려고 한 금품은 몰수한다. 이를 몰수할 수 없을 경우에는 그 가액을 추징한다(제134조).

92 (1) **의 의** 뇌물을 약속·공여 또는 공여의 의사를 표시하거나, 이에 공할 목적으로 제3자에게 금품을 교부하거나 그 정을 알면서 교부받은 때에 성립하는 범죄이다. 전자를 증뢰(뇌물공여)죄, 후자를 증뢰물전달(제3자뇌물교부·취득)죄라고 한다. 뇌물죄가 공무원의 직무범죄임에 반하여, 본죄는 비공무원이 수뢰행위를 방조 또는 교사하는 공범적 성격을 갖는 행위를 따로 처벌하는 것이라고 볼 수 있다.[1] 외국공무원에 대한 뇌물제공행위는 국제상거래에 있어서 외국공무원에 대한 뇌물방지법에 의하여 처벌된다(제3조).

93 (2) **구성요건** 뇌물을 약속·공여 또는 공여의 의사를 표시하거나 이러한 행위에 제공할 목적으로 제3자에게 금품을 교부하거나, 그 사정을 알면서 교부받는 것이다.

94 1) **주 체** 주체에는 제한이 없다. 비공무원이 보통이지만, 공무원도 본죄의 주체가 될 수 있다.[2]

2) **행 위**

95 (가) **뇌물의 약속·공여 또는 공여의 의사표시** 공여란 뇌물을 취득하게 하는 것을 말한다. 상대방이 뇌물을 수수할 수 있는 상태에 두면 족하며, 현실적인 취득을 요하는 것은 아니다. 공여의 의사표시는 상대방에게 뇌물을 공여하려는 의사를 표시하는 것을 말한다. 명시 또는 묵시의 방법으로 뇌물을 공여할 의사를 표시하면 족하며 공여할 금액을 표시하였을 것도 요하지 않는다.[3] 상대방은 반드시 공무원 또는 중재인 자신일 것을 요하지 않는다. 공무원의 처나 자녀에게 할 수도 있다.[4] 약속이란 공무원의 요구를 승낙하는 경우와 장차 뇌물을 공여할 것을 자진하여 약속하는 경우를 포함한다.

96 증뢰죄에 있어서도 뇌물이 직무에 관한 것임을 요하는가에 대하여 부정하는

1 유기천 317면; 정성근/박광민 757면.
2 대법원 2007. 7. 27. 2007도3798.
3 대법원 1959. 9. 4. 4291형상284.
4 대법원 1968. 10. 8. 68도1066.

견해[1]도 있다. 그러나 형법에 명문의 규정이 없다고 할지라도 뇌물이 직무에 대한 대가임을 요하는 것은 당연하다.[2]

판례도 증뢰죄에 있어서 공무원의 어떤 직무에 관한 것인가는 죄로 될 사실에 속하며(대법원 1982. 9. 28. 80도2309), 뇌물공여죄에 있어서 「직무에 관하여」라고 함은 공무원이 그 지위에 수반하여 공무로서 취급하는 일체의 사무를 말하고, 그 권한에 속하는 직무행위뿐만 아니라 이에 밀접한 관계 있는 경우와 그 직무에 관련하여 사실상 처리하고 있는 경우까지도 포함한다고 판시하고 있다(대법원 1987. 11. 24. 87도1463).

(나) 증뢰에 제공할 목적으로 제 3 자에게 금품을 교부하거나 제 3 자가 사정을 알면서 교부받음 97
　제3자란 행위자와 공동정범 이외의 자를 말한다.[3] 제3자가 금품을 수뢰할 사람에게 전달하였는가는 본죄의 성립에 영향이 없다.[4]

(3) 죄　수 98
　한 개의 행위로 수인의 공무원에게 증뢰한 때에는 공무원의 수에 따른 증뢰죄의 상상적 경합이 된다.[5] 약속 또는 공여의 의사표시를 한 후에 뇌물을 공여한 때에는 공여죄에 다른 범죄는 흡수된다.

제 2 절　공무방해에 관한 죄　§ 44

I. 총　설

1. 공무방해죄의 의의

1 공무방해에 관한 죄(Widerstand gegen die Staatsgewalt)란 국가 또는 공공기관이 행사하는 기능을 방해함으로써 성립하는 범죄를 말한다. 국가의 기능은 일반적으로 공무원에 의하여 행하여진다. 협의의 공무집행방해죄가 공무원에 대하여 폭행 · 협박한 때에 성립하도록 규정한 이유도 여기에 있다. 그러나 공무방해

1　권문택(주석) 122면; 진계호 703면.
2　김일수/서보학 671면; 백형구 650면; 오영근 735면; 임웅 952면; 정성근/박광민 829면.
3　대법원 2012. 12. 27. 2012도11200.
4　대법원 1985. 1. 22. 84도1033.
5　권문택(공저) 709면; 김일수/서보학 674면; 배종대 155/48; 유기천 318면; 이영란 796면; 이형국 794면; 정성근/박광민 759면; 정영석 55면; 황산덕 60면.

에 관한 죄는 공무원을 보호하기 위한 범죄가 아니라 공무원에 의하여 집행되는 공무 그 자체를 보호하기 위한 범죄이다. 공무원을 공무원이라는 신분 때문에 형법에 의하여 특별히 보호하는 것은 헌법질서와 일치할 수 없기 때문이다. 이러한 의미에서 공무방해죄의 보호법익은 공무원에 의하여 실현되는 국가기능으로서의 공무라고 해야 한다. 물론 공무를 보호함에 의하여 공무원의 지위가 간접적으로 보호되는 것을 부인할 수는 없다. 그러나 이 경우에도 공무원 지위의 보호는 반사적 효과에 불과하며, 공무원은 본죄의 행위의 객체일 뿐 보호법익이 되는 것은 아니다. 행위의 객체와 보호의 객체가 분명히 구별되는 경우의 하나이다.

2 공무방해에 관한 죄를 규정하는 방법도 입법례에 따라 동일하지 않다. 절대주의 국가에 있어서 공무는 주권의 절대적 권위에 의하여 적법·불법을 불문하고 언제나 보호받았으나, 자유주의 국가에 있어서는 공무집행의 실질적 적법성을 요구하게 되었다.[1] 보호되는 공무의 범위에 관하여도 국가 또는 공공단체의 권력적 작용, 특히 명령 또는 처분의 강제적 집행에 제한하는 태도를 취하고 있는 국가(독일 형법 제113조; 오스트리아 형법 제269조)와 이러한 제한을 두지 않는 국가(스위스 형법 제285조; 일본 형법 제95조)가 있다. 형법은 후자와 같은 태도를 취하고 있다.

2. 구성요건의 체계

3 형법은 공무방해에 관한 죄로 공무집행방해죄(제136조 1항) 이외에 직무강요죄(동조 2항), 위계에 의한 공무집행방해죄(제137조), 법정 또는 국회회의장 모욕죄(제138조), 인권옹호 직무방해죄(제139조), 공무상 비밀표시무효죄(제140조), 공용서류등 무효죄(제141조 1항), 공용물 파괴죄(동조 2항), 공법상 보관물무효죄(제142조) 및 특수공무방해죄(제144조)를 규정하고 있다. 기본적 구성요건은 공무집행방해죄이며, 직무강요죄와 위계에 의한 공무집행방해죄는 방법이 다른 경우의 수정적 구성요건이다. 법정·국회회의장 모욕죄, 인권옹호 직무방해죄, 공무상 비밀표시무효죄 등은 보호의 객체가 특수한 공무에 제한되는 경우를 규정한 것이고, 특수공무방해죄는 행위방법으로 인하여 불법이 가중되는 가중적 구성요건이다.

4 공무방해의 죄에 관한 형법의 태도는 ① 공무방해를 일반적으로 처벌하는 경우에는 공무방해를 모두 처벌하는 것이 아니라 그 수단을 공무원에 대한 폭

---

1 Maurach/Schroeder/Maiwald **69**/4, 5.

행 · 협박에 제한하면서도 위계에 의한 공무집행방해죄를 규정하고 있고, ② 손상 · 은닉 기타의 방법에 의한 공무방해에 대하여는 그 객체를 봉인 · 압류 기타 강제처분의 표시 등으로 제한하고, ③ 폭행 · 협박에 의한 공무방해를 처벌하는 경우에 그 대상을 집행 중인 공무(공무집행방해죄) 또는 집행될 공무(직무강요죄)로 개별화 · 구체화하고 있는 점에 특색이 있다.

입법론으로는 법정모욕죄와 인권옹호 직무방해죄의 존치 여부를 검토할 필요가 있다. 법정모욕죄는 법원조직법의 법정경찰권(제61조)과 중복되는 것으로 사법권의 독립을 보장하기 위하여 법정경찰권을 법원의 권한으로 규정한 취지와 모순된다. 인권옹호 직무방해죄도 이는 행정법상의 징계처분으로 족한 경우로서 형법에 의하여 처벌할 불법이라고 할 수 없다.[1] 5

Ⅱ. 공무집행방해죄

직무를 집행하는 공무원에 대하여 폭행 또는 협박한 자는 5년 이하의 징역 또는 1천만원 이하의 벌금에 처한다(제136조 1항).

1. 객관적 구성요건

(1) 주 체 본죄의 주체에는 제한이 없다. 반드시 직무집행을 받는 대상자임을 요하지 않으며, 제3자도 본죄의 주체가 될 수 있다. 공무원도 본죄를 범할 수 있다. 6

(2) 행위의 객체 본죄의 객체는 직무를 집행하는 공무원이다. 7

여기서 공무원이란 법령에 의하여 국가 또는 공공단체의 공무에 종사하는 자를 말한다. 파출소에 근무하는 방범대원도 지방고용직 공무원이므로 본죄의 대상인 공무원에 포함되지만[2] 국민기초생활 보장법상 '자활근로자'로 선정되어 주민자치센터 사회복지담당 공무원의 복지도우미로 근무하는 사람[3]이나 국민권익위원회 위원장과 계약기간 1년의 근로계약을 체결하고 운영지원과 소속 기간

1 유기천 325면; 진계호 706면.
2 대법원 1991. 3. 27. 90도2930.
3 대법원 2011. 1. 27. 2010도14484

제근로자로서 청사 안전관리 및 민원인 안내 등의 사무를 담당한 사람[1]은 포함되지 않는다. 외국의 공무원도 여기에 포함되지 않는다. 본죄는 우리나라의 공무를 보호하기 위한 범죄이기 때문이다.

직무의 집행에 관하여는 직무집행의 범위와 그 적법성이 문제된다.

8 1) 직무집행의 범위 직무의 집행이란 널리 공무원이 직무상 취급할 수 있는 사무를 행하는 것을 말한다. 반드시 공무원이 국가 또는 공공단체의 의사를 사람 또는 물건에 대하여 강제하는 경우에 한하는 것이 아니며, 따라서 직무집행이 강제적 성질을 가질 필요도 없다.[2] 직무의 범위를 권력적 작용에 제한하는 독일 형법에 있어서는 그 내용과 범위가 법률에 규정된 국가의사를 강제력에 의하여 실현하는 경우로 제한되어 수사기관이 피의자를 신문하는 것도 여기에 포함되지 않는다고 해석하고 있음에 반하여,[3] 이러한 제한이 없는 형법의 해석에 있어서 직무집행의 범위를 권력적 작용에 제한해야 할 이유가 없기 때문이다.

9 「직무를 집행하는」이란 공무원이 현재 구체적인 직무를 집행하고 있음을 말한다. 직무는 구체적인 것임을 요하며, 일반적인 직무의무(Dienstpflicht)는 여기에 포함되지 않는다.[4] '집행하는'이란 공무원이 직무수행에 직접 필요한 행위를 현실적으로 행하고 있는 때만을 가리키는 것이 아니라 공무원이 직무수행을 위하여 근무 중인 상태에 있는 때를 포괄한다.[5] 또 직무의 집행 중임을 요하므로 시간적인 관계에서 직무를 개시하여 종료되지 않았을 것을 요한다. 현재 직무를 집행하고 있을 것을 원칙으로 하지만 집행에 착수하기 직전의 준비행위도 직무집행과 불가분의 관계에 있을 때에는 여기에 포함된다. 집무시간 중에 정석에 착석하고 있는 것도 현재 감독사무를 집행하고 있는 것으로 볼 수 있다.[6] 직무집행을 대기하고 있는 경우는 물론 일시 휴식하고 있는 경우도 직무집행에 포함된다. 그러

1 대법원 2015. 5. 29. 2015도3430.

2 김성천/김형준 986면; 박상기 660면; 배종대 157/4; 신동운 172면; 오영근 738면; 유기천 331면; 이정원 771면; 이형국 800면; 임웅 956면; 정성근/박광민 763면; 진계호 707면.

3 Bubnoff LK §113 Rn. 11; Horn SK §113 Rn. 5; Maurach/Schroeder/Maiwald 70/8; Sch/Sch/Eser §113 Rn. 13; Tröndle/Fischer §113 Rn. 9; Welzel S. 501; Wessels/Hettinger Rn. 625.

4 Arzt/Weber S. 39; Horn SK §113 Rn. 5; Sch/Sch/Eser §113 Rn. 13; Wessels/Hettinger Rn. 626.

5 대법원 1999. 9. 21. 99도383, 「불법주차 차량에 불법주차 스티커를 붙였다가 이를 다시 떼어낸 직후에 있는 주차단속 공무원을 폭행한 경우, 폭행 당시 주차단속 공무원은 일련의 직무수행을 위하여 근무중인 상태에 있었다고 보아야 한다.」

6 대법원 1957. 3. 29. 4290형상48.

나 단순히 직무집행이 예상된다는 것만으로는 직무집행에 해당한다고 할 수 없다. 따라서 직무집행을 위하여 출근하는 공무원을 폭행한 경우에는 공무집행방해에 해당하지 않는다.[1] 직무집행을 종료한 후에 공무원에 대하여 폭행·협박하는 경우에도 같다.

2) 직무집행의 적법성

(가) **적법성의 요부** 공무집행방해죄가 성립하기 위하여 공무원의 직무집행이 적법함을 요하는가에 관하여 독일 형법이 「직무행위가 적법하지 않을 때에는 본죄에 의하여 벌하지 아니한다」고 규정하고 있고(제113조 3항), 오스트리아 형법도 「공무소 또는 공무원이 직무행위를 할 권한이 없거나 직무행위가 형법규정에 위반한 때에는 벌하지 아니한다」고 규정하고 있음에 반하여(제269조 4항), 형법에는 이에 대한 명문의 규정이 없다. 형법의 해석에 있어서 「직무집행이 공무원의 추상적 권한에 속하는 행위이고 구체적인 행위가 공무원의 그것이라고 인정되는 한 사소한 적법·부적법이나 유효·무효는 문제되지 않는다」는 견해[2]도 있으나, 통설[3]과 판례[4]는 직무집행이 적법할 것을 요한다고 해석하고 있다. 생각건대 ① 개인의 기본적 인권을 존중하는 근대법치국가에 있어서는 국가의 기능적 작용도 엄격히 법의 한계를 지킬 것이 요구되므로 위법한 공무집행에 대한 반항을 처벌하는 것은 법의 적정한 집행을 저해하는 결과를 초래하며, ② 직무집행이 위법한 경우까지 형법에 의하여 보호할 수는 없을 뿐만 아니라, ③ 국민은 위법한 직무집행에 대하여는 정당방위를 할 수 있고 이에 의하여 받을 권리와 자유에 관한 침해에 대하여 저항권(Widerstandsrecht)이 인정된다는 점에 비추어 직무집행이 적법할 것을 요건으로 한다는 통설이 타당하다. 10

(나) **적법성의 요건** 직무집행의 적법성을 판단함에 있어서는 형법적인 적법개념(strafrechtlicher Rechtmäßigkeitsbegriff)이 기준이 되어야 한다. 따라서 직무행위의 적법성은 실질적 정당성이 아니라 형식적 적법성을 기준으로 판단하여야 11

1 대법원 1979. 7. 24. 79도1201.
2 유기천 330면.
3 김성돈 781면; 김성천/김형준 987면; 김일수/서보학 677면; 박상기 860면; 배종대 157/6; 백형구 588면; 손동권/김재윤 800면; 신동운 174면; 오영근 740면; 이정원 773면; 이형국 801면; 임웅 958면; 정성근/박광민 764면; 정영일 456면; 진계호 708면.
4 대법원 1992. 2. 11. 91도2797; 대법원 1994. 9. 27. 94도886; 대법원 2013. 11. 28. 2013도9138; 대법원 2014. 5. 29. 2013도2285.

한다.[1] 공무원이 법원 또는 관청의 판결이나 결정 또는 처분을 집행하는 때에도 그 실질적 정당성은 문제되지 않는다.

직무집행의 적법성을 인정하기 위해서는 다음과 같은 요건을 필요로 한다.

12 (i) 행위가 당해 공무원의 **추상적**(일반적) **직무권한**에 속하여야 한다. 공무원에게는 사물적·장소적으로 직무의 범위가 정해져 있다. 집행관에게는 재판의 집행과 강제처분의 권한이 있으며, 특별사법경찰관리는 법률에 의하여 정해진 사항에 한하여 사법경찰관리로서의 직무를 행할 수 있다. 따라서 이 범위를 넘은 행위는 직무의 집행이라고 할 수 없다. 예컨대 면사무소 근무 공무원이 행정사무의 편의를 목적으로 설계도면의 제출을 요구하거나,[2] 법관이 수사상의 강제처분을 집행하는 경우, 경찰관이 조세를 징수하거나 사법상의 분쟁해결에 관여하는 경우가 여기에 해당한다. 그러나 공무원의 내부적 사무분담은 직무권한의 범위에 영향을 미치지 않는다. 따라서 교통경찰관이 불심검문을 하는 것도 적법한 직무집행에 해당한다.

13 (ii) 행위가 당해 공무원의 **구체적 권한**에 속하여야 한다. 즉 법률에 규정된 구체적 직무행위의 요건을 구비한 때에 직무집행은 적법하다고 할 수 있다. 예컨대 집행관은 자기에게 위임된 사건에 대하여만 강제집행을 할 수 있다. 경찰관은 임의동행을 요구할 수 있으므로 임의동행의 요구에 대하여 폭행하는 경우에는 본죄가 성립하지만,[3] 임의동행의 요구를 거절당하자 강제로 인치하려고 한 때에는 현행범인의 체포에 해당하지 않는 한 적법한 공무집행행위가 있었다고 할 수 없다.[4] 따라서 경찰관이 긴급체포나 현행범체포의 요건에 해당하지 않는 사람을 강제로 연행하는 것은 적법한 공무집행이라고 할 수 없다. 임의동행된 사람이 조사를 거부하고 파출소를 나가려고 하자 경찰관이 이를 제지하거나,[5] 즉결심판 피의자를 강제로 경찰서 보호실에 유치시키는 경우에도 같다.[6] 그러므로 ① 교통

---

1 Bubnoff LK §113 Rn. 25; Lackner/Kühl §113 Rn. 7; Maurach/Schroeder/Maiwald 69/10; Sch/Sch/Eser §113 Rn. 21; Tröndle/Fischer §113 Rn. 11; Wessels/Hettinger Rn. 635.

2 대법원 1982. 11. 23. 81도1872.

3 대법원 1970. 9. 17. 70도1391.

4 대법원 1972. 10. 31. 72도2005; 대법원 1977. 8. 23. 77도2111.

5 대법원 1997. 8. 22. 97도1240.

6 대법원 1997. 6. 13. 97도877.

경찰관이 면허증 제시요구에 응하지 않고 오만한 단속태도에 항의하는 사람[1]이나 음주측정을 거절하는 운전자를 음주측정할 목적으로 파출소로 연행하려고 한 경우[2]는 물론, ② 법정형이 긴급체포사유에 해당하지 않는 범죄혐의로 기소중지된 사람을 경찰관이 연행하려고 한 경우나,[3] 수사기관에 자진출석한 사람이 긴급체포의 요건을 갖추지 못하였음에도 수사기관이 실력으로 그를 체포하려고 한 경우,[4] ③ 현행범인의 요건을 갖추지 못하여 현행범인이라고 할 수 없는 자이거나[5] 현행범인이라 하여도 영장 없이 체포할 수 없는 경우에 동행을 거절하는 사람을 연행한 때에는 적법한 직무집행이 될 수 없으므로 이를 제지하기 위하여 폭행 또는 협박을 한 경우에도 공무집행방해죄는 성립하지 아니한다.[6] 다만 직무행위가 공무원의 재량에 맡겨진 경우에는 그 재량의 범위에서 행한 직무행위는 적법하다고 해야 한다.

따라서 ① 경찰공무원이 3회에 걸친 음주측정 후에도 확인할 수 없어 다시 검사를 받을 것을 요구한 경우(대법원 1992. 4. 28. 92도220), ② 교통단속업무에 종사하던 의경이 범칙행위를 하였다고 인정되는 운전자에게 면허증 제시를 요구하며 차량의 문틀을 잡고 정지를 요구한 경우(대법원 1994. 9. 27. 94도886), ③ 대학생들에 의하여 전경 50여명이 납치 · 감금되어 있는 대학교 도서관 건물에 경찰관이 압수 · 수색영장 없이 진입한 경우(대법원 1990. 6. 22. 90도767)에는 직무집행이 적법하다고 해야 한다.

(iii) 행위는 **법령이 정한 방식과 절차**에 따른 것이어야 한다. 예컨대 피고인 14
또는 피의자를 구속함에는 구속영장을 필요로 하고(형소법 제73조, 제201조), 구속영장을 집행함에는 영장을 제시하고(동법 제85조, 제209조) 공소사실 또는 피의사실의 요지를 알려야 하

1 대법원 1992. 2. 11. 91도2797.
2 대법원 1994. 10. 25. 94도2283.
3 대법원 1991. 5. 10. 91도453.
4 대법원 2006. 9. 8. 2006도148, 「검사나 사법경찰관이 수사기관에 자진출석한 사람을 긴급체포의 요건을 갖추지 못하였음에도 실력으로 체포하려고 하였다면 적법한 공무집행이라고 할 수 없고, 자진출석한 사람이 검사나 사법경찰관에 대하여 이를 거부하는 방법으로써 폭행을 하였다고 하여 공무집행방해죄가 성립하는 것은 아니다.」
5 대법원 1989. 12. 12. 89도1934; 대법원 1991. 9. 24. 91도1314; 대법원 1991. 12. 10. 91도2395.
6 대법원 1992. 5. 22. 92도506, 「공소외인의 행위가 법정형 5만원 이하의 벌금, 구류 또는 과료에 해당하는 경미한 범죄에 불과한 경우 비록 그가 현행범인이라 하더라도 영장 없이 체포할 수 없고, 또한 범죄의 사전진압이나 교통단속만을 이유로 임의동행을 강요할 수 없다 할 것이므로 경찰관이 그의 의사에 반하여 강제로 연행하려고 한 행위는 적법한 공무집행이라고 볼 수 없고, 따라서 피고인이 위 경찰관의 행위를 제지하기 위하여 경찰관에게 폭행을 가하였다고 하여도 이는 공무집행방해죄를 구성하지 않는다.」

며(동법 제88조, 제200조의5), 압수 · 수색영장의 야간집행이 금지되며(동법 제125조, 제219조), 여자의 신체를 수색할 때에는 성년의 여자를 참여하게 하여야 한다(동법 제124조, 제219조). 그러나 직무행위의 방식과 절차에 사소한 미비점이 있는 모든 직무집행을 위법이라고 할 수는 없다. 결국 위법한 직무집행인가의 여부는 본질적인 형식을 위반하였는가에 의하여 결정되며, 이는 관련자의 권리를 보호함에 불가결한 형식인가의 여부에 따라 판단된다고 할 수 있다.[1]

판례는 ① 정차금지구역에서 정차 여부를 확인하지 않고 욕설과 폭행을 한 교통경찰관의 행위는 법령에 정한 방식에 따라 직무를 집행한 경우에 해당한다고 볼 수 없고(대법원 1978. 10. 10. 78도2134), ② 현행범체포나 긴급체포의 요건이 갖추어진 때에도 체포과정에 적법한 절차를 거치지 아니하면 적법한 직무집행이라고 할 수 없다(대법원 1994. 3. 11. 93도958)[2]고 판시하고 있다. 이에 반하여 경찰관이 현행범인을 체포하는 경우에는 반드시 범죄사실의 요지, 체포의 이유와 변호인을 선임할 수 있음을 말하고 변명할 기회를 주어야 하고, 이와 같은 고지는 체포를 위한 실력행사에 들어가기 이전에 미리 하여야 하는 것이 원칙이지만, 달아나는 피의자를 쫓아가 붙들거나 폭력으로 대항하는 피의자를 실력으로 제압하는 경우에는 붙들거나 제압하는 과정에서 하거나, 그것이 여의치 아니하여 일단 붙들거나 제압한 후에 지체 없이 행하였다면 경찰관의 현행범인 체포는 적법한 공무집행이 된다고 한다(대법원 2008. 10. 9. 2008도3640).

15 (다) **적법성의 판단기준** 직무집행이 적법한가를 판단하는 기준에 관하여는 ① 법원이 법령을 해석하여 객관적으로 판단해야 한다는 **객관설**,[3] ② 당해 공무원이 적법한 것으로 믿었는가 또는 과실 없이 적법한 것으로 믿었는가에 의하여 결정해야 한다는 **주관설**,[4] ③ 주관적 · 객관적인 면을 모두 고려하여 판단해

1 Bubnoff LK §113 Rn. 30; Maurach/Schroeder/Maiwald **69**/13; Sch/Sch/Eser §113 Rn. 26; Tröndle/Fischer §113 Rn. 13.

2 대법원 1994. 3. 11. 93도958, 「피의자를 구속영장 없이 현행범으로 체포하든지 긴급구속하기 위하여는 체포 또는 긴급구속 당시에 헌법 및 형사소송법에 규정된 바와 같이 피의자에 대하여 범죄사실의 요지, 체포 또는 구속의 이유와 변호인을 선임할 수 있음을 말하고 변명할 기회를 준 후가 아니면 체포 또는 긴급구속할 수가 없다고 할 것이므로 이러한 절차가 준수되었다고 볼 자료가 없다면 피고인을 적법하게 현행범으로 체포하거나 긴급구속한 것이라고 볼 수 없다.」
동지: 대법원 1994. 10. 25. 94도2283; 대법원 1995. 5. 9. 94도3016; 대법원 1996. 12. 23. 96도2673; 대법원 2017. 9. 21. 2017도10866.

3 김성천/김형준 988면; 김일수/서보학 679면; 박상기 862면; 배종대 **157**/11; 손동권/김재윤 803면; 신동운 180면; 오영근 742면; 이형국 805면; 임웅 959면; 정성근/박광민 766면; 정영석 62면; 정영일 456면.

4 Bockelmann S. 141; Horn SK §113 Rn. 11a; Tröndle/Fischer §113 Rn. 13.

야 한다는 **절충설**[1] 및 ④ 일반인의 입장에서 공무원의 직무행위로 인정할 수 있을 때에는 적법하다고 하는 **일반인표준설**[2]이 대립되고 있다. 생각건대 ① 공무원의 주관에 따라 위법한 직무집행이 적법하게 된다는 것은 공무원의 전단을 허용하는 결과가 되며, ② 법령을 알지 못하는 일반인이 직무집행의 외관만을 기준으로 적법성을 판단하는 것도 정확하다고 할 수 없을 뿐만 아니라, ③ 적법과 위법의 판단은 객관적 기준에 의하여야 한다는 점에 비추어 객관설이 타당하다. 따라서 공무원의 어떠한 공무집행이 적법한지는 행위 당시의 구체적 상황에 기초를 두고 객관적 · 합리적으로 판단해야 하고, 사후적으로 순수한 객관적 기준에서 판단할 것은 아니다.[3]

공무원이 상관의 위법한 명령을 집행한 경우에 직무집행이 적법하게 될 수 있는가에 관하여는 ① 상관의 명령이 위법한 이상 그 직무집행도 당연히 위법하다고 해석하는 견해[4]와, ② 공무원의 복종의무에 비추어 상관의 명령이 현저히 사회상규에 반하지 않을 때에는 적법한 직무집행이라고 해석해야 한다는 견해[5]가 대립되고 있다. 그러나 상관의 명령이 적법성의 요건을 구비하지 못한 때에는 명령의 집행이라는 이유로 위법한 행위가 적법하게 될 수는 없다고 해야 한다.[6] 16

(라) **적법성의 체계적 지위** 공무집행방해죄의 성립을 위하여 직무집행의 적법성을 요건으로 한다고 해석하는 경우에도 적법성의 체계적 지위를 어떻게 파악해야 할 것인가가 문제된다. 이는 범죄의 체계론과 형사정책적 요구를 어떻게 조화시킬 것인가에 관한 문제이다. 17

> 1871년부터 형법에 직무집행의 적법성을 명문으로 규정하고 있던 독일 형법에 있어서는 이를 객관적 처벌조건으로 해석하는 견해가 통설의 지위를 차지하고 있다. 그러나 1970년의 제3차 형법개정법률에 의하여 현행 독일 형법이 직무집행의 적법성을 소극적으로 규정하는 데 그치고 ① 직무행위가 위법한 때에는 행위자가 적법하다고 오인한 때에도 벌하지 않고(제113조 3항), ② 위법하다고 착오한 때에는 착오가 회피할 수

1 유기천 33면; 진계호 709면.
2 대법원 1961. 8. 26. 60도852.
3 대법원 2024. 7. 25. 2023도16951.
4 김봉태(공저) 604면; 백형구 589면; 손동권/김재윤 803면; 이영란 801면; 이형국 806면; 임웅 960면; 정성근/박광민 767면.
5 진계호 710면; 황산덕 65면.
6 Arzt/Weber S. 48; Maurach/Schroeder/Maiwald 69/18; Sch/Sch/Eser §113 Rn. 31; Tröndle/Fischer §113 Rn. 15.

있으면 형을 감경 또는 면제할 수 있고, 착오를 회피할 수 없고 법적 구제수단에 의하여 대항하는 것이 기대할 수 없는 때에는 벌하지 않지만 이를 기대할 수 있는 때에는 감경 또는 면제할 수 있다(동조 4항)고 규정하여 이에 대한 착오를 명문의 규정에 의하여 해결함으로써 적법성의 체계적 지위가 새로운 측면에서 문제되고 있다.[1]

직무행위의 적법성의 체계에 관하여는 처벌조건설 · 위법성조각사유설 및 구성요건요소설이 대립되고 있다.

18 (a) **처벌조건설** 처벌조건설은 직무집행의 적법성이 객관적 처벌조건이라고 이해한다.[2] 이에 의하면 적법성의 인식은 고의의 내용이 되지 않으며 이에 대한 착오는 범죄의 성립에 영향을 주지 않는다. 현재 독일의 다수설의 태도이다.[3] 그러나 처벌조건설은, 형사정책적 필요성을 근거로 범죄론의 체계를 무시하는 것은 합리적이라고 할 수 없고, 직무행위의 적법성은 가벌성의 요건에 그치는 것이 아니라 위법한 직무집행에 대하여는 정당방위가 허용된다는 점에서 범죄가 성립하기 위한 요건으로 파악해야 하므로 타당하다고 할 수 없다.[4]

19 (b) **위법성조각사유설** 위법성조각사유설은 직무집행이 위법할 때에는 반항행위의 위법성을 조각시키는 위법성조각사유가 된다고 해석하는 견해이다.[5] 직무행위의 불법은 정당방위를 가능하게 하는 위법한 침해가 된다는 것을 이유로 한다. 이에 의하면 직무집행의 적법성에 대한 착오는 위법성의 착오로서 형법 제16조에 의하여 해결해야 한다는 결론이 된다.[6] 그러나 위법성조각사유설에 의하여 위법한 직무행위에 대한 저항이 구성요건에 해당한다고 하는 것은 범죄론의 체계와 일치한다고 할 수 없을 뿐만 아니라,[7] 이 경우에도 주관적 위법성조각사유의 존재를 필요로 한다는 부당한 결과를 초래한다.[8]

20 (c) **구성요건요소설** 구성요건요소설은 직무집행의 적법성이 구성요건요소라고 이해하여 이에 대한 착오는 사실의 착오로 고의를 조각한다고 한다.[9]

---

1 Nauke, 「Straftatsystem und Widerstand gegen Vollstreckungsbeamte」, Dreher-FS S. 461.
2 서일교 333면; 진계호 711면.
3 Bockelmann S. 147; Haft S. 4; Hohmann/Sander 2 **26**/21; Wessels/Hettinger Rn. 633.
4 Sch/Sch/Eser §113 Rn. 19; Nauke, *a.a.O.* S. 471.
5 Bubnoff LK §113 Rn. 23; Lackner/Kühl §113 Rn. 18.
6 유기천 333면; 이영란 803면; 정성근/박광민 767면; 진계호 709면; 황산덕 67면.
7 Schünemann, 「Einführung in das strafrechtliche Systemdenken」, *Grundfragen des modernen Strafrechtssystems*, S. 17.
8 Sch/Sch/Eser §113 Rn. 19.
9 김석휘(주석) 152면; 김일수/서보학 677면; 배종대 **157**/14; 백형구 590면; 손동권/김재윤 804

법치국가에 있어서는 적법한 직무행위에 대하여만 국가가 그 방해행위를 처벌할 이익이 있다고 할 것이며 직무행위의 적법성은 처벌할 만한 방해행위의 전제가 된다고 할 것이므로 그것은 본죄의 불법을 구성하는 구성요건요소라고 파악하지 않을 수 없다.[1]

(3) **행 위** 본죄의 행위는 폭행 · 협박이다.

(가) **폭행 · 협박의 의의** 폭행이란 사람에 대한 유형력의 행사를 의미하 21
며, 협박은 해악을 고지하는 것을 말한다. 해악을 고지할 것을 요하므로 해악을 고지하지 않고 집행관에게 불법집행이라고 소리쳤다는 사실만으로는 협박이라고 할 수 없다. 해악을 고지하는 방법은 불문한다. 언어에 의하건 문서에 의하건, 명시적 방법에 의하건 묵시적 방법에 의하건, 직접적이건 간접적이건 묻지 않는다. 폭행과 협박은 공무원에 대한 것임을 요한다. 그러나 본죄의 폭행 · 협박은 광의의 그것을 의미한다. 따라서 폭행은 반드시 사람의 신체에 대한 것임을 요하지 않고 물건에 대한 유형력의 행사일지라도 간접적으로 사람에 대한 것이면 족하다. 그러므로 파출소 사무실 바닥에 인분을 뿌리고 재털이에 인분을 담아 바닥에 던지는 것도 공무원에 대한 폭행에 해당한다.[2] 반드시 공무원에 대한 폭행일 것을 요하지도 않는다. 따라서 집행관에 대한 폭행이 아니라 그 인부에 대한 것이라 할지라도 간접적으로 공무원에 대한 것이라고 인정될 수 있으면 본죄의 폭행에 해당한다.

그러나 운전자가 교통단속 경찰관의 면허증 제시요구에 불응하고 차량을 진행한 것만으로는 폭행에 해당한다고 할 수 없다(대법원 1994. 9. 9. 94도701; 대법원 1996. 4. 26. 96도281).

(나) **폭행 · 협박의 정도** 폭행 · 협박은 공무집행을 방해할 수 있을 정도 22
에 이를 것을 요한다. 따라서 공무원이 전혀 개의치 아니할 정도의 경미한 폭행 · 협박은 여기에 포함되지 않는다.[3] 폭행 · 협박은 적극적인 행위(aktive Tätigkeit)에 의할 것을 요한다. 따라서 소극적인 거동이나 불복종은 여기에 해당하지 않는다. 예컨대 공무원의 출입을 막기 위하여 닫혀 있는 문을 열어주지 않거나, 풀려

면; 이형국 803면.

1 Horn SK §113 Rn. 22; Sch/Sch/Eser §113 Rn. 20; Hirsch, 「Literaturbericht」, ZStW 84, 390; Nauke, *a.a.O.* S. 471.

2 대법원 1981. 3. 24. 81도326.

3 대법원 1970. 6. 30. 70도1121; 대법원 2007. 6. 1. 2006도4449; 대법원 2011. 2. 10. 2010도15986.

진 맹견을 묶지 않는 경우 또는 체포를 방해하기 위하여 앉아 있거나 누워 있는 것만으로는 폭행에 해당한다고 할 수 없다. 이에 반하여 공무원이 나가지 못하게 하기 위하여 문을 닫거나 맹견을 풀어 놓은 것은 적극적 행위라 할 것이므로 본죄를 구성할 수 있다.

23 (다) 기수시기 본죄는 추상적 위험범이다.[1] 따라서 공무원에 대하여 폭행·협박을 하면 본죄는 기수에 이르며 이로 인하여 직무집행의 방해라는 결과가 발생하였을 것은 요하지 않는다.

2. 주관적 구성요건

24 본죄도 고의범이므로 객관적 구성요건요소에 대한 고의를 요한다. 따라서 행위자는 직무를 집행하는 공무원에 대하여 폭행·협박한다는 사실에 대한 인식이 있어야 한다. 상대방이 공무원인 사실을 모른 때에는 사실의 착오로서 고의를 조각한다. 반드시 확정적 고의임을 요하는 것이 아니라 미필적 고의로도 족하다. 고의 이외에 공무집행을 방해할 의사가 있어야 한다고 해석하는 견해[2]도 있다. 본죄의 보호법익이 공무라는 점을 이유로 한다. 그러나 보호법익을 침해할 의사가 필요한 것은 아니므로 직무집행을 방해한다는 사실을 인식하면 족하며 특히 방해의 의사를 필요로 한다고 볼 수는 없다.[3]

직무집행의 적법성도 구성요건요소라 할 것이므로 이에 대한 인식도 고의의 내용이 된다. 따라서 적법성에 대한 착오는 고의를 조각한다. 이에 대하여 직무행위의 적법성을 위법성의 요소로 파악하는 견해는 적법성에 대한 착오를 법률의 착오로 이해한다. 판례[4]는 공무집행방해죄에서 공무집행의 적법성에 관한 잘못된 법적 평가로 인하여 자신의 행위가 금지되지 않는다고 오인한 경우 그 오인에 정당한 이유가 있는지를 살펴보아야 한다고 하여 형법 제16조를 적용하였다. 직무집행이 위법한 경우에는 처벌할 불법을 부정해야 하지만 위법하다고 오신한 경우에도 처벌할 필요가 있다는 점에 비추어 입법론으로는 적법성의 착오에 대

1 김성돈 785면; 김성천/김형준 992면; 김일수/서보학 680면; 박상기 663면; 신동운 184면; 오영근 738면; 유기천 324면; 이형국 807면; 임웅 956면; 정성근/박광민 769면; 정영일 453면.

2 서일교 335면; 유기천 332면; 진계호 711면.

3 김성천/김형준 992면; 김일수/서보학 680면; 박상기 663면; 배종대 157/19; 백형구 590면; 신동운 184면; 이정원 775면; 임웅 963면; 정성근/박광민 769면.

4 대법원 2024. 7. 25. 2023도16951.

한 특별규정을 두는 것이 타당하다고 생각된다.

3. 죄수 및 다른 범죄와의 관계

(1) 죄 수 본죄의 죄수를 결정하는 기준에 관하여 판례는 공무원의 25
수에 따라 결정되는 것이라는 전제에서 동시에 여러 사람이 집행하는 공무를 방해한 때에는 수죄의 상상적 경합이 된다고 판시하고 있다.[1] 그러나 본죄의 죄수는 공무원의 수가 아니라 공무의 수를 기준으로 판단하여야 한다.[2] 본죄의 보호법익은 공무 자체이기 때문이다. 따라서 하나의 공무를 집행하는 수인의 공무원을 폭행한 때에도 하나의 공무집행방해죄가 성립한다고 해야 한다.

(2) 다른 범죄와의 관계 본죄와 폭행죄 또는 협박죄는 법조경합의 관 26
계에 있다. 따라서 본죄가 성립하는 경우에는 폭행죄 또는 협박죄는 별도로 성립하지 않는다. 그러나 단순한 폭행 또는 협박의 범위를 넘어 상해죄·살인죄·강도죄·준강도죄·소요죄를 구성하는 경우에는 본죄와 상상적 경합의 관계가 된다. 다만 강도가 체포를 면탈할 목적으로 경찰관에게 폭행을 가한 때에는 강도죄와 본죄가 실체적 경합관계에 있게 된다.[3]

본죄와 업무방해죄의 관계에 관하여는 ① 공무는 업무방해죄의 업무에 포 27
함되지 않는다는 견해,[4] ② 공무도 업무의 일종이지만 본죄가 성립하는 경우에는 업무방해죄의 적용이 배제된다는 견해,[5] ③ 공무원이 행하는 공무는 업무방해죄에 해당하지 않지만 비공무원이 행하는 공무는 업무에 포함된다는 견해[6] 및 ④ 공무에 대하여도 본죄와 업무방해죄의 상상적 경합이 된다는 견해[7] 등이 대립되

1 대법원 2009. 6. 25. 2009도3505, 「동일한 공무를 집행하는 여럿의 공무원에 대하여 폭행·협박행위를 한 경우에는 공무를 집행하는 공무원의 수에 따라 여럿의 공무집행방해죄가 성립하고, 위와 같은 폭행·협박 행위가 동일한 장소에서 동일한 기회에 이루어진 것으로서 사회관념상 1개의 행위로 평가되는 경우에는 여럿의 공무집행방해죄는 상상적 경합의 관계에 있다. 따라서 범죄 피해 신고를 받고 출동한 두 명의 경찰관에게 욕설을 하면서 차례로 폭행을 하여 신고 처리 및 수사 업무에 관한 정당한 직무집행을 방해한 경우, 위 공무집행방해죄는 형법 제40조에 정한 상상적 경합의 관계에 있다고 해야 한다.」

2 김성천/김형준 993면; 김일수/서보학 681면; 박상기 663면; 배종대 **157**/20; 백형구 590면; 유기천 327면; 이정원 777면; 임웅 964면; 정성근/박광민 770면; 진계호 712면.

3 대법원 1992. 7. 28. 92도917.

4 김일수/서보학 681면; 김종원 168면; 박상기 663면; 손동권/김재윤 808면; 유기천 176면.

5 배종대 **157**/21; 서일교 112면; 정성근/박광민 771면; 정영석 293면.

6 김석휘(주석) 155면.

7 진계호 713면.

고 있다. 그러나 형법이 업무방해죄 이외에 공무집행방해죄를 규정하여 그 행위의 태양을 제한하고 있는 취지는 사적 업무 이외의 공무를 별도로 보호하면서 공무방해는 공무원에 대한 폭행·협박 또는 위계의 경우에 한하여 처벌하겠다는 뜻이라고 보아야 할 것이므로, 공무는 업무방해죄의 업무에 포함되지 않고[1] 따라서 본죄가 성립하는 때에는 업무방해죄는 성립하지 않는다고 해석해야 한다.

Ⅲ. 수정적 구성요건

1. 직무·사직강요죄

공무원에 대하여 그 직무상의 행위를 강요 또는 저지하거나 그 직을 사퇴하게 할 목적으로 폭행 또는 협박한 자도 전항의 형과 같다(제136조 2항).

28 (1) 의 의 공무원에 대하여 그 직무상의 행위를 강요 또는 저지하거나 그 직을 사퇴하게 할 목적으로 폭행·협박함으로써 성립하는 범죄이다. 본죄는 ① 협의의 공무집행방해죄가 직무집행 중의 공무를 보호하기 위한 범죄임에 반하여 공무원의 장래의 공무집행을 보호하는 범죄이며, ② 목적범이라는 점에 특색이 있다.

29 본죄의 보호법익에 관하여는 공무원의 직무집행뿐만 아니라 그 직무상의 지위의 안전도 포함된다는 견해[2]와 공무원인 지위의 안전은 공무를 보호하는 반사적 효과에 불과하므로 보호법익은 공무 자체라고 해석해야 한다는 견해[3]가 대립한다. 그러나 본죄가 직무상의 행위를 강요하는 경우뿐만 아니라 사직하게 할 목적으로 폭행·협박하는 경우까지 처벌하는 점에 비추어 공무원의 지위의 안전도 본죄의 보호법익이 된다고 해야 한다. 이러한 의미에서 본죄를 강요죄에 대한 특별규정이라고도 할 수 있으나, 강요죄가 침해범임에 반하여 본죄는 강요가 목적의 내용이 되어 있음에 불과한 추상적 위험범인 점에서 강요죄와 구별된다.

(2) 구성요건

30 1) 객관적 구성요건 본죄의 주체에는 제한이 없다. 객체는 공무원이다.

---

1 대법원 2009. 11. 19. 2009도4166 전원합의체판결.

2 박상기 664면; 배종대 158/2; 손동권/김재윤 808면; 임웅 965면; 정성근/박광민 772면; 정영석 64면; 정영일 460면; 진계호 713면.

3 김성천/김형준 994면; 김일수/서보학 682면; 오영근 746면; 이정원 778면.

다만 직무를 집행하는 공무원일 것을 요하지 않고 장래에 직무를 집행할 공무원이면 족하다는 점에서 공무집행방해죄와 구별된다. 행위는 폭행 · 협박이다. 폭행 · 협박의 의미는 공무집행방해죄의 경우와 같다.

2) 주관적 구성요건 본죄가 성립하기 위하여는 고의 이외에 직무상의 행위를 강요 또는 저지하거나 그 직을 사퇴하게 할 목적이 있어야 한다. 목적범의 일반원리에 의하여 본죄는 이러한 목적으로 폭행 · 협박함으로써 기수가 되며 목적의 달성 여부는 본죄의 성립에 영향이 없다. 31

직무상의 행위를 강요 또는 저지하거나 사직케 할 목적에 관하여는 다음과 같은 문제가 제기된다.

(가) 직무상의 행위의 범위 직무상의 행위란 당해 공무원이 직무에 관하여 할 수 있는 일체의 행위를 의미한다. 그것이 직무권한 내의 행위이어야 하는가에 대하여는 ① 당해 공무원의 직무와 관계 있는 행위이면 족하고 권한 내의 행위이건 아니건 불문한다는 견해,[1] ② 당해 공무원의 추상적 권한에 속하여야 하지만 구체적 권한에 속할 것을 요하지는 않는다는 견해,[2] ③ 공무원의 직무권한에 속할 것을 요한다는 견해[3]가 대립한다. 본죄의 주된 보호법익이 공무이며 공무원의 지위는 공무와 관련된 범위에서 보호하는 것이라고 해석해야 하므로 공무원의 추상적 권한에 속할 것을 요하며 그것으로 족하다고 하는 것이 타당하다. 32

(나) 직무행위의 적법성 직무행위의 적법성을 요하는가에 대하여도 ① 직무행위가 적법한가의 여부를 불문한다는 견해[4]와, ② 적법할 것을 요한다고 해석하는 견해[5]도 있으나, 직무상의 행위를 저지하는 경우에는 직무행위가 적법할 것을 요하지만 강요의 경우에는 이를 요하지 않는다고 해석하는 것이 타당하다고 생각된다.[6] 직무강요는 그 자체가 위법하다고 보아야 하기 때문이다. 33

(다) 사직케 할 목적 그 직을 사퇴하게 한다는 것은 공무의 집행을 방해하기 위하여 사직하게 하는 경우뿐만 아니라 공무집행과 관계 없이 개인적 사정에 34

1 김봉태(공저) 630면; 유기천 334면; 정영석 64면.
2 배종대 **158**/5; 백형구 592면; 오영근 747면; 이영란 807면; 이정원 778면; 이형국 809면; 임웅 966면; 정성근/박광민 772면; 정영일 460면.
3 김석휘(주석) 157면; 황산덕 68면.
4 유기천 334면; 황산덕 68면.
5 서일교 337면; 이영란 809면.
6 김봉태(공저) 630면; 김성돈 781면; 김일수/서보학 683면; 배종대 **158**/6; 이형국 809면; 정성근/박광민 773면; 정영일 460면.

의하여 사직하게 하는 경우를 포함한다.

35 (3) **다른 범죄와의 관계** 본죄와 폭행죄 및 협박죄가 법조경합의 관계에 있음은 공무집행방해죄의 경우와 같다. 본죄와 강요죄의 관계에 관하여는 강요죄도 본죄에 흡수된다고 해석하는 견해[1]도 있다. 그러나 본죄는 강요의 결과가 발생하였음을 요건으로 하는 것은 아니므로 양 죄의 상상적 경합이 된다.

2. 위계에 의한 공무집행방해죄

위계로써 공무원의 직무집행을 방해한 자는 5년 이하의 징역 또는 1천만원 이하의 벌금에 처한다(제137조).

36 (1) **의 의** 본죄는 위계에 의하여 공무원의 직무집행을 방해함으로써 성립하는 범죄이다. 공무집행방해의 수단이 폭행·협박이 아니라 위계일 뿐이며, 대상에 있어서도 현재 직무를 집행하고 있는 공무원일 것을 요하지 않고 장래의 직무집행을 예상한 경우도 포함한다는 점에서 협의의 공무집행방해죄와 구별된다.

(2) **객관적 구성요건** 위계로 공무집행을 방해하는 것이다.

37 1) **위 계** 위계(僞計)란 타인의 부지 또는 착오를 이용하는 일체의 행위를 말한다. 기망뿐만 아니라 유혹의 경우를 포함한다. 위계는 행위자가 행위목적을 이루기 위하여 상대방에게 오인·착각·부지를 일으키게 하여 이를 이용하는 것을 요한다. 따라서 행위자의 행위가 구체적인 직무집행을 저지하거나 현실적으로 곤란하게 하는 데까지 이르지 않은 경우에는 위계에 의한 공무집행방해죄가 성립할 여지가 없다.[2] 반드시 비밀로 할 것을 요하는 것도 아니다. 위계의 상대방이 직접 직무를 담당하는 공무원일 것도 요하지 않는다. 따라서 제3자를 기망하여 공무원의 직무를 방해하는 경우도 여기에 해당한다.

판례에 의하면 ① 시험문제를 사전에 입수하거나(대법원 1966. 4. 26. 66도30) 답안쪽지를 전달하는 경우(대법원 1967. 5. 23. 67도650), ② 운전면허시험에 대리응시하는 경우(대법원 1986. 9. 9. 86도1245), ③ 자격시험 응시자격을 증명하는 수료증명서를 허위작성·제출하는 경우(대법원 1982. 7. 27. 82도1301), ④ 고등학교 입학원서 추천서란을 허위기재한 경우(대법원 1983. 9. 27. 83도1864), ⑤ 공무원

1 김봉태(공저) 630면; 김석휘(주석) 159면.
2 대법원 2009. 4. 23. 2007도1554.

들의 근무성적 평점표를 조작하여 근무성적 평점위원회에 제출하여 조작된 근무성적 평점표에 따라 평점대상인 공무원들의 순위를 심사·결정하도록 한 경우(대법원 2012. 1. 27. 2010도11884) 등이 위계에 의하여 공무집행을 방해한 때에 해당한다.

공무원이 사실을 수사 또는 심리해야 할 사항에 대하여 허위의 진술을 하거나 또는 허위신고를 하였다는 것만으로는 여기의 위계에 해당하지 아니한다. 다만, 출원 또는 신청에 의한 인·허가 또는 승인 처분이 관할 관청의 불충분한 심사 때문이 아니라 출원인의 신청사유 또는 소명자료가 허위임을 발견하지 못하여 이루어진 때에는 위계가 원인이 된 것이므로 본죄가 성립한다.[1] 38

따라서 ① 수사기관에 대하여 피의자 또는 참고인으로 허위진술(대법원 1972. 10. 10. 72도1974; 대법원 1977. 2. 22. 76도368) 또는 허위신고(대법원 1974. 12. 10. 74도2841)를 하는 것만으로는 본죄에 해당하지 않는다. 그러나 피의자나 참고인이 수사기관에 대하여 조작된 증거를 제출함으로써 수사기관의 수사활동을 방해한 경우,[2] 예컨대 음주운전을 하다가 교통사고를 야기한 후 그 형사처벌을 면하기 위하여 타인의 혈액을 자신의 혈액인 것처럼 교통사고 조사 경찰관에게 제출하여 감정하도록 하거나(대법원 2003. 7. 25. 2003도1609), 타인의 소변을 마치 자신의 소변인 것처럼 수사기관에 건네주어 필로폰 음성반응이 나오게 한 경우에는(대법원 2007. 10. 11. 2007도6101) 본죄가 성립한다. ② 행정관청에 허위의 출원사유나 소명자료를 제출하여 인·허가처분을 받은 경우(대법원 1988. 5. 10. 87도2079; 대법원 1989. 1. 17. 88도709; 대법원 1989. 3. 28. 88도898)나 전화가입청약순위를 속여서 전화가입청약을 한 경우(대법원 1977. 12. 27. 77도3199), 개인택시 운송면허신청서에 허위의 소명자료를 첨부하여 허위신고를 하였다는 것(대법원 1988. 9. 27. 87도2174)만으로는 본죄에 해당하지 않는다. 그러나 ③ 지방자치단체의 공사입찰에 있어서 허위서류를 제출하여 입찰참가자격을 얻고 낙찰자로 결정되어 계약을 체결한 경우(대법원 2003. 10. 9. 2000도4993), ④ 담당자가 아닌 공무원이 출원인의 청탁을 들어줄 목적으로 자신의 업무 범위에 속하지도 않는 업무에 관하여 그 일부를 담당공무원을 대신하여 처리하면서 위계를 써서 담당공무원으로 하여금 오인·착각·부지를 일으키게 하고 그 오인·착각·부지를 이용하여 인·허가 처분을 하게 한 경우(대법원 2008. 3. 13. 2007도7724), ⑤ 범죄행위로 인하여 강제출국당한 전력이 있는 사람이 외국 주재 한국영사관에 허위의 호구부 및 외국인등록신청서 등을 제출하여 업무담당자가 충분히 심사하였으나 신청사유 및 소명자료가 허위임을 발견하지 못하여 사증 및 외국인등록증을 발급한 경우(대법원 2009. 2. 26. 2008도11862), ⑥ 구 병역법상의 지정업체에서 산업기능요원으로 근무할 의사가 없음에도 허위내용으로 편입신청이나 파견근무신청을 하여 관할관청의 승인을 받은 경우(대법원 2009. 3. 12. 2008도1321)

1 대법원 2011. 4. 28. 2010도14696; 대법원 2016. 1. 28. 2015도17297.

2 대법원 2011. 2. 10. 2010도15986.

에는 위계에 의한 공무집행방해죄가 성립한다. ⑦ 민사소송을 제기함에 있어 피고의 주소를 허위로 기재하여 법원공무원으로 하여금 변론기일소환장 등을 허위주소로 송달케 하거나(대법원 1996. 10. 11. 96도312), 재소자가 교도관으로부터 담배를 교부받아 이를 흡연하고 휴대폰으로 외부와 통화한 행위(대법원 2003. 11. 13. 2001도7045), 과속단속카메라에 촬영되더라도 불빛을 반사시켜 차량 번호판이 식별되지 않도록 하는 기능이 있는 제품('파워매직세이퍼')을 차량 번호판에 뿌린 상태로 차량을 운행한 행위(대법원 2010. 4. 15. 2007도8024), 가처분신청시 당사자가 허위 주장을 하거나 허위 증거를 제출한 경우(대법원 2012. 4. 26. 2011도17125), 수용자가 아닌 사람이 금지물품을 교정시설 내로 반입한 경우(대법원 2022. 3. 31. 2018도15213) 또는 접견변호사가 미결수용자인 피고인의 개인적인 업무나 심부름을 위해 접견신청행위를 한 후 피고인과 소송서류 이외의 서류를 주고받고 피고인의 개인적인 연락업무 등을 수행한 것(대법원 2022. 6. 30. 2021도244)은 본죄를 구성하지 않는다. 그러나 변호사가 접견을 핑계로 수용자를 위하여 휴대전화와 증권거래용 단말기를 구치소 내로 몰래 반입하여 이용하게 하거나(대법원 2005. 8. 25. 2005도1731)[1] 경범죄 처벌법 제3조 제3항 제2호에서 정한 거짓신고 행위가 원인이 되어 상대방인 공무원이 범죄가 발생한 것으로 오인하게 만들었고 이로 인하여 공무원이 그러한 사정을 알았더라면 하지 않았을 대응조치를 취하기에 이르렀다면, 이로써 구체적이고 현실적인 공무집행이 방해되어 위계에 의한 공무집행방해죄가 성립한다(대법원 2024. 11. 14. 2024도11629).

39 2) **공무집행방해** 위계에 의하여 공무집행을 방해하여야 한다. 본죄가 성립하기 위하여는 공무집행방해죄와는 달리 직무집행이 방해된 결과가 발생할 것을 요한다는 견해[2]가 있다. 같은 태도를 취하고 있다고 볼 수 있는 판례[3]도 있다. 그러나 본죄와 공무집행방해죄를 전혀 성질을 달리하는 범죄로 파악할 필요는 없으므로, 반드시 직무집행이 방해된 결과가 현실로 발생할 것을 요하는 것이 아니라 그 위험이 있으면 본죄가 성립된다고 하는 것이 타당하다.[4]

---

1 대법원 2005. 8. 25. 2005도1731, 「수용자가 교도관의 감시 · 단속을 피하여 규율위반행위를 하는 것만으로는 단순히 금지규정에 위반되는 행위를 한 것에 지나지 아니할 뿐 위계에 의한 공무집행방해죄가 성립한다고 할 수 없고, 또 수용자가 아닌 자가 교도관의 감시를 피하여 금지물품을 반입하거나 허가 없이 전화 등의 방법으로 다른 사람과 연락하도록 하였더라도 교도관에게 교도소 등의 출입자와 반출 · 입 물품을 단속 · 검사할 권한과 의무가 있는 이상, 수용자 아닌 자의 그러한 행위는 특별한 사정이 없는 한 위계에 의한 공무집행방해죄에 해당한다고 볼 수 없다 할 것이나, 구체적이고 현실적으로 감시 · 단속업무를 수행하는 교도관에 대하여 그가 충실히 직무를 수행한다고 하더라도 통상적인 업무처리과정 하에서는 사실상 적발이 어려운 위계를 적극적으로 사용하여 그 업무진행을 하지 못하게 하였다면 이에 대하여 위계에 의한 공무집행방해죄가 성립한다.」

2 김성천/김형준 999면; 백형구 594면; 서일교 336면; 신동운 193면; 정영일 463면.

3 대법원 1977. 9. 13. 77도284; 대법원 1996. 10. 11. 96도312.

4 김성돈 792면; 김일수/서보학 685면; 박상기 665면; 이영란 810면; 이정원 780면; 이형국 811면;

(3) **주관적 구성요건** 본죄가 성립함에 있어서 고의가 필요하다는 점에 관하여는 의문이 없다. 고의 이외에 공무집행을 방해할 의사가 있어야 한다는 견해[1]도 있다. 판례도 일관하여 본죄의 성립을 위하여는 공무집행을 방해하려는 의사가 있어야 한다고 판시하였다.[2] 그러나 위계에 의하여 공무집행을 방해하는 경우에만 특히 공무집행을 방해할 의사가 필요하다고 해석해야 할 근거는 없다. 공무집행이 방해될 수 있다는 인식이 있으면 족하다. 40

Ⅳ. 특수한 공무에 대한 공무방해죄

1. 법정 · 국회회의장 모욕죄

법원의 재판 또는 국회의 심의를 방해 또는 위협할 목적으로 법정이나 국회회의장 또는 그 부근에서 모욕 또는 소동한 자는 3년 이하의 징역 또는 700만원 이하의 벌금에 처한다(제138조).

법원은 직권으로 법정 내외에서 법정의 존엄과 질서를 해할 우려가 있는 사람의 입정 금지 또는 퇴정을 명할 수 있고, 그 밖에 법정의 질서유지에 필요한 명령을 위반하는 행위를 하거나 법정 안에서 재판장의 허가 없이 녹화 · 촬영 · 중계방송 등의 행위를 하거나 폭언 · 소란 등의 행위로 법원의 심리를 방해하거나 재판의 위신을 현저하게 훼손한 사람에 대하여 결정으로 20일 이내의 감치 또는 100만원 이하의 과태료를 부과할 수 있다. 이 경우 감치와 과태료는 병과할 수 있다(법조법 제61조 1항).

(1) **의 의** 본죄는 법원의 재판 또는 국회의 심의를 방해 또는 위협할 목적으로 법정이나 국회회의장 또는 그 부근에서 모욕 또는 소동함으로써 성립하는 범죄이다. 법정과 국회의 기능을 특히 보호하기 위한 범죄이다. 41

(2) **구성요건**

1) **주 체** 본죄의 주체에는 제한이 없다. 피고인 · 증인 · 방청인뿐만 아니라 검사 · 변호인 또는 국회의원도 본죄의 주체가 될 수 있다. 42

2) **행 위** 법정이나 국회회의장 또는 그 부근에서 모욕 또는 소동하는 것이다. 43

(가) **모욕 또는 소동** 모욕(侮辱)이란 경멸의 의사를 표시하는 것을 말한

임웅 969면; 정성근/박광민 776면; 정영석 65면; 진계호 716면.

1 김봉태(공저) 631면; 신동운 193면; 진계호 716면; 황산덕 69면.

2 대법원 1970. 1. 27. 69도2260; 대법원 1971. 3. 9. 71도186; 대법원 1973. 6. 26. 72도2698.

다. 모욕의 상대방은 법관이나 국회의원임을 요하지 않고 증인이나 검사에 대한 것도 포함한다. 증인의 선서거부나 증언거부도 모욕에 포함될 수 있다는 견해[1]가 있으나, 선서거부나 증언거부의 제재를 받을 뿐이며 경멸에 해당한다고 할 수는 없다.[2] 소동(騷動)이란 내란죄에 있어서의 폭동이나 소요죄의 폭행 · 협박에 이르지 않고 재판 또는 심의를 방해할 정도로 소음을 내는 문란행위를 말한다. 그 방법은 묻지 아니하나, 재판 또는 심의를 방해할 정도에 이를 것을 요한다.

44 (나) **법정이나 국회회의장 또는 그 부근** 모욕 또는 소동은 법정이나 국회회의장 또는 그 부근에서 행하여야 한다. 부근이란 심리나 심의에 영향을 미칠 수 있는 장소를 의미한다. 원칙으로 심리 또는 심의가 진행중임을 요하지만 심리의 개시 직전과 직후의 기간은 물론 휴식중의 기간도 포함된다고 해야 한다.

45 3) **주관적 구성요건** 본죄가 성립하기 위하여는 고의 이외에 법원의 재판 또는 국회의 심의를 방해 또는 위협할 목적이 있을 것을 요하는 목적범이다. 재판 또는 심의를 방해 · 위협할 목적이란 사법작용 또는 입법작용을 방해하여 적정한 국가기능을 해하겠다는 목적을 말한다. 이러한 목적으로 모욕 또는 소동하면 본죄는 기수에 이르며 목적의 달성 여부는 문제되지 않는다.

46 (3) **법원조직법의 법정경찰권과의 관계** 본죄 중 법정모욕죄는 목적범이고 행위가 모욕 또는 소동에 제한되어 있다는 점에서 법원조직법의 제재와 구별된다. 그러나 법정모욕죄에 해당하는 경우에는 대부분 법원조직법의 법정경찰권에 의한 제재의 요건도 충족한다는 점에서 양자의 관계가 문제된다. 이 경우에 양 죄의 상상적 경합을 인정하는 견해,[3] 택일관계로서 법조경합의 관계에 있다는 견해[4] 및 법조경합이지만 보충관계에 있다는 견해[5]가 있다. 그러나 법원조직법에 의한 제재는 법정의 질서를 유지하기 위한 행정벌 내지 질서벌에 지나지 않으므로 이는 별개의 제재라고 하지 않을 수 없다.[6] 입법론으로는 본죄를 삭제하는 것이 타당하다.

---

1 유기천 335면.
2 김성돈 794면; 김일수/서보학 687면; 박상기 666면; 배종대 **158**/14; 백형구 595면; 오영근 753면; 이형국 813면; 임웅 971면; 정성근/박광민 778면; 진계호 717면.
3 김봉태(공저) 633면; 진계호 718면.
4 유기천 336면.
5 김석휘(주석) 163면.
6 김일수/서보학 688면; 박상기 667면; 배종대 **158**/15; 백형구 596면; 손동권/김재윤 815면; 신동운 195면; 이형국 813면; 임웅 971면; 정성근/박광민 779면.

2. 인권옹호직무방해죄

경찰의 직무를 행하는 자 또는 이를 보조하는 자가 인권옹호에 관한 검사의 직무집행을 방해하거나 그 명령을 준수하지 아니한 때에는 5년 이하의 징역 또는 10년 이하의 자격정지에 처한다(제139조).

(1) 의 의 본죄는 경찰의 직무를 행하는 자 또는 이를 보조하는 자 47
가 인권옹호에 관한 검사의 직무집행을 방해하거나 그 명령을 준수하지 아니함으로써 성립하는 범죄이다. 국가의 기능 중에서 검사의 인권옹호에 관한 직무집행기능을 보호하기 위한 범죄이다.

그러나 검사의 직무집행을 방해하는 것은 공무집행방해죄에 해당하며, 경찰관이 상명하복관계에 있는 검사의 명령을 준수하지 아니하는 것만으로는 형벌에 의하여 처벌할 불법에 해당한다고 할 수 없으므로 본죄는 삭제함이 입법론상 타당하다.

(2) 구성요건

1) 주 체 본죄의 주체는 경찰의 직무를 행하는 자 또는 이를 보조 48
하는 자이다. 검사의 지휘를 받아 수사를 행하는 사법경찰관과 이를 보조하는 사법경찰리를 말한다. 일반사법경찰관리뿐만 아니라 특별사법경찰관리도 포함한다. 경찰의 직무를 보조하는 자란 그 직무상 보조하는 지위에 있는 자를 말하며, 사실상 이를 보조하는 사인은 포함되지 않는다.

2) 행 위 인권옹호에 관한 검사의 직무집행을 방해하거나 명령을 49
준수하지 않는 것이다. 인권옹호에 관한 검사의 직무집행이란 강제처분에 대한 검사의 집행지휘(형소법 제81조, 제115조, 제209조), 검사의 수사지휘(동법 제196조)와 체포·구속장소감찰(동법 제198조의2) 등을 말한다. 검사의 직무집행을 방해하는 방법에 관하여 폭행·협박을 사용하는 경우는 제외된다고 해석하는 견해[1]도 있으나, 이를 제외할 이유는 없다.[2] 따라서 폭행·협박 또는 위계에 의한 것인가를 불문한다. 본죄가 성립함에 있어서는 직무방해의 결과가 현실로 발생해야 한다는 견해[3]도 있으나, 직무를 방해하거나 명령을 준수하지 아니하면 족하다고 해야 한다.

---

1 유기천 336면.

2 김봉태(공저) 633면; 김성돈 795면; 박상기 668면; 배종대 158/18; 백형구 597면; 신동운 196면; 이형국 815면; 임웅 973면; 정성근/박광민 780면.

3 김봉태(공저) 634면; 서일교 338면.

50 검사의 직무명령이 적법함을 요하는가에 대하여 사법경찰관리가 검사의 명령을 함부로 비판·판단하는 것이 허용되지 않는다는 이유로 검사의 명령이 위법하다고 판단할 현저한 사유가 없는 한 명령의 적법 여부를 불문한다는 견해가 있다.[1] 그러나 직무방해의 대상이 적법하여야 함은 물론 검사와 사법경찰관리가 상명하복 관계에 있다는 이유로 위법한 명령을 따르지 않았다고 하여 범죄가 성립한다는 것은 타당하다고 할 수 없다. 따라서 검사의 직무와 명령은 적법함을 요한다고 해야 한다.[2] 판례도 법적 근거를 가진 적법한 명령이어야 한다고 한다.[3]

인권옹호직무명령 불준수죄가 직무유기죄에 대하여 법조경합 중 특별관계에 있다고 보기는 어려우므로 양 죄를 상상적 경합관계로 보아야 한다.[4]

3. 공무상비밀표시무효죄

(1) 공무상봉인등 표시무효죄

공무원이 그 직무에 관하여 실시한 봉인 또는 압류 기타 강제처분의 표시를 손상 또는 은닉하거나 기타 방법으로 효용을 해한 자는 5년 이하의 징역 또는 700만원 이하의 벌금에 처한다(제140조 1항).

미수범은 처벌한다(제143조).

51 공무원이 그 직무에 관하여 실시한 봉인 또는 압류 기타 강제처분의 표시를 손상 또는 은닉하거나 기타 방법으로 그 효용을 해함으로써 성립하는 범죄이다. 국가기능으로서의 공무 특히 강제처분의 표시기능을 보호하기 위한 범죄이다.

1) 행위의 객체 공무원이 그 직무에 관하여 실시한 봉인 또는 압류 기타 강제처분의 표시이다.

52 **(가) 봉인 또는 압류 기타 강제처분의 표시** 봉인(封印)이란 물건에 대한 임의의 처분을 금지하기 위하여 그 물건에 시행한 봉함 기타 이와 유사한 설비를 말한다. 반드시 공무원의 인장을 사용할 것을 요하지 않으며, 압류한다는 취지의 문자를 기재한 지편을 첨부하는 것도 포함한다. 압류 기타 강제처분의 표시란 압류 기타 강제처분을 명시하기 위하여 특히 시행한 표시를 말한다. 압류란 공무

1 김봉태(공저) 634면; 유기천 336면; 정영석 67면; 황산덕 71면.

2 김성천/김형준 1003면; 김일수/서보학 689면; 박상기 668면; 배종대 158/18; 백형구 597면; 손동권/김재윤 816면; 오영근 755면; 임웅 973면; 정성근/박광민 780면; 진계호 720면.

3 대법원 2010. 10. 28. 2008도11999.

4 대법원 2010. 10. 28. 2008도11999.

원이 직무상 보관할 물건을 자기의 점유로 옮기는 강제처분을 말하며, 민사집행법에 의한 유체동산의 압류·가압류·가처분, 기타 국세징수법에 의한 압류 등이 여기에 해당한다. 기타의 강제처분이란 압류에 속하지 않는 것으로서 타인에 대하여 일정한 작위 또는 부작위를 명하는 처분을 말한다. 민사집행법에 의한 부동산의 압류와 금전채권의 압류도 여기에 속한다. 봉인 또는 압류의 표시는 강제처분이 유효할 것을 전제로 한다. 따라서 강제처분이 완결된 후에는 본죄가 성립할 여지는 없다.[1] 그러나 압류가 해제되지 아니한 이상 채무를 변제하였다는 이유로 압류의 효력이 부정되는 것은 아니다.[2] 강제처분이 정당한가의 여부는 불문한다. 그러므로 가처분결정이 부당한 경우에도 그 표시의 효력에는 영향이 없다.[3] 강제처분의 표시가 현존할 것을 요하는 것은 물론이다.[4]

(나) **적법성의 요부** 봉인·압류 또는 강제처분이 적법할 것을 요하는가에 53
대하여도 객관적·일반적으로 공무원이 직무에 관하여 행한 것이라고 인정되는 봉인 또는 강제처분의 표시는 보호되어야 한다는 견해[5]가 있으나, 본죄도 공무를 보호하기 위한 범죄이므로 부적법한 봉인·압류 기타 강제처분의 표시는 보호받을 수 없다고 해야 한다.[6] 그러나 공무집행절차에 하자가 있었다고 하여 언제나 본죄의 객체에서 제외되는 것은 아니다.[7]

2) **행 위** 봉인·압류 기타 강제처분의 표시를 손상·은닉 기타 방 54
법으로 효용을 해하는 것이다. 손상이란 물질적 파괴를 말하며, 봉인의 외표를 훼손·파괴하는 경우뿐만 아니라 봉인 전부를 옮기는 것을 포함한다. 은닉이란

---

1 대법원 1985. 7. 23. 85도1092.
2 대법원 1981. 10. 13. 80도1441.
3 대법원 1968. 4. 23. 67도1130; 대법원 1985. 7. 9. 85도1165.
4 대법원 1997. 3. 11. 96도2801.
5 유기천 337면; 황산덕 72면.
6 김봉태(공저) 635면; 김성돈 798면; 김일수/서보학 690면; 박상기 669면; 배종대 158/21; 백형구 598면; 신동운 199면; 오영근 758면; 이형국 817면; 임웅 974면; 정성근/박광민 783면; 정영석 68면.
7 대법원 2001. 1. 16. 2000도1757, 「공무원이 그 직권을 남용하여 위법하게 실시한 봉인 또는 압류 기타 강제처분의 표시임이 명백하여 법률상 당연무효 또는 부존재라고 볼 수 있는 경우에는 그 봉인 등의 표시는 공무상표시무효죄의 객체가 되지 아니하여 이를 손상 또는 은닉하거나 기타 방법으로 그 효용을 해한다 하더라도 공무상표시무효죄가 성립하지 아니한다 할 것이지만 공무원이 실시한 봉인 등의 표시에 절차상 또는 실체상의 하자가 있다고 하더라도 객관적·일반적으로 그것이 공무원이 그 직무에 관하여 실시한 봉인 등으로 인정할 수 있는 상태에 있다면 적법한 절차에 의하여 취소되지 아니하는 한 공무상표시무효죄의 객체로 된다.」
동지 : 대법원 2007. 3. 15. 2007도312.

소재를 불명하게 하여 발견을 곤란하게 하는 것을 말한다. 기타의 방법으로 효용을 해한다는 것은 봉인 기타 강제처분의 표시를 물질적으로 파괴하지 않고 사실상 효력을 상실할 수 있게 하는 것을 말한다.

예컨대 영업금지가처분에 대하여 고시내용과 저촉되는 판매업무를 계속하거나(대법원 1971. 3. 23. 70도2688), 점유이전금지가처분에 위반하여 점유를 이전한 경우(대법원 1972. 9. 12. 72도1441; 대법원 1980. 12. 23. 80도1963; 대법원 2004. 10. 28. 2003도8238) 또는 압류물을 원래의 보관장소에서 상당한 거리에 있는 다른 장소로 이전한 경우(대법원 1986. 3. 25. 86도69; 대법원 2004. 7. 9. 2004도3029)가 여기에 해당한다. 이에 반하여 부작위를 명하는 가처분이 발령되었음을 고시하는 데 그치고 구체적인 집행행위를 하지 아니하였다면, 단순히 피신청인이 가처분의 부작위명령을 위반하였다는 것만으로는 이에 해당하지 아니한다(대법원 2016. 5. 12. 2015도20322).

그러나 강제처분의 내용에 저촉되는 행위를 하여 기타의 방법으로 효용을 해하는 경우에 해당하는 것은 강제처분의 대상이 된 채무자에 대하여만 가능하다.

따라서 甲회사에 대한 공사중지가처분에 대하여 乙회사가 건축을 한 경우(대법원 1976. 7. 27. 74도1896)나, 온천수 사용금지 가처분결정이 있기 전부터 온천이용허가권자인 가처분 채무자로부터 이를 양수하고 임대차계약의 형식을 빌어 온천수를 이용하여 온 제3자가 계속 온천수를 사용한 경우(대법원 2007. 11. 16. 2007도5539) 또는 남편을 채무자로 한 출입금지가처분을 무시하고 처가 출입한 때(대법원 1979. 2. 13. 77도1455)에는 본죄가 성립하지 않는다.

압류의 효용을 손상시키지 않는 범위에서 압류 그대로의 상태에서 압류표시된 물건을 사용하는 것도 본죄에 해당하지 않는다.[1]

55 3) 주관적 구성요건 본죄가 성립하기 위하여도 객관적 구성요건에 대한 고의가 있어야 한다. 따라서 봉인·압류 기타 강제처분의 표시를 손상·은닉 기타의 방법으로 효용을 해한다는 인식이 필요하다. 강제처분의 적법성과 유효성에 대한 착오를 위법성의 착오라고 해석하는 견해[2]도 있다. 판례도 같은 입장이지만,[3] 이에 대한 인식도 고의의 내용이 된다고 해야 한다.

다만, 판례는 가압류의 효력이 없다고 믿거나(대법원 1970. 9. 22. 70도1206) 담보취소까지 되어 취소절차를 밟을 필요가 없다고 믿고 가압류물건을 가져간 경우(대법원 1972. 11. 14. 72도1248)에는 본죄의 고의를 인정할 수 없다고 한다.

1 대법원 1984. 3. 13. 83도3291.
2 배종대 158/23; 유기천 338면; 정성근/박광민 784면; 황산덕 69면.
3 대법원 2000. 4. 21. 99도5563.

4) 다른 범죄와의 관계 봉인 · 압류 기타 강제처분의 표시를 한 물건을 56
절취 또는 횡령한 때에는 본죄와 절도죄 또는 횡령죄의 상상적 경합이 된다. 이에 반하여 봉인 또는 강제처분의 표시를 파괴하고 물건을 절취한 때에는 양 죄의 경합범이 된다.

(2) 공무상비밀침해죄

② 공무원이 그 직무에 관하여 봉함 기타 비밀장치한 문서 또는 도화를 개봉한 자도 제1항의 형과 같다.

③ 공무원이 그 직무에 관하여 봉함 기타 비밀장치한 문서, 도화 또는 전자기록등 특수매체기록을 기술적 수단을 이용하여 그 내용을 알아낸 자도 제1항의 형과 같다(제140조).

미수범은 처벌한다(제143조).

공무원이 직무에 관하여 봉함 기타 비밀장치한 문서 또는 도화를 개봉하거 57
나 봉함 기타 비밀장치한 문서, 도화 또는 전자기록 등 특수매체기록을 기술적 수단을 이용하여 그 내용을 알아냄으로써 성립하는 범죄이다. 비밀침해죄에 대하여 불법이 가중된 가중적 구성요건이다.

행위의 객체는 직무에 관하여 봉함 기타 비밀장치한 문서, 도화 또는 전자기록 등 특수매체기록이며, 행위는 개봉하거나 기술적 수단을 이용하여 그 내용을 알아내는 것이다. 제2항이 추상적 위험범임에 반하여 제3항의 죄는 침해범이다.

(3) 부동산강제집행효용침해죄

강제집행으로 명도 또는 인도된 부동산에 침입하거나 기타 방법으로 강제집행의 효용을 해한 자는 5년 이하의 징역 또는 700만원 이하의 벌금에 처한다(제140조의2).

미수범은 처벌한다(제143조).

1) 의 의 강제집행으로 명도 또는 인도된 부동산에 침입하거나 기 58
타 방법으로 강제집행의 효용을 해함으로써 성립하는 범죄이다. 강제집행된 부동산에 침입하여 강제집행의 효용을 무력화하고 이로 인하여 소유권행사에 지장을 초래하는 행위를 처벌하기 위하여 1995년 형법개정으로 신설된 규정이다. 보호법익은 국가의 강제집행권, 특히 부동산에 대한 강제집행의 기능이다.

2) 구성요건 강제집행으로 명도 또는 인도된 부동산에 침입하거나 기 59
타 방법으로 강제집행의 효용을 해하는 것이다.

본죄의 주체에는 제한이 없다. 따라서 반드시 강제집행을 받은 채무자에 제한되지 아니하고, 채무자의 친족 등 제3자도 본죄의 주체가 될 수 있다.

행위의 객체는 강제집행으로 명도 또는 인도된 부동산이다. 명도는 건물에 대한 점유의 이전을 의미한다는 점에서 토지에 대한 점유의 이전인 인도와 구별된다. 강제집행으로 퇴거집행된 부동산도 포함된다.[1] 강제집행이 적법할 것을 요하는 것은 강제처분표시무효죄의 경우와 같다.

행위는 침입하거나 기타 방법으로 강제집행의 효용을 해하는 것이다. '기타 방법'이란 강제집행의 효용을 해할 수 있는 수단이나 방법에 해당하는 일체의 방해행위를 말하고, '강제집행의 효용을 해하는 것'이란 강제집행으로 명도 또는 인도된 부동산을 권리자가 그 용도에 따라 사용·수익하거나 권리행사를 하는 데 지장을 초래하는 일체의 침해행위를 말한다.[2] 강제집행과 그 효용을 해하는 행위의 시간적 관련성에 관하여 형법에는 규정이 없으므로 반드시 강제집행이 행해진 직후에 효용을 해하는 행위가 있어야 하는 것은 아니다. 그러나 본죄가 국가의 부동산에 대한 강제집행의 기능을 보호하기 위한 것인 이상 강제처분과 시간적 관련성이 있어야 한다.

본죄가 성립하기 위하여도 주관적 구성요건으로 고의가 필요하다.

60 주거침입죄와 재물손괴죄는 본죄에 대하여 보충관계에 있다. 따라서 본죄가 성립한 때에는 주거침입죄나 손괴죄는 별도로 성립하지 않는다.

4. 공용서류등 무효죄

공무소에서 사용하는 서류 기타 물건 또는 전자기록등 특수매체기록을 손상 또는 은닉하거나 기타 방법으로 그 효용을 해한 자는 7년 이하의 징역 또는 1천만원 이하의 벌금에 처한다(제141조 1항).

미수범은 처벌한다(제143조).

61 (1) 의 의 본죄는 공무소에서 사용하는 서류 기타 물건 또는 전자기록 등 특수매체기록을 손상·은닉 기타 방법으로 효용을 해함으로써 성립하는 범죄이다. 원래 손괴죄의 일종으로 파악되던 범죄였으나, 소유권과 관계 없이 공무를 보호하기 위한 공무방해죄의 일종으로 구성되어 있는 점에 특색이 있다.

1 대법원 2003. 5. 13. 2001도3212.

2 대법원 2014. 1. 23. 2013도38.

⑵ 구성요건

1) 행위의 객체 　공무소에서 사용하는 서류 · 물건 · 전자기록 등 특수매체기록이다. 공무소란 공무원이 직무를 집행하는 관공서 기타의 조직체를 말한다. 62

한국은행은 국고금 예수관계에 있어서 공무소에 해당하지만(대법원 1969. 7. 29. 69도1012), 사립학교는 여기에 해당하지 않는다(대법원 1966. 4. 26. 66도30).

공무소에서 사용하는 서류 또는 물건은 공무소에서 보관하고 있는 일체의 물건을 말한다. 서류인 경우에는 공문서인가 사문서인가, 또 정식절차를 밟아 접수되었는가를 불문한다.[1] 따라서 검찰청에 제출된 사문서[2]나 작성권한 없는 기관이 작성하여 공문서가 될 수 없는 문서[3]도 여기에 해당한다. 정부공문서규정에 따라 접수되고 결재된 것임을 요하지도 않는다.[4] 현재 공무소에서 사용하고 있는 이상 위조문서나 보존기간 경과 후의 문서도 포함한다. 일반인이 작성한 문서일지라도 공무소에 보관된 것이면 여기에 포함된다.[5] 문서가 완성되어 효력이 발생할 것도 요하지 않는다. 따라서 경찰이 작성한 진술조서가 미완성이고 작성자와 진술자가 서명 · 날인 또는 무인한 것이 아니어서 공문서로서의 효력이 없다고 하더라도 공무소에서 사용하는 서류가 아니라고 할 수는 없다.[6]

따라서 작성중인 미완성의 피의자신문조서(대법원 1980. 10. 27. 80도1127; 대법원 1987. 4. 14. 86도2799)나 수사기록에 편철되지 않은 진술조서(대법원 1982. 10. 12. 82도368)도 본죄의 객체가 된다. 서류 또는 물건의 소유권이 누구에게 있는가도 불문한다. 그러나 형사사건을 수사하던 경찰관이 스스로의 판단에 따라 자신이 보관하던 진술서를 피고인에게 넘겨준 경우에는 보관책임자인 경찰관이 폐기할 의도로 처분한 것이므로 본죄를 구성하지 않는다(대법원 1999. 2. 24. 98도4350).

2) 행　위 　손상 · 은닉 기타 방법으로 그 효용을 해하는 것이다. 정당한 권한 없이 효용을 해할 것을 요하므로 권한 있는 공무원이 이를 파기한 때에는 여기에 해당하지 않는다.[7] 문서의 재작성이 가능한가의 여부도 본죄의 성립에 63

1 대법원 1981. 8. 25. 81도1830.
2 대법원 1948. 9. 14. 4281형상81.
3 대법원 1961. 8. 26. 4294형상262.
4 대법원 1971. 3. 30. 71도324.
5 대법원 1972. 9. 26. 72도1132; 대법원 1982. 12. 14. 81도81.
6 대법원 2006. 5. 25. 2003도3945.
7 대법원 1965. 12. 10. 65도826 전원합의체판결; 대법원 1966. 10. 18. 66도567.

영향이 없다.[1]

64 3) 고 의 본죄의 고의로는 공무소에서 사용하는 서류 또는 물건이라는 사실과 이를 손상 또는 은닉하거나 기타 방법으로 그 효용을 해한다는 사실을 인식할 것을 요하며, 또 그것으로 충분하다.[2]

5. 공용물파괴죄

공무소에서 사용하는 건조물 · 선박 · 기차 또는 항공기를 파괴한 자는 1년 이상 10년 이하의 징역에 처한다(제141조 2항).
미수범은 처벌한다(제143조).

65 본죄의 객체는 공무소에서 사용하는 건조물 · 선박 · 기차 또는 항공기이다. 공용자동차도 포함된다고 해석하는 견해[3]가 있으나, 죄형법정주의에 반하는 해석이다. 행위는 파괴하는 것이다. 파괴란 건조물 · 선박 · 기차 또는 항공기의 실질을 해하여 본래의 용법에 따라 사용할 수 없게 하는 것을 말한다.

6. 공무상보관물무효죄

공무소로부터 보관명령을 받거나 공무소의 명령으로 타인이 관리하는 자기의 물건을 손상 또는 은닉하거나 기타 방법으로 그 효용을 해한 자는 5년 이하의 징역 또는 700만원 이하의 벌금에 처한다(제142조).
미수범은 처벌한다(제143조).

66 (1) 의 의 본죄는 공무소로부터 보관명령을 받거나 공무소의 명령으로 타인이 관리하는 자기의 물건을 손상 · 은닉 기타의 방법으로 효용을 해함으로써 성립하는 범죄이다. 권리행사방해죄(제323조)에 대한 특별규정이라고 할 수 있으나, 소유권 이외의 재산권을 보호하는 재산범죄가 아니라 공무방해에 중점을 두고 있는 범죄이다.

(2) 구성요건

67 1) 행위의 객체 공무소로부터 보관명령을 받거나 공무소의 명령으로

1 대법원 1961. 8. 26. 4294형상262.
2 대법원 1987. 4. 14. 86도2799; 대법원 2006. 5. 25. 2003도3945; 대법원 2013. 11. 28. 2011도5329.
3 진계호 729면; 황산덕 75면.

타인이 관리하는 자기의 물건이다. 공무소로부터 보관명령을 받는 것은 물건에 대하여 공무소로부터 보관명령을 받은 사실이 있으면 족하다.

예컨대 압류한 집행관이 채무자에게 보관을 명한 경우가 여기에 해당한다(대법원 1960. 2. 29. 4292형상838). 물건에 대한 보관명령을 받을 것을 요하므로 단순히 채권압류결정의 정본을 송달받은 것만으로는 여기에 해당하지 않는다(대법원 1983. 7. 12. 83도1405).

공무소의 명령으로 타인이 관리한다는 것은 공무소의 처분으로 공무소의 사실상의 지배로 옮겨진 물건을 공무소의 명에 의하여 제3자의 지배에 두게 된 것을 말한다.

2) 행 위 손상·은닉하거나 기타 방법으로 효용을 해하는 것이다. 68
손상·은닉 기타 방법으로 효용을 해한다는 의미는 공무상 비밀표시무효죄의 경우와 같다.

7. 특수공무방해죄·특수공무방해치사상죄

① 단체 또는 다중의 위력을 보이거나 위험한 물건을 휴대하여 제136조, 제138조와 제140조 내지 전조의 죄를 범한 때에는 각조에 정한 형의 2분의 1까지 가중한다.
② 제1항의 죄를 범하여 공무원을 상해에 이르게 한 때에는 3년 이상의 유기징역에 처한다. 사망에 이르게 한 때에는 무기 또는 5년 이상의 징역에 처한다(제144조).

특수공무방해죄는 단체 또는 다중의 위력을 보이거나 위험한 물건을 휴대하 69
여 공무집행방해죄·직무강요죄(제136조), 법정·국회회의장 모욕죄(제138조), 공무상 비밀표시 무효죄(제140조), 공용서류등 무효죄·공용물 파괴죄(제141조), 공무상 보관물무효죄(제142조) 및 그 미수의 죄(제143조)를 범함으로써 성립한다. 행위방법의 위험성으로 인하여 불법이 가중되는 가중적 구성요건이다.

특수공무방해치사상죄는 특수공무방해죄에 대한 결과적 가중범이다. 특수공 70
무방해치상죄는 부진정결과적 가중범이므로 상해의 결과에 대하여 과실이 있는 경우뿐만 아니라 고의 있는 경우에도 성립하며, 이 경우에도 본죄와 특수상해죄의 상상적 경합이 된다. 판례는 위험한 물건을 휴대하고 고의로 상해를 가한 경우에는 특수공무집행방해치상죄만 성립하고 별도로 폭처법 위반(집단, 흉기 등 상해)죄를 구성할 수 없다고 한다.[1]

1 대법원 2008. 11. 27. 2008도7311.

§45

제 3 절 도주와 범인은닉의 죄

Ⅰ. 총 설

1. 의의와 본질

1 (1) 의의와 보호법익 도주와 범인은닉의 죄는 형사사법에 있어서의 인적 도피를 내용으로 하는 범죄이다.

도주의 죄(Gefangenenbefreiung)는 법률에 따라 체포 또는 구금된 자가 스스로 도주하거나 타인의 도주에 관여함으로써 성립하는 범죄이다. 도주죄의 보호법익을 형사사법에 대한 국가의 기능이라고 해석하는 견해[1]도 있다. 그러나 엄격히 말하여 도주죄는 국가의 형사사법을 보호하는 범죄가 아니라 국가의 구금권(Verwahrungsgewalt des Staates)[2] 또는 국가의 특수한 공적 권력관계의 확보(Sicherung des besonderen öffentlichen Gewaltverhältnisses)[3]로서의 구금권을 보호법익으로 하는 범죄이다. 도주죄는 구금이 형식적으로 적법하면 족하며 실질적으로 정당한가를 문제삼지 않는 것이기 때문이다. 이러한 의미에서 도주죄의 보호법익을 국가의 구속권과 구금권,[4] 국가의 구금기능[5] 또는 구속작용[6]이라고 해석하는 견해가 타당하다고 하지 않을 수 없다.

2 이에 반하여 범인은닉죄(Strafvereitelung, persönliche Begünstigung)는 벌금 이상의 형에 해당하는 죄를 범한 자를 은닉 또는 도피하게 함으로써 성립하는 범죄이다. 범인은닉죄가 국가의 형사사법을 보호하기 위한 범죄라는 점에는 이론이 없다. 통설은 이를 형사사법기능 자체를 보호하는 범죄로 파악하여 본죄를 국가의 수사권 · 재판권 또는 형의 집행권의 행사를 방해하는 범죄라고 설명한다.[7] 그

1 김봉태(공저) 641면; 김일수/서보학 702면; 박상기 675면; 정영석 72면.
2 Arzt/Weber LH 5 S. 51; Haft S. 10; Wessels/Hettinger Rn. 649.
3 Bubnoff LK §120 Rn. 6; Horn SK §120 Rn. 1; Lackner/Kühl §120 Rn. 1; Sch/Sch/Eser §120 Rn. 1.
4 배종대 159/4; 이정원 787면; 이형국 826면; 임웅 984면; 정성근/박광민 796면; 진계호 729면.
5 신동운 217면; 오영근 770면; 유기천 343면; 정영일 475면.
6 김석휘(주석) 192면; 황산덕 76면.
7 박상기 675면; 배종대 159/4; 백형구 609면; 신동운 217면; 이형국 827면; 정성근/박광민 796면; 정영석 77면; 진계호 740면.

러나 본죄는 사법기능, 즉 형사소송에 의한 판결 그 자체를 보호하기 위한 범죄가 아니라 정당한 형벌청구권을 방해하는 것을 본질로 하는 범죄이다.[1] 도주죄의 보호법익이 보호받는 정도가 침해범임에 반하여 범인은닉죄는 위험범이다.

범인은닉죄는 연혁적으로 사후종범(auxilium post factum)의 하나로 인정되어 왔다. 사후종범인 범인은닉죄는 고대 독일법과 로마법에서는 물론 중세 이탈리아법에서도 공범의 일종으로 취급되었으나, 1851년의 프로이센 형법에 이르러 공범과 분리되었다. 그러나 이 단계에 있어서도 범인은닉죄는 증거인멸죄 또는 장물죄와 함께 범인비호죄로서 규정되어 있었다.[2] 현행 독일 형법도 범인은닉죄를 비호와 장물죄(Begünstigung und Hehlerei)의 장에서 장물죄와 같이 규정하고 있다. 형법이 장물죄를 재산범죄로 규정하면서 범인은닉죄는 도주죄와 함께 국가적 법익에 대한 범죄로 규정한 것은 체계상 타당한 태도이다. 3

(2) **구성요건의 체계** 도주와 범인은닉의 죄는 세 가지 유형으로 나눌 4
수 있다. 도주죄와 도주원조죄(제147조) 및 범인은닉죄(제151조)가 그것이다. 도주죄의 기본적 구성요건은 단순도주죄(제145조)이며, 특수도주죄(제146조)는 이에 대하여 불법이 가중되는 가중적 구성요건이다. 도주원조죄는 법률에 의하여 구금된 자를 제3자가 도주하게 함으로써 성립하는 범죄이며, 간수자 도주원조죄(제148조)는 기본적 구성요건인 단순 도주원조죄에 대하여 책임이 가중되는 가중적 구성요건이다.

2. 입 법 론

도주의 죄에 대하여 독일 형법(제120조 내지 제121조)·오스트리아 형법(제300조)을 비롯한 대 5
부분의 입법례는 자기도주 내지 단순도주죄는 처벌하지 않고, 특수도주죄와 도주원조죄만을 처벌하고 있다. 인간의 자유본능에 비추어 범인의 자기도주는 기대가능성이 없다는 것을 이유로 한다. 형법이 단순도주죄를 처벌하는 것이 타당한가에 대하여는 견해가 대립되고 있다. **부정설**은 형법이 증거인멸죄에 관하여 피고인의 자기증거인멸을 처벌하지 않는 것과 비교하여 볼 때 단순도주죄를 처벌하는 것은 입법론상 의문이 있다고 한다.[3] 이에 반하여 도주죄와 증거인멸죄는

1 Hoyer SK §258 Rn. 3; Krey Rn. 613; Maurach/Schroeder/Maiwald **100**/5; Wessels/Hettinger Rn. 719.
2 Maurach/Schroeder/Maiwald **100**/3.
3 서일교 344면; 오영근 769면; 이정원 789면; 임웅 984면; 정영석 72면.

보호법익을 달리하는 범죄이므로 도주죄를 처벌하는 것은 타당하다는 **긍정설**[1]도 있다. 증거인멸죄가 국가의 형사사법을 보호하기 위한 위험범임에 반하여 본죄는 국가의 구금권을 보호하는 침해범이고, 법률에 의하여 구금된 자가 도주하는 것도 처벌할 필요가 있다는 점에 비추어 단순도주죄를 삭제하는 것은 찬성할 수 없다. 다만 형법이 집합명령위반죄(제145조 2항)를 도주죄와 같이 처벌하는 것은 의문이다. 집합명령에 위반한 자를 도주죄와 같이 평가할 수는 없기 때문이다.

Ⅱ. 도 주 죄

1. 단순도주죄

법률에 따라 체포되거나 구금된 자가 도주한 경우에는 1년 이하의 징역에 처한다(제145조 1항).
미수범은 처벌한다(제149조).

6 본죄는 법률에 따라 체포되거나 구금된 자가 도주함으로써 성립하는 범죄이다. 도주죄의 기본적 구성요건이다.

7 (1) **주 체** 본죄의 주체는 법률에 따라 체포되거나 구금된 자이다. 법률에 따라 체포되거나 구금된 자란 널리 법률에 근거하여 적법하게 신체의 자유를 구속받고 있는 자를 말한다. 따라서 이미 유죄의 확정판결을 받고 형을 집행받기 위하여 교도소에 구금되어 있는 자뿐만 아니라, 재판확정 전에 피고인 또는 피의자로 구속되어 있는 자나 선고기일에 법정구속되어 구속 피고인 대기실에 있던 피고인[2]은 물론 환형처분으로 노역장에 유치된 자를 포함한다. 영장에 의한 체포에 제한되지 않고 긴급체포나 현행범인으로 체포된 자도 포함된다. 다만 긴급체포가 위법하여 불법체포된 자는 본죄의 주체가 될 수 없다.[3] 감정유치 중인 자도 여기에 포함된다.[4] 감정유치는 실질적으로 구속에 해당하는 것이기 때

---

1 정성근/박광민 797면; 진계호 731면.

2 대법원 2023. 12. 28. 2020도12586.

3 대법원 2006. 7. 6. 2005도6810, 「사법경찰관이 피고인을 수사관서까지 동행한 것이 사실상의 강제연행, 즉 불법체포에 해당하고, 불법체포로부터 6시간 상당이 경과한 후에 이루어진 긴급체포 또한 위법하므로 피고인은 불법체포된 자로서 형법 제145조 제1항에 정한 '법률에 의하여 체포 또는 구금된 자'가 아니어서 도주죄의 주체가 될 수 없다.」

4 김봉태(공저) 642면; 김성천/김형준 1016면; 배종대 160/3; 백형구 605면; 이형국 832면; 임웅 986면; 정성근/박광민 798면.

문이다. 구인된 피고인 또는 피의자도 본죄의 주체가 된다고 해석하는 것이 다수설[1]이다. 그러나 본죄의 주체는 체포 또는 구금된 자에 제한되어 있고 구인된 자를 포함하지 않으므로 구인된 자는 본죄의 주체가 될 수 없다. 구인된 증인이 본죄의 주체가 된다고 해석하는 견해[2]도 있으나, 같은 이유로 본죄의 주체에서 제외된다고 해석하는 것이 타당하다.[3] 사인에 의하여 현행범인으로 체포된 자도 본죄의 주체가 된다고 해석하는 견해[4]가 있다. 그러나 사인에 의하여 체포된 것만으로 국가의 구금권이 침해된다고 할 수 없으므로 국가기관에 의하여 구금된 경우로 제한하는 것이 타당하다.[5]

치료감호와 같은 보안처분의 집행을 받은 자도 본죄의 주체가 된다고 해석 8
하는 견해[6]도 있다. 그러나 보안처분인 치료감호의 집행을 받고 있는 자가 도주한 때에는 치료감호법 제52조 1항에 의하여 처벌받게 되므로 본죄가 성립할 여지는 없다. 아동복지시설에 수용중인 자가 본죄의 주체가 되지 않는다는 점에는 견해가 일치한다. 이에 반하여 소년원에 수용되어 있는 자가 본죄의 주체가 되는가에 대하여는 **긍정설**[7]과 **부정설**[8]이 대립되고 있다. 생각건대 법률에 의하여 체포·구금된 자를 형의 집행을 받는 자에 제한할 수 없으며, 소년원에 수용되어 있는 자도 실질적으로 구금된 자라고 할 것이므로 본죄의 주체에 포함시키는 것이 타당하다. 같은 이유로 전쟁포로도 본죄의 주체가 된다.[9] 그러나 여기의 구금이란 현실적으로 구금된 것임을 요하므로 가석방중에 있는 자, 보석중에 있는 자 또는 형집행이 정지중인 자는 여기서 제외된다.

(2) **행 위** 본죄의 행위는 도주하는 것이다. 도주는 구금상태로부터 9

1 김봉태(공저) 643면; 김석휘(주석) 194면; 김일수/서보학 704면; 백형구 605면; 오영근 771면; 이정원 790면; 임웅 986면; 정성근/박광민 799면; 진계호 732면; 황산덕 77면.
2 김석휘(주석) 194면; 백형구 605면; 정영석 73면.
3 김성천/김형준 1016면; 김일수/서보학 704면; 배종대 **160**/2; 서일교 345면; 손동권/김재윤 830면; 이형국 832면; 임웅 987면; 정성근/박광민 799면; 황산덕 77면.
4 김석휘(주석) 193면; 정영석 73면.
5 Bubnoff LK §120 Rn. 14; Haft S. 11; Horn SK §120 Rn. 4; Sch/Sch/Eser §120 Rn. 3; Tröndle/Fischer §120 Rn. 2; Wessels/Hettinger Rn. 652.
6 임웅 987면; 정영석 73면.
7 김성천/김형준 1017면; 김일수/서보학 704면; 박상기 676면; 배종대 **160**/4; 백형구 605면; 손동권/김재윤 830면; 신동운 218면; 오영근 771면; 이형국 832면; 임웅 986면; 정성근/박광민 799면; 진계호 732면; 황산덕 77면.
8 서일교 344면; 유기천 345면.
9 Haft S. 11; Sch/Sch/Eser §120 Rn. 3; Wessels/Hettinger Rn. 651.

이탈하는 것을 말한다. 일시적인 이탈로도 족하며, 작위뿐만 아니라 부작위에 의한 도주도 가능하다.

10 본죄는 간수자의 실력적 지배에서 벗어났을 때에 기수가 된다. 따라서 교도소의 외벽을 넘은 때에도 추적을 받고 있는 때에는 기수가 된다고 할 수 없다. 간수자의 실력적 지배를 벗어나면 본죄는 즉시 기수에 도달하는 즉시범이다.[1]

2. 집합명령위반죄

제1항의 구금된 자가 천재지변이나 사변 그 밖에 법령에 따라 잠시 석방된 상황에서 정당한 이유없이 집합명령에 위반한 경우에도 제1항의 형에 처한다(제145조 2항).
미수범은 처벌한다(제149조).

11 법령에 따라 구금된 자가 천재지변이나 사변 그 밖에 법령에 따라 잠시 석방된 상황에서 정당한 이유 없이 집합명령에 위반함으로써 성립하는 범죄이다. 본죄의 주체는 법률에 따라 구금된 자가 천재지변이나 사변 그 밖에 법령에 따라 잠시 석방된 경우라고 해석하는 견해[2]도 있으나, 이는 천재지변이나 사변 또는 이에 준할 상태에서 법령에 따라 잠시 석방된 경우를 말한다고 보아야 한다.[3] 따라서 천재 등의 상태에서 불법출소한 때에는 본죄가 적용되지 않는다.

12 본죄는 집합명령에 응하지 않음으로써 성립하는 진정부작위범이다. 따라서 비록 형법이 본죄에 대하여 미수범 처벌규정을 두었다 할지라도 본죄의 미수범은 있을 수 없다.

13 천재지변이나 그 밖의 재해가 발생하여 교정시설의 안에서 피난의 방법이 없다고 인정되어 일시 석방된 자는 집합명령이 없는 경우에도 석방 후 24시간 이내에 교정시설 또는 경찰관서에 출석하여야 하며, 정당한 사유 없이 이에 위반한 수용자는 1년 이하의 징역에 처한다(형의 집행 및 수용자의 처우에 관한 법률 제102조, 제133조).

3. 특수도주죄

수용설비 또는 기구를 손괴하거나 사람에게 폭행 또는 협박을 가하거나 2인 이상이 합동하여 전조 제1항의 죄를 범한 자는 7년 이하의 징역에 처한다(제146조).

1 대법원 1991. 10. 11. 91도1656.
2 김일수/서보학 706면; 오영근 773면; 진계호 734면.
3 김성천/김형준 1018면; 배종대 160/7; 손동권/김재윤 832면; 임웅 988면; 정성근/박광민 801면.

미수범은 처벌한다(제149조).

(1) **의 의** 특수도주죄(Gefangenenmeuterei)는 수용설비 또는 기구를 손괴하거나 사람에게 폭행 또는 협박을 가하거나 2인 이상이 합동하여 도주함으로써 성립하는 범죄이다. 행위방법의 특수성으로 인하여 단순도주죄에 대하여 불법이 가중되는 가중적 구성요건이다. 본죄의 주체도 법률에 의하여 체포·구금된 자이다. 구인된 증인도 여기에 포함된다는 견해[1]가 있으나 타당하지 않다. 14

(2) **구성요건** 본죄의 행위는 ① 수용설비 또는 기구를 손괴하거나, ② 사람에게 폭행·협박을 가하거나, ③ 2인 이상이 합동하여 도주하는 것이다. 15

수용설비(收容設備)란 사람의 신체의 자유를 계속적으로 구속하기 위한 설비를 말한다. 교도소·소년교도소·구치소·미결수용소 또는 경찰서의 유치장 등의 구금장소가 여기에 해당한다. 기구(機具)는 신체를 직접 구속하는 기구이다. 포승·수갑·연쇄 또는 방성구 등의 계구가 여기에 해당한다. 손괴란 설비 또는 기구의 물리적 훼손을 의미하며, 손괴죄의 손괴와 달리 재물에 대한 효용의 훼멸과는 관계 없다. 따라서 단순히 수갑을 풀고 달아나는 것만으로는 여기에 해당하지 않는다.[2] 폭행·협박은 도주의 수단으로 간수자에 대하여 행하여지는 것을 말한다. 직접 간수자의 신체에 대하여 가해질 것을 요하지 않는다. 2인 이상이 합동하여란 합동범에 있어서의 합동과 같이 시간적·장소적 협동을 의미한다. 이때 2인 이상의 자는 모두 법률에 의하여 구금된 자임을 요한다. 합동을 2인 이상이 공모하여 함께 도주하는 것을 의미한다고 설명하는 견해[3]도 있다.

Ⅲ. 도주원조죄

1. 단순 도주원조죄

법률에 의하여 구금된 자를 탈취하거나 도주하게 한 자는 10년 이하의 징역에 처한다(제147조).
미수범은 처벌한다(제149조).
본죄를 범할 목적으로 예비 또는 음모한 자는 3년 이하의 징역에 처한다(제150조).

---

1 황산덕 78면.

2 김봉태(공저) 645면; 김석휘(주석) 198면; 김일수/서보학 708면; 배종대 160/9; 오영근 775면; 이형국 834면; 임웅 990면; 정성근/박광민 803면; 정영일 478면.

3 김석휘(주석) 199면; 황산덕 79면.

16 (1) **의 의** 도주원조죄(Gefangenenbefreiung)는 법률에 의하여 구금된 자를 탈취하거나 도주하게 함으로써 성립하는 범죄이다. 본죄는 도주죄에 대한 교사 또는 방조에 해당하는 행위를 독립된 구성요건으로 규정한 것이다. 자기도주의 경우와 달리 기대가능성이 낮다고 할 수 없다는 이유로 형법은 본죄를 도주죄에 비하여 무거운 형으로 처벌하고 있다. 따라서 본죄에 대하여 총론상의 공범규정이 적용될 수는 없다.

(2) **구성요건**

17 1) **주 체** 본죄의 주체에는 제한이 없다. 다만 법률에 의하여 구금되어 있는 자 본인은 본죄의 주체가 될 수 없다. 따라서 구금된 자가 타인에게 스스로를 도주하게 한 때에는 본죄의 교사범이 되는 것이 아니라 도주죄가 성립할 따름이다. 법률에 의하여 구금되어 있는 자를 제외하면 누구나 본죄의 주체가 될 수 있다. 도주하는 자와 같이 구금되어 있는 자도 본죄의 주체가 될 수 있다.[1]

18 2) **행위의 객체** 본죄의 객체는 법률에 의하여 구금된 자이다. 구금된 자에 한하므로 체포되어 연행중인 자는 본죄의 객체가 되지 못한다.[2]

19 3) **행 위** 본죄의 행위는 탈취하거나 도주하게 하는 것이다. 탈취란 피구금자를 그 간수자의 실력적 지배로부터 이탈시켜 자기 또는 제3자의 실력적 지배로 옮기는 것을 말한다. 단순히 피구금자를 해방하여 달아나게 하는 것은 탈취가 아니라 도주하게 하는 것이다. 탈취의 수단과 방법은 묻지 않는다. 폭행·협박에 의하건 기망 또는 유혹에 의하건 문제되지 않는다. 도주하게 하는 것은 피구금자를 도주하게 하는 일체의 행위를 말한다. 도주의 의사가 없는 자에게 그 의사를 생기게 하는 경우뿐만 아니라, 이미 그런 의사를 가진 자에게 그 실행을 용이하게 하는 행위를 포함한다. 도주방법의 교시, 감방의 개문 또는 기구의 해제 등이 여기에 해당한다.

20 탈취에 있어서는 탈취의 결과가 나타남으로써 기수가 되며, 도주하게 하는 때에는 피구금자가 간수자의 실력적 지배에서 이탈하였을 때에 기수가 된다. 피구금자의 동의의 유무는 문제되지 않는다.

---

1 Horn SK §120 Rn. 13; Maurach/Schroeder/Maiwald **71**/12; Sch/Sch/Eser §120 Rn. 14; Tröndle/Fischer §120 Rn. 8.

2 김일수/서보학 711면; 배종대 **160**/12; 유기천 346면; 이정원 794면; 이형국 837면; 임웅 992면; 정성근/박광민 805면; 정영일 479면.

2. 간수자 도주원조죄

법률에 의하여 구금된 자를 간수 또는 호송하는 자가 이를 도주하게 한 때에는 1년 이상 10년 이하의 징역에 처한다(제148조).

미수범은 처벌한다(제149조).

본죄를 범할 목적으로 예비 또는 음모한 자는 3년 이하의 징역에 처한다(제150조).

본죄는 법률에 의하여 구금된 자를 간수 또는 호송하는 자가 이를 도주하게 함으로써 성립하는 신분범이다. 본죄의 주체는 법률에 의하여 구금된 자를 간수 또는 호송하는 자이다. 간수 또는 호송의 임무는 법령의 근거를 가질 것을 요하지 않고, 현실로 그 임무에 종사하고 있으면 족하다. 반드시 공무원일 것을 요하지 않는다. 간수 또는 호송의 임무는 도주하게 하는 행위를 할 때에 있으면 족하다. 임무를 가지는 동안 도주하게 한 때에는 임무해제 후에 도주의 결과가 발생하였어도 본죄가 성립한다. 21

본죄의 객체는 법률에 의하여 구금된 자이며, 행위는 피구금자를 도주하게 하는 것이다. 본죄는 피구금자가 도주하였을 때에 기수가 된다. 따라서 도주하게 하려고 하였으나 도주하지 못하였을 때에는 본죄의 미수가 된다. 22

Ⅳ. 범인은닉죄

① 벌금 이상의 형에 해당하는 죄를 범한 자를 은닉 또는 도피하게 한 자는 3년 이하의 징역 또는 500만원 이하의 벌금에 처한다.

② 친족 또는 동거의 가족이 본인을 위하여 전항의 죄를 범한 때에는 처벌하지 아니한다(제151조).

범인은닉죄는 벌금 이상의 형에 해당하는 죄를 범한 자를 은닉 또는 도피하게 함으로써 성립하는 범죄를 말한다. 23

1. 구성요건

(1) **객관적 구성요건** 본죄는 벌금 이상의 형에 해당하는 죄를 범한 자를 은닉 또는 도피하게 함으로써 성립한다.

1) **행위의 주체** 본죄의 주체에는 제한이 없다. 다만 범인 자신의 은닉 24

또는 도피행위는 본죄를 구성하지 않는다. 범인 스스로 도피하는 것을 벌하지 않는 이유를 기대가능성이 없기 때문이라고 해석하는 견해[1]도 있다. 그러나 본죄는 벌금 이상의 형에 해당하는 죄를 범한 자를 전제하므로 범인이 타인인 것은 구성요건요소이며, 따라서 범인의 자기도피는 본죄의 구성요건에 해당하지 않는다고 해야 한다.[2] 범인 아닌 자이면 본죄의 주체가 될 수 있으므로 공동정범 중의 한 사람이 다른 공동정범을 도피하게 한 경우에는 본죄를 구성한다.[3] 그러나 공범 중 1인이 스스로 도피하는 행위가 다른 공범을 도피하게 하는 결과가 된다고 하더라도 본죄로 처벌할 수 없다.[4]

25 문제는 범인이 제3자를 교사하여 범인 자신을 은닉하게 한 경우에 범인은닉죄의 교사범이 될 수 있는가에 있다. 이에 대하여 타인을 교사하여 범인은닉죄를 범하게 하는 것은 범인 자신이 이를 행하는 경우와는 정상을 달리하는 것이므로 자기비호권(自己庇護權)의 한계를 일탈한 것으로서 기대가능성이 인정되기 때문에 교사범의 성립을 인정해야 한다는 **긍정설**[5]과, 타인을 교사하여 자기를 은닉하게 하는 것은 자기비호의 연장에 불과하므로 교사범도 될 수 없다는 **부정설**[6]이 대립되고 있다. 판례는 긍정설을 취하고 있다.[7] 본죄의 주체로 될 수 없는 자가 교사범으로 처벌받는다는 것은 옳다고 할 수 없고, 공범이 정범에 비하여 가치가 크다고 할 수 없으므로 부정설이 타당하다고 생각된다.[8]

판례는, 「범인 스스로 도피하는 행위는 처벌되지 아니하므로, 범인이 도피를 위하여 타인에게 도움을 요청하는 행위 역시 도피행위의 범주에 속하는 한 처벌되지 아니하

---

1 김봉태(공저) 653면; 김일수/서보학 713면; 서일교 321면; 정영석 80면; 황산덕 84면.

2 Maurach/Schroeder/Maiwald **100**/22; Sch/Sch/Stree §258 Rn. 33; Tröndle/Fischer §258 Rn. 13; Welzel S. 520.

3 대법원 1958. 1. 14. 4290형상393.

4 대법원 2018. 8. 1. 2015도20396.

5 김봉태(공저) 653면; 김석휘(주석) 201면; 백형구 613면; 신동운 229면; 유기천 353면; 정영일 482면; 진계호 744면; 황산덕 84면.

6 김일수/서보학 713면; 박상기 680면; 배종대 **161**/2; 오영근 785면; 이영란 835면; 이정원 796면; 이형국 838면; 임웅 996면; 정성근/박광민 808면.

7 대법원 2006. 12. 7. 2005도3707, 「범인이 자신을 위하여 타인으로 하여금 허위의 자백을 하게 하여 범인도피죄를 범하게 하는 행위는 방어권의 남용으로 범인도피교사죄에 해당하므로, 무면허 운전으로 사고를 낸 사람이 동생을 경찰서에 대신 출두시켜 피의자로 조사받도록 한 행위는 범인도피교사죄를 구성한다.」

동지 : 대법원 2008. 11. 13. 2008도7647; 대법원 2014. 3. 27. 2013도152.

8 Maurach/Schroeder/Maiwald **100**/18; Sch/Sch/Stree §258 Rn. 38; Wessels/Hettinger Rn. 719.

며, 범인의 요청에 응하여 범인을 도운 타인의 행위가 범인도피죄에 해당한다고 하더라도 마찬가지이다. 다만 범인이 타인으로 하여금 허위의 자백을 하게 하는 등으로 범인도피죄를 범하게 하는 경우와 같이 그것이 방어권의 남용으로 볼 수 있을 때에는 범인도피교사죄에 해당할 수 있다」(대법원 2014. 4. 10. 2013도12079)고 하면서, ① 음주운전 혐의로 적발되자 평소 알고 지내던 甲을 불러내어 그로 하여금 단속경찰관인 乙이 자신에 대한 주취운전자 적발보고서를 작성하거나 재차 음주측정을 하지 못하도록 제지하는 등으로 乙의 수사를 곤란하게 한 경우 범인도피교사죄가 성립(대법원 2006. 5. 26. 2005도7528)하지만, ② 가깝게 지내던 후배에게 요청하여 대포폰을 개설하여 받고 그가 운전하는 자동차를 타고 다닌 행위는 형사사법에 중대한 장애를 초래한다고 보기 어려운 통상적 도피의 한 유형으로 볼 여지가 충분하다고 하여 범인도피교사죄를 인정하지 않았다(대법원 2014. 4. 10. 2013도12079). 그리고 ③ 범인을 위해 타인이 범하는 범인도피죄를 범인 스스로 방조한 경우 범인도피방조죄가 성립한다고 한다(대법원 2008. 11. 13. 2008도7647).

2) 행위의 객체 본죄의 객체는 벌금 이상의 형에 해당하는 죄를 범한 자이다. 26

㈎ 벌금 이상의 형에 해당하는 죄 범인은닉죄는 범죄(Vortat)의 존재를 전제로 하며, 그 범죄는 벌금 이상의 형에 해당하는 죄일 것을 요한다. 여기서 벌금 이상의 형에 해당하는 죄란 법정형에 벌금 이상의 형을 포함하고 있는 범죄를 말한다. 선택형으로 구류·과료를 포함하고 있는 범죄도 여기에 해당한다. 그러나 단순히 구류 또는 과료로 처벌하는 죄는 제외된다. 27

㈏ 죄를 범한 자 죄를 범한 자에 정범뿐만 아니라 교사범과 종범이 포함되고, 예비·음모를 한 자도 포함된다는 점에는 의문이 없다. 죄를 범한 자라고 하기 위하여는 구성요건에 해당하고 위법·유책할 뿐만 아니라 처벌조건과 소송조건을 구비하였을 것을 요한다. 따라서 무죄판결이 확정되었거나 형의 폐지, 공소시효의 완성 또는 사면에 의하여 소추나 처벌이 불가능한 때에는 여기에 해당하지 않는다. 문제는 친고죄에 있어서 고소가 없는 경우에도 죄를 범한 자에 포함되는가에 있다. 소송조건은 공소제기의 유효요건으로 범죄의 성립 여부와는 관계가 없으므로 고소가 없더라도 수사를 진행할 수 있고, 은닉시에 범죄가 유죄판결을 받을 수 있을 정도에 이를 것을 요하는 것도 아니다. 따라서 단순히 고소가 없는 경우는 여기에 포함된다고 하지 않을 수 없다.[1] 다만 고소권이 소멸하여 28

1 김봉태(공저) 650면; 백형구 611면; 손동권/김재윤 837면; 유기천 349면; 이형국 839면; 임웅

고소의 가능성이 없는 경우에는 죄를 범한 자에 포함되지 않는다. 검사에 의하여 불기소처분을 받은 자도 본죄의 객체에 포함된다고 해석하는 견해[1]가 있다. 불기소처분에는 확정력이 없다는 것을 이유로 한다. 그러나 검사의 불기소처분에 의하여 형사절차는 사실상 종결된다는 점에 비추어 이 때에는 본죄의 객체가 될 수 없다고 해석해야 한다.[2]

29 죄를 범한 자라고 하여 유죄판결이 확정되었거나 공소가 제기되었을 것을 요하는 것은 아니다.[3] 따라서 범죄의 혐의를 받고 수사가 진행중인 자도 여기에 포함된다.[4] 판례는 아직 수사의 대상이 되지 않은 자도 여기에 포함된다고 한다.[5] 여기서 죄를 범한 진범인(眞犯人)임을 요하는가에 대하여는 견해가 대립되고 있다. 진범인임을 요하지 않는다는 견해[6]는 진범인이 아닐지라도 범죄의 혐의를 받고 수사 또는 소추중인 자를 은닉하는 행위는 국가의 형사사법작용을 해하는 점에서 진범인을 은닉하는 경우와 다르지 않다고 한다. 판례가 취하고 있는 태도이다.[7] 진범인뿐만 아니라 은닉행위가 행하여진 때에 객관적으로 판단하여 진범인이라고 강하게 의심되는 자를 포함한다고 해석하는 견해[8]도 있다. 진범인에 제한하는 때에는 피은닉자에 대한 재판이 확정되지 않으면 본죄를 처벌할 수 없고, 본죄의 재판에 피은닉자의 재판을 병합하는 것도 어렵다는 점을 이유로 한다. 그러나 진범인임을 요한다고 하여 그 재판이 확정되거나 본죄의 재판에서 병합심리할 것이 필요한 것은 아니다. 진범인인가의 여부는 본죄를 심리하는 법원이 독자적으로 판단하면 족하기 때문이다.[9] 진범인이 아닌 자로서 수사기관의 과오로

997면; 정성근/박광민 808면; 정영석 77면; 진계호 742면; 황산덕 82면.

1 김봉태(공저) 650면; 김석휘(주석) 205면; 김일수/서보학 714면; 유기천 349면; 이정원 798면; 정성근/박광민 809면; 진계호 349면.

2 배종대 161/6; 손동권/김재윤 837면; 이형국 839면; 임웅 997면.

3 대법원 1978. 6. 27. 76도2196.

4 대법원 1983. 8. 23. 83도1486, 「형법 제151조에 규정된 범인은닉죄의 보호법익은 벌금 이상의 형에 해당하는 죄를 범한 자에 대한 수사 및 재판 등의 국가권력작용으로서 그 행사를 방해하는 자를 처벌하고자 하는 것이므로 동조에서 죄를 범한 자라 함은 반드시 공소제기가 되거나 유죄의 판결을 받은 자뿐만 아니라 범죄의 혐의를 받아 수사중인 자도 포함한다.」
동지: 대법원 1960. 2. 24. 4292형상555.

5 대법원 2003. 12. 12. 2003도4533.

6 김성돈 818면; 김성천/김형준 866면; 박상기 681면; 배종대 161/4; 백형구 611면; 손동권/김재윤 838면; 이정원 799면; 이형국 839면; 임웅 998면; 정영석 77면.

7 대법원 1982. 1. 26. 81도1931; 대법원 2014. 3. 27. 2013도152.

8 김봉태(공저) 649면; 김석휘(주석) 204면; 진계호 742면.

9 Bockelmann 3 S. 53; Hoyer SK §258 Rn. 8; Otto S. 432; Welzel S. 519.

인하여 혐의를 받고 있음에 불과한 자를 은닉하였다고 하여 국가의 정당한 형벌권이 방해된다고 볼 수 없을 뿐만 아니라, 진범인이 아닌 자는 죄를 범한 자에 포함된다고 할 수 없으므로 이를 진범인에 한한다고 해석하는 견해[1]가 타당하다. 따라서 죄를 범한 자란 실제로 죄를 범한 진범인을 의미한다고 해야 한다.[2]

3) 행 위 본인의 행위는 은닉 또는 도피하게 하는 것이다. 은닉이 30
란 장소를 제공하여 범인을 감추어 주는 행위를 말하고, 도피하게 한다는 것은 그 이외의 방법으로 관헌의 체포·발견을 곤란 또는 불가능하게 하는 일체의 행위를 의미한다. 도피하게 하는 행위는 은닉행위에 비견될 정도로 수사기관의 발견·체포를 곤란하게 하는 행위, 즉 직접 범인을 도피시키는 행위 또는 도피를 직접적으로 용이하게 하는 행위에 이르러야 성립하므로, 그 자체로는 도피시키는 것을 직접적인 목적으로 하였다고 보기 어려운 어떤 행위를 한 결과 간접적으로 범인이 안심하고 도피할 수 있게 한 경우는 여기에 포함되지 않는다.[3]

예컨대 ① 도피비용을 제공하거나(BGHSt. 2, 224), 은신처를 제공하는 행위(대법원 2002. 10. 11. 2002도3332), ② 도피중인 자에게 다른 피의자를 만나게 해 주거나(대법원 1990. 12. 26. 90도2439), 가족의 안부와 수사상황을 알려주는 행위, ③ 범인 아닌 다른 사람을 범인으로 가장케 하여 수사를 받도록 하거나(대법원 1967. 5. 23. 67도366), 피의자 아닌 자가 수사기관에 대하여 피의자임을 자처하고 허위사실을 진술하거나(대법원 1996. 6. 14. 96도1016; 대법원 2000. 11. 24. 2000도4078), 범인에게 다른 공범이 더 있음을 실토하지 못하게 하여(대법원 1995. 12. 26. 93도904) 범인의 체포와 발견에 지장을 초래하게 하는 행위,[4] ④ 게임장·오락실·피씨방 등의 실제 업주가 아니라 그 종업원임에도 불구하고 자신이 실제 업주라고 허위로 진술하는 것에서 나아가 게임장 등의 운영 경위, 자금 출처, 게임기 등의 구입 경위, 점포의 임대차계약 체결 경위 등에 관해서까지 적극적으로 허위로 진술하거나 허위 자료를 제시한 행위(대법원 2010. 1. 28. 2009도10709),

---

1 서일교 349면; 오영근 781면; 유기천 348면; 이영란 836면; 정성근/박광민 809면; 황산덕 82면.

2 Maurach/Schroeder/Maiwald 100/10; Sch/Sch/Stree §258 Rn. 3, 10; Wessels/Hettinger Rn. 722.

3 대법원 2011. 4. 28. 2009도3642.

4 수사기관에서의 피의자 또는 참고인의 진술이 본죄를 구성하는가에 관한 대법원의 기본입장은, 원래 수사기관은 범죄사건을 수사함에 있어서 피의자나 참고인의 진술 여하에 불구하고 피의자를 확정하고 그 피의사실을 인정할 만한 객관적인 제반 증거를 수집·조사하여야 할 권리와 의무가 있는 것이므로, 참고인이 수사기관에서 범인에 관하여 조사를 받으면서 그가 알고 있는 사실을 묵비하거나 허위로 진술하였다고 하더라도, 그것이 적극적으로 수사기관을 기만하여 착오에 빠지게 함으로써 범인의 발견 또는 체포를 곤란 내지 불가능하게 할 정도의 것이 아니라면 범인도피죄를 구성하지 않는다고 한다(대법원 1997. 9. 9. 97도1596; 대법원 2003. 2. 14. 2002도5374; 대법원 2008. 6. 26. 2008도1059; 대법원 2013. 1. 10. 2012도13999).

⑤ 범인이 기소중지자임을 알고도 다른 사람의 명의로 대신 임대차계약을 체결해 준 행위(대법원 2004. 3. 26. 2003도8226)[1] 등이 범인도피죄에 해당한다. 이에 반하여 ① 범인에게 '몸조심하고 주의하여 다녀라, 열심히 살면서 건강에 조심해라'고 말한 것같이 단순히 안부를 묻거나 통상의 안부인사를 한 경우(대법원 1992. 6. 12. 92도736), ② 도로교통법위반으로 체포된 범인이 타인의 성명을 모용한다는 정을 알면서 신원보증인으로서 신원보증서에 자신의 인적사항을 허위로 기재하여 제출한 경우(대법원 2003. 2. 14. 2002도5374), ③ 피의자가 수사기관에서 조사받으며 오락실을 단독 운영하였다고 허위진술하여 오락실 공동운영자인 공범의 존재를 숨긴 것은 범인도피죄에 해당하지 않는다(대법원 2008. 12. 24. 2007도11137; 대법원 2010. 2. 11. 2009도12164).

변호사가 묵비권을 남용하게 하는 경우도 여기에 해당한다는 견해[2]가 있다. 그러나 소송법상의 권리를 행사하게 하는 것이 본죄의 구성요건에 해당한다고는 할 수 없다.[3] 따라서 증언거부권자에게 증언을 거부하게 하는 것만으로는 본죄에 해당하지 않는다.[4] 같은 이유로 피고인이 공범의 이름을 묵비하였거나[5] 게임장의 실제업주가 아닌 종업원이 수사기관에서 자신이 실제업주라고 허위로 진술하였다고 하여[6] 도피하게 하였다고 할 수는 없다. 참고인이 출동한 경찰관에게 범인의 이름 대신 허무인의 이름을 대면서 구체적인 인적사항에 대한 언급을 피한 경우에도 범인도피죄는 성립하지 않는다.[7]

31 본죄의 행위는 작위뿐만 아니라 부작위에 의하여도 행할 수 있다. 다만 부작위에 의한 은닉 또는 도피라고 하기 위하여는 범인을 체포해야 할 보증인지위에 있을 것을 요한다. 따라서 경찰관이 범인을 알면서 체포하지 않고 방임하는 경우에는 본죄가 성립할 수 있다.[8] 그러나 일반인에게는 범인을 신고할 의무가 있다고 할 수 없으므로, 범인을 신고하지 않거나 수사기관에 인계하지 않은 것만으로

1 대법원 2004. 3. 26. 2003도8226, 「범인이 기소중지자임을 알고도 범인의 부탁으로 다른 사람의 명의로 대신 임대차계약을 체결해 준 경우, 비록 임대차계약서가 공시되는 것은 아니라 하더라도 수사기관이 탐문수사나 신고를 받아 범인을 발견하고 체포하는 것을 곤란하게 하여 범인도피죄를 구성한다.」

2 유기천 350면.

3 Hoyer SK §258 Rn. 26; Maurach/Schroeder/Maiwald **100**/20; Otto S. 433; Sch/Sch/Stree §258 Rn. 20; Tröndle/Fischer §258 Rn. 8a; Wessels/Hettinger Rn. 730.

4 BGHSt. 10, 394.

5 대법원 1984. 4. 10. 83도3288.

6 대법원 2013. 1. 10. 2012도13999.

7 대법원 2008. 6. 26. 2008도1059.

8 김일수/서보학 717면; 배종대 **161**/8; 백형구 612면; 유기천 350면; 이형국 840면; 임웅 999면; 정성근/박광민 811면.

는 본죄가 성립하지 않는다.[1]

(2) **주관적 구성요건** 주관적 구성요건으로는 본죄의 객관적 구성요건 요소인 벌금 이상의 형에 해당하는 죄를 범한 자를 은닉 또는 도피하게 한다는 인식과 의사가 있어야 한다. 미필적 고의로 족하다. 범인이 벌금 이상의 형에 해당하는 죄를 범하였다는 사실을 인식하면 족하며, 범인의 성명이나 범죄의 구체적 내용을 알 필요는 없다.[2] 범인이 범한 죄가 벌금 이상의 형에 해당하는 죄가 아니라고 오인한 경우에는 금지의 착오가 될 수 있을 뿐이라는 견해[3]도 있다. 그러나 벌금 이상의 형에 해당하는 죄를 범한 자란 구성요건적 사실이므로 이에 대한 착오는 고의를 조각한다고 해석하여야 한다. 다만 이에 대한 인식은 일반인으로서의 소박한 평가의 정도이면 족하다. 32

(3) **죄 수** 동일한 범인을 은닉하고 도피하게 한 때에는 본죄의 포괄일죄가 된다. 이에 반하여 하나의 행위로 동일사건에 관한 수인의 범인을 은닉 또는 도피하게 한 때에는 수죄의 상상적 경합범이 된다. 국가의 형벌권은 개개의 범인에 대하여 별도로 발동되는 것이기 때문이다. 범인을 도피케 하여 직무를 유기한 때에는 범인도피죄 이외에 직무유기죄는 따로 성립하지 않는다.[4] 33

2. 친족간의 특례

(1) **법적 성질** 친족 또는 동거의 가족이 본인을 위하여 범인은닉죄를 범한 때에는 처벌하지 아니한다(제151조 2항). 범인은닉죄에 대한 친족간 특례의 법적 성질에 관하여는 **책임조각사유설**[5]과 **인적 처벌조각사유설**[6]이 대립되고 있다. 인적 처벌조각사유설은 이 특례가 친족간의 정의를 고려하여 형을 면제하는 것에 불과하다고 한다. 독일의 통설은 인적 처벌조각사유로 해석하고 있으나, 그 근거로는 면책적 긴급피난과 유사한 상황이 있음을 들고 있다.[7] 형법이 「전항의 죄를 범 34

1 대법원 1984. 2. 14. 83도2209.
2 대법원 1995. 12. 26. 93도904.
3 황산덕 84면.
4 대법원 1996. 5. 10. 96도51.
5 김봉태(공저) 652면; 김일수/서보학 717면; 박상기 684면; 배종대 **161**/11; 백형구 613면; 손동권/김재윤 842면; 오영근 786면; 이영란 837면; 이형국 841면; 임웅 1001면; 정성근/박광민 812면; 정영일 486면.
6 김석휘(주석) 208면; 신동운 233면; 유기천 352면; 이정원 802면; 진계호 744면; 황산덕 85면.
7 Hoyer SK §258 Rn. 36; Lackner/Kühl §258 Rn. 17; Maurach/Schroeder/Maiwald **100**/22; Sch/

한 때에는」이라고 규정하고 있어 인적 처벌조각사유로 해석할 여지가 없는 것은 아니다. 그러나 특례의 기본정신이 친족간의 정의에 비추어 본죄를 범하지 않을 것을 기대할 수 없다는 데 있는 이상 책임조각사유로 이해하는 것이 타당하다. 따라서 특례에 해당하는 경우에는 형면제판결을 할 것이 아니라 무죄판결을 해야 한다.

(2) **특례의 적용범위**

35 1) **적용의 요건** 특례는 친족 또는 동거의 가족이 본인을 위하여 범인은닉죄를 범한 경우에 적용된다. 친족의 개념은 민법에 따라 결정된다. 특례의 정신에 비추어 내연관계에 있는 자와 그 출생자도 여기에 포함된다고 하는 것이 타당하다.[1] 이를 포함하는 것은 유추해석이라는 비판[2]도 있으나, 행위자에게 이익인 유추해석은 금지되는 것이 아니다.

그러나 판례는 사실혼관계에 있는 자는 민법 소정의 친족이라 할 수 없어 범인은닉죄나 증거인멸죄에서 말하는 친족에 해당하지 않고(대법원 2003. 12. 12. 2003도4533), 혼인외 출생자가 벌금 이상의 형에 해당하는 죄를 범한 자신의 생부(生父)를 도피하게 하더라도 생부가 혼인외 출생자를 인지하지 않은 경우에는 생부와 혼인외 출생자 사이에 법률상 친자관계가 발생하지 않으므로 혼인외 출생자의 행위에 대하여 형법 제151조 2항을 적용할 수 없다고 판시하였다(대법원 2024. 11. 28. 2022도10272).

본인이란 벌금 이상의 형에 해당하는 죄를 범한 자를 말하며, 본인을 위하여란 본인의 형사책임상의 이익을 의미하며 재산상의 이익은 포함되지 않는다. 본인의 이익을 위하여 범한 경우에 제한되므로 본인의 불이익을 위하여 범하거나 공범자의 이익을 위하여 범한 경우에는 특례가 적용되지 않는다. 또한 본인의 이익과 함께 공범자의 이익을 위하여 범한 때에도 특례는 적용되지 않는다.[3]

36 2) **특례와 공범관계** 친족이 친족 아닌 자와 공범으로서 본죄를 범한 경우에는 특례는 친족에 대하여만 적용되며, 친족 아닌 자에게는 적용되지 않는다.

Sch/Stree §258 Rn. 39; Tröndle/Fischer §258 Rn. 21; Wessels/Hettinger Rn. 733.

1 김성천/김형준 1027면; 김일수/서보학 718면; 박상기 684면; 배종대 161/12; 백형구 613면; 손동권/김재윤 842면; 이영란 837면; 이형국 841면; 임웅 1001면; 정성근/박광민 812면; 황산덕 85면.

2 김석휘(주석) 208면; 진계호 745면.

3 김봉태(공저) 652면; 박상기 684면; 배종대 161/13; 임웅 1002면; 정성근/박광민 813면; 정영일 486면; 진계호 745면.

김성천/김형준 1027면; 손동권/김재윤 843면; 오영근 786면; 이정원 802면은 이 경우에도 특례를 적용하는 것이 타당하다고 한다.

제3자가 친족을 교사·방조하여 범인은닉죄를 범하게 한 때에는 친족은 처벌되지 아니하나 친족 아닌 자는 본죄의 공범으로 처벌되지 않을 수 없다. 제한적 종속형식을 취하는 당연한 결론이다.

문제는 친족이 제3자를 교사하여 범인은닉행위를 행하게 한 경우에 친족에 대하여 특례가 적용되는가에 있다. 특례는 친족 자신의 범인은닉행위를 벌하지 않는다는 취지에 지나지 않으므로 타인을 범죄에 유인한 경우에는 비호권의 남용이 되므로 본죄의 교사범이 성립한다는 견해도 있다.[1] 그러나 이 경우에도 친족에 대하여는 특례가 적용된다고 해석하는 것이 타당하다고 생각된다.[2] 그것은 ① 특례는 친족에 대하여는 기대가능성이 없기 때문에 책임이 조각된다는 취지에 불과하며 친족에게 비호권을 인정한 것이라고 볼 수는 없으므로 비호권의 남용이 문제될 여지가 없으며, ② 공범을 정범보다 무겁게 벌하거나 비난가능성이 크다고 할 수는 없기 때문이다. 따라서 자기책임의 원칙에 따라 제3자는 본죄의 정범이 되지만 친족은 책임이 조각된다고 해석하면 족하다.[3] 특례를 인적 처벌조각사유로 해석하는 경우에도 결론을 달리할 수는 없다. 37

제 4 절 위증과 증거인멸의 죄 § 46

Ⅰ. 총 설

1. 위증죄의 의의와 본질

(1) **위증죄의 의의** 위증죄(Meineid, perjury)란 법률에 의하여 선서한 증 1
인이 허위의 진술을 하거나, 법률에 의하여 선서한 감정인·통역인 또는 번역인이 허위의 감정·통역 또는 번역을 함으로써 성립하는 범죄를 말한다. 위증죄의 보호법익은 국가의 사법기능(司法機能)이다. 그러나 엄격히 볼 때 위증죄의 보호

---

1 김석휘(주석) 209면; 백형구 614면; 신동운 236면; 유기천 353면; 정영석 79면; 정영일 487면; 진계호 746면; 황산덕 84면.

2 Bockelmann S. 60; Maurach/Schroeder/Maiwald 100/24; Otto S. 434; Sch/Sch/Stree §258 Rn. 39; Tröndle/Fischer §258 Rn. 21; Welzel S. 520.

3 김성천/김형준 1028면; 김일수/서보학 718면; 박상기 685면; 배종대 161/14; 손동권/김재윤 843면; 이영란 838면; 이형국 842면; 임웅 1002면; 정성근/박광민 813면.

법익은 제도로서의 사법이 아니라 사법에 대한 국가의 기능(staatliche Funktion)을 의미한다.[1] 따라서 여기서 말하는 사법기능도 좁은 의미의 사법을 의미하는 것이 아니라 징계처분과 같은 사법에 유사한 국가기능이 포함된다.[2] 이러한 의미에서는 위증죄의 보호법익을 국가의 사법작용과 징계작용이라고 할 수 있다.[3] 요컨대 위증죄의 특수한 불법은 증인의 허위진술에 의하여 법원 또는 심판기관의 진실발견을 위한 심리를 해하여 정당한 판단을 위태롭게 하는 데 있다.[4] 국가의 사법기능을 보호법익으로 하는 위증죄는 순수한 국가적 법익을 보호하기 위한 범죄(Staatsschutzdelikt)이며, 신(神)에 대한 맹서위반을 처벌하는 종교범죄의 성질을 가질 수 없다. 신에 대한 맹서위반을 처벌하는 것은 헌법이 보장하고 있는 종교와 양심의 자유에 반할 뿐만 아니라, 선서의 방식으로 종교적 의식이 채택되어 있는 것도 아니기 때문이다(형소법 제157조; 민소법 제321조).

2 위증죄는 원래 교회법 이래 신에 대한 맹세를 위반하여 신의 존엄을 침해하는 범죄로 이해되고 있었다. 한편 18세기에 이르러 위증을 사기죄의 특수한 경우로 해석하는 견해가 등장하여, 프로이센 일반란트법에서는 이를 위증에 의한 사기로 처벌하였다. 그러나 Mittermaier의 영향 아래 19세기에 들어와 위증죄는 위조죄의 일종으로서 공공의 신용을 해하는 범죄로 파악되기 시작하였다. 1871년의 독일 형법과 일본 형법이 위조죄 다음에 위증죄를 규정한 태도는 이러한 영향을 받은 것이라고 볼 수 있다. 위증죄에서 종교범죄의 색채가 배제되기 시작한 것은 1919년 Weimar 헌법에 의하여 종교의 자유가 보장된 데에 기인하며, 특히 독일 형법이 1943년의 개정에 의하여 오스트리아 형법의 예에 따라 선서위반뿐만 아니라 선서 없는 허위진술을 처벌하는 규정(제153조)을 신설함으로써 위증죄의 국가보호범죄로서의 성격이 명백하게 되었다.[5] 이러한 의미에서 형법이 위증죄를 증거인멸죄와 함께 국가적 법익에 대한 죄로 규정한 것은 체계상 타당하다.

3 (2) **위증죄의 본질** 위증죄의 보호법익이 보호받는 정도는 추상적 위험범이다. 따라서 위증죄는 허위의 진술에 의하여 국가의 사법기능이 침해될 추상

---

1 Otto S. 435; Rudolphi SK Vor §153 Rn. 5; Ruß LK Vor §153 Rn. 2.

2 Lackner/Kühl Vor §153 Rn. 1; Rudolphi SK §153 Rn. 3.

3 신동운 237면; 정영석 81면; 진계호 747면; 황산덕 85면.

4 Rudolphi SK Vor §153 Rn. 5; Ruß LK Vor §153 Rn. 6; Wessels/Hettinger 1 Rn. 738; Zipf, 「Die Problematik des Meineides innerhalb der Aussagedelikte」, Maurach-FS S. 415.

5 Bockelmann 3 S. 2; Maurach/Schroeder/Maiwald 74/7; Ruß LK Vor §153 Rn. 4 참조.

적 위험이 있으면 완성된다. 증언이 판결에 영향을 미쳤는가의 여부는 물론,[1] 그것이 판결에 중요한 의미를 갖는 사항에 관한 것이기 때문에 사법기능에 대한 구체적 위험이 있을 것도 요하지 않는다.

위증죄가 법률에 의하여 선서한 증인이라는 신분을 요하는 신분범일 뿐만 4
아니라, 이러한 신분을 가진 자가 스스로 허위의 증언을 할 때에만 성립하는 자수범이라는 점에 대하여는 견해가 일치하고 있다.[2] 따라서 본죄의 정범은 스스로 허위의 증언을 하는 자일 것을 요하며, 간접정범이나 증언을 하지 아니하는 공동정범의 형태에 의하여 본죄를 범할 수는 없다. 다만 신분 없는 자도 본죄의 교사 또는 방조범이 될 수 있음은 물론이다.

(3) **입법론적 검토** 형법은 위증죄의 성립에 선서를 요건으로 하고 있 5
다. 위증죄를 종교범죄로 파악할 때에는 선서를 요건으로 하는 것을 이해할 수 있으나, 종교범죄로서의 성격이 배제됨에 따라 선서를 요하는 것이 타당한가가 문제될 수 있다. 허위진술죄를 규정하면서도 선서를 위반한 때에 형을 가중하는 독일 형법의 해석에 있어서는 선서위반죄의 불법내용은 선서라는 의식적인 맹서가 있는 증언에 높은 증거가치가 인정되기 때문에 사법기능에 대한 특히 위험한 침해행위가 된다는 점에 있다고 한다.[3] 그러나 선서 있는 증언에 대하여 높은 증거가치를 인정한다는 것은 자유심증주의와 정면으로 모순되므로 선서가 증거를 확실하게 하는 기능을 가졌다고 할 수 없을 뿐만 아니라, 위증죄는 증인에게 부여된 진실의무를 위반하였다는 점에 근거가 있는 것이지 선서에 의하여 위증의 벌을 서약하였기 때문에 처벌하는 것은 아니라는 점에 비추어 볼 때, 선서위반에 대하여 특수한 불법내용을 인정하는 것은 타당하다고 할 수 없다.

2. 증거인멸죄의 의의

증거인멸죄(證據湮滅罪, Begünstigung)는 타인의 형사사건 또는 징계사건에 6

1 대법원 1961. 10. 12. 4293형상796; 대법원 1966. 9. 13. 66도863; 대법원 1981. 8. 25. 80도2783; 대법원 1990. 2. 23. 89도1212.

2 김봉태(공저) 655면; 김일수/서보학 726면; 박상기 686면; 배종대 162/2; 백형구 619면; 손동권/김재윤 846면; 신동운 238면; 오영근 789면; 유기천 356면; 이영란 840면; 이정원 804면; 이형국 848면; 임웅 1006면; 정성근/박광민 814면; 진계호 748면; 황산덕 86면.

3 Ruß LK Vor §153 Rn. 4; Sch/Sch/Lenckner Vor §153 Rn. 2; Tröndle/Fischer Vor §153 Rn. 9; Hirsch, 「Über die Gesellschaftsbezogenheit des Eides」, Heinitz-FS S. 144.

관한 증거를 인멸·은닉·위조 또는 변조하거나, 위조 또는 변조한 증거를 사용하거나 또는 타인의 형사사건 또는 징계사건에 관한 증인을 은닉 또는 도피하게 하여 국가의 심판기능을 방해하는 것을 내용으로 하는 범죄이다. 이와 같이 증거인멸죄는 사법작용에 대한 국가의 기능을 보호법익으로 하는 추상적 위험범이라는 점[1]에서 위증죄와 본질을 같이한다. 다만 위증죄가 허위의 진술 등 무형적인 방법으로 증거의 증명력을 해하는 범죄임에 반하여, 증거인멸죄는 유형적 방법에 의하여 물적 또는 인적 증거를 인멸 또는 은닉하여 증거의 증명력을 해하는 범죄라는 점에서 양자는 구별된다. 이러한 의미에서 위증죄는 증거인멸죄에 대하여 특별관계에 있다고 할 수 있다.[2]

7 증거인멸죄도 범인은닉죄나 도주죄와 함께 비호죄로서의 성격을 가지며, 특히 물적 비호죄로서 장물죄와 본질을 같이하는 것으로 규정하는 입법례도 있다. 독일 형법도 본죄를 장물죄와 같은 장에서 규정하고 있으며(제257조), 증거인멸죄를 장물죄와 본질을 같이하는 범죄로 파악하는 견해[3]도 있다. 그러나 장물죄가 재산죄임에 대하여 증거인멸죄는 사법기능을 보호하는 범죄로서 양 죄는 그 본질을 달리한다. 재산범에 제한되어 있는 장물죄와 달리 증거인멸죄에 있어서는 타인의 형사사건의 종류를 문제삼지 않는 이유도 여기에 있다.

Ⅱ. 위증의 죄

1. 위 증 죄

법률에 의하여 선서한 증인이 허위의 진술을 한 때에는 5년 이하의 징역 또는 1천만원 이하의 벌금에 처한다(제152조 1항).

본죄를 범한 자가 그 공술한 사건의 재판 또는 징계처분이 확정되기 전에 자백 또는 자수한 때에는 그 형을 감경 또는 면제한다(제153조).

8 (1) **객관적 구성요건** 본죄는 법률에 의하여 선서한 증인이 허위의 진술을 함으로써 성립한다.

9 1) **행위의 주체** 본죄의 주체는 법률에 의하여 선서한 증인이다. 법률에

1 Ruß LK §257 Rn. 2; Sch/Sch/Stree §257 Rn. 2; Tröndle/Fischer Vor §257 Rn. 2.

2 김봉태(공저) 668면; 서일교 360면; 임웅 1005면; 정성근/박광민 824면; 황산덕 95면.

3 Welzel S. 393.

의하여 선서한 증인임을 요하므로 증인이라 할지라도 선서하지 않고 증언한 때에는 본죄의 주체가 될 수 없다. 선서를 하지 아니한 이유는 묻지 않는다.

(가) **법률에 의한 선서** 법률에 의한 선서란 선서가 법률에 규정된 절차에 10
따라 유효하게 행하여질 것을 요한다는 의미이다. 여기서 법률이란 법률뿐만 아니라 법률의 위임에 의한 명령 등을 포함한다. 법률에 의하여 선서하는 경우에는 민사소송(민소법 제319조 이하)과 형사소송(형소법 제156조 이하)의 경우뿐만 아니라 비송사건(비송사건절차법 제10조)과 징계사건(법관징계법 제22조; 검사징계법 제26조) 및 특허사건(특허법 제227조)의 경우가 포함된다. 형사소송법에 있어서는 피고사건인가 또는 피의사건(형소법 제184조, 제221조의2)인가를 불문한다.

선서는 유효한 것이어야 한다. 따라서 선서는 선서를 하게 할 권한 있는 기 11
관에 대하여 한 것이어야 한다. 그러므로 검사 또는 사법경찰관에 대하여 선서하였다고 하여도 법률에 의한 선서에는 해당하지 않는다. 선서의 취지를 이해하지 못하는 선서무능력자가 한 선서도 선서로서의 효력이 없다. 따라서 선서무능력자는 착오로 인하여 선서한 경우에도 본죄의 주체가 될 수 없다.[1] 그러나 선서나 증언절차에 사소한 결함이 있다는 이유만으로 선서가 효력을 잃는 것은 아니다. 따라서 위증의 벌을 경고하지 않고 선서하게 하였거나(민소법 제320조; 형소법 제158조), 선서한 법원에 관할위반이 있거나 공소제기의 절차가 부적법하다는 것만으로는 법률에 의한 선서에 해당하지 않는다고 할 수 없다.

> 심문절차로 진행되는 소송비용확정신청사건에서 증인으로 선서를 하고 허위의 공술을 하였다고 하더라도 그 선서는 법률상 근거가 없어 무효라 할 것이므로 위증죄는 성립하지 않는다(대법원 1995. 4. 11. 95도186). 심문절차로 진행되는 가처분신청사건에서 증인으로 선서를 하고 허위의 공술을 한 경우에도 같다(대법원 2003. 7. 25. 2003도180).

선서는 증언 전에 하는 것이 원칙이지만 증언 후에 하는 경우도 있다(민소법 제319조 12
단행; 형소법 제156조 단행). 형법은 선서한 증인이 허위의 진술을 한 때에 본죄가 성립하도록 했다는 문리해석을 이유로 선서는 사전선서에 제한된다는 견해[2]도 있으나, 본죄의 취지에 비추어 볼 때 사전선서(Voreid)인가 사후선서(Nacheid)인가를 불문한다는

1 김봉태(공저) 656면; 김성천/김형준 1031면; 박상기 688면; 배종대 162/7; 백형구 617면; 손동권/김재윤 846면; 유기천 357면; 이영란 840면; 이형국 849면; 정성근/박광민 816면; 정영석 83면; 진계호 749면; 황산덕 87면.

2 김봉태(공저) 658면.

통설[1]이 타당하다.

13 (나) 증 인 본죄의 주체는 법률에 의하여 선서한 증인에 제한된다. 증인이란 법원 또는 법관에 대하여 과거의 경험사실을 진술하는 제3자를 말한다. 따라서 형사피고인이 피고사건에 대하여 허위의 진술을 한 경우는 물론, 민사소송의 당사자신문(민소법 제367조)에 의하여 선서하고 진술하는 당사자도 본죄의 주체가 될 수 없으며 당사자인 법인의 대표자의 경우에도 같다.[2] 공범자 또는 공동피고인이 증인의 자격에서 선서하고 증언한 때에는 본죄의 주체가 될 수 있다고 해석하는 견해[3]도 있다. 그러나 공범자 아닌 공동피고인은 증인적격이 있지만, 공범자인 공동피고인은 증인적격이 없다고 해야 할 것이므로 이 경우에는 본죄의 주체가 될 수 없다고 해야 한다.

14 증언거부권자(민소법 제314조 이하; 형소법 제148조 이하)가 증언거부권을 행사하지 않고 선서하고 증언한 경우에 본죄의 주체가 될 수 있는가가 문제된다. 그러나 증언거부권은 증인의 권리이지 의무는 아니므로 증인이 증언거부권을 행사하지 않고 위증한 때에는 본죄가 성립한다고 해야 한다. 다만 증언으로 인하여 형사소추를 받을 염려가 있는 자가 위증을 한 경우에 본죄가 성립하는가에 대하여는 기대가능성이 없다는 이유로 본죄의 성립을 부정하는 견해[4]가 있다. 그러나 형사소송법이 이러한 증인에 대하여는 증언거부권을 보장하고 있음에도 불구하고 선서를 한 후에 위증을 하는 것은 기대가능성이 없다고 할 수는 없으므로 이 경우에도 본죄가 성립한다고 해석하는 통설[5]이 타당하다. 판례는 증언거부권을 고지받았음에도 불구하고 증언거부권을 행사하지 아니한 채 허위로 진술하였다면 위증죄가 성립하지만,[6] 증언거부권을 고지받지 못함으로 인하여 그 증언거부권을 행사하는 데 사실상 장애가 초래되었다고 볼 수 있는 경우에는 위증죄의 성립을 부정하여야 할 것[7]이

1 김석휘(주석) 213면; 김일수/서보학 727면; 박상기 687면; 배종대 162/7; 신동운 240면; 유기천 358면; 임웅 1008면; 정성근/박광민 816면; 정영석 88면; 진계호 750면; 황산덕 87면.

2 대법원 1998. 3. 10. 97도1168; 대법원 2012. 12. 13. 2010도14360.

3 김봉태(공저) 657면; 김석휘(주석) 212면; 서일교 354면; 정영석 83면.

4 황산덕 89면.

5 김석휘(주석) 212면; 김성천/김형준 1032면; 김일수/서보학 727면; 박상기 686면; 배종대 162/8; 손동권/김재윤 848면; 유기천 357면; 이정원 807면; 이형국 850면; 임웅 1009면; 정성근/박광민 817면; 진계호 750면.

6 대법원 2012. 10. 11. 2012도6848; 대법원 2024. 2. 29. 2023도7528.

7 대법원 2010. 1. 21. 2008도942 전원합의체판결.

라고 한다.

2) 행 위 본죄의 행위는 허위의 진술을 하는 것이다. 15

(가) 진술의 허위성 허위가 무엇을 의미하는가에 대하여는 객관설과 주관설이 대립되고 있다.

(a) 객 관 설 객관설은 허위란 객관적 진실에 반하는 것을 의미하며 증 16
인의 기억과 일치하는가는 불문한다고 해석한다.[1] 이에 의하면 허위란 진술과 진실의 불일치를 의미한다. 따라서 증인이 기억에 반하는 진술을 한 경우에도 진실과 일치하는 때에는 허위라고 할 수 없다는 결론이 된다. 독일의 통설이 취하고 있는 견해[2]이다. 위증죄는 증인의 불성실을 벌하는 것이 아니라 국가의 사법기능에 대한 위험에 불법의 핵심이 있고, 객관적 진실과 일치하는 증언에 의하여 사법에 의한 진실발견의 위험이 초래될 수 없다는 것을 이유로 한다.

(b) 주 관 설 주관설은 허위란 증인이 기억에 반하는 증언을 하는 것을 17
의미하며 그것이 객관적 진실과 일치하는가는 문제되지 않는다고 해석한다. 즉 허위란 증언과 기억의 불일치를 말한다는 것이다. 우리나라의 통설[3]이 취하고 있는 태도이다. 판례도 주관설의 입장을 일관하여 허위의 진술이란 객관적 사실이 허위라는 의미가 아니라 체험한 사실을 기억에 반하여 진술하는 것을 말하며,[4] 따라서 증언이 객관적 진실에 반하였다고 하여 기억에 반한 진술, 즉 위증이라고 할 수는 없고,[5] 반대로 기억에 반하는 진술을 한 때에는 진실과 일치하는 경우에도 허위의 진술을 한 경우에 해당한다고 판시하고 있다.[6] 주관설은 증인은 자기가 경험한 사실을 기억에 따라 진술할 의무가 있고 기억에 반하는 진술을 한 때에는 이미 국가의 심판기능의 적정한 행사에 대한 추상적 위험을 인정할 수 있다는 것을 근거로 한다. 그러나 주관설의 보다 중요한 근거는 증인에게 자신의 기

1 김성천/김형준 1033면; 김일수/서보학 729면; 백형구 618면; 손동권/김재윤 850면; 이정원 809면.

2 Arzt/Weber S. 85; Bockelmann S. 4; Hohmann/Sander **21**/19; Joecks Vor §153 Rn. 5; Maurach/Schroeder/Maiwald **75**/14; Ruß LK Vor §153 Rn. 13; Sch/Sch/Lenckner Vor §153 Rn. 6; Tröndle/Fischer Vor §153 Rn. 5.

3 김봉태(공저) 659면; 김성돈 776면; 배종대 **162**/12; 서일교 355면; 신동운 243면; 오영근 792면; 유기천 360면; 이영란 842면; 정성근/박광민 820면; 정영석 85면; 정영일 492면; 진계호 750면.

4 대법원 1984. 2. 28. 84도114; 대법원 1984. 5. 29. 83도2410.

5 대법원 1985. 11. 26. 85도711; 대법원 1988. 12. 13. 88도80; 대법원 1996. 8. 23. 95도192.

6 대법원 1982. 9. 14. 81도105; 대법원 1987. 1. 20. 86도2022; 대법원 1988. 5. 24. 88도350; 대법원 1989. 1. 17. 88도580.

억 이상의 진술을 할 것을 기대할 수는 없으며, 따라서 증인의 사명은 자기의 기억을 진술하여 법원에 의한 진실발견을 돕는 데 그쳐야 한다는 점에 있다.[1]

18 (c) **검 토** 증언이 기억의 내용이나 인식 또는 그 경위, 즉 내적 사실을 대상으로 하는 경우에는 객관설과 주관설은 같은 결론에 이른다. 판례는 주관설의 입장에서 기억이 확실하지 못한 사실을 확실히 기억하고 있다고 진술하거나,[2] 모르는 사실을 잘 안다고 진술한 경우[3] 또는 전문(傳聞)한 사실을 목격하였다고 진술하거나,[4] 전해 들은 금품 전달사실을 자신이 전달한 것으로 진술한 경우,[5] 방에서 개최된 회의를 마당에서 구경하고 회의에 참석하였다고 증언한 때[6]에는 위증죄에 해당한다고 판시하고 있으나, 이러한 경우에는 객관설에 의하여도 같은 결론이 되기 때문이다.[7] 외적 사실에 대한 증언에 있어서도 증인이 기억에 따라 진실이라고 오인하고 허위의 사실을 진술한 때에는 본죄의 고의를 인정할 수 없으므로 처벌할 수 없으며, 객관적 진실과 부합되는 진술은 일반적으로 기억에 반한다고 할 수 없고[8] 반대로 진실에 반하는 내용의 진술은 기억에 반한다고 보아야 한다.[9] 따라서 객관설과 주관설의 실질적 차이는 기억에 반하는 진술을 하였으나 진술내용이 객관적 진실과 일치하는 경우와, 기억에 반하는 사실을 진실이라고 믿고 진술하였으나 허위임이 밝혀진 경우를 본죄에 의하여 처벌할 것인가라는 점에 있다. 통설은 과실위증죄를 처벌하지 않는 형법의 해석에 있어서는 이러한 경우를 처벌할 수 있도록 하기 위하여 주관설을 취하지 않으면 안 된다고 한다.[10] 그러나 범죄의 성립 여부는 보호법익과의 관계에서 판단되어야 하며, 진실과 일치하는 증언에 의하여 국가의 사법기능에 위험을 초래할 수는 없다는 점에 비추어 볼 때 이 경우를 처벌하는 것은 불필요한 처벌의 확대에 지나지 않는다. 진실이라고 믿고 진술한 경우를 처벌해야 할 필요가 있는 것도 아니다. 객관적 진실에 반하는 것이 바로 허위이며, 따라서 위증죄에 있어서의 허위

1 Rudolphi SK Vor §153 Rn. 38; Willms LK[10] Rn. 9.
2 대법원 1968. 2. 6. 67도1455; 대법원 1971. 7. 6. 71도815; 대법원 1985. 8. 20. 85도868.
3 대법원 1986. 9. 9. 86도57.
4 대법원 1984. 3. 27. 84도48; 대법원 1985. 10. 8. 85도783.
5 대법원 1990. 5. 8. 90도448.
6 대법원 1968. 10. 29. 68도1063.
7 Bockelmann S. 7; Sch/Sch/Lenckner Vor §153 Rn. 7.
8 대법원 1967. 10. 12. 67도956.
9 대법원 1985. 4. 9. 83도44.
10 김봉태(공저) 658면; 김석휘(주석) 213면; 서일교 355면; 정영석 86면.

의 개념에 관하여도 **객관설**이 타당하다고 해야 한다.

증언이 허위인가의 여부는 증언의 단편적 구절에 구애될 것이 아니라 당해 신문절차에 있어서의 증언 전체를 일체로 파악하여 판단하여야 한다.[1]

(나) **진 술** 허위의 진술(Aussage)이란 증인이 허위의 사실을 진술하 19
는 것을 말한다.

(a) **진술의 대상** 진술의 대상은 사실에 제한되며 가치판단을 포함하지 20
않는다. 허위감정의 대상에 가치판단이 포함되는 것과 구별된다. 증인은 자기가 경험한 사실을 진술하는 자이기 때문이다. 따라서 경험한 사실을 기초로 한 주관적 평가나 법률효력에 관한 설명에 잘못이 있다고 하여 위증죄가 성립하는 것은 아니다.[2] 그러나 사실에 대하여 법률적 표현을 써서 진술한 경우에는 허위의 진술에 해당한다.[3] 사실인 이상 외적 사실뿐만 아니라 내적 사실(감정 · 동기 · 목적 · 관념 · 기억)도 포함한다.

(b) **진술의 방법** 진술의 방법에도 제한이 없다. 구두에 의한 진술뿐만 21
아니라 거동이나 표정에 의한 진술도 포함한다. 다만 단순한 진술거부의 경우는 증언거부에 대한 책임을 지는 것은 별 문제로 하고 진술에 해당한다고 할 수 없다. 그러나 예외적으로 진술거부에 의하여 전체로서의 진술내용이 허위로 되는 때에는 부작위에 의한 위증이 될 수 있다.

(c) **진술의 내용** 진술의 내용은 반드시 요증사실에 대한 것으로 판결에 22
영향을 미칠 수 있는 것임을 요하지 않는다.[4] 증인신문의 대상이 된 사항은 모두 진술의 내용이 될 수 있다. 반드시 직접신문에 대한 진술임을 요하지 않고 반대신문에 대한 진술도 포함한다.[5] 사실에 대한 진술뿐만 아니라 인정신문에 대한 진술도 포함하며,[6] 사실에 대한 진술에 있어서는 지엽적인 사실에 대한 진술,[7] 동

---

1 대법원 1987. 1. 20. 86도485; 대법원 1988. 12. 6. 88도935; 대법원 1993. 6. 29. 93도1044; 대법원 1996. 3. 12. 95도2864; 대법원 2003. 12. 12. 2003도3885; 대법원 2006. 2. 10. 2003도7487.

2 대법원 1984. 2. 14. 83도37; 대법원 1987. 10. 13. 87도1780; 대법원 1988. 9. 27. 88도236; 대법원 1996. 2. 9. 95도1797; 대법원 2009. 3. 12. 2008도11007.

3 대법원 1986. 6. 10. 84도2039.

4 대법원 1981. 8. 25. 80도2783; 대법원 1986. 3. 25. 86도159; 대법원 1986. 6. 10. 85도117; 대법원 1987. 3. 24. 85도2650; 대법원 1990. 2. 23. 89도1212.

5 대법원 1967. 4. 18. 67도254.

6 Arzt/Weber S. 80; Bockelmann S. 9; Otto S. 439; Rudolphi SK Vor §153 Rn. 22.

7 대법원 1982. 6. 8. 81도3069.

기나 내력에 대한 진술도 포함된다.[1] 이에 반하여 증인의 자발적인 진술은 그것이 증명의 대상이 되지 않은 때에는 진술의 내용에 포함되지 않는다고 해석하여야 한다.[2]

23 (다) 기수시기 본죄의 미수범은 처벌되지 않는다. 여기서 본죄가 언제 기수에 이르는 것인가가 문제된다. 이에 대하여는 증인이 당해 허위의 진술을 하였을 때에는 신문의 종료를 기다리지 않고 즉시 기수가 된다고 해석하는 견해[3]도 있다. 그러나 1회의 증인신문절차에 있어서의 증언은 포괄적으로 1개의 행위라고 파악해야 하므로 증인에 대한 신문절차가 종료한 때에 기수가 된다고 하는 통설[4]이 타당하다. 따라서 허위의 진술을 한 증인이 신문이 끝날 때까지 이를 시정한 때에는 본죄는 성립하지 않으며,[5] 당사자의 신문에 대하여 한 증언을 반대당사자 또는 재판장의 신문시에 취소·시정한 때에도 위증죄가 성립하지 않는다.[6] 다만 증인이 진술을 한 후에 선서한 때에는 그 선서를 끝낸 때에 기수가 된다. 선서한 증인이 같은 기일에 여러 가지 사실에 관하여 허위의 진술을 한 때에는 포괄하여 1개의 위증죄가 성립한다.[7]

24 3) 증언절차의 소송법규정 위반과 위증죄 증언절차에 소송법규정의 위반이 있는 경우에 위증죄가 성립하는가가 문제된다. 선서를 받을 권한 없는 기관이 선서하게 하였거나 소송법규정 위반으로 선서의 효력을 인정할 수 없는 경우 또는 증인적격이 없는 자에게 증언을 하게 한 경우에 위증죄의 구성요건이 충족될 수 없음은 당연하다. 문제는 증언절차에서 증인을 보호하기 위한 일반적인 규정을 위반한 경우에 위증죄가 성립할 수 있는가에 있다. 예컨대 증언거부권자인 증인에게 증언거부권을 고지하지 아니하고 진술하게 한 경우에 위증죄가 성립할 것인가의 문제가 그것이다.

1 대법원 1969. 6. 24. 68도1503.

2 Rudolphi SK Vor §153 Rn. 25; Sch/Sch/Lenckner Vor §153 Rn. 14; Wessels/Hettinger Rn. 748; Willms LK[10] Rn. 20.

3 정영석 87면.

4 김봉태(공저) 660면; 김성돈 830면; 김성천/김형준 874면; 김일수/서보학 730면; 박상기 692면; 배종대 162/14; 백형구 619면; 손동권/김재윤 834면; 신동운 245면; 오영근 794면; 유기천 361면; 이정원 810면; 이형국 854면; 임웅 1012면; 정성근/박광민 821면.

5 대법원 1993. 12. 7. 93도2510; 대법원 2008. 4. 24. 2008도1053.

6 대법원 1984. 3. 27. 83도2853.

7 대법원 1990. 2. 23. 89도1212; 대법원 1992. 11. 27. 92도498; 대법원 1998. 4. 14. 97도3340; 대법원 2007. 3. 15. 2006도9463.

독일의 통설과 판례는 소송법규정의 위반은 위증죄의 성립에 영향을 주지 못하므로, 이 경우에도 당연히 위증죄가 성립한다고 한다.[1] 소송법규정의 위반은 양형에서 고려할 수 있을 뿐이라는 점에서 양형설(Strafzumessungslösung)이라고도 한다. 위증죄의 보호법익은 결함을 가지고 있는 실재의 사법기능이며, 절차법적 적법성과 엄격히 결합된 것은 아니라는 점을 이유로 한다. 양형설 가운데도 소송법규정 위반이 증인의 진술의 자유를 침해하거나 본질적인 법치국가 원칙에 반하는 경우에는 예외를 인정하여 위증죄의 성립을 부정해야 한다는 견해도 있다.[2] 이에 의하더라도 단순히 증언거부권을 고지하지 않은 것만으로는 위증죄의 성립에 영향을 미치지 못한다. 소송법규정 위반으로 증언의 증거능력이 부정되는 때에는 위증죄의 성립을 부정해야 한다는 증거능력설 또는 사용가능설(Verwertbarkeitslösung),[3] 침해된 소송법규범의 목적을 고려하여 개별적으로 판단해야 한다는 보호목적설(Schutzzwecktheorie)[4] 등도 주장되고 있다. 대법원은 전원합의체판결을 통하여「법률에 규정된 증인보호절차라 하더라도 개별 보호절차 규정들의 내용과 취지가 같지 아니하고, 당해 신문 과정에서 지키지 못한 절차 규정과 그 경위 및 위반의 정도 등 제반 사정이 개별 사건마다 각기 상이하므로, 이러한 사정을 전체적·종합적으로 고려하여 볼 때 당해 사건에서 증언 당시 증인이 처한 구체적인 상황, 증언거부사유의 내용, 증인이 증언거부사유 또는 증언거부권의 존재를 이미 알고 있었는지 여부, 증언거부권을 고지받았더라도 허위 진술을 하였을 것이라고 볼 만한 정황이 있는지 등을 전체적·종합적으로 고려하여 위증죄의 성립 여부를 판단해야 한다」고 판시하였다.[5] 25

1 Lackner/Kühl Vor §153 Rn. 6; Tröndle/Fischer §153 Rn. 13; BGHSt. 10, 144; 17, 128.

2 Lackner LK Vor §153 Rn. 30; Sch/Sch/Lenckner Vor §153 Rn. 23.

3 Rudolphi SK Vor §153 Rn. 34; Vornbaum NK §153 Rn. 28.

4 H. E. Müller MK §153 Rn. 30.
보호목적설에 의하는 경우에도 증언거부권을 고지하지 않았다는 이유로 위증죄의 성립을 부정할 수는 없다고 한다(Müller MK §153 Rn. 33).

5 대법원 2010. 1. 21. 2008도942 전원합의체판결,「(1) 증인신문절차에서 법률에 규정된 증인 보호를 위한 규정이 지켜진 것으로 인정되지 않은 경우에는 증인이 허위의 진술을 하였다고 하더라도 위증죄의 구성요건인 "법률에 의하여 선서한 증인"에 해당하지 아니한다고 보아 이를 위증죄로 처벌할 수 없는 것이 원칙이다. 다만, 법률에 규정된 증인 보호절차라 하더라도 개별 보호절차 규정들의 내용과 취지가 같지 아니하고, 당해 신문 과정에서 지키지 못한 절차 규정과 그 경위 및 위반의 정도 등 제반 사정이 개별 사건마다 각기 상이하므로, 이러한 사정을 전체적·종합적으로 고려하여 볼 때, 당해 사건에서 증인 보호에 사실상 장애가 초래되었다고 볼 수 없는 경우에까지 예외 없이 위증죄의 성립을 부정할 것은 아니라고 할 것이다.

대법원은 따라서 전 남편에 대한 도로교통법 위반(음주운전) 사건의 증인으로 법정에 출석한 전처(前妻)가 증언거부권을 고지받지 않은 채 공소사실을 부인하는 전 남편의 변명에 부합하는 내용을 적극적으로 허위 진술한 사안에서, 증인으로 출석하여 증언한 경위와 그 증언 내용, 증언거부권을 고지받았더라도 그와 같이 증언을 하였을 것이라는 취지의 진술 내용 등을 전체적·종합적으로 고려할 때 선서 전에 재판장으로부터 증언거부권을 고지받지 아니하였다 하더라도 이로 인하여 증언거부권이 사실상 침해당한 것으로 평가할 수는 없다는 이유로 위증죄의 성립을 긍정하였다(대법원 2010. 2. 25. 2007도6273). 이에 반해 형사소송법 제148조가 정한 자기부죄거부특권에 관한 증언거부사유가 있음에도 증언거부권을 고지받지 못함으로 인하여 그 증언거부권을 행사하는 데 사실상 장애가 초래된 상태에서 선서와 증언을 하였다면 위증의 죄책을 물을 수는 없다고 하였다(대법원 2013. 5. 23. 2013도3284).

생각건대 증인에게 증언거부권을 고지하지 않았다고 하여 '법률에 의하여 선서한 증인'에 해당하지 않는다는 이유로 위증죄의 구성요건에 해당하지 않는다고 해석하는 것은 옳다고 할 수 없다. 증언거부권을 고지받았더라도 같은 진술을 했겠는가를 기준으로 위증죄의 성립 여부를 판단하는 것도 주로 피고인의 진술에 의존케 하여 범죄의 성립 여부를 불명확하게 할 뿐이다. 증거능력의 유무에 따라 위증죄의 성립 여부를 판단하는 것도 옳지 않다. 증거능력이 없는 허위의 증언에 대하여도 위증죄는 성립한다고 해야 하며, 증거능력 없는 증언도 동의에 따라 증거능력이 인정될 수 있기 때문이다. 따라서 소송법규정 위반이 증인의 진술의 자유를 침해하거나 본질적인 법치국가 원칙에 반하는 경우가 아닌 한 소송법규정의 위반은 위증죄의 성립에 영향을 주지 못한다고 해석하는 것이 타당하다.

26 (2) **주관적 구성요건** 본죄는 고의범이므로 객관적 구성요건요소에 대한 고의를 필요로 한다. 따라서 법률에 의하여 선서한 증인이라는 신분에 대한

---

(2) 증언거부권 제도는 증인에게 증언의무의 이행을 거절할 수 있는 권리를 부여한 것이고, 형사소송법상 증언거부권의 고지 제도는 증인에게 그러한 권리의 존재를 확인시켜 침묵할 것인지 아니면 진술할 것인지에 관하여 심사숙고할 기회를 충분히 부여함으로써 침묵할 수 있는 권리를 보장하기 위한 것임을 감안할 때, 재판장이 신문 전에 증인에게 증언거부권을 고지하지 않은 경우에도 당해 사건에서 증언 당시 증인이 처한 구체적인 상황, 증언거부사유의 내용, 증인이 증언거부사유 또는 증언거부권의 존재를 이미 알고 있었는지 여부, 증언거부권을 고지받았더라도 허위진술을 하였을 것이라고 볼 만한 정황이 있는지 등을 전체적·종합적으로 고려하여 증인이 침묵하지 아니하고 진술한 것이 자신의 진정한 의사에 의한 것인지 여부를 기준으로 위증죄의 성립 여부를 판단하여야 한다.」

인식뿐만 아니라, 허위의 사실을 진술한다는 점에 대한 인식도 고의의 내용이 된다. 반드시 확정적 고의임을 요하지 않고 미필적 고의로 족하다. 그러므로 오해 또는 착오에 의한 진술이나[1] 기억이 분명하지 못하여 잘못 진술한 때[2]에는 본죄가 성립하지 않는다. 허위의 사실을 진실이라고 믿고 증언한 때에는 구성요건적 착오로서 고의가 조각된다. 이에 반하여 진실을 증언할 의무가 없다고 오신한 때에는 법률의 착오에 해당한다.

(3) **공 범** 본죄는 자수범이므로 법률에 의하여 선서하고 증언하는 27
자 이외의 자는 본죄의 간접정범이나 공동정범이 될 수 없다. 그러나 본죄에 대한 교사나 방조가 가능하다는 점에 관하여는 의문이 없다. 교사자의 신분에는 제한이 없다. 따라서 선서하지 않은 자도 본죄의 교사범이 될 수 있다.

형사피고인이 자기의 형사사건에 관하여 타인을 교사하여 위증하게 한 경우 본죄의 교사범이 성립할 수 있는가에 대하여 적극설과 소극설이 대립되고 있다.

(가) **적 극 설** 형사피고인도 본죄의 교사범이 될 수 있다는 견해이다. 적 28
극설은 ① 형사피고인에 대하여 본죄가 성립하지 않는 것은 기대가능성이 없기 때문인데 타인에게 위증을 교사하는 경우까지 책임이 조각된다고는 할 수 없고,[3] ② 정범에게 위증죄가 성립하는 이상 교사범의 성립도 인정하여야 하고,[4] ③ 교사는 새로운 범죄 창조라는 점에서 특수한 반사회성이 있으며 변호권의 범위를 넘는다는 점[5]을 이유로 들고 있다. 판례의 입장이다.[6]

(나) **소 극 설** 형사피고인은 본죄의 정범은 물론 교사범도 될 수 없다고 29
해석하는 견해이다. 소극설은 ① 정범으로 처벌되지 않는 피고인에게 교사범으로서의 형사책임을 부담하게 하는 것은 부당하며, ② 피고인이 타인을 교사하여 위증하게 하는 것은 피고인 자신이 허위의 진술을 하는 것과 차이가 없다는 점을

1 대법원 1986. 7. 8. 86도1050; 대법원 1991. 5. 10. 89도1748.
2 대법원 1983. 11. 22. 83도2492; 대법원 1985. 3. 26. 84도1098.
3 김봉태(공저) 662면; 김석휘(주석) 217면; 김성돈 831면; 진계호 753면.
4 유기천 358면.
5 백형구 620면; 손동권/김재윤 854면; 신동운 247면; 정영일 490면; 진계호 752면.
6 대법원 2004. 1. 27. 2003도5114, 「피고인이 자기의 형사사건에 관하여 허위의 진술을 하는 행위는 피고인의 형사소송에 있어서의 방어권을 인정하는 취지에서 처벌의 대상이 되지 않으나, 법률에 의하여 선서한 증인이 타인의 형사사건에 관하여 위증을 하면 형법 제152조 제1항의 위증죄가 성립되므로 자기의 형사사건에 관하여 타인을 교사하여 위증죄를 범하게 하는 것은 이러한 방어권을 남용하는 것이라고 할 것이어서 교사범의 죄책을 부담케 함이 상당하다.」

이유로 한다.[1]

30 (다) **검 토** 피고인에 대하여 본죄가 성립하지 않는 것은 피고인은 증인적격이 없어 본죄의 구성요건을 충족할 수 없기 때문이다.[2] 이를 책임조각사유로 이해하여 타인을 교사하는 때에는 기대가능성이 조각되지 않는다거나, 방어권의 남용에 해당한다고 해석하는 것은 타당하다고 할 수 없다. 본죄의 정범이 될 수 없는 자에 대하여 교사범이 될 수 있다고 하는 것도 옳지 않다. 이러한 의미에서 **소극설**이 타당하다고 하지 않을 수 없다.

31 (4) **자백 · 자수의 특례** 본죄를 범한 자가 그 공술한 사건의 재판 또는 징계처분이 확정되기 전에 자백 또는 자수한 때에는 그 형을 감경 또는 면제한다(제153조). 위증에 의한 오판을 방지하기 위한 정책적 규정이다. 자백 또는 자수에 대한 형의 감면은 필요적이다.

32 자백이란 허위의 진술을 한 사실을 고백하는 것을 말한다. 진술이 허위였음을 고백함으로써 족하며 적극적으로 진실을 말할 것을 요하는 것은 아니다. 위증을 한 자가 스스로 허위의 진술임을 고백하는 경우뿐만 아니라 법원 또는 수사기관의 신문을 받아 자백한 경우도 포함한다. 자백의 절차에는 제한이 없다.[3] 반드시 피고인 또는 피의자의 자격에서 자백하였을 것을 요하는 것도 아니다. 자수(自首)란 범인이 자발적으로 수사기관에 대하여 자기의 범죄사실을 신고하여 소추를 구하는 의사표시를 말한다.

33 자백과 자수는 증언한 사건의 재판 또는 징계처분이 확정되기 전에 하여야 한다. 재판 또는 징계처분이 확정되기 전이면 법원 또는 징계기관에 의하여 이미 진술이 허위라는 사실이 간파되었다고 하여도 관계 없다. 본조는 정범뿐만 아니라 공범에 대하여도 적용된다. 따라서 교사범이 이를 자백 또는 자수한 때에도 형을 감경 또는 면제하여야 한다. 다만 형의 감면은 자백 또는 자수한 자에게만 적용된다. 따라서 교사범이 자백 또는 자수하였다고 하여 정범의 형까지 감면해야 하는 것은 아니며, 반대로 정범이 자백 또는 자수한 때에는 정범에 대해서만 본조가 적용된다.

---

1 김성천/김형준 1037면; 김일수/서보학 731면; 박상기 694면; 배종대 876면; 오영근 795면; 이정원 811면; 이형국 856면; 임웅 904면; 정성근/박광민 823면; 정영석 85면.

2 Bockelmann S. 12; Maurach/Schroeder/Maiwald S. 222; Sch/Sch/Lenckner §153 Rn. 4; Tröndle/Fischer §153 Rn. 4.

3 대법원 1977. 2. 22. 75도3316.

2. 모해위증죄

형사사건 또는 징계사건에 관하여 피고인 · 피의자 또는 징계혐의자를 모해할 목적으로 전항의 죄를 범한 때에는 10년 이하의 징역에 처한다(제152조 2항).

본죄를 범한 자가 그 공술한 사건의 재판 또는 징계처분이 확정되기 전에 자백 또는 자수한 때에는 그 형을 감경 또는 면제한다(제153조).

본죄는 피고인 · 피의자 또는 징계혐의자를 모해할 목적으로 위증한 경우에 목적으로 인하여 불법이 가중되는 가중적 구성요건이다. 모해할 목적이란 그들을 불이익하게 할 일체의 목적을 말한다.[1] 피고사건 이외에 피의사건을 포함시킨 것은 증거보전절차(형소법 제184조)와 증인신문의 청구(형소법 제221조의2)에 의하여 피의사건에 대한 증인신문이 가능하기 때문이다. 피고사건 또는 피의사건의 경중은 불문한다. 34

타인에게 형사처분을 받게 할 목적으로 국가보안법에 규정된 죄에 대하여 위증한 때에는 동법 제12조에 의하여 처벌된다. 본죄에 대한 특별법이다. 판례는 본죄를 부진정신분범으로 해석하여 모해할 목적으로 위증을 교사한 자는 정범에게 모해의 목적이 없었던 때에도 형법 제33조 단서의 규정에 의하여 모해위증교사죄가 성립한다고 판시하였다.[2] 그러나 모해의 목적은 행위자요소가 아니라 행위요소이므로 신분에 해당한다고 보는 것은 타당하지 않다.[3] 35

3. 허위감정 · 통역 · 번역죄

법률에 의하여 선서한 감정인 · 통역인 또는 번역인이 허위의 감정 · 통역 또는 번역을 한 때에는 전 2 조의 예에 의한다(제154조).

본죄의 주체는 법률에 의하여 선서한 감정인 · 통역인 또는 번역인이다. 감정인이란 특수한 지식 · 경험을 가진 제3자로서 그 지식 · 경험에 의하여 알 수 있는 법칙 또는 그 법칙을 적용하여 얻은 판단을 법원 또는 법관에게 보고하는 자를 말한다. 따라서 수사기관으로부터 감정을 위촉받은 감정수탁자(형소법 제221조)와 민사소송법에 의한 감정서의 설명자(제341조)는 법률에 의하여 선서한 감정인에 해당하지 않는다. 특수한 지식 · 경험에 의하여 지득한 과거의 사실을 보고하는 감정증인은 36

1 대법원 2007. 12. 27. 2006도3575.
2 대법원 1994. 12. 23. 93도1002.
3 김일수/서보학 733면; 박상기 696면; 배종대 162/37; 신동운 249면; 이정원 812면; 이형국 858면.

증인이며, 여기서 말하는 감정인에 속하지 않는다.

37 본죄의 행위는 허위의 감정 · 통역 또는 번역을 하는 것이다. 허위의 의의는 위증죄에 있어서의 그것과 같다. **주관설**에 의하면 자기의 의견 또는 판단에 반하는 것을 의미함에 대하여, **객관설**은 진실에 반하는 것을 허위라고 한다. 허위의 감정 · 통역 또는 번역으로 인하여 판결에 영향을 미칠 것을 요하지 않는다.

38 본죄에 해당할 때에는 전 2 조의 예에 의한다. 따라서 위증죄 또는 모해위증죄에 정한 형으로 처벌되며, 재판 또는 징계처분이 확정되기 전에 자백 또는 자수한 때에는 감경 또는 면제한다.

Ⅲ. 증거인멸의 죄

1. 증거인멸죄

타인의 형사사건 또는 징계사건에 관한 증거를 인멸 · 은닉 · 위조 또는 변조하거나 위조 또는 변조한 증거를 사용한 자는 5년 이하의 징역 또는 700 만원 이하의 벌금에 처한다(제155조 1항).

39 (1) **의 의** 본죄는 타인의 형사사건 또는 징계사건에 관한 증거를 인멸 · 은닉 · 위조 또는 변조하거나, 위조 또는 변조한 증거를 사용함으로써 성립하는 범죄이다. 증거의 완전한 이용을 방해하는 행위를 처벌하여 국가의 형사사법기능을 보호하는 추상적 위험범이다.

(2) **구성요건**

40 1) **행위의 객체** 행위의 객체는 타인의 형사사건 또는 징계사건에 관한 증거이다.

증거란 범죄의 성립 여부, 태양, 형의 가중 · 감면, 정상 등을 인정할 수 있는 일체의 자료를 말한다. 그 증거가 피고인 또는 피의자에게 유리한 것인가 또는 불이익한 것인가를 묻지 않는다. 다만, 증인에 대하여는 별도로 증인은닉죄가 성립하므로 여기의 증거는 증인 이외의 증거를 말한다.

41 증거는 타인의 형사사건 또는 징계사건에 대한 것이어야 한다. 타인의 형사사건 또는 징계사건이므로 자기사건에 대한 증거는 본죄의 객체가 되지 않는다.

즉 자기증거인멸(Selbstbegünstigung)은 본죄의 구성요건에 해당하지 않는다.[1] 자기의 형사사건에 대한 증거를 인멸하기 위하여 타인을 교사한 때에 본죄의 교사범이 성립하는가에 대하여 **적극설**[2]과 **소극설**[3]이 대립되고 있다. 판례는 교사범의 성립을 긍정하고 있다.[4] 그러나 본죄의 정범이 될 수 없는 자가 교사에 의하여 본죄를 범한다는 것은 인정할 수 없으므로 소극설이 타당하다.

공범자의 형사피고사건에 대한 증거를 타인의 형사사건에 대한 증거라고 할 42
수 있는가에 대하여도 견해가 대립되고 있다. ① 공범자와 자기에게 공통된 증거는 타인의 형사사건에 대한 증거이므로 공범자의 형사사건에 대한 증거도 타인의 증거에 포함된다고 해석하는 **긍정설**,[5] ② 공범자의 사건은 타인의 사건이라고 할 수 없으므로 본죄가 성립하지 않는다는 **부정설**[6] 및 ③ 다른 공범자를 위한 의사로 한 때에는 본죄가 성립하여도 자기 또는 공범자와 자기를 위한 때에는 본죄가 성립하지 않는다고 해석하는 **절충설**[7]이 그것이다. 판례는 자기의 이익을 위한 동시에 공범자의 이익이 된 때에 본죄의 성립을 부정하고 있다.[8] 생각건대 공범에 있어서는 누구의 이익인가를 구별할 수 없으므로 본죄의 성립을 부정하는 것이 타당하다. 독일 형법은 공범자의 증거인멸행위를 처벌하지 않는다는 명문의 규정을 두고 있다(제257조 3항).

형사사건 또는 징계사건에 대한 증거임을 요하므로 민사·행정 또는 선거사 43
건에 대한 증거는 여기에 포함되지 않는다. 형사사건인 한 재심이나 비상상고사건이 포함된다는 점에는 견해가 일치한다. 문제는 형사피고사건 이외에 피의사건이 여기에 포함될 수 있는가에 있다. 통설은 피고사건뿐만 아니라 피의사건도 당연히 포함된다고 해석하고 있음에 반하여,[9] 성질을 같이하는 범인은닉죄와 동

1 Hoyer SK §257 Rn. 8; Lackner/Kühl §257 Rn. 8; Sch/Sch/Stree §257 Rn. 29; Tröndle/Fischer §257 Rn. 9.
2 김석휘(주석) 227면; 백형구 625면; 유기천 362면; 정영일 854면; 진계호 761면; 황산덕 94면.
3 김성천/김형준 1041면; 김일수/서보학 720면; 박상기 698면; 배종대 163/5; 손동권/김재윤 859면; 오영근 802면; 이정원 814면; 이형국 860면; 임웅 1018면; 정성근/박광민 828면; 정영석 91면.
4 대법원 1965. 12. 10. 65도826; 대법원 2000. 3. 24. 99도5275; 대법원 2011. 2. 10. 2010도15986.
5 우리나라에서 이 견해를 주장하는 학자는 없다.
6 김성천/김형준 877면; 남흥우 389면; 배종대 163/6; 손동권/김재윤 860면; 신동운 172면; 오영근 251면; 정영일 496면.
7 김봉태(공저) 667면; 김석휘(주석) 224면; 김일수/서보학 720면; 박상기 697면; 백형구 626면; 임웅 1019면; 정성근/박광민 829면; 진계호 759면.
8 대법원 1976. 6. 22. 75도1446; 대법원 1995. 9. 29. 94도2608; 대법원 2013. 11. 28. 2011도5329.
9 김봉태(공저) 667면; 김성돈 837면; 김일수/서보학 720면; 배종대 163/8; 백형구 626면; 손동권/

일하게 해석해야 하고 피고사건에 제한함으로써 법적 안정성을 확보할 수 있다는 이유로 피고사건에 제한함이 타당하다고 하는 견해[1]도 있다. 그러나 범인은닉죄에 있어서도 범인에 대하여 공소제기되었음을 요하지 않으므로 본죄의 형사사건을 피고사건에 제한하는 것은 타당하다고 할 수 없다.[2] 다만 본죄에 있어서도 타인의 형사사건은 실제로 죄를 범하였음을 요한다고 해야 한다.[3] 형사사건인 이상 수사개시 전의 사건도 포함된다고 해석하는 것이 통설[4]과 판례[5]의 태도이다. 그러나 수사가 개시되기 전에는 본죄에 의하여 보호될 형사사법기능이 침해될 위험도 없고 본죄의 성립을 불안정하게 할 뿐이므로 이 경우는 제외된다고 해석하는 것이 타당하다.[6] 판례는 「그 형사사건이 기소되지 아니하거나 무죄가 선고되더라도 증거위조죄의 성립에 영향이 없다」고 판시하고 있다.[7]

44 2) 행 위 본죄의 행위는 증거를 인멸·은닉·위조·변조 또는 사용하는 것이다. 증거의 인멸이란 증거의 현출방해는 물론 그 효력을 멸실·감소시키는 일체의 행위를 포함한다. 따라서 공문서를 위조하여 농지분배형식으로 소유권이전등기가 완료된 부정사실을 정당화시키기 위하여 상환양곡대금을 징수한 경우도 여기에 해당한다.[8] 은닉이란 증거의 현출을 곤란하게 하는 것을 말한다. 위조는 타인의 형사사건 또는 징계사건과 관계되는 새로운 증거를 작출하는 것이며, 변조는 기존의 증거에 변경을 가하여 증거가치를 변경시키는 것을 말한다. 문서에 대한 작성권한의 유무나 문서로서의 내용의 진위는 문제되지 않는다.

예컨대 수사기관이나 법원에 제출하거나 현출되게 할 의도로 법률행위 당시에는 존재하지 아니하였던 처분문서, 즉 그 외형 및 내용상 법률행위가 그 문서 자체에 의하

김재윤 860면; 이정원 815면; 이형국 861면; 임웅 1019면; 정성근/박광민 830면; 정영일 496면; 진계호 759면; 황산덕 93면.

1 유기천 363면; 이영란 847면.

2 Ruß LK §257 Rn. 9; Sch/Sch/Stree §257 Rn. 11; Tröndle/Fischer §257 Rn. 3.

3 Ruß LK §257 Rn. 7; Sch/Sch/Stree §257 Rn. 12; Tröndle/Fischer §257 Rn. 4.

4 김봉태(공저) 667면; 김석휘(주석) 225면; 김성천/김형준 1042면; 김일수/서보학 720면; 백형구 626면; 손동권/김재윤 860면; 신동운 252면; 이정원 815면; 이형국 861면; 임웅 1020면; 정성근/박광민 830면; 정영일 496면; 진계호 759면; 황산덕 93면.

5 대법원 2013. 11. 28. 2011도5329, 「증거인멸죄에 있어서 타인의 형사사건 또는 징계사건이란 인멸행위시에 아직 수사 또는 징계절차가 개시되기 전이라도 장차 형사 또는 징계사건이 될 수 있는 것까지를 포함한다.」

6 배종대 **163**/9; 서일교 360면; 유기천 362면.

7 대법원 2011. 2. 10. 2010도15986.

8 대법원 1961. 10. 19. 4294형상347.

여 이루어진 것과 같은 외관을 가지는 문서를 사후에 그 작성일을 소급하여 작성하는 것은, 가사 그 작성자에게 해당 문서의 작성권한이 있고, 또 그와 같은 법률행위가 당시에 존재하였다거나 그 법률행위의 내용이 위 문서에 기재된 것과 큰 차이가 없다 하여도 증거위조죄의 구성요건을 충족시키는 것이라고 보아야 한다(대법원 2007. 6. 28. 2002도3600; 대법원 2011. 7. 28. 2010도2244).

증거를 위조한다는 것은 증거 자체를 위조하는 것을 말하므로 선서무능력자에게 허위의 증언을 하도록 하거나[1] 참고인이 수사기관에서 허위의 진술을 하는 것[2]은 이에 포함되지 아니한다. 마찬가지로 참고인이 진술 또는 증언에 앞서서 허위의 사실확인서나 진술서를 작성하여 수사기관 등에 제출하거나 또는 제3자에게 교부하여 제3자가 이를 제출한 것은, 참고인이 수사기관에서 허위의 진술을 하는 것과 차이가 없으므로, 증거위조죄를 구성하지 않는다.[3] 그러나 참고인이 타인의 형사사건 등에 관하여 제3자와 대화를 하면서 허위로 진술하고 그 진술이 담긴 대화내용을 녹음한 녹음파일 또는 이를 녹취한 녹취록을 만들어 수사기관 등에 제출하는 것은, 참고인이 타인의 형사사건 등에 관하여 수사기관에 허위의 진술을 하거나 이와 다를 바 없는 것으로서 허위의 사실확인서나 진술서를 작성하여 수사기관 등에 제출하는 것과는 달리, 증거위조죄를 구성한다.[4] 사용이란 위조 또는 변조된 증거를 진정한 증거로 사용하는 것을 말한다. 법원 또는 수사기관에 제출하는 것이 여기에 해당한다.

증거를 인멸하기 위하여 장물을 은닉한 때에는 본죄와 장물보관죄의 상상적 45
경합이 된다. 본죄는 문서위조죄와 상상적 경합이 될 수도 있다. 위증죄는 본죄에 대하여 특별관계에 있다. 따라서 위증죄가 성립한 때에는 본죄는 성립하지 않는다. 그러므로 선서하지 않은 증인으로 하여금 위증하게 하는 것은 본죄를 구성할 수 있다.[5] 경찰관이 압수물을 범죄 혐의의 입증에 사용하도록 하는 등의 적절한 조치를 취하지 아니하고 피압수자에게 돌려주어 증거인멸죄를 범한 경우에는 작위범인 증거인멸죄만 성립하고 부작위범인 직무유기죄는 따로 성립하지 아니한다.[6]

1 대법원 1998. 2. 10. 97도2961.
2 대법원 1995. 4. 7. 94도3412; 대법원 2011. 7. 28. 2010도2244.
3 대법원 2015. 10. 29. 2015도9010.
4 대법원 2013. 12. 26. 2013도8085, 2013전도165.
5 김봉태(공저) 668면; 서일교 361면; 황산덕 95면.
6 대법원 2006. 10. 19. 2005도3909 전원합의체판결.

46 **3) 주관적 구성요건** 본죄가 성립하기 위하여도 고의가 필요하다. 고의는 타인의 형사사건 또는 징계사건에 대한 증거를 인멸 · 은닉 · 위조 · 변조 또는 사용한다는 점에 대한 인식을 필요로 한다.

47 **(3) 친족간의 특례** 친족 또는 동거의 가족이 본인을 위하여 본죄를 범한 때에는 처벌하지 아니한다(제155조 4항). 친족간의 정의를 고려한 책임조각사유이다. 특례와 적용범위는 범인은닉죄의 그것과 같다. 따라서 친족이 제3자를 교사하여 본죄를 범한 때에도 친족은 처벌할 수 없다고 해석해야 한다.

2. 증인은닉 · 도피죄

타인의 형사사건 또는 징계사건에 관한 증인을 은닉 또는 도피하게 한 자는 5년 이하의 징역 또는 700만원 이하의 벌금에 처한다(제155조 2항).

48 타인의 형사사건 또는 징계사건에 관한 증인을 은닉 또는 도피하게 함으로써 성립하는 범죄이다. 여기의 증인에는 형사소송법상의 증인뿐만 아니라 수사기관에서 조사하는 참고인도 포함한다.[1] 행위는 증인을 은닉하거나 도피하게 하는 것이다. 은닉은 증인의 현출을 방해하는 것이며, 도피하게 하는 것은 증인의 도피를 야기 내지 방조하는 일체의 행위를 말한다. 단순히 타인의 피의사건에 관하여 수사기관에서 허위의 진술을 하거나 이를 교사하는 것으로는 증인을 은닉 또는 도피하게 하였다고 할 수 없다.[2]

친족 또는 동거의 가족이 본인을 위하여 본죄를 범한 때에는 처벌하지 아니한다(제155조 4항).

판례는 피고인 자신이 직접 형사처분이나 징계처분을 받게 될 것을 두려워한 나머지 자기의 이익을 위하여 증인이 될 사람을 도피하게 하였다면, 그 행위가 동시에 다른 공범자의 형사사건이나 징계사건에 관한 증인을 도피하게 한 결과가 된다고 하더라도 이를 증인도피죄로 처벌할 수 없다고 판시하였다(대법원 2003. 3. 14. 2002도6134).

3. 모해증거인멸죄

피고인 · 피의자 또는 징계혐의자를 모해할 목적으로 전2항의 죄를 범한 자는 10년 이하의 징역에 처한다(제155조 3항).

1 김성돈 839면; 김성천/김형준 1043면; 김일수/서보학 723면; 박상기 700면; 배종대 163/13; 백형구 628면; 손동권/김재윤 862면; 신동운 256면; 이정원 754면; 이형국 963면; 정성근/박광민 834면; 정영일 498면; 진계호 762면.

2 대법원 1977. 9. 13. 77도997.

피고인 · 피의자 또는 징계혐의자를 모해할 목적으로 증거를 인멸하거나 증인을 은닉 또는 도피하게 함으로써 성립하는 범죄이다. 여기서 모해할 목적이란 피고인 · 피의자 또는 징계혐의자에게 형사처분 또는 징계처분을 받게 할 목적을 말한다. 49

국가보안법은 타인으로 하여금 형사처분을 받게 할 목적으로 동법의 죄에 대하여 무고 또는 위증을 하거나 증거를 날조 · 인멸 · 은닉한 자를 그 각 조에 정한 형으로 처벌하도록 하고 있다(제12조 1항). 50

제 5 절 무고의 죄 § 47

Ⅰ. 총 설

무고죄(誣告罪, falsche Verdächtigung)란 타인으로 하여금 형사처분 또는 징계처분을 받게 할 목적으로 공무소 또는 공무원에 대하여 허위의 사실을 신고함으로써 성립하는 범죄를 말한다. 1

무고죄는 고대나 중세에는 피무고자의 개인적 법익에 대한 죄로 취급되고 있었고 일본 형법에서는 문서 · 유가증권 · 인장 등의 위조죄와 병행해서 규정하고 있다(제172조, 제173조). 프랑스 형법 제373조와 같이 현재까지 이를 사생활의 침해 및 비밀누설죄와 함께 개인적 법익에 대한 죄로 규정하고 있는 입법례도 있다. 그러나 형법은 제11장에서 이를 국가적 법익에 대한 죄의 하나로 규정하고 있다.

무고죄의 본질에 관하여는 ① 피무고자를 부당한 형사처분이나 징계처분을 받을 고통과 위험으로부터 구제하기 위한 개인적 이익을 보호하기 위한 범죄라는 **개인적 법익침해설**(Individualgutstheorie),[1] ② 국가의 형사 또는 징계권의 적정을 저해하는 것이라는 **국가적 법익침해설**(Rechtspflegetheorie),[2] ③ 국가의 형사 또는 징계권의 적정한 행사뿐만 아니라 피무고자 개인의 이익을 보호하는 범죄라는 **절충설**[3]이 대립되고 있다. 개인적 법익침해설은 형법의 체계와 일치하지 아 2

1 Vornbaum NK §164 Rn. 10; Hirsch, 「Literaturbericht」, ZStW 89, 941.
2 서일교 363면.
3 김성돈 841면; 김성천/김형준 1046면; 김일수/서보학 735면; 박상기 701면; 배종대 164/2; 손동권/

니할 뿐만 아니라 우리나라에서 이 견해를 취하고 있는 학자도 없다. 국가적 법익침해설은 무고죄의 체계적 지위에 비추어 본죄의 보호법익은 국가사법의 기능이라고 해야 하며 개인의 보호는 반사적 효과에 불과하다는 것을 이유로 한다.[1] 그러나 본죄가 피무고자의 개인적 이익을 보호하는 면을 가지고 있음을 부정할 수 없을 뿐만 아니라, 이에 의하면 피무고자를 피해자라고 할 수 없는 부당한 결과를 초래한다. 따라서 무고죄는 국가의 심판기능을 보호법익으로 하는 국가적 법익에 대한 범죄이지만 부수적으로는 부당하게 처벌받지 않을 개인의 이익도 보호하는 이중성격을 가진 범죄라고 이해하는 통설이 타당하다.[2] 다만 무고죄의 주된 보호법익은 국가의 심판기능이라고 할 것이므로 피무고자의 승낙은 본죄의 성립에 영향을 미치지 못한다.

3 무고죄의 주된 보호법익인 국가적 법익의 내용이 무엇인가에 대하여도 국가의 심판기능 내지 형사 또는 징계권의 적정한 행사를 의미한다는 견해[3]와 국가의 심판기능 자체의 적정이 아니라 형사 또는 징계처분에 대한 절차개시의 적정, 즉 수사권 또는 징계를 위한 조사권의 적정을 의미한다는 견해[4]로 나누어지고 있다. 그러나 본죄를 단순히 수사 또는 조사개시의 적정만을 보호하기 위한 범죄라고 이해할 수는 없으며, 본죄의 보호법익을 보호하는 정도가 추상적 위험범인 점에 비추어 전설이 타당하다. 즉 무고죄는 국가의 심판기능을 주된 보호법익으로 하는 추상적 위험범이다.

Ⅱ. 무 고 죄

타인으로 하여금 형사처분 또는 징계처분을 받게 할 목적으로 공무소 또는 공무원에 대하여 허위의 사실을 신고한 자는 10년 이하의 징역 또는 1,500만원 이하의 벌금에 처한다(제156조).

김재윤 864면; 신동운 258면; 오영근 805면; 유기천 368면; 이영란 849면; 이정원 817면; 이형국 865면; 임웅 1024면; 정성근/박광민 835면; 정영석 95면; 진계호 764면; 황산덕 96면.

1 Otto S. 428; Rudolphi/Rogall SK §164 Rn. 1.

2 Arzt/Weber LH 5, S. 117; Hohmann/Sander 23/1; Lackner/Kühl §164 Rn. 1; Ruß LK §164 Rn. 1; Sch/Sch/Lenckner §164 Rn. 1; Tröndle/Fischer §164 Rn. 2; Welzel S. 521; Wessels/Hettinger Rn. 686.

3 김일수/서보학 735면; 박상기 702면; 배종대 164/3; 서일교 362면; 손동권/김재윤 864면; 유기천 368면; 이영란 849면; 이형국 868면; 임웅 1024면; 정성근/박광민 836면.

4 김봉태(공저) 670면; 김석휘(주석) 229면; 정영석 96면; 진계호 764면.

본죄를 범한 자가 그 신고한 사건의 재판 또는 징계처분이 확정되기 전에 자백 또는 자수한 때에는 그 형을 감경 또는 면제한다(제157조, 제153조).

1. 구성요건

본죄는 타인으로 하여금 형사처분 또는 징계처분을 받게 할 목적으로 공무소 또는 공무원에 대하여 허위의 사실을 신고함으로써 성립한다. 4

(1) 객관적 구성요건

1) 주 체 본죄의 주체에는 제한이 없다. 공무원 또한 본죄의 주체가 될 수 있다. 따라서 직무상 고발의 경우에도 본죄가 성립할 수 있다. 5

2) 행위의 대상 행위의 대상은 공무소 또는 공무원이다. 여기서 공무소 또는 공무원이란 형사처분에 있어서는 수사기관인 검사 또는 사법경찰관뿐만 아니라 그 보조자를 포함하며, 징계처분에 있어서는 징계권 있는 소속장뿐만 아니라 징계처분을 촉구할 수 있는 기관을 포함한다. 반드시 피무고자에 대하여 징계처분 또는 형사처분을 심사 결행할 직권 있는 소속 상관에게 직접 하여야 하는 것은 아니지만, 지휘명령 계통이나 수사관할 이첩을 통하여 그런 권한 있는 상관에게 도달되어야 무고죄가 성립한다.[1] 수사기관을 통할하는 대통령[2] 또는 관내 경찰서장을 지휘 · 감독하는 도지사[3]에게 처벌을 요구하는 진정서를 제출하는 것도 여기에 해당한다. 6

3) 행 위 허위의 사실을 신고하는 것이다.

(가) 허위의 사실 허위란 객관적 진실에 반하는 것(objektiv unwahr)을 의미한다. 즉 신고내용이 진실과 일치하지 않는 것이 허위이다. 따라서 고소장의 내용이 진실에 부합할 때에는 본죄가 성립할 여지는 없다.[4] 위증죄의 허위가 통설과 판례에 의하면 주관적인 기억을 기준으로 결정되는 것과 구별된다. 신고된 사실이 허위인가의 여부는 사실의 핵심 또는 중요내용이 진실과 부합하는가에 따라 판단해야 한다.[5] 따라서 신고된 사실에 의하여 처벌을 면할 수 없는 이상 허 7

1 대법원 2014. 12. 24. 2012도4531.

2 대법원 1954. 9. 21. 4287형상60; 대법원 1977. 6. 28. 77도1445.

3 대법원 1982. 11. 23. 81도2380.

4 대법원 1985. 2. 26. 84도2510; 대법원 1991. 10. 11. 91도1950.

5 Arzt/Weber S. 120; Bockelmann S. 40; Lackner/Kühl §164 Rn. 7; Otto S. 429; Rudolphi/Rogall SK §164 Rn. 28; Ruß LK §164 Rn. 11; Sch/Sch/Lenckner §164 Rn. 17; Vornbaum NK §164 Rn. 55; Wessels/Hettinger Rn. 698.

위인 일부사실의 존부가 범죄사실 또는 징계사유의 성부에 직접 영향을 줄 정도에 이르지 않거나[1] 사실을 다소 과장한 것에 지나지 않는 때에는 허위의 사실이라고 할 수 없다.[2] 상대방의 범행에 공범으로 가담한 사람이 이를 숨긴 채 상대방을 고소한 경우에도 무고죄는 성립하지 않는다.[3] 객관적 사실관계와 일치하는 경우에 법률평가를 잘못하였거나 죄명을 잘못 적은 것에 지나지 않은 때에도 허위라고는 할 수 없다.[4]

따라서 편취를 횡령이라고 기재하거나(대법원 1980. 5. 27. 80도819), 권리행사방해죄를 절도라고 기재한 경우(대법원 1982. 5. 25. 81도3243) 또는 횡령을 절도라고 기재하였다고 하여 허위의 사실을 신고한 것이라고 할 수 없다(대법원 1985. 9. 24. 84도1737).

신고한 사실이 진실인 이상 형사책임을 부담할 자를 잘못 선택하였다고 하여 무고죄가 성립하는 것도 아니다.[5] 그러나 범죄의 성립을 조각하는 사유, 예컨대 위법성조각사유가 있음을 알고 있었음에도 불구하고 이를 숨기고 신고한 때에는 허위의 사실을 신고한 경우에 해당한다.[6]

8 허위의 사실은 형사처분 또는 징계처분의 원인이 될 수 있는 것임을 요한다. 형사처분 또는 징계처분의 원인이 될 수 있다는 것은 그 원인이 되는 혐의를 야기 또는 촉진할 수 있다는 것을 의미한다.[7] 따라서 허위사실의 적시는 수사관서 또는 감독관서에 대하여 수사권 또는 징계권의 발동을 촉구할 수 있는 정도의 것이면 충분하고 반드시 범죄구성요건사실이나 징계요건사실을 구체적으로 기재하거나 법률적 평가까지 명시하여야 하는 것은 아니다.[8] 허위로 신고한 사실이 무고행위 당시 형사처분의 대상이 될 수 있었던 경우에는 이후 형사범죄가 되지 않

1 대법원 1986. 9. 23. 86도556; 대법원 1992. 10. 13. 92도1799; 대법원 1994. 1. 11. 93도2995; 대법원 1996. 5. 31. 96도771; 대법원 2010. 4. 29. 2010도2745.

2 대법원 1985. 4. 9. 85도283; 대법원 1990. 11. 9. 90도1706; 대법원 1995. 2. 24. 94도3068; 대법원 1998. 9. 8. 98도1949; 대법원 2010. 11. 11. 2008도7451; 대법원 2011. 1. 13. 2010도14028.

3 대법원 2008. 8. 21. 2008도3754; 대법원 2010. 2. 25. 2009도1302.

4 대법원 1985. 6. 25. 83도3245; 대법원 1987. 6. 9. 87도1029.

5 대법원 1982. 4. 27. 81도2341.

6 대법원 1986. 12. 9. 85도2482; 대법원 1998. 3. 24. 97도2956.

7 Hohmann/Sander 23/5; Lackner/Kühl §164 Rn. 4; Sch/Sch/Lenckner §164 Rn. 5; Tröndle/Fischer §164 Rn. 5.

8 대법원 1985. 2. 26. 84도2774; 대법원 2006. 5. 25. 2005도4642; 대법원 2009. 3. 26. 2008도6895; 대법원 2014. 12. 24. 2012도4531.

는 것으로 판례가 변경되더라도 이미 성립한 무고죄에 영향을 미치지 않는다.[1]

판례는 당해 관청의 직권을 발동할 수 있는 정도이면 추상적 사실로 족하다 9
고 판시하고 있다.[2] 그러나 형사처분 또는 징계처분의 원인이 되기 위하여는 신고된 사실이 구체성을 가져야 하며 추상적 사실의 신고로는 족하지 않다.[3]

> 형사처분 또는 징계처분의 원인이 될 수 있는 사실임을 요하므로 신고된 사실에 대하여 벌칙이 없거나(대법원 1976. 10. 26. 75도1657), 사면(대법원 1970. 3. 24. 69도2330) 또는 공소시효 완성(대법원 1985. 5. 28. 84도2919; 대법원 1994. 2. 8. 93도3445)으로 공소권이 소멸되었음이 명백한 사실을 신고하는 것은 여기에 포함되지 않는다. 친고죄에 대하여 고소기간이 경과하여 공소를 제기할 수 없음이 신고내용 자체에 의하여 명백하거나(대법원 1998. 4. 14. 98도150), 신고한 허위사실 자체가 형사범죄로 구성되지 아니한 때에도 같다(대법원 2013. 9. 26. 2013도6862). 그러나 객관적으로는 공소시효가 완성되었다 하더라도 공소시효가 완성되지 아니한 것처럼 고소한 경우에는 본죄가 성립한다(대법원 1995. 12. 5. 95도1908).

(나) 신 고 신고란 자진하여 사실을 고지하는 것을 말한다. 즉 신고 10
는 자발성을 요건으로 한다. 따라서 수사기관에 자진하여 고지한 것이 아니라 정보원이나 조사관의 요청에 의하여 자기가 지득한 정보를 제공하거나,[4] 검사 또는 사법경찰관의 신문에 대하여 허위의 진술을 하는 것은 신고에 해당하지 않는다.[5] 다만 고소장에 기재하지 않은 사실을 고소보충조서를 받으면서 자진하여 진술한 경우에는 그 진술 부분까지 신고한 것으로 보아야 한다.[6] 이에 반하여 진범인이 수사기관의 신문에 대하여 자신의 혐의를 부인하는 것만으로는 이로 인하여 다른 사람에 대한 수사가 개시되더라도 허위사실을 신고한 경우에 해당하지 않는다.

신고의 방법에는 제한이 없다. 서면 또는 구두를 불문하며, 서면에 의하는 11
경우에는 그 명칭이 고소장이건 진정서이건 묻지 않는다.[7] 반드시 자기의 이름으로 신고할 것을 요하지 않으며, 다른 사람의 이름으로 신고하는 경우는 물론 익

---

1 대법원 2017. 5. 30. 2015도15398.

2 대법원 1960. 10. 26. 4293형상259.

3 김봉태(공저) 673면; 김석휘(주석) 235면; 서일교 365면; 유기천 372면; 이형국 871면; 정영일 501면; 황산덕 97면.

4 대법원 1955. 3. 18. 4287형상209.

5 대법원 1961. 12. 14. 4294형상273; 대법원 1985. 7. 26. 85모14; 대법원 1990. 8. 14. 90도595.

6 대법원 1984. 12. 11. 84도1953; 대법원 2005. 12. 22. 2005도3203; 대법원 2014. 2. 21. 2013도4429.

7 대법원 1978. 5. 23. 78도894; 대법원 1985. 12. 10. 84도2380.

명으로 한 경우도 포함한다. 객관적으로 누구인가를 알 수 있게 한 이상 피무고자의 성명을 표시해야 하는 것도 아니다. 부작위에 의한 신고가 가능한가에 대하여는 견해가 대립되고 있다. 허위인 정을 모르고 신고한 자가 이를 방치한 때에는 선행행위로 인한 부작위범이 성립할 수 있다는 견해[1]도 있다. 그러나 본죄의 불법내용은 허위의 사실을 자진하여 적극적으로 신고함으로써 형사처분 또는 징계처분의 원인을 제공하는 데 있는 점에 비추어 볼 때 부작위에 의한 무고는 성립할 수 없다고 해석하는 것이 타당하다.[2] 단순한 부작위에 의하여는 무고의 불법이 실현될 수 없기 때문이다.

(2) 주관적 구성요건

12 1) 고 의 본죄도 고의범이므로 객관적 구성요건요소에 대한 고의가 있어야 함은 당연하다. 따라서 행위자에게는 공무소 또는 공무원에 대하여 허위의 사실을 신고한다는 인식이 있어야 한다. 허위의 사실에 대한 인식도 고의의 내용에 포함된다. 그러므로 객관적 진실과 일치하지 않는다고 할지라도 진실이라고 확신하고 신고하였을 때에는 무고죄가 성립하지 않는다.[3]

13 다만 허위의 사실의 인식이 확정적 고의를 요하는가에 대하여는 견해가 대립되고 있다. 독일 형법은 명문으로 「숙지에 반하여」라고 규정하고 있으므로 허위의 사실이라는 점에 대한 확정적 고의를 요한다는 점에 견해가 일치하고 있음에 반하여,[4] 형법에는 이러한 규정이 없기 때문이다. 통설은 허위의 사실에 대하여도 미필적 고의로 족하다고 해석하고 있다.[5] 확정적 고의를 요한다고 해석할 때에는 본죄의 성립을 부당하게 제한할 뿐 아니라, 미필적 고의도 고의에 포함되는 이상 무고죄에 관하여만 이를 배척할 이유가 없다는 것을 근거로 한다. 판례도 허위의 사실에 대한 인식은 미필적 고의로 족하다는 전제에서[6] 무고죄가 성립

---

1 Bockelmann S. 44; Rengier 50/14; Ruß LK §164 Rn. 14; Sch/Sch/Lenckner §164 Rn. 21.

2 Arzt/Weber S. 121; Rudolphi/Rogall SK §164 Rn. 17; Tröndle/Fischer §164 Rn. 4.

3 대법원 1982. 12. 28. 82도1662; 대법원 1987. 3. 24. 86도2632; 대법원 1995. 12. 5. 95도231; 대법원 2000. 7. 4. 2000도1908; 대법원 2008. 5. 29. 2006도6347.

4 Arzt/Weber S. 122; Bockelmann S. 43; Lackner/Kühl §164 Rn. 8; Otto S. 429; Rengier 50/24; Rudolphi/Rogall SK §164 Rn. 40; Sch/Sch/Lenckner §164 Rn. 30; Tröndle/Fischer §164 Rn. 15; Welzel S. 522.

5 김성돈 846면; 김성천/김형준 1055면; 박상기 704면; 백형구 635면; 손동권/김재윤 870면; 신동운 260면; 오영근 810면; 유기천 370면; 이정원 820면; 정성근/박광민 841면; 정영일 503면.

6 대법원 1988. 2. 9. 87도2366, 「무고죄에 있어서의 범의는 반드시 확정적 고의임을 요하지 아니하고 미필적 고의로서도 족하다 할 것이므로 무고죄는 신고자가 진실하다는 확신 없는 사실을

하기 위하여는 진실이라는 확신 없는 사실을 신고하면 족하며 허위임을 확신할 필요는 없다고 하여[1] 통설과 태도를 같이하고 있다. 다만 판례는 허위의 사실이라는 요건에 대하여는 적극적인 증명을 요구하고 있다.[2] 그러나 허위에 대한 미필적 고의로 족하다고 해석하면 허위일 가능성을 인식한 때에는 고의를 인정하지 않을 수 없다. 고소·고발은 범죄의 혐의가 있을 때 하는 것이므로 허위의 가능성을 배제할 수 없다. 따라서 허위에 대한 미필적 고의로 족하다고 할 때에는 진실이라는 확신 없이 고소하는 대부분의 고소인을 본죄로 처벌할 수 있게 되어 본죄의 성립을 부당하게 확대하는 결과가 된다. 이러한 의미에서 허위에 대한 인식은 확정적 고의임을 요한다고 해석하는 것이 타당하다.[3]

2) 목 적 범 무고죄는 타인으로 하여금 형사처분 또는 징계처분을 받 14
게 할 목적이 있을 것을 요하는 목적범이다. 따라서 이러한 목적 없이 혐의 있는 사실에 대하여 진정한 수사를 하여 흑백을 가려 달라고 신고하는 경우에는 본죄가 성립할 수 없다.[4]

(가) 타 인 타인으로 하여금 형사처분 등을 받게 할 목적이 있어야 15
하므로 자기무고(Selbstverdächtigung)는 본죄를 구성하지 않는다. 자기와 타인이 공범관계에 있다고 신고한 경우에는 타인에 대한 부분에 관하여만 본죄가 성립한다. 판례는 타인에게 자기무고를 교사한 경우에는 무고죄의 교사범이 성립한다고 한다.[5] 그러나 자기무고가 본죄의 구성요건에 해당하지 않는 이상 이를 교사하였다고 하여 본죄가 성립한다는 것은 타당하다고 할 수 없다. 본죄를 순수한

신고함으로써 성립하고 그 신고사실이 허위라는 것을 확신함을 필요로 하지 않는다.」
동지: 대법원 1986. 3. 11. 86도133; 대법원 1998. 9. 8. 98도1949; 대법원 2006. 5. 25. 2005도4642.

1 대법원 1987. 3. 24. 85도2650; 대법원 1990. 10. 12. 90도1065; 대법원 1991. 12. 13. 91도2127; 대법원 1996. 5. 10. 96도324; 대법원 1997. 3. 28. 96도2417; 대법원 2007. 3. 29. 2006도8638; 대법원 2014. 12. 24. 2012도4531.

2 대법원 2004. 1. 27. 2003도5114, 「무고죄는 타인으로 하여금 형사처분이나 징계처분을 받게 할 목적으로 신고한 사실이 객관적 진실에 반하는 허위사실인 경우에 성립되는 범죄이므로 신고한 사실이 객관적 사실에 반하는 허위사실이라는 요건은 적극적인 증명이 있어야 하며, 신고사실의 진실성을 인정할 수 없다는 소극적 증명만으로 곧 그 신고사실이 객관적 진실에 반하는 허위사실이라고 단정하여 무고죄의 성립을 인정할 수는 없다.」
동지 : 대법원 2007. 10. 11. 2007도6406; 대법원 2014. 2. 13. 2011도15767.

3 김봉태(공저) 674면; 김일수/서보학 739면; 배종대 165/12; 서일교 366면; 이형국 873면; 임웅 1031면.

4 대법원 1978. 8. 22. 78도1357.

5 대법원 2008. 10. 23. 2008도4852.

국가적 법익에 대한 죄로 해석하는 견해는 입법론으로 자기무고도 처벌할 필요가 있다고 주장하고 있다.[1]

타인이란 특정되고 인식할 수 있는 살아 있는 사람을 말한다.[2] 따라서 타인은 실재인임을 요하며, 사자나 허무인에 대한 무고는 본죄를 구성하지 않는다.[3] 사망한 자 또는 허무인에 대한 신고에 의하여 국가의 심판기능이 침해될 위험은 인정될 수 없기 때문이다. 타인은 자연인이건 법인이건 불문하며, 반드시 형사처분 또는 징계처분을 받을 자격이 있을 것을 요하는 것도 아니다.

16 (나) **형사처분과 징계처분** 형사처분이란 형법에 의한 형벌뿐만 아니라 치료감호법에 의한 보안처분 또는 소년법에 의한 보호처분을 포함한다. 징계처분을 모든 종류의 징계·징벌, 즉 실질상의 형벌을 의미한다고 해석하는 견해[4]도 있으나, 공법상의 특별권력관계에 의한 제재를 의미한다고 해석하는 것이 타당하다.[5] 따라서 징계처분은 공법상의 복무의무(Dienstpflicht)를 전제로 한다. 변호사나 공증인에 대한 징계도 여기에 포함된다는 견해[6]가 있다. 판례도 변호사에 대한 징계처분은 본조의 징계처분에 포함된다고 한다.[7] 그러나 이러한 경우에는 공법상의 특별권력관계에 의한 징계처분이라고 할 수 없으므로 여기의 징계처분에는 포함되지 않는다고 해석하여야 한다. 판례는 사립학교 교원이나 경찰인재개발원에 소속된 무기계약근로자에 대한 인사권의 행사로서 이루어지는 징계처분은 사법적 법률행위의 성격을 가지므로, 이들에 대한 징계처분은 본조의 징계처분에 포함되지 않는다고 한다.[8]

17 (다) **목 적** 형사처분 또는 징계처분을 받게 할 목적을 인정하기 위해서는 그 결과발생을 의욕할 것을 요한다는 견해[9]와 결과발생에 대한 미필적 인식

1 서일교 363면; 정영석 97면.
2 Bockelmann S. 41; Rudolphi/Rogall SK §164 Rn. 29; Ruß LK §164 Rn. 20; Sch/Sch/Lenckner §164 Rn. 22.
3 김봉태(공저) 675면; 김석휘(주석) 231면; 김일수/서보학 740면; 박상기 704면; 손동권/김재윤 872면; 유기천 369면; 이형국 869면; 임웅 1032면; 정성근/박광민 842면; 진계호 766면.
4 정영석 99면; 황산덕 98면.
5 김봉태(공저) 676면; 김석휘(주석) 231면; 배종대 165/7; 신동운 268면; 유기천 369면; 이형국 874면; 임웅 1032면; 정성근/박광민 842면; 진계호 767면.
6 김봉태(공저) 676면; 김석휘(주석) 232면; 김일수/서보학 740면; 서일교 364면; 진계호 767면.
7 대법원 2010. 11. 25. 2010도10202.
8 대법원 2014. 7. 24. 2014도6377; 대법원 2025. 5. 15. 2025도1084.
9 배종대 165/15; 손동권/김재윤 872면; 이형국 874면; 임웅 1033면; 정성근/박광민 842면; 황산덕 99면.

으로 족하다고 해석하는 견해[1]가 대립되고 있다. 판례는 형사처분 또는 징계처분을 받게 할 목적은 미필적 인식으로 족하고 결과발생을 희망하는 것까지 요하지 않는다고 하고 있다.[2] 본죄의 목적은 통상의 목적범의 경우와는 달리 허위사실의 신고를 수식하는 의미를 가지는 데 불과하다는 것을 이유로 한다. 본죄의 목적을 동기 또는 의욕과 같은 의미로 해석할 수는 없다. 따라서 형사처분 또는 징계처분을 받게 하는 것이 궁극의 목적이거나 유일한 동기가 될 것은 요하지 않는다. 그러나 무고죄의 처벌의 실효성을 확보하기 위하여 법이 요구하는 목적을 무의미하게 해석하는 것은 허용될 수 없다. 이러한 의미에서 여기의 목적은 결과의 발생을 의욕하거나 적어도 확실하다고 인식하는 확정적 고의가 있음을 요하며, 단순한 미필적 고의로는 족하지 않다고 해야 한다.[3]

(3) **기수시기** 본죄는 허위사실의 신고가 공무소 또는 공무원에게 도달 18
한 때에 기수가 된다. 따라서 구두에 의하여 신고하는 때에는 진술과 동시에 기수가 되며, 문서로 우송한 때에는 그 문서가 도달하였을 때에 기수가 된다. 문서를 발송하였으나 도달하지 아니한 때에는 본죄는 성립하지 않는다. 본죄의 미수범은 처벌되지 않기 때문이다. 공무소 또는 공무원에 도달한 이상 수사에 착수하였거나 공소를 제기하였을 것을 요하지 않는다. 그러나 도달한 문서를 되돌려받았다고 하여도 본죄의 성립에는 영향이 없다.[4]

2. 위법성과 죄수 및 처벌

(1) **위 법 성** 무고죄의 구성요건에 해당하는 행위가 위법성이 조각되 19
는 경우는 사실상 생각할 여지가 없다.[5] 피무고자의 승낙도 본죄의 위법성을 조각하지 못한다.[6] 본죄의 주된 보호법익인 국가의 심판기능이라는 국가적 법익은

1 김봉태(공저) 676면; 김석휘(주석) 231면; 신동운 270면; 유기천 369면; 정영석 98면; 진계호 770면.

2 대법원 1986. 8. 19. 86도1259; 대법원 1991. 5. 10. 90도2601; 대법원 2006. 8. 25. 2006도3631; 대법원 2014. 3. 13. 2012도2468.

3 Arzt/Weber S. 123; Bockelmann S. 43; Rudolphi/Rogall SK §164 Rn. 42; Ruß LK §164 Rn. 31; Sch/Sch/Lenckner §164 Rn. 32; Tröndle/Fischer §164 Rn. 13; Welzel S. 521.

4 대법원 1985. 2. 8. 84도2215.

5 Arzt/Weber S. 123; Lackner/Kühl §164 Rn. 11; Rudolphi/Rogall SK §164 Rn. 46; Sch/Sch/Lenckner §164 Rn. 33; Tröndle/Fischer §164 Rn. 14.

6 대법원 2005. 9. 30. 2005도2712.

처분할 수 없는 법익이기 때문이다.

20 (2) **죄 수** 한 개의 행위로 한 사람에 대한 수개의 사실을 신고한 때에는 일죄가 성립한다. 한 개의 행위로 수인을 무고한 때에는 무고죄의 주된 보호법익이 국가적 법익이라는 이유로 일죄가 성립한다고 해석하는 견해[1]도 있다. 그러나 이로 인하여 수인의 법익을 침해하였을 뿐만 아니라 국가적 법익설에 의할 때에도 국가의 심판기능은 사람에 따라 별도로 발생하는 것이라는 점에 비추어 수죄의 상상적 경합이 된다고 보는 것이 타당하다.[2] 수개의 행위로 반복하여 동일인에 대한 사실을 신고한 때에는 수죄의 경합범이 된다.

21 (3) **자백 · 자수에 대한 특칙** 본죄를 범한 자가 그 신고한 사건의 재판 또는 징계처분이 확정되기 전에 자백 또는 자수한 때에는 그 형을 감경 또는 면제한다(제157조, 제153조). 여기서 자백이란 자신의 범죄사실, 즉 타인으로 하여금 형사처분 또는 징계처분을 받게 할 목적으로 공무소 또는 공무원에 대하여 허위의 사실을 신고하였음을 자인하는 것을 말한다.[3] 국가의 적정한 심판기능의 침해를 미연에 방지하기 위한 정책적 규정이다. 다만 국가보안법상의 무고죄에 대하여는 이 규정이 적용되지 않는다.[4]

자백의 절차에 관해서는 아무런 법령상의 제한이 없으므로 자신이 신고한 사건을 다루는 기관에 대한 고백이나 그 사건을 다루는 재판부에 증인으로 다시 출석하여 전에 자신이 한 신고가 허위의 사실이었음을 고백하는 것은 물론 무고사건의 피고인 또는 피의자로서 법원이나 수사기관에서의 신문에 의한 고백 또한 자백에 포함된다.[5] 그리고 '재판이 확정되기 전'에는 피고인의 고소사건 수사 결과 피고인의 무고 혐의가 밝혀져 피고인에 대한 공소가 제기되고 피고소인에 대해서는 불기소결정이 내려져 재판절차가 개시되지 않은 경우도 포함된다.[6]

---

1 유기천 368면; 황산덕 99면.

2 김봉태(공저) 677면; 김일수/서보학 740면; 배종대 **165**/16; 백형구 635면; 손동권/김재윤 873면; 신동운 271면; 이형국 875면; 임웅 1034면; 정성근/박광민 843면; 정영석 101면; 진계호 771면.

3 대법원 1995. 9. 5. 94도755.

4 대법원 1969. 2. 4. 68도1046.

5 대법원 2018. 8. 1. 2018도7293, 「무고 혐의로 공소제기 된 피고인이 제1심에서 공소사실을 부인하였지만 제1심의 유죄판결에 대하여 양형부당을 이유로 항소하면서 항소심 제1회 공판기일에서 양형부당의 항소 취지와 공소사실을 모두 인정한다는 취지가 기재된 항소이유서를 진술한 경우 항소심에서 허위의 사실을 고소하였음을 자백하였음이 명백하다.」

6 대법원 2024. 9. 12. 2024도7400.

조문색인

(조문 옆의 고딕숫자는 §을,
그 옆의 숫자는 옆번호를 나타낸다)

주요 판례색인

(판례 번호 옆의 고딕숫자는 §을,
그 옆의 숫자는 옆번호를 나타낸다)

사 항 색 인

(색인내용 옆의 고딕숫자는 §을, 그 옆의 숫자는 옆번호를, ―는 위의 고딕체 글자를 나타낸다)

[ㅇ]

[ㅌ]

[ㅍ]

[ㅎ]

공저자약력

이재상(1943-2013)

서울대학교 법과대학 졸업
제 6 회 사법시험 합격
사법대학원 수료(법학석사)
서울대학교 대학원(법학박사)
독일 Freiburg대학 수학
육군 법무관
부산지방검찰청 검사
서울지방검찰청 남부지청 검사
법무부 검찰국 겸 서울지방검찰청 검사
변호사
서울대학교 법과대학 강사
이화여자대학교 법정대학 교수
경희대학교 법과대학 교수
이화여자대학교 법과대학 교수
이화여자대학교 법학전문대학원 석좌교수
사법시험위원
법무부 법무자문위원, 보안처분심의위원
형사법개정특별심의위원회 위원
한국형사정책학회 회장
한국형사법학회 회장
형사판례연구회 회장
한국형사정책연구원 원장
법조윤리협의회 위원장
형사법개정특별심의위원회 위원장

저 서

보안처분의 연구(1978)
사회보호법론(1981)
형법신강〔총론 Ⅰ〕(1984)
형법신강〔각론 Ⅱ〕(1988)
형법신강〔각론 Ⅰ〕(전정판, 1989)
형법기본판례 총론(2011)
형법학〔선택형 문제해설〕(제16판, 2013, 신조사)
형사소송법 기본판례(2013)
형사소송법〔선택형 문제해설〕(제 3 판, 2015, 신조사)
형법연습(제 9 판, 2015, 신조사)
형법총론(제12판, 2024)
형사소송법(제16판, 2025)
형사소송법연습(제 8 판, 2017)

장영민

서울대학교 법과대학 졸업
동 대학원 졸업, 법학박사
인하대학교 법정대학 교수
사법시험, 행정고시, 입법고등고시 시험위원
한국법철학회, 한국형사법학회, 한국형사판례연구회 회장
국가생명윤리심의위원회 위원
이화여자대학교 법학전문대학원 교수
형사법개정특별위원회 위원
이화여자대학교 명예교수

수 상

한국범죄방지재단 학술상(2013)
유기천법률문화상(2015)

강동범

서울대학교 법과대학 졸업
동 대학원 졸업, 법학박사
서경대학교, 서울시립대학교 교수
사법시험, 행정고시, 입법고등고시 시험위원
한국형사정책학회 회장
한국형사판례연구회 회장
서울서부지방법원 국선변호운영위원회 위원
대한변호사협회 변호사징계위원회 위원
대검찰청 검찰수사심의위원회 위원
법무부 감찰위원회 위원장
이화여자대학교 법학전문대학원 교수
이화여자대학교 법과대학장 · 법학전문대학원장
이화여자대학교 명예교수

수 상

유기천법률문화상(2022)

제14판
형법각론

초판 발행 1989년 10월 30일
제14판 발행 2025년 7월 25일

지은이 이재상 · 장영민 · 강동범
펴낸이 안종만 · 안상준

편 집 김선민
기획/마케팅 조성호
표지디자인 이영경
제 작 고철민 · 조영환

펴낸곳 (주) 박영사
서울특별시 금천구 가산디지털2로 53, 210호(가산동, 한라시그마밸리)
등록 1959. 3. 11. 제300-1959-1호(倫)
전 화 02)733-6771
F A X 02)736-4818
e-mail pys@pybook.co.kr
homepage www.pybook.co.kr
ISBN 979-11-303-2479-1 93360

정 가 49,000원